LOIS, DÉCRETS,

ORDONNANCES, RÉGLEMENS,

AVIS DU CONSEIL-D'ÉTAT.

TOME PREMIER.

DE L'IMPRIMERIE DE A. GUYOT,

IMPRIMEUR DU ROI, DE LA MAISON D'ORLÉANS,

ET DE L'ORDRE DES AVOCATS AUX CONSEILS ET A LA COUR DE CASSATION,

Rue Neuve-des-Petits-Champs, N° 37.

COLLECTION COMPLÈTE

DES

LOIS,

Décrets, Ordonnances, Réglemens,

AVIS DU CONSEIL-D'ÉTAT,

PUBLIÉE SUR LES ÉDITIONS OFFICIELLES DU LOUVRE; DE L'IMPRIMERIE NATIONALE,
PAR BAUDOUIN; ET DU BULLETIN DES LOIS;

(De 1788 à 1830 inclusivement, par ordre chronologique),

Continuée depuis 1830,

Avec un choix d'*Actes inédits*, d'*Instructions ministérielles*, et des Notes sur chaque Loi,
indiquant: 1° les Lois analogues; 2° les *Décisions* et *Arrêts* des Tribunaux et du Conseil-
d'État; 3° les *Discussions* rapportées au Moniteur;

SUIVIE D'UNE TABLE ANALYTIQUE ET RAISONNÉE DES MATIÈRES

Par J. B. DUVERGIER,

Avocat à la Cour royale de Paris.

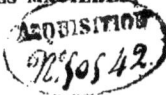

TOME PREMIER.

Deuxième Edition.

PARIS

CHEZ A. GUYOT ET SCRIBE, LIBRAIRES-ÉDITEURS,

RUE NEUVE-DES-PETITS-CHAMPS, N° 37;

ET AU BUREAU DE L'ADMINISTRATION, RUE DE SEINE, N° 56.

1834.

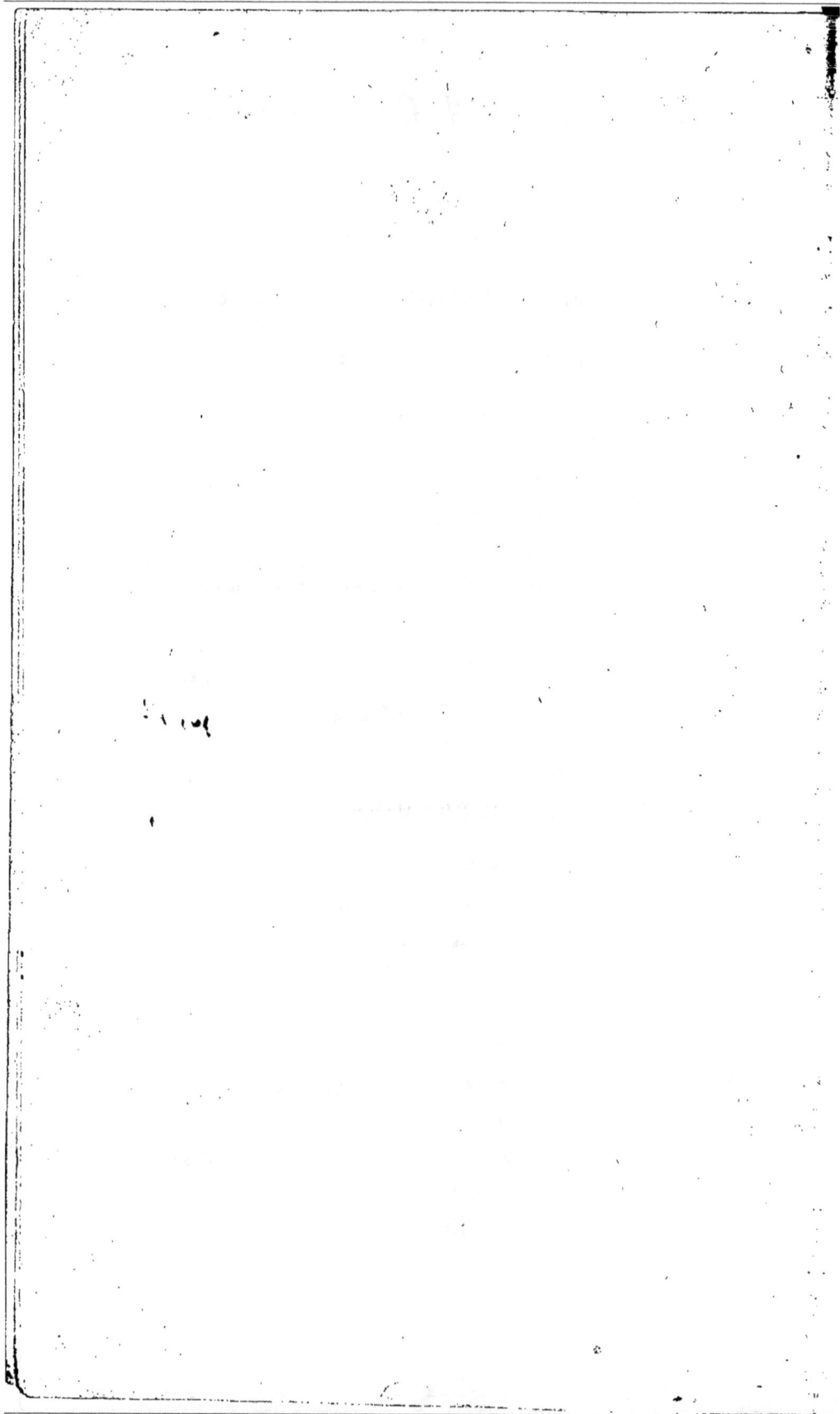

INTRODUCTION.

L'INFLUENCE de la société sur la législation et l'action de la législation sur la société sont également incontestables. Ces rapports frappent d'évidence lorsqu'il s'agit des lois politiques ou d'administration générale; il faut un examen plus attentif et un esprit plus exercé pour les apercevoir dans les lois qui règlent les intérêts privés; mais ils existent également dans les unes et dans les autres. La confection des lois n'est donc pas livrée aux caprices et aux chances de l'arbitraire; il existe des lois, antérieures aux travaux de tous les législateurs, auxquelles ils doivent obéir, et auxquelles ils obéissent quelquefois à leur insu.

Montesquieu n'est pas le premier qui ait reconnu l'existence des *lois des lois*, selon l'expression de Bacon; mais il est peut-être le premier qui l'ait conçue d'une manière nette, qui en ait senti l'importance et développé les résultats.

« J'ai d'abord examiné les hommes, dit-il, et j'ai cru que dans « cette infinie diversité de lois et de mœurs ils n'étaient pas unique- « ment conduits par leurs fantaisies. J'ai posé les principes, et j'ai « vu les cas particuliers s'y plier comme d'eux-mêmes, les histoires « de toutes les nations n'en être que les suites, et chaque loi parti- « culière liée avec une autre loi, ou dépendre d'une autre plus gé- « nérale (1). »

Cette pensée, fécondée par le génie, a produit le meilleur ouvrage connu sur la législation, ou plutôt ce bel ouvrage a créé la science de la législation; mais les lois peuvent être considérées sous deux aspects différens, et, en quelque sorte, dans deux situations opposées: tantôt, en effet, il s'agit d'établir la législation; tantôt, au contraire, la législation existe, et il s'agit d'en régler l'exercice et l'application. Il n'est pas besoin de dire que c'est sous le premier rapport

(1) Préface de l'*Esprit des Lois.*

qu'elle a été considérée dans l'*Esprit des Lois*; mais il faut remarquer que, prise sous le second point de vue, elle peut être la matière d'un nouvel ouvrage, à qui le même titre conviendrait, et qui, peut-être, ne serait pas indigne du même auteur.

Faire des lois, c'est-à-dire, régler convenablement les rapports variés des individus et des corps politiques qui forment une nation, c'est l'œuvre d'une grande sagesse et d'une profonde expérience; tracer des règles qui dirigent le législateur dans la confection des lois, puiser ces règles dans la juste appréciation des causes qui influent sur l'organisation sociale, c'est une des plus hautes conceptions de l'esprit humain: c'est l'ouvrage de Montesquieu.

Mais la loi faite, quelle que soit sa perfection, le soin de l'appliquer présente de graves difficultés; le secours des règles devient nécessaire; il y a là aussi une science: l'*Esprit des Lois* est encore à faire.

La science de l'application des lois (1), et la science de la législation, sont donc distinctes; mais elles ont des points de contact nombreux, et beaucoup de principes communs (2). En hasardant quelques réflexions sur celle-ci, nous n'avons cependant eu en vue que la première; il fallait comparer l'une à l'autre pour établir clairement leurs rapports.

« Il y a une science pour les législateurs, disaient les rédacteurs
« du projet du Code civil (3), comme il y en a une pour les magis-
« trats; et l'une ne ressemble pas à l'autre. La science du législateur
« consiste à trouver dans chaque matière les principes les plus favo-
« rables au bien commun: la science du magistrat est de mettre
« ces principes en action, de les ramifier, de les étendre, par une
« application sage et raisonnée, aux hypothèses privées, d'étudier
« l'esprit de la loi quand la lettre tue, et de ne pas s'exposer au
« risque d'être tour à tour esclave et rebelle, et de désobéir par
« esprit de servitude. »

---

(1) *Voyez* la préface placée par M. *Sirey* en tête de la *Jurisprudence du dix-neuvième siècle.*

(2) Peut-être sont-ils confondus par Bacon.

(3) MM. Portalis, Tronchet, Bigot-Préameneu, Maleville.

En attendant que des jurisconsultes philosophes (1) créent cette *science du magistrat*, dont on voit déjà le but et dont on connaît quelques élémens, tous les travaux devraient être constamment dirigés vers cette fin. Il nous semble qu'on ne peut s'en proposer de plus utile et de plus élevée.

Une des difficultés les plus graves qui s'opposent à l'établissement d'un système philosophique sur l'application des lois, c'est le défaut d'harmonie entre les travaux des législateurs et ceux des jurisconsultes ; il faudrait qu'il y eût quelques points convenus entre eux ; il faudrait que les uns, en faisant les lois, et les autres, en les appliquant, eussent les mêmes vues et les mêmes principes. Quelques exemples rendront plus frappante cette incohérence : la matière, si importante et si neuve des *nullités*, peut en fournir de très-remarquables. Pour savoir quelles sont les dispositions qui emportent *nullité*, les légistes ont divisé les lois en *impératives, prohibitives, facultatives*, etc., attribuant à chaque espèce des effets différens : cent dispositions légales ont contredit ce système. On a prétendu que certaines formes de rédaction ou l'emploi d'expressions déterminées avaient des résultats plus ou moins efficaces ; l'expérience a ruiné toutes ces combinaisons. La législation a posé, et la jurisprudence a accueilli, comme principe, que les nullités ne peuvent être créées arbitrairement par les magistrats, qu'il faut qu'elles soient prononcées *expressément* par le législateur ; cependant, chaque jour, la jurisprudence déclare nuls des actes dont la nullité n'est pas écrite dans la loi, mais qui sont viciés *d'excès de pouvoir, d'incompétence*, etc., ou qui, ne réunissant pas tous les élémens constitutifs de leur espèce, sont plutôt *privés d'existence* que *frappés de nullité.*

Il serait facile, en parcourant les divers principes sur l'application des lois, de montrer dans tous la même incertitude, d'indiquer les causes auxquelles il faut l'attribuer et les conséquences qui en dérivent : ainsi, il est dit, dans l'art. 2 du Code civil, que *les lois n'ont pas d'effet rétroactif* : l'art. 3 et l'art. 6 attribuent des effets plus ou

---

(1) *Voyez* Bacon, *De fontibus juris. — Procœmium.*

a,

moins étendus à la loi, selon son caractère et son objet : la jurisprudence a déterminé ce qu'il fallait entendre par *abrogation* expresse et *abrogation tacite*. Ce sont là des principes sur l'application des lois : les titres *De Legibus* et *De Regulis Juris* au Digeste, les commentateurs du Droit romain, tous les écrits des publicistes et des jurisconsultes modernes, offrent des développemens de ces règles ; et cependant un petit nombre de notions pratiques et universellement adoptées sont le résultat de tant d'efforts.

Ces réflexions, placées en tête d'une Collection de lois, ne paraîtront pas, sans doute, hors de propos ; elles pourront, quoique imparfaitement exprimées, servir de guide dans une étude où l'attention, presque entièrement absorbée par les détails, ne peut saisir que difficilement l'ensemble ; elles aideront peut-être à concevoir le système général de législation de chaque période politique ; elles auront du moins l'avantage de donner aux esprits une direction neuve et profitable.

De plus grands développemens excéderaient les limites d'une introduction, et plus encore l'étendue de nos forces. Toutefois, il est certaines règles sur l'application des lois, qu'il nous paraît convenable d'examiner avec une attention spéciale ; nous essaierons de les mettre en rapport avec notre législation, et de montrer comment elles ont influé sur le plan de cette Collection et sur les annotations que nous avons jointes aux textes.

Tous les actes qui composent cette Collection ne sont pas émanés du pouvoir législatif. Un grand nombre sont l'œuvre du pouvoir auquel est confiée l'exécution de la loi. D'ailleurs, les gouvernemens successifs qui ont, depuis trente années, régi la France, ont eu chacun leur système, leur but et leurs principes particuliers : ce n'est donc pas une légère difficulté de déterminer quel est *l'effet obligatoire* des divers actes, et dans quel cas il y a *abrogation virtuelle* des lois et des ordonnances ou décrets faits pour leur exécution.

Ces deux points sont dignes d'une attention spéciale.

Ce n'est pas ici le lieu de rappeler ou de créer des théories : attachons-nous aux notions que l'usage ou la jurisprudence ont consacrées.

Lorsque le législateur prononce d'une manière expresse l'abrogation de lois antérieures, aucune difficulté d'application ne se présente au premier abord; mais si cette déclaration positive de la volonté du législateur ne permet aucun doute sur *le sens*, il peut y avoir
incertitude sur *l'étendue*; la loi abrogée n'est pas isolée au milieu de
la législation; elle est liée au système général par ses conséquences,
ou des rapports d'une autre espèce : les effets de la loi abrogatrice
ne se bornent donc pas aux dispositions expressément désignées : ils
peuvent, ils doivent s'étendre aux dispositions qui sont liées plus ou
moins intimement aux premières; ainsi, toute abrogation expresse
emporte, plus ou moins, une abrogation tacite.

Mais le législateur ne prononce pas toujours d'une manière expresse sur l'effet de la loi nouvelle, relativement à la loi ancienne :
ce silence peut être attribué à divers motifs, à l'imprévoyance de la
question d'abrogation, à la difficulté de la résoudre en termes tran-
chans, précis et absolus, dignes du langage législatif; ou enfin à la
juste confiance que les magistrats et les jurisconsultes, en recherchant
la nature des lois successives, et en les comparant, parviendront à
reconnaître quelles sont les dispositions maintenues, quelles sont les
dispositions qui ne peuvent plus exister. Alors un champ vaste est
ouvert à la controverse; alors s'élèvent les questions d'abrogation
tacite, qu'il faut résoudre à l'aide des règles générales, modifiées
par les considérations spéciales qui naissent de chaque matière, et
peut-être même de chaque espèce.

Il y a abrogation tacite, lorsque la loi nouvelle suppose nécessairement dans le législateur l'intention et la volonté de renverser les dispositions de la loi ancienne : la doctrine et la jurisprudence reconnaissent cette volonté et cette intention : 1° lorsque les termes de la
loi nouvelle sont *incompatibles* avec les termes de la loi ancienne;
2° lorsqu'une loi nouvelle, offrant un système complet sur une matière, ne reproduit pas certaines dispositions de la loi ancienne : dans
ce cas, les dispositions non reproduites sont par cela même réputées
anéanties; 3° lorsqu'il y a changement de système, et surtout de
système politique; alors toutes les institutions et toutes les lois, qui
étaient le développement ou les conséquences de l'ordre de choses

établi, disparaissent avec lui : lorsque la cause cesse, cesse aussi l'effet, dit le vieil axiome (1).

Ces règles, dont la justesse a été vérifiée par l'application, sont sujettes à quelques exceptions ; les modifications ou restrictions les plus remarquables sont celles qui naissent de la nature des lois qui se succèdent. Ainsi les lois *spéciales* ne sont pas abrogées virtuellement par les lois *générales* postérieures, par cela seul que celles-ci ne reproduisent pas les dispositions des premières. Il est élémentaire qu'en matière d'abrogation, il faut distinguer entre les lois *pénales* et les lois *civiles*, les lois *d'ordre public* et celles qui disposent sur les *intérêts privés*. Toutes ces nuances, qu'il serait difficile d'indiquer et de rendre sensibles, n'échappent pas dans l'application à la sagacité des jurisconsultes et des magistrats.

Le mot *abrogation*, qui signifie, dans son sens propre, *révocation* d'une disposition antérieure, a été détourné quelquefois de sa véritable acception ; et l'on dit qu'une loi est abrogée par l'usage, pour exprimer qu'elle est tombée en désuétude. La jurisprudence offre sur ce point des décisions nombreuses, qu'il importe de connaître, mais dont l'esprit se réduit à cette idée que lorsqu'une loi ancienne n'est plus exécutée, qu'un usage constant, prolongé et universel, s'est introduit en opposition à la loi, il faut considérer l'usage comme sanctionné par la volonté générale, et la loi comme anéantie par la même puissance.

A l'aide de ces principes, en remontant aux sources où ils ont été puisés, on pourrait faire des recherches utiles sur l'abrogation des lois ; mais ce serait un commentaire par voie de doctrine : il ne pouvait donc s'adapter au plan de cette Collection, éminemment positive, et n'admettant d'autres élémens que les monumens authentiques de la législation et de la jurisprudence. Il fallait se borner à recueillir chaque décision particulière en matière d'abrogation avec un soin spécial, et à signaler, sur chaque article de loi, la loi postérieure qui l'a abrogé.

---

(1) *Voyez* le rapport de M. le comte Desèze à la Chambre des Pairs sur la loi modificative du Code pénal, S. 24, 2, 185.

Après avoir exposé ces notions sur l'abrogation des lois, examinons quel est l'effet des divers actes qui composent actuellement notre législation. Les lumières de la jurisprudence seront encore ici notre guide. On l'a déjà dit; en traitant de *l'effet* des lois, on n'entend pas élever une théorie complète sur cette branche importante de la science d'application des lois, 'qui enseigne à discerner l'étendue des lois, leur force obligatoire et leurs résultats nécessaires, d'après leurs caractères, les termes dans lesquels elles sont conçues, les matières sur lesquelles elles disposent, et le but qu'elles ont en vue : tout doit se réduire ici à déterminer quelle est l'autorité de certains actes qui n'émanent pas du pouvoir législatif.

Aux termes de l'art. 14 de la Charte constitutionnelle, *le Roi fait les réglemens et ordonnances nécessaires pour l'exécution des lois ;* de là naît la question de savoir quel serait l'effet d'une ordonnance contraire ou seulement étrangère à la loi (1) ; et la même question se présente, relativement aux décrets impériaux émanés d'une puissance qui ne connaissait pas de bornes, publiés sous un régime où le silence était regardé comme une courageuse opposition.

Les décrets impériaux ont réglé des matières sur lesquelles la loi seule aurait dû disposer, et même plusieurs lois ont été modifiées et détruites par des décrets impériaux. Alors cet empiétement sur l'autorité constitutionnelle du Corps-Législatif n'excita aucune réclamation; l'admiration ou la terreur (comme on aimera le mieux) étouffait toutes les voix; mais depuis la chute du pouvoir impérial, ses actes ont cessé d'inspirer la crainte et le respect, et il est devenu possible d'examiner leur légalité.

La plupart des décrets impériaux, a-t-on dit, sont viciés d'excès de pouvoir et d'inconstitutionnalité; dès leur origine, ils n'ont pu être confirmés par un silence et une obéissance involontaires : le retour aux principes et à un ordre de choses légal est incompatible avec leur existence : c'est là le droit dans sa rigueur. Mais les considérations et les convenances ont presque toujours une influence à laquelle

_____

(1) La question a été résolue par la révolution de juillet. L'art. 13 de la Charte de 1830 ajoute « sans pouvoir jamais suspendre les lois elles-mêmes ni dispenser de leur exécution. »

cède la force des principes. On a donc considéré que l'anéantisse-
ment brusque des décrets inconstitutionnels laisserait dans la législation des lacunes difficiles à remplir; que leurs dispositions ne pourraient être reproduites sans discussion; qu'en conséquence, il était
plus simple, plus prompt, moins pénible, de laisser subsister ces actes
illégaux, que de coordonner la législation à notre nouveau système
politique. Dans cette position, les tribunaux et la Cour de cassation
ont dû appliquer comme lois, les décrets impériaux; et, pour
justifier cette application, qui leur a paru indispensable, ils ont
rappelé une disposition des constitutions de la république, portant
que : *le Sénat maintient ou annulle tous les actes qui lui sont déférés
comme inconstitutionnels par le Tribunat ou par le Gouvernement* (1).
Le silence du Sénat a semblé un argument suffisant; mais, depuis la
suppression du Tribunat, les actes du Gouvernement n'eurent plus
à redouter la censure du Sénat, puisque le Gouvernement seul avait
droit de la provoquer; les mots de constitution et de légalité, encore
prononcés quelquefois, n'étaient plus qu'une insolente dérision;
la jurisprudence pouvait donc choisir des raisons plus vraies et plus
solides que celles dont elle a fait usage dans ses décisions; elle aurait
même pu, dans des motifs contenant une explication sincère de l'état
des choses, faire sentir avec force et modération ce qu'exigeaient les
besoins de la législation; proclamer qu'en appliquant les décrets
impériaux, elle obéissait à la nécessité; mais que cette législation,
impure dans sa source, presque toujours vexatoire dans ses effets,
incompatible enfin avec nos institutions nouvelles, avait besoin de
révision et de réforme. L'attention du Gouvernement eût été excitée
par ses avertissemens modérés, mais énergiques; et, sans doute,
déjà le grand œuvre d'une réforme législative eût été entrepris, à
moins que des raisons d'Etat (ce qu'il ne nous appartient pas d'examiner) n'eussent arrêté l'impulsion donnée au pouvoir législatif
par l'autorité judiciaire.

Quant aux ordonnances royales, leur force et leurs effets sont déterminés en théorie avec autant de netteté qu'il est possible de le

(1) *Voyez* article 21 de la Constitution du 22 frimaire an 8.

souhaiter; et l'art. 14 de la Charte trace franchement et clairement les limites de l'autorité *réglementaire* et *administrative* du Roi ; mais aucun texte de loi ne prévoit le cas où ces limites seraient franchies, aucune règle n'indique quel serait, pour les citoyens et pour les tribunaux, l'effet des actes du pouvoir exécutif faits hors du cercle de ses attributions; et, il faut l'avouer, c'est une question de la plus haute importance : les grandes questions du droit de résistance, de l'indépendance respective de l'autorité judiciaire et de l'autorité administrative, s'y trouvent intimement liées. La Cour de cassation a eu quelquefois à s'occuper de cette difficulté; mais elle n'a jamais trouvé l'occasion de la résoudre. Dans aucune des espèces soumises à son examen, il n'y avait réellement excès de pouvoir; et les ordonnances qu'on accusait d'empiéter sur la loi, ont paru, après vérification, avoir prescrit seulement les mesures d'exécution nécessaires (1).

Ces observations font sentir tout à la fois l'avantage et la difficulté de coordonner les élémens divers qui composent la législation française ; de déterminer les modifications successives qu'elle a éprouvées par les changemens fréquens de systèmes politiques ; de montrer ce qui est resté debout au milieu des catastrophes et des commotions politiques : ce travail satisferait à un besoin dont le sentiment existe, mais dont on ne se rend pas compte bien nettement. Pour le faire ressortir plus vivement, il nous semble utile d'indiquer quelques cas où la jurisprudence hésite, où la doctrine est incertaine, dans la combinaison des lois de diverses époques.

Depuis la restauration, et sous la monarchie constitutionnelle, les lois de la *terreur*, de la république et du despotisme, sont encore en vigueur; ainsi l'allégorie pourrait peindre notre législation parée des couleurs de la liberté et chargée des fers de l'esclavage, armée tout à la fois du glaive militaire et du sceptre constitutionnel.

Les exemples s'offrent en foule à l'observation : les lois de l'émigration ont encore une grande partie de leur autorité ; plusieurs dispositions de la Constitution de l'an 8 ont été conservées sous

(1) *Voyez* la note de la page précédente.

l'empire de la Charte, notamment les art. 75, 76, 77 et suiv. (1). Les *statuts* relatifs à la famille impériale ont paru à quelques écrivains pouvoir être appliqués sans difficulté à la maison de Bourbon ; d'autres ont préféré chercher dans la Constitution de 1791 un complément à la Charte ; enfin, on a pensé qu'il fallait recourir, dans plusieurs cas, aux principes de notre ancien droit public (2). Les différentes autorités auxquelles est confiée l'administration tiennent leurs pouvoirs ou de la loi du 28 pluviose an 8, ou de celles qui l'ont modifiée au profit du pouvoir impérial. L'organisation municipale et départementale est réglée sous la monarchie constitutionnelle par quelques décrets de l'Assemblée constituante et par une foule de lois de la république, accommodées aux convenances du despotisme militaire. Le Conseil-d'Etat n'a plus, depuis la Charte, les mêmes attributions ; et cependant on a cru pouvoir, sans inconvénient, adapter à son existence actuelle quelques dispositions démembrées d'un système tout différent.

Cette énumération pourrait être beaucoup plus étendue ; et si ces observations sur des généralités ont quelque force, elles auraient un effet bien plus grand, s'il était possible d'entrer dans quelques détails.

Plus d'une fois la justice étonnée a vu l'intérêt personnel chercher des ressources dans des lois qui furent faites en haine de ceux-là même qui, par un étrange concours de circonstances, les invoquent à leur profit (3).

La jurisprudence peut seule, par son autorité et ses lumières,

---

(1) *Voy.* art. 615, Cod. inst. crim.

(2) *Voy.* Collection des constitutions des peuples de l'Europe et des deux Amériques, *France*, p. 79. *Voy.* Rapport à la Chambre des Pairs, sur la loi de la presse, en 1822.

(3) Cette observation s'applique surtout aux lois sanguinaires et fiscales du *gouvernement révolutionnaire*. Notamment dans la célèbre affaire *Desgraviers*, le conseil de la liste civile a invoqué le décret du 16 juin 1793, qui, suivant l'expression des jurisconsultes chargés des intérêts de M. Desgraviers, *n'est que l'appendice des autres décrets régicides de la Convention, qui confirme l'abolition de la royauté, dépouille le Roi et l'héritier de la couronne de leurs qualités royales, les insulte, les outrage...... qui est incompatible avec la légitimité*, etc.

préparer au pouvoir législatif les moyens de rétablir l'ordre et l'harmonie dans cet inextricable chaos; mais le pouvoir législatif ne doit pas rendre inefficaces les efforts des tribunaux, et décourager leurs bonnes intentions par une inertie qui semble n'attacher aucune importance à l'un des premiers besoins de la société. La difficulté de l'entreprise ne saurait être un motif suffisant pour y renoncer, d'autant que si une fois l'intention de ce beau travail était manifestée, des secours inattendus se présenteraient de toutes parts. Il existe déjà de profondes dissertations et d'excellens ouvrages des plus célèbres jurisconsultes et des plus habiles publicistes : quelques encouragemens produiraient de nouveaux efforts et des ressources inattendues (1).

Sans doute, les observations que nous avons faites sur notre législation peuvent s'appliquer avec plus ou moins de raison à la législation de presque tous les peuples. Il n'est pas de nation qui n'ait conservé dans ses archives des lois que réprouvent l'esprit du temps et les institutions actuelles (2); mais, chez aucune, on ne trouvera ces transitions si brusques et si fréquentes d'un systême à un autre systême, d'une forme à une forme nouvelle, qui, durant trente années, ont agité la France et les pays soumis à son influence.

En résumé, nous avons tenté d'établir que l'application des lois doit être dirigée par des principes certains et formant un ensemble systématique, c'est-à-dire, qu'il y a une science de l'application des lois. Nous avons cherché à en indiquer les bases, et le but; nous n'avons pas craint d'exposer l'immensité et la nature des travaux nécessaires au développement et aux progrès d'une science encore récente; enfin, nous n'avons pas dissimulé ce que l'état de notre législation particulière ajoutait de difficultés aux difficultés naturelles

---

(1) L'ouvrage de M. Legraverend, intitulé : *des Lacunes et des besoins de la législation française en matière politique et criminelle* peut être cité comme un modèle des travaux qu'exigent la réformation et la coordination de nos lois.

(2) *Voy.* l'ouvrage intitulé : *Réflexions sur les lois pénales de France et d'Angleterre*, par M. Taillandier.

de la matière. Le plan de cette Collection a été conçu sous l'influence de ces idées ; et si notre faiblesse n'a pas trahi nos intentions, nous croyons que quelques avantages doivent résulter de cette direction nouvelle et vraiment philosophique.

Il nous reste à exposer la marche que nous avons suivie dans l'exécution, et les avantages qui doivent en être, selon nous, la conséquence.

Pour interpréter la loi et en faire une juste application, on doit nécessairement connaître les motifs qui ont déterminé le législateur, les monumens de la jurisprudence qui ont résolu les questions nées de l'obscurité des textes ou de leur combinaison, et enfin les rapports qui existent entre les différentes parties de la législation. Il y a donc trois sortes d'annotations principales qui doivent accompagner les textes. Sans elles, les collections ne sont que des amas informes d'actes isolés et incohérens ; par leur moyen, l'ordre et l'harmonie s'établissent, et toutes les parties sont éclairées d'une lumière devant laquelle les doutes s'effacent et les controverses s'éteignent.

En effet, que doit rechercher le jurisconsulte occupé de traiter une question neuve, sur laquelle la jurisprudence et les auteurs ne fournissent aucun renseignement? il doit examiner le texte d'où naît la difficulté, dans ses rapports avec les lois qui l'ont précédé et qui l'ont suivi ; il doit puiser, dans les discours prononcés par les membres des assemblées législatives, les raisons qui ont déterminé à adopter telle disposition plutôt que telle autre : à l'aide de ces documens, il sera dirigé d'une manière sûre dans l'application. Mais si aux ressources qui viennent d'être indiquées, se joignent celles que fournit la jurisprudence, alors il ne sera plus possible d'hésiter ; il parlera avec une certitude et une conviction parfaites au client qui le consulte sur un procès à entreprendre, et au magistrat qui doit juger la contestation engagée.

Les ouvrages de doctrine qui ont le plus de mérite, ne sont eux-mêmes que la fusion méthodique des motifs de la loi, des décisions des tribunaux, et des observations faites sur le rapport des lois entre elles.

Nous n'insisterons pas davantage sur ce point ; car tous les jurisconsultes sont convaincus, par expérience, que rien ne peut leur être plus utile que de retrouver facilement les discours où les hommes d'État ont exprimé la pensée de la loi; d'avoir sous les yeux les notices de la jurisprudence, le meilleur de tous les commentaires, depuis que la Cour de cassation, cette institution si belle et si utile, y a mis de l'ordre et de l'uniformité; enfin, de pouvoir d'un coup-d'œil parcourir toutes les lois qui ont modifié, abrogé, expliqué des lois antérieures.

Les renvois au *Moniteur*, et la manière dont sont rapportées les notions de la jurisprudence administrative et judiciaire, avec indication des recueils où elles sont puisées, nous paraissent n'avoir besoin d'aucune explication. Mais qu'il nous soit permis d'insister encore sur le rapprochement des lois analogues.

Plus nous en sentons l'utilité, plus nous y avons mis de soins. Nous avons consulté les tables générales et particulières, les traités spéciaux, les collections consacrées aux diverses branches de la législation (1), et tous les ouvrages où les lois se trouvent distribuées suivant la nature des matières (2).

Tant d'efforts auront-ils produit quelques résultats utiles? Nous osons l'espérer; et, dans tous les cas, nous comptons sur l'indulgence des hommes capables d'apprécier les difficultés d'un semblable travail.

Sans doute, nous eussions trouvé plus de facilité si, sur chaque loi, nous avions seulement voulu indiquer toutes celles qui s'y rapportent plus ou moins directement, et surtout si nous n'avions tenu aucun compte des changemens complets de systèmes sur chaque matière : mais, alors, à quoi serions-nous arrivés? A présenter de longues listes, où les lois fondamentales auraient été confondues avec

---

(1) Tels sont le *Code rural*, le *Code forestier*, le *Code de la voirie*, de *la Garde nationale*, *des prises*, etc.

(2) Tels sont le *Répertoire de Merlin*, les *Questions de droit administratif* de M. Cormenin, la *Classification des lois administratives* de Lallouette, le *Code administratif* de Fleurigeon, le *Répertoire* de Dufour, le *Dictionnaire* de Péchart, le *Répertoire des lois commerciales*, par Grouvel, etc.

des lois d'un moindre intérêt, où les recherches auraient toujours été très-difficiles, et souvent infructueuses.

Le texte des lois a été puisé dans les éditions de *Baudouin* (1), du *Louvre* (2), dans le *Bulletin des Lois* (3), et dans le *Moniteur;* on a eu soin d'ajouter les actes qui, par la négligence des préposés à la confection de ces recueils, ou par tout autre motif, ont été omis (4), et dont cependant l'authenticité n'est pas douteuse. Pour s'assurer d'une exactitude parfaite, toutes les lois ont été collationnées sur les diverses collections où elles ont été rapportées : le titre a été presque toujours conservé tel qu'il est dans la Collection du Louvre ou dans le Bulletin; mais, comme ce titre n'est pas lui-même l'ouvrage du pouvoir législatif, on a adopté la rédaction des autres collections, notamment de celle de Baudouin, lorsqu'elle a paru plus explicative des dispositions de la loi. Toutefois, ces légers changemens n'ont été faits qu'après un examen approfondi; car il est certain qu'une modification qui, au premier coup-d'œil, n'a aucune importance, peut induire en erreur sur le véritable sens de la loi.

(1) La *Collection Baudouin* commence au 4 mai 1789, et comprend jusqu'au 27 décembre 1799 (5 nivose an 8); elle forme 78 volumes in-8° où sont réunis tous les actes émanés des Assemblées législatives.

(2) La *Collection du Louvre* comprend, en 23 volumes in-4°, les lois et les actes du pouvoir exécutif, depuis le 7 juillet 1788 jusqu'au 20 juin 1794 (22 prairial an 2).

(3) Le *Bulletin des Lois* a été créé par la loi du 4 décembre 1793 (14 frimaire an 2); les matières qu'il doit contenir sont déterminées par la loi qui l'a institué, mais elle a été modifiée par plusieurs lois subséquentes. *Voy.* lois du 17 août 1794 (30 thermidor an 2), du 4 octobre 1795 (12 vendémiaire an 4). Le *Bulletin des Lois* se divise en neuf séries : la première comprend les lois de la *Convention*, la deuxième celles du *Directoire*, la troisième celles du *Consulat*, la quatrième celles de l'*Empire*, la cinquième celles de la *Restauration* jusqu'aux cent jours, la sixième celles des *Cent jours*, la septième celles de la deuxième *Restauration* jusqu'à la mort de Louis XVIII, la huitième celles du règne de Charles X jusqu'à la révolution de juillet 1830, la neuvième celles du règne de Louis-Philippe Ier. Il est inutile de parler ici du Bulletin de correspondance dont il est question dans les lois du 15 septembre 1792, du 30 thermidor an 2, du 8 pluviose an 3, art. 5.

(4) C'est surtout depuis que le *Bulletin des Lois* est le seul recueil officiel, qu'on a observé de pareilles omissions; notamment la loi du 13 août 1814, sur les relations des chambres avec le Roi, n'est pas au Bulletin.

Quant aux protocoles employés dans les lois et autres actes, après y avoir bien réfléchi, nous avons cru devoir les supprimer; néanmoins, comme il peut être curieux de connaître les diverses formules employées par les différens Gouvernemens, nous ferons remarquer ici qu'il n'y a rien eu de fixe à cet égard jusqu'à la loi du 9 novembre 1789; que l'Assemblée constituante employait dans ses décrets tantôt les mots *décrète et a décrété ce qui suit : Art.* 1er, tantôt *décrète que*, 1°; que seulement par son décret du 9 septembre 1790, elle a décidé qu'elle ne se servirait plus que de cette expression *décrète :* ajoutons que le Roi sanctionnait par des *proclamations, des lettres-patentes*, variant de forme à chaque occasion; qu'enfin une règle constante ayant été établie, nous avons eu le soin d'indiquer les lois postérieures et les usages qui l'ont modifiée; en telle sorte qu'en partant de la loi précitée du 9 novembre 1789, on est sûr de trouver successivement l'indication de toutes les formules nouvelles. Le même travail a été fait avec le même soin, à partir de la loi du 2=5 novembre 1790, en ce qui touche la *formation*, la *sanction*, la *publication* et la *promulgation* des lois.

En disposant les lois par ordre chronologique, nous avions à opter, pour les lois de l'Assemblée constituante et de l'Assemblée législative, entre la date du décret et celle de la sanction. Dans la rigueur des principes, la loi n'était parfaite que par la sanction du Roi; mais nous avons cru devoir nous conformer à l'usage général, qui désigne préférablement les lois par la date du décret; d'autant qu'en suivant l'ordre des sanctions, qui, comme on le sait, n'étaient pas données par ordre, on serait tombé dans la confusion. Au surplus, et pour trancher toute difficulté à cet égard, nous avons placé à la date de la sanction une indication de la loi, avec renvoi à la page où se trouve le décret; ainsi disparaît l'inconvénient des doubles dates, et les recherches n'offrent plus aucune difficulté. Il y a encore une observation à faire à l'égard des dates : on sait que plusieurs lois ont été le résultat des travaux de plusieurs séances, et que, par suite, elles sont désignées sous trois, quatre, cinq dates différentes : des renvois, faits d'après le système indiqué ci-dessus, ramèneront toutes ces indications à une seule. On n'a pas négligé d'indiquer l'époque de la promulgation, toutes les fois que le mode adopté a permis de le faire (1). Ces précautions ne paraîtront ni trop multipliées ni trop minutieuses à ceux qui savent par expérience ce que coûtent de temps et de peines les recherches et les vérifications qui paraissent, au premier aperçu, infiniment simples et faciles.

EXPLICATION DES SIGNES ET DES RENVOIS.

L. signifie *Collection du Louvre;* le premier nombre désigne le volume; le second indique la page.

B. signifie *Collection Baudouin;* le premier chiffre désigne le volume; le second indique la page.

Mon. signifie *Moniteur.*

Bull. indique le *Bulletin;* le premier chiffre romain indique la série; le deuxième chiffre romain, le numéro du *Bulletin;* le chiffre arabe, le numéro de la loi ou de l'ordonnance.

S. signifie *Sirey : Recueil général des lois et arrêts;* le premier chiffre indique le volume; le second, la première ou deuxième partie; le troisième, la page.

J. C. signifie *Jurisprudence du Conseil-d'État* (Sirey); le premier chiffre indique le volume; et le second, la page.

D. signifie *Recueil des arrêts de Dalloz,* le premier chiffre indique le volume; le second, la première ou la deuxième partie; le troisième, la page.

Mac. signifie *Recueil des arrêts du Conseil-d'État,* par M. *Macarel,* le premier chiffre indique le volume; le second, la page.

Les renvois de la date de la sanction à la date des décrets ne peuvent présenter de difficulté : ainsi, si l'on cherche la loi *concernant le droit de faire la paix et la guerre,* rendue le 22 mai 1790, et sanctionnée le 27 du même mois, on trouvera le décret textuellement rapporté à la date du 22 mai, et à la date du 27, *droit de guerre et de paix. Voy.* 22 MAI 1790.

---

(1) *Voyez* l'art. 1ᵉʳ du Code civil.

COLLECTION COMPLÈTE

DES

LOIS, DÉCRETS,

ORDONNANCES, RÉGLEMENS,

ET

AVIS DU CONSEIL-D'ÉTAT,

Depuis 1788 jusqu'à 1830.

●●

ÉTATS-GÉNÉRAUX.

5 JUILLET 1788. — Arrêt du Conseil-d'État du Roi concernant la convocation des Etats-Généraux du royaume. (Extrait des registres du Conseil-d'État. — Collection du Louvre, in-4°, tome 1, page 1.)

LE Roi ayant fait connaître, au mois de novembre dernier, son intention de convoquer les Etats-Généraux du royaume, Sa Majesté a ordonné aussitôt toutes les recherches qui peuvent en rendre la convocation régulière et utile à ses peuples.

Il résulte du compte que Sa Majesté s'est fait rendre des recherches faites jusqu'à ce jour, que les anciens procès-verbaux des Etats présentent assez de détails sur leur police, leurs séances et leurs fonctions; mais qu'il n'en est pas de même sur les formes qui doivent précéder et accompagner leur convocation; que les lettres de convocation ont été adressées, tantôt aux baillis et sénéchaux, tantôt aux gouverneurs des provinces; que les derniers Etats, tenus en 1614, ont été convoqués par bailliages, mais qu'il parait aussi que cette méthode n'a pas été commune à toutes les provinces; que depuis, il est arrivé de grands changemens dans le nombre et l'arrondissement des bailliages; que plusieurs provinces ont été réunies à la France, et qu'ainsi on ne peut rien déterminer par l'usage, à leur égard; qu'enfin, rien ne constate, d'une façon positive, la forme des élections, non plus que le nombre et la qualité des électeurs et des élus.

Sa Majesté a cependant considéré que, si ces préliminaires n'étaient pas fixés avant la convocation des Etats-Généraux, on ne pourrait recueillir l'effet salutaire qu'on en doit attendre; que le choix des députés pourrait être sujet à des contestations; que leur nombre pourrait n'être pas proportionné aux richesses et à la population de chaque province; que les droits de certaines provinces et certaines villes pourraient être compromis; que l'influence des différens ordres pourrait n'être pas suffisamment balancée; qu'enfin, le nombre des députés pourrait être trop, ou trop peu nombreux; ce qui pourrait mettre du trouble et de la confusion, ou empêcher la nation d'être suffisamment représentée.

Sa Majesté cherchera toujours à se rapprocher des formes anciennement usitées; mais lorsqu'elles ne pourront être constatées, elle ne veut suppléer au silence des anciens monumens, qu'en demandant, avant toute détermination, le vœu de ses sujets, afin que leur confiance soit plus entière dans une assemblée vraiment nationale par sa composition comme par ses effets.

En conséquence, le Roi a résolu d'ordonner que toutes les recherches possibles soient faites dans tous les dépôts de chaque province, et sur tous les objets qui viennent d'être énoncés; que le produit de ces recherches soit remis aux Etats provinciaux et assemblées provinciales et de district de chaque province, qui feront connaître à Sa Majesté leurs vœux, par des mémoires ou observations qu'ils pourront lui adresser.

Sa Majesté recueille avec satisfaction un

1.

1 *

des plus grands avantages qu'elles s'est promis des assemblées provinciales : quoiqu'elles
ne puissent pas, comme les États provinciaux,
députer aux États-Généraux, elles offrent
cependant à Sa Majesté un moyen facile de
communiquer avec ses peuples, et de connaître leur vœu sur ce qui les intéresse.

Le Roi espère ainsi procurer à la nation
la tenue d'États la plus régulière et la plus
convenable ; prévenir les contestations qui
pourraient en prolonger inutilement la durée,
établir, dans la composition de chacun des
trois ordres, la proportion et l'harmonie
qu'il est si nécessaire d'y entretenir ; assurer
à cette assemblée la confiance des peuples,
d'après le vœu desquels elle aura été formée ;
enfin, la rendre ce qu'elle doit être, l'assemblée d'une grande famille, ayant pour chef
le père commun. A quoi voulant pourvoir ;
ouï le rapport, le Roi étant en son conseil,
a ordonné et ordonne ce qui suit :

Art. 1er. Tous les officiers municipaux des
villes et communautés du royaume, dans
lesquelles il peut s'être fait quelques élections aux États-Généraux, seront tenus de
rechercher incessamment dans les greffes
desdites villes et communautés, tous les procès-verbaux et pièces concernant la convocation des États, et les élections faites en
conséquence, et d'envoyer sans délai lesdits
procès-verbaux et pièces, savoir : aux syndics des États provinciaux et assemblées provinciales, dans les provinces où il n'y a pas
d'assemblée subordonnée auxdits États provinciaux ou aux assemblées provinciales ; et
dans celles où il y a des assemblées subordonnées, aux syndics desdites assemblées subordonnées, ou à leurs commissions intermédiaires.

2. Seront tenus, les officiers des juridictions,
de faire la même recherche dans les
greffes de leur juridiction, et d'en envoyer
le résultat à M. le garde-des-sceaux, que Sa
Majesté a chargé de communiquer ledit résultat auxdits syndics et commissions intermédiaires.

3. Sa Majesté invite, dans chacune des
provinces de son royaume, tous ceux qui
auront connaissance desdits procès-verbaux,
pièces ou renseignemens relatifs à ladite
convocation, à les envoyer pareillement auxdits syndics.

4. L'intention de Sa Majesté est que, de
leur côté, lesdits syndics et commissions intermédiaires fassent, à ce sujet, les recherches nécessaires ; et seront, lesdites recherches, mises sous les yeux desdits États et assemblées, pour être, par elles, formé un
vœu commun, et être adressé un mémoire
sur les objets contenus auxdites recherches,
lequel sera envoyé par lesdits syndics, à
M. le garde-des-sceaux.

5. Dans les provinces où il y a des assem-

blées subordonnées, le vœu desdites assemblées sera remis, avec toutes les pièces qui y
seront jointes, à l'assemblée supérieure, qui
remettra pareillement son vœu, et l'enverra,
comme il est dit, à M. le garde-des-sceaux,
avec le vœu, les mémoires et les pièces qui
lui auront été remises par les assemblées subordonnées.

6. Au cas où toutes lesdites recherches ne
seraient pas parvenues auxdits syndics avant
la tenue prochaine des États et assemblées,
Sa Majesté, voulant que les résultats qu'elle
demande lui parviennent au plus tard dans
les deux premiers mois de l'année prochaine,
entend, qu'à raison du défaut desdites pièces
et renseignemens, lesdites assemblées, tant
subordonnées que supérieures, ne puissent
se dispenser de former un vœu, et de dresser
un mémoire sur les objets relatifs au présent
arrêt, sauf aux syndics et commissions intermédiaires à envoyer, après la séparation desdites assemblées, les pièces nouvelles et in-
téressantes qui pourraient leur parvenir.

7. Si dans quelques-unes desdites assemblées il y avait diversité d'avis, l'intention
de Sa Majesté est que les avis différens soient
énoncés avec les raisons sur lesquelles chacun pourrait être appuyé ; autorise même,
Sa Majesté, tout député desdites assemblées
à joindre au mémoire général de l'assemblée
tous mémoires particuliers en faveur de l'avis
qu'il aura adopté.

8. Sa Majesté invite, en même temps,
tous les savans et personnes instruites de son
royaume, et particulièrement ceux qui composent l'Académie des inscriptions et belles-
lettres de sa bonne ville de Paris, à adresser
à M. le garde-des-sceaux tous les renseignemens et mémoires sur les objets contenus au
présent arrêt.

9. Aussitôt que lesdits mémoires, renseignemens et éclaircissemens seront parvenus
à M. le garde-des-sceaux, Sa Majesté s'en
fera rendre compte, et se mettra à portée de
déterminer, d'une manière précise, ce qui
doit être observé pour la prochaine convocation des États-Généraux, et pour rendre
leur assemblée aussi nationale et aussi régulière qu'elle doit l'être.

Fait au Conseil-d'État du Roi, Sa Majesté
y étant, tenu à Versailles, le 5 juillet 1788.

Signé le baron DE BRETEUIL.

8 AOUT 1788. — Arrêt du Conseil-d'État du Roi
qui fixe au 1er mai prochain la tenue des États-
Généraux, et suspend jusqu'à cette époque le
rétablissement de la cour plénière. (L. 1, 6.)

23 SEPTEMBRE 1788. — Déclaration du Roi qui
ordonne que l'assemblée des États-Généraux
aura lieu dans le courant de janvier 1789.
(L. 1, 9.)

5 OCTOBRE 1788. — Arrêt du Conseil-d'Etat du Roi pour la convocation d'une assemblée de notables au 3 novembre prochain. (Extrait des registres du Conseil-d'Etat, L. 1, 13.)

Le Roi, occupé de la composition des Etats-Généraux, que Sa Majesté se propose d'assembler dans le cours du mois de janvier prochain, s'est fait rendre compte de diverses formes qui ont été adoptées à plusieurs époques de la monarchie, et Sa Majesté a vu que ces formes avaient souvent différé les unes des autres d'une manière essentielle.

Le Roi aurait désiré que celles suivies pour la dernière tenue des Etats-Généraux eussent pu servir de modèle en tous les points; mais Sa Majesté a reconnu que plusieurs se concilieraient difficilement avec l'état présent des choses, et que d'autres avaient excité des réclamations dignes, au moins, d'un examen attentif; que les élections du tiers-état avaient été concentrées dans les villes principales du royaume, connues alors sous le nom de bonnes villes, en sorte que les autres villes de France, en très-grand nombre, et dont plusieurs sont devenues considérables depuis l'époque des derniers Etats-Généraux, n'eurent aucun représentant; que les habitans des campagnes, excepté dans un petit nombre de districts, ne paraissent pas avoir été appelés à concourir par leurs suffrages à l'élection des députés aux Etats-Généraux; que les municipalités des villes furent principalement chargées des élections du tiers-état; mais, dans la plus grande partie du royaume, les membres de ces municipalités, choisis autrefois par la commune, doivent aujourd'hui l'exercice de leurs fonctions à la propriété d'un office acquis à prix d'argent; que l'ordre du tiers fut presque entièrement composé de personnes qualifiées nobles dans les procès-verbaux de la dernière tenue, en 1614; que les élections étaient faites par bailliages, et chaque bailliage avait à peu près le même nombre de députés, quoiqu'ils différassent considérablement les uns des autres en étendue, en richesse et en population; que les Etats-Généraux se divisèrent, à la vérité, en douze gouvernemens, dont chacun n'avait qu'une voix; mais cette forme n'établissait point une égalité proportionnelle, puisque les voix, dans chacune de ces sections, étaient recueillies par bailliage, et qu'ainsi le plus petit et le plus grand avaient une même influence; qu'il n'y avait même aucune parité entre les gouvernemens, plusieurs étant de moitié au-dessous des autres, soit en étendue, soit en population; que les inégalités entre les bailliages et sénéchaussées sont devenues beaucoup plus grandes qu'elles ne l'étaient en 1614, parce que, dans les changemens faits depuis cette époque, on a perdu de vue les dispositions appropriées aux Etats-Généraux, et l'on

s'est principalement occupé des convenances relatives à l'administration de la justice; que le nombre des bailliages ou sénéchaussées, dans la seule partie du royaume soumise, en 1614, à la domination française, est aujourd'hui considérablement augmenté; que les provinces réunies au royaume depuis cette époque, en y comprenant les trois évêchés, qui n'eurent point de députés aux Etats-Généraux, représentent aujourd'hui près de la septième partie du royaume; qu'ainsi, la manière dont ces provinces doivent concourir aux élections pour les Etats-Généraux, ne peut être réglée par aucun exemple; et la forme usitée pour les autres provinces peut d'autant moins y être applicable, que dans la seule province de Lorraine, il y a trente-cinq baillages : division qui n'a aucune parité avec le petit nombre de bailliages ou sénéchaussées, dont plusieurs généralités du royaume sont composées; que les élections du clergé eurent lieu d'une manière très-différente, selon les districts et selon les diverses prétentions auxquelles ces élections donnèrent naissance; que le nombre respectif des députés des différens ordres ne fut pas déterminé d'une manière uniforme dans chaque bailliage, en sorte que la proportion entre les membres du clergé, de la noblesse et du tiers-état, ne fut pas la même pour tous; qu'enfin, une multitude de contestations relatives aux élections, consumèrent une grande partie de la tenue des derniers Etats-Généraux, et qu'on se plaignit fréquemment de la disproportion pour la répartition des suffrages.

Sa Majesté, frappée de ces diverses considérations, et de plusieurs autres moins importantes, mais qui, réunies ensemble, méritent une sérieuse attention, a cru ne devoir pas resserrer dans son conseil l'examen d'une des plus grandes dispositions dont le Gouvernement ait jamais été appelé à s'occuper.

Le Roi veut que les Etats-Généraux soient composés d'une manière constitutionnelle; que les anciens usages soient respectés dans tous les réglemens applicables au temps présent, et dans toutes les dispositions conformes à la raison et aux vœux légitimes de la plus grande partie de la nation. Le Roi attend avec confiance des Etats-Généraux de son royaume, la régénération du bonheur public, et l'affermissement de la puissance de l'empire français. L'on doit donc être persuadé que son unique désir est de préparer, à l'avance, les voies qui peuvent conduire à cette harmonie, sans laquelle toutes les lumières et toutes les bonnes intentions deviennent inutiles. Sa Majesté a donc pensé qu'après cent soixante-quinze ans d'interruption des Etats-Généraux, et après de grands changemens survenus dans plusieurs parties essentielles de l'ordre public, elle ne pouvait prendre trop de précautions, non-seulement pour éclairer sûrement ses déterminations, mais encore pour donner au plan qu'elle adoptera la sanction la plus imposante. Animée d'un pareil esprit, et cédant uniquement à cet amour du bien qui dirige tous les sentimens de son cœur, Sa Majesté a considéré comme le parti le plus sage d'appeler auprès d'elle, pour être aidée de leurs conseils, les mêmes notables, assemblés par ses ordres, au mois de janvier 1787, et dont le zèle et les travaux ont mérité son approbation et obtenu la confiance publique.

Ces notables ayant été convoqués, la première fois, pour des affaires absolument étrangères à la grande question sur laquelle le Roi veut aujourd'hui les consulter, le choix de Sa Majesté manifeste encore davantage cet esprit d'impartialité qui s'allie si bien à la pureté de ses vues. Le nombre des personnes qui composeront cette assemblée ne retardera pas leurs délibérations, puisque ce nombre même affermira leur opinion par la confiance qui naît du rapprochement des lumières; et sans doute qu'elles donneront leur avis avec la noble franchise que l'on doit naturellement attendre d'une réunion d'hommes distingués, et comptables uniquement de leur zèle pour le bien public. Sa Majesté aperçoit, plus que jamais, le prix inestimable du concours général des sentimens et des opinions; elle veut y mettre sa force; elle veut y chercher son bonheur; et elle secondera de sa puissance les efforts de tous ceux qui, dirigés par un véritable esprit de patriotisme, seront dignes d'être associés à ses intentions bienfaisantes.

A quoi voulant pourvoir, oui le rapport, le Roi étant en son conseil, a ordonné et ordonne que toutes les personnes qui ont formé, en 1787, l'assemblée des notables, seront de nouveau convoquées pour se trouver réunies en sa ville de Versailles, le 3 du mois de novembre prochain, suivant les lettres particulières qui seront adressées à chacune d'elles, pour y délibérer uniquement sur la manière la plus régulière et la plus convenable de procéder à la formation des Etats-Généraux de 1789; à l'effet de quoi, Sa Majesté leur fera communiquer les différens renseignemens qu'il aura été possible de se procurer sur la constitution des précédens Etats-Généraux, et sur les formes qui ont été suivies pour la convocation et l'élection des membres de ces assemblées nationales, de manière qu'elles puissent présenter un avis dans le cours dudit mois de novembre; et Sa Majesté se réserve de remplacer, par des personnes de même qualité et condition,

ceux d'entre les notables de l'assemblée de 1787, qui sont décédés, ou qui se trouveraient valablement empêchés.

Fait au Conseil-d'Etat du Roi, Sa Majesté y étant, tenu à Versailles, le cinq octobre mil sept cent quatre-vingt-huit.

Signé LAURENT DE VILLEDEUIL.

1er NOVEMBRE 1788. — Arrêt du Conseil-d'Etat du Roi portant convocation d'une assemblée des anciens Etats de Franche-Comté. (L. 1, 18.)

27 DÉCEMBRE 1788. — Rapport fait au Roi, dans son conseil, par le ministre de ses finances (1). (L. 1, 21.)

SIRE, les notables, convoqués par vos ordres, se sont livrés avec application à l'examen des diverses questions sur lesquelles ils avaient été consultés par Votre Majesté, et à mesure qu'ils ont avancé dans leurs recherches, ils ont découvert plusieurs difficultés qu'il était important de résoudre. Leur travail a donc répandu un grand jour sur divers détails essentiels; et, en fixant ainsi beaucoup d'incertitudes, en dissipant plusieurs obscurités embarrassantes, ils ont éclairé la marche de l'administration.

Votre Majesté, qui a pris connaissance du procès-verbal des différens bureaux, a pu juger par elle-même de la vérité de ces observations. Elle a vu, en même temps, que trois questions importantes avaient donné lieu à un partage d'opinions; et, puisque l'une, surtout, fixe aujourd'hui l'attention et l'intérêt de tout le royaume, il est indispensable de les soumettre particulièrement à la décision de Votre Majesté.

Les trois questions dont je viens de parler sont celles-ci : 1° Faut-il que le nombre des députés aux Etats-Généraux soit le même pour tous les bailliages indistinctement, ou ce nombre doit-il être différent, selon l'étendue de leur population? 2° Faut-il que le nombre des députés du tiers-état soit égal à celui des deux autres ordres réunis, ou ce nombre ne doit-il composer que la troisième partie de l'ensemble? 3° Chaque ordre doit-il être restreint à ne choisir des députés que dans son ordre?

Sur la première question. La majorité des notables a été d'avis que le nombre des députés devait être le même pour chaque bailliage; mais plusieurs bureaux paraissent avoir adopté cette opinion, parce qu'on n'avait pas pu mettre sous leurs yeux des connaissances suffisantes sur la population comparative de chaque bailliage. Un travail très-étendu, que la brièveté du temps n'avait pas permis de finir, avait été présenté aux nota-

---

(1) Ce rapport ne porte aucune date dans la collection du Louvre.

bles dans un état d'imperfection; il est complet actuellement, et je suis persuadé que, sous cette nouvelle forme, il aurait changé le cours des réflexions de la plupart des notables. Un respect rigoureux pour les formes suivies en 1614, a fixé l'opinion de ceux qui ont pensé que les grands bailliages devaient avoir le même nombre de députés, sans égard à la diversité de leur étendue et de leur population. Cependant il est impossible de douter qu'en 1614 on n'eût fait de plus fortes réclamations contre la grande inégalité de la représentation entre les provinces, si la force de l'habitude, l'ignorance où l'on était de la population respective du royaume, et quelquefois un défaut d'intérêt pour les objets qui devaient être traités aux Etats-Généraux n'avaient pas distrait l'attention de ces disparités; mais aujourd'hui que les lumières se sont étendues et perfectionnées, aujourd'hui qu'on est attaché davantage aux règles de l'équité proportionnelle, on exciterait les réclamations de plusieurs provinces, sans en contenter aucune, si l'on consacrait de nouveau des inégalités contraires aux règles les plus communes de la justice. Ces inégalités sont grandes, ainsi qu'on a déjà eu occasion de le faire remarquer.

La sénéchaussée de Poitiers
contient. . . . . 692,810 ames.
Le bailliage de Gex. 13,052
Le bailliage de Vermandois. 674,504
Celui de Dourdan. 7,462
Il n'y a qu'une seule opinion dans le royaume sur la nécessité de proportionner, autant qu'il sera possible, le nombre de députés de chaque bailliage à sa population; et, puisque l'on peut, en 1788, établir cette proportion d'après des connaissances certaines, il serait évidemment déraisonnable de délaisser ces moyens de justice éclairée, pour suivre servilement l'exemple de 1614.

Je ne m'arrêterai pas aux raisonnemens trop métaphysiques dont on s'est servi pour soutenir que les intérêts généraux de la nation seraient aussi bien représentés par les députés d'un petit bailliage que par les députés d'un grand; et qu'ainsi, les représentans de ces deux bailliages pouvaient rester en nombre égal sans inconvénient, et jouir ainsi d'une influence pareille dans l'assemblée des Etats-Généraux. Il suffit, pour faire sentir l'imperfection de ce raisonnement, de le pousser à l'extrême, et de demander si le député d'une paroisse devrait, dans une province, avoir le même suffrage, que les représentans de deux ou trois cents communautés. Les esprits ne se prêtent point à des distinctions subtiles, quand il est question des plus grands principes et des plus grands intérêts. On peut observer, à la vérité, que, si, dans chaque ordre, aux Etats-Généraux, on opine par bailliages, et non par tê-

tes, l'ancienne disparité, à laquelle on propose au Roi de remédier, subsisterait également; mais tout ce que Votre Majesté peut faire, c'est de mettre les Etats-Généraux à portée d'adopter l'une ou l'autre délibération. D'ailleurs, en supposant même que les opinions se réglassent par bailliages, les plus considérables d'entre ces districts ayant une grande diversité d'intérêts à faire connaître, il serait encore raisonnable de leur accorder plus de représentation qu'aux bailliages, dont l'étendue et la population seraient infiniment moins importantes.

Sur la seconde question. Faut-il que le nombre des députés du tiers-état soit égal à celui des deux autres ordres réunis, ou ce nombre doit-il composer simplement la troisième partie de l'ensemble?

Cette question, la plus importante de toutes, divise en ce moment le royaume. L'intérêt qu'on y attache est peut-être exagéré de part et d'autre; car, puisque l'ancienne constitution ou les anciens usages autorisent les trois ordres à délibérer et voter séparément aux Etats-Généraux, le nombre des députés, dans chacun de ces ordres, ne paraît pas une question susceptible du degré de chaleur qu'elle excite. Il serait sans doute à désirer que les ordres se réunissent volontairement dans l'examen de toutes les affaires où leur intérêt est absolument égal et semblable; mais cette détermination même dépendant du vœu distinct des trois ordres, c'est de l'amour commun du bien de l'État qu'on doit l'attendre. Quoi qu'il en soit, toute question préliminaire qui peut être considérée sous divers points de vue, et semer ainsi la discorde entre les trois ordres de l'État, est, sous ce rapport seul, de la plus grande importance; et Votre Majesté doit découvrir avec peine qu'elle ne pourra prendre aucun parti sur le nombre des députés du tiers-état, sans mécontenter une partie des trois ordres de la nation; et vos ministres, que l'on aime souvent à juger avec sévérité, ne doivent pas se dissimuler les difficultés qui les attendent; mais leur devoir n'est pas moins d'exprimer leurs sentimens avec la plus parfaite vérité.

C'était sans doute une grande tâche que d'avoir à présenter aux Etats-Généraux l'embarras des affaires et les divers moyens qui pouvaient rétablir les finances; mais, avec l'harmonie, cette tâche s'allégeait à mes yeux. Faut-il, à l'aspect des désunions qui s'élèvent, commencer à perdre courage! non, sans doute, il s'en faut bien; mais il est permis d'être péniblement affecté de ces nouveaux obstacles.

L'on compte en faveur de l'opinion qui réduit le nombre des députés du tiers-état à la moitié des représentans des deux autres ordres réunis, 1° la majorité décidée des notables; 2° une grande partie du clergé et de la noblesse; 3° le vœu prononcé de la noblesse de Bretagne; 4° le sentiment connu de plusieurs magistrats, tant du conseil du Roi que des Cours souveraines; 5° une sorte d'exemple tiré des États de Bretagne, de Bourgogne et d'Artois, assemblées divisées en trois ordres, et où cependant le tiers-état est moins nombreux que la noblesse et le clergé; 6° enfin, plusieurs princes du sang dont les sentimens se sont manifestés d'une manière positive.

On voit, d'un autre côté, en faveur de l'admission du tiers-état dans un nombre égal à celui des deux autres ordres réunis, 1° l'avis de la minorité des notables, entre lesquels on compte plusieurs personnes distinguées par leur rang dans la noblesse et dans le clergé; 2° l'opinion de plusieurs gentilshommes qui n'étaient pas dans l'assemblée des notables; 3° le vœu des trois ordres du Dauphiné; 4° la demande formée par diverses commissions ou bureaux intermédiaires des administrations provinciales, demande que ces administrations auraient vraisemblablement appuyée, si elles avaient tenu leurs séances cette année; 5° l'induction qu'on peut tirer de l'ancienne constitution des États de Languedoc, et de la formation récente des États de Provence et du Hainaut, où le tiers-état est en nombre égal aux deux autres ordres; 6° le dernier arrêté du parlement de Paris, où, sans prononcer sur l'égalité du nombre entre le tiers-état et les deux autres ordres, le parlement s'explique de la manière suivante : « A l'égard du nombre, « celui des députés respectifs n'étant déter- « miné par aucune loi, ni par aucun usage « constant pour aucun ordre, il n'a été ni dans « le pouvoir, ni dans l'intention de la cour « d'y suppléer; ladite cour ne pouvant, sur « cet objet, que s'en rapporter à la sagesse du « Roi sur les mesures nécessaires à prendre « pour parvenir aux modifications que la rai- « son, la liberté, la justice et le vœu général « peuvent indiquer. » 7° Enfin, et par-dessus tout, les adresses sans nombre des villes et des communes du royaume, et le vœu public de cette vaste partie de vos sujets connue sous le nom de tiers-état.

Je pourrais ajouter encore ce bruit sourd de l'Europe entière, qui favorise confusément toutes les idées d'équité générale. Après avoir rapproché les autorités pour et contre, et les divers appuis de deux opinions si opposées, je rappellerai, en peu de mots, à Votre Majesté, les différens motifs qui peuvent éclairer sa décision. Et d'abord l'on cite contre l'admission régulière du tiers-état dans un nombre égal aux deux premiers ordres réunis, l'exemple de 1614 et de plusieurs tenues d'états précédens : les lettres de convocation portaient, un de chaque ordre. On représente que si Votre Majesté se croyait en droit de changer cet ordre de choses, on ne saurait déterminer la mesure des altérations que le Souverain pourrait apporter aux diverses parties

constitutives des États-Généraux. Votre Majesté, ayant assemblé les notables de son royaume, et leur ayant demandé leur avis, trouverait sûrement une sorte de satisfaction et de convenance à suivre l'opinion qu'ils ont adoptée, à la grande pluralité des voix; il serait agréable à Votre Majesté de pouvoir donner une marque de déférence à une assemblée composée de personnes recommandables à tant de titres, et qui, en discutant les questions soumises à leur examen, se sont livrées avec zèle et sincérité à la recherche du point de décision le plus juste et le plus conforme au bien de l'État. L'on ajoute qu'en ne ménageant pas les droits ou les prétentions des deux premiers ordres, l'on contrarie les anciens principes du Gouvernement français, et l'on blesse, en quelque manière, l'esprit de la monarchie.

On peut dire que ces deux premiers ordres sont liés au souverain par leur supériorité même sur le troisième, puisque cette supériorité est maintenue par toutes les gradations d'états dont le monarque est à la fois le conservateur et le dernier terme. On présume que le tiers-état, en mettant un grand intérêt à être égal en nombre aux députés des deux premiers ordres, annonce le dessein d'amener les États-Généraux à délibérer en commun. On observe, dans un autre sens, que si ce genre de délibération devenait convenable en certaines occasions, on rendrait plus incertain l'assentiment des deux premiers ordres à une pareille disposition, si le nombre des députés du tiers-état était égal à celui des deux premiers ordres. On demande ce qu'il faut de plus au tiers-état que l'abolition des priviléges pécuniaires, et l'on annonce cette abolition comme certaine, en citant le vœu formel à cet égard d'un grand nombre de notables dans la noblesse et dans le clergé. On croit que le tiers-état, et alors on l'appelle le peuple, est souvent inconsidéré dans ses prétentions, et que la première une fois satisfaite, une suite d'autres demandes pourront se succéder, et nous approcher insensiblement de la démocratie. On met trop d'importance, dit-on, quelquefois, aux réclamations du tiers-état; il est considérable en nombre; mais, épars et distrait par diverses occupations lucratives, il ne prend aux questions politiques, qu'un intérêt momentané; il a besoin d'être soutenu par des écrits, et il se lasse de la continuation des mêmes débats. Les deux premiers ordres, comme toutes les associations dont l'étendue est circonscrite, sont, au contraire, sans cesse éveillés par l'intérêt habituel qui leur est propre : ils ont le temps et la volonté de s'unir, et ils gagnent insensiblement des voix par l'effet de leur crédit et par l'ascendant de leur état dans le monde. On fait des calculs sur le nombre des citoyens qui composent le tiers-état, et l'on resserre ce nombre en séparant de sa cause, ou plutôt de son parti, tous ceux qui, par ignorance ou par misère, ne sont que les serviteurs des riches de tous les états, et se montrent absolument étrangers aux contestations politiques. Peut-être même que la plupart des hommes de cette dernière classe seraient plus à la suite des seigneurs ecclésiastiques et laïcs, avec lesquels ils ont des liens de dépendance, qu'ils ne seraient attachés aux citoyens qui défendent les droits communs de tous les non-privilégiés. Les deux premiers ordres, qui n'ont rien à acquérir, et qui sont contens de leurs priviléges et de leur état politique, ont moins d'intérêt que le tiers-état à la réunion des trois ordres en États-Généraux. Ainsi, s'ils n'étaient pas entraînés par un sentiment public, équitable et généreux, ils adopteraient facilement les mesures qui éloigneraient, par des oppositions ou par tout autre moyen, la tenue de ces États. Enfin, les deux premiers ordres connaissent mieux que le troisième la cour et ses orages; et, s'ils le voulaient, ils concerteraient avec plus de sûreté les démarches qui peuvent embarrasser le ministère, fatiguer sa constance, et rendre sa force impuissante.

Je crois avoir indiqué les principales considérations qui peuvent favoriser auprès du Roi les prétentions contraires à la demande du tiers-état; je vais parcourir de même, en abrégé, celles qui en doivent être l'appui : elles fixeront pareillement l'attention de Votre Majesté. On accuse le tiers-état de vouloir empiéter sur les deux premiers ordres, et il ne demande qu'autant de réprésentans, autant de défenseurs pour les communes soumises à toutes les charges publiques, que pour le nombre circonscrit des citoyens qui jouissent de priviléges ou d'exceptions favorables. Il resterait encore aux deux premiers ordres tout l'ascendant qui naît de la supériorité d'état, et les diverses grâces dont ils sont les distributeurs, soit par leurs propres moyens, soit par leur crédit à la cour et près des ministres. Cette dernière observation est tellement juste, que dans les assemblées d'État, où les trois ordres délibèrent quelquefois en commun, il est connu par expérience qu'aux momens où le tiers-état se sent intimidé par l'opinion de ceux qu'il est dans l'habitude de respecter, il demande à se retirer dans sa chambre, et c'est en s'isolant ainsi qu'il reprend du courage et retrouve ses forces. Le titre des lettres de convocation de 1614, et précédentes assemblées nationales, est contraire à la demande du tiers-état; mais les faits y sont favorables, puisqu'en réalité, le nombre des députés de cette classe de citoyens a toujours passé la troisième partie du nombre général des députés. Au commencement du 14e siècle, Philippe-le-Bel, guidé par une vue simplement politique, a pu introduire le tiers-état dans les assemblées nationales; Votre-Majesté, à la fin du 18e, déterminée seulement par un senti-

ment d'équité, n'aurait-elle pas le droit de satisfaire au vœu général des communes de son royaume, en leur accordant un petit nombre de représentans de plus qu'elles n'ont eu à la dernière tenue, époque loin de nous de près de deux siècles? Cet intervalle a apporté de grands changemens à toutes choses. Les richesses mobilières et les emprunts du gouvernement ont associé le tiers-état à la fortune publique; les connaissances et les lumières sont devenues un patrimoine commun; les préjugés se sont affaiblis; un sentiment d'équité général a été noblement soutenu par les personnes qui avaient le plus à gagner au maintien rigoureux de toutes les distinctions. Partout, les ames se sont animées, les esprits se sont exhaussés, et c'est à un pareil essor que la nation doit en partie le renouvellement des États-Généraux. Il n'eût point eu lieu, ce renouvellement, si, depuis le prince jusqu'aux sujets, un respect absolu pour les derniers usages eût paru la seule loi. L'ancienne délibération par ordre ne pouvant être changée que par le concours des trois ordres et par l'approbation du Roi, le nombre des députés du tiers-état n'est jusque-là qu'un moyen de rassembler toutes les connaissances utiles au bien de l'État, et l'on ne peut contester que cette variété de connaissances appartient surtout à l'ordre du tiers-état, puisqu'il est une multitude d'affaires publiques dont lui seul a l'instruction, telles que les transactions du commerce intérieur et extérieur, l'état des manufactures, les moyens les plus propres à les encourager, le crédit public, l'intérêt et la circulation de l'argent, l'abus des perceptions, celui des priviléges, et tant d'autres parties dont lui seul a l'expérience. La cause du tiers-état aura toujours pour elle l'opinion publique, parce qu'une telle cause se trouve liée aux sentimens généreux, les seuls que l'on puisse manifester hautement. Ainsi, elle sera constamment soutenue, et dans les conversations, et dans les écrits, par les hommes animés et capables d'entraîner ceux qui lisent ou qui écoutent. Votre Majesté a été touchée de l'amour, de la confiance, de l'abandon dont le tiers-état fait profession pour elle dans toutes les supplications des villes et des communes qui lui ont été adressées. Votre Majesté a sans doute d'autres manières de répondre à tant de dévouement que par l'admission des députés du tiers-état aux États-Généraux dans un nombre plus ou moins étendu; cependant il est juste, naturel et raisonnable que Votre Majesté prenne en considération particulière l'intérêt qu'une si nombreuse partie de ses sujets attache à la décision de cette question. On dit que dans l'assemblée des États-Généraux, les deux premiers ordres examineront la pétition du tiers-état, et que peut-être alors ils y accéderont; mais si, selon l'avis de plusieurs publicistes et selon l'arrêté du parlement de Paris, le nombre respectif des trois ordres, opinant séparément, peut être légitimement déterminé par le Roi, serait-il absolument égal que le tiers-état obtînt de Votre Majesté, ou des deux autres ordres de son royaume, le succès de ses sollicitations? et peut-il être indifférent à Votre Majesté d'être la première · à lui accorder une justice ou un bienfait? Il est remarquable que le Languedoc, la Provence, le Hainaut, le Dauphiné, enverront nécessairement, selon leurs formes constitutives, autant de députés du tiers-état que des deux premiers ordres. Ces deux ordres n'ont pas fait attention, peut-être, que dans le tiers-état beaucoup de personnes sont associées, en quelque manière, aux priviléges de la noblesse; ce sont les habitans des villes connues sous le nom de villes franches, villes en très-grand nombre aujourd'hui, et où la taille n'existe plus, parce qu'elle y a été convertie en des droits sur les consommations, payés également par toutes les classes de citoyens. On peut supposer, contre la vraisemblance, que, les trois ordres venant à faire usage réciproquement de leurs droits d'opposition, il y eût une telle inaction dans les délibérations des États-Généraux, que, d'un commun accord, et sollicités par l'intérêt public, ils désirassent de délibérer en commun, fût-ce en obtenant du souverain que leur vœu pour toute innovation exigeât une supériorité quelconque de suffrages. Une telle disposition, ou toute autre du même genre, quoique nécessitée par le bien de l'État, serait peut-être inadmissible ou sans effet, si les représentans des communes ne composaient pas la moitié de la représentation nationale. La déclaration généreuse que viennent de faire les pairs du royaume, si elle entraîne le suffrage de la noblesse et du clergé aux États-Généraux, assurera à ces deux ordres de l'État des hommages de reconnaissance de la part du tiers-état; et le nombre de ces hommages sera pour eux un tribut d'autant plus glorieux et plus éclatant. Cependant, lors même qu'il ne subsisterait aucune inégalité dans la répartition des impôts, il y aurait encore de la convenance à donner au tiers-état une représentation nombreuse, puisqu'il importerait que la sagesse des délibérations des États-Généraux, que la bonté et la justice du souverain fussent annoncées et expliquées, dans tout le royaume, par une diversité d'interprètes et de garans suffisante pour éclairer et pour affermir la confiance de vingt-quatre millions d'hommes. On place encore ici une réflexion : la défaveur auprès des deux premiers ordres peut perdre facilement un ministre. Les mécontentemens du troisième n'ont pas cette puissance; mais ils affaiblissent quelquefois l'amour public pour la personne du souverain. Enfin, le vœu du tiers-état, quand il est unanime, quand il est conforme aux principes généraux d'équité, s'appellera toujours le vœu national; le temps le consacrera, le jugement de l'Europe l'encouragera, et le souverain ne peut que régler dans sa justice ou avancer dans sa sagesse ce que les circonstances et les opinions doivent amener d'elles-mêmes.

Votre Majesté, qui a lu attentivement tous les écrits remarquables publiés sur la question soumise à son jugement, aura présentes à l'esprit toutes les considérations qui ne lui sont pas rappelées dans ce mémoire.

Obligé, maintenant, pour obéir à ses ordres, de donner mon avis avec les autres ministres de Sa Majesté, sur l'objet essentiel traité dans ce moment, je dirai donc, qu'en mon ame et conscience, et en fidèle serviteur de Votre Majesté, je pense décidément qu'elle peut et qu'elle doit appeler aux États-Généraux un nombre de députés du tiers-état égal en nombre aux députés des deux autres ordres réunis, non pour forcer, comme on paraît le craindre, la délibération par têtes; mais pour satisfaire le vœu général et raisonnable des communes de son royaume, dès que cela se peut sans nuire aux intérêts des deux autres ordres.

On a dit que, si les communautés envoyaient d'elles-mêmes un nombre de députés supérieur à celui qui serait déterminé par les lettres de convocation, on n'aurait pas le droit de s'y opposer. Que signifierait donc l'autorité du souverain, s'il ne pouvait pas mettre la règle à la place du désordre? car c'en serait un véritable, que la pleine liberté, laissée au tiers-état, de se conformer ou non aux lettres de convocation, pour le nombre de ses députés. La noblesse et le clergé, qui ont maintenant fixé leur attention sur la quotité respective du nombre des représentans de chaque ordre, ne manqueraient pas d'excéder aussi, dans leur députation, le nombre prescrit; et, par une rivale imitation, il arriverait peut-être aux États-Généraux une foule de députés qui produirait le désordre et la confusion.

Votre Majesté a des intentions droites, et ne veut que la justice envers tous, et le bonheur de ses peuples; et ce n'est pas selon la rigueur d'une ancienne forme et d'une forme diversement entendue, diversement interprétée, qu'elle voudra décider d'une question intéressante pour la tranquillité publique. Que l'on ait pris de vaines alarmes, que l'on conçoive de faux ombrages, Votre Majesté les dissipera, en se montrant le gardien des droits de tous les ordres de son royaume; elle ne se déterminera dans la question présente, que par un sentiment de justice, et ce même sentiment deviendra le garant de toutes les propriétés, et servira de défense à tous les ordres de l'État. Ce serait faire tort aux sentimens élevés de la noblesse, ce serait mal juger de l'esprit de justice et de paix qui appartient au clergé, d'imaginer une résistance de leur part à la décision que donnera Votre Majesté sur une question long-temps débattue, et dont le résultat ne doit conduire avec justice à aucune conséquence importante.

Proposition. Je crois que le nombre de mille députés, ou environ, est le plus convenable ; il ne présente pas la crainte d'une trop grande confusion, et, en même temps, il devient nécessaire pour représenter suffisamment la nation, dans une circonstance si grave et si majeure, et où les plus grands intérêts de l'Etat pourront être traités.

Ce nombre des représentans des trois ordres devrait être réparti entre les grands bailliages, en raison combinée de leur population et de leurs contributions, et, en assignant un nombre proportionnel à chaque pays d'états, qui est dans l'usage de choisir les députés dans ses propres assemblées. La manière la plus raisonnable de répartir mille députés entre les différens ordres de l'Etat, serait peut-être d'en accorder deux cents à l'ordre du clergé, trois cents à l'ordre de la noblesse, et cinq cents aux communes du royaume ; mais, comme Votre Majesté, sans le concours des Etats-Généraux, ne veut apporter aux anciennes formes que les changemens les plus indispensables, on propose à Votre Majesté de ne point s'écarter de la parité établie entre les deux ordres privilégiés ; et, alors, les mille députés qu'elle appellerait aux Etats-Généraux devraient être composés de deux cent cinquante du clergé, de deux cent cinquante de la noblesse, et de cinq cents du tiers-état.

On a rendu compte à Votre Majesté des diverses modifications qui pouvaient concilier ce doublement du tiers-état, avec une sorte de ménagement pour l'ancienne teneur des lettres de convocation ; ces lettres appelaient aux Etats-Généraux un de chaque ordre. Ainsi, on aurait pu maintenir la même formule, en répartissant l'élection de la moitié des députés du tiers-état, entre les villes principales du royaume ; mais l'avantage particulier que ces villes obtiendraient, deviendrait un sujet de jalousie pour toutes celles dont l'importance serait à peu près semblable, et cette même disposition pourrait encore exciter la réclamation des autres communautés du royaume. Quelques objections naîtraient aussi de ce que les trois ordres, se trouvant réunis et confondus dans les communes des villes, il faudrait, par des réglemens nouveaux et particuliers, séparer le tiers-état des autres classes de la société ; et, de pareils réglemens, appliqués à un nombre très-considérable de villes, entraîneraient de grands embarras et de grandes longueurs. Il était bien naturel et bien digne de la protection que Votre Majesté accorde également à tous les ordres de son royaume, de chercher avec attention et avec suite tous les moyens qui pouvaient lui donner l'espérance de concilier leurs diverses prétentions et leurs différens intérêts ; mais, dans la circonstance où se trouvent les affaires publiques, toute modification nouvelle qui n'aurait pas été motivée, ou par un principe évident de justice, ou par l'expression générale de l'opinion publique, exposerait peut-être à des contradictions difficiles à surmonter.

Votre Majesté en augmentant le nombre des députés du tiers-état aux assemblées nationales, cédera principalement à un sentiment d'équité ; et, puisqu'en toutes choses, la manière la plus simple est la plus assortie à la dignité royale, c'est sous une telle forme qu'il faut livrer à la garde du temps une délibération qui fera quelque jour une des époques glorieuses du règne de Votre Majesté.

On proposerait donc à Votre Majesté d'exprimer ses intentions dans les lettres de convocation même. On doit observer cependant que, si Votre Majesté veut accorder une députation particulière au très-petit nombre de villes qui ont joui de ce privilége, en 1614, il faudrait les astreindre pour leurs élections, aux dispositions qui seront suivies dans les bailliages, afin que le nombre des députés du tiers-état ne puisse jamais excéder le nombre des députés des deux premiers ordres.

Sur la troisième question. Chaque ordre doit-il être restreint à ne choisir des députés que dans son ordre ?

Les lettres de convocation ayant toujours porté un de chaque ordre, annonçaient, par cette expression, que les députés choisis par un ordre, devaient en faire partie. Cependant, le parlement de Paris, aux termes de son arrêté du 5 décembre, semble penser que la plus parfaite liberté dans l'élection de chaque ordre est constitutionnelle. Il paraît donc douteux que, pour la prochaine assemblée des Etats-Généraux, l'on fût en droit de s'opposer à tel usage que chaque ordre pourrait faire de cette liberté ; et cette considération doit engager le tiers-état à diriger son choix avec d'autant plus d'attention vers les personnes qui lui paraîtront le plus dignes de sa confiance. La plus grande partie du tiers-état désire que ses députés soient nécessairement pris dans son ordre ; mais si les électeurs, dans quelque bailliage, pensaient différemment, et préféraient, pour leur représentant, un membre de la noblesse, ce serait peut-être aller bien loin, que de s'élever contre une pareille nomination, du moment qu'elle serait l'effet d'un choix parfaitement libre. Le tiers-état doit considérer : que les nobles choisis par lui, pour ses représentans, ne pourraient abandonner ses intérêts sans s'avilir; qu'il est dans la noblesse plusieurs personnes aussi zélées pour la cause du tiers-état, et aussi habiles à la défendre, que les députés choisis dans ce dernier ordre. Peut-être aussi que, dans le moment où la noblesse et le clergé paraissent véritablement disposés à renoncer aux priviléges pécuniaires dont ils jouissent, il y aurait quelque convenance de la part du tiers-état à ne pas excéder les bornes raisonnables de la défiance, et à voir ainsi, sans regret, l'admission de quelques gentilshommes dans son ordre, si cette admission avait lieu par l'effet d'un choix parfaitement libre. On doit ajouter qu'au milieu des mœurs françaises, ce mélange, dans une proportion mesurée, aurait des avantages pour le tiers-état, et serait peut-être le premier principe d'une union d'intérêts si nécessaire. Il est très-possible, à en juger par les dispositions des deux premiers ordres, que la prochaine tenue des États-Généraux soit la dernière où le tiers-état attachera une grande importance à n'avoir que des députés pris dans son ordre; car, si les priviléges pécuniaires qui séparent les intérêts des diverses classes de la société étaient une fois supprimés, le tiers-état pourrait indifféremment choisir pour représentant un gentilhomme ou autre citoyen. On ne peut douter qu'à l'époque où la répartition sera égale entre tous les ordres, qu'à l'époque où seront abolis ces dénominations de tributs, qui rappellent à chaque instant au tiers-état son infériorité, et l'affrontent inutilement, à cette heureuse époque enfin, si juste et si désirable, il n'y aura plus qu'un vœu commun entre tous les habitans de la France. Qu'est-ce donc alors qui pourrait séparer les intérêts du tiers-état des intérêts des deux premiers ordres? Le tiers-état, comme la noblesse, comme le clergé, comme tous les Français, n'a-t-il pas intérêt à l'ordre des finances, à la modération des charges publiques, à la justice des lois civiles et criminelles, à la tranquillité et à la puissance du royaume, au bonheur et à la gloire du souverain? Il n'entrera jamais dans l'esprit du tiers-état de chercher à diminuer les prérogatives seigneuriales ou honorifiques qui distinguent les deux premiers ordres, ou dans leurs propriétés, ou dans leurs personnes; il n'est aucun Français qui ne sache que ces prérogatives sont une propriété aussi respectable qu'aucune autre; que plusieurs tiennent à l'essence de la monarchie, et que jamais Votre Majesté ne permettrait qu'on y portât la plus légère atteinte. Que les ministres de la religion ne voient donc dans le nombre des représentans du tiers-état aux États-Généraux, que les représentans, les indicateurs des besoins multipliés d'un grand peuple. Que la noblesse, à l'aspect de ces nombreux députés des communes, se rap-

pelle avec satisfaction et avec gloire, qu'elle doit aux vertus et aux exploits de ses ancêtres, d'avoir sur les intérêts généraux de la nation, une influence égale aux députés de tout un royaume. Que ces députés, à leur tour, ne pensent jamais que ce soit par le nombre, ni par aucun moyen de contrainte, mais par la persuasion, par l'éloquence de la vérité, qu'ils peuvent obtenir le redressement des griefs de leurs constituans. Mais très-certainement, Sire, les communes de votre royaume n'ont aucune autre idée, et c'est à votre protection, c'est à l'appui de votre justice qu'elles se confient principalement. Leurs sentimens sont manifestés dans les supplications innombrables qu'elles ont adressées à Votre Majesté, et qui contiennent toutes la profession la plus expressive d'un dévouement sans bornes, et à Votre Majesté, et au secours de l'État. Il faut croire à ce sentiment national qui honore le règne de Votre Majesté, et qui consacre ses vertus et l'amour de ses peuples.

Ah! que de toutes parts on veuille enfin arriver au port; qu'on ne rende pas les efforts de Votre Majesté inutiles, par un esprit de discorde, et que chacun fasse un léger sacrifice pour l'amour du bien! Votre Majesté peut l'attendre avec confiance de l'ordre de son clergé: c'est à lui d'inspirer partout l'amour de la paix; c'est à lui de croire aux vertus de son Roi, et d'en pénétrer ceux qui l'écoutent. C'est à l'ordre de la noblesse de ne pas se livrer à des alarmes chimériques, et de soutenir les efforts généreux de Votre Majesté, au moment où elle est uniquement occupée d'assurer le bonheur général, au moment où elle voudrait appeler tous les esprits et tous les cœurs à seconder ses vues bienfaisantes. Ah! Sire, encore un peu de temps, et tout se terminera bien: vous ne direz pas toujours, je l'espère, ce que je vous ai entendu prononcer en parlant des affaires publiques: *Je n'ai eu*, disiez-vous, *je n'ai eu depuis quelques années que des instans de bonheur.* Touchantes paroles, quand elles sont l'expression d'une ame sincère et des sentimens d'un roi si digne d'être aimé! Vous le retrouverez, ce bonheur, Sire; vous en jouirez; vous commandez à une nation qui sait aimer, et que des nouveautés politiques, auxquelles elle n'est pas encore faite, distraient, pour un temps, de son caractère naturel; mais, fixée par vos bienfaits, et affermie dans sa confiance par la pureté de vos intentions, elle ne pensera plus ensuite qu'à jouir de l'ordre heureux et constant dont elle vous sera redevable. Elle ne sait pas encore, cette nation reconnaissante, tout ce que vous avez dessein de faire pour son bonheur. Vous l'avez dit, Sire, aux ministres qui sont honorés de votre confiance; non-seulement vous voulez ratifier la promesse que vous avez faite de ne mettre aucun impôt sans le consentement des Etats-Généraux de votre royaume, mais vous voulez encore n'en proroger aucun sans cette condition : vous voulez de plus assurer le retour successif des Etats-Généraux, en les consultant sur l'intervalle qu'il faudrait mettre entre les époques de leur convocation, et en écoutant favorablement les représentations qui vous seront faites, pour donner à ces dispositions une stabilité durable. Votre Majesté veut encore prévenir, de la manière la plus efficace, le désordre que l'inconduite ou l'incapacité de ses ministres pourraient introduire dans ses finances. Vous vous proposez, Sire, de concerter avec les Etat-Généraux les moyens les plus propres à vous faire atteindre à ce but ; et dans le nombre des dépenses dont vous assurerez la fixité, vous ne voulez pas même, Sire, distinguer celles qui tiennent plus particulièrement à votre personne. *Ah ! que sont ces dépenses pour le bonheur !* ai-je entendu dire à Votre Majesté. Et en effet, chacun le sait, Votre Majesté a prescrit elle-même plusieurs réductions très-importantes dans cette partie de ses finances, et elle veut qu'on lui propose encore les économies dont les mêmes objets seront susceptibles.

Votre Majesté, portant ses regards sur toutes les dispositions qui peuvent concourir au bonheur public, se propose aussi d'aller au-devant du vœu bien légitime de ses sujets, en invitant les Etats-Généraux à examiner eux-mêmes la grande question qui s'est élevée sur les lettres de cachet, afin que Votre Majesté, par le concours de leurs lumières, connaisse parfaitement quelle règle doit être observée dans cette partie de l'administration.

Vous ne souhaitez, Sire, que le maintien de l'ordre, et vous voulez abandonner à la loi tout ce qu'elle peut exécuter. C'est par le même principe, que Votre Majesté est impatiente de recevoir les avis des Etats-Généraux sur la mesure de liberté qu'il convient d'accorder à la presse, et à la publicité des ouvrages relatifs à l'administration, au gouvernement ou à tout autre objet public. Enfin, Sire, vous préférez, avec raison, aux conseils passagers de vos ministres, les délibérations durables des Etats-Généraux de votre royaume ; et quand vous aurez éprouvé leur sagesse, vous ne craindrez point de leur donner une stabilité qui puisse produire la confiance et les mettre à l'abri d'une variation dans les sentimens des rois vos successeurs. Vous avez encore d'autres vues pour le bonheur de vos sujets, ou plutôt, Sire, vous n'avez que cette seule vue sous différentes modifications, et c'est surtout par ce genre de rapport avec vos peuples que votre autorité vous est chère ; et comment n'en connaî-

triez-vous pas le prix dans ce moment extraordinaire, où vous en répandez l'influence, non-seulement pour la félicité des sujets qui vous ont été confiés, mais pour l'avantage encore de toutes les générations futures! Ce sont vos sentimens, Sire, que j'ai essayé d'exprimer ; ils deviennent un nouveau lien entre Votre Majesté et l'auguste princesse qui partage vos peines et votre gloire. Je n'oublierai jamais qu'elle me disait, il y a peu de temps : « Le Roi ne se refusera point aux sacrifices « qui pourront assurer le bonheur public ; « nos enfans penseront de même, s'ils sont « sages ; et s'ils ne l'étaient pas, le Roi aurait « rempli un devoir en leur imposant quelque « gêne. » Belles et louables paroles, que je priai Sa Majesté, avec émotion, de me permettre de retenir. Sire, je n'ai point de doute sur la destinée de la France, ni sur sa puissance au-dehors, si, par un juste partage des sentimens qui vous animent, on s'empresse à faire servir la circonstance actuelle au rétablissement de l'harmonie intérieure et à la construction d'un édifice inébranlable de prospérité et de bonheur.

Vous avez encore, Sire, le grand projet de donner des Etats provinciaux au sein des Etats-Généraux, et de former un lien durable entre l'administration particulière de chaque province et la législation générale. Les députés de chaque partie du royaume concerteront le plan le plus convenable, et Votre Majesté est disposée à y donner son assentiment, si elle le trouve combiné d'une manière sage et propre à faire le bien, sans discorde et sans embarras. Votre Majesté, une fois contente du zèle et de la marche régulière de ces Etats, et leurs pouvoirs étant bien définis, rien n'empêcherait Votre Majesté de leur donner des témoignages de confiance fort étendus, et de diminuer, autant qu'il est possible, les détails de l'administration première. Votre Majesté est encore déterminée à appuyer de son autorité tous les projets qui tendront à la plus juste répartition des impôts ; mais en secondant les dispositions généreuses qui ont été manifestées par les princes, les pairs du royaume et par les notables et du clergé et de la noblesse, Votre Majesté désire cependant que, dans l'examen des droits et des faveurs dont jouissent les ordres privilégiés, on montre des égards pour cette partie de la noblesse qui cultive elle-même ses champs, et qui souvent, après avoir supporté les fatigues de la guerre, après avoir servi le Roi dans ses armées, vient encore servir l'Etat, en donnant l'exemple d'une vie simple et laborieuse, et en honorant par ses occupations les travaux de l'agriculture. Je ne rappellerai pas d'une manière plus étendue à Votre Majesté tous les projets qui promettent à ses intentions bienfaisantes un avenir digne de sa sollicitude paternelle et de son amour du bien public. Serait-il possible que des craintes spéculatives, que des raisonnemens prématurés vinssent mettre obstacle à cette harmonie, sans laquelle les assemblées nationales ne sont plus propres à seconder l'administration? Est-ce dans un moment de crise qu'il faut se désunir? Est-ce au moment où l'incendie a gagné l'édifice, qu'il faut perdre du temps en vaines disputes? Eh quoi! les Français, qu'on a vu fléchir, dans d'autres temps, devant la simple parole d'un ministre impérieux, n'auraient-ils de résistance qu'aux tendres efforts d'un Roi bienfaisant! Ah! que chacun de vous soit tranquille, oserais-je leur dire; le plus droit, le plus intègre des princes environnera de son esprit les délibérations des Etats-Généraux; et son désir le plus ardent, c'est que la prospérité de l'Etat ne soit due qu'au zèle empressé de tous les ordres du royaume. Toute défiance anticipée serait une véritable injustice. Hélas! en d'autres temps, on se fût approché du trône avec transport pour inscrire dans un registre national les déterminations de Votre Majesté, et pour recevoir d'elle ces gages de bonheur, d'une voix unanime et d'un commun accord. Non, je ne désespère point qu'un pareil sentiment ne renaisse encore, et qu'un nouvel ordre de choses, joint à l'impression des vertus de Votre Majesté et aux douces et sensibles inclinations des Français, ne triomphe enfin de cet esprit de désunion que de malheureux évènemens ont semé au milieu de nous, mais qui se perdra dans une suite de beaux jours dont il me sera permis de voir l'aurore.

Je prie Votre Majesté de me pardonner, si je m'abandonne à ces sentimens en lui adressant la parole : je ne puis mettre de l'ordre dans ces réflexions, au milieu des travaux de tout genre qui me laissent si peu de momens; mais c'est un guide aussi que le sentiment, et il serait à désirer que, dans ces grandes circonstances, tout le monde le suivît, et qu'on suspendît, pour un temps, ces combinaisons d'esprit, ces anticipations exagérées qui égarent si facilement. Qu'il me soit permis, après avoir entretenu Votre Majesté d'une question dont la décision est devenue si importante; qu'il me soit permis, après avoir résumé les diverses intentions de Votre Majesté, relatives au plus grand avantage de ses peuples; qu'il me soit permis, dis-je, de m'arrêter un moment sur le bonheur particulier de Votre Majesté. Il faut en convenir, la satisfaction attachée à un pouvoir sans limites est toute d'imagination; car, si le souverain ne doit se proposer que le plus grand avantage de l'Etat et la plus grande félicité de ses sujets, le sacrifice de quelques-unes de ces prérogatives, pour atteindre à ce double but, est certainement le plus bel usage de sa puissance, et c'est même le seul qui ne soit pas susceptible

de partage, puisqu'il ne peut émaner que de son propre cœur et de sa propre vertu, tandis que les abus et la plupart des exercices journaliers de l'autorité dérivent le plus souvent de l'ascendant des ministres. Ce sont eux qui, se trouvant presque nuls au milieu d'un ordre constant et invariable, voudraient que tout fût conduit par les volontés instantanées du souverain, bien sûrs d'avoir ainsi une influence proportionnée à la multitude d'intérêts particuliers qui aboutissent à eux, et à la variété des ressorts qu'ils font agir. Mais si Votre Majesté arrête son attention sur le présent et sur l'avenir, si elle y réfléchit avec ce jugement impartial et modéré qui fait un des caractères remarquables de son esprit, elle verra que, dans le plan général dont elle s'est formé l'idée, elle ne fait qu'assurer simplement l'exécution de la première et de la plus constante de ses volontés, l'accomplissement du bien public; elle ne fait qu'ajouter à ses vues bienfaisantes des lumières qui ne sont jamais incertaines, lorsqu'elles viennent du résultat des vœux d'une assemblée nationale bien ordonnée. Alors, Votre Majesté ne sera plus agitée entre les divers systèmes de ses ministres; elle ne sera plus exposée à revêtir de son autorité une multitude de dispositions dont il est impossible de prévoir toutes les conséquences; elle ne sera plus entraînée à soutenir les actes de cette même autorité, long-temps encore après le moment où elle commence à douter de la perfection des conseils qui lui ont été donnés; enfin, par une seule application grande et généreuse de la puissance souveraine, par un seul acte d'une confiance éclairée, Votre Majesté, en s'environnant des députés de la nation, se délivrera pour toujours de cette suite d'incertitudes et de balancemens, de défiances et de regrets qui doivent faire le malheur d'un prince, tant qu'il demeure sensible au bien de l'Etat et à l'amour de ses peuples. Les déterminations que Votre Majesté a prises lui laisseront toutes les grandes fonctions du pouvoir suprême; car les assemblées nationales, sans un guide, sans un défenseur de la justice, sans un défenseur des faibles, pourraient elles-mêmes s'égarer, et, s'il s'établit dans les finances de Votre Majesté un ordre immuable; si la confiance prend l'essor qu'on peut espérer; si toutes les forces de ce grand royaume viennent à se vivifier, Votre Majesté jouira, dans ses relations au-dehors, d'une augmentation d'ascendant qui appartient encore plus à une puissance réelle et bien ordonnée qu'à une autorité sans règle; enfin, quand Votre Majesté arrêtera son attention, ou sur elle-même, pendant le cours de sa vie, ou sur la royauté, pendant la durée des siècles, elle verra que, sous l'une et l'autre considération, elle a pris le parti le plus conforme à sa sagesse. Votre Majesté aura le glorieux, l'unique, le salutaire avantage de nommer à l'avance le conseil de ses successeurs, et ce conseil sera le génie même qui ne s'éteint point, et qui fait des progrès avec les siècles; enfin, les bienfaits de Votre Majesté s'étendront jusque sur le caractère national; car, en le dirigeant habituellement vers l'amour du bien public, elle appuiera, elle embellira toutes les qualités morales que ce précieux amour inspire généralement.

Enfin, si, par des révolutions imprévues, l'édifice élevé par Votre Majesté venait à s'écrouler; si les générations suivantes ne voulaient pas du bonheur que Votre Majesté leur aurait préparé, elle aurait fait encore un acte essentiel de sagesse, en calmant, ne fût-ce que pendant son règne, cet esprit de dissention qui s'élève, de toutes parts, dans son royaume.

Cependant, si une différence dans le nombre des députés du tiers-état devenait un sujet ou un prétexte de discorde; si l'on contestait à Votre Majesté le droit de donner une décision préliminaire demandée avec tant d'instance par la plus grande partie de ses sujets, et qui conserve en entier les usages constitutifs des Etats-Généraux; si chacun, se livrant à une impatience déraisonnable, ne voulait pas attendre de ces Etats-Généraux eux-mêmes la perfection dont chacun se forme une opinion différente; si l'on ne voulait faire aucune attention à l'embarras dans l'quel se trouve le Gouvernement, et au milieu de la fermentation présente, et au milieu de ce combat des usages et de l'équité, des formes et de la raison; enfin, si chacun, mécontent de ce qui manquerait à ses désirs, non pas pour toujours, mais pour l'instant le plus prochain, perdait de vue le bien durable auquel il faut tendre; si, par des vues particulières, on cherchait à retarder l'assemblée des Etats-Généraux, et à lasser l'honorable constance de Votre Majesté, et, si votre volonté, Sire, n'était pas suffisante pour vaincre ces obstacles, je détourne mes regards de toutes ces idées, je ne puis m'y arrêter, je ne puis y croire, alors, cependant, quel conseil pourrais-je donner à Votre Majesté? un seul, et ce serait le dernier, celui de sacrifier à l'instant le ministre qui aurait eu le plus de part à votre délibération.

_____

27 DÉCEMBRE 1788.— Résultat du Conseil-d'Etat du Roi tenu à Versailles, sur la forme de convocation des Etats-Généraux. (L. 1, 20.)

_____

4 JANVIER 1789.— Arrêt du Conseil-d'Etat du Roi portant nomination de commissaires pour régler, en conséquence du résultat du conseil du 27 décembre, ce qui a rapport à la convocation des Etats-Généraux. (L. 1, 45.)

_____

24 JANVIER 1789.— Réglement fait par le Roi pour l'exécution des lettres de convocation. (L. 1, 49.)

Le Roi, en adressant aux diverses provinces soumises à son obéissance, des lettres de convocation pour les Etats-Généraux, a voulu que ses sujets fussent tous appelés à concourir aux élections des députés qui doivent former cette grande et solennelle assemblée; Sa Majesté a désiré que des extrémités de son royaume et des habitations les moins connues, chacun fût assuré de faire parvenir jusqu'à elle ses vœux et ses réclamations; Sa Majesté ne peut souvent atteindre que par son amour à cette partie de ses peuples, que l'étendue de son royaume et l'appareil du trône semblent éloigner d'elle, et qui, hors de la portée de ses regards, se fie néanmoins à la protection de sa justice et aux soins prévoyants de sa bonté. Sa Majesté a donc reconnu, avec une véritable satisfaction, qu'au moyen des assemblées graduelles, ordonnées dans toute la France pour la représentation du tiers-état, elle aurait ainsi une sorte de communication avec tous les habitans de son royaume, et qu'elle se rapprocherait de leurs besoins et de leurs vœux d'une manière plus sûre et plus immédiate. Sa Majesté a tâché de remplir encore cet objet particulier de son inquiétude, en rappelant aux assemblées du clergé tous les bons et utiles pasteurs qui s'occupent de près et journellement de l'indigence et de l'assistance du peuple, et qui connaissent plus intimement ses maux et ses appréhensions. Le Roi a pris soin néanmoins que, dans aucun moment, les paroisses ne fussent privées de la présence de leurs curés, ou d'un ecclésiastique capable de les remplacer; et, dans ce but, Sa Majesté a permis aux curés qui n'ont point de vicaires, de donner leur suffrage par procuration.

Le Roi appelle au droit d'être élus pour députés de la noblesse, tous les membres de cet ordre indistinctement, propriétaires ou non propriétaires; c'est par leurs qualités personnelles, c'est par les vertus dont ils sont comptables envers leurs ancêtres, qu'ils ont servi l'Etat dans tous les temps, qu'ils le serviront encore; et le plus estimable d'entre eux sera toujours celui qui méritera le mieux de les représenter.

Le Roi, en réglant l'ordre des convocations et la forme des assemblées, a voulu suivre les anciens usages, autant qu'il était possible. Sa Majesté, guidée par ce principe, a conservé à tous les bailliages qui avaient députe directement aux Etats-Généraux, en 1614, un privilège consacré par le temps, pourvu, du moins, qu'ils n'eussent pas perdu les caractères auxquels cette distinction avait été accordée; et Sa Majesté, afin d'établir une règle uniforme, a étendu la même prérogative au petit nombre de bailliages qui ont acquis des titres pareils, depuis l'époque des derniers États-Généraux.

Il est résulté de cette disposition, que de petits bailliages auront un nombre de députés supérieur à celui qui leur aurait appartenu dans une division exactement proportionnée à leur population; mais Sa Majesté a diminué l'inconvénient de cette inégalité, en assurant aux autres bailliages une députation relative à leur population et à leur importance; et ces nouvelles combinaisons n'auront d'autre conséquence que d'augmenter un peu le nombre général des députés. Cependant le respect pour les anciens usages, et la nécessité de les concilier avec les circonstances présentes, sans blesser les principes de la justice, ont rendu l'ensemble de l'organisation des prochains États-Généraux, et toutes les dispositions préalables très-difficiles, et souvent imparfaites. Cet inconvénient n'eût pas existé, si l'on eût suivi une marche entièrement libre, et tracée seulement par la raison et par l'équité; mais Sa Majesté a cru mieux répondre au vœu de ses peuples, en réservant à l'assemblée des États-Généraux le soin de remédier aux inégalités qu'on n'a pu éviter, et de préparer pour l'avenir un système plus parfait.

Sa Majesté a pris toutes les précautions que son esprit de sagesse lui a inspirées, afin de prévenir les difficultés et de fixer toutes les incertitudes; elle attend des différens officiers chargés de l'exécution de ses volontés, qu'ils veilleront assidûment au maintien si désirable de l'ordre et de l'harmonie; elle attend surtout que la voix de la conscience sera seule écoutée dans le choix des députés aux États-Généraux. Sa Majesté exhorte les électeurs à se rappeler que les hommes d'un esprit sage méritent la préférence, et que par un heureux accord de la morale et de la politique, il est rare que, dans les affaires publiques et nationales, les plus honnêtes gens ne soient aussi les plus habiles. Sa Majesté est persuadée que la confiance due à une assemblée représentative de la nation entière, empêchera qu'on ne donne aux députés aucune instruction propre à arrêter ou à troubler le cours des délibérations. Elle espère que tous ses sujets auront sans cesse devant les yeux, et comme présent à leur sentiment, le bien inappréciable que les États-Généraux peuvent opérer, et qu'une si haute considération les détournera de se livrer prématurément à un esprit de défiance, qui rend si facilement injuste, et qui empêcherait de faire servir à la gloire et à la prospérité de l'État, la plus grande de toutes les forces, l'union des intérêts et des volontés. Enfin, Sa Majesté, selon l'usage observé par les rois ses prédécesseurs, s'est déterminée à rassembler autour de sa demeure les États-Généraux du royaume, non pour gêner, en aucune manière, la liberté de leurs délibérations, mais pour leur conser-

ver le caractère le plus cher à son cœur, celui de conseil et d'ami. En conséquence, Sa Majesté a ordonné et ordonne ce qui suit :

Art. 1er. Les lettres de convocation seront envoyées aux gouverneurs des différentes provinces du royaume, pour les faire parvenir, dans l'étendue de leurs gouvernemens, aux baillis et sénéchaux d'épée, à qui elles seront adressées, ou à leurs lieutenans.

2. Dans la vue de faciliter et de simplifier les opérations qui seront ordonnées par le présent réglement, il sera distingué deux classes de bailliages et de sénéchaussées.

Dans la première classe seront compris tous les bailliages et sénéchaussées auxquels Sa Majesté a jugé que ses lettres de convocation devaient être adressées, conformément à ce qui s'est pratiqué en 1614.

Dans la seconde classe seront compris ceux des bailliages et sénéchaussées qui, n'ayant pas député directement en 1614, ont été jugés par Sa Majesté devoir encore ne députer que secondairement et conjointement avec les bailliages ou sénéchaussées de la première classe; et, dans l'une et l'autre classe, l'on entendra par bailliages et sénéchaussées tous les sièges auxquels la connaissance des cas royaux est attribuée.

3. Les bailliages ou sénéchaussées de la première classe seront désignés sous le titre de bailliages principaux ou sénéchaussées principales. Ceux de la seconde classe le seront sous celui de bailliages ou sénéchaussées secondaires.

4. Les bailliages principaux ou sénéchaussées principales, formant la première classe, auront un arrondissement dans lequel les bailliages ou sénéchaussées secondaires, composant la seconde classe, seront compris et répartis, soit à raison de leur proximité des bailliages principaux ou des sénéchaussées principales, soit à raison de leur démembrement de l'ancien ressort desdits bailliages ou sénéchaussées.

5. Les bailliages ou sénéchaussées de la seconde classe seront désignés à la suite des bailliages et des sénéchaussées de la première classe, dont ils formeront l'arrondissement dans l'état mentionné ci-après, et qui sera annexé au présent réglement.

6. En conséquence des distinctions établies par les articles précédens, les lettres de convocation seront adressées aux baillis et sénéchaux des bailliages principaux et des sénéchaussées principales, et lesdits baillis et sénéchaux principaux, ou leurs lieutenans, en enverront des copies collationnées, ainsi que du présent réglement, aux bailliages et sénéchaussées secondaires.

7. Aussitôt après la réception des lettres de convocation, les baillis et sénéchaux principaux, ou leurs lieutenans, les feront, sur la réquisition du procureur du Roi, publier

à l'audience, et enregistrer au greffe de leur siége, et ils feront remplir les formes accoutumées pour leur donner la plus grande publicité.

8. Les officiers du siége pourront assister à la publication qui se fera à l'audience des lettres de convocation; mais ils ne prendront aucune part à tous les actes, jugemens et ordonnances que le bailli ou le sénéchal, ou son lieutenant, ou, en leur absence, le premier officier du siége, sera dans le cas de faire et de rendre pour l'exécution desdites lettres. Le procureur du Roi aura seul le droit d'assister le bailli ou le sénéchal, ou son lieutenant, et il sera tenu, ou l'avocat du Roi, en son absence, de faire toutes les réquisitions ou diligences nécessaires pour procurer ladite exécution.

9. Lesdits baillis et sénéchaux principaux, ou leurs lieutenans, feront assigner, à la requête du procureur du Roi, les évêques et les abbés, tous les chapitres, corps et communautés ecclésiastiques rentés, réguliers et séculiers des deux sexes, et généralement tous les ecclésiastiques possédant bénéfice ou commanderie, et tous les nobles possédant fief dans toute l'étendue du ressort ordinaire de leur bailliage ou sénéchaussée principale, à l'effet de comparaître à l'assemblée générale du bailliage ou sénéchaussée principale, au jour qui sera indiqué par l'assignation, lequel jour ne pourra être plus tard que le 16 mars prochain.

10. En conséquence, il sera tenu, dans chaque chapitre séculier d'hommes, une assemblée qui se séparera en deux parties, l'une desquelles, composée des chanoines, nommera un député à raison de dix chanoines présens et au-dessous, deux au-dessus de dix jusqu'à vingt, et ainsi de suite; et l'autre partie, composée de tous les ecclésiastiques engagés dans les ordres, attachés par quelque fonction au service du chapitre, nommera un député, à raison de vingt desdits ecclésiastiques présens et au-dessous; deux au-dessus de vingt jusqu'à quarante, et ainsi de suite.

11. Tous les autres corps et communautés ecclésiastiques rentés, réguliers et séculiers, ainsi que les chapitres et communautés de filles, ne pourront être représentés que par un seul député ou procureur fondé, pris dans l'ordre ecclésiastique séculier ou régulier.

Les séminaires, colléges et hôpitaux étant des établissemens publics, à la conservation desquels tous les ordres ont un égal intérêt, ne seront point admis à se faire représenter.

12. Tous les autres ecclésiastiques possédant bénéfice, et tous les nobles possédant fief, seront tenus de se rendre en personne à l'assemblée, ou de se faire représenter par un procureur fondé, pris dans leur ordre.

Dans le cas où quelques-uns desdits ecclésiastiques ou nobles n'auraient point été assignés, ou n'auraient pas reçu l'assignation qui doit leur être donnée au principal manoir de leur bénéfice ou fief, ils pourront néanmoins se rendre en personne à l'assemblée, ou se faire représenter par des procureurs fondés, en justifiant de leurs titres.

13. Les assignations qui seront données aux pairs de France le seront au chef-lieu de leurs pairies, sans que la comparution desdits pairs à la suite des assignations, puisse, en aucun cas ni d'aucune manière, porter préjudice aux droits et priviléges de leurs pairies.

14. Les curés des paroisses, bourgs et communautés des campagnes, éloignés de plus de deux lieues de la ville où se tiendra l'assemblée du bailliage ou sénéchaussée à laquelle ils auront été assignés, ne pourront y comparaître que par des procureurs pris dans l'ordre ecclésiastique, à moins qu'ils n'aient dans leurs cures un vicaire ou desservant résidant, en état de remplir leurs fonctions; lequel vicaire ou desservant ne pourra quitter la paroisse pendant l'absence du curé.

15. Dans chaque ville, tous les ecclésiastiques engagés dans les ordres et non possédant bénéfice, seront tenus de se réunir chez le curé de la paroisse sur laquelle ils se trouveront habitués ou domiciliés, et là, de choisir des députés à raison d'un sur vingt ecclésiastiques présens et au-dessous; deux au-dessus de vingt jusqu'à quarante, et ainsi de suite, non compris le curé, à qui le droit de venir à l'assemblée générale appartient à raison de son bénéfice.

16. Tous les autres ecclésiastiques engagés dans les ordres, non résidans dans les villes, et tous les nobles non possédant fief, ayant la noblesse acquise et transmissible, âgés de vingt-cinq ans, nés Français ou naturalisés, domiciliés dans le ressort du bailliage, seront tenus, en vertu des publications et affiches des lettres de convocation, de se rendre en personne à l'assemblée des trois Etats du bailliage ou sénéchaussée, sans pouvoir se faire représenter par procureur.

17. Ceux des ecclésiastiques ou des nobles qui posséderont des bénéfices ou des fiefs situés dans plusieurs bailliages ou sénéchaussées, pourront se faire représenter à l'assemblée des trois Etats de chacun de ces bailliages ou sénéchaussées par un procureur fondé pris dans leur ordre; mais ils ne pourront avoir qu'un suffrage dans la même assemblée générale de bailliage ou sénéchaussée, quel que soit le nombre des bénéfices ou fiefs qu'ils y possèdent.

18. Les ecclésiastiques engagés dans les ordres, possédant des fiefs non dépendant de bénéfices, se rangeront dans l'ordre ecclésiastique, s'ils comparaissent en personne; mais

s'ils donnent une procuration, ils seront tenus de la donner à un noble, qui se rangera dans l'ordre de la noblesse.

19. Les baillis et commandeurs de l'ordre
de Malte seront compris dans l'ordre ecclésiastique. Les novices, sans bénéfices, seront
compris dans l'ordre de la noblesse, et les
servans qui n'ont point fait de vœux, dans
l'ordre du tiers-état.

20. Les femmes possédant divisément, les
filles et les veuves, ainsi que les mineurs
jouissant de la noblesse, pourvu que lesdites
femmes, filles, veuves et mineurs possèdent
des fiefs, pourront se faire représenter par
des procureurs pris dans l'ordre de la noblesse.

21. Tous les députés et procureurs fondés
seront tenus d'apporter tous les mémoires et
instructions qui leur auront été remis par
leurs commettans, et de les présenter, lors
de la rédaction des cahiers, pour y avoir tel
égard que de raison. Lesdits députés et procureurs fondés ne pourront avoir, lors de ladite rédaction, et dans toute autre délibération, que leur suffrage personnel ; mais,
pour l'élection des députés aux États-Généraux, les fondés de procuration des ecclésiastiques possédant bénéfices, et des nobles
possédant fiefs, pourront, indépendamment
de leur suffrage personnel, avoir deux voix,
et ne pourront en avoir davantage, quel que
soit le nombre de leurs commettans.

22. Les baillis et sénéchaux principaux
ou leurs lieutenans feront, à la réquisition
du procureur du Roi, notifier les lettres de
convocation, ainsi que le présent réglement,
par un huissier royal, aux officiers municipaux des villes, maires, consuls, syndics,
préposés ou autres officiers des paroisses et
communautés de campagne, situées dans l'é-
tendue de leur juridiction pour les cas
royaux, avec sommation de faire publier
lesdites lettres et ledit réglement au prône
des messes paroissiales, et, à l'issue desdites
messes, à la porte de l'église, dans une assemblée convoquée en la forme accoutumée.

23. Les copies des lettres de convocation,
du présent réglement, ainsi que de la sentence du bailli ou sénéchal, seront impri-
mées et notifiées sur papier non timbré.
Tous les procès-verbaux et autres actes relatifs aux assemblées et aux élections, qu'ils
soient ou non dans le cas d'être signifiés,
seront pareillement rédigés sur papier libre.
Le prix de chaque exploit sera fixé à douze
sous.

24. Huitaine au plus tard après la notification et publication des lettres de convocation, tous les habitans composant le tiers-
état des villes, ainsi que ceux des bourgs,
paroisses et communautés de campagne, ayant
un rôle séparé d'impositions, seront tenus
de s'assembler dans la forme ci-après prescrite, à l'effet de rédiger le cahier de leurs
plaintes et doléances, et de nommer des députés pour porter ledit cahier aux lieu et
jour qui leur auront été indiqués par l'acte
de notification et sommation qu'ils auront
reçu.

25. Les paroisses et communautés, les
bourgs, ainsi que les villes non comprises
dans l'état annexé au présent réglement,
s'assembleront dans le lieu ordinaire des
assemblées, et devant le juge du lieu, ou,
en son absence, devant tout autre officier
public, à laquelle assemblée auront droit
d'assister tous les habitans composant le
tiers-état, nés Français, ou naturalisés, âgés
de vingt-cinq ans, domiciliés et compris au
rôle des impositions, pour concourir à la rédaction des cahiers et à la nomination des
députés.

26. Dans les villes dénommées en l'état
annexé au présent réglement, les habitans
s'assembleront d'abord par corporations, à
l'effet de quoi les officiers municipaux seront
tenus de faire avertir, sans ministère d'huissier, les syndics ou autres officiers principaux de chacune desdites corporations, pour
qu'ils aient à convoquer une assemblée générale de tous les membres de leur corporation. Les corporations d'arts et métiers
choisiront un député, à raison de cent individus et au-dessous présens à l'assemblée ;
deux au-dessus de cent ; trois au-dessus de
deux cents, et ainsi de suite. Les corporations d'arts libéraux, celles des négocians,
armateurs, et généralement tous les autres
citoyens réunis par l'exercice des mêmes
fonctions et formant des assemblées ou des
corps autorisés, nommeront deux députés, à
raison de cent et au-dessous ; quatre au-dessus
de cent ; six au-dessus de deux cents, et
ainsi de suite. En cas de difficulté sur l'exécution du présent article, les officiers municipaux en décideront provisoirement, et leur
décision sera exécutée nonobstant opposition
ou appel.

27. Les habitans composant le tiers-état
desdites villes, qui ne se trouveront compris
dans aucun corps, communautés ou corporations, s'assembleront à l'hôtel-de-ville, au
jour qui sera indiqué par les officiers municipaux, et il y sera élu des députés, dans la
proportion de deux députés pour cent individus et au-dessous, présens à ladite assemblée ; quatre au-dessus de cent ; six au-dessus
de deux cents, et toujours en augmentant
ainsi dans la même proportion.

28. Les députés choisis dans ces différentes
assemblées particulières formeront à l'hôtel-
de-ville, et sous la présidence des officiers
municipaux, l'assemblée du tiers-état de la
ville, dans laquelle assemblée ils rédigeront
le cahier des plaintes et doléances de ladite
ville, et nommeront des députés pour le

porter aux lieu et jour qui leur auront été indiqués.

29. Nulle autre ville que celle de Paris n'enverra de députés particuliers aux États-Généraux, les grandes villes devant en être dédommagées, soit par le plus grand nombre de députés accordé à leur bailliage ou sénéchaussée, à raison de la population desdites villes, soit par l'influence qu'elles seront dans le cas d'avoir sur le choix de ces députés.

30. Ceux des officiers municipaux qui ne seront pas du tiers-état n'auront, dans l'assemblée qu'ils présideront, aucune voix, soit pour la rédaction des cahiers, soit pour l'élection des députés : ils pourront, néanmoins, être élus, et il en sera usé de même à l'égard des juges des lieux, ou autres officiers publics qui présideront les assemblées des paroisses ou communautés dans lesquelles ils ne seront pas domiciliés.

31. Le nombre des députés qui seront choisis par les paroisses et communautés de campagnes, pour porter leurs cahiers, sera de deux, à raison de deux cents feux et au-dessous; de trois, au-dessus de deux cents feux; de quatre, au-dessus de trois cents feux, et ainsi de suite. Les villes enverront le nombre de députés fixé par l'état général annexé au présent réglement, et, à l'égard de toutes celles qui ne s'y trouvent pas comprises, le nombre de leurs députés sera fixé à quatre.

32. Les actes que le procureur du Roi fera notifier aux officiers municipaux des villes et aux syndics, fabriciens ou autres officiers des bourgs, paroisses et communautés des campagnes, contiendront sommation de se conformer aux dispositions du réglement et de l'ordonnance du bailli ou sénéchal, soit pour la forme de leurs assemblées, soit pour le nombre de députés que lesdites villes et communautés auront à envoyer, suivant l'état annexé au présent réglement, ou d'après ce qui est porté par l'article précédent.

33. Dans les bailliages principaux ou sénéchaussées principales auxquels doivent être envoyés des députés du tiers-états des bailliages ou sénéchaussées secondaires, les baillis ou sénéchaux, ou leurs lieutenans en leur absence, seront tenus de convoquer, avant le jour indiqué pour l'assemblée générale, une assemblée préliminaire des députés du tiers-état des villes, bourgs, paroisses et communautés de leur ressort, à l'effet par lesdits députés d'y réduire leurs cahiers en un seul, et de nommer le quart d'entre eux pour porter ledit cahier à l'assemblée générale des trois États du bailliage ou sénéchaussée, pour concourir avec les députés des autres bailliages secondaires, tant à la réduction en un seul de tous les cahiers desdits bailliages ou sénéchaussées, qu'à l'élection du nombre de députés aux États-Généraux fixé par la lettre du Roi.

La réduction au quart ci-dessus ordonnée dans lesdits bailliages principaux et secondaires, ne s'opérera pas d'après le nombre des députés présens, mais d'après le nombre de ceux qui auraient dû se rendre à ladite assemblée, afin que l'influence que chaque bailliage doit avoir sur la rédaction des cahiers et l'élection des députés aux États-Généraux, à raison de sa population et du nombre des communautés qui en dépendent, ne soit pas diminuée par l'absence de ceux des députés qui ne se seraient pas rendus à l'assemblée.

34. La réduction au quart des députés des villes et communautés pour l'élection des députés aux États-Généraux, ordonnée par Sa Majesté dans les bailliages principaux auxquels doivent se réunir les députés d'autres bailliages secondaires, ayant été déterminée par la réunion de deux motifs : l'un, de prévenir des assemblées trop nombreuses dans ces bailliages principaux; l'autre, de diminuer les peines et les frais de voyages plus longs et plus multipliés d'un grand nombre de députés; et, ce dernier motif n'existant pas dans les bailliages principaux qui n'ont pas de bailliages secondaires, Sa Majesté a ordonné que, dans lesdits bailliages principaux n'ayant point de bailliages secondaires, l'élection des députés du tiers-état aux États-Généraux sera faite immédiatement après la réunion des cahiers de toutes les villes et communautés en un seul, par tous les députés desdites villes et communautés qui s'y seront rendus, à moins que le nombre desdits députés n'excédât celui de deux cents; auquel cas seulement, lesdits députés seront tenus de se réduire audit nombre de deux cents pour l'élection des députés aux États-Généraux.

35. Les baillis et sénéchaux principaux, auxquels Sa Majesté aura adressé ses lettres de convocation, ou leurs lieutenans, en feront remettre des copies collationnées, ainsi que du réglement y annexé, aux lieutenans des bailliages et sénéchaussées secondaires, compris dans l'arrondissement fixé par l'état annexé au présent réglement, pour être procédé par les lieutenans desdits bailliages et sénéchaussées secondaires, tant à l'enregistrement et à la publication desdites lettres de convocation et dudit réglement, qu'à la convocation des membres du clergé, de la noblesse, par-devant le bailli ou sénéchal principal, ou son lieutenant, et du tiers-état, par-devant eux.

36. Les lieutenans des bailliages et sénéchaussées secondaires, auxquels les lettres de convocation auront été adressées par les baillis ou sénéchaux principaux, seront tenus de rendre une ordonnance conforme aux dispositions du présent réglement, en y rap-

pelant le jour fixé par l'ordonnance des baillis ou sénéchaux principaux, pour la tenue de l'Assemblée des trois États.

37. En conséquence, lesdits lieutenans des bailliages ou sénéchaussées secondaires feront assigner les évêques, abbés, chapitres, corps et communautés ecclésiastiques rentés, réguliers et séculiers des deux sexes, les prieurs, les curés, les commandeurs, et généralement tous les bénéficiers et tous les nobles possédant fiefs dans l'étendue desdits bailliages ou sénéchaussées secondaires, à l'effet de se rendre à l'assemblée générale des trois États du bailliage ou de la sénéchaussée principale, aux jour et lieu fixés par les baillis ou sénéchaux principaux.

38. Lesdits lieutenans des bailliages ou sénéchaussées secondaires feront également notifier les lettres de convocation, le réglement et leur ordonnance aux villes, bourgs, paroisses et communautés situés dans l'étendue de leur juridiction. Les assemblées de ces villes et communautés s'y tiendront dans l'ordre et la forme portés au présent règlement, et il se tiendra devant les lieutenans desdits bailliages ou sénéchaussées secondaires, et au jour par eux fixé, quinzaine au moins avant le jour déterminé pour l'assemblée générale des trois États du bailliage ou sénéchaussée principale, une assemblée préliminaire de tous les députés des villes et communautés de leur ressort, à l'effet de réduire tous leurs cahiers en un seul, et de nommer le quart d'entre eux pour porter ledit cahier à l'assemblée des trois États du bailliage ou sénéchaussée principale, conformément aux lettres de convocation.

39. L'assemblée des trois États du bailliage ou de la sénéchaussée principale sera composée des membres du clergé et de ceux de la noblesse qui s'y seront rendus, soit en conséquence des assignations qui leur auront été particulièrement données, soit en vertu de la connaissance générale acquise par les publications et affiches des lettres de convocation, et des différens députés du tiers-état qui auront été choisis pour assister à ladite assemblée. Dans les séances, l'ordre du clergé aura la droite, l'ordre de la noblesse occupera la gauche, et celui du tiers sera placé en face. Entend Sa Majesté, que la place que chacun prendra en particulier, dans son ordre, ne puisse tirer à conséquence dans aucun cas, ne doutant pas que tous ceux qui composeront ces assemblées, n'aient les égards et les déférences que l'usage a consacrés pour les rangs, les dignités et l'âge.

40. L'Assemblée des trois ordres réunis sera présidée par le bailli ou sénéchal, ou son lieutenant; il sera donné acte aux comparans de leur comparution, et il sera donné défaut contre les non-comparans, après quoi il sera passé à la réception du serment que feront les membres de l'assemblée, de procéder fidèlement à la rédaction du cahier général, et à la nomination des députés. Les ecclésiastiques et les nobles se retireront ensuite dans le lieu qui leur sera indiqué, pour tenir leurs assemblées particulières.

41. L'Assemblée du clergé sera présidée par celui auquel l'ordre de la hiérarchie défère la présidence; celle de la noblesse sera présidée par le bailli ou sénéchal, et, en son absence, par le président qu'elle aura élu, auquel cas, l'assemblée qui se tiendra pour cette élection sera présidée par le plus avancé en âge. — L'Assemblée du tiers-état sera présidée par le lieutenant du bailliage ou de la sénéchaussée, et à son défaut par celui qui doit le remplacer. Le clergé et la noblesse nommeront leurs secrétaires; le greffier du bailliage sera secrétaire du tiers.

42. S'il s'élève quelques difficultés sur la justification des titres et qualités de quelques-uns de ceux qui se présenteront pour être admis dans l'ordre du clergé ou dans celui de la noblesse, les difficultés seront décidées, provisoirement, par le bailli ou sénéchal, et en son absence, par son lieutenant, assisté de quatre ecclésiastiques pour le clergé, et de quatre gentilshommes pour la noblesse, sans que la décision qui interviendra puisse servir ou préjudicier dans aucun cas.

43. Chaque ordre rédigera ses cahiers, et nommera ses députés séparément, à moins qu'ils ne préfèrent d'y procéder en commun, auquel cas, le consentement des trois ordres, pris séparément, sera nécessaire.

44. Pour procéder à la rédaction des cahiers, il sera nommé des commissaires qui y vaqueront sans interruption et sans délai; et aussitôt que leur travail sera fini, les cahiers de chaque ordre seront définitivement arrêtés dans l'assemblée de l'ordre.

45. Les cahiers seront adressés et rédigés avec le plus de précision et de clarté qu'il sera possible, et les pouvoirs dont les députés seront munis devront être généraux et suffisans pour proposer, remontrer, aviser et consentir, ainsi qu'il est porté aux lettres de convocation.

46. Les élections des députés qui seront successivement choisis pour former les assemblées graduelles, ordonnées par le présent règlement, seront faites à haute voix; les députés aux États-Généraux seront seuls élus par la voie du scrutin.

47. Pour parvenir à cette dernière élection, il sera d'abord fait choix au scrutin de trois membres de l'assemblée, qui seront chargés d'ouvrir les billets, d'en vérifier le nombre, de compter les voix, et de déclarer le choix de l'assemblée. Les billets de ce premier scrutin seront déposés par tous les députés successivement, dans un vase placé sur une

table, au-devant du secrétaire de l'assemblée, et la vérification en sera faite par ledit secrétaire, assisté des trois plus anciens d'âge. Les trois membres de l'assemblée qui auront eu le plus de voix, seront les trois scrutateurs. Les scrutateurs prendront place devant le bureau, au milieu de la salle de l'assemblée, et ils déposeront d'abord, dans le vase à ce préparé, leur billet d'élection, après quoi tous les électeurs viendront pareillement, l'un après l'autre, déposer ostensiblement leurs billets dans ledit vase. Les électeurs, ayant repris leurs places, les scrutateurs procéderont d'abord au compte et recensement des billets ; et si le nombre s'en trouvait supérieur à celui des suffrages existant dans l'assemblée, en comptant ceux qui résultent des procurations, il serait, sur la déclaration des scrutateurs, procédé à l'instant à un nouveau scrutin, et les billets du premier scrutin seraient incontinent brûlés. Si le même billet portait plusieurs noms, il serait rejeté sans recommencer le scrutin ; il en serait usé de même dans le cas où il se trouverait un ou plusieurs billets qui fussent en blanc. Le nombre des billets étant ainsi constaté, ils seront ouverts, et les voix seront vérifiées par lesdits scrutateurs, à voix basse. La pluralité sera censée acquise par une seule voix au-dessus de la moitié des suffrages de l'assemblée. Tous ceux qui auront obtenu cette pluralité seront déclarés élus. Au défaut de ladite pluralité, on ira une seconde fois au scrutin, dans la forme qui vient d'être prescrite ; et si le choix de l'assemblée n'est pas encore déterminé par la pluralité, les scrutateurs déclareront les deux sujets qui auront réuni le plus de voix, et ce seront ceux-là seuls qui pourront concourir à l'élection qui sera déterminée par le troisième tour de scrutin ; en sorte qu'il ne sera, dans aucun cas, nécessaire de recourir plus de trois fois au scrutin. En cas d'égalité parfaite de suffrages entre les concurrens, dans le troisième tour de scrutin, le plus ancien d'âge sera élu. Tous les billets, ainsi que les notes des scrutateurs, seront soigneusement brûlés, après chaque tour de scrutin. Il sera procédé au scrutin, autant de fois qu'il y aura de députés à nommer.

48. Dans le cas où la même personne aurait été nommée député aux États-Généraux par plus d'un bailliage, dans l'ordre du clergé, de la noblesse ou du tiers-état, elle sera obligée d'opter. S'il arrive que le choix du bailliage tombe sur une personne absente, il sera sur-le-champ procédé, dans la même forme, à l'élection d'un suppléant, pour remplacer ledit député absent, si, à raison de l'option ou de quelqu'autre empêchement, il ne pouvait pas accepter la députation.

49. Toutes les élections graduelles des députés, y compris celles des députés aux États-Généraux, ainsi que la remise qui leur sera faite, tant des cahiers particuliers que du cahier général, seront constatées par des procès-verbaux qui contiendront leurs pouvoirs.

50. Mande et ordonne, Sa Majesté, à tous les baillis et sénéchaux, et à l'officier principal de chacun des bailliages et sénéchaussées, compris dans l'état annexé au présent réglement, de procéder à toutes les opérations et à tous les actes prescrits pour parvenir à la nomination des députés, tant aux assemblées particulières qu'aux États-Généraux, selon l'ordre desdits bailliages et sénéchaussées, tel qu'il se trouve fixé par ledit état, sans que desdits actes et opérations, ni en général d'aucune des dispositions faites par Sa Majesté à l'occasion de la convocation des États-Généraux, ni d'aucune des expressions employées dans le présent réglement, ou dans les sentences et ordonnances des baillis et sénéchaux principaux qui auront fait passer les lettres de convocation aux officiers des bailliages ou sénéchaussées secondaires, il puisse être induit ni résulter, en aucun autre cas, aucun changement ou novation dans l'ordre accoutumé de supériorité, infériorité ou égalité desdits bailliages.

51. Sa Majesté, voulant prévenir tout ce qui pourrait arrêter ou retarder le cours des opérations prescrites pour la convocation des États-Généraux, ordonne que toutes les sentences, ordonnances et décisions qui interviendront sur les citations, les assemblées, les élections, et généralement sur toutes les opérations qui y seront relatives, seront exécutées par provision, nonobstant toutes appellations et oppositions en forme judiciaire que Sa Majesté a interdites, sauf aux parties intéressées à se pourvoir par devers elle, par voie de représentation et par simple mémoire.

Fait et arrêté par le Roi, étant en son conseil, tenu à Versailles, le 24 janvier 1789.

Signé LOUIS.

Et plus bas, LAURENT DE VILLEDEUIL.

13 AVRIL 1789. — Réglement fait par le Roi en interprétation et exécution de celui du 28 mars dernier, concernant la convocation des trois États de la ville de Paris. (L. 1, 76.)

2 MAI 1789. — Réglement fait par le Roi pour accorder une quatrième députation à la prévôté et vicomté de Paris, *extra muros*. (L. 1, 84.)

3 MAI 1789. — Réglement fait par le Roi concernant les suppléans des députés aux États-Généraux. (L. 1, 85.)

6 MAI 1789. — Délibération relative au parti pris par le clergé et la noblesse, de vérifier séparément leurs pouvoirs (Collection de Baudouin, tom. 1, pag. 1.)

Les députés des communes assemblés dans le local destiné à recevoir les députés des trois ordres, ayant été informés que le clergé et la noblesse s'étaient retirés, chacun dans une chambre particulière, pour s'y occuper séparément de la vérification de leurs pouvoirs respectifs, ont arrêté d'attendre, pendant quelques jours, les ordres privilégiés, et de leur laisser ainsi le temps de réfléchir sur l'inconséquence du système d'une séparation provisoire et d'autant plus révoltante, que tous les ordres ont un intérêt égal à la vérification des pouvoirs des députés de chacun d'eux.

11 MAI 1789. — Arrêté relatif à la faculté de suivre ou de ne pas suivre le costume indiqué pour les députés. (B. 1, 1.)

15 MAI 1789. — Arrêté pour s'interdire de désigner les motions par le nom de leurs auteurs. (B. 1, 2.)

18 MAI 1789. — Arrêté pour la nomination de commissaires chargés de participer aux conférences sur la vérification des pouvoirs. (B. 1, 2.)

25 ET 26 MAI 1789. — Arrêté pour nommer des commissaires à l'effet de rédiger un réglement de police, et sur la forme de leur nomination. (B. 1, 2 et 3.)

27 MAI 1789. — Arrêté pour inviter le clergé à la réunion. (B. 1, 3.)

29 MAI 1789. — Arrêté pour la reprise des conférences. (B. 1, 3.)

30 MAI 1789. — Arrêté sur la manière de recueillir les voix. (B. 1, 4.)

30 MAI 1789. — Réglement fait par le Roi pour le paiement des dépenses des assemblées de bailliages et sénéchaussées, relatives à la convocation des États-Généraux. (L. 1, 8-.)

3 JUIN 1789. — Arrêté relatif à la manière dont les députés des communes doivent communiquer avec le Roi. (B. 1, 4.)

4 JUIN 1789. — Arrêté relatif à la communication à donner au clergé et à la noblesse, des procès-verbaux des conférences. (B. 1, 4.)

4 JUIN 1789. — Arrêté relatif à la durée des conférences. (B. 1, 4.)

5 JUIN 1789. — Arrêté relatif à un projet de conciliation entre les trois ordres, proposé par les ministres. (B. 1, 5.)

6 JUIN 1789. — Arrêté pour inviter le clergé à la réunion. (B. 1, 5.)

7 JUIN 1789. — Arrêté relatif à la formation de l'assemblée en bureaux. (B. 1, 5.)

8 JUIN 1789. — Arrêté qui accorde provisoirement la séance aux députés de St.-Domingue, mais sans suffrages. (B. 1, 5.)

10 JUIN 1789. — Arrêté relatif à la nécessité et aux moyens de se constituer. (B. 1, 6.)

L'Assemblée des communes, délibérant sur l'ouverture de conciliation proposée par MM. les commissaires du Roi, a cru devoir prendre en même temps en considération l'arrêté que les députés de la noblesse se sont hâtés de faire sur la même ouverture. Elle a vu que MM. de la noblesse, malgré l'acquiescement annoncé d'abord, établissent bientôt une modification qui le rétracte presque entièrement, et qu'ainsi leur arrêté, à cet égard, ne peut être regardé que comme un refus positif.

Par cette considération, et attendu que MM. de la noblesse ne se sont pas même désistés de leurs précédentes délibérations, contraires à tout projet de réunion, les députés des communes pensent qu'il devient absolument inutile de s'occuper davantage d'un moyen qui ne peut plus être dit *conciliatoire*, du moment qu'il a été rejeté par l'une des parties à concilier. Dans cet état de choses, qui replace les députés des communes dans leur première position, l'assemblée juge qu'elle ne peut plus attendre dans l'inaction les classes privilégiées, sans se rendre coupable envers la nation, qui a droit, sans doute, d'exiger d'elle un meilleur emploi de son temps. Elle juge que c'est un devoir pressant pour tous les représentans de la nation, quelle que soit la classe des citoyens à laquelle ils appartiennent, de se former, sans autre délai, en assemblée active, capable de commencer et de remplir l'objet de leur mission. L'Assemblée charge MM. les commissaires qui ont suivi les différentes conférences, dites *conciliatoires*, d'écrire le récit des longs et vains efforts des députés des communes pour amener les classes privilégiées aux vrais principes. Elle les charge d'exposer les motifs qui la forcent de passer de l'état d'attente à celui d'action ; enfin, elle arrête que ce récit et ces motifs seront présentés au Roi, et imprimés ensuite à la tête de la présente délibération. Mais, puisqu'il n'est pas possible de se former en assemblée active, sans reconnaître, au préalable, ceux qui ont droit de la composer, c'est-à-dire, ceux qui ont qualité pour voter comme représentans de la nation, les mêmes députés des communes croient devoir faire une dernière tentative auprès de ceux de MM. du clergé et de la noblesse qui annoncent la même qualité, et qui, néanmoins, ont refusé jusqu'à présent de se faire reconnaître. Au surplus, l'Assemblée, ayant intérêt de constater le refus de ces deux classes de députés, dans le cas où ils persisteraient à vouloir rester inconnus, elle juge indispensable de faire une dernière invitation, qui leur sera portée par des députés chargés de leur en faire lecture, et de leur en laisser copie dans les termes suivans :

« Messieurs, nous sommes chargés par les députés des communes de France, de vous prévenir qu'ils ne peuvent différer davantage de satisfaire à l'obligation imposée à tous les représentans de la nation.

« Il est temps, assurément, que ceux qui annoncent cette qualité se reconnaissent par une vérification commune de leurs pouvoirs, et commencent enfin à s'occuper de l'intérêt national, qui, seul et à l'exclusion des intérêts particuliers, se présente comme le grand but auquel tous les députés doivent tendre d'un commun effort.

« En conséquence, et dans la nécessité où sont tous les représentans de la nation de se mettre en activité sans autre délai, les députés des communes vous prient de nouveau, Messieurs, et leur devoir leur prescrit de vous faire une dernière invitation, tant collectivement qu'individuellement, de venir dans la salle des Etats, pour assister, concourir, et vous soumettre comme eux à la vérification commune des pouvoirs. Nous sommes, en même temps, chargés de vous déclarer que l'appel général de tous les bailliages convoqués se fera dans le jour, et que, faute de se présenter, il sera procédé à cette vérification, tant en l'absence que présence des députés des classes privilégiées. »

Suit la teneur de l'adresse présentée au Roi.

Sire, les députés de vos communes, en présentant à Votre Majesté les délibérations qu'ils ont prises sur les moyens de conciliation proposés par vos commissaires, croient devoir mettre sous vos yeux les motifs qui

les leur ont prescrites. Dès l'ouverture des Etats-Généraux, les députés de vos communes ont employé tous leurs efforts pour obtenir de la noblesse et du clergé la réunion et la concorde. Empressés de répondre à l'invitation que Votre Majesté avait faite par l'organe de son garde-des-sceaux, ils se sont réunis, au jour indiqué, dans la salle des Etats-Généraux, pour vérifier les pouvoirs, et ils y ont attendu inutilement les députés du clergé et de la noblesse. Le jour suivant, ils les ont invités à s'y rendre. Cette démarche a été sans succès. Les députés du clergé ont cru, dans cette circonstance, qu'il serait possible de parvenir à s'accorder, en nommant des commissaires de chaque ordre, et ils en ont fait la proposition à la noblesse et aux communes. Les députés des communes l'ont acceptée ; et, dans le désir sincère de la conciliation, ils ne se sont permis aucun acte qui ait pu la contrarier. La noblesse a paru l'accepter aussi ; mais dans le même temps, se déclarant chambre constituée, elle a semblé vouloir se prémunir contre toutes propositions de rapprochemens qui pourraient être faites ; les conférences ont eu lieu. Cependant, après deux séances et de longues discussions, un commissaire de la noblesse a présenté une proposition conciliatoire ; mais cette proposition, qui n'était conciliatoire qu'en apparence, ne tendait qu'à faire adopter par les députés des communes, le système que la noblesse avait embrassé. Un commissaire du clergé a présenté un autre moyen ; sur le rapport qui en a été fait par les commissaires respectifs, la noblesse l'a refusé, tandis que les communes n'attendaient, pour y donner la plus sérieuse attention, que le moment où la proposition serait avouée par l'Assemblée du clergé.

Ayant ainsi perdu l'espoir d'obtenir la conciliation par le travail des conférences, les députés des communes l'ont cherchée par des moyens nouveaux. Ils se sont portés en députation solennelle dans l'Assemblée du clergé : ils l'ont invité, ils l'ont pressé, Sire, au nom du Dieu de paix et de l'intérêt national, de se réunir à eux pour travailler de concert à l'établissement de la concorde. Le lendemain de cette invitation, nous attendions, Sire, l'effet de notre démarche. La délibération du clergé nous était annoncée. La lettre de Votre Majesté nous est parvenue ; cette lettre nous manifestait le désir de Votre Majesté de voir continuer les conférences et l'intention où elle était de contribuer directement elle-même au rétablissement de l'harmonie entre les ordres. Chacun des ordres a paru mettre de l'empressement à remplir les vues de Votre Majesté ; mais la noblesse a pris au même instant un arrêté dont elle s'est fait un titre depuis pour se défendre d'adopter le plan proposé par vos commissaires. Ainsi, les communes se sont toujours présentées à la conciliation, libres d'accepter les plans qui leur seraient offerts. La noblesse, au contraire, y est toujours arrivée, liée par des arrêtés formés au moment même où elle acceptait les conférences. Il était facile de prévoir l'effet de ces démarches respectives. Les commissaires de Votre Majesté ont proposé, de sa part, une ouverture de conciliation; et, sans doute, Sire, elle eût été favorable à nos principes, si, lorsque Votre Majesté en a conçu le projet, la discussion de nos raisons eût été entièrement développée, si le procès-verbal des conférences eût pu être mis sous vos yeux, et si, dès lors, l'accès que nous sollicitons auprès de Votre Majesté avait pu être accordé à nos instances.

Ces raisons, Sire, ont dû vous engager à différer l'examen de la proposition de vos commissaires jusqu'au temps où la vérité vous serait parvenue; mais nous n'en étions pas moins disposés à porter dans cet examen l'esprit de confiance et d'amour qu'inspire à tous les Français la profonde conviction de vos intentions bienfaisantes. La noblesse s'est déterminée dans cet intervalle; elle a fait un arrêté par lequel, en se référant à ceux qu'elle avait précédemment délibérés, elle réserve à sa chambre seule le jugement exclusif et définitif des simples députés de son ordre, et ne se prête, au moyen proposé par vos commissaires, que pour le jugement des députations entières. Cet arrêté, Sire, rend l'ouverture de conciliation illusoire; la noblesse ne l'adopte pas, puisqu'elle persiste dans des arrêtés évidemment contraires; elle en repousse la lettre et l'esprit, puisqu'elle prétend retenir le jugement des députés de son ordre, quoique le moyen proposé embrasse toutes les contestations, et quoiqu'il soit fondé sur le principe implicitement reconnu, que des députés qui concourent à une œuvre commune doivent mutuellement connaître et sanctionner leur composition. Après ce refus de la noblesse, Sire, les députés de vos communes se seraient inutilement livrés aux discussions qui devaient naturellement s'élever entre la force des principes et le sacrifice passager que, par amour de la paix, Votre Majesté paraissait

désirer d'eux. Le motif exprimé dans le plan proposé par vos commissaires était, en opérant la conciliation des ordres, de donner à l'Assemblée une activité que l'intérêt de l'Etat et les vœux de toute la nation ne permettraient plus de retarder. La conciliation étant devenue impossible par l'arrêté de la noblesse, que restait-il à faire aux députés de vos communes? Il ne leur restait autre chose à faire, Sire, qu'à se mettre promptement en activité, sans perdre le temps davantage à de vaines discussions, et à satisfaire ainsi le vœu le plus pressant de votre cœur. Telles ont été, Sire, les circonstances qui ont nécessité la délibération que nous avons l'honneur de vous présenter. Les députés des communes, pénétrés de la sainteté et de l'étendue de leurs devoirs, sont impatiens de les remplir. Déjà ils ont mis sous les yeux de Votre Majesté quelques-uns des principes qui les dirigent. Ils font le serment de se dévouer sans réserve à tout ce qu'exigera d'eux l'importante mission dont ils sont chargés. Ils jurent de seconder de tout leur pouvoir les généreux desseins que Votre Majesté a formés pour le bonheur de la France; et, afin d'y concourir avec plus de succès, afin que l'esprit qui vous anime, Sire, puisse être sans cesse au milieu d'eux, et conserver entre leurs vœux et vos intentions la plus constante harmonie, ils supplient Votre Majesté de vouloir bien permettre à celui qui remplira les fonctions de doyen et de président dans leurs assemblées, d'approcher directement de votre personne sacrée, et de lui rendre compte de leurs délibérations et des motifs qui les auront déterminées.

---

12 JUIN 1789. — Arrêté qui ordonne l'appel des députés. (B. 1, 12.)

---

13 JUIN 1789. — Déclaration que l'ordre gardé dans l'appel ne tire pas à conséquence. — Arrêté sur l'examen des pouvoirs. (B. 1, 12.)

---

15 JUIN 1789. — Déclaration de l'assemblée sur les pouvoirs vérifiés; décision relative au serment des députés. (B. 1, 13.)

ASSEMBLÉE NATIONALE

CONSTITUANTE (1).

17 JUIN 1789. — **Déclaration sur la constitution de l'assemblée. (B. 1, 13.)**

L'Assemblée, délibérant après la vérification des pouvoirs, reconnaît que cette assemblée est déjà composée des représentans envoyés directement par les quatre-vingt-seize centièmes au moins de la nation.

Une telle masse de députation ne saurait rester inactive par l'absence des députés de quelques bailliages ou de quelques classes de citoyens; car les absens qui ont été appelés ne peuvent point empêcher les présens d'exercer la plénitude de leurs droits, surtout lorsque l'exercice de ces droits est un devoir impérieux et pressant.

De plus, puisqu'il n'appartient qu'aux représentans vérifiés de concourir à former le vœu national, et que tous les représentans vérifiés doivent être dans cet assemblée, il est encore indispensable de conclure qu'à lui appartient, et qu'il n'appartient qu'à elle, d'interpréter et de présenter la volonté général de la nation, il ne peut exister entre le trône et cette assemblée aucun *veto*, aucun pouvoir négatif. — L'Assemblée déclare donc que l'œuvre commune de la restauration nationale peut et doit être commencée sans retard par les députés présens, et qu'ils doivent la suivre sans interruption comme sans obstacle. — La dénomination d'ASSEMBLÉE NATIONALE est la seule qui convienne à l'Assemblée dans l'état actuel des choses, soit parce que les membres qui la composent sont les seuls représentans légitimement et publiquement connus et vérifiés, soit parce qu'ils sont envoyés directement par la presque totalité de la nation, soit enfin parce que la représentation étant une et indivisible, aucun des députés, dans quelque ordre ou classe qu'il soit choisi, n'a le droit d'exercer ses fonctions séparément de la présente assemblée. — L'Assemblée ne perdra jamais l'espoir de réunir dans son sein tous les députés aujourd'hui absens; elle ne cessera de les appeler à remplir l'obligation qui leur est imposée de concourir à la tenue des États-Généraux. A quelque moment que les députés absens se présentent dans le cours de la session qui va s'ouvrir, elle déclare d'avance qu'elle s'empressera de les recevoir, et de partager avec eux, après la vérification de leurs pouvoirs, la suite des grands travaux qui doivent procurer la régénération de la France. — L'Assemblée nationale arrête que les motifs de la présente délibération seront incessamment rédigés pour être présentés au Roi et à la nation.

---

17 JUIN 1789 = 20 MARS 1791 (2). — **Décret pour assurer la perception des impôts et le paiement de la dette publique. (L. 3, 1001; B. 1, 15.)**

L'Assemblée nationale, considérant que le premier usage qu'elle doit faire du pouvoir dont la nation recouvre l'exercice, sous les auspices d'un monarque qui, jugeant la véritable gloire des rois, a mis la sienne à reconnaître les droits de son peuple, est d'assurer, pendant la durée de la présente session, la force de l'administration publique; voulant prévenir les difficultés qui pourraient traverser la perception et l'acquit des contributions, difficultés d'autant plus dignes d'une attention sérieuse, qu'elles auraient pour base un principe constitutionnel et à jamais sacré, authentiquement reconnu par le Roi, et solennellement proclamé par toutes les assemblées de la nation, principe qui s'oppose à toute levée de deniers de contributions dans le royaume, sans le consentement formel des représentans de la nation; considérant qu'en effet les contributions, telles qu'elles se perçoivent actuellement dans le royaume, n'ayant point été consenties par la nation, sont toutes illégales et par conséquent nulles dans leur création, extension ou prorogation.

Déclare, à l'unanimité des suffrages, consentir provisoirement pour la nation, que les impôts et contributions, quoique illégalement établis et perçus, continuent d'être levés de la même manière qu'ils l'ont été précédem-

---

(1) Les ordres du clergé et de la noblesse ne se sont cependant réunis que le 27 juin; mais, comme on le voit dans la déclaration du 17 juin, l'assemblée s'intitule ASSEMBLÉE NATIONALE: et l'on sait qu'elle a conservé ce titre.

(2) *Voy.* ce qui a été dit dans l'avertissement sur les actes par lesquels le Roi a sanctionné les décrets de l'Assemblée nationale. *Voy.* aussi la loi du 9 novembre 1789.

ment, et ce, jusqu'au jour seulement de la première séparation de cette assemblée, de quelque cause qu'elle puisse provenir; passé lequel jour, l'Assemblée nationale entend et décrète que toute levée d'impôts et contributions de toute nature, qui n'auraient pas été nommément, formellement et librement accordés par l'Assemblée, cessera entièrement dans toutes les provinces du royaume, quelle que soit la forme de leur administration. L'Assemblée s'empresse de déclarer qu'aussitôt qu'elle aura, de concert avec Sa Majesté, fixé les principes de la régénération nationale, elle s'occupera de l'examen et de la consolidation de la dette publique, mettant dès à présent les créanciers de l'État sous la garde de l'honneur et de la loyauté de la nation française.

___

17 JUIN 1789 — Arrêté sur la formule de serment. (B. 1, 15.)

19 JUIN 1789. — Arrêté pour la création de quatre comités de travail, sous les noms de comité des subsistances, comité de vérification et contentieux, comité de rédaction et comité de règlement. (B. 1, 17.)

20 JUIN 1789. — Arrêté contre toute suspension ou interruption de l'Assemblée. (B. 1, 17.)

L'Assemblée nationale, considérant qu'appelée à fixer la constitution du royaume, opérer la régénération de l'ordre public, et maintenir les vrais principes de la monarchie, rien ne peut empêcher qu'elle ne continue ses délibérations dans quelque lieu qu'elle soit forcée de s'établir, et qu'enfin partout où ses membres sont réunis, là est l'Assemblée nationale.

Arrête que tous les membres de cette assemblée prêteront, à l'instant, serment solennel de ne jamais se séparer, et de se rassembler partout où les circonstances l'exigeront, jusqu'à ce que la constitution du royaume soit établie et affermie sur des fondemens solides, et que ledit serment étant prêté, tous les membres, et chacun en particulier, confirmeront par leur signature cette résolution inébranlable. (*Cet arrêté a été pris dans la séance du jeu de paume.*)

___

23 JUIN 1789.—Discours du Roi prononcé dans la séance présidée par Sa Majesté aux Etats-Généraux. (L. 1, 93.)

Messieurs, je croyais avoir fait tout ce qui était en mon pouvoir pour le bien de mes peuples, lorsque j'avais pris la résolution de vous rassembler; lorsque j'avais surmonté toutes les difficultés dont votre convocation était entourée; lorsque j'étais allé, pour ainsi dire, au-devant des vœux de la nation, en manifes-

tant à l'avance ce que je voulais faire pour son bonheur.

Il semblait que vous n'aviez qu'à finir mon ouvrage, et la nation attendait avec impatience le moment où, par le concours des vues bienfaisantes de son souverain et du zèle éclairé de ses représentans, elle allait jouir des prospérités que cette union devait lui procurer.

Les États-Généraux sont ouverts depuis près de deux mois, et ils n'ont point encore pu s'entendre sur les préliminaires de leurs opérations. Une parfaite intelligence aurait dû naître du seul amour de la patrie, et une funeste division jette l'alarme dans tous les esprits. Je veux le croire, et j'aime à le penser, les Français ne sont pas changés. Mais, pour éviter de faire à aucun de vous des reproches, je considère que le renouvellement des États-Généraux, après un si long terme, l'agitation qui l'a précédé, le but de cette convocation, si différent de celui qui rassemblait vos ancêtres, les restrictions dans les pouvoirs, et plusieurs autres circonstances, ont dû nécessairement amener des oppositions, des débats et des prétentions exagérées.

Je dois au bien commun de mon royaume, je me dois à moi-même de faire cesser ces funestes divisions. C'est dans cette résolution, Messieurs, que je vous rassemble de nouveau autour de moi; c'est comme le père commun de tous mes sujets, c'est comme le défenseur des lois de mon royaume, que je viens vous en retracer le véritable esprit, et réprimer les atteintes qui ont pu y être portées.

Mais, Messieurs, après avoir établi clairement les droits respectifs des différens ordres, j'attends du zèle pour la patrie des deux premiers ordres, j'attends de leur attachement pour ma personne, j'attends de la connaissance qu'ils ont des maux urgens de l'État, que, dans les affaires qui regardent le bien général, ils seront les premiers à proposer une réunion d'avis et de sentimens que je regarde comme nécessaire dans la crise actuelle, et qui doit opérer le salut de l'État.

___

23 JUIN 1789. — Déclaration du Roi concernant la présente tenue des États Généraux. (L. 1, 94.)

Art. 1er. Le Roi veut que l'ancienne distinction des trois ordres de l'État soit conservée en son entier, comme essentiellement liée à la constitution de son royaume; que les députés, librement élus par chacun des trois ordres, formant trois chambres, délibérant par ordre, et pouvant, avec l'approbation du souverain, convenir de délibérer en commun, puissent seuls être considérés comme formant le corps des représentans de la nation. En conséquence, le Roi a déclaré nulles les délibérations prises par les députés de l'ordre du tiers-état, le 17 de ce mois, ainsi que celles qui auraient pu s'ensuivre, comme illégales et inconstitutionnelles.

2. Sa Majesté déclare valides tous les pouvoirs vérifiés ou à vérifier dans chaque chambre, sur lesquels il ne s'est point élevé ou ne s'élèvera point de contestation : ordonne, Sa Majesté, qu'il en sera donné communication respective entre les ordres.

Quant aux pouvoirs qui pourraient être contestés dans chaque ordre, et sur lesquels les parties intéressées se pourvoiraient, il y sera statué, pour la présente tenue des Etats-Généraux seulement, ainsi qu'il sera ci-après ordonné.

3. Le Roi casse et annule, comme anticonstitutionnelles, contraires aux lettres de convocation et opposées à l'intérêt de l'Etat, les restrictions de pouvoir qui, en gênant la liberté des députés aux Etats-Généraux, les empêcheraient d'adopter les formes de délibération prises séparément, par ordre ou en commun, par le vœu distinct des trois ordres.

4. Si, contre l'intention du Roi, quelques-uns des députés avaient fait le serment téméraire de ne point s'écarter d'une forme de délibération quelconque, Sa Majesté laisse à leur conscience de considérer si les dispositions qu'elle va régler s'écartent de la lettre ou de l'esprit de l'engagement qu'ils auraient pris.

5. Le Roi permet aux députés qui se croiront gênés par leurs mandats, de demander à leurs commettans un nouveau pouvoir ; mais Sa Majesté leur enjoint de rester, en attendant, aux Etats-Généraux, pour assister à toutes les délibérations sur les affaires pressantes de l'Etat, et y donner un avis consultatif.

6. Sa Majesté déclare que, dans les tenues suivantes d'Etats-Généraux, elle ne souffrira pas que les cahiers ou les mandats puissent être jamais considérés comme impératifs : ils ne doivent être que de simples instructions confiées à la conscience et à libre opinion des députés dont on aura fait choix.

7. Sa Majesté ayant exhorté, pour le salut de l'Etat, les trois ordres à se réunir pendant cette tenue d'Etats seulement, pour délibérer en commun sur les affaires d'une utilité générale, veut faire connaître ses intentions sur la manière dont il pourra y être procédé.

8. Seront nommément exceptées des affaires qui pourront être traitées en commun, celles qui regardent les droits antiques et constitutionnels des trois ordres, la forme de constitution à donner aux prochains Etats-Généraux, les propriétés féodales et seigneuriales, les droits utiles et les prérogatives honorifiques des deux premiers ordres.

9. Le consentement particulier du clergé sera nécessaire pour toutes les dispositions qui pourraient intéresser la religion, la discipline ecclésiastique, le régime des ordres et corps séculiers et réguliers.

10. Les délibérations à prendre par les trois ordres réunis sur les pouvoirs contestés, et sur lesquels les parties intéressées se pourvoiraient aux Etats-Généraux, seront prises à la pluralité des suffrages ; mais si les deux tiers des voix, dans l'un des trois ordres, réclamaient contre la délibération de l'assemblée, l'affaire sera rapportée au Roi, pour y être définitivement statué par Sa Majesté.

11. Si, dans la vue de faciliter la réunion des trois ordres, ils désiraient que les délibérations qu'ils auront à prendre en commun passassent seulement à la pluralité des deux tiers des voix, Sa Majesté est disposée à autoriser cette forme.

12. Les affaires qui auront été décidées dans les assemblées des trois ordres réunis, seront remises le lendemain en délibération, si cent membres de l'assemblée se réunissent pour en faire la demande.

13. Le Roi désire que, dans cette circonstance, et pour ramener les esprits à la conciliation, les trois chambres commencent à nommer séparément une commission composée du nombre de députés qu'elles jugeront convenable, pour préparer la forme et la distribution des bureaux de conférence qui devront traiter les différentes affaires.

14. L'assemblée générale des députés des trois ordres sera présidée par les présidens choisis par chacun des ordres, et selon leur rang ordinaire.

15. Le bon ordre, la décence et la liberté même des suffrages, exigent que Sa Majesté défende, comme elle le fait expressément, qu'aucune personne, autre que les membres des trois ordres composant les Etats-Généraux, puisse assister à leurs délibérations, soit qu'ils les prennent en commun ou séparément.

Discours du Roi.

J'ai voulu aussi, Messieurs, vous faire remettre sous les yeux les différens bienfaits que j'accorde à mes peuples. Ce n'est pas pour circonscrire votre zèle dans le cercle que je vais tracer ; car j'adopterai avec plaisir toute autre vue de bien public qui sera proposée par les Etats-Généraux. Je puis dire, sans me faire illusion, que jamais roi n'en a autant fait pour aucune nation ; mais quelle autre peut l'avoir mieux mérité par ses sentimens, que la nation française ! Je ne craindrai pas de l'exprimer, ceux qui, par des prétentions exagérées ou par des difficultés hors de propos, retarderaient encore l'effet de mes intentions paternelles, se rendraient indignes d'être regardés comme Français.

Déclaration des intentions du Roi.

Art. 1er. Aucun nouvel impôt ne sera établi, aucun ancien ne sera prorogé au-delà du terme fixé par les lois, sans le consentement des représentans de la nation.

2. Les impositions nouvelles qui seront établies, ou les anciennes qui seront prorogées, ne le seront que pour l'intervalle qui devra s'écouler jusqu'à l'époque de la tenue suivante des États-Généraux.

3. Les emprunts pouvant devenir l'occasion nécessaire d'un accroissement d'impôt, aucun n'aura lieu sans le consentement des États-Généraux; sous la condition toutefois, qu'en cas de guerre ou d'autre danger national, le souverain aura la faculté d'emprunter, sans délai, jusqu'à la concurrence d'une somme de *cent millions*; car l'intention formelle du Roi est de ne jamais mettre le salut de son empire dans la dépendance de personne.

4. Les États-Généraux examineront avec soin la situation des finances, et ils demanderont tous les renseignemens propres à les éclairer parfaitement.

5. Le tableau des revenus et des dépenses sera rendu public, chaque année, dans une forme proposée par les États-Généraux, et approuvée par Sa Majesté.

6. Les sommes attribuées à chaque département seront déterminées d'une manière fixe et invariable, et le Roi soumet à cette règle générale les fonds mêmes qui sont destinés à l'entretien de sa maison.

7. Le Roi veut que, pour assurer cette fixité des diverses dépenses de l'État, il lui soit indiqué par les États-Généraux les dispositions propres à remplir ce but; et Sa Majesté les adoptera, si elles s'accordent avec la dignité royale et la célérité indispensable du service public.

8. Les représentans d'une nation fidèle aux lois de l'honneur et de la probité, ne donneront aucune atteinte à la foi publique, et le Roi attend d'eux que la confiance des créanciers de l'État soit assurée et consolidée de la manière la plus authentique.

9. Lorsque les dispositions formelles annoncées par le clergé et la noblesse, de renoncer à leurs priviléges pécuniaires, auront été réalisées par leurs délibérations, l'intention du Roi est de les sanctionner, et qu'il n'existe plus dans le paiement des contributions pécuniaires aucune espèce de priviléges ou de distinctions.

10. Le Roi veut que, pour consacrer une disposition si importante, le nom de *tailles* soit aboli dans son royaume, et qu'on réunisse cet impôt, soit au vingtième, soit à toute autre imposition territoriale, ou qu'il soit enfin remplacé de quelque manière, mais toujours d'après des proportions justes, égales, et sans distinction d'état, de rang et de naissance.

11. Le Roi veut que le droit de franc-fief soit aboli du moment où les revenus et les dépenses fixes de l'État auront été mis dans une exacte balance.

12. Toutes les propriétés, sans exception, seront constamment respectées, et Sa Majesté comprend expressément sous le nom de propriétés, les *dîmes*, *cens*, *rentes*, *droits et devoirs féodaux* et *seigneuriaux*, et généralement tous les droits et prérogatives utiles ou honorifiques attachés aux terres et aux fiefs, ou appartenant aux personnes.

13. Les deux premiers ordres de l'État continueront à jouir de l'exemption des charges personnelles; mais le Roi approuvera que les États-Généraux s'occupent des moyens de convertir ces sortes de charges en contributions pécuniaires, et qu'alors tous les ordres de l'État y soient assujettis également.

14. L'intention de Sa Majesté est de déterminer, d'après l'avis des États-Généraux, quels seront les emplois et les charges qui conserveront, à l'avenir, le privilége de donner et de transmettre la noblesse. Sa Majesté, néanmoins, selon le droit inhérent à sa couronne, accordera des lettres de noblesse à ceux de ses sujets qui, par des services rendus au Roi et à l'État, se seraient montrés dignes de cette récompense.

15. Le Roi, désirant assurer la liberté personnelle de tous les citoyens, d'une manière solide et durable, invite les États-Généraux à chercher, et à lui proposer les moyens les plus convenables de concilier l'abolition des ordres connus sous le nom de *lettres de cachet* avec le maintien de la sûreté publique et avec les précautions nécessaires, soit pour ménager dans certains cas l'honneur des familles, soit pour réprimer avec célérité les commencemens de sédition, soit pour garantir l'État des effets d'une intelligence criminelle avec les puissances étrangères.

16. Les États-Généraux examineront et feront connaître à Sa Majesté le moyen le plus convenable de concilier la liberté de la presse avec le respect dû à la religion, aux mœurs et à l'honneur des citoyens.

17. Il sera établi, dans les diverses provinces ou généralités du royaume, des États provinciaux, composés de deux dixièmes de membres du clergé, dont une partie sera nécessairement choisie dans l'ordre épiscopal; de trois dixièmes de membres de la noblesse, et de cinq dixièmes de membres du tiers-état.

18. Les membres de ces États provinciaux seront librement élus par les ordres respectifs, et une mesure quelconque de propriété sera nécessaire pour être électeur ou éligible.

19. Les députés à ces États provinciaux délibéreront en commun sur toutes les affaires, suivant l'usage observé dans les assemblées provinciales que ces États remplaceront.

20. Une commission intermédiaire, choisie

par ces États, administrera les affaires de la province pendant l'intervalle d'une tenue à l'autre; et ces commissions intermédiaires, devenant seules responsables de leur gestion, auront pour délégués des personnes choisies uniquement par elles, ou par les États provinciaux,

21. Les États-Généraux proposeront au Roi leurs vues pour toutes les autres parties de l'organisation intérieure des États provinciaux, et pour le choix des formes applicables à l'élection des membres de cette assemblée.

22. Indépendamment des objets d'administration dont les assemblées provinciales sont chargées, le Roi confiera aux États provinciaux l'administration des hôpitaux, des prisons, des dépôts de mendicité, des enfans trouvés, l'inspection des dépenses des villes, la surveillance sur l'entretien des forêts, sur la garde et la vente des bois, et sur d'autres objets qui pourraient être administrés plus utilement par les provinces.

23. Les contestations survenues dans les provinces où il existe d'anciens États, et les réclamations élevées contre la constitution de ces assemblées, devront fixer l'attention des États-Généraux; et ils feront connaître à Sa Majesté les dispositions de justice et de sagesse qu'il est convenable d'adopter, pour établir un ordre fixe dans l'administration de ces mêmes provinces.

24. Le Roi invite les États-Généraux à s'occuper de la recherche des moyens propres à tirer le parti le plus avantageux des domaines qui sont dans ses mains, et de lui proposer également leurs vues sur ce qu'il peut y avoir de plus convenable à faire, relativement aux domaines engagés.

25. Les États-Généraux s'occuperont du projet conçu depuis long-temps par Sa Majesté, de porter les douanes aux frontières du royaume, afin que la plus parfaite liberté règne dans la circulation intérieure des marchandises nationales ou étrangères.

26. Sa Majesté désire que les fâcheux effets de l'impôt sur le sel, et l'importance de ce revenu soient discutés soigneusement, et que, dans toutes les suppositions, on propose au moins des moyens d'en adoucir la perception.

27. Sa Majesté veut aussi qu'on examine attentivement les avantages et les inconvéniens des droits d'aides et des autres impôts, mais sans perdre de vue la nécessité absolue d'assurer une exacte balance entre les revenus et les dépenses de l'État.

28. Selon le vœu que le Roi a manifesté par sa déclaration du 23 septembre dernier, Sa Majesté examinera, avec une sérieuse attention, les projets qui lui seront présentés relativement à l'administration de la justice, et aux moyens de perfectionner les lois civiles et criminelles.

29. Le Roi veut que les lois qu'il aura fait promulguer, pendant la tenue et d'après l'avis, ou selon le vœu des États-Généraux, n'éprouvent, pour leur enregistrement et pour leur exécution, aucun retardement ni aucun obstacle dans toute l'étendue de son royaume.

30. Sa Majesté veut que l'usage de la corvée pour la confection et l'entretien des chemins, soit entièrement et pour toujours aboli dans son royaume.

31. Le Roi désire que l'abolition du droit de main-morte, dont Sa Majesté a donné l'exemple dans ses domaines, soit étendue à toute la France, et qu'il lui soit proposé les moyens de pourvoir à l'indemnité qui pourrait être due aux seigneurs en possession de ce droit.

32. Sa Majesté fera connaître incessamment aux États-Généraux les réglemens dont elle s'occupe pour restreindre les capitaineries, et donner encore dans cette partie, qui tient de plus près à ses jouissances personnelles, un nouveau témoignage de son amour pour ses peuples.

33. Le Roi invite les États-Généraux à considérer le tirage de la milice sous tous ses rapports, et à s'occuper des moyens de concilier ce qui est dû à la défense de l'État avec les adoucissemens que Sa Majesté désire pouvoir procurer à ses sujets.

34. Le Roi veut que toutes les dispositions d'ordre public et de bienfaisance envers ses peuples, que Sa Majesté aura sanctionnées par son autorité pendant la présente tenue des États-Généraux, celles même autres relatives à la liberté personnelle, à l'égalité des contributions, à l'établissement des États provinciaux, ne puissent jamais être changées sans le consentement des trois ordres pris séparément. Sa Majesté les place, à l'avance, au rang des propriétés nationales, qu'elle veut mettre, comme toutes les autres propriétés, sous la garde la plus assurée.

35. Sa Majesté, après avoir appelé les États-Généraux à s'occuper, de concert avec elle, des grands objets d'utilité publique, et de tout ce qui peut contribuer au bonheur de son peuple, déclare de la manière la plus expresse, qu'elle veut conserver en son entier, et sans la moindre atteinte, l'institution de l'armée, ainsi que toute autorité, police et pouvoir sur le militaire, tels que les monarques français en ont constamment joui.

Discours du Roi.

Vous venez, Messieurs, d'entendre le résultat de mes dispositions et de mes vues : elles sont conformes au vif désir que j'ai d'opérer le bien public; et si, par une fatalité loin de ma pensée, vous m'abandonniez dans une si belle entreprise, seul je ferai le bien de mes peuples, seul je me considérerai comme leur véritable représentant; et connaissant vos cahiers, connaissant l'accord parfait qui existe entre le vœu le plus général de la nation et mes intentions bienfaisantes, j'aurai toute la confiance que doit inspirer une si rare harmonie, et je marcherai vers le but auquel je veux atteindre, avec tout le courage et la fermeté qu'il doit m'inspirer.

Réfléchissez, Messieurs, qu'aucun de vos projets, aucune de vos dispositions ne peut avoir force de loi sans mon approbation spéciale. Ainsi, je suis le garant naturel de vos droits respectifs, et tous les ordres de l'Etat peuvent se reposer sur mon équitable impartialité. Toute défiance de votre part serait une grande injustice. C'est moi jusqu'à présent qui fais tout pour le bonheur de mes peuples, et il est rare, peut-être, que l'unique ambition d'un souverain soit d'obtenir de ses sujets qu'ils s'entendent enfin pour accepter ses bienfaits.

Je vous ordonne, Messieurs, de vous séparer tout de suite, et de vous rendre, demain matin, chacun dans les chambres affectées à votre ordre pour y reprendre vos séances. J'ordonne, en conséquence, au grand-maître des cérémonies de faire préparer les salles.

———

23 JUIN 1789 = 23 FÉVRIER 1791. — Décret sur l'inviolabilité des députés. (L. 33, 633; B. 1, 18.)

L'Assemblée nationale déclare que la personne de chacun des députés est inviolable; que tous particuliers, toute corporation, tribunal, cour ou commission, qui oseraient, pendant ou après la présente session, poursuivre, rechercher, arrêter ou faire arrêter, détenir ou faire détenir un député pour raison d'aucune proposition, avis, opinion ou discours par lui fait aux Etats-Généraux, de même que toutes personnes qui prêteraient leur ministère à aucun desdits attentats, de quelque part qu'ils fussent ordonnés, sont infâmes et traîtres envers la nation, et coupables de crime capital. L'Assemblée nationale arrête que, dans les cas susdits, elle prendra toutes les mesures nécessaires pour faire rechercher, poursuivre et punir ceux qui en seront les auteurs, instigateurs ou exécuteurs.

———

24 JUIN 1789. — Arrêté pour la nomination de l'imprimeur de l'Assemblée. (B. 1, 19.)

L'Assemblée a ordonné l'impression successive de son procès-verbal, et a nommé le sieur Baudoin, député suppléant de Paris, pour son imprimeur (1).

25 JUIN 1789. — Arrêté relatif à l'envoi d'une députation pour réclamer la liberté et la publicité des séances. (B. 1, 19.)

27 JUIN 1789. — Réglement fait par le Roi concernant les mandats des députés aux Etats-Généraux. (L. 1, 106.)

De par le Roi. Le Roi étant informé que, contre l'esprit et la teneur de ses lettres de convocation, plusieurs députés avaient reçu des pouvoirs impératifs qui ne leur laissaient pas la liberté de suffrage dont doivent essentiellement jouir les membres des États-Généraux, Sa Majesté, par l'article 5 de sa déclaration du 23 de ce mois, a permis aux députés qui se croiraient gênés par leurs mandats, de demander à leurs commettans un nouveau pouvoir : et Sa Majesté ayant jugé nécessaire de déterminer la forme dans laquelle sera faite cette demande, elle a ordonné et ordonne ce qui suit :

Art. 1er. Ceux des députés qui se trouveront gênés par leurs mandats, sur la forme de délibérer ou sur les délibérations à prendre aux Etats-Généraux, pourront s'adresser aux baillis ou sénéchaux, ou leurs lieutenans, ou, en leur absence, au plus ancien officier du siège, pour qu'ils aient à convoquer tous les membres de l'ordre auquel lesdits députés appartiennent, et qui auront concouru immédiatement à leur élection.

2. Les baillis ou sénéchaux ou leurs lieutenans, en conséquence des demandes qui leur seront formellement adressées par les députés aux Etats-Généraux, rassembleront sans délai, et par forme d'invitation seulement, tous les membres de l'ordre qui auront concouru immédiatement à l'élection des députés qui auront formé lesdites demandes; et sur la connaissance qui sera donnée de ces demandes auxdits électeurs ainsi rassemblés, ils prendront les délibérations nécessaires pour donner à leurs députés de nouveaux pouvoirs généraux et suffisans, aux termes des lettres de convocation, et sans aucune limitation, Sa Majesté les ayant formellement interdites par l'article 6 de sa susdite déclaration.

3. Les baillis ou sénéchaux, ou leurs lieutenans, feront dresser un procès-verbal de ladite assemblée, lequel contiendra la délibération qui aura été prise, et il en sera délivré les expéditions nécessaires aux députés, et envoyé une copie à M. le garde-des-sceaux, et une autre au secrétaire-d'état de la province.

27 JUIN 1789. — Arrêté pour la réception des députés de Saint-Domingue. (B. 1, 19.) Voy. 4 juillet 1789.

———

(1) Cet arrêté donne à la collection de Baudouin un caractère officiel : c'est une des sources auxquelles nous puisons le texte des Lois.

1er JUILLET 1789. — Arrêté concernant les soldats aux gardes françaises délivrés des prisons de l'Abbaye, et qui rappelle le respect dû à l'autorité royale. (B. 1, 19.)

L'Assemblée nationale a arrêté ce qui suit : Il sera répondu par M. le président aux personnes venues de Paris, qu'elles doivent reporter dans cette ville le vœu de la paix et de l'union, seules capables de seconder les intentions de l'Assemblée nationale et les travaux auxquels elle se consacre pour la félicité publique.

L'Assemblée nationale gémit des troubles qui agitent en ce moment la ville de Paris ; et ses membres, en invoquant la clémence du Roi pour les personnes qui pourraient être coupables, donneront toujours l'exemple du plus profond respect pour l'autorité royale, de laquelle dépend la sécurité de l'empire. Elle conjure donc les habitans de la capitale de rentrer sur-le-champ dans l'ordre, et de se pénétrer des sentimens de paix qui peuvent seuls assurer les biens infinis que la France est près de recueillir de la réunion volontaire de tous les représentans de la nation. Il sera fait au Roi une députation pour l'instruire du parti pris par l'Assemblée nationale, et pour le supplier de vouloir bien employer, pour le rétablissement de l'ordre, les moyens infaillibles de la clémence et de la bonté, qui sont si naturels à son cœur, et de la confiance que son bon peuple méritera toujours. Le présent arrêté sera imprimé et rendu public.

1er JUILLET 1789. — Arrêté concernant la distribution des députés en bureaux. (B. 1, 20.)

---

4 JUILLET 1789. — Arrêté qui admet six représentans pour la colonie de Saint-Domingue. (B. 1, 21.)

L'Assemblée nationale a arrêté que Saint-Domingue aurait six représentans pour la présente session de l'Assemblée nationale, et que les autres membres présentés à la députation, auraient, comme les suppléans des provinces de France, une place marquée dans l'enceinte de la salle, sans voix consultative ni délibérative.

---

6 JUILLET 1789. — Arrêté pour la formation d'un comité de constitution. (B. 1, 21.)

---

8 JUILLET 1789. — Décret portant que les mandats impératifs ne peuvent suspendre l'activité de l'Assemblée. (B. 1, 22.)

---

8 JUILLET 1789. — Arrêté pour demander l'éloignement des troupes assemblées aux environs de Paris et de Versailles. (B. 1, 22.)

Adresse au Roi. (B. 1, 23.)

---

11 JUILLET 1789. — Décret pour l'établissement d'un comité des finances. (B. 1, 28.)

---

13 JUILLET 1789. = 23 FÉVRIER 1791. — Décret relatif à la responsabilité des ministres, et, en général, de tous les agens du gouvernement. (L. 3, 658 ; B. 1, 28.)

L'Assemblée, interprète des sentimens de la nation, déclare que M. Necker, ainsi que les autres ministres qui viennent d'être éloignés, emportent avec eux son estime et ses regrets ; — déclare, qu'effrayée des suites funestes que peut entraîner la réponse du Roi, elle ne cessera d'insister sur l'éloignement des troupes extraordinairement rassemblées près de Paris et de Versailles, et sur l'établissement des gardes bourgeoises ; — déclare de nouveau qu'il ne peut exister d'intermédiaire entre le Roi et l'Assemblée nationale ;

Déclare que les ministres et les agens civils et militaires de l'autorité, sont responsables de toute entreprise contraire aux droits de la nation et aux décrets de cette assemblée ;

Déclare que les ministres actuels et les conseils de Sa Majesté, de quelque rang et état qu'ils puissent être, ou quelques fonctions qu'ils puissent avoir, sont personnellement responsables des malheurs présens et de tous ceux qui peuvent suivre ; déclare que la dette publique ayant été mise sous la garde de l'honneur et de la loyauté française, et la nation ne refusant point d'en payer les intérêts, nul pouvoir n'a le droit de prononcer l'infâme mot de *banqueroute*, nul pouvoir n'a le droit de manquer à la foi publique, sous quelque forme et dénomination que ce puisse être ;

Enfin, l'Assemblée nationale déclare qu'elle persiste dans ses précédens arrêtés, et notamment dans ceux du 17, du 20 et du 23 juin dernier. — Et la présente délibération sera remise au Roi par le président de l'Assemblée, et publiée par la voie de l'impression.

---

13 JUILLET 1789. — Arrêté pour demander l'éloignement des troupes et l'établissement des gardes bourgeoises. (B. 1, 28 et 29.)

---

14 JUILLET 1789. — Arrêté sur la nécessité de demander au Roi la retraite absolue des troupes, pour ramener le calme dans Paris. (B. 1, 30.)

---

15 JUILLET 1789. — Arrêté pour l'envoi d'une députation au Roi. (B. 1, 30.)

---

16 JUILLET 1789. — Arrêté pour demander le renvoi des ministres et le rappel de M. Necker. (B. 1, 31.)

---

16 JUILLET 1789. — Arrêté relatif au renvoi des ministres et à l'arrivée du Roi à Paris. (B. 1, 31.)

20 JUILLET 1789. — Arrêté sur l'incapacité des étrangers pour être députés à l'Assemblée nationale. (B. 1, 32.)

(Sur la contestation qui s'est élevée relativement aux pouvoirs de MM. les évêques d'Ypres et de Tournay, dont le rapport avait été fait à la séance du 14 de ce mois, l'Assemblée nationale a déclaré que MM. les évêques de Tournay et d'Ypres n'avaient pu être élus, attendu qu'ils sont étrangers.)

23 JUILLET 1789. — Proclamation pour inviter les peuples à la tranquillité. (B. 1, 32.)

24 JUILLET 1789. — Arrêté relatif à l'admission provisoire de la députation de Bretagne. (B. 1, 34.)

24 JUILLET 1789. — Arrêté sur la vérification des pouvoirs. (B. 1, 34.)

25 JUILLET 1789. — Arrêté sur la seconde députation du pays d'Aunis et de la sénéchaussée de Montpellier, dont les membres sont admis comme suppléans. (B. 1, 35.)

25 JUILLET 1789. — Arrêté sur la recherche et la poursuite des auteurs et complices des crimes commis au château de Quincey, près Vesoul. (B. 1, 35.)

27 JUILLET 1789. — Arrêté qui règle le mode de distribution des lettres et réclamations adressées à l'Assemblée nationale. (B. 1, 35.)

28 JUILLET 1789. — Arrêté relatif à l'offre faite par la municipalité de Versailles, d'une garde d'honneur. (B. 1, 36.)

28 JUILLET 1789. — Arrêté portant établissement d'un comité de rapports et d'un comité d'informations. (B. 1, 36 et 37.)

29 JUILLET 1789. — Règlement à l'usage de l'Assemblée nationale. (B. 1, 38.)

CHAPITRE Ier. — Du président et des secrétaires.

1° Il y aura un président et six secrétaires; — 2° Le président ne pourra être nommé que pour quinze jours; il ne sera point continué; mais il sera éligible de nouveau dans une autre quinzaine; — 3° Le président sera nommé au scrutin, en la forme suivante : les bureaux seront convoqués pour l'après-midi; on y recevra les billets des votans, et le recensement et le dépouillement des billets se feront dans les bureaux mêmes, sur une liste particulière qui sera signée par le président et le secrétaire du bureau. — Chaque bureau chargera ensuite un de ses membres de porter sa liste dans la salle commune, et de s'y

réunir avec deux secrétaires de l'Assemblée, pour y faire le relevé des listes, et en composer une générale. — Si aucune des personnes désignées n'a la majorité des voix, savoir, la moitié et une en sus, on retournera au scrutin une seconde fois dans les bureaux, et les listes seront également rapportées dans la salle commune. — Si, dans ce second scrutin, personne n'avait la majorité, les deux sujets qui auront le plus de voix seront seuls présentés au choix des bureaux, pour le troisième scrutin; et en cas d'égalité de voix entre les deux concurrens, le plus âgé sera nommé président; — 4° Les fonctions de président seront de maintenir l'ordre dans l'assemblée, d'y faire observer les réglemens, d'y accorder la parole, d'énoncer les questions sur lesquelles l'assemblée aura à délibérer; d'annoncer le résultat des suffrages; de prononcer les décisions de l'Assemblée, et d'y porter la parole en son nom. — Les lettres et paquets destinés à l'Assemblée nationale, et qui seront adressés au président, seront ouverts dans l'Assemblée. — Le président annoncera le jour et les heures des séances; il en fera l'ouverture et la clôture, et, dans tous les cas, il sera soumis à la volonté de l'Assemblée; — 5° En l'absence du président, son prédécesseur le remplacera dans les mêmes fonctions; — 6° Le président annoncera, à la fin de chaque séance, les objets dont on devra s'occuper dans la séance suivante, conformément à l'ordre du jour; — 7° L'ordre du jour sera consigné dans un registre, dont le président sera dépositaire; — 8° On procédera, dans les bureaux, à l'élection des secrétaires, par un seul scrutin; chaque bureau portera six noms, et pour être élu, il suffira d'avoir obtenu la simple pluralité des suffrages dans le réunion des listes particulières; — 9° Les secrétaires répartiront entre eux le travail des notes, la rédaction du procès-verbal, lequel sera fait en doubles minutes collationnées entre elles, celle des délibérations, la réception et l'expédition des actes et extraits, et généralement tout ce qui est du ressort du secrétariat; — 10° La moitié des secrétaires sera changée et remplacée tous les quinze jours; on décidera au sort quels sont les premiers remplacés, et, ensuite, ce seront les plus anciens de fonctions; — 11° Les secrétaires ne pourront être nommés pour aucun comité, ni pour aucune députation pendant leur exercice.

CHAPITRE II. — Ordre de la chambre.

1° L'ouverture de la séance demeure fixée à huit heures du matin; néanmoins, la séance ne pourra commencer, s'il n'y a deux cents membres présens; — 2° La séance commencera par la lecture du procès-verbal de la veille; — 3° La séance ouverte, chacun restera assis; — 4° Le silence sera constamment observé ; — 5° La sonnette sera le signal du silence, et celui qui continuerait de parler, malgré le signal, sera repris par le président, au nom de l'Assemblée; — 6° Tout membre peut réclamer le silence et l'ordre, mais en s'adressant au président ; — 7° Tous signes d'approbation ou d'improbation sont absolument défendus ; — 8° Personne n'entrera dans la salle, ni n'en sortira, que par les corridors ; — 9° Nul n'approchera du bureau pour parler au président ni aux secrétaires ; — 10° MM. les suppléans qui voudront assister aux séances de l'Assemblée nationale, auront une place distincte, et qui leur sera exclusivement affectée dans une tribune ; — 11° La barre de la Chambre sera réservée pour les personnes étrangères qui auront des pétitions à faire, ou pour celles qui seront appelées ou admises devant l'Assemblée nationale ; — 12° Il est défendu à tous ceux qui ne sont pas députés, de se placer dans l'enceinte de la salle, et ceux qui y seront surpris, seront conduits dehors par l'huissier.

CHAPITRE III. — Ordre pour la parole.

1° Aucun membre ne pourra parler, qu'après avoir demandé la parole au président ; et quand il l'aura obtenue, il ne pourra parler que debout ; — 2° Si plusieurs membres se lèvent, le président donnera la parole à celui qui se sera levé le premier ; — 3° S'il s'élève quelques réclamations sur sa décision, l'Assemblée prononcera ; — 4° Nul ne doit être interrompu quand il parle. Si un membre s'écarte de la question, le président l'y rappellera. S'il manque de respect à l'Assemblée, ou s'il se livre à des personnalités, le président le rappellera à l'ordre ; — 5° Si le président néglige de rappeler à l'ordre, tout membre en aura le droit ; — 6° Le président n'aura pas le droit de parler sur un débat, si ce n'est pour expliquer l'ordre ou le mode de procéder dans l'affaire en délibération, ou pour ramener à la question ceux qui s'en écarteraient.

CHAPITRE IV. — Des motions.

1° Tout membre a droit de proposer une motion ; — 2° Tout membre qui aura une motion à présenter, se fera inscrire au bureau ; — 3° Toute motion sera écrite, pour être déposée sur le bureau, après qu'elle aura été admise à la discussion ; — 4° Toute motion présentée doit être appuyée par deux personnes, sans quoi elle ne pourra pas être discutée ; — 5° Nulle motion ne pourra être discutée le jour même de la séance, dans laquelle elle sera proposée, si ce n'est pour une chose urgente, et quand l'Assemblée aura décidé que la motion doit être discutée sur-le-champ ; — 6° Avant qu'on puisse discuter une motion, l'Assemblée délibérera s'il y a lieu ou non à délibérer ; — 7° Une motion

admise à la discussion ne pourra plus recevoir de correction ni d'altération, si ce n'est en vertu d'amendemens délibérés par l'Assemblée ; — 8° Toute motion sur la législation, la constitution et les finances, sur laquelle l'Assemblée aura décidé qu'il y a lieu à délibérer, sera donnée à l'impression sur-le-champ, pour qu'il en soit distribué des copies à tous les membres ; — 9° L'Assemblée jugera si la motion doit être portée dans les bureaux, ou si l'on doit en délibérer dans l'Assemblée, sans discussion préalable dans les bureaux ; — 10° Lorsque plusieurs membres demanderont à parler sur une motion, le président fera inscrire leurs noms, autant qu'il se pourra, dans l'ordre où ils l'auront demandé ; — 11° La motion sera discutée selon la forme prescrite pour l'ordre de la parole, au chapitre III ; — 12° Aucun membre, sans excepter l'auteur de la motion, ne parlera plus de deux fois sur une motion, sans une permission expresse de l'Assemblée, et nul ne demandera la parole pour la seconde fois, qu'après que ceux qui l'auraient demandée avant lui, auront parlé ; — 13° Pendant qu'une question sera débattue, on ne recevra point d'autre motion, si ce n'est pour amendement, ou pour faire renvoyer à un comité, ou pour demander un ajournement ; — 14° Tout amendement sera mis en délibération avant la motion ; il en sera de même des sous-amendemens, par rapport aux amendemens ; — 15° La discussion étant épuisée, l'auteur, joint aux secrétaires, réduira sa motion sous la forme de question, pour en être délibéré par oui ou par non ; — 16° Tout membre aura le droit de demander qu'une question soit divisée, lorsque le sens l'exigera ; — 17° Tout membre aura le droit de parler, pour dire que la question lui parait mal posée, en expliquant comment il juge qu'elle doit l'être ; — 18° Toute question sera décidée à la majorité des suffrages ; — 19° Toute question qui aura été jugée, toute loi qui aura été portée dans une session de l'Assemblée nationale, ne pourra y être agitée de nouveau.

Ordre de la discussion d'une question relative à la constitution ou à la législation.

Toute motion relative à la constitution ou à la législation sera portée trois fois à la discussion, à des jours différens, dans la forme suivante : — La motion sera lue et motivée par son auteur et, après qu'elle aura été appuyée par deux membres au moins, elle sera admise à la discussion. — On examinera ensuite si elle doit être rejetée ou renvoyée à la discussion des bureaux : en ce cas, on fixera le jour auquel la question, après avoir été discutée dans les bureaux, sera reportée dans l'Assemblée générale pour y subir la dernière discussion. — Toute motion de ce genre sera rejetée ou adoptée à la majorité des suffrages, savoir: la moitié des voix et une en sus, et l'on ne pourra plus revenir aux voix. — Les voix seront recueillies par assis et levé, et s'il y a quelque doute, on ira aux voix par l'appel, sur une liste alphabétique par bailliage, complète, vérifiée et signée par les membres du bureau.

CHAPITRE V. — Des pétitions.

1° Les pétitions, demandes, lettres, requêtes ou adresses, seront ordinairement présentées à l'Assemblée par ceux de ses membres qui en seront chargés. — 2° Si les personnes étrangères, qui ont des pétitions à présenter, veulent parvenir immédiatement à l'Assemblée, elles s'adresseront à un des huissiers, qui les introduira à la barre, où l'un des secrétaires, averti par l'huissier, ira recevoir directement leurs requêtes.

Des députations. — Les députations seront composées sur la liste alphabétique, afin que les membres soient députés par tour, et les députés conviendront entre eux de celui qui devra porter la parole.

Des Comités. — Les comités seront composés de membres nommés au scrutin par listes, et dans les bureaux, comme il a été dit des secrétaires. — Personne ne pourra être membre de deux comités.

CHAPITRE VI. — Des bureaux.

Art. 1er. L'Assemblée se divisera en bureaux où les motions seront discutées sans y former de résultats. — Ces bureaux seront composés sans choix, mais uniquement selon l'ordre alphabétique de la liste, en prenant le premier, le trente-unième, le soixante-unième, et ainsi de suite. — Ils seront renouvelés chaque mois, et de manière que les mêmes députés ne se retrouveront plus ensemble. Pour cet effet, le premier de la liste sera avec le trente-deuxième, le soixante-quatrième, le cent seizième; en sorte qu'à chaque renouvellement, le second sera reculé d'un nombre, et de lui au troisième, quatrième et cinquième, etc., jusqu'à trente, on comptera autant de membres, qu'il en aura été compté du premier au deuxième. — Ce travail sera fait par les secrétaires, qui le tiendront toujours prêt pour le jour du renouvellement des bureaux.

2. Tous les jours de la semaine, hors le dimanche, il y aura assemblée générale tous les matins, et bureau tous les soirs.

3. Lorsque cinq bureaux s'accorderont pour demander une assemblée générale, elle aura lieu.

CHAPITRE VII. — De la distribution des procès-verbaux.

1° L'imprimeur de l'Assemblée nationale communiquera directement avec le président et les secrétaires; il ne recevra d'ordres que d'eux. — 2° Le procès-verbal de chaque

séance sera livré à l'impression le jour qu'il aura été approuvé, et envoyé incessamment au domicile des députés. La copie remise à l'imprimeur sera signée du président et d'un secrétaire. — 3° Outre cet exemplaire, l'imprimeur délivrera, à la fin de chaque mois, à chaque député, dans son domicile, un exemplaire complet et broché, en format in-4°, de tous les procès-verbaux du mois. — 4° Si l'Assemblée nationale ordonne l'impression de pièces autres que les procès-verbaux, il sera suivi pour leur impression et distribution les mêmes règles que ci-dessus.

CHAPITRE VIII. — Des archives et du secrétariat.

1° Il sera fait choix, pour servir durant le cours de la présente session, d'un lieu sûr pour le dépôt de toutes les pièces originales relatives aux opérations de l'Assemblée, et il sera établi des armoires fermant à trois clés, dont l'une sera entre les mains du président, la seconde en celles d'un des secrétaires, et la troisième en celles de l'archiviste, qui sera élu entre les membres de l'Assemblée, au scrutin et à la majorité. — 2° Toute pièce originale qui sera remise à l'Assemblée sera d'abord copiée par l'un des commis de bureau, et la copie collationnée par un des secrétaires, et signée de lui demeurera au secrétariat. L'original sera, aussitôt après, déposé aux archives, et enregistré sur un registre destiné à cet effet. — 3° Une des deux minutes originales du procès-verbal sera pareillement déposée aux archives; l'autre minute demeurera entre les mains des secrétaires, pour leur usage et celui de l'Assemblée. — 4° Les expéditions de pièces et autres actes qui seront déposés au secrétariat y seront rangés par ordre de matières et de dates, en liasses et cartons; un des commis du bureau sera chargé spécialement de leur garde, et ne les communiquera qu'au président et aux secrétaires, ou sur leurs ordres donnés par écrit. — 5° Tous les mois, lors du changement des secrétaires, et avant que ceux qui seront nouvellement nommés entrent en fonctions, il sera fait entre eux et les anciens secrétaires un récolement des pièces qui doivent se trouver au secrétariat. — 6° L'Assemblée avisera, avant la fin de la session, au choix du dépôt et à la sûreté des titres et papiers nationaux.

29 JUILLET 1789. — Arrêté qui ordonne de déposer aux archives les originaux des pouvoirs. (B. 1, 37.)

31 JUILLET 1789. — Arrêté relatif à la tenue des Assemblées générales. (B. 1, 47.)

31 JUILLET 1789. — Arrêté sur la nécessité d'arrêter et de détenir les prévenus d'attentats à la sûreté publique, et qui ordonne de mettre en lieu sûr le baron de Bezenval. (B. 1, 47.)

31 JUILLET 1789. — Arrêté relatif à la tenue des assemblées générales. (B. 1, 47.)

1er AOUT 1789. — Arrêté relatif à l'admission des Députations qui se présentent à l'Assemblée. (B. 1, 48.)

3 AOUT 1789. — Décret portant qu'il y a lieu à faire une déclaration sur la sûreté des personnes et des propriétés. (B. 1, 49.)

3 AOUT 1789. — Arrêté relatif à la forme des discussions de l'Assemblée. (B. 1, 49.)

3 AOUT 1789. — Décret relatif au désarmement des habitans de Toul et de Thionville. (B. 1, 49.)

3 AOUT 1789. — Décret qui désapprouve la détention à Dôle de M. l'évêque de Noyon et d'un ecclésiastique voyageant avec lui. (B. 1, 50.)

4 AOUT 1789. — Décret portant que la déclaration des droits de l'homme précédera la constitution. (B. 1, 51.)

4, 6, 7, 8 et 11 AOUT. — Sanct. le 21 SEPTEMBRE, et prom. le 3 NOVEMBRE 1789. (Procl. et Lett.-Pat.) — Décret portant abolition du régime féodal, des justices seigneuriales, des dîmes, de la vénalité des offices, des priviléges, des annates, de la pluralité des bénéfices, etc. (B. 1, 51 à 61; L. 1, 108, 267; Mon. du 4 au 10 août 1789.)

Voy. lois des 15=28 MARS 1790; du 3=9 MAI 1790; du 25 = 28 AOUT 1792; du 17 JUILLET 1793. — Ordre du jour du 2 OCTOBRE 1793. — Ordre du jour du 7 VENTOSE an 2. — Ordre du jour du 29 FLORÉAL an 2. — Résolution du Tribunat, du 27 ventose an 8, rapportée dans Sirey, 1, 2, 226. — Avis du Conseil-d'État, du 30 PLUVIOSE an 11 (1).

Art. 1er. L'Assemblée nationale détruit entièrement le régime féodal, et décrète que, dans les droits et devoirs tant féodaux que censuels, ceux qui tiennent à la main-morte réelle ou personnelle, et à la servitude personnelle et ceux qui les représentent, sont abolis sans indemnité, et tous les autres déclarés rachetables, et que le prix et le mode du rachat seront fixés par l'Assemblée nationale. Ceux desdits droits qui ne sont point supprimés par ce décret, continueront néanmoins à être perçus jusqu'au remboursement.

2. Le droit exclusif des fuies et colombiers est aboli; les pigeons seront enfermés aux époques fixées par les communautés, et durant ce temps, ils seront regardés comme gibier, et chacun aura le droit de les tuer sur son terrain (2).

(1) La loi du 15=28 mars 1790 détermine les effets de celle du 4 août 1789; la loi du 25=28 août 1792 range au nombre des droits féodaux supprimés tous ceux dont l'origine ne serait pas dans un *acte primordial* d'inféodation, d'accensement, ou de bail à cens; elle maintient les rentes non-féodales. — La loi du 17 juillet 1793 supprime sans indemnité tous les droits féodaux sans distinction, même les redevances pour concession de fonds, qui seraient *mélangées de féodalité.* Cette interprétation est donnée à la loi par les décrets d'ordre du jour, par la résolution du Tribunat, par l'avis du Conseil-d'État indiqués ci-dessus, et par de nombreux arrêts, qui seront rapportés dans les notes sur la loi du 17 juillet 1793. — Voy. *Répertoire de jurisprudence,* verbo *rentes seigneuriales,* § 2.

La loi des 4, 6, 7, 8 et 11 août 1789 n'a eu force obligatoire que le 3 septembre suivant, date des lettres-patentes qui l'ont sanctionnée: ainsi les rentes créées du 11 août au 3 septembre ont été supprimées par la loi du 17 juillet 1793, comme rentes seigneuriales établies avant l'abolition du régime féodal (26 fructidor an 11; Cass. S. 5, 2, 320).

On peut transiger valablement sur la question de savoir si une rente est féodale; on ne peut assimiler une pareille transaction à un *titre recognitif* d'un titre féodal: le titre recognitif, se liant au titre primordial, est nul comme lui (26 juillet 1823; Cass. sect. réun. S. 23, 1, 378. — 15 octobre 1808; Cass. S. 11, 1, 323. — Décret, 4 juin, J. C. 1, 172).

Un droit d'usage (droit de marronage) concédé à une commune, moyennant une redevance féodale, abolie par la loi du 4 août 1789, continue à exister, mais seulement au profit des maisons existant avant le 4 août 1789. Les maisons bâties postérieurement n'y ont aucun droit (26 juin 1828, Nancy; S. 29, 2, 268; Dall. 29, 2, 114). *Voy.* Proudhon, tom. 7, pag. 77 et 80; M. Merlin, Répertoire, v° Usage, t. 17.

Les questions relatives à l'application de la loi du 4 août 1789, à l'exécution d'un bail, sont de la compétence des tribunaux ordinaires et non des conseils de préfecture. L'incompétence est absolue et doit être prononcée d'office par le Conseil-d'État (8 mai 1822; ord. Mac. 3, 392).

(2) Celui qui laisse sortir ses pigeons en temps prohibé n'encourt aucune peine de police, encore qu'il y ait violation d'un réglement municipal: il s'expose seulement à voir tuer ses pigeons (6 août 1813; Cass. S. 16, 1, 24. — 5 octobre 1821; Cass. S. 21, 1, 426). — Celui dont les semences sont endommagées par des pigeons, peut les tuer sur son terrain, encore qu'il n'existe aucun réglement municipal qui ordonne aux propriétaires de pigeons de les tenir enfermés (1er août 1829; Cass. S. 29, 1, 369; D. 27, 1, 317). — Le juge-de-paix peut condamner à des dommages-intérêts celui qui en laissant divaguer ses pigeons cause du préjudice à autrui (28 janvier 1824; Cass. S. 24, 1, 259; D. 22, 1, 57, Pal. t. 69, p 138). — Cette décision se concilie très-bien, à mon avis, avec celles qui ont jugé que celui qui laisse divaguer ses pigeons, n'est passible d'aucune peine, qu'il

3. Le droit exclusif de la chasse et des garennes ouvertes est pareillement aboli; et tout propriétaire a le droit de détruire et faire détruire, seulement sur ses possessions, toute espèce de gibier, sauf à se conformer aux lois de police qui pourront être faites relativement à la sûreté publique.

Toutes capitaineries, même royales, et toutes réserves de chasse, sous quelque dénomination que ce soit, sont pareillement abolies, et il sera pourvu, par des moyens compatibles avec le respect dû aux propriétés et à la liberté, à la conservation des plaisirs personnels du Roi.

M. le président sera chargé de demander au Roi le rappel des galériens et des bannis pour simple fait de chasse, l'élargissement des prisonniers actuellement détenus, et l'abolition des procédures existant à cet égard.

4. Toutes les justices seigneuriales sont supprimées sans aucune indemnité; et néanmoins, les officiers de ces justices continueront leurs fonctions, jusqu'à ce qu'il ait été pourvu par l'Assemblée nationale à l'établissement d'un nouvel ordre judiciaire.

5. Les dîmes de toutes nature, et les redevances qui en tiennent lieu, sous quelque dénomination qu'elles soient connues et perçues, même par abonnement, *possédées par les corps séculiers et réguliers*, par les bénéficiers, les fabriques et tous gens de mainmorte, même par l'ordre de Malte et autres ordres religieux et militaires, même celles qui auraient été abandonnées à des laïques en remplacement et pour option de portion congruë, sont abolies, sauf à aviser aux moyens de subvenir d'une autre manière à la dépense du culte divin, à l'entretien des ministres des autels, au soulagement des pauvres, aux réparations et reconstructions des églises et presbytères, et à tous les établissemens, séminaires, écoles, collèges, hôpitaux, communautés et autres, à l'entretien desquels elles sont actuellement affectées (1). Et cependant, jusqu'à ce qu'il y ait été pourvu, et que les anciens possesseurs soient entrés en jouissance de leur remplacement, l'Assemblée nationale ordonne que lesdites dîmes continueront d'être perçues suivant les lois et en la manière accoutumée. Quant aux autres dîmes, de quelque nature qu'elles soient, elles seront rachetables de la manière qui sera réglée par l'Assemblée; et jusqu'au règlement à faire à ce sujet, l'Assemblée nationale ordonne que la perception en sera aussi continuée (2).

6. Toutes les rentes foncières perpétuelles, soit en nature, soit en argent, de quelque espèce qu'elles soient, quelle que soit leur origine, à quelques personnes qu'elles soient dues, gens de main-morte, domaines apanagistes, ordre de Malte, seront rachetables; les champarts de toute espèce, et sous toute dénomination, le seront pareillement au taux qui sera fixé par l'Assemblée. Défenses sont faites de plus à l'avenir de créer aucune redevance non remboursable.

7. La vénalité des offices de judicature et de municipalité est supprimée dès cet instant. La justice sera rendue gratuitement; et néanmoins, les officiers pourvus de ces offices continueront d'exercer leurs fonctions et d'en percevoir les émolumens, jusqu'à ce qu'il ait été pourvu par l'Assemblée aux moyens de leur procurer leur remboursement.

8. Les droits casuels des curés de campagne sont supprimés, et cesseront d'être payés aussitôt qu'il aura été pourvu à l'augmentation des portions congruës et à la pension des vicaires; et il sera fait un règlement pour fixer le sort des curés des villes.

9. Les privilèges pécuniaires personnels ou réels, en matières de subsides, sont abolis à jamais. La perception se fera sur tous les citoyens et sur tous les biens, de la même manière et dans la même forme; et il va être avisé aux moyens d'effectuer le paiement proportionnel de toutes les contributions, même pour les six derniers mois de l'année d'impositions courantes.

10. Une constitution nationale et la liberté publique étant plus avantageuses aux provinces que les privilèges dont quelques-unes jouissaient, et dont le sacrifice est nécessaire à l'union intime de toutes les parties de l'empire, il est déclaré que tous les privilèges particuliers des provinces, principautés, pays, cantons, villes et communautés d'habitans, soit pécuniaires, soit de toute autre nature, sont abolis sans retour, et demeureront confondus dans le droit commun de tous les Français.

11. Tous les citoyens, sans distinction de naissance, pourront être admis à tous les emplois et dignités ecclésiastiques, civils et militaires, et nulle profession utile n'emportera dérogeance.

---

s'expose seulement à voir tuer ses pigeons par le propriétaire lésé. Laisser divaguer ses pigeons en temps non prohibé n'est pas une contravention, et ne peut donner lieu à l'application d'une peine de police; mais si ce fait cause du dommage, celui qui le souffre peut en demander la réparation. — Celui qui tue des pigeons, et s'en empare, hors du temps prohibé, commet un vol (20 septembre 1823; Cass. S. 24, 1, 99). — *Voy.* loi du 28 septembre = 6 octobre 1791, tit. 2, art. 12.

(1) *Voy.* loi du 2 = 4 novembre 1789.

(2) *Voy.* loi des 23 et 28 octobre = 5 novembre 1790, tit. 5; loi du 5 = 30 mars 1791; du 7 = 10 juin 1791; loi du 7 = 12 juin 1791, et enfin la loi et l'instruction du 30 juillet = 6 août 1791.

12. A l'avenir, il ne sera envoyé en cour de Rome, en la vice-légation d'Avignon, en la nonciature de Lucerne, aucuns deniers pour annates ou pour quelque autre cause que ce soit; mais les diocésains s'adresseront à leurs évêques pour toutes les provisions de bénéfices et dispenses, lesquelles seront accordées gratuitement, nonobstant toutes réserves, expectatives et partages de mois, toutes les églises de France devant jouir de la même liberté.

13. Les déports, droits de côte-morte, dépouilles, *vacat*, droits censaux, deniers de Saint-Pierre et autres du même genre établis en faveur des évêques, archidiacres, archiprêtres, chapitres, curés primitifs et tous autres, sous quelque nom que ce soit, sont abolis, sauf à pourvoir, ainsi qu'il appartiendra, à la dotation des archidiaconés et des archiprêtres qui ne seraient pas suffisamment dotés.

14. La pluralité des bénéfices n'aura plus lieu à l'avenir, lorsque les revenus du bénéfice ou des bénéfices dont on sera titulaire excéderont la somme de trois mille livres. Il ne sera pas permis non plus de posséder plusieurs pensions sur bénéfice, ou une pension et un bénéfice, si le produit des objets de ce genre que l'on possède déjà excède la même somme de trois mille livres.

15. Sur le compte qui sera rendu à l'Assemblée nationale de l'état des pensions, graces et traitemens, elle s'occupera, de concert avec le Roi, de la suppression de ceux qui n'auraient pas été mérités, et de la réduction de ceux qui seraient excessifs, sauf à déterminer pour l'avenir une somme dont le Roi pourra disposer pour cet objet.

16. L'Assemblée nationale décrète, qu'en mémoire des grandes et importantes délibérations qui viennent d'être prises pour le bonheur de la France, une médaille sera frappée, et qu'il sera chanté, en action de graces, un *Te Deum* dans toutes les paroisses et églises du royaume.

17. L'Assemblée nationale proclame solennellement le Roi Louis XVI *Restaurateur de la liberté française*.

18. L'Assemblée nationale se rendra en corps auprès du Roi, pour présenter à Sa Majesté l'arrêté qu'elle vient de prendre, lui porter l'hommage de sa plus respectueuse reconnaissance, et la supplier de permettre que le *Te Deum* soit chanté dans sa chapelle, et d'y assister elle-même.

19. L'Assemblée nationale s'occupera, immédiatement après la constitution, de la rédaction des lois nécessaires pour le développement des principes qu'elle a fixés par

le présent arrêté, qui sera incessamment envoyé par MM. les députés dans toutes les provinces, avec le décret du 10 de ce mois, pour l'un et l'autre y être imprimés, publiés même aux prônes des paroisses, et affichés partout où besoin sera.

5 AOUT 1789. — Décret qui désapprouve la détention à Louviers du sieur Guilbert d'Elbœuf. (B. 1, 52.)

5 AOUT 1789. — Décret pour le rétablissement de la tranquillité, et notamment la libre circulation des subsistances. (B. 1, 53.)

6 AOUT 1789. — Arrêté qui désapprouve la détention du duc de la Vauguyon au Havre, et de M. Helle, lieutenant bailli seigneurial de Landeser, en Haute-Alsace. (B. 1, 53, 54.)

9 = 12 AOUT 1789. — Décret concernant un emprunt de trente millions. (L. 1, 275; B. 1, 55.) *Voy.* le décret du 27 août sur l'emprunt de quatre-vingts millions.

L'Assemblée nationale, informée des besoins urgens de l'État, décrète un emprunt de *trente millions*, aux conditions suivantes :

Art. 1er. L'intérêt sera à quatre et demi pour cent, sans aucune retenue.

2. La jouissance de l'intérêt appartiendra aux prêteurs, à commencer du jour auquel ils auront porté leurs deniers.

3. Le premier paiement des intérêts se fera le 1er janvier 1790, et les autres paiemens se feront ensuite tous les six mois par l'administrateur du trésor public.

4. Il sera délivré à chaque prêteur des quittances de finance au porteur, avec promesse de passer contrat, conformément au modèle ci-après.

5. Aucune quittance ne pourra être passée au-dessous de *mille livres*.

(*Suit le modèle de la quittance.*)

9 AOUT 1789. — Réglement fait par le Roi pour la réunion de ses conseils. (L. 1, 114.)

Voy. les lois des 15 OCTOBRE 1789 = 20 AOUT 1790. — 20 OCTOBRE 1789 = 29 AOUT 1790. — La loi du 6 = 11 SEPTEMBRE 1790, qui, la première, a indiqué le contentieux de l'administration qui doit être porté par appel au Conseil-d'État. — Le réglement du 5 NIVOSE an 8. — Le loi du 28 PLUVIOSE an 8. — Sénatus-consulte du 16 THERMIDOR an 10. — Décret du 11 juin 1806. — Réglement du 22 JUILLET 1806, qui règle actuellement la procédure devant le Conseil-d'État. — L'ordonnance du Roi de 1814, sur laquelle seront indiquées les ordonnances subséquentes qui l'ont modifiée (1).

_____

(1) Pour avoir une idée exacte des modifications successives qu'a éprouvées l'organisation du Conseil, et de ses attributions actuelles, voyez le *Conseil-d'État selon la Charte*, par M. Sirey, p. 3 et suiv.

Le Roi ayant reconnu la nécessité de faire régner, entre toutes les parties de l'administration, cet accord et cette unité si désirables dans tous les temps, et plus nécessaires encore dans les temps difficiles, Sa Majesté a jugé à propos de réunir au Conseil-d'Etat le Conseil des dépèches et le Conseil royal des finances et du commerce; et, pour que les affaires contentieuses qui étaient portées par les secrétaires d'Etat au Conseil des dépèches soient à l'avenir vues et discutées dans une forme capable de préserver des variations et des surprises, Sa Majesté a, en même temps, jugé convenable de former, pour ces sortes d'affaires, un comité semblable à celui qui existe pour les affaires contentieuses du département des finances : elle espère trouver dans cet établissement les mêmes avantages et la même utilité que le comité contentieux des finances a constamment procurés depuis son institution.

Art. 1er. Le Conseil des dépèches et le Conseil royal des finances et du commerce seront et demeureront réunis au Conseil-d'Etat, pour ne former, à l'avenir, qu'un seul et même conseil, lequel sera composé des personnes que le Roi jugera à propos d'y appeler.

2. Pour mettre d'autant plus d'accord dans toutes les parties d'administration, et prévenir l'influence de la faveur ou des prédilections, le Roi a ordonné que toutes les nominations aux charges, emplois ou bénéfices dans l'église, la magistrature, les affaires étrangères, la guerre, la marine, la finance et la maison du Roi, seront présentées dorénavant à la décision de Sa Majesté dans son Conseil.

3. Toutes les demandes et affaires contentieuses qui étaient rapportées au Conseil des dépèches par les secrétaires d'Etat, seront renvoyées de chaque département à un comité que Sa Majesté établit sous le titre de *Comité contentieux des départemens*.

4. Le comité sera composé de quatre conseillers d'Etat, et il y sera attaché quatre maitres des requêtes en qualité de rapporteurs.

5. Les avis du comité seront remis au secrétaire d'Etat du département; et dans le cas où une affaire aura paru d'une nature et d'une importance telles qu'il doive en être rendu un compte particulier au Roi, Sa Majesté appellera à son Conseil les conseillers d'Etat composant ledit comité, et le maitre des requêtes rapporteur, pour, sur son rapport, être statué par Sa Majesté.

6. Il en sera usé de même à l'égard du Comité contentieux des finances; et Sa Majesté se réserve, en outre, d'appeler particulièrement à sondit Conseil le contrôleur général de ses finances, toutes les fois que les circonstances pourront l'exiger.

10 = 14 AOUT 1789. — Décret pour le rétablissement de l'ordre et de la tranquillité dans le royaume. (L. 1, 124.)

L'Assemblée nationale, considérant que les ennemis de la nation ayant perdu l'espoir d'empêcher, par la violence du despotisme, la régénération publique et l'établissement de la liberté, paraissent avoir conçu le projet criminel de ramener au même but, par la voie du désordre et de l'anarchie; qu'entre autres moyens, ils ont, à la même époque, et presque le même jour, fait semer de fausses alarmes dans les différentes provinces du royaume, et qu'en annonçant des incursions et des brigandages qui n'existaient pas, ils ont donné lieu à des excès et des crimes qui attaquent également les biens et les personnes, et qui, troublant l'ordre universel de la société, méritent les peines les plus sévères ; que ces hommes ont porté l'audace jusqu'à répandre de faux ordres, et même de faux édits du Roi, qui ont armé une portion de la nation contre l'autre, dans le moment même où l'Assemblée nationale portait les décrets les plus favorables à l'intérêt du peuple; — Considérant que, dans l'effervescence générale, les propriétés les plus sacrées, et les moissons mêmes, seul espoir du peuple dans ces temps de disette, n'ont pas été respectées ; — Considérant, enfin, que l'union de toutes les forces, l'influence de tous les pouvoirs, l'action de tous les moyens et le zèle de tous les bons citoyens, doivent concourir à réprimer de pareils désordres, arrête et décrète que toutes les municipalités du royaume, tant dans les villes que dans les campagnes, veilleront au maintien de la tranquillité publique, et que, sur leur simple réquisition, les milices nationales, ainsi que les maréchaussées, seront assistées des troupes, à l'effet de poursuivre et d'arrêter les perturbateurs du repos public, de quelque état qu'ils puissent être;

Que tous attroupemens séditieux, soit dans les villes, soit dans les campagnes, même sous prétexte de chasse, seront incontinent dissipés par les milices nationales, les maréchaussées et les troupes, sur la simple réquisition des municipalités;

Que dans les villes et municipalités des campagnes, ainsi que dans chaque district des grandes villes, il sera dressé un rôle des hommes sans aveu, sans métier ni profession et domicile constant, lesquels seront désarmés; et que les milices nationales, les maréchaussées et les troupes, veilleront particulièrement sur leur conduite;

Que toutes les troupes, savoir, les officiers de tout grade et les soldats prêteront serment à la nation, et au Roi, chef de la nation, avec la solennité la plus auguste ;

Que les soldats jureront, en présence du régiment entier sous les armes, de ne jamais abandonner leurs drapeaux, d'être fidèles à la nation, au Roi et à la loi, et de se conformer aux règles de la discipline militaire;

Que les officiers jureront, à la tête de leurs troupes, en présence des officiers municipaux, de rester fidèles à la nation, au Roi et à la loi, et de ne jamais employer ceux qui seront sous leurs ordres contre les citoyens, si ce n'est sur la réquisition des officiers civils ou municipaux, laquelle réquisition sera toujours lue aux troupes assemblées.

Sa Majesté sera suppliée de donner les ordres nécessaires pour la pleine et entière exécution de ce décret.

En conséquence, le Roi a ordonné et ordonne ce qui suit :

Art. 1er. Les troupes donneront main-forte aux milices nationales et aux maréchaussées, toutes les fois qu'elles en seront requises par les officiers civils ou les officiers municipaux.

2. Il sera prêté par les troupes, ainsi que par les officiers qui les commandent, de quelque grade qu'ils soient, le serment ci-après.

3. A cet effet, les officiers prêteront leur serment à la tête de leurs troupes, en présence des officiers municipaux.

4. Chaque corps de troupes sera assemblé, pour qu'avec la solennité la plus auguste, le serment soit prêté par les bas-officiers et soldats sous les armes.

5. Le serment des officiers sera : « Nous « jurons de rester fidèles à la nation, au Roi « et à la loi, et de ne jamais employer ceux « qui seront à nos ordres contre les citoyens, « si nous n'en sommes requis par les offi-« ciers civils ou les officiers municipaux. »

6. Le serment des soldats sera : « Nous ju-« rons de ne jamais abandonner nos dra-« peaux, d'être fidèles à la nation, au Roi et « à la loi, et de nous conformer aux règles « de la discipline militaire. »

___

10 AOUT 1789. — Lettre du Roi aux officiers et soldats de son armée. (L. 1, 119.)

___

11 AOUT 1789. — Droits féodaux. Voy. 4 AOUT 1789.

___

12 AOUT 1789. — Arrêté pour l'établissement d'un comité ecclésiastique, d'un comité de judicature, d'un comité féodal, et la nomination d'un comité pour dresser un projet de déclaration des droits de l'homme. (B. 1, 65 et 66.)

___

12 AOUT 1789. — Emprunt. Voy. 9 AOUT 1789.

13 AOUT 1789. — Arrêté qui ajourne la délibération sur la demande d'une députation directe demandée par le bailliage de Chauny. (B. 1, 66.)

___

13 AOUT 1789. — Arrêté sur la forme pour la nomination du comité ecclésiastique et du comité de liquidation des offices de judicature. (B. 1, 67.)

___

13 AOUT 1789. — Arrêté concernant le remplacement des dîmes. (B. 1, 67.)

___

14 AOUT 1789. — Arrêté qui confirme la nomination de M. Camus aux fonctions d'archiviste de l'Assemblée. (B. 1, 67.)

___

14 AOUT 1789. — Ordonnance du Roi concernant la main-forte à donner par les troupes, et le serment à prêter par elles. (L. 1, 116.)

___

14 AOUT 1789. — Tranquillité publique. Voy. 10 JUIN 1789; Troubles, 10 AOUT 1789.

___

17 AOUT 1789. — Arrêté qui désapprouve la détention du député de la noblesse de Rivière-Verdun. (B. 1, 68.)

___

17 AOUT 1789. — Arrêté qui désapprouve la détention de gentilshommes bretons. (B. 1, 68.)

___

19 AOUT 1789. — Arrêté sur la lecture des adresses par voie d'extrait seulement. (B. 1, 68.)

___

19 AOUT 1789. — Arrêté qui admet M. Isle comme suppléant à la députation de Couserans. (B. 1, 69.)

___

23 AOUT 1789 = 30 AVRIL 1790. — Décret qui déclare qu'aucun citoyen ne peut être inquiété à raison de ses opinions. (L. 1, 758; B. 1, 70.)

L'Assemblée nationale, persistant dans son arrêté du 23 juin, déclare qu'aucun citoyen ne peut être inquiété à raison des opinions ou projets par lui présentés, des abus par lui dénoncés, soit dans les assemblées élémentaires, soit dans le sein de l'Assemblée nationale; en conséquence, déclarons la procédure instruite par le parlement de Rouen contre le procureur du Roi au bailliage de Falaise, nulle et attentatoire à la liberté nationale; et, sur le surplus des demandes dudit procureur, le renvoyons à se pourvoir ainsi et par-devant qui il appartiendra.

___

24 AOUT 1789. — Arrêté qui ordonne la mise en liberté de toute personne arrêtée sans être prévenue. (B. 1, 70.)

Sur les pétitions de trois personnes détenues, qui sollicitent leur élargissement, l'Assemblée nationale a arrêté que, dans cette occasion et dans toutes autres semblables, M. le président serait autorisé à manifester le vœu de l'Assemblée, pour que toute personne arrêtée, sans être prévenue et sans avoir été décrétée, fût mise en liberté.

24 AOUT 1789. — Arrêté qui approuve un modèle de lettre à écrire par le président, en réponse aux avis donnés d'émeutes locales. (B. 1, 71.)

26 AOUT 1789. — Déclaration des droits de l'homme et du citoyen. — Promulguée le 3 novembre. *Voy.* 3 SEPTEMBRE 1791, Acte constitutionnel. (L. 1, 260, et B. 1, 71.)

27 = 28 AOUT 1789. (Décl.) — Décret concernant un emprunt de quatre-vingts millions. (L. 1, 127; B. 1, 75.)

L'Assemblée nationale, délibérant sur les propositions qui lui ont été faites au nom du Roi par le premier ministre des finances, déclare l'emprunt de trente millions fermé, décrète l'emprunt de quatre-vingts millions, moitié en argent, moitié en effets publics, tel qu'il a été proposé par le premier ministre des finances; elle en laisse le mode au pouvoir exécutif. L'Assemblée renouvelle et confirme ses arrêtés des 17 juin et 13 juillet, par lesquels elle a mis les créanciers de l'État sous la sauvegarde de l'honneur et de la loyauté française; en conséquence, elle déclare que, dans aucun cas et sous aucun prétexte, il ne pourra être fait de nouvelles retenues ni réduction quelconques sur aucune des parties de la dette publique. Sa Majesté, approuvant, dans tous les points, la délibération et le décret de l'Assemblée nationale, a ordonné et ordonne ce qui suit :

Art. 1er. Il sera ouvert au trésor royal un emprunt national de quatre-vingts millions, et le sieur Duruey, administrateur chargé de la recette et des caisses, est autorisé à recevoir les fonds des personnes de tout état et de tout pays qui voudront s'y intéresser, et leur en délivrera des quittances de finance au porteur, avec promesse de les convertir en contrats à la volonté des prêteurs.

2. Les quittances de finance, ou les contrats dans lesquels les porteurs seront libres de les convertir, porteront un intérêt de cinq pour cent dont la jouissance courra du premier jour du quartier dans lequel on aura fait le paiement; et, pour cet effet, les quittances de finance qui ne seront pas converties en contrats, seront garnies de coupons d'intérêt, payables à bureau ouvert et sans distinction de numéros, au trésor royal, de six en six mois, à commencer du 1er janvier prochain.

3. On paiera au trésor royal, en argent comptant, la moitié du capital pour lequel on voudra s'intéresser dans l'emprunt, et l'on fournira pour l'autre moitié les effets royaux au porteur de toute nature, et les contrats échus en remboursement; les capitaux seront reçus en compte à raison du denier vingt des intérêts, exempts de retenue, qui y sont attachés.

4. Ainsi, pour acquérir, par exemple, une quittance de finance de *mille livres*, il faudra donner cinq cents livres pour la moitié en argent comptant; et pour l'autre moitié, un capital de cinq cents livres en effets à cinq pour cent sans retenue, ou un capital de six cent vingt-cinq livres à quatre pour cent; et dans ces mêmes proportions, pour les effets dont les intérêts sont sujets à des retenues.

5. Les reconnaissances fournies par le trésor royal à ceux qui se sont intéressés à l'emprunt national de trente millions seront reçues dans cet emprunt-ci comme argent comptant.

6. Les quittances de finance qui seront délivrées et les contrats qui seront constitués, seront numérotés à l'effet du remboursement ci-après énoncé.

7. Ce remboursement sera d'un dixième, soit de huit millions chaque année : le premier tirage se fera dans les premiers jours de décembre de l'année prochaine, et les autres successivement d'année en année à la même époque.

8. Les intérêts qui pourront être dus sur les effets qu'on donnera en paiement seront alloués comme comptant jusqu'au jour où l'intérêt du présent emprunt commencera à courir; et quant aux effets dont l'intérêt aurait été payé d'avance, les prêteurs seront obligés de restituer les intérêts, depuis le jour où l'intérêt du présent emprunt commencera à courir à leur profit, jusqu'à l'échéance des susdits effets.

9. Les effets et contrats qui seront fournis pour moitié dudit emprunt, seront constatés par un procès-verbal qui sera dressé par deux commissaires de notre chambre des comptes, que nous nommerons à cet effet; et lorsque l'emprunt sera rempli, les effets au porteur seront par eux incendiés, et le procès-verbal qu'ils en dresseront sera rapporté par ledit sieur Duruey, avec les contrats éteints dans la forme ordinaire, pour justifier les recettes et dépenses dudit emprunt.

27 AOUT 1789. — Arrêté pour nommer des commissaires chargés de veiller à l'édition du procès-verbal. (B. 1, 75.)

28 AOUT 1789. — Emprunt. *Voy.* 27 AOUT 1789.

29 AOUT = 21 SEPTEMBRE 1789. (Arrêt du conseil.) — Décret qui ordonne la libre circulation des grains dans l'intérieur et en défend l'exportation. (L. 2, 283; B. 1, 76.)

L'Assemblée nationale a décrété, 1° que la vente et circulation des grains et farines seront libres dans toute l'étendue du royaume ;

2° Que ceux qui feront transporter des grains ou farines par mer, seront tenus de faire leur déclaration exacte par-devant la municipalité du lieu du départ et du chargement, et de justifier de leur arrivée et de leur déchargement au lieu de leur destination, par un certificat de la municipalité dudit lieu ;

3° Que l'exportation à l'étranger est et demeurera provisoirement défendue.

31 AOUT 1789. — Arrêté qui autorise douze membres du comité des finances à communiquer avec le ministre. (B. 1, 76.)

1ᵉʳ SEPTEMBRE 1789. — Décret concernant la révocation d'un député d'Alsace, demandée par les villes impériales de cette province. (B. 1, 77.)

1ᵉʳ SEPTEMBRE 1789. — Décret concernant la révocation des députés de Sarreguemines, demandée par le clergé et les communes de Bonzonville. (B. 1, 77.)

2 SEPTEMBRE 1789. — Arrêté qui déclare sous la sauvegarde de la loi neuf personnes arrêtées à St.-Angel et détenues à Limoges. (B. 1, 77.)

2 SEPTEMBRE 1789. — Arrêté qui annule la seconde députation du bailliage d'Auxerre, et admet comme suppléans les députés qui la composent. (B. 1, 78.)

2 SEPTEMBRE 1789. — Arrêté pour la formation d'un comité d'agriculture et de commerce. (B. 1, 78.)

3 SEPTEMBRE 1789. — Arrêté pour la formation d'un comité chargé de l'examen des approvisionnemens de Saint-Domingue. (B. 1, 79.)

5 SEPTEMBRE 1789. — Arrêté pour mettre en liberté le marquis de Lassalle. (B. 1, 79.)

5 SEPTEMBRE 1789. — Décret qui renvoie au pouvoir exécutif la demande relative aux subsistances de la ville de Paris. (B. 1, 79.)

9 SEPTEMBRE 1789. — Arrêté sur l'ordre de la parole dans les séances de l'Assemblée. (B. 1, 80.)

10 SEPTEMBRE 1789. — Arrêté pour la nomination d'un comité pour la réforme de la jurisprudence criminelle. (B. 1, 80.

11 SEPTEMBRE 1789. — Arrêté qui ajourne, après la délibération sur la sanction royale, le rapport envoyé sur cette matière par le premier ministre des finances. (B. 1, 81.)

12 SEPTEMBRE 1789. — Décret pour demander la sanction des arrêtés du 4 août et jours suivans. (B. 1, 81.)

14 SEPTEMBRE 1789. — Arrêté sur la forme des demandes de sanction. (B. 1, 82.).

14 SEPTEMBRE 1789. — Arrêté sur la poursuite et le jugement des auteurs des troubles élevés en Auvergne et en Guyenne. (B. 1, 82.)

15 SEPTEMBRE 1789. — Décret relatif aux droits que la branche régnante en Espagne pourrait avoir à la couronne de France. (B. 1, 83.)

Sur la question de savoir si la branche régnante en Espagne, qui a renoncé, par le traité d'Utrecht, à la couronne de France, en serait exclue ou non : l'Assemblée nationale a décidé qu'il n'y avait pas lieu à délibérer.

17 SEPTEMBRE 1789. — Arrêté qui renvoie au pouvoir exécutif la demande en liberté des particuliers détenus à Bernay. (B. 1, 83.)

18 = 21 SEPTEMBRE 1789. — (Arrêt du Conseil.) Décret qui défend l'exportation des grains, et en ordonne la libre circulation dans l'intérieur. (L. 1, 133 et 284 ; B. 1, 83.)

L'Assemblée nationale, convaincue, d'après le rapport qui lui a été fait par le comité des subsistances, que la sûreté du peuple, relativement aux besoins de première nécessité, et à sa sécurité à cet égard, si nécessaire à l'entier rétablissement de la tranquillité publique, sont essentiellement attachées en ce moment à une exécution rigoureuse de son décret du 29 août dernier, a décrété et décrète : 1° que toute exportation de grains et farines à l'étranger, et toute opposition à leur vente et libre circulation dans l'intérêt du royaume, seront considérées comme des attentats contre la sûreté et la sécurité du peuple ; et qu'en conséquence, ceux qui s'en rendront coupables seront poursuivis extraordinairement devant les juges ordinaires des lieux, comme perturbateurs de l'ordre public ; 2° que ceux qui feront transporter des grains et farines dans l'étendue de trois lieues des frontières du royaume, autres, néanmoins, que les frontières maritimes, seront assujétis aux formalités prescrites, pour les transports par mer, par l'article 2 du décret du 29 août dernier ; 3° que, dans l'un et l'autre cas, on sera tenu de donner bonne et suffisante caution devant les officiers municipaux du lieu de départ, de rapporter les certificats de déclaration, signés et visés des officiers municipaux des lieux de la destination et déchargement, lesquels certificats de déclaration seront délivrés sans frais ; et que, faute de rapporter lesdits certificats et déclaration dans tel délai qui sera fixé par les officiers municipaux des lieux du départ, suivant l'éloignement des lieux du déchargement, il sera prononcé contre les contrevenans, par les juges ordinaires, une amende égale à la valeur des grains et farines déclarés ; 4° que ceux qui contreviendront à l'art. 2 du décret du 29 août et à l'art. 3 ci-dessus, encourront la peine de la saisie des grains et farines et de leur confiscation, les frais de saisie et de vente prélevés au profit des hôpitaux des lieux ; et sera, au surplus, la connaissance des contraventions prévues par les deux articles ci-dessus, attribuée aux juges ordinaires, lesquels y statueront sommairement et sans frais ; 5° que néanmoins ceux qui auront importé dans le royaume des blés venant de l'étranger, et qui en auront fait constater l'introduction, la quantité, la qualité et le dépôt, par les municipalités des lieux, auront la liberté de les exporter, si bon leur semble, en se conformant aux règles et formalités établies pour les entrepôts.

Sera, Sa Majesté, suppliée de donner les ordres nécessaires pour la pleine et entière exécution du présent décret et de celui du 29 août dernier, dans toutes les villes et municipalités, paroisses et tribunaux du royaume, et d'enjoindre très-expressément à tous les officiers de police, municipaux et autres, de prendre toutes les mesures nécessaires pour assurer au commerce intérieur des grains et farines la liberté, sûreté et protection, et de requérir les milices nationales, les maréchaussées, et même au besoin les autres troupes militaires, pour prêter main-forte à l'exécution de ces mesures.

18 SEPTEMBRE 1789. — Arrêté qui renvoie au pouvoir exécutif la connaissance des abus d'autorité dont sont prévenus les officiers municipaux de Mâcon. (B. 1, 85.)

19 SEPTEMBRE 1789. — Décret qui ordonne l'impression des registres des dons patriotiques. (B. 1, 85.)

19 SEPTEMBRE 1789. — Décret qui établit trois trésoriers de la caisse patriotique. (B. 1, 86.)

19 SEPTEMBRE 1789. — Décret sur la promulgation des arrêtés du 4 août. (B. 1, 86.)

19 SEPTEMBRE 1789. — Arrêté sur le travail du comité des finances, et sur la publicité des états y relatifs. (B. 1, 86.)

20 SEPTEMBRE 1789. — Arrêt du Conseil-d'État du Roi portant autorisation aux directeurs des monnaies de recevoir la vaisselle qui sera portée librement aux hôtels des monnaies. (L. 1, 131.)

21 SEPTEMBRE 1789. — Féodalité. Voy. 4, 6, 7, 8, 11 AOUT 1789. — Grains. Voy. 29 AOUT et 18 SEPTEMBRE 1789.

22 SEPTEMBRE 1789. — Arrêté pour supplier le Roi de ne pas effectuer le sacrifice de sa vaisselle. (B. 1, 87.)

22 SEPTEMBRE 1789. — Décret sur l'impression des états de pensions et traitemens. (B. 1, 87)

22 SEPTEMBRE 1789. — Arrêté du Conseil-d'État du Roi portant suppression de la commission de Valence. (L. 1, 149.) Voy. 30 SEPTEMBRE 1789.

22 SEPTEMBRE 1789. — Arrêté qui autorise le comité ecclésiastique à se procurer les renseignemens nécessaires. (B. 1, 87.)

22 SEPTEMBRE 1789. — Arrêté sur la poursuite des auteurs et complices des troubles élevés à Epinal. (B. 1, 90.)

23 = 27 SEPTEMBRE et 3 NOVEMBRE 1789. (Décl. et Lett.-Pat.) — Décret concernant la perception des impôts et la réduction du prix du sel. (L. 1, 139 et 287 ; B. 1, 88.)

L'Assemblée nationale, prenant en considération les circonstances publiques relatives à la gabelle et aux autres impôts, et les propositions du Roi énoncées dans le discours du premier ministre des finances, du 27 août dernier ; considérant que, par son décret du 17 juin dernier, elle a maintenu la perception, dans la forme ordinaire, de toutes les impositions qui existent jusqu'au jour de la séparation de l'Assemblée, ou jusqu'à ce qu'il y ait été autrement pourvu ; considérant que l'exécution de ce décret importe essentiellement au maintien de l'ordre public et à la fidélité des engagemens que la nation a pris sous sa sauvegarde ; voulant néanmoins venir, autant qu'il est en elle, au secours des contribuables, en adoucissant dès à présent le régime des gabelles, elle a décrété et décrète ce qui suit :

Art. 1er. Les administrations provinciales, les juridictions et les municipalités du royaume, tant dans les villes que dans les campagnes, veilleront au moyen d'assurer les recouvremens des droits subsistans, que tous les citoyens seront tenus d'acquitter avec la plus grande exactitude ; et le Roi sera supplié de donner les ordres les plus exprès pour le rétablissement des barrières et des employés,

et pour le maintien de toutes les perceptions.

2. La gabelle sera supprimée aussitôt que
le remplacement en aura été concerté et assuré avec les assemblées provinciales.

3. Provisoirement, et à compter du 1er octobre prochain, le sel ne sera plus payé que
trente livres par quintal, poids de marc, ou
six sous la livre de seize onces, dans les greniers des grandes et petites gabelles. Les provinces qui paient le sel un moindre prix n'é-
prouveront aucune augmentation.

4. Les réglemens qui, dans plusieurs villes,
bourgs et paroisses des provinces de grandes
gabelles, ont établi le sel d'impôt, n'auront
plus lieu, à compter du 1er janvier prochain.

5. Les réglemens qui, dans les mêmes provinces, ont soumis les contribuables imposés
à plus de trois livres de taille ou de capitation, à lever annuellement dans les greniers
de leur ressort une quantité déterminée de
sel, et qui leur ont défendu de faire de grosses salaisons sans déclaration, n'auront plus
lieu également, à compter du 1er janvier prochain.

6. Tout habitant des provinces de grandes
gabelles jouira, comme il en est usé dans celles des petites gabelles et dans celles des gabelles locales, de la liberté de s'approvisionnemens du sel nécessaire à sa consommation,
dans tels greniers ou magasins de sa
province qu'il voudra choisir.

7. Tout habitant pourra appliquer à tel emploi que bon lui semblera, soit de menues,
soit de grosses salaisons, le sel qu'il aura ainsi levé; il pourra même faire à son choix les
levées, soit aux greniers, soit chez les regra-
tiers; il se conformera, pour le transport,
aux dispositions du réglement qui ont été
suivies jusqu'à présent.

8. Les saisies domiciliaires sont abolies et
supprimées; il est défendu aux employés et
commis des fermes de s'introduire dans les
maisons et lieux fermés, et d'y faire aucune
recherche ni perquisition.

9. Les amendes prononcées contre les faux-
sauniers coupables du premier faux-saunage,
et non payées par eux, ne pourront plus être
converties en peines afflictives; et quant aux
faux-sauniers en récidive, les lois qui les soumettent à une procédure criminelle et à des
peines afflictives sont également révoquées ;
ils ne pourront être condamnés qu'à des
amendes doubles de celles encourues pour le
premier faux-saunage.

10. Les commissions extraordinaires et leurs
délégations, en quelque lieu qu'elles soient
établies pour connaître de la contrebande,
sont dès à présent révoquées ; en conséquence,
les contestations dont lesdites commissions
connaissent seront portées par-devant les tribunaux qui en doivent connaître.

24 SEPTEMBRE 1789. — Arrêté qui renvoie au
pouvoir exécutif la connaissance des actes arbitraires exercés par le comité provisoire de
Vernon. (B. 1, 91.)

24 SEPTEMBRE 1789. — Arrêté pour la mise en
liberté du sieur Vaurillon de La Bermandie,
détenu à Montignac. (B. 1, 91.)

25 SEPTEMBRE 1789. — Arrêté qui exempte les
curés et vicaires congruistes de la contribution
aux impôts. (B. 1, 92.)

L'Assemblée nationale arrête que les curés
et vicaires congruistes, ou qui, n'étant pas à
la portion congruë, n'ont qu'un revenu équivalent, sont exempts de l'imposition des
privilégiés, jusqu'au moment où leur traitement sera augmenté.

(Voy. le décret du 26 qui révoque.)

25 SEPTEMBRE 1789. — Décret sur le mode de
paiement de la contribution des privilégiés. (B.
1, 92.)

26 = 27 SEPTEMBRE 1789. (Décl.) — Décret relatif à l'acquittement des impositions. (L. 1,
136, 290; B. 1, 92.)

L'Assemblée nationale, considérant combien il importe à la sûreté de l'Etat, au
maintien de l'ordre et au rétablissement du
crédit, que le recouvrement des deniers publics ne soit interrompu sous aucun prétexte;
persistant dans son décret du 17 juin dernier,
par lequel elle a déclaré que les impôts et
contributions continueront d'être levés, pendant la présente session, de la même manière qu'ils l'ont été précédemment, et re-
connaissant la nécessité de faire travailler
promptement aux rôles de 1790, dans la
même forme que ci-devant, jusqu'à ce qu'elle
puisse faire jouir les contribuables du nouveau mode d'imposition qu'elle ordonnera
pour 1791, et dont elle veut avec maturité
combiner la répartition; persistant également
dans son décret du 11 août dernier, dont
l'article 9 a ordonné qu'il serait avisé au
moyen d'effectuer le paiement proportionnel
de toutes les contributions, même pour les
six derniers mois de l'année courante, qui,
pour ce qui concerne les impositions ordinaires, finit au 30 septembre 1789, elle a
ordonné et décrété, ordonne et décrète ce
qui suit :

Art. 1er. Les rôles des impositions de l'année 1789 et des années antérieures arriérées,
seront exécutés et acquittés en leur entier,
dans les termes prescrits par les réglemens.
Il sera fait, dans chaque communauté, un
rôle de supplément des impositions ordinaires
et directes, autres que les vingtièmes, pour
les six derniers mois de l'année 1789, à

compter du 1er avril dernier jusqu'au 30 septembre suivant, dans lesquels seront compris les noms et les biens de tous les privilégiés qui possèdent des biens en franchise personnelle ou réelle, à raison de leurs propriétés, exploitations et autres facultés; et leur cotisation sera faite dans la même proportion et dans la même forme qui auront été suivies, pour les impositions ordinaires de la même année, vis-à-vis des autres contribuables (1).

3. Les sommes provenant de ces rôles de supplément seront destinées à être réparties en moins imposé sur les anciens contribuables, en 1790, dans chaque province.

4. Dans les rôles de toutes les impositions de 1790, les ci-devant privilégiés seront cotisés avec les autres contribuables, dans la même proportion et la même forme, à raison de toutes leurs propriétés, exploitations et autres facultés.

5. A commencer du 1er janvier 1790, tous les abonnemens sur les vingtièmes, accordés à divers particuliers, seront révoqués, et aucun contribuable ne pourra se soustraire, sous quelque prétexte que ce soit, à cette imposition.

6. L'Assemblée nationale fera connaître, dans le courant de 1790, la forme qu'elle aura définitivement adoptée pour la conversion et la répartition générale des impositions de 1791, afin qu'il n'y ait plus à l'avenir qu'un seul et même rôle d'impositions pour tous les contribuables, sans aucune distinction ni pour les personnes ni pour les biens.

---

26 SEPTEMBRE = 3 NOVEMBRE 1789. — Décret qui révoque l'exemption d'imposition accordée aux curés congruistes. (B. 1, 94.)

26 SEPTEMBRE 1789. — Arrêté qui accepte un plan de finances concernant une contribution patriotique. (B. 1, 94.)

27 SEPTEMBRE 1789. — Réglement fait par le Roi concernant la perception des impôts et la réduction du prix du sel à six sous la livre. (L. 1, 143.)

L'Assemblée nationale ayant fait connaître au Roi qu'elle avait pris en considération les circonstances publiques relatives à la gabelle et aux autres impôts, et ayant déclaré qu'il importait essentiellement au maintien de l'ordre public et à la fidélité des engagemens que la nation a pris sous sa sauvegarde, que la perception de toutes les impositions qui existent continuât à se faire dans la forme ordinaire, elle a proposé à Sa Majesté les

mesures les plus propres à remplir ce but. Sa Majesté a vu, en même temps, avec une véritable satisfaction, que l'Assemblée s'était réunie au désir qu'elle lui avait manifesté, de soulager dès à présent ceux de ses sujets à qui la gabelle est le plus onéreuse, en réduisant le prix du sel à six sous la livre, et en adoucissant le régime de cet impôt. Ces motifs ont déterminé Sa Majesté à accorder sa sanction royale aux dispositions que l'Assemblée nationale a décrétées, tant pour ce qui concerne la gabelle que pour le recouvrement exact de toutes les impositions existantes; et elle croit devoir s'empresser d'employer les moyens les plus efficaces pour en assurer l'exécution. En conséquence, le Roi étant en son conseil, a ordonné et ordonne ce qui suit :

Art. 1er. Tous les habitans du royaume, de quelque rang, qualité et condition qu'ils soient, seront tenus d'acquitter avec exactitude, dans leur entier et sans exception, les droits de toute nature actuellement existans; ordonne, en conséquence, Sa Majesté, aux préposés des fermes et régies de continuer leurs fonctions, ou de les reprendre si elles avaient été interrompues; fait défense à toutes personnes de les y troubler, à peine de répondre, en leur propre et privé nom, des pertes et dommages qui pourraient en résulter, et d'être poursuivies aux termes des ordonnances. Enjoint, Sa Majesté, aux assemblées provinciales et aux commissions intermédiaires, aux tribunaux et juridictions, aux municipalités, aux milices nationales, aux maréchaussées et aux commandans de ses troupes, de prêter ou faire prêter assistance, main-forte et concours direct aux préposés chargés de la perception des droits, du maintien des barrières, et de la vente exclusive du sel et du tabac.

2. La gabelle sera supprimée aussitôt que le remplacement en aura été concerté et assuré avec les assemblées provinciales.

3. Provisoirement, et à compter du 1er octobre prochain, le sel ne sera plus payé que trente livres par quintal, poids de marc, ou six sous la livre de seize onces, dans les greniers de grandes et petites gabelles, ainsi que dans les gabelles locales; et attendu que, dans les grandes et petites gabelles, la distribution s'est constamment faite, non à raison du poids, mais à la mesure du minot, et attendu encore qu'il faut un certain temps pour garnir les greniers des ustensiles nécessaires à la pesée, le sel continuera à être distribué à la mesure, sera payé au prix de trente livres le minot, et ce, jusqu'à ce que l'adjudicataire des fermes ait pu se pourvoir des ustensiles nécessaires à la livraison au

---

(1) Voy. note sur l'article 84 de la loi du 24 août 1793.

poids, ce qui ne pourra être plus tard que le 1er janvier prochain.

Les provinces qui paient le sel à un prix inférieur à celui de trente livres le minot, ou de six sous la livre, n'éprouveront aucune augmentation.

4. Les réglemens concernant l'impôt et la vente volontaire du sel dans les greniers dépendant des grandes gabelles, n'auront plus lieu, à compter du 1er janvier prochain.

5. A compter du même jour, 1er janvier prochain, tout habitant des provinces des grandes gabelles pourra, comme il en est usé dans les petites gabelles et gabelles locales, s'approvisionner dans ceux des greniers ou magasins de la province qu'il voudra choisir, ou aux regrats, de la quantité de sel qu'il jugera nécessaire à sa consommation, en se conformant néanmoins, pour le transport, aux dispositions des réglemens jusqu'à présent suivis. Il pourra aussi, sans qu'il soit tenu de faire aucune déclaration, appliquer ce sel à tel emploi, soit de menues, soit de grosses salaisons, que bon lui semblera.

6. Défenses sont faites aux employés et commis des fermes de s'introduire dans les maisons et lieux fermés pour y faire la recherche et saisie du faux sel.

7. La conversion en peines afflictives des amendes prononcées contre les faux-sauniers surpris en premier faux-saunage est dès à présent supprimée ; et, quant aux faux-sauniers en récidive, ils ne seront condamnés qu'aux amendes doubles de celles encourues pour le premier faux-saunage ; en conséquence, les ordonnances et réglemens qui les soumettaient à une procédure criminelle et à des peines afflictives ne seront plus exécutés.

8. Se réserve, Sa Majesté, de faire incessamment les dispositions nécessaires pour la suppression des commissions de Valence, Saumur et Reims; et seront, sur le présent réglement, toutes lettres nécessaires expédiées.

———

27 SEPTEMBRE 1789. — Déclaration du Roi pour sanctionner et faire exécuter divers arrêtés de l'Assemblée nationale, concernant la sortie et la circulation des grains. (L. 1, 146.)

Art. 1er. Les vente et circulation des grains et farines seront libres dans toute l'étendue de notre royaume. Voulons que toute opposition qui y serait apportée soit considérée comme un attentat contre la sûreté et la sécurité du peuple, et que ceux qui s'en rendront coupables soient poursuivis extraordinairement, et punis comme perturbateurs de l'ordre et du repos publics.

2. Toute exportation de grains et de farine hors du royaume sera et demeurera,

par provision, défendue, jusqu'à ce que par nous il en ait été autrement ordonné, sous pareille peine, contre les contrevenans, d'être poursuivis extraordinairement et punis comme perturbateurs du repos public.

3. Ceux qui feront transporter des grains et farines dans l'étendue de trois lieues des frontières du royaume, autres néanmoins que les frontières maritimes, seront tenus d'en faire la déclaration exacte par-devant la municipalité du lieu du départ, et de fournir bonne et valable caution par-devant les officiers de ladite municipalité, de justifier, dans un délai fixé, de leur arrivée au lieu de leur destination, par un certificat de la municipalité dudit lieu. Voulons que lesdits certificats et procès-verbaux de déclaration soient délivrés sans frais.

4. Faute de faire la déclaration, dans la forme ci-dessus prescrite, dans le lieu du départ, les grains et farines seront saisis, confisqués et vendus ; et les deniers en provenant, déduction faite des frais de vente, seront appliqués au profit des hôpitaux.

5. Faute de rapporter les certificats et déclarations nécessaires pour constater l'arrivée des grains au lieu de leur destination, dans le délai fixé par les officiers municipaux du lieu du départ, il sera prononcé contre les contrevenans une amende égale à la valeur des grains et farines déclarés, laquelle sera pareillement appliquée au profit des hôpitaux.

6. Ceux qui feront transporter des grains et farines par mer seront tenus d'en faire la déclaration exacte par-devant la municipalité du lieu du départ et du chargement, et de justifier de leur arrivée et déchargement au lieu de leur destination, par un certificat de la municipalité dudit lieu, à peine, comme dessus, de saisie, confiscation et amende.

7. La connaissance des contraventions prévues par les articles ci-dessus appartiendra aux juges ordinaires, lesquels y statueront sommairement et sans frais.

8. Ceux qui auront importé dans le royaume des blés venant de l'étranger, et qui auront fait constater la quantité, la qualité et le dépôt par les municipalités des lieux, auront la liberté de les exporter, si bon leur semble, en se conformant aux règles et formalités établies pour les entrepôts.

———

27 SEPTEMBRE 1789. — Impositions. *Voy.* 26 SEPTEMBRE 1789.

———

28 SEPTEMBRE 1789. — Arrêté pour la sûreté des juifs. (B. 1, 96.)

Sur les récits des violences exercées contre les juifs de l'Alsace, et des dangers qu'ils courent, l'Assemblée nationale a chargé son président d'écrire aux officiers publics de l'Alsace que les juifs sont sous la sauvegarde de la loi, et de réclamer auprès du Roi la protection dont ils ont besoin.

28 SEPTEMBRE 1789. — Arrêté qui renvoie aux séances du soir la lecture des adresses. (B. 1, 95.)

28 SEPTEMBRE 1789. — Arrêté portant qu'il sera envoyé une adresse aux commettans pour leur exposer les motifs qui ont fait adopter la contribution patriotique. (B. 1, 95.)

28 SEPTEMBRE 1789. — Arrêté sur les fonctions des trésoriers des dons patriotiques. (B. 1, 95.)

29 SEPTEMBRE 1789. — Arrêté pour disposer de l'argenterie des églises qui n'est pas nécessaire pour la décence du culte. (B. 1, 96.)

Sur la proposition d'un des membres de l'Assemblée, et sur l'adhésion de plusieurs membres du clergé, l'Assemblée nationale invite les évêques, curés, chapitres, supérieurs de maisons et communautés séculières et régulières de l'un et l'autre sexe, des municipalités, fabriques et confréries, de faire porter à l'hôtel des monnaies le plus prochain toute l'argenterie des églises, fabriques, chapelles et confréries, qui ne sera pas nécessaire pour la décence du culte divin.

29 SEPTEMBRE = OCTOBRE et 3 NOVEMBRE 1789. (Lett.-Pat.) — Décret relatif aux droits de franc-fief ouverts. (L. 1, 167 et 292; B. 1, 95.)

L'Assemblée a décrété l'abolition des droits de franc-fief ouverts, et la cessation absolue de toutes recherches ou poursuites sur cet objet.

30 SEPTEMBRE 1789. — Arrêt du Conseil-d'Etat du Roi portant suppression de la commission de Valence. (L. 1, 149.)

Le Roi s'est fait représenter l'arrêt du conseil du 31 mars 1733, et autres postérieurement rendus, portant établissement dans la ville de Valence d'une commission pour instruire et juger souverainement et en dernier ressort le procès des contrebandiers, faux-sauniers et faux-tabatiers surpris en attroupemens dans les provinces dénommées auxdits arrêts : mais Sa Majesté ayant accordé sa sanction royale au décret de l'Assemblée nationale, du 23 septembre, qui porte, entre autre choses, la révocation des commissions extraordinaires établies pour connaître de la contrebande, Sa Majesté ne veut pas différer à effectuer cette suppression, et elle croit en même temps devoir donner aux magistrats qui composaient cette commission, le témoignage de satisfaction qui est dû à leurs services et à leur zèle. A quoi voulant pourvoir; ouï le rapport du sieur Lambert, conseiller d'Etat ordinaire, contrôleur général des finances; le Roi étant en son conseil, a ordonné et ordonne ce qui suit:

Art. 1er. La commission extraordinaire établie en la ville de Valence, et les subdélégations qui en dépendent, sont et demeurent supprimées.

2. Les procès attribués à cette commission seront à l'avenir portés aux juridictions à qui la connaissance en appartenait avant son établissement, pour être instruits jusqu'à jugement définitif inclusivement, et à la charge de l'appel.

3. Lesdites juridictions continueront, suivant les derniers erremens des procédures, les instructions déjà commencées à cet effet; et à la diligence du procureur de Sa Majesté en ladite commission, les minutes et pièces de conviction desdites instructions seront envoyées au greffe desdites juridictions, et les accusés détenus transférés dans les prisons d'icelles.

4. Les minutes, registres et autres documens des procès jugés, seront, à la même diligence, et après qu'il en aura été fait inventaire, envoyés au dépôt des minutes du greffe du conseil, pour y avoir recours au besoin.

30 SEPTEMBRE 1789. — Décret concernant la procédure instruite contre les citoyens de Marienbourg. (B. 1, 97.)

OCTOBRE 1789. — Franc-fief. Voy. 28 SEPTEMBRE 1789.

1er OCTOBRE = 5 OCTOBRE et 13 OCTOBRE 1789. (Lett.-Pat.) — Décret contenant les articles constitutionnels sur la nature du gouvernement, les pouvoirs législatif, exécutif et judiciaire. Voy. l'Acte constitutionnel du 3 SEPTEMBRE 1791.

1er OCTOBRE 1789. — Arrêté concernant l'examen du projet de décret sur la contribution patriotique. (B. 1, 100.)

1er OCTOBRE 1789. — Arrêté pour la formation d'un comité militaire. (B. 1, 100.)

2 OCTOBRE 1789. — Arrêté pour la formation d'un comité de domaines. (B. 1, 101.)

3 = 12 OCTOBRE 1789. — Décret concernant le prêt à intérêt. (L. 1, 221 et 292; B. 1, 101; Mon. du 1er au 5 octobre 1789.)

L'Assemblée nationale a décrété que tous les particuliers, corps, communautés et gens de main-morte, pourront à l'avenir prêter l'argent à terme fixe, avec stipulation d'intérêt, suivant le taux déterminé par la loi, sans entendre rien innover aux usages du commerce (1).

3 octobre 1789. — Décret relatif à des violences exercées contre le maire de Wassy, par les habitans de Bar-sur-Aube. (B. 1, 101.)

3 octobre 1789. — Arrêté qui ordonne la rédaction d'une instruction sur la circulation des grains. (B. 1, 102.)

3 octobre 1789. — Décret sur les mesures à prendre pour empêcher l'exportation des grains. (B. 1, 102.)

4 octobre 1789. — Arrêt du Conseil-d'État du Roi qui règle l'ordre et l'administration des travaux, et la clôture de Paris. (L. 1, 151.)

5 octobre 1789. — Décret concernant la circulation des grains. (L. 1, 155 et 286 ; B. 1, 103.)

L'Assemblée nationale, instruite que plusieurs particuliers, et même quelques municipalités, s'opposent à l'exécution des décrets des 29 août et 18 septembre derniers, au préjudice d'autres municipalités et de l'intérêt général du royaume, a décrété et décrète :

Que toutes les municipalités du royaume seront tenues d'exécuter et faire exécuter les décrets des 29 août et 18 septembre derniers, à peine, contre les contrevenans, d'être déclarés perturbateurs de l'ordre public ; en conséquence, autorise toutes personnes, et notamment celles qui sont chargées de commissions de leurs municipalités pour acheter des grains et farines, à réclamer le secours du pouvoir exécutif et la force militaire pour procurer liberté et sûreté dans les marchés, et pour faciliter le transport des blés et farines achetés, à la charge de faire préalablement constater les refus et contraventions, par le premier officier public sur ce requis.

Ordonne que le comité des recherches sera tenu de faire toutes informations nécessaires contre les auteurs, fauteurs, complices, adhérens et instigateurs, de quelque état et condition qu'ils puissent être, qui ont apporté ou apporteraient quelque obstacle à la libre circulation des grains dans l'intérieur du royaume, ou qui favoriseraient l'exportation à l'étranger, pour, sur le rapport qui

en sera fait à l'Assemblée, être statué ce qu'il appartiendra.

Ordonne, en outre, qu'il sera affiché, dans tous les marchés du royaume, des placards contenant les défenses portées par les décrets de l'Assemblée nationale, d'exporter aucuns blés et farines hors du royaume, à peine d'être puni comme perturbateur de l'ordre public, et qu'il sera écrit par le président de l'Assemblée nationale une lettre circulaire à toutes les municipalités, pour les inviter à procurer et faciliter la circulation des grains et farines ; que M. le président engagera de plus les municipalités des environs de Paris à faire porter du pain dans la capitale par les boulangers de leurs arrondissemens.

5 octobre 1789. — Arrêté sur l'acceptation de la déclaration des droits de l'homme et des articles constitutionnels. (B. 1, 103.)

5 octobre 1789. — Arrêté pour pourvoir aux subsistances dans la ville de Paris. (B. 1, 103.)

5 octobre 1789. — Gouvernement. Voy. 1er octobre 1789. — Voy. Acte constitutionnel du 3 septembre 1791.

6 - 9 octobre 1789. (Procl.) — Décret portant établissement d'une contribution patriotique. (L. 1, 179 ; B. 1, 105.)

L'Assemblée nationale, après avoir pris en considération le compte qui lui a été rendu par le premier ministre des finances, de la situation du trésor public, des besoins ordinaires et extraordinaires de cette année et de l'année prochaine, pour fournir à toutes les dépenses courantes et pour satisfaire à tous les engagemens de l'État ;

Considérant que le premier objet qui doit occuper l'Assemblée, est de rassurer les peuples sur la crainte de voir augmenter leurs charges, et les créanciers de l'État sur la fidélité avec laquelle tous les engagemens seront désormais remplis, et que ces deux avantages résulteront nécessairement du parti qu'elle a pris d'anéantir, par des réductions sur les dépenses ou par des bonifications de recettes, toute différence entre les recettes et dépenses publiques ; ayant, en conséquence, pris la détermination positive d'opérer dès à présent, d'ici au 1er janvier prochain, et préalablement à un travail plus approfondi, les réductions suivantes sur les dépenses, montant à trente-cinq millions huit cent quatorze mille livres ; savoir : sur

___

(1) Cette loi n'autorisait pas les prêts à un taux usuraire, c'est-à-dire, au-dessus du taux de la bourse, surtout lorsqu'il s'agissait de prêts à longues années (11 nivose an 11 ; Dijon, S. 3, 2,

212). Les intérêts ne courent pas de plein droit, même en matière commerciale (5 vendémiaire an 11 ; Cass. S. 3, 1, 50). Voy. loi du 3 septembre 1807.

la dépense du département de la guerre, 20,000,000 liv.; sur celui des affaires étrangères, 1,000,000 liv.; sur la maison du Roi et des princes ses frères, 6,000,000 liv.; sur les pensions, indépendamment de réductions ordonnées en 1788, 8,000,000 liv.; la dépense entière des haras, 814,000 liv. Total, 35,814,000 liv.

Ayant de plus déterminé la cessation du paiement de deux millions cinq cent mille livres par an, qui devaient être versés encore pendant plusieurs années dans la caisse du clergé, pour aider à ses remboursemens; considérant, en outre, que les contributions établies à l'avenir sur le bien des privilégiés, et en remplacement de tous les abonnemens particuliers des vingtièmes, mettront les provinces en état d'acquitter, à la charge du trésor public, au moins quinze millions de dépenses ordinaires, détaillées dans le compte du premier ministre des finances, sans rien ajouter à la contribution des peuples; considérant encore, qu'outre les cinquante-trois millions détaillés ci-dessus, et les premières extinctions des rentes viagères, plusieurs autres objets d'économie lui ont été présentés dans les différens discours du premier ministre des finances, tant le 24 septembre dernier, qu'à l'ouverture de l'Assemblée nationale, ainsi que dans le rapport du comité des finances, et que le résultat des opérations auxquelles elle va se livrer, en conséquence, achèvera incessamment de faire disparaître entièrement tout déficit, et d'abaisser les dépenses fixes au-dessous du niveau des recettes ordinaires; et à l'appui de ces dispositions, l'Assemblée nationale prend l'engagement solennel de maintenir les revenus publics à la somme nécessaire pour remplir tous les engagemens de l'Etat, en remplaçant les impôts onéreux qu'elle a réduits et qu'elle se propose de supprimer, par les contributions qui seront jugées nécessaires pour conserver constamment le plus parfait équilibre entre les recettes et les dépenses; considérant, enfin, que les besoins extraordinaires et ceux du moment exigent encore des dispositions particulières; que de nouveaux emprunts ne pourraient qu'augmenter le déficit annuel; que plusieurs citoyens ont déjà manifesté le désir d'aller au secours de l'Etat par une taxe momentanée, relative à la fortune de chaque particulier; qu'il est urgent de tirer la patrie du péril dans lequel elle se trouve; qu'il ne s'agit que d'un dernier effort, et que tout Français a un intérêt égal à contribuer au maintien de l'ordre et de la foi publique;

L'Assemblée nationale, en confirmant son décret du 26 septembre dernier, a décrété et décrète ce qui suit :

Art. 1er. Il sera demandé à tous les habitans et à toutes les communautés du royaume, aux exceptions près indiquées dans l'un des articles suivans, une contribution extraordinaire et patriotique, qui n'aura lieu qu'une fois, et à laquelle on ne pourra jamais revenir, pour quelque cause et par quelque motif que ce soit.

2. Cette contribution extraordinaire et momentanée devant être égale et proportionnelle, est fixée par l'Assemblée au quart du revenu dont chacun jouit, déduction faite des charges foncières, des impositions, des intérêts par billets ou obligations, des rentes constituées auxquelles il se trouve assujéti; et de plus, à deux et demi pour cent de l'argenterie ou des bijoux d'or et d'argent dont on sera possesseur, et à deux et demi pour cent de l'or et de l'argent monnoyés que l'on garde en réserve.

3. Il ne sera fait aucune recherche ni inquisition pour découvrir si chacun a fourni une contribution conforme aux proportions ci-dessus indiquées : l'Assemblée, pleine de confiance dans les sentimens d'honneur de la nation française, ordonne que chacun, en annonçant sa contribution, s'exprimera de la manière suivante :

Je déclare avec vérité que telle somme..... dont je contribuerai aux besoins de l'Etat, est conforme aux fixations établies par le décret de l'Assemblée nationale. Ou bien, si cela est : Je déclare, etc..... que cette contribution excède la proportion déterminée par le décret de l'Assemblée nationale.

4. Ces déclarations se feront devant les municipalités des lieux dans lesquels on a son principal domicile, ou devant tels délégués nommés par ces municipalités.

5. Les marchands et autres citoyens qui, dans quelques villes, paient leur capitation en commun, et sont imposés par un rôle particulier, jouiront de la même facilité pour le paiement de leur contribution patriotique, et ils feront leur déclaration devant les syndics des communautés.

6. Les personnes absentes du royaume enverront directement leurs déclarations aux municipalités de leur principal domicile, ou donneront leur procuration à telle personne qu'elles jugeront à propos de choisir, pour faire en leur nom cette déclaration.

7. Toutes les déclarations devront être faites au plus tard avant le 1er janvier de l'année prochaine, et les municipalités appelleront ceux qui seront en retard.

8. Il sera dressé, sans perte de temps, un tableau du montant général des déclarations, afin que l'Assemblée nationale puisse avoir incessamment connaissance de l'étendue de cette ressource.

9. Chaque municipalité aura un registre dans lequel les déclarations seront inscrites, et ce registre contiendra le nom des contri-

buans; et la somme à laquelle ils auront fixé leur contribution.

10. En conformité de ce registre, il sera dressé un rôle des diverses sommes à recevoir de chaque particulier, lequel rôle sera remis aux mêmes préposés qui sont chargés de recevoir les vingtièmes ou la capitation, pour en faire le recouvrement sans frais; et les deniers qui en proviendront seront remis aux receveurs des impositions ou aux trésoriers des provinces, qui les remettront, sans délai et sans frais de perception, au trésor public.

11. Le tiers de cette contribution totale sera payé d'ici au 1ᵉʳ avril 1790, le second, du 1ᵉʳ avril 1790 au 1ᵉʳ avril 1791; le troisième, du 1ᵉʳ avril 1791 au 1ᵉʳ avril 1792.

12. Tous ceux qui voudront payer leur contribution comptant, en un seul paiement, seront libres de le faire, et ils auront droit, pour leur avance, à la déduction de l'intérêt légal.

13. Tous ceux dont le revenu n'est que de quatre cents livres, ensemble les hôpitaux et les hospices, ne seront assujétis à aucune proportion; ils sont déclarés libres de fixer cette proportion selon leur volonté.

14. Les ouvriers et journaliers sans propriétés ne seront obligés à aucune contribution; mais on ne pourra cependant rejeter l'offrande libre et volontaire d'aucun citoyen, et ceux déclarés exempts par cet article pourront se faire inscrire sur le rôle des contribuans, pour telle modique somme qu'il leur plaira de désigner.

15. Au mois d'avril 1792, et à l'expiration du dernier terme désigné pour l'acquit de la contribution patriotique, le registre des déclarations réellement acquittées sera clos et scellé par chaque municipalité, et déposé à son greffe, pour n'être ouvert de nouveau qu'à l'époque désignée dans l'article suivant.

16. A l'époque où le crédit national permettra d'emprunter à quatre pour cent d'intérêt en rentes perpétuelles, circonstance heureuse et qui ouvrira de nouvelles ressources à l'Etat, il sera procédé successivement, et selon les dispositions qui seront alors déterminées, au remboursement des sommes qui auront été fournies gratuitement pour subvenir à la contribution extraordinaire délibérée par le présent décret.

17. Le remboursement ne pourra être fait qu'au contribuant ou à telle personne qu'il aura désignée dans sa déclaration pour jouir après lui de ses droits. Si cette personne, ainsi que le contribuant, sont décédés à l'époque du remboursement, l'Etat sera affranchi de ce remboursement.

18. Chaque municipalité sera tenue d'informer les administrations de sa province de l'exécution successive des dispositions arrê-

tées par le présent décret, et ces administrations en rendront compte à un comité composé du ministre des finances, et des commissaires qui seront nommés par l'Assemblée nationale pour surveiller avec lui toute la suite des opérations relatives à la rentrée et à l'emploi de la contribution patriotique, ainsi que des avances dont il sera parlé en l'article suivant.

19. L'Assemblée nationale s'en remet au Roi du soin de prendre avec la caisse d'escompte ou avec les compagnies de finance tels arrangemens qui lui paraîtront convenables, afin de recevoir d'elles des avances sur le produit de la contribution patriotique, ou sur telles autres valeurs exigibles qui pourront leur être délivrées.

20. L'Assemblée nationale approuve que le premier ministre et le comité des finances examinent de concert les projets qui seront présentés pour la conversion de la caisse d'escompte en une banque nationale, et que le résultat de cet examen soit mis sous les yeux de l'Assemblée.

21. L'Assemblée nationale invite les particuliers à porter leur argenterie aux hôtels des monnaies, et elle autorise les directeurs de ces monnaies à payer le titre de Paris à 55 livres le marc, en récépissés à six mois de date, sans intérêt, lesquels récépissés seront reçus comme argent comptant dans la contribution patriotique.

22. L'Assemblée nationale autorise le trésor public à recevoir dans l'emprunt national l'argenterie au titre de Paris à 58 livres le marc, à condition que, moyennant cette faveur particulière, on ne jouira pas de la faculté de fournir la moitié de la mise en effets portant cinq pour cent d'intérêts.

durée, et sur la fixation des dépenses publiques. (L. 1, 318; B. 1, 120.)

L'Assemblée nationale décrète ce qui suit : Toutes les contributions et charges publiques, de quelque nature qu'elles soient, seront supportées proportionnellement par tous les citoyens et par tous les propriétaires, à raison de leurs biens et facultés. Aucun impôt ne sera accordé que pour le temps qui s'écoulera jusqu'au dernier jour de la session suivante : toute contribution cessera de droit à cette époque, si elle n'est pas renouvelée; mais chaque législature votera, de la manière qui lui paraîtra la plus convenable, les sommes destinées soit à l'acquittement des intérêts de la dette publique, soit au paiement de la liste civile.

8 OCTOBRE 1789. — *Arrêté pour admettre les dons patriotiques en déduction de la taxe à la contribution patriotique.* (B. 1, 121.)

Un membre de l'Assemblée, qui avait fait l'offre du quart de son revenu, ayant demandé s'il ne pouvait pas se dispenser de payer la taxe décrétée, l'Assemblée nationale a décrété que ceux qui ont fait des dons patriotiques pourront les faire compter comme portion du quart de leur revenu.

8 OCTOBRE 1789. — *Décret relatif aux représentans et aux députés des villes de commerce.* (B. 1, 121.)

L'Assemblée nationale a décrété, 1° que les motions et mémoires concernant le commerce seraient communiqués, par MM. du secrétariat du comité de commerce, aux représentans des diverses villes de commerce du royaume;

2° Que ces mêmes députés auraient une place spéciale dans une tribune particulière.

8 ET 9 OCTOBRE = 3 NOVEMBRE 1789. — (Lett.-Pat.) — *Décrets sur la réformation de quelques points de la jurisprudence criminelle. Voy.* Mon. du 29 septembre au 9 octobre 1789 (1). (L. 1, 158 et 293; B. 1, 123.)

L'Assemblée nationale, considérant qu'un des principaux droits de l'homme qu'elle a reconnus est celui de jouir, lorsqu'il est soumis à l'épreuve d'une poursuite criminelle, de toute l'étendue de liberté et sûreté pour sa défense, qui peut se concilier avec l'intérêt de la société, qui commande la punition des délits; que l'esprit et les formes de la procédure pratiquée jusqu'à présent en matière criminelle s'éloignent tellement de ce pre-

mier principe de l'équité naturelle et de l'association politique, qu'ils nécessitent une réforme entière de l'ordre judiciaire pour la recherche et le jugement des crimes; que si l'exécution de cette réforme entière exige la lenteur et la maturité des plus profondes méditations, il est cependant possible de faire jouir dès à présent la nation de l'avantage de plusieurs dispositions qui, sans subvertir l'ordre de procéder actuellement suivi, rassureront l'innocence, et faciliteront la justification des accusés, en même temps qu'elles honoreront davantage le ministère des juges dans l'opinion publique, a arrêté et décrété les articles qui suivent :

Art. 1er. Dans tous les lieux où il y a un ou plusieurs tribunaux établis, la municipalité, et au cas qu'il n'y ait pas de municipalité, la communauté des habitans nommera un nombre suffisant de notables, eu égard à l'étendue du ressort, parmi lesquels seront pris les adjoints qui assisteront à l'instruction des procès criminels, ainsi qu'il va être dit ci-après.

2. Ces notables seront choisis parmi les citoyens de bonnes mœurs et de probité reconnue; ils devront être âgés de vingt-cinq ans au moins et savoir signer. Leur nomination sera renouvelée tous les ans. Ils prêteront serment à la commune, entre les mains des officiers municipaux ou syndics, ou de celui qui la préside, de remplir fidèlement leurs fonctions, et surtout de garder un secret inviolable sur le contenu en la plainte et autres actes de la procédure. La liste de leurs noms, qualités et demeures sera déposée, dans les trois jours, aux greffes des tribunaux, par le greffier de la municipalité ou de la communauté.

3. Aucune plainte ne pourra être présentée au juge qu'en présence de deux adjoints amenés par le plaignant, et par lui pris à son choix; il sera fait mention de leur présence et de leurs noms dans l'ordonnance qui sera rendue sur la plainte, et ils signeront avec le juge, à peine de nullité.

4. Les procureurs-généraux et les procureurs du Roi ou fiscaux qui accuseront d'office, seront tenus de déclarer, par acte séparé de la plainte, s'ils ont un dénonciateur ou non, à peine de nullité; et s'ils ont un dénonciateur, ils déclareront en même temps son nom, ses qualités et sa demeure, afin qu'il soit connu du juge et des adjoints à l'information, avant qu'elle soit commencée.

5. Les procès-verbaux de l'état des personnes blessées ou des corps morts, ainsi que du lieu où le délit aura été commis, et des armes, hardes et effets qui peuvent servir à

---

(1) Ce décret est remarquable, en ce qu'il énonce les principes de législation criminelle qui ont été depuis reproduits dans nos codes criminels (*Voy.* loi du 16 = 29 septembre 1791; Code des délits et des peines du 3 brumaire an 4, et le Code pénal de 1810).

conviction ou à décharge, seront dressés en présence de deux adjoints appelés par le juge, suivant l'ordre du tableau mentionné en l'article 2 ci-dessus, qui pourront lui faire leurs observations, dont il sera fait mention, et qui signeront ces procès-verbaux, à peine de nullité. Dans le cas où le lieu du délit serait à une trop grande distance du chef-lieu de la juridiction, les notables nommés dans le chef-lieu pourront être suppléés, dans les fonctions d'adjoints aux procès-verbaux, par les membres de la municipalité ou de la communauté du lieu du délit, pris en pareil nombre par le juge d'instruction.

6. L'information qui précédera le décret continuera d'être faite secrètement, mais en présence de deux adjoints qui seront également appelés par le juge, et qui assisteront à l'audition des témoins.

7. Les adjoints seront tenus, en leur ame et conscience, de faire au juge les observations, tant à charge qu'à décharge, qu'ils trouveront nécessaires pour l'explication des dires des témoins ou l'éclaircissement des faits déposés, et il en sera fait mention dans le procès-verbal d'information, ainsi que des réponses des témoins. Le procès-verbal sera coté et signé à toutes les pages par les deux adjoints ainsi que par le juge, à l'instant même et sans désemparer, à peine de nullité, et il en sera également fait une mention exacte, à peine de faux.

8. Dans le cas d'une information urgente qui se ferait sur le lieu même pour flagrant délit, les adjoints pourront, en cas de nécessité, être remplacés par deux principaux habitans qui ne seront pas dans le cas d'être entendus comme témoins, et qui prêteront sur-le-champ serment devant le juge d'instruction.

9. Les décrets d'ajournement personnel ou de prise de corps ne pourront plus être prononcés que par trois juges au moins, ou par un juge et deux gradués; et les commissaires des cours supérieures qui seront autorisés à décréter dans le cours de leur commission, ne pourront le faire qu'en appelant deux juges du tribunal du lieu, ou, à leur défaut, des gradués. Aucun décret de prise de corps ne pourra désormais être prononcé contre les domiciliés, que dans le cas où, par la nature de l'accusation et des charges, il pourrait échoir peine corporelle. Pourront néanmoins les juges faire arrêter sur-le-champ, dans le cas de flagrant délit ou de rébellion à justice.

10. L'accusé décrété de prise de corps pour quelque crime que ce soit, aura le droit de se choisir un ou plusieurs conseils, avec lesquels il pourra conférer librement en tout état de cause, et l'entrée de la prison sera toujours permise auxdits conseils. Dans le cas où l'accusé ne pourrait pas en avoir par lui-même, le juge lui en nommera un d'office, à peine de nullité (1).

11. Aussitôt que l'accusé sera constitué prisonnier, ou se sera présenté sur le décret d'assigné pour être ouï, ou d'ajournement personnel, tous les actes de l'instruction seront faits contradictoirement avec lui, publiquement, et les portes de la chambre d'instruction étant ouvertes : dès ce moment l'assistance des adjoints cessera.

12. Dans les vingt-quatre heures de l'emprisonnement de l'accusé, le juge le fera paraître devant lui, lui fera lire la plainte, la déclaration du nom du dénonciateur, s'il y en a, les procès-verbaux ou rapports et l'information; il lui fera représenter aussi les effets déposés pour servir à l'instruction; il lui demandera s'il a choisi ou s'il entend choisir un conseil, ou s'il veut qu'il lui en soit nommé un d'office. En ce dernier cas, le juge nommera le conseil, et l'interrogatoire ne pourra être commencé que le jour suivant. Pour cet interrogatoire et pour tous les autres, le serment ne sera plus exigé de l'accusé, et il ne le prêtera, pendant tout le cours de l'instruction, que dans le cas où il voudrait alléguer des reproches contre les témoins.

13. Il en sera usé de même à l'égard des accusés qui comparaîtront volontairement sur un décret d'assigné pour être ouïs, ou d'ajournement personnel.

14. Après l'interrogatoire, la copie de toutes les pièces de la procédure, signée du greffier, sera délivrée sans frais à l'accusé, sur papier libre, s'il le requiert; et son conseil aura le droit de voir les minutes, ainsi que les effets déposés pour servir à l'instruction.

15. La continuation et les additions de l'information qui auront lieu pendant la détention de l'accusé, depuis son décret, seront faites publiquement et en sa présence, sans qu'il puisse interrompre le témoin *pendant le cours de sa déposition.*

16. Lorsque la déposition sera achevée, l'accusé pourra faire faire au témoin, par l'organe du juge, les observations et interpellations qu'il croira utiles pour l'éclaircissement des faits rapportés, ou pour l'explication de la déposition. La mention, tant des observations de l'accusé que des réponses du témoin, sera faite, ainsi qu'il se pratique, à la confrontation; mais les aveux, variations ou rétractations du témoin, en ce premier instant, ne le feront pas réputer faux témoin.

17. Les procès criminels ne pourront plus être réglés à l'extraordinaire que par trois juges au moins. Lorsqu'ils auront été ainsi réglés, il sera, en présence de l'accusé ou des

_____

(1) *Voy.* les notes sur les articles 14 et 15, titre 2, loi du 16 = 24 août 1790. *Voy.* note 2 de la page suivante.

accusés, procédé d'abord au récolement des témoins, et de suite à leur confrontation. Il en sera usé de même par rapport au récolement des accusés sur leur interrogatoire, et à leur confrontation entre eux. Les reproches contre les témoins pourront être proposés et prouvés en tout état de cause, tant après qu'avant la connaissance des charges, et l'accusé sera admis à les prouver si les juges les trouvent pertinens et admissibles.

18. Le conseil de l'accusé aura le droit d'être présent à tous les actes de l'instruction, sans pouvoir y parler au nom de l'accusé, ni lui suggérer ce qu'il doit dire ou répondre, si ce n'est dans le cas d'une nouvelle visite ou rapport quelconque, lors desquels il pourra faire ses observations, dont mention sera faite dans le procès-verbal (1).

19. L'accusé aura droit de proposer, en tout état de cause, ses défenses et faits justificatifs ou d'atténuation; et la preuve sera reçue de tous ceux qui seront jugés pertinens, et même du fait de démence, quoiqu'ils n'aient point été articulés par l'accusé dans son interrogatoire et autres actes de la procédure. Les témoins que l'accusé voudra produire, sans être tenu de les nommer sur-le-champ, seront entendus publiquement, et pourront l'être en même temps que ceux de l'accusateur, sur la continuation ou addition d'information.

20. Il sera libre à l'accusé soit d'appeler ses témoins à sa requête, soit de les indiquer au ministère public pour qu'il les fasse assigner; mais dans l'un ou l'autre cas, il sera tenu de commencer ses diligences ou de fournir l'indication de ses témoins dans les trois jours de la signification du jugement qui aura admis la preuve.

21. Le rapport du procès sera fait par un des juges, les conclusions du ministère public données ensuite et motivées, le dernier interrogatoire prêté et le jugement prononcé, le tout à l'audience publique. L'accusé ne comparaîtra à cette audience qu'au moment de l'interrogatoire, après lequel il sera reconduit, s'il est prisonnier; mais son conseil pourra être présent pendant la séance entière, et parler pour sa défense après le rapport fini, les conclusions données et le dernier interrogatoire prêté. Les juges seront tenus de se retirer ensuite à la chambre du conseil, d'y opiner sur délibéré, et de reprendre incontinent leur séance publique pour la prononciation du jugement (2).

22. Toute condamnation à peine afflictive ou infamante, en première instance ou en dernier ressort, exprimera les faits pour lesquels l'accusé sera condamné, sans qu'aucun juge puisse jamais employer la formule, *pour les cas résultant du procès.*

23. Les personnes présentes aux actes publics de l'instruction criminelle se tiendront dans le silence et le respect dus au tribunal, et s'interdiront tout signe d'approbation ou d'improbation, à peine d'être emprisonnées sur-le-champ par forme de correction, pour le temps qui sera fixé par le juge, et qui ne pourra cependant excéder huitaine, ou même poursuivies extraordinairement, en cas de trouble ou d'indécence grave.

24. L'usage de la sellette au dernier interrogatoire, et la question, dans tous les cas, sont abolis.

25. Aucune condamnation à peine afflictive ou infamante ne pourra être prononcée qu'aux deux tiers des voix; et la condamnation à mort ne pourra être prononcée par les juges en dernier ressort, qu'aux quatre cinquièmes.

26. Tout ce qui précède sera également observé dans les procès poursuivis d'office, et dans ceux qui seront instruits en première instance dans les cours supérieures. La même publicité y aura lieu pour le rapport, les conclusions, le dernier interrogatoire, le plaidoyer du défenseur de l'accusé, et le jugement, dans les procès criminels qui y seront portés par appel.

27. Dans les procès commencés, les procédures déjà faites subsisteront, mais il sera procédé au surplus de l'instruction et au jugement, suivant les formes prescrites par le présent décret, à peine de nullité.

28. L'ordonnance de 1670, et les édits, déclarations et réglemens concernant la matière criminelle, continueront d'être observés en tout ce qui n'est pas contraire au présent décret, jusqu'à ce qu'il en ait été autrement ordonné.

---

9 OCTOBRE 1789. — *Décret portant que les demandes de passeports faites par les députés seront soumises à l'Assemblée.* (B. 1, 122.)

---

9 OCTOBRE 1789. — *Arrêté portant nomination de commissaires pour se transporter à Paris et y disposer un local où l'Assemblée puisse tenir ses séances.* (B. 1, 122.)

---

(1) *Voy.* de la libre Défense des Accusés, par M. Dupin, § 4.

(2) Les arrêts rendus à la Martinique en matière criminelle ne sont pas susceptibles de cassation, soit pour défaut de publicité, soit pour défaut d'assistance d'un défenseur du prévenu.... n'étant pas justifié que les lettres-patentes de 1789 sur la réforme de l'ancienne jurisprudence criminelle, aient été promulguées dans la colonie (11 juin 1825; Cass. S. 25, 1, 245; Dall. 26, 1, 231).

Cet arrêt a été rendu avant la publication du Code d'instruction criminelle à la Martinique. *Voy.* ordonnance du 12 octobre 1828, t. 28, p. 324, 1re édition.

.... Décret pour transporter les
...es de l'Assemblée à Paris. (B. 1, 123.)

9 OCTOBRE 1789. — Proclamation du Roi concernant sa résidence à Paris. (L. 1, 169.)

9 OCTOBRE 1789. — Proclamation du Roi qui
autorise le mont-de-piété à remettre les linges
de corps et vêtemens d'hiver aux personnes
qui les ont engagés, et sur lesquels il leur aura
été prêté des sommes au-dessous de 24 livres.
(L. 1, 170.)

10 OCTOBRE 1789. — Décret pour supplier le Roi
de donner des ordres à quelques officiers supérieurs de prêter le serment des troupes. (B.
1, 131.)

11 OCTOBRE 1789. — Proclamation du Roi concernant la contribution patriotique. (L. 1, 179.)

12 OCTOBRE 1789. — Proclamation du Roi pour
l'exécution des articles 21 et 22 du décret du
6 octobre 1789, relatif aux vaisselles. (L. 1,
217.)

12 OCTOBRE 1789. — Décret pour la translation
de l'Assemblée nationale à Paris. (B. 1, 132.)

12 OCTOBRE 1789. — Prêt à intérêt. *Voy.* 3 octobre 1789.

13 OCTOBRE 1789. — Arrêté sur les recherches à
faire contre les accusés, même dans les lieux
privilégiés. (B. 1, 133.)

L'Assemblée nationale, d'après le compte
qui lui a été rendu par son comité des recherches, sur les suites d'une affaire où la sûreté
et la tranquillité publiques sont intéressées, et
dans laquelle il y a des perquisitions à continuer, a déclaré et déclare que, dans tous les
cas où le salut de l'Etat est compromis, il n'y
a pas de lieux privilégiés.

13 OCTOBRE 1789. — Décret pour assurer l'exécution des décrets sur les subsistances. (B. 1, 133.)

13 OCTOBRE 1789. — Décret pour la libre entrée
à Paris des effets de MM. les députés. (B. 1,
133.)

14 OCTOBRE 1789. — Proclamation du Roi pour
la confection des rôles du supplément sur les
ci-devant privilégiés, pour les six derniers
mois de 1789, dans les pays ci-devant connus
sous la dénomination de pays d'élection. (L. 1,
223.)

14 OCTOBRE 1789. — Arrêté pour l'admission de
deux députés de la Martinique. (B. 1, 134.)

15 OCTOBRE 1789. — Décret qui fixe les attributions provisoires des comités civils et de police
établis dans les villes (à l'occasion de la commune de Fontainebleau). (B. 1, 136.)

L'Assemblée nationale, prenant en considération les demandes et plaintes formées par
les représentans de la commune de Fontainebleau, ouï le rapport, a décrété que M. le
président de l'Assemblée nationale sera chargé
d'écrire à la commune de Fontainebleau,
provisoirement, et jusqu'à ce que l'Assemblée
nationale ait organisé les municipalités et milices nationales du royaume, les comités civils
et de police doivent être élus librement et au
scrutin, par les communes assemblées, et
prendre seuls les arrêtés propres à maintenir
l'exécution des décrets de l'Assemblée nationale, et la paix et la tranquillité publiques;
que les milices nationales et leurs chefs doivent prêter la main à l'exécution de ces arrêtés, sans pouvoir les contrarier sous aucun
rapport; enfin que les officiers, tant municipaux que militaires, élus dans cette forme,
sont les seuls qui puissent légalement exercer
ces fonctions, sans que, sous prétexte d'autorisation ministérielle, aucun citoyen puisse,
contre le vœu de la commune, se perpétuer
ou s'immiscer dans ces mêmes fonctions.

15 = 25 OCTOBRE, 3 NOVEMBRE 1789. (Procl.) —
Décret concernant les passeports et les sup-
pléans des députés et les absences. (L. 1, 305 ;
B. 1, 135 et 136.)

L'Assemblée nationale décrète qu'il ne sera
plus accordé de passeports que pour un temps
bref et déterminé, et pour affaires urgentes.
Quant aux passeports illimités pour cas de
maladie, ils ne seront accordés à ceux qui les
demandent qu'après qu'ils auront été remplacés par leurs suppléans; décrète également
que les suppléans ne seront nommés à l'avenir que par tous les citoyens réunis ou légalement représentés; de telle sorte néanmoins
que ladite loi n'aura point d'effet rétroactif
pour les suppléans déjà nommés; décrète enfin
que, huit jours après la première séance de
l'Assemblée nationale à Paris, il sera fait un
appel nominal de tous les membres qui la
composent; sursis jusqu'à ce jour à délibérer
sur l'impression de la liste des absens, et son
envoi dans les provinces.

15 OCTOBRE 1789. — Décret portant qu'il ne sera
admis d'autres députations que celles des représentans de la commune de Paris. (B. 1, 137.)

15 OCTOBRE 1789. — Arrêté concernant l'organisation des bureaux du secrétariat de l'Assemblée. (B. 1, 137.)

15 OCTOBRE 1789. — Arrêté pour abolir toute
distinction de costume, de rang et de préséance entre les députés. (B. 1, 138.)

4.

15 OCTOBRE 1789. — Décret portant que les députés ne peuvent se dispenser d'assister aux séances pour vaquer à l'exercice d'autres fonctions publiques (celles de procureur syndic). (B. 1, 134.)

16 OCTOBRE 1789. — Proclamation du Roi pour la répartition des impositions ordinaires de l'année prochaine 1790, dans les pays ci-devant connus sous la dénomination de pays d'élection. (L. 1, 232.)

18 OCTOBRE 1789. — Ordonnance du Roi concernant les droits d'entrée à Paris sur les consommations du Roi et de la famille royale. (L. 1, 242.)

19 OCTOBRE 1789. — Arrêté qui vote des remerciemens à la commune et à la garde nationale de Paris. (B. 1, 138.)

19 OCTOBRE 1789. — Arrêté concernant l'ordre du travail sur l'organisation des assemblées provinciales et municipales. (B. 1, 138.)

20 OCTOBRE 1789 = 29 AOUT 1790. — Décret sur les attributions du Conseil du Roi. (B. 1, 139; L. 1, 1424.)

L'Assemblée nationale a décrété que, jusqu'à ce qu'elle ait organisé le pouvoir judiciaire et celui d'administration, le Conseil du Roi sera autorisé à prononcer sur les instances qui y sont actuellement pendantes, et qu'au surplus il continuera provisoirement ses fonctions comme par le passé, à l'exception néanmoins des arrêts de propre mouvement, ainsi que des évocations avec retenue du fond des affaires, lesquels ne pourront plus avoir lieu à compter de ce jour; mais le Roi pourra toujours ordonner les proclamations nécessaires pour procurer et assurer l'exécution littérale de la loi.

20 OCTOBRE = 3 NOVEMBRE 1789. — Décret qui ordonne l'envoi aux tribunaux et aux corps administratifs de décrets acceptés ou sanctionnés par le Roi. Le garde-des-sceaux mandé à l'Assemblée. (L. 1, 259; B. 1, 139.)

L'Assemblée nationale a décrété que les arrêtés du 4 août et jours suivans, dont le Roi a ordonné la publication, ainsi que tous les arrêtés et décrets qui ont été acceptés ou sanctionnés par Sa Majesté, soient, sans aucune addition, changement ni observation, envoyés aux tribunaux, municipalités et autres corps administratifs, pour y être trans-

crits sur leurs registres, sans modification ni délai, être lus, publiés et affichés; que le garde-des-sceaux sera mandé pour rendre compte des motifs du retard apporté à la publication et promulgation des différens décrets, ainsi que des additions, modifications et changemens qui avaient été faits, et des raisons qui ont déterminé à faire publier les observations envoyées au nom du Roi sur le décret du 4 août et jours suivans.

20 OCTOBRE 1789. — Arrêté sur l'admission, la vérification et la publication des dons patriotiques. (B. 1, 139.)

20 OCTOBRE 1789. — Arrêté sur l'ordre du travail relatif à la représentation dans les diverses assemblées. (B. 1, 140.)

21 = 21 OCTOBRE 1789. (Décl.) — Décret contre les attroupemens, ou loi martiale. (B. 1, 142; L. 1, 244, 301; Rapp. M. Mirabeau, Mon. du 13 au 22 octobre.)

Voy. lois des 26 et 27 JUILLET = 3 AOUT 1791, réglant l'usage de la force publique contre les attroupemens, et surtout la disposition placée à la fin de cette loi, et intitulée : *Article additionnel à ajouter à la loi martiale du mois d'octobre 1789 (1).*

L'Assemblée nationale, considérant que la liberté affermit les empires, mais que la licence les détruit; que loin d'être le droit de tout faire, la liberté n'existe que par l'obéissance aux lois; que si, dans les temps calmes, cette obéissance est suffisamment assurée par l'autorité publique ordinaire, il peut survenir des époques difficiles où les peuples, agités par des causes souvent criminelles, deviennent l'instrument d'intrigues qu'ils ignorent; que ces temps de crise nécessitent momentanément des moyens extraordinaires pour maintenir la tranquillité publique et conserver les droits de tous, a décrété et décrète la présente loi martiale.

Art. 1er. Dans le cas où la tranquillité publique sera en péril, les officiers municipaux des lieux seront tenus, en vertu du pouvoir qu'ils ont reçu de la commune, de déclarer que la force militaire doit être déployée à l'instant pour rétablir l'ordre public, à peine, par ces officiers, d'être responsables des suites de leur négligence.

2. Cette déclaration se fera en exposant à la principale fenêtre de la maison de ville, et en portant dans toutes les rues et carrefours, un drapeau rouge; et en même temps les of-

_____

(1) Ces lois sont-elles encore en vigueur ? l'affirmative a été soutenue à la Chambre des députés au mois de juin 1820. Si elles ont été abrogées, il serait sage de faire revivre des règles salutaires qui, en conservant à l'autorité toute

sa force, ont pour but de protéger la vie des citoyens, et de prévenir des malheurs d'autant plus à craindre, qu'il est difficile de prévoir toutes leurs conséquences. *Voy.* loi du 23 juin 1793.

ficiers municipaux requerront les chefs des gardes nationales, des troupes réglées et des maréchaussées, de prêter main-forte.

3. Au signal seul du drapeau, tous attroupemens, avec ou sans armes, deviendront criminels, et devront être dissipés par la force.

4. Les gardes nationales, troupes réglées et maréchaussées requises par les officiers municipaux, seront tenues de marcher sur-le-champ, commandées par leurs officiers, précédées d'un drapeau rouge, et accompagnées d'un officier municipal au moins.

5. Il sera demandé par un des officiers municipaux, aux personnes attroupées, quelle est la cause de leur réunion, et le grief dont elles demandent le redressement. Elles seront autorisées à nommer six d'entre elles pour exposer leurs réclamations et présenter leurs pétitions, et tenues de se séparer sur-le-champ et de se retirer paisiblement.

6. Faute par les personnes attroupées de se retirer en ce moment, il leur sera fait à haute voix, par les officiers municipaux, ou l'un d'eux, trois sommations de se retirer tranquillement dans leur domicile. La première sommation sera exprimée en ces termes : *Avis est donné que la loi martiale est proclamée, que tous attroupemens sont criminels : on va faire feu : que les bons citoyens se retirent.* A la deuxième et troisième sommation, il suffira de répéter ces mots : *On va faire feu : que les bons citoyens se retirent.* L'officier municipal énoncera que c'est ou la première, ou la seconde, ou la dernière.

7. Dans le cas où, soit avant, soit pendant le prononcé des sommations, l'attroupement commettrait quelques violences, et pareillement dans le cas où, après les sommations faites, les personnes attroupées ne se retireraient pas paisiblement, la force des armes sera à l'instant déployée contre les séditieux, sans que personne soit responsable des évènemens qui pourront en résulter.

8. Dans le cas où le peuple attroupé, n'ayant fait aucune violence, se retirerait paisiblement, soit avant, soit immédiatement après la dernière sommation, les moteurs et instigateurs de la sédition, s'ils sont connus, pourront seuls être poursuivis extraordinairement, et condamnés, savoir : à une prison de trois ans, si l'attroupement n'était pas armé, et à la peine de mort, si l'attroupement était en armes. Il ne sera fait aucune poursuite contre les autres.

9. Dans le cas où le peuple attroupé ferait quelque violence, ou ne se retirerait pas après la dernière sommation, ceux qui échapperont aux coups de la force militaire, et qui pourront être arrêtés, seront punis d'un emprisonnement d'un an, s'ils étaient sans armes; de trois ans, s'ils étaient armés; et

de la peine de mort, s'ils étaient convaincus d'avoir commis des violences. Dans le cas du présent article, les moteurs et instigateurs de la sédition seront de même condamnés à mort.

10. Tous chefs, officiers et soldats des gardes nationales, des troupes et des maréchaussées, qui exciteront et fomenteront des attroupemens, émeutes et séditions, seront déclarés rebelles à la nation, au Roi et à la loi, et punis de mort; et ceux qui refuseront le service, à la réquisition des officiers municipaux, seront dégradés et punis de trois ans de prison.

11. Il sera dressé par les officiers municipaux procès-verbal qui contiendra le récit des faits.

12. Lorsque le calme sera rétabli, les officiers municipaux rendront un décret qui fera cesser la loi martiale, et le drapeau rouge sera retiré, et remplacé pendant huit jours par un drapeau blanc.

———

21 OCTOBRE = 3 NOVEMBRE 1789. (Lett.-Pat.)— Décret qui attribue au Châtelet de Paris le jugement des crimes de lèse-nation. (L. 1, 304; B. 1, 141.)

L'Assemblée nationale arrête que le comité de constitution proposera, lundi prochain, à l'Assemblée, un plan pour l'établissement d'un tribunal chargé de juger les crimes de lèse-nation, et que provisoirement, et jusqu'à ce que le tribunal ait été établi par l'Assemblée nationale, le Châtelet de Paris est autorisé à juger en dernier ressort les prévenus et accusés de crimes de lèse-nation, et que le présent décret, qui lui donne cette commission, sera aussi présenté à la sanction royale.

———

21 OCTOBRE 1789. — Décret pour la tranquillité de la ville de Rouen. (B. 1, 144.)

———

22 OCTOBRE 1789. — Décret portant qu'il n'y a pas lieu à délibérer sur la proposition tendant à ce que M. le duc d'Orléans soit tenu de venir justifier sa conduite. (B. 1, 145.)

———

22 OCTOBRE 1789. — Décret relatif au rétablissement de l'ordre public dans quelques parties de la Bretagne; et attribution au tribunal chargé de la poursuite des crimes de lèse-nation, de la connaissance du mandement de l'évêque de Tréguier. (B. 1, 146.)

———

23 OCTOBRE 1789. — Décret portant établissement de deux inspecteurs pour surveiller le travail des bureaux de l'Assemblée. (B. 1, 146.)

———

23 OCTOBRE 1789. — Décret relatif à l'établissement d'un comité pour s'occuper des prisonniers détenus par lettres-de-cachet. (B. 1, 146.)

23 OCTOBRE 1789. — Décret qui renvoie au pouvoir exécutif l'instruction des excès commis dans la ville de Gien contre le sieur Couet. (B. 1, 145.)

24 OCTOBRE 1789. — Décret qui autorise le refus d'offres patriotiques douteuses. (B. 1, 147.)

24 OCTOBRE 1789. — Décret par lequel l'Assemblée refuse la franchise des ports de lettres et paquets, qui lui est offerte par les administrateurs des postes. (B. 1, 147.)

26 = 27 OCTOBRE, 3 NOVEMBRE 1789. (Procl.) — Décret qui prohibe toute convocation ou assemblée par ordres. (L. 1, 250 et 305; B. 1, 148.)

L'Assemblée nationale décrète que nulle convocation ou assemblée par ordre ne pourra avoir lieu dans le royaume, comme contraire aux décrets de l'Assemblée; et que celui du 15 octobre, qui ordonne que toutes les assemblées des bailliages et sénéchaussées se feront par individus et non par ordre, sera envoyé par le pouvoir exécutif, ainsi que le présent décret, à toutes les provinces, bailliages, sénéchaussées, municipalités et autres corps administratifs du royaume.

26 = 27 OCTOBRE, 3 NOVEMBRE 1789. (Procl.) — Décret qui surseoit à toute convocation de provinces et états. (L. 1, 251 et 306; B. 1, 148.)

L'Assemblée nationale a décrété qu'il sera sursis à toute convocation des provinces et d'états, jusqu'à ce qu'elle ait déterminé, avec l'acceptation du Roi, le mode de ladite convocation, dont elle s'occupe présentement;

Décrète, en outre, que M. le président se retirera par devers le Roi, à l'effet de demander à Sa Majesté si c'est avec son consentement qu'aucune commission intermédiaire a convoqué les états de sa province; et dans le cas où ils auraient été convoqués sans la permission du Roi, que Sa Majesté sera suppliée de prendre les mesures les plus promptes pour en prévenir le rassemblement; décrète, en outre, que copie de la présente délibération sera envoyée par le pouvoir exécutif, sur-le-champ, aux commissions intermédiaires, ainsi qu'aux bailliages, sénéchaussées, municipalités et autres corps administratifs.

26 OCTOBRE 1789. — Décret qui admet la proposition de faire une adresse aux commettans pour l'explication des précédens décrets. (B. 1, 149.)

27 OCTOBRE 1789 — États. Voy. 26 OCTOBRE 1789.

28 OCTOBRE = 1er NOVEMBRE 1789. (Let.-Pat.) — Décret qui suspend l'émission des vœux monastiques. (L. 1, 257 et 307; B. 1, 150.)

L'Assemblée nationale ajourne la question sur les vœux monastiques; cependant, et par provision, décrète que l'émission des vœux sera suspendue dans tous les monastères de l'un et de l'autre sexe, et que le présent décret sera porté de suite à la sanction royale, et envoyé à tous les tribunaux et à tous les monastères.

28 OCTOBRE 1789. — Arrêté sur les réclamations de la province d'Anjou, relativement à la gabelle. (B. 1, 150.)

28 OCTOBRE 1789. — Décret contenant des mesures pour rétablir l'ordre et la tranquillité à Vernon, où le sieur Planter, chargé de l'approvisionnement de Paris, avait été arrêté. (B. 1, 150.)

30 OCTOBRE 1789. — Arrêté concernant l'expédition et l'impression des actes émanés de l'Assemblée. (B. 1, 152.)

Un prétendu extrait du procès-verbal de l'Assemblée nationale ayant été, par erreur, présenté à la signature de M. le président et de MM. les secrétaires, l'Assemblée nationale a ordonné la suppression du faux extrait, et, cependant que les commis du secrétariat ne pourront donner communication ou copie des procès-verbaux, décrets ou papiers, sans un ordre des secrétaires de l'Assemblée nationale, et que son imprimeur n'imprimera aucun acte émané d'elle sans en avoir reçu l'ordre du président ou des secrétaires.

30 OCTOBRE 1789. — Arrêté concernant le jugement d'un membre de la municipalité de Nevers, accusé de malversation dans l'administration des subsistances. (B. 1, 151.)

30 OCTOBRE 1789. — Instructions sur la réception des déclarations pour la contribution patriotique dont les gardes et syndics des corps et communautés sont chargés, et pour établir leur comptabilité. (L. 1, 253.)

30 OCTOBRE 1789. — Instruction publiée par ordre du Roi relativement à la contribution patriotique. (L. 1, 181.)

30 OCTOBRE 1789. — Tarif pour l'évaluation des vaisselles et bijoux d'or portés aux hôtels des monnaies. (L. 1, 198.)

1er NOVEMBRE 1789. — Vœux monastiques. Voy. 28 OCTOBRE 1789.

2 = 4 NOVEMBRE 1789. (Procl.) — Décret qui met les biens ecclésiastiques à la disposition de la nation. (L. 1, 307 et 313; B. 1, 152.)

Voy. loi du 13 = 18 NOVEMBRE 1789, du 7, 14 = 27 NOVEMBRE 1789.

L'Assemblée nationale décrète, 1° que tous les biens ecclésiastiques sont à la disposition de la nation, à la charge de pourvoir, d'une manière convenable, aux frais du culte, à l'entretien de ses ministres, et au soulagement des pauvres, sous la surveillance et d'après les instructions des provinces; 2° que dans les dispositions à faire pour subvenir à l'entretien des ministres de la religion, il ne pourra être assuré à la dotation d'aucune cure *moins de douze cents livres par année,* non compris le logement et les jardins en dépendant.

————

3 = 3 NOVEMBRE 1789. (Décl.) — Décret portant que tous les parlemens continueront de rester en vacance. (L. 1, 308 et 311; B. 1, 152.)

L'Assemblée nationale décrète, en attendant l'époque peu éloignée où elle s'occupera de la nouvelle organisation du pouvoir judiciaire, 1° que tous les parlemens du royaume continueront de rester en vacance, et que ceux qui seraient rentrés reprendront l'état de vacance; que les chambres des vacations continueront ou reprendront leurs fonctions, et connaîtront de toutes causes, instances et procès, nonobstant toutes lois et réglemens à ce contraires, jusqu'à ce qu'il ait été autrement statué à cet égard; et que tous autres tribunaux continueront à rendre la justice en la manière accoutumée; 2° que M. le président se retirera par devers le Roi, pour lui demander sa sanction sur ce décret, et le supplier de faire expédier toutes lettres et ordres à ce nécessaires.

————

3 NOVEMBRE 1789. — Proclamation du Roi pour la conservation des forêts et bois. (L. 1, 309.)

Voy. lois du 11 DÉCEMBRE 1789, 15 = 29 SEPTEMBRE 1791; Code rural du 28 septembre = 6 octobre 1791.

Le Roi, sur le compte qui lui a été rendu par le contrôleur-général de ses finances, et sur le vu de divers procès-verbaux; considérant qu'au mépris des ordonnances et réglemens rendus pour la police et conservation des forêts et bois, les habitans des villes et villages qui les avoisinent se permettent d'y entrer journellement, et le plus souvent armés et par attroupemens, pour y commettre les plus grands délits; que ces habitans se permettent aussi de vendre publiquement, dans les villes et villages, les bois qui proviennent de ces délits, et qu'ils enlèvent par toute sorte de moyens; et Sa Majesté, voulant réprimer un désordre dont les suites deviendraient si préjudiciables, et mettre en vigueur les dispositions de l'ordonnance des eaux et forêts du mois d'août 1669, pour la police et conservation des forêts et bois, elle a résolu de faire connaître sur ce ses intentions.

En conséquence, Sa Majesté fait très-expresses inhibitions et défenses à toutes personnes de ne plus, à l'avenir, entrer dans les forêts et bois, par attroupemens ou particulièrement, pour y commettre aucuns délits, sous peine d'être poursuivies suivant la rigueur des ordonnances. Permet, Sa Majesté, aux usagers d'y enlever le bois sec et gisant, sans se servir d'aucune espèce de ferrement, même de crochets, à peine d'amende et de confiscation d'iceux. Enjoint, Sa Majesté, aux municipalités des villes et villages qui avoisinent ces forêts et bois, d'y empêcher l'entrée et la vente d'aucuns bois de délits, sous les peines portées par les ordonnances et les réglemens, et de prêter main-forte aux officiers chargés de les faire exécuter, toutes les fois qu'ils en seront requis par eux. Fait pareillement défenses, Sa Majesté, à toutes personnes, de quelque qualité et condition qu'elles soient, de ne plus entrer dans les bois, forêts et terres de son domaine, pour y chasser, sous peine d'être poursuivies par les voies de droit; comme aussi d'y introduire aucunes vaches ni chevaux, à peine de confiscation et d'amende, à moins qu'elles n'y soient autorisées par des usages anciens et légalement reconnus. Enjoint, Sa Majesté, à ses officiers de tenir exactement la main à l'exécution de la présente proclamation, qui sera imprimée, publiée et affichée partout où besoin sera, afin que personne n'en puisse prétendre cause d'ignorance.

3 NOVEMBRE 1789. — Constitution. *Voy.* 1er OCTOBRE 1789 et Acte constitutionnel du 3 SEPTEMBRE 1791. — Décrets. *Voy.* 20 OCTOBRE 1789. — Députés. *Voy.* 15 OCTOBRE 1789. — Droits de l'homme. *Voy.* 26 AOUT 1789 et Acte constitutionnel du 3 SEPTEMBRE 1791. — Féodalité. *Voy.* 4, 6, 7, 8 et 11 AOUT 1789. — Franc-fief. *Voy.* 29 SEPTEMBRE 1789. — Grains. *Voy.* 5 OCTOBRE 1789. — Jurisprudence criminelle. *Voy.* 8 et 9 OCTOBRE 1789. — Lèse-nation. *Voy.* 21 OCTOBRE 1789.

————

4 NOVEMBRE 1789. — Décret pour la présentation au Roi des décrets non encore acceptés par Sa Majesté. (B. 1, 153.)

————

4 NOVEMBRE 1789. — Décret sur la dénonciation du catéchisme du genre humain. (B. 1, 154.)

————

4 = 9 NOVEMBRE 1789. — Décret qui surseoit à l'établissement d'un corps de volontaires du Havre. (B. 1, 154.)

————

4 NOVEMBRE 1789. — Biens ecclésiastiques. *Voy.* 2 NOVEMBRE 1789.

————

5 NOVEMBRE 1789. — Proclamation du Roi pour accorder des primes en faveur de l'importation des grains. (L. 1, 314.)

Le Roi étant instruit que, dans plusieurs

ports de son royaume, des négocians seraient disposés à faire des demandes de grains à l'étranger, s'ils pouvaient espérer de recevoir les mêmes primes qui ont eu lieu jusqu'au 1er septembre de cette année; Sa Majesté, désirant déterminer le commerce à se livrer à des opérations aussi utiles pour l'approvisionnement de ses peuples, a cru devoir lui accorder cet encouragement; en conséquence, Sa Majesté a ordonné et ordonne ce qui suit :

Art. 1er. Il sera payé à tous négocians français et étrangers qui, à compter du 1er décembre 1789 jusqu'au 1er juillet 1790, introduiront des fromens, seigles et orges, et des farines provenant desdits grains, venant des divers ports de l'Europe ou de ceux des États-Unis de l'Amérique, les primes ci-après, savoir : *trente sous* par quintal de froment, *quarante sous* par quintal de farine de froment, *vingt-quatre sous* par quintal de seigle, *trente-deux sous* par quintal de farine de seigle, *vingt sous* par quintal d'orge, et *vingt-sept sous* par quintal de farine d'orge.

2. Lesdites primes seront payées par les receveurs des droits des fermes, dans les ports du royaume où lesdits grains et farines seront arrivés, sur les déclarations fournies par les capitaines de navires, qui seront tenus d'y joindre une copie légale du connaissement de leur chargement.

3. Tous les navires, indistinctement, qui, pendant l'espace de temps ci-dessus énoncé, importeront dans le royaume des blés et des farines provenant des divers ports de l'Europe et de ceux des États-Unis de l'Amérique, seront exempts du droit de fret pour raison desdites importations. Enjoint, Sa Majesté, aux employés des fermes de se conformer et tenir la main à l'exécution de la présente proclamation, laquelle sera lue, publiée et affichée partout où besoin sera.

5 = 6 NOVEMBRE 1789. (Lett.-Pat.) — Décret relatif à la transcription des décrets sur les registres des cours, des tribunaux, et des corps administratifs et municipaux. (L. 1, 316; B. 1, 158.)

L'Assemblée nationale a décrété : 1° qu'il sera demandé à M. le garde-des-sceaux et aux secrétaires d'État de représenter les certificats ou accusés de réception des décrets de l'Assemblée nationale, spécialement du décret concernant la réformation de la procédure criminelle, qu'ils ont dû recevoir des dépositaires du pouvoir judiciaire et des commissaires départis dans les généralités, auxquels l'envoi en a été fait; et qu'il sera provisoirement sursis à l'exécution de tous jugemens en dernier ressort, et arrêts rendus dans la forme ancienne, par quelque tribunal ou cour de justice que ce soit, postérieurement à l'époque où le décret a dû parvenir à chaque tribunal;

2° Que toute cour, même en vacation, tribunal, municipalité et corps administratif qui n'auront pas inscrit sur leurs registres, dans les trois jours après la réception, et fait publier, dans la huitaine, les lois faites par les représentans de la nation, sanctionnées ou acceptées et envoyées par le Roi, seront poursuivis comme prévaricateurs dans leurs fonctions et coupables de forfaiture;

3° Que les dénonciations faites contre les tribunaux qui auraient refusé d'exécuter les décrets de l'Assemblée, seront remises au comité des recherches, avec les pièces jointes auxdites dénonciations, pour en être incessamment rendu compte à l'Assemblée nationale.

5 = 7 NOVEMBRE 1789. (Lett.-Pat.) — Décret concernant la nomination des suppléans des députés. (L. 1, 325; B. 1, 154.)

L'Assemblée nationale décrète ce qui suit : Il n'y a plus en France aucune distinction d'ordres; en conséquence, lorsque, dans les bailliages qui n'ont point nommé de suppléans, il s'agira d'en élire, à cause de la mort ou de la démission des députés, à l'Assemblée nationale actuelle, tous les citoyens qui, aux termes du réglement du 24 janvier et autres subséquens, ont le droit de voter aux assemblées élémentaires seront rassemblés, de quelque état et condition qu'ils soient, pour faire ensemble la nomination médiate ou immédiate de leurs représentans, soit en qualité de députés, soit en qualité de suppléans. Les électeurs auront la liberté d'élire leurs présidens et autres officiers. Le présent décret sera porté sur-le-champ à la sanction royale.

5 = 6 NOVEMBRE 1789. (Lett.-Pat.) — Décret provisoire sur la police de Paris. (L. 1, 322; B. 1, 155.)

6 NOVEMBRE 1789. — Police. *Voy.* 5 NOVEMBRE 1789.

7 NOVEMBRE 1789. — Arrêté pour la translation des séances de l'Assemblée à la salle des Tuileries. (B. 1, 159.)

7 NOVEMBRE 1789 = 26 JANVIER 1790. — Décret portant qu'aucun membre de l'Assemblée ne pourra obtenir de place dans le ministère durant la session. (B. 1, 159.)

9 = 27 NOVEMBRE 1789. — Décret qui prohibe la disposition de tous bénéfices, à l'exception des cures. (L. 1, 348; B. 1, 163.)

L'Assemblée nationale a décrété que le Roi serait supplié de surseoir à toute nomination de bénéfices, excepté, toutefois, les cures; qu'il serait pareillement sursis à toute nomination et disposition, de quelque nature qu'elle puisse être, de tous titres à collation ou patronage ecclésiastiques qui ne sont pas à charge d'ames.

---

9 NOVEMBRE 1789. — Articles de constitution sur la présentation et sanction des lois, et la forme de leur promulgation. (L. 1, 318 ; B. 1, 160.) *Voy.* loi du 2 = 5 novembre 1790 (1).

L'Assemblée nationale décrète ce qui suit : Le Corps-Législatif présentera ses décrets au Roi, ou séparément, à mesure qu'ils seront rendus, ou ensemble, à la fin de chaque session. Le consentement royal sera exprimé sur chaque décret, par cette formule signée du Roi : *Le Roi consent et fera exécuter.*

Le refus suspensif sera exprimé par celle-ci : *Le Roi examinera.* L'expression du Roi de France sera changée en celle de ROI DES FRANÇAIS, et il ne sera rien ajouté à ce titre.

Les signature, contre-seing et sceau, seront uniformes pour tout le royaume.

La promulgation des lois sera ainsi conçue :

« Louis, par la grace de Dieu et la loi « constitutionnelle de l'Etat, Roi des Fran- « çais, à tous présens et à venir, salut. L'As- « semblée nationale a décrété, et nous voulons « et ordonnons ce qui suit, etc. »

La copie littérale du décret sera insérée sans addition ni observation.

« Mandons et ordonnons à tous les tribu- « naux, corps administratifs et municipalités, « que les présentes ils fassent transcrire sur « leurs registres, lire, publier et afficher dans « leurs ressorts et départemens respectifs, et « exécuter comme loi du royaume. En foi de « quoi, nous avons signé et fait contre- « signer les présentes, auxquelles nous avons « fait apposer le sceau de l'Etat à............. « le............ etc. »

La loi étant sanctionnée, M. le garde-des-sceaux en enverra à l'Assemblée nationale une expédition signée et scellée, pour être déposée dans ses archives.

Les décrets sanctionnés par le Roi porteront le nom et l'intitulé de lois ; elles seront scellées et expédiées aussitôt après que le consentement du Roi aura été apposé au décret. Elles seront adressées à tous les tribunaux, corps administratifs et municipalités. La transcription sur les registres, lecture, publication et affiches, seront faites sans délai, aussitôt que les lois seront parvenues aux tribunaux, corps administratifs et municipalités, et elles seront mises à exécution dans le ressort de chaque tribunal, à compter du jour où ces formalités y auront été remplies (2).

Dans la formule des lois, les décrets de l'Assemblée nationale seront copiés sans intitulé ; elles seront envoyées, au nom du pouvoir exécutif, à tous les tribunaux, à toutes les municipalités, par les voies que le gouvernement jugera à propos d'employer ; enfin le pouvoir exécutif se fera certifier l'envoi des lois, et il en justifiera à la réquisition de l'Assemblée.

---

9 NOVEMBRE 1789. — Arrêté sur la carte à remettre aux députés pour leur entrée à l'Assemblée, et sur les billets à distribuer aux étrangers. (B. 1, 162.)

9 NOVEMBRE 1789. — Arrêté sur les formes à suivre dans la procédure concernant les troubles de Vernon. (B. 1, 162.)

9 NOVEMBRE 1789. — Contributions patriotiques. *Voy.* 6 OCTOBRE 1789. — Lois. *Voy.* Acte constitutionnel du 3 SEPTEMBRE 1791. — Volontaires. *Voy.* 4 NOVEMBRE 1789

11 NOVEMBRE 1789. — Proclamation du Roi qui pourvoit au paiement des intérêts des remboursemens suspendus par l'arrêt du conseil du 16 août 1788. (L. 1, 330.)

11 NOVEMBRE 1789. — Proclamation du Roi qui subroge la municipalité de Paris aux pouvoirs relatifs aux rentes. (L. 1, 327.)

12 (10 et) NOVEMBRE 1789. — Décret qui ordonne d'instruire contre la chambre des vacations de Rouen, et supplie le Roi d'en nommer une autre. (B. 1, 163.)

13 = 18 NOVEMBRE 1789. (Lett.-Pat.) — Décret relatif à la déclaration des biens dépendant des bénéfices et établissemens ecclésiastiques. (L. 1, 341 ; B. 1, 165.)

L'Assemblée nationale décrète ce qui suit : Tous titulaires de bénéfices, de quelque nature qu'ils soient, et tous supérieurs de maisons et établissemens ecclésiastiques, sans aucune exception, seront tenus de faire, sur

---

(1) Ce décret est rapporté à sa date, parce qu'il contient des règles sur l'intitulé et la forme des lois qu'il importe de connaître, du moment où elles ont été mises en vigueur ; au surplus, il est rapporté avec tous les autres décrets composant l'acte constitutionnel de 1791, à la date du 3 septembre. — *Voy.* dans l'ancienne législation l'ordonnance de 1667, tit. 1, art. 4. *Voy.* aussi l'introduction de cette Collection sur la formation, la sanction et la promulgation des lois.

(2) Au cas de perte des registres qui constataient la publication des lois, le fait de cette publication peut être établi par des indices et des présomptions (2 juin 1826, Toulouse ; S 27, 2, 111 ; Dall. 27, 2, 80).

papier libre et sans frais, dans deux mois pour tout délai, à compter de la publication du présent décret, par-devant les juges royaux ou les officiers municipaux, une déclaration détaillée de tous les biens mobiliers et immobiliers dépendant desdits bénéfices, maisons et établissemens, ainsi que de leurs revenus, et de fournir, dans le même délai, un état détaillé des charges dont lesdits biens peuvent être grevés; lesquels déclaration et état seront par eux affirmés véritables devant lesdits juges ou officiers, et seront publiés et affichés à la porte principale des églises de chaque paroisse où les biens sont situés, et envoyés à l'Assemblée nationale par lesdits juges et officiers.

Lesdits titulaires et supérieurs d'établissemens ecclésiastiques seront tenus d'affirmer qu'ils n'ont aucune connaissance qu'il ait été fait directement ou indirectement quelques soustractions des titres, papiers et mobiliers desdits bénéfices et établissemens, et ceux qui auront fait des déclarations frauduleuses seront poursuivis devant les tribunaux, et déclarés déchus de tout droit à tous bénéfices et pensions ecclésiastiques. Pourra néanmoins le délai de deux mois être prorogé, s'il y a lieu, pour les ecclésiastiques membres de l'Assemblée seulement et sur leur réquisition, sans que des déclarations qui seront faites il puisse résulter aucune action de la part des agens du fisc.

14 (7 et) = 27 NOVEMBRE 1789. (Lett.-Pat.) — Décret relatif à la conservation des biens ecclésiastiques, et archives et bibliothèques des monastères et chapitres. (L. 1, 345; B. 1, 166.)

L'Assemblée nationale décrète ce qui suit :

Les biens ecclésiastiques, les produits, récoltes, et notamment les bois, sont placés sous la sauvegarde du Roi, des tribunaux, assemblées administratives, municipalités, communes et gardes nationales, que l'Assemblée déclare conservateurs de ces objets, sans préjudicier aux jouissances des titulaires; et tous pillages, dégâts et vols, particulièrement dans les bois, seront poursuivis contre les prévenus, et punis sur les coupables des peines portées par l'ordonnance des eaux et forêts et autres lois du royaume. Les personnes de toute qualité, coupables de divertissement, soit d'effets, soit de titres attachés aux établissemens ecclésiastiques, seront punies des peines établies par les ordonnances contre le vol, suivant la nature des circonstances et l'exigence des cas. Sans préjudice des poursuites qui seront faites par les officiers des maîtrises dans les matières de leur compétence, les juges ordinaires seront tenus de poursuivre par prévention avec les maîtrises les personnes prévenues de ces délits, et donneront, ainsi que les procureurs du Roi des

maîtrises, connaissance à l'Assemblée nationale des dénonciations qui leur seront apportées, des poursuites qu'ils feront à cet égard. Il sera pareillement veillé par les officiers des maîtrises à ce qu'il ne soit fait aucune coupe de bois contraire aux réglemens, à peine d'être responsables à la nation de leur négligence. Dans tous les monastères et chapitres où il existe des bibliothèques et archives, lesdits monastères et chapitres seront tenus de déposer aux greffes des juges royaux ou des municipalités les plus voisines, des états et catalogues des livres qui se trouveront dans lesdites bibliothèques et archives; d'y désigner particulièrement les manuscrits; d'affirmer lesdits états véritables, de se constituer gardiens des livres et manuscrits compris auxdits états; enfin d'affirmer qu'ils n'ont point soustrait et n'ont point connaissance qu'il ait été soustrait aucun des livres et manuscrits qui étaient dans lesdites bibliothèques et archives.

15 NOVEMBRE 1789. — Proclamation du Roi qui autorise les municipalités à recevoir les bijoux et vaisselles d'or et d'argent pour les transmettre aux directeurs des monnaies. (L. 1, 335.)

16 = 27 NOVEMBRE 1789. (Lett.-Pat.) — Décret relatif à la confiscation des grains et farines saisis en contravention. (L. 1, 347; B. 1, 167.)

L'Assemblée nationale, persistant dans ses décrets des 29 août, 18 septembre et 5 octobre derniers, concernant la libre circulation des grains et farines dans l'intérieur du royaume, et la défense d'en exporter hors du royaume, a décrété ce qui suit : Dans les cas où il y aura lieu à la confiscation portée par l'article 4 de son décret du 18 septembre, des grains et farines saisis en contravention, le produit de la confiscation appartiendra, pour les deux tiers, à ceux qui auront fait la saisie et la dénonciation, ou à ceux qui auront saisi et arrêté les grains et farines, s'il n'y a point de dénonciateur, les frais de saisie et de vente prélevés; le surplus sera appliqué au profit des hôpitaux ou des pauvres des lieux où la saisie aura été faite.

16 = 29 NOVEMBRE 1789. (Lett.-Pat.) — Décret qui abolit l'expédition des provisions d'offices de judicature. (L. 1, 347; B. 1, 168.)

L'Assemblée nationale, considérant que, d'après la suppression de la vénalité des offices de judicature, qu'elle a prononcée par son décret du 4 août, toutes résignations ou traités des offices de judicature ne doivent être regardés que comme un simple transport ou cession de la finance, sur lequel il ne peut être accordé aucune provision; considérant en outre qu'il serait contraire aux règles de la justice de laisser les titulaires ou propriétaires desdits offices de judicature assujétis plus long-temps aux droits de mutation ou de centième denier, puisque ces droits n'ont été introduits qu'en considération de la transmissibilité, laquelle n'existe plus, a décrété ce qui suit :

Art. 1er. A compter du jour de la promulgation du présent décret, il ne sera plus expédié ni scellé aucune provision sur résignation, vente ou autre genre de vacance des offices de judicature compris au décret du 4 août, sauf à être provisoirement expédié des commissions pour l'exercice des fonctions de magistrature, et ce dans le cas de nécessité seulement.

2. Il ne sera plus payé aucun droit de mutation, d'annuel, de centième denier, pour raison desdits offices de judicature.

3. Les offices dépendant des apanages des princes sont compris dans le présent décret, ainsi que les offices des engagistes et des échangistes qui perçoivent un centième denier.

---

16 NOVEMBRE 1789. — Décret sur la tenue des séances du soir. (B. 1, 166.)

---

17 NOVEMBRE 1789. — Décret qui mande à la barre les membres du parlement de Metz qui ont protesté contre les décrets de l'Assemblée, et prie le Roi de former une chambre des vacations. (B. 1, 169 et 175.) *Voy.* 25 NOVEMBRE.

---

18 NOVEMBRE 1789. — Bénéfices. *Voy.* 13 NOVEMBRE 1789.

---

19 NOVEMBRE 1789. — Arrêté pour concilier les difficultés qui s'élèvent entre les députés sur la démarcation de leurs départemens respectifs. (B. 1, 170.)

---

20 NOVEMBRE 1789. — Décret pour que tous les membres de l'Assemblée fassent à la patrie le sacrifice de leurs boucles d'argent. (B. 1, 171.)

---

21 NOVEMBRE 1789. — Décret qui déclare qu'il n'y a lieu à aucune inculpation contre M. Malouet. (B. 1, 173.)

---

21 NOVEMBRE 1789. — Décret pour la nomination des commissaires chargés de constater l'envoi des décrets. (B. 1, 172.)

---

23 NOVEMBRE 1789 = 30 JANVIER 1790. (Lett.-Pat.) — Décret qui ajourne la discussion élevée entre les districts et les représentans de la commune de Paris. (B. 1, 173.)

---

24 NOVEMBRE 1789. — Décret qui désapprouve la délibération prise par la municipalité de Marvejols contre le sieur Goymond de Sévennes. (B. 1, 174.)

---

24 NOVEMBRE 1789. — Décret portant que les états de Cambrai et Cambrésis ne représentent pas les habitans de ce pays, et ne peuvent exprimer leur vœu. (B. 1, 174.)

---

25 NOVEMBRE 1789. — Proclamation du Roi qui autorise les comités de districts de la ville de Paris à recevoir les bijoux d'or et d'argent pour les transmettre aux directeurs de la monnaie. (L, 1, 343.)

---

25 NOVEMBRE 1789. — Décret qui dispense les membres du parlement de Metz de se rendre à la barre de l'Assemblée. (B. 1, 175.)

---

25 NOVEMBRE 1789. — Décret qui vote des remerciemens à milord Stanhope, pour l'adresse de félicitation qu'il a envoyée à l'Assemblée, au nom de la société anglaise appelée Société de la Révolution. (B. 1, 176.)

---

26 NOVEMBRE 1789. — Décret qui maintient l'organisation provisoire des gardes nationales et municipales de Caen. (B. 1, 197.)

L'Assemblée nationale a décrété qu'occupée à donner incessamment une organisation uniforme à toutes les gardes nationales du royaume, elle maintient provisoirement celle du bailliage de Caen, et défend la levée d'aucune autre troupe municipale, sous quelque dénomination que ce soit, si ce n'est un certain nombre de cavaliers, qui, faisant corps avec les gardes nationales, sous la discipline des mêmes états-majors, n'auront ni étendard, ni aucune marque distinctive.

---

27 = 29 NOVEMBRE 1789. (Lett.-Pat.) — Décret portant suppression des étrennes, gratifications, vin de ville, etc. que recevaient les agens de l'administration. (L. 1, 350 ; B. 1, 177.)

L'Assemblée nationale, considérant que toute fonction publique est un devoir; que tous les agens de l'administration, salariés par la nation, doivent à la chose publique leurs travaux et leurs soins; que, ministres nécessaires, ils n'ont ni faveur ni préférence à accorder, par conséquent aucun droit à une reconnaissance particulière; considérant encore qu'il importe à la régénération des mœurs, autant qu'à l'économie des finances et des revenus particuliers des provinces, villes, communautés et corporations, d'anéantir le trafic de corruption et de vénalité qui se faisait autrefois sous le nom d'étrennes, vin de ville, gratifications, etc. a décrété ce qui suit :

A compter du 1er décembre prochain, il ne sera permis à aucun agent de l'administration ni à aucun de ceux qui, en chef ou en sous-ordre, exercent quelque fonction publique, de rien recevoir à titre d'étrennes, gratifications, vin de ville, ou sous quelqu'autre dénomination que ce soit, des compagnies, administrations des provinces, villes, communautés, corporations ou particuliers, sous peine de concussion; aucune dépense de cette nature ne pourra être allouée dans le compte desdites compagnies, administrations, villes, communautés, corporations.

27 NOVEMBRE 1789. — Décret qui règle l'ordre du travail sur les finances. (B. 1, 178.)

27 NOVEMBRE 1789. — Bénéfices. *Voy.* 9 NOVEMBRE 1789. — Biens ecclésiastiques. *Voy.* 7 et 14 NOVEMBRE 1789. — Grains. *Voy.* 19 NOVEMBRE 1789.

28 = 29 NOVEMBRE 1789. (Lett.-Pat.) — Décret relatif aux impositions des ci-devant privilégiés. (L. 1, 349; B. 1, 179.)

L'Assemblée nationale décrète ce qui suit: L'art. 2 du décret du 26 septembre dernier sera exécuté selon sa forme et teneur; en conséquence, les ci-devant privilégiés seront imposés, pour les six derniers mois de 1789 et pour 1790, en raison de leurs biens, non dans le lieu où ils ont leur domicile, mais dans celui où lesdits biens sont situés.

28 NOVEMBRE 1789. — Décret concernant l'exhibition et l'impression des états de finances. (B. 1, 179.)

L'Assemblée nationale décrète que les états authentiques de finances, ainsi que les pièces justificatives, notamment les registres qui constatent la conversion des pensions en bons pour être fournis au trésor public dans des emprunts, ou de toute autre manière, soient remis au comité des finances pour y être communiqués à chacun des membres; auquel effet, un commis s'y trouvera tous les jours pour donner cette communication : elle décrète, en outre, que la communication lui soit donnée des états signés des dépenses depuis le 1er mai dernier.

L'Assemblée nationale ordonne l'impression de tous les états demandés par les décrets précédens, et qu'une section du comité des finances soit occupée à la recherche de tous les abus en finance, pour en rendre compte à l'Assemblée.

28 NOVEMBRE 1789. — Décret qui ordonne que l'état général des recettes et dépenses du mois de novembre sera signé par le premier ministre des finances, et imprimé. (B. 1, 178.)

29 NOVEMBRE 1789. — Etrennes, 27 NOVEMBRE 1789. — Impositions. *Voy.* 28 NOVEMBRE 1789. — Offices de judicature. *Voy.* 16 NOVEMBRE 1789.

30 NOVEMBRE = 2 DÉCEMBRE 1789. (Lett.-Pat.) — Décret concernant les Corses fugitifs. (L. 1, 386; B. 1, 180.)

Les Corses qui, après avoir combattu pour la défense de leur liberté, se sont expatriés par l'effet et les suites de la conquête de l'île de Corse, et qui cependant ne sont coupables d'aucun délit déterminé par la loi, ne pourront être troublés dans la faculté de rentrer dans leur pays, pour y exercer tous leurs droits de citoyens français.

30 NOVEMBRE 1789 = JANVIER 1790. (Lett.-Pat.) — Décret portant que la Corse fait partie de l'empire français. (L. 1, 467; B. 1, p. 180.)

L'Assemblée nationale décrète que l'île de Corse fait partie de l'empire français : ses habitans seront régis par la même constitution que les autres Français.

2 = 3 DÉCEMBRE 1789. (Lett.-Pat.) — Décret qui maintient provisoirement les officiers municipaux actuels dans l'exercice de leurs fonctions. (L. 1, 387.)

Les officiers municipaux actuellement en exercice dans toutes les villes et communautés du royaume, et même les corps, bureaux ou comités qui ont été établis par les communes ou municipalités pour administrer seuls, ou conjointement avec les officiers municipaux, continueront d'exercer les fonctions dont ils sont en possession; et il ne sera, nonobstant tout usage ou règlement contraire, procédé à aucune élection nouvelle, jusqu'à l'établissement qui va se faire incessamment des municipalités, dont l'organisation est presque achevée.

2 DÉCEMBRE 1789. — Décret qui pourvoit à l'exercice provisoire des fonctions municipales de Saint-Quentin (B. 1, 182.)

2 DÉCEMBRE 1789. — Corses. *Voy.* 30 NOVEMBRE 1789.

5 DÉCEMBRE 1789. — Officiers municipaux. *Voy.* 2 DÉCEMBRE 1789.

5 DÉCEMBRE 1789. — Décret qui met sous la sauvegarde de la loi les sieurs Blignières et de Baraudin, arrêtés illégalement à Angoulême. (B. 1, 183.)

7 DÉCEMBRE 1789. — Décret qui ordonne la mise en liberté du commandant du port de Toulon et de quatre officiers arrêtés illégalement à Angoulême. (B. 1, 185.)

8 DÉCEMBRE 1789. — Décret pour demander des renseignemens sur la chambre des vacations de Rennes, dénoncée pour avoir refusé de transcrire le décret qui proroge les vacances des parlemens. (B. 1, 185.)

8 DÉCEMBRE 1789.—Décret qui accepte les offres patriotiques de la garde nationale de Strasbourg. (B. 1, 185.)

___

8 DÉCEMBRE 1789.—Décret qui ordonne le renvoi à la sénéchaussée de Marseille de la procédure instruite par le prévôt de cette ville, contre les sieurs Rebecqui, Granet, Pascal et autres accusés. (B. 1, 186.)

___

9 DÉCEMBRE 1789.—Décret provisoire contenant les bases principales de l'organisation des départemens. (B. 1, 186.)

___

10 DÉCEMBRE 1789. — Décret qui charge trois commissaires, MM. Solomon, Camus et Emmery, de recueillir des notes sur les séances antérieures à la constitution de l'Assemblée. (B. 1, 187.)

___

10 DÉCEMBRE 1789. — Décret pour la mise en liberté du sieur de La Richardière, et le renvoi au Châtelet des pièces relatives à l'affaire du prince de Lambesc. (B. 1, 188.)

___

11 = 11 DÉCEMBRE 1789. (Lett.-Pat.) — Décret concernant la répression des délits qui se commettent dans les forêts et bois. (L. 1, 382 ; B. 1, 189.)

Voy. lois du 3 NOVEMBRE 1789, du 11 = 26 MARS 1790, du 15 = 29 SEPTEMBRE 1791.

L'Assemblée nationale, considérant qu'il importe, non-seulement à l'Etat, mais à tous les habitans du royaume, de veiller à la conservation et de maintenir le respect dû à toutes les propriétés, et notamment à celle des bois, objet de premier besoin; avertie par l'administration des eaux et forêts, des délits multipliés qui se commettent jour et nuit par des particuliers, et même avec armes et par attroupemens, soit dans les forêts royales, soit dans les bois des ecclésiastiques, des communautés d'habitans, et de tous les particuliers du royaume, ainsi que sur les arbres plantés sur les bords des chemins; justement effrayée des suites funestes que de tels délits doivent nécessairement entraîner pour la génération actuelle et pour celles à venir, par la disette des bois que des siècles peuvent à peine régénérer, a décrété et décrète :

1° Que lesdits forêts, bois et arbres sont mis sous la sauvegarde de la nation, de la loi, du Roi, des tribunaux, des assemblées administratives, municipalités, communes et gardes nationales, que l'Assemblée déclare expressément conservateurs desdits objets, sans préjudice des titres, droits et usages des communautés et des particuliers, ainsi que des dispositions des ordonnances sur le fait des eaux et forêts.

2° Défend à toutes communautés d'habitans, sous prétexte de droit de propriété, d'usurpation et de tout autre quelconque, de se mettre en possession, par voies de fait, d'aucun des bois, pâturages, terres vagues et vaines, dont elles n'auraient point eu la possession réelle, au 4 août dernier; sauf auxdites communautés à se pourvoir, par les voies de droit, contre les usurpations dont elles croiraient avoir droit de se plaindre.

3° Décrète que toutes coupes, dégâts, vols et délits commis dans lesdits bois, forêts, sur les arbres des chemins et lieux publics, dans les plantations et pépinières, seront poursuivis contre les prévenus, et punis sur les coupables, des peines portées par l'ordonnance des eaux et forêts, et autres lois du royaume.

4° Défend à toutes personnes le débit, la vente et l'achat en fraude des bois coupés en délit, sous peine, contre les vendeurs et acheteurs frauduleux, d'être poursuivis selon la rigueur des ordonnances; décrète que, par les gardes des bois, maréchaussées et huissiers sur ce requis, la saisie desdits bois coupés en délit soit faite; mais la perquisition desdits bois ne pourra l'être qu'en présence d'un officier municipal, qui ne pourra s'y refuser.

5° Enjoint au ministère public de poursuivre les délits; autorise, en conséquence, les maîtrises des eaux et forêts, et tous autres juges, à se faire prêter main-forte pour l'exécution de leurs ordonnances, jugemens et saisies, par les municipalités, gardes nationales et autres troupes pour arrêter, désarmer et repousser les délinquans dans lesdits forêts et bois ; à peine, en cas de refus desdites municipalités requises, d'en répondre en leur propre et privé nom.

6° Autorise tous lesdits juges et municipalités à faire constituer prisonniers tous ceux qui seront trouvés en flagrant délit, tant de jour que de nuit.

Décrète, enfin, que le présent décret sera présenté incessamment à la sanction du Roi, et qu'il sera supplié de donner les ordres les plus prompts pour son exécution dans toute l'étendue du royaume; qu'à cet effet, il sera envoyé dans tous les tribunaux ordinaires, maîtrises des eaux et forêts et municipalités, et qu'il sera lu au prône de toutes les paroisses, publié et affiché dans toute l'étendue du royaume, notamment dans les lieux qui avoisinent lesdits forêts et bois.

___

11 DÉCEMBRE 1789. (Lett.-Pat.) — Arrêté sur une demande faite par les ambassadeurs relativement à leurs immunités. (B. 1, 191.)

M. le président ayant fait lecture d'une lettre à lui adressée par le ministre des affaires étrangères, dans laquelle il demande, au nom des ambassadeurs et ministres étrangers, l'explication d'une réponse de l'Assemblée à la commune de Paris, relativement aux recherches dans les maisons privilégiées.

L'Assemblée nationale a décidé que la demande de MM. les ambassadeurs et ministres étrangers devait être renvoyée au pouvoir exécutif; mais que, dans aucun cas, elle n'avait entendu porter atteinte par ses décrets, à aucune de leurs immunités.

---

11 DÉCEMBRE 1789.— Décret pour l'établissement de commissaires chargés de surveiller les impressions. (B. 1, 191.)

12 = 16 DÉCEMBRE 1789. (Lett.-Pat.) — Décret concernant la perception des impositions et droits connus en Bretagne sous le nom de devoirs, impôts, billots, etc. (L. 1, 390.)

L'Assemblée nationale, instruite que les anciens états de Bretagne ont donné aux commissions intermédiaires, pour l'administration de la province, des pouvoirs qui doivent expirer le 31 décembre présent mois, et n'ont prorogé que jusqu'à cette époque la régie des impôts connus en Bretagne sous le nom de *devoirs, impôts, billots et droits y joints;* considérant que le travail de l'organisation des municipalités et des assemblées de département sera incessamment terminé; que, néanmoins, il est presque impossible que les assemblées de département soient réunies et en activité le 31 de ce mois;

Qu'il est, par conséquent, nécessaire de veiller à ce que la province de Bretagne ne soit pas sans administration, et à ce que la perception de ses impôts ne soit pas interrompue; a décrété ce qui suit :

Art. 1er. Les commissaires intermédiaires nommés par les anciens états de Bretagne continueront leurs fonctions jusqu'à ce que les assemblées administratives soient réunies, et qu'elles puissent établir le régime d'administration fixé par la constitution; les commissaires veilleront aux affaires de la province de Bretagne; l'Assemblée leur continue, à cet égard, tous les pouvoirs nécessaires.

2. Les commissaires additionnels nommés par la délibération du 16 février dernier pour concourir à l'administration, sous le bon plaisir du Roi, se réuniront dans tous les évêchés aux autres commissaires actuellement en exercice; et comme il n'y a plus de distinction d'ordres en France, les ordonnances des commissions seront valables et auront leur exécution, dès qu'elles auront été prises en commission et seront souscrites de trois commissaires indistinctement, tous réglemens contraires demeurant abrogés.

3. Lesdits commissaires intermédiaires procéderont à la confection des rôles d'impositions de 1790, par un seul et même rôle, sur toutes personnes indistinctement pour les impôts personnels, et de même sur tous les biens-fonds pour les impositions réelles; ils procéderont pareillement à la confection du

rôle supplétif sur les ci-devant privilégiés, ordonné par l'Assemblée pour les six derniers mois de 1789.

4. Le trésorier des états de la province de Bretagne paiera, comme au passé, les arrérages des rentes constituées sur les états, les appointemens et même les gratifications ordinaires accordées aux commis de leur administration et à leurs ingénieurs, les ordonnances pour paiement des travaux faits et à faire en la présente année pour le compte de la province; et tous autres paiemens pour traitemens, pensions et gratifications, demeureront suspendus jusqu'à ce qu'il en ait été autrement ordonné.

5. Tous les octrois des villes de Bretagne continueront d'être perçus, comme au passé, jusqu'à ce qu'il ait été statué à cet égard, mais sans aucun privilége, exemption ni distinction.

6. La régie des impôts connus sous le nom de *devoirs, impôts, billots et autres droits y joints*, sera prorogée pour un an, à compter du 1er janvier prochain, pour être faite ainsi et de la même manière qu'en 1789, par les régisseurs actuels, suivant le renouvellement de leur soumission, sans nouvelle prestation de serment des commis, aux exceptions seulement ci-après :

1° L'eau-de-vie sera distribuée à toutes personnes, indistinctement, aux bureaux de la régie, et en telle quantité qu'elles le désireront, à raison de cinquante sous le pot, faisant deux pintes *mesure du Roi;* personne ne pourra acheter de l'eau-de-vie, ni en pièces, ni en bouteilles, ailleurs qu'auxdits bureaux de la régie, ni en introduire en Bretagne, si ce n'est pour le commerce maritime ou *en transit.* Ceux qui fabriquent des eaux-de-vie pourront en destiner à leur usage les quantités qu'ils jugeront convenables, en les déclarant aux bureaux de la régie, et en payant, lors de leurs déclarations, le droit de vingt sous par pot; paieront également les marchands grossiers le droit de vingt sous par pot d'eau-de-vie employée à leur consommation seulement; et en cas qu'ils veuillent cesser le commerce d'eau-de-vie, sera tenu le régisseur de prendre leurs reliquats au prix marchand, au moment qu'ils auront fait leurs déclarations.

2° Sans rien changer aux dispositions de l'art. 61 du bail des anciens états de Bretagne, les liqueurs étrangères introduites dans la province pour y être consommées seront assujéties à un droit unique de quarante sous par pot, lors de leur entrée en cette province. Il n'en sera introduit qu'en vertu des permis des directeurs, qui les délivreront, sans frais, et ne pourront en refuser à personne.

3° L'article 79 du bail des anciens états de Bretagne est supprimé, en ce qu'il a de contraire aux précédens décrets de l'Assemblée nationale.

4° Aucun individu, aucune ville ou communauté, ne pourront, à l'avenir, prétendre droit de banc et étanche: ce privilège demeure supprimé sans exception, sauf indemnité, s'il y a lieu, et ainsi qu'il sera vu appartenir.

5° Les exemptions de devoir ci-devant accordées par l'article 33 du bail, aux concierges et buvetiers de divers tribunaux de la chancellerie, sont également supprimées.

12 = 14 DÉCEMBRE 1789. — Décret qui ordonne l'exécution provisoire du réglement de discipline de la milice nationale d'Amiens. (B. 1, 191.)

L'Assemblée nationale, considérant que, par son décret du 2 de ce mois, les officiers municipaux de toutes les villes et communautés du royaume ont été provisoirement maintenus dans les fonctions dont ils étaient alors en possession, et que ce serait compromettre la tranquillité publique, qu'elle s'est proposé d'assurer par ce décret, si des corporations, soit civiles, soit militaires, qui, par leur institution, doivent être subordonnées aux municipalités, les contrariaient dans leurs fonctions, a décrété et décrète que le réglement de discipline militaire, concerté entre le conseil permanent de la ville d'Amiens et l'état-major de la milice nationale de ladite ville, et arrêté par délibération du 30 septembre dernier, sera provisoirement exécuté jusqu'à l'organisation des municipalités et milices nationales du royaume; et qu'en conséquence, défenses sont faites à toutes personnes enrôlées dans ladite milice, de s'assembler en comité militaire, sans y avoir été préalablement autorisées, tant par les chefs de ladite milice nationale, que par les officiers municipaux.

L'Assemblée a chargé son président de présenter incessamment au Roi ce décret, en le suppliant de le revêtir de sa sanction.

12 DÉCEMBRE 1789 = 21 JANVIER 1790. — Décret qui autorise les commissaires intermédiaires des pays d'état à rendre exécutoires les rôles d'impositions. (L. 1, 424; B. 1, 192.)

13 DÉCEMBRE 1789. — Lettres-patentes du Roi qui prorogent jusqu'au 1er janvier le délai prescrit aux non-catholiques pour remplir les formalités qui leur sont prescrites par les articles 21, 22 et 23 de l'édit de novembre 1787. (L. 1, 388.)

14 DÉCEMBRE 1789. (Lett.-Pat.) — Décret relatif à la constitution des municipalités, suivi de l'instruction. (L. 1, 354; B. 1, 196; Mon. des 25, 26, 27, 30 novembre, 1er et 3 décembre 1789; Rapp. M. Target.)

Voy. loi des 29 et 30 DÉCEMBRE 1789 = 7 JANVIER 1790; Explications du 30 MARS 1790 sur quelques articles; Constitution du 5 fructidor an 3, tit. 1er, art. 5, et tit. 7, art. 174 et suivans; loi du 2 PRAIRIAL an 5; Constitution du 22 FRIMAIRE an 8; loi du 28 PLUVIOSE an 8.

Art. 1er. Les municipalités actuellement subsistant en chaque ville, bourg, paroisse ou communauté, sous le titre d'hôtels-de-ville, mairies, échevinats, consulats, et généralement sous quelque titre et qualification que ce soit, sont supprimées et abolies; et cependant les officiers municipaux actuellement en exercice continueront leurs fonctions jusqu'à ce qu'ils aient été remplacés.

2. Les officiers et membres des municipalités actuelles seront remplacés par voie d'élection.

3. Les droits de présentation, nomination ou confirmation, et les droits de présidence ou de présence aux assemblées municipales, prétendus ou exercés comme attachés à la possession de certaines terres, aux fonctions de commandant de province ou de ville, aux évêchés ou archevêchés, et généralement à quelque autre titre que ce puisse être, sont abolis.

4. Le chef de tout corps municipal portera le nom de maire.

5. Tous les citoyens actifs de chaque ville, bourg, paroisse ou communauté, pourront concourir à l'élection des membres du corps municipal (1).

6. Les citoyens actifs se réuniront en une seule assemblée, dans les communautés où il y a moins de quatre mille habitans; en deux assemblées, dans les communautés de quatre mille à huit mille habitans; en trois assemblées, dans les communautés de huit mille à douze mille habitans, et ainsi de suite.

7. Les assemblées ne pourront se former par métiers, professions ou corporations, mais par quartiers ou arrondissemens.

8. Les assemblées de citoyens actifs seront convoquées par le corps municipal, huit jours avant celui où elles devront avoir lieu. La séance sera ouverte en présence d'un citoyen chargé par le corps municipal d'expliquer l'objet de la convocation.

9. Toutes les assemblées particulières dans la même ville ou communauté seront in-

(1) Les membres du corps municipal ne sont plus nommés par voie d'élection. (Voy. loi du 28 pluviose an 8, art. 18, 19 et 20). L'élection a été rétablie par la loi du 21 mars 1831.

diquées pour le même jour et à la même heure.

10. Chaque assemblée procédera, dès qu'elle sera formée, à la nomination d'un président et d'un secrétaire; il ne faudra, pour cette nomination, que la simple pluralité relative des suffrages, en un seul scrutin recueilli et dépouillé par les trois plus anciens d'âge.

11. Chaque assemblée nommera ensuite, à la pluralité relative des suffrages, trois scrutateurs qui seront chargés d'ouvrir les scrutins subséquens, de les dépouiller, de compter les voix et de proclamer les résultats. Ces trois scrutateurs seront nommés par un seul scrutin recueilli et dépouillé, comme le précédent, par les trois plus anciens d'âge.

12. Les conditions de l'éligibilité pour les administrations municipales seront les mêmes que pour les administrations de département et de district; néanmoins, les parens et alliés aux degrés de père et de fils, de beau-père et de gendre, de frère et de beau-frère, d'oncle et de neveu, ne pourront être en même temps membres du même corps municipal.

13. Les officiers municipaux et les notables, dont il sera parlé ci-après, ne pourront être nommés que parmi les citoyens éligibles de la commune.

14. Les citoyens qui occupent des places de judicature ne peuvent être en même temps membres des corps municipaux.

15. Ceux qui sont chargés de la perception des impôts indirects, tant que ces impôts subsisteront, ne peuvent être admis, en même temps, aux fonctions municipales.

16. Les maires seront toujours élus à la pluralité absolue des voix. Si le premier scrutin ne donne pas cette pluralité, il sera procédé à un second; si celui-ci ne la donne point encore, il sera procédé à un troisième, dans lequel le choix ne pourra plus se faire qu'entre les deux citoyens qui auront réuni le plus de voix au scrutin précédent. Enfin, s'il y avait égalité de suffrages entre eux à ce troisième scrutin, le plus âgé serait préféré.

17. La nomination des autres membres du corps municipal sera faite au scrutin de liste double.

18. Dans les villes ou communautés où il y aura plusieurs assemblées particulières des citoyens actifs, ces assemblées ne seront regardées que comme des sections de l'assemblée générale de ville ou communauté.

19. En conséquence, chaque section de l'assemblée générale des citoyens actifs fera parvenir à la maison commune ou maison de ville le recensement de son scrutin particulier, contenant la mention du nombre de suffrages que chaque citoyen nommé aura réunis en sa faveur; et le résultat général de tous ces recensemens sera formé dans la maison commune.

20. Chaque section particulière de l'assemblée générale des citoyens actifs pourra envoyer à la maison commune un commissaire pour assister au recensement du scrutin.

21. Ceux qui, dès le premier scrutin, réuniront la pluralité absolue, c'est-à-dire, la moitié des suffrages et un en sus, seront définitivement élus.

Si, au premier tour de scrutin, il n'y a pas un nombre suffisant de citoyens élus à la pluralité absolue des voix, on procédera à un second scrutin; et ceux qui obtiendront une seconde fois la pluralité absolue seront de même élus définitivement.

Enfin, si le nombre nécessaire n'est pas rempli par les deux premiers scrutins, il en sera fait un troisième et dernier; et à celui-ci, il suffira, pour être élu, d'obtenir la pluralité relative des suffrages.

22. Les citoyens qui par l'évènement du scrutin auront été nommés membres du corps municipal, seront proclamés par les officiers municipaux en exercice.

23. Dans les villes où l'assemblée générale des citoyens sera divisée en plusieurs sections, les scrutins de ces diverses sections seront recensés à la maison commune, le plus promptement qu'il sera possible; en sorte que les scrutins ultérieurs, s'ils se trouvent nécessaires, puissent se faire dès le même jour, et au plus tard le lendemain.

24. Après les élections, les citoyens actifs de la communauté ne pourront ni rester assemblés, ni s'assembler de nouveau en corps de commune, sans une convocation expresse ordonnée par le conseil général de la commune, dont il va être parlé ci-après. Le conseil ne pourra le refuser, si elle est requise par le sixième des citoyens actifs dans les communautés au-dessous de 4,000 ames, et par 150 citoyens actifs dans toutes les autres communautés.

25. Les membres des corps municipaux des villes, bourgs, paroisses ou communautés, seront au nombre de trois, y compris le maire, lorsque la population sera au-dessous de 500 ames; de six, y compris le maire, depuis 500 ames jusqu'à 3,000; de neuf, depuis 3,000 ames jusqu'à 10,000; de douze, depuis 10,000 ames jusqu'à 25,000; de quinze, depuis 25,000 ames jusqu'à 50,000; de dix-huit, depuis 50,000 ames jusqu'à 100,000; de vingt-un, au-dessus de 100,000 ames. Quant à la ville de Paris, attendu son immense population, elle sera gouvernée par un règlement particulier, qui sera donné par l'Assemblée nationale, sur les mêmes bases et d'après les mêmes principes que le règlement général de toutes les municipalités du royaume (1).

_____

(1) Décret du 21 mai = 27 juin 1790.

26. Il y aura dans chaque municipalité un procureur de la commune, sans voix délibérative; il sera chargé de défendre les intérêts et de poursuivre les affaires de la communauté.

27. Dans les villes au-dessus de 10,000 ames, il y aura en outre un substitut du procureur de la commune, lequel, à défaut de celui-ci, exercera ses fonctions.

28. Le procureur de la commune sera nommé par les citoyens actifs, au scrutin et à la pluralité absolue des suffrages, dans la forme et selon les règles prescrites par l'article 15 ci-dessus, pour l'élection du maire.

29. Le substitut du procureur de la commune, lorsqu'il y aura lieu d'en nommer un, sera élu de la même manière.

30. Les citoyens actifs de chaque communauté nommeront, par un seul scrutin de liste, et à la pluralité relative des suffrages, un nombre de notables double de celui des membres du corps municipal.

31. Ces notables formeront, avec les membres du corps municipal, le conseil général de la commune, et ne seront appelés que pour les affaires importantes, ainsi qu'il sera dit ci-après (1).

32. Il y aura en chaque municipalité un secrétaire-greffier nommé par le conseil général de la commune. Il prêtera serment de remplir fidèlement ses fonctions, et pourra être changé lorsque le conseil général, convoqué à cet effet, l'aura jugé convenable, à la majorité des voix.

33. Le conseil général de la commune pourra aussi, suivant les circonstances, nommer un trésorier, en prenant les précautions nécessaires pour la sûreté des fonds de la communauté. Ce trésorier pourra être changé comme le secrétaire-greffier.

34. Chaque corps municipal composé de plus de trois membres, sera divisé en conseil et en bureau.

35. Le bureau sera composé du tiers des officiers municipaux, y compris le maire, qui en fera toujours partie; les deux autres tiers formeront le conseil.

36. Les membres du bureau seront choisis par le corps municipal tous les ans, et pourront être réélus pour une seconde année.

37. Le bureau sera chargé de tous les soins de l'exécution, et borné à la simple régie. Dans les municipalités réduites à trois membres, l'exécution sera confiée au maire seul.

38. Le conseil municipal s'assemblera au moins une fois par mois; il commencera par arrêter les comptes du bureau, lorsqu'il y aura lieu; et après cette opération faite, les membres du bureau auront séance et voix délibérative avec ceux du conseil.

39. Toutes les délibérations nécessaires à l'exercice des fonctions du corps municipal seront prises dans l'assemblée des membres du conseil et du bureau réunis, à l'exception des délibérations relatives à l'arrêté des comptes, qui, comme il vient d'être dit, seront prises par le conseil seul.

40. La présence des deux tiers au moins des membres du conseil sera nécessaire pour recevoir les comptes du bureau; et celle de la moitié, plus un, des membres du corps municipal, pour prendre les autres délibérations.

41. Dans les villes au-dessus de vingt-cinq mille ames, l'administration municipale pourra se diviser en sections, à raison de la diversité des matières.

42. Les officiers municipaux et les notables seront élus pour deux ans, et renouvelés par moitié chaque année. Le sort déterminera ceux qui devront sortir à l'époque de l'élection qui suivra la première. Quand le nombre sera impair, il sortira alternativement un membre de plus ou un membre de moins.

43. Le maire restera en exercice pendant deux ans; il pourra être réélu pour deux autres années, mais ensuite il ne sera permis de l'élire de nouveau qu'après un intervalle de deux ans.

44. Le procureur de la commune et son substitut conserveront leurs places pendant deux ans, et pourront également être réélus pour deux autres années; néanmoins, à la suite de la première élection, le substitut du procureur de la commune n'exercera ses fonctions qu'une année; et dans toutes les élections suivantes, le procureur de la commune et son substitut seront remplacés ou réélus alternativement chaque année.

45. Les assemblées d'élection pour les renouvellemens annuels se tiendront, dans tout le royaume, le dimanche d'après la Saint-Martin, sur la convocation des officiers municipaux.

46. Si la place de maire ou de procureur de la commune, ou de son substitut, devient vacante par mort, démission ou autrement, il sera convoqué une assemblée extraordinaire des citoyens actifs, pour procéder à une nouvelle élection.

47. Lorsqu'un membre du corps municipal viendra à mourir, ou donnera sa démission, ou sera destitué ou suspendu de sa place, ou passera dans le bureau municipal, il sera remplacé de droit, pour le temps qui lui restait à remplir, par celui des notables qui aura réuni le plus de suffrages.

48. Avant d'entrer en exercice, le maire et les autres membres du corps municipal, le

(1) Il n'y a plus que des conseils municipaux (loi du 28 pluviose an 8, art. 15).

I.

5

procureur de la commune et son substitut , s'il y en a un, prêteront le serment *de maintenir de tout leur pouvoir la constitution du royaume , d'être fidèles à la nation , à la loi et au Roi, et de bien remplir leurs fonctions.* Ce serment sera prêté à la prochaine élection devant la commune, et devant le corps municipal aux élections suivantes.

49. Les corps municipaux auront deux espèces de fonctions à remplir; les unes, propres au pouvoir municipal; les autres, propres à l'administration générale de l'État, et déléguées par elle aux municipalités.

5o. Les fonctions propres au pouvoir municipal, sous la surveillance et l'inspection des assemblées administratives, sont: de régir les biens et revenus communs des villes , bourgs, paroisses et communautés; de régler et d'acquitter celles des dépenses locales qui doivent être payées des deniers communs (1); de diriger et faire exécuter les travaux publics qui sont à la charge de la communauté; d'administrer les établissemens qui appartiennent à la commune, qui sont entretenus de ses deniers, ou qui sont particulièrement destinés à l'usage des citoyens dont elle est composée; de faire jouir les habitans des avantages d'une bonne police, notamment de la propreté, de la salubrité, de la sûreté et de la tranquillité dans les rues, lieux et édifices publics (2).

51. Les fonctions propres à l'administration générale, qui peuvent être déléguées aux corps municipaux pour les exercer sous l'autorité des assemblées administratives, sont : la répartition des contributions directes entre les citoyens dont la communauté est composée; la perception de ces contributions; le versement de ces contributions dans les caisses du district ou du département; la direction immédiate des travaux publics dans le ressort de la municipalité; la régie immédiate des établissemens publics destinés à l'utilité générale; la surveillance et l'agence nécessaire à la conservation des propriétés publiques; l'inspection directe des travaux de réparation ou de reconstruction des églises, presbytères et autres objets relatifs au service du culte religieux.

52. Pour l'exercice des fonctions propres ou déléguées aux corps municipaux, ils auront le droit de requérir le secours nécessaire des gardes nationales et autres forces publiques, ainsi qu'il sera plus amplement expliqué.

53. Le maire et les autres membres du conseil municipal , le procureur de la commune et son substitut ne pourront exercer en même temps les fonctions municipales et celles de la garde nationale.

54. Le conseil général de la commune, composé tant des membres du corps municipal que des notables, sera convoqué toutes les fois que l'administration municipale le jugera convenable. Elle ne pourra se dispenser de le convoquer lorsqu'il s'agira de délibérer sur des acquisitions ou aliénations d'immeubles, sur des impositions extraordinaires pour dépenses locales, sur des emprunts, sur des travaux à entreprendre, sur l'emploi du prix des ventes, des remboursemens ou des recouvremens, sur les procès à intenter, même sur les procès à soutenir, dans le cas où le fond du droit sera contesté (3).

55. Les corps municipaux seront entièrement subordonnés aux administrations de département et de district, pour tout ce qui concernera les fonctions qu'ils auront à exercer par délégation de l'administration générale.

56. Quant à l'exercice des fonctions propres au pouvoir municipal, toutes les délibérations pour lesquelles la convocation du conseil général de la commune est nécessaire, suivant l'art. 54 ci-dessus, ne pourront être exécutées qu'avec l'approbation de l'administration ou du directoire de département, qui sera donnée, s'il y a lieu, sur l'avis de l'administration ou du directoire de district.

57. Tous les comptes de la régie des bureaux municipaux, après qu'ils auront été reçus par le conseil municipal, seront vérifiés par l'administration ou le directoire de district, et arrêtés définitivement par l'administration ou le directoire de département, sur l'avis de celle de district ou de son directoire.

58. Dans toutes les villes au-dessous de quatre mille ames, les comptes de l'administration municipale, en recette et en dépense, seront imprimés chaque année.

59. Dans toutes les communautés sans distinction, les citoyens actifs pourront prendre

---

(1) *Voy.* loi du 11 frimaire an 7.

(2) *Voy.* lois des 16 = 24 août 1790, tit. 11, et 19 = 22 juillet 1791.

(3) *Voy.* loi du 29 vendémiaire an 5 sur le mode d'exercice des actions appartenant aux communes. *Voy.* la loi du 28 pluviôse an 8, tit. 2, art. 4, sur la nécessité de l'autorisation de plaider, et les arrêtés des 17 vendémiaire an 10, et 24 germinal an 11.—Les notes sur la loi du 28 pluviôse an 8 indiquent les nombreuses décisions judiciaires et administratives intervenues sur les questions aux-

quelles a donné lieu la nécessité de l'autorisation de plaider. *Voy.* aussi Avis du Conseil-d'État, du 28 juin = 3 juillet 1806.

La délibération du conseil général de commune ne suffit pas pour autoriser une commune à plaider, si la délibération n'est pas approuvée par l'administration départementale (8 frimaire an 8 ; Cass. S. 4, 2, 662). — Le défaut d'autorisation peut être opposé même lorsque le jugement est rendu en faveur de la commune (19 juin 1815 ; Cass. S. 16, 1, 104).

au greffe de la municipalité, sans déplacer et sans frais, communication des comptes, des pièces justificatives et des délibérations du corps municipal, toutes les fois qu'ils le requerront.

60. Si un citoyen croit être personnellement lésé par quelque acte du corps municipal, il pourra exposer ses sujets de plainte à l'administration ou au directoire de département, qui y fera droit, sur l'avis de l'administration de district, qui sera chargée de vérifier les faits.

61. Tout citoyen actif pourra signer et présenter contre les officiers municipaux la dénonciation des délits d'administration dont il prétendra qu'ils se seraient rendus coupables; mais, avant de porter cette dénonciation devant les tribunaux, il sera tenu de la soumettre à l'administration ou au directoire de département, qui, après avoir pris l'avis de l'administration de district ou de son directoire, renverra la dénonciation, s'il y a lieu, devant les juges qui en devront connaître.

62. Les citoyens actifs ont le droit de se réunir paisiblement et sans armes en assemblées particulières, pour rédiger des adresses et pétitions, soit au corps municipal, soit aux administrations de département et de district, soit au Corps-Législatif, soit au Roi, sous la condition de donner avis aux officiers municipaux du temps et du lieu de ces assemblées, et de ne pouvoir députer que dix citoyens pour apporter et présenter ces pétitions et adresses.

Instruction sur la formation des nouvelles municipalités.

L'Assemblée nationale a décrété le 12 novembre dernier, qu'il y aura une municipalité dans chaque ville, bourg, paroisse ou communauté de campagne. Elle a arrêté ensuite des articles qu'elle a réunis dans son décret de ce jour, pour régler la formation et les fonctions de ces municipalités.

Il y a trois parties à distinguer dans ce décret de l'Assemblée nationale sur l'organisation des municipalités :

La première concerne la forme d'élire les officiers municipaux ;

La seconde concerne la composition des corps municipaux ;

La troisième est relative à leurs fonctions.

§ Ier. De la formation des élections.

Tous les citoyens actifs de chaque lieu ont le droit d'élire.

Les décrets de l'Assemblée nationale ont fixé les conditions nécessaires pour être citoyen actif; celles de ces conditions qui peuvent être exigées pour les prochaines élections sont les suivantes: 1º d'être Français ou devenu Français; 2º d'être majeur de 25 ans; 3º d'être domicilié de fait dans le lieu au moins depuis un an; 4º de payer une contribution directe de la valeur locale de trois journées de travail; 5º de n'être point dans l'état de domesticité, c'est-à-dire, de serviteur à gages. Les mêmes décrets excluent, outre ceux qui n'ont pas les conditions ci-dessus, les banqueroutiers, les faillis et les débiteurs insolvables. Ils excluent encore les enfans qui ont reçu et qui retiennent, à quelque titre que ce soit, une portion des biens de leur père, mort insolvable, sans avoir payé leur part virile de ses dettes, excepté seulement les enfans mariés qui ont reçu des dots avant la faillite ou l'insolvabilité de leur père notoirement connue. La part virile des dettes est la portion contributive que chaque enfant aurait été tenu de payer s'il se fût rendu héritier de son père. Dans tous les lieux où il y a moins de quatre mille habitans, en comptant la population totale en hommes, femmes et enfans, tous les citoyens actifs se réuniront en une seule assemblée, parce que les citoyens actifs ne forment qu'environ le sixième de la population totale, et qu'ainsi, sur moins de quatre mille habitans, l'assemblée des citoyens actifs ne s'éleverait qu'à environ six cent cinquante votans, supposé que tous fussent présens. Dans les lieux où il y a plus de quatre mille habitans, il faudra former plusieurs assemblées, savoir : deux assemblées depuis quatre mille habitans jusqu'à huit mille; trois depuis huit mille jusqu'à douze mille habitans, et ainsi de suite. Les inconvéniens des assemblées par métiers, professions ou corporations, ont déterminé l'Assemblée nationale à proscrire ces sortes d'assemblées; celles qui vont avoir lieu doivent se faire par quartiers ou arrondissemens. Le premier soin des officiers municipaux actuels doit être de former sans délai ces quartiers ou arrondissemens en nombre égal à celui des assemblées que la population de leur ville obligera d'y former. Les citoyens actifs de chaque quartier ou arrondissement se réuniront au jour et au lieu indiqués par la convocation. La convocation sera faite huit jours d'avance, tant par publication au prône, que par affiches aux portes des églises et aux autres lieux accoutumés. Les assemblées se formeront sous l'inspection d'un citoyen que le corps municipal aura chargé de ce soin pour chaque assemblée. Aussitôt que l'assemblée sera formée, elle nommera son président et son secrétaire au scrutin; il ne sera pas nécessaire, pour consommer cette élection, que la majorité absolue des suffrages soit acquise, c'est-à-dire, qu'un sujet réunisse la moitié des voix, plus une; il suffira de la simple pluralité relative, c'est-à-dire, que celui-là sera élu qui aura le plus de suffrages comparativement aux autres. Les trois plus anciens d'âge recevront, ouvriront et dépouilleront ces premiers scrutins. Après la nomination du président et du

5.

secrétaire, l'assemblée nommera, à la fois, et par un seul scrutin, trois scrutateurs chargés d'ouvrir tous les scrutins subséquens, de les dépouiller, de compter les voix et de proclamer les résultats. Les trois plus anciens d'âge recevront encore, ouvriront et dépouilleront le scrutin pour la nomination des trois scrutateurs. Ce scrutin, pour lequel chaque votant écrira à la fois et dans le même billet les noms de trois personnes qu'il nommera pour être scrutateurs, est celui qu'on appelle *scrutin de liste,* par opposition au scrutin appelé *individuel,* par lequel on vote sur chaque sujet séparément, en recommençant autant de scrutins qu'il y a de sujets à élire. Quand les trois scrutateurs auront été nommés, l'assemblée procédera à la nomination des membres qui devront composer le corps municipal. Cette nomination sera faite par la voie *du scrutin de liste double,* c'est-à-dire, que les votans écriront à la fois et dans un même billet, non-seulement autant de noms qu'il y a de membres à nommer, suivant la population du lieu, mais qu'ils voteront pour un nombre de sujets double de celui des membres à élire, et écriront tous ces noms ensemble dans leur billet. Les scrutateurs de l'assemblée feront le dépouillement du scrutin, en inscrivant de suite, par forme de liste, tous les noms sur lesquels les suffrages auront porté, à mesure qu'ils se présenteront par l'ouverture des billets, et en notant à la suite de chaque le nombre de voix que ce nom recevra par chaque nouveau billet dans lequel il se trouvera inscrit. Quand il n'y aura qu'une seule assemblée dans le lieu, le résultat du scrutin de cette assemblée consommera l'élection; mais dans les communautés plus nombreuses, où il y aura plusieurs assemblées, l'élection ne sera faite que par le résultat général et additionné de tous les suffrages portés sur chaque nom par tous les scrutins des différentes assemblées. La raison en est que toutes les assemblées particulières de chaque ville ou communauté ne sont que des sections de l'assemblée générale des citoyens de cette ville ou communauté. Pour connaître ce résultat général de tous les scrutins, chaque assemblée particulière formera dans son sein le dépouillement et le recensement de son scrutin, contenant la mention du nombre de suffrages que chaque citoyen aura obtenus en cette assemblée, et elle fera parvenir ce recensement à la maison commune ou maison de ville. Là, le recensement général de tous les scrutins des assemblées particulières sera fait par les officiers municipaux en exercice, en présence d'un commissaire de chaque assemblée particulière, si elle juge à propos d'y en envoyer un, comme elle en a le droit; et c'est le résultat général de ce recensement de tous les scrutins particuliers qui déterminera l'élection. Il y a une différence à remarquer entre la forme d'élire le maire, et celle de nommer les autres officiers municipaux. Le maire, chef de toute municipalité, soit de ville, soit de campagne, est nommé au scrutin individuel, et ne peut jamais être élu que par la *pluralité absolue* des voix, c'est-à-dire, par la moitié, plus une. Si, lorsqu'on aura été obligé de passer au second tour de scrutin, ce second tour n'a pas encore produit la pluralité absolue en faveur d'un sujet, en ce cas, il faut faire un troisième tour de scrutin, pour voter seulement entre les deux citoyens qui seront nommés et déclarés à l'assemblée avoir réuni le plus de suffrages par le dernier scrutin; et si, à ce troisième scrutin, les suffrages se trouvaient partagés entre les deux citoyens sur lesquels on a voté, alors le plus ancien d'âge serait préféré. Il n'en est pas de même pour la nomination des autres officiers municipaux, qui sont élus par scrutin de liste double. Ceux qui ont obtenu la pluralité absolue au premier tour de scrutin sont définitivement élus. S'il reste des places à remplir pour lesquelles aucun sujet n'a eu la pluralité absolue, on fait un second tour de scrutin par liste double, du nombre seulement des places qui restent à remplir, et l'élection n'a encore lieu cette seconde fois qu'en faveur de ceux qui obtiennent la pluralité absolue. Enfin, s'il est nécessaire de passer à un troisième scrutin pour compléter le nombre des membres à élire, ce dernier scrutin se fait de même par une liste double du nombre des places qui restent à remplir: mais la simple pluralité relative des suffrages suffit, cette troisième fois, pour déterminer l'élection. Aussitôt que le résultat du scrutin aura été constaté, les citoyens élus seront proclamés par les officiers municipaux en exercice. Le rang de proclamation sera réglé entre tous les membres élus, à raison du plus ou moins grand nombre de suffrages que chacun d'eux aura obtenu, et en cas d'égalité de suffrages, par l'ancienneté d'âge. Les citoyens votant en chaque assemblée auront soin de ne porter leurs suffrages que sur des sujets éligibles. Pour être éligible à l'administration municipale, il faut: 1° être membre de la commune à qui la municipalité appartient; 2° réunir aux qualités de citoyen actif, détaillées ci-dessus, la condition de payer une contribution directe plus forte et qui monte au moins à la valeur locale de dix journées de travail.

Les parens et alliés aux degrés de père et fils, de beau-père et de gendre, de frère et de beau-frère, d'oncle et de neveu, ne peuvent être en même temps membres du même corps municipal. Les citoyens qui occupent des places de judicature, et ceux qui sont chargés de la perception des impôts indirects, ne sont point éligibles, tant qu'ils exercent ces fonctions, réputées incompatibles avec celles de la municipalité. Ceux des officiers municipaux actuels que leurs concitoyens jugeront dignes de la continuation de leur confiance, pourront être nommés à la prochaine élection. Il sera bien essentiel d'observer exactement les deux dispositions suivantes, indispensables pour garantir la sûreté et la fidélité des élections. La première est que, dans toutes les communautés où il y aura plusieurs assemblées particulières, elles soient toutes convoquées pour le même jour et à la même heure. La seconde est que les scrutins de ces assemblées particulières soient recensés à la maison commune, sans aucun délai; de manière que, s'il devient nécessaire de passer à un nouveau tour de scrutin, il puisse y être procédé par les assemblées particulières, dès le jour même, ou au plus tard le lendemain. L'unique objet des assemblées convoquées pour élire étant de faire les élections, les citoyens actifs ne peuvent point rester assemblés après les élections finies. Le président de chaque assemblée particulière doit la dissoudre, et déclarer la séance levée, aussitôt que toutes les nominations auront été faites et proclamées. Les citoyens actifs ne pourront point s'assembler de nouveau en corps de commune, dans l'intervalle d'une élection à l'autre, sans une convocation expresse ordonnée par le conseil général de la commune; mais cette convocation extraordinaire ne pourra pas être refusée, lorsqu'elle sera requise par le sixième des citoyens actifs dans les communautés au-dessus de quatre mille ames, et par cent cinquante citoyens actifs dans toutes les autres communautés. Ces dispositions concilient, par un juste tempérament, ce que la constitution doit d'une part à la liberté des individus et au légitime exercice de leurs droits, avec ce qu'elle doit d'autre part au maintien de l'ordre et de la tranquillité publique.

§ II. De la composition des corps municipaux.

Toutes les municipalités du royaume, soit de ville, soit de campagne, étant de même nature et sur la même ligne dans l'ordre de la constitution, porteront le titre commun de *municipalité*, et le chef de chacune d'elles, celui de *maire*. Toute autre dénomination, soit pour les corps municipaux, soit pour leurs chefs, est abolie. Le nombre des membres dont chaque municipalité doit être composée, a été réglé par le décret de l'Assemblée nationale, à raison de la population des lieux. Il sera toujours facile de s'y conformer exactement, après que le nombre des habitans de chaque ville, bourg et paroisse ou commune aura été soigneusement constaté. C'est la population totale en hommes, femmes et enfans et non pas les seuls citoyens actifs qu'il faut compter pour reconnaître le nombre des officiers municipaux qui doivent composer la municipalité de chaque lieu. Il y aura un procureur de la commune en chaque municipalité, soit de ville, soit de campagne, et de plus un substitut du procureur de la commune dans tous les lieux où la population excédera dix mille ames. Le procureur de la commune sera nommé en même temps que les autres officiers municipaux, et par les mêmes assemblées de citoyens actifs. Son élection sera faite par la voie du scrutin individuel, dans la même forme et suivant les mêmes règles établies pour l'élection du maire. Le substitut du procureur de la commune sera élu de même. Il sera encore nécessaire de nommer en chaque municipalité un nombre de notables double de celui des membres du corps municipal; de manière qu'où il y aura trois officiers municipaux, c'est-à-dire, trois membres du corps municipal, il faudra six notables; qu'il en faudra douze où il y aura six officiers municipaux, et ainsi de suite. L'élection des notables sera faite par un seul scrutin de liste et à la simple pluralité relative des suffrages. Ces notables, lorsqu'ils seront réunis aux membres du corps municipal, dans les cas fixés par le décret de l'Assemblée nationale, formeront le conseil général de la commune. Il y aura en chaque municipalité un secrétaire-greffier qui sera choisi et nommé à la majorité des voix, non par les assemblées des citoyens actifs, mais par le conseil général de la commune. Le second secrétaire-greffier pourra être changé lorsque le conseil général de la commune le jugera convenable. Enfin, il pourra être nommé un trésorier, si le conseil général de la commune le trouve nécessaire. Cette nomination sera faite par le conseil général, dans la même forme que celle du secrétaire-greffier; le trésorier pourra être également changé. Le maire présidera les assemblées, tant du conseil général de la commune, que du corps municipal et du bureau. Les autres officiers municipaux auront rang et séance selon l'ordre dans lequel ils auront été proclamés, lors de leur élection. Dans le cas d'absence du maire, celui des autres officiers municipaux qui aura été proclamé le premier, le remplacera et présidera à sa place. Le procureur de la commune aura séance à toutes les assemblées, tant du conseil général de la commune, que du corps municipal et du bureau, et sera entendu sur tous les objets mis en délibération, quoiqu'il n'ait pas voix délibérative. Il se placera à un bureau particulier. Dans les municipalités où il y aura un substitut du procureur de la commune, ce substitut aura le même droit de séance à toutes les assemblées municipales. Il se placera au même bureau particulier, soit que le procureur de la commune soit présent, soit qu'il soit absent; mais le substitut ne pourra parler qu'en l'absence du procureur de la commune. Le maire, les autres membres du corps municipal, les notables, le procureur de la commune et son substitut seront élus pour

deux ans, mais avec les distinctions suivantes :
le maire restera en fonctions pendant les deux
premières années ; il pourra être continué,
mais par une nouvelle élection, pour deux
autres années seulement. Le procureur de la
commune restera aussi en fonctions pendant
les deux premières années ; mais le substitut qui
sera nommé à la prochaine élection n'exercera ses fonctions qu'une seule année ; ensuite
ils serout remplacés alternativement chaque
année et pourront être réélus de même chacun
pour deux autres années seulement. Enfin,
les autres membres du corps municipal et les
notables seront renouvelés tous les ans par
moitié ; la première fois au sort, à la fin de la
première année, ensuite à tour d'ancienneté :
ainsi, une partie des officiers municipaux et
des notables nommés à la prochaine élection,
n'aura qu'une année d'exercice ; cette année
d'exercice ne sera pas même complète pour
ceux qui sortiront au premier renouvellement,
puisqu'il aura lieu le premier dimanche d'après
la Saint-Martin 1790. Comme il est nécessaire, lorsque le nombre sera impair, qu'il
sorte alternativement un membre de plus et
un de moins chaque année, il faudra faire
sortir un membre de moins à la fin de la première année. Il faut remarquer encore les différences suivantes dans les remplacemens.
Aussitôt que les places de maire, de procureur de la commune et de substitut de ce dernier viendront à vaquer dans le cours de l'année, par quelque cause que ce soit, il sera
nécessaire de convoquer extraordinairement
les citoyens actifs pour procéder à une nouvelle élection. Si c'est une place de membre
du conseil municipal qui devient vacante, il
sera inutile de convoquer les citoyens actifs ;
mais celui des notables qui aura réuni le plus
de suffrages, remplacera le membre manquant
du conseil municipal. Enfin, s'il vaque une
place de notable, elle ne sera remplie qu'à
l'époque de l'élection annuelle pour les renouvellemens ordinaires.

§ III. Des fonctions des corps municipaux.

Le maire, les autres membres du corps municipal, le procureur de la commune et son
substitut, dans les lieux où il y en aura un,
ne pourront entrer en exercice de leurs places
qu'après avoir prêté le serment de *maintenir
de tout leur pouvoir la constitution du royaume, d'être fidèles à la nation, à la loi et au
Roi, et de bien remplir leurs fonctions.* C'est
devant la commune elle-même que ce serment
doit être prêté la première fois, c'est-à-dire,
par les officiers municipaux qui vont être
nommés à la prochaine élection. Les citoyens
actifs seront avertis à cet effet, par les présidens des assemblées d'élections, de se rendre
à la maison commune après l'élection finie. A
l'avenir, le même serment sera prêté devant
le corps municipal. Les membres des corps

municipaux auront soin de se bien pénétrer
de la distinction des deux espèces de fonctions appartenant à des pouvoirs de nature
très-différente qu'ils auront à remplir. C'est
par leur exactitude à se renfermer dans les
bornes de ces fonctions, et à reconnaître la
subordination qui leur est prescrite pour
celles de chaque espèce, qu'ils prouveront
leur attachement à la constitution, et leur
zèle pour le bien du service. L'objet essentiel
de la constitution étant de définir et de séparer les différens pouvoirs, l'atteinte la plus
funeste qui puisse être portée à l'ordre constitutionnel serait celle de la confusion des
fonctions, qui détruirait l'harmonie des pouvoirs. Les officiers municipaux se convain-
cront aisément que toutes les fonctions détaillées dans l'article 51, intéressant la nation
en corps et l'uniformité du régime général,
excèdent les droits et les intérêts particuliers
de leur commune ; qu'ils ne peuvent pas exercer ces fonctions en qualité de simples représentans de leur commune, mais seulement en
celle de préposés et d'agens de l'administration générale, et qu'ainsi, pour toutes ces
fonctions qui leur seront déléguées par un
pouvoir différent et supérieur, il est juste
qu'ils soient entièrement subordonnés à l'autorité des administrations de département et
de district. Il n'en est pas de même des autres fonctions énoncées en l'article 50. Ces
fonctions sont propres au pouvoir municipal,
parce qu'elles intéressent directement et particulièrement chaque commune que la municipalité représente. Les membres des municipalités ont le droit propre et personnel de
délibérer et d'agir en tout ce qui concerne
ces fonctions vraiment municipales. La constitution les soumet, seulement dans cette partie,
à la surveillance et à l'inspection des corps administratifs, parce qu'il importe à la grande
communauté nationale que toutes les communes particulières, qui en sont les élémens,
soient bien administrées ; qu'aucun dépositaire
de pouvoirs n'abuse de ce dépôt, et que tous
les particuliers qui se prétendront lésés par
l'administration municipale puissent obtenir
le redressement des griefs dont ils se plaindront. La surveillance des corps administratifs
sur les municipalités aura lieu principalement
dans les quatre cas suivans :

Premièrement, pour la vérification des
comptes de la régie des bureaux municipaux.
Ces comptes, lorsqu'ils auront été reçus par
le conseil municipal, seront soumis à l'administration ou au directoire de district, qui les
vérifiera et les fera parvenir ensuite, avec son
avis, à l'administration de département ou à
son directoire : celle-ci ou son directoire les
arrêtera définitivement. Secondement, pour
l'autorisation des délibérations qui seront prises sur les objets d'une importance majeure,
détaillés en l'article 54, et pour lesquels la

convocation du conseil général de la commune est nécessaire, ces délibérations ne pourront être exécutées qu'après qu'elles auront reçu l'approbation de l'administration de département, ou de son directoire, qui la donnera, s'il y a lieu, sur l'avis de l'administration ou du directoire de district. Troisièmement, lorsqu'un citoyen se croira fondé à se plaindre personnellement de quelques actes du corps municipal, l'administration du département ou son directoire fera droit sur sa plainte, après avoir pris l'avis de l'administration ou du directoire de district, qu'elle chargera de vérifier les faits exposés. Quatrièmement, lorsqu'un citoyen actif, sans articuler des griefs qui lui soient personnels, voudra dénoncer les officiers municipaux comme coupables de délits d'administration, en ce cas, la dénonciation devra être préalablement soumise à l'administration ou au directoire du département, qui, après avoir fait vérifier les faits par l'administration de district, et avoir pris l'avis de cette dernière, renverra la poursuite, s'il y a lieu, devant les juges qui en devront connaitre. Les corps municipaux, composés de plus de trois membres, seront divisés en *conseil* et en *bureau*. Le bureau sera formé du tiers des officiers municipaux, y compris le maire, qui en fera toujours partie; les deux autres tiers formeront le conseil. Le bureau seul sera chargé de tous les détails d'exécution et des actes de simple régie. Le conseil seul formera la séance, lorsqu'il s'agira d'examiner et de recevoir les comptes de la gestion du bureau. La présence des deux tiers au moins des membres du conseil sera nécessaire pour la réception de ces comptes. Le conseil et le bureau se réuniront pour prendre toutes les autres délibérations relatives à l'exercice des fonctions du corps municipal; et la présence de la moitié, plus un, des officiers municipaux, sera nécessaire pour former un arrêté. Enfin, le corps municipal se formera en conseil général de la commune, par l'adjonction des notables, toutes les fois qu'il le jugera convenable, et nécessairement, lorsqu'il s'agira de délibérer sur les objets détaillés en l'article 54. Les officiers municipaux devront être attentifs à discerner, entre ces diverses espèces d'assemblées ou de séances, celle à laquelle chaque nature d'affaires doit être traitée; car leurs opérations seraient défectueuses et nulles, s'ils avaient arrêté en simple bureau ce qui devait l'être en conseil ou corps municipal, ou s'ils délibéraient en simple conseil municipal lorsqu'ils doivent se former en conseil général de la commune. Dans les municipalités qui ne sont composées que de trois membres, le maire sera chargé seul des détails de simple exécution, et tous les membres se réuniront pour les actes de régie. Le compte de cette régie commune des officiers municipaux sera rendu aux notables,

vérifié ensuite par l'administration ou le directoire de district, et arrêté définitivement par l'assemblée ou le directoire de département. Lorsque les municipalités seront composées de plus de trois membres, c'est le corps municipal qui élira lui-même le tiers de ses membres destiné à former le bureau. Cette élection sera renouvelée tous les ans, mais les membres du bureau pourront être réélus une fois pour une seconde année. Enfin, dans les villes dont la population excédera vingt-cinq mille ames, le corps municipal pourra se diviser en sections, à raison de la diversité des parties d'administration, afin que chaque section puisse être chargée plus particulièrement du soin de sa partie; mais elle sera toujours tenue de soumettre les objets de délibération à l'assemblée générale du corps municipal. Tous les citoyens actifs du royaume sont appelés à poser dans leurs municipalités les fondemens de la régénération de l'empire. En recueillant ce premier fruit de la constitution, ils se prépareront à l'établissement des assemblées administratives de département et de district, qui suivra immédiatement. La nation reconnaîtra que ses représentans se sont attachés à consacrer tous les principes qui peuvent assurer l'exercice le plus étendu du droit de cité, l'égalité entre les électeurs, la sûreté et la liberté des choix, la prompte transmission des places et des fonctions, principes sur lesquels reposent la liberté publique et l'égalité politique des citoyens. Tous sentiront que la jouissance de ces biens précieux est attachée à l'esprit de concorde, et aux sentimens patriotiques nécessaires pour accélérer l'exécution des décrets constitutionnels. Ces sentimens, exprimés d'une manière si touchante dans toutes les adresses des villes et des communes du royaume à l'Assemblée nationale, sont ceux d'un peuple raisonnable et bon, qui sent le prix de la liberté, et qui, digne d'en jouir, n'a plus d'efforts pénibles à faire pour s'en assurer la possession; il ne lui reste qu'à consommer avec courage et tranquillité ce que son Roi et ses représentans, unis par les mêmes vues et tendant au même but, lui présentent pour bases de la prospérité nationale et du bonheur des particuliers.

15 = 31 DÉCEMBRE 1789. — Décret concernant le jugement des contestations relatives à la perception et au recouvrement des impositions de la ville de Paris, de 1789 et antérieures. (L. 1, 403.) *Voy.* 18 AVRIL 1790.

15 DÉCEMBRE 1789. — Décret qui mande à la barre de l'Assemblée les membres de la chambre des vacations du parlement de Bretagne. (B. 1, 225.)

16 DÉCEMBRE 1789. — Décret sur la conscription militaire. (B. 1, 226.)

L'Assemblée nationale décrète que les troupes françaises, de quelque arme qu'elles soient, autres que les milices et gardes nationales, seront recrutées par enrôlement volontaire.

---

16 DÉCEMBRE 1789. — Arrêté qui interdit toute motion demandant l'adjonction d'un membre à un comité. (B. 1, 225.)

---

16 DÉCEMBRE 1789. — Impôts de Bretagne. *Voy.* 12 DÉCEMBRE 1789.

---

17 = 19 DÉCEMBRE 1789. (Lett.-Pat.) — Décret relatif à la répartition des impositions ordinaires de 1790, dans la Champagne et dans toutes les provinces de taille personnelle et mixte. (L. 1. 394; B. 1, 226.)

L'Assemblée nationale décrète que tous les taillables de la province de Champagne, où les rôles ne sont pas faits, seront assujétis, pour l'année 1790, aux mêmes formes et aux mêmes modes de répartition qu'elle a fixés pour les ci-devant privilégiés, par son décret du 28 novembre dernier, concernant l'imposition à asseoir au lieu de la situation des biens; décrète, en outre, que cette disposition aura lieu pour toutes les provinces de taille personnelle et mixte où les départemens ne sont pas encore faits.

---

17 = 19 et 21 DÉCEMBRE 1789. — Décret qui règle la répartition et la perception des impositions du Dauphiné et de la Champagne. (B. 1, 226.)

---

18 DÉCEMBRE 1789. — Décret qui charge les inspecteurs des bureaux de surveiller la distribution des billets de tribune. (B. 1, 227.)

---

18 DÉCEMBRE 1789. — Décret qui met à l'ordre du jour, tout autre ordre cessant, le travail relatif aux finances. (B. 1, 228.)

---

19 DÉCEMBRE 1789. — Impositions. *Voy.* 17 DÉCEMBRE 1789.

---

19 et 21 DÉCEMBRE 1789 = JANVIER 1790. (Lett.-Pat.) (1). — Décret concernant la caisse d'escompte, et portant établissement d'une caisse de l'extraordinaire. (L. 1, 460; B. 1, 228 et 230.)

Art. 1er. Les billets de la caisse d'escompte continueront d'être reçus en paiement dans toutes les caisses publiques et particulières jusqu'au 1er juillet 1790; elle sera tenue d'effectuer ses paiemens à bureau ouvert à cette époque.

2. La caisse d'escompte fournira au trésor public, d'ici au 1er juillet prochain, quatre-vingts millions en ses billets.

3. Les soixante-dix millions déposés par la caisse d'escompte au trésor royal, en 1787, lui seront remboursés en annuités portant cinq pour cent d'intérêt, et trois pour cent pour le remboursement du capital en vingt années.

4. Il sera donné à la caisse d'escompte, pour ses avances de l'année 1789 et des six premiers mois 1790, cent soixante-dix millions en assignats sur la caisse de l'extraordinaire, ou billets d'achats sur les biens-fonds qui seront mis en vente, portant intérêt à cinq pour cent, et payables à raison de dix millions par mois, depuis le 1er janvier 1791.

5. La caisse d'escompte sera autorisée à créer vingt-cinq mille actions nouvelles payables par sixièmes de mois en mois, à compter du 1er janvier présent mois, moitié en argent ou en billets de caisse, et moitié en effets qui seront désignés.

6. Le dividende sera fixé invariablement à six pour cent; le surplus des bénéfices restera en caisse ou dans la circulation de la caisse pour former un fonds d'accumulation.

7. Lorsque le fonds d'accumulation sera de six pour cent sur le capital de la caisse, il en sera retranché cinq pour être ajoutés au capital existant alors, et le dividende sera payé à six pour cent sur ce nouveau capital.

8. La caisse d'escompte sera tenue de rembourser à ses actionnaires deux mille livres par action, en quatre paiemens de cinq cents livres chacun, qui seront effectués le 1er janvier 1791, le 1er juillet de la même année, le 1er janvier 1792 et le 1er juillet 1792. Ce remboursement toutefois ne pourra avoir lieu qu'autant qu'il restera à la caisse un fonds libre en circulation de cinquante millions au moins.

9. Il sera formé une caisse de l'extraordinaire, dans laquelle seront versés les fonds provenant de la contribution patriotique, ceux des ventes qui seront ci-après ordonnées, et toutes les autres recettes extraordinaires de l'Etat. Les deniers de cette caisse seront destinés à payer les créances exigibles et arriérées, et à rembourser les capitaux de toutes les dettes dont l'Assemblée nationale aura décrété l'extinction.

10. Les domaines de la couronne, à l'exception des forêts et des maisons royales dont le Roi voudra se réserver la jouissance, seront mis en vente, ainsi qu'une quantité de domaines ecclésiastiques suffisante pour former ensemble la valeur de quatre cents millions.

11. L'Assemblée nationale se réserve de désigner incessamment lesdits objets, ainsi

---

(1) Ces deux décrets sont réunis dans la collection du Louvre, comme nous les donnons ici; ils sont séparés dans celle de Baudouin.

que de régler la forme et les conditions de leur vente, après avoir reçu les renseignemens qui lui seront donnés par les assemblées de département, conformément au décret du 2 novembre.

12. Il sera créé sur la caisse de l'extraordinaire des assignats portant intérêt à cinq pour cent, jusqu'à concurrence de la valeur desdits biens à vendre, lesquels assignats seront admis de préférence dans l'achat desdits biens. Il sera éteint desdits assignats, soit par lesdites ventes, soit par les rentrées de la contribution patriotique, et par toutes les autres recettes extraordinaires qui pourront avoir lieu, cent vingt millions en 1791, cent millions en 1792, quatre-vingts millions en 1793, quatre-vingts millions en 1794, et le surplus en 1795.

21 DÉCEMBRE 1789. — Arrêté sur la mise en liberté des officiers arrêtés à Toulon. (B. 1, 231.)

21 DÉCEMBRE 1789. — Impositions. *Voy.* 17 DÉCEMBRE 1789.

22 DÉCEMBRE 1789 = JANVIER 1790. (Lett.-Pat.) — Décret relatif à la constitution des assemblées primaires et des assemblées administratives. (L. 1, 405; B. 1, 232; Mon. des 28 et 29 septembre 1789, rapport. M. Thouret, et les numéros suivans pour la discussion.)

Voy. à la suite de cette loi, l'instruction décrétée le 8 JANVIER. — *Voy.* spécialement la loi des 29 et 30 DÉCEMBRE 1789 = JANVIER 1790, du 2 = 3 FÉVRIER 1790; du 26 FÉVRIER (15 JANVIER et 16 FÉVRIER) = 4 MARS 1790, du 30 MARS 1790, du 19 = 20 AVRIL 1790, du 12 = 20 AOUT 1790, du 15 = 27 MARS 1791. — *Voy.* aussi la constitution du 24 JUIN 1793, articles 11 et suiv. — Constitution du 5 FRUCTIDOR an 3, art. 17 et suiv., art. 174 et suiv. — Décret du 17 JANVIER 1806. — Loi sur les élections du 25 FRUCTIDOR an 3, 5 VENTOSE an 5, 18 VENTOSE et 6 GERMINAL an 6. — Constitution du 22 FRIMAIRE an 8. — Loi du 28 PLUVIOSE an 8, du 13 VENTOSE an 9. — Sénatus-consulte du 16 THERMIDOR an 10, art. 1ᵉʳ et suiv. — Sénatus-consulte du 28 FLORÉAL an 12, art. 98. — Lois sur les élections du 5 FÉVRIER 1817 et 29 JUIN 1820.

Art. 1ᵉʳ. Il sera fait une nouvelle division du royaume en *départemens*, tant pour la représentation que pour l'administration. Ces départemens seront au nombre de soixante-quinze à quatre-vingt-cinq.

2. Chaque département sera divisé en *districts*, dont le nombre, qui ne pourra être ni au-dessous de trois, ni au-dessus de neuf, sera réglé par l'Assemblée nationale, suivant le besoin et la convenance du département, après avoir entendu les députés des provinces.

3. Chaque district sera partagé en divisions appelées *cantons*, d'environ quatre lieues carrées (lieues communes de France).

4. La nomination des représentans à l'Assemblée nationale sera faite par départemens.

5. Il sera établi, au chef-lieu de chaque département, une assemblée administrative supérieure, sous le titre d'*Administration de département*.

6. Il sera également établi, au chef-lieu de chaque district, une assemblée administrative inférieure, sous le titre d'*Administration de district*.

7. Il y aura une municipalité en chaque ville, bourg, paroisse ou communauté de campagne.

8. Les représentans nommés à l'Assemblée nationale par les départemens ne pourront être regardés comme les représentans d'un département particulier, mais comme les représentans de la totalité des départemens, c'est-à-dire, de la nation entière.

9. Les membres nommés à l'*administration de département* ne pourront être regardés que comme les représentans du département entier, et non d'aucun district en particulier.

10. Les membres nommés à l'*administration de district* ne pourront être regardés que comme les représentans de la totalité du district, et non d'aucun canton en particulier.

11. Ainsi, les membres des administrations de district et de département, et les représentans à l'Assemblée nationale, ne pourront jamais être révoqués, et leur destitution ne pourra être que la suite d'une forfaiture jugée.

12. Les assemblées primaires, dont il va être parlé, celles des électeurs des administrations de département, des administrations de district et des municipalités, seront juges de la validité des titres de ceux qui prétendront y être admis.

SECTION Iʳᵉ. — De la formation des assemblées pour l'élection des représentans à l'Assemblée nationale.

Art. 1ᵉʳ. Tous les citoyens qui auront le droit de voter se réuniront, non en assemblées de paroisse ou de communauté, mais en assemblées primaires par cantons.

2. Les citoyens actifs, c'est-à-dire, ceux qui réuniront les qualités qui vont être détaillées ci-après, auront seuls le droit de voter et de se réunir pour former dans les cantons des assemblées primaires.

3. Les qualités nécessaires pour être citoyen actif sont : 1° d'être Français ou devenu Français; 2° d'être majeur de vingt-cinq ans accomplis; 3° d'être domicilié de fait dans le canton, au moins depuis un an; 4° de payer une contribution directe de la valeur locale de trois journées de travail; 5° de n'être point dans l'état de domesticité, c'est-à-dire, de serviteur à gages.

4. Les assemblées primaires formeront un tableau des citoyens de chaque canton, et y

inscriront, chaque année, dans un jour marqué, tous ceux qui auront atteint l'âge de vingt-un ans, après leur avoir fait prêter serment de fidélité à la constitution, aux lois de l'Etat et au Roi : nul ne pourra être électeur et ne sera éligible dans les assemblées primaires, lorsqu'il aura accompli sa vingt-cinquième année, s'il n'a été inscrit sur ce tableau civique.

5. Aucun banqueroutier, failli ou débiteur insolvable ne pourra être admis dans les assemblées primaires, ni devenir ou rester membre, soit à l'Assemblée nationale, soit des assemblées administratives, soit des municipalités.

6. Il en sera de même des enfans qui auront reçu et qui retiendront, à quelque titre que ce soit, une portion des biens de leur père mort insolvable, sans payer leur part virile de ses dettes; excepté seulement les enfans mariés et qui auront reçu des dots avant la faillite de leur père, ou avant son insolvabilité entièrement connue.

7. Ceux qui étant dans l'un des cas d'exclusion ci-dessus feront cesser la cause de cette exclusion en payant leurs créanciers, ou en acquittant leur portion virile des dettes de leur père, rentreront dans les droits de citoyen actif, pourront être électeurs, et seront éligibles, s'ils réunissent les conditions prescrites.

8. Il sera dressé en chaque municipalité un tableau des citoyens actifs, avec désignation des éligibles. Ce tableau ne comprendra que les citoyens qui réuniront les conditions ci-dessus prescrites, qui rapporteront l'acte de leur inscription civique, aux termes de l'article 4, et qui, depuis l'âge de vingt-cinq ans, auront prêté publiquement à l'administration de district, entre les mains de celui qui présidera, le serment *de maintenir de tout leur pouvoir la constitution du royaume, d'être fidèles à la nation, à la loi et au Roi, et de remplir avec zèle et courage les fonctions civiles et politiques qui leur seront confiées.*

9. Nul citoyen ne pourra exercer son droit de citoyen actif dans plus d'un endroit; et dans aucune assemblée, personne ne pourra se faire représenter par un autre.

10. Il n'y a plus en France de distinction d'ordre; en conséquence, pour la formation des assemblées primaires, les citoyens actifs se réuniront sans aucune distinction, de quelque état et condition qu'ils soient.

11. Il y aura au moins une assemblée primaire en chaque canton.

12. Lorsque le nombre des citoyens actifs d'un canton ne s'élèvera pas à neuf cents, il n'y aura qu'une assemblée en ce canton; mais dès le nombre de neuf cents, il s'en formera deux de quatre cent cinquante chacune au moins.

13. Chaque assemblée tendra toujours à se former, autant qu'il sera possible, au nombre de six cents, de telle sorte néanmoins que, s'il y a plusieurs assemblées dans ce canton, la moins nombreuse soit au moins de quatre cent cinquante. Ainsi, au-delà de neuf cents, mais avant mille cinquante, il ne pourra y avoir une assemblée complète de six cents, puisque la seconde aurait moins de quatre cent cinquante. Dès le nombre de mille cinquante et au-delà, la première assemblée sera de six cents, et la deuxième de quatre cent cinquante ou plus. Si le nombre s'élève à quatorze cents, il n'y en aura que deux, une de six cents et l'autre de huit cents; mais à quinze cents, il s'en formera trois, une de six cents et deux de quatre cent cinquante; ainsi de suite, suivant le nombre de citoyens actifs de chaque canton.

14. Dans les villes de quatre mille ames et au-dessous, il n'y aura qu'une assemblée primaire; il y en aura deux dans celles qui auront quatre mille ames jusqu'à huit mille; trois dans celles de huit mille ames jusqu'à douze mille, et ainsi de suite. Ces assemblées seront formées par quartiers ou arrondissemens.

15. Chaque assemblée primaire, aussitôt qu'elle sera formée, élira son président et son secrétaire au scrutin individuel et à la pluralité absolue des voix; jusque-là, le doyen d'âge tiendra la séance; les trois plus anciens d'âge après le doyen recueilleront et dépouilleront le scrutin en présence de l'assemblée.

16. Il sera procédé ensuite, en un seul scrutin de liste simple, à la nomination de trois scrutateurs qui recevront et dépouilleront les scrutins subséquens : celui-ci sera encore recueilli et dépouillé par les trois plus anciens d'âge.

17. Les assemblées primaires nommeront un électeur à raison de cent citoyens actifs, présens ou non présens à l'assemblée, mais ayant droit d'y voter; en sorte que, jusqu'à cent cinquante citoyens actifs, il sera nommé un électeur, et qu'il en sera nommé deux depuis cent cinquante-un citoyens actifs jusqu'à deux cent cinquante, et ainsi de suite.

18. Chaque assemblée primaire choisira les électeurs qu'elle aura droit de nommer, dans tous les citoyens éligibles du canton.

19. Pour être éligible dans les assemblées primaires, il faudra réunir aux qualités de citoyen actif ci-dessus détaillées, la condition de payer une contribution directe plus forte, et qui se monte au moins à la valeur locale de dix journées de travail.

20. Les électeurs seront choisis par les assemblées primaires, en un seul scrutin de liste double du nombre des électeurs qu'il s'agira de nommer.

21. Il n'y aura qu'un seul degré d'élection intermédiaire entre les assemblées primaires et l'Assemblée nationale.

22. Tous les électeurs nommés par les assemblées primaires de chaque département se réuniront, sans distinction d'état ni de condition, en une seule assemblée, pour élire ensemble les représentans à l'Assemblée nationale.

23. Cette assemblée de tous les électeurs de département se tiendra alternativement dans les chefs-lieux des différens districts de chaque département.

24. Aussitôt que l'assemblée des électeurs sera formée, elle élira son président, son secrétaire et trois scrutateurs, en la forme prescrite par les articles 17 et 18 ci-dessus pour les assemblées primaires.

25. Les représentans à l'Assemblée nationale seront élus au scrutin individuel, et à la pluralité absolue des suffrages.

Si le premier scrutin recueilli pour chaque représentant qu'il s'agit de nommer ne détermine pas l'élection par la pluralité absolue, il sera procédé à un second scrutin.

Si ce second scrutin ne donne pas encore la pluralité absolue, il sera procédé à un troisième entre les deux citoyens seulement qui seront reconnus par les scrutateurs et annoncés à l'assemblée avoir obtenu le plus grand nombre de suffrages.

Enfin, si à ce troisième scrutin, les suffrages étaient partagés, le plus ancien d'âge serait préféré.

26. Le nombre des représentans qui composeront l'Assemblée nationale sera égal au nombre des départemens du royaume, multiplié par neuf.

27. Le nombre des représentans à nommer à l'Assemblée nationale sera distribué entre tous les départemens du royaume, selon les trois proportions du territoire, de la population et de la contribution directe.

28. Le premier tiers du nombre total des représentans formant l'Assemblée nationale sera attaché au territoire, et chaque département nommera également trois représentans de cette classe.

29. Le second tiers sera attribué à la population. La somme totale de la population du royaume sera divisée en autant de parts que ce second tiers donnera de représentans; et chaque département nommera autant de représentans de cette seconde classe qu'il contiendra de parts de population.

30. Le dernier tiers sera attribué à la contribution directe. La masse entière de la contribution directe du royaume sera divisée en autant de parts qu'il y aura de représentans dans ce dernier tiers; et chaque département nommera autant de représentans de cette troisième classe qu'il paiera de parts de contribution directe.

31. Les représentans à l'Assemblée nationale, élus par chaque assemblée de département, ne pourront être choisis que parmi les citoyens éligibles du département.

32. Pour être éligible à l'Assemblée nationale, il faudra payer une contribution directe équivalente à la valeur d'un marc d'argent, et, en outre, avoir une propriété foncière quelconque.

33. Les électeurs nommeront par scrutin de liste double, à la pluralité relative des suffrages, un nombre de suppléans égal au tiers de celui des représentans à l'Assemblée nationale, pour remplacer ceux-ci, en cas de mort ou de démission.

34. L'acte d'élection sera le seul titre des fonctions des représentans de la nation; la liberté de leurs suffrages ne pouvant être gênée par aucun mandat particulier, les assemblées primaires et celles des électeurs adresseront directement au Corps-Législatif les pétitions et instructions qu'elles voudront lui faire parvenir.

35. Les assemblées primaires et les assemblées d'élection ne pourront, après les élections finies, ni continuer leurs séances, ni les reprendre jusqu'à l'époque des élections suivantes.

SECTION II. — De la formation et de l'organisation des assemblées administratives.

Art. 1er. Il n'y aura qu'un seul degré d'élection intermédiaire entre les assemblées primaires et les assemblées administratives.

2. Après avoir nommé les représentans à l'Assemblée nationale, les mêmes électeurs éliront en chaque département les membres qui, au nombre de trente-six, composeront l'*Administration de département*.

3. Les électeurs de chaque district se réuniront ensuite au chef-lieu de leur district, et y nommeront les membres qui, au nombre de douze, composeront l'*Administration de district*.

4. Les membres de l'administration de département seront choisis parmi les citoyens éligibles de tous les districts du département, de manière cependant qu'il y ait toujours dans cette administration deux membres au moins de chaque district.

5. Les membres de l'administration de district seront choisis parmi les citoyens éligibles de tous les cantons du district.

6. Pour être éligible aux administrations de département et de district, il faudra réunir aux conditions requises pour être citoyen actif, celle de payer une contribution directe plus forte, et qui se monte au moins à la valeur locale de dix journées de travail.

7. Ceux qui seront employés à la levée des impositions indirectes, tant qu'elles subsisteront, ne pourront être en même temps membres des administrations de département et de district.

8. Les membres des corps municipaux ne

pourront être en même temps membres des administrations de département et de district.

9. Les membres des administrations de district ne pourront être en même temps membres des administrations de département.

10. Les citoyens qui rempliront les places de judicature et qui auront les conditions d'éligibilité prescrites pourront être membres des administrations de département et de district, mais ne pourront être nommés aux directoires dont il sera parlé ci-après.

11. Les membres des administrations de département et de district seront choisis par les électeurs, en trois scrutins de liste double. A chaque scrutin, ceux qui auront la pluralité absolue seront élus définitivement, et le nombre de ceux qui resteront à nommer au troisième scrutin sera rempli à la pluralité relative.

12. Chaque administration, soit de département, soit de district, sera permanente, et les membres en seront renouvelés par moitié tous les deux ans; la première fois au sort, après les deux premières années d'exercice, et ensuite à tour d'ancienneté.

13. Les membres des administrations seront ainsi en fonctions pendant quatre ans, à l'exception de ceux qui sortiront par le premier renouvellement au sort, après les deux premières années.

14. En chaque administration de département, il y aura un procureur-général syndic, et en chaque administration de district un procureur-syndic. Ils seront nommés au scrutin individuel et à la pluralité absolue des suffrages, en même temps que les membres de chaque administration, et par les mêmes électeurs.

15. Le procureur-général-syndic de département et les procureurs-syndics de district seront quatre ans en place, et pourront être continués par une nouvelle élection pour quatre autres années; mais ensuite ils ne pourront être réélus qu'après un intervalle de quatre années.

16. Les membres des administrations de département et de district, en nommant ceux des directoires, comme il sera dit ci-après, choisiront et désigneront celui des membres des directoires qui devra remplacer momentanément le procureur-général-syndic ou le procureur-syndic, en cas d'absence, de maladie ou autre empêchement.

17. Les procureurs-généraux-syndics et les procureurs-syndics auront séance aux assemblées générales des administrations, sans voix délibérative; mais il ne pourra y être fait aucuns rapports sur qu'ils en aient eu communication, ni être pris aucune délibération sur ces rapports sans qu'ils aient été entendus.

18. Ils auront de même séance aux directoires avec voix consultative, et seront au surplus chargés de la suite de toutes les affaires.

19. Les administrations, soit de département, soit de district, nommeront leur président et leur secrétaire au scrutin individuel et à la pluralité absolue des suffrages. Le secrétaire pourra être changé lorsque l'administration le trouvera convenable.

20. Chaque administration de département sera divisée en deux sections, l'une sous le titre de *Conseil de département*, l'autre sous celui de *Directoire de département*.

21. Le conseil de département tiendra annuellement une session, pour fixer les règles de chaque partie de l'administration, ordonner les travaux et les dépenses générales du département, et recevoir le compte de la gestion du directoire. La première session pourra être de six semaines, et celle des années suivantes d'un mois au plus.

22. Le directoire de département sera toujours en activité pour l'expédition des affaires, et rendra tous les ans au conseil de département le compte de sa gestion, qui sera publié par la voie de l'impression.

23. Les membres de chaque administration de département éliront, à la fin de leur première session, huit d'entre eux pour composer le directoire; ils les renouvelleront tous les deux ans par moitié. Le président de l'administration de département pourra assister et aura droit de présider à toutes les séances du directoire, qui pourra néanmoins se choisir un vice-président.

24. A l'ouverture de chaque session annuelle, le conseil de département commencera par entendre, recevoir et arrêter le compte de la gestion du directoire; ensuite, les membres du directoire prendront séance, et auront voix délibérative avec ceux du conseil.

25. Chaque administration de district sera divisée de même en deux sections, l'une sous le titre de *Conseil de district*, l'autre sous celui de *Directoire de district*, et ce directoire sera composé de quatre membres.

26. Le président de l'administration de district pourra de même assister et aura droit de présider au directoire de district. Ce directoire pourra également se choisir un vice-président.

27. Tout ce qui est prescrit par les articles 22, 23 et 24 ci-dessus, pour les fonctions, la forme d'élection et de renouvellement, le droit de séance et de voix délibérative des membres du directoire de département, aura lieu de même pour ceux des directoires de district.

28. Les administrations et les directoires de district seront entièrement subordonnés aux administrations et directoires de département.

29. Les conseils de district ne pourront tenir leur session annuelle que pendant quinze jours au plus, et l'ouverture de cette session

précédera d'un mois celle du conseil de département.

30. Les conseils de district ne pourront s'occuper que de préparer les demandes à faire et les matières à soumettre à l'administration du département pour l'intérêt du district, de disposer les moyens d'exécution, et de recevoir les comptes de la gestion de leur directoire.

31. Les directoires de district seront chargés de l'exécution dans le ressort de leur district, sous la direction et l'autorité de l'administration de département et de son directoire, et ils ne pourront faire exécuter aucuns arrêtés du conseil de district, en matière d'administration générale, s'ils n'ont été approuvés par l'administration de département.

SECTION III. — Des fonctions des assemblées administratives.

Art. 1er. Les administrations de département sont chargées, sous l'inspection du Corps-Législatif, et en vertu de ses décrets, 1° de répartir toutes les contributions directes imposées à chaque département. Cette répartition sera faite par les administrations de département entre les districts de leur ressort, et par les administrations de districts entre les municipalités; 2° d'ordonner et de faire faire, suivant les formes qui seront établies, les rôles d'assiette et de cotisation entre les contribuables de chaque municipalité; 3° de régler et de surveiller tout ce qui concerne, tant la perception et le versement du produit de ces contributions, que le service et les fonctions des agens qui en seront chargés; 4° d'ordonner et de faire exécuter le paiement des dépenses qui seront assignées en chaque département sur le produit des mêmes contributions.

2. Les administrations de département seront encore chargées, sous l'autorité et l'inspection du Roi, comme chef suprême de la nation et de l'administration générale du royaume, de toutes les parties de cette administration, notamment de celles qui sont relatives : 1° au soulagement des pauvres et à la police des mendians et vagabonds; 2° à l'inspection et à l'amélioration du régime des hôpitaux, hôtels-dieu, établissemens et ateliers de charité, prisons, maisons d'arrêt et de correction; 3° à la surveillance de l'éducation publique et de l'enseignement politique et moral; 4° à la manutention et à l'emploi des fonds destinés, en chaque département, à l'encouragement de l'agriculture, de l'industrie, et à toute espèce de bienfaisance publique; 5° à la conservation des propriétés publiques; 6° à celle des forêts, rivières, chemins et autres choses communes; 7° à la direction et confection des travaux pour la confection des routes, canaux et autres ouvrages publics autorisés dans le département; 8° à l'entre-

tien, réparation et reconstruction des églises, presbytères et autres objets nécessaires au service du culte religieux; 9° au maintien de la salubrité, de la sûreté et de la tranquillité publiques; 10° enfin, au service et à l'emploi des milices ou gardes nationales, ainsi qu'il sera réglé par des décrets particuliers.

3. Les administrations de districts ne participeront à toutes ces fonctions, dans le ressort de chaque district, que sous l'autorité interposée des administrations de département.

4. Les administrations de département et de district seront toujours tenues de se conformer, dans l'exercice de toutes ces fonctions, aux règles établies par la constitution, et aux décrets de législature sanctionnés par le Roi.

5. Les délibérations des assemblées administratives de département, sur tous les objets qui intéresseront le régime de l'administration générale du royaume, ou sur des entreprises nouvelles et des travaux extraordinaires, ne pourront être exécutées qu'après avoir reçu l'approbation du Roi. Quant à l'expédition des affaires particulières et de tout ce qui s'exécute en vertu de délibérations déjà approuvées, l'autorisation spéciale du Roi ne sera pas nécessaire.

6. Les administrations de département et de district ne pourront établir aucun impôt, pour quelque cause et sous quelque dénomination que ce soit, ni répartir aucun au-delà des sommes et du temps fixés par le Corps-Législatif, ni faire aucun emprunt, sans y être autorisées par lui, sauf à pourvoir à l'établissement des moyens propres à leur procurer les fonds nécessaires au paiement des dettes et des dépenses locales, et aux besoins imprévus et urgens.

7. Elles ne pourront être troublées dans l'exercice de leurs fonctions administratives par aucun acte du pouvoir judiciaire.

8. Du jour où les administrations de département et de district seront formées, les États provinciaux, les assemblées provinciales et les assemblées inférieures qui existent actuellement, demeureront supprimées et cesseront entièrement leurs fonctions.

9. Il n'y aura aucun intermédiaire entre les administrations de département et le pouvoir exécutif suprême. Les commissaires départis, intendans et leurs subdélégués, cesseront toutes fonctions aussitôt que les administrations de département seront entrées en activité.

10. Dans les provinces qui ont eu jusqu'à présent une administration commune, et qui sont divisées en plusieurs départemens, chaque administration de département nommera deux commissaires qui se réuniront pour faire ensemble la liquidation des dettes contractées sous le régime précédent, pour établir la répartition de ces dettes entre les différentes

parties de la province, et pour mettre fin à ces anciennes affaires. Le compte en sera rendu à une assemblée formée de quatre autres commissaires nommés par chaque administration de département.

Instruction sur la formation des assemblées représentatives et des corps administratifs (8 janvier 1790).

Le décret de l'Assemblée nationale, du 22 décembre 1789, sur la formation des assemblées représentatives et des corps administratifs, est divisé en quatre parties.

Les douze premiers articles contiennent les dispositions fondamentales de la nouvelle organisation du royaume en départemens, en districts et en cantons, et quelques règles communes à la double représentation élevée sur cette nouvelle organisation, savoir : la représentation nationale dans le Corps-Législatif, et la représentation des citoyens de chaque département dans les corps administratifs.

La première section du décret établit les principes et les formes des élections. Les assemblées d'élections sont de deux espèces : les premières, appelées primaires, sont celles dans lesquelles tous les citoyens actifs se réuniront pour nommer des électeurs; les secondes sont celles des électeurs qui auront été nommés par les assemblées primaires.

Les vingt-un premiers articles de cette section traitent des assemblées primaires, qui sont les mêmes, c'est-à-dire, qui sont formées de la même manière, et qui servent également pour parvenir à la nomination, soit des représentans dans le Corps-Législatif, soit des administrateurs de département et de district.

Les quatorze articles suivans de la même section ne concernent que les assemblées des électeurs, lorsqu'il s'agit de nommer les représentans au Corps-Législatif, et prescrivent les formes à suivre pour l'élection de ces représentans.

La seconde section du décret traite de la formation et de l'organisation des corps administratifs dans les départemens et dans les districts.

Les onze premiers articles de cette section sont relatifs aux assemblées des électeurs, lorsqu'il s'agit de nommer les membres de ces corps administratifs.

Les vingt derniers articles expliquent de quelle manière les corps administratifs doivent être composés, organisés et renouvelés.

Enfin, la troisième section du décret traite de la nature des pouvoirs et de l'étendue des fonctions des corps administratifs.

§ Ier. Observations sur les premiers articles du décret.

Tous les Français sont frères et ne composent qu'une famille; ils vont concourir, de toutes les parties du royaume, à la formation de leurs lois; les règles et les effets de leur gouvernement vont être les mêmes dans tous les lieux. La nouvelle division du territoire commun détruit toute disproportion sensible dans la représentation, et toute inégalité d'avantages et de désavantages politiques. Cette division était désirable sous plusieurs rapports civils et moraux, mais surtout elle est nécessaire pour fonder solidement la constitution et pour en garantir la stabilité. Que de motifs pour tous les bons citoyens d'en accélérer l'exécution !

Les élections à faire pour composer la prochaine législature qui remplacera l'Assemblée nationale actuelle, et celles qui sont nécessaires, en ce moment même, pour la formation des corps administratifs, qui feront disparaître les derniers vestiges du régime ancien, dépendent absolument de la prompte organisation des départemens en districts, et des districts en cantons.

L'Assemblée nationale a fait, à cet égard, tout ce qui était nécessaire pour faciliter les opérations locales, et pour en hâter le succès. Elle a fixé les chefs-lieux des départemens et des districts, avec cette modification, que l'assemblée des électeurs qui nommeront les représentans au Corps-Législatif sera tenue alternativement dans les chefs-lieux de tous les districts : elle a même laissé la faculté d'alterner ainsi entre certaines villes du même département, pour la session du corps administratif, si les citoyens du département le trouvent convenable. L'Assemblée nationale a encore tracé les limites de chaque département et de chaque district, telles qu'elles ont paru convenables au premier aperçu. Si les détails de l'exécution font découvrir le besoin ou la convenance de quelques changemens à cette démarcation, il est difficile que les motifs en soient assez pressans pour que les divisions indiquées par l'Assemblée nationale ne puissent pas être suivies, au moins momentanément, pour la première tenue des assemblées qui vont être convoquées, et dont rien ne pourrait autoriser un plus long retardement. Cette exécution préalable ne nuira point aux représentations de ceux qui se croiront fondés à en faire. Les corps administratifs, une fois formés et établis en chaque département et en chaque district, deviendront les juges naturels de ces convenances locales. Ils feront, de concert entre eux, toutes les rectifications dont leurs limites respectives se trouveront susceptibles pour concilier l'intérêt des particuliers avec le bien général; et s'il arrivait qu'ils ne pussent pas s'accorder sur quelques-unes, l'Assemblée nationale les réglera sur les mémoires qu'ils lui feront parvenir. Il serait bien désirable que la division des cantons pût se faire incessamment en chaque district; mais elle n'est pas essentiellement nécessaire à la formation des prochaines assemblées. Dans les départemens où cette division n'aura pu être fixée par l'Assemblée nationale, après avoir entendu les députés du pays, elle sera provisoirement suivie pour les premières élections seulement. Dans les départemens où elle n'aura pas pu être faite par l'Assemblée nationale, il suffira de former des réunions de paroisses voisines, en composant chaque agrégation d'un plus ou moins grand nombre de paroisses, suivant les forces de leur population, de manière que chaque agrégation fournisse un nombre de citoyens actifs suffisant pour former une assemblée primaire, et approchant le plus près qu'il sera possible du nombre de six cents. L'Assemblée nationale invite les membres des municipalités de chaque paroisse à seconder de tout leur zèle cette réunion des communautés contiguës, que le voisinage, l'état de la population et les autres convenances locales, appelleront à s'agréger pour composer ensemble une assemblée primaire.

§ II. Eclaircissemens sur les vingt-un premiers articles de la section première du décret concernant les assemblées primaires.

Lorsqu'il s'agira de nommer des représentans à l'Assemblée nationale, ou lorsqu'il s'agira de composer et de renouveler les corps administratifs, les citoyens ne se réuniront pas par assemblées de paroisse ou de communauté, comme celles qui ont lieu pour la formation des municipalités, mais par assemblées primaires dans les cantons, ou de la manière qui vient d'être expliquée pour les prochaines élections dans les districts où les cantons ne seront pas encore formés. Les véritables élémens de la représentation nationale ne seront pas ainsi dans les municipalités, mais dans les assemblées primaires des cantons. La principale raison qui a déterminé l'Assemblée nationale à préférer les assemblées primaires par cantons aux simples assemblées par paroisse ou communauté est que les premières, étant plus nombreuses, déconcertent mieux les intrigues, détruisent l'esprit de corporation, affaiblissent l'influence du crédit local, et par là assurent davantage la liberté des élections. Les citoyens des campagnes ne regretteront pas la peine légère d'un très-petit déplacement, en considérant qu'ils acquièrent à ce prix une plus grande indépendance dans l'exercice de leur droit de voter. Les citoyens actifs auront seuls le droit de se réunir pour former dans les cantons les assemblées primaires. Chaque assemblée aura le droit de vérifier et de juger la validité des titres de ceux qui se présenteront pour y être admis, et n'y recevra que les personnes qui réuniront toutes les conditions requises pour être citoyen actif. Ces conditions, détaillées dans l'article 3 de la première section du décret, sont : 1° d'ê-

tre Français ou devenu Français; 2° d'être majeur de vingt-cinq ans accomplis; 3° d'être domicilié de fait dans le canton, au moins depuis un an; 4° de payer une contribution directe de la valeur locale de trois journées de travail; 5° de n'être point dans l'état de domesticité, c'est-à-dire, de serviteur à gages. Les expressions ou *devenu Français,* employées dans la rédaction de la première condition, ont pour objet de n'exclure pour l'avenir aucun des moyens d'acquérir le titre et les droits de citoyen en France, que les législatures pourront établir, autres que les lettres de naturalisation, qui, jusqu'à présent, ont été pour nous la seule voie de conférer la qualité de citoyen aux étrangers. La *contribution directe* dont il est parlé dans la quatrième condition, s'entend de toute imposition foncière ou personnelle, c'est-à-dire, assise directement sur les fonds de terre ou assise directement sur les personnes, qui se lève par les voies du cadastre ou des rôles de cotisation, et qui passe immédiatement du contribuable cotisé au percepteur chargé d'en recevoir le produit. Les vingtièmes, la taille, la capitation et l'imposition en rachat de corvée, telle qu'elle a lieu maintenant, sont des contributions directes. Les contributions indirectes, au contraire, sont tous les impôts assis sur la fabrication, la vente, le transport et l'introduction de plusieurs objets de commerce et de consommation; impôt dont le produit, ordinairement avancé par le fabricant, le marchand ou le voiturier, est supporté et indirectement payé par le consommateur. Les contribuables qui étaient cotisés dans les derniers rôles de 1789, au taux prescrit pour rendre citoyen actif ou éligible, et qui, par l'effet de la nouvelle imposition des personnes et des biens ci-devant privilégiés, paieraient maintenant une cote moindre que ce taux, seront néanmoins admis aux prochaines élections, sans tirer à conséquence pour les suivantes. Ces autres expressions, *de la valeur locale de trois journées de travail,* signifient que la cote des contributions directes qu'il faut payer pour être citoyen actif, doit varier dans les différentes parties du royaume, à proportion de la valeur des salaires que les journaliers y gagnent communément pour chaque journée de travail; mais qu'elle doit toujours se monter partout au triple de la valeur d'une journée de travail, ou, ce qui revient au même, être égale à la valeur des salaires qu'un journalier gagne en trois jours. Les banqueroutiers, les faillis et les débiteurs insolvables sont exclus des assemblées primaires. Les enfans qui auront reçu et qui retiendront à titre gratuit, quel qu'il soit, une portion des biens de leur père mort insolvable, sans payer leur part virile de ses dettes, sont exclus de même. Il faut cependant excepter les enfans mariés qui auront reçu des dots avant la faillite de leur père, ou avant son insolvabilité notoirement reconnue. L'exclusion du débiteur cessera lorsqu'il aura payé ses créanciers; et celle de l'enfant, lorsqu'il aura payé sa portion virile des dettes de son père. La *portion virile* est pour chaque enfant la part des dettes qu'il aurait été tenu de payer, s'il eût hérité de son père. A l'avenir, il y aura plusieurs autres conditions à remplir pour être admis aux assemblées primaires; savoir : celle de l'inscription au tableau civique dont il est parlé à l'article 4, pour ceux qui auront atteint l'âge de vingt-un ans; la prestation publique, après l'âge de vingt-cinq ans, entre les mains du président de l'administration de district, du serment patriotique prescrit par l'article 8, et l'inscription au tableau des citoyens actifs, qui sera dressé en chaque municipalité, aux termes du même article 8. Ces conditions ne peuvent pas avoir lieu pour les prochaines élections, mais le décret que l'Assemblée nationale a rendu le 28 décembre dernier, ordonne qu'il y sera suppléé de la manière suivante. Aussitôt que les prochaines assemblées primaires seront formées et auront nommé leur président et leur secrétaire, comme il sera expliqué ci-après, le président et le secrétaire prêteront, en présence de l'assemblée, le serment *de maintenir de tout leur pouvoir la constitution du royaume, d'être fidèles à la nation, à la loi et au Roi, de choisir en leur ame et conscience les plus dignes de la confiance publique, et de remplir avec zèle et courage les fonctions civiles et politiques qui leur seront confiées.* Ensuite, tous les membres de l'assemblée feront le même serment entre les mains du président. Ceux qui s'y refuseraient seraient incapables d'élire et d'être élus. Les citoyens qui auront exercé leurs droits de citoyen actif dans une des assemblées primaires ne pourront ni en répéter l'exercice, ni même assister à une autre assemblée. Tout citoyen actif doit se présenter en personne, et les assemblées doivent être exactes à n'en admettre aucun, de quelque état et condition qu'il soit, à voter par procureur. L'article 9 de la première section du décret a consacré cette règle constitutionnelle, que, dans aucune assemblée, personne ne pourra se faire représenter par un autre. L'abolition des ordres étant une des bases fondamentales de la constitution, aucune assemblée ne peut plus être convoquée ni tenue par ordre; mais tous les citoyens de chaque canton, sans aucune distinction de rang, d'état ni de condition, se réuniront dans les mêmes assemblées primaires, et voteront ensemble pour les élections que chaque assemblée aura droit de faire. Dans tout canton, il y aura toujours une assemblée primaire, et il pourra y en avoir plusieurs dans le même canton. Il y aura une assemblée primaire dans le canton, quoique le nombre des citoyens actifs s'y trouve moindre de cent; et il n'y en aura qu'une, tant que le nombre des citoyens actifs ne s'y élevera pas à neuf cents. Dès que la population d'un canton fournira neuf cents citoyens actifs, il sera nécessaire d'y former plusieurs assemblées primaires, en observant : 1° que chaque assemblée approche toujours le plus près qu'il sera possible du nombre de six cents; 2° qu'aucune assemblée ne soit jamais au-dessous de quatre cent cinquante. C'est par ces deux principes qu'il faudra se régler constamment pour déterminer le nombre des assemblées nécessaires à former en chaque canton, et la force de chacune d'elles. L'article 13 de la première section du décret présente plusieurs exemples de l'application de ces principes, qui doivent suffire pour guider dans tous les autres cas. Il sera facile, aussitôt que la division des cantons sera fixée, de reconnaître combien chaque canton renfermera de citoyens actifs, combien d'assemblées primaires devront se former dans ce canton, et quelle portion de la population du canton devra être attachée à chaque assemblée primaire. Il suffira pour cela que les corps municipaux dressent le tableau des citoyens actifs de chaque paroisse ou communauté. Le résultat général de tous ces tableaux réunis donnera pour chaque canton tous les éclaircissemens qu'on peut désirer. Le nombre des assemblées primaires sera déterminé dans chaque canton par celui des citoyens actifs domiciliés dans le canton, et qui auront le droit de se présenter aux assemblées, quoiqu'il puisse arriver que tous ne s'y rendent pas en effet. Les villes auront particulièrement leurs assemblées primaires. Celles de quatre mille ames et au-dessous n'en auront qu'une; il y en aura deux dans celles de quatre mille ames jusqu'à huit mille; trois dans celles de huit mille ames jusqu'à douze mille, et ainsi de suite. Ces assemblées ne se formeront pas par métiers, professions ou corporations, mais par quartiers ou arrondissemens. Le premier acte de chaque assemblée primaire, après qu'elle sera formée, sera d'élire un président et un secrétaire. Le doyen d'âge tiendra la séance; un des membres de l'assemblée fera les fonctions de secrétaire, jusqu'à ce que ces premières élections soient faites. On y procédera par voie *du scrutin individuel et à la pluralité absolue* des suffrages : les trois plus anciens d'âge après le doyen feront provisoirement l'office de scrutateurs, en présence de l'assemblée. Le président et le secrétaire élus prêteront aussitôt à l'assemblée le serment patriotique dont il a été parlé ci-dessus, et le président recevra ensuite celui de l'assemblée, avant qu'il puisse être fait aucune autre opération. Après ces sermens prêtés, l'assemblée procédera par un seul *scrutin de liste simple,* à la nomination des trois scrutateurs. Les trois plus anciens d'âge en feront encore la fonction pour cette élection. Enfin, l'assemblée nommera les électeurs qui seront chargés d'élire les représentans à l'Assemblée nationale, et le choix en sera fait en *un seul scrutin de liste double* du nombre des électeurs que l'assemblée aura droit de nommer. Il est nécessaire de bien entendre les différences qui se trouvent entre les diverses manières d'élire, soit *à la pluralité absolue des suffrages*, ou *à la pluralité relative*, soit *au scrutin individuel*, ou *de liste simple*, ou *de liste double*. L'élection à la *pluralité absolue* des suffrages est celle pour laquelle il faut réunir la moitié de toutes les voix plus une. L'élection à la *pluralité relative* des suffrages est celle pour laquelle il suffit d'avoir obtenu plus de voix que ses compétiteurs, quoique ce plus grand nombre de voix obtenues ne s'élève pas à la moitié du nombre total des suffrages. Ainsi, de douze électeurs, cinq nomment A, quatre nomment B, les trois autres nomment C; il faudrait sept voix réunies sur A pour qu'il fût élu à la *pluralité absolue*; mais il est élu par cinq voix à la *pluralité relative*, parce qu'il en a une plus que B, deux plus que C. Le *scrutin individuel* est celui par lequel on vote séparément sur chacun des sujets à élire, en recommençant autant de scrutins particuliers qu'il y a de nominations à faire. Le scrutin de *liste simple* est celui par lequel on vote à la fois sur tous les sujets à élire, en écrivant autant de noms dans le même billet qu'il y a de nominations à faire. Le scrutin de *liste double* est celui par lequel non-seulement chaque électeur vote à la fois sur tous les sujets à élire, mais encore désigne un nombre de sujets double de celui des places à remplir, en écrivant dans le même billet un nombre de noms double de celui des nominations à faire. Ces différens scrutins ont chacun des avantages et des inconvéniens particuliers. L'Assemblée nationale en a varié l'application, suivant le degré d'importance que l'objet de chaque élection lui a paru mériter. Lorsqu'on élit *au scrutin individuel et à la pluralité absolue des suffrages*, ainsi qu'il est dit dans l'article 15 de la première section du décret, il faut obtenir cette pluralité absolue, même au troisième tour de scrutin, lorsque les deux premiers tours ne l'ont pas produite. C'est par cette raison qu'après le second tour de scrutin, les noms des deux candidats qui ont obtenu le plus grand nombre de voix sont proclamés à l'assemblée, et qu'il n'est permis de voter qu'entre eux seulement au troisième tour. Le cas du partage des voix à ce troisième tour fait alors une nécessité de terminer l'élection par un autre moyen que celui de la pluralité absolue des suffrages, qui devient impossible à obtenir. Le décret détermine, en ce cas, la préférence par l'ancienneté d'âge. Il n'en est pas de même lorsque l'élection se fait

au scrutin de *liste simple* ou de *liste double*, ainsi qu'il est dit dans les articles 16 et 20 de la première section du décret. Ceux qui ont obtenu la pluralité des suffrages au premier tour de scrutin sont élus. S'il reste de places à remplir, on fait un second tour de scrutin, et l'élection n'a encore lieu cette seconde fois qu'en faveur de ceux qui ont obtenu la pluralité absolue; mais s'il faut passer à un troisième tour de scrutin pour compléter le nombre des sujets à élire, il n'est pas nécessaire de proclamer les noms des deux candidats qui ont eu le plus de voix au second tour. Les suffrages des électeurs peuvent encore se porter librement sur tous les sujets, et c'est la simple pluralité relative des voix qui suffit cette troisième fois pour déterminer l'élection. Il ne faut pas oublier, lorsqu'il s'agit d'un scrutin de *liste double*, qu'au second et au troisième tour, les noms inscrits dans la liste ou le bulletin de chaque électeur ne doivent être doubles que du nombre seulement des sujets qui restent à élire. C'est par ce scrutin de *liste double* que l'article 20 de la première section du décret prescrit aux assemblées primaires de nommer les électeurs. Le nombre d'électeurs que chaque assemblée a le droit de nommer est fixé par l'article 17 à un électeur par cent citoyens actifs; en sorte que jusqu'à cent cinquante citoyens actifs, il ne peut être nommé qu'un électeur; qu'il en doit être nommé deux depuis cent cinquante-un citoyens actifs jusqu'à deux cent cinquante, et ainsi de suite. Mais il faut observer que le nombre des citoyens actifs, qui détermine celui des électeurs à nommer, ne se règle pas par les seuls votans présens à l'assemblée : on doit compter tous les citoyens actifs qui existent dans le ressort de l'assemblée primaire, et qui pourraient se présenter et voter. Les assemblées primaires doivent choisir les électeurs qu'elles auront droit de nommer, dans le nombre des citoyens éligibles du canton; et pour être éligible, il faudra réunir aux qualités de citoyen actif détaillées ci-dessus la condition de payer une contribution directe plus forte, que l'article 19 a fixée pour le moins à la valeur locale de dix journées de travail.

§ III. Développement des quatorze derniers articles de la section 1re du décret concernant les assemblées des électeurs nommant au Corps-Législatif.

Lorsque les assemblées primaires auront fait leurs élections dans tous les cantons d'un même département, tous les électeurs nommés se réuniront, de quelque état et condition qu'ils soient, en une seule assemblée, qui élira les représentans à l'Assemblée nationale. Si cependant une assemblée d'électeurs se trouvait tellement nombreuse qu'elle ne pût ni être réunie ni délibérer commodément dans le même lieu, elle pourrait se diviser en deux sections, et le recensement des scrutins particuliers de chaque section se ferait en commun entre leurs scrutateurs réunis, et en présence des commissaires que chaque section pourrait nommer pour y assister. Ainsi, la subdivision des départemens en districts n'est d'aucune utilité, et n'a point d'application au mode des élections pour le corps législatif. Tel est le résultat de la disposition portée dans l'article 21 de la première section du décret, qu'il n'y aura qu'un seul degré d'élection intermédiaire entre les assemblées primaires et l'Assemblée nationale. L'esprit qui a dicté cette disposition a été de conserver davantage la fidélité et la pureté de la représentation, en rendant plus directe et plus immédiate l'influence des représentés sur le choix de leurs représentans. C'est dans le même esprit, et pour prévenir la prépondérance qu'un chef-lieu d'élection permanent aurait pu acquérir à la longue, qu'il a été décidé par l'article 23, que l'assemblée des électeurs tiendra alternativement dans les chefs-lieux de différens districts de chaque département. Lorsque les électeurs d'un département réunis auront formé leur assemblée, ils procéderont, dans le même ordre et dans les mêmes formes que les assemblées primaires, d'abord à la nomination d'un président et d'un secrétaire, ensuite à la prestation du serment patriotique, puis au choix de trois scrutateurs, et enfin à l'élection des représentans que ce département aura le droit de nommer à l'Assemblée nationale. La nomination des représentans à l'Assemblée nationale doit toujours être faite au *scrutin individuel et à la pluralité absolue des suffrages.* L'article 25 contient, sur la manière de procéder à cette élection, des explications détaillées dont il ne sera permis, sous aucun prétexte, de s'écarter. Les électeurs de chaque département observeront de ne choisir les représentans qu'ils nommeront à l'Assemblée nationale, que dans le nombre des citoyens éligibles du département ; et pour être éligible, il faudra réunir aux qualités de citoyen actif précédemment expliquées, les deux conditions suivantes : 1° de payer une contribution directe équivalente à la valeur d'un marc d'argent ; 2° d'avoir, en outre, une propriété foncière quelconque. Les électeurs ne perdront pas de vue les dispositions du décret que l'Assemblée nationale a rendu le 24 décembre dernier, et que le Roi s'est empressé de sanctionner, qui statue : 1° que les non-catholiques qui auront rempli toutes les conditions prescrites pour être électeurs et éligibles, pourront être élus dans tous les degrés d'administration sans exception ; 2° qu'ils sont capables de tous les emplois civils et mi-

litaires comme les autres citoyens ; 3° que l'Assemblée nationale n'a entendu rien préjuger relativement aux Juifs, sur l'état desquels elle se réserve de prononcer ; 4° qu'au surplus, il ne pourra être opposé à l'éligibilité d'aucun citoyen d'autres motifs d'exclusion que ceux qui résultent des décrets constitutionnels. Tous les départemens doivent participer proportionnellement à la représentation nationale dans le Corps-Législatif. Ils doivent donc envoyer un nombre de représentans proportionné non-seulement aux forces relatives de leur population, mais encore à tous leurs autres rapports de valeurs politiques. Le respect de l'Assemblée nationale pour ce principe fondamental l'a déterminée à distribuer le nombre des représentans entre tous les départemens du royaume, en prenant pour bases de cette distribution les trois élémens du territoire, de la population et de la contribution directe, qui peuvent être combinés avec autant de justice dans les résultats que de facilité dans le procédé. La base territoriale est invariable ; elle est à peu près égale entre tous les départemens établis par la nouvelle division du royaume. On peut donc équitablement attribuer à chacun des départemens une part de députation égale (1) et fixe, à raison de leur territoire. Les bases de la population et de la contribution directe sont variables, et d'un effet inégal entre les divers départemens ; mais il est un moyen sûr d'atteindre toujours à l'égalité proportionnelle, et de la rendre invariable, malgré la variabilité de la population et des contributions. L'Assemblée nationale a saisi ce moyen, qui consiste à attacher les deux autres parts de députation, l'une à la population totale du royaume, l'autre à la masse entière des contributions directes, et de faire participer chaque département à ces deux dernières parts de députation, à proportion de ce qu'il aura de population à l'époque de chaque élection, et de ce qu'il paiera de contribution directe. Le principe constitutionnel sur cette matière et le mode de la pratiquer sont fixés par les articles 27, 28, 29 et 30 de la première section du décret. Le nombre des départemens du royaume est fixé à quatre-vingt-trois, et celui des représentans à l'Assemblée nationale sera de sept cent quarante-cinq : la composition particulière du département de Paris nécessite cette modification à l'art. 26. De ces sept cent quarante-cinq représentans, deux cent quarante-sept seront attachés au territoire, et les quatre-vingt-deux départemens autres que Paris en nommeront deux cent quarante-six par nombre égal entre eux, de manière que chacun de ces départemens députera trois représentans de cette première

---

classe. Celui de Paris, beaucoup moindre en étendue, nommera le deux cent quarante-septième. Des quatre cent quatre-vingt-dix-huit autres représentans, la première moitié, formant deux cent quarante-neuf représentans, sera envoyée par les quatre-vingt-trois départemens, à raison de la population active de chaque département. Pour y parvenir, la population totale du royaume sera divisée en deux cent quarante-neuf parts, et chaque département aura le droit de nommer autant de représentans de cette seconde classe qu'il contiendra de ces deux cent quarante-neuvièmes. La seconde moitié, formant deux cent quarante-neuf représentans, se distribuera, par une semblable opération, entre les quatre-vingt-trois départemens, à raison de la somme respective des contributions directes de chaque département. La masse entière de la contribution directe du royaume sera de même divisée en deux cent quarante-neuf parts, et chaque département nommera autant de députés de cette troisième classe qu'il paiera de ces deux cent quarante-neuvièmes. La somme de la population active de chaque département sera facilement connue, puisque chaque assemblée primaire nommera un électeur par cent citoyens actifs : ainsi, le nombre des électeurs envoyés par chaque canton indiquera celui des citoyens actifs du canton ; et le nombre total des électeurs nommés en chaque département constatera le taux de la population active du département. Les assemblées d'électeurs, qui vont être incessamment convoquées en chaque département pour la formation des corps administratifs, auront soin de dresser un tableau de la population active de leur département, en prenant pour base le nombre des électeurs nommés par les assemblées primaires, multiplié par cent. Elles feront deux doubles de ce tableau, dont un sera envoyé sans retard au président de l'Assemblée nationale, et l'autre sera remis et déposé aux archives de l'administration de département. Le résultat de tous ces tableaux particuliers, remis par les quatre-vingt-trois départemens, donnera l'état général de la population active de tout le royaume, et l'état comparé de la population relative des départemens entre eux. Ces états seront publiés et adressés aux administrations de département, pour être conservés dans leurs archives. La somme de contribution directe qui sera payée par chaque département sera de même aisément connue, puisque les administrations de département et de district présideront au régime et à la répartition de ces contributions. L'état de leur montant total levé actuellement dans toute l'étendue du royaume sera incessamment dressé, publié et adressé aux administrations de département, aussitôt qu'elles seront établies. Ces renseignemens généraux, joints à ceux que les

corps administratifs et les électeurs eux-mêmes seront à portée d'acquérir sur les lieux, mettront les assemblées d'électeurs de chaque département en état de reconnaître sans embarras, dès les premières élections pour la prochaine législature, le nombre de représentans qu'elles devront nommer, suivant les articles 29 et 30, à raison tant de la population que de la contribution directe de leur département. Les élections subséquentes éprouveront encore moins de difficulté, parce que la méthode de combiner les trois bases constitutionnelles de la représentation nationale, reconnue très-simple dès la première épreuve, se simplifiera de plus en plus par l'expérience, et deviendra bientôt familière par l'habitude. La constitution de la France offrira à toutes les nations un modèle de la représentation la plus exacte, par la réunion de tous les élémens qui doivent équitablement concourir à la composer.

Après que chaque assemblée d'électeurs aura nommé les représentans à l'Assemblée nationale, elle procédera à la nomination des suppléans destinés à remplacer les représentans qui pourraient devenir, après leur élection, hors d'état d'en remplir l'objet. L'article 33 de la première section du décret n'autorise la substitution des suppléans aux représentans élus, que dans deux cas : celui de la mort de ces derniers, ou celui de leur démission. Par cette raison, il a paru suffisant de réduire le nombre des suppléans que chaque assemblée pourra nommer, au tiers de celui des représentans qu'elle aura eu le droit d'élire. Les suppléans seront nommés au scrutin de *liste double,* et à la simple *pluralité relative* des suffrages. Cette nomination finira ainsi en un seul tour de scrutin, puisque, dès le premier tour, tous ceux jusqu'au nombre prescrit qui auront obtenu le plus de voix, seront définitivement élus, sans qu'il soit nécessaire qu'ils aient réuni plus de la moitié des suffrages. Le premier élu des suppléans sera le premier appelé en remplacement; le second le sera après lui, et ainsi de suite. Quand le nombre des représentans sera impair, le tiers des suppléans sera fixé par la fraction la plus forte; de manière qu'on élira deux suppléans pour cinq représentans, trois pour sept et pour huit, et de même progressivement. Le procès-verbal de l'élection est le seul acte qui pourra être remis par les électeurs aux représentans. Il est aussi le seul titre à considérer pour l'exercice des fonctions de représentant à l'Assemblée nationale. Les mandats impératifs étant contraires à la nature du Corps-Législatif, qui est essentiellement délibérant, à la liberté des suffrages dont chacun de ses membres doit jouir pour l'intérêt général, au caractère de ces membres, qui ne sont point les représentans du département qui les a envoyés, mais les représentans de la nation, enfin à la nécessité de la subordination politique des différentes sections de la nation au corps de la nation entière, aucune assemblée d'électeurs ne pourra ni insérer dans le procès-verbal de l'élection, ni rédiger séparément, aucun mandat impératif; elle ne pourra même charger les représentans qu'elle aura nommés, d'aucun cahier ou mandat particulier. Les électeurs et les assemblées primaires auront cependant la faculté de rédiger des pétitions et des instructions pour les faire parvenir au Corps-Législatif; mais ils seront tenus de les lui adresser directement. Ces dispositions, consacrées par l'article 34, et celle de l'article 35 qui défend tant aux assemblées d'électeurs qu'aux assemblées primaires de continuer leurs séances après les élections finies et de les reprendre avant l'époque des élections suivantes, doivent être respectées comme des maximes essentielles à la stabilité de la constitution, à la pureté de son esprit et au maintien de l'ordre qu'elle a établi dans l'exercice du plus important de tous les devoirs : elles doivent être observées à la rigueur dans tous les cas.

§ IV. Observations sur les onze premiers articles de la section II du décret concernant les assemblées des électeurs nommant aux corps administratifs.

La seconde section du décret ne traite plus du Corps-Législatif, mais de la formation et de l'organisation des administrations de département et de district. Cette partie du décret est celle dont il faut se pénétrer spécialement pour diriger ou suivre les premières opérations qui vont se faire dans les départemens, au moment très-prochain de l'établissement des corps administratifs. Il n'y a aussi qu'un seul degré d'élection intermédiaire entre les assemblées primaires et les assemblées administratives, suivant l'article 1er de la section II, comme il a été dit plus haut qu'il n'y en a qu'un entre les assemblées primaires et l'Assemblée nationale. L'article 2 ajoute qu'après avoir nommé les députés à l'Assemblée nationale, les mêmes électeurs éliront les administrateurs du département. Il est évident par là que tout ce qui est prescrit par la première section du décret, et tout ce qui est expliqué dans le § II de cette instruction, touchant les assemblées primaires et la nomination des électeurs pour l'Assemblée nationale, sert en même temps et s'applique aux élections relatives à la nomination des corps administratifs. Si l'intérêt du royaume permettait d'attendre, pour l'établissement de ces corps, l'époque des élections à la prochaine législature, les électeurs qui auraient été choisis pour nommer les membres de cette législature, seraient les mêmes qui, après avoir fait cette nomination, éliraient

les membres des administrations de département et de district. Mais la formation de ces administrations n'admettant aucun délai, il faut en ce moment procéder aux élections, en commençant par les assemblées primaires, comme s'il s'agissait de choisir des électeurs pour une législature, et en observant les formes établies par les vingt-un premiers articles de la section 1re du décret.

Les renouvellemens de la moitié des membres des corps administratifs, qui auront lieu par la suite tous les deux ans, seront faits, aux termes des articles 2 et 3 de la section II, par les électeurs qui auront élu les représentans au Corps-Législatif. A la prochaine convocation, les assemblées primaires se formeront comme il a été dit au § II de la présente instruction. Elles éliront leur président, leur secrétaire et trois scrutateurs; elles nommeront ensuite les électeurs au scrutin de liste double, et à raison d'un électeur sur cent citoyens actifs. Les électeurs nommés par toutes les assemblées primaires de chaque département se réuniront en une seule assemblée au chef-lieu de département, c'est-à-dire, dans la ville désignée pour être le siège de l'administration. Si cependant le nombre des électeurs se trouvait trop considérable, ils pourraient diviser leur assemblée en deux sections, comme il a été dit précédemment.

Aussitôt que l'assemblée des électeurs sera formée, elle nommera son président et son secrétaire qui prêteront à l'assemblée le serment patriotique, et le président recevra celui de l'assemblée. Il sera procédé ensuite à la nomination de trois scrutateurs. Toutes ces opérations seront faites de la même manière et dans les mêmes formes que s'il s'agissait d'une assemblée d'électeurs nommant au Corps-Législatif. Il faut recourir sur tous ces points aux développemens contenus au § II de cette instruction. Les électeurs nommeront trente-six membres pour composer l'administration de département. Ces trente-six membres de l'administration de département seront élus au scrutin de liste double et à la pluralité absolue des suffrages, aux termes de l'article 2 de la IIe section du décret, c'est-à-dire, que ceux qui auront obtenu la pluralité absolue au premier tour de scrutin seront définitivement élus, et qu'il en sera de même au second tour, s'il a été nécessaire d'y passer; mais s'il faut faire un troisième tour de scrutin, la pluralité relative des suffrages suffira cette troisième fois pour compléter l'élection.

Après la nomination des trente-six membres de l'administration de département, les électeurs procéderont de suite à l'élection d'un procureur-général-syndic. Cette élection sera faite au scrutin individuel et à la pluralité absolue des suffrages. Le procureur-général-syndic doit être choisi dans le nombre des citoyens résidant habituellement dans le département, et n'ayant aucun service ou emploi qui puisse le distraire des fonctions assidues du syndicat. Les électeurs pourront choisir les membres de l'administration de département et le procureur-général-syndic parmi les citoyens éligibles de tous les districts du département; mais en observant néanmoins que, dans le nombre des trente-six membres, ils en aient toujours deux au moins de chaque district. Cette nécessité d'élire toujours deux membres au moins de chaque district pourrait souvent ne pas se trouver remplie, si les électeurs votaient à la fois et indistinctement pour l'élection des trente-six membres de l'administration; car il arriverait fréquemment que, dans un aussi grand nombre de sujets entre lesquels les suffrages se seraient distribués, la pluralité ne se trouverait pas réunie sur deux de chaque district. Il est donc nécessaire de faire d'abord autant de scrutins particuliers qu'il y a de districts dans le département, et de voter séparément pour l'élection des deux administrateurs qui devront être tirés de chaque district, par liste double de ce nombre deux; ensuite les électeurs pourront voter par un même scrutin sur tous les membres qui resteront à élire, et qui pourront être pris dans l'étendue de tous les districts indistinctement, en faisant une liste double du nombre de ces membres restant à élire.

Les conditions de l'éligibilité à l'administration de département sont : 1° d'être citoyen actif du département; 2° de réunir à toutes les qualités de citoyen actif, expliquées ci-dessus, la condition de payer une contribution directe plus forte, et qui se monte au moins à la valeur locale de dix journées de travail. Il y a incompatibilité entre les fonctions d'administrateur de département et celles : 1° d'administrateur de district; 2° de membre d'un corps municipal; 3° de percepteur des impositions indirectes. Si ceux qui rempliront quelqu'une de ces trois dernières fonctions se trouvaient élus à l'administration de département, ils seraient tenus d'opter incontinent.

Lorsque l'assemblée des électeurs aura composé l'administration de département et clos le procès-verbal de ses élections, elle en remettra un double au Roi, et en adressera un autre au président de l'Assemblée nationale; ensuite elle se désunira. Les électeurs de chaque district, c'est-à-dire, tous ceux qui auront été nommés par les assemblées primaires du ressort du même district, se rendront de suite au chef-lieu du district, et s'y réuniront pour nommer les membres qui composeront l'administration de ce district. Ainsi, la première assemblée générale de tous les électeurs de département se divisera en autant d'assemblées particulières qu'il y

aura de districts dans l'étendue du département.

Chaque assemblée des électeurs de district nommera son président, son secrétaire et trois scrutateurs, ainsi qu'il a été dit pour les assemblées primaires et pour l'assemblée générale des électeurs de département. Elle élira ensuite douze membres pour composer l'administration de district. Ces douze membres de l'administration de district seront élus au scrutin *de liste double et à la pluralité absolue des suffrages*, de la même manière que les membres des administrations de département. Après la nomination des douze membres de l'administration de district, les électeurs procéderont à l'élection d'un procureur-syndic. Cette élection sera faite comme celle du procureur-général-syndic de département, *au scrutin individuel et à la pluralité absolue des suffrages*. Les électeurs pourront choisir les membres de l'administration de district et le procureur-syndic parmi les citoyens éligibles de tous les cantons du district.

Les conditions de l'éligibilité pour l'administration de district sont : 1° d'être citoyen actif du district; 2° de payer la même somme de contribution directe que pour l'administration de département. L'incompatibilité a lieu également contre les percepteurs des impositions indirectes, les membres des corps municipaux, et réciproquement contre les membres de l'administration de département.

§ V. Éclaircissemens sur les vingt derniers articles de la section II du décret concernant l'organisation des corps administratifs.

Les administrations de département et de district sont permanentes, suivant l'article 12, non dans le sens que leurs sessions puissent être continues et sans intervalle, mais parce que les membres qui composeront les corps administratifs, conserveront leur caractère pendant tout le temps pour lequel ils seront élus, que ces corps périodiquement renouvelés ne cesseront pas un instant d'exister, et que l'administration de département sera faite chaque jour sous leur influence et par l'autorité qui leur sera confiée. Les membres des administrations de département et de district seront élus pour quatre ans, et resteront en fonctions pendant ce temps. Ils seront renouvelés tous les deux ans par moitié, c'est-à-dire, que tous les deux ans il sortira dix-huit membres de l'administration de département, et six de celle de district, qui seront remplacés par un égal nombre de membres nouvellement élus. Il sera procédé à ces remplacemens dans les mêmes formes qui sont établies pour la nomination des premiers membres de ces administrations. Le sort déterminera la première fois, après les deux premières années d'exercice, quels membres devront sortir; les autres cesseront ensuite leurs fonctions tous les deux ans, par moitié, à tour d'ancienneté. A ce moyen, les membres qui se trouveront, en 1792, dans la première moitié dont le sort décidera la sortie, n'auront eu que deux ans d'exercice. En procédant à ces renouvellemens pour l'administration de département, les électeurs seront attentifs à maintenir toujours dans cette administration deux membres au moins de chaque district; et par conséquent, lorsqu'un district n'aura fourni que deux membres à l'administration, ces membres sortant d'exercice ne pourront être remplacés que par de nouveaux membres élus parmi les citoyens du même district. Le procureur-général-syndic du département et les procureurs-syndics des districts seront également élus pour quatre ans, après lesquels ils pourront être continués, par une nouvelle élection, pour quatre autres années; mais ensuite ils ne pourront plus être réélus, si ce n'est après un intervalle de quatre ans. Lorsque les membres qui vont être nommés pour composer les administrations, soit de département, soit de district, seront réunis pour tenir leur prochaine session, ils procéderont, dès la première séance, à la nomination d'un d'entre eux pour président. Jusque-là le doyen d'âge présidera; les trois plus anciens, après lui, feront les fonctions de scrutateurs, et un des membres remplira provisoirement celles de secrétaire. La nomination du président sera faite au *scrutin individuel et à la pluralité absolue des suffrages.* L'élection du président sera suivie immédiatement de celle d'un secrétaire, qui sera nommé de même par les membres de chaque administration, mais pris hors de leur sein. Il sera élu aussi *au scrutin individuel et à la pluralité absolue des suffrages;* mais il pourra être changé, lorsque les membres de l'administration l'auront jugé convenable, à la majorité des voix. L'administration de département sera divisée en deux sections : la première portera le titre de *Conseil de département;* et l'autre, celui de *Directoire de département.* Le directoire sera composé de huit des membres de l'administration; les vingt-huit autres formeront le conseil. Pour opérer cette division, les trente-six membres de chaque administration de département éliront, à la fin de leur première session, *au scrutin individuel et à la pluralité absolue des suffrages,* les huit d'entre eux qui composeront le directoire. Les membres du directoire seront en fonctions pendant quatre ans, et seront renouvelés tous les deux ans par moitié; la première fois au sort, après les deux premières années d'exercice, ensuite à tour d'ancienneté. Il arrivera ainsi que la moitié des membres qui seront élus la première fois au directoire n'y pourra rester que deux ans. Il faut observer, par rapport aux directoires, que si les citoyens qui rempliront des places de judicature, et

qui réuniront les conditions d'éligibilité prescrites, ne sont pas exclus des administrations de département et de district, suivant l'article 10 de la IIᵉ section du décret, ils ne peuvent pas cependant être nommés membres des directoires, aux termes du même article, à cause de l'incompatibilité qui résulte de l'assiduité des fonctions que les directoires, d'une part, et les places de judicature, de l'autre, imposent également. Les directoires doivent être en tout temps, et surtout en ce premier moment, composés de citoyens sages, intelligens, laborieux, attachés à la constitution, et qui n'aient aucun autre service ou emploi qui puisse les distraire des fonctions du directoire. C'est au conseil de département qu'il appartiendra de fixer les règles de chaque partie importante de l'administration du département, et d'ordonner les travaux et les dépenses générales. Il tiendra pour cet effet une session annuelle pendant un mois au plus, excepté la première qui pourra être de six semaines. Le directoire, au contraire, sera toujours en activité et s'occupera sans discontinuation, pendant l'intervalle des sessions annuelles, de l'exécution des arrêtés pris par le conseil et de l'expédition des affaires particulières. Le président de l'administration de département, quoiqu'il ne soit pas compris dans les huit membres dont le directoire sera composé, aura le droit d'assister et de présider à toutes les séances du directoire, qui pourra néanmoins se choisir un vice-président. Tous les ans, le directoire rendra au conseil de département le compte de sa gestion, et ce compte sera publié par la voie de l'impression. C'est à l'ouverture de chacune des sessions annuelles, que le conseil de département recevra et arrêtera le compte de la gestion du directoire; il sera même tenu de commencer par-là le travail de chaque session. Les membres du directoire se réuniront ensuite à ceux du conseil, prendront séance et auront voix délibérative avec eux, de manière qu'à partir du compte rendu, la distinction du conseil et du directoire demeurera suspendue pendant la durée de la session, et tous les membres de l'administration siégeront ensemble en assemblée générale.

Pendant la session du conseil, les membres éliront, toutes les semaines, *au scrutin individuel et à la majorité absolue,* celui d'entre eux qui aura la voix prépondérante, dans le cas où les suffrages seraient partagés. La même élection sera faite tous les mois pour le directoire, par les membres qui le composeront. Tout ce qui vient d'être dit pour les administrations de département aura lieu de la même manière pour les administrations de district.

Celles-ci seront divisées aussi en deux sections : l'une, sous le titre de *Conseil de district;*

l'autre, sous celui de *Directoire de district.*
Le directoire de district sera composé de quatre membres. Les douze membres de l'administration de district éliront, à la fin de leur première session, *au scrutin individuel et à la pluralité absolue des suffrages,* les quatre d'entre eux qui composeront le directoire. Ceux-ci seront renouvelés tous les deux ans par moitié.

Le conseil de district ne tiendra qu'une session tous les ans, pendant quinze jours au plus; et comme la principale utilité des administrations de district est d'éclairer celles de département, sur les besoins de chaque district, l'ouverture de cette session annuelle des conseils de district précédera d'un mois celle du conseil de leur département. Les directoires de district seront toujours en activité comme ceux de département, soit pour l'exécution des arrêtés de l'administration de district, approuvés par celle de département, soit pour l'exécution des arrêtés de l'administration de département et des ordres qu'ils recevront de cette administration et de son directoire.

Enfin, les directoires de district rendront tous les ans le compte de leur gestion aux conseils de district, à l'ouverture de la session annuelle, et auront ensuite séance et voix délibérative en assemblée générale avec les membres des conseils.

Un des points essentiels de la constitution, en cette partie, est l'entière et absolue subordination des administrations et des directoires de district aux administrations et aux directoires de département, établie par l'article 28 de la II° section du décret. Sans l'observation exacte et rigoureuse de cette subordination, l'administration cesserait d'être régulière et uniforme dans chaque département. Les efforts des différentes parties pourraient bientôt ne plus concourir au plus grand bien du tout; les districts, au lieu d'être des sections d'une administration commune, deviendraient des administrations en chef, indépendantes et rivales, et l'autorité administrative dans le département n'appartiendrait plus au corps supérieur à qui la constitution l'a conférée pour tout le département.

Le principe constitutionnel sur la distribution des pouvoirs administratifs, est que l'autorité descende du Roi aux administrations de département, de celles-ci aux administrations de district, et de ces dernières aux municipalités à qui certaines fonctions relatives à l'administration générale pourront être déléguées. Les conseils de district ne pourront ainsi rien décider ni faire rien exécuter en vertu de leurs seuls arrêtés, dans tout ce qui intéressera le régime de l'administration générale. Ils pourront seulement, suivant la disposition de l'article 30, s'occuper de préparer les demandes qui seront à faire à l'administration de département, et les matières qu'ils trouveront utile de lui soumettre pour les intérêts de district. Ils prépareront encore et indiqueront à leurs directoires les moyens d'exécution, et recevront ses comptes.

Les directoires de district, chargés dans leurs ressorts respectifs de l'exécution des arrêtés de l'administration de département, n'y pourront faire exécuter ceux que les conseils de district se seraient permis de prendre en matière d'administration générale, qu'après que ces arrêtés des conseils de district auront été approuvés par l'administration de département. Les procureurs-généraux-syndics de département et les procureurs-syndics de district auront droit d'assister à toutes les séances, tant du conseil que du directoire de l'administration dont ils feront partie; ils y auront séance en un bureau placé au milieu de la salle, et en avant de celui du président.

Ils n'auront point voix délibérative, mais il ne pourra être fait à ces séances aucun rapport sans qu'ils en aient eu communication, ni être pris aucun arrêté sans qu'ils aient été entendus, soit verbalement, soit par écrit. Ils veilleront et agiront pour les intérêts du département ou du district; ils seront chargés de la suite de toutes les affaires, mais ils ne pourront intervenir dans aucune instance litigieuse, qu'en vertu d'une délibération du corps administratif. Ils n'agiront d'ailleurs sur aucun objet relatif aux intérêts et à l'administration du département ou du district, que de concert avec le directoire.

Il sera pourvu à l'interruption du service des procureurs-généraux-syndics et des procureurs-syndics, qui pourrait arriver pour cause de maladie, d'absence légitime ou de tout autre empêchement, par la précaution que les membres des administrations de département et de district seront tenus de prendre, après avoir nommé les membres qui composeront les directoires, d'élire de suite, et de désigner un de ces membres pour remplacer momentanément, dans le cas ci-dessus, le procureur-général-syndic ou le procureur-syndic.

§ VI. Explication sur la section III du décret concernant les fonctions des corps administratifs.

Le principe général dont les corps administratifs doivent se pénétrer est que, si, d'une part, ils sont subordonnés au Roi, comme chef suprême de la nation et de l'administration du royaume, de l'autre, ils doivent rester religieusement attachés à la constitution et aux lois de l'Etat, de manière à ne s'écarter jamais, dans l'exercice de leurs fonctions, des règles constitutionnelles ni des décrets des législatures, lorsqu'ils auront été sanctionnés par le Roi. L'article 1er de la section

III du décret établit et définit les pouvoirs qui sont confiés aux corps administratifs pour la répartition des contributions directes, la perception et le versement du produit de ces contributions, la surveillance du service et des fonctions des préposés à la perception et au versement. Le même article établit les corps administratifs ordonnateurs des paiemens pour les dépenses qui seront assignées en chaque département sur le produit des contributions directes. L'article 2 détermine la nature et l'étendue des pouvoirs conférés aux corps administratifs dans toutes les autres parties de l'administration générale, et il en expose les objets principaux. Il n'appartient pas à la constitution d'expliquer en détail les règles particulières par lesquelles l'ordre du service et les fonctions pratiques doivent être dirigés dans chaque branche de l'administration. Les usages et les formes réglementaires ont varié pour chaque partie du service, et pourront encore être changés et perfectionnés. Ces accessoires étant hors de la constitution, pourront faire la matière de décrets séparés ou d'instructions particulières, à mesure que l'Assemblée nationale avancera dans son travail; et ce qu'elle n'aura pu régler restera utilement soumis aux conseils de l'expérience, aux découvertes de l'esprit public, et à la vigilance du Roi et des législatures. Ce qui suffit en ce moment est que les différens pouvoirs soient constitués, séparés, caractérisés, et que l'origine et la nature de ceux qui sont conférés aux corps administratifs ne puissent être ni méconnues ni obscurcies. Il est nécessaire d'observer à cet égard que l'énumération des différentes fonctions des corps administratifs qui se trouvent dans l'article 2 de la IIIe section, n'est pas exclusive ni limitative, de manière qu'il fût inconstitutionnel de confier par la suite à ces corps quelque autre objet d'administration non exprimé dans l'article. Cette énumération n'est que désignative des fonctions principales qui entrent plus spécialement dans l'institution des administrations de département et de district. L'Etat est un; les départemens ne sont que des sections du même tout : une administration uniforme doit donc les embrasser tous dans un régime commun. Si les corps administratifs, indépendans, et en quelque sorte souverains dans l'exercice de leurs fonctions, avaient le droit de varier à leur gré les principes et les formes de l'administration, la contrariété de leurs mouvemens partiels, détruisant bientôt la régularité du mouvement général, produirait la plus fâcheuse anarchie. La disposition de l'article 5 a prévenu ce désordre, en statuant que les arrêtés qui seront pris par les administrations de département sur tous les objets qui intéresseront le régime de l'administration générale du royaume, ou même sur des entreprises nouvelles et des travaux extraordinaires, ne pourront être exécutés qu'après avoir reçu l'approbation du Roi.

Le même motif n'existe plus lorsqu'il ne s'agit que de l'expédition des affaires particulières, ou des détails de l'exécution à donner aux arrêtés déjà approuvés par le Roi; et par cette raison, le même article 5 décide que, pour tous les objets de cette seconde classe, l'approbation royale n'est pas nécessaire aux actes des corps administratifs. Le fondement essentiel de cette importante partie de la constitution, est que le pouvoir administratif soit toujours maintenu très-distinct et de la puissance législative à laquelle il est soumis, et du pouvoir judiciaire dont il est indépendant. La constitution serait violée, si les administrations de département pouvaient ou se soustraire à l'autorité législative, ou usurper aucune partie de ses fonctions, ou enfreindre ses décrets, et résister aux ordres du Roi qui leur en recommanderaient l'exécution; toute entreprise de cette nature serait de leur part une forfaiture.

Le droit d'accorder l'impôt et d'en fixer tant la quotité que la durée appartenant exclusivement au Corps-Législatif, les administrations de département et de district n'en peuvent établir aucun, pour quelque cause ni sous quelque dénomination que ce soit. Elles n'en peuvent répartir aucun au-delà des sommes et du temps que le Corps-Législatif aura fixé; elles ne peuvent de même faire aucun emprunt sans son autorisation. Il sera incessamment pourvu à l'établissement des moyens propres à leur procurer les fonds nécessaires au paiement des dettes et des dépenses locales, et aux besoins urgens et imprévus de leur département. La constitution ne serait pas moins violée, si le pouvoir judiciaire pouvait se mêler des choses d'administration, et troubler, de quelque manière que ce fût, les corps administratifs dans l'exercice de leurs fonctions. La maxime qui doit prévenir cette autre espèce de désordre politique est consacrée par l'article 8. Tout acte des tribunaux et des cours de justice tendant à contrarier ou à suspendre le mouvement de l'administration étant inconstitutionnel, demeurera sans effet, et ne devra pas arrêter les corps administratifs dans l'exécution de leurs opérations.

Les administrations de département et de district qui vont être établies, succédant aux Etats provinciaux, aux assemblées provinciales et aux intendans et commissaires départis dans les généralités, dont les fonctions cesseront, aux termes des articles 8 et 9, prendront immédiatement la suite des affaires. Il sera pourvu à ce que tous les papiers et renseignemens nécessaires leur soient remis, et à ce que le compte de la situation de leurs départemens respectifs leur soit rendu. Elles recevront, à l'ouverture ou pendant le cours de leur première session, la notice des objets dont il paraîtra nécessaire qu'elles s'occupent provisoirement et sans délai.

Il était juste de prévenir l'embarras qu'auraient éprouvé les provinces qui ont eu jusqu'à présent une seule administration, et qui se trouvent divisées maintenant en plusieurs départemens, pour terminer les affaires communes procédant de l'unité de leur administration précédente. Ce cas a été prévu et décidé par le dernier article de la section III du décret. Chacune des nouvelles administrations de département établies dans la même province, nommera parmi ses membres, autres que ceux du directoire, deux commissaires. Les commissaires de tous les départemens de la province se réuniront et tiendront leurs séances dans la ville où était le siège de la précédente administration. Ce commissariat, composé de représentans de toutes les parties de la province, s'occupera de liquider les dettes contractées sous l'ancien régime, d'en établir la répartition entre les divers départemens, et de mettre à fin les anciennes affaires. Il cessera aussitôt que la liquidation et le partage auront été faits, et rendra compte de sa gestion lorsqu'elle sera finie, ou même pendant sa durée, s'il en est requis, à une nouvelle assemblée, composée de quatre autres commissaires nommés par chaque administration de département.

L'organisation du royaume la plus propre à remplir les deux plus grands objets de la constitution; la jouissance, dès la prochaine législature, de la meilleure combinaison de représentation proportionnelle qui ait encore été connue, et l'établissement, dès le moment actuel, des corps administratifs les plus dignes de la confiance publique, sont les nouveaux fruits que la nation va recueillir des travaux de ses représentans. Elle continuera d'y reconnaître leur respect soutenu pour tous les principes qui assurent la liberté nationale et l'égalité politique des individus. L'attention de tous les citoyens doit se porter en cet instant sur la formation très-prochaine des administrations de département et de district. L'importance de leur bonne composition doit rallier, pour obtenir les meilleurs choix, les efforts du patriotisme qui veille pour la chose publique, et ceux de l'intérêt particulier qui se confond sur ce point avec l'intérêt général. Le régime électif est sans doute la source du bonheur et de la plus haute prospérité pour le peuple qui sait en faire un bon usage; mais il tromperait les espérances de celui qui ne porterait pas dans son exécution cet esprit public qui en est l'ame, et qui commande dans les élections le sacrifice des prétentions personnelles, des liaisons du sang et des affections de l'amitié, au devoir inflexible de ne confier qu'au mérite et à la capacité les fonctions administratives qui influent continuement sur le sort des particuliers et sur la fortune de l'État.

---

22 DÉCEMBRE 1789. — Décret qui rejette comme trop sévère un projet de règlement concernant la circulation des grains, et ordonne un rapport sur l'abolition des droits de hallage, minage, etc. (B. 1, 286.)

24 DÉCEMBRE 1789. (Lett. Pat.) — Décret qui déclare les non-catholiques admissibles à tous les emplois civils et militaires. (L. 1, 385 ; B. 1, 287.)

L'Assemblée nationale, sans entendre rien préjuger relativement aux Juifs, sur l'état desquels elle se réserve de prononcer, et sans qu'il puisse être opposé à l'éligibilité d'aucun citoyen d'autres motifs d'exclusion que ceux qui résultent des décrets constitutionnels, a décrété ce qui suit :

1° Les non-catholiques qui auront d'ailleurs rempli toutes les conditions prescrites dans les précédens décrets de l'Assemblée nationale pour être électeurs et éligibles, pourront être élus dans tous les degrés d'administration, sans exception; 2° les non-catholiques sont capables de tous les emplois civils et militaires, comme les autres citoyens.

---

26 = 30 DÉCEMBRE 1789. (Lett. Pat.) — Décret relatif aux déclarations pour la contribution patriotique. (L. 1, 401 ; B. 1, 287.)

L'Assemblée nationale, considérant que les circonstances publiques et particulières, les variations que doit opérer dans les revenus l'heureuse révolution qui va réunir et régénérer les Français, l'inaction de la plupart des municipalités, les doutes qui ont pu s'élever sur l'esprit et sur l'extension de la loi, ont dû retarder les déclarations prescrites par son décret du 6 octobre dernier; qu'un nouveau délai est sollicité par les raisons les plus légitimes; qu'il importe surtout que les premiers actes de ces municipalités, qui vont être pour les peuples les gages et les garans de la liberté, de la sécurité, de toutes les prospérités publiques et particulières, ne soient pas des actes de rigueur, mais de confiance et de patriotisme, a décrété ce qui suit :

Art. 1er. Il sera accordé un délai de deux mois, à dater du jour de la publication du présent décret, pour faire les déclarations prescrites par le décret du 6 octobre dernier; et ce nouveau délai expiré, les municipalités appelleront tous ceux qui seront en retard.

2. La liste des noms des contribuables patriotes sera imprimée, avec la liste des sommes qu'ils se seront soumis à payer.

---

26 DÉCEMBRE 1789. — Décret qui interdit aux comités la publicité de leurs avis. (B. 1, 288.)

27 DÉCEMBRE 1789. — Proclamation du Roi sur l'imposition des biens privilégiés en Languedoc. (L. 1, 396.)

28 = 30 DÉCEMBRE 1789. (Lett.-Pat.) — Décret portant que les nouveaux officiers municipaux exerceront, par provision, les fonctions de la juridiction contentieuse et volontaire dans les provinces où ils étaient en possession de les exercer. (L. 1, 400; B. 1, 290.)

L'Assemblée nationale a décrété et décrète ce qui suit : Dans les provinces où les officiers municipaux sont en possession d'exercer des fonctions de la juridiction contentieuse ou volontaire, ceux qui vont être élus exerceront par provision les mêmes fonctions, comme par le passé, jusqu'à la nouvelle organisation de l'ordre judiciaire.

28 DÉCEMBRE 1789 = 20 AVRIL 1790. (Procl.) — Décret concernant les comptes à rendre aux nouvelles administrations par les anciennes, et la remise des pièces et papiers. (L. 1, 719; B. 1, 289.)

L'Assemblée nationale a décrété ce qui suit : Les États provinciaux, assemblées provinciales, commissions intermédiaires, intendans et subdélégués, rendront aux administrations qui les remplaceront le compte des fonds dont ils ont eu la disposition, et leur remettront toutes les pièces et tous les papiers relatifs à l'administration de chaque département.

Les corps municipaux actuels rendront de même leurs comptes à ceux qui vont leur succéder, et leur remettront tous les titres et papiers appartenant aux communautés.

Dans les départemens où il y a des trésoriers et receveurs établis par les provinces, ils rendront également leurs comptes aux nouvelles administrations. Les comptes des dix dernières années pourront être revisés par les administrations de département, sans que les États provinciaux, commissions intermédiaires, ni aucuns autres administrateurs, puissent en être dispensés.

Les poursuites ne pourront néanmoins se faire contre les héritiers et les veuves des administrateurs morts.

L'Assemblée nationale excepte du présent décret les comptes jugés par les cours supérieures.

28 DÉCEMBRE 1789. — Décret portant que M. Thalouet, président du parlement de Rennes, n'est point compris dans le décret qui mande le parlement à la barre de l'assemblée. (B. 1, 288.)

29 DÉCEMBRE 1789 = 6 JANVIER 1790. (Lett.-Pat.) — Décret portant convocation des assemblées primaires pour la composition des municipalités. (L. 1, 470.)

Huit jours après la publication des décrets relatifs aux municipalités, laquelle publication sera faite sans délai, il sera procédé à l'exécution des décrets; et, en conséquence, les citoyens actifs de chaque communauté s'assembleront pour composer les municipalités, conformément aux règles prescrites par l'Assemblée nationale. Les anciens officiers, les syndics, ou ceux qui sont actuellement en possession d'en exercer les fonctions, seront tenus de faire la convocation.

29 et 30 DÉCEMBRE 1789 = JANVIER 1790. (Lett.-Pat.) — Décret relatif aux fonctions municipales et à la tenue des assemblées primaires. (L. 1, 464; B. 1, 291.)

Voy. loi du 14 et du 22 décembre 1789 et du 26 février 1790.

Art. 1er. Nul citoyen ne pourra exercer en même temps, dans la même ville ou communauté, les fonctions municipales et les fonctions militaires.

2. Aux prochaines élections, lorsque les assemblées primaires des citoyens actifs de chaque canton, ou les assemblées particulières de communauté, auront été formées, et aussitôt après que le président et le secrétaire auront été nommés, il sera, avant de procéder à aucune autre élection, prêté par le président et le secrétaire, en présence de l'assemblée, et ensuite par les membres de l'assemblée, entre les mains du président, le serment *de maintenir de tout leur pouvoir la constitution du royaume; d'être fidèles à la nation, à la loi et au Roi; de choisir en leur ame et conscience les plus dignes de la confiance publique et de remplir avec zèle et courage les fonctions civiles et politiques qui pourront leur être confiées.* Ceux qui refuseront de prêter ce serment seront incapables d'élire et d'être élus.

3. Le premier élu des suppléans sera le premier appelé en remplacement; le second après lui, et ainsi de suite.

4. Les citoyens qui seront élus pour remplir avec le maire les places de la municipalité, porteront dans tout le royaume le seul nom d'*officiers municipaux.*

5. Les administrateurs de département et de district, et les corps municipaux, auront, chacun dans leur territoire, en toute cérémonie publique, la préséance sur les officiers et les corps civils et militaires.

6. Le conseil municipal, lorsqu'il recevra les comptes des bureaux, sera présidé par le premier élu des membres qui composeront le conseil.

7. Les juges et les officiers de justice, tant des siéges royaux, même de ceux d'exception, que des juridictions seigneuriales, pourront, aux prochaines élections, être choisis pour les places des municipalités et des administ-

trations de département et de district; mais s'ils restent juges ou officiers de justice par l'effet de la nouvelle organisation de l'ordre judiciaire, ils seront tenus d'opter.

___

29 DÉCEMBRE 1789.— Décret portant refus d'un don de 900,000 liv. offert par les Génevois. (B. 1, 290.)

___

29 DÉCEMBRE 1789.—Décret concernant le sieur de La Vinglerie, subdélégué d'Alençon. (B. 1, 290.)

___

30 DÉCEMBRE 1789 = 24 JANVIER 1790. — Décret qui ordonne la continuation de la perception du droit de péage établi à l'île Barbe, sur la Saône. (L. 1, 486; B. 1, 293.)

30 DÉCEMBRE 1789. — Contribution patriotique. Voy. 26 DÉCEMBRE 1789. — Officiers municipaux. Voy. 28 DÉCEMBRE 1789.

31 DÉCEMBRE 1789. — Décret qui ordonne le dépôt aux archives du modèle de la médaille établie par M. l'abbé Raynal, pour prix annuel des cultivateurs laborieux de la Haute-Guyenne. (B. 1, 293.)

31 DÉCEMBRE 1789. — Décret sur la manière d'acquitter les lettres de change envoyées pour dons patriotiques. (B. 1, 293.)

31 DÉCEMBRE 1789. — Impositions de Paris. Voy. 15 DÉCEMBRE 1789. — Voy. au 18 AVRIL 1790.

DÉCEMBRE 1789. — Ambassadeurs. Voy. 11 DÉCEMBRE 1789. — Municipalités. Voy. 14 DÉCEMBRE 1789. — Non-catholiques. Voy. 15 DÉCEMBRE 1789. — Répression des délits. Voy. 11 DÉCEMBRE 1789.

2 JANVIER 1790. — Décret pour assurer l'armée des sentiments de l'Assemblée nationale. (B. 2, 1.)

___

2 JANVIER 1790. — Décret pour faire restituer des effets arrêtés par le district des Cordeliers. (B. 2, 2.)

___

2 JANVIER 1790. — Décret qui rappelle l'exécution des décrets antérieurs pour assurer le paiement des impôts indirects, etc. (B. 2, 3.)

___

2 = 15 JANVIER 1790. — Décret sur les prisonniers détenus par lettres de cachet et par ordre quelconque des agens du pouvoir exécutif. (B. 2, 4.) — Voy. la loi du 16 mars 1790 (1).

___

(1) Nous plaçons ici ce décret parce qu'il est à cette date dans la collection Baudouin: la collection du Louvre l'indique comme rendu le 12 janvier. Voy. cette date.

2 JANVIER 1790. — Arrêté sur le paiement de plusieurs secrétaires commis de l'Assemblée nationale. (B. 2, 3.)

___

2 JANVIER 1790. — Décret qui surseoit à la requête de la municipalité de Rouen, relative à une augmentation de capitation. (B. 2, 3.)

___

4 JANVIER 1790. — Décret concernant les dépenses personnelles du Roi et celles de sa famille et de sa maison. (B. 2, 5.)

L'Assemblée nationale décrète qu'il sera fait une députation au Roi, pour demander à Sa Majesté quelle somme elle désire que la nation vote pour sa dépense personnelle, celle de son auguste famille et de sa maison; et que M. le président, chef de la députation, sera chargé de prier Sa Majesté de consulter moins son esprit d'économie, que la dignité de la nation, qui exige que le trône d'un grand monarque soit environné d'un grand éclat.

5 (4 et) = 14 JANVIER 1790. (Lett.-Pat.) — Décret portant suspension de paiement des pensions, appointemens et traitemens dont jouissent les Français actuellement absens sans mission, et qui ordonne le séquestre des revenus des bénéficiers français également absens. (L. 1, 476; B. 2, 6 et 7.)

Art. 1er. Les arrérages échus jusqu'au 1er janvier présent mois, de toute pension, traitement conservé, don et gratification annuelle, qui n'excéderont point la somme de trois mille livres, seront payés conformément aux réglemens existans; et sur celles desdites pensions et autres graces qui, toutes réunies et rassemblées sur une même tête, excéderont ladite somme de trois mille livres, il sera payé provisoirement pareille somme de trois mille livres seulement, et par année, excepté toutefois à l'égard des septuagénaires dont les pensions, traitemens conservés, dons et gratifications annuelles, seront payés provisoirement jusqu'à concurrence de douze mille livres; et sera le premier ministre des finances chargé, le jour de la sanction du présent décret, de se faire apporter l'état desdites pensions, dons et gratifications annuelles, au-dessus de trois mille ou de douze mille livres, qui auraient pu être payés dans l'intervalle du 1er janvier au jour de la sanction, pour arrêter définitivement ledit état.

2. A compter du 1er janvier 1790, le paiement de toutes pensions, traitemens conservés, dons et gratifications annuelles à échoir en la présente année, sera différé jusqu'au 1er juillet prochain, pour être payé à ladite

époque, d'après ce qui aura été décrété par l'Assemblée nationale.

3. Il sera nommé un comité de douze personnes, qui présentera incessamment à l'Assemblée nationale un plan d'après lequel les pensions, traitemens, dons et gratifications annuelles actuellement existans, devront être réduits, supprimés ou augmentés, et proposera les règles d'après lesquelles les pensions devront être accordées à l'avenir.

4. Il ne sera payé, même provisoirement, aucune pension, don, gratification, appointemens et traitemens attribués à quelques fonctions publiques, aux Français habituellement domiciliés dans le royaume, et actuellement absens sans mission expresse du Gouvernement, antérieure à ce jour.

5. Les revenus des bénéfices dont les titulaires français sont absens du royaume, et le seront encore trois mois après la publication du présent décret, sans une mission du Gouvernement, antérieure à ce jour, seront mis en séquestre (1).

5 = 14 JANVIER et 22 AOUT 1790. — Décret contenant une exception au décret précédent. (Bd. 2, 27.)

L'Assemblée nationale excepte de la rigueur du décret les pensions accordées, 1° au général Lukner, 2° à la famille de M. d'Assas, 3° à celle de M. de Chambort.

6 JANVIER 1790. — Assemblées primaires. Voy. 29 DÉCEMBRE 1789.

7 JANVIER = 16 MARS 1790. (Procl.) — Décret concernant le serment à prêter par les gardes nationales. (L. 1, 584; B. 2, 8.)

Jusqu'à l'époque où l'Assemblée nationale aura déterminé par ses décrets l'organisation définitive des milices et gardes nationales, les citoyens qui remplissent actuellement les fonctions d'officiers ou de soldats dans les gardes nationales, même ceux qui se sont formés sous le titre et dénomination de *volontaires*, prêteront par provision, et aussitôt après que les municipalités seront établies, entre les mains du maire et des officiers municipaux, en présence de la commune assemblée, le serment d'être fidèles à la nation, à la loi et au Roi; de maintenir de tout leur pouvoir, sur la réquisition des corps administratifs et municipaux, la constitution du royaume, et de prêter, pareillement sur les mêmes réquisitions, main-forte à l'exécution des ordonnances de justice et à celle des décrets de l'Assemblée nationale, acceptés et sanctionnés par le Roi.

7 JANVIER 1790. — Décret relatif à la requête de la municipalité de Rouen, concernant l'augmentation de la capitation des habitans. (B. 2, 8.) (2).

8 JANVIER 1790. — Décret portant que les décrets sur la formation des assemblées primaires et électorales, et des administrations de district, seront portés à l'acceptation du Roi. (B. 2, 9.)

8 JANVIER 1790. — Instruction sur la formation des assemblées primaires et des corps administratifs. Voy. 22 DÉCEMBRE 1789.

9 JANVIER 1790. — Décret sur le travail du comité de constitution, et sur celui des députés en général, relativement à la fixation des limites des départemens. (B. 2, 10.)

Les députés de chaque département seront tenus, d'ici au 31 janvier, de produire, au comité de constitution le tableau énonciatif de leurs limites respectives, arrêté et signé par nous: sinon, et à faute de ce faire, ledit comité est autorisé à tracer lui-même ces limites, et à les présenter à l'Assemblée.

A compter de ce jour, le comité de constitution sera entendu à l'ouverture de chaque séance, et après la lecture du procès-verbal, soit pour faire à l'Assemblée le rapport des objets contentieux sur lesquels il sera nécessaire de statuer, soit pour présenter le tableau des départemens terminés dans leurs subdivisions, afin que l'Assemblée puisse les décréter successivement, et à mesure qu'ils lui seront offerts.

Les députés de chaque département seront tenus de se pourvoir de deux exemplaires de la topographie de leur département, composée de feuilles de la carte de l'Académie, collées sur toile, et d'une seule feuille, afin que de ces deux exemplaires, sur lesquels seront exprimés semblablement les limites du département et celles des districts et cantons, et qui seront signées par les députés et par les membres du comité de constitution, l'un reste en dépôt aux archives nationales, et l'autre soit remis aux archives du département auquel il appartiendra.

11 JANVIER 1790. — Décret qui approuve la conduite des magistrats de la chambre des vacations du parlement de Rennes. (B. 2, 11.)

12 = 21 JANVIER 1790. (Lett.-Pat.) — Décret portant que les commissions intermédiaires des pays d'états sont autorisées à rendre exécutoires les rôles d'impositions. (L. 1. 484.)

Les commissions intermédiaires des pays d'états sont autorisées à rendre exécutoires les rôles d'impositions.

---

(1) Cet article a été ajouté par un nouveau décret du lendemain 5 janvier 1790.

(2) Voy. 2 janvier 1790.

12 = 15 JANVIER 1790. (Lett.-Pat.) — Décret concernant les prisonniers détenus en vertu d'ordres particuliers. (L. 1, 479.)

L'Assemblée nationale, considérant qu'il est de son devoir de prendre les informations les plus exactes pour connaître la totalité des prisonniers qui sont illégalement détenus ; que, malgré les états qui ont été remis à ses commissaires par les ministres du Roi, plusieurs détentions anciennes peuvent être ignorées des ministres mêmes, surtout si elles ont eu lieu en vertus d'ordres des commandans, intendans ou autres agens du pouvoir exécutif, décrète :

Que huit jours après la réception du présent décret, tous gouverneurs, lieutenans du Roi, commandans des prisons d'état, supérieurs des maisons de force, supérieurs de maisons religieuses, et toutes autres personnes chargées de la garde des prisonniers détenus par lettres de cachet, ou par ordre quelconque des agens du pouvoir exécutif, seront tenus, à peine d'en demeurer responsables, d'envoyer à l'Assemblée nationale un état certifié véritable, contenant les âges, noms et surnoms des différens prisonniers, avec les causes et la date de leur détention, et l'extrait des ordres en vertu desquels ils ont été emprisonnés.

12 = 16 JANVIER 1790. (Lett.-Pat.) — Décret portant que, nonobstant toute attribution, tous juges ordinaires peuvent et doivent informer de tous crimes. (L. 1, 482; B. 2, 11.)

Nonobstant toute attribution, tous juges ordinaires peuvent et doivent informer de tous crimes, de quelque nature qu'ils soient, et quelle que soit la qualité des accusés ou prévenus ; même décréter sur l'information et interroger les accusés, sauf ensuite le renvoi au Châtelet, de ceux dont la connaissance lui est particulièrement et provisoirement attribuée.

12 JANVIER 1790. — Décret relatif à la division du royaume. Voy. ces différens décrets réunis sous la date du 28 FÉVRIER.

13 JANVIER 1790.— Décret en faveur de M. l'abbé de Mandre. Voy. au 20 AVRIL suivant.

14 JANVIER 1790. — Décret sur l'exécution des marchés conclus ou à conclure au nom du Roi, dans les ports et arsenaux. (B. 2, 14.)

Le pouvoir exécutif suprême résidant en la personne du Roi, toute ordre émané de l'autorité de Sa Majesté, tout marché conclu ou à conclure en son nom, doivent être exécutés dans les ports et arsenaux, sans opposition quelconque, sauf la responsabilité du ministre de la marine.

14 JANVIER 1790. — Décret sur la traduction en flamand et en allemand de l'instruction sur la nouvelle formation des municipalités. (B. 2, 14.)

14 JANVIER 1790.— Décret sur la traduction des décrets dans les différens idiômes. (B. 2, 15.)

14 JANVIER 1790. — Pensions. Voy. 4 et 5 JANVIER 1790.

15 = 16 JANVIER 1790. (Lett.-Pat.) — Décret relatif aux conditions exigées pour être citoyen actif. (L. 1, 480; B. 2, 15.)

L'Assemblée nationale, considérant que, forcée d'imposer quelques conditions à la qualité de citoyen actif, elle a dû rendre au peuple ces conditions aussi faciles à remplir qu'il est possible ; que le prix des trois journées de travail, exigées pour être citoyen actif, ne doit pas être fixé sur les journées d'industrie, susceptibles de beaucoup de variations, mais sur celles employées au travail de la terre, a décrété :

1° Dans la fixation du prix des journées de travail pour être citoyen actif, on ne pourra excéder la somme de vingt sous, sans que cette fixation, qui n'a pour objet que de régler une des conditions des citoyens actifs, puisse rien changer ni préjuger relativement au prix effectif plus fort qu'on a coutume de payer les journées dans les divers lieux.

2° On ne pourra recommencer les élections déjà faites, sous prétexte que la fixation du prix de la journée de travail aurait été trop forte.

15 JANVIER 1790. — Décret qui fixe la nomenclature des quatre-vingt-trois départemens du royaume. (B. 2, 16.) Voy. au 26 FÉVRIER suivant.

15 JANVIER 1790. — Prisonniers. Voy. 12 JANVIER 1790.

16 = 24 JANVIER 1790.— Décret qui proroge le délai pour la déclaration des biens ecclésiastiques. (L. 1, 485; B. 2, 24.)

Le délai de deux mois pour la déclaration des biens ecclésiastiques, prescrit par le décret du 13 novembre dernier, sera prorogé jusqu'au 1er mars prochain ; et même les ecclésiastiques, membres de l'Assemblée, seront tenus de satisfaire à ce décret dans ledit délai.

16 JANVIER 1790. — Décret qui accorde au sieur Drôme le titre de relieur de l'Assemblée nationale. (B. 2, 17.)

16 JANVIER 1790. — Déclaration sur les personnes impliquées dans l'affaire de Toulon. (B. 2, 17.)

16 JANVIER 1790. — Arrêt du Conseil-d'État du Roi, qui annule une disposition insérée par le parlement de Dijon, dans son arrêt d'enregistrement de la déclaration du Roi, du 3 novembre 1789, portant prorogation des vacances des parlemens. (L. 2, 83.)

16 JANVIER 1790. — Arrêt du Conseil-d'État du Roi qui annule une disposition insérée par le parlement de Toulouse dans son arrêt d'enregistrement de la déclaration du Roi, du 3 novembre 1789, portant prorogation des vacances des parlemens. (L. 2, 85.)

16 JANVIER 1790. — Juges. Voy. 12 JANVIER 1790.

16 JANVIER 1790. — Citoyen actif. Voy. 15 JANVIER 1790.

17 JANVIER 1790. — Proclamation du Roi qui nomme les personnes qui doivent signer les reconnaissances données en exécution de la proclamation du 11 novembre 1789, et les coupons d'intérêts attribués auxdites reconnaissances. (L. 1, 483.)

18 et 20 JANVIER 1790 (Lett.-Pat.) (1). — Décret qui affranchit de la formalité du contrôle et des droits de timbre, les actes relatifs à la constitution des corps administratifs, et détermine l'état des villes et communautés mi-parties entre différentes provinces. (L. 1, 457 ; B. 2, 19.)

1° Tous les actes relatifs aux élections faites en conformité des décrets de l'Assemblée nationale, et les délibérations qui seront prises pour la constitution des municipalités et autres corps administratifs, ainsi que pour toutes les opérations administratives, seront exempts de la formalité du contrôle et des droits de papier timbré, par quelques personnes que lesdits actes ou délibérations soient reçus.

2° Lesdits actes et délibérations seront transcrits de suite et sans intervalle sur le registre à ce destiné, coté par pages, et paraphé par première et dernière feuille, par le président de l'Assemblée.

3° Lesdits actes et délibérations seront faits doubles, et une expédition en sera envoyée aux districts pour y être transcrite.

18 JANVIER 1790. — Décret qui charge le président de l'Assemblée d'écrire une lettre aux personnes impliquées dans l'affaire de Toulon, ainsi qu'à la municipalité et aux gardes nationales de cette ville. (B. 2, 8.)

18 JANVIER 1790. — Décret pour la formation d'un comité d'impositions. (B. 2, 19.)

19 JANVIER 1790. — Décret qui ordonne le sursis d'une procédure instruite par la maréchaussée de Strasbourg contre le sieur Sengel. (B. 2, 22.)

19 JANVIER 1790. — Décret sur une dénonciation du corps municipal de Rouen contre une compagnie de la garde nationale. (B. 2, 22.)

19 JANVIER 1790. — Décret sur la lecture des adresses et des dons patriotiques, et sur l'emploi des séances du matin. (B. 2, 23.)

20 JANVIER 1790. (Lett.-Pat.) — Décret sur la réunion des villes, paroisses et communautés mi-parties, en une seule municipalité. (L. 1, 457.)

Art. 1er. Les villes, villages, paroisses et communautés qui ont été jusqu'aujourd'hui mi-parties entre les différentes provinces, se réuniront pour ne former qu'une seule et même municipalité, dont l'assemblée se tiendra dans le lieu où est le cocher.

2. Dans ces communautés mi-parties, la convocation se fera par les deux municipalités anciennes, chacune pour la partie qui la concernera, et l'assemblée générale sera présidée par celui des deux chefs municipaux qui sera le plus avancé en âge.

Il a été ensuite délibéré que ce décret aurait lieu pour toutes les municipalités du royaume, et que M. le président demanderait la sanction du Roi.

20 = 24 JANVIER 1790. — Décret portant que la contribution à la garde soldée doit être regardée comme impôt direct, relativement à la qualité de citoyen actif. (B. 2, 26.)

Sur la question proposée par le comité municipal de Saint-Quentin, l'Assemblée nationale décrète que provisoirement la contribution de la garde soldée, usitée dans cette ville, doit être regardée comme un impôt direct, relativement à une des conditions exigées pour remplir les fonctions de citoyen actif, ou pour être admis aux municipalités ou assemblées administratives.

20 = 22 JANVIER 1790. — Décret sur la réunion provisoire du faubourg Saint-Laurent à la municipalité de Châlons-sur-Saône. (B. 2, 25.)

20 JANVIER 1790. — Décret sur le mode d'élection des membres du comité des rapports. (B. 2, 27.)

20 JANVIER 1790. — Décret sur l'impression et l'envoi d'une lettre circulaire aux municipalités où les recouvremens des impositions étaient en retard. (B. 2, 28.)

(1) Ces deux décrets sont réunis dans la collection du Louvre. Voy. le second à la date du 20 janvier, comme il est dans la collection Baudouin.

21 JANVIER 1790. (Lett.-Pat.) — Décret concernant les condamnations pour raison des délits et des crimes. (L. 1, 468 ; B. 2, 31.) *Voy.* loi des 8 et 9 octobre 1789.

Art. 1er. Les délits du même genre seront punis par le même genre de peines, quels que soient le rang et l'état des coupables.

2. Les délits et les crimes étant personnels, le supplice d'un coupable et les condamnations infamantes quelconques n'impriment aucune flétrissure à sa famille ; l'honneur de ceux qui lui appartiennent n'est nullement entaché, et tous continueront d'être admissibles à toutes sortes de professions, d'emplois et de dignités.

3. La confiscation des biens des condamnés ne pourra jamais être prononcée en aucun cas (1).

4. Le corps du supplicié sera délivré à sa famille, si elle le demande. Dans tous les cas, il sera admis à la sépulture ordinaire, et il ne sera fait sur le registre aucune mention du genre de mort.

21 JANVIER 1790. — Décret relatif aux prétentions de la république de Gênes sur l'île de Corse. (B. 2, 30.)

L'Assemblée nationale décrète : qu'attendu le vœu énoncé par les habitans de l'île de Corse de faire partie de la monarchie française, il n'y a pas lieu à délibérer sur le mémoire de la ville de Gênes ; et que son président se retirera par devers le Roi pour le prier de faire publier et exécuter incessamment les décrets dans l'île de Corse.

21 JANVIER 1790. — Décret qui approuve la conduite du sieur Tribert, négociant à Poitiers, à raison des achats de grains qu'il a été autorisé à faire pour la ville de Paris. (B. 2, 30.)

21 JANVIER 1790. — Impositions. *Voy.* 12 DÉCEMBRE 1789, et 12 JANVIER 1790.

21 JANVIER 1790. — Décret portant qu'on n'insérera au procès-verbal aucune réclamation particulière des députés sur la division de la France. (B. 2, 27.)

21 JANVIER 1790. — Décret pour la nomination de quatre commissaires destinés à recevoir des secours en faveur des pauvres. (B 2, 27.)

22 JANVIER 1790. — Décret qui ordonne la séparation de la dépense courante de la dépense arriérée, établit un comité de liquidation, et détermine ses fonctions. *Voy.* au 25 mars.

22 JANVIER 1790. — Décret qui ordonne la censure de M. l'abbé Maury. (B. 2, 34.)

22 JANVIER 1790. — Décret sur l'empêchement que le district des Cordeliers avait mis à l'exécution d'un décret de prise de corps contre Marat, auteur de *l'Ami du peuple.* (B. 2, 35.)

23 = 27 JANVIER 1790. (Lett.-Pat.) — Décret concernant la compensation des décimes payés par les contribuables auxdits décimes, avec les sommes auxquelles ils se trouveront imposés sur les rôles de supplément des impositions ordinaires sur les ci-devant privilégiés. (L. 1, 487 ; B. 2, 36.)

Art. 1er. Les contribuables aux décimes pour l'année 1789 les acquitteront en entier entre les mains des receveurs des décimes.

2. Les collecteurs ou autres préposés à la perception des impositions ordinaires de 1789, seront tenus de recevoir pour comptant les quittances des sommes payées par les contribuables aux décimes, pour la moitié desdits décimes de l'année 1789.

3. Si le montant de la moitié des décimes de 1789, excédait le montant de l'imposition ordinaire des six derniers mois de ladite année, les quittances de cette moitié desdits décimes ne seront reçues que jusqu'à concurrence dudit montant de l'imposition.

23 JANVIER = 7 AVRIL 1790. (Lett.-Pat.) — Décret qui assujétit tous les citoyens au logement des gens de guerre. (L. 1, 666 ; B. 2, 37.)

Tous les citoyens, sans exception, sont et devront être soumis au logement de gens de de guerre, jusqu'à ce qu'il ait été pourvu à un nouvel ordre de choses.

23 JANVIER 1790. — Décret sur l'ordre de travail de l'Assemblée nationale. (B. 2, 36.)

24 JANVIER 1790. — Biens ecclésiastiques. *Voy.* 16 JANVIER 1790. — Garde soldée. *Voy.* 20 JANVIER 1790. — Péage. *Voy.* 30 DÉCEMBRE 1789.

25 JANVIER 1790. — Angers. *Voy.* 22 JANVIER 1789.

26 JANVIER = 9 SEPTEMBRE 1790. — Décret qui défend à tout membre de l'Assemblée nationale d'accepter aucune place ou don du gouvernement. (L. 1, 489 ; B. 2, 46.)

L'Assemblée nationale, conformément à l'esprit de son décret du 7 novembre dernier, déclare qu'aucun membre de l'Assemblée nationale actuelle ne peut accepter du Gouvernement, pendant la durée de cette session, aucune place, don, pension, traitement ou emploi, même en donnant sa démission.

(1) *Voy.* loi du 30 août 1792 ; Charte de 1814, art. 66, et Charte de 1830, art. 57.

26 JANVIER 1790. — Décret qui autorise M. Hen-
nequin à prendre le titre de topographe de
l'Assemblée nationale. (B. 2 , 40.)

26 JANVIER 1790. — Assemblées primaires. *Voy.*
22 DÉCEMBRE 1789. — Caisse d'escompte. *Voy.*
19 et 21 DÉCEMBRE 1789. — Contrôle. *Voy.* 18
et 20 JANVIER 1790. — Corse. *Voy.* 30 DÉ-
CEMBRE 1789. — Députés. *Voy.* 7 NOVEMBRE
1789. — Districts. *Voy.* 23 JANVIER 1790. —
Fonctions municipales. *Voy.* 29 et 30 DÉCEM-
BRE 1789.

27 JANVIER 1790. — Contribuables. *Voy.* 23 JAN-
VIER 1790.

28 = 31 JANVIER 1790. (Lett.-Pat.) — Décret
concernant le paiement des octrois , droits
d'aides de toute nature , et autres droits réunis, sans aucun privilège, exemption ni distinction personnelle. (L. 1, 489; B. 2 , 46.)

Tous les octrois, droits d'aides de toute
nature, et autres droits y réunis, sous quelque dénomination qu'ils soient connus dans
les villes et autres lieux du royaume où ils
sont établis, continueront d'être perçus dans
la même forme et sous le même régime précédemment établi, jusqu'à ce qu'il ait été autrement statué par l'assemblée nationale, néanmoins sans aucun privilége, exemption ni distinction personnelle quelconque, n'entendant
rien innover, quant à présent, aux usages concernant les consommations des troupes françaises et étrangères, ainsi que des hôpitaux.
Les fermiers ou régisseurs des droits appartenant aux villes seront tenus d'exhiber les registres de leur perception aux officiers municipaux, sur leur simple réquisition; et les
sommes provenantes de l'augmentation résul-
tante de la suppression des exemptions et priviléges seront versées dans les caisses du receveur des municipalités, sans préjudice de
la partie de ces droits qui peut appartenir au
Trésor public.

28 JANVIER 1790. (Lett.-Pat.) — Décret portant
que les Juifs connus en France sous le nom
de *Juifs portugais, espagnols et avignonais*,
y jouiront des droits de citoyen actif. (L. 1,
459; B. 2 , 49.)

Tous les Juifs connus en France, sous le
nom de *Juifs portugais, espagnols et avignonais* continueront d'y jouir des droits dont ils
ont joui jusqu'à présent, et qui leur avaient
été accordés par des lettres - patentes. En
conséquence, ils jouiront des droits de citoyen actif, lorsqu'ils réuniront d'ailleurs les
conditions requises par les décrets de l'Assemblée nationale.

29 JANVIER = 31 AOUT 1790. (Procl.) — Décret
concernant l'abolition du régime prohibitif des
haras. (L. 1, 1426; B. 2 , 52.)

Art. 1er. Le régime prohibitif des haras est
aboli.
2. Les dépenses des haras sont supprimées,
à compter du 1er janvier courant, et il sera
pourvu à la dépense et à l'entretien des chevaux en la forme accoutumée, jusqu'à ce que
les assemblées de département y aient pourvu.

30 JANVIER = 3 FÉVRIER 1790. (Lett.-Pat.) —
Décret concernant les recouvremens et les versemens , dans la forme existante, des impositions ordinaires et directes de l'exercice 1790
et des exercices antérieurs. (L. 1, 494 ; B. 2 ,
56.)

L'Assemblée nationale, considérant qu'a-
près avoir prescrit, par son décret du 26 septembre dernier, et par ses décrets subséquens, la forme de répartition des impositions ordinaires et directes de l'année 1790,
il est indispensable d'en assurer également la
perception; que la forme de cette perception
pour l'exercice entier de 1790, se trouve nécessairement déterminée par les anticipations
tirées à époque fixe sur cet exercice ; qu'il est
important d'acquitter le montant de ces anticipations aux époques de leur échéance, et
d'empêcher qu'aucune anticipation nouvelle
n'entame les revenus de 1791; qu'il est, par
conséquent, utile de bien distinguer l'exercice
de 1790 de celui de 1791, dont les futures assemblées de département ne peuvent avec trop
de maturité et de précaution régler la perception par des principes simples et des formes
économiques, et qu'il est convenable d'indiquer, dès à présent, cette distinction des deux
exercices aux municipalités qui vont être établies, afin que les recouvremens n'éprouvent
aucune interruption, a décrété ce qui suit :
Art. 1er. Les préposés aux recouvremens
des impositions ordinaires et directes dans les
différentes municipalités du royaume, seront
tenus de verser entre les mains des receveurs
ordinaires de l'ancienne division des provinces, chargés dans les années précédentes de
la perception de ces impositions, le montant
entier desdites impositions de l'exercice de
1790 et des exercices antérieurs, dans la forme et dans les termes précédemment prescrits
par les anciens règlemens.
2. Attendu que les contribuables seront sou-
lagés, dans l'année présente, par la contribution des ci-devant privilégiés qui tourne à
leur décharge, les trésoriers ou receveurs généraux entre les mains desquels lesdits receveurs ordinaires verseront le montant de leur
recette, seront tenus de faire, de leur côté,
toutes diligences pour que les impositions de
l'année 1790 et des années antérieures soient
acquittées entièrement dans les six premiers
mois de 1791 au plus tard.
3. Les contraintes ne pourront être décernées que sur le visa des directoires de district,
lorsqu'ils seront établis.

4. Tous les receveurs particuliers seront tenus d'envoyer, mois par mois, l'état de leur recette et de ce qui reste dû, aux directoires des districts de leur arrondissement; lesquels seront tenus de les envoyer au plus tôt au directoire du département.

5. Lesdits trésoriers ou receveurs généraux et particuliers ne pourront faire compensation des fonds de leur recette avec ceux de leur cautionnement ou finance.

6. Ils remettront, dans les six premiers mois de 1791, aux administrateurs des différens départemens, un état au vrai de la situation des recouvremens. Quant aux comptes définitifs, tant de l'exercice de 1790 que des années antérieures, ils seront présentés par eux à la vérification dans le courant de l'année 1792 au plus tard, devant qui et ainsi qu'il sera ordonné.

———

31 JANVIER 1790. — Condamnations. Voy. 21 JANVIER 1790.— Juifs Voy. 28 JANVIER 1790. — Octrois. Voy. 28 JANVIER 1790.

2 = 3 FÉVRIER 1790. (Lett.-Pat.) — Décret contenant diverses dispositions relatives aux assemblées de communautés et aux assemblées primaires. (L. 1, 491; B. 2, 59.)

Voy. loi des 29, 30 DÉCEMBRE 1789 = JANVIER 1790.

Art. 1er. Dans les assemblées de communautés et dans les assemblées primaires, les trois plus anciens d'entre ceux qui savent écrire pourront seuls inscrire au premier scrutin, en présence les uns des autres, le bulletin de tout citoyen actif qui ne pourrait l'écrire lui-même; et lorsqu'on aura nommé des scrutateurs, ces scrutateurs pourront seuls, après avoir prêté le serment de bien remplir leurs fonctions et de garder le secret, écrire, pour le scrutin postérieur, les bulletins de ceux qui ne sauront pas écrire.

Il ne pourra être reçu aucun autre bulletin que ceux qui auront été écrits, ou par les citoyens actifs, ou par les trois plus anciens d'âge, ou par les trois scrutateurs, dans l'assemblée même sur le bureau.

2. Pour être citoyen actif ou éligible, il n'est pas besoin de payer dans le lieu même la quotité de contribution directe exigée par les décrets antérieurs; il suffit de la payer dans quelque partie du royaume que ce soit.

3. Les membres des assemblées de communautés et des assemblées primaires prêteront individuellement le serment patriotique; le président prononcera la formule, et les citoyens actifs, appelés l'un après l'autre, répondront en levant la main : Je le jure.

4. Dans tous les lieux où des comités élus librement par la commune remplissent les fonctions municipales conjointement avec les anciennes municipalités, les opérations relatives à l'exécution du décret de l'Assemblée sur la formation des municipalités nouvelles, seront faites par les officiers municipaux et les comités conjointement. Dans les lieux où d'anciennes municipalités électives ou non électives sont restées en possession des fonctions municipales, quoique des comités élus librement s'y soient établis, elles procéderont aussi à l'exécution des décrets concernant les nouvelles municipalités, conjointement avec les comités librement élus. Dans tout autre cas, les comités élus librement seront chargés seuls de l'exécution du décret relatif aux municipalités.

5. Lorsque les nouvelles municipalités seront formées, les comités permanens, électoraux et autres, sous quelque dénomination que ce soit, ne pourront plus continuer aucune fonction municipale; les compagnies armées, sous le titre de milice bourgeoise, garde nationale, volontaires, ou sous toute autre dénomination, ne se mêleront ni directement ni indirectement de l'administration municipale, mais obéiront aux réquisitions des officiers municipaux, en conformité des décrets de l'Assemblée nationale.

6. Dans les lieux où il n'y a que des contributions territoriales, dans ceux où l'on ne perçoit aucune contribution directe, soit parce qu'elle a été convertie en impositions indirectes, soit par toute autre cause, il est décrété, jusqu'à la nouvelle organisation de l'impôt, que tous les citoyens qui réuniront d'ailleurs les autres conditions prescrites par les décrets de l'Assemblée, seront réputés citoyens actifs et éligibles; excepté dans les villes ceux qui, n'ayant ni propriétés ni facultés connues, n'auront d'ailleurs ni profession ni métier; et dans les campagnes, ceux qui n'auront aucune propriété foncière, ou qui ne tiendront pas une ferme ou métairie de trente livres de bail.

7. Il ne pourra, sous prétexte de l'inobservation des articles ci-dessus, être procédé à de nouvelles élections dans les lieux où elles se trouveront faites.

———

3 = 4 FÉVRIER 1790. (Lett.-Pat.) — Décret portant établissement d'une cour provisoire à Rennes. (L. 1, 497; B. 2, 67.)

L'Assemblée nationale, instruite de la désobéissance de la nouvelle chambre des vacations de Rennes, décrète ce qui suit:

Art. 1er. Pour former un tribunal provisoire qui remplace ladite chambre des vacations, il sera adjoint au sieur président de Talhouet, ci-devant nommé président de cette chambre, deux juges de chacun des quatre présidiaux de Bretagne, quatre jurisconsultes parmi ceux du barreau de Rennes, et deux de chaque ville où les trois autres présidiaux sont établis.

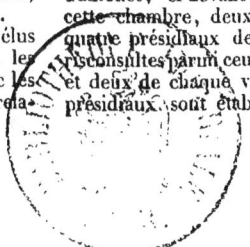

1.

7

2. Lesdits membres se réuniront et se mettront en activité le plus tôt possible : en cas de refus ou d'absence de partie d'entre eux, ceux qui se trouveront réunis commenceront néanmoins sans délai l'exercice de leurs fonctions, appelant, à cet effet, provisoirement et à leur choix, des avocats pour assesseurs.

3. Dans l'absence du sieur président de Talhouet, la chambre sera présidée par le plus anciennement admis au serment d'avocat.

4. Le même ordre d'ancienneté sera observé pour la préséance entre les autres juges ; et ils pourront se diviser en deux sections pour la plus prompte expédition des affaires.

5. La cour supérieure provisoire ainsi formée tiendra ses séances tous les jours, même pendant ceux de *fêtes de palais* qui ne sont pas gardées par l'église.

6. Les trois substituts du procureur-général feront, tant à l'audience qu'à la chambre du conseil, et dans l'instruction des procès criminels, toutes les fonctions du ministère public, concurremment et sans aucune préséance entre eux ; ils se distribueront également les affaires nouvelles, et conserveront celles dont ils sont saisis.

7. Il est enjoint aux greffiers, huissiers et à tous officiers ministériels attachés au parlement de Bretagne, de continuer leurs fonctions auprès de ladite cour supérieure provisoire.

8. Les ci-devant juges composant les deux chambres de vacations successivement nommées, et tous autres juges du parlement de Bretagne, le sieur président de Talhouet excepté, remettront au greffe, dans huit jours après l'entrée en exercice de ladite cour, les procès et pièces qu'ils peuvent avoir ; et faute à eux de le faire, ils seront poursuivis à cet effet à la requête d'un des substituts, et condamnés par corps à faire cette remise, et aux dommages et intérêts des parties.

9. Ladite cour supérieure provisoire aura, pour l'exercice du pouvoir judiciaire, toute l'autorité dont le parlement de Bretagne était revêtu, à l'effet de juger toutes affaires, tant criminelles que civiles, à quelques sommes qu'elles puissent monter, ainsi et de la même manière que les chambres des vacations avaient reçu cette autorité par le décret du 3 novembre dernier, sanctionné par Sa Majesté.

10. A l'exception du président de Talhouet, qui conservera ses gages, les honoraires des juges appelés à composer la cour supérieure provisoire seront de douze livres par jour, à compter, pour ceux de Nantes, Vannes et Quimper, du jour de leur départ ; et pour ceux de Rennes, du jour de leur entrée en fonctions : le trésorier de la province de Bretagne est autorisé à payer chaque mois lesdits honoraires, sur un mandat du président et d'un des substituts de ladite cour. En conséquence, lesdits juges ne percevront aucuns droits ni épices, sous quelque dénomination que ce soit.

11. Les substituts, greffiers et autres officiers ministériels, n'étant point compris dans la fixation des honoraires, continueront de percevoir les émolumens qui leur sont attribués par le titre de leurs offices ou par les réglemens.

12. Les ci-devant juges composant la chambre des vacations dernièrement nommée seront privés de leurs gages depuis le jour qu'appelés pour rendre la justice, ils se sont assemblés sans remplir cette obligation, jusqu'au jour où la cour supérieure provisoire cessera ses fonctions, et où les juges qui seront établis d'après le nouvel ordre judiciaire commenceront les leurs.

13. Lesdits gages seront payés au trésorier de la province de Bretagne, et serviront à remplacer d'autant dans sa caisse la somme qu'il paiera pour les honoraires de la cour supérieure provisoire.

3 FÉVRIER 1790. — Décret relatif au jugement de la capacité et des titres des citoyens actifs et éligibles. (B. 2, 67.)

L'Assemblée nationale, sur le rapport du comité de constitution, et conformément à l'article de son décret du 22 décembre dernier, qui constitue les assemblées primaires juges de la capacité et des titres des citoyens actifs et des citoyens éligibles, renvoie aux deux sections de l'assemblée de la commune de Chinon, le jugement de la capacité du sieur Pichereau, d'après les décrets de l'Assemblée nationale ; déclarant, au surplus, expressément que les officiers municipaux, et les commandans de la garde nationale de Chinon, doivent prendre toutes les précautions nécessaires, même requérir, au besoin, les secours de la maréchaussée et des corps de troupes réglées, pour assurer la tranquillité dans les deux sections de l'assemblée de la commune de Chinon, lesquelles se formeront de nouveau, à l'effet de procéder aux élections.

5 = 12 FÉVRIER 1790. (Lett.-Pat.). — Décret portant que tous possesseurs de bénéfices ou de pensions sur bénéfices ou sur des biens ecclésiastiques quelconques, seront tenus d'en faire leur déclaration ; et, en outre, suppression des maisons religieuses de chaque ordre qui se trouvent doublées ou triplées dans une même municipalité. (L. 1, 501 ; B. 2, 85.)

Art. 1er. Tous possesseurs de bénéfices ou de pensions sur bénéfices, sur les économats, sur le clergé général, sur celui des diocèses ou sur des biens ecclésiastiques quelconques, à quelque titre que ce soit, même les chevaliers de Malte, de Saint-Lazare et autres, les chanoinesses et toutes personnes enfin, sans exception, seront tenus, dans le mois de la publication du présent, de déclarer devant les officiers municipaux de la ville où ils se trouveront ou de la ville la plus prochaine, le nombre, le titre des bénéfices qu'ils possèdent, et le lieu de leur situation, ainsi que toutes les pensions dont ils peuvent jouir, soit sur d'autres bénéfices, soit sur les économats, soit sur le clergé ; sinon et faute par eux de faire ladite déclaration, ils seront déchus des bénéfices et pensions qu'ils auront omis de déclarer.

2. Les officiers municipaux devant qui lesdites déclarations seront faites, seront tenus d'en tenir registre, et de les envoyer à l'Assemblée nationale, dans la huitaine du jour où elles auront été reçues.

3. Les membres de l'Assemblée nationale, possesseurs de bénéfices ou pensions, pourront faire leur déclaration au comité ecclésiastique ; et, au surplus, elles seront toutes faites sur papier libre et sans frais.

Il est en outre décrété, en attendant des suppressions plus considérables, la suppression d'une maison de religieux de chaque ordre dans toute municipalité où il en existe deux ; de deux maisons dans toute municipalité où il en existe trois ; de trois dans toute municipalité où il en existe quatre : en conséquence, la municipalité de Paris indiquera dans la huitaine, et les assemblées de département indiqueront aussitôt après leur formation, celles desdites maisons qu'elles préfèrent de supprimer en vertu du présent décret, pour les emplacemens en être aussitôt mis en vente, en exécution et conformément au décret du 19 décembre dernier.

5 FÉVRIER 1790. — Décret qui autorise les comités à donner des avis et éclaircissemens sans être obligé d'en référer à l'Assemblée. (B. 2, 82.)

5 FÉVRIER 1790. — Décret relatif à une augmentation des membres du comité ecclésiastique. (B. 2, p. 85).

6 FÉVRIER = 10 MARS 1790. (Procl.). — Décret qui suspend l'exercice des droits de citoyen actif des juges nommés pour composer la chambre des vacations du parlement de Bretagne (1). (L. 1, 573 ; B. 2, 90).

L'Assemblée nationale, délibérant sur la conduite des juges désignés pour composer la chambre des vacations dernièrement nommée parmi les membres du parlement de Bretagne, déclare que dans le moment où le Roi est venu se réunir si intimement aux représentans de la nation, elle ne veut se rappeler que les sentimens patriotiques qui ont animé tous les Français : mais attendu que ceux qui ont résisté à la souveraineté de la nation et aux ordres du Roi ne peuvent exercer les droits de citoyen actif, jusqu'à ce que, sur leur requête, le Corps-Législatif les ait relevés de l'incapacité qu'ils ont encourue,

Elle décrète que les ci-devant juges appelés pour composer la chambre des vacations dernièrement nommée en Bretagne, ne seront admis à exercer les droits de citoyen actif que lorsque, sur leur requête présentée au Corps-Législatif, ils en auront obtenu la permission.

6 FÉVRIER 1790. — Décret qui ordonne une nouvelle convocation des habitans de Ris, pour procéder de nouveau à l'élection de leurs officiers municipaux. (B. 2, 91.)

8 = 12 FÉVRIER 1790. — Décret qui autorise la municipalité de Rouen à asseoir sur tous les citoyens qui paient trois francs et plus de capitation, une contribution égale aux trois quarts de leur capitation. (B. 2, 95.)

10 = 12 FÉVRIER 1790. — Décret sur les difficultés qui peuvent s'élever lors de l'élection des officiers municipaux. (B. 2, 100.)

L'Assemblée nationale décrète qu'elle fixera incessamment les règles constitutionnelles pour le jugement des élections, et que par provision le maire de la ville de La Rochelle, et deux de ses officiers municipaux, se transporteront à Saint-Jean-d'Angély, y prendront des informations sur les faits allégués contre la validité de l'élection des officiers municipaux de Saint-Jean-d'Angély ; qu'ils en dresseront un procès-verbal et l'enverront à l'Assemblée nationale pour être par elle statué ce qu'au cas appartiendra ; et sera le présent décret présenté au Roi pour être sanctionné et adressé sans délai aux officiers municipaux de La Rochelle.

10 FÉVRIER 1790. — Décret qui rappelle l'exécution de celui du 10 août pour appaiser les troubles excités dans quelques provinces. (B. 2, 99.)

(1) Ce décret porte la date du 10 février dans la collection du Louvre.

10 FÉVRIER 1790. *Voy.* 6 FÉVRIER 1790.

---

11 = 12 FÉVRIER 1790. (Lett.-Pat.). — Décret concernant la détermination de la valeur de la journée de travail d'après laquelle doit se former la liste des citoyens actifs. (L. 1, 503, B. 2, 100.)

La détermination de la valeur locale de la journée de travail d'après laquelle doit se former la liste des citoyens actifs, a dû et doit être faite définitivement dans les lieux où les anciens officiers municipaux sont restés en possession des fonctions municipales, par ces officiers, conjointement avec les comités librement élus; et partout ailleurs, par les seuls comités librement élus, sans que qui que ce soit puisse élever aucune réclamation contre cette détermination, pourvu néanmoins qu'aux termes du décret du 15 janvier dernier, elle n'excède pas vingt sous pour chaque journée de travail. A l'égard des communautés où il n'y a point d'officiers municipaux ni de comités, l'évaluation de la journée de travail sera faite par les syndics, collecteurs, consuls, trésoriers, ou autres faisant les fonctions municipales sous quelque dénomination que ce soit, sans qu'on puisse induire du présent qu'il y ait lieu de recommencer aucune des élections qui se trouveront faites.

---

11 = 26 FÉVRIER 1790. (Lett.-Pat.) — Décret relatif aux délibérations des assemblées représentatives, municipales et administratives. (L. 1, 509; B. 2, 101.)

Toutes les délibérations des assemblées représentatives, municipales et administratives, seront rédigées et signées, assemblées ou conseils tenant, et contiendront les noms de tous les délibérans.

---

11 FÉVRIER 1790. — Décret sur l'emploi des dons patriotiques et sur les comptes à rendre par les trésoriers. (B. 2, 114.)

L'Assemblée nationale a décrété que la somme provenant des dons patriotiques serait remise au comité des finances, qui en ferait l'application de la manière la plus convenable aux circonstances, à la charge d'en rendre compte samedi prochain.

L'Assemblée nationale décrète que, sous quinze jours, les trésoriers des dons patriotiques mettront sous ses yeux un état exact des sommes auxquelles se montent les dons patriotiques depuis le 1er septembre 1789; elle enjoint à tous les directeurs des hôtels des monnaies du royaume, de lui faire parvenir, sous le même terme, un état fidèle et détaillé de la quantité de vaisselle d'or et d'argent qui leur a été remise depuis le 1er septembre 1789, et de la quantité de numéraire que cette vaisselle a produite, et quel en a été l'emploi.

---

11 = 12 FÉVRIER 1790. — Décret concernant l'assemblée des faubourgs de Nyon. (B. 2, 102.)

---

11 FÉVRIER 1790. — Décret pour l'impression et l'envoi de l'adresse aux provinces (1). (B. 2, 102.)

---

11 FÉVRIER = 29 AOUT 1790. — Décret sur la destitution du procureur du Roi de la commune de Montdidier. (B. 2, 115.)

---

12 FÉVRIER 1790. — Bénéfices. *Voy.* 5 FÉVRIER 1790. — Citoyens actifs. — Noyon. *Voy.* 11 FÉVRIER 1790. — Officiers municipaux. *Voy.* 10 FÉVRIER 1790. — Rouen. *Voy.* 8 FÉVRIER 1790.

---

13 = 19 FÉVRIER 1790. — Décret qui prohibe en France les vœux monastiques de l'un et de l'autre sexe. (L. 1, 505; B. 2, 116.)

Voy. loi des 18, 19 et 20 février 1790.

Art. 1er. La loi constitutionnelle du royaume ne reconnaîtra plus de vœux monastiques solennels des personnes de l'un ni de l'autre sexe: en conséquence, les ordres et congrégations réguliers dans lesquels on fait de pareils vœux sont et demeureront supprimés en France, sans qu'il puisse en être établi de semblables à l'avenir.

2. Tous les individus de l'un et de l'autre sexe, existant dans les monastères et maisons religieuses, pourront en sortir en faisant leur déclaration devant la municipalité du lieu, et il sera pourvu incessamment à leur sort par une pension convenable. Il sera pareillement indiqué des maisons où seront tenus de se retirer les religieux qui ne voudront pas profiter de la disposition du présent. Au surplus, il ne sera rien changé, quant à présent, à l'égard des maisons chargées de l'éducation publique et des établissemens de charité, et ce jusqu'à ce qu'il ait été pris un parti sur ces objets.

3. Les religieuses pourront rester dans les maisons où elles sont aujourd'hui, les exceptant expressément de l'article qui oblige les religieux de réunir plusieurs maisons dans une seule.

---

15 FÉVRIER 1790. — Décret relatif au choix des chefs-lieux et établissemens des départemens et districts, et à leurs limites. (B. 2, 118.) *Voy.* 26 FÉVRIER.

---

(1) Cette adresse est celle faite le 11 février 1790, intitulée: *l'Assemblée nationale aux Français.*

16 FÉVRIER 1790. — Décret sur la réforme du sceau de l'État. (B. 2, 118.)

L'Assemblée nationale décrète que son président se retirera par devers le Roi, à l'effet de lui demander que la forme du sceau actuellement en usage soit réformée, et la légende rendue conforme à l'intitulé des lettres émanées du Roi.

_____

16 FÉVRIER 1790. — Décret qui autorise les comités de l'Assemblée nationale à demander dans tous les dépôts publics communication des pièces nécessaires à leurs travaux (1). (B. 2, 118.)

_____

16 FÉVRIER 1790. — Décret qui charge les inspecteurs de l'Assemblée nationale de veiller sur les dépenses des bureaux et des comités. (B. 2, 119.)

_____

16 FÉVRIER 1790. — Décret qui autorise la ville de Peyrehorade à continuer la perception des octrois. (B. 2, 119.)

_____

17 FÉVRIER 1790. — Décret sur le lieu de la première assemblée des électeurs du département du Béarn. (B. 2, 120.)

_____

17 FÉVRIER 1790. — Décret relatif à l'ordre du travail sur les établissemens ecclésiastiques. (B. 2, 120.)

_____

18 FÉVRIER 1790. — Décret sur le renvoi de l'affaire du sieur Martineau devant les juges ordinaires. (B. 2, 121.)

_____

18 FÉVRIER 1790. — Décret qui ordonne de poursuivre les auteurs d'un libelle intitulé : *Adresse au Roi.* (B. 2, p. 121.)

_____

19 FÉVRIER 1790. — Vœux monastiques. *Voy.* 13 et 20 FÉVRIER 1790.

_____

20 (19 et) = 26 FÉVRIER 1790. — Décret qui fixe le traitement des religieux qui sortiront de leurs maisons. (L. 1, 507; B. 2, 122.)

Art. 1er. Il ne sera point fait de distinction, quant au traitement des religieux qui sortiront du cloître, entre les religieux pourvus de bénéfices et ceux qui n'en seront point pourvus; mais le sort de tous sera le même, si ce n'est à l'égard des religieux curés, qui seront traités comme les curés séculiers. Il pourra cependant être accordé aux généraux d'ordre et aux abbés réguliers ayant juridiction, une somme plus forte qu'aux simples religieux.

2. Il sera payé à chaque religieux qui aura fait sa déclaration de vouloir sortir de sa maison, par quartier et d'avance, à compter du jour qui sera incessamment réglé, savoir : aux mendians, sept cents livres jusqu'à cinquante ans, huits cents livres jusqu'à soixante-dix ans, et mille livres après soixante-dix ans ; et à l'égard des religieux non mendians, neuf cents livres jusqu'à cinquante ans, mille livres jusqu'à soixante-dix ans, et douze cent livres après soixante-dix ans. Les ci-devant Jésuites résidant en France, et qui ne possèdent pas en bénéfice ou en pension sur l'État un revenu égal à celui qui est accordé aux autres religieux de la même classe, recevront le complément de ladite somme.

3. Les frères lais ou convers qui auront fait des vœux solennels, et les frères donnés qui rapporteront un engagement contracté en bonne forme entre eux et leur monastère, jouiront annuellement, quand ils sortiront de leurs maisons à compter du jour qui sera incessamment réglé, de trois cents livres jusqu'à cinquante ans, quatre cents livres jusqu'à soixante dix ans, et cinq cents livres après soixante-dix ans ; lesquelles sommes leur seront payées par quartier et d'avance.

_____

20 FÉVRIER = 26 MARS 1790. (Lett.-Pat.) — Décret qui déclare incapables de successions les religieux sortis de leurs maisons. (L. 1, 606 ; B. 2, 123.)

Voy. loi du 18 = 30 MARS 1790.

Les religieux qui sortiront de leurs maisons demeureront incapables de successions, et ne pourront recevoir par donation entre-vifs et testamentaire que des pensions de rentes viagères.

_____

20 FÉVRIER 1790. — Décret relatif aux difficultés élevées entre la municipalité et les volontaires de Brie-comte-Robert. (B. 2, 123.)

_____

20 FÉVRIER = 3 MARS et 14 MAI 1790. — Décret qui ordonne une nouvelle nomination du maire d'Aisnay. (B. 2, 124.)

_____

20 FÉVRIER 1790. — Décret sur la réunion des faubourgs de Rouen à la ville, pour les élections. (B. 2, 123.)

_____

20 FÉVRIER 1790. — Décret qui ordonne de remettre au Comité des rapports la procédure instruite contre le sieur Brouilhet, imprimeur à Toulouse. (B. 2, 124.)

_____

22 FÉVRIER 1790. — Décret qui ordonne de présenter un projet de décret sur la tranquillité publique. (B. 2, 125.)

_____

23 = 26 FÉVRIER 1790. (Lett.-Pat.) — Décret concernant la sûreté des personnes, des pro-

_____

(1) Ce décret est daté du 18 dans la collection du Louvre.

priétés, et la perception des impôts. (L. 1, 510; B. 2, 126.)

Art. 1er. Nul ne pourra, sous peine d'être puni comme perturbateur du repos public, se prévaloir d'aucun acte prétendu émané du Roi ou de l'Assemblée nationale, s'il n'est revêtu des formes prescrites par la constitution, et s'il n'a été publié par les officiers chargés de cette fonction.

2. Le discours que sa Majesté a prononcé dans l'Assemblée nationale, le 4 de ce mois, et l'adresse de l'Assemblée nationale aux Français, seront incessamment envoyés à toutes les municipalités du royaume, ainsi que tous les décrets, à mesure qu'ils seront acceptés ou sanctionnés, avec ordre aux officiers municipaux de faire publier et afficher les décrets sans frais; et aux curés ou vicaires desservant les paroisses, d'en faire lecture au prône.

3. Les officiers municipaux emploieront tous les moyens que la confiance publique met à leur disposition, pour la protection efficace des propriétés publiques et particulières, et des personnes, et pour prévenir et dissiper tous les obstacles qui seraient apportés à la perception des impôts; et si la sûreté des personnes, des propriétés, et la perception des impôts, étaient mises en danger par des attroupemens séditieux, ils feront publier la loi martiale.

4. Toutes les municipalités se prêteront mutuellement main-forte à leur réquisition respective; quand elles s'y refuseront, elles seront responsables des suites du refus.

5. Lorsqu'il aura été causé quelques dommages par un attroupement, la commune en répondra, si elle a été requise et si elle a pu l'empêcher, sauf le recours contre les auteurs de l'attroupement; et la responsabilité sera jugée par les tribunaux des lieux, sur la réquisition du directoire de district.

23 = 26 FÉVRIER 1790. — Décret pour présenter à la sanction du Roi l'adresse aux Français. (B. 2, 125.)

23 = 26 FÉVRIER 1790. — Décret concernant les biens affectés aux salines de Salins et de Montmorot. (B. 2, 125.) *Voy.* 30 MARS 1790.

26 FÉVRIER = 3 MARS 1790. (Lett.-Pat.) — Décret relatif à l'admission des quittances de la moitié des décimes de 1789, en compensation de la capitation personnelle et de la taille et impositions accessoires. (L. 1, 531; B. 2, 157.)

L'Assemblée nationale, instruite que son décret du 23 janvier, sanctionné par le Roi, le 27, est mal interprété dans quelques provinces, a décrété et décrète ce qui suit : L'article 2 du décret du 23 janvier ne peut s'appliquer, ni en Dauphiné, ni dans les provinces sujettes au même régime, à la portion de la taille que les contribuables aux décimes paient pour des fonds roturiers qu'ils possèdent; ni aux accessoires de cette taille, ni à la prestation représentative de la corvée, ni aux dons gratuits qui se perçoivent dans les villes et dans les communautés qui y sont sujettes par voie d'imposition directe : en conséquence, les quittances de la moitié des décimes de 1789 ne seront reçues qu'en compensation de la capitation personnelle et de la portion de la taille que lesdits contribuables aux décimes paieront pour les fonds nobles dont ils jouissent.

26 FÉVRIER (15 JANVIER et 16 FÉVRIER) = 4 MARS 1790. (Lett.-Pat.) — Décret relatif à la division de la France en quatre-vingt-trois départemens (1). (L. 1, 533; B. 2, 128.)

La France sera divisée en quatre-vingt-trois départemens;

SAVOIR :

Provence.	3
Dauphiné.	3
Franche-Comté.	3
Alsace.	2
Lorraine, trois Évêchés et Barrois.	4
Champagne, principautés de Sedan, Carignan et Mousson, Philippeville, Marienbourg, Givet et Charlemont.	4
Les deux Flandres, Hainaut, Cambrésis, Artois, Boulonnais, Calaisis, Ardrésis.	2
Ile-de-France, Paris, Soissonnais, Beauvoisis, Amiénois, Vexin-Français.	6
Normandie et Perche.	5
Bretagne, et partie des Marches communes.	5
Haut et bas Maine, Anjou, Touraine et Saumurais.	4
Poitou et partie des Marches communes.	3
Orléanais, Blaisois et Pays chartrain.	3
Berry.	2
Nivernais.	1
Bourgogne, Auxerrois et Séonnois, Bresse, Bugey et Valromey, Dombes et pays de Gex.	4
Lyonnais, Forez et Beaujolais.	1
Bourbonnais.	1
Marche, Dorat, haut et bas Limousin.	3
Angoumois.	1
Aunis et Saintonge.	1
Périgord.	1

(1) Il serait inutile d'indiquer les modifications successives qu'a éprouvées la division territoriale de la France. Il suffit de consulter la loi du 19 vendémiaire an 4, celle du 28 pluviose an 8, et l'arrêté du 17 ventose an 8.

L'alternat établi entre différentes villes a été supprimé par la loi des 11 = 12 septembre 1791. On a eu soin d'indiquer pour chaque département la date du décret particulier qui le concerne. *Voy.* loi du 1er = 5 mai 1790.

Bordelais, Bazadois, Agénois, Condomois, Armagnac, Chalosse, pays de Marsan et Landes.   4
Quercy.   1
Rouergue.   1
Basques et Béarn.   1
Bigore et Quatre-Vallées.   1
Couserans et Foix.   1
Roussillon.   1
Languedoc, Comminges, Nebouzan et Rivière-Verdun.   7
Velay, haute et basse Auvergne.   3
Corse.   1

—

TOTAL des départemens.   83

TITRE Ier. *Articles généraux.*

Art. 1er. La liberté réservée aux électeurs de plusieurs départemens ou districts, par différens décrets de l'Assemblée nationale, sanctionnés par le Roi, pour le choix des chefslieux et l'emplacement de divers établissemens, est celle d'en délibérer et de proposer à l'Assemblée nationale, ou aux législatures qui suivront, ce qui paraîtra le plus conforme à l'intérêt général des administrés et des juridiciables.

2. Dans toutes les démarcations fixées entre les départemens et les districts, il est entendu que les villes emportent le territoire soumis à l'administration directe de leurs municipalités, et que les communautés de campagne comprennent de même tout le territoire, tous les hameaux, toutes les maisons isolées dont les habitans sont cotisés sur les rôles d'imposition du chef-lieu.

3. Lorsqu'une rivière est indiquée comme limite entre deux départemens ou deux districts, il est entendu que les deux départemens ou les deux districts ne sont bornés que par le milieu du lit de la rivière, et que les deux directoires doivent concourir à l'administration de la rivière.

4. La division du royaume en départemens et en districts n'est décrétée, quant à présent, que pour l'exercice du pouvoir administratif; et les anciennes divisions relatives à la perception des impôts et au pouvoir judiciaire subsisteront jusqu'à ce qu'il en ait été autrement ordonné. Les dispositions relatives aux villes qui ont été désignées comme pouvant être sièges des tribunaux, sont subordonnées à ce qui sera décrété pour l'ordre judiciaire.

TITRE II. *Division du Royaume.*

DÉPARTEMENS.

1. AIN. — L'assemblée de ce département se tiendra dans la ville de Bourg. Il est divisé en neuf districts, dont les chefs-lieux sont : Bourg, Trévoux, Mont-lues, Pont-de-Vaux, Châtillon, Belley, Saint-Rambert, Nantua, Gex. Les tribunaux qui pourront être créés dans les districts de Saint-Rambert et de Châtillon seront placés dans les villes d'Amberieux et Pont-de-Veyle. Bey ou Trivier seront admis à partager les établissemens de leurs districts. (19 et 25 janvier.)

2. AISNE. — La première assemblée des électeurs de ce département se tiendra à Chauny, et ils proposeront l'une des deux villes de Laon ou Soissons pour être chef-lieu du département. Le département est divisé en six districts, dont les chefs-lieux sont : Soissons, Laon, Saint-Quentin, Château-Thierry, Guise *provisoirement*, Chauny *provisoirement*. Les électeurs du district de Guise délibéreront, lors de leur première assemblée dans cette ville, sur la fixation du chef-lieu, et sur la réunion ou le partage entre Guise et Vervins, des établissemens résultant de la constitution. Les électeurs du district de Chauny proposeront la fixation des différens établissemens, en les partageant entre Chauny, Coucy et La Fère. (26 janvier, 6 et 11 février.)

3. ALLIER. — L'assemblée de ce département se tiendra dans la ville de Moulins. Il est divisé en sept districts, dont les chefs-lieux sont : Moulins, le Donjon, Cusset, Gannat, Montmarault, Montluçon, Cerilly. L'assemblée du département proposera, si elle juge à propos, à la première législature, la réduction à six districts. (14, 30 janvier, 6 février.)

4. ALPES (HAUTES). — La première assemblée des électeurs de ce département se tiendra à Chorges. Ils y délibéreront sur le choix des villes dans lesquelles l'assemblée du département doit alterner, sur l'ordre de cet alternat, et sur la fixation du directoire, qui ne doit point alterner. Ce département est divisé en quatre districts, dont les chefs-lieux sont : Gap, Embrun, Briançon, Serres. (8 janvier, 3 février.)

5. ALPES (BASSES). — L'assemblée de ce département se tiendra provisoirement à Digne. Il est divisé en cinq districts, dont les chefs-lieux sont : Digne, Forcalquier, Sisteron, Castellane, Barcelonnette. La ville de Manosque pourra concourir avec Forcalquier pour les établissemens qui seront fixés dans ce district. (12, 14 janvier, 1er, 7 février.)

6. ARDÈCHE. — La première assemblée de ce département se tiendra à Privas, et pourra alterner dans les villes d'Annonay, Tournon, Aubenas, Privas et le Bourg. Ce département est divisé provisoirement en sept districts, dont les chefs-lieux sont : Privas, Annonay, Tournon, Aubenas, Vernoux, Villeneuve-de-Berg, l'Argentière. Les séances des assemblées des districts de Tournon, Vernoux, Privas, Aubenas et l'Argentière, alterneront entre Saint-Péray, Saignes, la Voûte, Montpezat, Joyeuse. Les électeurs du département délibéreront sur la division des établissemens de ces districts entre les villes ci-dessus énoncées. L'Assemblée autorise l'exé-

cution provisoire de la convention des députés de la province, déposée au comité de constitution. (7 février.)

7. ARDENNES. — La première assemblée des électeurs de ce département se tiendra à Mézières; ils y délibéreront sur la fixation du chef-lieu de ce département. Il est divisé en six districts, dont les chefs-lieux sont : Charleville, Sedan, Rhétel, Rocroy, Vouziers, Grandpré. La fixation des assemblées de district à Charleville et à Grandpré est provisoire. Les électeurs proposeront le partage des établissemens avec Mézières et Buzancy. (19 janvier.)

8. ARIÈGE. — La première assemblée de ce département se tiendra à Foix, et pourra ~~erner~~ entre les villes de Foix, Saint-Girons et Pamiers. Ce département est divisé en trois districts, dont les chefs-lieux sont : Tarascon, Saint-Girons, Mirepoix. Les tribunaux qui pourront être créés seront placés à Foix, Saint-Lisiers et Pamiers. (27 janvier.)

9. AUBE. — L'assemblée de ce département se tiendra dans la ville de Troyes. Il est divisé en six districts, dont les chefs-lieux sont : Troyes, Nogent-sur-Seine, Arcis-sur-Aube, Bar-sur-Aube, Bar-sur-Seine, Ervy. Les électeurs du département délibéreront si la ville de Merri doit partager avec celle d'Arcis-sur-Aube les établissemens de ce district. (29 janvier.)

10. AUDE. — L'assemblée de ce département se tiendra provisoirement à Carcassonne, et les électeurs délibéreront si elle doit alterner, et entre quelles villes cet alternat aura lieu. Ce département est divisé en six districts, dont les chefs-lieux sont: Carcassonne, Castelnaudary, la Grasse, Limoux, Narbonne, Quillan. (29 janvier.)

11. AVEYRON. — L'assemblée de ce département se tiendra provisoirement à Rodès, et les électeurs délibéreront sur sa fixation. Ce département est divisé en neuf districts, dont les chefs-lieux sont : Rodès, Villefranche, Aubin, Mur-de-Barrès, Séverac-le-Château, Milhau, Saint-Affrique, Saint-Geniez, Sauveterre. Espalion aura le tribunal, s'il en est établi dans le district de Saint-Geniez. (25 janvier.)

12. BOUCHES-DU-RHÔNE. — L'assemblée de ce département se tiendra dans la ville d'Aix. Il sera divisé en six districts, dont les chefs-lieux sont: Aix, Arles, Marseille, Tarascon, Apt, Salon. L'assemblée et le directoire de Tarascon alterneront entre cette ville et Saint-Remy. Les électeurs du département délibéreront s'il y a lieu de faire alterner entre Pertuis et Apt l'assemblée de district, provisoirement indiquée à Apt. L'assemblée et le directoire de Salon alterneront entre Martigues et Salon. En tous les cas, la première assemblée sera à Tarascon, Apt et Salon. (14 janvier, 1er et 9 février.)

13. CALVADOS. — L'assemblée de ce département se tiendra dans la ville de Caen. Il est divisé en six districts, dont les chefs-lieux sont : Caen, Bayeux, Falaise, Lisieux, Pont-l'Evêque, Vire. S'il y a un établissement de justice dans le district de Lisieux, il sera placé à Orbec. La ville de Pont-l'Evêque réunira les établissemens de son district. Si les principes qui seront décrétés sur l'ordre judiciaire permettent d'établir plusieurs tribunaux dans le même district, l'Assemblée nationale déterminera s'il en doit être placé un dans la ville de Honfleur. (14 janvier, 5 février.)

14. CANTAL. — La première assemblée de ce département se tiendra à Saint-Flour et ses séances alterneront successivement entre Aurillac et Saint-Flour. Il est divisé en quatre districts, dont les chefs-lieux sont Saint-Flour, Aurillac, Mauriac, Murat. L'administration de ce département pourra proposer à la prochaine législature la suppression du district de Murat, dont le territoire, dans ce cas, se réunirait à celui de Saint-Flour. L'établissement d'un tribunal supérieur, s'il a lieu dans ce département, sera fixé à Aurillac. La ville de Salers obtiendra le siège de la juridiction, s'il en est créé dans le district de Mauriac. (21 janvier, 10 février.)

15. CHARENTE. — L'assemblée de ce département se tiendra à en Angoulême. Il est divisé en six districts, dont les chefs-lieux sont : Angoulême, La Rochefoucault, Confolens, Ruffec, Cognac, Barbesieux. (28, 30 janvier.)

16. CHARENTE-INFÉRIEURE. — La première assemblée de ce département se tiendra à Saintes, et alternera ensuite entre les villes de La Rochelle, Saint-Jean-d'Angély et Saintes, à moins que, dans le cours de la première session, l'assemblée du département ne propose une autre disposition définitive. Dans le cas où l'alternat n'aurait plus lieu, la ville de La Rochelle obtiendra ceux des établissemens publics qui seront le plus avantageux à son commerce, sauf à avoir égard aux conventions des députés du département, relativement à l'emplacement des tribunaux. Ce département est divisé en sept districts, dont les chefs-lieux sont: Saintes, La Rochelle, Saint-Jean-d'Angély, Rochefort, Marennes, Pons. Les électeurs du septième district, assemblés à Montlieu, y délibéreront sur la fixation du chef-lieu. L'île de Ré est du district de La Rochelle. L'île d'Aix est du district de Rochefort. L'île d'Oléron est du district de Marennes. (12 janvier, 6 février.)

17. CHER. — L'assemblée de ce département se tiendra à Bourges. Il est divisé en sept districts, dont les chefs-lieux sont: Bourges, Vierzon, Sancerre, Saint-Amand, Château-Meillant, Sancoins, Aubigny. S'il est créé des tribunaux dans les districts de Châ-

teau-Meillant, Sancoins et Aubigny, ils seront placés dans les villes de Lignière, Dun-le-Roi et Henrichemont. (7 février.)

18. CORRÈZE. — L'assemblée de ce département se tiendra à Tulle. Il est divisé en quatre districts, dont les chefs-lieux sont : Tulle, Brives, Uzerches, Ussel. (23 janvier.)

19. CORSE. — L'île de Corse ne formera provisoirement qu'un seul département. L'assemblée des électeurs se tiendra dans la Pieve-d'Orezza. Ils y délibéreront s'il est avantageux à la Corse d'être partagée en deux départemens ; et, dans le cas où ils croiraient que la Corse ne doit pas être divisée, ils indiqueront le lieu où l'assemblée de département doit se tenir. Ce département est divisé en neuf districts, dont les chefs-lieux sont : Bastia, Oletta, l'île Rousse, la Porta-d'Ampugnani, Corte, Cervionne, Ajaccio, Vico, Tallano. (3 février.)

20. CÔTES-D'OR. — L'assemblée de ce département se tiendra à Dijon. Il est divisé en sept districts, dont les chefs-lieux sont : Dijon, Saint-Jean-de-Lône, Châtillon-sur-Seine, Semur-en-Auxois, Is-sur-Tille, Arnay-le-Duc, Beaune ; sauf à placer à Auxonne un tribunal, s'il en est créé dans le district. (20 janvier.)

21. CÔTES-DU-NORD. — L'assemblée de ce département se tiendra dans la ville de Saint-Brieux. Il est divisé en neuf districts, dont les chefs-lieux sont : Saint-Brieux, Dinant, Lamballe, Guingamp, Lannion, Loudéac, Broons, Pontrieux, Rosternen. (14, 19, 30 janvier.)

22. CREUSE. — L'assemblée de ce département se tiendra provisoirement dans la ville de Guéret, sauf l'alternative en faveur d'Aubusson. Cet alternat n'aura lieu que dans le cas où la ville de Guéret aurait obtenu un tribunal supérieur aux autres tribunaux du département. Ce département est divisé en sept districts, dont les chefs-lieux sont : Guéret, Aubusson, Felletin, Boussac, la Souterraine, Bourganeuf, Évaux. Les électeurs du département délibéreront s'il est plus convenable de placer le district, désigné provisoirement pour Évaux, à Chambon, et partageront entre ces villes les établissemens de justice et d'administration. (14, 22 janvier.)

23. DORDOGNE. — L'assemblée de ce département se tiendra à Périgueux, et pourra alterner ensuite à Sarlat et à Bergerac. Il est divisé en neuf districts, dont les chefs-lieux sont : Périgueux, Sarlat, Bergerac, Nontron, Exideuil, Montignac, Riberac, Belvez, Montpont. Montpaziez obtiendra le tribunal, s'il en est créé dans le district de Belvez. Les électeurs délibéreront sur la division des établissemens d'administration et de justice entre les villes de Montpont et Mussidan ; chacune d'elle ne pourra obtenir que l'un des établissemens. (26 janvier.)

24. DOUBS. — L'assemblée des électeurs, celle du département et son directoire, se tiendront toujours dans la ville de Besançon. Ce département est divisé en six districts, dont les chefs-lieux sont : Besançon, Quingey, Ornans, Pontarlier, Saint-Hippolyte, Baume. (12 janvier, 5 février.)

25. DRÔME. — La première assemblée des électeurs de ce département se tiendra à Chabeuil. Ils y délibéreront sur le choix des villes dans lesquelles l'assemblée de département doit alterner, sur l'ordre de cet alternat, et sur la fixation du directoire, qui ne doit point alterner. Ce département est divisé en six districts dont les chefs-lieux sont : Romans, Valence, le Crest, Die, Montélimart, le Buis. La principauté d'Orange forme provisoirement un district sous l'administration de ce département ; elle pourra opter son union à un autre département. (12, 13, 28 janvier, 3 février.)

26. EURE. — L'assemblée de ce département se tiendra dans la ville d'Evreux. Il est divisé en six districts, dont les chefs-lieux sont : Evreux, Bernay, Pont-Audemer, Louviers, les Andelys, Verneuil. Les électeurs du département délibéreront s'il est nécessaire de faire un plus grand nombre de districts. La ville de Gisors obtiendra l'établissement du tribunal, qui pourra être fixé dans le district des Andelys. (14 janvier, 1er février.)

27. EURE-ET-LOIR. — L'assemblée de ce département se tiendra dans la ville de Chartres. Il est divisé en six districts, dont les chefs-lieux sont : Chartres, Dreux, Châteauneuf-en-Thimerais, Nogent-le-Rotrou, Châteaudun, Janville. (21 janvier, 5 février.)

28. FINISTÈRE. — L'assemblée de ce département se tiendra provisoirement à Quimper, et l'assemblée des électeurs délibérera si cette disposition doit demeurer définitive. Ce département est divisé en neuf districts, dont les chefs-lieux sont : Brest, Landernau, Lesneven, Morlaix, Carhaix, Châteaulin, Quimper, Quimperlé, Pont-Croix. (14, 19, 22 janvier.)

29. GARD. — La première assemblée de ce département se tiendra à Nîmes, et les séances alterneront successivement entre Alais, Uzès et Nîmes. Ce département est divisé en huit districts, dont les chefs-lieux sont : Beaucaire, Uzès, Nîmes, Sommière, Saint-Hippolyte, Alais, le Vigan, le Pont-Saint-Esprit. Les assemblées des districts, fixées provisoirement au Pont-Saint-Esprit, à Beaucaire et à Saint-Hippolyte, alterneront ensuite entre ces villes et celles de Bagnols, Villeneuve et Sauve. Les électeurs de ces deux premiers districts délibéreront sur la fixation de leurs assemblées et la suppression de leur alternat. L'importance de la ville de Nîmes sera prise en considération lors de l'établissement des tribunaux. (3 février.)

30. GARONNE (HAUTE). — L'assemblée de ce département se tiendra à Toulouse. Il est divisé en huit districts, dont les chefs-lieux sont : Toulouse, Rieux, Villefranche-de-Lauraguais, Castel-Sarrazin, Muret, Saint-Gaudens, Revel, Grenade. La ville de Beaumont-de-Lomagne aura le tribunal, s'il en est établi dans le district de Grenade. (23 janvier.)

31. GERS. — L'assemblée de ce département se tiendra à Auch. Il est divisé en six districts, dont les chefs-lieux sont : Auch, Lectoure, Condom, Nogaro, l'Ile-en-Jourdain, Mirande. L'assemblée de ce département délibérera s'il convient d'établir en faveur de Vic-Fézensac un septième district. (28 janvier.)

32. GIRONDE. — L'assemblée de ce département se tiendra dans la ville de Bordeaux; il sera divisé en sept districts, dont les chefs-lieux sont : Bordeaux, Libourne, La Réole, Bazas, Cadillac, Bourg ou Blaye, Lesparre. L'assemblée de département proposera de fixer quelques établissemens dans la ville de Sainte-Foi et dans celle de Castelmoron-d'Albret. Les électeurs du district dont le chef-lieu est indiqué à Bourg ou Blaye, s'assembleront à Bordeaux, et y délibéreront sur la fixation du chef-lieu de ce district à Bourg ou à Blaye, et sur le partage des autres établissemens entre ces deux villes. Les électeurs des paroisses du Fronsadois ne seront point admis à cette délibération, et ces paroisses ont l'option de s'unir au district de Libourne, ou de rester à celui de Bourg ou de Blaye. (6 février.)

33. HÉRAULT. — La première assemblée de ce département se tiendra à Montpellier, et alternera entre Béziers, Lodève, Saint-Pons et Montpellier. Ce département est divisé en quatre districts, dont les chefs-lieux sont : Montpellier, Béziers, Lodève, Saint-Pons. (22 janvier.)

34. ILLE-ET-VILAINE. — L'assemblée de ce département se tiendra dans la ville de Rennes. Il est divisé en neuf districts, dont les chefs-lieux sont : Rennes, Saint-Malo, Dol, Fougères, Vitré, La Guerche, Bain, Redon, Montfort. (14, 19, 23, 30 janvier.)

35. INDRE. — L'assemblée de ce département se tiendra provisoirement à Châteauroux, et elle délibérera si elle doit rester fixée à Châteauroux ou être transférée à Issoudun. Ce département est divisé en six districts, dont les chefs-lieux sont : Issoudun, Châteauroux, La Châtre, Argenton, Le Blanc, Chatillon-sur-Indre. Les villes de Vatan, Valancey, Buzançois, Levron, Saint-Benoît-du-Saut, Saint-Gauthier, Aigurande et autres, pourront obtenir le partage des établissemens de leurs districts respectifs. (4 février.)

36. INDRE-ET-LOIRE. — L'assemblée de ce département se tiendra à Tours. Il est divisé en sept districts, dont les chefs-lieux sont : Tours, Amboise, Château-Renaud, Loches,

Chinon, Preuilly, Langeais; s'il est établi un tribunal dans le district de Langeais, il sera placé à Bourgueil. Richelieu sera aussi le siége d'un des établissemens, si l'Assemblée nationale le juge convenable. (26 janvier.)

37. ISÈRE. — La première assemblée des électeurs de ce département se tiendra à Moirans. Ils y délibéreront sur le choix des villes dans lesquelles l'assemblée de département doit alterner, sur l'ordre de cet alternat, et sur la fixation du directoire, qui ne doit point alterner. Ce département est divisé en quatre districts, dont les chefs-lieux sont : Grenoble, Vienne, Saint-Marcellin, la Tour-du-Pin. (12, 28 janvier, 3 février.)

38. JURA. — L'assemblée et le directoire de ce département se tiendront alternativement dans les villes de Lons-le-Saulnier, Dôle, Salins, Poligny. L'assemblée des électeurs se tiendra toujours dans la ville d'Arbois. Ce département est divisé en six districts, dont les chefs-lieux sont : Dôle, Salins, Poligny, Lons-le-Saulnier, Orgelet, Saint-Claude. (12 janvier, 5 février.)

39. LANDES. — L'assemblée de ce département se tiendra provisoirement à Mont-de-Marsan. Les électeurs proposeront un alternat, s'ils le jugent convenable aux intérêts du département. Ce département est divisé en quatre districts, dont les chefs-lieux sont : Mont-de-Marsan, Saint-Sever, Tartas, Dax. S'il est établi un tribunal dans ce département, il sera placé à Dax. (9, 15 février.)

40. LOIR-ET-CHER. — L'assemblée de ce département se tiendra dans la ville de Blois. Il est divisé en six districts, dont les chefs-lieux sont : Blois, Vendôme, Romorantin, Mont-Doubleau, Mers, Saint-Aignan. Le tribunal qui pourra être établi dans le district de Saint-Aignan sera fixé à Montrichard. (26 janvier.)

41. LOIRE (HAUTE). — L'assemblée de ce département se tiendra dans la ville du Puy. Il est divisé en trois districts, dont les chefs-lieux sont : Le Puy, Brioude, Yssengeaux. La première assemblée délibérera si Yssengeaux doit être définitivement chef-lieu du district, et pourra proposer la division des établissemens de ce district entre les différentes villes qui y sont situées. (21, 26, 29 janvier.)

42. LOIRE-INFÉRIEURE. — L'assemblée de ce département se tiendra à Nantes. Il est divisé en neuf districts, dont les chefs-lieux sont : Nantes, Ancenis, Châteaubriant Blain, Savenay, Clisson, Guerande, Paimbœuf, Machecoul. (14, 19, 23, 30 janvier.)

43. LOIRET. — L'assemblée de ce département se tiendra à Orléans. Il est divisé en sept districts, dont les chefs-lieux sont : Orléans, Beaugency, Neuville, Pithiviers, Montargis, Gien, Bois-Commun. Les électeurs du département examineront s'il est plus avantageux de placer le district de Bois-Commun dans la

ville de Lorris, ou de faire partager les établissemens à cette dernière, en la détachant du district de Montargis. Ils délibéreront aussi sur le partage des établissemens dans le district de Pithiviers, et sur la distribution de ceux qui seront déterminés par la constitution dans les différentes villes du département. (3 février.)

44. LOT. — L'assemblée de ce département se tiendra à Cahors. Il est divisé en six districts, dont les chefs-lieux sont : Cahors, Montauban, Lauzerte, Gourdon, Martel, Figeac. Les électeurs délibéreront sur l'utilité ou les inconvéniens de la division de ce département en un plus grand nombre de districts. Les établissemens du district de Lauzerte seront partagés avec Moissac ; les électeurs indiqueront celle des deux villes dans laquelle il sera fixé, de manière que Moissac soit le chef-lieu du district ou le siège de la juridiction. (16, 29 janvier.)

45. LOT-ET-GARONNE. — La première assemblée de ce département se tiendra à Agen, et alternera dans les villes qui en seront jugées susceptibles par les électeurs, qui pourront néanmoins proposer la fixation du chef-lieu. Ce département est divisé en neuf districts, dont les chefs-lieux sont : Agen, Nérac, Castel-Jaloux, Tonneins, Marmande, Villeneuve, Valence, Montflanquin, Lauzun. (8 février.)

46. LOZÈRE. — La première assemblée de ce département se tiendra à Mende, et pourra alterner avec Marvejols. Ce département est provisoirement divisé en sept districts, dont les chefs-lieux sont : Mende, Marvejols, Florac, Langogne, Villefort, Meirveys, Saint-Chely. Les électeurs délibéreront si l'établissement du district indiqué à Saint-Chely sera placé à Malzieu. (5 février.)

47. MAINE-ET-LOIRE. — La première assemblée de ce département se tiendra à Angers ; ensuite alternativement à Saumur et à Angers, à moins qu'elle ne juge l'alternat contraire à l'intérêt de ce département. Il est divisé en huit districts, dont les chefs-lieux sont : Angers, Saumur, Baugé, Châteauneuf, Segré, Saint-Florent, Cholet, Vihiers. (14, 19 janvier.)

48. MANCHE. — L'assemblée de ce département se tiendra provisoirement dans la ville de Coutances : les électeurs délibéreront si l'assemblée de département doit alterner, et si Coutances doit définitivement en demeurer le chef-lieu. Ce département est divisé en sept districts, dont les chefs-lieux sont : Avranches, Coutances, Cherbourg, Valognes, Carentan, Saint-Lô, Mortain. Ces établissemens sont fixés provisoirement à Carentan. Les habitans de ce district auront la faculté de demander d'autres chefs-lieux d'administration, et de proposer le partage de l'administration et de la justice. (14, 27 janvier.)

49. MARNE. — L'assemblée de ce département se tiendra provisoirement dans la ville de Châlons-sur-Marne, et les électeurs délibéreront si elle doit alterner. Ce département est divisé en six districts, dont les chefs-lieux sont : Châlons, Reims, Sainte-Ménéhould, Vitry-le-Français, Epernay, Sézanne. (21 janvier.)

50. MARNE (HAUTE). — La première assemblée de ce département se tiendra dans la ville de Chaumont. Les électeurs délibéreront si, pour les sessions suivantes, l'assemblée doit alterner entre Chaumont et Langres, et si elle doit définitivement être fixée à Chaumont. Il est divisé en six districts, dont les chefs-lieux sont : Chaumont, Langres, Bourbonne, Bourmont, Joinville, Saint-Dizier. La ville de Vassy aura le tribunal, s'il en est créé dans le district de Saint-Dizier. (28 janvier, 13 février.)

51. MAYENNE. — L'assemblée de ce département se tiendra à Laval, sauf à placer, s'il y a lieu, les autres établissemens qui pourront être décrétés par l'Assemblée nationale, dans les villes de Mayenne et Château-Gontier. Ce département est divisé en sept districts, dont les chefs-lieux sont : Ernée, Mayenne, Lassay, Sainte-Susanne, Laval, Craon, Château-Gontier. La ville de Villaine pourra partager les établissemens avec Lassay ; mais Lassay conservera l'option. La ville d'Evron partagera aussi avec celle de Sainte-Suzanne, et aura l'option. (4 février.)

52. MEURTHE. — La première assemblée de ce département se tiendra à Nancy, et ensuite les séances alterneront avec Lunéville. Cet alternat n'est décrété que provisoirement. Il est divisé en neuf districts, dont les chefs-lieux sont : Nancy, Lunéville, Blamont, Saarbourg, Dieuze, Vic, Pont-à-Mousson, Toul, Vézelize. L'assemblée de district n'est que provisoirement à Vic. L'assemblée du département proposera des dispositions définitives telles, que Vic ne réunisse pas deux établissemens. (13, 21, 27 janvier.)

53. MEUSE. — L'assemblée et le directoire de ce département se tiendront pour la première fois dans la ville de Bar. Ils alterneront de quatre en quatre ans avec Saint-Mihiel ; et, dans le cas où il serait établi un tribunal suprême de judicature dans ce département, la ville de Bar aura l'option : l'alternat cessera en abandonnant l'un des deux établissemens à la ville de Saint-Mihiel. Ce département est divisé en huit districts, dont les chefs-lieux sont : Bar-le-Duc, Gondrecourt, Commerci, Saint-Mihiel, Verdun, Clermont, Etain, Stenay. Ces districts pourront être réduits à quatre, à la prochaine législature, sur la demande du département. Les établissemens seront partagés entre Gondrecourt et Vaucouleurs, Clermont et Varennes, Montmédy et Stenay ; l'option réservée à Gondrecourt, Varennes et Stenay. (13, 21, 30 janvier.)

54. MORBIHAN. — L'assemblée de ce département se tiendra à Vannes. Il est divisé en neuf districts, dont les chefs-lieux sont : Vannes, Auray, Hennebon, le Faouet, Pontivy, Josselin, Ploërmel, Rochefort, La Roche-Bernard. Le district est établi provisoirement à Auray. L'assemblée de département proposera celle des deux villes, d'Hennebon ou Lorient, qu'elle croira devoir être chef-lieu de ce district. (14 , 19 , 23 , 30 janvier.)

55. MOSELLE. — L'assemblée de ce département se tiendra dans la ville de Metz. Il est divisé en neuf districts, dont les chefs-lieux sont : Metz, Longwy, *provisoirement*, Briey, Thionville, Sarlouis, *provisoirement*, Boulay, Sarguemines, Bitche, Morhange, Bouzonville, Villers-la-Montagne et Longuyon pourront obtenir les tribunaux, s'il en est fixé dans les districts de Sarlouis et Longwy. (13 , 19 , 21 janvier.)

56. NIÈVRE. — L'assemblée de ce département se tiendra à Nevers. Il est divisé en neuf districts, dont les chefs-lieux sont : Nevers, Saint-Pierre-le-Moutier, Decize, Moulins-en-Gilbert, Château-Chinon, Corbigny, Clameci, Cosne, La Charité. (13, 16, 26 janvier.)

57. NORD. — L'assemblée de ce département se tiendra dans la ville de Douay. Il est divisé en huit districts, dont les chefs-lieux sont : Valenciennes, Le Quesnoy, Avesnes, Cambray, Douay, Lille, Hazebrouck, Bergues. Les villes de Valenciennes, Avesnes, Le Quesnoy, Cambray, Lille et Douay, réuniront l'administration et la justice. Bailleul sera le siège de justice, s'il en est établi dans le district d'Hazebrouck. Les électeurs du district de Bergues délibéreront si le siège de la justice doit être placé à Bergues ou à Dunkerque. (20 janvier, 1ᵉʳ et 7 février.)

58. OISE. — La première assemblée de ce département se tiendra dans la ville de Beauvais, et pourra proposer, dans le cours de sa session, le lieu où seront convoquées les suivantes, si elle ne juge pas qu'elles doivent être continuées à Beauvais. Ce département est divisé en neuf districts, dont les chefs-lieux sont : Beauvais, Chaumont, Grandvilliers, Breteuil, Clermont, Senlis, Noyon, Compiègne, Crépy. (20 janvier, 1ᵉʳ, 7 février.)

59. ORNE. — L'assemblée de ce département se tiendra dans la ville d'Alençon. Il est divisé en six districts, dont les chefs-lieux sont : Alençon, Domfront, Argentan, l'Aigle, Bellesme, Mortagne. (14 , 25 janvier.)

60. PARIS. — L'assemblée de ce département se tiendra dans la ville de Paris. Il est divisé en trois districts, dont les chefs-lieux sont : Paris, Saint-Denis, le Bourg-la-Reine. Les districts de Saint-Denis et du Bourg-la-Reine seront seulement administratifs. (19 janvier, 10 février.)

61. PAS-DE-CALAIS. — Les électeurs de ce département se réuniront dans la ville d'Aire. Ils délibéreront sur le lieu de leurs assemblées subséquentes, et si l'établissement de l'assemblée de département, fixée provisoirement à Arras, sera définitif. Il est divisé en huit districts, dont les chefs-lieux sont : Arras, Calais, Saint-Omer, Béthune, Bapaume, Saint-Pol, Boulogne, Montreuil. Réservé à Hesdin l'établissement du tribunal, s'il en est placé dans le district de Montreuil. (20, 22 janvier, 8 février.)

62. PUY-DE-DÔME. — La première assemblée de ce département se tiendra dans la ville de Clermont ; et, dans le cas où il serait établi un tribunal supérieur dans ce département, il sera délibéré par les électeurs du département s'il convient de le placer dans la ville de Clermont, par préférence à celle de Riom, auquel cas l'administration serait fixée dans la ville de Riom. Ce département est divisé en huit districts, dont les chefs-lieux sont : Clermont, Riom, Ambert, Thiers, Issoire, Besse, Billom, Montaigu. Les électeurs du département détermineront si l'assemblée du district, indiquée provisoirement à Besse, doit y être fixée par préférence à La Tour ou à Tauve. La demande de la ville d'Aigueperse sera prise en considération lors de l'établissement des tribunaux. (21 , 30 janvier, 5 , 9 , 10 février.)

63. PYRÉNÉES (HAUTES). — L'assemblée de ce département se tiendra à Tarbes. Il est divisé en cinq districts, dont les chefs-lieux sont : Tarbes, Vic, Bagnères, Argelès, La Barthe-des-Nestes, ou les Quatre-Vallées. Argelès sera seulement siège d'administration du district de la Montagne ; tous les autres établissemens seront à Lourde. L'assemblée des électeurs du district des Quatre-Vallées se tiendra à la Barthe-des-Nestes, et y délibérera sur la division des établissemens. L'assemblée de département délibérera s'il est convenable de former un sixième district à Trie ou dans toute autre ville. (4 février.)

64. PYRÉNÉES (BASSES). — La première assemblée des électeurs du département se réunira dans la ville de Navarreins, et ils délibéreront sur le choix de la ville dans laquelle se tiendra la première assemblée de ce département, et s'il y a lieu à l'alternat. Ce département est divisé en six districts, dont les chefs-lieux sont : Pau, Orthez, Oléron, Mauléon, Saint-Palais, Ustaritz. (12 janvier, 8 , 17 février.)

65. PYRÉNÉES-ORIENTALES. — L'assemblée de ce département se tiendra à Perpignan. Il est divisé en trois districts, dont les chefs-lieux sont : Perpignan, Céret, Prades. (9 février.)

66. RHIN (HAUT). — L'assemblée de ce département se tiendra à Colmar. Il est divisé en trois districts, dont les chefs-lieux sont : Colmar, Altkirch, Belfort. (13 janvier.)

67. RHIN (BAS). — L'assemblée de ce dé-

partement se tiendra à Strasbourg. Il est divisé en quatre districts, dont les chefs-lieux sont : Strasbourg, Haguenau, Wissembourg, Benfeld. L'établissement de district dans la ville de Benfeld est provisoire. (13 janvier.)

68. RHÔNE-ET-LOIRE. — L'assemblée de ce département se tiendra provisoirement dans la ville de Lyon, et alternera dans les villes de Saint-Etienne, Montbrison, Roanne et Villefranche, à moins que les électeurs ne préfèrent d'en fixer définitivement la résidence. Ce département est divisé en six districts, dont les chefs-lieux sont : la ville de Lyon, la campagne de Lyon, Saint-Etienne, Montbrison, Roanne, Villefranche. L'assemblée du district de la campagne se tiendra dans la ville de Lyon. (13, 25 janvier, 3, 6, 13 février.)

69. SAÔNE (HAUTE). — L'assemblée des électeurs, celle du département et son directoire, se tiendront alternativement dans les villes de Vesoul et Gray, de manière cependant que lesdites assemblée et directoire seront deux fois de suite dans la ville de Vesoul, la troisième fois dans celle de Gray. Le département est divisé en six districts, dont les chefs-lieux sont : Vesoul, Gray, Lure, Luxeuil, Jussey, Champlitte. (12 janvier.)

70. SAÔNE-ET-LOIRE. — Les électeurs de ce département se réuniront à Mâcon pour y nommer les membres de l'assemblée de département. Ils se retireront ensuite dans le chef-lieu de l'un des districts, autre que ceux de Mâcon et de Châlons, pour y délibérer sur le lieu des séances des assemblées subséquentes. La première assemblée se tiendra provisoirement à Mâcon. Ce département est divisé en sept districts, dont les chefs-lieux sont : Mâcon, Châlons, Louhans, Autun, Bourbon-Lancy, Charolles, Sémur-en-Brionnais, *provisoirement*. Les électeurs proposeront celle des deux villes de Sémur ou Marcigny dans laquelle le district doit être fixé ; et dans le cas où Sémur conserverait le district, Marcigny aura le tribunal. (20 janvier.)

71. SARTHE. — L'assemblée de ce département se tiendra dans la ville du Mans. Il est divisé en neuf districts, dont les chefs-lieux sont : le Mans, Saint-Calais, Château-du-Loir, La Flèche, Sablé, Sillé-le-Guillaume, Frenaye-le-Vicomte, Mamers, La Ferté-Bernard. L'Assemblée nationale prendra en considération la demande des députés du Haut-Maine, relativement au nombre et à l'emplacement des tribunaux de justice. (4 février.)

72. SEINE-ET-OISE. — L'assemblée de ce département se tiendra dans la ville de Versailles. Il est divisé en neuf districts, dont les chefs-lieux sont provisoirement : Versailles, Saint-Germain, Mantes, Pontoise, Dourdan, Montfort, Etampes, Corbeil, Gonesse. Rambouillet sera le siège de la juridiction du district de Dourdan. (27 janvier, 5 février.)

73. SEINE-INFÉRIEURE. — L'assemblée de ce département se tiendra dans la ville de Rouen. Il est divisé en six districts, dont les chefs-lieux sont : Rouen, Caudebec, Montivilliers, Cany, Dieppe, Neufchâtel, Gournay. Les villes de Fécamp, d'Eu et Aumale présenteront à l'assemblée des électeurs de ce département leurs réclamations ; et les électeurs proposeront à l'Assemblée nationale les changemens ou modifications qu'ils jugeront convenables. Les électeurs du district de Montivilliers délibéreront sur la fixation du chef-lieu de district entre les villes du Hâvre et de Montivilliers. Les villes de ce département pourront prétendre à la répartition des établissemens qui seront déterminés par la constitution. (14 janvier, 3 février.)

74. SEINE-ET-MARNE. — La première assemblée de ce département se tiendra à Melun ; il y sera délibéré si les suivantes continueront d'y avoir lieu, ou si elles seront tenues dans d'autres villes. Ce département est divisé en cinq districts, dont les chefs-lieux sont : Melun, Meaux, Provins, Nemours, Rosoy. Coulommiers aura le tribunal de justice, s'il en est fixé un dans le district de Rosoy. (30 janvier.)

75. SÈVRES (DEUX). — L'assemblée de ce département se tiendra alternativement dans les villes de Niort, Saint-Maixent et Partenay, en commençant par Niort. La première assemblée de ce département pourra proposer de la fixer dans l'une de ces trois villes ou dans toute autre. Ce département est divisé en six districts, dont les chefs-lieux sont : Niort, Saint-Maixent, Partenay, Thouars, Melle, Châtillon. S'il est créé un siége de justice dans le district de Châtillon, il sera placé à Bressuire. (19 janvier, 3 février.)

76. SOMME. — L'assemblée de ce département se tiendra à Amiens. Il est divisé en cinq districts, dont les chefs-lieux sont : Amiens, Abbeville, Péronne, Doullens, Montdidier. Sauf, à l'égard de cette dernière ville, à partager, *s'il y a lieu*, avec la ville de Roye les établissemens qui pourront être créés dans ce district. (26, 30 janvier.)

77. TARN. — L'assemblée de ce département se tiendra provisoirement à Castres, et pourra alterner entre Alby et Castres. Ce département est divisé en cinq districts, dont les chefs-lieux sont : Castres, Lavaur, Alby, Gaillac, la Caune. (5 février.)

78. VAR. — La première assemblée de ce département se tiendra à Toulon, et pourra ensuite alterner entre toutes les villes désignées pour chefs-lieux des districts, en suivant l'ordre des plus affouagés et imposés. Les électeurs, assemblés à Toulon, délibéreront si le directoire doit être fixé dans un des chefs-lieux, et indiqueront celui qui leur paraîtra le plus convenable. Ce département est divisé en neuf districts, dont les chefs-

lieux sont : Toulon, Grasse, Hyères, Draguignan, Saint-Maximin, Brignolles, Fréjus, St.-Paul-lès-Vence, Barjols. La ville de Fréjus n'est que provisoirement le chef-lieu de son district, et le département pourra proposer un autre chef-lieu. (14, 29 janvier, 10 février.)

79. VENDÉE. — L'assemblée de ce département se tiendra à Fontenay-le-Comte. Il est divisé en six districts, dont les chefs-lieux sont : Fontenay-le-Comte, La Châtaigneraye, Montaigu, Challans, les Sables d'Olonne, la Roche-sur-Yon. Les électeurs examineront s'il est utile de placer dans la ville de Pousanges le tribunal qui pourra être créé dans le district de La Châtaigneraye. (19, 26 janvier.)

80. VIENNE. — L'assemblée de ce département se tiendra à Poitiers. Il est divisé en six districts, dont les chefs-lieux sont : Poitiers, Châtelleraut, Loudun, Montmorillon, Lusignan, Civray. La ville de Mirebeau a la faculté d'opter sa réunion avec Loudun ou avec Poitiers, et elle obtiendra un des établissemens qui pourront être créés dans le district auquel elle sera réunie. (19, 26, 28 janvier, 3 février.)

81. VIENNE (HAUTE). — L'assemblée de ce département se tiendra à Limoges. Il est divisé en six districts, dont les chefs-lieux sont : Limoges, le Dorat, Bellac, Saint-Junien, Saint-Yrieix, Saint-Léonard. Réservé à la ville de Rochechouart un tribunal, s'il en est établi un dans le district. (25 janvier.)

82. VOSGES. — Les électeurs de ce département s'assembleront à Epinal. Ils délibéreront sur la division des établissemens principaux de ce département, entre Mirecourt et Epinal; et celle des deux villes qui aura obtenu l'assemblée de département ne pourra prétendre au tribunal de justice. Ce département est divisé en neuf districts, dont les chefs-lieux sont : Epinal, Mirecourt, Saint-Dié, Rembervillers, Remiremont, Bruyères, Darney, Neufchâteau, La Marche. (13, 21 janvier, 9 février.)

83. YONNE. — L'assemblée de ce département se tiendra dans la ville d'Auxerre. Il est divisé en six districts, dont les chefs-lieux sont : Auxerre, Sens, Joigny, Saint-Fargeau, Avallon, Tonnerre, Saint-Florentin. L'assemblée de département délibérera si le chef-lieu de district, désigné à Saint - Florentin, ne serait pas plus convenablement placé à Villeneuve-le-Roi. (27 janvier.)

26 FÉVRIER 1790. — Décret qui détermine l'état des dépenses publiques sur lesquelles l'Assemblée nationale décrète provisoirement une réduction de soixante millions. (B. 2, 158.)

1° Il sera fait une réduction provisoire de soixante millions sur le montant des dépenses du trésor public dont l'état est annexé au présent décret; laquelle réduction aura lieu à compter du 1er avril prochain, sans préjudice du décret relatif aux haras. (29 janvier.)

2° L'Assemblée nationale se réserve de statuer définitivement et en détail sur chacun des articles contenus dans ledit état annexé au présent décret, d'après le compte détaillé qui en sera rendu par le comité des finances et ses autres comités, mais de manière que la masse ordinaire des dépenses de l'administration générale ne puisse excéder les bornes prescrites par l'article précédent, et qu'il ne puisse être proposé ni adopté à cet égard que des réductions nouvelles.

3° L'Assemblée ordonne que le tableau des besoins de tout genre de l'année 1790, et des fonds destinés au service de ladite année, soit mis incessamment sous ses yeux par le premier ministre des finances.

État des dépenses publiques sur lesquelles l'Assemblée nationale décrète provisoirement une réduction de soixante millions.

1. Dépenses générales de la maison du Roi, de celle de la Reine et de la famille royale. — 2. Les maisons des princes frères de Sa Majesté, y compris les enfans de M. le comte d'Artois. — 3. Les affaires étrangères et les ligues suisses. — 4. Département de la guerre. — 5. Marine et colonies. — 6. Ponts-et-chaussées. — 7. Haras. — 8. Pensions. — 9. Gages du conseil et traitemens particuliers de la magistrature. — 10. Gages, traitemens et gratifications à diverses personnes. — 11. Intendans des provinces et leurs bureaux. — 12. Police de Paris. — 13. Quais et garde de Paris. — 14. Maréchaussée de l'île de France. — 15. Pavé de Paris. — 16. Travaux dans les carrières sous Paris. — 17. Remises en moins imposé, décharges et modérations sur les impositions. — 18. Traitemens aux receveurs, fermiers et régisseurs généraux, et autres frais de recouvrement. — 19. Administrateurs du trésor royal, payeurs des rentes, etc. — 20. Bureau de l'administration générale. — 21. Traitement et dépense de la caisse du commerce, de celles des monnaies, et de la liquidation de l'ancienne compagnie des Indes. — 22. Fonds réservés pour des actes de bienfaisance. — 23. Secours aux Hollandais réfugiés en France. — 24. Communautés, maisons religieuses et entretien d'édifices sacrés. — 25. Dons, aumônes, secours, hôpitaux et enfans-trouvés. — 26. Travaux de charité. — 27. Destruction du vagabondage et de la mendicité. — 28. Primes et encouragemens pour le commerce. — 29. Jardin royal des Plantes, et cabinet d'histoire naturelle. — 30. Bibliothèque du Roi. — 31. Universités, académies, collèges, sciences et arts. — 32. Passeports et exemptions de droits. — 33. Entretien, réparation et reconstruction des bâtimens pour la chose publique. — 34. Diverses dépenses de plantations dans les fo-

rêts. — 35. Dépenses de procédures criminelles et de prisonniers. — 36. Dépenses locales et variables dans les provinces. — 37. Dépenses imprévues.

26 FÉVRIER 1790. — Décret sur la présentation d'un projet de remplacement de la gabelle. (B. 2, 160.)

26 FÉVRIER 1790. — Adresse aux Français. *Voy.* 23 FÉVRIER 1790. — Assemblée représentative. *Voy.* 11 FÉVRIER 1790. — Religieux. *Voy.* 19 et 20 FÉVRIER 1790. — Rouen. *Voy.* 20 FÉVRIER 1790. — Sûreté. *Voy.* 23 FÉVRIER 1790.

27 FÉVRIER = 14 MARS 1790. (Lett.-Pat.) — Décret qui ordonne que l'exportation des bois continuera d'avoir lieu dans la province de Lorraine allemande. (L. 1, 583 ; B. 2, 161.)

L'Assemblée nationale, instruite que quelques adjudicataires de bois situés dans la Lorraine allemande éprouvaient des difficultés pour l'exportation de ces bois à l'étranger, quoique la faculté leur en eût été assurée par leurs adjudications, a décrété ce qui suit :

Jusqu'à ce qu'il ait été statué sur la liberté ou la défense de l'exportation, d'après les demandes et les renseignemens des assemblées administratives de la province, la liberté de l'exportation doit continuer d'avoir lieu dans la Lorraine allemande.

28 FÉVRIER = 21 MARS et 28 AVRIL 1790 (Procl.) — Décret concernant la constitution de l'armée. (L. 1, 586 ; B. 2, 162 ; Monit. des 1er et 2 mai 1790.)

Art. 1er. Le Roi est le chef suprême de l'armée (1).

2. L'armée est essentiellement destinée à défendre la patrie contre les ennemis extérieurs.

3. Il ne peut être introduit dans le royaume, ni admis au service de l'Etat, aucun corps de troupes étrangères, qu'en vertu d'un acte du Corps-Législatif, sanctionné par le Roi.

4. Les sommes nécessaires à l'entretien de l'armée et aux autres dépenses militaires seront votées annuellement par les législatures.

5. Les législatures ni le pouvoir exécutif ne peuvent porter aucune atteinte au droit appartenant à chaque citoyen d'être admissible à tous emplois et grades militaires.

6. Tout militaire en activité conserve son domicile, nonobstant les absences nécessitées par son service, et peut exercer les fonctions de citoyen actif, s'il a d'ailleurs les qualités exigées par les décrets de l'Assemblée nationale, et si, lors des assemblées où doivent se faire les élections, il n'est pas en garnison dans le canton où est situé son domicile.

7. Tout militaire qui aura servi l'espace de seize ans, sans interruption et sans reproche, jouira de la plénitude des droits de citoyen actif, et est dispensé des conditions relatives à la propriété et à la contribution, sous la réserve exprimée dans l'article précédent, qu'il ne peut exercer ses droits s'il est en garnison dans le canton où est son domicile.

8. Chaque année, le 14 juillet, il sera prêté individuellement, dans les lieux où les troupes seront en garnison, en présence des officiers municipaux, des citoyens rassemblés, et de la troupe entière sous les armes, le serment qui suit :

Savoir, par les officiers, de rester fidèles à la nation, à la loi, au Roi, à la constitution décrétée par l'Assemblée nationale, et acceptée par le Roi, de prêter la main-forte requise par les corps administratifs et les officiers civils ou municipaux, et de n'employer jamais ceux qui sont sous leurs ordres contre aucun citoyen, si ce n'est sur cette réquisition, laquelle sera toujours lue aux troupes assemblées ;

Et par les soldats, entre les mains de leurs officiers, d'être fidèles à la nation, à la loi, au Roi et à la constitution ; de n'abandonner jamais leurs drapeaux, et d'observer exactement les règles de la discipline militaire.

Les formules de ces sermens seront lues à haute voix par le commandant, qui jurera le premier, et recevra le serment de chaque officier et ensuite chaque soldat prononcera en levant la main, et en disant : *Je le jure.*

9. Toute vénalité des emplois et charges militaires est supprimée.

10. Le ministre ayant le département de la guerre, et tous les agens militaires, quels qu'ils soient, sont sujets à la responsabilité, dans les cas et de la manière qui sont et seront déterminés par la constitution.

11. A chaque législature appartient le droit de statuer : 1° sur les sommes à voter annuellement pour l'entretien de l'armée et autres dépenses militaires ; 2° sur le nombre d'hommes dont l'armée sera composée ; 3° sur la solde de chaque grade ; 4° sur les règles d'admission au service et d'avancement dans les grades ; 5° sur la forme des enrôlemens et les conditions du dégagement ; 6° sur l'admission des troupes étrangères au service de la na-

(1) Les dispositions principales de cette loi semblent devoir être considérées aujourd'hui, sinon comme règles obligatoires, du moins comme les principes de la matière, sauf les dérogations expresses. *Voy.* art. 14, Charte constit. de 1814 et *les lois sur le recrutement, du* 10 mars 1818 et du 21 mars 1832.

tion; 7° sur les lois relatives aux délits et aux peines militaires; 8° sur le traitement des troupes, dans le cas où elles seraient licenciées.

----

28 FÉVRIER = 5 JUILLET 1790. — Décret portant réglement sur la solde fixée, à compter du 1ᵉʳ mai 1790, à chaque sous-officier et soldat des différentes armes. (B. 2, 162.)

L'Assemblée nationale a décrété et décrète, en outre, que le comité de constitution et le comité militaire se concerteront pour lui présenter le plus tôt possible des projets de loi : 1° relativement à l'emploi des forces militaires dans l'intérieur du royaume, et sur les rapports de l'armée, soit avec le pouvoir civil, soit avec les gardes nationales; 2° sur l'organisation des tribunaux et les formes des jugemens militaires; sur les moyens de recruter et d'augmenter les forces militaires en temps de guerre, en supprimant le tirage de la milice.

L'Assemblée nationale a décrété et décrète de plus que le Roi sera supplié de faire incessamment présenter à l'Assemblée nationale un plan d'organisation de l'armée, pour mettre les représentans de la nation en état de délibérer et de statuer sans retard sur les divers objets qui sont du ressort du pouvoir législatif.

L'Assemblée nationale a décrété et décrète enfin, qu'à commencer du 1ᵉʳ mai prochain, la paie de tous les soldats français sera augmentée de trente-deux deniers par jour, en observant la progression graduelle entre les différentes armes et les différens grades; et que l'emploi de cette paie sera incessamment déterminé par des ordonnances militaires.

----

2 MARS 1790. — Décret sur la formation d'un comité pour faire l'examen et le rapport des affaires qui concernent les colonies. (B. 2, 165.)

3 MARS 1790. — Décimes. *Voy.* 26 FÉVRIER 1790. — Maire d'Aisnay. *Voy.* 20 FÉVRIER 1790.

4 = 11 MARS 1790. — Décret qui établit à Abbeville une taxe pour le soulagement des ouvriers indigens de cette ville. (L. 1, 581.)

----

4 MARS 1790. — Décret qui, sur la dénonciation d'un arrêt de la chambre des vacations de Bordeaux, mande à la barre le président de ladite chambre, et le procureur-général du Roi, du parlement de Bordeaux. (B. 2, 167.)

----

4 MARS 1790. — Département. *Voy.* 26 FÉVRIER 1790.

5 MARS 1790. — Décret pour suspendre toute concession de pensions et pour obtenir communication du *Livre rouge* et des originaux des bons des pensions, dons et gratifications. (B. 2, 168; Mon. du 6 mars 1790.)

L'Assemblée nationale, après avoir entendu le rapport de son comité de pensions, déclare que, d'après les décrets des 4 et 5 janvier, sanctionnés par le Roi le 14 du même mois, il n'a pu et ne peut être accordé aucune pension jusqu'à ce que les règles pour leur concession aient été décrétées par l'Assemblée, et acceptées par le Roi; décrète, en conséquence, que son président se retirera dans le jour devers Sa Majesté, pour la supplier de défendre à ses ministres et à tous autres ordonnateurs, de lui présenter aucune demande de pension, jusqu'à ce que les règles d'après lesquelles elles doivent être accordées aient été décrétées et acceptées.

L'Assemblée nationale charge également son président de supplier Sa Majesté d'enjoindre à ses ministres et à tous autres agens de son autorité, de délivrer des copies, et communiquer les originaux des pièces qui leur seront demandés par ses comités, et à leur première réquisition, notamment le registre connu sous le nom de *Livre rouge* et les originaux des bons des pensions, dons et gratifications accordées dans les départemens.

----

5 = 19 MARS 1790. — Décret qui autorise la commune d'Orléans à faire un emprunt de 243,600 livres. (B. 2, 167.)

5 MARS 1790. — Décret qui autorise la ville de Maringues à se réunir au district de Thiers. (L. 1, 571; B. 2, 168.)

----

6 = 7 MARS 1790. (Lett.-Pat.) — Décret concernant le sursis à l'exécution de tous jugemens prévôtaux. (L. 1, 571; B. 2, 172; Mon. du 8 mars 1790.)

Voy. loi du 18 = 30 MARS 1790.

L'Assemblée nationale ajourne la motion sur la suppression des juridictions prévôtales, et cependant charge son président de se retirer à l'instant par devers le Roi, à l'effet de supplier Sa Majesté de donner les ordres convenables pour qu'il soit sursis à l'exécution de tous jugemens définitifs rendus par ces tribunaux.

6 MARS 1790. — Décret qui laisse aux villes d'Aubagne, de Gemenos et de Cujes, l'option de leurs districts. (B. 2, 169.)

----

7 MARS 1790. — Décret qui ordonne d'accepter les offres en dons patriotiques de la contribution des ci-devant privilégiés. (B. 2, 170.)

----

7 = 28 MARS 1790. — Décret qui détermine l'emploi des sommes provenant de dons patriotiques. (B. 2, 170.)

7 MARS 1790. — Décret qui fixe les jours destinés au travail de l'Assemblée nationale sur les finances. (B. 2, 172.)

7 MARS 1790. — Assemblée nationale. *Voy.* 18 FÉVRIER 1790. — Jugemens prévôtaux. *Voy.* 6 MARS 1790.

8 = 10 MARS 1790. (Procl.) — Décret qui autorise les colonies à faire connaître leur vœu sur la constitution, la législation et l'administration qui leur conviennent. (L. 1, 574; B. 2, 172.)

L'Assemblée nationale, délibérant sur les adresses et pétitions des villes de commerce et de manufacture, sur les pièces nouvellement arrivées de Saint-Domingue et de la Martinique, à elle adressées par le ministre de la marine, et sur les représentations des députés des colonies,

Déclare que, considérant les colonies comme une partie de l'empire français, et désirant les faire jouir des fruits de l'heureuse régénération qui s'y est opérée, elle n'a cependant jamais entendu les comprendre dans la constitution qu'elle a décrétée pour le royaume, et les assujettir à des lois qui pourraient être incompatibles avec leurs convenances locales et particulières; en conséquence, elle a décrété et décrète ce qui suit:

Art. 1er. Chaque colonie est autorisée à faire connaître son vœu sur la constitution, la législation et l'administration qui conviennent à sa prospérité et au bonheur de ses habitans, à la charge de se conformer aux principes généraux qui lient les colonies à la métropole, et qui assurent la conservation de leurs intérêts respectifs.

2. Dans les colonies où il existe des assemblées coloniales librement élues par les citoyens, et avouées par eux, ces assemblées seront admises à exprimer le vœu de la colonie. Dans celles où il n'existe pas d'assemblées semblables, il en sera formé incessamment pour remplir les mêmes fonctions.

3. Le Roi sera supplié de faire parvenir dans chaque colonie une instruction de l'Assemblée nationale, renfermant: 1° les moyens de parvenir à la formation des assemblées coloniales dans les colonies où il n'en existe pas: 2° les bases générales auxquelles les assemblées coloniales devront se conformer dans les plans de constitution qu'elles présenteront.

4. Les plans préparés dans lesdites assemblées coloniales seront soumis à l'Assemblée nationale, pour être examinés, décrétés par elle, et présentés à l'acceptation et à la sanction du Roi.

5. Les décrets de l'Assemblée nationale sur l'organisation des municipalités et des assemblées administratives seront envoyés auxdites assemblées coloniales, avec pouvoir de mettre à exécution la partie desdits décrets qui peut s'adapter aux convenances locales, sauf la décision définitive de l'Assemblée nationale et du Roi sur les modifications qui auraient pu y être apportées, et la sanction provisoire du gouverneur, pour l'exécution des arrêtés qui seront pris par les assemblées administratives.

6. Les mêmes assemblées coloniales énonceront leur vœu sur les modifications qui pourraient être apportées au régime prohibitif du commerce entre les colonies et la métropole, pour être, sur leurs pétitions, et après avoir entendu les représentations du commerce français, statué par l'Assemblée nationale, ainsi qu'il appartiendra.

Au surplus, l'Assemblée nationale déclare qu'elle n'a entendu rien innover dans aucune des branches du commerce, soit direct, soit indirect, de la France avec ses colonies; met les colons et leurs propriétés sous la sauvegarde spéciale de la nation; déclare criminel envers la nation quiconque travaillerait à exciter des soulèvemens contre eux. Jugeant favorablement des motifs qui ont animé les citoyens desdites colonies, elle déclare qu'il n'y a lieu contre eux à aucune inculpation; elle attend de leur patriotisme le maintien de la tranquillité, et une fidélité inviolable à la nation, à la loi et au Roi.

8 MARS 1790. — Décret concernant les fonds à fournir au trésor public par la caisse d'escompte, et l'impression des états des créances et dépenses du trésor public. (B. 2, 171.)

8 MARS 1790. — Décret sur la remise des cartes des quatre-vingt-trois départemens du royaume au comité de constitution. (B. 2, 175.)

8 = 16 MARS 1790. — Décret qui confirme l'élection du maire de Strasbourg. (B. 2, 175.)

10 MARS 1790. — Déclaration concernant la continuation de l'exercice des fonctions des anciens consuls et assesseurs d'Aix. (B. 2, 175.)

10 MARS 1790. — Décret qui ordonne la réunion de la ville de Moncrabeau au district de Nérac. (B. 2, 176.)

10 MARS 1790. — Lettres du Roi aux colons des Iles-du-Vent. (L. 1, 577 et 579.)

1.

10 MARS 1790. — Colonies. *Voy.* 8 MARS 1790. — Parlement de Bretagne. *Voy.* 10 FÉVRIER 1790.

11 MARS 1790. — Décret concernant les oppositions mises par les municipalités à la coupe de bois dépendant d'établissemens ecclésiastiques. (L. 1, 614 ; B. 2, 176.)

Sur ce qui a été exposé de la part du comité ecclésiastique et de celui des domaines, que les municipalités, donnant à certains décrets de l'Assemblée nationale une interprétation contraire à leur véritable sens, ont mis opposition à des coupes de bois dépendant d'établissemens ecclésiastiques, quoiqu'elles aient été autorisées dans les formes légales avant 1789, ou dans le courant de cette année, avant le mois de novembre dernier, ce qui trouble des marchés contractés sous la foi publique, suspend des approvisionnemens nécessaires, et donne lieu à des recours en garantie, qu'il est important de prévenir.

L'Assemblée nationale décrète que les coupes extraordinaires des bois des ecclésiastiques, autorisées et adjugées dans les formes légales antérieurement à la publication du décret du 2 novembre dernier, ne peuvent être arrêtées ni troublées par aucun corps ni individu, sous prétexte des décrets des 2, 17 et 27 novembre et 11 décembre 1789 ; ordonne, en conséquence, que les adjudications desdites coupes seront exécutées nonobstant les oppositions des municipalités ou d'autres corps ou individus, à la charge néanmoins aux adjudicataires de verser dans la caisse de l'administration des domaines le prix des adjudications, duquel il ne sera disposé que d'après l'avis des assemblées de district ou de département, ou de leurs directoires. Il sera sursis par provision, et jusqu'à ce qu'il en ait été autrement ordonné, à toutes les permissions et adjudications de coupes extraordinaires des bois dépendant d'établissemens ecclésiastiques, et sera le présent décret incessamment présenté à la sanction royale.

11 MARS 1790. — Décret concernant le renvoi par-devant le tribunal de la sénéchaussée de Marseille, des procès criminels instruits par le prévôt-général de Provence. (B. 2, 178.)

11 MARS 1790. — Décret concernant la réimpression de l'adresse aux provinces, pour raison d'une faute d'impression. (B. 2, 177.)

11 MARS 1790. — Abbeville. *Voy.* 4 MARS 1790.

13 MARS 1790. — Décret relatif au retard qu'éprouve le recouvrement des impôts dans quelques provinces, et à la nécessité de l'accélérer. (B. 2, 179).

L'Assemblée nationale décrète que son président se retirera dans le jour par devers le Roi, pour supplier Sa Majesté de donner très-promptement des ordres pour que les intendans et commissions intermédiaires fassent parvenir dans les paroisses qui ne les ont pas encore reçues, les commissions nécessaires pour la confection des rôles de tailles, et pour que cette confection et la perception n'essuient pas un retard dont la prolongation deviendrait si préjudiciable à la chose publique.

13 MARS 1790. — Décret qui autorise les commissaires chargés de l'envoi des décrets à proposer les moyens de réduction des frais d'envoi (B. 2, 179).

13 = 19 MARS 1790. — Décrets qui autorisent les municipalités de Gray, Langres, Mousson et Poitiers, à lever des impositions particulières pour achats de grains et établissement d'ateliers de charité. (L. 1, 585 ; B. 2, 179).

14 MARS 1790. — Lorraine allemande. *Voy.* 27 FÉVRIER 1790.

15 = 28 MARS 1790. (Lett.-Pat.) — Décret relatif aux droits féodaux. (Mon. des 25, 26, 27, 28 février, 2, 4, 5, 6, 9 mars et suiv. 1790. — Rapport par M. Merlin ; L. 1, 624 ; B. 2, 182) (1).

Voy. lois des 4, 6, 7, 8 et 11 AOUT 1789, — du 14 = 19 NOVEMBRE 1790, et 18 = 29 DÉCEMBRE 1790. — du 23 DÉCEMBRE 1790 = 5 JANVIER 1791. — La loi. Instruction du 15 = 19 JUIN 1791. — Loi des 14 et 15 SEPTEMBRE = 9 OCTOBRE 1791.

L'Assemblée nationale, considérant qu'aux termes de l'article 1er de ses décrets des 4, 6, 7, 8 et 11 août 1789, le régime féodal est entièrement détruit ; qu'à l'égard des droits et devoirs féodaux ou censuels, ceux qui dépendaient ou étaient représentatifs, soit de la main-morte personnelle ou réelle, soit de la servitude personnelle, sont abolis sans indemnité ; qu'en même temps, tous les autres droits sont maintenus jusqu'au rachat par lequel il a été permis aux personnes qui en sont grevées de s'en affranchir, et qu'il a été réservé de développer, par une loi particulière, les effets de la destruction du régime féodal, ainsi que la distinction des droits abolis d'avec les droits rachetables, a décrété et décrète ce qui suit :

(1) Ce décret a été formé de la réunion de plusieurs décrets partiels dont les dates sont indiquées à la suite de chaque article.

TITRE Ier. — Des effets généraux de la destruction du régime féodal.

Art. 1er. Toutes distinctions honorifiques, supériorité et puissance résultant du régime féodal, sont abolies; quant à ceux des droits utiles qui subsisteront jusqu'au rachat, ils sont entièrement assimilés aux simples rentes et charges foncières. (24 février.)

2. La foi et hommage, et tout autre service purement personnel, auxquels les vassaux censitaires et tenanciers ont été assujétis jusqu'à présent, sont abolis. (Id.)

3. Les fiefs qui ne devaient que la bouche et les mains ne sont plus soumis à aucun aveu ni reconnaissance. (Id.)

4. Quant aux fiefs qui sont grevés de devoirs utiles ou de profits rachetables, et aux censives, il en sera fourni par les redevables de simples reconnaissances passées à leurs frais, par-devant tels notaires qu'ils voudront choisir, avec déclaration expresse des confins et de la contenance; et ce, aux mêmes époques, en la même forme et de la même manière que sont reconnus, dans les différentes provinces et lieux du royaume, les autres droits fonciers, par les personnes qui en sont chargées. (Id.)

5. En conséquence, les formes ci-devant usitées des reconnaissances par aveux et dénombremens, déclarations à terriers, gages-pleiges, plaids et assises, sont abolis; et il est défendu à tout propriétaire de fiefs de continuer aucuns terriers, gages-pleiges ou plaids et assises commencés avant la publication du présent décret. (Id.)

6. En attendant qu'il ait été prononcé sur les droits de contrôle, il ne pourra être perçu, pour le contrôle des reconnaissances mentionnées dans l'article 4, de plus forts droits que ceux auxquels étaient soumis les déclarations à terrier et autres actes abolis par l'art. 5. (Id.)

7. Toutes saisies féodales et censuelles et droits de commise sont abolis; mais les propriétaires des droits féodaux et censuels non supprimés sans indemnité, pourront exercer les actions, contraintes, exécutions, priviléges et préférences qui, par le droit commun, les différentes coutumes et statuts des lieux, appartiennent à tous premiers bailleurs de fonds. (Id.)

8. Tous les droits féodaux et censuels, ensemble toutes les rentes, redevances et autres droits qui sont rachetables par leur nature ou par l'effet des décrets du 4 août

1789 et jours suivans, seront, jusqu'à leur rachat et à compter de l'époque qui sera déterminée par l'art. 33 du tit. II du présent décret, soumis pour le principal à la prescription que les différentes lois et coutumes du royaume ont établie relativement aux immeubles réels, sans rien innover, quant à présent, à la prescription des arrérages. (Id.)

9. Les lettres de ratification établies par l'édit du mois de juin 1771, continueront de n'avoir d'autre effet sur les droits féodaux et censuels, que d'en purger les arrérages, jusqu'à ce qu'il ait été pourvu par une nouvelle loi à un régime uniforme et commun à toutes les rentes et charges foncières pour la conservation des priviléges et hypothèques. (Id.)

10. Le retrait féodal, le retrait censuel, le droit de prélation féodale ou censuelle, et le droit de retenue seigneuriale, sont abolis. (Id.)

11. Tous privilèges, toute féodalité et nobilité de biens étant détruits, les droits d'aînesse et de masculinité à l'égard des fiefs, domaines et alleux nobles, et les partages inégaux à raison de la qualité des personnes, sont abolis. En conséquence, toutes les successions, tant directes que collatérales, tant mobilières qu'immobilières, qui écherront, à compter du jour de la publication du présent, seront, sans égard à l'ancienne qualité noble des biens et des personnes, partagées entre les héritiers, suivant les lois, statuts et coutumes qui règlent les partages entre tous les citoyens; toutes lois et coutumes à ce contraires sont abrogées et détruites.

Seront exceptés ceux qui sont actuellement mariés ou veufs avec enfans, lesquels, dans les partages à faire entre eux et leurs cohéritiers de toutes les successions mobilières et immobilières, directes et collatérales, qui pourront leur échoir, jouiront de tous les avantages que leur attribuent les anciennes lois.

Les puînés et les filles, dans les coutumes où ils ont eu jusqu'à présent sur les biens tenus en fief plus d'avantage que sur les biens non féodaux, continueront de prendre dans les ci-devant fiefs les parts à eux assignées par lesdites coutumes, jusqu'à ce qu'il ait été déterminé un mode définitif et uniforme de succession pour tout le royaume (1). (25 février et 3 mars.)

12. La garde royale, la garde seigneuriale et le déport de minorité sont abolis. (6 mars.)

13. Sont pareillement abolis tous les effets que les coutumes, statuts et usages avaient

---

(1) L'enfant d'un aîné, dont le père est mort avant la loi présente, mais qui était lui-même marié ou veuf, à la publication de cette loi, exerce, par représentation de son père, les droits d'aînesse et les avantages que la loi conservait aux aînés mariés ou veufs avec enfans.

(26 floréal an 11; Cass. S. 3, 2, 326.) — N'est pas maintenu le droit de masculinité, au profit du *frère* du défunt, et au préjudice de la *fille héritière*, en ce que ce n'est pas là un avantage entre *cohéritiers* (3 juin 1823; Cass. S. 23, 1, 271). *Voy.* loi du 4 janvier 1793.

8.

fait résulter de la qualité féodale ou censuelle des biens, soit par rapport au douaire, soit pour la forme d'estimer les fonds, et généralement pour tout autre objet, quel qu'il soit, sans néanmoins comprendre dans la présente disposition, en ce qui concerne le douaire, les femmes actuellement mariées ou veuves, et sans rien innover, quant à présent, aux dispositions des coutumes de nantissement, relativement à la manière d'hypothéquer et aliéner les héritages; lesquelles continueront, ainsi que les édits et déclarations qui les ont expliquées, étendues ou modifiées, d'être exécutées suivant leur forme et teneur, jusqu'à ce qu'il en ait été autrement ordonné (1). (*Id.*)

TITRE II. — Des droits seigneuriaux qui sont supprimés sans indemnité.

Art. 1er. La main-morte personnelle, réelle ou mixte; la servitude d'origine; la servitude personnelle du possesseur des héritages tenus en main-morte réelle, celle de corps et de poursuite; les droits de taille personnelle, de corvées personnelles, d'échute, de videmain; le droit prohibitif des aliénations et dispositions à titre de vente, donations entre vifs ou testamentaire, et tous les autres effets de la main-morte réelle, personnelle ou mixte, qui s'étendaient sur les personnes ou les biens, sont abolis sans indemnité. (26 février.)

2. Néanmoins, tous les fonds ci-devant tenus en main-morte réelle ou mixte continueront d'être assujétis aux autres charges, redevances, tailles ou corvées réelles dont ils étaient précédemment grevés. (*Id.*)

3. Lesdits héritages demeureront pareillement assujétis aux droits dont ils pouvaient être tenus en cas de mutation par vente, pourvu néanmoins que lesdits droits ne fussent pas des compositions à la volonté du propriétaire du fief dont ils étaient mouvans, et n'excédassent point ceux qui ont accoutumé être dus par les héritages non mainmortables tenus en censive dans la même seigneurie, ou suivant la coutume. (27 février.)

4. Tous les actes d'affranchissement par lesquels la main-morte réelle ou mixte aura été convertie sur les fonds ci-devant affectés de cette servitude, en redevances foncières et en droits de lods aux mutations, seront

exécutés selon leur forme et teneur; à moins que lesdites charges et droits de mutations ne se trouvassent excéder les charges et droits usités dans la même seigneurie, ou établis par la coutume ou l'usage général de la province, relativement aux fonds non main-mortables tenus en censive. (1er mars.)

5. Dans le cas où les droits et charges réelles mentionnés dans les deux articles précédens se trouveraient excéder le taux qui est indiqué, ils y seront réduits; et sont entièrement supprimés les droits et charges qui ne sont représentatifs que de servitudes purement personnelles. (*Id.*)

6. Seront néanmoins les actes d'affranchissement faits avant l'époque fixée par l'art. 33 ci-après, moyennant une somme de deniers, ou pour l'abandon d'un corps d'héritage certain, soit par les communautés, soit par les particuliers, exécutés suivant leur forme et teneur. (*Id.*)

7. Toutes les dispositions ci-dessus concernant la main-morte auront également lieu en Bourbonnais et en Nivernais pour les tenures en bordelage, et en Bretagne pour les tenures en mote et en quevaise : à l'égard des tenures en domaines congéables, il y sera statué par une loi particulière. (*Id.*)

8. Les droits de meilleur-cartel ou mortemain, de taille à volonté, de taille ou d'indire aux quatre cas, de cas impérieux et d'aide seigneuriale, sont supprimés sans indemnité. (*Id.*)

9. Tous droits qui, sous la dénomination de feu, cheminée, feux allumans, feu mort, fouage, monéage, bourgeoisie, congé, chiennage, gîte aux chiens, ou autre quelconque, sont perçus par les seigneurs sur les personnes, sur les bestiaux, ou à cause de la résidence, sans qu'il soit justifié qu'ils sont dus, soit par les fonds invariablement, soit pour raison de concessions d'usages ou autres objets, sont abolis sans indemnité. (*Id.*)

10. Sont pareillement abolis sans indemnité les droits de guet et de garde (2), de chassi-polerie, ensemble les droits qui ont pour objet l'entretien des clôtures et fortifications des bourgs et des châteaux, ainsi que les rentes ou redevances qui en sont représentatives, quoique affectées sur des fonds, s'il n'est pas prouvé que ces fonds ont été concédés pour cause de ces rentes ou redevances; les droits de pulvérage levés sur

---

(1) Une rente hypothéquée sur *mains-fermes* et dont la prescription était commencée avant 1789 ou 1790, n'a pu, sans effet rétroactif, être déclarée imprescriptible depuis les lois de cette époque, sous prétexte que ces lois, en effaçant toute distinction féodale entre les diverses espèces de biens, auraient soumis les rentes hypothéquées sur mains-fermes à la loi des *francs-alleux* régis par les chartes générales du Hainaut, et d'après lesquelles les capitaux des rentes hypothéquées étaient déclarés imprescriptibles (10 janvier 1825; Cass. S. 25, 1, 200).

(2) Le droit d'*usage* dont un particulier jouissait en sa qualité de garde-bourgeois, qualité qui lui avait été conférée par un seigneur, n'est pas un droit féodal aboli comme le titre dont il dérive (26 août 1807; Cass. S. 7, 1, 489).

les troupeaux passant dans les chemins publics des seigneurs; les droits qui, sous la dénomination de banvin, vet-du-vin, étanche ou autre quelconque, emportaient pour un seigneur la faculté de vendre seul et exclusivement aux habitans de sa seigneurie, pendant un certain temps de l'année, ses vins ou autres boissons et denrées quelconques. (*Id.*)

11. Les droits connus en Auvergne et autres provinces sous le nom de *cens en commande;* en Flandre, en Artois et en Cambresis, sous celui de *gave, gavenne* ou *gaule;* en Hainaut, sous celui de *poursoin;* en Lorraine, sous celui de *sauvement* ou *sauvegarde;* en Alsace, sous celui d'*avouerie;* et généralement tous les droits qui se payaient ci-devant, en quelque lieu du royaume et sous quelque dénomination que ce fût, en reconnaissance et pour prix de la protection des seigneurs, sont abolis sans indemnité; sans préjudice des droits qui, quoique perçus sous les mêmes dénominations, seraient justifiés avoir pour cause des concessions de fonds. (*Id.*)

12. Les droits sur les achats, ventes, importations et exportations de biens-meubles, de denrées et de marchandises, tels que les droits de cinquantième, centième ou autre denier du prix des meubles ou bestiaux vendus, les lods et ventes, treizième et autres droits sur les vassaux, sur les bois et arbres futaies, têtards et fruitiers, coupés ou vendus pour être coupés, sur les matériaux des bâtimens démolis ou vendus pour être démolis; les droits d'accise sur les comestibles, les droits de leyde ou dîme sur les poissons, les droits de bouteillage, de wingeld ou autres sur les vins et autres boissons, les impôts et billots seigneuriaux et autres de même nature, sont abolis sans indemnité. (*Id.*)

13. Les droits de péage (1), de long et de travers, passage, halage, pontonnage, barage, châmage, grande et petite coutume, tonlieu, et tous autres droits de ce genre, ou qui en seraient représentatifs, de quelque nature qu'ils soient et sous quelque dénomination qu'ils puissent être perçus, par terre ou par eau, soit en matière, soit en argent, sont supprimés sans indemnité; en conséquence, les possesseurs desdits droits sont déchargés des prestations pécuniaires et autres obliga-

tions auxquelles ils pouvaient être assujétis pour raison de ces droits. (9 mars.)

14. Il sera pourvu par les assemblées administratives à l'entretien des ouvrages dont quelques-uns desdits droits sont grevés. (9 et 15 mars.)

15. Sont exceptés, quant à présent, de la suppression prononcée par l'article 13 : 1° les octrois autorisés qui ne se perçoivent sous aucune des dénominations comprises dans ledit article, soit au profit du trésor public, soit au profit des provinces, villes, communautés d'habitans ou hôpitaux (2); 2° les droits de bac et de voiture d'eau; 3° ceux des droits énoncés dans ledit article qui ont été concédés pour dédommagement de frais de construction de canaux et autres travaux ou ouvrages d'arts construits sous cette condition; 4° les péages accordés à titre d'indemnité à des propriétaires légitimes de moulins, usines ou bâtimens et établissemens quelconques supprimés pour raison de l'utilité publique. (*Id.*)

16. Tous les droits exceptés par l'article précédent continueront provisoirement d'être perçus suivant les titres et les tarifs de leur création primitive, reconnus et vérifiés par les départemens des lieux où ils se perçoivent, jusqu'à ce que, sur leur avis, il ait été statué définitivement à cet égard; et, à cet effet, les possesseurs desdits droits seront tenus, dans l'année, à compter de la publication du présent décret, de représenter leurs titres auxdits départemens; à défaut de quoi les perceptions demeureront suspendues. (9 et 15 mars.)

17. Les droits d'étalonnage, minage, muyage, menage, leude, leyde, puginère, bichenage, levage, petite coutume, sexterage, coponage, copel, coupe, cartelage, stellage, sciage, palette, aunage, étale, étalage, quintalage, poids et mesures, et autres droits qui en tiennent lieu, et généralement tous droits, soit en nature, soit en argent, perçus sous le prétexte de poids, mesures, marque, fourniture ou inspection de mesures, ou mesurage de grains, grenailles, sel, et toutes autres denrées ou marchandises, ainsi que sur leur étalage, vente ou transport dans l'intérieur du royaume, de quelque espèce qu'ils soient, ensemble tous les droits qui en seraient représentatifs,

---

(1) Le particulier qui s'est obligé d'entretenir un pont à la décharge d'un ci-devant seigneur, affranchi de son obligation; le droit de péage étant aboli, le seigneur est dispensé de l'entretien du pont (27 mars 1806, Colmar; S. 6, 2, 3).

Le droit de péage établi au profit des particuliers, sur des cours d'eau appartenans au domaine public, n'ont pas été frappés d'abolition, s'ils ont pour cause première une conces-

sion faite pour construction et entretien du lit, canal ou parties de ces cours d'eau (23 février 1825; Cass. S. 25, 1, 297). *Voy.* loi du 25 = 28 août 1792, art. 7, 8 et 9; lois des 30 floréal an 10 et 8 prairial an 11.

(2) Le droit de pontage perçu par les communes n'est pas aboli (26 germinal an 7; Cass. S. 1, 1, 205. *Voy. Instruct. des* 12 = 20 août 1790, chap. 3, art. 1er).

sont supprimés sans indemnité; sans préjudice néanmoins des droits qui, quoique perçus sous les mêmes dénominations, seraient justifiés avoir pour cause des concessions de fonds (1). (9 mars.)

18. Les étalons, matrices et poinçons qui servaient à l'étalonnage des poids et mesures, seront remis aux municipalités des lieux, qui en paieront la valeur et pourvoiront à l'avenir gratuitement à l'étalonnage et vérification des poids et mesures. (Id.)

19. Les droits connus sous le nom de coutume, hallage, havage, cohue, et généralement tous ceux qui étaient perçus en nature ou en argent, à raison de l'apport ou du dépôt des grains, viandes, bestiaux, poissons et autres denrées et marchandises, dans les foires, marchés, places ou halles, de quelque nature qu'ils soient, ainsi que les droits qui en seraient représentatifs, sont aussi supprimés sans indemnité; mais les bâtimens et halles continueront d'appartenir à leurs propriétaires, sauf à eux à s'arranger à l'amiable, soit pour le loyer, soit pour l'aliénation, avec les municipalités des lieux;

et les difficultés qui pourraient s'élever à ce sujet seront soumises à l'arbitrage des assemblées administratives (2). (Id.)

20. N'est pas compris, quant à présent, dans la suppression prononcée par l'article précédent, le droit de la caisse des marchés de Sceaux et de Poissy. (Id.)

21. En conséquence des dispositions des articles 18 et 19, le mesurage et poids des farines, grains, denrées et marchandises dans les maisons particulières, sera libre dans toute l'étendue du royaume, à la charge de ne pouvoir se servir que de poids et mesures étalonnés et légaux; et quant au service des places et marchés publics, il y sera pourvu par les municipalités des lieux, qui, sous l'autorisation des assemblées administratives, fixeront la rétribution juste et modérée des personnes employées au pesage et mesurage. (Id.)

22. Tous droits qui, sous prétexte de permission donnée par les seigneurs pour exercer des professions, arts ou commerces, ou pour des actes qui, par le droit naturel et commun, sont libres à tout le monde, sont supprimés sans indemnité. (1er mars.)

---

(1) Un droit de *courtage* (pesage, mesurage), exercé comme mesure de police et en vertu de concession du Roi, était essentiellement féodal; comme tel, il est aboli, soit qu'il appartînt à un seigneur, soit qu'il appartînt à un non-seigneur.

L'ancien propriétaire de droits de pesage, mesurage, ne peut rien prétendre sur les droits de pesage, mesurage, jaugeage, établis par la loi du 29 floréal an 10 : les droits nouveaux sont tout-à-fait différens des droits anciens (12 janvier 1825; Cass. S. 25, 1, 348).

(2) Les propriétaires des halles ne sont pas dépossédés de plein droit, seulement ils peuvent être contraints à céder les halles aux communes; sauf une indemnité *préalable* (26 mars 1814, décret, J. C. 2, 533[; 2 juin 1819, ord. J. C. 5], 135; S. 19, 2, 194).

C'est d'après les formes prescrites par la loi du 8 mars 1810 que doit être fixé le prix de vente ou de location des halles.

Le conseil de préfecture ne peut pas ordonner de déposer dans une caisse publique les revenus desdites halles, avant que le propriétaire ait reçu sa juste indemnité (22 février 1821, ord. Mac. 1, 213).

Une ordonnance royale qui autorise une commune à louer le champ de foire appartenant à un particulier, constitue un acte administratif qui ne peut être attaqué par la voie contentieuse (25 avril 1828, ord. Mac. 10, 383; S. 30, 2, 303).

La faculté accordée aux communes s'étend aussi aux champs de foire (*même décision*). *Voy.* la loi du 11 frimaire an 7, art. 7.

Le droit pour une commune d'obliger un propriétaire de halles à lui en passer vente, s'il ne préfère location, ne comporte pas de distinction entre les halles érigées ou possédées par des seigneurs et les halles érigées ou possédées par des particuliers.

L'indemnité due au propriétaire contraint à vendre doit être calculée, non-seulement d'après le prix intrinsèque du sol et des superficies, mais encore en prenant en considération le revenu que le propriétaire peut en retirer par la location des places aux marchands : le droit n'est pas prescriptible par trente ans de non exercice (30 avril 1830; Bordeaux, S. 30, 2, 236; Dalloz, 30, 2, 226).

La Cour de cassation a également jugé que, non-seulement la valeur du sol et des édifices, mais aussi le produit des locations devaient être pris en considération pour calculer le prix de vente des halles (20 mai 1829; Cass. S. 30, 1, 114; Dalloz, 30, 1, 22).

Les contestations sur la propriété du sol d'une halle, et même sur la quotité de l'indemnité due au propriétaire dépossédé sont de la compétence des tribunaux; ce n'est pas aux conseils de préfecture, et encore moins au préfet à en connaître (9 juillet 1820, ord. J. C. 5, 410; 22 février 1821, ord. J. C. 5; p. 542; Mac. 1 165 et 223; 5 décembre 1813, décret, J. C. 2, 464).

Une commune qui, moyennant indemnité, renonce à s'emparer d'une halle, n'est point définitivement sortie de son droit tant que le traité n'a été approuvé que provisoirement par le ministre de l'intérieur (22 février 1821, ord. J. C. 5, 552; Mac. 1, 213). *Voy.* Avis du Conseil-d'État des 2 = 6 août 1811; Ord. du 9 juillet 1820 (S. 21, 2, 24); Instruction du 12 = 20 août 1790, chap. 3, art. 2; Avis du Conseil-d'État du 4 = 18 août 1807.

Sont supprimés les droits de halles et de boucheries perçus par le Roi sur un sol qui n'était pas sa propriété, et en qualité de seigneur (·) ; mars 1807, décret, J. C. 1, 63).

Voy. décrets des 6 décembre 1813 et 22 mars 1814.

23. Tous les droits de banalité de fours, moulins, pressoirs, boucheries, taureaux, verrats, forges et autres, ensemble les sujétions qui y sont accessoires, ainsi que les droits de verte-moute et de vent, le droit prohibitif de la quête-mouture ou chasse-des-meuniers, soit qu'ils soient fondés sur la coutume ou sur un titre acquis par prescription, ou confirmés par des jugemens, sont abolis et supprimés sans indemnité, sous les seules exceptions ci-après. (1er mars.)

24. Sont exceptées de la suppression ci-dessus, et seront rachetables : 1° les banalités qui seront prouvées avoir été établies par une convention souscrite entre une communauté d'habitans et un particulier non seigneur (1); 2° les banalités qui seront prouvées avoir été établies par une convention souscrite par une communauté d'habitans et son seigneur, et par laquelle le seigneur aura fait à la communauté quelque avantage de plus que de s'obliger à tenir perpétuellement en état les moulins, fours ou autres objets banaux; 3° celles qui seront prouvées avoir eu pour cause une concession faite par le seigneur à la communauté des habitans, de droits d'usage dans ses bois ou prés, ou de communes en propriété (2). (1er et 3 mars.)

25. Toute redevance ci-devant payée par les habitans, à titre d'abonnement des banalités, de la nature de celles ci-dessus supprimées sans indemnité, et qui n'étaient point dans le cas des exceptions portées par l'article précédent, est abolie et supprimée sans indemnité. (3 mars.)

26. Il est fait défense aux ci-devant baniers d'attenter à la propriété des moulins, pressoirs, fours et autres objets de la banalité, desquels ils sont affranchis par l'article 23; ladite propriété est mise sous la sauve-garde de la loi, et il est enjoint aux municipalités de tenir la main à ce qu'elle soit respectée. (Id.)

27. Toutes les corvées, à la seule exception des réelles, sont supprimées sans indemnité; et ne seront réputées corvées réelles que celles qui seront prouvées être dues pour prix de la concession de la propriété d'un fonds ou d'un droit réel. (Id.)

28. Toutes sujétions qui, par leur nature, ne peuvent apporter à celui auquel elles sont

dues aucune utilité réelle, sont abolies et supprimées sans indemnité. (Id.)

29. Lorsque les possesseurs des droits conservés par les articles 9, 10, 11, 15, 17, 24 et 27 ci-dessus, ne seront pas en état de représenter de titre primitif, ils pourront y suppléer par deux reconnaissances conformes, énonciatives d'une plus ancienne, non contredites par des reconnaissances antérieures données par la communauté des habitans, lorsqu'il s'agira de droits généraux; et par les individus intéressés, lorsqu'elles concerneront des droits particuliers, pourvu qu'elles soient soutenues d'une possession actuelle qui remonte sans interruption à quarante ans, et qu'elles rappellent, soit les conventions, soit les concessions mentionnées dans les articles. (Id.)

30. Le droit de triage, établi par l'article 4 du titre XXV de l'ordonnance des eaux et forêts de 1669, est aboli pour l'avenir (3). (3 et 4 mars.)

31. Tous édits, déclarations, arrêts du conseil et lettres-patentes rendus depuis trente ans, tant à l'égard de la Flandre et de l'Artois, qu'à l'égard de toutes les autres provinces du royaume, qui ont autorisé le triage hors des cas permis par l'ordonnance de 1669 demeureront à cet égard comme non avenus, et tous les jugemens rendus et actes faits en conséquence sont révoqués. Et pour rentrer en possession des portions de leurs biens communaux dont elles ont été privées par l'effet desdits édits, déclarations, arrêts et lettres-patentes, les communautés seront tenues de se pourvoir, dans l'espace de cinq ans, par-devant les tribunaux, sans pouvoir prétendre aucune restitution de fruits perçus, sauf à les faire entrer en compensation, dans le cas où il y aurait lieu à des indemnités pour cause d'impenses (4). (4 mars.)

32. Le droit de tiers-denier est aboli dans les provinces de Lorraine, du Barrois, du Clermontois et autres où il pourrait avoir lieu, à l'égard des bois et autres biens qui sont possédés en propriété par les communautés; mais il continuera d'être perçu sur le prix des ventes des bois et autres biens dont les communautés ne sont qu'usagères.

Les arrêts du conseil et lettres-patentes qui

(1) Ne sont pas abolies les banalités conventionnelles qui ont été consenties par une communauté d'habitans au profit d'un particulier non seigneur (5 février 1816; Cass. S. 16, 1, 157). Voy. Avis du Conseil-d'Etat des 10 et 11 brumaire an 14.
Un droit de courtage (de pesage et mesurage) ne peut être assimilé à un droit de banalité, dans le sens de cet article (12 janvier 1825; Cass. S. 25, 1, 348; Dalloz, 25).
(2) Les communes qui justifient d'un simple droit d'usage ne peuvent demander à être réinté-

grées dans la propriété de biens possédés par les ci-devant seigneurs (17 nivose an 12; Cas. S. 4, 2, 286). Voy. loi du 15 = 26 mai 1790.

(3) Les ci-devant seigneurs n'ont pas été maintenus par la loi du 10 juin 1793, dans les triages qu'ils avaient fait prononcer dans l'intervalle de l'ordonnance de 1669 à la loi du 15 mars 1790 (19 mars 1809; Cass. S. 9, 1, 438).

(4) Un triage postérieur à 1669 prouve seul que les biens qui en sont l'objet étaient communaux (30 juin 1806; Cass. S. 6, 1, 364).

depuis trente ans ont distrait, au profit de certains seigneurs desdites provinces, des portions des bois et autres biens dont les communautés jouissent à titre de propriété ou d'usage, sont révoqués, et les communautés pourront dans le temps, et par les voies indiquées par l'article précédent, rentrer dans la jouissance desdites portions, sans aucune répétition des fruits perçus, sauf aux seigneurs à percevoir le droit de tiers-denier dans le cas ci-dessus exprimé. (5 mars.)

33. Toutes les dispositions ci-dessus, à l'exception de celles de l'article 11 du titre Ier, et des articles 13, 17 et 19 du présent titre, qui ne seront exécutées que du jour de la publication du présent décret, auront leur effet à compter du jour de la publication des lettres-patentes du 3 novembre 1789. (Id.)

34. Tous procès intentés et non décidés par jugement en dernier ressort avant les époques respectives fixées par l'article précédent, relativement à des droits abolis sans indemnité par le présent décret, ne pourront être jugés que pour les frais des procédures faites et les arrérages échus antérieurement à ces époques (1). (Id.)

35. Au surplus, il n'est point préjudicié aux actions intentées ou à intenter par les communautés d'habitans pour raison des biens communaux non compris dans les articles 31 et 32 du présent titre, lesquelles seront décidées, même sur instance en cassation d'arrêt, conformément aux lois antérieures au présent décret. (Id.)

36. Il ne pourra être prétendu par les personnes qui ont ci-devant acquis de particuliers, par vente ou autre titre équipollent à vente, des droits abolis par le présent décret, aucune indemnité ni restitution de prix (2), et à l'égard de ceux desdits droits qui ont été acquis du domaine de l'Etat, il ne pourra être exigé par les acquéreurs d'autre indemnité que la restitution, soit des finances par eux avancées, soit des autres objets ou biens par eux cédés à l'Etat (10 mars).

37. Il sera libre aux fermiers qui ont ci-devant pris à bail aucun des mêmes droits, sans mélange d'autres biens ou de droits conservés jusqu'au rachat, de remettre leurs baux; et dans ce cas, ils ne pourront pré-

tendre d'autre indemnité que la restitution des pots-de-vin et la décharge des loyers ou fermages, au prorata de la non-jouissance causée par la suppression desdits droits. Quant à ceux qui ont pris à bail aucuns droits abolis conjointement avec d'autres biens ou avec des droits rachetables, ils pourront seulement demander une réduction de leurs pots-de-vin et fermages proportionnée à la quotité des objets frappés de suppression. (Id.)

38. Les preneurs à rente d'aucuns droits abolis ne pourront pareillement demander qu'une réduction proportionnelle de redevances dont ils sont chargés, lorsque les baux contiendront, outre les droits abolis, des bâtimens, immeubles ou autres droits dont la propriété est conservée, ou qui sont simplement rachetables; et, dans le cas où les baux à rente ne comprendraient que des droits abolis, les preneurs seront seulement déchargés des rentes, sans pouvoir prétendre aucune indemnité ni restitution de denier d'entrée (3). (Id.)

39. Il est réservé de prononcer, s'il y a lieu : 1° sur ceux des droits féodaux maritimes à l'égard desquels il n'a pas été statué par les articles précédens; 2° sur les droits de voirie, déshérence, bâtardise, épaves, amendes, afforage, taverne, tabellionage et autres dépendant de celui de justice; 3° sur les indemnités dont la nation pourrait être chargée envers les propriétaires de certains fiefs d'Alsace, d'après les traités qui ont réuni cette province à la France. (15 mars)

TITRE III. — Des droits seigneuriaux rachetables.

Art. 1er. Seront simplement rachetables, et continueront d'être payés jusqu'au rachat effectué, tous les droits et devoirs féodaux ou censuels utiles qui sont le prix et la condition d'une concession primitive de fonds. (5 mars.)

2. Et sont présumés tels, sauf la preuve contraire : 1° toutes les redevances seigneuriales annuelles en argent, grains, volailles, cire, denrées ou fruits de la terre, servis sous la dénomination de cens, censives, surcens, capcasal, rentes féodales, seigneuriales et emphytéotiques, champart, tasque, ter-

---

(1) Voy. loi du 17 = 21 mai 1790.

(2) La vente de droits féodaux supprimés est aux risques de l'acquéreur, bien que la chose n'ait pas été livrée ni le prix payé (14 fructidor an 10; Cass. S. 3, 1, 37).

(3) Le mot rente doit s'entendre des rentes foncières, et non des rentes constituées (12 janvier 1814; Cass. S. 14, 1, 189).

La rente qui fut le prix d'un droit de banalité, compris dans la suppression de la féodalité, ensemble et d'une concession de fonds, est réductible même à l'égard d'un preneur de

locataire perpétuelle (7 ventose an 12; Cass. S. 4, 1, 236).

L'acte qualifié échange, par lequel une partie avait acquis des droits abolis, moyennant une rente stipulée foncière, perpétuelle et irrachetable, peut être réputé bail à rente, et, par suite, la rente elle-même être abolie (15 avril 1807; Cass. S. 7, 1, 337).

Est réductible la rente formant le prix d'un usufruit acquis avant la révolution, et dans lequel était compris un droit de chasse supprimé (26 pluviose an 12; Cass. S. 7, 2, 825).

rage, arrage, agrier, comptant, soëté, dîmes inféodées, ou sous toute autre dénomination quelconque, qui ne se paient et ne sont dues que par le propriétaire ou possesseur d'un fonds, tant qu'il est propriétaire ou possesseur, et à raison de la durée de sa possession; 2° tous les droits casuels qui, sous les noms de quint, requint, treizième, lods et treizains, lods et ventes, ventes et issues, mi-lods, rachats, venteroles, reliefs, relevoison, plaids et autres dénominations quelconques, sont dus à cause des mutations survenues dans la propriété ou la possession d'un fonds, par le vendeur, l'acheteur, les donataires, les héritiers et tous autres ayans-cause du précédent propriétaire ou possesseur; 3° les droits d'*accapte*, *arrière-accapte* et autres semblables, dus tant à la mutation des ci-devant seigneurs qu'à celle des propriétaires ou possesseurs (1). (8 mars.)

3. Les contestations sur l'existence, ou la quotité des droits énoncés dans l'article précédent, seront décidées d'après les preuves autorisées par les statuts, coutumes et règles observées jusqu'à présent, sans néanmoins que, hors de coutumes qui en disposent autrement, l'enclave puisse servir de prétexte pour assujétir un héritage à des prestations qui ne sont point énoncées dans les titres directement applicables à cet héritage, quoiqu'elles le soient dans les titres relatifs aux héritages dont il est environné et circonscrit. (11 mars.)

4. Lorsqu'il y aura, pour raison d'un même héritage, plusieurs titres ou reconnaissances, le moins onéreux au tenancier sera préféré, sans avoir égard au plus ou moins d'ancienneté de leur date, sauf l'action en blâme ou réformation de la part du ci-devant seigneur contre celles desdites reconnaissances qui n'en seront pas encore garanties par la prescription, lorsqu'il n'y aura été partie ni en personne, ni par un fondé de procuration. (*Id.*)

5. Aucune municipalité, aucune administration de district ou de département, ne pourront, à peine de nullité, de prise à partie et de dommages-intérêts, prohiber la perception d'aucun des droits seigneuriaux dont le paiement sera réclamé, sous prétexte qu'ils se trouveraient implicitement ou explicitement supprimés sans indemnité, sauf aux parties intéressées à se pourvoir par les voies de droit ordinaires devant les juges qui doivent en connaître. (8 mars.)

6. Les propriétaires de fiefs dont les archives et les titres auraient été brûlés ou pillés à l'occasion des troubles survenus depuis le commencement de l'année 1789, pourront, en faisant preuve du fait, tant par

titres que par témoins, dans les trois années de la publication du présent décret, être admis à établir, soit par acte, soit par la preuve testimoniale, d'une possession de trente ans antérieure à l'incendie ou pillage, la nature et la quotité de ceux des droits non supprimés sans indemnité, qui leur appartenaient. (*Id.*)

7. La preuve testimoniale dont il vient d'être parlé ne pourra être acquise que par dix témoins, lorsqu'il s'agira d'un droit général, et par six témoins dans les autres cas. (*Id.*)

8. Les propriétaires de fiefs qui auraient, depuis l'époque énoncée dans l'article 6, renoncé par crainte ou violence à la totalité ou à une partie de leurs droits non supprimés par le présent décret, pourront, en se pourvoyant également dans les trois années, demander la nullité de leur renonciation, sans qu'il soit besoin de lettres de rescision; et après ce terme, ils n'y seront plus reçus, même en prenant des lettres de rescision. (*Id.*)

9. Il sera incessamment pris une détermination relativement au mode et au prix du rachat des droits conservés, sans préjudice du paiement qui sera fait des rentes, redevances et droits échus et à échoir jusqu'au jour du rachat. (15 mars.)

---

15 MARS 1790. — Décret pour presser la sanction des décrets sur la constitution de l'armée, le serment des gardes nationales, et les états à remettre par les directeurs des monnaies de la vaisselle d'or et d'argent portée aux hôtels des monnaies. (B. 2, 181.)

---

16 = 26 MARS 1790. (Lett.-Pat.) — Décret concernant les personnes détenues en vertu d'ordres particuliers. (Mon. des 15 et 18 mars 1790; L. 1, 609; B. 2, 200.)

L'Assemblée nationale étant enfin arrivée au moment heureux d'anéantir les ordres arbitraires, de détruire les prisons illégales, et de déterminer une époque fixe pour l'élargissement des prisonniers qui s'y trouvent renfermés, à quelque titre ou sous quelque prétexte qu'ils y aient été conduits; considérant la nécessité de donner le temps aux parens ou amis de ceux qui sont encore détenus, de concerter les arrangemens qu'ils croiront devoir prendre, à l'effet de leur assurer une situation convenable et tranquille, et de pourvoir à leur subsistance; considérant encore que, parmi les prisonniers enfermés en vertu d'ordres arbitraires, il en est qui ont été préalablement jugés en première instance, ou qui sont seulement décrétés de prise de corps, ou contre lesquels il a été rendu plainte en justice et dressé des procès-

---

(1) *Voy.* loi du 3 = 9 mai 1790.

verbaux tendant à constater un corps de délit ; enfin, qu'il s'en trouve quelques-uns que leur famille a déférés à l'administration, comme coupables de faits très-graves que l'on a crus certains et suffisamment avérés ; considérant qu'il est juste de tenir compte des rigueurs d'une longue détention à ceux même qui seraient reconnus coupables de crimes capitaux, et d'allier à leur égard les ménagemens inspirés par l'humanité, à l'exactitude que la justice, l'intérêt de la société et celui des individus forcent à porter dans la recherche, la condamnation et la punition des délits constans, régulièrement poursuivis, et complètement prouvés ; considérant, enfin, qu'il est nécessaire de prolonger la détention de ceux qui sont enfermés pour cause de folie, assez long-temps pour connaître s'ils doivent être mis en liberté, ou soignés dans les hôpitaux établis, inspectés et dirigés avec cette vigilance, cette prudence et cette humanité qu'exige leur triste situation, a décrété et décrète ce qui suit :

Art. 1er. Dans l'espace de six semaines après la publication du présent décret, toutes les personnes détenues dans les châteaux, maisons religieuses, maisons de force, maisons de police ou autres prisons quelconques, par lettres de cachet ou par ordre des agens du pouvoir exécutif, à moins qu'elles ne soient légalement condamnées ou décrétées de prise de corps, qu'il n'y ait eu plainte en justice portée contre elles pour raison de crimes emportant peine afflictive, ou que leurs pères, mères, aïeuls ou aïeules, ou autres parens réunis, n'aient sollicité et obtenu leur détention, d'après des mémoires et demandes appuyés sur des faits très-graves, ou enfin, qu'elles ne soient renfermées pour cause de folie, seront remises en liberté.

2. L'Assemblée nationale n'entend comprendre dans la disposition du précédent article, les mendians et vagabonds enfermés à temps, en vertu de sentence d'un juge, ou sur l'ordre des officiers de police et autres ayant caractère pour l'exécution des réglemens relatifs à la mendicité et à la sûreté publique, à l'égard desquels il n'est rien innové, quant à présent.

3. Ceux qui, sans avoir été jugés en dernier ressort, auraient été condamnés en première instance, ou seulement décrétés de prise de corps, comme prévenus de crimes capitaux, seront conduits dans les prisons des tribunaux désignés par la loi, pour y recevoir leur jugement définitif.

4. A l'égard des personnes non-décrétées contre lesquelles il y aura eu plainte rendue en justice, d'après une procédure tendant à constater un corps de délit, elles seront également jugées, mais dans le cas seulement où elles le demanderaient ; et alors elles ne pourront sortir de prison qu'en vertu d'une sentence d'élargissement. Dans le cas où elles renonceraient à se faire juger, l'ordre de leur détention sera exécuté pour le temps qui en reste à courir, de manière, toutefois, que sa durée n'excède pas six années.

5. Les prisonniers qui devront être jugés en vertu des deux articles précédens, et qui seront condamnés comme coupables de crimes, ne pourront subir une peine plus sévère que quinze années de prison, excepté dans le cas d'assassinat, de poison ou d'incendie, où la détention à perpétuité pourra être prononcée ; mais dans ces cas mêmes, les juges ne pourront prononcer la peine de mort ni celle des galères *perpétuelles*. Dans les quinze années de prison, seront comptées celles que les prisonniers ont déjà passées dans les maisons où ils sont détenus.

6. Quant à ceux qui ont été enfermés sur la demande de leur famille, sans qu'aucun corps de délit ait été constaté juridiquement, même sans qu'il y ait eu plainte portée contre eux en justice, ils obtiendront leur liberté, si, dans le délai de trois mois, aucune demande n'est présentée aux tribunaux pour raison des cas à eux imputés.

7. Les prisonniers qui ont été légalement condamnés à une peine afflictive, autre, toutefois, que la mort, les galères perpétuelles ou le bannissement à vie, et qui, n'ayant point obtenu des lettres de commutation de peine, se trouvent renfermés en vertu d'un ordre illégal, garderont prison pendant le temps fixé par l'ordre de leur détention, à moins qu'ils ne demandent eux-mêmes à subir la peine à laquelle ils avaient été condamnés, par jugement en dernier ressort ; et cependant, aucune détention ne pourra jamais, dans le cas exprimé au présent article, excéder le terme de dix années, y compris le temps qui s'est déjà écoulé depuis l'exécution de l'ordre illégal.

8. Ceux qui seront déchargés d'accusation recouvreront sur-le-champ leur liberté, sans qu'il soit besoin d'aucun ordre nouveau, et sans qu'il puisse être permis de les retenir, sous quelque prétexte que ce soit.

9. Les personnes détenues pour cause de démence seront, pendant l'espace de trois mois, à compter du jour de la publication du présent décret, à la diligence de nos procureurs, interrogées par les juges dans les formes usitées, et, en vertu de leurs ordonnances, visitées par les médecins qui, sous la surveillance des directoires de district, s'expliqueront sur la véritable situation des malades, afin que, d'après la sentence qui aura statué sur leur état, ils soient élargis ou soignés dans les hôpitaux qui seront indiqués à cet effet.

10. Les ordres arbitraires emportant exil, et tous autres de la même nature, ainsi que toutes lettres de cachet, sont abolis, et il n'en

sera plus donné à l'avenir. Ceux qui en ont été frappés sont libres de se transporter partout où ils le jugeront à propos.

11. Les ministres seront tenus de donner aux citoyens ci-devant enfermés ou exilés la communication des mémoires et instructions sur lesquels auront été décernés contre eux les ordres illégaux qui cessent par l'effet du présent décret.

12. Les mineurs seront remis ou renvoyés à leurs pères et mères, tuteurs ou curateurs, au moment de leur sortie de prison. Les assemblées de district pourvoiront à ce que les religieuses ou autres personnes qui, à raison de leur sexe, de leur âge ou de leurs infirmités, ne pourraient se rendre sans dépense à leur domicile ou auprès de leurs parens, reçoivent en avance, sur les deniers appartenant au régime de la maison où elles étaient renfermées, ou sur les caisses publiques du district, la somme qui sera jugée nécessaire et indispensable pour leur voyage, sauf à répéter ladite somme sur le couvent dont les religieuses étaient professes, ou sur les familles, ou sur les fonds du domaine.

13. Les officiers municipaux veilleront à ce que les personnes mises en liberté, qui se trouveraient sans aucune ressource, puissent obtenir du travail dans les ateliers de charité déjà établis ou qui le seront à l'avenir.

14. Dans le délai de trois mois, il sera dressé par les commandans de chaque fort ou prison d'État, supérieurs de maisons de force ou maisons religieuses, et par tous détenteurs de prisonniers en vertu d'ordres arbitraires, un état de ceux qui auront été élargis, interrogés et visités, renvoyés par-devant les tribunaux, ou qui garderont encore prison en vertu du présent décret : ledit état sera dressé sans frais et certifié.

15. Cet état sera déposé aux archives du district, et il en sera envoyé des doubles en forme, signés du président et du secrétaire, aux archives du département, d'où ils seront adressés aux secrétaires d'État du Roi, pour être communiqués à l'Assemblée nationale.

16. L'Assemblée nationale rend les commandans des prisons d'État, les supérieurs des maisons de force et maisons religieuses, et tous les détenteurs de prisonniers enfermés par ordre illégal, responsables, chacun en ce qui le touche, de l'exécution du présent décret ; et les tribunaux de justice, les assemblées administratives de département et de district, et les municipalités, sont chargés spécialement d'y tenir la main, chacun en ce qui le concerne.

16 MARS 1790. — Décret qui autorise la municipalité de Toulouse à faire un emprunt. (B. 2, 199.)

16 MARS 1790. — Gardes nationales. *Voy.* 7 JANVIER 1790. — Strasbourg. *Voy.* 8 MARS 1790.

17 = 24 MARS 1790. (Lett.- Pat.) — Décret concernant l'aliénation aux municipalités de quatre cents millions de biens domaniaux et ecclésiastiques. (L. 1, 604 ; B. 2, 205.)

Voy. loi des 19 et 21 DÉCEMBRE 1789 ; 9 = 25 AVRIL 1790 ; 14 = 17 MAI 1790 ; 31 MAI = 3 JUIN 1790 ; 25, 26, 29 JUIN ; 9 = 25 JUILLET 1790 ; 16 = 26 JUILLET 1790 ; Lettres-patentes du 25 JUILLET 1790.

L'Assemblée nationale a décrété :

1° Que les biens domaniaux et ecclésiastiques dont l'Assemblée nationale a précédemment ordonné la vente, par son décret du 19 décembre, jusqu'à la concurrence de quatre cents millions, seront incessamment vendus et aliénés à la municipalité de Paris et aux municipalités du royaume auxquelles il pourrait convenir d'en faire l'acquisition ;

2° Qu'il sera nommé, à cet effet, par l'Assemblée nationale, douze commissaires pris dans toute l'Assemblée, pour aviser, contradictoirement avec les membres élus par la municipalité de Paris, au choix et à l'estimation desdits biens, jusqu'à la concurrence des deux cents millions demandés par ladite municipalité ; que l'aliénation définitive desdits deux cents millions de biens sera faite aux clauses et conditions qui seront définitivement arrêtées ; et en outre, à la charge par la municipalité de Paris de transporter aux susdits prix de l'estimation telle portion desdits biens qui pourraient convenir aux autres municipalités, aux mêmes clauses et conditions accordées à celle de la capitale ;

3° Qu'il sera rendu compte préalablement par les commissaires, à l'Assemblée nationale, du résultat de leur travail et de l'estimation des experts, dans le moindre délai possible ;

4° Que les commissaires de l'Assemblée nationale s'occuperont des moyens de rapprocher le plus possible les échéances de remboursement de la liquidation générale des biens domaniaux et ecclésiastiques dont la vente a été décrétée ; et pour y parvenir plus efficacement, l'Assemblée nationale ordonne que, sous l'inspection desdits commissaires, les municipalités qui acquerront lesdits biens domaniaux et ecclésiastiques, seront tenus de remettre sans retard lesdits biens en vente au plus offrant et dernier enchérisseur, dans les délais prescrits, dès le moment qu'il se présentera quelque acquéreur qui les portera au prix fixé par l'estimation des experts.

17 MARS 1790 — Décret qui fixe l'heure de l'ouverture des séances du matin. (B. 2, 205.)

18 = 26 MARS 1790. (Lett.-Pat.) — Décret concernant les mesures à prendre pour prévenir et arrêter les abus relatifs aux bois et forêts domaniaux et dépendant d'établissemens ecclésiastiques. (L. 1, 614; B. 2, 208.)

L'Assemblée nationale, après avoir entendu le rapport fait sur le décret du 11 de ce mois, voulant comprendre dans une seule et même loi les dispositions nécessaires pour prévenir et arrêter les abus relatifs aux bois et forêts dans la possession desquels la nation peut être dans le cas de rentrer, ou dont elle pourrait avoir à disposer, a décrété ce qui suit :

Art. 1er. Il sera provisoirement sursis par les apanagistes, engagistes, donataires, concessionnaires, et tous détenteurs, à quelque titre que ce soit, des bois et forêts domaniaux, et par tous échangistes dont les échanges ne sont pas consommés, à toute coupe de futaie dans lesdits bois et forêts, à peine de confiscation des bois coupés, et de mille livres d'amende pour toute coupe au-dessous d'un arpent et de mille livres par arpent pour toute coupe excédente, sans préjudice néanmoins de la pleine et entière exécution des coupes extraordinaires, autorisées et adjugées dans les formes légales, jusqu'au jour de la publication du présent décret.

2. Il sera pareillement sursis à toute permission, adjudication, exploitation des coupes extraordinaires de bois dépendant d'établissemens ecclésiastiques, sans préjudice de la pleine et entière exécution des coupes extraordinaires autorisées et adjugées dans les formes légales, jusqu'au jour de la publication du présent décret; à la charge aux adjudicataires de verser dans la caisse de l'administration des domaines le prix des adjudications, dont il ne sera disposé que d'après l'avis des assemblées de districts, de départemens ou de leurs directoires, ou pour le paiement des dépenses extraordinaires faites avant la publication du présent décret, conformément aux arrêts et lettres-patentes qui les ont autorisées.

3. Les apanagistes, engagistes, concessionnaires des bois et forêts domaniaux, à quel titre que ce soit, et les échangistes dont les échanges ne sont point consommés, ainsi que tous bénéficiers ou autres possesseurs ou administrateurs des bois et forêts ecclésiastiques, ne pourront faire des coupes de taillis dans les bois et forêts que conformément aux aménagemens; et à défaut des procès-verbaux d'aménagemens, lesdits taillis ne pourront être coupés qu'à l'âge auquel ils ont accoutumé de l'être.

4. Les personnes désignées en l'article précédent ne pourront commencer l'exploitation desdites coupes, qu'après en avoir obtenu la permission des maîtrises ou autres juges compétens; et cette permission ne sera délivrée qu'après la communication de la demande au district de la situation des bois, ou à son directoire, à la municipalité ou aux municipalités des lieux, en attendant l'établissement des districts, à peine de confiscation des bois coupés, et de cinq cents livres d'amende pour toute coupe au-dessous d'un arpent, et de cinq cents livres par arpent pour toute coupe excédante.

5. Toute exploitation des taillis ci-dessus désignés, actuellement commencée et non conforme aux procès-verbaux d'aménagement, ou, à défaut des procès-verbaux d'aménagement, au-dessous de l'âge ordinaire des coupes précédentes, sera suspendue aussitôt après la publication du présent décret, sous les peines portées en l'article précédent, et les bois actuellement coupés en contravention seront saisis et vendus à la diligence des officiers des maîtrises, ou autres juges compétens, et les deniers versés dans la caisse de l'administration des domaines.

6. Il ne pourra être abattu aucuns arbres épars sur les biens domaniaux ni sur les biens ecclésiastiques, qu'autant que lesdits arbres seront sur le retour et dépérissans, et après avoir obtenu la permission prescrite en l'article 4, à peine de confiscation des arbres coupés, et d'une amende qui ne pourra être moindre que le double de la valeur desdits arbres.

7. Les apanagistes, engagistes, concessionnaires des bois et forêts domaniaux, les échangistes de ces mêmes bois dont les échanges ne sont pas consommés, tous détenteurs des bois domaniaux, à quel titre que ce soit, les administrateurs des bois et forêts dépendant d'établissemens ecclésiastiques ne pourront arracher lesdits bois, ni faire aucun défrichement, ni en changer la nature, sous peine de quinze cents livres d'amende par arpent.

8. Toutes les dispositions ci-dessus seront exécutées dans les provinces belgiques comme dans toutes les autres parties du royaume, et les officiers des maîtrises des eaux et forêts de ces provinces sont autorisés provisoirement à exercer, concurremment avec les juges ordinaires, toute juridiction sur les bois ecclésiastiques, sans préjudice des poursuites auxquelles les gens de main-morte desdites provinces pourraient être sujets pour ventes ou abatis de bois non parvenus à maturité, qu'ils pourraient avoir ci-devant faits, en contravention à la loi qui leur ordonnait d'exploiter leurs bois en bons pères de famille.

9. Les municipalités sont chargées de veiller à l'exécution du présent décret, et les procureurs des communes de dénoncer les contraventions aux tribunaux qui doivent en connaître.

18 = 30 MARS 1790. (Lett.-Pat.) — Décret concernant les jugemens définitifs émanés des juridictions prévôtales. (L. 1, 644; B. 2, 207.)

Voy. lois des 6 et 30 mars 1790.

L'Assemblée nationale déclare qu'elle n'a pas entendu comprendre dans la disposition de son décret concernant le sursis des jugemens définitifs émanés des juridictions prévôtales, les jugemens d'absolution et ceux qui prononcent un plus ample informé, avec la clause de liberté et élargissement provisoire.

18 MARS 1790. — Décret concernant la réunion des communautés du Vaufray et de Gournay au district de Saint-Hippolyte. (B. 2, 206.)

18 MARS 1790. — Décret sur l'ordre de la parole de l'Assemblée nationale. (B. 2, 207.)

19 = 26 MARS 1790. (Lett.-Pat.) — Décret sur la capacité des religieux sortis du cloître, pour hériter à l'exclusion du fisc et pour disposer de leurs biens, et sur la jouissance et les obligations des religieux qui vivront en commun. (L. 1, 606; B. 2, 211.)

Voy. loi du 20 février = 26 mars 1790.

Art. 1er. Lorsque les religieux sortis de leurs maisons ne se trouveront en concours qu'avec le fisc, ils hériteront dans ce cas préférablement à lui (1).

2. Ils pourront disposer par donation entre-vifs ou testamentaire des biens meubles et immeubles acquis depuis la sortie du cloître; et à défaut de dispositions de leur part, lesdits biens passeront aux parens les plus proches.

3. Les religieux qui préféreront de se retirer dans les maisons qui leur seront indiquées, jouiront, dans les villes, des bâtimens à leur usage, et jardins potagers en dépendant; et dans les campagnes, ils jouiront encore des enclos y attenant, jusqu'à concurrence de six arpens, mesure de Paris, le tout à la charge les réparations locatives et frais du culte, excepté toutefois lorsque les églises seront paroissiales. Il sera encore assigné auxdites maisons un traitement annuel, à raison du nombre des religieux qui y résideront; ce traitement sera proportionné à l'âge des religieux; et en tout conforme aux traitemens décrétés pour ceux qui sortiront de leurs maisons. Il est réservé de fixer l'époque et de déterminer la manière d'acquitter lesdits traitemens; et la quête demeurera alors interdite à tous les religieux.

19 = 30 MARS 1790. — Décret concernant les pouvoirs des commissaires nommés par le Roi pour la formation des assemblées primaires et administratives. (L. 1, 645.) *Voy.* 29 MARS 1790.

19 MARS 1790. — Municipalité. *Voy.* 13 MARS 1790. — Orléans. *Voy.* 4 MARS 1790.

20 = 26 MARS 1790. — Décret concernant les inventaires et procès-verbaux à dresser par les municipalités, de l'état des biens des religieux et de leurs personnes. (L. 1, 606; B. 2, 215.)

Art. 1er. Les officiers municipaux se transporteront, dans la huitaine de la publication du présent décret, dans toutes les maisons de religieux de leur territoire, s'y feront représenter tous les registres et comptes de régie, les arrêteront, et formeront un résultat des revenus et des époques de leurs échéances. Ils dresseront sur papier libre, et sans frais, un état et description sommaire de l'argenterie, argent monnayé, des effets de la sacristie, bibliothèques, livres, manuscrits, médailles, et du mobilier le plus précieux de la maison, en présence de tous les religieux, à la charge et garde desquels ils laisseront lesdits objets, et dont ils recevront les déclarations sur l'état actuel de leurs maisons, de leurs dettes mobilières et immobilières, et des titres qui les constatent.

Les officiers municipaux dresseront aussi un état des religieux profès de chaque maison, et de ceux qui y sont affiliés, avec leur nom, leur âge, et les places qu'ils occupent. Ils recevront la déclaration de ceux qui voudront s'expliquer sur leur intention de sortir des maisons de leur ordre ou d'y rester, et ils vérifieront le nombre des sujets que chaque maison religieuse pourrait contenir.

Dans le cas où une maison religieuse ne dépendrait d'aucune municipalité, et formerait seule un territoire séparé, toutes les opérations ci-dessus y seront faites par les officiers municipaux de la ville la plus prochaine.

2. Huitaine après, lesdits officiers municipaux enverront à l'Assemblée nationale une expédition des procès-verbaux et des états mentionnés en l'article précédent : l'Assemblée nationale réglera ensuite l'époque et les caisses où commenceront à être acquittés les traitemens fixés, tant pour les religieux qui sortiront, que pour les maisons dans lesquelles seront tenus de se retirer ceux qui ne voudront pas sortir.

L'Assemblée nationale ajourne les autres articles du rapport de son comité ecclésiasti-

(1) Un religieux ne serait pas dispensé de restituer au domaine, représentant un émigré, les biens d'une succession échue à l'émigré, à une époque d'exclusion pour les religieux, et recueillie ensuite par le religieux, au moyen de l'effet rétroactif de la loi du 17 nivose an 2 (15 juin 1812; Cass. S. 12, 1, 292.)

que; et, en attendant, les religieux, tant qu'ils resteront dans leurs maisons, y vivront comme par le passé; et seront les officiers desdites maisons tenus de donner aux différentes natures de biens qu'ils exploiteront, les soins nécessaires pour leur conservation, et pour préparer la prochaine récolte; et, en cas de négligence de leur part, les municipalités y pourvoiront aux frais desdites maisons.

20 MARS = 20 AVRIL. 1790. — Décret sur la remise des cartes géographiques et procès-verbaux relatifs à la division du royaume, et à la convocation des assemblées administratives. (B. 2, 215.)

20 MARS 1790. — Assemblées administratives. *Voy.* 19 AVRIL 1790.

21 (14, 15, 18, 20 et) = 30 MARS 1790. — Décret relatif à la suppression de la gabelle, du quart-bouillon, et autres droits relatifs à la vente des sels, à compter du 1er avril 1790. (L. 1, 647; B. 2, 218; Mon. des 13, 15, 16, 20 et 21 mars 1790.)

Art. 1er. La gabelle ou la vente exclusive du sel dans les départemens qui formaient autrefois les provinces de grandes gabelles, de petites gabelles et de gabelles locales; le droit de quart-bouillon dans les départemens de la Manche, de l'Orne et de l'Orne-Inférieure, et les droits de traite sur les sels destinés à la consommation des départemens anciennement connus sous le nom de *provinces franches* et de *provinces rédimées*, seront supprimés à compter du 1er avril prochain.

2. Une contribution réglée sur le pied de quarante millions par année, et formant les deux tiers seulement du revenu net que le trésor national retirait de la vente exclusive du sel et du droit de quart-bouillon, sera répartie provisoirement et pour la présente année seulement, sur les départemens et les districts qui ont formé les provinces et les pays de grandes gabelles, de petites gabelles et de gabelles locales, et de quart-bouillons, en raison de la quantité du sel qui se consommait dans les provinces, et du prix auquel il y était débité avant le décret du 23 septembre dernier.

3. Une contribution sur le pied de deux millions par année, formant les deux tiers seulement du revenu que le trésor national retirait des droits de traite de toute espèce, sur le transport du sel destiné à la consommation des provinces franches et rédimées, sera, provisoirement aussi et pour la présente année seulement, répartie sur les départemens et les districts qui formaient ces provinces, et payaient ces droits en raison de la consommation que chacun de ces départemens et districts faisait du sel soumis à ces droits, et

de la somme dont il contribuait pour chacun de ces droits, lesquels seront supprimés, ainsi que tous autres droits qui se perçoivent sur les sels, à leur extraction des marais salans, sauf à ceux qui auraient acquis ces droits du Roi, à poursuivre le recouvrement de leurs finances.

4. La contribution ordonnée par les articles 2 et 3 sera répartie dans lesdites provinces, selon l'ancienne division du royaume, sur les contribuables, par addition à toutes les impositions réelles et personnelles, tant des villes que des campagnes, et aux droits sur les consommations dans les villes; et elle sera, quant aux impositions directes, établie au marc la livre, et perçue en vertu d'un simple émargement en tête des rôles de la présente année; et quand à la portion qui devra compléter la contribution des villes, en raison du sel qui se consommait dans chacune d'elles, et du prix auquel il s'y vendait, sur l'assiette duquel il sera plus particulièrement décrété par l'Assemblée nationale ce qu'il appartiendra.

5. La contribution établie par les articles 2 et 3, pour le remplacement du produit des deux tiers de ce que le trésor national retirait de la vente exclusive du sel, aura lieu dans le ressort des greniers par lesquels ce remplacement est dû, à compter de l'époque où ils ont été affranchis de ces gabelles, et où l'État a cessé d'en retirer un revenu.

6. Le sel qui se trouve actuellement dans les greniers, magasins et dépôts de la ferme générale, et dont environ un tiers appartient à l'État, et les deux autres tiers à cette compagnie, sera débité librement sans aucun privilège, à compter du 1er avril prochain, aux prix indiqués par la concurrence du commerce, sans cependant que, dans les lieux les plus éloignés de la mer, la ferme générale puisse être autorisée à vendre le sel plus de trois sous la livre, poids de marc. Les quantités actuelles de sel qui sont dans les greniers, magasins et dépôts, seront constatées par les municipalités des lieux, et les transports seront faits sur les réquisitions des municipalités des lieux où il faudra faire passer l'approvisionnement, et avec l'attache des municipalités des lieux d'où se fera le transport.

Il sera rendu compte tous les mois, à l'administration des finances, de la manutention et du produit de ce débit, pour lequel seront attribuées aux fermiers-généraux des remises proportionnées à leurs peines.

Jusqu'à l'épuisement de ce sel, il sera enjoint aux fermiers-généraux d'assurer, sous l'inspection des directoires de département et de district, l'approvisionnement des lieux que le commerce négligerait de fournir, et de prévenir les renchérissemens subits et trop considérables auxquels la variété des combinaisons du commerce pourrait donner lieu.

La portion de ce sel qui appartient à la nation sera vendu la première, et le produit en sera versé, de mois en mois, dans le trésor national, et appliqué aux dépenses de l'année courante. La valeur du surplus sera employée à rembourser d'autant les fonds et avances des fermiers-généraux, et continuera de faire partie du gage de leurs bailleurs de fonds.

7. Les revendeurs autorisés par la ferme générale à débiter du sel, et qui n'auraient pu vendre la totalité de celui qu'ils ont levé aux greniers de l'Etat, seront admis à l'y remettre, d'après les inventaires qui en seront faits, et la valeur leur en sera restituée, sans qu'en aucun cas ils puissent rapporter plus de sel qu'il ne leur en a été délivré lors de leur dernière levée ; et, pour jouir du bénéfice du présent article, lesdits revendeurs seront tenus de faire, dans les vingt-quatre heures de la publication du présent décret, à la municipalité du lieu de leur résidence, la déclaration de la quantité de sel de la ferme qu'ils pourraient avoir entre les mains : ladite quantité sera vérifiée dans le même délai par la municipalité, qui prendra échantillon de la qualité.

8. Les procès criminels commencés pour faits de gabelles seront annulés sans frais. Le Roi sera supplié de permettre le retour des bannis pour fait de gabelles seulement ; et de faire remettre en liberté les détenus en prison ou aux galères, qui n'y ont été envoyés que pour la même cause, comme aussi d'ordonner qu'il soit pris toutes précautions nécessaires pour assurer leur retour à leur domicile, conformément à ce qui a été précédemment réglé au sujet des détenus pour fait de chasse.

1 MARS 1790. — Décret qui établit à Sémur le tribunal, dans le cas où Martigny serait choisi pour chef-lieu de district. (B. 2, 217.)

1 MARS 1790. — Décret qui déclare nulles et non avenues les protestations apposées à la signature des procès-verbaux de division de cantons. (B. 2, 217.)

1 MARS 1790. — Décret relatif à une demande faite par le bourg Saint-Esprit-lès-Bayonne. (B. 2, 218.)

1 = 24 MARS 1790. (Lett.-Pat.) — Décret concernant l'abonnement général des droits sur les huiles à la fabrication, et sur les huiles et savons au passage d'une province dans une autre, pour 1790 seulement. (L. 1, 600 ; B. 2, 226.)

Art. 1er. Les abonnemens du droit de fabrication des huiles, qui ont eu lieu en différentes provinces, continueront provisoirement, et pour la présente année seulement, dans les départemens et districts qui formaient autrefois ces provinces.

2. Les droits de traites que payaient les huiles et savons de ces mêmes provinces, lorsqu'ils en sortaient pour entrer dans la consommation du reste du royaume, seront pareillement abandonnés provisoirement, et pour la présente année seulement, par une contribution, à raison de cinq cent mille livres par année, sur les départemens et districts qui n'ont abonné que le droit de fabrication.

3. L'abonnement sera rendu général par une contribution sur le pied d'un million par année, établie provisoirement et pour la présente année seulement, sur les départemens et districts où la perception du droit à la fabrication des huiles avait lieu.

4. Lesdites contributions seront proportionnées à toutes les impositions réelles ou personnelles, à tous les droits d'entrée des villes, et réparties ; savoir : quant aux impositions directes, au marc la livre et par simple émargement sur les rôles ; et quant aux droits d'entrée des villes, en la forme qui sera réglée par un décret particulier.

22 = 24 MARS 1790. (Lett.-Pat.) — Décret qui supprime l'exercice du droit de marque sur les cuirs et qui établit un abonnement général du droit pour l'année 1790 seulement. (L. 1, 602 ; B. 2, 223.)

Art. 1er. L'exercice du droit de marque des cuirs sera supprimé dans toute l'étendue du royaume, à compter du 1er avril prochain, à la charge par les tanneurs et autres fabricans de cuirs et de peaux, d'acquitter en douze paiemens et dans l'espace de douze mois la valeur des droits dus par les marchandises qu'ils ont en charge, sur le pied d'une estimation moyenne qui sera réglée par un décret particulier.

2. L'abonnement du droit de marque des cuirs et peaux, pour toutes les marchandises de cette espèce qui seront mises en fabrication et fabriquées à l'avenir, sera rendu général au moyen d'une contribution sur le pied de six millions par année, qui sera répartie provisoirement et pour la présente année seulement, à compter du 1er avril prochain, sur tous les propriétaires et habitans du royaume, en proportion de toutes les impositions directes et de tous les droits d'entrée des villes ; laquelle répartition aura lieu, quant aux impositions directes, au marc la livre par simple émargement sur les rôles, et quant au droit d'entrée des villes, en la forme qui sera réglée par un décret particulier.

22 = 24 MARS 1790. — Décret qui supprime le droit de marque des fers à la fabrication et au transport dans l'intérieur du royaume, et

qui établit une contribution générale pour 1790 seulement. (L. 1, 596 ; B. 2, 225.)

Art. 1er. L'exercice du droit de marque des fers à la fabrication et au transport dans l'intérieur du royaume sera supprimé, à compter du 1er avril prochain.

2. Les maîtres de forges et de fonderies, dans les départemens où les droits avaient lieu à la fabrication, seront tenus d'acquitter en six mois et en six paiemens égaux, les droits qui peuvent être dus par leurs fers déjà fabriqués.

Et à compter du 1er octobre prochain, ceux qui ont des marchés à termes bonifieront à leurs acquéreurs, pendant le cours desdits marchés, la valeur du droit dont leurs fers sont déchargés à la fabrication par le présent décret.

3. L'abonnement dudit droit de fabrication et desdits droits de traite sur les fers et ouvrages de fer et acier sera rendu général, à compter dudit jour, 1er avril prochain, provisoirement et pour la présente année seulement, au moyen d'une contribution réglée sur le pied d'un million par année sur les départemens et districts qui formaient le ressort des parlemens de Paris, de Dijon, de Metz et de la cour des aides de Clermont-Ferrand, à l'exception des districts faisant partie du ressort desdites cours, où le droit à la fabrication n'avait été établi ni perçu, et d'une contribution de cinq cent mille livres sur tout le reste du royaume.

Lesdites contributions seront établies en proportion des impositions réelles et personnelles de tous les départemens où elles doivent avoir lieu, et des droits d'entrée des villes dans ces mêmes départemens, savoir : quant aux impositions directes, au marc la livre et par simple émargement sur les rôles ; et quant aux droits d'entrée des villes, en la forme qui sera réglée par un décret particulier.

4. Il sera établi, à toutes les entrées du royaume, un droit uniforme, égal à celui qui avait déjà lieu dans les provinces ou départemens où se percevait le droit de marque des fers.

22 = 24 MARS 1790. (Lett.-Pat.) — Décret qui supprime le droit sur la fabrication des amidons, et qui établit une contribution sur toutes les villes du royaume, pour 1790 seulement. (L. 1, 598 ; B. 2, 224.)

Art. 1er. Le droit sur la fabrication des amidons sera supprimé, à compter du 1er avril prochain.

2. Les abonnemens relatifs au même droit cesseront à compter du même jour.

3. Il sera établi provisoirement, et pour la présente année seulement, à compter aussi du même jour, une contribution sur le pied d'un million par année sur toutes les villes du royaume, en proportion de toutes leurs impositions directes et de leurs droits d'entrée ; savoir : quant aux impositions directes, au marc la livre et par simple émargement sur les rôles ; et quant aux droits d'entrée, en la forme qui sera réglée par un décret particulier.

22 = 30 MARS 1790. (Lett.-Pat.) — Décret qui annule des procès commencés à raison de la perception de différens droits. (L. 1, 643 ; B. 2, 228.)

Les procès commencés à raison de la perception des droits de marque des cuirs, de marque des fers, sur la fabrication et le transport des huiles et savons, sont annulés sans frais.

22 MARS = 1er AVRIL 1790. (Lett.-Pat.) — Décret relatif au service public de 1790. (L. 1, 654 ; B. 2, 230.)

L'Assemblée nationale, voulant assurer dans tous les cas le service public de l'année 1790, a décrété que si, par de nouvelles économies ou la bonne administration des moyens de finance adoptés par nous, il se trouvait de l'excédant, cet excédant sera versé dans la caisse de l'extraordinaire, et employé au remboursement des dettes les plus onéreuses ; et que si, par quelque obstacle ou quelque événement inattendu, il se trouvait encore du déficit, il y sera pourvu par la caisse de l'extraordinaire.

22 MARS = 1er AVRIL 1790. (Lett.-Pat.) — Décret relatif à l'emploi des dons patriotiques faits à l'Assemblée nationale. (L. 1, 655 ; B. 2, 231.)

L'Assemblée nationale, après avoir entendu ses trésoriers des dons patriotiques et sur le résultat de leurs conférences avec les syndics des payeurs de rentes, conformément à son décret du 7 de ce mois, a décrété ce qui suit :

Art. 1er. Les propriétaires des rentes perpétuelles et viagères payables à l'hôtel de ville de Paris, de cinquante livres par année et au-dessous, qui ne sont imposés qu'à six livres de capitation ou à une somme inférieure, seront payés dès à-présent, à bureau ouvert et à toutes lettres, des deniers provenant des dons patriotiques, de ce qui peut leur être dû des arrérages de l'année 1788, en joignant à leurs quittances et autres pièces nécessaires à leur paiement, un duplicata, sur papier ordinaire, de la quittance de leur capitation, qui leur sera délivrée sans frais par les préposés à la perception de ladite imposition.

2. Ces duplicata, pour les rentiers résidans en province, seront légalisés, également sans

frais, par un des officiers municipaux du lieu de leur résidence ; quant aux rentiers résidant en Lorraine, où la capitation n'a pas lieu, et dans les lieux où elle n'est pas répartie séparément des autres impositions, ils rapporteront un *duplicata*, aussi légalisé par un officier municipal, de la quittance de six livres pour toute imposition des receveurs desdites provinces.

3. Il en sera usé de même pour les rentes de 1789, lesquelles seront payées sans retard, mais dans l'ordre des lettres.

4. Les deniers des dons patriotiques seront remis successivement, par les trésoriers des dons patriotiques, aux payeurs des rentes, sur leurs récépissés, qui seront convertis par la suite en quittances comptables.

5. Les contrôleurs des rentes enverront aux trésoriers des dons patriotiques, à la fin de chaque mois, l'état certifié des paiemens qui auront été faits en exécution du présent décret.

---

22 MARS = 5 AVRIL 1790. (Lett.-Pat.) — Décret concernant les formes à observer pour l'acquit de la contribution que les villes auront à fournir dans le remplacement de la gabelle, des droits de traite sur les sels, de ceux de marque des cuirs et des fers, et des droits de fabrication sur les huiles et les amidons. (L. 1, 663 ; B. 2, 218.)

L'Assemblée nationale, voulant adoucir pour les villes la portion de contribution qu'elles auront à fournir, en raison de leurs droits d'entrée pour remplacement de la gabelle, des droits de traite sur le sel, des droits de marque des cuirs et de marque des fers, et des droits de fabrication sur les huiles et les amidons, et rendre la perception de cette contribution à la fois plus sûre et plus facile, a décrété ce qui suit :

Art. 1er. La somme dont chaque ville sera contribuable provisoirement, à raison des droits d'entrée pour le remplacement de la portion qu'elle acquittait dans les différens droits supprimés ou abonnés par les décrets de l'Assemblée nationale de ce jour et autres jours précédens, sera incessamment réglée ; et sur la notion qui sera officiellement donnée à chaque ville de sa part contributoire, la municipalité sera tenue de proposer au directoire de son district, sous quinze jours au plus tard, son opinion sur la forme de l'établissement qu'elle jugera le plus convenable pour procurer cette somme, soit par une addition de sous pour livre à ses anciens octrois, soit par une augmentation dans quelques parties de ceux-ci, qui paraîtraient n'avoir pas été suffisamment élevés dans les tarifs, soit par un octroi nouveau sur quelques marchandises dont les anciens tarifs auraient omis l'énonciation, soit par un plus grand accroissement dans les contributions personnelles,

soit par les autres impositions qui peuvent être regardées comme mitoyennes entre les impositions personnelles et les impositions réelles, qui sont relatives aux loyers ou à quelques circonstances particulières des maisons.

2. Les directoires de district feront passer, dans le délai de huit jours, avec leur avis, les délibérations desdites villes au directoire de leur département, qui les enverra dans le même espace de huit jours, avec son avis, au sieur contrôleur-général des finances, lequel donnera communication à l'Assemblée nationale desdites délibérations et avis, pour être par ladite Assemblée nationale décrété ce qu'il appartiendra sur l'homologation ou modification desdites délibérations et la perception desdites impositions de remplacement ; et dans le cas où les municipalités pourraient proposer leur avis avant la formation des directoires de district et de département, elles sont et demeureront autorisées à l'adresser directement au sieur contrôleur-général des finances, pour être pareillement transmis à l'Assemblée nationale.

3. Dans le cas où le produit excéderait dans quelques villes la somme demandée, il sera par la législature décrété ce qu'il appartiendra sur l'emploi de l'excédant au profit de ces villes, sur l'avis du directoire de district et du directoire de département.

Dans le cas de déficit, il sera pourvu par augmentation sur les impositions directes de la ville.

---

22 MARS = 11 AVRIL 1790. (Procl.) — Décret concernant le paiement des débets qui peuvent avoir lieu sur les droits d'aides et autres y réunis ; le paiement des droits de traites, aides, et autres qui ne sont point supprimés, et le rétablissement des barrières. (L 1, 696 ; B. 2, 229.)

L'Assemblée nationale, considérant que la suppression ou l'abonnement des droits de marque des cuirs, de marque des fers, et sur la fabrication des huiles, des savons et des amidons ; la suppression des dix sous pour livre sur les droits de gabelle et sur les droits qui se percevaient aux transports des sels, dont elle n'a remplacé que le principal ; la cessation des dépenses et des vexations auxquelles la perception de ces différens droits donnait lieu ; et que la contribution des ci-devant privilégiés augmente notablement, dans la présente année, les moyens de contribution que tous les bons Français désirent employer au salut de l'État ; et voulant concilier la sûreté du service public avec le soulagement qu'elle a cru devoir accorder au peuple, a décrété et décrète ce qui suit :

Art. 1er. Les débets qui peuvent avoir lieu sur les droits d'aides et autres y réunis, se-

1. 9

ront acquittés par tiers, de mois en mois, dans les trois mois d'avril, mai et juin.

2. Les droits de traites, ou aides et autres qui n'ont été ni supprimés ni abonnés par les décrets de l'Assemblée nationale, seront exactement acquittés en la forme prescrite par les ordonnances et réglemens, jusqu'à ce qu'il en ait été autrement ordonné par l'Assemblée nationale; et les barrières nécessaires à leur perception seront incessamment et efficacement rétablies.

3. Les villes, paroisses et communautés qui sont arriérées dans le paiement de leurs impositions, seront tenues de se rapprocher, dans le cours de la présente année, d'une somme équivalente aux deux tiers de ce qu'aura produit à chacune desdites villes, paroisses et communautés, la portion de la contribution des ci-devant privilégiés qui doit tourner au profit des anciens contribuables de ces villes, paroisses et communautés, pour les six derniers mois de 1789 et pour l'année 1790.

4. L'Assemblée nationale dispense du rapprochement ordonné par l'article précédent les villes, paroisses et communautés qui ont fait ou qui feront don patriotique à la nation de ladite contribution des ci-devant privilégiés, pour les six derniers mois de 1789.

22 MARS 1790. — Décret sur l'ordre de travail de l'Assemblée nationale. (B. 2, 221.)

23 = 26 MARS 1790. (Lett.-Pat.) — Décret portant établissement d'une administration provisoire dans la province de Languedoc, afin d'y assurer la perception et le recouvrement des contributions. (L. 1, 618; B. 2, 234.)

L'Assemblée nationale, considérant que les états et les administrations secondaires de la province de Languedoc sont supprimés; qu'il n'y a point de commission intermédiaire dans cette province; et qu'enfin une administration provisoire est nécessaire pour assurer l'exécution des décrets des 12 décembre 1789 et 30 janvier dernier, sanctionnés par le Roi, qui prescrivent la forme de la perception et du recouvrement des impositions de la présente année dans les pays d'états, a décrété ce qui suit:

Art. 1er. Il sera établi dans la province de Languedoc une commission provisoire, composée de huit personnes domiciliées dans la province et nommées par le Roi: Sa Majesté sera suppliée d'en choisir une dans chacun des départemens dont les chefs-lieux sont dans ladite province.

2. Il sera formé dans chaque ville où sont les archives des diocèses, une commission secondaire et provisoire, composée du maire, de deux officiers municipaux et de deux notables qui seront nommés par le conseil général de la même ville.

3. Les commissions établies par les articles précédens, procéderont, en la forme accoutumée et sans déplacer, à la répartition des impositions de la présente année, dans lesquelles impositions ne seront point compris les traitemens, pensions de retraite, gratifications et autres émolumens accordés par les anciens états et par les administrations des diocèses.

4. Lesdites commissions pourvoiront à l'entretien des ouvrages publics et à la continuation de ceux qui ne doivent pas être suspendus; elles pourvoiront aussi au paiement des rentes, capitaux exigibles, sans néanmoins qu'elles puissent recevoir les ouvrages ordonnés par les anciens états ou par les administrations des diocèses, ni procéder à la vérification ou clôture des comptes des trésoriers, receveurs, administrateurs ou autres comptables.

5. Le bail à ferme de l'équivalent, et le réglement relatif à cet impôt, seront exécutés selon leur forme et teneur.

6. Les syndics, trésoriers, greffiers, gardes des archives, receveurs et autres officiers, agens et préposés, tant des anciens états de la province que des administrations des diocèses, seront tenus de reconnaître les commissions établies par le présent décret, et de leur communiquer tous les titres, registres, comptes et autres documens qui sont ou qui doivent être en leur pouvoir.

7. La commission établie par l'article premier du présent décret prendra ses séances le premier mai prochain dans l'hôtel-de-ville de Montpellier, mais dans le cas seulement où, à la même époque, le commissariat établi dans les pays d'états par l'article dernier du décret du 30 janvier dernier, concernant les assemblées administratives, ne serait pas en activité, lequel commissariat sera subrogé à ladite commission.

23 MARS = 1er AVRIL 1790. (Procl.) — Décret relatif à la surveillance de la caisse d'escompte. (L. 1, 660; B. 2, 233.)

L'Assemblée nationale, après avoir entendu le rapport du comité des finances, a décrété et décrète que les douze commissaires nommés par son décret du 17 de ce mois, pour aviser au choix et à l'estimation des biens domaniaux et ecclésiastiques qui seront vendus et aliénés à la municipalité de Paris et autres municipalités du royaume, sont autorisés à choisir quatre d'entre eux pour prendre connaissance successivement de la situation et des opérations habituelles de la caisse d'escompte, et pour mettre la commission en état de concilier l'intérêt des créanciers de la caisse d'escompte, porteurs de ses billets, avec les mesures qui pourraient être prises avec lesdites municipalités, relativement aux biens domaniaux et ecclésiastiques qui leur seront aliénés.

23 MARS = 20 AVRIL 1790. (Lett.-Pat.) — Décret sur l'appel des jugemens de police rendus par les municipalités. (L. 1, 715 ; B. 2, 233.)

L'appel des jugemens de police rendus par les corps municipaux aura lieu provisoirement, et jusqu'à l'organisation de l'ordre judiciaire, dans le cas où il est autorisé par les réglemens actuels; et provisoirement aussi, cet appel sera porté par-devant les bailliages et sénéchaussées royaux, ou autres siéges qui en tiennent lieu dans quelques provinces, pour y être jugé en dernier ressort par trois juges au moins.

23 MARS 1790. — Décret qui ordonne l'établissement d'un registre pour constater la sanction ou acceptation des décrets et leur envoi. (B. 2, 232.)

24 MARS 1790. — Décret qui suspend toutes les opérations relatives aux échanges des domaines. (B. 2, 235.)

24 MARS 1790. — Décret qui mande le caissier du Trésor royal pour rendre compte de quelques paiemens de pensions ou appointemens sur l'arriéré de 1788 et de 1789. (B. 2, 236 et 237.)

24 MARS 1790. — Décret qui mande M. de Biré à la barre pour rendre compte de quelques paiemens. (B. 2, 236.)

24 MARS 1790. — Amidon, cuirs, huiles. *Voy.* 22 MARS 1790. — Biens ecclésiastiques. *Voy.* 17 MARS 1790.

25 MARS (22 JANVIER et) = 28 MARS 1790. (Lett.-Pat.) — Décret portant que les dépenses de l'année courante seront acquittées, mois par mois, et qu'il sera sursis au paiement des créances arriérées. (L. 1, 621.)

Art. 1er. A compter du 1er janvier 1790, le trésor public acquittera exactement, mois par mois, sans aucun retard, les dépenses ordinaires de l'année courante.

2. Sera pareillement acquitté tout ce qui sera dû de la solde des troupes de terre et de mer.

3. Les arrérages des rentes continueront d'être payés dans l'ordre de leurs échéances, et les paiemens seront rapprochés par tous les moyens possibles.

4. Seront également payés les intérêts de toutes les créances reconnues auxquelles il en est dû, les obligations contractées par achat de grains, les assignations, les rescriptions sur les revenus de 1790, et des dépenses relatives à l'Assemblée nationale.

5. Il sera sursis au paiement des autres créances arriérées, jusqu'à ce qu'elles soient liquidées.

6. Et pour procéder à cette liquidation, il sera nommé un comité de douze membres dans le comité des finances.

7. Dans un mois, au plus tard, les administrateurs de chaque département, et les ordonnateurs de toute espèce de dépenses, remettront à ce comité un état certifié véritable de toutes les dépenses arriérées dans leurs départemens.

8. Les fournisseurs et entrepreneurs qui auront des titres de créances seront tenus de les représenter.

9. Le comité rendra compte à l'Assemblée de chaque partie de la dette, à mesure qu'elle aura été vérifiée, et lui soumettra le jugement de celles qui pourraient être contestées.

10. Il sera avisé aux moyens les plus prompts et les plus convenables d'acquitter les créances dont la légitimité aura été reconnue (1).

11. Les lettres de change expédiées pour le service de la marine et des colonies seront exceptées de la disposition de l'article 5 du présent décret (2).

25 MARS = 1er AVRIL 1790. (Procl.) — Décret concernant le paiement des appointemens des officiers en activité des états-majors des places de guerre. (L. 1, 661 ; B. 2, 237.)

Les commandans, lieutenans de roi, majors, aides-majors des places de guerre, en activité, continueront d'être payés de leurs appointemens par le trésor public, comme par le passé.

25 MARS 1790. — Décret qui fixe le délai dans lequel les décrets seront présentés à la sanction ou acceptation du Roi, et celui dans lequel le garde-des-sceaux en instruira l'Assemblée. (B. 2, 238.)

L'Assemblée nationale ordonne que ses décrets seront constamment présentés par son président à l'acceptation ou à la sanction du Roi, dans le délai de trois jours au plus, après celui où ils auront été rendus; et que dans la huitaine après ladite présentation, M. le garde-des-sceaux instruira M. le président de l'Assemblée, soit de la sanction donnée par le Roi, soit des raisons qui auraient pu porter à la différer ; enfin, que les commissaires de l'Assemblée, ci-devant nommés pour surveiller l'expédition et l'envoi des décrets sanctionnés, seront chargés de veiller à l'exécution de la présente disposition.

---

(1) Ces dix articles sont à la date du 22 janvier 1790, dans la Collection de Baudouin.
(2) Cet article forme seul un décret, à la date du 25 mars (Coll. de Baudouin.).

25 MARS 1790.—Décret concernant les paiemens des pensions faits depuis le mois de janvier 1790. (B. 2, 237.)

26 MARS 1790. — Décret qui suspend divers paiemens, et déclare les caissiers responsables. (B. 2, 238.)

Les paiemens mentionnés en l'état qui fut lu à la séance du jour d'hier, et tous autres qui seront dans des cas semblables, ne pourront être réellement effectués, sous peine contre ceux qui feraient lesdits paiemens ou qui les ordonneraient, d'en demeurer responsables; et que le présent décret sera successivement notifié à tous les caissiers dans les vingt-quatre heures.

26 MARS 1790. — Décret sur la proposition de M. Necker, de nommer dans le sein de l'Assemblée, des commissaires d'un bureau de trésorerie. (B. 2, 239.)

26 MARS 1790.—Décret qui ordonne le paiement, par la Loterie royale, des petites pensions qui n'excèdent pas 600 liv. (B. 2, 239.)

26 MARS 1790.— Biens des religieux. *Voy.* 20 MARS 1790.— Bois. *Voy.* 11 MARS 1790.— Bois domaniaux. *Voy.* 18 MARS 1790. — Languedoc. *Voy.* 23 MARS 1790.—Religieux. *Voy.* 20 FÉVRIER 1790 et 19 MARS 1790.

27 MARS = 1ᵉʳ AVRIL 1790. (Lett.-Pat.) — Décret relatif au paiement de la contribution patriotique. (L. 1, 657; B. 2, 240.)

Art. 1ᵉʳ. Toute personne jouissant de ses droits et de ses biens, qui a au-delà de quatre cents livres de revenu net, doit payer la contribution patriotique établie par le décret du 6 octobre dernier; ceux dont les revenus ou partie des revenus consistent en redevances en grains ou autres fruits, doivent évaluer ce revenu sur le pied de terme moyen du prix d'une année sur les dix dernières.

2. Tous bénéfices, traitemens annuels, pensions ou appointemens, excepté la solde des troupes; tous gages et revenus d'offices qui, avec les autres biens d'un particulier, excéderont quatre cents livres de revenu net, doivent servir, comme les produits territoriaux ou industriels, de base à sa déclaration, sauf à lui à diminuer ses deux derniers paiemens dans la proportion de la perte ou diminution des traitemens, pensions, appointemens ou revenus quelconques, qui pourraient avoir lieu par des économies que l'Assemblée nationale se propose de faire, ou par l'effet de ses décrets.

3. La perte d'une pension, d'un emploi ou d'une partie quelconque de l'aisance, n'est pas une raison pour se dispenser de faire une déclaration et de payer la contribution patriotique, si, cette partie déduite, il reste encore plus de quatre cents livres de revenu net.

4. Tout fermier ou colon partiaire doit faire une déclaration et contribuer à raison de ses profits industriels, s'ils excèdent quatre cents livres de revenu net.

5. Les tuteurs, curateurs et autres administrateurs sont tenus de faire les déclarations pour les mineurs et interdits, et pour les établissemens dont ils ont l'administration, excepté les hôpitaux et maisons de charité, et la contribution qu'ils paieront leur sera allouée dans leurs comptes.

6. Les officiers municipaux imposeront ceux qui, domiciliés ou absens du royaume, et jouissant de plus de quatre cents livres de rente, n'auront pas fait la déclaration prescrite par le décret du 6 octobre. Ils feront notifier cette taxation à la personne ou au dernier domicile de ceux qu'elle concernera.

7. Dans un mois du jour de cette notification, les personnes ainsi imposées par les municipalités pourront faire leurs déclarations, lesquelles seront reçues et vaudront comme si elles avaient été faites avant la taxation de la municipalité, ces personnes affirmant que leurs déclarations contiennent vérité. Ce délai d'un mois expiré, la taxation des officiers municipaux ne pourra plus être contestée; elle sera insérée dans le rôle de la contribution patriotique, et le premier paiement sera exigible, conformément au décret du 6 octobre.

8. Tout citoyen actif sujet à la contribution patriotique, parce qu'il posséderait plus de quatre cents livres de revenu net, sera tenu, s'il assiste aux assemblées primaires, de représenter, avec l'extrait de ses cotes d'impositions, tant réelles que personnelles, dans les lieux où il a son domicile et ses propriétés territoriales, l'extrait de sa déclaration pour sa contribution patriotique; et ces pièces seront, avant les élections, lues à haute voix dans les assemblées primaires.

9. Les municipalités enverront à l'assemblée primaire le tableau des déclarations pour la contribution patriotique. Ce tableau contiendra les noms de ceux qui les auront faites, et les dates auxquelles elles auront été reçues. Il sera imprimé et affiché, pendant trois années consécutives, dans la salle où les assemblées primaires tiendront leurs séances.

10. S'il s'est tenu des assemblées primaires et fait des élections avant la publication du présent décret, elles ne seront pas recommencées, et on ne pourra en attaquer la validité, sur les motifs que les dispositions de ce décret n'y auraient pas été exécutées.

27 MARS = 20 AVRIL 1790. (Procl.) — Décret qui ordonne que la ville et le port de Lorient rentreront, quant aux droits de traites, au même état où ils étaient avant l'arrêt du 14 avril 1784. (L. 1, 711; B. 2, 247.)

L'Assemblée nationale, considérant que la franchise accordée à la ville de Lorient, par arrêt du 14 mai 1784, n'avait pour objet que de procurer aux États-Unis de l'Amérique un entrepôt particulier, devenu inutile depuis l'arrêt du 29 décembre 1787, qui leur a accordé cet entrepôt dans tous les ports ouverts au commerce des colonies, et dont Lorient fait partie; et que cette franchise, aussi fâcheuse pour les habitans de cette ville et des campagnes voisines, que nuisible aux manufactures nationales, est encore destructive des revenus de l'Etat, et occasionne pour son maintien une dépense qu'il est instant de faire cesser, a décrété ce qui suit :

Art. 1er. A compter de la publication du présent décret, la ville et le port de Lorient rentreront, quant aux droits de traites, au même état où ils étaient avant l'arrêt du 14 mai 1784.

2. Le Roi sera supplié de faire prendre des précautions suffisantes pour que les marchandises étrangères qui se trouveront dans la ville de Lorient, ne puissent point entrer dans le royaume, soit en contrebande, soit en fraude des droits.

Sa Majesté a sanctionné et sanctionne ledit décret; en conséquence, ordonne que les propriétaires desdites marchandises qui se trouveront dans le port de Lorient, seront tenus de les déclarer dans huitaine au bureau des fermes, par qualités, poids, mesures ou valeurs, sous peine de saisie et de confiscation desdites marchandises, et d'une amende de trois cents livres pour celles dont l'introduction est permise dans le royaume, et de mille livres pour celles dont l'entrée est prohibée : autorise à cet effet, Sa Majesté, l'adjudicataire des fermes à faire, ledit délai passé, toutes les perquisitions nécessaires en présence des officiers municipaux de la ville de Lorient, ou de telles personnes qui seront par eux indiquées, pour constater les marchandises non déclarées. A l'égard de celles qui auront été déclarées, elles jouiront, si l'introduction en est permise, d'un entrepôt fictif d'une année, pendant laquelle elles pourront être exportées en franchise à l'étranger; et passé cedit délai, elles seront sujettes aux droits. Si, au contraire, les marchandises sont prohibées, elles jouiront d'un entrepôt réel de quatre années, à l'exception des tabacs, pour lesquels ledit entrepôt ne sera que d'un an. Ce terme expiré, celles de ces marchandises qui n'auront pas été exportées demeureront saisies et confisquées, avec amende de mille livres contre le soumissionnaire. Les magasins d'entrepôt réel seront fournis par le commerce, qui sera tenu de les faire fermer à deux clefs différentes, dont l'une sera remise au préposé de l'adjudicataire des fermes; et pendant la durée et à l'expiration du délai desdits entrepôts, les marchandises, tant permises que prohibées, seront assujéties aux formalités prescrites sur le fait des entrepôts, par les réglemens relatifs aux commerces privilégiés. Enjoint, Sa Majesté, aux municipalités, notamment à celle de Lorient, et aux corps administratifs du royaume, de veiller à l'exécution du présent décret (1).

27 MARS = 1er AVRIL 1790. — Décret concernant l'assiette des contributions dans le Béarn et dans le pays de Soule. (B. 2, 242 et 244.)

27 MARS = 1er AVRIL 1790. — Décrets qui autorisent les municipalités de Besançon et de Valenciennes à faire un emprunt. (B. 2, 246 et 247.)

27 MARS = 7 AVRIL 1790. — Décret qui autorise la municipalité de Martel à faire un rôle de contribution pour l'entretien d'un atelier de charité. (B. 2, 248.)

27 MARS = 3 AVRIL 1790. — Décret qui renvoie à la sénéchaussée de Marseille l'affaire du sieur Dambert, et vote des remerciemens à la municipalité et aux gardes nationales de cette ville. (B. 2, 249.)

28 MARS = 9 AVRIL 1790. (Procl.) — Décret relatif à l'île Saint-Domingue, et instruction relative à son exécution. (L. 1, 667.)

L'Assemblée nationale, après avoir entendu la lecture des *instructions* rédigées par le comité des colonies, en exécution de ses décrets du 8 du présent mois, pour les colonies de Saint-Domingue, à laquelle sont annexées les petites îles de la Tortue, la Gonave et l'Île-à-Vaches; de la Martinique, de la Guadeloupe, à laquelle sont annexées les petites îles de la Desirade, Marie-Galante, les Saintes, la partie française de l'île Saint-Martin, de Caïenne et la Guiane, de Sainte-Lucie, de Tabago, de l'Île-de-France et de l'Île-de-Bourbon, a déclaré approuver et adopter lesdites instructions dans tout leur contenu; en conséquence, elle décrète qu'elles seront transcrites sur le procès-verbal de la séance, et que son président se retirera par devers le Roi pour le prier de leur donner son approbation.

_____

(1) Il convenait de rapporter les termes de la proclamation du Roi : c'est une véritable *ordonnance* pour l'*exécution* de la loi.

Décrète, en outre, que le Roi sera supplié d'adresser incessamment lesdites instructions, ainsi que le présent décret et celui du 8 de ce mois, concernant les colonies, aux gouverneurs établis par Sa Majesté dans chacune desdites colonies, lesquels observeront et exécuteront lesdites instructions et décrets en ce qui les concerne, à peine d'en être responsables, et sans qu'il soit besoin de l'enregistrement et de la publication d'iceux par aucuns tribunaux. Au surplus, l'Assemblée nationale déclare n'entendre rien statuer, quant à présent, sur les établissemens français dans les différentes parties du monde, non énoncés dans le présent décret, lesquels, à raison de leur situation ou de leur moindre importance, n'ont pas paru devoir être compris dans les dispositions décrétées pour les colonies.

Instruction adressée par l'Assemblée nationale à la colonie de Saint-Domingue, à laquelle sont annexées les petites îles de la Tortue, la Gonave et l'Ile-à-Vaches (1). (2 AVRIL 1790.)

L'Assemblée nationale, ayant, par son décret du 8 de ce mois, invité toutes les colonies françaises à lui transmettre leurs vues sur la constitution, sur l'administration, sur les lois, et généralement sur tous les objets qui peuvent concourir à leur prospérité, a annoncé qu'il serait joint à son décret quelques instructions nécessaires pour parvenir plus sûrement et plus promptement à ce but.

Ces instructions doivent avoir pour objet la formation des assemblées destinées à exprimer le vœu des colonies et quelques points généraux propres à servir de base à leur travail. Pour connaître le vœu des colonies, il est indispensable de convoquer des assemblées coloniales, soit dans les colonies où il n'en existe point encore, soit dans celles où les assemblées existantes ne seraient pas autorisées par la confiance des citoyens. Obligée de tracer provisoirement un mode pour leur formation, l'Assemblée nationale a cru devoir choisir les formes les plus simples, les plus rapprochées de celles qui ont été adoptées dans les colonies où les citoyens se sont d'eux-mêmes et librement assemblés, enfin les plus convenables à des assemblées dont le principal objet doit être de préparer des plans de constitution. Ces assemblées méditeront elles-mêmes, en préparant la constitution des colonies, quels doivent être pour l'avenir la composition et le mode de convocation des assemblées coloniales. Vouloir en ce moment prescrire à cet égard des règles multipliées et compliquées, vouloir faire plus qu'il n'était indispensable, c'eût été non-seulement s'exposer à des erreurs, non-seulement appeler des difficultés dans l'exécution, mais altérer l'esprit du décret rendu en faveur des colonies, en faisant, pour ainsi dire d'avance, la constitution qu'elles sont invitées à proposer. D'après ces considérations, l'Assemblée nationale a cru que la députation aux premières assemblées coloniales devait être directe et sans aucun degré intermédiaire d'électeurs; qu'elle devait se faire dans les paroisses; que chaque paroisse devait députer à raison du nombre des citoyens actifs qu'elle renferme dans son sein; que pour cette convocation et jusqu'à ce que la constitution soit arrêtée, on devait considérer comme citoyen actif tout homme majeur, propriétaire d'immeubles, ou, à défaut d'une telle propriété, domicilié dans la paroisse depuis deux ans, et payant une contribution. Les raisons communes à tous ces articles sont l'extrême facilité de l'exécution, leur ressemblance avec tout ce qui s'est pratiqué dans les colonies où les habitans ont formé d'eux-mêmes des assemblées; enfin le caractère d'une représentation pure, immédiate et universelle, qui convient particulièrement à des assemblées destinées à préparer des plans de constitution.

On pourrait ajouter, pour la députation directe, que la population des colonies s'y prête sans difficulté, et que ce mode de représentation, le seul que la nature indique et que la sévérité des principes avoue, est d'une obligation rigoureuse toutes les fois qu'il est possible; pour la députation par paroisses, qu'elles sont dans ce moment dans les colonies les seules divisions politiques qu'on puisse faire servir commodément à la représentation; pour la représentation proportionnée au nombre des citoyens actifs, qu'elle offre évidemment, dans le moment actuel, la seule mesure possible; et qu'elle tient au principe fondamental des assemblées qui préparent des constitutions; car ces assemblées exerçant un droit qui appartient essentiellement au peuple même, tous ceux qui jouissent du droit de cité y sont naturellement appelés, tous devraient y prendre place, sans l'impossibilité qui résulte de leur nombre ou de quelque autre motif. La nomination des députés n'est autre chose, pour ces assemblées, qu'une réduction nécessitée par les circonstances, et ne peut, par conséquent, être proportionnée qu'au nombre de ceux qui, dans l'ordre naturel, auraient dû concourir à la délibération. On verra successivement quelles précautions ont été prises pour que cette forme de représentation ne fût pas désavantageuse aux campagnes.

Quant aux conditions attachées provisoire-

---

(1) Nous plaçons ici cette instruction, sans égard à sa date, comme dans la Collection du Louvre.

ment à la qualité de citoyen actif, on peut ajouter à tout ce qui précède, qu'il est de l'intérêt général de chaque colonie d'en multiplier le nombre autant qu'il est possible, et que le même intérêt existe en particulier pour toutes les paroisses, puisque le nombre de leurs députés sera proportionné à celui de leurs citoyens actifs. Cependant il a paru qu'à défaut d'une propriété immobilière, la simple condition d'une contribution ne pouvait pas être suffisante, et que, dans les colonies, où beaucoup de gens n'habitent que momentanément et sans aucun projet de s'y fixer, le domicile de deux ans était indispensable pour attribuer la qualité de citoyen actif au contribuable non propriétaire. Cette disposition est une de celles qui contribueront à garantir les campagnes de l'influence prédominante des villes. En adoptant ces bases et toutes celles qui réuniraient la justice et la célérité, il est impossible de déterminer d'avance, et d'une manière exacte, le nombre des députés qui formeront les assemblées coloniales; mais il suffit évidemment de le prévoir par une approximation établie dans chaque colonie entre le nombre des députés et celui des citoyens actifs.

Le nombre des députés à chaque Assemblée coloniale doit être assez grand pour autoriser la confiance de la colonie et celle de la métropole; il doit être assez borné pour que les déplacemens ne deviennent pas une charge pénible pour les habitans, et pour que la célérité des opérations, que toutes les circonstances rendent si désirable, n'en soit pas nécessairement arrêtée.

L'Assemblée nationale a pensé que l'assemblée coloniale de Saint-Domingue, à laquelle sont jointes les petites îles de la Tortue, la Gonave et l'île-à-Vaches, aurait le nombre de députés convenable, si chaque paroisse en nommait un à raison de cent citoyens actifs, avec les modifications suivantes. La députation devant se faire dans chaque paroisse isolée et séparée, la justice exige que la moindre paroisse ne demeure pas sans représentation, et qu'en conséquence, elle nomme un député, quand même le nombre de ses citoyens serait très-inférieur à cinquante. Quant aux paroisses qui auraient plus de cent citoyens, il a paru juste que le nombre qui pourra se trouver par-delà les centaines complètes, obtienne un député quand il sera de cinquante au moins, puisqu'étant près du nombre où le député serait entièrement dû, et de celui où il n'y aurait rien à prétendre, la faveur de la représentation, et celle qui, dans les colonies, est particulièrement due aux campagnes, doivent déterminer à l'accorder.

Il est évident que ces deux dernières dispositions, comme celles qui sont relatives à la qualité de citoyen actif, sont toutes en faveur des campagnes, et tendent à rétablir en leur faveur la juste proportion d'influence qu'elles doivent avoir avec les villes. Ces formes de représentation étant convenues, l'Assemblée nationale doit indiquer la marche qui sera suivie pour les mettre à exécution. La plus prompte et la plus simple a paru la meilleure.

La transcription, la publication et l'autorité des tribunaux sont, en général, des moyens peu convenables à l'établissement des assemblées représentatives; ils conviendraient moins encore dans les circonstances actuelles. Il a paru à l'Assemblée nationale que la diligence du gouverneur de chaque colonie, garantie par la surveillance des citoyens et par sa responsabilité, devait suffire pour faire parvenir, proclamer et afficher dans toutes les paroisses ses décrets et ses instructions. Cette forme étant remplie, les décrets et les instructions étant authentiquement connus, le zèle et l'intelligence des citoyens suffisent à leur exécution. D'eux-mêmes ils se formeront en assemblées paroissiales; ils vérifieront quels sont ceux qui remplissent les conditions requises pour y voter; ils en calculeront le nombre, pour connaître celui des députés qu'ils doivent envoyer à l'assemblée coloniale; ils éliront enfin les députés, qui se rendront immédiatement dans la ville centrale, indiquée par cette instruction, et qui, de concert, y formeront l'assemblée coloniale, ou la transféreront dans tel lieu qui leur paraîtra mieux convenir.

Les seules difficultés qui pourraient naître seront relatives aux assemblées coloniales déjà formées et existant dans quelques colonies. Si ces assemblées, après avoir connu les décrets et l'instruction de l'Assemblée nationale, jugent elles-mêmes que la formation d'une nouvelle assemblée, conformément à cette instruction, est plus avantageuse à la colonie que leur propre continuation, il est hors de doute que leur délibération sera parfaitement suffisante, et qu'on devra procéder sur-le-champ à de nouvelles élections. Mais si elles n'énoncent point cette opinion, il reste à connaître à leur égard les dispositions des habitans. L'Assemblée nationale a annoncé que ces assemblées pourraient remplir les fonctions indiquées par son décret du 8 mars, lorsqu'elles auraient été librement élues, et qu'elles seraient avouées par les citoyens. Loin d'avoir, par cette disposition, interdit aux habitans des colonies la faculté d'opter entre ces assemblées existantes et celles qui pourraient être formées d'après la présente convocation, elle l'a au contraire implicitement énoncée. Mais quand elle ne leur aurait pas reconnu ce droit, ils le tiendraient de la nature, et rien ne pourrait obliger ni la métropole ni la colonie à traiter ensemble par l'entremise d'une assemblée que ceux même qui l'auraient élue ne connaîtraient pas. Il s'agit donc de tracer une forme suivant laquelle cette option puisse s'effectuer promptement et paisiblement. On ne saurait y parvenir que par la délibération des paroisses.

Il faudra donc que chacun s'explique, et cet objet de délibération doit être le premier travail des assemblées paroissiales. Dans l'espace de quinze jours après la proclamation et l'affiche, elles seront tenues d'énoncer leur vœu, et elles le feront parvenir immédiatement au gouverneur de la colonie et à l'assemblée coloniale. Chacune d'elles comptera pour autant de suffrages qu'en suivant la forme de cette instruction elle devrait avoir de députés à l'assemblée coloniale. Celles qui auront opté pour la formation d'une nouvelle assemblée, ne nommeront point leurs députés avant que le vœu de la majorité ait été reconnu conforme à leur opinion ; car une élection anticipée ne serait propre qu'à exciter des troubles et des contestations. Tandis que le vœu de la colonie ne sera point encore connu, l'assemblée coloniale existante pourra commencer à s'occuper des travaux indiqués par le décret de l'Assemblée nationale ; mais il est évident que le droit de mettre à exécution et de modifier provisoirement les décrets de l'Assemblée nationale sur les municipalités et les assemblées administratives, ne saurait lui appartenir avant que le vœu des paroisses ait confirmé ses pouvoirs et son existence. Après le terme écoulé où toutes les assemblées paroissiales auront dû s'expliquer à cet égard, le gouverneur notifiera, de la manière la plus publique, le résultat des délibérations qui lui seront parvenues, et en donnera à chaque paroisse une connaissance particulière et authentique. Si la moitié plus un des suffrages des paroisses qui auront délibéré, demande la formation d'une nouvelle assemblée, il s'ensuivra clairement que l'assemblée existante n'est pas avouée et autorisée par la colonie ; ses pouvoirs cesseront. Il sera procédé immédiatement à la formation d'une nouvelle assemblée, suivant les formes indiquées dans cette instruction ; et en conséquence, toutes les assemblées paroissiales procéderont comme elles l'eussent fait si, lors de la première proclamation, il n'eût point existé d'assemblée coloniale dans la colonie.

Si, au contraire, la moitié au moins des suffrages des paroisses délibérantes a voté pour la continuation de l'assemblée coloniale, elle sera conservée, et elle exercera dans leur plénitude les fonctions et les pouvoirs attribués par le décret de l'Assemblée nationale. Ainsi les momens n'auront point été inutilement consommés ; la forme admise librement par les habitans pour la formation de leur assemblée n'aura point été contrariée ; mais les pouvoirs auront été retirés ou confirmés au moment où de nouvelles fonctions et de nouvelles circonstances ne permettent plus de fonder sur ceux qu'elle avait reçus précédemment l'adhésion de la colonie et la confiance de la métropole. Aucun doute, aucun désordre, aucun retard dangereux, ne pourront résulter de l'observation de ces formes, si les colons sont pénétrés de l'idée que leurs intérêts les plus chers et les devoirs les plus sacrés du citoyen les obligent à se soumettre sans murmure au vœu de la majorité ; s'ils sentent que la promptitude et la conciliation dans l'exécution des mesures qui leur sont indiquées, peuvent seules les faire sortir heureusement de l'état de crise où les circonstances les ont placés ; qu'il s'agit pour eux d'assurer promptement, par une bonne constitution, et les espérances qu'ils ont conçues, et les avantages qui leur sont offerts ; et que loin de les conduire à ce but, le prolongement de la fermentation les environnerait bientôt de dangers si pressans et si terribles, que tous les secours qui leur seraient portés n'arriveraient jamais assez tôt pour les garantir. L'Assemblée nationale, après avoir indiqué les moyens de former les assemblées qui lui présenteront le vœu des colonies, est également obligée de fixer quelques bases à leurs plans de constitution, pour s'assurer, autant qu'il est possible, que tous ceux qui lui seront offerts seront susceptibles d'être accueillis. Mais elle a voulu réduire ces conditions aux termes les plus simples, aux maximes les plus incontestables ; et au-delà de ce qui constitue les rapports fondamentaux des colonies à la métropole, elle n'a voulu rien ajouter qui pût imposer quelque limite à la liberté des assemblées coloniales.

Les assemblées coloniales, occupées du travail de la constitution, apercevront la distinction des fonctions législatives, exécutives, judiciaires, administratives : elles examineront comment il convient de les organiser dans la constitution de la colonie ; les formes suivant lesquelles les pouvoirs législatif et exécutif doivent y être exercés ; le nombre, la composition, la hiérarchie des tribunaux ; en quelles mains doit être confiée l'administration ; le nombre, la formation, la subordination des différentes assemblées qui doivent y concourir ; les qualités qui pourront être exigées pour être citoyen actif, pour exercer les divers emplois ; en un mot, tout ce qui peut entrer dans la composition du gouvernement le plus propre à assurer le bonheur et la tranquillité des colonies. La nature de leurs intérêts, qui ne sauraient jamais entièrement se confondre avec ceux de la métropole, les notions locales et particulières que nécessite la préparation de leurs lois, enfin, la distance des lieux et le temps nécessaire pour les parcourir, établissent de grandes différences de situation entre elles et les provinces françaises, et nécessitent, par conséquent, des différences dans leur constitution. Mais en s'occupant à les rechercher, il ne faut jamais perdre de vue qu'elles forment cependant une partie de l'empire français, et que la protection qui leur est due par toutes les forces nationales, que les engagemens qui doivent exister entre elles et le commerce français, en un mot, que tous les liens d'utilité réciproque qui les attachent à la métropole, n'auraient aucune espèce de solidité sans l'existence des liens politiques qui leur servent de base.

De ces différentes vues, il résulte, quant au pouvoir législatif, que les lois destinées à régir intérieurement les colonies, indépendamment des relations qui existent entre elles et la métropole, peuvent et doivent sans difficultés se préparer dans leur sein; que ces mêmes lois peuvent être provisoirement exécutées avec la sanction du gouverneur; mais que le droit de les approuver définitivement doit être réservé à la législature française et au Roi.

A la législature, parce qu'elle est revêtue de la puissance nationale, et parce qu'il serait impossible d'assurer, sans sa participation, que les lois préparées dans la colonie ne porteraient aucune atteinte aux engagemens contractés avec la métropole. Au Roi, parce que la sanction et toutes les fonctions de la royauté lui sont attribuées sur les colonies comme sur toutes les parties de l'empire français. Il résulte également que les lois à porter sur les relations entre les colonies et la métropole, soit qu'elles aient été demandées par les assemblées coloniales, soit qu'elles aient été préparées dans l'Assemblée nationale, doivent recevoir de celle-ci leur existence et leur autorité, et ne peuvent être exécutées, même provisoirement, qu'après avoir été décrétées par elle; maxime de législation qui n'a point de rapport aux exceptions momentanées que peuvent exiger des besoins pressans et impérieux, relativement à l'introduction des subsistances.

Il résulte de ces mêmes vues, quant au pouvoir exécutif, qu'il est nécessaire que les fonctions attribuées au Roi dans toutes les parties de l'empire français soient provisoirement exercées dans les colonies par un gouverneur qui le représente; qu'en conséquence, le choix et l'installation des officiers qui sont à sa nomination, l'approbation nécessaire à l'exécution des décrets des assemblées administratives, et les autres actes qui exigent célérité, doivent être provisoirement attribués à ce gouverneur, sous la réserve positive de l'approbation du Roi; mais que dans les colonies, comme en France, le Roi est le dépositaire suprême du pouvoir exécutif; que tous les officiers de justice, d'administration, les forces militaires, doivent le reconnaître pour leur chef, et que tous les pouvoirs attribués à la royauté dans la constitution française ne peuvent être exercés provisoirement que par ceux qu'il en a chargés, définitivement que par lui. Ces principes étant reconnus, toutes les vues qui peuvent concourir à la prospérité des colonies peuvent être prises en considération par les assemblées coloniales. La nation française ne veut exercer sur elles d'autre influence que celle des liens établis et cimentés pour l'utilité commune; elle n'est point jalouse d'établir ou de conserver des moyens d'oppression. Et quelles sources de prospérité n'offriront pas au patriotisme des assemblées coloniales les diverses parties du travail qui leur est confié! l'établissement d'un ordre judiciaire simple, assurant aux citoyens une justice impartiale et prompte; une administration remise entre les mains de ceux qui y sont intéressés; un mode d'imposition approprié à leurs convenances, dont les formes ne pourront être changées, dont la quotité ne sera réglée que par le vœu même des assemblées coloniales. La France, à qui les lois de commerce avec les colonies doivent assurer avec avantage le dédommagement des frais qu'elle est obligée de soutenir pour les protéger, ne cherche point dans leur possession une ressource fiscale. Leurs impositions particulières se borneront aux frais de leur propre gouvernement; elles-mêmes en proposeront l'établissement et la mesure. La France ne cherche point dans ses colonies un moyen d'assouvir l'avidité, de flatter la tyrannie de quelques hommes préposés à leur administration; les intérêts des citoyens doivent être gérés par eux-mêmes, et l'administration ne peut être confiée qu'à ceux qu'ils ont librement élus. Les frais d'une justice compliquée, les longueurs et les artifices de la chicane, les déplacemens occasionnés par le ressort trop étendu de certains tribunaux, ne peuvent convenir à des hommes incessamment occupés d'une culture avantageuse et du commerce de ses productions : il faut donc aux colonies, plus rigoureusement encore qu'à la métropole, une justice prompte, rapprochée et dépouillée de tous les moyens de despotisme et d'oppression.

Il n'est aucune de ces vues que l'Assemblée nationale n'adopte avec satisfaction, lorsqu'elles lui seront proposées par les assemblées coloniales; mais après avoir considéré ce qui convient au bonheur intérieur des colonies, il reste à jeter un regard sur leurs intérêts extérieurs.

L'Assemblée nationale exerce envers chacune des parties de l'empire français les droits qui appartiennent au corps social sur tous les membres qui le composent : chacun trouve en elle la garantie de ses intérêts et de sa liberté; chacun est soumis par elle à l'exercice de la volonté de tous. Dépositaire de la plus légitime et de la plus imposante des autorités, la nation qui l'a chargée de la conservation de ses droits a mis à sa disposition toutes les forces nécessaires pour les garantir. C'est donc pour elle un devoir rigide, une obligation sacrée de les maintenir sans altération; mais plus ces droits sont incontestables, plus la nation qui les a confiés a de moyens pour les soutenir, et moins il convient à l'Assemblée qui la représente d'appeler à leur secours les armes de la faiblesse et de la tyrannie. Une circonspection timide, une vaine dissimulation, ravaleraient son caractère au niveau des pouvoirs usurpés ou chancelans : elle peut donc, elle doit donc, en traitant avec les enfans de la patrie, oublier un moment et mettre de côté tous les droits et tous les pouvoirs qu'elle est chargée d'exercer sur eux, examiner et discuter leurs intérêts avec franchise, les attacher à leurs devoirs par le sentiment de leur propre bien, et prêter à la majesté de la nation qu'elle représente le seul langage qui puisse lui convenir, celui de la raison et de la vérité. En admettant les vues qui ont été exposées sur leur régime intérieur, les colonies sont tranquilles, bien administrées : échappées à leur oppression, il leur reste encore un besoin. Elles offrent à tous les peuples par leurs richesses, l'objet d'une active ambition, et n'ont point la population et ne peuvent se procurer les forces maritimes et militaires qu'il est nécessaire de leur opposer. Il faut donc qu'unies, identifiées avec une grande puissance, elles trouvent dans la disposition de ses forces la garantie des biens qui leur seront acquis par une bonne constitution, par de bonnes lois intérieures. Il faut que cette puissance, intéressée à leur conservation par les avantages qu'elle recueillera de ses transactions avec elles, se fasse un devoir envers elles de la plus constante équité; qu'elle présente toujours une masse de force suffisante à leur protection, et que par son industrie, par ses productions, par ses capitaux, elle ait en elle tous les moyens qui doivent préparer les rapports de commerce les plus avantageux.

Voilà ce qui, pour les colonies, forme le complément nécessaire de leur existence politique, en leur assurant la conservation de tous les biens intérieurs; voilà ce que doivent leur avoir dit tous ceux qui leur ont inspiré le désir d'une bonne constitution. S'il était des hommes assez insensés pour oser les inviter à une existence politique isolée, à une indépendance absolue, on leur demanderait, en laissant de côté la foi, les engagemens et tout ce que toutes les plus grandes nations peuvent employer pour les faire valoir, on leur demanderait quel est donc le secret de leurs espérances! où sont leurs forces pour les protéger! Enlèveront-ils les hommes à la culture pour en faire des matelots ou des soldats? les opposeront-ils avec quelque espoir aux premières puissances du monde? Mais, diront-ils, nous nous procurerons des alliances et des garanties. Et les croyez-vous donc désintéressées? quand elles pourraient l'être un jour, pensez-vous qu'elles le fussent long-temps? Ne voyez-vous pas que toute protection serait pour vous le commencement d'un nouveau gouvernement arbitraire? Nous, à qui tant de devoirs, à qui tant de chaines vous lient, ne pourrions-nous pas vous dire, en oubliant tout, excepté vos intérêts : voilà nos principes, voilà nos lois; choisissez d'être les citoyens libres d'une nation libre, ou de devenir bientôt les esclaves de ceux qui s'offriraient aujourd'hui pour vos alliés. Et quand ils se flatteraient qu'une domination établie sur de tels fondemens pût conserver pendant quelque temps une apparence de justice, on leur demanderait encore quelle est cette nation qui pourrait promettre à nos colonies plus de loyauté, plus de fraternité que nous n'en prouvons aujourd'hui; quelle est cette nation qui pourrait déployer, pour leur protection, des forces plus imposantes et plus solidement fondées que celles dont nous disposerons après la crise qui nous régénère; quelle est cette nation à qui la nature a donné plus de moyens pour commercer avec elles, qui peut produire et préparer dans son sein plus de matières propres à leur consommation, qui peut faire un plus grand usage des leurs, qui possède enfin plus que nous tout ce qui peut conduire au point où les échanges sont, des deux parts, les plus avantageux possibles?

Elles n'ont pas, il est vrai, jusqu'à ce jour recueilli dans toute leur étendue les fruits que ces diverses considérations doivent leur faire atteindre; mais où les causes en étaient-elles, si ce n'est dans les abus que nous avons détruits? Le régime de leur gouvernement était oppressif : la réponse est dans notre révolution; la réponse est dans les décrets et les instructions que nous envoyons dans les colonies. Nos forces navales n'ont jamais atteint le degré de prépondérance que leur assignait l'étendue de nos moyens et notre position géographique. Eh! qu'avaient de plus que nous ceux qui, avec moins d'hommes et moins de richesses naturelles, se sont maintenus au premier rang des puissances maritimes? Ils avaient une constitution, ils étaient libres. Enfin, la situation de notre commerce ne présentait pas toute la supériorité d'avantages que lui garantit l'ensemble de nos ressources, aussitôt qu'elles seront développées. Mais ignore-t-on que jusqu'à ce jour le génie seul de la nation française a lutté contre toutes les institutions, toutes les entraves, tous les préjugés? Ignore-t-on qu'une opinion inconcevable plaçait presque toutes les professions au-dessus du commerce, de l'agriculture et de l'industrie productive, et détruisait ainsi chez une nation amoureuse de la considération et de la gloire, ce germe qui donne naissance à tous les genres de perfection? Ignore-t-on que jusqu'à ce jour, parmi nous, on se livrait au commerce, dans l'espoir de s'enrichir promptement, et qu'on le quittait aussitôt qu'on avait acquis assez de fortune pour le suivre d'une manière grande, également avantageuse à soi et à ceux avec qui l'on négocie? Ignore-t-on que les capitaux qui auraient dû faire fleurir toutes les industries utiles étaient absorbés par un gouvernement emprunteur, et par le tourbillon d'agioteurs dont il était environné? Ignore-t-on que les profits qu'il était obligé d'offrir en retour de la plus juste méfiance, et ceux de l'infâme trafic qui s'alimentait de ses profusions, soutenaient en France l'intérêt de l'argent à un prix qui suffisait seul pour retenir dans la médiocrité toutes les branches de notre industrie, et pour changer toutes les proportions de notre concours avec les autres peuples? Voilà les abus que nous n'avons cessé d'attaquer; que nous nous sommes occupés chaque jour à détruire : chaque jour nous approche du terme où, dégagés des entraves qui jusqu'ici ont contraint toutes nos facultés, nous prendrons enfin parmi les nations la place qui nous fut assignée. Alors, notre liberté, notre puissance, notre fortune, seront le patrimoine de tous ceux qui auront partagé notre destinée; alors, notre prospérité se répandra sur tous ceux qui contracteront avec nous. L'Assemblée nationale ne connaît point le langage et les détours d'une politique artificieuse; elle ignore, elle méprise surtout les moyens de captiver les peuples autrement que par la justice. Attachement réciproque, avantages communs, inaltérable fidélité, voilà, peuples des colonies, ce qu'elle vous promet et ce qu'elle vous demande. La nation française éprouve depuis long-temps ce qu'on peut attendre de vous; nous ne vous demandons point d'autres sentimens; nous comptons sur eux avec certitude, et nous voulons qu'ils soient chaque jour mieux mérités et plus justifiés de notre part. Nous vous recommandons en ce moment une tranquillité profonde, une grande union entre vous, une grande célérité dans les travaux qui doivent préparer votre nouvelle existence. Ces conseils sont essentiels à votre bonheur, ils le sont à votre sûreté; ne donnez point autour de vous l'exemple d'une division, d'une fermentation contagieuse. Vous avez, plus que d'autres, besoin de paix, et vous n'avez plus besoin de vous agiter pour conquérir ce que l'Assemblée nationale a résolu de vous proposer dès le premier moment où vous avez été l'objet de ses délibérations. Elle va rapprocher, dans une suite d'articles précis, les dispositions essentielles de l'instruction qu'elle vous envoie.

Art. 1er. Le décret de l'Assemblée nationale sur les colonies, du 8 de ce mois, et la présente instruction, ayant été envoyés de la part du Roi au gouverneur de la colonie de Saint-Domingue, ce gouverneur sera tenu, aussitôt après leur réception, de les communiquer à l'assemblée coloniale, s'il en existe une déjà formée, de les notifier également aux assemblées provinciales, d'en donner la connaissance légale et authentique aux habitans de la colonie, en les faisant proclamer et afficher dans toutes les paroisses.

2. S'il existe une assemblée coloniale, elle pourra en tout état déclarer qu'elle juge la formation d'une nouvelle assemblée coloniale plus avantageuse à la colonie que la continuation de sa propre activité; et, dans ce cas, il sera procédé immédiatement aux nouvelles élections.

3. Si, au contraire, elle juge sa continuation plus avantageuse à la colonie, elle pourra commencer à travailler suivant les indications de l'Assemblée nationale, mais sans pouvoir user de la faculté accordée aux assemblées coloniales, de mettre à exécution certains décrets, jusqu'à ce que l'intention de la colonie, relativement à sa continuation, ait été constatée par les formes qui seront indiquées ci-après.

4. Immédiatement après la proclamation et l'affiche du décret et de l'instruction, dans chaque paroisse, toutes les personnes âgées de vingt-cinq ans accomplis, propriétaires d'immeubles, ou, à défaut d'une telle propriété, domiciliés dans la paroisse depuis deux ans, et payant une contribution, se réuniront pour former l'assemblée paroissiale.

5. L'assemblée paroissiale, étant formée, commencera par prendre une parfaite connaissance du décret de l'Assemblée nationale, du 8 de ce mois, et de la présente instruction, pour procéder à leur exécution, ainsi qu'il suit.

6. S'il n'existe point dans la colonie d'assemblée coloniale précédemment élue, ou si celle qui existait a déclaré qu'elle juge plus avantageux d'en former une nouvelle, l'assemblée paroissiale procédera immédiatement à l'élection de ses députés à l'assemblée coloniale.

7. A cet effet, il sera fait un état du dénombrement de toutes les personnes de la paroisse, absentes ou présentes, ayant les qualités exprimées à l'article 4 de la présente instruction, pour déterminer, d'après leur nombre, celui des députés qui doivent être envoyés à l'assemblée coloniale.

8. Ce dénombrement fait, le nombre des députés à nommer sera déterminé à raison d'un pour cent citoyens, en observant : 1° que la dernière centaine sera censée com-

plète par le nombre de cinquante citoyens; de sorte que, pour cent cinquante citoyens, il sera nommé deux députés; pour deux cent cinquante citoyens, trois députés, et ainsi de suite; 2° qu'on n'aura aucun égard, dans les paroisses où il y aura plus de cent citoyens, au nombre fractionnaire, lorsqu'il sera au-dessous de cinquante; de sorte que, pour cent quarante-neuf citoyens, il ne sera nommé qu'un député, et ainsi de suite; 3° enfin, que les paroisses où il se trouvera moins de cent citoyens nommeront toujours un député, quelque faible que puisse être le nombre de citoyens qui s'y trouveront.

9. Après avoir déterminé le nombre des députés qu'elles ont à nommer, les assemblées paroissiales procéderont à cette élection dans la forme qui leur paraîtra la plus convenable.

10. Les assemblées paroissiales seront libres de donner des instructions à leurs députés; mais elles ne pourront les charger d'aucun mandat tendant à gêner leur opinion dans l'assemblée coloniale, et moins encore y insérer des clauses ayant pour objet de les soustraire à l'empire de la majorité. Si une paroisse donnait de tels mandats, ils seraient réputés nuls, et l'assemblée coloniale pourrait n'y avoir aucun égard; mais l'élection des députés n'en serait pas invalidée.

11. Les députés élus par l'assemblée paroissiale se rendront immédiatement dans la ville de Léogane, et y détermineront le lieu où doit siéger l'assemblée coloniale.

12. Si, au moment où l'assemblée paroissiale s'est formée, il existait dans la colonie une assemblée coloniale précédemment élue, et si cette assemblée n'a point déclaré qu'elle juge avantageux à la colonie de la remplacer par une nouvelle, l'assemblée paroissiale commencera par examiner elle-même cette question; elle pesera toutes les raisons qui peuvent décider ou à autoriser l'assemblée coloniale existante à remplir les fonctions indiquées par le décret de l'Assemblée nationale, ou à mettre à sa place une nouvelle assemblée élue conformément à la présente instruction.

13. L'assemblée paroissiale sera tenue de faire son option dans l'espace de quinze jours, à compter de celui où la proclamation aura été faite, et d'en donner immédiatement connaissance au gouverneur de la colonie et à l'assemblée coloniale. Son vœu sera compté pour autant de voix qu'elle eût dû envoyer de députés à l'assemblée coloniale, en se conformant à cette instruction.

14. Lorsque le terme dans lequel toutes les paroisses auront dû s'expliquer sera écoulé, le gouverneur de la colonie vérifiera le nombre des paroisses qui ont opté pour la formation d'une nouvelle assemblée; il en rendra le résultat public par l'impression, avec le nom de toutes les paroisses qui ont délibéré, l'expression du vœu que chacune a porté, et le nombre de voix qu'elle doit avoir à raison du nombre de ses citoyens actifs; il notifiera d'une manière particulière ce même résultat à toutes les paroisses de la colonie.

15. Si le désir de former une nouvelle assemblée n'a pas été exprimé par la majorité des voix des paroisses, l'assemblée coloniale déjà élue continuera d'exister, et sera chargée de toutes les fonctions indiquées par le décret de l'Assemblée nationale; et, en conséquence, il ne sera point procédé dans les paroisses à de nouvelles élections. Si, au contraire, le désir de former une nouvelle assemblée est exprimé par la majorité des voix des paroisses, tous les pouvoirs de l'assemblée coloniale existante cesseront, et il sera procédé sans délai, dans toutes les paroisses, à de nouvelles élections, comme si, à l'arrivée du décret, il n'en eût point existé, en observant que les membres, soit de l'assemblée coloniale, soit des assemblées paroissiales existantes, pourront être élus, aux mêmes conditions que les autres citoyens, pour la nouvelle assemblée.

16. L'assemblée coloniale, formée ou non formée de la manière énoncée ci-dessus, s'organisera et procédera ainsi qu'il lui paraîtra convenable, et remplira les fonctions indiquées par le décret de l'Assemblée nationale, du 8 de ce mois, en observant de se conformer, dans son travail sur la constitution, aux maximes énoncées dans les articles suivants.

17. Examinant les formes suivant lesquelles le pouvoir législatif doit être exercé relativement aux colonies, elles reconnaîtront que les lois destinées à les régir, méditées et préparées dans leur sein, ne sauraient avoir une existence entière et définitive, avant d'avoir été décrétées par l'Assemblée nationale et sanctionnées par le Roi; que si les lois purement intérieures peuvent être provisoirement exécutées par la sanction du gouverneur, et en réservant l'approbation définitive du Roi et de la législature française, les lois proposées qui toucheraient aux rapports extérieurs, et qui pourraient en aucune manière changer ou modifier les relations entre les colonies et la métropole, ne sauraient recevoir aucune exécution, même provisoire, avant d'avoir été consacrées par la volonté nationale; n'entendant point comprendre sous la dénomination des lois, les exceptions momentanées relatives à l'introduction des subsistances qui peuvent avoir lieu à raison d'un besoin pressant, et avec sanction du gouverneur.

18. En examinant les formes suivant lesquelles le pouvoir exécutif doit être exercé relativement aux colonies, elles reconnaîtront que le Roi des Français est dans la colonie, comme dans tout l'empire, le dépositaire su-

prême de cette partie de la puissance publique. Les tribunaux, l'administration, les forces militaires, le reconnaîtront pour leur
chef; il· sera représenté dans la colonie par
un gouverneur qu'il. aura nommé, et qui
exercera provisoirement son autorité, mais
sous la réserve toujours observée de son approbation définitive.

28 MARS 1790. — Décret qui confirme l'assemblée et les élections faites dans l'église de St,-
Eloi de Vercelle, pour la formation de la municipalité. (B. 2, 250.)

28 MARS 1790.— Armée. *Voy.* 28 FÉVRIER 1790.
— Dons patriotiques. — Féodalité. *Voy.* 15
MARS 1790.— Marine, dépense. *Voy.* 25 MARS
1790,— Personnes détenues. *V.* 7 MARS 1790.

29 = 30 MARS 1790. (Procl.) — Décret concernant les pouvoirs des commissaires nommés
par le Roi pour la formation des assemblées
primaires et administratives. (L. 1, 645; B.
2, 251.)

L'Assemblée nationale, après avoir entendu
la lecture de la commission et de l'instruction
données par le Roi aux commissaires nommés
par Sa Majesté pour la formation des assemblées primaires et administratives, et sur le
rapport à elle fait par son comité de constitution, décrète :

1° Que les pouvoirs des commissaires
chargés par le Roi de surveiller et de diriger
pour cette première fois seulement, conformément au décret du 8 janvier dernier, la
formation des administrations de département
et de district, expireront le jour de la clôture du dernier procès-verbal d'élection des
citoyens qui composeront lesdites administrations ;

2° Que les commissaires, devant décider
provisoirement les difficultés qui surviendront
dans le cours de la formation des assemblées
primaires et administratives, renverront à
l'Assemblée nationale les difficultés majeures
qui pourraient survenir, et dont la décision
ne pourrait être dirigée ni par le texte ni par
les conséquences nécessaires des décrets de
l'Assemblée nationale;

3° Que le comité de constitution ayant été
autorisé à donner son avis sur plusieurs difficultés relatives à la formation des municipalités et à renvoyer aux assemblées de département les difficultés qui tiennent à des
connaissances locales, ce seront ces assemblées qui prononceront sur toutes les questions survenues à cet égard ou qui pourront
survenir; les commissaires du Roi ne pourront en connaître sous aucun prétexte ;

4° Que les commissaires, avant de commencer leurs fonctions, prêteront le serment
civique devant la municipalité du lieu où se
tiendra l'assemblée des électeurs du département.

30 MARS = 3 AVRIL 1790. (Lett.-Pat.) — Décret
qui ordonne l'élargissement des personnes
condamnées par des jugemens prévôtaux à des
peines autres que des peines afflictives. (L. 1,
662; B. 2, 253.)

Voy. 18 = 30 MARS 1790; Charte constit.,
art. 63, et loi du 20 DÉCEMBRE 1815.

Les accusés qui auraient été ou qui seraient
condamnés, par des jugemens prévôtaux, à
quelques peines autres toutefois que des peines afflictives, seront provisoirement élargis,
à la charge par eux de se représenter quand
ils en seront requis, pour subir leur jugement,
s'il y échoit, après la main-levée du sursis
ordonné par un précédent décret de l'Assemblée nationale ; à la charge en outre de donner caution des condamnations pécuniaires
prononcées contre eux au profit des parties
civiles, s'il y en a.

30 MARS = 7 MAI 1790. (Lett.-Pat.) — Décret
portant que dans la Lorraine, le Barrois et les
Trois-Evêchés, et dans toutes les provinces où
le don gratuit a lieu, les collecteurs recevront
pour comptant les quittances du don gratuit,
en déduction de l'imposition des ecclésiastiques, pour les six derniers mois de l'année
1789. (L. 1, 786; B. 2, 252.)

Dans la Lorraine, le Barrois et les Trois-
Evêchés, les collecteurs recevront pour comptant les quittances du don gratuit, en déduction de l'imposition des ecclésiastiques pour
les six derniers mois de l'année 1789. Cette
disposition aura son exécution dans toutes les
provinces où le don gratuit a lieu.

30 MARS = 15 AVRIL 1790. — Décret qui révoque et supprime la destination et l'affectation
aux salines de Lorraine, des bois situés dans
leur arrondissement. (B. 2, 252.)

Art. 1er. L'affectation et la destination aux
salines de Dieuze, Moyenvic et Château-Salins, des bois appartenant aux communautés
et aux propriétaires, et de ceux dépendant
des bénéfices situés dans l'arrondissement de
ces salines, sont révoquées et supprimées.

2. L'exploitation et la délivrance des coupes de l'année 1790 seront faites néanmoins
comme à l'ordinaire, dans les bois desdites
communautés, pour le service desdites salines
de 1791.

30 MARS 1790. — Explications données par le
comité de constitution, sur quelques articles du
décret concernant les municipalités. (L.1, 590.)

Le comité de constitution, auquel on a
proposé différentes questions, a répondu :
1° que les contrôleurs des actes, les entrepo-
seurs de tabac et les regrattiers, ne doivent
pas être regardés comme des percepteurs
d'impôts indirects, parce que les raisons qui
ont déterminé à exclure ceux-ci ne leur sont

point applicables ; 2° que les cautions des adjudicataires des octrois de villes ne sont pas non plus dans l'exclusion, lorsqu'ils ne sont pas associés ; 3° que le domicile de fait d'une année n'est pas nécessaire pour les curés ou pour les évêques ; 4° que les frères communiers, les fils de famille à qui le père a donné ou une propriété ou une dot, par le contrat de mariage d'un seul ou de plusieurs d'entre eux, sont censés payer une partie de l'imposition directe qui se trouve sur les rôles, au nom du père, de l'aîné des enfans, de l'usufruitier ou du chef quelconque de la communion ; 5° que les petites irrégularités dans les scrutins ou les autres formes de l'élection peuvent être regardées comme couvertes, si ceux qui ont fait des protestations après coup ont pris part à l'élection ; 6° que les officiers municipaux qui demandent à être instruits trois jours à l'avance de l'objet de délibération que le maire veut porter au conseil, n'ont pas tort ; 7° que le maire ne doit point regarder les officiers municipaux comme ses subordonnés ; 8° que la séparation de biens ne prouvant pas par elle-même la faillite, la banqueroute ou l'insolvabilité, il faut toujours, lorsqu'on présente ce motif d'exclusion, donner une preuve de la faillite, de la banqueroute ou de l'insolvabilité ; 9° que les religieux ayant renoncé au monde et à l'état civil, ne paraissent pas devoir être reçus à exercer les droits de citoyens actifs ; 10° qu'en général, les nouvelles municipalités ne doivent point se hâter de toucher au régime des hôpitaux ; qu'il faut distinguer soigneusement les établissemens de ce genre fondés et entretenus des deniers de la commune ou réservés exclusivement à ses citoyens, et ceux qui ne se trouvent pas dans le même cas ; et qu'en presque toutes les occasions il faut attendre l'administration de département, qui, conformément au décret, déléguera cette partie des pouvoirs publics, ou en réglera l'usage ; 11° qu'on doit étudier l'esprit de l'article concernant le domicile de fait, et ne pas lui donner une interprétation trop rigoureuse, lorsque l'unanimité ou la presque totalité des citoyens est d'accord ; qu'un nouvel article, du 19 mars, peut éclairer sur cet objet ; 12° qu'il faut distinguer dans le décret les dispositions essentielles et celles qui n'entraînent pas de nullité ; que, par exemple, le remplacement momentané d'un scrutateur obligé de sortir est peu important et même de droit, si ce remplacement a été fait en public et sans réclamations ; 13° qu'un décret postérieur au décret général a pour but de réunir les communautés en une seule municipalité, lorsque les circonstances le demanderont, et qu'en général le bon ordre et la tranquillité publique recommandent de tendre sans cesse vers ce but ; 14° que pour le remplacement d'un citoyen qui refuse dans le cours des élections, ou peu de jours après la séparation de la commune, on doit d'abord se conformer au principe général, qui ordonne de terminer les élections au troisième tour de scrutin ; que ce principe bien approfondi résout un très-grand nombre de questions ; 15° que les nouveaux officiers municipaux doivent surveiller les fabriques dès à présent ; qu'on ne leur a pas encore délégué le droit de les régir, et que, vraisemblablement, ils n'en seront pas investis ; 16° qu'on a demandé plusieurs fois si un ingénieur chargé dans une ville du soin des fortifications, où il est éloigné de son corps, doit être regardé comme exerçant des fonctions militaires, et comme pouvant exercer en même temps des fonctions municipales, et que le comité n'a pas osé répondre ; 17° que les vingtièmes retenus par le débiteur d'une rente ne sont censés une imposition directe au nom du créancier ; qu'il en est de même du centième denier payé par les titulaires d'offices ; 18° que les procès-verbaux ne sont pas nuls pour n'avoir pas été clos ou signés le jour même, et qu'en général il ne faut pour leur validité d'autres signatures que celles du président et du secrétaire ; 19° qu'une assemblée convoquée publiquement et dans les formes ordinaires n'est pas illégale, parce que des circonstances ont déterminé à la tenir le cinquième, le sixième et le septième jour après la convocation ; 20° que les prétentions des forains (1) seront examinées par les administrations de département ; et, qu'en général, ils ne doivent pas craindre d'être surchargés ou lésés, puisque les districts et les départemens leur offrent un recours assuré ; 21° que le citoyen qui, dans un troisième tour de scrutin de cent-un votans, a obtenu cinquante voix, tandis que son compétiteur n'en a obtenu que quarante-neuf (un billet blanc), est censé avoir la pluralité absolue des suffrages ; qu'ainsi l'article qui demande la moitié des voix et une en sus, n'ordonne (après la déduction des billets blancs) qu'un suffrage de plus pour l'un des compétiteurs.

Première question.

Une des conditions requises pour être citoyen actif, est le paiement d'une contribution directe de la valeur de trois journées locales de travail. Pour être éligible, il faut payer la valeur de dix journées. Les municipalités ont été autorisées à faire l'évaluation, qu'il leur a été défendu de porter au-dessus de vingt sous ; mais rien ne les empêche de la fixer au-dessous.

---

(1) Ceux qui ont des propriétés dans le ressort des municipalités, sans y résider.

Parmi les différentes municipalités du même département, du même district, du même canton, il peut exister de très-grandes différences sur les évaluations. Quelques-unes, pour augmenter leur influence, en augmentant le nombre de leurs citoyens actifs et des éligibles, pourraient fixer la journée à une valeur ridiculement basse; les communautés voisines qui auraient fait une évaluation plus juste pourraient se plaindre au commissaire; et dans ce cas, quelle décision conviendrait-il de donner?

Sur la première question.

1° Les commissaires doivent exiger qu'on suive, pour les assemblées primaires, l'évaluation faite pour les élections des municipalités.

2° Le décret ayant laissé cette fixation aux officiers municipaux, il y aura nécessairement de la différence. Les commissaires la supporteront, à moins que les preuves de la mauvaise foi ne soient évidentes; si des municipalités avaient fixé la valeur de la journée de travail au-dessous de dix sous, il faudrait en rendre compte à l'assemblée.

3° Sur les plaintes arrivées au comité de constitution, relativement à cet objet, il se déterminera peut-être à demander un décret à l'Assemblée nationale.

Seconde question.

Dans la même ville, dans le même canton, il peut y avoir plusieurs assemblées primaires, suivant le nombre des citoyens actifs. Si, dans ces différentes assemblées primaires, le même citoyen était élu, le canton se trouverait privé d'un des électeurs qu'il devrait avoir; si on fait recommencer une des élections, laquelle des assemblées sera tenue de procéder à un nouveau scrutin? Pour éviter cette double élection, pourrait-on indiquer les assemblées primaires dans les cantons ou les villes où il doit y en avoir plusieurs à des époques successives? Ce parti présente des inconvéniens; il donne des facilités à la brigue, à la cabale, il paraît contraire à l'esprit des décrets de l'Assemblée nationale. Ne serait-il pas plus simple d'inviter les assemblées primaires de la même ville ou du même canton à communiquer entre elles pour éviter les doubles élections?

Sur la seconde question.

Le même citoyen étant nommé électeur par deux assemblées primaires, il en résulterait du désavantage pour le canton. Afin de prévenir cet inconvénient, on observera d'abord que les commissaires peuvent indiquer deux assemblées primaires du même canton en deux lieux différens; ensuite, l'assemblée qui aura terminé la première la nomination de ses électeurs, en instruira la seconde, afin que celle-ci, s'il en est temps, ne les choisisse pas. Dans le cas où deux assemblées auraient nommé le même citoyen pour électeur, l'assemblée qui aura terminé son élection la dernière procédera à la nomination d'un autre électeur, si toutefois elle le demande.

Mais il est important de ne pas se mettre dans le cas de rassembler une assemblée primaire après sa séparation; et si les commissaires placent en deux lieux différens les assemblées primaires du même canton, il faut veiller à ce que l'assemblée qui aura achevé ses scrutins instruise du résultat l'autre assemblée ou les autres assemblées.

Troisième question.

Suivant l'article 20 de la première section des décrets pour la constitution des assemblées primaires et des assemblées administratives, les assemblées primaires doivent nommer les électeurs *en un seul scrutin de liste double*. A consulter cet article, il semble qu'il ne doit y avoir qu'un seul tour de scrutin, et que les électeurs, pour être nommés, n'ont besoin que d'une pluralité relative. Ce sens paraît encore plus clair, lorsqu'on voit que dans l'article 11 de la seconde section, où il est question du choix des membres des administrations de département et de district, il est dit qu'ils seront choisis en trois scrutins de liste double et à la majorité absolue. Cependant, si l'on consulte l'instruction à la fin de la page 11, et surtout au milieu de la page 12, l'article 20 est cité comme un de ces cas où il faut trois tours de scrutin et majorité absolue. Enfin, si l'on décide qu'il faut majorité absolue dans le cas de l'article 20 de la première section, la même décision doit-elle aussi s'appliquer à l'article 16 de la même section, dans laquelle il est question de l'élection des scrutateurs?

Sur la troisième question.

La troisième question relève avec justesse une faute de rédaction. L'identité des expressions de l'article 16 et de l'article 20 induira en erreur ceux mêmes qui examineront l'instruction avec soin.

L'article 20 ordonne trois tours de scrutin pour la nomination des électeurs, à moins qu'ils n'obtiennent la pluralité absolue dès les deux premiers tours.

Par ces mots de l'art. 16, *un seul scrutin de liste double*, on a voulu dire que, dès le premier tour de scrutin chaque votant écrirait sur son bulletin six noms.

30 MARS 1790. — Assemblées primaires. *Voy.* 19 et 29 MARS 1790. — Gobelle. *Voy.* 21 MARS 1790. — Juridiction prévôtale. *Voy.* 18 MARS 1790. — Procès. *Voy.* 22 MARS 1790.

31 MARS 1790. — Décret pour fixer l'ordre des questions sur l'organisation du pouvoir judiciaire (1). (B. 2, 254; Mon. des 30, 31 mars et 1er avril 1790.)

L'Assemblée nationale décrète qu'avant de régler l'organisation du pouvoir judiciaire, les questions suivantes seront discutées et décidées :

1° Établira-t-on des jurés ?

2° Les établira-t-on en matière civile et en matière criminelle ?

3° La justice sera-t-elle rendue par des tribunaux sédentaires, ou par des juges d'assises ?

4° Y aura-t-il plusieurs degrés de juridiction, ou bien l'usage de l'appel sera-t-il aboli ?

5° Les juges seront-ils établis à vie, ou seront-ils élus pour un temps déterminé ?

6° Les juges seront-ils élus par le peuple, ou doivent-ils être institués par le Roi ?

7° Le ministère public sera-t-il établi entièrement par le Roi ?

8° Y aura-t-il un tribunal de cassation ou de grands-juges ?

9° Les mêmes juges connaîtront-ils de toutes les matières, ou divisera-t-on les différens pouvoirs de juridiction pour les causes de commerce, de l'administration, des impôts et de la police ?

10° Établira-t-on un comité chargé de présenter à l'Assemblée un travail sur les moyens d'accorder les principales dispositions des lois civiles et criminelles avec le nouvel ordre judiciaire ?

---

31 MARS 1790. — Décret concernant l'envoi aux archives nationales d'actes formels d'acceptation des articles constitutionnels. (B. 2, 253.)

1er AVRIL 1790. — Béarn. — Besançon. *Voy.* 27 MARS 1790. — Caisse d'escompte. *Voy.* 23 MARS 1790. — Contribution patriotique. *Voy.* 27 MARS 1790. — Dons patriotiques. *Voy.* 22 MARS 1790. — Officiers. *Voy.* 25 MARS 1790.

---

2 AVRIL 1790. — Instruction adressée par l'Assemblée nationale à la colonie de Saint-Domingue et à ses dépendances. (L. 1, 669.) — *Voy.* 28 mars 1790.

---

2 AVRIL 1790. — Décret concernant une adresse de la république des Grisons. (B. 2, 255.)

---

3 AVRIL = 2 MAI 1790. (Procl.) — Décret pour la liberté du commerce de l'Inde au-delà du cap de Bonne-Espérance. (L. 1, 780; B. 2, 256.)

L'Assemblée nationale a décrété et décrète que le commerce de l'Inde au-delà du cap de Bonne-Espérance est libre pour tous les Français.

---

3 AVRIL 1790. — Décret qui ordonne l'impression d'une liste des députés absens. (B. 2, 255.)

---

3 AVRIL 1790. — Jugemens prévôtaux. *Voy.* 30 MARS 1790. — Marseille. *Voy.* 27 MARS 1790.

---

5 AVRIL 1790. — Contributions. *Voy.* 22 MARS 1790.

---

7 = 11 AVRIL 1790. — Décret concernant la division des départemens du Jura et de Saône-et-Loire. (B. 2, 256.)

L'Assemblée nationale décrète : 1° que le bourg de Chaussin et les paroisses y attenantes, qui composaient le marquisat de ce nom, formant enclave dans le département du Jura, seront annexées à ce département, et feront partie du district de Dôle; 2° que l'assemblée du département de Saône-et-Loire proposera l'indemnité du district de Romans, pour être ensuite décrétée par l'Assemblée nationale ; 3° que le présent décret sera incessamment présenté à la sanction du Roi, et adressé aux commissaires chargés des élections du département du Jura.

---

7 AVRIL 1790. — Décret concernant le paiement à faire aux officiers et sous-officiers des gardes-françaises. (B. 2, 259.)

L'Assemblée nationale décrète que le ministre de la guerre est autorisé à payer aux officiers et bas-officiers des gardes françaises, non employés dans d'autres corps, les appointemens des quatre derniers mois de l'année 1789, qui leur sont conservés par l'ordonnance du 31 août de la même année.

---

7 AVRIL 1790. — Décret concernant le paiement des pensions et gratifications annuelles assignées sur d'autres caisses que celle du trésor public, de la demi-solde des matelots invalides, et des pensions militaires. (B. 2, 256.)

---

7 AVRIL 1790. — Décret concernant la suspension du paiement des sommes portées dans les états du département de la guerre. (B. 2, 258.)

---

7 AVRIL 1790. — Logement des gens de guerre. *Voy.* 23 JANVIER 1790. — Martel. *Voy.* 27 MARS 1790.

---

(1) Les questions contenues dans ce décret ont été résolues par les décrets des 30 avril 1790, 1er mai 1790, 3 mai 1790, 4 mai 1790, 5 mai 1790, 7 mai 1790, 8 mai 1790, 24 mai 1790, 26 mai 1790. *Voy.* aussi la loi du 27 mai = 4 août 1790.

7 AVRIL 1790. — Décret sur le paiement de quelques dépenses de la guerre et de la marine. (B. 2, 258.)

8 AVRIL 1790. — Décret qui étend aux troupes de la marine l'augmentation de solde accordée aux troupes de terre. (B. 2, 259.)

L'Assemblée nationale décrète que l'augmentation de solde de trente-deux deniers, attribuée par son décret du 14 janvier dernier, aux troupes de terre, aura également lieu pour les troupes de la marine et pour celles des colonies, à commencer du 1er mai 1790.

8 AVRIL. 1790. — Décret pour assurer la garde nationale de Montauban et le régiment de Languedoc, de la satisfaction de l'Assemblée. (B. 2, 260.)

8 AVRIL 1790. — Décret sur le discours du président de la chambre des vacations du parlement de Bordeaux. (B. 2, 260.)

9 = 25 AVRIL 1790. (Procl.) — Décret relatif aux mesures à remplir par les municipalités qui voudront acquérir des biens domaniaux aux ecclésiastiques, et notamment par la municipalité de Paris. (L. 1, 738 ; B. 2, 261.)

L'Assemblée nationale, considérant qu'il est important d'assurer le paiement à époques fixes des obligations municipales, qui doivent être un des gages des assignats, décrète que toutes les municipalités qui voudront, en vertu des précédens décrets, acquérir des biens domaniaux et ecclésiastiques, devront, préalablement au traité de vente, soumettre au comité chargé par l'Assemblée de l'aliénation de ces biens, les moyens qu'elles auront pour garantir l'acquittement de leurs obligations, aux termes qui seront convenus.

En conséquence, que la commune de Paris sera tenue de fournir une soumission de capitalistes solvables et accrédités, qui s'engageront à faire les fonds dont elle aurait besoin pour acquitter ses premières obligations, jusqu'à concurrence de soixante-dix millions.

Et qu'elle est autorisée à traiter des conditions de cette soumission, à la charge d'obtenir l'approbation de l'Assemblée nationale.

9 AVRIL 1790. — Saint-Domingue. Voy. 28 MARS 1790.

10 = 23 AVRIL 1790. (Lett.-Pat.) — Décret qui prescrit l'entière exécution de ceux qui règlent les conditions nécessaires pour être citoyen actif, et qui défend d'avoir égard aux dispenses d'âge. (L. 1, 737 ; B. 2, 261.)

Les précédens décrets qui règlent les conditions nécessaires pour être citoyen actif, seront exécutés en toutes circonstances, sans aucune exception quelconque, et notamment sans égard aux dispenses d'âge qui ont pu être ci-devant obtenues.

10 AVRIL = 11 MAI 1790. (Lett.-Pat.) — Décret concernant l'exemption de la formalité du contrôle et du timbre pour les actes relatifs aux élections et aux délibérations des corps administratifs, et généralement pour tous les actes de pure administration intérieure. (L. 1, 815 ; B. 2, 268.)

L'Assemblée nationale, instruite que son décret du 18 janvier dernier avait été abusivement interprété dans différentes municipalités du royaume, décrète ce qui suit : Les actes relatifs aux élections des municipalités, corps administratifs, délibérations, et généralement tous les actes de pure administration intérieure, seront seuls exempts de la formalité du contrôle et du papier timbré, dans les lieux où ces droits sont en usage, et à l'égard de tous autres actes ci-devant assujétis aux droits de contrôle et de formule, ils continueront d'y être sujets comme par le passé, sans rien préjuger sur le contrôle des ventes et aliénations à faire aux municipalités ; et à l'égard de celles qui, par une fausse interprétation du décret du 18 janvier, se seraient dispensées de la formule et du contrôle pour quelques actes qui y étaient sujets, elles seront soumises au droit ordinaire, sans aucune contravention.

10 AVRIL 1790. — Décret concernant la demande de quarante millions, faite par le premier ministre des finances, et la communication des registres de finances. (B. 2, 269.)

L'Assemblée nationale décrète que la lettre du premier ministre des finances, contenant demande de quarante millions, sera renvoyée au comité des finances pour lui en rendre compte incessamment ; que le premier ministre des finances remettra, dans le plus bref délai, à l'Assemblée nationale, un état détaillé des dépenses à faire dans le présent mois et dans le mois prochain, qui nécessitent ce secours extraordinaire, ainsi que des fonds dont on doit présumer la rentrée ou craindre le déficit dans ces deux mois ; ensemble l'état effectif des deniers, existant dans les différentes caisses du trésor public, et des impositions directes sur lesquelles il y aurait retard de paiement ou de remise, soit de la part des provinces, soit de la part des receveurs généraux ;

Décrète, en outre, qu'en conformité de ses précédens décrets, sanctionnés par le Roi, tous les registres de recette et dépense relatifs à l'administration des finances, notamment ceux connus sous le nom de registres de décisions, ceux des ordonnances sur le trésor public, et toutes autres pièces qui seront

1.

demandées par les comités, leur seront envoyés pour en prendre la communication libre, et telle qu'ils aviseront, à l'exception des registres actuels et courans qui sont d'un besoin journalier pour le service des bureaux, et les feuilles originales qui ne sauraient être déplacées sans danger et sans retard pour l'administration.

10 = 18 et 23 AVRIL 1790. — Décrets qui autorisent les villes de Caraman, Castelnaudary, Castel-Sarrasin, Coulommiers, Crest, l'Ile-Bouin, Lille, Lyon, Montech, Revel et St.-Sever, à faire des emprunts. (B. 2, 262 à 266.)

10 AVRIL 1790. — Décret qui autorise le trésorier du Languedoc à payer 1,600 fr. à la ville de Castel-Sarrasin. (B. 2, 270.)

10 AVRIL 1790. — Décret qui approuve le zèle de la garde nationale de Montauban. (B. 2, 270.)

10 = 18 AVRIL 1790. — Décret qui autorise les syndics des états de Labour, du Marsan, du Mont-de-Marsan, de Navarre, du Nebousan et des quatre Vallées, à procéder à la confection des rôles. (B. 2, 267.)

11 = 20 AVRIL 1790. — (Lett.-Pat.) — Décret qui autorise la continuation de la perception du droit d'octroi dans les villes. (L. 1, 713; B. 2, 272.)

La ville de Dax, ainsi que toutes les autres villes du royaume, sont autorisées à continuer de percevoir les droits d'octroi, sans avoir besoin de lettres-patentes ni d'autres titres que ce présent décret.

11 = 21 AVRIL 1790. (Lett.-Pat.) — Décret portant qu'en cas de vacance de titre des bénéfices-cures dans les églises paroissiales où il y en a plusieurs, il sera sursis à toute nomination. (L. 1, 725; B. 2, 270.)

Dans toutes les églises paroissiales où il y a deux ou plusieurs titres de bénéfices-cures, il sera par provision, en cas de vacance par mort, démission ou autrement d'un des titres, sursis à toute nomination, collation ou provision.

11 AVRIL 1790. — Décret qui retire de l'arriéré une somme de quarante-cinq mille livres due aux maîtres de postes. (B. 2, 271.)

L'Assemblée nationale décrète qu'elle autorise le président du comité de liquidation de répondre à M. d'Ogny qu'elle permet qu'on retire de l'arriéré les quarante-cinq mille livres dues aux maîtres de postes sur le dernier semestre de ce qui leur est attribué pour les rembourser des frais d'avance pour les courriers, et que cette somme leur soit payée par le trésor royal, ou par une avance faite par les fermiers des postes.

11 = 20 et 23 AVRIL 1790. — Décrets qui autorisent la ville de Charme à faire un emprunt, et les officiers municipaux de Montauban à imposer 18,000 fr. (B. 2, 271 et 272.)

11 AVRIL 1790. — Proclamation du Roi concernant la confection des rôles de supplémens des six derniers mois de 1789, sur les ci-devant privilégiés de Paris. (L. 1, 690.)

11 AVRIL 1790. — Barrières. Voy. 22 MARS 1790. — Département du Jura. Voy. 7 AVRIL 1790.

13 AVRIL 1790. — Décret au sujet de la motion faite sur la religion catholique. (B. 2, 273; Mon. du 14 août 1790.)

L'Assemblée nationale, considérant qu'elle n'a et ne peut avoir aucun pouvoir à exercer sur les consciences et sur les opinions religieuses; que la majesté de la religion et le respect profond qui lui est dû, ne permettent point qu'elle devienne un sujet de délibération; considérant que l'attachement de l'Assemblée nationale au culte apostolique, catholique et romain, ne saurait être mis en doute, au moment où ce culte seul va être mis par elle à la première place des dépenses publiques, et où, par un mouvement unanime de respect, elle a exprimé ses sentimens de la seule manière qui puisse convenir à la dignité de la religion et au caractère de l'Assemblée nationale, décrète qu'elle ne peut ni ne doit délibérer sur la motion proposée (1) et qu'elle va reprendre l'ordre du jour concernant les biens ecclésiastiques (2).

13 AVRIL 1790. — Instructions relatives aux contributions des ci-devant privilégiés. (L. 1, 699.)

15 = 20 AVRIL 1790. (Lett.-Pat.) — Décret qui exempte les prévôts de la marine des dispositions de celui concernant les juridictions prévôtales. (L. 1, 714; B. 2, 275.)

Voy. loi du 18 = 30 MARS 1790.

Les dispositions du décret du 7 mars dernier, concernant les juridictions prévôtales ne s'étendent point aux prévôts de la marine dont la juridiction et les fonctions sont conservées jusqu'à ce qu'il en ait été ordonné autrement.

_____

(1) Cette motion, déjà rejetée et reproduite par don Gerle, était qu'il fût décrété que la religion catholique, apostolique et romaine serait et demeurerait pour toujours la religion de la nation, et que son culte serait le seul public et autorisé (Note de la collection Baudouin).

(2) Voy. Charte de 1814, art. 5, 6 et 7.

15 = 18 AVRIL 1790. — Décret relatif à la détermination du chef-lieu du département de l'Aisne. (B. 2, 275.)

L'Assemblée nationale décrète que les électeurs du département de l'Aisne, qui s'assembleront à Chauny pour indiquer laquelle des deux villes, de Soissons ou de Laon, doit être chef-lieu de département, pourront, après avoir délibéré sur cet objet, et en attendant qu'il y soit définitivement statué par l'Assemblée nationale, procéder à l'élection des membres qui composeront le corps administratif du département, lesquels se rendront ensuite dans la ville qui aura été désignée pour chef-lieu, pour procéder aux opérations prescrites par les décrets aux assemblées générales de département.

15 AVRIL 1790. — Décrets qui chargent le comité des pensions de préparer une loi sur les revenus des bénéfices possédés par des titulaires absens, et le comité des finances d'en préparer une sur la perception des impôts. (B. 2, 275 et 276.)

15 AVRIL 1790. — Lorraine. *Voy.* 30 MARS 1790.

16 = 18 AVRIL 1790. (Procl.) — Décret concernant les Juifs d'Alsace et autres. (L. 1, 708; B. 2, 276.)

L'Assemblée nationale met de nouveau les Juifs de l'Alsace et des autres provinces du royaume, sous la sauve-garde de la loi; défend à toutes personnes d'attenter à leur sûreté; ordonne aux municipalités et aux gardes nationales de protéger de tout leur pouvoir, leurs personnes et leurs propriétés.

16 = 21 AVRIL 1790. — Décrets qui autorisent les villes de Poulaney, Saint-Dié et Verceil, à faire un emprunt. (B. 2, 277 et 278.)

16 AVRIL 1790. — Décret qui surseoit à toute procédure contre le sieur Muscard, constitué prisonnier à Verdun. (B. 2, 278.)

16 AVRIL 1790. — Décret pour porter à l'acceptation du Roi les articles décrétés le 14, concernant les biens ecclésiastiques. (B. 2, 279.)

17 (16 et) = 22 AVRIL 1790. (Lett.-Pat.) — Décret concernant les dettes du clergé, les assignats et les revenus des domaines nationaux. (L. 1, 726; B. 2, 281.)

Art. 1er. A compter de la présente année, les dettes du clergé sont réputées nationales; le trésor public sera chargé d'en acquitter les intérêts et les capitaux.

La nation déclare qu'elle regarde comme créanciers de l'État, tous ceux qui justifieront avoir légalement contracté avec le clergé, et qui seront porteurs de contrats de rentes

assignées sur lui. Elle leur affecte et hypothèque, en conséquence, toutes les propriétés et revenus dont elle peut disposer, ainsi qu'elle fait pour toutes ses autres dettes.

2. Les biens ecclésiastiques qui seront vendus et aliénés en vertu des décrets des 19 décembre 1789 et 17 mars dernier, sont affranchis et libérés de toute hypothèque de la dette légale du clergé dont ils étaient ci-devant grevés, et aucune opposition à la vente de ces biens ne pourra être admise de la part desdits créanciers.

3. Les assignats créés par les décrets des 19 et 21 décembre 1789, sanctionnés par le Roi, auront cours de monnaie entre toutes personnes dans toute l'étendue du royaume, et seront reçus comme espèces sonnantes dans toutes les caisses publiques et particulières.

4. Au lieu de cinq pour cent d'intérêt par chaque année qui leur étaient attribués, il ne leur sera plus alloué que trois pour cent, à compter du 15 avril de la présente année; et les remboursemens, au lieu d'être différés jusqu'aux époques mentionnées dans lesdits décrets, auront lieu successivement par la voie du sort, aussitôt qu'il y aura une somme d'un million réalisée en argent, sur les obligations données par les municipalités pour les biens qu'elles auront acquis, et en proportion des rentrées de la contribution patriotique des années 1791 et 1792. Si les paiemens avaient été faits en assignats, ces assignats seraient brûlés publiquement, ainsi qu'il sera dit ci-après, et l'on tiendra seulement registre de leurs numéros.

5. Les assignats seront depuis mille livres jusqu'à deux cents livres. L'intérêt se comptera par jour; l'assignat de mille livres vaudra un sou huit deniers par jour; celui de trois cents livres, six deniers; celui de deux cents livres, quatre deniers.

6. L'assignat vaudra chaque jour son principal, plus l'intérêt acquis, et on le prendra pour cette somme. Le dernier porteur recevra au bout de l'année le montant de l'intérêt, qui sera payable à jour fixe par la caisse de l'extraordinaire, tant à Paris que dans les différentes villes du royaume.

7. Pour éviter toute discussion dans les paiemens, le débiteur sera toujours obligé de faire l'appoint, et par conséquent de se procurer le numéraire d'argent nécessaire pour solder exactement la somme dont il sera redevable.

8. Les assignats seront numérotés; il sera fait mention en marge de l'intérêt journalier, et leur forme sera réglée de la manière la plus commode et la plus sûre pour la circulation, ainsi qu'il sera ordonné.

9. En attendant que la vente des domaines nationaux qui seront désignés soit effectuée, leurs revenus seront versés, sans délai, dans la caisse de l'extraordinaire, pour être em-

ployés, déduction faite des charges, au paiement des intérêts des assignats : les obligations des municipalités pour les objets acquis y seront déposées également; et à mesure des rentrées de deniers, par les ventes que feront lesdites municipalités de ces biens, ces deniers y seront versés sans retard et sans exception, leur produit et celui des emprunts qu'elles devront faire, d'après les engagemens qu'elles auront pris avec l'Assemblée nationale, ne pouvant être employés, sous aucun prétexte, qu'à l'acquittement des intérêts des assignats et à leur remboursement.

10. Les assignats emporteront avec eux hypothèque, privilège et délégation spéciale, tant sur le revenu que sur le prix desdits biens; de sorte que l'acquéreur qui achetera des municipalités, aura le droit d'exiger qu'il lui soit également prouvé que son paiement sert à diminuer les obligations municipales et à éteindre une somme égale d'assignats; à cet effet, les paiemens seront versés à la caisse de l'extraordinaire, qui en donnera son reçu à valoir sur l'obligation de telle ou telle municipalité.

11. Les quatre cents millions d'assignats seront employés, premièrement, à l'échange des billets de la caisse d'escompte, jusqu'à concurrence des sommes qui lui sont dues par la nation, pour le montant des billets qu'elle a remis au trésor public, en vertu des décrets de l'Assemblée nationale.

Le surplus sera versé successivement au trésor public, tant pour éteindre les anticipations à leur échéance, que pour rapprocher d'un semestre les intérêts arriérés de la dette publique.

12. Tous les porteurs de billets de la caisse d'escompte feront échanger ces billets contre des assignats de même somme à la caisse de l'extraordinaire, avant le 15 juin prochain; et à quelque époque qu'ils se présentent dans cet intervalle, l'assignat qu'ils recevront portera toujours intérêt à leur profit, à compter du 15 avril; mais s'ils se présentaient après l'époque du 15 juin, il leur sera fait décompte de leur intérêt, à partir du 15 avril jusqu'au jour où ils se présenteront.

13. L'intérêt attribué à la caisse d'escompte sur la totalité des assignats qui devaient lui être délivrés, cessera à compter de ladite époque du 15 avril, et l'État se libérera avec elle par la simple restitution successive qui lui sera faite de ses billets, jusqu'à concurrence de la somme fournie en ces billets.

14. Les assignats à cinq pour cent que la caisse d'escompte justifiera avoir négociés avant la date des présentes, n'auront pas cours de monnaie, mais seront acquittés exactement aux échéances, à moins que les porteurs ne préfèrent de les échanger contre des assignats-monnaie. Quant à ceux qui se trouveront entre les mains des administrateurs de la

caisse d'escompte, ils seront remis à la caisse de l'extraordinaire, pour être brûlés en présence des commissaires qui seront nommés par l'Assemblée nationale, et qui en dresseront procès-verbal.

15. Le renouvellement des anticipations sur les revenus ordinaires cessera entièrement, à compter de la date du présent décret, et des assignats ou des promesses d'assignats seront donnés en paiement aux porteurs desdites anticipations, à leur échéance.

16. En attendant la fabrication des assignats, le receveur de l'extraordinaire est autorisé, jusqu'à la délivrance des assignats, à endosser, sous la surveillance de deux commissaires de l'Assemblée, les billets de caisse d'escompte destinés à être envoyés dans les provinces seulement, en y inscrivant les mots *promesse de fournir assignats*; et ladite promesse aura cours comme assignat, à la charge d'être endossée de nouveau par ceux qui les transmettront dans les provinces, et qui les y feront circuler.

Toutes lesdites promesses seront retirées aussitôt après la fabrication des assignats.

17. Il sera présenté incessamment à l'Assemblée nationale, par le comité des finances, un plan de régime d'administration de la caisse de l'extraordinaire, pour accélérer l'exécution du présent décret.

---

17 = 22 AVRIL 1790. — Décret relatif à l'emploi des billets de la caisse d'escompte en paiement des dépenses publiques. (B. 2, 285.)

L'Assemblée nationale ayant, par le décret de ce jour, ordonné que les billets de la caisse d'escompte seront remplacés par des assignats portant intérêt à trois pour cent, à partir du 15 de ce mois, et que lesdits billets de la caisse d'escompte pourraient tenir lieu de ces assignats jusqu'à leur fabrication, a décrété et décrète : 1° qu'aucune émission nouvelle de billets de la caisse d'escompte ne pourra être faite d'ici à nouvel ordre, sans un décret de l'Assemblée et autrement qu'en présence de ses commissaires; 2° qu'en présence desdits commissaires, il sera remis dans le jour au trésor public, par les administrateurs de la caisse d'escompte, vingt millions en billets, qui seront employés aux dépenses publiques, et tiendront lieu des assignats décrétés par le décret de ce jour.

---

17 = 21 AVRIL 1790. (Lett.-Pat.) — Décret qui autorise le Châtelet à continuer l'instruction sur les lettres de change signées *Tourton*, *Ravel*, etc. (B. 2, 280.)

L'Assemblée nationale, après avoir entendu son comité des rapports, a décrété et décrète que le Châtelet, siège présidial de Paris, à qui Sa Majesté a attribué la connaissance des contestations nées et à naître au sujet des

lettres de change qui peuvent avoir été alté-
rées et falsifiées, dans le nombre de celles
qui ont été acceptées par les sieurs Tourton,
Ravel et Gallet de Santerre, comme aussi la
connaissance des instructions criminelles relatives à l'altération et falsification des lettres
de change, peut et doit continuer l'instruction jusqu'à jugement définitif, aux termes
des lettres-patentes portant l'attribution qui
lui a été donnée desdites contestations et procédures criminelles, en date du 2 décembre
1786. L'Assemblée nationale ordonne à son
président de se retirer par devers le Roi,
pour supplier Sa Majesté de donner sa sanction au présent décret.

17 AVRIL 1790. — Décret qui ordonne un sursis
à l'instruction de la procédure dirigée contre
plusieurs citoyens de Schélestat. (B. 2, 286.)

L'Assemblée nationale a décrété que son
président se retirera devers le Roi, pour
supplier Sa Majesté de donner des ordres
prompts à l'effet de surseoir à toute instruction ultérieure et à toute exécution de sentence, s'il en avait été rendu, dans la procédure commencée à Schélestat, par les officiers
municipaux dudit lieu, contre les sieurs Strei-
cher, Ambruster, Fuchs et autres citoyens
emprisonnés (1), et faire ordonner incessamment l'apport des pièces de ladite procédure,
pour être remises au comité des rapports.

17 = 28 AVRIL 1790. — Décret qui autorise la
ville de Pont-à-Mousson à faire un emprunt.
(B. 2, 279.)

17 = 29 AVRIL 1790. — Décret qui autorise la
ville de Montélimart à établir une imposition
extraordinaire. (B. 2, 280.)

17 = 29 AVRIL 1790. — Décret qui met sous la
sauve-garde de la loi le sieur de LaBorde, lieutenant-général au bailliage de Crécy. (B. 2,
286.)

18 = 29 AVRIL 1790. (Lett.-Pat.) — Décret concernant l'assiette des impositions ordinaires de
la ville de Paris pour l'année 1790. (L. 1, 255 ;
B. 2, 288.)

L'Assemblée nationale, d'après le compte
qui lui a été rendu par son comité des finances, du régime qui a existé par le passé pour
l'assiette des impositions ordinaires de la
ville de Paris, a reconnu que, pour remplir
l'esprit de ses décrets des 26 septembre et 28
novembre 1789, concernant les impositions de
1790, il devenait indispensable d'en déterminer
plus précisément les bases pour l'assiette des
impositions ordinaires de la présente année
1790 : en conséquence, elle a décrété ce qui
suit :

Art. 1er. Tous les habitans de la ville de
Paris, indistinctement, seront compris dans
le même rôle pour l'imposition ordinaire à
payer par chacun d'eux pour la présente année 1790; le montant des locations sera l'u-
nique base de la fixation des taxes, toutes les
fois que le contribuable n'aura point de voiture.

2. Lesdites taxes seront réglées, savoir :
pour les loyers au-dessous de cinq cents livres, à raison de neuf deniers pour livre du
montant desdits loyers; pour ceux de cinq
cents livres et au-dessus, jusqu'à moins de
sept cents livres, à raison du sou pour livre
ou du vingtième des loyers; et, enfin, pour
ceux de sept cents livres et au-dessus, à raison du quinzième du montant des locations;
le tout avec deux sous pour livre additionnels
seulement, au lieu des quatre sous pour livre
qui étaient précédemment perçus. Les taxes
des simples journaliers seront réduites de
trente-six sous, à quoi elles étaient fixées
par le passé, à vingt-quatre sous seulement,
sans aucun accessoire.

3. Il ne sera dérogé aux proportions réglées par l'article précédent, que pour les
contribuables ayant une voiture, soit à deux
chevaux, soit à un seul cheval, lesquels ne
pourront être imposés, les premiers, à moins
de cent cinquante livres de principal, et les
seconds, à moins de cent livres aussi de principal; mais la base du loyer sera préférée,
toutes les fois qu'il en résultera une cotisation excédant les fixations ci-dessus déterminées.

4. Il sera ajouté à chaque cote ainsi réglée, à l'exception de celles relatives à des
loyers au-dessous de cinq cents livres, savoir :
deux sous pour livre à celles provenant des
loyers de cinq cents livres et au-dessus,
jusqu'à moins de sept cents livres, et quatre
sous pour livre à celles relatives à des loyers
de sept cents livres et au-dessus, pour tenir
lieu de la taxe individuelle à laquelle les domestiques étaient ci-devant imposés.

5. Les rôles des impositions de la ville de
Paris seront encore, pour la présente année
1790, arrêtés et rendus exécutoires, ainsi et
de la même manière que l'ont été ceux de
l'année 1789.

6. Les contribuables qui auraient des réclamations à faire contre leur cotisation dans
les rôles de 1790, se pourvoiront, jusqu'à
ce qu'il en ait été autrement ordonné, par-
devant le comité composé des conseillers-ad-
ministrateurs de la ville de Paris, au dépar-

(1) Ces citoyens étaient poursuivis extraordinairement par les officiers municipaux dont ils
avaient contesté l'élection. (Note de la Collection Baudouin.)

tement des impositions, lequel, présidé par le maire, ou, en son absence, par le lieutenant de maire, statuera sur lesdites réclamations provisoirement et sans frais, conformément au décret de l'Assemblée nationale, du 15 décembre 1789, concernant le jugement des contestations relatives aux impositions de ladite année 1789 et années antérieures.

18 AVRIL 1790. — Décret concernant la connaissance de l'état des finances, et qui donne au ministre des finances un crédit de vingt millions sur la caisse d'escompte. (B. 2, 287.)

18 = 28 AVRIL 1790. — Décret qui autorise les officiers municipaux de la ville de Châtel-sur-Moselle à retirer de la caisse d'Épinal les sommes qui leur sont dues, pour les employer en achat de grains. (B. 2, 287.)

18 AVRIL 1790. — Décret concernant la formation de la municipalité de Saint-Jean-de-Luz. (B. 2, 290.) *Voy.* au 8 JUIN suivant.

18 AVRIL 1790. — Juifs. *Voy.* 16 AVRIL 1790. — Languedoc. *Voy.* 10 AVRIL 1790. — Oise. *Voy.* 15 AVRIL 1790.—Rôles. *Voy.* 10 AVRIL 1790.

19 AVRIL (20, 23 MARS et) = 20 AVRIL 1790. (Lett.-Pat.) — Décret relatif aux administrations de département et de district, et à l'exercice de la police. (L. 1, 715; B. 2, 212.)

Voy. loi du 22 DÉCEMBRE 1789.

Art. 1er. Les membres absens de l'Assemblée ne pourront, durant la session actuelle, même en donnant leur démission, être élus membres de l'administration du département dans l'étendue duquel ils se trouveront à l'époque des élections, ni des districts qui en dépendent.

2. Les administrateurs comptables, trésoriers ou receveurs des anciens pays d'Etats, qui n'ont pas encore rendu compte de la gestion des affaires de chaque province, ou du maniement des deniers publics, ne pourront, avant l'arrêté de leurs comptes, être élus membres des administrations de département ou de district.

Il en sera de même des trésoriers ou comptables des pays d'élection ou autres parties du royaume, lesquels ne seront admissibles aux administrations de département ou de district, qu'après l'arrêté de leurs comptes.

3. Lorsque le maire et les officiers municipaux seront en fonctions, ils porteront pour marque distinctive, par-dessus leur habit, une écharpe aux trois couleurs de la nation, bleu, rouge et blanc, attachée d'un nœud, et ornée d'une frange couleur d'or pour le maire, blanche pour les officiers municipaux, et violette pour le procureur de la commune.

4. Les rangs seront ainsi réglés : le maire, puis les officiers municipaux, selon l'ordre des tours de scrutin où ils auront été nommés, et, dans le même tour, selon le nombre des suffrages qu'ils auront obtenus; enfin, le procureur de la commune et ses substituts, que suivront les greffiers et trésoriers. Quant aux notables, ils n'ont de rang que dans les séances du conseil général; ils y siégeront à la suite du corps municipal, selon le nombre des suffrages donnés à chacun d'eux. En cas d'égalité, le pas appartient au plus âgé.

5. Cet ordre sera observé, même dans les cérémonies religieuses, immédiatement à la suite du clergé. Cependant, la préséance attribuée aux officiers municipaux sur les autres corps, ne leur confère aucun des anciens droits honorifiques dans les églises.

6. La condition du domicile de fait, exigée pour l'exercice des droits de citoyen actif dans une assemblée de commune ou dans une assemblée primaire, n'emporte que l'obligation d'avoir dans le lieu ou dans le canton une habitation depuis un an, et de déclarer qu'on n'exerce les mêmes droits dans aucun autre endroit.

7. Ne seront réputés domestiques ou serviteurs à gages les intendans ou régisseurs, les ci-devant feudistes, les secrétaires, les charretiers ou maitres valets de labour employés par les propriétaires, fermiers ou métayers, s'ils réunissent d'ailleurs les autres conditions exigées.

8. Les limites contestées entre les communautés seront réglées par les administrations de district; et à l'égard des héritages qui, par suite de ces prétentions respectives, auraient été imposées sur plusieurs rôles, les administrations de district ordonneront et feront faire la radiation des taxes sur le rôle des communautés dans le territoire desquelles ces héritages ne sont pas situés, ainsi que la réimposition au profit des propriétaires ou fermiers qui auraient payé ces taxes, quand leur opposition n'aurait pas été formée dans le délai fixé par les anciens réglemens (1).

(1) Bien qu'il appartienne à l'autorité administrative de statuer sur les délimitations de territoire entre deux communes, il n'y a pas lieu de casser une sentence arbitrale qui a statué sur les limites des territoires respectifs, lorsque, depuis, la délimitation a été fixée par l'autorité administrative elle-même, de la même manière qu'elle l'avait été par la sentence (2 juillet 1827; Cass. S. 27, 1, 389; D. 27, 1, 288.)

La constitution du 3 septembre 1791, tit. 2, art. 8, confère au pouvoir législatif le pouvoir de régler l'étendue de chaque commune.

9. La police administrative et contentieuse sera, par provision, et jusqu'à l'organisation de l'ordre judiciaire, exercée par les corps municipaux, à la charge de se conformer en tout aux réglemens actuels, tant qu'ils ne seront ni abrogés ni changés (1).

19 = 21 AVRIL 1790. (Procl.) — Décret qui diffère l'élection de nouveaux députés à l'Assemblée nationale. (L. 1, 723 ; B. 2, 292.)

L'Assemblée nationale déclare que les assemblées qui vont avoir lieu pour la formation des corps administratifs, dans les départemens et dans les districts, ne doivent pas, dans ce moment, s'occuper de l'élection de nouveaux députés à l'Assemblée nationale ; que cette élection ne peut avoir lieu qu'au moment où la constitution sera près d'être achevée, et qu'à cette époque, qu'il est impossible de déterminer précisément, mais qui est très-rapprochée, l'Assemblée nationale suppliera Sa Majesté de faire proclamer le jour où les assemblées électorales se formeront pour élire la première législature.

Déclare aussi qu'attendu que les commettans de quelques députés n'ont pu leur donner le pouvoir de ne travailler qu'à une partie de la constitution ; qu'attendu le serment fait le 20 juin, par les représentans de la nation, et approuvé par elle, de ne se séparer qu'au moment où la constitution serait achevée, elle regarde comme toujours subsistans, jusqu'à la fin de la constitution, les pouvoirs de ceux dont les mandats porteraient limitation quelconque, et considère la clause limitative comme ne pouvant avoir aucun effet. Ordonne que son président se retirera le jour par devers le Roi, pour porter le présent décret à son acceptation, et pour supplier Sa Majesté de donner les ordres nécessaires pour qu'il soit, le plus promptement possible, envoyé aux commissaires qu'elle a nommés pour l'établissement des départemens, afin qu'ils en donnent connaissance aux assemblées électorales.

19 AVRIL 1790. (Lett.-Pat.) — Décret qui abolit le droit de ravage, fautrage, préage, coiselage, parcours ou pâturage sur les prés, avant la fauchaison de la première herbe, et relatif aux procès intentés à raison de ce droit. (L. 1, 653 ; B. 2, 290.)

Voy. loi du 15 = 28 MARS 1790.

Le droit de ravage, fautrage, préage, coiselage, parcours ou pâturage sur les prés avant la fauchaison de la première herbe, sous quelque dénomination qu'il soit connu,

est aboli, sauf indemnité dans le cas où il serait justifié, dans la forme prescrite par l'article 29 du titre II du décret du 15 mars dernier, avoir été établi par convention ou par concession de fonds, et sans que, sous ce prétexte, il puisse être prétendu, par ceux qui en ont joui jusqu'à présent, aucun droit de pâturage sur les secondes herbes ou regains, lorsqu'il ne leur serait pas attribué par titre, comme un usage valable.

Les procès intentés et non décidés par jugement en dernier ressort avant la publication du présent décret, relativement aux droits ci-dessus abolis, ne pourront être jugés que pour les frais des procédures faites antérieurement à cette époque.

19 = 20 AVRIL 1790. — Décret sur l'éligibilité des administrateurs trésoriers, etc. (2). (B. 2, 291.)

19 AVRIL 1790. — Proclamation du Roi relative aux assignats décrétés par l'Assemblée nationale. (L. 1, 709.)

20 (14 et) = 22 AVRIL 1790. (Lett.-Pat.). — Décret concernant l'administration des biens déclarés à la disposition de la nation, l'abolition des dîmes, excepté pour l'année 1790, et la manière de pourvoir aux frais du culte, à l'entretien, aux pensions des ecclésiastiques et au soulagement des pauvres. (L. 1, 731 ; B. 2, 295.)

Voy. loi des 2 et 13 NOVEMBRE, 19 et 21 DÉCEMBRE 1790.

Art. 1er. L'administration des biens déclarés, par le décret du 2 novembre dernier, être à la disposition de la nation, sera et demeurera, dès la présente année, confiés aux administrations de département et de district, ou à leurs directoires, sous les règles, les exceptions et les modifications qui seront expliquées.

2. Dorénavant, et à compter du 1er janvier de la présente année, le traitement des ecclésiastiques sera payé en argent, aux termes et sur le pied qui seront incessamment fixés ; néanmoins, les curés des campagnes continueront d'administrer provisoirement les fonds territoriaux attachés à leurs bénéfices, à la charge d'en compenser les fruits avec leurs traitemens, et de faire raison du surplus, s'il y a lieu.

3. Les dîmes de toute espèce, abolies par l'article 5 du décret du 4 août dernier et jours suivans, ensemble les droits et redevances qui en tiennent lieu, mentionnés audit décret, comme aussi les dîmes inféodées appar-

_____

(1) Il y a un dixième article dans la collection du Louvre ; il est formé du décret du 23 mars 1790, sur l'appel des jugemens de police.

(2) Ce décret forme l'article 2 de la loi des 19 (20, 23 mars et) = 20 avril 1790, sur les administrations de département et de district.

tenant aux laïques, à raison desquelles il sera accordé une indemnité aux propriétaires sur le trésor public, cesseront toutes d'être perçues, à compter du 1er janvier 1791; et cependant, les redevables seront tenus de les payer à qui de droit exactement la première année, comme par le passé, à défaut de quoi ils y seront contraints.

4. La dîme sur les fruits décimables, crûs pendant l'année 1790, sera néanmoins perçue, même après le 1er janvier 1791.

5. Dans l'état des dépenses publiques de chaque année, il sera porté une somme suffisante pour fournir aux frais du culte de la religion catholique, apostolique et romaine, à l'entretien des ministres des autels, au soulagement des pauvres, et aux pensions des ecclésiastiques, tant séculiers que réguliers, de manière que les biens mentionnés au premier article puissent être dégagés de toutes charges, et employés par le Corps-Législatif aux plus grands et aux plus pressans besoins de l'État.

La somme nécessaire au service de l'année 1791 sera incessamment déterminée.

6. Il n'y aura aucune distinction entre cet objet de service public et les autres dépenses nationales. Les contributions publiques seront proportionnées de manière à y pourvoir, et la répartition en sera faite sur la généralité des contribuables du royaume, ainsi qu'il sera incessamment décrété par l'Assemblée.

7. Il sera incessamment procédé par les assemblées administratives à la liquidation des dîmes inféodées, et de manière à ce que l'indemnité des propriétaires soit assurée avant l'époque à laquelle leurs dîmes cesseront d'être perçues.

8. Sont et demeurent exceptés, quant à présent, des dispositions de l'article 1er du présent décret, l'ordre de Malte, les fabriques, les hôpitaux, les maisons et établissemens de charité et autres où sont reçus les malades; les collèges et maisons d'institution, étude et retraite, administrés par des ecclésiastiques ou par des corps séculiers, ainsi que les maisons de religieuses occupées à l'éducation publique et au soulagement des malades; lesquels continueront, comme par le passé, et jusqu'à ce qu'il en ait été autrement ordonné par le Corps-Législatif, d'administrer les biens, et de percevoir, durant la présente année seulement, les dîmes dont ils jouissent; sauf à pourvoir, s'il y a lieu, pour les années suivantes, à l'indemnité que pourrait prétendre l'ordre de Malte, et à subvenir aux besoins que les autres établissemens éprouveraient par là privation des dîmes.

9. Tous les ecclésiastiques, corps, maisons ou communautés de l'un ou de l'autre sexe, autres que ceux exceptés par les articles précédens, continueront de régir et exploiter, durant la présente année, les biens et dîmes qui ne sont pas donnés à ferme, à la charge d'en verser les produits entre les mains du receveur de leur district.

Ils seront néanmoins autorisés à retenir le traitement qui leur aura été accordé.

À l'égard des objets donnés à bail ou ferme, les fermiers et locataires seront également tenus de verser les loyers ou fermages dus pour les fruits et revenus de la présente année dans la caisse du district.

Les comptes desdits ecclésiastiques, corps, maisons et communautés, et ceux de leurs locataires et fermiers, seront communiqués préalablement à la municipalité du lieu, pour être ensuite vérifiés et apurés par les assemblées administratives, ou par leurs directoires.

10. Ils seront tenus pareillement, eux, leurs fermiers, régisseurs, ou préposés, ainsi que tous ceux qui doivent des portions congrues, de les acquitter dans la présente année comme par le passé, et d'acquitter toutes les autres charges légitimes, même le terme de la contribution patriotique échu le premier de ce mois; à défaut de quoi ils y seront contraints. Il leur sera tenu compte de ce qu'ils auront légitimement payé, ainsi qu'il appartiendra.

11. Les baux à ferme des dîmes, tant ecclésiastiques qu'inféodées, sans mélange d'autres biens ou droits, seront et demeureront résiliés à l'expiration de la présente année, sans autre indemnité que la restitution des pots-de-vin, celle des fermages légitimement payés d'avance et la décharge de ceux non payés, le tout au prorata de la non-jouissance.

Quant aux fermiers qui ont pris à bail des dîmes, conjointement avec d'autres biens ou droits, sans distinction du prix, ils pourront seulement demander réduction de leurs pots-de-vin, loyers et fermages, en proportion de la valeur des dîmes dont ils cesseront de jouir, suivant l'estimation qui en sera faite par les assemblées administratives ou leurs directoires, sur les observations des municipalités.

12. Aussitôt après la publication du présent décret, les assemblées de district, ou leurs directoires, feront faire, sans aucun frais, même de contrôle, un inventaire du mobilier, des titres et papiers dépendant de tous les bénéfices, corps, maisons et communautés de l'un et de l'autre sexe, compris au premier article, qui n'auront pas été inventoriés par les municipalités, en vertu du décret du 20 mars dernier, sauf auxdites assemblées à commettre les municipalités pour les aider dans ce travail; et les uns et les autres se feront également remettre les inventaires faits dans chaque bénéfice ou maison, après la mort du dernier titulaire ou religieux.

20 AVRIL 1790. — Décret en faveur de M. l'abbé de Mandre, inventeur de plusieurs machines. (B. 2, 293.)

L'Assemblée nationale ayant décrété, le 13 janvier dernier, qu'il serait donné à M. l'abbé de Mandre, auteur et donateur du privilége de plusieurs machines, un témoignage avantageux, propre à lui faire obtenir, des bontés de Sa Majesté, une indemnité convenable et proportionnée aux services que le sieur abbé de Mandre n'a cessé de faire pour le bien public, et apprenant que jusqu'à présent il n'a obtenu aucune indemnité, déclare qu'ayant égard à la légitimité de sa demande, elle en renvoie l'examen au comité de liquidation, et charge provisoirement ce comité de faire fournir au sieur abbé de Mandre les secours nécessaires à sa subsistance.

20 = 23 AVRIL 1790. — Décret concernant les jugemens de la prévôté de l'Hôtel. (B. 2, 294.)

L'Assemblée nationale déclare que son décret du 6 mars dernier, concernant les jugemens définitifs émanés des justices prévôtales, ne s'étend point à la prévôté de l'hôtel, dont les fonctions sont conservées jusqu'à ce que l'Assemblée nationale en ait autrement ordonné.

20 AVRIL 1790. — Décret concernant le paiement des pensions dues aux sous-officiers suisses et aux gendarmes de la garde. (B. 2, 294.)

L'Assemblée nationale, après avoir entendu le rapport de son comité des pensions, déclare que les pensions dues aux sous-officiers suisses résidant en Suisse, ne sont pas comprises dans la suppression prononcée par les décrets des 4 et 5 janvier dernier. L'Assemblée nationale déclare également que les pensions accordées aux gendarmes de la garde et aux personnes attachées à ce corps, lors de sa suppression, doivent être payées jusqu'à la concurrence de la somme de six cents livres, conformément au décret du 7 du présent mois.

20 = 30 AVRIL 1790. (Lett.-Pat.) — Décret pour déterminer les limites des cantons destinés à la chasse du Roi. (B. 2, 298.)

L'Assemblée nationale, considérant que par l'article 3 de son décret du 4 août et jours suivans, portant abolition des capitaineries, elle s'est réservé de pourvoir, par des moyens compatibles avec le respect qu'exigent la propriété et la liberté, à la conservation des plaisirs personnels de Sa Majesté; considérant, en outre, qu'elle ne peut satisfaire le désir qu'elle a d'assurer les jouissances qui peuvent intéresser le Roi, qu'autant que Sa Majesté elle-même en aura déterminé l'étendue,

A décrété et décrète que son président se retirera dans le jour par devers le Roi, pour supplier Sa Majesté de faire connaître à l'Assemblée nationale les limites des cantons qu'elle veut se réserver exclusivement pour le plaisir de la chasse.

20 AVRIL (17 et) = 5 JUIN et 2 JUILLET 1790. (Procl.) — Décret relatif à la liberté individuelle. (L. 1, 886 et 1044; B. 2, 297.)

L'Assemblée nationale, après avoir entendu son comité des rapports, déclare que tout citoyen qui n'est prévenu d'aucun délit doit jouir tranquillement de sa liberté et de son état, et être en sûreté sous la sauve-garde de la loi; en conséquence, que la municipalité de Crécy aurait dû et doit employer tous les moyens qui sont en son pouvoir pour faire jouir le sieur de la Borde, lieutenant-général de cette ville, des droits appartenant à tous les citoyens.

Décrète, en outre, que son président écrira à la municipalité de Crécy, que l'Assemblée improuve les délibérations prises par les habitans de cette ville, les 14 décembre et 3 janvier dernier, par lesquelles ils ont voulu flétrir la réputation et l'honneur du sieur de la Borde.

20 AVRIL 1790. — Décret concernant la nomination de commissaires pour l'endossement des billets de la caisse d'escompte et la rédaction d'une instruction sur les assignats. (B. 2, 293.)

20 AVRIL 1790. — Administration. Voy. 19 AVRIL 1790. — Charmes et Montauban. — Comptes. V. 28 DÉCEMBRE 1789 — Division du royaume. Voy. 20 MARS 1790. — Jugement de police. Voy. 23 MARS 1790. — Lorient. Voy. 27 MARS 1790. — Octrois; Prévôts de la marine. Voy. 15 AVRIL 1790.

21 AVRIL 1790. — Proclamation du Roi portant nomination de trois députés de la chambre du commerce pour l'examen des comptes des grains et farines achetés et vendus par ordre du Gouvernement. (L. 1, 721.)

21 AVRIL 1790. — Arrêté sur le travail du comité ecclésiastique. (B. 2, 299.)

21 AVRIL 1790. — Assemblée nationale. Voy. 19 AVRIL 1790. — Bénéfices, Cures. Voy. 11 AVRIL 1790. — Emprunts. Voy. 16 AVRIL 1790. — Tourton et Ravel. Voy. 17 AVRIL 1790.

22 = 25 AVRIL 1790. (Lett.-Pat.) — Décret concernant la réformation provisoire de

la procédure criminelle. (L. 1, 751; B. 2, 300; Mon. des 22 et 23 avril 1790.)

L'Assemblée nationale, ouï le rapport du mémoire remis par le garde des sceaux de France, et de plusieurs autres adresses concernant des difficultés élevées sur l'exécution de son décret des 8 et 9 octobre dernier, touchant la réformation provisoire de l'ordonnance criminelle; considérant combien il importe qu'une loi aussi essentielle à la sûreté publique et à la liberté individuelle soit uniformément conçue et exécutée par ceux qui sont chargés de l'appliquer, a décrété ce qui suit:

Art. 1er. Les adjoints doivent être appelés au rapport des procédures sur lesquelles interviendront les décrets.

2. Les adjoints qui assisteront au rapport ne pourront interrompre le rapporteur; mais avant de se retirer, ils pourront faire aux juges toutes les observations qui, pour l'éclaircissement des faits, leur paraîtront convenables.

3. La présence des adjoints aura lieu, dans tous les cas, jusqu'à ce que les accusés, ou l'un d'eux, aient satisfait au décret, ou que le jugement de défaut ait été prononcé contre eux ou l'un d'eux; et après cette époque, le surplus de la procédure sera fait publiquement, tant à l'égard des accusés présens qu'à l'égard des accusés absens ou contumax.

4. Nul citoyen ne sera contraint d'accepter la fonction honorable de représenter la commune en qualité d'adjoint.

5. Les juges ou les officiers du ministère public feront notifier, par un écrit signé d'eux, aux greffes des municipalités, l'heure à laquelle ils devront procéder aux actes pour lesquels ils requièrent l'assistance des adjoints, et les municipalités seront chargées de pourvoir à ce qu'il se trouve toujours des notables disposés à remplir cette fonction.

6. Si les adjoints, ou l'un d'eux, ne se trouvent pas à l'heure indiquée à l'acte de la procédure auquel ils auront été requis d'assister, le juge, pour procéder audit acte, sera tenu de nommer en leur place un ou deux d'entre les notables du conseil de la commune; et s'ils ne comparaissent pas, le juge passera outre à la confection dudit acte, en faisant mention de sa réquisition, de l'absence des adjoints ou de l'un d'eux, de la nomination supplétoire par lui faite, et de la non-comparution des notables du conseil de la commune: ladite mention à peine de nullité.

7. Les adjoints qui seront parens ou alliés des parties, jusqu'au quatrième degré inclusivement, seront tenus de se récuser. Lorsqu'un adjoint comparaîtra pour la première fois dans une procédure, le juge sera tenu de l'avertir de cette obligation, et de lui déclarer les noms, surnoms et qualités des plaignans,

ainsi que ceux des accusés qui se trouveront dénommés dans la plainte, à peine de nullité, sans que néanmoins on puisse déclarer nul l'acte auquel des parens avertis par le juge auraient assisté comme adjoints, en dissimulant leur qualité, ou faute d'avoir su qu'ils fussent parens de l'une ou de l'autre partie. La parenté des adjoints avec les officiers du ministère public n'est point une cause de récusation.

8. Lorsqu'un acte d'instruction ne se fera que par le juge seul, accompagné du greffier, les adjoints qui y assisteront prendront séance après le juge au même bureau. Si l'acte se fait en la chambre du conseil et le tribunal assemblé, les adjoints prendront séance au banc du ministère public, et après lui.

9. Il ne sera donné aucun conseil à l'accusé ou aux accusés contumax ou absens.

10. Il ne sera délivré par le greffier qu'une seule copie sans frais, sur papier libre, de toute la procédure, quand bien même il y aurait plusieurs accusés qui requerraient ladite copie; et elle sera remise au conseil de l'accusé ou à l'ancien d'âge des conseils, s'il y en a plusieurs. Pourront, néanmoins, les autres accusés se faire expédier telles copies qu'ils voudront, en payant les frais d'expédition.

11. Lorsqu'il y aura un ou plusieurs accusés, chacun d'eux sera interrogé séparément, et il ne sera pas donné copie des interrogatoires subis par les autres, à ceux qui seront interrogés les derniers, si ce n'est après qu'ils auront eux-mêmes subi leurs interrogatoires.

12. L'accusé ni son conseil ne pourront, dans l'information, adresser ni faire adresser aucune interpellation au témoin; mais lors de la confrontation, l'accusé ou son conseil qui auront remarqué dans la déposition du témoin ou dans ses déclarations, quelque circonstance propre à éclaircir le fait ou à justifier l'innocence de l'accusé, pourront requérir le juge de faire, à ce sujet, au témoin les interpellations convenables, et néanmoins l'accusé ni son conseil ne pourront en aucun cas adresser directement au témoin aucune interpellation.

13. Les dispositions des décrets des 8 et 9 octobre dernier, concernant la réformation provisoire de la procédure criminelle, non plus que celles du présent décret, n'auront aucune application au cas où le titre d'accusation ne pourra conduire à une peine afflictive ou infamante.

14. A l'avenir, tous les procès de petit criminel seront portés et jugés à l'audience, et ne pourront en aucun cas être réglés à l'extraordinaire, à quelque somme que les dommages et intérêts paraissent devoir s'élever en définitive, dérogeant à toutes les lois et réglemens à ce contraires.

22 AVRIL 1790. — Décret concernant les dépenses du garde-meuble de la couronne. (B. 2, 300.)

L'Assemblée nationale, après avoir entendu le rapport qui lui a été fait par son comité de liquidation, de deux états, en date du 20 mars dernier, contenant les dépenses arriérées du garde-meuble de la couronne, signés par le sieur *Thierry de Ville-d'Avray*, visés de *Saint-Priest*, lesquels ont été, par soudit comité, vérifiés et comparés aux pièces justificatives qui lui ont été représentées par ledit sieur Thierry de Ville-d'Avray, a décrété et décrète ce qui suit :

Les dépenses arriérées du garde-meuble de la couronne demeurent liquidées, pour l'année 1788, à la somme de cent dix-neuf mille trois cent vingt-sept livres ; et pour l'année de 1789, à la somme de quatre cent quatre-vingt-quatorze mille trois cent douze livres dix sous, sans y comprendre celle de soixante-quatre mille quatre cent vingt-huit livres, qui, ayant été employée aux dépenses de l'Assemblée nationale, sera distraite de l'état des créances suspendues, de ladite année 1789, et acquittée conformément à l'article 4 du décret du 22 janvier dernier ;

Charge son comité de liquidation de lui faire le rapport de l'administration du garde-meuble de la couronne, depuis le 10 mai 1774 jusqu'à ce jour.

22 AVRIL = 6 JUIN 1790. — Décret concernant une coupe de bois de l'abbaye de St.-Ouen. (B. 2, 307.)

22 AVRIL 1790. — Décret sur la chasse. *Voy.* 28 AVRIL 1790.

22 AVRIL 1790. — Administrations. *Voy.* 20 AVRIL 1790. — Dette du clergé. *Voy.* 17 AVRIL 1790.

23 = 28 AVRIL 1790. — Décret relatif à la rectification d'une erreur dans la formation des districts de Guingamp et de Saint-Brieuc. (B. 2, 308.)

23 = 28 AVRIL 1790. — Décret sur la formation de la municipalité d'Arbois. (B. 2, 309.)

23 AVRIL = 2 MAI 1790. — Décret sur la perception des octrois de Nevers. (B. 2, 309.)

23 AVRIL = 2 MAI 1790. — Décrets qui autorisent les villes de Limoges, de Montesquieu, de Valvestre et de Troyes, à faire un emprunt. (B. 2, 309 à 311.)

23 AVRIL 1790. — Décret qui ordonne un rapport sur l'impôt du tabac. (B. 2, 311.)

23 AVRIL = 2 MAI 1790. — Décret pour distraire la gabelle du bail général des fermes. (B. 2, 311.)

23 AVRIL 1790. — Décret pour l'accélération du paiement des rentes sur la ville de Paris. (B. 2, 314.)

23 AVRIL 1790. — Charmes et Montauban. *Voy.* 11 AVRIL 1790. — Citoyens actifs ; Emprunts. *Voyez* 10 AVRIL 1790. — Prévôté. *Voyez* 20 AVRIL 1790.

24 AVRIL 1790. — Arrêté sur l'envoi des décrets dans les provinces. (B. 2, 315.)

24 AVRIL 1790. — Arrêté pour envoyer au comité des rapports, des pièces relatives à la colonie de Saint-Domingue. (B. 2, 316.)

24 AVRIL 1790. — Décret qui improuve les moyens de justification du parlement de Bordeaux, et mande le président à la barre de l'Assemblée. (B. 2, 316.)

25 AVRIL = 5 MAI 1790. (Lett.-Pat.). — Décret concernant le service des maîtres de poste, et l'indemnité des priviléges dont ils jouissaient. (L. 1, 781 ; B. 2, 317.)

Voy. loi du 16 = 27 MARS 1791, du 19 FÉVRIER et du 29 MARS 1793.

Art. 1er. En indemnité des priviléges supprimés, il sera accordé, à compter du jour où ces priviléges ont cessé, une gratification annuelle de trente livres par cheval entretenu pour le service de la poste, à chacun des maîtres de poste, d'après le nombre de chevaux fixé tous les ans pour chaque relais ; les vérifications et inspections faites à cet effet par les municipalités, suivant le nombre de chevaux qui aura été réglé, sur les états présentés par l'intendant et le conseil des postes, et arrêtés par chaque législature.

2. Les maîtres de poste doivent continuer à être chargés du service des malles, à raison de dix sous par poste et par cheval ; de celui des courriers du cabinet, à raison de quinze sous ; de celui des estaffettes, à raison de quarante sous par poste, savoir : vingt-cinq sous pour le cheval et quinze sous pour le postillon. La dépense extraordinaire des voyages de la cour demeurera supprimée, et le prix des chevaux de poste demeurera fixé à vingt-cinq sous par poste et par cheval.

3. Les maîtres de postes seront tenus de fournir, à la réquisition des fermiers des messageries, deux chevaux à vingt-cinq sous par poste et par cheval, pour les cabriolets chargés d'une ou deux personnes seulement, et de deux porte-manteaux de vingt-cinq à trente livres pesant ; trois chevaux à vingt-cinq sous par poste et par cheval, pour les mêmes voitures chargées de trois personnes et de trois porte-manteaux ; trois chevaux à vingt-cinq sous par poste et par cheval, pour

les voitures à quatre roues, chargées d'une ou deux personnes et de cinquante à soixante livres d'effets; trois chevaux à trente sous par poste et par cheval, pour les voitures chargées de trois ou quatre personnes et de cent à cent vingt livres d'effets, et vingt sous de plus seulement par poste, pour chaque quintal excédant le port d'effets susdits.

25 AVRIL = 10 MAI 1790. (Lett.-Pat.) — Décret qui affecte au paiement des rentes de cent livres et au-dessous les dons patriotiques faits à l'Assemblée nationale. (L. 1, 810; B. 2, 317.)

L'Assemblée nationale, sur le compte qui lui a été rendu par les trésoriers des dons patriotiques, a décrété ce qui suit :

Les sommes que les trésoriers des dons patriotiques remettront aux payeurs des rentes, serviront à acquitter les rentes de cent livres et au-dessous, en se conformant d'ailleurs aux dispositions du décret du 22 mars dernier, tant sur la quotité de l'imposition à justifier par les rentiers, que sur ce qui a rapport à la comptabilité des payeurs.

25 AVRIL 1790. — Proclamation du Roi concernant la vérification des rôles suppletifs pour les six derniers mois de 1789, et de ceux des impositions ordinaires de 1790, dans la province de l'Ile-de-France. (L. 1, 740.)

25 AVRIL 1790. — Proclamation du Roi pour les impositions de 1790, en Languedoc. (L. 1, 743.)

25 AVRIL 1790. — Biens domaniaux. *Voy.* 9 AVRIL 1790. — Procédure criminelle. *Voy.* 22 AVRIL 1790.

27 AVRIL = 7 MAI 1790. (Lett.-Pat.) — Décret concernant l'arrêté et mise en recouvrement des rôles des impositions ordinaires pour l'année 1790, des villes et communautés de l'élection d'Amiens. (L. 1, 788; B. 2, 319.)

L'Assemblée nationale, sur le rapport de son comité des finances, a décrété que les rôles faits sur les premiers mandemens signés des membres du bureau intermédiaire du département d'Amiens, et sans qu'il en soit besoin d'autres, soient incessamment rendus exécutoires par le premier officier de l'élection, sur la présentation qui lui en sera faite par les procureurs syndics du département; pourvu toutefois que la somme imposée auxdits rôles soit conforme à celle arrêtée au département fait avec les officiers de l'élection, et d'eux signés le 16 février, dont ils ont un double par devers eux; sinon, et sur le refus, que lesdits rôles soient et deviennent exécutoires par le simple vu de la commission intermédiaire, pour être incessamment mis en recouvrement.

27 AVRIL 1790. — Décret sur le serment à prêter par les membres de l'Assemblée qui entreront dans l'exercice de quelques fonctions. (B. 2, 318.) *Voy.* décret du 30 avril 1790.

L'Assemblée nationale décrète que désormais tout membre entrant dans l'exercice des fonctions qui lui auront été confiées par elle, renouvellera le serment prêté le 4 février dernier, et jurera qu'il n'a jamais pris et ne prendra jamais part à aucun acte, protestation ou déclaration contre les décrets de l'Assemblée nationale acceptés ou sanctionnés par le Roi, ou tendant à affaiblir le respect et la confiance qui leur sont dus.

27 AVRIL 1790. — Décret sur le paiement de la dette arriérée du garde-meuble. (B. 2, 320.)

L'Assemblée nationale, sur le rapport de son comité de liquidation, décrète qu'il sera payé par la caisse de l'extraordinaire, des à-comptes sur la dette arriérée du garde-meuble de la couronne, jusqu'à la concurrence de la somme de deux cent mille livres, qui sera particulièrement distribuée aux fournisseurs et ouvriers qui en ont le besoin le plus urgent, en attendant que l'Assemblée ait statué sur la liquidation générale de l'arriéré des différens départemens.

27 AVRIL 1790. — Décret qui autorise la remise des deniers communs aux habitans de Finham. (B. 2, 319.)

27 AVRIL = 9 MAI 1790. — Arrêté relatif à la présentation des décrets sur le rachat des droits féodaux à la sanction. (B. 2, 120.)

28 (22, 23 et) = 30 AVRIL 1790. (Lett.-Pat.) — Décret sur la chasse. (L. 1, 759; B. 2, 30.; Mon. des 22, 23 et 29 avril 1790. Rapport. M. Merlin.)

Voy. loi du 4 AOUT 1789. — Ordonnance de 1669, tit. 30, art. 4. — Loi des 28 VENDÉMIAIRE et 19 PLUVIOSE an 5. — Avis du Conseil-d'Etat du 30 FRIMAIRE an 14. — Décret du 4 MAI 1812.

L'Assemblée nationale, considérant que, par ses décrets des 4, 5, 7, 8 et 11 août 1789, le droit exclusif de la chasse est aboli, et le droit rendu à tout propriétaire de détruire ou faire détruire, *sur ses possessions seulement,* toute espèce de gibier, sauf à se conformer aux lois de police qui pourraient être faites relativement à la sûreté publique; mais que, par un abus répréhensible de cette disposition, la chasse est devenue une source de désordres qui, s'ils se prolongeaient davantage, pourraient devenir funestes aux récoltes, dont il est si instant d'assurer la conservation, a, par provision, et en attendant que l'ordre de ses travaux lui permette de plus grands développemens sur cette matière, décrété ce qui suit :

Art. 1er. Il est défendu à toutes personnes de chasser, en quelque temps et de quelque manière que ce soit, sur le terrain d'autrui, sans son consentement, à peine de vingt livres d'amende envers la commune du lieu, et d'une indemnité de dix livres envers le propriétaire des fruits, sans préjudice de plus grands dommages-intérêts, s'il y échoit. Défenses sont pareillement faites, sous ladite peine de vingt livres d'amende, aux propriétaires ou possesseurs, de chasser dans leurs terres non closes, même en jachère, à compter du jour de la publication du présent décret jusqu'au 1er septembre prochain, pour les terres qui seront alors dépouillées, et pour les autres terres jusqu'après la dépouille entière des fruits, sauf à chaque département à fixer pour l'avenir le temps dans lequel la chasse sera libre, dans son arrondissement, aux propriétaires sur leurs terres non closes (1).

2. L'amende et l'indemnité ci-dessus statuées contre celui qui aura chassé sur le terrain d'autrui, seront portées respectivement à trente livres et à quinze livres, quand le terrain sera clos de murs et de haies, et à quarante livres et vingt livres, dans le cas où le terrain clos tiendrait immédiatement à une habitation ; sans entendre rien innover aux dispositions des autres lois qui protègent la sûreté des citoyens et de leurs propriétés, et qui défendent de violer les clôtures, et notamment celles des lieux qui forment leur domicile ou qui y sont attachés.

3. Chacune des différentes peines sera doublée en cas de récidive ; elle sera triplée s'il survient une troisième contravention ; et la même progression sera suivie pour les contraventions ultérieures ; le tout dans le courant de la même année seulement.

4. Le contrevenant qui n'aura pas, huitaine après la signification du jugement, satisfait à l'amende prononcée contre lui, sera contraint par corps, et détenu en prison pendant vingt-quatre heures pour la première fois ; pour la seconde fois, pendant huit jours ; et pour la troisième ou ultérieure contravention, pendant trois mois.

5. Dans tous les cas, les armes avec lesquelles la contravention aura été commise, seront confisquées ; sans néanmoins que les gardes puissent désarmer les chasseurs (2).

6. Les pères et mères répondront des délits de leurs enfans mineurs de vingt ans, non mariés et domiciliés avec eux, sans pouvoir néanmoins être contraints par corps.

---

(1) Le droit de chasse appartient au propriétaire, et non au fermier, à moins de stipulation contraire ; en conséquence, est réputé chasseur sur le terrain d'autrui, sans permission, celui qui chasse sur le terrain d'un autre avec la seule autorisation du fermier (12 juin 1828 ; Cass. S. 28, 1, 351 ; D. 28, 1, 282).

Le fermier n'a pas même qualité pour porter plainte à raison du délit de chasse commis sur le terrain qui lui est affermé. Il n'a qu'une action civile pour réparation du dommage qui aurait été causé à ses récoltes (14 août 1826, Angers ; S. 27, 2, 4 ; D. 27. 2, 6).

M. Toullier pense, au contraire, que le fermier peut exercer l'action correctionnelle, t. 4, n° 21.

Il y a fait de chasse de la part de celui qui tire des coups de fusil sur du gibier, de l'intérieur d'une cabane en feuillage servant d'abri ou de poste pour épier le gibier..... même en supposant que la cabane pût être considérée comme maison habitée, dans le sens de l'art. 390 du Code pénal (7 mars 1823 ; Cass. S. 23, 1, 241 ; 20 juin 1823 ; Cass. S. 23, 1, 383).

Les lois et arrêtés qui défendent la chasse dans les bois de l'État, s'appliquent également en matière de bois communaux (ord. de 1669, et lois des 28 vendémiaire an 5 et 21 prairial an 11 ; Cass. S. 7, 2, 824).

La peine du délit de port d'armes sans permis (décret de 1812) ne peut être cumulée avec la peine d'un autre délit, plus forte, que lorsque cette dernière peine est prononcée par la présente loi : ainsi, lorsque le port d'armes est joint au délit de chasse dans une forêt royale, l'amende de 100 fr., que prononce l'ordonnance de 1669 contre ce dernier délit, est seule applicable (4 mai 1821 ; Cass. S. 21, 1, 368).

Il a été jugé encore plus directement que la chasse, en temps prohibé, et le port d'armes de chasse sans permis, forment deux délits simultanés, comportant le cumul des peines prononcées par les lois de 1790 et le décret du 4 mai 1812. A ce cas ne s'applique pas l'art. 365 du Code d'instr. crim. (28 novembre 1828 ; Cass. S. 30, 1, 80 ; D. 29, 1, 41).

Chasser sur le terrain d'autrui, et sans le consentement du propriétaire, c'est commettre un délit de la compétence de la police correctionnelle, quand bien même celui qui chasse serait muni d'une permission de port d'armes, et qu'il chasserait dans un temps non prohibé (13 octobre 1808 ; Cass. S. 17, 1, 87).

Le fait de chasse sur des terres non closes et non encore dépouillées de leurs récoltes, alors même que la chasse est ouverte, est assimilée au fait de chasse en temps prohibé, et peut être poursuivi d'office par le ministère public, encore qu'il n'y ait pas de partie plaignante (4 février 1830 ; Cass. S. 30, 1, 242 ; D. 30, 1, 107).

La peine est applicable, quelque peu considérable que soit l'étendue des propriétés sur lesquelles le fait a été commis (25 avril 1828 ; Cass. S. 29, 1, 46 ; D. 28, 1, 227).

(2) Le délit de chasse, en temps prohibé, commis par un propriétaire, sur son terrain, doit être puni, indépendamment de l'amende déterminée par la loi, de la confiscation de l'arme avec laquelle il a chassé. Peu importe qu'un permis de port d'armes ait été préalable-

7. Si les délinquants sont déguisés ou masqués, ou s'ils n'ont aucun domicile connu dans le royaume, ils seront arrêtés sur-le-champ, à la réquisition de la municipalité.

8. Les peines et contraintes ci-dessus seront prononcées sommairement et à l'audience par la municipalité du lieu du délit, d'après les rapports des gardes-messiers, baugards ou gardes-champêtres, sauf l'appel, ainsi qu'il a été réglé par le décret du 23 mars dernier; elles ne pourront l'être que soit sur la plainte du propriétaire ou autre partie intéressée, soit même, dans le cas où l'on aurait chassé en temps prohibé, sur la seule poursuite du procureur de la commune (1).

9. A cet effet, le conseil général de chaque commune est autorisé à établir un ou plusieurs gardes-messiers, baugards ou gardes-champêtres, qui seront reçus et assermentés par la municipalité, sans préjudice de la garde des bois et forêts, qui se fera, comme par le passé, jusqu'à ce qu'il en ait été autrement ordonné.

10. Lesdits rapports seront ou dressés par écrit, ou faits de vive voix au greffe de la municipalité, où il en sera tenu registre. Dans l'un et l'autre cas, ils seront affirmés entre les mains d'un officier municipal, dans les vingt-quatre heures du délit qui en sera l'objet, et ils feront foi de leur contenu jusqu'à la preuve contraire, qui pourra être admise sans inscription de faux (2).

11. Il pourra être suppléé auxdits rapports par la déposition de deux témoins (3).

12. Toute action pour délit de chasse sera prescrite par le laps d'un mois, à compter du jour où le délit aura été commis (4).

13. Il est libre à tout propriétaire ou pos-

---

ment accordé au délinquant par l'autorité administrative (10 février 1809; Cass. S. 7, 2, 824).

La confiscation de l'arme, prononcée au cas de chasse prohibée, doit avoir lieu, même alors que le chasseur était muni d'un port d'armes, et encore que le fusil n'ait pas été saisi à l'instant de la contravention (10 février 1809; Cass. S. 10, 1, 264).

Un garde-forestier, prévenu d'avoir désarmé un chasseur, avec violence, est mis en jugement par le Conseil-d'État (23 janvier 1820, ord. S. 20, 2, 303; et J. C. 5, 312).

(1) Celui qui a chassé, dans un temps non prohibé, sur le terrain d'autrui, sans le consentement du propriétaire, ne peut être poursuivi d'office par le ministère public, que dans le cas où il ne serait pas muni d'un permis de port d'armes (12 février 1808; Cass. S. 8, 1, 258).

Le fait de chasse sur un terrain communal, hors le temps prohibé, n'est pas un délit qui puisse autoriser les poursuites d'office (10 juillet 1807; Cass. S. 8, 1, 459).

Le fait de chasse dans des terres *non dépouillées de leurs récoltes*, appartenant à autrui, peut être poursuivi par le ministère public. Il n'est pas nécessaire que le propriétaire rende lui-même plainte ou se porte partie civile (12 janvier 1829, Angers; S. 29, 2, 341).

Bien que le ministère public ne puisse poursuivre les délits de chasse en temps non prohibé, commis sur le terrain d'autrui, qu'autant qu'il y a plainte du propriétaire, il est néanmoins recevable à interjeter appel du jugement intervenu sur la plainte du propriétaire, quoique celui-ci n'appelle pas lui-même (31 juillet 1830; Cass. S. 30, 1, 371; D. 30, 1, 326).

L'administration forestière a qualité pour poursuivre les délits de chasse dans les bois communaux (20 septembre 1828; Cass. S. 29, 1, 76; D. 28, 1, 428).

Le délit de chasse, soit sur le terrain d'autrui, soit en un temps prohibé, est puni, non par le décret impérial du 4 mai 1812, mais par la loi du 28 avril 1790. Le délit de port d'armes à la chasse est puni actuellement, non par l'ordonnance du 14 juillet 1716, abrogée, mais par le décret impérial du 4 mai 1812. Ce n'est plus le port d'armes seul qui est prohibé, mais bien le port d'armes à la chasse (Décret impérial du 4 mai 1812; 15 octobre 1813; Cass. S. 14, 1, 69).

Le fait de chasse, avec des chiens lévriers, sur le terrain d'autrui, ne comporte pas de poursuites correctionnelles, si la chasse a eu lieu en un temps non prohibé, et si le propriétaire du terrain ne s'est pas constitué partie civile. Un arrêté du préfet, qui modifierait les dispositions de la loi du 28 avril 1790, sur la chasse, ne serait pas obligatoire pour les tribunaux (22 juin 1815; Cass. S. 15, 1, 197).

La chasse avec des chiens lévriers, mais sans armes, ne peut constituer le délit de chasse, encore qu'elle ait eu lieu sans permis de chasse (10 octobre 1828; Cass. S. 29, 1, 124; D. 28, 1, 431).

L'emploi, sur le terrain d'autrui, et en temps prohibé, de filets ou engins contre le gibier, constitue un délit de chasse, punissable sur la poursuite d'office du ministère public et sans qu'il y ait plainte du propriétaire (3 nov. 1831; Cass. S. 31, 1, 428; Dalloz, 31, 1, 367).

Le fait de pêche dans les eaux d'un particulier qui ne s'en plaint pas, ne peut être poursuivi par le ministère public (Cass. S. 2, 74). *Voy.* notes sur l'art. 1er. *Voy.* loi du 15 avril 1829 sur la pêche fluviale.

(2) Un procès-verbal n'est pas nul, encore que l'affirmation n'énonce pas la date de l'année, s'il résulte de la date du procès-verbal et de celle de l'enregistrement, que l'affirmation a été faite dans le délai déterminé (30 novemb. 1811; Cass. S. 12, 1, 76).

(3) Maintenant, il suffit que les juges soient convaincus même par un seul témoignage.

L'article 11 a été abrogé par les articles 154 et 189 du Code d'instr. crim. (26 août 1830; Cass S. 30, 1, 401; D. 30, 1, 362).

(4) De ce que le fait de port d'armes à feu, sans permission, a été commis en partie de chasse prohibée, il ne s'ensuit pas du tout qu'il doive être confondu avec le délit de chasse prohibée et, par suite, qu'il soit soumis à la prescription d'un mois. — C'est un délit à part, qui

sesseur de chasser ou faire chasser en tout temps, et nonobstant l'article 1er du présent décret, dans ses lacs et étangs et dans celles de ses possessions qui sont séparées par des murs ou des haies vives d'avec les héritages d'autrui.

14. Pourra également tout propriétaire ou possesseur, autre qu'un simple usager, dans les temps prohibés par ledit article 1er, chasser ou faire chasser, sans chiens courans, dans ses bois et forêts.

15. Il est pareillement libre, en tout temps, aux propriétaires ou possesseurs, et même au fermier, de détruire le gibier dans ses récoltes non closes, en se servant de filets ou autres engins qui ne puissent pas nuire aux fruits de la terre, comme aussi de repousser avec les armes à feu les bêtes fauves qui se répandraient dans lesdites récoltes.

16. Il sera pourvu par une loi particulière à la conservation des plaisirs personnels du Roi; et, par provision, en attendant que Sa Majesté ait fait connaître les cantons qu'elle veut réserver exclusivement pour sa chasse, défenses sont faites à toutes personnes de chasser et de détruire aucune espèce de gibier dans les forêts à elle appartenant, et dans les parcs attenant aux maisons royales de Versailles, Marly, Rambouillet, Saint-Cloud, Saint-Germain, Fontainebleau, Compiègne, Meudon, bois de Boulogne, Vincennes et Villeneuve-le-Roi (1).

28 = 30 AVRIL. 1790. — Décret au sujet des indemnités prétendues par les propriétaires de fiefs en Alsace. (B. 2, 321.)

Voy. loi du 15 = 28 MARS 1790.

---

ne se prescrit que par un an (10 août 1811; Cass. S. 11, 1, 376).

En matière criminelle, les poursuites dirigées par un magistrat incompétent n'interrompent pas la prescription du délit, notamment d'un délit de chasse. — L'article 2246 du Code civil n'est pas applicable (11 mars 1819; Cass. S. 19, 1, 317).

Le délai pour la prescription du délit de pêche dans les eaux qui sont des propriétés privées, est de trois mois, bien qu'il soit d'un mois pour la chasse. — Il ne faut appliquer ici ni la loi du 28 avril 1790, sur le fait de chasse, ni la loi du 6 octobre 1791, sur les délits ruraux (8 septembre 1820; Cass. S. 21, 1, 18). *Voy.* loi du 15 avril 1829, art. 62.

La prescription d'un mois s'étend à tous les délits de chasse commis, tant sur les propriétés du *domaine public* que sur les propriétés appartenant aux particuliers. L'art. 25 du titre 32 de l'ordonnance de 1669 est abrogé.

En serait-il de même si le délit avait été commis dans un bois réservé aux plaisirs de chasse du roi? L'arrêtiste pense que l'arrêt offre un argument négatif (30 août 1822; Cass. S. 29, 1, 440).

La prescription d'un mois est interrompue par une ordonnance de la chambre du conseil, qui renvoie le prévenu devant le tribunal correctionnel, lorsque, d'ailleurs, il ne s'est écoulé un mois, ni entre le délit ou les dernières poursuites et l'ordonnance de renvoi, ni entre cette ordonnance et la citation (9 mai 1826, Paris; S. 27, 2, 228; D. 27, 2, 99). Cet arrêt est en opposition avec un arrêt de la Cour de cassation, qui a jugé que, lorsqu'il y a eu action intentée, la prescription ne s'acquiert que par le défaut de poursuites ultérieures pendant trois ans, aux termes de l'article 638 du Code d'instr. crim. (20 septembre 1828; Cass. S. 29, 1, 76; D 28, 1, 428).

En effet, la Cour de Paris suppose que, si, entre quelques-uns des actes de poursuites, il s'était écoulé un mois, la prescription serait acquise; la Cour de cassation dit, au contraire, qu'une fois les poursuites commencées, il faut une suspension de trois ans pour que la prescription ait lieu.

Lorsque d'un même fait de chasse résulte le délit de *chasse en temps prohibé* et le délit de *chasse sans permis de port d'armes*, les poursuites du ministère public, à raison de l'un de ces délits, n'empêchent pas la prescription de courir à l'égard de l'autre. Ainsi, le ministère public, après avoir commencé des poursuites en temps utile, à raison du délit de chasse en temps prohibé, ne peut plus requérir, dans le cours de ces poursuites, la punition du délit de chasse sans permis de port d'armes, s'il s'est écoulé depuis ce délit un temps suffisant pour le prescrire (29 avril 1830; Cass. S. 30, 1, 336; D. 30, 1, 256).

(1) *Voy.* loi du 22 = 25 juillet 1790. — Le droit de chaque propriétaire à chasser sur son terrain ne s'étend pas aux terres enclavées dans les domaines de la liste civile (2 juin 1814; Cass. S. 16, 1, 22).

La servitude de ne pas chasser sur les fonds enclavés dérive-t-elle d'une prérogative royale, ou suppose-t-elle convention originaire? Dans ce dernier cas, n'y a-t-il pas lieu à indemnité?

Les délits de chasse commis dans les forêts royales ou de la couronne, sont punissables de peines plus fortes que les délits commis dans les forêts de l'État. — Aux premiers doivent être appliquées les dispositions pénales de l'ordonnance de 1669; les seconds ne sont punissables que selon la loi du 28 avril 1790 (30 mai 1822; Cass. S. 22, 1, 280). *Voy.* notes sur l'art. 12.

Les délits de *chasse* commis dans les bois appartenans aux princes de la famille royale ne peuvent être assimilés, quant à l'application des peines, aux délits commis dans les bois réservés aux plaisirs du Roi. Ils ne sont punissables que d'après la loi du 28 avril 1790, et non d'après l'ordonnance de 1669 (titre 30, art. 8). L'ordonnance n'est restée applicable qu'aux *seuls* délits commis dans les bois réservés aux plaisirs du Roi.

La défense portée par cette ordonnance (art. 12), d'employer dans la *chasse* certains moyens de nature à détruire promptement le gibier, tels que lacs, collets, etc., a été abrogée par la loi du 28 avril 1790 (8 mai 1824; Cass. S. 29, 1, 439).

L'Assemblée nationale, en conséquence de l'article 39 du titre II de son décret du 15 mars dernier, a décrété et décrète que le Roi sera supplié de prendre des mesures pour qu'il soit remis à l'Assemblée un état détaillé et appuyé de pièces justificatives : 1° des indemnités que les propriétaires de certains fiefs d'Alsace pourraient prétendre leur être dues par suite de l'abolition du régime féodal ; 2° des différens droits pour raison desquels ils réclameraient des indemnités ; 3° des conditions de réversibilité ou autres sous lesquelles ils possèdent leurs fiefs.

---

28 AVRIL 1790. — Arbois. *Voy.* 23 AVRIL 1790. — Châtel-sur-Mosel. *Voy.* 18 AVRIL 1790. — Guingamp et Saint-Brieuc. *Voy.* 23 AVRIL 1790. — Pont-à-Mousson. *Voy.* 17 AVRIL 1790.

---

29 AVRIL = 2 MAI 1790. — Décret pour assurer la libre circulation des grains. (B. 2, 321.)

L'Assemblée nationale, après avoir entendu son comité des rapports, déclare attentatoires à la liberté publique et à l'autorité de ses décrets, et, comme telles, annule toutes délibérations qui, de quelque manière que ce puisse être, ont été prises par plusieurs municipalités pour obliger les laboureurs à fournir des blés à un prix inférieur au prix courant, et pour interdire la circulation des grains dans le royaume,

Décrète que son président se retirera à l'instant par devers le Roi, pour le supplier de donner les ordres nécessaires :

1° Pour qu'il soit promptement et efficacement pourvu à ce que la ville de Dieppe et autres municipalités du pays de Caux puissent se procurer les subsistances nécessaires ;

2° Pour que, sur la réquisition desdites municipalités, il leur soit procuré les moyens suffisans pour rétablir la tranquillité dans le pays et prévenir de nouveaux désordres ;

3° Pour que, conformément aux décrets de l'Assemblée nationale concernant les subsistances, il soit enjoint aux municipalités et aux tribunaux, chacun pour ce qui le concerne, de veiller exactement à leur pleine et entière exécution, et qu'il soit procédé à la recherche et punition de ceux qui, au mépris de ces mêmes décrets, s'opposeraient à la libre circulation des grains dans le royaume.

---

29 AVRIL 1790. — Décret pour autoriser M. de Biron à accepter le commandement de la Corse. (B. 2, 322.)

---

29 AVRIL 1790. — Administrateurs. *Voy.* 19 AVRIL 1790. — Impositions. *Voy* 18 AVRIL 1790. — Montélimart. *Voy.* 17 AVRIL 1790.

---

30 AVRIL = 2 MAI 1790. (Lett.-Pat.) — Décret concernant les conditions requises pour être réputé Français et pour être admis à l'exercice des droits de citoyen actif. (L. 1, 777 ; B. 2, 323. Mon. du 1er mai 1790.)

Voy. constit. de 1791, tit. 2, art. 2 et suiv. ; du 24 JUIN 1793, art. 4 et suiv.; du 5 FRUCTIDOR an 3, art. 10 ; du 22 FRIMAIRE an 8, art. 3 ; décrets des 17 MARS 1809 et 9 FÉVRIER 1811.

L'Assemblée nationale, voulant prévenir les difficultés qui s'élèvent, principalement dans les départemens des frontières et dans les villes maritimes, au sujet des conditions requises pour devenir Français, a décrété ce qui suit :

Tous ceux qui, nés hors du royaume, de parens étrangers, sont établis en France, seront réputés Français, et admis, en prêtant le serment civique, à l'exercice des droits de citoyen actif, après cinq ans de domicile continu dans le royaume, s'ils ont, en outre, ou acquis des immeubles, ou épousé une Française, ou formé un établissement de commerce, ou reçu dans quelques villes des lettres de bourgeoisie, nonobstant tous réglemens contraires, auxquels il est dérogé ; sans néanmoins qu'on puisse induire du présent décret qu'aucune élection faite doive être recommencée, et sans entendre rien préjuger sur la question des Juifs, qui a été et demeure ajournée (1).

---

(1) L'étranger qui, lors de la promulgation de la loi du 30 avril 1790, résidait en France depuis cinq ans, et avait épousé une Française, a été revêtu de la qualité de Français. — Il n'était pas nécessaire qu'il prêtât le serment civique, cette condition n'étant exigée que pour acquérir le titre de citoyen et les droits politiques (27 avril 1819 ; Cass. S. 19, 1, 313).

Jugé en sens contraire, que, sous l'empire de cette loi et de la constitution de 1791, pour acquérir la qualité de Français, il fallait que l'étranger prêtât le serment civique.

D'ailleurs, la réunion de toutes les conditions exigées par les lois successives pour obtenir la qualité de Français doit être prouvée. On ne peut suppléer à cette preuve par aucun fait, aucune présomption (22 décembre 1825, Nîmes, S. 26, 2, 209 ; 22 juin 1826, Montpellier, S. 27, 2, 84 ; D. 27, 2, 94).

Dans tous les cas, si l'étranger qui aurait, en France, rempli les conditions auxquelles la loi attribue l'effet de conférer la qualité de Français, avait, par des actes positifs, par des déclarations expresses, manifesté l'intention de conserver sa nationalité d'origine, je pense qu'il serait non-recevable à soutenir qu'il a acquis la qualité de Français ; que la même fin de non-recevoir serait applicable à tous ceux qui, dans leur intérêt privé, voudraient faire reconnaître la qualité de Français à l'étranger.

30 AVRIL = 7 MAI 1790. (Lett.-Pat.) — Décret concernant les assignats. (L. 1, 785; B. 2, 324.)

L'Assemblée nationale a décrété ce qui suit : Les assignats-monnaie, dont l'émission a été décrétée le 17 avril, seront libellés avec l'indication spéciale de leur hypothèque sur les domaines nationaux. Le comité des finances est autorisé à nommer quatre commissaires pour suivre et surveiller, avec le premier ministre des finances, la confection et la fabrication des assignats, la livraison du papier, et celle qui sera faite définitivement des assignats, lorsqu'ils seront en état d'être mis en circulation.

30 AVRIL = 2 MAI 1790. (Lett.-Pat.) — Décret concernant le régime des gardes nationales. (L. 1, 779; B. 2, 323.)

L'Assemblée nationale, voulant prévenir les difficultés qui résultent des réglemens et projets opposés qui lui sont adressés de toutes parts, relativement au régime des gardes nationales, décrète provisoirement que, jusqu'à la prochaine organisation des gardes nationales, elles resteront sous le régime qu'elles avaient lorsque les municipalités dans l'arrondissement desquelles elles sont établies ont été régulièrement constituées, et que les modifications que les circonstances rendraient nécessaires ne seront faites que de concert entre les gardes nationales actuellement existantes et les nouvelles municipalités.

30 AVRIL 1790. — Décret sur les jurés en matière criminelle et civile. (B. 2, 325; Mon. des 29, 30 avril, 1er mai 1790.)

Voy. loi du 16 = 24 AOUT 1790.

L'Assemblée nationale décrète : 1° qu'il y aura des jurés en matière criminelle; 2° qu'il n'en sera point établi en matière civile.

30 AVRIL 1790. — Décret relatif à la procédure par jurés. (B. 2, 325.)

L'Assemblée nationale charge le comité de constitution, réuni au comité qui s'occupe de la réforme de la procédure criminelle, de présenter, dans le plus court délai possible, un projet de loi qui règle la procédure par jurés, afin que cette forme de procédure puisse avoir lieu aussitôt que la loi sera décrétée; et, en attendant, l'Assemblée nationale décrète que les procédures criminelles continueront

à être instruites et jugées conformément aux décrets provisoires des 8 octobre et autres jours, et l'Assemblée adjoint auxdits comités MM. Tronchet, Duport et Chabroud.

30 AVRIL 1790. — Décret qui suspend l'exécution du décret du 27 avril sur le serment ordonné pour les membres de l'Assemblée. (B. 2, 324.)

30 AVRIL 1790. — Adresse de l'Assemblée nationale aux Français, sur l'émission des assignats-monnaie. (L. 1, 764.)

30 AVRIL 1790. — Alsace; Chasse. Voy. 28 AVRIL 1790. — Chasse du Roi. Voy. 30 AVRIL 1790. — Opinions. Voy. 23 AOUT 1789.

1er = 5 MAI 1790. (Procl.) — Décret concernant l'exécution des décrets relatifs à la division du royaume en départemens et en districts. (L. 1, 783; B. 2, 325.)

L'Assemblée nationale décrète : 1° Que le décret rendu le 5 février pour le département du Tarn sera exécuté, et qu'en conséquence, l'assemblée de ce département, qui sera convoquée à Castres, alternera avec les villes d'Alby et de Lavaur, dans l'ordre où elles sont nommées; 2° Que dans le cas où la rédaction des décrets de la division du royaume en un seul décret général, du 26 février, présenterait dans le sens ou dans les expressions quelques difficultés, les décrets particuliers rendus pour chaque département seront exécutés, à moins que, par un décret subséquent et particulier, l'Assemblée nationale n'en ait expressément modifié ou interprété quelques dispositions.

1er = 16 MAI 1790. (Lett.-Pat.) — Décret concernant les cotisations relatives à des rentes constituées à prix d'argent, généralement ou spécialement hypothéquées sur des biens-fonds. (L. 1, 826; B. 2, 326.)

L'Assemblée nationale, ouï le rapport de son comité des finances, a déclaré ce qui suit : Par le décret du 28 novembre 1789, lequel porte que les ci-devant privilégiés seront imposés à raison de leurs biens-fonds pour les six derniers mois de 1789 et pour 1790, dans le lieu où lesdits biens sont situés, l'Assemblée nationale n'a point entendu que les créanciers des rentes constituées à prix d'ar-

---

L'étranger qui avait acquis la qualité de citoyen français, selon les lois antérieures à la constitution de l'an 8, n'a pas perdu cette qualité pour n'avoir pas obtenu les lettres de naturalisation exigées par la législation postérieure (12 février 1824, Amiens; S. 24, 2, 76).

L'enfant né en France d'un étranger qui a acquis la qualité de Français, n'est pas seulement Français, il est citoyen Français, et, comme tel, apte à exercer les droits politiques (février 1824, Rennes; S. 24, 2, 78).

gent, perpétuelles ou viagères, généralement ou spécialement hypothéquées sur des biens-fonds, fussent imposés à raison de ces rentes, dans le lieu où les biens-fonds qui leur servent d'hypothèque se trouvent situés, si lesdits propriétaires de rentes n'y étaient pas en même temps domiciliés; en conséquence, les impositions qui n'auront pas eu d'autres motifs, dans les rôles des six derniers mois de 1789 et dans ceux de l'année 1790, en seront distraites; et pour en opérer le remboursement et la restitution à ceux qui les auraient acquittées, il serait fait, pour 1791, un rôle de supplément ou réimposition du montant desdites contributions, et la somme à provenir dudit rôle de supplément sera remise à ceux qui auront été indûment imposés, en justifiant par eux du paiement qu'ils en auront fait aux collecteurs des six derniers mois de 1789 et de l'année 1790.

1er MAI 1790. — Décret sur le desséchement des marais. (B. 2, 329.)

Voy. loi du 26 DÉCEMBRE 1790 = 5 JANVIER 1791; loi du 16 SEPTEMBRE 1807.

L'Assemblée nationale a décrété ce qui suit : Chaque assemblée de département s'occupera des moyens de faire dessécher les marais, les lacs, et les terres de son territoire habituellement inondées, dont la conservation dans l'état actuel ne serait pas jugé d'une utilité préférable au desséchement, pour les particuliers ou les communautés dans l'arrondissement desquelles ces terres sont situées, en commençant, autant qu'il sera possible, les améliorations par les marais les plus nuisibles à la santé, et dont le sol pourrait devenir le plus propre à la production des subsistances; et chaque assemblée de département emploiera les moyens les plus avantageux aux communautés pour parvenir au desséchement de leurs marais.

1er MAI 1790. — Décret qui ordonne que les juges de première instance seront sédentaires. (B. 2, 328.)

Voy. loi du 16 = 24 AOUT 1790.

L'Assemblée nationale décrète que les juges de première instance seront sédentaires, l'Assemblée nationale se réservant de statuer ultérieurement si l'appel sera admis, et si les juges d'appel ou de révision seront *sédentaires.*

1er MAI 1790. — Décret qui ordonne qu'il y aura deux degrés de juridiction. (B. 2, 329; Mon. des 30 avril et 2 mai 1790.)

Voy. loi du 16 = 24 AOUT 1790, tit. 4.

L'Assemblée nationale décrète qu'il y aura deux degrés de juridiction en matière civile, sauf les exceptions particulières qu'elle pourra déterminer et sans entendre rien préjuger en matière criminelle (1).

(1) Il peut être dérogé par la volonté des parties aux lois qui établissent deux degrés de juridiction (18 août 1818; Cass. S. 19, 1, 33).

Lorsqu'il n'y a pas lieu à appel, si les parties procèdent volontairement devant le second degré de juridiction, leur consentement couvre l'incompétence (31 juillet 1828; Cass. S. 29, 1, 61).

La demande en garantie, considérée relativement au garant, est une action principale qui doit subir les deux degrés de juridiction. Elle ne peut être formée pour la première fois en cause d'appel, lorsque, d'ailleurs, le recours aux premiers juges est encore possible. *Voy.* Code de procéd. civ., art. 464 (7 messid. an 12; Cass. S. 4, 2, 721; 27 février 1821; Cass. S. 23, 1, 322).

Il n'est pas de l'essence d'un jugement de contenir une condamnation, ou de prononcer une absolution. — Toute décision du juge sur une affaire dont l'instruction par-devant lui a été complète forme un véritable jugement, contre lequel les voies de droit sont ouvertes (27 août 1806; Cass. S. 6, 2, 740).

Un jugement qualifié de dernier ressort dans une matière où les juges ne peuvent statuer qu'en premier ressort, ne peut être attaqué par la voie de cassation, c'est la voie d'appel qu'il faut prendre. *Voy.* Code de procédure, art. 453 (9 juillet 1812; Cass. S. 13, 1, 47).

Avant le Code de procédure, lorsqu'un juge-ment était qualifié en premier ressort, l'appel en était recevable, même dans le cas où les premiers juges devaient prononcer en dernier ressort (7 nivose an 4; Cass. S. 20, 1, 461).

Les juges d'appel doivent renvoyer le fond à des juges de première instance, lorsqu'ils annulent un jugement, pour cause d'incompétence (12 prairial an 8; S. 1, 2, 246; 21 brumaire an 10, Cass. S. 2, 1, 82; 27 frimaire an 11, Cass. S. 3, 2, 379; 7 frimaire an 13, Cass. S. 20, 1, 481; 30 novembre 1814; S. 15, 1, 246). — Jugé en sens contraire (24 août 1819; Cass. S. 20, 1, 106).

Le tribunal d'appel qui infirme un jugement de première instance, pour s'être mal à propos déclaré incompétent, doit statuer lui-même sur le fond (12 prairial an 8, Cass. S. 1, 2, 246; 11 janvier 1809, Cass. S. 9, 1, 95).

Les tribunaux d'arrondissement qui annulent un jugement de la justice de paix, pour cause d'incompétence, ne peuvent statuer en dernier ressort sur le fond; ils doivent renvoyer devant les juges de première instance, ou, s'ils retiennent la cause comme juges compétents, ils ne doivent prononcer qu'à charge d'appel (7 frimaire an 12; Cass. S. 5, 2, 238).

Le juge d'appel qui annule, pour vice de forme une sentence, doit, en réformant, connaître lui-même du fond de la contestation (30 frimaire an 11, Cass. S. 3, 2, 258; 12 novembre 1816, Cass. S. 17, 1, 400).

1er = 12 MAI 1790. — Décrets qui autorisent les officiers municipaux des villes de Bourges et de Saint-Paul-trois-Châteaux à lever une contribution extraordinaire. (L. 1, 817; B. 2, 327.)

2 MAI 1790. — Emprunts. *Voy.* 23 AVRIL 1790. — Français. *Voy.* 30 AVRIL 1790. — Grains. *Voy.* 29 AVRIL 1790. Inde. *Voy.* 3 AVRIL 1790. — Nevers. *Voy.* 23 AVRIL 1790.

3 = 5 MAI 1790. (Procl.) — Décret relatif au serment des officiers municipaux. (L. 1, 784; B. 2, 346.)

L'Assemblée nationale décrète que les officiers municipaux n'ont pour l'exercice de la police, d'autre serment à prêter que celui qu'ils ont fait, lors de leur installation, d'être fidèles à la nation, à la loi et au Roi, et de remplir exactement les fonctions civiles et municipales qui leur sont confiées.

3 = 9 MAI 1790 (Lett.-Pat.) — Décret général sur les principes, le mode et le taux du rachat des droits seigneuriaux, déclarés rachetables par les art. 1er et 2 du tit. 3 de la loi du 15 mars (L. 1, 792; B. 2, 330; Mon. des 24, 25, 27, 28 avril et 4 mai 1790.)

Voy. loi des 15 = 28 MARS 1790, 18 = 29 DÉCEMBRE 1790, 23 DÉCEMBRE = 5 JANVIER 1791, 13 = 20 AVRIL 1791.

1re DIVISION. — Principes généraux (1).

Art. 1er. Tout propriétaire pourra racheter les droits féodaux et censuels dont son fonds est grevé, encore que les autres propriétaires de la même seigneurie ou du même canton ne voulussent pas profiter du bénéfice du rachat, sauf ce qui sera dit ci-après à l'égard des fonds chargés de cens ou redevances solidaires (23 avril).

2. Tout propriétaire pourra racheter lesdits droits à raison d'un fief ou d'un fonds particulier, encore qu'il se trouve posséder plusieurs fiefs ou plusieurs fonds censuels mouvant de la même seigneurie, pourvu néanmoins que ces fonds ne soient pas tenus sous des cens et redevances solidaires, auquel cas le rachat ne pourrait être divisé (*Idem*).

3. Aucun propriétaire de fief ou fonds censuel ne pourra racheter divisément les charges et redevances annuelles dont le fief ou le fonds est grevé, sans racheter en même temps les droits casuels et éventuels (*Idem*).

4. Lorsqu'un fonds tenu en fief ou en cen-sive, et grevé de redevances annuelles solidaires, sera possédé par plusieurs co-propriétaires, l'un d'eux ne pourra point racheter divisément lesdites redevances au prorata de la portion dont il est tenu, si ce n'est du consentement de celui auquel la redevance est due; lequel pourra refuser le remboursement total, en renonçant à la solidarité vis-à-vis de tous les co-obligés. Mais quand le redevable aura fait le remboursement total, il demeurera subrogé aux droits du créancier, pour les exercer contre les co-débiteurs, à la charge de ne les exercer que comme pour une simple rente foncière et sans aucune solidarité; et chacun des autres co-débiteurs pourra racheter à volonté sa portion divisément (*Idem*).

5. Pourra néanmoins le co-propriétaire d'un fonds grevé de redevances solidaires, en rachetant, ainsi qu'il vient d'être dit, la redevance entière, ne racheter les droits casuels que sur sa portion, sauf au propriétaire du fief à continuer de percevoir les mêmes droits casuels, sur les autres portions du fonds et sur chacune d'elles divisément, lorsqu'il y aura lieu, jusqu'à ce que le rachat en ait été fait (*Idem*).

2e DIVISION. — Règles relatives aux qualités des personnes.

6. Pourront les propriétaires de fiefs ou de fonds censuels traiter avec les propriétaires de fiefs dont ils sont mouvans, de gré à gré, à telles sommes et sous telles conditions qu'ils jugeront à propos, du rachat tant des redevances annuelles que des droits casuels; et les traités ainsi faits de gré à gré entre majeurs, ne pourront être attaqués sous prétexte de lésion quelconque, encore que le prix du rachat se trouve inférieur ou supérieur à celui qui aurait pu résulter du mode et du prix qui sera ci-après fixé (24 avril).

7. Les tuteurs, curateurs et autres administrateurs des pupilles, mineurs ou interdits, les grevés de substitution, les maris, dans les pays où les dots sont inaliénables, même avec le consentement des femmes, ne pourront liquider les rachats des droits dépendant des fiefs appartenant aux pupilles, aux mineurs, aux interdits, à des substitutions et auxdites femmes mariées, qu'en la forme et aux taux ci-après prescrits, et à la charge du remploi. Il en sera de même à l'égard des propriétaires des fiefs, lesquels, par les titres, sont assujétis au droit de réversion en cas d'extinction

---

Les juges d'appel ne peuvent, pour l'exécution d'un interlocutoire qu'ils ont rendu, renvoyer les parties en état de première instance : ce serait faire parcourir à ces parties au-delà des deux degrés de juridiction établis par la loi (19 novembre 1808, Cass. S. 10, 1, 116; 22 messidor an 12, Cass. S. 4, 2, 156).

Exceptions à la règle des deux degrés de juridiction. *Voy.* loi des 6 et 7 = 11 septembre 1790, art. 2; et loi du 22 frimaire an 7, art. 66.

Voy. mon Code de procédure annoté, art. 443 et suiv., et notamment l'art. 473.

(1) Ces divisions et leurs intitulés sont dans la collection de Baudouin.

de la ligne masculine ou dans d'autres cas. Le redevable qui ne voudra point demeurer garant du remploi, pourra consigner le droit du rachat, lequel ne sera délivré aux personnes qui sont assujéties au remploi, qu'en vertu d'une ordonnance du juge rendue sur les conclusions du ministère public, auquel il sera justifié du remploi (*Idem*).

8. Lorsque le rachat aura pour objet des droits dépendant d'un fief appartenant à une communauté d'habitans, les officiers municipaux ne pourront se liquider et en recevoir le prix que sous l'autorité et avec l'avis des assemblées administratives de département, ou de leur directoire, lesquels seront tenus de veiller au remploi du prix (*Idem*).

9. Si le rachat concerne les droits dépendant de fiefs appartenant à des gens de mainmorte, et dont l'administration serait confiée à une municipalité, le rachat sera liquidé par les officiers de la municipalité dans le ressort desquels se trouvera situé le chef-lieu du fief. Les officiers municipaux ne pourront procéder à cette liquidation qu'avec l'autorisation des assemblées administratives du département ou de leur directoire, et seront tenus d'en déposer le prix entre les mains du trésorier du département, sous la réserve de statuer ultérieurement sur l'emploi du prix desdits rachats (*Idem*).

10. A l'égard des biens ci-devant possédés par les ecclésiastiques, et dont l'administration a été déférée aux assemblées administratives, lesdites assemblées liquideront le rachat des droits dépendant desdits biens, et en feront déposer le prix entre les mains de leur trésorier, sous la réserve de statuer ultérieurement sur l'emploi du prix desdits rachats (*Idem*).

11. Il est réservé pareillement de statuer sur l'emploi du prix des rachats des droits dépendant des fiefs appartenant à la nation, sous les titres de domaines de la couronne, apanages, engagemens ou échanges non encore consommés, ainsi que sur les personnes avec lesquelles lesdits rachats pourront être liquidés, et auxquelles le paiement en devra être fait (*Idem*).

3ᵉ DIVISION. — Mode et taux du rachat des redevances annuelles.

12. Lorsque les parties auxquelles il est libre de traiter de gré à gré ne pourront point s'accorder sur le prix du rachat des droits seigneuriaux, soit fixes ou casuels, le rachat sera fait suivant les règles et les taux ci-après (*Idem*).

13. Pour liquider le rachat des droits fixes (tels que les cens et redevances annuelles en argent, grains, denrées ou fruits de récolte), il sera formé d'abord une évaluation du produit annuel total des charges dont le fonds est grevé; et ce produit annuel sera racheté

au taux ci-après indiqué. Quant à l'évaluation du produit annuel, elle sera faite, pour chaque espèce de redevances, ainsi qu'il suit (*Idem*).

14. A l'égard des redevances en grains, il sera formé une année commune de leur valeur, d'après le prix des grains de même nature, relevé sur les registres du marché du lieu, ou du marché le plus prochain, s'il n'y en a pas dans le lieu. Pour former l'année commune, on prendra les quatorze années antérieures à l'époque du rachat; on retranchera les deux plus fortes et les deux plus faibles : l'année commune sera formée sur les dix années restantes (*Idem*).

15. Il en sera de même pour les redevances en volailles, agneaux, cochons, beurre, fromage, cire et autres denrées, dans les lieux où leur prix est porté dans les registres des marchés. A l'égard des lieux où il n'est point d'usage de tenir registre du prix des ventes de ces sortes de denrées, les directoires du district en formeront incessamment un tableau estimatif, sur le prix commun auquel ont coutume d'être évaluées ces sortes de denrées pour le paiement des redevances foncières. Ce tableau estimatif servira, pendant l'espace de dix années, de taux pour l'estimation du produit annuel des redevances dues en cette nature dans le ressort de chaque district; le tout sans déroger aux évaluations portées par les titres, coutumes ou réglemens (*Idem*).

16. Chaque directoire de district formera pareillement un tableau estimatif du prix ordinaire des journées d'hommes, de chevaux, bêtes de travail, de somme et de voiture. Ce tableau estimatif sera formé sur le taux auquel lesdites journées ont accoutumé d'être estimées pour les corvées, et servira, pendant l'espace de dix années, de taux pour l'estimation du produit annuel des corvées réelles; le tout sans déroger aux évaluations portées par les titres, les coutumes ou les réglemens (*Idem*).

17. Quant aux redevances qui consistent en une certaine portion de fruits récoltés sur les fonds (tels que champarts, terrages, agriers, tasques, dîmes seigneuriales et autres de même nature), il sera procédé, par des experts que les parties nommeront, ou qui seront nommés d'office par le juge, à une évaluation de ce que le fonds peut produire en nature dans une année commune. La quotité annuelle du droit à percevoir sera ensuite fixée dans la proportion du produit de l'année commune du fonds; et ce produit du droit annuel sera évalué en la forme prescrite par l'article 14 ci-dessus pour l'évaluation des redevances en grains (*Idem*).

18. Quant à celles des banalités que l'article 24 du décret du 15 mars a déclarées exceptées de la suppression sans indemnité,

lorsque les communautés d'habitans voudront s'en libérer, il sera fait par des experts choisis par les parties, ou nommés d'office par le juge, une estimation de la diminution que le four, moulin, pressoir ou autre usine pourra éprouver dans son produit annuel par l'effet de la suppression du droit de banalité et de la liberté rendue aux habitans; n'entendant point au surplus déroger aux lois antérieures, qui, dans quelques provinces, ont autorisé les communautés d'habitans à racheter, sous des conditions particulières, les banalités auxquelles elles étaient assujéties (*Idem*).

19. Dans tous les cas où l'évaluation du produit annuel d'une redevance pourra donner lieu à une estimation d'experts, si le rachat a lieu entre des parties qui aient la liberté de traiter de gré à gré, le redevable pourra faire au propriétaire des droits, par acte extra-judiciaire, une offre réelle d'une somme déterminée. En cas de refus d'accepter l'offre, les frais de l'expertise qui deviendra nécessaire seront supportés par celui qui aura fait l'offre, ou par le refusant, selon que l'offre sera jugée suffisante ou insuffisante (*Idem*).

20. Si l'offre mentionnée en l'article ci-dessus est faite à un tuteur, à un grevé de substitution ou à d'autres administrateurs quelconques, qui n'ont point la liberté de traiter de gré à gré, ces administrateurs pourront employer en frais d'administration ceux de l'expertise, lorsqu'ils auront été jugés devoir rester à leur charge (*Idem*).

21. Le rachat de la somme à laquelle aura été liquidé le produit annuel des droits de redevances fixes et annuelles, se fera, savoir, pour les redevances en argent et corvées, et pour le produit des banalités, au denier vingt; et quant aux redevances en grains, volailles, denrées et fruits de récoltes, au denier vingt-cinq (*Idem*).

22. Tout redevable qui voudra racheter les droits seigneuriaux dont son fonds est grevé, sera tenu de rembourser avec le capital du rachat tous les arrérages de rentes fixes et annuelles qui se trouveront dus, tant pour les années antérieures que pour l'année courante, au prorata du temps qui se sera écoulé depuis la dernière échéance jusqu'au jour du rachat (*Idem*).

23. A l'avenir, les corvées réelles, les agriers, champarts et autres redevances énoncées en l'article 17, ne s'arrérageront point, même dans les pays où le principe contraire avait lieu, si ce n'est qu'il y ait eu demande suivie de condamnation. Les corvées ne pourront pas non plus être exigées en argent, mais en nature seulement, si ce n'est qu'il y ait eu demande suivie de condamnation. En conséquence, il ne sera tenu compte, lors du rachat des corvées, agriers, champarts et autres redevances énoncées en l'article 17, que de l'année courante, laquelle sera évaluée en argent, au prorata du temps qui se sera écoulé depuis la dernière échéance jusqu'au jour du rachat (*Idem*).

4ᵉ DIVISION. — Mode et taux du rachat des droits casuels.

24. Quant au rachat des droits casuels, c'est-à-dire, de ceux qui ne sont dus que dans le cas de mutation, soit de la part du propriétaire du fonds ci-devant roturier, soit de la part des fonds ci-devant appelés fiefs, il sera fait d'après les règles et les distinctions ci-après (26 avril).

25. Dans les pays et les lieux où les fonds sont soumis à un droit particulier pour les mutations par vente, ou autres actes équipollens à vente, il sera payé pour le rachat de ce droit particulier, savoir:

1° Pour les fonds sur lesquels le droit de vente est de la moitié du prix ou au-dessus, cinq sixièmes dudit droit;

2° Pour les fonds sur lesquels le droit est du tiers, cinq quinzièmes, ou le tiers du droit;

3° Pour les fonds sur lesquels le droit est du quint et requint ou du quart, cinq quatorzièmes dudit droit;

4° Pour les fonds sur lesquels le droit est du quint, cinq treizièmes dudit droit;

5° Pour les fonds sur lesquels le droit est du sixième, cinq douzièmes dudit droit;

6° Pour les fonds sur lesquels le droit est du huitième, cinq onzièmes;

7° Pour les fonds sur lesquels le droit n'est que du douzième, ou à une quotité inférieure, quelle qu'elle soit, la moitié du droit (27 avril).

26. Dans les pays et les lieux où le droit dû pour les mutations par vente ne se trouverait être dans aucune des proportions ci-dessus indiquées, et dont la quotité se trouverait être à un terme moyen entre deux des sept classes ci-dessus, le rachat dudit droit se fera sur le pied de celle de ces deux classes dont le taux est le moins fort. (*Idem*).

27. Dans les pays et les lieux où les fonds sont soumis, outre le droit dû pour les mutations par vente, à un droit particulier et différent pour les mutations d'un autre genre, le rachat de cette seconde espèce de droit se fera d'après les distinctions et les règles ci-après (*Idem*).

28. 1° Dans les pays et les lieux où ce droit est dû à toutes les mutations, à la seule exception des successions et donations en ligne directe, et des mutations de la part du seigneur, il sera payé pour le rachat dudit droit, sur les fonds qui y sont sujets, les cinq douzièmes dudit droit (*Idem*).

29. 2° Dans les pays et les lieux où ce même droit n'est dû que pour les seules mutations en succession collatérale, il sera payé

pour le rachat les cinq dix-huitièmes dudit droit (*Idem*).

30. 3° Dans les pays et les lieux où ce même droit est dû à toutes mains, c'est-à-dire, à toutes les mutations de la part du propriétaire du fonds redevable, et même pour les successions ou donations en ligne directe, il sera payé pour le rachat les cinq sixièmes dudit droit (*Idem*).

31. 4° Dans les pays et les lieux où le même droit, quoique dû pour les successions et donations directes et collatérales, n'a lieu que quand l'héritier ou donataire succède ou aurait succédé par moyen, ou quand il est mineur, il ne sera payé pour le rachat que les cinq huitièmes dudit droit (*Idem*).

32. 5° Dans les pays et les lieux où le droit ci-dessus désigné se paie à toutes les mutations autres que par vente, tant de la part du vassal ou emphitéote, que de la part du ci-devant seigneur, il sera payé pour le rachat un droit entier (*Idem*).

33. Dans les pays et les lieux où le droit dû pour les mutations qui ne s'opèrent point par vente, ne pourrait point se placer dans l'une des cinq classes ci-dessus comprises aux articles précédens, soit parce qu'il ne serait point dû dans tous les cas exprimés par l'un de ces articles, soit qu'il serait dû dans un cas non prévu par l'article, le rachat s'en fera au taux fixé par celui desdits articles qui réunira le plus grand nombre des cas pour lesquels le droit est dû dans ces pays ou ces lieux particuliers (*Idem*).

34. Dans l'application de l'article précédent, on n'aura aucun égard au droit que certaines coutumes ou certains titres accordent pour les prétendues mutations par mariage ou par la mort du mari, sur les biens personnels de la femme, lequel droit est et demeure supprimé, à compter du jour de la publication du présent décret (*Idem*).

35. Dans les pays et les lieux où les fonds ne sont soumis qu'à un seul et même droit, tant pour les mutations par vente que pour les autres mutations, il sera payé pour le rachat les cinq sixièmes du droit (*Idem*).

36. Dans la coutume du grand Perche, si celui qui devait, devant porter la foi pour ses puînés ou boursaux, veut racheter les droits casuels dont est tenu le fief boursal, il sera tenu de payer au propriétaire desdits droits, conformément à l'article précédent, les cinq sixièmes d'un droit de rachat, liquidé sur les évaluations portées par la coutume; et au moyen dudit rachat, il pourra exiger de ses puînés ou boursaux la contribution dont ils étaient ci-devant tenus, lorsqu'il arrivera, dans sa portion du fief, une mutation de la nature de celle qui donnait lieu à cette contribution; et si les puînés ou boursaux veulent se racheter eux-mêmes, vis-à-vis de leur aîné, de cette contribution,

il lui sera payé les cinq douzièmes d'un droit de rachat, au paiement desquels cinq douzièmes chacun des puînés ou boursaux qui voudra se racheter contribuera pour sa part et portion. Il en sera de même dans les pays et les lieux où les mêmes règles et les mêmes usages ci-dessus rappelés, quant à la coutume du grand Perche, ont lieu (3 mai.).

37. Lorsqu'il s'agira de liquider le rachat des droits casuels dus pour les mutations par vente, l'évaluation du droit se fera sur le prix de l'acquisition, si le rachat est offert par un nouvel acquéreur; sinon, sur le prix de la dernière des ventes qui aura été faite du fonds, dans le cours des dix années antérieures (27 avril).

38. Si le rachat n'est point offert par un nouvel acquéreur, ou s'il n'existe point de vente du fonds faite dans les dix années précédentes, dans le cas où les parties ne s'accorderaient point de gré à gré, le redevable qui voudra se racheter pourra faire une offre extra-judiciaire d'une somme. En cas de refus de la part du propriétaire des droits d'accepter l'offre, les frais de l'estimation par experts seront supportés par celui qui aura fait l'offre ou par celui qui l'aura refusée, selon que l'offre sera déclarée suffisante ou insuffisante; sauf aux administrateurs qui n'ont point la faculté de composer de gré à gré, à employer en frais d'administration ceux de l'expertise, ainsi qu'il est dit en l'article 20 ci-dessus (*Idem*).

39. Lorsqu'il s'agira de liquider le rachat des droits casuels qui se paient à raison du revenu, l'évaluation s'en fera sur le taux du dernier paiement qui en aura été fait dans les dix années antérieures : s'il n'en existe pas, le redevable pourra faire une offre d'une somme; et en cas de refus, les frais de l'estimation par experts seront supportés comme il est dit en l'article précédent (*Idem*).

40. Il ne sera payé aucun droit, ni de vente, ni rachat, pour les fonds domaniaux et ecclésiastiques qui seront vendus en exécution des décrets des 19 décembre 1789 et 17 mars dernier. L'exemption n'aura lieu cependant, à l'égard des biens ecclésiastiques, que pour ceux qui seront mouvans de fonds domaniaux, ou qui auront payé le droit d'indemnité aux propriétaires des fiefs dont ils relèvent, ou à l'égard desquels le droit d'indemnité se trouverait prescrit, conformément aux règles qui avait lieu ci-devant (*Idem*).

41. Les sommes qui seront dues pour le rachat, soit des redevances annuelles, soit des droits casuels, seront payées aux propriétaires desdits droits, outre et indépendamment de ce qui sera trouvera leur être dû pour raison de mutations ou d'arrérages échus antérieurement à l'époque du rachat (*Idem*).

42. Si le même propriétaire qui aura racheté les droits seigneuriaux casuels et autres

dont son fonds était chargé, vend ce même fonds ou l'aliène dans les deux années postérieures au rachat, par un acte volontaire quelconque sujet au droit de mutation, le droit sera dû nonobstant le rachat. Seront néanmoins exceptés de la présente disposition ceux qui se rachèteront dans le cours de deux années à compter du jour de la publication des présentes (*Idem*).

43. Les lignagers de celui qui aura reçu le rachat des droits seigneuriaux dépendant de son fief, ne pourront point exercer le retrait desdits droits, sous prétexte que le rachat équipolle à une vente (*Idem*).

44. Les propriétaires de fiefs qui auront reçu le rachat, en tout ou en partie, des droits seigneuriaux fixes ou casuels dépendant de leurs fiefs, et qui seront soumis eux-mêmes à des droits casuels envers un autre fief, seront tenus de payer au propriétaire du fief le rachat qui lui sera dû, proportionnellement aux sommes qu'ils auront reçues, et ce rachat sera exécuté progressivement dans tous les degrés de l'ancienne échelle féodale (*Id.*).

45. Le rachat dû par les propriétaires du fief inférieur sera liquidé de la somme portée en la quittance qu'il aura donnée, encore que la quotité en soit inférieure aux taux ci-dessus fixés, à moins qu'il n'y ait fraude et déguisement dans l'énonciation de la quittance; et ce rachat sera liquidé sur ceux des taux fixés qui seront applicables au fief dont dépendaient les droits rachetés; en telle sorte, qu'il ne sera payé pour ce rachat que la même somme qui serait due pour le rachat d'un fief de la même valeur que celle portée en la quittance (*Idem*).

46. Tout propriétaire de fief qui aura reçu le rachat de droits dépendant de son fief, sera tenu, à peine de restitution du double, d'en donner connaissance au propriétaire du fief dont il relève, dans le cours du mois de janvier de l'année suivant celle dans laquelle les rachats lui auront été faits, sans préjudice du droit du propriétaire supérieur, d'exiger les rachats à lui dus avant ce terme, s'il en a eu connaissance autrement (*Idem*).

47. Pourront tous les propriétaires des fiefs qui ont sous leur mouvance d'autres fiefs, former, s'ils le jugent à propos, au greffe des hypothèques du ressort de la situation des chefs-lieux des fiefs mouvant d'eux, une seule opposition générale au remboursement de toutes sommes provenant des rachats offerts aux propriétaires des fiefs qui sont sous leur mouvance; mais ils ne pourront former aucune opposition particulière entre les mains des redevables, et les frais de l'opposition générale, ainsi que ceux qu'elle occasionnerait, seront à leur charge, si la notification ordonnée par l'article 46 leur a été faite, ou leur est faite dans le délai prescrit (*Idem*).

48. Les créanciers des propriétaires des fiefs dont dépendent les droits féodaux ou censuels rachetables, pourront former, au greffe des hypothèques du ressort de la situation des chefs-lieux desdits fiefs, une seule opposition générale au remboursement des sommes provenant desdits droits; mais ils ne pourront former aucune opposition particulière entre les mains des redevables, à peine de nullité, et de répondre, en leur propre et privé nom, des frais qu'elle occasionnerait (*Idem*).

49. Dans les pays où l'édit de juin 1771 n'a point d'exécution, les oppositions générales dont il est parlé aux articles 47 et 48 ci-dessus, pourront être formées au greffe du siège royal du ressort; il y sera tenu, à cet effet, un registre particulier par le greffier, auquel il sera payé les mêmes droits établis par l'édit de juin 1771 (*Idem*).

50. Les propriétaires de fiefs et les créanciers qui formeront les oppositions générales désignées dans les articles 47, 48 et 49 ci-dessus, ne seront point obligés de les renouveler tous les trois ans : lesdites oppositions dureront trente ans, dérogeant, quant à ce seulement, à l'édit de juin 1771 (*Idem*).

51. Les créanciers qui auront négligé de former leur opposition, ne pourront exercer aucun recours contre les redevables qui auront effectué le paiement de leur rachat (*Id.*).

52. Les redevables ne pourront effectuer le paiement de leur rachat, qu'après s'être assurés qu'il n'existe aucune opposition au greffe des hypothèques, ou au greffe du siège royal dans les pays où il n'y a point de greffe des hypothèques. Dans le cas où il existerait une ou plusieurs oppositions, ils s'en feront délivrer un extrait, qu'ils dénonceront à celui sur lequel elles seront faites, sans pouvoir faire aucune procédure, ni se faire autoriser à consigner que dans trois mois après la dénonciation, dont ils pourront répéter les frais, ainsi que ceux de l'extrait des opposans (*Idem*).

53. Les offres tendant au rachat des droits seigneuriaux fixes ou casuels, seront faites au chef-lieu du fief dont dépendront les droits rachetables. Pourront néanmoins les parties liquider les rachats et en opérer le paiement en tel lieu qu'elles jugeront à propos. Dans ce dernier cas, les paiemens qui seront faits en conséquence d'un certificat délivré par le greffier des hypothèques, ou par celui du siège royal, qu'il n'existait point d'oppositions, seront valables, nonobstant les oppositions qui seraient survenues depuis, pourvu que la quittance ait été contrôlée dans le mois de la date dudit certificat (3 mai.)

54. Toutes quittances de rachats des droits seigneuriaux, même celles reçues par les notaires dont les actes sont exempts du contrôle, seront assujetties au contrôle : il en sera

tenu un registre particulier, sur lequel le commis enregistrera par extrait la quittance, en énonçant le nom du propriétaire du fief qui aura reçu le rachat, celui du fief dont dépendaient les droits rachetés, le nom de celui qui aura fait le rachat, et la somme payée. Il ne sera payé que quinze sous pour le droit de contrôle et d'enregistrement; les frais en seront à la charge de celui qui fera le rachat, lequel sera tenu de l'obligation de faire contrôler la quittance, sous les peines prescrites par les réglemens existans (27 avril).

55. Dans les pays où le contrôle n'a pas lieu, il sera établi dans chaque siége royal un registre particulier pour le contrôle et enregistrement des quittances de rachat; et il sera payé au greffier quinze sous pour tout droit (Idem).

56. Il ne sera perçu aucun droit de centième denier sur les rachats et remboursemens des droits ci-devant seigneuriaux, soit fixes, soit casuels. (Idem).

57. Il sera libre aux fermiers qui ont ci-devant pris à bail les droits casuels d'un ou plusieurs fiefs, sans mélange d'autres biens, ou dont les baux ne comprendraient avec lesdits droits casuels que des droits supprimés sans indemnité par le décret du 15 mars, de remettre leurs baux, sans pouvoir prétendre, à l'égard desdits droits casuels, d'autre indemnité que la restitution des pots-de-vin et fermages payés d'avance au prorata de la jouissance.

A l'égard des fermiers qui ont pris à bail les droits casuels avec d'autres biens, ils percevront tous les droits casuels qui écherront pendant le cours de leur bail sur les fonds qui n'ont point été rachetés, ou sur lesquels ils seraient dus nonobstant le rachat; et s'il survient, sur des fonds rachetés, des mutations qui eussent donné lieu à un droit casuel, le propriétaire du fief auquel le droit aurait appartenu en tiendra compte au fermier, à la déduction néanmoins d'un quart sur le montant dudit droit.

A l'égard des redevances fixes et annuelles qui seraient rachetées pendant le cours du bail, le propriétaire desdits droits en tiendra compte annuellement au fermier, par diminution sur le fermage (3 mai).

58. Les droits d'échange établis au profit du Roi, par les édits de 1645 et 1647 et autres réglemens subséquens, soit qu'ils soient perçus au profit de Sa Majesté, soit qu'ils soient perçus par des concessionnaires, engagistes ou apanagistes, sont et demeurent supprimés à compter de la publication du décret du 3 novembre 1789, sans néanmoins aucune restitution des droits qui auraient été perçus depuis ladite époque. Quant à ceux desdits droits qui étaient perçus au profit du Roi, toutes poursuites intentées ou à intenter pour raison des mutations arrivées avant ladite

époque, sont et demeureront éteintes. Les acquéreurs desdits droits présenteront, dans le délai de six mois, à compter du jour de la publication du présent décret, leurs titres au comité de liquidation établi par le décret du 23 janvier de la présente année; et il sera pourvu à leur remboursement ainsi qu'il appartiendra (27 avril).

---

3 MAI 1790. — Décret pour l'envoi dans les départemens de l'adresse au sujet des assignats. (L. 1, 776; B. 2, 346).

---

3 MAI 1790. — Décret sur l'état des juges d'appel et sur l'élection des juges. Voy. au 16 AOUT suivant. (B. 2, 359.)

---

3 MAI 1790. — Décret concernant l'organisation de la municipalité de Paris. Voy. 21 MAI.

---

4 MAI (23 AVRIL) = 10 MAI 1790. (Lett.-Pat.) — Décret portant distraction des grandes et petites gabelles et des gabelles locales du bail général des fermes. (L. 1, 811; B. 2, 311.)

Art. 1er. Conformément à la stipulation portée par l'art. 15 du bail général des fermes, passé à Jean-Baptiste Mager, le 19 mars 1786, laquelle a prévu le cas de la distraction dudit bail des parties de perceptions qu'il serait jugé convenable d'en retirer, les grandes et petites gabelles et gabelles locales seront distraites dudit bail, à compter du 1er janvier 1789; et seront ledit adjudicataire et ses cautions tenus de compter de clerc à maître comme pour les objets dont ils ne sont que régisseurs, de toutes les recettes et dépenses qu'ils auront faites relativement aux gabelles depuis cette époque.

En conséquence de ladite résiliation, la nation rentre en jouissance de tous les greniers, magasins, bateaux, pataches, meubles, ustensiles de mesurage, et autres objets qui servaient à l'exploitation desdites gabelles, ainsi que de l'universalité des sels que ledit Mager avait à sa disposition le 1er avril.

Les cautions dudit Mager, chargées par le décret du 30 mars dernier, sur le décret du 20 dudit mois, de faire, pour le compte de la nation, au cours fixé par la concurrence du commerce, et sans pouvoir excéder en aucun lieu le prix de trois sous la livre, la vente de tous les sels existant au 1er avril dans les dépôts, magasins et greniers de la nation, même de ceux achetés pour le compte de l'État, ou qui étaient à sa disposition antérieurement au décret du 30 mars, compteront tous les mois des produits de ladite vente à l'administrateur général des finances, et verseront de mois en mois les deniers au trésor national, jusqu'à parfaire la somme de douze millions, destinée aux dépenses de l'État.

Il sera ensuite tenu compte audit adjudicataire et à ses cautions, sur le produit desdites ventes, de la valeur des sels et autres effets, suivant les règles établies pour leur évaluation, et comme il se pratiquait à l'expiration de chaque bail, lorsque l'adjudicataire sortant transmettait à son successeur les sels et effets dont celui-ci lui remboursait le prix ; et le surplus du produit de la vente desdits sels continuera d'être appliqué d'autant au remboursement des fonds et avances desdites cautions de Mager, conformément à l'article 5 du décret du 30 mars dernier.

2. Tous les juges et officiers des gabelles en titre d'office quelconque, tant dans les greniers que dans les dépôts, salorges, salins et autres établissemens qui tenaient à la manutention et au régime des gabelles dans les provinces de grandes et petites gabelles, de gabelles locales, pays de quart-bouillon, dépôts situés aux frontières des pays exempts et rédimés de cet impôt, sont supprimés, et cesseront toutes fonctions à compter de la date du présent décret.

Il sera procédé à la liquidation de leurs offices en la forme qui sera incessamment réglée; leurs gages seront acquittés jusqu'au jour de leur suppression ; et il sera pourvu, à compter dudit jour, au paiement des intérêts de leurs finances jusqu'à leur remboursement.

3. Les quantités de sel appartenant à la nation, et qui existaient au 1er avril 1790 à sa disposition, tant dans les greniers, magasins, dépôts et salorges, que sur les marais salans, seront constatées par les officiers municipaux des lieux, savoir dans les dépôts et magasins, d'après les registres et procès-verbaux, tant des officiers juridictionnels et porte-clefs, que des préposés de la ferme générale, et lesdits registres et procès-verbaux seront clos et arrêtés par lesdits officiers municipaux, à la suite de quoi les officiers porte-clefs remettront lesdites clefs aux préposés de la ferme, qui leur en donneront une reconnaissance, avec décharge de la responsabilité et garantie des masses, dont lesdits préposés continueront seuls d'être tenus, sous l'inspection des municipalités, jusqu'à la formation des assemblées administratives de district et de département, qui en seront chargées, et pourront commettre, selon les cas, les municipalités des lieux.

Quant aux sels achetés pour le compte de la nation avant le 1er avril, et non encore enlevés des marais salans, leur quantité sera justifiée par la représentation des polices d'achat et des livres de compte des commissionnaires, lesquels livres et polices seront représentés aux officiers municipaux des lieux, pour être par eux visés et arrêtés.

4. Le droit qui était exercé pour la nation sur les sels des salins de Peccais, Hières, Berre, Badon, Peyriac et Sijan, ne pourra être étendu au-delà de ceux qui sont actuellement fabriqués. La nation renonce pour l'avenir à tous privilèges sur les sels desdits salins : la prochaine récolte et les suivantes seront à la libre disposition des propriétaires.

5. Pour assurer la comptabilité et la rentrée des recouvremens faits et à faire par les receveurs-généraux et particuliers des gabelles, ils seront tenus de laisser au trésor public les cautionnemens qu'ils y ont consignés, et dont les intérêts continueront de leur être payés comme par le passé, jusqu'au remboursement, sans que, dans aucun cas et sous aucun prétexte, ils puissent retenir aucune somme, ni faire compensation des recouvremens provenant de la vente des sels, avec le montant de leurs cautionnemens, à peine d'être poursuivis comme pour divertissement des deniers de l'Etat.

Cette disposition aura effet contre ceux desdits receveurs et comptables qui n'auraient pas vidé leurs mains, et remis toutes les sommes qu'ils ont touchées pour le compte de l'Etat.

6. Les notaires et huissiers aux greniers à sels ne sont point compris dans les dispositions de l'article 2 du présent décret ; en conséquence, ces officiers continueront, comme par le passé, les fonctions qu'ils exerçaient en concurrence avec les autres notaires et huissiers ; et ce, jusqu'à ce qu'il y ait été autrement pourvu.

4 MAI 1790. — Décret qui autorise la ville de Saint-Omer à lever une contribution, et qui renvoie aux assemblées administratives une pétition relative à la vente de quelques maisons. (B. 2, 360.)

4 MAI 1790. — Décret qui fixe le nombre d'années pour lesquelles les juges seront élus. (B. 2, 360.)

L'Assemblée nationale décrète que les juges seront élus pour six ans.

(*Voy.* 16 AOUT suivant).

4 = 9 MAI 1790. — Décret sur les troubles de la ville de Toulouse. (B. 2, 361.)

5 = 9 MAI 1790. — Décret pour la libre circulation des grains dans le Nivernais. (B. 2, 361.)

5 MAI 1790. — Décret portant que les juges seront élus par le peuple. (B. 2, 362.) *Voy.* au 16 AOUT suivant.

5 MAI 1790. — Départemens. *Voy.* 1er MAI 1790, 3 MAI 1790. — Maîtres de postes. *Voy.* 25 AVRIL 1790.

6 = 14 MAI 1790. (Lett.-Pat.) — Décret relatif aux citoyens en procès avec la régie, à l'occa-

sion des droits de marque des cuirs, des fers et autres. (L. 1, 819; B. 2, 362.)

L'Assemblée nationale a déclaré que, par son décret du 22 mars dernier, son intention a été d'user d'indulgence envers les particuliers qui, à l'occasion des droits de marque sur les cuirs et fers, et de ceux sur la fabrication et le transport des huiles et savons, auraient encouru des amendes et mérité quelque condamnation; qu'elle n'a point entendu priver ceux des citoyens qui étaient en procès avec la régie antérieurement audit décret, et qui prétendaient avoir été vexés et inquiétés injustement, de poursuivre par voies de droit la réparation des torts qu'ils auraient éprouvés, sauf à subir eux-mêmes les condamnations pécuniaires dont ils seraient susceptibles; elle a en conséquence décrété ce qui suit :

Art. 1er. Tout citoyen qui était en procès avec le régisseur et ses préposés, avant le décret du 22 mars dernier, et se prétendait fondé à exiger la réparation de dommages à lui causés, pourra continuer ses poursuites devant les juges auxquels la connaissance en appartient, et se faire adjuger les condamnations qui lui seront dues, suivant qu'elles seront déterminées par les tribunaux, en faisant néanmoins signifier au régisseur, dans les trois mois, pour tout délai, de la publication du présent décret, la déclaration qu'il entend reprendre la suite des ses diligences.

2. Le citoyen qui, ayant refusé de jouir du bénéfice du décret du 22 mars dernier, aura continué ses diligences, en vertu du présent décret, ne pourra se soustraire au paiement des amendes qu'il aurait encourues, et des autres condamnations pécuniaires qu'il aura méritées, si, par l'événement, les contestations qu'il aura perpétuées sont trouvées mal fondées; à l'effet de quoi, les lois ci-devant en vigueur subsisteront pour ces particuliers seulement, et seront à cet égard exécutées suivant leur forme et teneur.

6 MAI 1790. — Décret relatif à la procédure d'un crime commis dans la ville de Vitteaux. (B. 2, 364.)

7 MAI 1790. — Décret concernant le consentement du Roi à l'élection des juges, et sur le nombre des sujets qui lui sera présenté. (B. 2, 364.)

L'Assemblée nationale décrète que le Roi ne pourra point refuser son consentement à l'admission d'un juge choisi par le peuple, et que les électeurs ne présenteront point au Roi plus d'un sujet à chaque vacance d'office de judicature. (Voy. 16 août 1790.)

7 MAI 1790. — Décret relatif au serment fédératif du régiment Royal-Champagne, de la garde

nationale et de la maréchaussée d'Hesdin. (B. 2, 364.)

7 = 9 MAI 1790. — Décret relatif à la formation de l'assemblée primaire de Rosay. (B. 2, 365.)

7 MAI 1790. — Amiens. Voy. 27 AVRIL 1790. — Assignats. Voy. 30 AVRIL 1790. — Imposition des ecclésiastiques. Voy. 30 MARS 1790.

8 = 16 MAI 1790. (Lett.-Pat.) — Décret qui autorise le trésor public à avancer six cent mille livres pour l'achèvement du canal de Charollais. (L. 1, 824; B. 2, 368.)

Art. 1er. Il sera fourni par le trésor public, provisoirement et à titre d'avance, une somme de six cent mille livres, pour être employée à l'achèvement des travaux du canal du Charollais, sauf à statuer ultérieurement par qui la dépense doit en être supportée.

2. Le paiement de cette somme de six cent mille livres se fera de mois en mois, en six termes égaux, de cent mille livres chacun, dont le premier est fixé au premier juin prochain; et il sera effectué, auxdites époques, entre les mains de l'administrateur comptable qui sera indiqué par le directoire du département de Saône-et-Loire.

3. Ladite somme de six cent mille livres sera appliquée en totalité au paiement des travaux qui restent à faire au canal, et nulle portion n'en pourra être distraite, même sous prétexte d'acquitter les dépenses précédentes; sauf à pourvoir d'une autre manière au remboursement des avances ci-devant faites par les entrepreneurs.

8 MAI = 22 AOUT 1790. — Décret concernant l'unité des poids et mesures en France. (L. 1, 1208; B. 2, 368; Mon. du 10 mai 1790.)

Voy. loi des 8 = 15 DÉCEMBRE 1790; loi du 26 = 30 MARS 1791, loi du 1er AOUT 1793.

L'Assemblée nationale, désirant faire jouir à jamais la France entière de l'avantage qui doit résulter de l'uniformité des poids et mesures, et voulant que les rapports des anciennes mesures avec les nouvelles soient clairement déterminés et facilement saisis, décrète que Sa Majesté sera suppliée de donner des ordre aux administrations des divers départemens du royaume, afin qu'elles se procurent et qu'elles se fassent remettre par chacune des municipalités comprises dans chaque département, et qu'elles envoient à Paris, pour être remis au secrétaire de l'académie des sciences, un modèle parfaitement exact des différens poids et des mesures élémentaires qui y sont en usage.

Décrète ensuite que le Roi sera également supplié d'écrire à Sa Majesté Britannique, et de la prier d'engager le parlement d'Angleterre à concourir avec l'Assemblée nationale à la fixation de l'unité naturelle de mesures et de poids; qu'en conséquence, sous les auspices des deux nations, des commissaires de l'académie des sciences de Paris pourront se réunir en nombre égal avec des membres choisis de la société royale de Londres, dans le lieu qui sera jugé respectivement le plus convenable, pour déterminer à la latitude de quarante-cinq degrés, ou toute autre latitude qui pourrait être préféré, la longueur du pendule, et en déduire un modèle invariable pour toutes les mesures et pour les poids; qu'après cette opération, faite avec toute la solennité nécessaire, Sa Majesté sera suppliée de charger l'académie des sciences de fixer avec précision, pour chaque municipalité du royaume, les rapports de leurs anciens poids et mesures avec le nouveau modèle, et de composer ensuite, pour l'usage de ces municipalités, des livres usuels et élémentaires où seront indiquées avec clarté toutes ces propositions.

Décrète, en outre, que ces livres élémentaires seront adressés à la fois dans toutes les municipalités, pour y être répandus et distribués; qu'en même temps il sera envoyé à chaque municipalité un certain nombre de nouveaux poids et mesures, lesquels seront délivrés gratuitement par elles à ceux que ce changement constituerait dans des dépenses trop fortes; enfin que, six mois après cet envoi, les anciennes mesures seront abolies et remplacées par les nouvelles.

8 MAI = 27 SEPTEMBRE 1790.— Décret concernant les officiers nommés aux fonctions de commissaires du Roi dans les tribunaux. (L. 2, 128; B. 2, 369.)

1° Les officiers chargés du ministère public seront nommés par le Roi; 2° ils seront institués à vie, et ne pourront être destitués que pour forfaiture.

Les membres de l'Assemblée nationale actuelle ne pourront être nommés par le Roi, pour remplir les fonctions de commissaires du Roi dans les tribunaux de justice, que quatre ans après la clôture de la présente session; et ceux des législatures suivantes, que deux ans après la clôture des sessions respectives. — Ils ne pourront être membres des assemblées administratives de district ou de département, non plus que des municipalités.

8 MAI 1790.— Décret sur la forme du paiement des intérêts de billets de la caisse d'escompte. (B. 2, 367.)

L'Assemblée nationale, considérant qu'elle ne peut donner trop d'attention aux abus qui occasionnent le renchérissement du numéraire, décrète que les intérêts échus de la somme qu'on paiera en billets de caisse, seront remis en argent par ceux qui la recevront, tant que les mêmes intérêts ne passeront pas cinquante livres.

8 MAI 1790. — Décret concernant le titre des monnaies. (B. 2, 371.)

L'Assemblée nationale, décrète que l'académie des sciences, après avoir consulté les officiers des monnaies, proposera son opinion sur la question de savoir s'il convient de fixer invariablement le titre des métaux monnoyés, de manière que les espèces ne puissent jamais éprouver d'altération que dans le poids, et s'il n'est pas utile que la différence tolérée dans les monnaies, sous le nom de remède, soit toujours en dehors, c'est-à-dire, qu'une pièce puisse bien excéder le poids prescrit par la loi, mais que jamais elle ne puisse lui être inférieur;

Enfin, que l'académie indiquera l'échelle de division qu'elle croira la plus convenable, tant pour les poids que pour les autres mesures et pour les monnaies.

8 MAI 1790. — Décret concernant les lettres-patentes qui seront expédiées aux juges. (B. 2, 369.)

L'Assemblée nationale décrète que le juge nommé par le peuple recevra des lettres-patentes du Roi, scellées au sceau de l'État, lesquelles seront expédiées sans frais et suivant la formule qui sera décrétée par l'Assemblée.

8 MAI 1790.— Proclamation du Roi, relative au droit de voter dans les assemblées primaires. (L. 1, 790.)

8 MAI 1790. — Décret qui autorise l'échange des billets de 200 livres et de 300 livres contre les billets de 1,000 livres. (B. 2, 367.)

8 MAI 1790. — Décret pour la confection des rôles des impositions du Bigorre. (B. 2, 368.)

8 = 12 MAI 1790. — Décret relatif aux troubles d'Auray. (B. 2, 372.)

8 = 12 MAI 1790. — Décret qui fixe l'assemblée du département des Ardennes dans la ville de Mézières, et établit Charleville chef-lieu de son district. (B. 2, 365.)

8 = 12 MAI 1790. — Décret portant que la ville d'Availles sera du district de Sivray. (B. 2, 366.)

8 = 21 MAI 1790. — Décret qui autorise les officiers municipaux de la ville d'Alby à faire un emprunt. (B. 2, 366.)

9 = 16 MAI 1790. (Lett.-Pat.) — Décret relatif aux baux du droit de troupeau à part. (L. 1, 821; B. 2, 372.)

L'Assemblée nationale, après avoir ouï le rapport de son comité de féodalité, a décrété et décrète que les baux passés aux sieurs Karcher, Braun, et autres particuliers de la Lorraine allemande, du droit connu en Lorraine sous la dénomination de *droit de troupeau à part*, seront exécutés suivant leur forme et teneur, jusqu'au 11 novembre de la présente année; les autorise, en conséquence, à continuer de mettre séparément sur la pâture de ses territoires où ils en ont le droit, et jusqu'à due concurrence, les troupeaux à eux appartenant; fait défense de les troubler par voies de fait dans l'exercice dudit droit, sous telles peines qu'il appartiendra, et en outre de tous dommages et intérêts, desquels demeureront solidairement responsables ceux qui pourraient y apporter empêchement; à charge par lesdits sieurs Karcher, Braun et autres, dans le cas où le droit de troupeau à part viendrait à cesser avant ladite époque du 11 novembre prochain, de payer proportionnellement aux communautés intéressées, par forme d'indemnité, le prix de leur fermage, sans entendre rien préjuger à l'égard dudit droit de troupeau à part, sur lequel l'Assemblée nationale se réserve de prononcer.

———

9 MAI = 13 JUIN 1790. (Procl.) — Décret relatif à la signature des assignats. (L. 1, 907; B. 2, 372.)

L'Assemblée nationale décrète que la fonction de signer les assignats sur les biens nationaux, sera attribuée à vingt personnes, et que le Roi sera supplié de faire connaître par une proclamation les noms des signataires que Sa Majesté aura choisis.

———

9 MAI = 21 SEPTEMBRE 1790. (Lett.-Pat.) — Décret concernant l'aliénation des domaines de la couronne. (L. 2, 104; B. 2, 374; Mon. du 10 mai 1790.)

Voy. loi du 22 NOVEMBRE = 1er DÉCEMBRE 1790.—Sénatus-consulte du 23 JANVIER 1810.—Loi du 8 NOVEMBRE 1814.

Art. 1er. Tous les domaines de la couronne, sans aucune exception, peuvent, dans les besoins de l'État, être vendus et aliénés à titre perpétuel et incommutable, en vertu d'un décret spécial des représentans de la nation, sanctionné par le Roi.

2. Les propriétés foncières du prince qui parvient au trône, et celles qu'il acquiert pendant son règne, à quelque titre que ce soit sous la seule exception comprise en l'article suivant, sont de plein droit unies et incorporées au domaine de la couronne, et l'effet de cette réunion est perpétuel et irrévocable (1).

3. Les acquisitions faites par le Roi à titre singulier, et non en vertu des droits de la couronne, sont et demeurent, pendant son règne, à sa libre disposition; et ledit temps passé, elles se réunissent de plein droit, et à l'instant même, au domaine de la couronne.

———

9 = 16 MAI 1790. — Décret concernant la solde des invalides détachés. (B. 2, 374.)

———

9 = 12 MAI 1790. — Décret qui confirme l'élection des officiers municipaux de Saint-Sulpice-le-Châtel, et qui fixe dans la paroisse de Bona le lieu des séances de l'assemblée primaire. (B. 2, 373.)

———

9 MAI 1790. — Droits féodaux. *Voy.* 27 AVRIL 1790; 3 MAI 1790. — Nivernais. *Voy.* 5 MAI 1790. — Rosay. *Voy.* 7 MAI 1790.

———

10 MAI 1790.— Dons patriotiques. *Voy.* 25 AVRIL 1790. — Gabelle. *Voy.* 4 MAI 1790. — Gardes nationales. *Voy.* 30 AVRIL 1790.

———

11 MAI 1790. — Décret pour faire verser vingt-huit millions au trésor public par la caisse d'escompte. (B. 2, 376.)

———

11 MAI 1790. — Décret qui mande à la barre le maire de Nîmes. (B. 2, 376.)

———

11 MAI 1790. — Décret qui autorise la communauté de Soing à toucher le prix du quart de réserve de ses bois. (B. 2, 376.)

———

11 MAI 1790. — Contrôle. *Voy.* 10 AVRIL 1790.

———

12 MAI 1790.— Décret qui autorise la ville d'Orléans à toucher les sommes destinées aux réparations de l'église de Sainte-Croix. (B. 2, 377.)

———

12 MAI 1790. — Décret qui confirme l'élection de la municipalité de Mauriac (en Haute-Auvergne). (B. 2, 378.)

———

12 MAI 1790. — Décret concernant les troubles de la ville de Marseille et autres villes. (B. 2, 378.)

———

12 = 24 MAI 1790. — Décret relatif aux troubles de la ville de Pau. (B. 2, 379.)

———

(1) Les créanciers du prince deviennent créanciers de l'État, par suite de l'avénement au trône du prince débiteur. Ils n'ont point d'action personnelle contre le Roi (30 janvier 1822; Cass. S. 22, 1, 313). Ce principe est changé par la loi du 2 mars 1832, art. 22.

12 MAI 1790. — Ardennes. *Voy.* 8 MAI 1790.—
Contribution. *Voy.* 1ᵉʳ MAI 1790.— Saint-Sulpice-le-Châtel. *Voy.* 9 MAI 1790.

13 MAI 1790 — Décret sur le cautionnement proposé par la ville de Paris pour l'acquisition de
biens nationaux. (B. 2, 380.)

13 MAI 1790. — Décret pour remercier le Roi
des ordres qu'il avait donnés pour rétablir l'ordre dans la ville de Toulon. (B. 2, 380.)

14 = 16 MAI 1790. (Procl.) — Décret portant
que les députés ne peuvent exercer les fonctions d'électeurs. (L. 1, 823; B. 2, 393.)

L'Assemblée nationale a décrété qu'aucun
de ses membres ne pourra assister comme
électeur dans les assemblées de district et
de département.

14 = 17 MAI 1790. (Lett.-Pat.) — Décret concernant la vente de quatre cents millions de domaines nationaux. (L. 1, 828; B. 2, 381;
Mon. des 10, 11 et 12 mai 1790.)

Voy. loi du 19 DÉCEMBRE 1789. — Loi du
17 = 24 MARS 1790. — Loi du 31 MAI = 3
JUIN 1790. — Loi des 25, 26 et 29 JUIN, 9
= 25 JUILLET 1790, du 28 VENTOSE an 4, du
5 PLUVIOSE an 5, des 11 FRIMAIRE et 18 PLU-
VIOSE an 8. — Loi des 15 et 16 FLORÉAL an 10.
— Loi du 12 MARS 1820 (1).

L'Assemblée nationale, considérant qu'il
est important de répondre à l'empressement
que témoignent les municipalités et tous les
citoyens, pour l'exécution des décrets des 19
décembre 1789 et 17 mars 1790, sur la vente des domaines nationaux, et de remplir en
même temps les deux objets proposés dans
cette opération, le bon ordre des finances et
l'accroissement heureux, surtout parmi les
habitans des campagnes, du nombre des propriétaires, par les facilités qui seront données
pour acquérir ces biens, tant en les divisant,
qu'en accordant aux acquéreurs des délais suffisans pour s'acquitter, et en dégageant toutes
les transactions auxquelles les ventes et reventes pourront donner lieu, des entraves
gênantes et dispendieuses qui pourraient en
retarder l'activité, a décrété ce qui suit :

TITRE Iᵉʳ. Des ventes aux municipalités.

Art. 1ᵉʳ. Les municipalités qui voudront
acquérir seront tenues d'adresser leurs demandes au comité établi par l'Assemblée nationale pour l'aliénation des domaines nationaux. Ces demandes seront faites en vertu

d'une délibération du conseil général de la
commune.

2. Les particuliers qui voudront acquérir
directement des domaines nationaux, pourront faire leurs offres au comité, qui les renverra aux administrations ou directoires de
département, pour en constater la véritable
valeur et les mettre en vente, conformément
au réglement qui sera incessamment donné à
cet effet.

3. Le prix capital des objets portés dans
les demandes sera fixé d'après le revenu net
effectif ou arbitré, mais à des deniers différens, selon l'espèce de biens actuellement en
vente, qui, à cet effet, sont rangés en quatre
classes :

1ʳᵉ Classe. Les biens ruraux consistant en
terres labourables, prés, vignes, pâtis, marais
salans, et les bois, bâtimens et autres objets
attachés aux fermes ou métairies, et qui servent à leur exploitation.

2ᵉ Classe. Les rentes et prestations en nature de toutes espèce, et les droits casuels
auxquels sont sujets les biens grevés de ces
rentes ou prestations.

3ᵉ Classe. Les rentes et prestations en argent, et les droits casuels dont sont chargés
les biens sur lesquels ces rentes et prestations
sont dues.

La 4ᵉ Classse sera formée de toutes les autres espèces de biens, à l'exception des bois
non compris dans la première classe, sur lesquels il sera statué par une loi particulière.

4. L'estimation du revenu des trois premières classes de biens sera fixée d'après les baux
à ferme existans, passés ou reconnus par-devant notaires et certifiés véritables par le serment des fermiers devant le directoire du district; et à défaut de bail de cette nature, il
sera faite d'après un rapport d'experts, sous
l'inspection du même directoire, déduction
faite de toutes impositions dues à raison de la
propriété.

Les municipalités seront obligées d'offrir
pour prix capital des biens des trois premières
classes dont elles voudront faire l'acquisition,
un certain nombre de fois le revenu net, d'a-
près les proportions suivantes :

Pour les biens de la première classe, vingt-
deux fois le revenu net; pour ceux de la deuxième, vingt fois; pour ceux de la troisième,
quinze fois; le prix des biens de la quatrième
classe sera fixé d'après une estimation.

5. Les municipalités déposeront dans
la caisse de l'extraordinaire, immédiatement
après leur acquisition, quinze obligations
payables d'année en année et montant en-

(1) Depuis la loi du 14 mai 1790 jusqu'à celle
des 15 et 16 floréal an 10, il a existé *trente* modes
différens de se rendre acquéreur des domaines
nationaux à des conditions différentes, établies
par *trente* lois principales, modifiées chacune on
rapportées par plusieurs lois postérieures ou secondaires (*Discours du ministre des finances en présentant la loi du 12 mars* 1820; S. 20, 2, 105).

semble aux trois quarts du prix convenu. Elles pourront rapprocher le terme desdits paiemens, mais elles seront tenues d'acquitter une obligation chaque année.

Les fermages des biens vendus auxdites municipalités, les rentes, loyers, et le prix des bois qu'elles auront le droit d'exploiter, seront versés dans la caisse de l'extraordinaire ou du district, à concurrence des intérêts par elles dues.

6. Les obligations des municipalités porteront intérêt à cinq pour cent sans retenue, et cet intérêt sera versé, ainsi que les capitaux, dans la caisse de l'extraordinaire.

7. Les biens vendus seront francs de toutes rentes, redevances ou prestations foncières, comme aussi de tous droits de mutation, tels que quint et requint, lods et ventes, reliefs, et généralement de tous les droits seigneuriaux ou fonciers, soit fixes, soit casuels, qui ont été déclarés rachetables par les décrets du 4 août 1789 et du 15 mars 1790. La nation demeurant chargée du rachat desdits droits, suivant les règles prescrites, et dans les cas déterminés par le décret du 3 de ce mois, le rachat sera fait des premiers deniers provenant des reventes.

8. Seront pareillement lesdits biens affranchis de toutes dettes, rentes constituées et hypothèques, conformément aux décrets des 14 et 16 avril 1790. Dans le cas où il serait formé des oppositions, elles sont dès à présent déclarées nulles et comme non avenues, sans qu'il soit besoin que les acquéreurs obtiennent de jugement.

9. Les baux à ferme ou à loyer desdits biens qui ont été faits légitimement, et qui auront une date certaine et authentique, antérieure au 2 novembre 1789, seront exécutés selon leur forme et teneur, sans que les acquéreurs puissent expulser les fermiers, même sous l'offre des indemnités de droit et d'usage.

10. Les municipalités revendront à des particuliers, et compteront de clerc à maître avec la nation, du produit de ces reventes.

11. Les municipalités seront chargées de tous les frais relatifs aux estimations, ventes, subrogations et reventes; il leur sera alloué et fait raison, par le receveur de l'extraordinaire, du seizième du capital des reventes qui seront faites aux particuliers, à mesure et à proportion des sommes payées par les acquéreurs.

12. Si, pour compléter le paiement des obligations aux époques fixées, quelques municipalités avaient besoin de recourir à des emprunts, elles y seront autorisées par l'Assemblée nationale ou par les législatures, qui en régleront les conditions.

13. Les paiemens à faire par les municipalités ou par les acquéreurs à leur décharge, ne seront reçus à la caisse de l'extraordinaire qu'en espèces ou en assignats.

14. La somme totale des ventes qui seront faites aux municipalités, en vertu du présent décret, ne pourra excéder la somme de quatre cents millions; l'Assemblée nationale se réservant de prescrire les règles qui seront observées pour les ventes ultérieures qui pourraient avoir lieu.

TITRE II. De la préférence réservée aux municipalités sur les biens situés dans leurs territoires.

Art. 1er. Toute municipalité pourra se faire subroger, pour les biens situés dans son territoire, à la municipalité qui les aurait acquis; mais cette faculté n'arrêtera pas l'activité des reventes à des acquéreurs particuliers, dans les délais et les formes prescrits ci-après. Les municipalités subrogées jouiront cependant du bénéfice de cette subrogation, lorsqu'elle se trouvera consommée avant l'adjudication définitive.

2. Toutes les terres et dépendances d'un corps de ferme seront censées appartenir au territoire dans lequel sera situé le principal bâtiment servant à son exploitation.

Une pièce de terre non dépendant d'un corps de ferme, et qui s'étendra sur le territoire de plusieurs municipalités, sera censée appartenir à celui qui en comprendra la plus grande partie.

3. La subrogation devra comprendre la totalité des objets qui auront été réunis dans une seule et même estimation.

4. Les municipalités qui auront acquis hors de leurs territoires seront tenues de le notifier aux municipalités dans le territoire desquelles les biens sont situés, et de retirer de chacune un certificat de cette notification, qui sera envoyé au comité.

Les municipalités ainsi averties auront un mois, à dater du jour de la notification, pour former leur demande en subrogation; et le mois expiré, elles n'y seront plus admises.

5. La demande en subrogation sera faite par délibération du conseil général de la commune, contiendra la désignation des objets, sera adressée au comité, et notifiée à la municipalité qui aurait précédemment acquis.

6. Lorsque la demande en subrogation aura été admise par l'Assemblée nationale, la municipalité subrogée déposera dans la caisse de l'extraordinaire: 1° des obligations pour les trois quarts du prix de l'estimation des biens qui lui sont cédés; 2° la soumission de rembourser à la municipalité sur laquelle elle exercera la subrogation de la part proportionnelle des frais relatifs à la première acquisition, lesquels, en cas de difficulté, seront réglés par le Corps-Législatif ou les commissaires nommés par lui.

7. Le receveur de l'extraordinaire prendra

pour comptant les obligations de la municipalité subrogée, et donnera décharge d'autant à la municipalité évincée par la subrogation.

8. Les municipalités admises à la subrogation seront tenues de remplir les conditions énoncées par l'article 6, dans le délai de deux mois pour celles qui ne sont pas à plus de cinquante lieues de la municipalité évincée;

De deux mois et demi pour celles qui sont distantes depuis cinquante jusqu'à cent lieues, et de trois mois pour les autres.

Le tout à compter du jour de la notification prescrite par l'article 4. Ces délais expirés, elles seront déchues de la subrogation.

9. Toutes les municipalités qui, dans le délai d'un mois, à dater de la publication du présent décret, se seront fait subroger, pour les fonds situés dans leurs territoires, aux municipalités qui auraient fait des soumissions antérieures, jouiront de la totalité du bénéfice porté par l'article 11 du titre 1er.

10. Les municipalités qui se seront fait subroger après le délai ci-dessus, jouiront pareillement dudit bénéfice; mais il en sera distrait un quart au profit de la municipalité qui, après avoir fait sa soumission la première, se trouvera évincée par la subrogation, pourvu qu'elle ait consommé l'acquisition dans le mois qui suivra cette soumission.

11. L'acquisition sera censée consommée, lorsqu'après l'estimation des biens faite dans la forme prescrite par l'article 4 du titre 1er, les offres auront été acceptées par le Corps Législatif.

TITRE III. Des reventes aux particuliers.

Art. 1er. Dans les quinze jours qui suivront l'acquisition, les municipalités seront tenues de faire afficher aux lieux accoutumés de leurs territoires, à ceux des territoires où sont situés les biens, et des villes chefs-lieux de district de leurs départemens, un état imprimé et détaillé de tous les biens qu'elles auront acquis, avec énonciation du prix de l'estimation de chaque objet, et d'en déposer des exemplaires aux hôtels communs desdits lieux, pour que chacun puisse en prendre communication ou copie sans frais.

2. Aussitôt qu'il sera fait une offre au moins égale au prix de l'estimation, en totalité ou partie des biens vendus à une municipalité, elle sera tenue de l'annoncer par des affiches dans tous les lieux où l'état des biens aura été ou dû être envoyé, et d'indiquer le lieu, le jour et l'heure auxquels les enchères seront reçues.

3. Les adjudications seront faites dans le chef-lieu et par-devant le directoire du district de la situation des biens, à la diligence du procureur ou d'un fondé de pouvoir de la commune venderesse, et en présence de deux commissaires de la municipalité dans le territoire de laquelle les biens sont situés, lesquels commissaires signeront les procès-verbaux d'enchère et d'adjudication, avec les officiers du directoire et les parties intéressées, sans que l'absence des commissaires dûment avertis, de laquelle il sera fait mention dans le procès-verbal, puisse arrêter l'adjudication.

4. Les enchères seront reçues publiquement. Il y aura quinze jours d'intervalle entre la première et la seconde publication, et il sera procédé, un mois après la seconde, à l'adjudication définitive, au plus offrant et dernier enchérisseur, sans qu'il puisse y avoir ouverture ni au tiercement, ni au doublement, ni au triplement. Les jours seront indiqués par des affiches où le montant de la dernière enchère sera mentionné.

5. Pour appeler à la propriété un plus grand nombre de citoyens, en donnant plus de facilité aux acquéreurs, les paiemens seront divisés en plusieurs termes (1).

La quotité du premier paiement sera réglée en raison de la nature des biens plus ou moins susceptibles de dégradation. Dans la quinzaine de l'adjudication, les acquéreurs des bois, des moulins et des usines, paieront trente pour cent du prix de l'acquisition à la caisse de l'extraordinaire;

Ceux des maisons, des étangs, *des fonds morts* et des emplacemens vacans dans les villes, vingt pour cent;

Ceux des terres labourables, des prairies, des vignes et des bâtimens servant à leurs exploitations, et des biens de la seconde classe, douze pour cent.

Dans le cas où des biens de ces diverses natures seront réunis, il en sera fait ventilation pour déterminer la somme du premier paiement.

Le surplus sera divisé en douze annuités égales, payables en douze ans, d'année en année, et dans lesquelles sera compris l'intérêt du capital, à cinq pour cent sans retenue.

Pourront néanmoins les acquéreurs accélé-

(1) Il nous a été observé, sur l'article 5 dudit titre III, qui règle la quotité des premiers paiemens à faire, que l'énonciation de la quotité du premier paiement à faire de la part des acquéreurs des biens de la *troisième* classe, a été omise dans la rédaction desdites lettres-patentes; et, voulant faire cesser ladite omission, nous voulons et ordonnons, conformément au décret, que la quotité du premier paiement à faire dans la quinzaine de l'adjudication par les acquéreurs des domaines nationaux de la troisième classe énoncée dans le décret du 14 mai dernier, sanctionné par nos lettres-patentes du 17 mai dernier, soit réglée à raison de douze pour cent du prix de l'acquisition (*Lettres-patentes du 25 juillet* 1790).

rer leur libération par des paiemens plus considérables et plus rapprochés, ou même se libérer entièrement, à quelque échéance que ce soit.

Les acquéreurs n'entreront en possession réelle qu'après avoir effectué leur premier paiement (1).

6. Les enchères seront en même temps ouvertes sur l'ensemble et sur les parties de l'objet compris en une seule et même estimation ; et si, au moment de l'adjudication définitive, la somme des enchères partielles égale l'enchère faite sur la masse, les biens seront de préférence adjugés divisément.

7. A chacun des paiemens sur le prix des reventes, le receveur de l'extraordinaire sera tenu de faire passer à la municipalité qui aura vendu, un *duplicata* de la quittance délivrée aux acquéreurs, et portant décharge d'autant sur les obligations qu'elle aura fournies.

8. A défaut de paiement du premier à-compte ou d'une annuité échue, il sera fait dans le mois, à la diligence du procureur de la commune venderesse, sommation au débiteur d'effectuer son paiement avec les intérêts du jour de l'échéance ; et si ce dernier n'y a pas satisfait deux mois après ladite sommation, il sera procédé sans délai à une adjudication nouvelle, à sa folle-enchère, dans les formes prescrites par les articles 3 et 4.

9. Le procureur de la commune de la municipalité poursuivante se portera premier enchérisseur pour une somme égale au prix de l'estimation, ou pour la valeur de ce qui reste dû à sa municipalité. Si cette valeur est inférieure au prix de l'estimation, il sera prélevé sur le prix de la nouvelle adjudication le montant de ce qui se trouvera échu, avec les intérêts et les frais, et l'adjudicataire sera tenu d'acquitter, aux lieu et place de l'acquéreur dépossédé, toutes les annuités à échoir.

10. Si une municipalité croyait devoir conserver pour quelque objet d'utilité publique une partie des biens par elle acquis, elle sera tenue de se pourvoir, dans les formes prescrites par le décret du 14 décembre 1789, pour obtenir l'autorisation nécessaire, après laquelle elle sera admise à enchérir concurremment avec les particuliers ; et dans le cas où elle demeurerait adjudicataire, elle paiera dans les mêmes formes et dans les mêmes délais que tout autre acquéreur.

11. Pendant les quinze années accordées aux municipalités pour acquitter leurs obligations, il ne sera perçu pour aucune acquisition, adjudication, vente, subrogation, revente, cession et rétrocession des domaines nationaux, même pour les actes d'emprunts, obligations, quittances, et autres frais relatifs auxdites translations de propriété, aucun autre droit que celui de contrôle, qui sera fixé à quinze sous.

———

14 = 22 MAI 1790. (Lett.-Pat.) — Décret qui prohibe l'entrée du sel étranger dans le royaume. (L. 1, 841 ; B. 2, 393.)

Art. 1er. L'entrée du sel étranger, déjà prohibée par l'ordonnance de 1680, le sera dans toute l'étendue du royaume, et provisoirement, sous les peines prescrites par les ordonnances relativement aux autres marchandises prohibées, à l'exception néanmoins de toutes peines afflictives.

Le transport et le cabotage des sels destinés à la consommation du royaume ne pourront être faits que par des vaisseaux et bâtimens français, dont le capitaine et les deux tiers au moins de l'équipage soient Français.

2. Les sels chargés avant le 1er avril et expédiés depuis, jouiront de l'exemption des droits de retraite sur le sel destiné à la consommation du royaume.

———

14 = 23 MAI 1790. — Décret pour la construction d'un pont provisoire de bateaux sur la Sarre à Sarguemines. (B. 2, 391.)

L'Assemblée nationale, sur le rapport de son comité des finances, vu l'adresse présentée par les officiers municipaux de la ville de Sarguemines, le procès-verbal de visite du sous-ingénieur des ponts-et-chaussées de Dieuze, fait à la participation du syndic et d'un membre de la commission intermédiaire, desquelles pièces il résulte que les arches du pont en pierre, placé sur la rivière de la Sarre, avaient été détruites en 1784 ; que, pour les remplacer, on y substitua des travées jetées sur les anciennes piles, qui sont endommagées au point que le passage des voitures devient absolument impossible ; qu'il est même interdit aux gens de pied ; qu'il n'est plus possible d'y faire aucune réparation ; que cependant cette communication est absolument nécessaire :

Décrète qu'il sera provisoirement, et sans délai, construit un pont de bateaux, en suite de devis, affiches et enchères, aux formes ordinaires ; que les sommes nécessaires à cette construction seront prises sur la masse des impositions du département, sans entendre préjuger à la charge de qui tomberont définitivement lesdits frais ; et ce, néanmoins, sous la condition expresse que les marchés à faire pour le pont provisoire seront approuvés par les districts et le département, qui surveilleront l'exécution des ouvrages.

———

(1) *Voy.* les notes, sur la loi du 28 septembre = 16 octobre 1791, tit. 1er, sect. 2.

I 14 MAI 1790. — Décret qui vote des remercîmens à la municipalité et à la garde nationale de Toulon, sur leur conduite pendant les troubles de cette ville. (B. 2, 381.)

I 14 = 26 MAI 1790. — Décret qui autorise la municipalité de Cauderot à mettre une imposition extraordinaire, et déclare que les écharpes ne font pas partie des charges publiques. (B. 2, 392.)

I 14 = 23 MAI 1790. — Décret qui autorise la municipalité d'Amiens à faire un emprunt de quinze mille livres. (B. 2, 392.)

I 14 MAI 1790. — Maire d'Esnay. *Voy.* 20 FÉVRIER 1790. — Régie. *Voy.* 6 MAI 1790.

I 15 = 26 MAI 1790. — Décret concernant l'abolition du droit de triage et la propriété des bois, pâturages, marais vacans, terres vaines et vagues. (L. 1, 843; B. 2, 395.)
Voy. loi du 15 = 28 MARS 1790.

L'Assemblée nationale, informée des désordres et voies de fait auxquels plusieurs communautés d'habitans et particuliers se sont portés dans différentes provinces du royaume, par une fausse interprétation des articles 30 et 31 du titre II du décret du 15 mars dernier, sanctionné par lettres-patentes du Roi, du 28 du même mois, décrète qu'en abolissant par lesdits articles le droit de triage, c'est-à-dire, l'action qu'avait ci-devant le seigneur pour se faire délivrer, dans certains cas, le tiers des biens par lui concédés précédemment aux communautés d'habitans, elle n'a entendu rien préjuger sur la propriété des bois, pâturages, marais vacans, terres vaines et vagues, ni attribuer sur ces biens aucun nouveau droit aux communautés d'habitans, ni aux particuliers qui les composent; ordonne que toutes les communautés et tous les particuliers qui prétendraient avoir sur les bois, pâturages, marais vacans, terres vaines et vagues, des droits de propriété, d'usage, de pacage ou autres dont ils n'auraient pas eu la possession réelle et de fait au 4 août 1789, seront tenus de se pourvoir par les voies de droit contre les usurpations dont ils croiraient avoir droit de se plaindre; met tous les possesseurs et afféagistes actuels desdits biens sous la sauve-garde spéciale de la loi; fait défenses à toutes personnes de les troubler par voies de fait, à peine d'être poursuivis extraordinairement, sauf à faire juger contradictoirement avec eux, par les juges qui en doivent connaître, la légitimité ou l'illégitimité de leur possession. Ordonne aux curés et vicaires desservant les paroisses, de faire lecture au prône, tant du présent décret, que de l'article 2 de celui du 11 décembre 1789, ensemble de l'article 3 de celui du 23 février 1790, et de l'article 5 du titre III du décret du 15 mars dernier.

15 MAI 1790. — Décret concernant la confection des rôles d'impositions. (B. 2, 397.)

L'Assemblée nationale décrète que les municipalités ou autres asséeurs chargés de la confection des rôles, qui n'ont pas encore procédé à celle des impositions ordinaires de 1790, seront tenus de la terminer dans le délai de quinze jours, à compter de la publication du présent décret, et que les administrateurs et autres officiers chargés de faire la vérification, et de les rendre exécutoires, seront tenus également de les vérifier, et de les rendre exécutoires sans retard; faute de quoi lesdits officiers municipaux, administrateurs et autres officiers, demeureront garans et responsables du retard qui en serait résulté dans le recouvrement des impositions de toute la communauté.

Aussitôt que les assemblées de département et de districts seront formées, il sera nommé, dans chaque directoire, des commissaires chargés de vérifier les erreurs qui auraient été commises dans la répartition proportionnelle entre les communautés, d'en faire le rapport au directoire, et de lui proposer le genre d'indemnités qu'ils croiront leur être dû.

15 MAI 1790. — Décret relatif à une adresse des bas-officiers et soldats du régiment de Provence. (B. 2, 395.)

15 = 16 MAI 1790. — Décret concernant les élections faites à Douai. (B. 2, 395.)

15 MAI 1790. — Décret qui confirme M. Gouy d'Arcy dans ses fonctions de député de Saint-Domingue. (B. 2, 398.)

15 MAI 1790. — Décret pour remercier le Roi des mesures qu'il a prises pour le maintien de la paix, et qui fixe le jour de la discussion du droit de paix et de guerre. (B. 2, 396.)

16 MAI 1790. — Charollais. *Voy.* 8 MAI 1790. — Députés. *Voy.* 14 MAI 1790. — Douai. *Voy.* 15 MAI 1790. — Droits de troupeau à part; Invalides. *Voy.* 9 MAI 1790. — Rentes. *Voy.* 1er MAI 1790.

17 = 21 MAI 1790. (Lett.-Pat.) — Décret relatif aux demandes en retrait féodal ou censuel. (L. 1, 839; B. 2, 402.)

L'Assemblée nationale, considérant qu'il importe à la tranquillité des citoyens d'arrêter les poursuites en retrait féodal ou censuel, qui, depuis et nonobstant la sanction et publication du décret du 15 mars dernier, continuent de s'exercer dans plusieurs tribunaux, sous prétexte qu'elles avaient été commencées avant cette époque, déclare,

Conformément à l'article 34 du titre II dudit décret, toute demande en retrait féodal ou censuel qui n'a pas été adjugée avant la publication des lettres-patentes du 3 novembre 1789, par un jugement en dernier ressort, est et doit demeurer sans effet, sauf à faire droit sur les dépens des procédures antérieures à cette époque; et seront déclarés nuls tous jugemens et arrêts qui auraient été ou seraient ci-après rendus au contraire.

17 = 27 MAI 1790. — Décret qui ordonne aux municipalités, sous leur responsabilité, de poursuivre les voies de fait commises dans les forêts royales, sous prétexte de chasse. (B. 2, 401.)

L'Assemblée nationale, informée des attroupemens, voies de fait et violences auxquels différens particuliers, et des gens sans aveu, se portent journellement dans les forêts royales de Rambouillet, Poissy, Saint-Léger, Montfort et autres lieux circonvoisins, sous le prétexte d'y chasser, a décrété et décrète que son président sera chargé d'écrire aux municipalités des lieux ci-dessus, pour leur rappeler l'obligation que leur imposent les fonctions dont elles sont revêtues, de tenir la main, sous peine d'en demeurer responsables, à l'exécution des décrets de l'Assemblée nationale, sanctionnés par le Roi, notamment de celui du 23 février dernier, qui leur enjoint d'employer tous les moyens que la confiance publique met à leur disposition pour la protection efficace des personnes et des propriétés; de ceux des 22, 23 et 28 avril suivant, qui défendent à toutes personnes de chasser et de détruire aucune espèce de gibier dans les forêts du Roi, dans les parcs attenant aux maisons royales, et généralement sur le terrain d'autrui; enfin de celui du 10 août 1789, qui, en chargeant expressément les municipalités de veiller au maintien de la tranquillité générale, ordonne que, sur leur simple réquisition, les milices nationales ainsi que les maréchaussées seront assistées de troupes, à l'effet de poursuivre et d'arrêter les perturbateurs du repos public.

17 = 27 et 28 MAI 1790. — Décrets qui autorisent les villes d'Evreux, Noyon, Saint-Nicolas de la Grave, Saint-Yrieix et Segonsac, à mettre une imposition extraordinaire. (B. 2, 398 à 401.)

17 MAI = 1er JUIN 1790. — Décret qui autorise les officiers municipaux de Conflans en Bassigny à toucher le montant de l'affouage de leurs bois communs. (B. 2, 400.)

17 MAI 1790. — Décret qui autorise M. Margueritte, maire de Nîmes, à prendre sa place de député, sauf à comparaître à la barre, lorsqu'il s'agira de l'affaire de Nîmes. (B. 2, 403.)

17 MAI 1790. — Décret concernant les troubles de Montauban, et les ordres à donner pour y faire arborer la cocarde nationale. (B. 2, 403.)

17 MAI 1790. — Décret pour poursuivre l'assassinat de M. Devoisins et pour s'assurer des papiers trouvés sur lui et chez lui. (B. 2, 404.)

17 MAI 1790. — Décret relatif à la détention du sieur curé de la Madelaine dans les prisons de Château-Landon. (B 2, 405.)

17 MAI 1790. — Biens nationaux. Voy. 14 MAI 1790.

18 = 20 MAI 1790. — Décret pour rétablir la tranquillité dans les départemens du Haut et du Bas-Rhin. (B. 2, 405.)

19 MAI 1790. — Décret qui ordonne le paiement des pensions sur les économats, jusqu'à la somme de six cents livres. (B. 2, 408.)

L'Assemblée nationale, ouï le rapport du comité des pensions, décrète que les pensions ci-devant accordées sur les économats seront payées provisoirement sur cette même caisse, pour les arrérages de l'année 1789, jusqu'à concurrence seulement de la somme de six cents livres et au-dessous, si elles ont été accordées d'une moindre somme, conformément à son décret du 7 avril dernier.

19 = 21 MAI 1790. — Décrets qui réunissent la commune de Géménos au district d'Aix, et le faubourg de Montfort d'Alençon, au département de l'Orne. (B. 2, 405.)

19 = 20 MAI 1790. — Décret qui approuve la conduite de la municipalité et de la garde nationale de Bordeaux, relativement aux troubles de Montauban. (B. 2, 407.)

19 MAI 1790. — Décret concernant l'organisation des archives de l'Assemblée nationale. (B. 2, 409.)

20 = 27 MAI 1790. (Procl.) — Décret qui défend de recevoir dans les galères de France toute personne condamnée par un jugement étranger. (L. 1, 849; B. 2, 410.)

Art. 1er. A l'avenir, il ne sera reçu dans les galères de France aucune personne condamnée par des jugemens étrangers.

2. Le président se retirera par devers le Roi pour le supplier de donner des ordres pour que les nommés Sudan et Haguenot, Bribourgeois, actuellement détenus aux galères à Brest, soient mis en liberté dans la huitaine du jour de la sanction.

3. Sa Majesté sera également suppliée de faire connaître les dispositions du présent décret aux puissances dont les sujets sont actuellement détenus aux galères de France.

t 20 = 23 MAI 1790. — Décret pour la circulation des grains dans les marchés de Lagny-sur-Marne. (B. 2, 409.)

20 = 27 MAI 1790. — Décret pour autoriser la municipalité de Joigny à employer divers fonds en travaux de charité. (B. 2, 409.)

20 = 29 MAI 1790. — Décret concernant les réparations de l'église paroissiale de Saint-Mitre en Provence. (B. 2, 410.)

20 MAI 1790. — Bordeaux. *Voy.* 19 MAI 1790.— Haut et Bas-Rhin. *Voy.* 18 MAI 1790.

21 = 31 MAI 1790. (Lett.-Pat.) — Décret concernant la distribution des bois communaux en usances. (L. 1, 863 ; B. 2, 412.)

L'Assemblée nationale, sur le rapport de son comité des finances, pour prévenir les fausses interprétations données à ses décrets des 26 septembre, 29 novembre et 17 décembre 1789, concernant les impositions, a déclaré et déclare que, par lesdits décrets, elle n'a entendu apporter aucun changement à la manière dont les bois communaux en usances doivent être distribués entre ceux qui y ont droit; en conséquence, elle ordonne que, dans les lieux où les bois étaient en partie distribués au marc la livre, et où les fermiers et cultivateurs payaient ci-devant les tailles pour les biens par eux exploités, et où l'on a imposé les propriétaires non résidans, aux lieu et place de leurs fermiers, ceux-ci, quoique non compris dans le rôle comme ils l'étaient antérieurement, continueront néanmoins d'avoir la portion de bois qui devait leur arriver dans la distribution au marc la livre.

21 MAI (3, 6, 7, 10, 14, 19) = 27 JUIN 1790. (Lett.-Pat.) — Décret relatif à l'organisation de la municipalité de Paris. (L. 1, 967 ; B. 2, 415.)

Voy. lois des 14 et 22 DÉCEMBRE 1789.

TITRE Ier.

Art. 1er. L'ancienne municipalité de la ville de Paris et tous les offices qui en dépendaient, la municipalité provisoire subsistant à l'hôtel-de-ville ou dans les sections de la capitale, connus aujourd'hui sous le nom de *districts*, sont supprimés et abolis; et, néanmoins, la municipalité provisoire et les autres personnes en exercice continueront leurs fonctions jusqu'à leur remplacement.

2. Les finances des offices supprimés seront liquidées et remboursées, savoir: par les deniers communs de la ville, s'il est justifié que ces finances aient été versées dans sa caisse; et par le trésor public, s'il est justifié qu'elles y aient été payées.

3. La commune ou la municipalité de Paris sera renfermée dans l'enceinte des nouveaux murs; mais les boulevarts que l'on construit en dehors de ces murs seront soumis à l'administration municipale.

4. Les décrets rendus par l'Assemblée nationale, le 14 décembre et postérieurement, concernant les municipalités, seront exécutés dans la ville de Paris, à l'exception des dispositions auxquelles il aura été dérogé par les articles suivans; et les articles de ces décrets contenant des dispositions auxquelles il n'aura pas été dérogé, seront rapportés à la fin du présent réglement, et en feront partie.

5. La municipalité sera composée d'un maire, de seize administrateurs, dont les fonctions seront déterminées au titre II; de trente-deux membres du conseil, de quatre-vingt-seize notables, d'un procureur de la commune, de deux substituts qui seront ses adjoints et exerceront ses fonctions à son défaut.

6. La ville de Paris sera divisée, par rapport à sa municipalité, en quarante-huit parties, sous le nom de *sections*, qu'on tâchera d'égaliser, autant qu'il sera possible, relativement au nombre des citoyens actifs.

7. Ces quarante-huit sections ne pourront être regardées que comme des sections de la commune.

8. Elles formeront autant d'assemblées primaires, lorsqu'il s'agira de choisir les électeurs qui devront concourir à la nomination des membres de l'administration du département de Paris, ou à la nomination des députés que ce département doit envoyer à l'Assemblée nationale.

9. Les citoyens actifs ne pourront se rassembler par métiers, professions ou corporations, ni se faire représenter; ils se réuniront sans aucune distinction, et ne pourront donner leur voix que dans la section dont ils feront partie à l'époque des élections.

10. Si une section offre plus de neuf cents citoyens actifs présens, elle se formera en deux assemblées qui nommeront chacune leurs officiers, mais qui, après avoir dépouillé séparément le scrutin de l'une et de l'autre division, se réuniront par commissaires pour n'envoyer qu'un résultat à l'hôtel-de-ville.

11. Les assemblées des quarante-huit sections seront indiquées pour le même jour et à la même heure; on ne s'y occupera d'aucune autre affaire que des élections et des prestations du serment civique : ces assemblées se continueront aussi à la même heure les jours suivans, sans interruption; mais un scrutin se terminera sans désemparer.

12. Les quarante-huit sections se conformeront aux articles du décret accepté par le Roi, sur les assemblées administratives, concernant les qualités nécessaires pour exercer

12.

les droits de citoyen actif et pour être éligible.

13. Les parens et alliés au degré de père et de fils, de beau-père et de gendre, de frère et de beau-frère, d'oncle et de neveu, ne pourront en même temps être membres du corps municipal. S'ils ont été nommés dans le même scrutin, celui qui aura le plus grand nombre de voix demeurera élu; et au cas d'égalité de voix, on préférera le plus âgé: s'ils n'ont pas été élus dans le même scrutin, l'élection du dernier ne sera point comptée; et si celui-ci a été nommé au troisième tour de scrutin, il sera remplacé par le citoyen qui dans ce même tour avait le plus de voix après lui.

14. L'élection des deux substituts du procureur de la commune se fera au scrutin, dans la forme qui sera déterminée au titre suivant.

15. Pour l'élection du maire et du procureur de la commune, chacune des quarante-huit sections de l'assemblée générale des citoyens actifs fera parvenir à l'hôtel-de-ville le recensement de son scrutin particulier. Ce recensement contiendra la mention du nombre des votans dont l'assemblée aura été composée, et celle du nombre des suffrages que chaque candidat aura réunis en sa faveur: le résultat de tous ces recensemens sera formé à l'hôtel-de-ville.

16. Les scrutins des diverses sections seront recensés à l'hôtel-de-ville le plus promptement qu'il sera possible; en sorte que les scrutins ultérieurs, s'ils se trouvent nécessaires, puissent commencer dès le lendemain.

17. Chacune des quarante-huit sections enverra à l'hôtel-de-ville un commissaire pour assister au recensement des divers scrutins.

18. La nomination des quarante-huit membres du corps municipal et des quatre-vingt-seize notables se fera toujours au scrutin; mais la population de Paris exigeant une forme de scrutin particulière, cette forme sera déterminée dans le titre suivant.

19. Après les élections, les citoyens actifs ne pourront ni rester assemblés, ni s'assembler de nouveau en corps de commune, sans une convocation ordonnée par le corps municipal, lequel ne pourra la refuser dans les cas qui seront déterminés au titre IV.

20. Les quatre-vingt-seize notables formeront, avec le maire et les quarante-huit membres du corps municipal, le conseil général de la commune, lequel sera appelé pour les affaires importantes, conformément à l'article 54 du décret du 14 décembre, et de plus dans les cas que fixeront les articles suivans.

21. La municipalité de Paris aura un secrétaire-greffier, un trésorier et deux secrétaires-greffiers adjoints, un garde des archives et un bibliothécaire, qui prêteront serment de remplir fidèlement leurs fonctions. Le conseil général de la commune les nommera dans la forme qui sera déterminée au titre II; et chacun d'eux, après avoir été entendu, pourra être chargé, lorsque le conseil général, convoqué à cet effet, l'aura jugé convenable, à la majorité des voix.

22. Le corps municipal sera divisé en conseil et en bureau. Le titre suivant déterminera le nombre des départemens du bureau, qui pourra varier lorsque les circonstances l'exigeront.

23. Le maire et les seize administrateurs composeront le bureau.

24. Les trente-deux autres membres composeront le conseil municipal.

25. Le conseil général de la commune élira, à la pluralité absolue des voix et au scrutin individuel, les seize administrateurs parmi les quarante-huit membres du corps municipal, non compris le maire. L'élection se terminera au troisième tour de scrutin, en cette occasion ainsi que dans toutes les autres.

26. L'assemblée pour les élections des seize administrateurs se tiendra le surlendemain de la proclamation du maire et des quarante-huit autres membres du corps municipal; et cette élection se fera dans l'ordre qui sera prescrit au titre III.

27. Le conseil municipal s'assemblera au moins une fois tous les quinze jours et commencera par vérifier les comptes des divers départemens du bureau, lorsqu'il y aura lieu. Les membres du bureau auront voix délibérative, avec ceux du conseil, excepté lorsqu'il s'agira des comptes de l'un des départemens.

28. Le corps municipal s'assemblera extraordinairement, lorsque les circonstances l'exigeront, et que la convocation sera demandée, soit par le maire seul, soit par la majorité des administrateurs, soit par la moitié des membres du conseil; et, dans tous les cas, la convocation sera faite par le maire.

29. Outre le droit de convoquer le corps municipal, le maire aura encore celui de convoquer le conseil général de la commune, lorsqu'il le jugera nécessaire.

30. Le corps municipal nommera, parmi les membres du conseil, un vice-président, qui n'aura d'autres fonctions que de tenir les assemblées du corps municipal ou du conseil général de la commune, en l'absence du maire; et en cas d'absence du maire et du vice-président, le doyen d'âge des membres présens présidera les assemblées.

31. La présence des deux tiers au moins des membres du conseil sera nécessaire pour recevoir les comptes de la gestion du maire et des administrateurs, du maniement des deniers du trésorier; et la présence au moins de la moitié, plus un, des membres du corps municipal, sera nécessaire pour prendre les autres délibérations; mais si, dans un cas ur-

gent, on ne pouvait rassembler la moitié, plus un, des membres du corps municipal, on y appellerait des notables, selon l'ordre de leur élection.

32. Les convocations du conseil général de la commune seront faites au nom du maire et du corps municipal.

33. Les membres du conseil général de la commune, réunis au nombre de quarante-huit au moins, pourront requérir la convocation de ce conseil, lorsqu'ils la croiront nécessaire; et le corps municipal ni le maire ne pourront s'y refuser.

34. Lors du renouvellement annuel, les officiers municipaux et les notables sortiront au nombre de soixante-douze, déduction faite de celui des morts; de manière que l'on ait à remplacer la moitié des administrateurs, la moitié des membres du conseil et la moitié des notables.

35. Les substituts du procureur de la commune resteront en place deux ans, et pourront être réélus pour deux autres années : ils ne pourront l'être, dans les élections suivantes, pour les mêmes places, qu'après l'expiration de deux années.

36. Le procureur de la commune et ses substituts sortiront de place alternativement, le procureur une année, et les substituts une autre année.

37. L'année de la sortie du procureur de la commune ne sera pas la même que celle de la sortie du maire; à cet effet, si le procureur de la commune nommé à la première élection n'est pas réélu, il n'exercera que pendant un an, non compris le temps qui s'écoulera avant celui de l'époque fixe des élections ordinaires.

38. Les membres du corps municipal, ceux du conseil général, le procureur de la commune et ses substituts, ne pourront être révoqués, mais ils pourront être destitués pour forfaiture jugée.

39. Les places de maire, de procureur de la commune et de ses substituts, de membres du corps municipal ou du conseil général, de secrétaire-greffier, de trésorier, de garde des archives, de bibliothécaire et d'adjoint du secrétaire-greffier, seront incompatibles; en conséquence, ceux qui, étant pourvus d'une de ces places, seront élus à une autre, seront tenus d'opter.

40. Les membres du corps municipal, durant leur exercice, ne pourront être membres de l'administration du département de Paris; et s'ils sont élus membres de cette administration, ils seront tenus d'opter.

41. En cas de vacance dans la place de maire, par mort ou par une cause quelcon-

que, autre que la démission, le corps municipal sera tenu, dans le délai de trois jours, de convoquer les quarante-huit sections pour procéder au remplacement; mais si l'époque de l'élection ordinaire ne se trouve éloignée que de deux mois, le conseil général de la commune nommera un des officiers municipaux pour remplir les fonctions de maire par intérim.

42. En cas de vacance de la place de maire par démission, le corps municipal sera tenu, dans le délai de trois jours, de convoquer les quarante-huit sections pour procéder au remplacement.

43. Si la place de procureur de la commune vient à vaquer à une époque éloignée de moins de six mois de l'élection ordinaire, le premier des substituts en fera les fonctions. Si elle vaque à une époque éloignée de plus de six mois de l'élection ordinaire, on procédera à nouvelle élection, ainsi que dans le pénultième article.

44. Si la place de l'un des substituts vient à vaquer, on ne la remplira qu'à l'époque des élections.

45. Si les places des deux substituts viennent à vaquer, on ne les remplira que dans le cas où l'époque des élections serait éloignée de plus de deux mois. Ce cas excepté, le conseil général pourra commettre une ou deux personnes chargées d'en exercer provisoirement les fonctions.

46. En cas d'absence ou de maladie de l'un des administrateurs, ses fonctions seront remplies par l'un de ses collègues attachés au même département.

47. Les places de notables qui viendront à vaquer ne seront remplies qu'à l'époque de l'élection annuelle pour les renouvellemens ordinaires.

48. Les notables prêteront, après leur nomination, le serment ordonné par l'art. 48 du décret du 14 décembre.

49. La municipalité ne pourra, sous peine de nullité de ses actes, s'approprier les fonctions attribuées, par la constitution ou par les décrets des assemblées législatives, à l'administration du département de Paris.

50. Elle aura deux espèces de fonctions à remplir; les unes propres au pouvoir municipal, les autres propres à l'administration générale de l'État, qui les délègue aux municipalités.

51. Les fonctions propres au pouvoir municipal, qu'elle exercera sous la surveillance et l'inspection de l'administration du département de Paris (1), seront :

1° De régir les biens communs et revenus de la ville; 2° de régler et d'acquitter les dé-

_____

(1) La municipalité a été investie, jusqu'à l'organisation des corps administratifs du départe-

ment, des fonctions attribuées à ces corps (*Voy.* lois des 8 *juin*, 13 *juillet*, 6 et 15 *août* 1790).

penses locales qui doivent être payées des deniers communs ; 3° de diriger et faire exécuter les travaux publics qui sont à la charge de la ville ; 4° d'administrer les établissemens appartenant à la commune, ou entretenus de ses deniers ; 5° d'ordonner tout ce qui a rapport à la voirie ; 6° de faire jouir les habitans des avantages d'une bonne police, notamment de la propreté, de la salubrité, de la sûreté, de la tranquillité dans les rues, lieux et édifices publics.

52. Parmi les fonctions propres à l'administration générale, la municipalité de la capitale pourra avoir par délégation, et sous l'autorité de l'administration du département de Paris :

1° La direction de tous les travaux publics, dans le ressort de la municipalité, qui ne seront pas à la charge de la ville ; 2° la direction des établissemens publics qui n'appartiennent pas à la commune, ou qui ne sont pas entretenus de ses deniers ; 3° la surveillance et l'agence nécessaire à la conservation des propriétés générales ; 4° l'inspection directe des travaux de réparations ou reconstructions des églises, presbytères et autres objets relatifs au service du culte.

53. Les fonctions propres au pouvoir municipal, et celles que la municipalité exercera par délégation, seront divisées en plusieurs départemens qu'indiquera provisoirement le titre III.

54. Il y aura toujours une force militaire en activité, sous le nom de *garde nationale parisienne*. La municipalité, pour l'exercice de ses fonctions propres ou déléguées, pourra non-seulement employer cette force, conformément au décret qui interviendra sur l'organisation des gardes nationales du royaume, mais requérir le secours des autres forces publiques, ainsi que le réglera la constitution.

55. L'exercice du contentieux de la police, des subsistances, approvisionnemens et autres objets de la municipalité, sera réglé par la suite.

56. Les délibérations et arrêtés sur les objets mentionnés en l'article 54 du décret du 14 décembre, qui n'émaneront pas du conseil général assemblé, seront nuls, et ne pourront être exécutés.

57. La municipalité sera entièrement subordonnée à l'administration du département de Paris, pour ce qui concerne les fonctions qu'elle aura à exercer par délégation de l'administration générale.

58. Quant à l'exercice des fonctions propres au pouvoir municipal, toutes les délibérations pour lesquelles la convocation du conseil général de la commune est nécessaire ne pourront être exécutées qu'avec l'approbation de l'administration ou du directoire du département de Paris.

59. Tous les comptes de la régie du maire et des administrateurs, après avoir été reçus par le conseil municipal, et vérifiés tous les six mois par le conseil général, seront définitivement arrêtés par l'administration ou le directoire du département de Paris.

60. Les citoyens actifs ont le droit de se réunir paisiblement et sans armes en assemblées particulières, pour rédiger des adresses et pétitions, soit au corps municipal, soit à l'administration du département de Paris, soit au Corps-Législatif, soit au Roi, sous la condition de donner aux officiers municipaux connaissance du temps et du lieu de ces assemblées, et de ne pouvoir députer que vingt citoyens actifs pour apporter et présenter les adresses et pétitions.

TITRE II.

Art. 1er. L'assemblée de chacune des quarante-huit sections commencera par l'appel nominal des citoyens actifs, d'après les titres qu'ils auront présentés en entrant.

2. S'il s'élève des difficultés sur l'admission d'un citoyen, sa section en jugera. Un citoyen exclu par le jugement de sa section sera tenu de s'éloigner, sauf à faire reconnaître ses titres, pour les élections suivantes, par l'administration du département, à qui la connaissance définitive en demeure attribuée.

3. Les citoyens actifs désigneront les personnes dans leurs bulletins, de manière à éviter toute équivoque ; et un bulletin sera rejeté, si, faute de désignation suffisante entre le père et le fils, entre les frères et autres personnes de même nom, l'assemblée juge qu'il y a incertitude sur les personnes désignées.

4. Le recensement général à l'hôtel-de-ville des scrutins des quarante-huit sections sera fait par huit citoyens tirés au sort, dont quatre seront pris parmi les membres du corps municipal, et quatre parmi les commissaires des diverses sections.

5. Après l'élection du maire et du procureur de la commune, dont la forme est déterminée au titre Ier, les deux substituts adjoints seront élus par les quarante-huit sections, au scrutin de liste simple, mais ensemble et à la pluralité relative, laquelle sera au moins du quart des votans.

6. Si le premier scrutin ne donne à personne la pluralité du quart des suffrages, on procédera à un second, dans lequel chacun écrira encore deux noms sur son bulletin.

7. Si aucun citoyen n'obtient la pluralité du quart des suffrages, on procédera à un troisième et dernier scrutin. Dans ce dernier scrutin, on ne pourra choisir que parmi les quatre personnes qui auront eu le plus de voix au scrutin précédent. On écrira deux noms sur les bulletins, et les deux citoyens qui obtiendront le plus de suffrages seront

nommés substituts du procureur de la commune.

8. Si, au premier scrutin, un des citoyens a obtenu la pluralité du quart des suffrages et est accepté, on n'écrira plus qu'un nom au second scrutin; et au troisième, on choisira entre les deux citoyens qui auront eu le plus de voix.

9. Lors de la première formation de la municipalité, chacune des quarante-huit sections élira, parmi les citoyens éligibles de sa section seulement, trois membres destinés à faire partie du corps municipal ou du conseil général de la commune.

10. L'élection se fera au scrutin individuel et à la pluralité absolue des suffrages.

11. Si, au premier scrutin, la pluralité absolue n'est pas acquise, il sera procédé à un second. Si le second scrutin ne fournit pas non plus la pluralité absolue, il sera procédé un troisième entre les deux citoyens seulement qui auront eu le plus de voix au second.

12. En cas d'égalité de suffrages, au second et au troisième scrutin, entre plusieurs citoyens ayant le nombre de voix exigé, la préférence sera accordée à l'âge.

13. Les nominations étant faites dans les quarante-huit sections, il sera envoyé par chacune d'elles à l'hôtel-de-ville un extrait du procès-verbal contenant les noms des trois citoyens élus.

14. Il sera dressé une liste de cent quarante-quatre citoyens ainsi nommés. Cette liste, désignant leurs demeures et leurs qualités, sera imprimée, affichée et envoyée dans les quarante-huit sections.

15. Les sections seront tenues de s'assembler le lendemain de cet envoi, et elles procéderont à la lecture de la liste imprimée, à effet d'accepter la nomination des citoyens qui y seront compris, ou de s'y refuser. On recueillera les voix par assis et levé, et sans aucune discussion sur chacune des cent quarante-quatre personnes comprises dans la liste; mais une section individuelle ne soumettra pas à cette épreuve les trois qu'elle aura nommés.

16. Les résultats de la présentation de la liste dans chaque section seront envoyés à l'hôtel-de-ville; et les citoyens qui n'auront pas été acceptés par la moitié des sections, moins une, seront retranchés de la liste, sans autre information.

17. Les sections respectives procéderont, le lendemain de l'avis qui leur en aura été donné par le corps municipal, au remplacement des membres retranchés de la première liste.

18. Les noms des citoyens ainsi élus en remplacement seront envoyés dans les sections, pour y être acceptés ou refusés dans le jour, de la même manière que les premiers.

19. La liste des cent quarante-quatre élus

étant définitivement arrêtée, les quarante-huit sections procéderont de la manière suivante à l'élection des quarante-huit membres du corps municipal.

20. Le scrutin se fera en chaque section par bulletins de liste de dix noms choisis parmi ceux de la liste imprimée.

21. Les bulletins qui contiendront plus ou moins de dix noms, ou des noms qui ne seraient pas compris dans la liste imprimée, seront rejetés.

22. Le résultat du scrutin de chaque section sera envoyé à l'hôtel-de-ville; et ceux qui, après le recensement général, se trouveront avoir la pluralité du quart des suffrages, seront membres du corps municipal.

23. Pour compléter le nombre des quarante-huit membres du corps municipal, comme aussi dans le cas où aucun citoyen n'aurait eu une pluralité relative du quart des suffrages, il sera procédé dans les quarante-huit sections à un second scrutin.

24. Ce scrutin sera fait, ainsi que le précédent, par bulletins de liste de dix noms choisis parmi les noms de la liste imprimée, moins ceux qui se trouveront élus par le précédent scrutin.

25. Tous ceux qui, par l'événement de ce second scrutin, réuniront une pluralité relative du quart des suffrages, seront membres du corps municipal.

26. Si le nombre des quarante-huit membres n'est pas rempli, ou si le second scrutin n'a donné à personne la pluralité du quart des suffrages, il sera procédé dans les quarante-huit sections à un dernier scrutin.

27. Ce dernier scrutin sera fait également par liste de dix noms, choisis parmi les noms imprimés, moins ceux qui auront été élus.

28. La simple pluralité des suffrages sera suffisante à ce dernier scrutin; et ceux qui par le recensement général l'auront obtenue, seront membres du corps municipal, jusqu'à concurrence des quarante-huit membres dont il doit être formé.

29. En cas de refus d'un ou de plusieurs citoyens élus aux deux premiers scrutins, il en sera usé comme s'ils n'avaient pas eu la pluralité requise pour l'élection, et leurs noms ne concourront pas dans les scrutins suivans.

30. Si un ou plusieurs citoyens élus au dernier scrutin ne veulent point accepter, ils seront remplacés par ceux qui suivront dans l'ordre des voix ou de l'âge.

31. Les citoyens compris sur la liste imprimée, qui n'auront pas été élus membres du corps municipal, ou qui auront refusé, resteront membres du conseil général, en qualité de notables.

32. Dans les scrutins pour l'élection des seize administrateurs dont il est parlé à l'article 25 du titre Ier, on commencera par

nommer les administrateurs au département des subsistances; on passera ensuite à l'élection des administrateurs au département de la police; et ainsi successivement, jusqu'à l'élection des administrateurs au département des travaux publics, conformément à la division qui sera indiquée au titre III.

33. Le secrétaire-greffier, le trésorier, les adjoints du secrétaire-greffier, le garde des archives et le bibliothécaire, seront élus par le conseil général de la commune, parmi les citoyens éligibles de Paris. Leur élection se fera au scrutin individuel et à la pluralité absolue des suffrages; mais sur chaque bulletin on écrira deux noms.

34. On suivra, pour ces divers scrutins, les règles établies aux art. 11 et 12 ci-dessus.

35. Le maire, président de l'assemblée, aura droit de suffrage pour les élections.

36. Les premières élections seront faites aussitôt que la division de la ville de Paris, en quarante-huit sections, sera terminée.

37. Les assemblées des quarante-huit sections seront convoquées à cet effet au nom du maire en exercice et de la municipalité provisoire.

38. Toutes les opérations attribuées au corps municipal, relativement aux élections, appartiendront pour cette première fois au maire et aux soixante administrateurs actuels.

39. L'assemblée de chacune des quarante-huit sections sera ouverte par un de ces administrateurs, qui expliquera l'objet de la convocation, et dont les fonctions cesseront après l'élection d'un président et d'un secrétaire.

40. Les comptables actuels, soit de gestion, soit de finances, rendront leurs comptes définitifs au nouveau corps municipal; ces comptes seront revus et vérifiés par le conseil général.

41. Ils seront de plus imprimés : tout citoyen actif pourra en prendre communication, ainsi que des pièces justificatives, au greffe de la ville, sans déplacer et sans frais.

42. Le premier renouvellement des membres du corps municipal, des notables ou autres personnes attachées à la municipalité, se fera le dimanche d'après la Saint-Martin 1791; et le sort déterminera ceux qui sortiront. On combinera les tirages de manière à ce qu'il sorte au moins une, et à ce qu'il ne sorte pas plus de deux des trois personnes nommées par chaque section.

43. Pour l'exécution de l'article 34 du titre Ier, les sections, lors des renouvellemens annuels, nommeront alternativement un ou deux des soixante-douze citoyens qui doivent entrer dans le corps municipal ou le conseil général de la commune.

TITRE III.

Art. 1er. Le maire sera chef de la municipalité, président du bureau et du corps municipal, ainsi que du conseil général de la commune, et il aura voix délibérative dans toutes les assemblées.

2. Il aura la surveillance et l'inspection de toutes les parties de l'administration confiées aux seize administrateurs.

3. Indépendamment des assemblées que le bureau tiendra trois fois par semaine, ainsi qu'il sera dit à l'article 20, le maire pourra convoquer les administrateurs, toutes les fois qu'il le jugera convenable.

4. Si les délibérations du bureau, ou les ordres d'un administrateur ou d'un département, lui paraissent contraires au bien général, il pourra en suspendre l'effet; mais il sera tenu de le déclarer aussitôt, et de convoquer, dans les vingt-quatre heures, selon la nature de l'affaire, ou le bureau, ou le corps municipal, ou le conseil général de la commune.

5. En cas d'égalité de suffrages dans une délibération de bureau, il aura la voix prépondérante; mais ceux qui seront d'un avis contraire au sien pourront porter l'affaire au corps municipal.

6. Toutes les délibérations du bureau, du corps municipal, ainsi que du conseil général de la commune, seront munies de sa signature ou de son visa; si les ordres d'un administrateur ou d'un département sont destinés à devenir publics, il y apposera son visa ou sa signature.

7. Il apposera aussi son visa à tout mandat sur la caisse, donné par les administrateurs.

8. Le maire aura le droit, toutes les fois qu'il le jugera convenable pour les intérêts de la commune, de porter au conseil général, dont toutes les séances seront publiques, les délibérations du corps municipal.

9. Il sera établi sous sa direction un bureau de renvoi, dont la formation lui appartiendra.

10. Les requêtes ou mémoires adressés à la municipalité seront enregistrés au bureau de renvoi; chaque citoyen aura le droit d'exiger que l'enregistrement soit fait en sa présence, et de se faire délivrer le numéro de l'enregistrement.

11. Le précis des réponses, décisions ou délibérations qui interviendront sur les requêtes ou mémoires ci-dessus, sera noté à côté ou à la suite de l'enregistrement.

12. Chaque délibération sera intitulée, selon sa nature, du nom du maire et du corps municipal, ou du conseil général de la commune.

13. Les convocations ordonnées par le corps municipal et par le conseil général seront faites au nom du maire, et en celui du corps ou conseil qui les aura ordonnées.

14. Les brevets ou commissions donnés par le conseil général ou par le corps municipal

seront signés par le maire; il ne pourra refuser son visa sur les nominations qui ne dépendront pas de lui.

15. Il aura en sa garde les sceaux de la ville, et les fera apposer sans frais à tous les actes où ils seront nécessaires.

16. La première place, dans les cérémonies publiques de la ville, lui appartiendra; il sera à la tête de toutes les députations; une délibération du corps municipal désignera les emplois dont il aura la présentation.

17. Le conseil général de la commune pourra donner les commissions qu'il jugera nécessaires, et déterminer les cas où les employés seront tenus de fournir des cautions.

18. Le travail du bureau sera divisé en cinq départemens: 1° celui des subsistances; 2° celui de la police; 3° celui du domaine et des finances; 4° celui des établissemens publics de la ville de Paris; 5° et enfin celui des travaux publics. Le corps municipal fixera les attributions et le nombre des administrateurs de chacun de ces départemens.

19. Le bureau pourra concerter directement avec les ministres du Roi les moyens de pourvoir aux subsistances et approvisionnemens nécessaires à la capitale.

20. Il s'assemblera trois fois par semaine, et on y rapportera toutes les affaires, de manière que le maire et chacun des administrateurs puissent connaître et éclairer les différentes parties de l'administration.

21. Les décisions du bureau se prendront à la pluralité des voix, et le greffier en tiendra registre.

22. Les administrateurs se partageront les détails de leurs départemens respectifs; mais aucun d'eux ne pourra donner un mandat sur sa caisse, sans le faire signer par un second administrateur, précaution indépendante du visa du maire, dont on a parlé à l'article 17.

23. Tous ces mandats seront de plus enregistrés au département du domaine, qui en registrera également toutes les dépenses arrêtées par le corps municipal ou par le conseil général de la commune.

24. Le corps municipal statuera sur les difficultés qui pourront s'élever entre les départemens divers, touchant leurs fonctions et attributions respectives.

25. Les réglemens particuliers, nécessaires pour l'exercice des fonctions des divers départemens, et pour le régime des différentes parties de la municipalité attribuées à chacun de ces départemens, seront dressés par le corps municipal, et confirmés par le conseil général de la commune.

26. En l'absence du maire, chacun des administrateurs présidera alternativement les assemblées du bureau.

27. Les administrateurs n'auront aucun maniement de deniers en recettes et en dépenses. Les dépenses seront acquittées par le trésorier.

28. Les dépenses courantes de chaque département seront ordonnées par les administrateurs respectifs. Celles de la police, des subsistances, des établissemens et des travaux publics, seront contrôlées par le département du domaine. Celles du département du domaine seront contrôlées par le maire, et inscrites dans un registre qui restera à la mairie; les unes et les autres seront acquittées par le trésorier. Les dépenses plus considérables ou extraordinaires seront ordonnées par le corps municipal ou par le conseil général, dans les cas qui lui devront être soumis; les mandats en seront délivrés, conformément aux délibérations, par les administrateurs dont elles regarderont le département; elles seront aussi enregistrées dans la huitaine au département du domaine, et acquittées par le trésorier.

29. Le maire et les administrateurs feront au conseil municipal, tous les deux mois, l'exposé sommaire de leur administration.

30. Chacun d'eux rendra aussi son compte définitif tous les ans, conformément à l'article 59 du titre 1er.

31. Les administrateurs seront astreints en tout temps à donner connaissance de leurs opérations au maire, au corps municipal ou au conseil général de la commune, lorsqu'ils en seront requis. Ils donneront aussi, ou feront donner au procureur de la commune ou à ses substituts, toutes les instructions qu'ils auront demandées.

32. Le procureur de la commune aura toujours le droit de requérir du secrétaire-greffier, de ses adjoints, ou du garde des archives, les instructions, renseignemens ou copies de pièces qu'il pourra désirer. Les substituts, lorsqu'ils exerceront ses fonctions, jouiront du même droit.

33. Les quarante-huit sections, avant de procéder à la première élection des membres de la municipalité, détermineront, sur la proposition de la municipalité provisoire, le traitement du maire et les indemnités à accorder aux administrateurs, au procureur de la commune et à ses deux substituts; elles détermineront aussi, sur la même proposition, le traitement du secrétaire-greffier et de ses deux adjoints, du garde des archives et du bibliothécaire.

34. Le nombre et les appointemens des commis ou employés dans les diverses parties de l'administration municipale, au secrétariat, aux archives, à la bibliothèque, seront déterminés par les délibérations particulières du corps municipal, et confirmés par le conseil général de la commune, d'après les renseignemens qui seront fournis par le maire, les administrateurs, le secrétaire-greffier ou ses adjoints.

35. Si les administrateurs, ou les personnes

ayant un traitement annuel, font des voyages pour les affaires particulières de la ville, leurs dépenses de voyage seulement leur seront remboursées.

36. En cas de voyage des notables pour commissions particulières de la ville, leurs dépenses de voyage leur seront également remboursées. On leur accordera en outre une indemnité raisonnable, qui sera fixée par le corps municipal, et confirmée par le conseil général.

37. Le maire, les administrateurs, les conseillers et les notables, le procureur de la commune, ses substituts, le secrétaire-greffier et ses adjoints, et toutes autres personnes attachées au corps municipal ou au conseil général de la commune, ne pourront établir aucun droit de réception, ni recevoir de qui que ce soit, directement ou indirectement, ni étrennes, ni vin de ville, ni présens; ils ne pourront non plus être intéressés à aucune des fournitures relatives à la municipalité de Paris.

38. Le procureur de la commune et ses substituts auront séance, sans voix délibérative, à toutes les assemblées du bureau du corps municipal ou du conseil général : nul rapport ne sera fait au corps municipal ou au conseil général, qu'après que l'affaire aura été communiquée au procureur de la commune, ou, à son défaut, à l'un de ses substituts; et nulle délibération ne sera prise sur les rapports, sans avoir entendu celui d'entre eux à qui l'affaire aura été communiquée. Le procureur de la commune ou ses substituts seront tenus de donner leur avis dans le délai qui aura été déterminé par le corps municipal.

39. Avant de rapporter une affaire au conseil général, on la communiquera sommairement au maire; s'il ne se présente point, on procédera à la délibération, malgré son absence.

40. Le secrétaire-greffier et ses adjoints tiendront la plume dans les assemblées du bureau du corps municipal et du conseil général; ils rédigeront les procès-verbaux et délibérations; et ils en signeront les extraits ou expéditions sans frais; ils veilleront aux impressions, affiches et envois. Ils délivreront et contre-signeront, aussi sans frais, les brevets donnés par le conseil général, par le corps municipal, ou par le maire; et ils feront d'ailleurs toutes les fonctions du secrétariat et du greffe.

41. Le trésorier fournira un cautionnement, dont la somme sera réglée par le conseil-général.

42. Son traitement et ses frais de bureau seront aussi réglés par le même conseil.

43. Le corps municipal fera tous les mois, et plus souvent s'il est jugé utile, la vérification de la caisse. Le trésorier présentera tous les jours son état de situation : il fournira

aussi au corps municipal, à l'expiration de chaque année, un bordereau général de ses recettes et dépenses; il présentera de plus au corps municipal, dans les trois premiers mois de l'année suivante, ses comptes appuyés de pièces justificatives, lesquels devront être arrêtés dans les trois mois suivans.

44. Outre la publicité et l'impression des recettes et dépenses, ordonnées par l'art. 58 et l'art. 59 du décret du 14 décembre, le conseil général pourra vérifier l'état de la caisse et les comptes du trésorier, tant que celui-ci n'aura pas obtenu sa décharge définitive.

45. L'arrêté de l'administration ou du directoire du département de Paris opérera seul la décharge définitive des comptables.

TITRE IV.

Art. 1er. L'assemblée des quarante-huit sections devra être convoquée par le corps municipal, lorsque le vœu de huit sections, résultant de la majorité des voix dans une assemblée de chaque section, composée de cent citoyens actifs au moins, et convoquée par le président des commissaires de la section, se réunira pour la demander.

Le président des commissaires d'une section sera tenu de convoquer sa section, lorsque cinquante citoyens actifs se réuniront pour la demander.

2. Lorsque l'assemblée des quarante-huit sections aura lieu, un membre du corps municipal, ou un des notables, pourra assister à l'assemblée de chacune des sections, mais sans pouvoir la présider, et sans que son absence puisse la différer.

3. Il y aura dans chacune des quarante-huit sections un commissaire de police toujours en activité, et dont les fonctions relatives à la municipalité seront déterminées par les articles suivans.

4. Chacune des quarante-huit sections aura en outre seize commissaires, sous le nom de *commissaires de section*, qui exerceront dans leur arrondissement, sous l'autorité du corps municipal et du conseil général de la commune, les fonctions suivantes.

5. Les seize commissaires de section seront chargés de surveiller et de seconder, au besoin, le commissaire de police.

6. Ils seront tenus de veiller à l'exécution des ordonnances, arrêtés ou délibérations, sans y apporter aucun obstacle ni retard : le commissaire de police aura séance et voix consultative à leurs assemblées.

7. Ils donneront aux administrateurs, au corps municipal et au conseil général, ainsi qu'au maire, au procureur de la commune et à ses substituts, tous les éclaircissemens, instructions et avis qui leur seront demandés.

8. Ils nommeront entre eux un président, et se réuniront tous les huit jours et, en ou-

tre, toutes les fois que des circonstances extraordinaires l'exigeront.

9. L'un d'eux restera, à tour de rôle, vingt-quatre heures dans sa maison, afin que le commissaire de police et les citoyens de la section puissent recourir à lui en cas de besoin; le commissaire de service sera de plus chargé de répondre aux demandes et représentations qui pourront être faites.

10. Les jeunes citoyens de la section, parvenus à l'âge de vingt-un ans, après s'être fait inscrire chez le commissaire de police, porteront leur certificat d'inscription chez le commissaire de section qui se trouvera de service, et qui leur indiquera l'époque de la prestation de leur serment.

11. Les commissaires de section pourront être chargés par l'administration du département de Paris, de la répartition des impôts dans leurs sections respectives.

12. Les commissaires de police seront élus pour deux ans, et pourront être réélus autant de fois que leur section le jugera convenable. Le premier remplacement, s'il a lieu, ne pourra se faire qu'à la Saint-Martin 1792; le conseil général de la commune fixera la somme de leur traitement.

13. Chaque commissaire de police aura sous ses ordres un secrétaire-greffier de police, dont le conseil-général de la commune fixera aussi le traitement.

14. Les personnes domiciliées, arrêtées en flagrant délit dans l'arrondissement d'une section, seront conduites chez le commissaire de police. Celui-ci pourra, avec la signature de l'un des commissaires de section, envoyer dans une maison d'arrêt les personnes ainsi arrêtées, lesquelles seront entendues dans les vingt-quatre heures, conformément à ce qui sera réglé par la suite.

15. Les personnes non domiciliées, arrêtées dans l'arrondissement d'une section, seront conduites chez le commissaire de police : si elles sont prévenues d'un désordre grave ou d'un délit, celui-ci pourra les envoyer dans une maison d'arrêt, où elles seront interrogées dans les vingt-quatre heures, et remises en liberté, ou, selon la gravité des circonstances, livrées à la justice ordinaire, ou condamnées par le tribunal de police qui sera établi.

16. Le commissaire de police, en cas de vols ou d'autres crimes, gardera par devers lui les effets volés et les pièces de conviction pour les remettre aux juges. Dans tous les cas, il dressera procès-verbal des pièces et des faits, et il tiendra registre du tout; il en instruira de plus le département de police, et le commissaire de section qui se trouvera de service.

17. Hors le cas de flagrant délit, la municipalité ne pourra ordonner l'arrestation de qui que ce soit, que dans les cas et de la ma-

nière qui seront déterminés dans le réglement de police.

18. Le commissaire de police rendra compte au maire, ainsi que l'ordonnera celui-ci.

19. Le commissaire de police rendra, tous les soirs, au commissaire de section qui sera de service, un compte sommaire et par écrit des évènemens de la journée.

20. Le secrétaire-greffier tiendra la plume aux assemblées du comité; il dressera les procès-verbaux lorsqu'il en sera requis par les commissaires; il sera chargé de faire les expéditions, les extraits et les envois à qui il appartiendra; il sera aussi chargé de la tenue de tous les registres nécessaires aux fonctions du comité et du commissaire de police.

21. Les appointemens du secrétaire-greffier seront acquittés des deniers communs de la ville.

22. Il sera procédé à l'élection des seize commissaires de section, du commissaire de police et du secrétaire-greffier, par les assemblées de chaque section, immédiatement après les élections des membres du corps municipal et du conseil général de la commune.

23. L'élection du commissaire de police se fera au scrutin et à la pluralité absolue des suffrages, mais par bulletin de deux noms; si le premier ou le second tour de scrutin ne donne pas cette pluralité absolue, on procédera à un troisième et dernier, dans lequel on n'écrira qu'un nom; les voix ne pourront porter que sur l'un des deux citoyens qui en auront obtenu le plus grand nombre au second scrutin.

24. Le commissaire de police et le secrétaire-greffier ne pourront être choisis que parmi les citoyens éligibles de la section, et ils seront tenus d'y résider.

25. L'élection du secrétaire-greffier se fera au scrutin, par bulletin de deux noms, et à la pluralité relative, laquelle sera au moins du quart des suffrages.

26. Les seize commissaires de section seront choisis parmi les citoyens éligibles de la section, au scrutin, par bulletin de liste de six noms.

27. Ceux qui, par le dépouillement du scrutin, se trouveront réunir la pluralité relative du tiers au moins des suffrages, seront déclarés commissaires.

28. Pour le nombre des commissaires restant à nommer, comme aussi dans le cas où aucun citoyen n'aurait eu la pluralité du tiers des voix, il sera procédé à un second scrutin par bulletin de liste de six noms; et ceux qui, par le dépouillement de ce scrutin, réuniront la pluralité relative du tiers au moins des voix, seront déclarés commissaires.

29. Si le nombre des seize commissaires n'est pas encore rempli, ou si aucun citoyen ne se trouve élu, il sera procédé à un dernier scrutin par bulletin de liste de six noms, et

à la simple pluralité relative des suffrages : ceux qui l'obtiendront seront déclarés élus, jusqu'à concurrence des seize commissaires à nommer.

30. Si un citoyen nommé commissaire au troisième tour refuse, il sera remplacé par le concurrent qui, dans ce même tour de scrutin, aura eu le plus de voix après lui. Si un citoyen nommé commissaire dans les deux premiers scrutins, refuse après la dissolution de l'assemblée, il sera remplacé par celui qui, dans les divers scrutins, aura eu le plus de voix. Les commissaires de section, en cas de mort ou de démission dans le cours de l'année, seront remplacés, jusqu'à l'époque ordinaire des élections, par ceux des citoyens qui auront eu le plus de voix après eux; et pour exécuter ces deux dispositions, on conservera les résultats des scrutins.

31. L'exercice des fonctions de commissaire de police sera incompatible avec celui de garde nationale.

32. Les commissaires de section, le commissaire de police et son secrétaire-greffier, prêteront serment entre les mains du président de l'assemblée de la section, de bien et fidèlement remplir leurs devoirs.

33. La moitié des commissaires de section sortira chaque année. La première sortie se fera par la voie du sort; elle n'aura lieu qu'à l'époque des élections ordinaires en 1791; et, pour la première fois, le temps qui s'écoulera entre l'époque de leur élection et l'époque fixe des élections ordinaires, ne sera point compté.

34. Les élections des secrétaires-greffiers se renouvelleront tous les deux ans, et l'époque en sera fixée de façon à alterner avec celle de l'élection des commissaires de police.

TITRE V.

Décrets généraux sur les municipalités du royaume que l'art. 4 du tit. 1er déclare applicables à la ville de Paris, et ordonne le rapport à la fin du réglement de la municipalité de la capitale.

Art. 1er. Les officiers et membres des municipalités actuelles seront remplacés par voie d'élection.

2. Les droits de présentation, nomination ou confirmation, et les droits de présidence ou de présence aux assemblées municipales, prétendus ou exercés comme attachés à la possession de certaines terres, aux fonctions de commandant de province ou de ville, aux évêchés ou archevêchés, et généralement à tel autre titre que ce puisse être, sont abolis.

3. Tous les citoyens actifs de chaque ville, bourg, paroisse ou communauté, pourront concourir à l'élection des membres du corps municipal.

4. Les assemblées des citoyens actifs seront convoquées par le corps municipal, huit jours avant celui où elles devront avoir lieu. La séance sera ouverte en présence d'un citoyen chargé par le corps municipal d'expliquer l'objet de la convocation.

5. Chaque assemblée procédera, dès qu'elle sera formée, à la nomination d'un président et d'un secrétaire; il ne faudra pour cette nomination que la simple pluralité relative des suffrages, en un seul scrutin, recueilli et dépouillé par les trois plus anciens d'âge.

6. Chaque assemblée nommera ensuite à la pluralité relative des suffrages, trois scrutateurs, qui seront chargés d'ouvrir les scrutins subséquens, de les dépouiller, de compter les voix, et de proclamer les résultats : ces trois scrutateurs seront nommés par un seul scrutin, recueilli et dépouillé, comme les précédens, par les trois plus anciens d'âge.

7. Les conditions de l'éligibilité pour les administrations municipales seront les mêmes que pour les administrations de district et de département.

8. Les officiers municipaux et les notables ne pourront être nommés que parmi les citoyens éligibles de la commune.

9. Les citoyens qui occupent des places de judicature ne peuvent être en même temps membres des corps municipaux.

10. Ceux qui sont chargés de la perception des impôts indirects, tant que ces impôts subsisteront, ne peuvent être admis en même temps aux fonctions municipales.

11. Les maires seront toujours élus à la pluralité absolue des voix. Si le premier scrutin ne donne pas cette pluralité, il sera procédé à un second; si celui-ci ne la donne point encore, il sera procédé à un troisième, dans lequel le choix ne pourra plus se faire qu'entre les deux citoyens qui auront réuni le plus de voix aux scrutins précédens. Enfin, s'il y avait égalité de suffrages entre eux, ce troisième scrutin, le plus âgé serait préféré.

12. Il y aura dans chaque municipalité un procureur de la commune, sans voix délibérative. Il sera chargé de défendre les intérêts, et de poursuivre les affaires de la communauté.

13. Le procureur de la commune sera nommé par les citoyens actifs, au scrutin et à la pluralité absolue des suffrages, dans la forme, et selon les règles prescrites pour l'élection des maires.

14. Le bureau sera chargé de tous les soins de l'exécution, et borné à la simple régie.

15. Toutes les délibérations nécessaires à l'exercice des fonctions du corps municipal seront prises dans l'assemblée des membres du conseil et du bureau, réunis, à l'exception des délibérations relatives à l'arrêté des comptes, qui seront prises par le conseil seul.

16. Les officiers municipaux et les notables seront élus pour deux ans, et renouvelés, par moitié, chaque année.

17. Le maire restera en exercice pendant deux ans; il pourra être réélu pour deux autres années; mais ensuite il ne sera permis de l'élire de nouveau qu'après un intervalle de deux ans.

18. Le procureur de la commune conservera sa place pendant deux ans, et pourra être réélu pour deux autres années.

19. Les assemblées d'élection pour les renouvellemens annuels se tiendront, dans tout le royaume, le dimanche après la Saint-Martin, sur la convocation des officiers municipaux.

20. Avant d'entrer en exercice, le maire et les autres membres du corps municipal, le procureur de la commune et son substitut, s'il y en a un, prêteront le serment de maintenir de tout leur pouvoir la constitution du royaume, d'être fidèles à la nation, à la loi et au Roi, et de bien remplir leurs fonctions. Ce serment sera prêté, à la prochaine élection, devant la commune, et devant le corps municipal, aux élections suivantes.

21. Le maire et les autres membres du corps municipal, le procureur de la commune et son substitut ne pourront exercer en même temps ces fonctions et celles de garde nationale.

22. Le conseil général de la commune, composé tant des membres du corps municipal que des notables, sera convoqué toutes les fois que l'administration municipale le jugera convenable : elle ne pourra se dispenser de le convoquer lorsqu'il s'agira de délibérer sur des acquisitions ou aliénations d'immeubles; sur des impositions extraordinaires, pour dépenses locales; sur des emprunts; sur des travaux à entreprendre; sur l'emploi du prix des ventes, des remboursemens ou des recouvremens; sur les procès à intenter; même sur les procès à soutenir, dans le cas où le fond du droit sera contesté.

23. Dans toutes les villes au-dessous de quatre mille ames, les comptes de l'administration municipale en recettes et dépenses seront imprimés chaque année.

24. Dans toutes les communautés, sans distinction, les citoyens actifs pourront prendre au greffe de la municipalité, sans déplacer et sans frais, communication des comptes, des pièces justificatives et des délibérations du corps municipal, toutes les fois qu'ils le requerront.

25. Si un citoyen croit être personnellement lésé par quelque acte du corps municipal, il pourra exposer ses sujets de plainte à l'administration ou au directoire du département, qui y fera droit, après avoir vérifié les faits.

26. Tout citoyen actif pourra signer et présenter contre les officiers municipaux la dénonciation des délits d'administration dont il prétendra qu'ils se seront rendus coupables. Mais, avant de porter cette dénonciation dans les tribunaux, il sera tenu de la soumettre à l'administration ou au directoire du département, qui, après en avoir examiné les faits, renverra la dénonciation, s'il y a lieu, à ceux qui devront en connaître.

27. Nul citoyen ne pourra exercer en même temps dans la même ville ou communauté, les fonctions municipales et les fonctions militaires.

28. Aux prochaines élections, lorsque les assemblées primaires des citoyens actifs de chaque canton, où les assemblées particulières de chaque communauté auront été formées, et, aussitôt après que le président et le secrétaire auront été nommés, il sera, avant de procéder à aucune autre élection, prêté par le président et le secrétaire, en présence de l'assemblée, et ensuite par les membres de l'assemblée, entre les mains du président, le serment de maintenir de tout leur pouvoir la constitution du royaume, d'être fidèles à la nation, à la loi et au Roi, de choisir en leur ame et conscience les plus dignes de la confiance publique, et de remplir avec zèle et courage les fonctions civiles et politiques qui pourront leur être confiées. Ceux qui refuseront de prêter ce serment seront incapables d'élire ou d'être élus.

29. Jusqu'à l'époque où l'Assemblée nationale aura déterminé par ses décrets l'organisation définitive des milices et des gardes nationales, les citoyens qui remplissent actuellement les fonctions d'officiers ou de soldats dans les gardes nationales, mêmes ceux qui se sont formés sous la dénomination de volontaires, prêteront, par provision, et, aussitôt après que les municipalités seront établies, entre les mains des maires et officiers municipaux, en présence de la commune assemblée, le serment d'être fidèles à la nation, à la loi et au Roi, de maintenir de tout leur pouvoir, sur la réquisition des corps administratifs et municipaux, la constitution du royaume, et de prêter pareillement, sur les mêmes réquisitions, main-forte, et à l'exécution des ordonnances de justice, et à celles des décrets de l'Assemblée nationale acceptés ou sanctionnés par le Roi.

30. Lorsque le maire et les officiers municipaux seront en fonctions, ils porteront pour marque distinctive, par-dessus leur habit, et en baudrier, une écharpe aux trois couleurs de la nation, bleu, rouge et blanc, attachée d'un nœud, et ornée d'une frange couleur d'or pour le maire, blanche pour les officiers municipaux, et violette pour le procureur de la commune. Les rangs sont ainsi réglés :

31. Le maire, puis les officiers municipaux, selon l'ordre des tours de scrutin où ils auront été nommés, et dans le même tour, selon le nombre des suffrages qu'ils auront obtenus; enfin, le procureur de la commune et ses substituts que suivront les greffiers et

trésoriers. Quant aux notables, ils n'auront de rang que dans les séances du conseil général; ils y siégeront à la suite du corps municipal, selon le nombre des suffrages donnés à chacun d'eux. En cas d'égalité, le pas appartient aux plus âgés.

32. Cet ordre sera observé, même dans les cérémonies religieuses, immédiatement à la suite du clergé. Cependant la préséance attribuée aux officiers municipaux sur les autres corps, ne leur confère aucun des anciens droits honorifiques dans les églises.

33. La condition du domicile de fait, exigée pour l'exercice des droits de citoyen actif dans une assemblée de commune, ou dans une assemblée primaire, n'emporte que l'obligation d'avoir dans le lieu ou dans le canton, une habitation depuis un an, et déclarer qu'on n'exerce les mêmes droits dans aucun autre endroit.

34. Ne seront réputés domestiques ou serviteurs à gages, les intendants ou régisseurs, les ci-devant feudistes, les secrétaires, les charretiers ou maitres-valets de labour, employés par les propriétaires, fermiers ou métayers, s'ils réunissent d'ailleurs les autres conditions exigées.

Suite de l'art. 34 du décret ci-dessus.

L'Assemblée nationale, en exécution de l'art. 6 du tit. Ier du réglement pour la municipalité de la capitale, autorise les commissaires adjoints au comité de constitution, à tracer la division de la ville de Paris en quarante-huit sections, après avoir entendu les commissaires de la municipalité, et les commissaires des soixante districts actuels, et les charge de rendre compte à l'Assemblée des difficultés qui pourraient survenir.

Les commissaires-adjoints signeront deux exemplaires du plan de la ville de Paris, divisée en quarante-huit sections, et du procès-verbal de division; l'un des exemplaires sera déposé aux archives de l'Assemblée nationale, et l'autre sera envoyé au greffe de l'hôtel-de-ville.

22 JUIN 1790.

L'Assemblée nationale, conformément à l'article 6 du titre Ier du réglement général pour la municipalité de Paris, décrète la division de cette ville en quarante-huit sections, telle qu'elle est tracée et énoncée dans le plan et le procès-verbal joints au présent décret; elle ordonne de déposer aux archives de l'Assemblée, et au greffe de l'hôtel-de-ville, un exemplaire de ce procès-verbal, signé des commissaires-adjoints au comité de constitution.

Le Roi sera supplié de donner les ordres nécessaires pour que les opérations préalables aux élections soient terminées au plus tard le 4 juillet, et que les élections commencent le lendemain.

Les commissaires-adjoints au comité de constitution, autorisés par l'art. 34 du décret de l'Assemblée nationale ci-contre, de l'organisation de la municipalité de Paris, des 3 mai et jours suivans, à tracer la division de cette ville en quarante-huit sections, après avoir entendu les commissaires de la municipalité provisoire, et ceux des soixante districts actuels;

Vu les procès-verbaux des séances de l'Assemblée des députés de la commune, et des commissaires nommés par l'universalité des districts, des 6, 12 et 14 juin, ensemble les mémoires et les délibérations présentés au comité de constitution, au nombre de soixante-dix pièces déposées aux archives de l'Assemblée nationale, ont arrêté et tracé cette division, avec les dénominations des nouvelles sections, ainsi qu'il suit (1) :

Section des Tuileries.—Section des Champs-Elysées. — Section du Roule. — Section du Palais-Royal. — Section de la place Vendôme. — Section de la Bibliothèque. — Section de la Grange-Batelière. — Section du Louvre. — Section de l'Oratoire. — Section de la Halle-aux-Blés. — Section des Postes. — Section de la place Louis XIV. — Section de la Fontaine de Montmorency. — Section de Bonne-Nouvelle. — Section du Ponceau. — Section de Mauconseil. — Section du Marché des Innocens. — Section des Lombards. — Section des Arcis. — Section du faubourg Montmartre. — Section de la rue Poissonnière. — Section de Bondy. — Section du Temple. — Section de Popincourt. — Section de la rue Montreuil. — Section des Quinze-Vingts.— Section des Gravilliers. — Section du faubourg Saint-Denis.—Section de la rue Beaubourg. — Section des Enfans-Rouges. — Section du Roi de Sicile. — Section de l'Hôtel-de-Ville. — Section de la place Royale.— Section de l'Arsenal. — Section de l'Ile. — Section de Notre-Dame.—Section d'Henri IV. — Section des Invalides. — Section de la Fontaine Grenelle. — Section des Quatre-Nations. — Section du Théâtre-Français. — Section de la Croix-Rouge. — Section du Luxembourg. — Section des Termes de Julien. — Section de Sainte-Geneviève. — Section de l'Observatoire. — Section du Jardin des Plantes. — Section des Gobelins.

21 MAI 1790.—Décret concernant la perception des droits établis dans la ville de Cambrai et dans le Cambrésis. (B. 2, 411.)

---

(1) Nous supprimons les noms de limites et des rues de l'intérieur de chaque section.

21 MAI 1790. — Décret qui fixe alternativement dans les villes de Beauvais et de Compiègne, la résidence du corps administratif du département de l'Oise. (B. 2, 412.)

21 MAI 1790. — Décret pour le partage des établissemens entre les villes de Saint-Jean-Pied-de-Port et de Saint-Palais. (B. 2, 413.)

21 = 28 MAI 1790. — Décret qui autorise la ville de Marseille à faire un emprunt. (B. 2, 453.)

21 MAI 1790. — Décret qui approuve la conduite de la municipalité et de la garde nationale de Tarascon pendant les troubles de cette ville. (B. 2, 414.)

21 MAI 1790. — Alby; Availle. *Voy.* 8 MAI 1790. — Devoisins. *Voy.* 17 MAI 1790. — Géménos, etc. *Voy.* 19 MAI 1790. — Retrait féodal. *Voy.* 21 MAI 1790.

22 = 27 MAI 1790. (Procl.) — Décret concernant le droit de faire la paix et la guerre. (L. 1, 846; B. 2, 451; Mon. 17 au 24 mai.)

Voy. les constitutions successives et la Charte, art. 14.

Art. 1er. Le droit de la paix et de la guerre appartient à la nation.

La guerre ne pourra être décidée que par un décret du Corps-Législatif, qui sera rendu sur la proposition formelle et nécessaire du Roi, et ensuite sanctionné par Sa Majesté.

2. Le soin de veiller à la sûreté extérieure du royaume, de maintenir ses droits et ses possessions, est délégué au Roi par la constitution de l'Etat; ainsi, lui seul peut entretenir des relations politiques au dehors, conduire les négociations, en choisir les agens, faire les préparatifs de guerre proportionnés à ceux des Etats voisins, distribuer les forces de terre et de mer, ainsi qu'il le jugera convenable, et en régler la direction en cas de guerre.

3. Dans le cas d'hostilités imminentes ou commencées, d'un allié à soutenir, d'un droit à conserver par la force des armes, le pouvoir exécutif sera tenu d'en donner, sans aucun délai, la notification au Corps-Législatif, d'en faire connaître les causes et les motifs, et si le Corps-Législatif est en vacance, il se rassemblera sur-le-champ.

4. Sur cette notification, si le Corps-Législatif juge que les hostilités commencées soient une agression coupable de la part des ministres ou de quelque autre agent du pouvoir exécutif, l'auteur de cette agression sera poursuivi comme criminel de lèse-nation; l'Assemblée nationale déclarant à cet effet que la nation française renonce à entreprendre aucune guerre dans la vue de faire des conquêtes, et qu'elle n'emploiera jamais ses forces contre la liberté d'aucun peuple.

5. Sur la même notification, si le Corps-Législatif décide que la guerre ne doit pas être faite, le pouvoir exécutif sera tenu de prendre sur-le-champ des mesures pour faire cesser ou prévenir toutes hostilités, les ministres demeurant responsables des délais.

6. Toute déclaration de guerre sera faite en ces termes : *De la part du Roi des Français, au nom de la nation.*

7. Pendant tout le cours de la guerre, le Corps-Législatif pourra requérir le pouvoir exécutif de négocier la paix, et le pouvoir exécutif sera tenu de déférer à cette réquisition.

8. A l'instant où la guerre cessera, le Corps-Législatif fixera le délai dans lequel les troupes levées au-dessus du pied de paix seront congédiées, et l'armée réduite à son état permanent. La solde desdites troupes ne sera continuée que jusqu'à la même époque, après laquelle, si les troupes excédant le pied de paix restaient rassemblées, le ministre sera responsable et poursuivi comme criminel de lèse-nation.

9. Il appartient au Roi d'arrêter et signer avec les puissances étrangères tous les traités de paix, d'alliance et de commerce, et autres conventions qu'il jugera nécessaires au bien de l'Etat; mais lesdits traités et conventions n'auront d'effet qu'autant qu'ils auront été ratifiés par le Corps-Législatif.

22 MAI = 1er JUIN 1790. — Décret qui autorise la ville de Caen à faire un emprunt. (B. 2, 450.)

22 = 30 MAI 1790. — Décret qui autorise la municipalité d'Alby à mettre une imposition. (B. 2, 450.)

22 MAI 1790. — Décret qui défend un emprunt de trois mille livres, demandé par la commune de Réalmont, et qui autorise seulement à imposer le montant de la somme. (B. 2, 451.)

22 MAI 1790. — Auray. *Voy.* 8 MAI 1790. — Sels étrangers. *Voy.* 14 MAI 1790

23 MAI 1790. — Amiens. *Voy.* 17 MAI 1790. — Lagny-sur-Marne. *Voy.* 20 = 23 MAI 1790. — Sarguemines. *Voy.* 17 MAI 1790.

24 = 29 MAI 1790. (Lett.-Pat.) — Décret portant prorogation du terme fixé pour la conversion des billets de la caisse d'escompte en assignats. (L. 1, 857; B. 2, 453.)

L'Assemblée nationale a décrété le 17 avril, que les billets de la caisse d'escompte feraient fonctions d'assignats jusqu'au 15 juin 1790, et qu'ils seraient changés pendant cet intervalle contre des assignats portant intérêt à trois pour cent, à compter du 15 avril de la même année, et que, faute par les porteurs desdits billets de la caisse d'escompte d'avoir satisfait à cette loi dans le courant de cette époque, il ne leur serait plus tenu compte des intérêts qu'à partir du moment de la présentation.

L'Assemblée nationale, s'étant fait rendre compte par ses commissaires des retards inévitables qu'a éprouvés la fabrication desdits assignats, tant par les précautions à prendre pour la sûreté publique, que par les signatures nécessaires à y apposer, a décrété et décrète qu'elle proroge jusqu'au 15 août de cette année le terme de rigueur qu'elle avait fixé pour les échanger au 15 de juin, et que cependant les intérêts courent et soient toujours comptés à partir du 15 d'avril dernier.

24 MAI 1790. — Décret pour ouvrir la voie de cassation contre les jugemens en dernier ressort. *Voy.* loi du 16 = 24 AOUT 1790.

L'Assemblée nationale décrète que les jugemens en dernier ressort pourront être attaqués par la voie de cassation.

24 MAI 1790. — Pau. *Voy.* 12 MAI 1790.

25 = 30 MAI 1790. (Lett.-Pat.) — Décret concernant la formation, la vérification et la rectification des rôles d'impositions de l'année 1790. (L. 1, 861; B. 2, 454.)

Art. 1er. Les municipalités et autres asséeurs chargés de la confection des rôles, qui n'ont pas encore procédé à la répartition des impositions ordinaires de 1790, seront tenus de la terminer dans le délai de quinze jours, à compter de la publication du présent décret; et les officiers qui ont dû jusqu'à présent en faire la vérification et les rendre exécutoires, ou ceux qui, à leur défaut, ou en cas de refus, ont été autorisés par le décret du 27 avril à les vérifier, seront tenus de les rendre exécutoires sans retard; faute de quoi, lesdits officiers municipaux chargés de la confection des rôles, ou autres officiers chargés de la vérification d'iceux, demeureront garans et responsables du retard qui résulterait dans le recouvrement des impositions de chaque communauté.

2. Aussitôt que les assemblées administratives seront établies, les départemens veilleront à ce que, dans chaque district, il soit nommé des commissaires à l'effet de vérifier les plaintes qui leur seraient adressées sur les inégalités, erreurs ou doubles emplois qui auraient été commis dans la répartition des impositions ordinaires de la présente année 1790, entre les différentes municipalités. Lesdits commissaires en dresseront procès-verbal, et en feront leur rapport au directoire du district, qui le portera devant le directoire du département, et y joindra son avis, pour que

le directoire du département en rende compte au Corps-Législatif, en lui proposant les mesures qu'il croira les plus convenables pour réparer lesdites surtaxes, erreurs ou doubles emplois, et être ensuite par l'Assemblée nationale décrété ce qu'il appartiendra.

26 MAI 1790. — Décret portant que les juges qui connaîtront de la cassation, seront tous sédentaires. (B. 2, 455.) *Voy.* loi du 16 = 24 AOUT 1790.

26 MAI 1790. — Cauderot. *Voy.* 14 MAI 1790. — Droit de triage. *Voy.* 15 MAI 1790.

27 = 28 MAI 1790. (Lett.-Pat.) — Décret concernant les saisies et ventes de meubles des communautés ecclésiastiques, la remise des titres de leurs créanciers, et les procès relatifs aux fonds qui ont été déclarés être à la disposition de la nation. (L. 1, 850; B. 2, 456.)

Art. 1er. Il sera sursis à toutes saisies-exécutions, ventes de fruits, de meubles, et autres poursuites généralement quelconques, contre les corps et communautés ecclésiastiques, réguliers et séculiers, jusqu'à ce qu'il en ait été autrement ordonné; et tous les meubles et effets mobiliers qui pourraient avoir été saisis, seront laissés à la garde desdits corps et communautés, qui en rendront compte ainsi et à qui il appartiendra.

2. Tous ceux qui sont ou qui se prétendent créanciers d'aucuns desdits corps ou communautés, seront tenus de remettre aux assemblées administratives de leur département leurs titres de créances, pour y être examinés, et ensuite pourvu à leur paiement.

3. A dater du jour de la publication du présent décret, et pendant quatre mois après la formation des directoires de département, il sera pareillement sursis à l'instruction et au jugement de toutes causes, instances et procès mus et à mouvoir entre quelques personnes que ce soit, concernant les fonds et droits qui ont été déclarés être à la disposition de la nation.

27 = 30 MAI 1790. (Lett.-Pat.) — Décret sur la libre circulation et la taxe des grains. (L. 1, 859; B. 2, 458.)

L'Assemblée nationale, informée par les procès-verbaux qui lui ont été envoyés par la municipalité de Montbrisson en Forez, et par celles de Montaigut et du Donjon, et autres lieux en Bourbonnais, de différens attroupemens et émeutes qui ont eu lieu les 10 et 11 de ce mois et jours suivans, pour obtenir que le prix du grain fût taxé par les municipalités à un taux au-dessous du prix courant, et que, dans les provinces du Forez et du Bourbonnais, on apporte de l'obstacle à la libre circulation des grains dans le royaume; l'Assemblée, persistant dans les décrets rendus les 29 août 1789, 18 septembre et 5 octobre suivans, relatifs à la libre circulation des grains dans le royaume, a décrété que le Roi serait supplié de faire défendre à toutes personnes d'exiger que le prix du grain soit taxé, à peine par les contrevenans d'être poursuivis et punis suivant la rigueur des lois, et de faire donner des ordres pour que les auteurs et instigateurs de ces désordres soient poursuivis.

27 = 28 MAI 1790.— Décret qui approuve le régime provisoire de la garde nationale de Meaux. (B. 2, 455.)

27 = 28 MAI 1790. — Décret concernant la tenue de l'assemblée primaire du canton de l'Arbresle, district de Lyon. (B. 2, 456.)

27 MAI 1790. — Décret en témoignage de satisfaction du don patriotique des députés de la nation française à Cadix. (B. 2, 457.)

27 MAI 1790. — Décret portant qu'il y aura des tribunaux particuliers pour le commerce. (B. 2, 458.) Voy. loi du 16 = 24 AOUT 1790.

27 MAI 1790.— Décret pour la poursuite des auteurs et instigateurs des troubles de Perpignan. (B. 2, 458.)

27 MAI 1790.— Décret pour témoigner à la garde nationale et à la garnison de Douai la satisfaction de l'Assemblée sur leurs sentimens patriotiques. (B. 2, 459.)

27 = 30 MAI 1790.— Décret qui déclare nulle et illégale la première élection des officiers municipaux de Saint-Jean-d'Angely, et ordonne de procéder à une nouvelle élection. (B. 2, 460.)

27 MAI 1790. — Droit de paix et de guerre. Voy. 22 MAI 1790. — Evreux, etc.; Fonctions royales. Voy. 17 MAI 1790. — Galères : Joigny. Voy. 20 MAI 1790.

18 = 28 MAI 1790. (Lett.-Pat.) — Décret relatif aux assemblées électorales. (L. 1, 852; B. 2, 466.)

Voy. loi du 22 DÉCEMBRE 1789 = 8 JANVIER 1790.

Art. 1er. Les assemblées électorales pourront accélérer leurs opérations, en arrêtant, à la pluralité des voix, de se partager en plusieurs bureaux composés au moins de cent électeurs pris proportionnellement dans les différens districts, qui procéderont séparément aux élections, et qui députeront chacun deux commissaires chargés de faire ensemble le recensement des scrutins.

2. Les bureaux procéderont tous, au même moment, aux élections.

3. Tout bulletin qui aura été apporté dans les assemblées, et qui n'aura pas été ou écrit par le votant lui-même sur le bureau, ou dicté par lui aux scrutateurs, s'il ne sait pas écrire, sera rejeté comme nul.

4. Après le serment civique prêté par les membres de l'assemblée, dans les mêmes termes ordonnés par le décret du 4 février dernier, le président de l'assemblée, ou de chacun des bureaux, prononcera, avant de commencer les scrutins, cette formule de serment : *Vous jurez et promettez de ne nommer que ceux que vous aurez choisis en votre ame et conscience, comme les plus dignes de la confiance publique, sans avoir été déterminé par dons, promesses, sollicitations ou menaces.* Cette formule sera écrite en caractères très-visibles, et exposée à côté du vase du scrutin. Chaque citoyen apportant son bulletin, levera la main, et le mettant dans le vase, prononcera à haute voix : Je le jure.

Le même serment sera prêté dans toutes les élections des juges et officiers municipaux, et députés à l'Assemblée nationale.

4. Aucun citoyen reconnu actif, de quelque état et profession qu'il soit, ne pourra être exclu des assemblées primaires. Il ne pourra y être admis que des citoyens actifs; ils assisteront aux assemblées primaires et électorales sans aucune espèce d'armes ni bâtons. Une garde de sûreté ne pourra être introduite dans l'intérieur, sans le vœu exprès de l'assemblée, si ce n'est qu'on y commit des violences : auquel cas l'ordre du président suffira pour appeler la force publique. Le président pourra aussi, en cas de violences, lever seul la séance; autrement, elle ne pourra être levée sans avoir pris le vœu de l'assemblée.

6. Les assemblées électorales ne s'occuperont que des élections et des objets qui leur sont renvoyés par les décrets de l'Assemblée nationale, sanctionnés ou acceptés par le Roi; elles ne prendront aucune délibération sur les matières de législation ou d'administration, sans préjudice des pétitions qui pourront être présentées par les assemblées tenues en la forme autorisée par l'article 62 du décret du 14 décembre 1789 sur les municipalités.

28 MAI = 10 JUIN 1790. (Procl.) — Décret concernant la levée des matelots. (L. 1, 895; B. 2, 468.)

L'Assemblée nationale décrète que la levée des matelots sera faite provisoirement comme par le passé. (B., 1, 461.)

28 MAI 1790. — Décret pour faciliter l'approvisionnement en grains du pays de Montbéliard. (B. 1, 461.)

L'Assemblée nationale décrète que M. le

1.   13

président se retirera par devers le Roi, pour supplier Sa Majesté de donner les ordres nécessaires pour que les blés qui traversent l'Alsace, pour l'approvisionnement du pays de Montbéliard, ne soient point arrêtés par les différentes municipalités dans le territoire desquelles ils passent, et que ceux qui sont arrêtés soient rendus à la première réquisition de M. le duc Frédéric-Eugène de Würtemberg.

28 MAI 1790. — Proclamation du Roi pour le rétablissement de la tranquillité et du bon ordre. (L. 1, 855.)

28 MAI 1790. — Décret qui fixe le lieu des séances de l'assemblée de Boulogne-en-Cumminges, et du hameau de l'Hilhette, pour procéder à l'élection de la municipalité. (B. 2, 460.)

28 MAI=6 JUIN 1790. — Décrets qui autorisent les municipalités d'Auxerre, de Chirac, de Chef-Boutonne, de Cussel, de Lannion, de Marvejols, de Nontron, de Salon, d'Uzerche, à mettre une imposition extraordinaire. (B. 2, 461 et 465.)

28 MAI 1790. — Décret qui détermine les villes où se tiendront la première et la seconde assemblée du département de Saône-et-Loire. (B. 2, 465.)

28 MAI 1790. — Décret qui ajourne un projet d'instruction pour l'aliénation des domaines nationaux, et ordonne l'impression d'un projet de soumission pour les municipalités qui voudront en acquérir. (B. 2, 466.)

28 MAI 1790. — Décret qui suspend la démolition de la citadelle de Marseille. (B. 2, 468.)

28 MAI 1790. — Communautés ecclésiastiques. Voy. 27 MAI 1790. — Evreux, etc. Voy. 17 MAI 1790. — L'Abresle. Voy. 27 MAI 1790. — Marseille. Voy. 21 MAI 1790 et 22 MAI 1790. — Meaux. Voy. 27 MAI 1790.

29 = 30 MAI 1790. — Décret relatif aux conditions exigées pour jouir des droits de citoyen actif. (B. 2, 470.)

L'Assemblée nationale, après avoir entendu le rapport de son comité de constitution, et sur l'examen, tant du procès-verbal fait en exécution de son décret du 15 de ce mois, par M. Warenghien de Flory, commissaire du Roi, que de la pétition d'un grand nombre de citoyens de la ville de Douai, décrète :

1° Que les élections des sieurs de Francqueville d'Inielle et Bruneau de Beaumets sont nulles, comme faites en contravention au décret du 23 mars dernier, concernant la contribution patriotique; ordonne que l'assemblée primaire où lesdites élections ont été faites, se réunira de nouveau pour procéder à de nouvelles élections, et qu'il n'y sera admis à voter aucun citoyen qui, ayant notoirement plus de quatre cents livres de rente, n'aura pas fait la déclaration prescrite pour la contribution patriotique, et n'en présentera pas l'extrait;

2° Que pour déterminer la qualité de citoyen actif, il faut avoir égard, non seulement à la capitation et aux impositions territoriales, mais encore aux taxes pour la milice et l'industrie, et aux impositions affectées sur les biens communaux, lesquelles doivent être considérées comme des impôts directs; qu'en conséquence, si, comme le porte la pétition d'un grand nombre de citoyens de la ville de Douai, les officiers municipaux n'ont point, dans la formation du rôle des citoyens actifs de cette ville, pris en considération ces taxes pour la milice, l'industrie et les biens communaux, ce qui a privé beaucoup d'habitans de leurs droits; les assemblées primaires qui se sont tenues sont irrégulières et les élections qui y ont été faites, nulles. Charge M. Warenghien de Flory de vérifier le fait; et s'il se trouve conforme à ce qui est porté dans la pétition des citoyens de Douai, décrète qu'il sera aussitôt réunir les assemblées primaires, pour procéder à de nouvelles élections, et que, dans lesdites assemblées, seront admis et regardés comme électeurs et éligibles tous ceux qui, à raison, soit de la capitation, soit des impositions territoriales, soit de l'industrie, soit de la milice, soit des taxes sur les biens communaux, paient les impositions nécessaires pour jouir des droits de citoyen actif et pour élire ou être élus.

29 MAI = 1ᵉʳ JUIN 1790. — Décret qui déclare que les municipalités sont incompétentes pour mander devant elles les chefs et officiers des troupes réglées. (B. 2, 473.)

L'Assemblée nationale, après avoir entendu son comité des rapports, considérant que, dans sa lettre du 4 mai, le sieur de Martinet n'a point exprimé son opinion personnelle sur les dispositions du régiment de Normandie, des canonniers-matelots et de la garde nationale de Brest; que, d'ailleurs, cette lettre, purement confidentielle, n'était point destinée à devenir publique;

Considérant que les municipalités étant incompétentes pour mander devant elles et faire arrêter les chefs et officiers des troupes réglées, pour des faits relatifs à leurs fonctions et à la conduite des corps qui sont à leurs ordres, la municipalité de Brest a outrepassé ses pouvoirs dans la conduite par elle tenue à l'égard du sieur de Martinet; mais que, d'un autre côté, la circonstance d'une fermentation qui pouvait entraîner les plus grands malheurs, paraissait exiger, pour la tranquillité publique et pour la sûreté particulière du sieur de Martinet, qu'elle en prit de semblables;

Déclare qu'il n'y a lieu à aucune inculpation contre le sieur de Martinet; que la liberté doit lui être incessamment rendue; et sur le surplus, décrète qu'il n'y a pas lieu à délibérer.

---

29 MAI 1790. — Décret concernant une émeute à Tours pour les grains. (B. 2, 472.)

---

29 MAI 1790. — Décret pour l'envoi d'une députation au Roi au nom de la nation, pour le remercier des soins qu'il prend de rétablir la paix et l'union dans le royaume. (B. 2, 474.)

---

29 MAI = 1ᵉʳ DÉCEMBRE 1790. — Décret relatif à des mesures prises par la municipalité d'Aubenton, concernant la circulation des grains (B. 2, 469.)

---

29 MAI 1790. — Décret qui ordonne la restitution des caisses d'argent arrêtées à Doullens. (B. 2, 469.)

---

29 MAI = 6 JUIN 1790. — Décrets qui autorisent les municipalités de Bonnes et de Saint-Pierre-le-Moutier à mettre une imposition extraordinaire. (B. 2, 469 et 470.)

---

29 MAI 1790. — Arrêté par lequel l'Assemblée nationale se décide à se rendre en corps à la procession du Saint-Sacrement. (B. 2, 672.)

---

29 MAI 1790. — Assignats. *Voy.* 24 MAI 1790.— Saint-Mître en Provence. *Voy.* 20 MAI 1790.

---

30 MAI = 13 JUIN 1790. — Décret relatif aux mendians et à l'ouverture d'ateliers de secours. (L. 1, 900; B. 2, 476.)

L'Assemblée nationale, informée qu'un grand nombre de mendians étrangers au royaume, abondant de toutes parts dans Paris, y enlèvent journellement les secours destinés aux pauvres de la capitale et du royaume, et y propagent avec danger l'exemple de la mendicité, qu'elle se propose d'éteindre, a décrété ce qui suit :

Art. 1ᵉʳ. Indépendamment des ateliers déjà ouverts dans Paris, il en sera encore ouverts dans la ville et dans les environs, soit en travaux de terre pour les hommes, soit en filature pour les femmes et enfans, où seront reçus tous les pauvres domiciliés dans Paris, ou étrangers à la ville de Paris, mais Français.

2. Tous les mendians et gens sans aveu, étrangers au royaume, non domiciliés à Paris depuis un an, seront tenus de demander des passeports, où sera indiquée la route qu'ils devront suivre pour sortir du royaume.

3. Tout mendiant né dans le royaume, mais non domicilié à Paris depuis six mois, et qui ne voudra pas prendre d'ouvrage, se-

ra tenu de demander un passeport où sera indiquée la route qu'il devra suivre pour se rendre à sa municipalité.

4. Huit jours après la publication du présent décret, tous les pauvres valides trouvés mendiant dans Paris ou dans les départemens voisins, seront conduits dans les maisons destinées à les recevoir à différentes distances de la capitale, pour de là, sur les renseignemens que donneront leurs différentes déclarations, être renvoyés hors du royaume s'ils sont étrangers, ou, s'ils sont du royaume, dans leurs départemens respectifs, après leur formation; le tout sur des passeports qui leur seront donnés. Il sera incessamment présenté à l'Assemblée un réglement provisoire pour le meilleur régime et la meilleure police de ces maisons, où le bien-être des détenus dépendra particulièrement de leur travail.

5. Il sera, en conséquence, accordé à chaque département, quand il sera formé, une somme de trente mille livres pour être employée en travaux utiles.

6. La déclaration à laquelle seront soumis les mendians conduits dans ces maisons, sera faite au maire ou autre officier municipal, en présence de deux notables.

7. Il sera accordé trois sous par lieue à tout individu porteur d'un passeport. Ce secours sera donné par les municipalités successivement, de dix lieues en dix lieues.

Le passeport sera visé par l'officier municipal auquel il sera présenté, et la somme qui aura été délivrée y sera relatée.

8. Tout homme qui, muni d'un passeport, s'écartera de la route qu'il doit tenir, ou séjournera dans les lieux de son passage, sera arrêté par les gardes nationales des municipalités, ou par les cavaliers de la maréchaussée des départemens, et conduits dans les lieux de dépôt les plus prochains; ceux-ci rendrout compte sur-le-champ aux officiers municipaux des lieux où ces hommes auront été arrêtés et conduits.

9. Les municipalités des départemens voisins des frontières seront tenues de prendre les mesures et les moyens ci-dessus énoncés, pour renvoyer hors du royaume les mendians étrangers sans aveu qui s'y seraient introduits ou qui tenteraient de s'y introduire.

10. Les mendians malades, hors d'état de travailler, seront conduits dans les hôpitaux les plus prochains, pour y être traités et ensuite renvoyés, après leur guérison, dans leurs municipalités, munis de passeports convenables.

11. Les mendians infirmes, les femmes et enfans hors d'état de travailler, conduits dans ces hôpitaux et ces maisons de secours, seront traités pendant leur séjour avec tous les soins dus à l'humanité souffrante.

12. A la tête des passeports délivrés, soit pour l'intérieur du royaume, soit pour les

13.

pays étrangers, seront imprimés les articles du présent décret, et le signalement des mendians y sera également inscrit.

13. Il sera fourni par le trésor public les sommes nécessaires pour rembourser cette dépense extraordinaire, tant aux municipalités qu'aux hôpitaux.

---

30 MAI 1790. — Décret qui autorise la municipalité de Montbrisson à mettre une imposition extraordinaire. (B. 2, 475.)

30 MAI 1790. — Décret qui ordonne à l'ancienne milice de Sedan de s'incorporer dans la garde nationale. (B. 2, 475.)

30 MAI = JUIN 1790. — Décret qui fixe à Melun le siège de l'administration du département de Seine-et-Marne. (B. 2, 475.)

30 MAI 1790. — Alby. Voy. 22 MAI 1790. — Boulogne en Comminges. Voy. 28 MAI 1790. — Citoyen actif. Voy. 29 MAI 1790. — Grains. Voy. 27 MAI 1790. — Réalmont. Voy. 22 MAI 1790. — Rôles d'impositions. Voy. 25 MAI 1790. — Saint-Jean d'Angely. Voy. 27 MAI 1790. — Saône-et-Loire. Voy. 22 MAI 1790.

---

31 MAI = 3 JUIN 1790. (Lett.-Pat.) — Décret et instruction pour la vente de quatre cents millions de domaines nationaux. (L. 1, 865; B. 2, 480.)

Voy. loi du 14 = 17 MAI 1790. — Loi des 25, 26, 29 JUIN = 9, 25 JUILLET 1790.

L'Assemblée nationale a décrété que l'instruction qu'elle a adoptée pour l'exécution de son décret du 14 mai dernier, sur la vente des domaines nationaux, soit suivie et exécutée selon sa forme et teneur, comme le décret dudit jour 14 mai, et que les tableaux des calculs d'annuités soient imprimés à la suite de l'instruction.

(Suit la teneur de ladite instruction.)

Les dispositions de la loi sont renfermées sous trois titres différens.

Le premier autorise toutes les municipalités du royaume à acquérir des domaines nationaux jusqu'à concurrence d'une somme de quatre cents millions, règle les formalités et et les conditions qu'elles auront à remplir, et fixe les profits qu'elles doivent retirer de leurs acquisitions;

Le second assure à chaque municipalité une préférence sur les biens situés dans l'étendue de son territoire, lui permet de se faire subroger à la municipalité qui les aurait précédemment acquis, et détermine les conditions, les formes et les avantages de la subrogation;

Le troisième oblige les municipalités à revendre aussitôt qu'il leur sera fait des offres égales au prix de l'estimation, et règle les termes et les facilités qui seront accordés aux acquéreurs particuliers.

L'analyse et le développement des dispositions de la loi en faciliteront l'intelligence, et préviendront les difficultés que son exécution pourrait faire naître.

TITRE 1er. Des ventes aux municipalités.

Il faut distinguer, dans les quatorze articles du premier titre, huit principaux objets: 1° les opérations antérieures aux ventes; 2° la fixation du prix; 3° ce qui formera le titre translatif de propriété en faveur des municipalités; 4° la manière dont le paiement doit s'effectuer; 5° les précautions prises pour assurer l'acquittement exact de toutes les obligations des municipalités, même pendant leur jouissance intermédiaire, jusqu'à l'époque des reventes; 6° les profits accordés aux municipalités, et la manière dont il leur en sera fait raison; 7° les obligations qui leur sont imposées; 8° enfin, quelques dispositions qui ne tiennent qu'indirectement à l'esprit général de la loi.

Le premier et le second objet sont réglés par les articles 1er, 3 et 4.

Les municipalités convoqueront le conseil général de leur commune, pour en connaître le vœu sur l'acquisition des domaines nationaux. Si l'acquisition est résolue par le conseil général, sans une désignation expresse des objets, la municipalité s'occupera incessamment d'en arrêter le choix, et d'en faire l'indication.

La connaissance des baux de ces biens lui sera fournie à sa première réquisition, soit par les municipalités qui en auront dressé l'inventaire, soit par tous les autres dépositaires publics ou particuliers, et même par les fermiers et locataires.

La municipalité désignera par sa demande les biens qu'elle aura choisis, et conformera ses offres aux dispositions du décret et au modèle annexé à la présente instruction. Il faudra distinguer soigneusement les biens des trois premières classes de ceux de la quatrième.

Point de difficulté lorsque les baux ne renfermeront que des biens de la première classe; la municipalité offrira vingt-deux fois le montant de la redevance annuelle.

Les impositions dues à raison de la propriété, soit que l'usufruitier les supporte, ou que le fermier les paie à sa décharge, seront déduites pour déterminer le montant du revenu net et fixer celui du capital.

Lorsque les baux renfermeront des biens de la première, des deuxième et troisième classes, s'il est impossible de distinguer avec précision les portions de redevances appliquées aux uns et aux autres, les municipalités pourront offrir vingt-deux fois le montant de la redevance des biens de la première classe, vingt fois le montant de celle des biens de la deuxième, et quinze fois le montant de celle des biens de la troisième.

Lorsqu'une distinction précise ne sera pas possible, et toutes les fois que les biens demandés seront de la quatrième classe, ou confondus avec des biens des trois dernières, il sera indispensable de procéder à une estimation ou ventilation.

La ventilation sera également nécessaire à l'égard des biens de la première classe, qui sont affermés confusément avec des dimes ou des droits féodaux supprimés, dont le fermage n'est pas déterminé par les baux.

Les experts seront nommés, l'un par la municipalité, l'autre par l'assemblée ou le directoire du district, et le tiers-expert, en cas de partage, par le département ou son directoire.

Les départemens ou directoires sont spécialement autorisés à faire ces nominations, et chargés d'entretenir une correspondance exacte avec le comité de l'Assemblée nationale.

Toutes personnes pourront être admises aux fonctions d'expert; il suffira qu'elles en aient été jugées capables, et choisies par les parties intéressées.

Lorsque la demande d'une municipalité donnera lieu à une estimation ou ventilation, elle désignera par sa demande même l'expert qu'elle voudra choisir.

Quant à la commune de Paris, dont la municipalité n'est pas formée, les experts seront nommés, l'un par les commissaires actuels de la commune, l'autre par ceux de l'Assemblée nationale, qui, relativement aux biens situés hors du département de Paris, chargeront de ces nominations les districts des lieux ou leur directoire. S'il est besoin d'un tiers-expert, le comité le nommera pour les biens situés dans le département de Paris; et pour les autres, il le fera nommer par les assemblées ou directoires de département.

Les experts donneront dans leurs rapports une connaissance exacte, claire et précise, des objets demandés et du produit annuel; mais ils s'abstiendront des détails, qui ne serviraient qu'à multiplier les frais.

Les experts estimeront, par des rapports séparés, les biens situés sur des territoires différens, sauf les cas énoncés par l'article 2 du titre II.

3° Les décrets par lesquels, après l'évaluation des objets, les offres des municipalités seront admises, soit qu'ils concernent une seule ou plusieurs municipalités réunies, formeront leurs titres de propriété.

Quant aux municipalités qui ont fait ou feront des soumissions pour des sommes considérables, les biens qu'elles voudront acquérir pourront leur être adjugés par les décrets séparés et successifs.

4° et 5° Les article 5, 6, 10, 11 et 12 du premier titre, 6 et 7 du second, et 5 du troisième, doivent être rapprochés et réunis.

Ils assurent le paiement très-exact de toutes les sommes qui seront dues par les municipalités, en capital et intérêts.

Jusqu'aux reventes, les fermages et loyers des biens qu'elles auront acquis, les rentes actives, les produits des bois qu'elles auront droit d'exploiter, seront payés à concurrence des intérêts de leurs obligations dans la caisse de l'extraordinaire, ou dans celles des districts qui seront préposées à cet effet, et avec lesquelles la caisse de l'extraordinaire correspondra.

Quant aux municipalités qui, n'ayant pas revendu, auraient besoin de recourir à des emprunts pour se libérer, l'article 12 veut qu'elles y soient autorisées par l'Assemblée nationale ou les législatures suivantes, qui en régleront les conditions.

Les municipalités paieront les intérêts de leurs obligations, supporteront les impositions, à compter du jour du décret par lequel leurs offres auront été admises, et percevront les fruits des biens acquis, à compter de la même époque, en proportion de la durée de leur jouissance; en sorte qu'une municipalité dont les offres auront été admises le 1er juillet, aura droit à la moitié des fruits de l'année, soit que la récolte ait précédé ou suivi son acquisition.

Lorsque les reventes seront effectuées, les deniers qui en proviendront seront tous versés directement à la caisse de l'extraordinaire, ou dans celles des districts.

Les receveurs et trésoriers de l'extraordinaire et des districts feront annuellement raison aux municipalités des profits qui leur seront acquis, et après leur libération complète de la totalité des sommes qui leur appartiendront. C'est ainsi que doit s'entendre l'article 10, qui oblige les municipalités à compter de clerc à maître du produit de toutes les reventes.

6° Les avantages accordés aux municipalités par les articles 5, 7, 8 et 11, ont le même motif. C'est parce que le prix de toutes les reventes entrera directement dans la caisse de l'extraordinaire, que les municipalités ne sont soumises à y déposer des obligations que jusqu'à concurrence des trois quarts du prix convenu. Ainsi, jusqu'à l'époque des reventes, elles profiteront d'une portion des intérêts de leurs obligations; et après les adjudications du seizième du prix de toutes les reventes aux particuliers.

Ce profit ne sera point, dans le premier cas, du quart entier de l'intérêt de leurs obligations, puisque, d'un côté, leur capital ne leur donnera pas un produit annuel de cinq pour cent, tandis qu'elles paieront ainsi l'intérêt des obligations, et que de l'autre, elles auront des charges à supporter. Dans le cas des reventes, le produit du seizième sera également diminué par les frais des estimations, ventes, subrogations et reventes.

7° Les municipalités sont tenues, ainsi que les adjudicataires particuliers, à l'entretien des baux antérieurs au 2 novembre 1789, et conformes aux différentes lois, statuts et coutumes du royaume, et elles demeureront chargées des réparations locatives et usufruitières.

8° L'article 2 a pour objet de rendre possible la vente des domaines nationaux qui ne seraient demandés ni par les municipalités des lieux ni par aucune autre, et surtout de répondre au vœu d'un grand nombre de citoyens qui désirent pouvoir en acquérir directement.

Les soumissions multipliées que les particuliers adressent au comité, sont et seront aussi inscrites toutes par ordre de dates, en un registre tenu à cet effet, et envoyées aux départemens et districts, ou à leurs directoires.

Un décret spécial réglera incessamment les formes des adjudications qui seront faites directement aux particuliers.

Un comité exprès sera chargé de la liquidation des objets énoncés en l'article 7. Sa disposition et celle de l'article 11 n'apporteront aucun changement à l'intention principale de la loi. Les ventes qui seront faites en vertu du décret du 14 mai seront portées à une somme de quatre cents millions, déduction faite des rachats et remboursemens dont la nation est chargée par le même article.

Titre II. De la préférence réservée aux municipalités sur les biens situés en leurs territoires.

Les dispositions de ce titre déterminent : 1° La nature et l'objet du droit de subrogation accordé aux municipalités des lieux ; 2° l'obligation imposée en leur faveur aux municipalités qui auront acquis directement ; 3° celles qu'auront à remplir les municipalités qui voudront être subrogées ; 4° les conditions desquelles dépendra, pour ces dernières, la conservation entière des profits de l'acquisition ; 5° les précautions prises pour que les subrogations n'arrêtent en aucun cas l'activité des reventes.

1° Les articles 1, 2, et 3 font très-clairement connaître les domaines nationaux pour lesquels chaque municipalité aura un droit de préférence, et ceux qu'elle sera tenue de réunir dans sa demande.

2° La notification qui leur sera faite par la municipalité qui les aurait directement acquis, ne leur laissera point ignorer l'existence de leur droit. L'article 4 les avertit qu'elles n'ont pour l'exercer que le délai d'un mois, à compter du jour de notification.

3° Les articles 5, 6 et 8 leur indiquent très-précisément les obligations qu'elles auront à

remplir pour obtenir et conserver l'effet de la subrogation.

4° Ce qu'elles doivent surtout soigneusement distinguer, c'est le cas où les municipalités subrogées profiteront seules du bénéfice accordé par l'article 2 du premier titre et celui où elles partageront avec les municipalités évincées par la subrogation.

Le bénéfice appartiendra en entier à toute municipalité qui aura demandé et obtenu la subrogation dans le mois de la publication de la loi. Elle n'en conservera que les trois quarts, lorsque la subrogation n'aura point été demandée et obtenue dans ce délai.

Mais comme il ne serait pas juste qu'une municipalité souffrît d'un retard qui ne serait pas de son fait, elle sera censée avoir demandé et obtenu la subrogation dans le délai fixé, lorsque, dans le mois de la publication de la loi, sa demande en subrogation sera parvenue au comité, avec les états contenant la désignation des biens et les offres et soumissions, aux termes de l'article 6 du titre II.

Il sera tenu par le comité un registre général où seront très-exactement inscrites par ordre de dates toutes les demandes des municipalités, à l'effet d'en constater les époques et les objets et d'éviter entre elles toute espèce de difficultés.

5° Une municipalité, qui, sur des offres particulières, aura fait commencer les publications, les fera continuer, et poursuivra l'adjudication définitive. Le bénéfice sera ou ne sera point partagé, suivant que la municipalité subrogée aura ou n'aura point satisfait aux conditions imposées dans les délais prescrits.

Titre III. Des reventes aux particuliers.

Les deux premiers et les sept derniers articles du titre III n'exigeant point d'éclaircissemens, on se bornera à quelques observations relatives aux articles 3 et 4, et à l'exécution générale de la loi.

Les adjudications définitives seront faites à la chaleur des enchères et à l'extinction des feux.

On entend par feux, en matière d'adjudication, de petites bougies qu'on allume pendant les enchères, et qui doivent durer chacune au moins un demi-quart-d'heure.

L'adjudication prononcée sur la dernière des enchères faites avant l'extinction d'un feu, sera seulement provisoire, et ne sera définitive que lorsqu'un dernier feu aura été allumé et sera éteint, sans que pendant sa durée il ait été fait aucune autre enchère.

Les municipalités dans l'acquisition desquelles il se trouvera des portions de bois aménagés, se conformeront aux règles précédemment observées pour la coupe de ces bois.

À l'égard de ceux qui n'étaient point aménagés, les municipalités ne pourront faire de coupe qu'en vertu de l'autorisation des départemens, qui, dans leurs décisions, suivront l'usage le plus ordinaire des lieux.

Si, pendant la jouissance intermédiaire d'une municipalité, de grosses réparations sont jugées nécessaires, elle ne pourra en faire la dépense sans y être autorisée par le département, qui en décidera sur l'avis du directoire de district.

Les municipalités ne pourront également commencer ou suivre des contestations en justice, qu'en vertu d'une pareille autorisation.

Quant aux étangs et aux usines, les départemens et districts sont spécialement chargés de veiller à ce que les municipalités, et même les acquéreurs particuliers, jusqu'à l'entier acquittement des obligations, n'y causent point de dégradation, et en jouissent en bons pères de famille.

Modèle de soumission à souscrire par les municipalités qui veulent acquérir des domaines nationaux.

Nous, officiers municipaux de   en exécution de la délibération prise par le conseil général de la commune, le   et conformément à l'autorisation qui nous y est donnée, déclarons que nous sommes dans l'intention de faire, au nom de notre commune, l'acquisition des domaines nationaux dont la désignation suit :

(*Suivra la teneur des domaines nationaux qu'on veut acquérir, avec indication de la date et du prix des baux.*)

Lesquels biens sont affermés ou loués par des baux authentiques passés devant   notaire le (ou les)   et sont constatés être d'un produit annuel de la somme de   ; Pour parvenir à l'acquisition desdits biens, nous nous soumettons à en payer le prix, de la manière déterminée par les dispositions du décret de l'Assemblée nationale ; et quant à ceux des biens ci-dessus qui ne sont point affermés, et dont le décret ordonne que le produit annuel sera évalué par des experts pour en fixer le prix capital, nous consentons à le payer également, conformément à l'évaluation qui en sera faite par experts ; à l'effet de laquelle estimation, nous déclarons choisir pour notre expert la (ou les) personne de   que nous autorisons à y procéder conjointement avec l'expert (ou les experts) qui seront nommés par le directoire du district ; consentons à en passer par l'estimation du tiers-expert qui, en cas de partage, sera nommé par le département ou son directoire.

En conséquence, nous nous soumettons à déposer en la caisse de l'extraordinaire, à concurrence des trois quarts du prix qui sera fixé, quinze obligations payables en quinze années, et portant intérêt à cinq pour cent, comme aussi à nous conformer d'ailleurs très-exactement, et pour le paiement de nos obligations, et pour notre puissance jusqu'à l'époque des recettes, à toutes les dispositions du décret et de l'instruction de l'Assemblée nationale.

Fait à   le

Nota. Les municipalités qui ont déjà formé des demandes sont invitées à envoyer sans délai, au comité chargé de l'aliénation des domaines nationaux, une nouvelle soumission dans la forme ci jointe. Leur première soumission enregistrée au comité servira néanmoins à constater, par l'ordre de la date, la priorité, dans le cas de concours.

Instruction pour le paiement des annuités, et leur remboursement.

L'Assemblée nationale a autorisé les acquéreurs de domaines nationaux à ne payer comptant qu'une partie du prix, à condition qu'ils acquitteraient le reste en douze paiemens égaux, faits d'année en année, le premier paiement devant avoir lieu un an après le jour de l'adjudication.

L'acquéreur devant payer l'intérêt de la somme dont il reste débiteur, les douze paiemens égaux doivent être déterminés de manière que chacun de ces paiemens renferme d'abord l'intérêt qui est dû, et de plus une partie du capital. Le taux de cet intérêt est fixé à cinq pour cent, sans retenue.

On sait qu'on appelle en général *annuités*, des paiemens égaux destinés à répartir également, sur un certain nombre d'années, l'acquittement d'un capital et de ses intérêts.

D'après cette vue, l'Assemblée nationale a converti la portion du prix que l'acquéreur ne paie pas comptant, en une annuité payable pendant douze années ; l'intérêt à cinq pour cent s'y trouvant compris.

Pour cent livres de capital, avec l'intérêt sur ce pied, l'annuité est de onze livres cinq sous sept deniers ; ainsi un acquéreur doit, par an, autant de fois onze livres cinq sous sept deniers, qu'il lui restera de fois cent livres à payer.

Mais voulant donner aux acquéreurs la facilité de se libérer quand ils le désirent, l'Assemblée nationale a décrété qu'ils pourraient rembourser leurs annuités à volonté, mais seulement, néanmoins, un an avant l'époque de chaque échéance, afin d'éviter les fractions d'année dans le calcul des intérêts.

Deux exemples ou deux tableaux de calcul vont rendre cette opération sensible.

Premier exemple. Le débiteur d'une annuité de onze livres cinq sous sept deniers veut la rembourser ; la somme nécessaire pour opérer ce remboursement dépend du nombre d'années pendant lesquelles il doit la payer encore, ou du nombre d'années pour lequel il veut la rembourser, le remboursement se faisant toujours un an avant l'époque de l'échéance suivante.

Ainsi le débiteur de cette annuité (de onze livres cinq sous sept deniers), voulant la rembourser dès la première échéance, c'est-à-dire, ayant encore à la payer pendant douze années, doit rembourser une somme de cent livres.

Première table relative au premier exemple.

Pour le remboursement de douze échéances d'une annuité de 11 livres 5 sous sept deniers 100l 00s 00d
Pour onze années 93 14 5
Pour dix années 87 2 4
Pour neuf années 80 3 11
Pour huit années 72 18 5
Pour sept années 65 5 9
Pour six années 57 5 4
Pour cinq années 48 17 00
Pour quatre années 40 00 2
Pour trois années 30 14 6
Pour deux années 20 19 7
Pour une année 10 14 11

Le détail des élémens de ce calcul serait trop long à insérer, chacun pourra en vérifier ou faire vérifier l'exactitude.

En jetant les yeux sur cette table, chaque acquéreur voit, suivant le nombre d'années qu'il veut rembourser, quelle somme il doit payer pour chaque annuité de onze livres cinq sous sept deniers ; il doit payer autant de fois cette somme qu'il devait payer de fois une annuité de onze livres cinq sous sept deniers, ou, ce qui revient au même, qu'il lui restait à payer de fois cent livres sur le prix de son acquisition.

Comme il peut être commode aux acquéreurs, et qu'ils peuvent préférer de payer une annuité d'une somme exprimée en nombre rond, comme cent livres, par exemple, et que, dans ce cas, il est convenable qu'ils connaissent précisément la somme dont ils s'acquitteront en capital, en se soumettant au paiement d'une annuité de cent livres, la table suivante présentera cette indication, ainsi que celle des sommes qu'un acquéreur devra payer, lorsqu'il voudra également rembourser une annuité de cent livres.

La somme représentée par une annuité de cent livres (laquelle comprend le capital et l'intérêt), est de huit cent quatre-vingt six livres six sous cinq deniers.

Ainsi un acquéreur acquittera sur le prix de son acquisition autant de fois la somme de huit cent quatre-vingt-six livres six sous cinq deniers, qu'il se sera soumis à payer d'annuités de cent livres.

Et lorsque le débiteur d'une annuité de cent livres voudra la rembourser, il aura à payer les sommes indiquées par la table suivante, d'après le nombre d'années pour lequel il s'agira de la rembourser.

Seconde table.

Un an avant la première échéance, c'est-à-dire, aussitôt après l'acquisition, il faut payer :

Pour les douze années 886 6 5
Pour onze années 830 12 10
Pour dix années 772 2 5
Pour neuf années 710 15 10
Pour huit années 646 6 5
Pour sept années 578 12 8
Pour six années 507 11 5
Pour cinq années 432 18 10
Pour quatre années 354 12 2
Pour trois années 272 6 5
Pour deux années 185 18 10
Pour une année 95 4 8

Par le moyen de ces deux tables, et de l'observation qu'une annuité de onze livres cinq sous sept deniers répond à cent livres de capital, et celle de huit cent quatre-vingt six livres six sous cinq deniers de capital, à une annuité de cent livres, on n'aura besoin que de calculs très-simples pour appliquer à chaque acquisition particulière les clauses du décret.

---

31 MAI = 1er JUIN 1790. — Décret relatif à la liberté individuelle. (B. 2, 478.)

L'Assemblée nationale déclare qu'aucun citoyen ne pouvant être arrêté ni détenu que dans les cas déterminés par la loi, et suivant les formes qu'elle a prescrites, la détention actuelle des trois officiers du régiment de Grenoble en garnison à Valence, n'étant précédée ni suivie d'accusation, de décret ni d'information, ne peut être prorogée ; déclare qu'elle met lesdits officiers sous la sauvegarde de la loi ; ordonne que le président se retirera, dans le jour, par devers le Roi, pour le supplier de donner les ordres nécessaires pour faire remettre lesdits officiers en liberté.

---

31 MAI 1790. — Décret qui autorise la ville de Châtellerault à s'approvisionner en grains, et défend d'en troubler ni arrêter le transport. (B. 2, 479.)

---

31 MAI 1790. — Décret pour renvoyer par-devant les juges ordinaires, le sieur Séguy, détenu dans les prisons de Périgueux. (B. 2, 479.)

---

31 MAI 1790. — Bois communaux. *Voy.* 21 MAI, 1790.

1er = 13 JUIN 1790. (Procl.) — Décret concernant la forme, la valeur et le nombre des assignats. (L. 1, 910 ; B. 3, 5.)

L'Assemblée nationale, après avoir entendu le rapport des commissaires du comité des finances, chargés de surveiller la fabrication des assignats, a décrété et décrète ce qui suit :

Art. 1er. Les quatre cents millions d'assignats créés par les décrets des 19 et 21 décembre 1789, 16 et 17 avril 1790, seront divisés en douze cent mille billets, savoir :

Cent cinquante mille billets de mille livres.

Quatre cent mille billets de trois cents livres.

Six cent cinquante mille billets de deux cents livres.

Les billets de mille livres seront divisés en six séries de vingt-cinq mille billets chacune, numérotés depuis 1 jusqu'à 25,000.

Les billets de trois cents livres seront divisés en huit séries de cinquante mille billets chacune, numérotés depuis 1 jusqu'à 50,000.

Les billets de deux cents livres seront divisés en treize séries de cinquante mille billets chacune, numérotés depuis 1 jusqu'à 50,000.

2. Les billets de mille et de deux cents livres seront imprimés sur du papier blanc, et ceux de trois cents livres sur du papier rose.

Les billets de mille livres seront imprimés en lettres rouges ; ceux de trois cents et de deux cents livres, en lettres noires.

3. Chaque assignat aura pour titre : *Domaines nationaux hypothéqués au remboursement des assignats décrétés par l'Assemblée nationale, les 19 et 21 décembre 1789, 16 et 17 avril 1789, sanctionnés par le Roi.*

Le corps de l'assignat contiendra un billet à ordre sur la caisse de l'extraordinaire, signé au bas dudit billet par le tireur, et au revers par l'endosseur ; lesquels tireur et endosseur auront été nommés par le Roi.

4. Au-dessus du billet à ordre sera imprimée l'effigie du Roi ; et au-dessous dudit billet, un timbre aux armes de France, avec ces mots : *La loi et le Roi.*

5. Trois coupons d'une année d'intérêt chacun seront placés au bas de chaque assignat ; et au revers des lignes qui les sépareront, seront imprimés les mots : *Domaines nationaux* et *Caisse de l'extraordinaire.*

Ces mots seront disposés de manière qu'on ne puisse séparer les coupons de l'assignat, sans en couper une ligne entière dans sa longueur.

Un timbre sec, aux armes de France, sera frappé sur le revers desdits coupons.

6. Le revers de l'assignat sera divisé en plusieurs cases, dont la première recevra la signature de l'endosseur nommé par le Roi ; les autres cases serviront aux autres endosseurs, s'il y a lieu.

7. Il pourra être établi dans chaque ville chef-lieu de département, et dans toutes autres villes principales du royaume, sur leur demande, un bureau de vérification, sous la surveillance, soit des assemblées de département, soit des municipalités, et d'après le règlement que le Roi sera supplié de rendre.

D'après les demandes qui seront faites par lesdites assemblées de département ou municipalités, il leur sera adressé les instructions nécessaires pour la personne commise à la vérification.

Un double de cette instruction sera déposé au greffe du tribunal du département.

8. Les vérificateurs seront tenus, toutes les fois qu'ils en seront requis, de procéder sans frais à la vérification des assignats qui leur seront présentés, et de les certifier.

9. Lorsque les assignats seront envoyés par la poste, ils pourront être passés à l'ordre de celui à qui ils seront adressés, et dès lors ils n'auront plus de cours que par sa signature.

10. Les formes qui auront été employées pour la fabrication du papier, ainsi que les lettres majuscules, les planches gravées, et les différens timbres qui auront été employés à leur composition, seront déposés aux archives de l'Assemblée nationale, et ne pourront en être déplacés que par un décret spécial.

———

1ᵉʳ = 20 JUIN 1790. (Procl.) — Décret relatif aux états de recette à fournir par les receveurs généraux des finances et ceux des impositions de la ville de Paris, tant sur l'arriéré de 1789 et années antérieures, que sur les impositions de 1790. (L. 1, 940 ; B. 3, 8.)

L'Assemblée nationale décrète que chaque mois les receveurs généraux des finances et ceux des impositions de Paris, fourniront un état de leur recette, tant sur l'arriéré des rôles de 1789 et années antérieures, en énonçant le montant de l'arriéré restant à rentrer, que sur les recouvremens à compte de ceux de 1790. Ils désigneront dans ces états les sommes reçues de chaque receveur particulier, et si elles l'ont été en espèces, assignats, promesses d'assignats, ou lettres de change. Ces états seront imprimés, et distribués chaque mois aux membres de l'Assemblée, avec les états généraux de recette du trésor public, pendant le même mois.

———

1ᵉʳ JUIN 1790. — Décret pour la rédaction d'une adresse qui indique aux assemblées administratives les objets de leurs travaux. (B. 3, 3.)

———

1ᵉʳ = 3 JUIN 1790. — Décret contre un arrêt, du parlement de Navarre, au sujet de l'élection des officiers municipaux de Sauveterre. (B. 3, 3.)

———

1ᵉʳ = 3 JUIN 1790. — Décret qui déclare les assemblées primaires tenues à Colmar irrégulières, et les élections qui y ont été faites nulles. (B. 3, 4.)

———

1ᵉʳ JUIN 1790. — Décret pour autoriser la caisse d'escompte à fournir au trésor public vingt millions d'assignats. (B. 3, 8.)

1ᵉʳ = 3 JUIN 1790. — Décret rendu contre un arrêt du parlement de Toulouse sur la nomination des consuls de la ville de Mirepoix. (B. 3, 9.)

———

1ᵉʳ JUIN 1790. — Décret qui supprime l'ancienne milice bourgeoise d'Amboise. (B. 3, 10.)

———

1ᵉʳ JUIN 1790. — Décret qui charge la municipalité de Paris de faire l'examen des anciens réglemens relatifs aux étaux des boucheries, pour être statué sur la contestation élevée à leur sujet. (B. 3, 11.)

———

1ᵉʳ JUIN 1790. — Décret portant que l'Assemblée nationale en corps se rendra à la procession du Saint-Sacrement, à Saint-Germain-l'Auxerrois. (B. 3, 11.)

———

1ᵉʳ JUIN 1790. — Affouages. *Voy.* 17 MAI 1790. — Caen. *Voy.* 22 MAI 1790. — Municipalités. *Voy.* 29 MAI 1790.

———

2 = 3 JUIN 1790. (Lett.-Pat.) — Décret concernant les poursuites à exercer contre les individus qui séduisent, trompent et soulèvent le peuple. (L. 1, 880; B. 3, 12.)

L'Assemblée nationale, informée et profondément affligée des excès qui ont été commis par des troupes de brigands et de voleurs dans les départemens du Cher, de la Nièvre et de l'Allier, et qui se sont étendus jusque dans celui de la Corrèze; excès qui, attaquant la tranquillité publique, les propriétés et les possessions, la sûreté et la clôture des maisons et des héritages, la liberté si nécessaire de la vente et circulation des grains et subsistances, répandent partout la terreur, menacent même la vie des citoyens, et amèneraient promptement, s'ils n'étaient réprimés, la calamité de la famine; excès enfin qui, par la contagion de l'exemple, par des insinuations perfides, par la publication de faux décrets de l'Assemblée nationale, ont entraîné quelques-uns de bons et honnêtes habitans des campagnes dans des violences contraires à leurs principes connus, et capables de les priver pour long-temps du bonheur que l'Assemblée nationale travaille sans cesse à leur procurer;

Considérant qu'il n'y a que deux moyens d'empêcher les désordres; l'un, en éclairant continuellement les bons citoyens et les honnêtes gens, que les ennemis de la constitution et du bien public essaient continuellement de tromper: l'autre, en opposant aux brigands, d'un côté, des forces capables de les contenir, d'un autre côté, une justice prompte et sévère qui punisse les chefs, auteurs et instigateurs des troubles, et effraie les méchans qui pourraient être tentés de les imiter, a décrété ce qui suit:

Art. 1ᵉʳ. Tous ceux qui excitent le peuple des villes ou des campagnes à des voies de fait et violences contre les propriétés, possessions et clôtures des héritages, la vie et la sûreté des citoyens, la perception des impôts, la liberté de vente et de circulation des denrées et subsistances, sont déclarés ennemis de la constitution, des travaux de l'Assemblée nationale, de la nation et du Roi. Il est enjoint à tous les honnêtes gens d'en faire la dénonciation aux municipalités, aux administrations de département et à l'Assemblée nationale.

2. Tous ceux qui excitent le peuple à entreprendre sur le pouvoir législatif des représentans de la nation, en proposant des réglemens quelconques sur le prix des denrées, la police champêtre, l'évaluation des dommages, le prix et la durée des baux, les droits sacrés de la propriété et autres matières, sont également déclarés ennemis de la constitution, et il est enjoint de les dénoncer: tous réglemens semblables sont déclarés nuls et de nul effet.

3. Tous ceux qui se prévaudront d'aucuns prétendus décrets de l'Assemblée nationale, non revêtus des formes prescrites par la constitution, et non publiés par les officiers qui sont chargés de cette fonction, sont déclarés ennemis de la constitution, de la nation et du Roi. Il est enjoint de les dénoncer, et ils seront punis comme perturbateurs du repos public, aux termes de l'article 1ᵉʳ du décret du 23 février dernier, sanctionné par le Roi.

4. Les curés, vicaires et desservans qui se refuseront à faire au prône, à haute et intelligible voix, la publication des décrets de l'Assemblée nationale, acceptés ou sanctionnés par le Roi, sont déclarés incapables de remplir aucune fonction de citoyen actif; à l'effet de quoi il sera dressé procès-verbal, à la diligence du procureur de la commune, de la réquisition faite aux curés, vicaires et desservans, et de leur refus.

5. Il est défendu à tout citoyen actif de porter aucune espèce d'armes ni bâtons dans les assemblées primaires ou électorales; il est enjoint aux maires et officiers municipaux d'y veiller, tant en empêchant les citoyens de partir armés pour le chef-lieu de canton, qu'en obligeant, à l'arrivée dans le chef-lieu, les citoyens actifs des différentes paroisses de déposer les armes qu'ils pourraient avoir et leurs bâtons avant d'entrer dans l'assemblée.

Il est expressément défendu de porter aucune espèce d'armes dans les églises, dans les foires, marchés et autres lieux de rassemblement, sans préjudice des gardes chargés du maintien de la police.

6. Tout citoyen qui, dans une assemblée primaire ou électorale, se portera à quelque violence, fera quelque menace, engagera à

quelque acte de révolte, exclura ou proposera d'exclure de l'assemblée quelques citoyens connus pour citoyens actifs, sous le prétexte de son état, de sa profession, et sous tous autres prétextes, sera jugé à l'instant par l'assemblée même, condamné à se retirer, et privé de son droit de suffrage. Les honnêtes gens et les amis de la constitution sont spécialement chargés de veiller à l'exécution du présent article.

7. Les officiers municipaux, tant du chef-lieu que des paroisses dont les habitans composeront les assemblées primaires, se concerteront ensemble pour avoir une force suffisante, à l'effet de maintenir la tranquillité publique et l'exécution des articles ci-dessus dans le lieu des assemblées, sans néanmoins qu'aucun homme armé puisse entrer dans ces assemblées, si ce n'est dans les cas prévus par le décret du 28 mai dernier, accepté par le Roi.

8. Tous les citoyens, quels que soient leur état et leur profession, les laboureurs, fermiers et métayers, les commerçans et marchands de grains et subsistances, toutes propriétés et toutes possessions actuelles, sont placés sous la sauve-garde et protection de la loi, de la constitution, du Roi et de l'Assemblée nationale, sans préjudice, soit des actions que chacun pourra porter devant les tribunaux, soit des précautions que les corps municipaux ou administratifs prendront pour assurer d'une manière paisible la subsistance du peuple. Tous ceux qui contreviendront au présent article seront reconnus et dénoncés par les honnêtes gens, comme ennemis de la constitution et des travaux de l'Assemblée nationale, de la nation et du Roi.

9. Ceux qui se permettront des excès ou outrages à l'égard des officiers municipaux, des administrateurs de département et de district, et des juges, seront rayés du tableau civique, déclarés incapables et privés de tout exercice des droits de citoyen actif, en punition d'en avoir violé les devoirs.

10. Quant à ceux qui auront commis ou commettront des voies de fait et des violences, soit contre les propriétés et possessions actuelles, soit contre les personnes, et particulièrement quant aux chefs des émeutes, et surtout aux auteurs et instigateurs de pareils attentats, ils seront arrêtés, constitués prisonniers et punis selon toute la rigueur des lois, sans préjudice de l'exécution de la loi martiale, dans les cas où elle doit avoir lieu, suivant le décret du 21 octobre dernier, sanctionné par le Roi.

11. Tous les citoyens de chaque commune qui auront pu empêcher les dommages causés par ces violences, en demeureront responsables, aux termes de l'article 5 du décret du 23 février dernier, sanctionné par le Roi.

12. Les gardes nationales, qui ne sont que les citoyens actifs eux-mêmes, et les enfans armés pour la défense de la loi, les troupes réglées, les maréchaussées, déféreront sans délai à toutes réquisitions qui leur seront faites par les corps administratifs et municipaux pour le maintien de la tranquillité et du respect pour les décrets de l'Assemblée nationale acceptés ou sanctionnés par le Roi. Elles veilleront particulièrement sur le bon ordre dans les assemblées qu'il est d'usage de former en divers lieux pour célébrer la fête de chaque paroisse, ou pour louer les domestiques de campagne.

13. La connaissance et le jugement en dernier ressort des crimes et attentats commis dans les émeutes et attroupemens qui ont eu lieu, à compter du 1er mai dernier, ou qui auraient lieu à l'avenir dans les départemens du Cher, de la Nièvre, de l'Allier et de la Corrèze, sont attribués respectivement aux siéges présidiaux, bailliages et sénéchaussées de Bourges, Saint-Pierre-le-Moutier, Moulins et Limoges. Il leur est enjoint de rechercher principalement et de punir suivant toute la rigueur des lois, les chefs des émotions populaires, les auteurs, fauteurs et instigateurs des troubles, et de faire, sans retardation du jugement, parvenir à l'Assemblée nationale tous les renseignemens, instructions et preuves qu'ils auront pu se procurer par la voie de la procédure.

---

2 = 3 et 8 JUIN 1790. — Décret pour assurer la libre circulation des grains dans le département du Cantal, et pour autoriser la ville de Murat à faire un emprunt. (B. 3, 11.)

2 JUIN 1790. — Décret sur l'organisation ecclésiastique du royaume. (B. 3, 17.)

2 JUIN 1790. — Décret sur les brigandages dans le Comminges. (B. 3, 17.)

2 JUIN 1790. — Correction de quelques articles du décret rendu dans la séance du même jour, sur les brigandages dans les départemens du Cher. (B. 3, 17.)

2 = 6 JUIN 1790. — Décret qui fixe la tenue de l'Assemblée du département de l'Aisne dans la ville de Laon. (B. 3, 18.)

3 JUIN 1790. — Amboise. *Voy.* 1er JUIN 1790. — Biens nationaux. *Voy.* 31 MAI 1790. — Caisse d'escompte. *Voy.* 1er JUIN 1790. — Cantal et Murat. *Voy.* 2 JUIN 1790. — Colmar. *Voy.* 1er JUIN 1790. — Melun. *Voy.* 30 MAI 1790. — Perturbateurs. *Voy.* 2 JUIN 1790. — Sauveterre. — Toulouse. *Voy.* 1er JUIN 1790. — Tours. *Voy.* 29 MAI 1790.

4 JUIN 1790. — Décret qui charge le comité des finances de statuer sur les difficultés relatives à la perception de la contribution patriotique. (B. 3, 18.)

4 JUIN 1790. — Décret concernant la rédaction d'un procès-verbal sur ce qui s'est passé à la procession du Saint-Sacrement, et la proposition faite de statuer sur les honneurs dus au Corps-Législatif dans les cérémonies publiques. (B. 3, 18.)

4 JUIN 1790. — Décret qui autorise le premier ministre des finances à recevoir le compte de la caisse d'escompte, pour le rapport en être fait ensuite à l'Assemblée nationale. (B. 3, 20.)

4 JUIN 1790. — Décret sur l'autorisation donnée par le Roi à la confédération des troupes de ligne avec les gardes nationales, et le renvoi au comité militaire, des pièces remises par les ministres de la guerre pour le travail de l'armée. (B. 3, 20.)

4 JUIN 1790. — Décret qui autorise le premier ministre des finances à prendre les mesures les plus économiques pour le paiement des appoints du service public. (B. 3, 20.)

5 = 15 JUIN 1790. (Procl.) — Décret sur l'augmentation de la solde des gens de mer. (L. 1, 921; B. 3, 25.)

Voy. loi du 15 = 21 SEPTEMBRE 1790.

Art. 1er. La paie des matelots, qui est actuellement déterminée en différentes classes, depuis quatorze livres jusqu'à vingt-une livres par mois, sera portée de quinze jusqu'à vingt-quatre livres, en graduant les augmentations proportionnellement aux services et au mérite.

2. La paie des officiers-mariniers, qui est fixée actuellement, dans les différens grades, depuis vingt-quatre jusqu'à soixante-dix livres par mois, sera portée de trente-deux jusqu'à quatre-vingts livres, en observant aussi les proportions relatives aux grades et au nombre des campagnes.

3. Au moyen de cette augmentation, il ne sera plus question d'indemnité pour les demi-rations aux officiers-mariniers, ni de supplément de paie aux principaux maîtres armés sur les gros vaisseaux.

5 JUIN 1790. — Décret relatif à la fixation de la somme nécessaire pour la liste civile du Roi. (B. 3, 26.)

L'Assemblée, par acclamation, a chargé son président de se retirer de nouveau vers le Roi, pour prier Sa Majesté de faire connaître ses intentions sur la somme nécessaire à la dépense de sa maison, en consultant plus ce qui convient à sa dignité et à celle de la nation, que la sévérité de ses principes et son économie naturelle.

5 JUIN 1790. — Décret sur la dépense des affaires étrangères. (L. 3, 1,022; B. 3, 26.)

Art. 1er. La dépense du département des affaires étrangères sera fixée provisoirement, et pour l'année 1790, à la somme de six millions sept cent mille livres, et réduite au 1er janvier 1790, à la somme de six millions trois cent mille livres.

2. Le secrétaire d'État du département des affaires étrangères, rendra, chaque année, un compte appuyé de pièces justificatives, de toutes les parties de cette dépense, excepté les subsides et secours à des étrangers, le fonds destiné aux ligues suisses et grisons, les remboursemens et indemnités, et les dépenses secrètes qui seront confiées à la surveillance du Roi et à la probité du ministre.

5 JUIN 1790. — Décret pour le traitement des ministres et du conseil. (L. 3, 1,022; B 3, 27.)

L'Assemblée a décrété que, provisoirement, et jusqu'à ce qu'il ait été ultérieurement statué sur les objets dont il s'agit, le traitement du chancelier ou garde-des-sceaux sera de cent mille livres;

Celui du contrôleur-général des finances, de cent mille livres;

Celui du secrétaire d'État de la maison du Roi, de cent mille livres;

Celui du secrétaire d'État de la guerre, de cent mille livres;

Celui du secrétaire d'État de la marine, de cent mille livres;

Celui du secrétaire d'État des affaires étrangères, de cent quatre-vingt mille livres.

Il sera assigné pour les ministres d'État sans département, collectivement, et même collectivement pour les personnes que le Roi jugera à propos d'appeler auprès de lui pour l'aider de leurs lumières, quatre-vingt mille livres.

5 = 17 et 23 JUIN 1790. — Décret qui autorise les villes de Grenoble et de Saint-Brieuc à établir une imposition extraordinaire, et à faire provisoirement un emprunt. (B. 3, 21.)

5 = 17 juin 1790. — Décret pour autoriser la ville d'Issoudun à faire un emprunt. (B. 3, 22.)

5 = 13 JUIN 1790. — Décret qui autorise la ville de Berrens à mettre une imposition extraordinaire. (B. 3, 23.)

5 = 17 JUIN 1790. — Décret qui permet aux communautés réunies de Saint-Patrice de lever une imposition extraordinaire. (B. 3, 23.)

5 = 17 JUIN 1790. — Décret qui autorise la ville de Brioude à lever une imposition extraordinaire. (B. 3, 24.)

5 = 6 JUIN 1790. — Décret qui autorise les bailliages de Bourbon-Lancy et de Charolles à

connaître des délits commis entre les propriétaires, dans l'étendue de leur ressort. (B. 3, 24.)

5 JUIN 1790. — Arrêté qui charge le comité de
constitution de rédiger un projet de décret sur
la forme des élections des députés à la confédération générale. (B. 3, 28.)

5 JUIN 1790. — Liberté individuelle. *Voy.* 20
AVRIL 1790.

6 = 9 JUIN 1790. (Lett.-Pat.) — Décret qui assujétit aux droits d'entrée de la ville de Paris
tout le territoire que renferme la ligne de
l'enceinte des murs de cette ville. (L. 1, 892 ;
B. 3, 30.)

A compter du jour de la publication du
présent décret, tout le territoire que renferme
la ligne de l'enceinte des murs de Paris sera
soumis aux droits d'entrée dans cette ville ; et
réciproquement le territoire qui était antérieurement sujet à ces droits, et qui se trouve
placé hors de l'enceinte, sera soumis au régime des impositions ou perceptions établies
dans la banlieue dont il fera désormais partie. La municipalité de Paris veillera en outre
à l'exécution des réglemens précédemment
rendus sur la distance à observer entre les
bâtimens et les murs, et sur tous les objets
relatifs à la sûreté de la perception.

6 JUIN = 5 JUILLET 1790. (Lett.-Pat.) — Décret
portant réglement sur la solde fixée, à compter du 1er mai 1790, à chaque [sous-officier
et soldats des différentes armes. (B. 3, 29.)

L'Assemblée nationale, considérant qu'il
est instant que les soldats français jouissent de
l'augmentation des trente-deux deniers qui
leur avaient été accordés par son décret du
28 février dernier ; et ayant fait la répartition
conformément aux principes qui dirigent les
représentans de la nation, a décrété et décrète :
Que les trente-deux deniers seront répartis
ainsi qu'il suit : un sou quatre deniers au
prêt ; six deniers dans la poche, dont la distribution sera faite comme le prêt, tous les
cinq jours ; et dix deniers au linge et chaussure.

6 = 13 JUIN 1790. (Lett.-Pat.) — Décret qui
renvoie provisoirement aux assemblées de département la connaissance des contestations
et difficultés en matière d'impôt direct. (L. 1,
914 ; B. 3, 31.)

Art. 1er. Les rôles qui auront été faits par
les officiers municipaux du département de
l'Eure, dans les formes ordinaires et suivies
jusqu'à présent, seront provisoirement exécutés, et il sera sursis à toute action, et à l'exécution des jugemens en matière d'impositions
directes, s'il en avait été rendu jusqu'à la
formation dudit département.

2. Les contribuables qui se croiront fondés
à obtenir soit la décharge ou une modération
sur leur cote d'imposition, se pourvoiront par
simples mémoires devant l'assemblée administrative du département, laquelle connaîtra
provisoirement, et jusqu'à ce qu'il en ait été
autrement ordonné, de toutes les difficultés
qui pourront s'élever en matière d'impôt
direct.

3. Les jugemens et décisions de l'assemblée
de département seront rendus sans frais, sur
papier libre, et il en sera tenu registre.

6 JUIN 1790. — Décret portant adoption de quelques articles provisoires sur la mendicité. (B.
3, 32.)

L'Assemblée nationale décrète : 1° la déclaration faite en vertu de l'article 6 du décret
du 30 mai, par un mendiant arrêté, restera
déposée entre les mains des officiers municipaux, et copie de cette déclaration, jointe au
mandement de la municipalité, sera remise
aux agens chargés de diriger les maisons où le
mendiant sera détenu ; il en sera aussi remis
au mendiant une copie sur papier libre et
sans frais.

2° La municipalité du lieu de détention du
mendiant adressera copie de la déclaration
ci-dessus mentionnée aux officiers municipaux du son domicile, pour obtenir d'eux et
des personnes désignées dans ladite déclaration, des renseignemens sur celui qui aura
été arrêté.

3° Les réglemens pour la nourriture et
pour l'emploi du produit du travail des mendians valides détenus, seront remis à la décision des départemens, et, en attendant leur
formation, à celle des municipalités.

L'Assemblée a renvoyé le reste du projet à
son comité de mendicité, pour être fondu
dans le plan général du travail qu'il lui présentera sur cet objet.

6 JUIN 1790. — Décret qui supprime plusieurs
dépenses relatives aux tribunaux. (B. 3, 33.)

Toutes les dépenses des cours supérieures
et juridictions diverses, connues sous le nom
de *gages de conseil, de supplément de gages,
traittemens, gratifications, pensions attachées
à certaines places, attributions particulières,
indemnités, menues nécessités, chauffage,
frais de bureau, frais de logement, frais de
concierge, franc-salé,* seront retranchées de
la dépense du trésor public, à compter du
jour où le nouvel ordre judiciaire sera établi.

6 JUIN 1790. — Décret portant suppression des
acquits patens. (L. 3, 1,022 ; B. 3, 33.)

Les acquits patens sont supprimés, et il
sera statué, d'après le rapport du comité des
pensions, sur ceux qui ont été ci-devant accordés.

6 JUIN 1790. — Décret concernant diverses parties des dépenses portées dans le compte du trésor public. (L. 3, 1,022; B. 3, 34.)

Sur l'exposé fait par le comité des finances, des différentes dépenses portées dans le compte du trésor public, sous le nom de gages et traitemens, et classées sous les titres respectifs de dette publique, d'exploitation de ferme et régie, de dons et gratifications, de pensions, de commerce, de liste civile, de police des villes et municipalités; et sur la proposition faite par le comité de renvoyer les objets de la première classe à la dette publique et le paiement aux payeurs de l'hôtel-de-ville, de renvoyer aux fermes et régies le paiement de ceux de la seconde, de supprimer ceux de la troisième, de renvoyer aux pensions ceux de la quatrième, au comité de commerce ceux de la cinquième, à la liste civile ceux de la sixième, de supprimer de la dépense publique et renvoyer aux municipalités ceux de la septième, l'Assemblée a adopté la division, le renvoi et la suppression proposés; en conséquence, elle a décrété que les objets suivans, compris dans la première classe, seront portés à la dette publique, et payés par les payeurs de l'hôtel-de-ville.

Dette publique.

Arquebusiers de la ville de Rouen, 2,057 l. 2 s.; compagnie de la cinquantaine de la même ville, 1,542 liv. 18 s.; lieutenant et sous-lieutenant de Bordeaux, 900 liv.; courtiers de Bordeaux, 19,783 liv.; courtiers brevetés, 6,120 liv.; courtiers brevetés du pays bordelais, 1,224 liv.; courtiers étrangers regnicoles, 288 liv.; officiers de l'hôtel-de-ville de Paris, 31,094 liv.; guet de la ville de Lyon, 3,607 liv.; huissiers, courtiers, agens de change de Lyon, 5,850 liv.; contrôleurs des titres de la vicomté de Caen et de Bayeux, 222 liv.; contrôleurs du bétail à pied fourché, 648 liv.; maire perpétuel de Bordeaux, 7,200 liv.; viguier de Languedoc, 3,910 liv.; maître des ouvrages et voyer de Touraine, 25 liv.; premier imprimeur du Roi, 202 liv.; gardes de la ville de Narbonne, 9,000 liv.

Qu'elle renvoie aux fermes et régies le paiement des objets suivans, compris dans la seconde classe.

Exploitation de ferme ou régie.

Gardes des salines de Salins, 1,697 liv.; gardes des bois de Cypressac, 11 liv.

Que les objets compris dans la troisième classe, et détaillés ci-après, seront supprimés.

Dons, gratifications.

Arbalestriers, archers, etc., d'Amiens, 421 liv.; trois compagnies, 156 liv. à chacune, retenue de dixième.

Pensions.

Astier, ancien consul à Naples, 1,500 liv.; Arnoult, contrôleur de la maison du Roi, 4,000 liv.; Boulet, architecte du Roi, 2,000 l.; Cardonne, ancien caissier des amortissemens, 6,000 liv.; Case le jeune, 2,000 liv.; Chabrol, lieutenant à Nimes, 600 liv.; Chapolier, commissaire à Saint-Germain-en-Laye, 400 liv.; Cherin, généalogiste du Roi, 5,000 liv.; M. le prince de Conti, 50,000 liv.; Cousin, prévôt à Saint-Germain-en-Laye, 400 liv.; Croismare, 3,000 liv.; comtesse de Framont, pour dix ans, 1,500 liv.; Goesmay, 2,000 liv.; Godefroy, gardes des archives de la chambre des comptes de Lille, 3,000 liv; inspecteur de la librairie étrangère, 3,000 liv.; de la romaine de Rouen, 450 liv.; veuve Léon de Tréveret, 1,000 liv.; Lacombe, inspecteur de la maréchaussée, 2,000 liv.; Mesnard de Chousy, 10,000 liv.; Legentil, 1,400 liv.; Touvenel, 6,000 liv.; Mauduit, expériences de l'électricité, 1,200 liv.; de Horne, 2,400 liv.; le Blond, 6,000 liv.; Bicheron, pour collection anatomique, 3,000 liv.; Andry, traitement de la rage, 1,200 liv.; Romanet, chirurgien des eaux de Bagnères, 400 liv.; intendant des eaux de Bourbon et Vichy, 540 liv.; officiers de santé des ports de Vendre et Collioure, 534 l.; Papillon, prévôt général de la maréchaussée de l'Ile-de-France, 1,500 liv.; Parent, ancien premier commis, 5,200 liv.; demoiselle Parent, 800 liv.; Roger, ancien commis de la caisse des amortissemens, 600 liv.; Saint-Far, pour projets d'ouvrages à l'Hôtel-Dieu, 4,000 liv.; M. de Saint-Priest, ancien intendant de Languedoc, 20,000 liv.; secrétaire des départemens de Normandie et des trois évêchés, 5,160 liv.; Séqueville, secrétaire à la suite des ambassadeurs, 3,000 liv.; Treillard, ancien secrétaire du duc de Parme, 3,000 liv.; Vaquette de la Mairie, 800 liv.; Voisin, 1,200 liv.

Qu'elle renvoie au comité de commerce les objets de la cinquième classe, dont suit la teneur.

Commerce.

Bertrand, consul à Naples, 4,000 liv.; Boyelet, député de Bayonne, 4,000 liv.; chambre de commerce de La Rochelle, 2,000 liv.; députés de La Rochelle, 5,340 liv..; Gromaire de la Bapaumerie, à la douane, 500 liv.; gages d'inspecteurs divers, 1,500 liv.; inspecteurs de la généralité de Lyon, 600 liv.; contrôleur, 900 liv.; commis divers, 620 liv.; Puy-Abry, chargé des affaires de la marine et du commerce à Madrid, 5,500 liv.; peintre et dessinateur à Aubusson, 3,400 liv.; teinturier, 100 liv.; Marion, député du commerce, 4,000 liv.

Que les objets compris dans la sixième classe seront renvoyés à la liste civile.

Courrier du cabinet, 6,900 liv. ; Nougaret, placets présentés au Roi, 4,000 liv.

Que les objets de la septième classe seront supprimés de la dépense publique, et renvoyés aux municipalités. Suit le détail de ces objets.

Police des villes.

Gardes-françaises, sûreté de la foire Saint-Germain et Saint-Laurent, 2,000 liv. ; dix-huit sergens, et autres dons ordinaires, 900 liv. ; Castellan, chargé d'inspecter les périls imminens dans Paris, 500 liv. ; Masse, chargé de tuer les chiens errans dans Versailles, 150 l.; mouleurs de bois, supplément, 4,800 liv.

Police de Paris.

A compter du 1er janvier prochain, les dépenses de police de la ville de Paris, celles de son guet et gardes, celles de son pavé, de son illumination, seront retranchées du compte du trésor public, et resteront à la charge de la municipalité.

Officiers et soldats de la garde de Paris.

Les pensions accordées aux officiers et soldats de la garde de Paris, sont renvoyées à l'examen du comité des pensions.

Maréchaussée de l'Ile-de-France.

L'organisation de la maréchaussée de l'Ile-de-France est renvoyée au comité militaire.

6 (7 et) = 23 JUIN 1790. (Lett.-Pat.) — Décret relatif aux obligations des dépositaires du prix des domaines et bois pour le versement du montant des quarts de réserve des bois des communautés tant ecclésiastiques que laïques. (L. 1, 945 ; B. 3, 28, 29 et 40.)

L'Assemblée nationale, d'après le rapport de son comité des finances, a décrété : 1° que le caissier et administrateur général des domaines et bois de la province de Franche-Comté soit tenu de verser dans la caisse du receveur de Champlitte la somme qu'il tient en dépôt, et provenant de la dernière vente des bois de réserve de ladite ville ; 2° que partie de cette somme soit employée à payer les grains que la ville a fournis aux habitans, sauf à en recevoir le prix sur ceux qui ne seraient pas insolvables ; 3° que le surplus de cette somme et les recouvremens des avances faites aux particuliers soient aussi employés aux réparations prescrites par l'arrêt du conseil qui a ordonné la vente desdits bois, sous la réserve expresse d'en justifier par-devant les directoires de district et de département ; 4° que tous dépositaires du prix des domaines et bois, même les anciens receveurs généraux des domaines et bois supprimés en 1777, leurs héritiers ou représentans, tant pour les quarts de réserve des communautés ecclésiastiques que des communautés laïques, soient tenus de verser dans les caisses des receveurs de district, sur les demandes qui leur en seront faites par les directoires des départemens, les sommes provenues des ventes de bois des communautés qui sont actuellement en leur possession, lesquelles sommes ne seront employées par les municipalités que d'après la destination qui en sera faite par lesdits directoires de département, de l'avis du directoire de district, précédé de la délibération du conseil général des municipalités.

6 = 23 JUIN 1790.—Décret qui autorise le receveur de Champlitte à toucher une somme des domaines et bois de Franche-Comté, et règle l'emploi de celle somme. (B. 3, 28.) Voy. 7 JUIN 1790.

6 = 23 JUIN 1790. — Décret qui fait connaître les dispositions du décret précédent à toutes les municipalités par l'entremise des directoires de département et de district. (B. 3, 29.)

6 JUIN 1790. — Aisne. Voy. 2 JUIN 1790. — Audience, etc. Voy. 28 MAI 1790.—Bonnes, etc. Voy. 29 MAI 1790.—Bourbon-Lancy, etc. Voy. 5 JUIN 1790.—Le Comminges. Voy. 2 JUIN 1790. — Saint-Ouen. Voy. 2 AVRIL 1790.

7 JUIN 1790. — Correction au troisième des décrets provisoires sur la mendicité, rendus le 6 de ce mois. (B. 3, 40.)

7 JUIN 1790. — Addition au décret rendu le 6 juin, relativement aux sommes en dépôt entre les mains de l'administrateur des domaines et bois de Franche-Comté. (B. 3, 40.)

8 = 10 JUIN 1790. (Procl.) — Décret qui défend d'avoir un commandement de gardes nationales dans plus d'un département. (L. 1, 894 ; B. 3, 42.)

L'Assemblée nationale décrète comme principe constitutionnel, que personne ne pourra avoir un commandement de gardes nationales dans plus d'un département, et se réserve de délibérer si ce commandement ne doit pas même être borné à l'étendue de chaque district.

8 = 18 JUIN 1790. (Lett.-Pat.) — Décret qui commet provisoirement la municipalité de la ville de Paris à l'exercice de toutes fonctions attribuées aux administrations de département ou de district, ou à leurs directoires. (L. 1, 923 ; B. 3, 41.)

Provisoirement, et jusqu'à l'époque où l'administration du département de Paris sera en activité, la municipalité actuelle de cette ville, ou la municipalité qui sera établie conformément au règlement décrété par l'Assemblée nationale, et sanctionné par le Roi, est commise, relativement aux biens déclarés à la disposition de la nation par le décret du 2 novembre, sanctionné par le Roi, et situés dans la ville de Paris, pour exercer toutes les fonctions attribuées, dans le décret du 14 avril, pareillement sanctionné par le Roi, aux administrations de département et de district, ou à leurs directoires.

————

8 = 10 JUIN 1790. (Lett.-Pat) — Décret qui rappelle et maintient l'exécution des lois sur la tenue des assemblées electorales pour la formation des municipalités, sur les devoirs de la garde nationale et sur l'ordre public, violées à Saint-Jean-de-Luz. (B. 3, 43.)

L'Assemblée nationale, après avoir entendu son comité des rapports, instruite que, malgré les dispositions formelles d'un décret du 18 avril dernier, rendu pour la ville de Saint-Jean-de-Luz en particulier, de nouvelles difficultés, de nouveaux obstacles et de nouveaux troubles suspendent encore dans cette ville l'exécution des décrets constitutionnels pour la formation des municipalités ; que même, en contravention à ces décrets, et malgré les oppositions des anciens officiers municipaux, il s'y est tenu des assemblées, et qu'on a vu y procéder à des élections, déclare nulles et inconstitutionnelles toutes élections déjà faites ou qui pourraient l'être contre la teneur de ces décrets, depuis le 1er janvier dernier.

Décrète que, conformément à leur disposition, et particulièrement en exécution de celui du 18 avril dernier, les anciens officiers municipaux convoqueront l'assemblée des citoyens actifs de cette ville, pour la nomination de la nouvelle municipalité, après que les commissaires du département des Basses-Pyrénées, dans lequel se trouve comprise la ville de Saint-Jean-de-Luz, auront formé la liste des citoyens actifs de Saint-Jean-de-Luz, d'après les rôles des impositions directes de la capitation et des vingtièmes de ladite ville, après avoir préalablement vérifié si la totalité ou une partie des revenus publics et communaux de Saint-Jean de-Luz est appliquée au paiement desdites impositions; et dans le cas où la totalité ou une partie de ces revenus serait employée à payer lesdites impositions directes de la capitation et des vingtièmes, cette totalité ou cette partie des revenus publics sera répartie entre les contribuables auxdites impositions, au marc la livre, et ajoutée à leur cote-part d'imposition, pour les aider à atteindre le tribut exigé pour être citoyen actif; que la journée de travail demeurera fixée dans cette ville au taux qui avait été déterminé par les officiers municipaux ;

Déclare qu'aux termes de ses précédens décrets, et notamment de celui du 7 janvier dernier, et de l'article 4 de celui du 23 février

suivant, les anciens officiers municipaux de Saint-Jean-de-Luz sont autorisés à requérir le secours de la municipalité de Bayonne, ou de toute autre municipalité voisine, ainsi que des gardes nationales et des troupes de ligne qui se trouvent dans leur territoire, pour se mettre en état d'assurer l'exécution des décrets acceptés ou sanctionnés par le Roi, et opérer en conséquence dans la ville de Saint-Jean-de-Luz le rétablissement de l'ordre, du calme et de la subordination;

Décrète que les armes enlevées de l'hôtel-de-ville y seront incessamment restituées, pour être remises, d'après les ordres et sous la surveillance des officiers municipaux, aux citoyens enrôlés dans l'ancienne milice du pays de Labour, lesquels, jusqu'à la nouvelle organisation des gardes nationales, formeront celle de Saint-Jean-de-Luz, avec les autres citoyens de la même ville qui pourront y être admis;

Décrète que son président se retirera par devers le Roi, pour lui demander la sanction du présent décret, et le supplier en même temps de donner les ordres nécessaires, soit à ses commissaires, soit aux chefs de ses troupes ou à tous autres, pour assurer aux anciens officiers municipaux de Saint-Jean-de-Luz tous les secours qu'ils pourraient être forcés de requérir dans l'exercice des fonctions qui leur sont confiées.

————

8 = 10 JUIN 1790. (Lett.-Pat.) — Décret qui déclare nulles et irrégulières les élections des officiers municipaux de Schélestat, et ordonne de procéder à de nouvelles nominations. (B. 3, 43.)

L'Assemblée nationale, après avoir entendu son comité des rapports, a déclaré irrégulière et nulle l'élection de la municipalité de Schélestat, faite le 27 janvier dernier et jours suivans; ordonne que dans la huitaine de la notification du présent décret, des commissaires nommés par l'assemblée du département du Bas-Rhin se transporteront à Schélestat, pour y convoquer l'assemblée générale des citoyens actifs, à l'effet de procéder à la formation d'une nouvelle municipalité; laquelle assemblée ne pourra être tenue que huit jours après celui où elle aura été convoquée.

L'Assemblée autorise les commissaires du département à maintenir la police de la ville et des assemblées pendant le cours des opérations, et à veiller à l'exécution entière de tous ses décrets concernant les assemblées primaires, jusqu'à la nomination et installation des officiers municipaux qui seront élus; les autorise pareillement à requérir, s'il est besoin, l'assistance des gardes nationales et troupes de ligne.

Déclare les fonctions de maire, procureur de la commune et officiers municipaux, incompatibles avec le tout ou partie des fonctions de syndic, de magistrat et de secrétaire.

greffier de municipalité, et que ledit syndic ou greffier ne pourra prétendre voix délibérative dans les assemblées municipales, soit pour l'administration, soit pour le contentieux.

En ce qui concerne l'emprisonnement des sieurs Armbrustel et Fuchs, l'Assemblée nationale déclare ledit emprisonnement et la procédure qui l'a suivi nuls et vexatoires; ordonne que lesdits sieurs Armbrustel et Fuchs seront élargis et remis sous la sauve-garde de la loi; réserve leurs droits à raison de leur détention, pour les exercer contre qui et ainsi qu'il appartiendra; ordonne que les officiers municipaux de Schélestat, dont l'élection vient d'être annulée, seront, à l'exception des sieurs Zœpfell, Fels et Mainbourg, mandés à la barre; déclare que les officiers municipaux de Schélestat, et tous autres, ne peuvent priver aucun citoyen de sa liberté, si ce n'est dans les cas indiqués par la loi, et d'après les formes qu'elle a prescrites; déclare, en surplus, sur la réquisition des anciens préteurs, magistrats et conseillers de Schélestat, que que leur destitution faite par les habitans au mois d'août dernier ne porte aucune atteinte à l'honneur et à la réputation desdits officiers, ni aux droits qu'ils peuvent avoir à exercer; lesquels, ainsi que ceux de toutes les parties, demeurent à cet égard respectivement réservés.

L'Assemblée nationale charge son président de se retirer incessamment vers le Roi, pour supplier Sa Majesté de sanctionner le présent décret, et de donner les ordres nécessaires pour sa prompte et entière exécution.

8 JUIN 1790. — Décret sur la députation des gardes nationales et troupes de ligne à la fédération du 14 juillet. (B. 3, 42.) Voy. 9 JUIN 1790.

8 JUIN 1790. — Arrêté portant que, sur l'invitation du curé et des marguilliers de Saint-Germain-l'Auxerrois, l'Assemblée nationale se rendra en corps à la procession du Saint-Sacrement. (B. 3, 43.)

8 JUIN 1790. — Décret relatif aux matières d'or et d'argent arrêtées à Nantua. (B. 3, 45.)

9 (8 et) = 10 JUIN 1790. — (Lett.-Pat.) — Décret relatif à la fédération générale des gardes nationales et des troupes du royaume. (L. t, 896; B. 3, 41 et 48.)

Art. 1er. Le directoire de chaque district du royaume, et dans le cas où le directoire ne serait pas encore en activité, le corps municipal du chef-lieu de chaque district, est commis par l'Assemblée nationale, à l'effet de requérir les commandans de toutes les gardes nationales du district, d'assembler lesdites gardes, chacune dans son ressort. Les

dites gardes, ainsi assemblées choisiront six hommes sur cent, pour se réunir, au jour fixé par le directoire ou par le corps municipal requérant, dans la ville chef-lieu de district. Cette réunion de députés choisira, en présence du directoire ou du corps municipal, dans la totalité des gardes nationales du district, un homme par deux cents, qu'elle chargera de se rendre à Paris à la fédération de toutes les gardes nationales du royaume, qui aura lieu le 14 juillet. Les districts éloignés de la capitale de plus de cent lieues auront la liberté de n'envoyer qu'un député par quatre cents.

2. Le directoire de chaque district, ou, à son défaut, la municipalité du chef-lieu de district, fixeront de la manière la plus économique la dépense à allouer aux députés, pour le voyage et le retour, et cette dépense sera supportée par chaque district.

9 JUIN.

L'Assemblée nationale a décrété et décrète que tous les corps militaires, soit de terre, soit de mer, nationaux ou étrangers, députeront à la fédération patriotique, conformément à ce qui sera réglé ci-après.

Chaque régiment d'infanterie ou d'artillerie députera l'officier le plus ancien de service, les années de soldat comptées, parmi ceux qui seront présens au corps; le bas-officier le plus ancien de service, parmi ceux qui seront présens au corps, et les quatre soldats les plus anciens de service, présens au corps, et pris indistinctement parmi les caporaux, appointés, grenadiers, chasseurs, fusiliers, tambours et musiciens du régiment.

Le régiment du Roi et celui des gardes-suisses, à raison de leur nombre, enverront une députation double de celle fixée pour les régimens ordinaires.

Les bataillons de chasseurs à pied députeront un officier, un bas-officier et deux chasseurs, conformément aux règles prescrites pour les régimens d'infanterie.

Le corps des ouvriers de l'artillerie et celui des mineurs députeront chacun un officier, un bas-officier et deux soldats, comme pour les bataillons de chasseurs à pied.

Les mêmes règles désignées ci-dessus seront observées pour tous les régimens de cavalerie, dragons, chasseurs et hussards, avec cette différence qu'ils ne députeront qu'un officier, un bas-officier, et deux cavaliers seulement. Le seul régiment des carabiniers, double en nombre des régimens de cavalerie ordinaire, aura une députation double de ces derniers.

Le corps royal du génie députera le plus ancien officier de chaque grade; et, à égalité d'ancienneté, le rang de promotion décidera.

La maréchaussée sera représentée par les quatre plus anciens officiers, les quatre plus anciens bas-officiers, et les douze plus anciens cavaliers du royaume.

La compagnie de la connétablie sera représentée par le plus ancien individu de chaque grade, d'officier, bas-officier et cavalier.

Par égard pour de vieux militaires qui ont bien mérité de la patrie, et qui ont acquis le droit de se livrer au repos, le corps des invalides sera représenté par les quatre plus anciens officiers, les quatre plus anciens bas-officiers, et les douze plus anciens soldats retirés à l'Hôtel royal des invalides.

Les commissaires des guerres seront représentés par un commissaire-ordonnateur, un commissaire ordinaire, et un commissaire-élève, le plus ancien de chacun de ces grades.

Le corps des lieutenans maréchaux de France sera représenté par le plus ancien d'entre eux,

Quant aux compagnies de la maison militaire du Roi, de celle des frères de Sa Majesté, et tous autres corps militaires non réunis, ils seront représentés chacun par le plus ancien de chaque grade. En cas d'égalité de service, le plus ancien d'âge aura la préférence.

Les maréchaux de France, les lieutenans généraux, les maréchaux-de-camp et les grades correspondans de la marine, députeront les deux plus anciens officiers de chacun de ces différens grades.

L'Assemblée nationale déclare qu'elle n'entend rien préjuger sur l'existence ou le rang des corps militaires ci-dessus dénommés, et même de ceux qui ne le sont pas.

9 JUIN.

L'Assemblée nationale a décrété et décrète, sur les articles à elle proposés par son comité de marine, que le plus ancien des vice-amiraux, et les deux plus anciens officiers de chaque grade, actuellement en service dans chacun des ports de Brest, Toulon et Rochefort, seront députés, au nom du corps de la marine, à la confédération générale indiquée pour le 14 juillet.

Chacune des divisions du corps royal des canonniers-matelots, actuellement en service dans les ports de Brest, Toulon et Rochefort, députera le plus ancien des officiers majors et sous-lieutenans de la division, le plus ancien des bas-officiers et les quatre plus anciens canonniers-matelots.

Les ingénieurs-constructeurs de la marine, servans dans chaque port, députeront le plus ancien d'entre eux.

Les maîtres de toute espèce, et officiers-mariniers entretenus dans chaque port, députeront le plus ancien de service d'entre eux, et l'ancienneté sera comptée par les services de mer.

Les deux plus anciens élèves et les deux plus anciens volontaires de la marine seront

députés par le commandant dans chacun des ports de Brest, Toulon et Rochefort.

Les commissaires généraux et ordinaires des ports et arsenaux, et autres corps servans dans chacun des ports de Brest, Toulon et Rochefort, députeront le plus ancien d'entre eux.

Dans tous ports de mer, les capitaines de marine marchande pourront députer à la fédération générale le plus ancien d'entre eux.

9 = 17 JUIN 1790. (Lett.-Pat.) — Décret qui prescrit d'exécuter provisoirement les anciennes ordonnances sur la nature et les formes du service militaire, notamment sur la police des spectacles. (L. 1, 922 ; B. 3, 52.)

L'Assemblée nationale décrète qu'elle est satisfaite du zèle pour le service et du désintéressement que témoignent les fusiliers des régimens de Beauce, Normandie, et les canonniers-matelots du corps de la marine, ainsi que de la modération et des sentimens patriotiques des grenadiers de ces régimens ; mais que s'occupant avec activité de la nouvelle organisation militaire, qui doit être également avantageuse à toutes les classes qui composent l'armée, elle juge que toutes les anciennes ordonnances de police et militaires sur la nature et les formes du service, et notamment sur la police des spectacles, doivent être exécutées provisoirement, jusqu'à ce qu'il en ait été autrement ordonné.

Décrète, en outre, que son président se retirera vers le Roi, pour supplier Sa Majesté de donner des ordres afin de maintenir l'harmonie et l'union entre les différens corps qui composent la garnison de Brest.

9 = 18 JUIN 1790. (Procl.) — Décret relatif aux citadelles, forts et châteaux du royaume. (L. 1, 926 ; B. 3, 51.)

L'Assemblée nationale décrète que son comité militaire sera chargé de lui présenter incessamment un état de toutes les villes fortifiées, citadelles, forts, châteaux et autres fortifications qui existent actuellement dans le royaume, avec son opinion motivée sur l'utilité ou inutilité de ces différentes places, afin que, de concert avec le Roi, elle puisse ordonner la conservation, les réparations ou même l'augmentation de toutes celles qui seront jugées nécessaires pour la défense du royaume, et la démolition, vente ou abandon de toutes celles qui ne portent pas ce caractère d'utilité.

Décrète, en outre, qu'elle regarderait comme coupables tous ceux qui, dans la ville de Montpellier, ou partout ailleurs, se porteraient à quelques excès pour démolir, soit en totalité, soit en partie, les forts ou citadelles ; et que son président se retirera devers le Roi pour le supplier de donner des ordres afin que les gardes nationales de Montpellier continuent de faire leur service dans la citadelle, sous le commandement des officiers employés sous Sa Majesté, jusqu'à ce qu'il ait été pris un parti décisif sur la conservation ou abandon de la citadelle de Montpellier.

———

9 JUIN 1790. — Décret sur la détermination de la liste civile, d'après la lettre du Roi. (B. 3, 54.)

L'Assemblée nationale, après avoir entendu la lecture des deux lettres et messages du Roi, a voté par acclamation et décrété à l'unanimité toutes les dispositions et demandes portées dans ledit message. Elle a de plus fixé à quatre millions le douaire de la Reine, et a ordonné que son président se retirera sur l'heure par devers Leurs Majestés, pour leur faire part de la détermination qu'elle vient de prendre.

Suit la teneur de la lettre du Roi à M. le président de l'Assemblée nationale.

Paris, le 9 juin 1790.

« Monsieur, combattu entre les principes d'une sévère économie et la considération des dépenses qu'exigent l'éclat du trône français et la représentation du chef d'une grande nation, j'aurais préféré de m'en rapporter à l'Assemblée nationale pour qu'elle fixât elle-même l'état de ma maison; mais je cède à ses nouvelles instances, et je vous adresse la réponse que je vous prie de lui communiquer.

« J'aurais désiré m'en rapporter entièrement à l'Assemblée nationale pour la détermination de la somme applicable aux dépenses de ma maison civile et militaire; mais ses nouvelles instances, et les expressions qui accompagnent son vœu, m'engagent à changer de résolution. Je vais donc m'expliquer simplement avec elle.

« Les dépenses connues sous le nom de maison du Roi comprennent :

1° Les dépenses relatives à ma personne, à la Reine, à l'éducation de mes enfans, aux maisons de mes tantes; et je devrai y ajouter encore incessamment l'établissement de la maison que ma sœur a droit d'attendre de moi; 2° les bâtimens, le garde-meuble de la couronne; 3° enfin, ma maison militaire qui, dans le plan communiqué à son comité militaire, ne fait point partie des dépenses de l'armée.

« L'ensemble de ces divers objets, malgré les réductions qui ont eu lieu depuis mon avénement au trône, s'élevait encore à trente-un millions, indépendamment d'un droit d'aides sur la ville de Versailles, montant à neuf cent mille livres, lequel entrera désormais

dans le revenu public, avec la diminution relative à mon séjour le plus habituel à Paris.

« Je crois que vingt-cinq millions, en y ajoutant le revenu des parcs, domaines et forêts des maisons de plaisance que je conserverai, pourront, au moyen de retranchement considérable, suffire convenablement à ces différentes dépenses.

« Quoique je comprenne ma maison militaire dans les objets dont je viens de faire l'énumération, je ne me suis pas encore occupé de son organisation. Je désire à cet égard, comme à tout autre, de concilier mes vues avec le nouvel ordre de choses. Je n'hésite pas à penser que le nombre des troupes destinées à la garde du Roi doit être déterminé par un réglement constitutionnel; et comme il importe à ces troupes de partager l'honneur et les dangers attachés à la défense de la patrie, elles doivent être soumises aux règles générales de l'armée.

« D'après ces considérations, j'ai retardé l'époque à laquelle mes gardes-du-corps doivent reprendre leur service; et le délai de l'organisation de ma maison militaire a d'autant moins d'inconvéniens, que, depuis que la garde nationale fait le service auprès de moi, je trouve en elle tout le zèle et l'attachement que je puis souhaiter; et je désire qu'elle ne soit jamais étrangère à la garde de ma personne.

« Il me serait impossible d'acquitter sur un fonds annuel limité la dette arriérée de ma maison, dont l'Assemblée a connaissance; je désire qu'elle comprenne cet objet dans ses plans généraux de liquidation.

« Je pense que le remboursement des charges de ma maison et de celles de mes frères doit être ordonné, et se joindre à l'article précédent, la Constitution ayant proscrit la vénalité des charges. Cette disposition doit entrer naturellement dans les vues de l'Assemblée; elle sera d'autant plus juste, que ceux qui se sont soumis à des sacrifices d'argent considérables pour acheter les charges, avaient lieu de compter sur des graces que le nouvel ordre de choses ne leur permet plus d'espérer.

« Je finis par l'objet qui me tient le plus à cœur.

« J'ai promis, par mon contrat de mariage avec la Reine, que, dans le cas où je cesserais de vivre avant elle, une maison convenable lui serait conservé; elle vient de faire le sacrifice de celle qui, de tout temps, a été attribuée aux Reines de France, et qui, réunie au comptant (1), s'élevait au-delà de quatre millions.

« C'est un motif de plus pour moi de désirer que l'engagement indéterminé que j'ai pris

———

(1) Et qui avec le comptant. (Mon, 10 juin 1790)

14.

avec elle et son auguste mère soit rendu précis par la fixation de son douaire : il me sera doux de devoir aux représentans de la nation ma tranquillité sur un point qui intéresse aussi essentiellement mon bonheur.

« Après avoir répondu au vœu de l'Assemblée nationale avec la confiance qui doit régner entre elle et moi, j'ajouterai que jamais je ne serai en opposition avec elle pour aucune disposition relative à ma personne ; mes vrais intérêts propres seront toujours ceux du royaume ; et pourvu que la liberté et l'ordre public, ces deux sources de la prospérité de l'Etat, soient assurés, ce qui me manquerait en jouissances personnelles, je le retrouverai, et bien au-delà, dans la satisfaction attachée au spectacle journalier de la félicité publique. » *Signé* LOUIS.

9 JUIN 1790. — Décret contre l'élection de la municipalité de Saint-Oustrille de Montoire. (B. 3, 53.)

9 JUIN 1790. — Arrêté sur la distribution des billets de la tribune de l'Assemblée nationale, aux approches de la fédération. (B. 3, 53.)

9 JUIN 1790. — Paris. *Voy.* 6 JUIN 1790.

10 = 18 JUIN 1790. (Lett.-Pat.) — Décret qui autorise la municipalité de Paris à établir des dépôts de mendicité ou ateliers de charité dans deux couvens. (L. 1, 924 ; B. 3, 57.)

L'Assemblée nationale autorise la municipalité de Paris, en exécution du décret du 20 mai, sanctionné par le Roi, sur la mendicité, à faire évacuer le couvent des Récollets du faubourg Saint-Laurent, et celui des Dominicains de la rue Saint-Jacques, pour être provisoirement employés à servir, soit de dépôts aux mendians infirmes, soit d'ateliers de travail pour les mendians valides.

Elle charge de plus la municipalité de Paris de prendre sur les fonds qu'elle est autorisée à percevoir par le décret du 8 juin, pour assurer des moyens de subsistance aux religieux de ces deux maisons, soit qu'ils veuillent être transférés dans d'autres couvens de leur ordre, soit qu'ils déclarent vouloir jouir du bénéfice des décrets des 19, 20 février, et 20 mars derniers.

10 JUIN 1790. — Fédération. *Voy.* 9 JUIN 1790. — Gardes nationales. *Voy.* 8 JUIN 1790 et 9 JUIN 1790. — Matelots. *Voy.* 28 MAI 1790. — St.-Jean-de-Luz. — Schélestat. *V.* 9 JUIN 1790.

11 = 18 JUIN 1790. (Procl.) — Décret relatif aux opérations des commissaires chargés de l'établissement des assemblées de département. (L. 1, 931 ; B. 3, 67.)

L'Assemblée nationale décrète que son président se retirera vers le Roi pour le prier d'ordonner à ses commissaires, pour l'établissement des assemblées administratives des départemens, et notamment du département de la Corrèze, de suivre leurs opérations avec exactitude, de les accélérer le plus qu'il sera possible, en exécutant exactement les décrets, et d'instruire l'Assemblée de la suite de leur travail.

11 JUIN 1790. — Décret relatif à la répartition, au recouvrement et au versement des impositions réelles ou personnelles. (B. 3, 69.)

L'Assemblée nationale décrète qu'à partir de l'époque où le nouveau système d'imposition sera organisé, toutes les impositions réelles ou personnelles seront réparties, recouvrées et versées au trésor public, sans aucune déduction, même pour transport d'espèces.

11 JUIN 1790. — Décret sur le traitement des fermiers-généraux et les frais de bureau. (L. 3, 1,022 ; B. 3, 69.)

Art. 1er. Les traitemens des fermiers-généraux demeureront fixés pour la présente année à six cent soixante mille livres.

Les remises sur les droits régis ne pourront excéder cinq cent mille livres.

2. Les appointemens des bureaux de l'hôtel des Fermes seront réduits à cinq cent mille livres.

L'augmentation des traitemens desdits bureaux, à cent mille livres. Les gratifications ordinaires, quarante mille livres. Les gratifications extraordinaires, quarante mille livres. Augmentation de traitement des brigades, pour les objets régis, cent mille livres. Honoraire du conseil de la Ferme, vingt mille liv. Honoraire de l'architecte de la Ferme, mille livres. Le traitement accordé aux principaux employés pour leur tenir lieu d'une place supplémentaire de fermier général, supprimé. Traitement des commis préposés à la descente des sels, supprimé. Supplément de salaire des mesureurs du sel de Paris, supprimé. Gratifications aux contrôleurs des Sables-d'Olonne, supprimées. Augmentation de deux sous par minot de sel, des salines d'Hières, à M. Forbin, supprimée.

3. Les frais de compte de la Ferme générale des parties régies, et les épices à différentes chambres de comptes, sont supprimés à compter de janvier 1790.

4. Les directeurs et contrôleurs n'auront plus de remises sur les saisies, mais seulement sur l'excédant des produits.

L'Assemblée nationale prendra en considération la situation et le service des employés qui seront supprimés.

11 = 25 JUIN 1790. — Décret qui autorise la municipalité de Mur-de-Barez à toucher une somme pour la construction d'une fontaine. (B. 3, 59.)

11 = 25 JUIN 1790. — Décret qui autorise la municipalité de Montpellier à remplacer par une taxe personnelle un droit sur les boucheries. (B. 3, 59.)

11 = 25 JUIN 1790. — Décret qui autorise la ville de Valentine à faire un emprunt, et à retirer une somme déposée entre les mains du receveur de la province. (B. 3, 60.)

11 = 25 et 27 JUIN 1790. — Décrets qui autorisent les communautés de Catalans et de Chante-Reine, et les communes de Chapet, de Chevreuse, de Fontenay, de Mailly-le-Château, de Mirepoix, de Moissac, de Négrepelisse, de Nontron, de Saint-Yrieix, de Salins et de Troux, à lever une imposition et à faire un emprunt. (B. 3, 61 à 66.)

11 JUIN 1790. — Décret qui rétracte l'admission des sieurs Faucher en qualité de députés à l'Assemblée nationale. (B. 3, 67.)

11 JUIN 1790. — Décret qui renvoie au comité des pensions et à celui des finances la question des indemnités pour pertes occasionnées par la révolution. (B. 3, 68.)

11 JUIN 1790. — Décret pour rendre public le tableau de la contribution patriotique. (B. 3, 68.)

11 JUIN 1790. — Décret portant que l'Assemblée prendra le deuil à l'occasion de la mort de Franklin, pendant trois jours, et que le président écrira au congrès américain, au nom de l'Assemblée nationale. (B. 3, 69.)

12 JUIN 1790. — Décret sur les dépenses de la Régie générale et sur la résiliation de l'abonnement avec les fermiers des postes. (L. 3, 1,022; B. 3, 78.)

Art. 1er. Les remises allouées aux régisseurs généraux ne pourront excéder quatre cent cinquante mille livres, et leurs droits de présence sont supprimés.

2. Il sera fait une réduction de cinquante mille livres sur les bureaux des principaux employés, provisoirement, sauf à réduire encore, s'il y a lieu, d'après le compte qui sera rendu incessamment par le comité des finances.

3. L'abonnement fait avec les fermiers des postes sera résilié à compter du jour de la publication du présent décret.

4. Le ministre des finances s'occupera d'opérer et mettre incessamment sous les yeux de l'Assemblée nationale les économies que la suppression des différens droits permet de faire sur les frais de perception.

12 JUIN 1790. — Décret contre les croupes, et sur les dépenses de la Régie générale des domaines. (L. 3, 1,022; B. 3, 78.)

L'Assemblée nationale a décrété : 1° que toutes les croupes existant sur les emplois et affaires de finances sont supprimées, à compter du 1er janvier dernier; 2° que le traitement des vingt-huit administrateurs des domaines sera fixé, à compter du 1er janvier dernier, à quatre cent cinquante mille livres, qui seront réparties entre eux par portions égales et individuelles; 3° que le décret concernant la fixation du traitement des régisseurs généraux sera rapporté à l'Assemblée.

12 = 22 JUIN 1790. — Décret qui commet le sieur Guyard à l'exercice des fonctions de trésorier des impositions de Bretagne. (B. 3, 71.)

12 JUIN 1790. — Décret sur les observations du premier ministre des finances, relatives au décret du 31 mai, pour faire cesser la mendicité dans Paris. (B. 3, 73.)

12 JUIN 1790. — Décret qui autorise l'exécution d'une ordonnance du conseil général de la commune de Caen, relative au service de la garde nationale. (B. 3, 75.)

12 = 27 JUIN 1790. — Décret pour autoriser la ville de Vézelay à l'emploi d'une somme en ateliers de charité. (B. 3, 76.)

12 = 25 JUIN 1790. — Décret qui autorise la municipalité de Valay à retirer une somme pour l'employer en achats de grains. (B. 3, 76.)

12 JUIN 1790. — Décret qui autorise le paiement pour les quatre derniers mois de 1789, des appointemens dus à diverses personnes attachées à l'ancien régiment des gardes-françaises. (B. 3, 77.)

12 JUIN 1790. — Décret qui impose l'obligation du service dans la garde nationale pour conserver l'exercice des droits de citoyen actif, et qui incorpore à la garde nationale tous les corps particuliers de milice bourgeoise. (B. 3, 74). *Voy.* 18 JUIN 1790.

12 JUIN 1790. — Décret portant que les impôts continueront à être payés en nature dans l'Ile de Corse. (B. 3, 77.)

12 JUIN 1790. — Décret sur les ets rendus par le parlement de Nava contre le sieur Laugar, officier munici (B. 3, 80.)

13 = 18 JUIN 1790. (Lett.-Pat.) — Décret portant aboliti des raits de bourgeoisie, d'habita et aut (L. 1, 928; B. 3, 28.)

Voy. lois des 15 = 28 mars 1790, 19 = 23 juillet 1790, 13 mai 1792, 2 et 30 septembre 1793, 18 ventose an 2, et 19 floréal an 2.

Le retrait de bourgeoisie, d'habitation ou de local, le retrait d'éclesche, le retrait de société, fraveusté, convenance ou bienséance, sont abolis.

Les procès concernant lesdits retraits, qui ne seront pas jugés en dernier ressort à l'époque de la publication du présent décret, demeureront comme non avenus, et il ne pourra être fait droit que sur les dépens qu'ils auront occasionnés.

13 = 15 juin 1790. (Lett.-Pat.) — Décret relatif à l'emploi des deniers des dons patriotiques. (L. 1, 959 ; B. 3, 83.)

Art. 1er. Les deniers des dons patriotiques continueront à être versés aux payeurs des rentes de l'hôtel-de-ville de Paris ; mais ils pourront être employés à l'avenir au paiement des arrérages de l'année entière 1789, des rentes de trois cents livres et au-dessous, à toutes lettres.

2. Les payeurs des rentes continueront à exiger la représentation des *duplicata* des quittances d'impositions de six livres et au-dessous ; mais ils sont autorisés à payer, dans la proportion désignée au précédent article, les rentiers qui seront indiqués comme nécessiteux par les certificats des municipalités ou districts, des curés des paroisses, ou des administrateurs des hôpitaux ou maisons hospitalières.

3. Les deniers comptans des dons patriotiques seront employés, autant qu'ils pourront suffire, au paiement des rentes et appoints au-dessous de deux cents livres ; et quant aux rentes de deux cents livres jusqu'à trois cents livres, si elles sont payées en assignats, les intérêts échus à ces billets depuis le 15 avril dernier jusqu'au paiement, seront retenus par les payeurs, qui en compteront sur la mention qui aura été faite de ces retenues par eux et leurs contrôleurs, dont lesdits payeurs fourniront des états tous les trois mois aux trésoriers des dons patriotiques.

13 = 15 juin 1790. — Décret qui autorise la municipalité de Monton à faire un emprunt. (B. 3, 79.)

13 = 18 juin 1790. — Décret pour suspendre les poursuites relatives à des terrains afféagés en Bretagne. (B. 3, 80.)

13 juin 1790. — ..... décret qui ordonne que les lettres de sanction ..... d'acceptation des décrets de l'Assemblée se ..... collationnées par les commissaires chargés de l'..... oi des décrets (B. 3, 81.)

13 juin 1790. — Décret qui met à la disposition du ministre de la marine trois millions pour l'armement de quatorze vaisseaux. (B. 3, 82.)

13 juin 1790. — Proclamation du Roi concernant la confection des rôles, la forme du versement et l'accélération du recouvrement des impositions de 1790 et années antérieures. (L. 1, 916.)

13 juin 1790. — Proclamation concernant l'imposition des habitans des paroisses de Paris qui se trouvent hors de l'enceinte des murs. (L. 1, 904.)

13 juin 1790. — Décret sur les troubles qui ont eu lieu à Lambesc et sur l'insurrection qui s'est manifestée dans le régiment de Royal-marine. (B. 3, 84.)

13 juin 1790. — Assignats. *Voy.* 9 mai 1790 et 1er juin 1790. — Mendians. *Voy.* 30 mai 1790.

14 = 18 juin 1790. (Lett.-Pat.) — Décret portant suspension des procédures relatives aux dédommagemens, à raison des dégâts sur les terrains et marais desséchés, et attribution aux directoires des districts pour régler ces dédommagemens. (L. 1, 932 ; B. 3, 80.)

L'Assemblée nationale, instruite des vives poursuites judiciaires qui se font dans plusieurs lieux du royaume, et notamment dans le district de Paimbœuf, département de la Basse-Loire, à l'occasion des dégâts qui ont récemment eu lieu sur les terrains afféagés et les marais desséchés depuis quelques années, a décrété de prier le Roi d'ordonner ce qui suit :

Art. 1er. Les procédures relatives aux dédommagemens qui peuvent être dus, à raison des dégâts sur les terrains afféagés et les marais desséchés depuis quelques années, seront suspendues.

2. Les directoires de districts sont commis pour régler lesdits dédommagemens dans les différens cantons du royaume où ces dégâts ont eu lieu ; à l'effet de quoi les directeurs de district pourront, s'il est besoin, nommer parmi leurs membres des commissaires qui se transporteront sur les lieux, vérifieront les dégâts, apprécieront les indemnités ; et aussitôt après le paiement de celles-ci, les procédures demeureront absolument éteintes.

3. Le premier juge du tribunal existant dans chaque ville de district, ou, s'il n'y en a pas, du tribunal de la ville la plus voisine, est commis pour régler sans frais les mémoires des procédures déjà faites, afin que le montant en soit réparti et payé de la même manière que les indemnités.

4. Il est enjoint généralement à tous les citoyens trompés qui ont commis des dégâts, le respect pour les propriétés, qui sont toutes

sous la garde de la loi, sauf à eux à se pour-voir dans les tribunaux et par les voies léga-les, s'ils croient avoir des droits sur les prai-ries, les terrains afféagés et les marais des-séchés.

___

14 JUIN 1790. — Décret sur les élections dans le département du Haut-Rhin. (B. 3, 85.)

___

15 = 20 JUIN 1790. (Lett.-Pat.) — Décret con-cernant les droits connus sous la dénomination de *Criées de Mons*, ou *Domaines du Hainaut*, et interprétatif de l'art. 12 du titre 2 du dé-cret du 15 mars dernier sur les droits féo-daux. (L. 1, 937; B. 3, 86.)

Voy. loi du 15 = 28 MARS 1790.

L'Assemblée nationale, informée que dans quelques parties des districts du département du Nord, qui composaient ci-devant la pro-vince du Hainaut, il a été donné à l'article 12 du titre II du décret du 15 mars dernier, concernant les droits féodaux, sanctionné par lettres-patentes du 28 du même mois, une interprétation abusive, et qui ne tendrait à rien moins qu'à faire cesser toutes les imposi-tions indirectes dans ces districts; après avoir entendu ses comités des finances et de féoda-lité, a décrété ce qui suit:

Le décret de l'Assemblée nationale, du 28 janvier dernier, sanctionné par le Roi, le 30 du même mois, doit être exécuté selon sa forme et teneur, n'y ayant été nullement dé-rogé par l'article 12 du titre II de celui du 15 mars suivant, sanctionné par le Roi du 28 du même mois.

En conséquence, jusqu'à ce qu'il ait été établi un mode d'imposition uniforme pour tout le royaume, la ci-devant province du Hainaut demeurera assujétie aux droits qui s'y perçoivent au profit du trésor public, sur les vins, eaux-de-vie, bières, cidre, tabacs, sels, charbons de terre, bois, tuage de bes-tiaux, pas de penas, et sur les bêtes vives dont la retrouve se fait chaque année, et généralement à tous les droits connus sous la dénomination de *criées de Mons*, ou *domai-nes du Hainaut*;

En outre, que du moment où le commis-saire départi en Hainaut aura cessé ses fonc-tions en conformité du décret du 22 décem-bre 1789, sanctionné par le Roi, les procès-verbaux des contraventions auxdits droits seront, jusqu'à ce qu'il y ait été autrement pourvu, portés devant l'assemblée de dépar-tement du Nord ou son directoire, qui les jugera sommairement, sans frais ni sans appel.

Sont déchargés de toutes poursuites, pour raison des contraventions commises dans l'in-tervalle de la publication du décret du 28 mars dernier à celle du présent décret, ceux qui, dans la quinzaine, à compter du jour où le présent décret aura été publié et affiché par

la municipalité du lieu de leur résidence, acquitteront, ou offriront réellement au bu-reau de la régie générale les droits par eux dus et mentionnés dans les procès-verbaux dressés à leur charge.

___

15 = 22 JUIN 1790. — Décret portant proroga-tion d'un octroi en faveur de l'hôpital de Rouen. (B. 3, 85.)

___

15 = 28 JUIN 1790. — Décret pour fixer une administration de district à Marcigny. (B. 3, 86.)

___

15 JUIN 1790. — Gens de mer. *Voy.* 5 JUIN 1790. — Impositions. *Voy.* 6 JUIN 1790.

___

16 JUIN 1790. — Décret sur la fixation d'un chef-lieu de district à Vervins. (B. 3, 88.)

___

17 = 19 JUIN 1790. (Procl.) — Décret relatif à la fédération générale des gardes nationales et des troupes. (L. 1, 935; B. 3, 90.)

L'Assemblée nationale, sur le rapport du comité militaire et de la marine, a décrété et décrète ce qui suit:

1° Les régimens en garnison dans les co-lonies françaises ne pouvant pas envoyer une députation directe, députeront pour chaque régiment le plus ancien officier, le plus ancien bas-officier, et les deux plus anciens capo-raux, grenadiers, chasseurs et soldats pré-sentement en France.

2° Le régiment d'artillerie des colonies dé-putera comme les régimens d'artillerie en garnison en France.

3° Le bataillon auxiliaire des colonies, en garnison à Lorient et au Port-Louis, députera de la manière prescrite pour tous les corps de l'armée.

4° Le port de Lorient députera comme ceux de Brest, Toulon et Rochefort.

5° Les matelots députeront les deux plus anciens matelots par port de Roi, et un par chacun des autres ports.

6° Les ingénieurs-géographes militaires députeront le plus ancien d'entre eux.

7° Les commissaires ordinaires et écrivains des colonies députeront dans la proportion des ports et arsenaux de marine.

8° Les lieutenans de roi, majors, aides-majors, et sous aides-majors de place, dépu-teront le plus ancien d'entre eux.

9° Enfin, les chirurgiens et aumôniers des corps députeront le plus ancien d'entre eux.

___

17 = 23 JUIN 1790. (Procl.) — Décret concer-nant les délibérations des soi-disant citoyens catholiques de Nîmes et d'Uzès. (L. 1, 948; B. 3, 91.)

1° L'Assemblée nationale, sur le rapport qui lui a été fait au nom de son comité des recherches, de deux délibérations de quelques particuliers se disant les citoyens catholiques de Nîmes, des 20 avril dernier et premier de ce même mois, ainsi que d'une autre délibération de quelques particuliers d'Uzès, se disant les citoyens catholiques d'Uzès, en adhésion à celle du 20 avril, en date du 2 mai dernier ; considérant que lesdites délibérations contiennent des principes dangereux et propres à exciter des troubles et des dissentions dans le royaume, a décrété et décrète que les sieurs La Pierre, Michel, Vigne, Folacher, Robin, Froment, Velut, François Fauve, Ribens, Melquion aîné, et Fernel, qui ont signé en qualité de président et de commissaires la première de ces délibérations ; les sieurs de Gueydon, baron de la Reisanglade, et Gaussade, qui ont signé la seconde en qualité de président et de commissaires ; enfin, les sieurs baron de Fontarèches, d'Entraigues, de Cabannes, Lairac, Borie et Puget, qui, aussi en qualité de président et de commissaires, ont signé celle des particuliers se disant les citoyens catholiques d'Uzès, en date du 2 mai, seront mandés à la barre de l'Assemblée pour y rendre compte de leur conduite, et que provisoirement ils seront privés des droits attachés à la qualité de citoyen actif.

2° Sur l'observation faite par le comité des recherches, qu'il lui a été remis un grand nombre de pièces concernant des troubles arrivés dans la ville de Nîmes, et qu'il est indispensable d'acquérir la preuve des faits qui y sont dénoncés, circonstances et dépendances, l'Assemblée nationale arrête que son président se retirera sans délai par devers le Roi, pour supplier Sa Majesté d'ordonner qu'il sera informé desdits faits par-devant le présidial de Nîmes.

17 JUIN 1790. — Décret qui fixe la ville d'Aubagne dans le district de Marseille. (B. 3, 91.)

17 JUIN 1790. — Décret portant renvoi au Roi d'une délibération de la ville d'Avignon, relative à sa réunion à la France. (B. 3, 93.)

17 = 19 JUIN 1790. — Décret pour faire mettre en liberté le maire de Perpignan. (B. 3, 93.)

17 JUIN 1790. — Assemblées départementales. *Voy.* 11 JUIN 1790. — Berrens, etc. *Voy.* 5 JUIN 1790. — Citadelles, etc. *Voy.* 9 JUIN 1790. — Dédommagemens. *Voy.* 14 JUIN 1790. — Marcigny. *Voy.* 15 JUIN 1790. — Mendicité. *Voy.* 10 JUIN 1790. — Municipalité. *Voy.* 8 JUIN 1790. — Retraits. *Voy.* 13 JUIN 1790. — Spectacles. *Voy.* 8 et 9 JUIN 1790.

18 = 18 JUIN 1790. (Procl.) — Décret relatif à l'inscription des citoyens actifs sur le registre des gardes nationales. (L. 1, 929.)

L'Assemblée nationale décrète :

1° Que dans le courant du mois qui suivra la publication du présent décret, tous les citoyens actifs des villes, bourgs et autres lieux du royaume, qui voudront conserver l'exercice des droits attachés à cette qualité, seront tenus d'inscrire leurs noms, chacun dans la section de la commune, sur un registre qui y sera ouvert à cet effet pour le service des gardes nationales.

2° Les enfans des citoyens actifs, âgés de dix-huit ans, s'inscriront pareillement sur le même registre ; faute de quoi ils ne pourront ni porter les armes, ni être employés même en remplacement de service.

3° Les citoyens actifs qui, à raison de la nature de leur état, ou à cause de leur âge ou infirmités, ou autres empêchemens, ne pouvant servir en personne, devront se faire remplacer, ne pourront être remplacés que par ceux des citoyens actifs et de leurs enfans qui seront inscrits sur ces registres en qualité de gardes nationales.

4° Aucun citoyen ne pourra porter les armes, s'il n'est inscrit de la manière qui vient d'être réglée ; en conséquence, tous corps particuliers de milice bourgeoise, d'arquebusiers ou autres, sous quelque dénomination que ce soit, seront tenus de s'incorporer dans la garde nationale, sous l'uniforme de la nation, sous les mêmes drapeaux, le même régime, les mêmes officiers, le même état-major : tout uniforme différent, toute cocarde autre que la cocarde nationale, demeurant réformés aux termes de la proclamation du Roi. Les drapeaux des anciens corps et compagnies seront déposés à la voûte de l'église principale, pour y demeurer consacrés à l'union, à la concorde et à la paix.

18 = 19 JUIN 1790. (Lett. Pat.) — Décret relatif à l'inviolabilité des membres de l'Assemblée nationale. (L. 1, 934 ; B. 3, 94 ; Mon. des 19 et 20 juin 1790.)

Voy. loi du 23 JUIN 1789 = 23 FÉVRIER 1793 ; du 26 = 27 JUIN 1790. — Décret du 7 JUILLET 1790.

Art. 1er. Les pièces relatives à M. de Mirabeau le jeune, colonel du régiment de Touraine, seront renvoyées aux comités des rapports et militaires réunis.

2. La lettre de la municipalité de Perpignan, en date du 13 du présent mois, sera imprimée.

L'Assemblée nationale rappelle aux municipalités le décret qui a prononcé l'inviolabilité de ses membres, et décrète que M. de Mirabeau le jeune viendra immédiatement rendre compte de sa conduite.

18 = 23 JUIN 1790. (Lett.-Pat.) — Décret concernant la dîme. (L. 1, 941; B. 3, 94. Mon. 17, 18 et 19 juin 1790.)

Voy. loi du 15 = 28 MARS 1790.

L'Assemblée nationale, sur le rapport qui lui a été fait de plusieurs pétitions tendant à ce que les redevables eussent la faculté de payer les dîmes en argent, la présente année, au lieu de les acquitter en nature; instruite pareillement que, dans quelques endroits, un petit nombre de redevables, sans doute égarés par des gens mal intentionnés, se disposaient à refuser de les payer, même à s'opposer à la perception; instruite encore que quelques bénéficiers, corps ou communautés, ne se disposaient point à les percevoir, et ne donnaient pas les soins nécessaires aux biens qu'ils sont provisoirement chargés de régir, a décrété ce qui suit:

Art. 1er. Tous les redevables de la dîme, tant ecclésiastique qu'inféodée, seront tenus, conformément à l'article 3 du décret des 14 et 20 avril dernier, sanctionné par le Roi, de la payer, la présente année seulement, à qui de droit, en la manière accoutumée, c'est-à-dire, en nature et à la quotité d'usage, sauf l'exécution des abonnemens en argent, constatés par titres ou volontairement faits.

2. Les redevables des champarts, terrages, arrages, agriers, complans, et de toutes redevances payables en nature, qui n'ont pas été supprimées sans indemnité, seront également tenus de les payer, la présente année et les suivantes, jusqu'au rachat, en la manière accoutumée, c'est-à-dire, en nature et à la quotité d'usage, sauf aussi l'exécution des abonnemens constatés par titres ou volontairement faits, conformément aux décrets sur les droits féodaux, des 15 mars et 3 mai derniers, sanctionnés par le roi.

3. Nul ne pourra sous prétexte de litige, refuser le paiement de la dîme accoutumée d'être payée, ni des champarts, terrages, complans, ou d'autres redevances de cette espèce, aussi accoutumées d'être payées, et énoncées dans l'article 2 du titre III dudit décret du 15 mars dernier; sauf à ceux qui se trouveront en contestations, à les faire juger, ce qu'ils ne pourront faire, quant aux dîmes et champarts nationaux, que contradictoirement avec le procureur-syndic du district; et en cas qu'il soit décidé que les droits par eux payés n'étaient pas dus, ils leur seront restitués.

4. Ceux qui n'auraient pas payé la dîme ou les champarts l'année dernière, pourront être actionnés, lors même qu'il n'y aurait pas eu de demande formée dans l'année.

5. Défenses sont faites à toutes personnes quelconques d'apporter aucun trouble à la perception de la dîme et des champarts, soit par des écrits, soit par des discours, des menaces, voies de fait, ou autrement, à peine d'être poursuivies comme perturbateurs du repos public. En cas d'attroupement pour empêcher ladite perception, il y aura lieu de mettre à exécution les articles 3, 4 et 5 du décret du 23 février dernier, sanctionné par le Roi, concernant la sûreté des personnes, celle des propriétés et la perception des impôts, et les municipalités seront tenues de remplir les obligations qui leur sont imposées par lesdits articles, sous les peines y portées.

6. Les municipalités seront tenues de surveiller, soit la perception des dîmes, soit l'administration des biens nationaux, chacune dans leur territoire. En conséquence, dans le cas où des bénéficiers, corps ou communautés ne pourraient exploiter les dîmes et les autres biens qui ne sont pas affermés, ou négligeraient de le faire, elles seront tenues de les régir ou de les donner à bail pour la présente année, et de rendre compte des produits au directoire du district: elles ne pourront cependant empêcher l'exécution d'aucun bail à ferme, sous prétexte qu'il ne doit commencer à courir que la présente année.

7. En cas de dégradations et d'enlèvement d'effets mobiliers, bestiaux ou denrées, les municipalités en dresseront procès-verbal, et en feront leur rapport au directoire du district, pour être fait telles poursuites qu'il appartiendra.

8. Aucuns bénéficiers, corps, communautés séculières et régulières de l'un et l'autre sexe, fabriques, hôpitaux, maisons de charité, ou autres établissemens publics, ne pourront refuser de faire la déclaration de leurs biens, prescrite par le décret du 13 novembre dernier, sanctionné par le Roi, ni s'opposer à l'exécution de l'article 12 du décret des 14 et 20 avril suivant, pareillement sanctionné par le Roi, qui ordonne l'inventaire de leur mobilier, sous quelque prétexte que ce soit; et dans le cas où les districts ne seraient pas formés, les municipalités sont autorisées à y procéder jusqu'à ce qu'ils le soient. L'ordre de Malte demeure seul excepté de la disposition concernant l'inventaire; mais chacun des membres qui le composent sera tenu de donner sa déclaration des biens dont il jouit en France, conformément audit décret du 13 novembre dernier.

19 = 23 JUIN 1790. (Lett.-Pat.) — Décret qui abolit la noblesse héréditaire et les titres de prince, duc, comte, marquis et autres semblables. (Mon. du 21 juin 1790; L. 1, 950; B. 3, 103.)

Voy. loi du 27 SEPTEMBRE = 16 OCTOBRE 1791.— Décret du 30 MARS 1806. — Sénatus-

consulte du 14 août 1806, et Charte constitutionnelle, art. 71.

Art. 1er. La noblesse héréditaire est pour
toujours abolie ; en conséquence, les titres
de prince, de duc, comte, marquis, vicomte, vidame, baron, chevalier, messire,
écuyer, noble, et tous autres titres semblables, ne seront ni pris par qui que ce soit,
ni donnés à personne.

2. Aucun citoyen ne pourra prendre que
le vrai nom de sa famille ; personne ne pourra porter ni faire porter des livrées ni avoir
d'armoiries ; l'encens ne sera brûlé dans les
temples que pour honorer la divinité, et ne
sera offert à qui que ce soit.

3. Les titres de monseigneur et de messei-
gneurs ne seront donnés ni à aucun corps ni
à aucun individu, ainsi que les titres d'excel-
lence, d'altesse, d'éminence, de grandeur, etc.
sans que, sous prétexte du présent décret,
aucun citoyen puisse se permettre d'attenter
aux monumens placés dans les temples, aux
chartes, titres et autres renseignemens intéressant les familles, ou les propriétés, ni aux
décorations d'aucun lieu public ou particulier, et sans que l'exécution des dispositions
relatives aux livrées et aux armes placées sur
les voitures, puisse être suivie ni exigée par
qui que ce soit avant le 14 juillet pour les
citoyens vivant à Paris, et avant trois mois
pour ceux qui habitent la province.

4. Ne sont compris dans la disposition du
présent décret tous les étrangers, lesquels
pourront conserver en France leurs livrées
et leurs armoiries.

---

19 JUIN 1790. —Décret concernant les dépenses
de l'administration des postes. (B. 3, 101;
Mon. 20 juin 1790.)

Art. 1er. Les gages attribués aux maîtres
des couriers, seront rayés du compte de la
dépense publique.

2. Les gages des maîtres de postes, créés
par édit de 1715, et qui ne sont pas appliqués
au service des malles, et les indemnités qui
leur étaient accordées, sont supprimés, à
compter de la date du décret qui a fixé leurs
indemnités pour la suppression de leurs priviléges.

3. La dépense du travail secret, la place et
les appointemens de l'inspecteur général des
postes, sont pareillement supprimés.

4. Il sera statué sur le traitement de l'intendant des postes, et sur le conseil des postes,
après le rapport qui sera fait incessamment
sur le régime de cette partie ; et cependant
l'intendant des postes et le conseil des postes
continueront leurs fonctions comme par le
passé.

---

19 JUIN 1790. — Décret concernant les vainqueurs de la Bastille. (B. 3, 101, Mon. 21 au
27 juin 1790.) V. loi 19 = 25 DÉCEMBRE 1790.

L'Assemblée nationale, frappée d'une juste
admiration pour l'héroïque intrépidité des
vainqueurs de la Bastille, et voulant leur
donner, au nom de la nation, un témoignage
public de la reconnaissance due à ceux qui
ont exposé et sacrifié leur vie pour secouer
le joug de l'esclavage et rendre leur patrie
libre,

Décrète qu'il sera fourni, aux dépens du
trésor public, à chacun des vainqueurs de la
Bastille en état de porter les armes, un habit
et un armement complets, suivant l'uniforme
de la nation ; que sur le canon du fusil, ainsi
que sur la lame du sabre, il sera gravé l'é-
cusson de la nation, avec la mention que ces
armes ont été données par la nation, à tel
vainqueur de la Bastille, et que, sur l'habit,
il sera appliqué, soit sur le bras gauche, soit
à côté du revers gauche, une couronne mu-
rale ; qu'il sera expédié à chacun desdits vainqueurs de la Bastille un brevet honorable,
pour exprimer leur service et la reconnaissance de la nation, et que, dans tous les actes qu'ils passeront, il leur sera permis de
prendre le titre de vainqueurs de la Bastille.

Les vainqueurs de la Bastille en état de
porter les armes, feront tous partie des gardes
nationales du royaume ; ils serviront dans la
garde nationale de Paris : le rang qu'ils doivent tenir sera réglé lors de l'organisation
des gardes nationales.

Un brevet honorable sera également expédié aux vainqueurs de la Bastille qui ne sont
pas en état de porter les armes, aux veuves
et aux enfans de ceux qui sont décédés, comme
monument public de la reconnaissance et de
l'honneur dû à tous ceux qui ont fait triompher la liberté sur le despotisme.

Lors de la fête solennelle de la confédération du 14 juillet prochain, il sera désigné,
pour les vainqueurs de la Bastille, une place
honorable où la France puisse jouir du spectacle de la réunion des premiers conquérans
de la liberté.

L'Assemblée nationale se réserve de prendre en considération l'état de ceux des vainqueurs de la Bastille auxquels la nation doit
des gratifications pécuniaires, et elle les leur
distribuera aussitôt qu'elle aura fixé les règles
d'après lesquelles ces gratifications doivent
être accordées à ceux qui ont fait des généreux sacrifices pour la défense des droits et
de la liberté de leurs concitoyens.

Le tableau remis par les vainqueurs de la
Bastille, contenant leur nom, et celui des
commissaires choisis parmi les représentans
de la commune qui ont présidé à leurs opérations, et qui sont compris dans le présent
décret avec les vainqueurs, sera déposé aux
archives de la nation, pour y conserver à

perpétuité la mémoire de leurs noms, et pour servir de base à la distribution des récompenses honorables et des gratifications qui leur sont assurées par le présent décret.

———

19 JUIN 1790. — Décret pour voter des remercîmens à la ville de Genève, pour un prêt de blé par elle fait à la ville de Saint-Claude (B. 3 , 98.)

———

19 JUIN 1790. — Décret rendu à l'occasion du refus fait par un des membres de l'Assemblée de déposer sur le bureau son discours, dont l'Assemblée avait ordonné l'impression. (B. 3, 99.)

———

19 JUIN 1790. — Décret concernant un emprunt à la caisse d'escompte. (B. 3, 99.)

———

19 JUIN 1790. — Suite des décrets sur les régies du domaine. *Voy.* 12 JUIN, art. premier. (B. 3 , 99.)

———

19 JUIN 1790. — Amendement au décret du 12 juin sur les dépenses de la Régie. *Voy.* 12 JUIN. (B. 3, 100.)

———

19 JUIN 1790. — Fédération. *Voy.* 17 JUIN 1790. — Inviolabilité. *Voy.* 18 JUIN 1790. — Perpignan. *Voy.* 17 JUIN 1790.

———

20 = 23 JUIN 1790. (Lett.-Pat.)—Décret qui autorise les villes, bourgs, villages et paroisses à qui les ci-devant seigneurs ont donné leurs noms de famille , à reprendre leurs noms anciens. (L. 1, 947; B. 3, 105.)

Voy. Ordonn. du 8 JUILLET 1814.

Les villes, bourgs, villages et paroisses auxquels les ci-devant seigneurs ont donné leurs noms de famille, sont autorisés à reprendre leurs anciens noms.

———

20 JUIN 1790. — Décret pour la police intérieure de l'Assemblée. (B. 3, 105; Mon. 20, 21 juin 1790.)

Voy. le réglement du 29 JUILLET 1789.

Art. 1er. Le président usera, avec autant de fermeté que de sagesse, de toute l'étendue du pouvoir qui lui est confié par le réglement et par les articles qui suivent.

2. Aucun des membres de l'Assemblée ne se placera auprès du siége du président, du bureau des secrétaires, ni dans le milieu de la salle, et les places des trésoriers ne seront jamais remplies que par eux. La barre ne sera occupée que par les personnes auxquelles l'Assemblée aura permis de s'y placer.

3. La tribune ne sera occupée que par l'opinant : aucun des membres placés sur les bancs voisins ne pourra lui adresser la parole. Les membres de l'Assemblée pourront proposer de simples observations de leurs places; mais ils passeront à la tribune lorsque le président les y invitera.

4. Le président est expressément chargé de veiller à ce que personne ne parle sans avoir obtenu de lui la parole, et à ce que jamais plusieurs membres ne la prennent à la fois.

5. Lorsque plusieurs membres demanderont la parole, le président l'accordera à celui qui la lui aura demandée le premier. Il sera fait une liste des autres par un secrétaire, qui les appellera ensuite suivant l'ordre de leur inscription. La liste sera double; elle n'aura d'effet que pour une seule séance, et les opinans parleront alternativement pour et contre.

6. Si une réclamation s'élevait sur la décision du président concernant l'ordre de la parole, ou sur la liste, l'Assemblée prononcera.

———

20 = 23 JUIN 1790. — Décret pour l'enlèvement des quatre figures de la place des Victoires. (B. 3 , 107. Mon. 21 juin 1790.)

L'Assemblée nationale , considérant qu'à l'approche du grand jour qui va réunir les citoyens de toutes les parties de la France pour la fédération générale, il importe à la gloire de la nation de ne laisser subsister aucun monument qui rappelle des idées d'esclavage, offensantes pour les provinces réunies au royaume; qu'il est de la dignité d'un peuple libre de ne consacrer que des actions qu'il ait lui-même jugées et reconnues grandes et utiles ,

A décrété et décrète que les quatre figures enchaînées aux pieds de la statue de *Louis XIV*, à la place des Victoires, seront enlevées avant le 14 juillet prochain, et que le présent décret, après avoir reçu la sanction du Roi, sera envoyé à la municipalité de Paris, pour en suivre l'exécution.

———

20 JUIN 1990. — Proclamation du Roi, qui accorde une prime pour la vente des bestiaux amenés aux marchés de Sceaux et de Poissy. (L. 3, 939.)

———

20 JUIN 1790. — Décret sur la démission de M. de Lévis, et sur la disposition d'une nouvelle liste des députés. (B. 3, 194.)

———

20 JUIN 1790. — Criées de Mons. *Voy.* 15 JUIN 1790.

———

21 = 23 JUIN 1790. (Lett.-Pat.) — Décret portant établissement d'une cour supérieure provisoire à Dijon. (L. 1, 952; B. 3, 108.)

L'Assemblée nationale, instruite de la cessation de l'exercice de la justice souveraine dans le ressort du parlement de Dijon, a décrété ce qui suit :

Art. 1er. Il sera incessamment et sans délai

composé un tribunal provisoire à Dijon, pour remplacer la chambre des vacations du parlement de cette ville; auquel effet il sera pris deux juges de chacun des présidiaux du ressort, deux de la sénéchaussée de Trévoux, deux jurisconsultes parmi ceux du barreau de Dijon, un jurisconsulte de chaque ville où les présidiaux sont établis, et un jurisconsulte de la ville de Trévoux : lesdits membres se réuniront et se mettront en activité le plus tôt possible, et commenceront sans délai l'exercice de leurs fonctions. En cas de refus ou d'absence de partie d'entre eux, ils appelleront provisoirement et à leur choix des avocats pour assesseurs. Ils se diviseront en deux chambres, dont l'une connaîtra de toutes les matières civiles, même de celles d'eaux et forêts, à quelque sommes qu'elles puissent monter; l'autre, des matières criminelles. Lesdites chambres seront présidées par le plus anciennement admis au serment d'avocat, et le même ordre d'ancienneté réglera la préséance entre eux.

2. Si, parmi les officiers du parlement, il s'en trouve qui désirent conserver leurs fonctions, ils seront tenus de le déclarer avant la composition du tribunal provisoire; auquel cas ils ne recevront pas l'honoraire qui sera ci-après fixé, leurs gages leur en tenant lieu, et il sera pris d'autant moins de jurisconsultes dans les présidiaux.

3. La cour supérieure provisoire, ainsi formée, tiendra ses séances tous les jours, même pendant ceux de fêtes de palais, et sans aucune vacance. Elle recevra les licenciés en droit au serment d'avocat.

4. Les avocats du Roi et procureurs généraux rempliront les fonctions ordinaires du ministère public, tant à l'audience qu'à la chambre du conseil; en cas d'absence ou d'empêchement, lesdites fonctions seront remplies par les substituts du procureur-général.

5. Les greffiers, huissiers, et tous autres officiers ministériels attachés au parlement de Bourgogne, continueront leurs fonctions auprès de ladite cour supérieure provisoire.

6. Les ci-devant juges composant le parlement de Bourgogne remettront au greffe, dans huit jours après l'entrée en exercice de ladite cour, les procès et pièces qu'ils peuvent avoir; et faute par eux de le faire, ils seront poursuivis à cet effet, à la requête du procureur-général ou de l'un de ses substituts, et condamnés aux dommages et intérêts des parties.

7. Les honoraires des juges appelés à composer la cour supérieure provisoire, seront de douze livres par jour, à compter, pour ceux des villes du ressort, autres que Dijon, du jour de leur départ; et pour ceux de Dijon, du jour de leur entrée en fonctions. Sont autorisés les receveurs des départemens

du ressort à payer chaque mois lesdits honoraires, sur un mandat du président, signé du procureur-général ou de l'un de ses substituts. En conséquence, lesdits juges ne percevront aucuns droits ni épices, sous quelque dénomination que ce soit. Les substituts, greffiers et autres officiers ministériels n'étant point compris dans la fixation des honoraires, continueront de recevoir les émolumens qui leur sont attribués par le titre de leurs offices ou par les réglemens.

———

21 = 25 juin 1790. (Lett.-Pat.) — Décret concernant les biens et dîmes en France et dans l'étranger, possédés respectivement par des bénéficiers, communautés et propriétaires laïques, français et étrangers. (L. 1, 957 ; B. 3, 110. Mon. 22 juin 1790.)

L'Assemblée nationale, instruite qu'il s'élève des difficultés sur la jouissance des bénéficiers, corps et communautés étrangers, des biens qu'ils possèdent en France, a décrété ce qui suit :

Art. 1er. Les bénéficiers, corps et communautés étrangers, ainsi que les propriétaires laïques des dîmes inféodées, également étrangers, continueront de jouir, la présente année, comme par le passé, des biens et dîmes qu'ils possèdent en France. En conséquence, les assemblées administratives, de même que les municipalités, s'abstiendront, à l'égard desdits biens et dîmes, de toute administration ou régie prescrite par les précédens décrets sanctionnés par le Roi. Sont déclarées nulles et comme non-avenues toutes délibérations prises par les municipalités, qui seraient contraires à la teneur tant du présent décret que de ceux des 14 et 20 avril dernier et 18 de ce mois, pareillement sanctionnés par le Roi.

2. Quant aux dîmes et biens possédés dans l'étranger par des bénéficiers, corps et communautés français, ceux qui sont en usage de les faire valoir par eux-mêmes, continueront de les faire exploiter la présente année, à charge de rendre compte des produits au directoire des districts où se trouvera le manoir du bénéfice ou le chef-lieu de l'établissement; sinon les mêmes directoires, et en attendant qu'ils soient formés, les municipalités des chefs-lieux des districts feront ladite exploitation. Lesdits directoires ou municipalités feront pareillement la recette des prix de ferme de ceux des biens en question qui sont affermés; ils en acquitteront les dépenses, le tout par eux-mêmes ou par des préposés qu'ils pourront établir où bon leur semblera.

Seront tenus les bénéficiers, corps et communautés français, de faire aux directoires des districts ou aux municipalités des chefs-lieux de ceux qui ne sont pas formés, la déclaration des biens, dîmes et droits qu'ils possèdent dans l'étranger.

21 JUIN 1790. — Décret qui ordonne la remise, avant le 11 juillet, du compte des recettes et dépenses du Trésor public, depuis le 1er mai 1789 jusqu'au 1er mai 1790, et la remise tous les mois, au comité des finances, des états de recette et dépense. (B. 3, 113.)

L'Assemblée nationale a décrété et décrète :

1° Que le premier ministre des finances remettra, le 15 juillet prochain au plus tard, le compte détaillé des recettes et dépenses du trésor public, depuis le 1er mai 1789 jusqu'au 1er mai de l'année présente ;

2° Qu'il sera remis, dans la huitaine, un état détaillé et précis des dépenses auxquelles sont destinés, tant les trente millions accordés par le décret du 19 de ce mois, que les revenus provenant des autres recettes, et dans le cours du mois prochain, l'état détaillé de l'emploi desdites sommes ;

3° Qu'il en sera usé de même, de mois en mois, jusqu'à ce que l'Assemblée nationale ait déterminé le nouvel ordre qu'elle se propose d'établir dans la comptabilité du trésor public, et qu'en conséquence, lorsqu'il sera fait une demande de fonds, l'état des dépenses auxquelles ils seront destinés, sera joint à la demande.

4° Qu'il sera remis, tous les mois, au comité des finances, un relevé, article par article, du registre des ordonnances qui seront expédiées chaque semaine, et du registre journal du bureau du grand comptant ;

5° Que le comité des finances sera tenu de faire imprimer le rapport sommaire des états qui auront été fournis à ses commissaires, et des vérifications qu'ils auront faites, pour être distribué chaque mois aux membres de l'Assemblée.

21 JUIN = 4 JUILLET 1790. — Décret qui autorise l'hôpital de Bourges à faire un emprunt. (B. 3, 112.)

21 JUIN = 8 JUILLET 1790. — Décret concernant l'approvisionnement des habitans de la vallée d'Aram. (B. 3, 112.)

21 JUIN 1790. — Décret sur la prorogation des pouvoirs des commissaires du Roi dans le département du Gard. (B. 3, 114.)

22 = 25 JUIN 1790. — Décret qui fixe à Angers le chef-lieu du département de Maine-et-Loire, et à Chaumont le chef-lieu du département de la Haute-Marne. (B. 3, 115.)

22 JUIN 1790. — Décret qui déclare que les membres de l'Assemblée nationale qui s'absenteront seront privés de leur indemnité pendant le temps de leur absence. (B. 3, 116.)

22 JUIN 1790. — Décret à l'occasion de l'adresse du corps représentatif du comtat Venaissin. (B. 3, 116.)

22 = 27 JUIN 1790. — Décret qui ordonne la division de Paris en quarante-huit sections. (B. 3, 116.)

22 = 25 JUIN 1790. — Décret relatif à la formation de la municipalité de Montmartre (B. 3, 117.)

22 JUIN 1790. — Décrets sur l'ordre du travail de l'Assemblée. (B. 3, 117 et 118.)

22 JUIN 1790. — Sieur Guyard. Voy. 12 JUIN 1790. — Rouen. Voy. 15 JUIN 1790.

23 JUIN = 4 JUILLET 1790. — Décret qui autorise les administrateurs ou le directoire du district de Nogent-le-Rotrou à rendre exécutoires les rôles d'impositions. (B. 3, 118.)

23 JUIN 4 et 7 JUILLET 1790. — Décrets qui autorisent les municipalités d'Angers, d'Arsay, de Briare, de Cherbourg, de Favaud, de Lisving, de Muret, de Neuville, de Saint-Flour, des Sables d'Olonne, de Scey-sur-Saône, à faire un emprunt et à établir une imposition. (B. 3, 119 et 124.)

23 JUIN = 9 JUILLET 1790. — Décret qui autorise la commune de Baron, près Senlis, à se faire remettre une somme déposée (B. 3, 124.)

23 JUIN 1790. — Berrens, etc. Voy. 5 JUIN 1790. — Bois. Voy. 7 JUIN 1790. — Dijon. Voy. 21 JUIN 1790. — Dîme. Voy. 18 JUIN 1790. — Nîmes, etc. Voy. 17 JUIN 1790, et 18 JUIN 1790. — Place des Victoires. Voy. 21 JUIN 1790. — Titres. Voy. 19 JUIN 1790. — Villes, etc. Voy. 21 juin 1790.

24 = 27 JUIN 1790. (Lett.-Pat.) — Décret concernant l'intitulé des délibérations des corps administratifs. (L. 1, 963 ; B. 3, 127.)

L'Assemblée nationale, après avoir entendu le rapport de son comité de constitution, a décrété et décrète ce qui suit :

Art. 1er. Nul corps administratif ne pourra employer, dans l'intitulé et dans le dispositif de ses délibérations, l'expression de *décret*, consacrée aux actes du Corps-Législatif ; il doit employer le terme de *délibération*.

2. Il ne pourra également prononcer qu'il met les personnes et les biens de tels ou tels particuliers sous la sauve-garde de la loi et du département, parce que les unes et les autres y sont nécessairement. Il pourra seulement rappeler que les personnes et les propriétés sont sous la garde des lois.

3. S'il est du devoir des corps administratifs et municipaux de veiller au maintien de

la tranquillité publique, et de requérir, dans le cas de nécessité, le secours de la force armée, ils ne peuvent faire aucune disposition législative relativement aux gardes nationales.

---

24 JUIN = 5 JUILLET 1790. (Lett.-Pat.) — Décret portant règlement sur la solde fixée, à compter du 1er mai 1790, à chaque sous-officier et soldat des différentes armes (B. 3, 128.)

L'Assemblée nationale, voulant prévenir les fausses interprétations qu'on pourrait donner à ses décrets des 28 février dernier et 6 du présent mois, concernant l'augmentation de paie décrétée en faveur des soldats français, et parer en même temps aux difficultés qui pourraient naître des dispositions provisoirement prescrites à cet égard par la circulaire que le ministre de la guerre a adressée aux régimens, le 20 avril dernier; après avoir entendu le rapport de son comité militaire, a décrété et déclare qu'en décrétant une augmentation de paie de trente-deux deniers, son intention n'a point été d'ajouter aux avantages des corps ci-devant privilégiés, mais qu'elle a voulu,

1° Sans faire éprouver à ceux-ci aucune diminution sur leur ancienne paie, élever au même taux celle des corps de la même arme qui étaient moins favorisés;

2° En partant de ce niveau, rendre meilleure la condition de toutes les troupes, en fixant un traitement uniforme pour chaque espèce d'arme.

En conséquence, l'Assemblée nationale a décrété et décrète :

1° Qu'en attendant qu'il ait été statué sur l'organisation de l'armée et sur l'admission des troupes étrangères au service de France, tous les corps d'infanterie française, allemande, irlandaise et liégeoise, qui sont actuellement à la solde de l'État, jouiront de la même paie; qu'il n'y en aura qu'une pour tous les régimens de cavalerie, et que celle des dragons, chasseurs et hussards, sera la même;

2° Qu'au moyen de l'augmentation de trente-deux deniers, décrétée le 28 février dernier, la paie de tous les fantassins, sans distinction, sera de cent trente-six livres dix-sept sous six deniers par année commune, et de cent trente-sept livres cinq sous par année bissextile, faisant sept sous six deniers par jours, dont cinq sous quatre deniers seront affectés à l'ordinaire, un sou huit deniers à la masse du linge et chaussure, de laquelle il sera rendu compte exactement à chaque homme, et les autres six deniers laissés à la disposition du soldat; le tout sans préjudice des hautes-paies attribuées aux grenadiers, tambours, musiciens, appointés, caporaux et sous-officiers, dont ils jouiront comme du passé;

3° Que les compagnies d'invalides détachées dans les villes et châteaux, et y faisant le même service que l'infanterie, lui seront exactement assimilées par leur paie et traitement, à compter du 1er du mois de mai dernier;

4° Que la paie des cavaliers et carabiniers, sans distinction, sera de cent soixante-une livres quatre sous deux deniers par année commune, et de cent soixante-une livres treize sous par année bissextile, faisant huit sous dix deniers par jour; dont six sous seront affectés à l'ordinaire, deux sous quatre deniers à la masse du linge et chaussure, dont il sera rendu compte exactement à chaque homme, et les autres six deniers laissés à la libre disposition du cavalier; le tout sans préjudice des hautes-paies attribuées aux trompettes, appointés, maître maréchal, maître sellier, brigadiers et sous-officiers, dont ils jouiront comme du passé;

5° Que la paie des dragons, chasseurs et hussards sera de cent cinquante-cinq livres deux sous six deniers par année commune, de cent cinquante-cinq livres onze sous par année bissextile, faisant huit sous six deniers par jour, dont cinq sous huit deniers seront affectés à l'ordinaire, deux sous quatre deniers à la masse du linge et chaussure, de laquelle il sera rendu compte exactement à chaque homme, et les six autres deniers laissés à la libre disposition du dragon, chasseur ou hussard; le tout sans préjudice des hautes-paies attribuées aux trompettes, appointés, maître maréchal, et maître sellier, brigadiers et sous-officiers, dont ils jouiront comme du passé;

6° Que la paie des canonniers-apprentis sera de cent quarante-six livres par année commune, et de cent quarante-six livres huit sous par année bissextile, faisant huit sous par jour, dont cinq sous huit deniers seront affectés à l'ordinaire, un sou dix deniers à la masse du linge et chaussure, de laquelle il sera rendu compte exactement à chaque homme, et les autres six deniers laissés à la libre disposition du canonnier; le tout sans préjudice des hautes-paies attribuées aux artificiers, canonniers de première et deuxième classe, tambours, appointés, caporaux et sous-officiers, dont ils jouiront comme du passé;

7° Que la paie des ouvriers-apprentis sera de deux cent six livres seize sous huit deniers par année commune, et de deux cent sept livres huit sous par année bissextile, faisant onze sous quatre deniers par jour, dont neuf sous seront affectés à l'ordinaire, un sou dix deniers à la masse du linge et chaussure, dont il sera rendu compte exactement à chaque homme, et les autres six deniers laissés à la libre disposition de l'ouvrier; le tout sans préjudice des hautes-paies attribuées aux seconds ouvriers, maîtres-ouvriers, appointés, caporaux et sous-officiers, dont ils jouiront comme du passé; sans préjudice aussi des six deniers par jour que les tambours ont de moins que les ouvriers, et qui diminueront d'autant ce que les tambours doivent mettre à l'ordinaire;

8° Que la paie des mineurs sera de cent soixante-quatre livres cinq sous par année commune, et de cent soixante-quatre livres quatorze sous par année bissextile, faisant neuf sous par jour, dont six sous huit deniers seront affectés à l'ordinaire, un sou dix deniers à la masse du linge et chaussure, de laquelle il sera rendu compte exactement à chaque homme, et les autres six deniers laissés à la libre disposition du mineur; le tout sans préjudice des hautes-paies attribuées aux tambours, mineurs de première classe, appointés, caporaux et sous-officiers, dont ils jouiront comme du passé;

9° Qu'indépendamment des différentes paies déterminées par les articles précédens, les soldats, cavaliers, dragons, chasseurs, hussards, canonniers, ouvriers et mineurs seront habillés et équipés sur la masse établie pour cet objet, et recevront en outre, lorsqu'ils seront présens aux drapeaux ou détachés pour le service, une ration de vingt-quatre onces de pain par jour, aussi sur la masse établie pour cet objet; de laquelle masse, non plus que de celle d'habillement ou générale, ni de celles d'hôpital, lits, bois et lumières, et effets de campement, il ne sera fait aucun décompte au soldat dans aucune arme, non plus que de la masse de fourrages dans les troupes à cheval;

10° Que les différentes paies ci-dessus fixées, devant avoir lieu à dater du 1er mai dernier, le décompte en sera fait depuis ce jour, à la charge d'un prélèvement de cinq deniers par jour sur chaque soldat, cavalier, dragon, chasseur, hussard, canonnier, ouvrier et mineur qui aura reçu la fourniture provisoire de quatre onces de pain de plus que la ration ordinaire;

11° Que cette fourniture provisoire continuera jusqu'au dernier de ce mois inclusivement; qu'elle cessera au 1er juillet prochain, ainsi que le prélèvement de cinq deniers; et qu'à compter de ce jour 1er juillet, jusqu'à ce qu'il ait été autrement ordonné, les articles 1, 2, 3, 4, 5, 6, 7, 8 et 9 du présent décret, qui déterminent la paie de chaque arme, auront leur pleine et entière exécution;

12° Que le prix des quatre onces de pain de plus, que les Suisses ont reçues depuis le 1er mai dernier, et qu'ils continueront à recevoir seulement jusqu'au dernier de ce mois inclusivement, sera passé en compte sur le pied de cinq deniers, comme dépense extraordinaire.

Qu'enfin, dans le plus court délai, le président se retirera vers le Roi, pour le supplier de donner la sanction au présent décret, et les ordres nécessaires pour la prompte exécution.

24 JUIN = 27 JUILLET 1790. — Décret portant que les anciens corps de milice bourgeoise, même les volontaires et autres compagnies formées depuis et avant juillet 1789, se réuniront pour la fédération, sous le nom de gardes nationales. (B. 3, 125.)

24 JUIN 1790. — Décret pour admettre à la barre trois députés d'Avignon. (B. 3, 132.)

24 JUIN 1790. — Décret concernant l'arrestation de M. de Lautrec, membre de l'Assemblée. (B. 3, 133.)

25 = 30 JUIN 1790. (Lett.-Pat.) — Décret concernant l'élection des juges-consuls. (L. 1, 1,043; B. 3, 135.)

L'Assemblée nationale décrète que l'élection des juges-consuls, dans toutes les villes où ils sont établis, se fera provisoirement comme ci-devant, jusqu'à l'organisation de l'ordre judiciaire.

25 JUIN = 11 JUILLET 1790. (Lett.-Pat.) — Décret qui juge la difficulté élevée par la municipalité de Paris sur les pouvoirs donnés par les sections aux commissaires pour la vente des domaines nationaux. (B. 3, 135.)

L'Assemblée nationale, après avoir entendu le compte qui lui a été rendu par le comité qu'elle a chargé de l'aliénation des domaines nationaux, des adresses de la municipalité provisoire et des députés des soixante sections de la ville de Paris, en rendant justice aux sentimens patriotiques exprimés dans ces adresses,

Autorise son comité à continuer de traiter avec les commissaires nommés par les soixante sections, et munis de leurs pouvoirs, pour la vente des domaines nationaux dont ils ont donné ou donneront la consignation, et pour toutes les opérations relatives à cette vente; et ce, jusqu'au moment où la nouvelle municipalité aura été élue, conformément aux décrets de l'Assemblée: se réservant l'Assemblée nationale de statuer incessamment sur les formes qui devront être suivies pour les reventes de ceux de ces domaines qui auront été acquis, au nom de la commune de Paris, par ses commissaires.

25 JUIN 1790. — Arrêt du Conseil-d'État du Roi, qui casse et annulle une sentence du bailliage de Rouen, rendue le 9 de ce mois, et ordonne l'exécution provisoire de celle rendue le 7 par les officiers municipaux de Rouen. (L. 1, 955.)

25 = 30 JUIN 1790. — Décret concernant la formation de la municipalité de Riom. (B. 3, 133.)

25 JUIN = 4 JUILLET 1790. — Décret qui autorise la municipalité de Lyon à faire un emprunt. (B. 3, 134.)

25 JUIN 1790. — Décret qui accepte l'abandon fait par les volontaires de la Bastille des distinctions à eux accordées par le décret du 19 juin. (B. 3, 136.)

25 JUIN 1790. — Biens et Dîmes. *Voy.* 21 JUIN 1790. — Communautés. *Voy.* 11 JUIN 1790. — Dons patriotiques. *Voy.* 13 JUIN 1790. — Montmartre. *Voy.* 22 JUIN 1790. — Montpellier. — Valentine. *Voy.* 11 JUIN 1790. — Menton. — Valay. *Voy.* 12 JUIN 1790.

26 = 27 JUIN 1790. (Lett.-Pat.) — Décret qui règle provisoirement les cas où les députés à l'Assemblée nationale peuvent être arrêtés, et la forme des procédures à faire contre eux. (L. 1, 965; B. 3, 142; Mon. 26 et 27 juin 1790.)

Voy. loi du 18 = 19 JUIN 1790.

L'Assemblée nationale, se réservant de statuer en détail sur les moyens constitutionnels d'assurer l'indépendance et la liberté des membres du Corps-Législatif, déclare que, jusqu'à l'établissement de la loi sur les jurés en matière criminelle, les députés à l'Assemblée nationale peuvent, dans les cas de flagrant délit, être arrêtés conformément aux ordonnances; qu'on peut même, excepté les cas indiqués par le décret du 23 juin 1789, recevoir des plaintes et faire des informations contre eux; mais qu'ils ne peuvent être décrétés par aucuns juges, avant que le Corps-Législatif, sur le vu des informations et des pièces de conviction, ait décidé qu'il y a lieu à l'accusation.

En conséquence, regardant comme non avenu le décret prononcé le 17 de ce mois contre M. de Lautrec, l'un de ses membres, lui enjoint de venir rendre compte de sa conduite à l'Assemblée nationale, qui, après l'avoir entendu et avoir examiné l'instruction commmencée, laquelle pourra être continuée, nonobstant la liberté rendue à M. de Lautrec, décidera s'il y a lieu à l'accusation, et, dans le cas où l'accusation devrait être suivie, désignera le tribunal.

26 = 30 juin 1790. (Lett.-Pat.) — Décret concernant les prés soumis à la vaine pâture. (L. 1, 1,041; B. 3, 146.)

Voy. loi du 15 = 26 MAI 1790; Instruction du 12 = 20 AOUT 1790.

L'Assemblée nationale, instruite que plusieurs personnes, par une fausse interprétation de ses décrets, sanctionnés par le Roi, prétendent que tous les prés indistinctement doivent être soumis à la vaine pâture, immédiatement après l'enlèvement de la première herbe, a déclaré qu'elle n'a rien innové aux dispositions coutumières, réglemens et usages antérieurs relatifs à la défense des prés; en conséquence, a décrété ce qui suit:

Tous propriétaires de prés clos, ou qui, sans être clos, étaient ci-devant possédés à deux ou plusieurs herbes, continueront de jouir, conformément aux lois, réglemens et usages observés dans chaque lieu, du droit de couper et récolter les secondes, troisièmes ou quatrièmes herbes, ainsi qu'ils ont fait par le passé. Fait défenses à toutes personnes de troubler lesdits propriétaires de prés dans leur possession et jouissance, le tout sans rien innover aux usages des pays où la vaine pâture n'a pas lieu. La lecture du présent décret sera faite au prône dans toutes les paroisses.

26 JUIN = 4 JUILLET 1790. (Lett.-Pat.) — Décret concernant la confection et la vérification des rôles de supplément sur les ci-devant privilégiés, pour les six derniers mois de 1789, et relatif à la cessation des fonctions des commissaires départis, intendans et subdélégués. (L. 1, 1,050; B. 3, 140.)

L'Assemblée nationale, sur le rapport de son comité des finances, a décrété ce qui suit:

Art. 1er. Il sera incessamment, à la diligence du procureur-général-syndic du département de l'Ain, demandé aux officiers des élections de Bourg et Belley, ensemble aux anciens administrateurs des provinces de Bresse, Dombes, Bugey et Gex, un état des rôles de supplément faits sur les ci-devant privilégiés, pour les six derniers mois de 1789, et un bordereau des sommes portées par lesdits rôles d'imposition; ensemble une liste pour les communautés qui n'ont pas encore fait procéder à la confection desdits rôles de supplément.

2. La liste des communautés dont les rôles de supplément ne sont pas encore faits, sera adressée aux directoires des districts dont dépendent lesdites communautés, pour par lesdits directoires de districts faire procéder le plus tôt qu'il sera possible auxdits rôles de supplément, qui leur seront ensuite renvoyés par les syndics et péréquateurs, pour être vérifiés et rendus exécutoires par lesdits directoires de district.

3. Il sera toujours fait trois originaux de ces rôles, dont l'un sera remis aux collecteurs, l'autre restera aux archives du district, et le troisième sera envoyé par ledit directoire de district à celui du département.

4. Pour la confection de ces rôles, les municipalités et les collecteurs de 1789 se conformeront à la proclamation du Roi, du 24 novembre 1789, rendue à ce sujet.

5. Il sera incessamment déterminé de quelle manière il sera procédé, si fait n'a été, à l'assiette et répartiment des impositions de la

présente année, ordonnés par le décret du 28 janvier dernier, et ce, sans le concours des députés du bureau des finances et des officiers des élections de Bourg et Belley, et de tous autres qui avaient coutume d'y assister.

6. Continueront, néanmoins, les juges d'élection de Bourg et Belley d'exercer leurs fonctions et d'en percevoir les émolumens, jusqu'à ce qu'il y ait été autrement pourvu.

7. En ce qui concerne les commissaires départis, les intendans, leurs subdélégués, leurs fonctions cesseront entièrement, pour toutes les parties d'administration, du moment où les directoires de département et de district seront en activité, soit que lesdites fonctions aient été exprimées ou non dans l'article 2 de la troisième section du décret du 22 décembre précédent, concernant les fonctions des assemblées administratives; de telle sorte que, conformément à l'article 9, section 3 dudit décret, il n'y ait aucun intermédiaire entre les administrations de département et le pouvoir exécutif.

8. Au surplus, l'Assemblée nationale déclare le présent décret commun à tous les départemens et districts du royaume.

---

26 = 28 JUIN 1790. (Lett.-Pat.) — Décret concernant la perception des droits d'aides à Beauvais, sur les bestiaux, les jours de francs-marchés; et portant injonction à la municipalité de maintenir le régime et la police desdits francs-marchés, et de veiller au maintien des exercices de tous les autres droits d'aides, et à la suite de leur recouvrement. (L. 1, 1,039; B. 3, 138.)

L'Assemblée nationale décrète ce qui suit :

Les droits d'aides, tels qu'ils ont été ci-devant perçus à Beauvais sur les bestiaux, les jours de francs-marchés, continueront de l'être sur le même pied sur les bestiaux vendus et destinés pour la ville, faubourgs et autres lieux sujets en dépendant.

Et à l'égard des ventes faites à toutes personnes étrangères auxdits lieux sujets, elles seront exemptes de tous droits généralement quelconques, à moins que les acheteurs n'y fassent entrer les bestiaux provenant desdits achats.

Il est enjoint à la municipalité de maintenir le régime et la police établie de tout temps dans les francs-marchés dudit Beauvais, et d'avoir la plus grande surveillance pour le maintien des exercices de tous les autres droits d'aides, et la suite de leur recouvrement.

---

6 = 30 JUIN 1790. (Lett.-Pat.) — Décret relatif à l'exercice des droits de citoyen par les instituteurs des colléges de Paris. (B. 3, 142.)

L'Assemblée nationale déclare que, pour les élections de cette année seulement, la quittance de la contribution patriotique doit tenir lieu d'imposition directe aux maîtres, professeurs et principaux des colléges de Paris ; lesquels pourront exercer les droits de citoyen actif, s'ils réunissent d'ailleurs les conditions requises.

---

26 = 30 JUIN 1790. — Décret qui fixe à Saint-Florentin le chef-lieu du district de ce nom. (B. 3, 137.)

---

26 JUIN = 7 JUILLET 1790. — Décret qui autorise la ville de Fécamp à établir une imposition extraordinaire. (B. 3, 138.)

---

26 = 27 JUIN 1790. — Décret concernant les fonctions des commissaires du Roi aux assemblées administratives du département du Nord. (B. 3, 139.)

---

26 JUIN 1790. — Décret portant qu'il n'y a pas lieu à délibérer sur une pétition de la ville du Hâvre, à l'occasion de la formation du district de Montivilliers. (B. 3, 139.)

---

26 JUIN = 4 JUILLET 1790. — Décret sur la confection des rôles dans le département de l'Ain. (B. 3, 140.)

---

26 JUIN = 26 JUILLET 1790. — Décret qui confirme une délibération du conseil du département de la Haute-Saône, relative à la disette des grains. (B. 3, 142.)

---

26 JUIN 1790. — Décret qui admet la députation d'Avignon, chargée de manifester le désir que cette ville soit réunie à la France (B. 3, 148.)

---

26 JUIN 1790. — Décret qui ordonne la remise aux comités des recherches et des rapports, des pièces relatives aux troubles de Nîmes. (B. 3, 150.)

---

26 JUIN 1790. — Articles de constitution pour servir de base à l'organisation des forces maritimes. *Voy.* 3 JUILLET 1790.

---

26 JUIN 1790. — Décret concernant les pièces déposées par le régiment de Touraine, contre M. de Mirabeau le jeune, son colonel. (B. 3, 149.)

---

27 JUIN = 2 JUILLET 1790. — Décret concernant les foires franches. (L. 1, 1,045; B. 3, 153.)

L'Assemblée nationale, considérant que la franchise accordée aux foires franches est plutôt une faveur pour le commerce du royaume qu'un privilége particulier à une ville, a décrété ce qui suit :

Art. 1er. Il ne sera rien innové, quant à présent, à ce qui concerne les foires franches; elles continueront avec les mêmes exemptions de droits que par le passé.

2. Les anciennes ordonnances rendues pour

le maintien du bon ordre et de la police seront exécutées suivant leur forme et teneur;
et particulièrement le tribunal que la commune de Beaucaire établit pour juger en première instance les contestations, continuera
ses fonctions comme par le passé, en se conformant, au surplus, aux décrets de l'Assemblée nationale, sanctionnés par le Roi.

27 JUIN 1790 = 11 FÉVRIER 1791. — Décret relatif aux pensions, traitemens conservés, dons
et gratifications annuelles. (L. 3, 470; B. 3,
151.)

Art. 1er. Tous les pensionnaires, sans exceptions, sur quelque caisse que leur paiement ait été originairement assigné, toucheront
les arrérages de leurs pensions, échus, soit
pour année entière, soit pour portion d'année, jusqu'au 31 décembre 1789; et le paiement leur en sera fait sans retard ni discontinuation, sous les retenues établies par les
réglemens.

2. La suspension ordonnée par l'article 2 du
décret des 4 et 5 janvier dernier, sanctionné
par le Roi le 14 du même mois, du paiement
de toutes pensions, traitemens conservés, dons
et gratifications annuelles, est prorogée jusqu'à ce que, par l'Assemblée nationale, en
statuant sur le rapport qui lui sera fait incessamment par son comité des pensions, il en
ait été autrement ordonné.

3. Les pensions accordées aux familles d'Assas, de Chambors, et au sieur colonel Lukner,
ainsi que les pensions de six cents livres et
au-dessous, sont exceptées de cette prorogation, et seront payées à leur échéance, pour
les six premiers mois de l'année 1790.

4. Sont pareillement exceptées les pensions
assignées sur les économats sur ci-devant Jésuites, aux nouveaux convertis et aux anciens
employés à la régie des économats, au nombre
de onze; lesquelles seront payées, savoir,
celles des ci-devant Jésuites et celles des nouveaux convertis, en leur entier; et celles des
anciens employés, pour les six premiers mois
de l'année 1790, et jusqu'à la concurrence
seulement de mille livres pour l'année entière,
à l'égard de celles qui excèdent ladite somme
de mille livres.

5. Continueront aussi d'être acquittées les
aumônes ordinaires distribuées sur les fonds
des économats, ainsi que les pensions alimen-
taires qui se paient à des religieuses dont les
maisons ont été supprimées, sur les fonds
destinés au soulagement des communautés
religieuses.

6. Les veuves et enfans des matelots qui se
trouvent en tour de remplacement seront inscrits sur les rôles de distribution de cent vingt
mille livres appartenant pour cet objet à la
marine, aux lieu et place de ceux qui sont
décédés en 1789, au nombre de cent six.

27 JUIN 1790. — Proclamation du Roi concernant l'échange des billets de la caisse d'escompte en assignats. (L. 1, 961.)

Le Roi s'étant fait rendre compte des progrès des différentes opérations relatives à la
confection des assignats, Sa Majesté a reconnu que, quoique cette confection fût très-
prochaine, les assignats cependant ne pourraient être délivrés qu'après le 1er juillet; et
Sa Majesté voulant prévenir toute incertitude
et toute erreur sur le sort des billets de la
caisse d'escompte à ladite époque du 1er juillet, elle a cru devoir rappeler les dispositions
des décrets qui les concernent.

Il a été décrété par l'article 12 des décrets des
16 et 17 avril dernier, sanctionnés par Sa
Majesté le 22, que les porteurs des billets de
la caisse d'escompte feraient échanger ces billets contre des assignats de même somme, à
la caisse de l'extraordinaire, avant le 15 juin
lors prochain; mais par le décret du 23 mai
dernier, aussi sanctionné par le Roi, l'Assemblée nationale, sur le compte qui lui a été
rendu par ses commissaires, des retards inévitables qu'a éprouvés la fabrication des assignats, tant par les précautions à prendre pour
la sûreté publique, que par les signatures
nécessaires à y apposer, a prorogé jusqu'au
15 d'août de cette année le terme de rigueur
qui avait été fixé au 15 juin pour cet échange.
Enfin, l'Assemblée nationale, par l'article 11
desdits décrets des 16 et 17 avril dernier, a
ordonné que les quatre cents millions d'assignats créés par les décrets des 19 et 21 décembre 1789 seraient employés à l'échange des
billets de la caisse d'escompte, jusqu'à concurrence des sommes qui lui sont dues. Les
billets de ladite caisse d'escompte ayant dès
lors rempli la fonction d'assignats, conformément à l'article 16 desdits décrets des 16 et 17
avril dernier, elle ne peut plus être tenue
d'effectuer ses paiemens à bureau ouvert à
l'époque du 1er juillet, ainsi qu'il avait été
prescrit par l'article 1er du décret du 19 décembre; et cette disposition se trouve complètement remplacée par l'échange qui doit se
faire desdits billets contre des assignats à la
caisse de l'extraordinaire, dans le délai fixé
par le décret du 24 mai dernier. Se réserve,
au surplus, Sa Majesté, de faire connaître
incessamment l'époque précise à laquelle cet
échange pourra commencer à la caisse de l'extraordinaire.

27 JUIN 1790. — Décret qui adjoint M. Bouche
aux commissaires pour surveiller la sanction et
l'envoi des décrets. (B. 3, 150.)

27 JUIN 1790. — Décret sur la remise des pièces relatives à M. Mirabeau le jeune. (B. 3,
149.)

27 JUIN 1790. — Décret qui renvoie aux comités des domaines, finances et impositions, un projet de remplacement du droit de contrôle et d'insinuation. (B. 3, 151).

27 JUIN 1790. — Communautés. *Voy.* 11 JUIN 1790. — Corps administratif. *Voy.* 24 JUIN 1790. — Députés. *Voy.* 26 JUIN 1790. — Municipalités de Paris. *Voy.* 21 MAI 1790. — Nord. *Voy.* 26 JUIN 1790. — Sections. *Voy.* 22 JUIN 1790.

28 JUIN = 10 JUILLET 1790. — (Lett.-Pat.) — Décret concernant le paiement des impositions de 1789 et de 1790, et de celles assises sur les biens domaniaux et ecclésiastiques. (L. 1, 1059. (B. 3, 154.)

L'Assemblée nationale, après avoir entendu le rapport de son comité des finances sur les contestations qui s'élèvent chaque jour à raison du paiement des impositions de 1789 et 1790, principalement à l'égard des ecclésiastiques et bénéficiers, désirant les terminer et les prévenir, a décrété que les impositions de 1789 seront payées par ceux qui ont fait la récolte de ladite année; que celle de 1790 seront acquittées par ceux qui jouiront en l'année présente, sans entendre préjudicier aux usages locaux ou aux clauses des baux qui concernent les fermiers entrans et sortans. Déclare, en conséquence, que les impositions assises sur les biens domaniaux ou ecclésiastiques affermés seront payées par les fermiers, soit à leur propre décharge, soit en déduction du prix des baux, et sauf à recouvrer, s'il y a lieu; et à l'égard des biens qui étaient exploités par les ecclésiastiques, les impositions en seront acquittées par ceux qui seront chargés de les régir, pour être ensuite allouées dans le compte des revenus.

28 JUIN 1790. — Décret qui ordonne d'acquitter, sur les deniers du Trésor public, la somme de 10.000 livres, qui reste due à l'entrepreneur de la fabrique des cuirs de Pont-Audemer, sur celle de 150,000 liv., qui lui avait été promise à titre d'encouragement. (B. 3, 154.)

28 JUIN 1790. — Décret sur le traitement des chanoines, des abbés réguliers, des évêques qui ont donné leur démission de co-adjuteurs (B. 3, 158.) *Voy.* au 12 JUILLET.

28 JUIN 1790. — Décret concernant les réclamations de la municipalité et de la garde nationale de Marchiennes. (B. 3, 159.)

28 JUIN 1790. — Décret qui charge le comité de constitution de présenter un projet de décret pour l'exécution de celui du 19 juin sur l'abolition de la noblesse. (B. 3, 158.)

28 JUIN 1790. — Décret qui approuve la conduite des électeurs du département du Gard pendant les troubles de Nîmes. (B. 3, 158.)

28 JUIN 1790. — Décret qui ordonne l'impression et l'ajournement d'un rapport sur l'organisation des archives. (B. 3, 160.)

28 JUIN 1790. — Décret sur le mode de discussion du rapport concernant le commerce de l'Inde, et qui ordonne l'impression de deux discours à ce sujet. (B. 3, 160.)

28 JUIN 1790. — Beauvais. *Voy.* 26 JUIN 1790.

29 JUIN = 26 JUILLET 1790. (Lett.-Pat.) Décret relatif à la navigation du canal de Picardie. (L. 1, 1, 131; B. 3, 161.)

L'Assemblée nationale, considérant qu'il est du plus grand avantage pour l'État, l'agriculture et le commerce, d'entretenir la libre circulation du canal de Picardie ou de Crozat, a décrété, sur le rapport de son comité des finances: 1° que l'écluse de Voyaux près Liez, placée sur le canal de Crozat, qui communique de la Somme à l'Oise, sera incessamment reconstruite, conformément au devis dressé par le sieur Laurent de Lyonne, directeur du canal, sous l'inspection du directoire du département; 2° qu'il sera procédé incessamment, tant au parachèvement qu'à l'élargissement de l'écluse de Sampigny-sur-Oise, ladite écluse destinée à éviter le ressaut des bateaux dans cette partie, et conformément au devis qui sera dressé par le même directeur, sous l'inspection du département de l'Oise, dont dépend ladite écluse; 3° que les fonds nécessaires auxdits ouvrages seront fournis provisoirement par les receveurs des départemens de l'Aisne et de l'Oise, chacun par moitié, sauf à statuer ultérieurement par qui la dépense sera définitivement supportée, soit par le trésor public, soit par lesdits départemens, sauf aussi à régler dans quelles proportions lesdits départemens y contribueront, s'il y a lieu. Les deniers seront fournis au fur et à mesure des ouvrages, ou des termes qui seront pris avec les adjudicataires, en suite des enchères faites en la forme ordinaire.

29 JUIN 1790. — Décret portant que les officiers et commissaires des classes députeront à la fédération. (B. 3, 160.)

29 JUIN = 11 JUILLET 1790. — Décret relatif aux oppositions mises à l'échange des billets de la caisse d'escompte contre les assignats. (B. 3, 161.)

30 JUIN (28 et) = 2 JUILLET 1790. (Lett.-Pat.) Décret pour mettre les nouveaux corps admi-

nistratifs en activité. (L. 1, 1046; B. 3, 155.) *Voy.* instruction du 12 = 20 août 1790.)

Art. 1er. Les membres déjà nommés et ceux qui vont l'être successivement pour composer les administrations de département et de district, tiendront incessamment une première assemblée, dans laquelle ils nommeront leur président, leur secrétaire et les membres du directoire, après avoir prêté le serment civique.

2. Dans les anciennes provinces qui avaient une administration commune, les membres des nouveaux corps administratifs nommeront aussi les commissaires qui seront chargés de la liquidation des affaires générales, aux termes du dernier article du décret du 22 décembre dernier, sur la constitution des assemblées administratives.

3. Ces nominations étant faites, les membres des administrations de département et de district se sépareront pour se réunir tous en *session de conseil*, à la même époque, qui sera, pour cette fois, celle du 15 septembre prochain pour toutes les administrations de district, et celle du 1er octobre pour toutes les administrations de département.

4. Les directoires de département s'occuperont, pendant cet intervalle, de se faire remettre les papiers et renseignemens relatifs au département, d'en faire l'examen pour être en état d'en présenter les résultats généraux à la prochaine assemblée du conseil, et de distribuer à chaque directoire de district ceux qui pourront le concerner.

5. Ils feront former un état ou tableau de toutes les municipalités dont leur département est composé, avec indication tant du montant de la population active que de celui des impositions de chaque municipalité.

6. Ils feront dresser également un tableau des routes de leur département, avec désignation de l'état dans lequel elles se trouvent, et de la situation tant des ouvrages *d'art* que de ceux ci-devant dits *corvée*, qui sont autorisés et mis en confection sur les fonds de 1790; ils feront dresser pareillement un tableau des ports de mer, des rivières navigables et canaux de leur département, avec désignation de l'état dans lequel ils se trouvent, et de la situation des ouvrages d'art, pour les parties dont la dépense est à la charge des administrations.

7. Ils suivront les dispositions faites pour l'emploi, tant de ces fonds que de ceux destinés aux ateliers de charité et autres secours de bienfaisance, aux frais d'administration, et autres dépenses qui concernent la généralité du département pour l'année 1790.

8. Ils veilleront, suivant l'instruction qui leur sera envoyée, à ce que tous les rôles, tant des impositions ordinaires que ceux de supplément sur les ci-devant privilégiés, et ceux de la contribution patriotique, soient incessamment achevés, vérifiés et mis en recouvrement.

9. Ils exécuteront les dispositions du décret du 25 mai dernier, sanctionné par le Roi, pour constater les inégalités, erreurs ou doubles emplois qui peuvent avoir eu lieu dans le dernier département des impositions ordinaires entre les municipalités.

10. Ils examineront et jugeront les requêtes des contribuables, en *décharge* ou *réduction*, en *remise* ou *modération*.

11. Ils s'occuperont aussi des demandes relatives aux reconstructions et réparations d'églises ou de presbytères, et autres objets de dépenses locales, soit pour faire exécuter les dépenses déjà autorisées, soit pour vérifier, accorder ou refuser celles sur lesquelles il n'a pas encore été prononcé.

12. Ils vérifieront et termineront, conformément aux décrets constitutionnels acceptés par le Roi, toutes les demandes relatives à la formation, organisation et réunion des municipalités.

13. Ils se conformeront aux instructions qui leur seront données sur tout ce qui concerne l'administration et la vente des biens nationaux.

14. Et généralement les directoires des départemens feront, tant par eux-mêmes que par l'entremise des directoires de district qui leur sont subordonnés, tout ce qui sera nécessaire et pourra leur être prescrit, soit pour la continuation du service de 1790, soit pour l'exécution des décrets déjà rendus et sanctionnés par le Roi, et de ceux qui pourront l'être dans le cours de la présente session, et que Sa Majesté aura pareillement sanctionnés.

---

30 JUIN = 4 JUILLET 1790. — Décret qui souscrit à l'élection d'un commandant de la garde nationale de Versailles. (B. 3, 163.)

30 JUIN 1790. — Décret pour obtenir du ministre de la guerre des renseignemens sur les malheurs de Tabago. (B. 3, 164.)

30 JUIN 1790. — Instituteurs. *Voy.* 26 JUIN 1790. — Riom. Juges consuls. *Voy.* 25 JUIN 1790. — Sieur Florentin. — Vaine pâture. *Voy.* 26 JUIN 1790.

1er JUILLET 1790. — Décret qui renvoie au comité des finances la demande de secours faite par les habitans du Béarn et de Soule, qui ont souffert par les inondations. (B. 4, 3.)

1er = 4 JUILLET 1790. — Décret confirmatif de celui du 30 mars, par lequel la ville de Montbrisson a été autorisée à faire un emprunt. (B. 4, 3.)

1er JUILLET 1790. — Décret pour prier le Roi de subvenir aux moyens de subsistance et de secours demandés par les habitans de Tabago. (B. 4, 4.)

1er = 4 JUILLET 1790. — Décret pour retarder les opérations pour la formation de la municipalité de Paris. (B. 4, 4.)

1er = 4 JUILLET 1790. — Décret qui fixe à Châlons-sur-Marne l'assemblée du département de la Marne. (B. 4, 4.)

1er JUILLET 1790. — Décret portant qu'il sera fait mention honorable de l'hommage fait par les étudians en droit d'Angers, d'un projet de thèse sur la déclaration des droits de l'homme. (B. 4, 5.)

1er = 4 JUILLET 1790. — Décret qui déclare comme non avenue la procédure de la cour des aides, sur l'incendie des barrières de Paris au mois de juillet 1789. (B. 4, 6.)

2 JUILLET 1790. — Décret concernant les bénéfices en patronage laïc et diverses fondations. (B. 4, 7.)

2 = 11 JUILLET 1790. — Décret qui ordonne que les quatre cents livres payées jusqu'alors par la ville de Toul pour le logement des gens de guerre, seront encore acquittées pour les arriérés de 1788 et 1789. (B. 4, 7.)

2 JUILLET 1790. Décret qui charge le comité des recherches de prendre au bureau des affaires étrangères des renseignemens sur la détention de plusieurs Français en pays étrangers, en vertu d'ordres émanés de l'ancien ministère français. (B. 4, 6.)

2 JUILLET 1790. — Corps administratifs. Voy. 30 JUIN 1790. — Foires franches. Voy. 27 JUIN 1790. — Liberté individuelle. Voy. 20 AVRIL 1790.

3 JUILLET (26 JUIN et) = 7 JUILLET 1790. (Procl.) Décret concernant l'armée navale. (L. 1, 1053; B. 4, 9; Mon. du 27 juin au 4 juillet 1790.)

L'Assemblée nationale a décrété et décrète comme articles constitutionnels les articles suivans :

Art. 1er. Le Roi est le chef suprême de l'armée navale.

2. L'armée navale est essentiellement destinée à défendre la patrie contre les ennemis extérieurs, et à protéger le commerce maritime et les possessions nationales dans les différentes parties du globe.

3. Il ne peut être appelé dans les ports français ni employé au service de l'État aucunes forces navales étrangères, sans un acte du Corps-Législatif, sanctionné par le Roi.

4. Il ne peut être employé sur les vaisseaux, ni transporté par lesdits vaisseaux dans les ports du royaume et des colonies, aucun corps ou détachement de troupes étrangères, si ces troupes n'ont été admises au service de la nation par un décret du Corps-Législatif, sanctionné par le Roi.

5. Les sommes nécessaires à l'entretien de l'armée navale, des ports et arsenaux, et autres dépenses civiles ou militaires du département de la marine, seront fixées annuellement par les législatures.

6. Tous les citoyens sont également admissibles aux emplois civils et militaires de la marine, et les législatures et le pouvoir exécutif ne peuvent directement ni indirectement porter aucune atteinte à ce droit.

7. Il n'y aura d'autre distinction entre les officiers, soit civils, soit militaires de la marine, que celle des grades, et tous seront susceptibles d'avancement, suivant les règles qui seront déterminées.

8. Toute personne attachée au service civil ou militaire de la marine, conserve son domicile, nonobstant les absences nécessitées par son service, et peut exercer les fonctions de citoyen actif, s'il a, d'ailleurs, les qualités exigées par les décrets de l'Assemblée nationale.

9. Tout militaire ou homme de mer qui, depuis l'âge de dix-huit ans, aura servi sans reproches pendant soixante-douze mois sur les vaisseaux de guerre, ou dans les grands ports, l'espace de seize ans, jouira de la plénitude des droits de citoyen actif, et sera dispensé des conditions relatives à la propriété et à la contribution.

10. Chaque année, le 14 juillet, il sera prêté individuellement, dans les grands ports, par toutes les personnes attachées au service civil ou militaire de la marine, en présence des officiers municipaux et des citoyens rassemblés, le serment qui suit :

Savoir, par les officiers civils ou militaires, de rester fidèles à la nation, à la loi, au Roi et à la constitution décrétée par l'Assemblée nationale, et acceptée par Sa Majesté ; de prêter main-forte requise par les corps administratifs et les officiers civils ou municipaux, et de n'employer jamais ceux qui sont sous leurs ordres contre aucun citoyen, si ce n'est sur cette réquisition, laquelle sera toujours lue aux troupes assemblées ; de faire respecter le pavillon français, et de protéger de la manière la plus efficace le commerce maritime ;

Et par les hommes de mer et autres employés au service de la marine, entre les mains de leurs officiers, d'être fidèles à la nation, à la loi, au Roi et à la constitution ; de n'abandonner jamais les vaisseaux sur lesquels ils seront employés, et d'obéir à leurs chefs avec la plus exacte subordination.

Les formules de ces sermens seront lues à haute voix par l'officier commandant dans le port, lequel jugera le premier, et recevra le serment que chaque officier et ensuite chaque homme de mer prononcera, en levant la main et disant : *Je le jure.*

11. A chaque armement, et au moment de la revue à bord, le commandant de chaque vaisseau fera le serment, et le fera répéter par l'état-major et l'équipage, dans les termes énoncés par l'article précédent.

12. Le ministre ayant le département de la marine, et tous les agens civils et militaires, quels qu'ils soient, sont sujets à la responsabilité, dans le cas et de la manière qui sont ou seront déterminés par la constitution.

13. Aucun officier militaire de la marine ne pourra être destitué de son emploi sans le jugement d'un conseil de guerre, et aucun officier civil, sans l'avis d'un conseil d'administration.

14. Il n'y aura d'autres réglemens, d'autres ordonnances sur le fait de la marine, que les décrets du Corps-Législatif sanctionnés par le Roi, sauf les proclamations que pourra faire le pouvoir exécutif, pour ordonner ou rappeler l'observation des lois, et en développer les détails.

15. A chaque législature appartient le pouvoir de statuer : 1° sur les sommes à fixer annuellement pour l'entretien de l'armée navale, des ports et arsenaux, et autres dépenses concernant le département de la marine et des colonies; 2° sur le nombre des vaisseaux dont l'armée navale sera composée; 3° sur le nombre d'officiers de chaque grade et d'hommes de mer à entretenir pour le service de la flotte; 4° sur la formation des équipages; 5° sur la solde de chaque grade; 6° sur les règles d'admission au service et d'avancement dans les grades; 7° enfin, sur les lois relatives aux délits et aux peines militaires, et sur l'organisation des conseils de guerre et d'administration.

---

3 = 18 JUILLET 1790. (Lett.-Pat.). — Décret concernant un emprunt pour la ville de Cambrai et le canal de navigation de l'Escaut. (L. 1, 1035; B. 4, 9.)

L'Assemblée nationale, sur le rapport qui lui a été fait par son comité des finances, de la délibération des officiers municipaux de Cambrai, sous la date du 22 mai, et pièces y jointes, tendant à faire autoriser ladite ville à un emprunt de deux cent mille livres, tant pour le remboursement des anciens offices municipaux et achats de blés faits par la ville, l'année dernière, sous l'autorisation du gouvernement, que pour être employés à procurer des ateliers de charité; considérant que la remise de l'aide extraordinaire a été accordée aux états de Cambrésis pour seize ans, à dater de 1783, pour la confection des canaux de navigation de la province et la jonction de l'Escaut à la Somme, dont la communication avec Paris est établie par le canal Crozat, qui joint la Somme à l'Oise, a décrété: 1° que la demande en remboursement des anciens offices municipaux de la ville et commune de Cambrai demeure ajournée, conformément au décret du 19 janvier dernier; 2° que les états de Cambrésis soient autorisés à prêter aux officiers municipaux de Cambrai la somme de soixante-quatre mille cinq cent cinquante-huit livres dix-huit sous, pour le remboursement des blés vendus par le sieur Vanlerbergh et compagnie, à prendre ladite somme sur l'excédant de celles qui avaient été accordées par le gouvernement, et qui restent en caisse à la disposition libre des états, sans qu'à raison de ce prêt, on puisse toucher en aucune manière aux sommes appartenant au trésor public, et refuser d'acquitter les trois mois d'impositions de 1789, dont le paiement avait été suspendu, sauf, lors du partage des sommes existant dans la caisse des états, à être fait raison du plus ou du moins de ce qui peut en revenir à la ville de Cambrai; 3° que le montant de l'aide extraordinaire pour l'année 1790 sera employé jusqu'à la concurrence de soixante-huit mille neuf cent soixante-deux livres dix sous, à l'ouverture du canal le long de l'Escaut, entre Cambrai et Manières, conformément au devis qui sera dressé par le sieur Richard, directeur des travaux des états, sous l'inspection du district de Cambrai et du département du Nord, et que les deniers en seront fournis au fur et à mesure des ouvrages, ou des termes qui seront pris par les adjudicataires, en suite des enchères faites en la forme ordinaire.

---

3 = 31 JUILLET 1790. (Lett.-Pat.) — Décret relatif au rachat de divers droits féodaux sur lesquels il avait été réservé de statuer. (L. 1, 1134; B. 4, 11; Mon. 4 juillet 1790.)

Voy. loi du 3 = 9 MAI 1790.

L'Assemblée nationale ayant réservé, par les articles 9, 10 et 11 de son décret du 3 mai de la présente année, de statuer ultérieurement sur plusieurs points relatifs au rachat des droits féodaux dépendant de biens désignés dans lesdits articles, a décrété et décrète ce qui suit :

Art. 1er. Le prix qui proviendra des rachats des droits féodaux qui auraient été liquidés par les officiers des municipalités, en exécution de l'article 9 du décret du 3 mai, sera employé à l'acquit des dettes de l'Etat, et, à cet effet, versé dans la caisse du district du ressort, et de cette caisse en celle de l'extraordinaire, sauf à être pourvu, s'il y a lieu, par l'Assemblée nationale ou les législatures suivantes, en faveur des établissemens auxquels appartenaient les droits rachetés, et à une indemnité convenable, sur l'avis des assemblées administratives du ressort.

2. Il en sera de même du prix qui proviendra du rachat des droits dépendant des biens énoncés en l'article 10 du décret du 3 mai, même quant à ceux des biens dont l'administration a été conservée provisoirement à certains établissemens par les articles 8 et 9 des décrets des 14 et 20 du même mois, sauf à être pourvu, s'il y a lieu, ainsi qu'il est dit en l'article précédent, à telle indemnité qu'il appartiendra; en conséquence, les assemblées administratives qui ont été autorisées à liquider les rachats des droits dépendant desdits biens, en feront verser le prix dans la caisse de l'extraordinaire.

3. Sont exceptés de la disposition précédente, les rachats des droits dépendant des biens appartenant aux commanderies, dignités et grands-prieurés de l'ordre de Malte, lesquels, jusqu'à ce qu'il en ait été autrement ordonné, pourront être liquidés par les titulaires actuels, à la charge par eux de se conformer au taux et au mode prescrits par le décret du 3 mai, de faire approuver les liquidations par les assemblées administratives du ressort ou leurs directoires, lesquels feront verser le prix qui en proviendra dans la caisse de l'extraordinaire.

4. Quant au rachat des droits appartenant aux biens ci-devant connus sous le titre de *domaine de la couronne*, et dont l'administration a été jusqu'ici confiée à la régie desdits biens, soit en totalité, soit pour la perception des droits casuels, la liquidation ou rachat des droits dépendant desdits biens sera faite par les administrateurs de ladite régie, ou par leurs préposés, et ce, jusqu'à ce qu'il en ait été autrement ordonné, à la charge : 1° de se conformer au taux et au mode prescrits par le décret du 3 mai; 2° que lesdites liquidations seront vérifiées et approuvées par les directoires des assemblées administratives dans le ressort desquelles seront situés lesdits biens; 3° que les administrateurs compléteront du prix desdits rachats, et le feront verser au fur et à mesure en la caisse de l'extraordinaire.

5. La disposition de l'article précédent aura lieu, même pour les rachats des droits et redevances fixes et annuelles des biens actuellement possédés à titre d'engagement, ou concédés à vie ou à temps, et pour les rachats des droits, tant fixes que casuels, dépendant desdits domaines possédés à titre d'échange, mais dont les échanges ne sont pas encore consommés, sauf à être pourvu, s'il y a lieu, aux indemnités qui pourraient être dues aux engagistes ou échangistes : le tout sans aucune approbation des échanges consommés, et sans préjudice des oppositions qui pourront être formées au nom de la nation, aux rachats des droits dépendant des biens aliénés à ce

titre, et dont le titre aurait été reconnu susceptible de révision, lesquelles oppositions ne pourront être formées que de la manière et en la forme prescrites par les articles 47, 48 et 49 du décret du 3 mai.

6. Quant au rachat des droits dépendant des biens possédés à titre d'apanage, ils pourront, jusqu'à ce qu'il en ait été autrement ordonné, être liquidés par les possesseurs actuels, à la charge que lesdites liquidations seront faites conformément au taux et au mode prescrits par le décret du 3 mai, et qu'elles seront vérifiées et approuvées par les assemblées administratives dans le ressort desquelles seront situés les biens dont dépendront lesdits droits, et que le prix en sera versé dans la caisse du district, et de cette caisse dans celle de l'extraordinaire, sauf à être pourvu, s'il y a lieu, aux indemnités convenables au profit desdits apanagistes.

7. A l'égard des rachats qui seront dus à la nation par les propriétaires des biens mouvant des biens nationaux, même par les apanagistes ou les échangistes dont les échanges ne sont point encore consommés, à raison des rachats par eux reçus pour les droits dépendant de leurs fiefs, la liquidation des sommes par eux dues sera faite provisoirement, et jusqu'à ce qu'il en ait été autrement ordonné, par les administrateurs de la régie des domaines, sous les conditions qui ont été prescrites auxdits administrateurs par les art. 4 et 5 ci-dessus.

8. Les fonctions ci-dessus déléguées aux assemblées administratives seront exercées par la municipalité actuelle de Paris, ou par celle qui sera établie, conformément au règlement décrété les 3, 6, 7, 10, 14, 15, 19 et 21 mai dernier, jusqu'à ce que l'administration du département de Paris soit en activité.

---

3 JUILLET 1790 = 25 MARS 1791. — **Décret relatif aux dépenses de l'administration de la loterie royale. (L. 3, 1022 ; B. 4, 14.)**

L'Assemblée nationale, après avoir entendu le rapport de son comité des finances sur la loterie royale, a décrété ce qui suit :

Art. 1er. A compter du 1er juillet, présent mois, le traitement des administrateurs de la loterie royale demeurera fixé à 9,000 livres. Ils continueront à jouir des remises qui leur étaient allouées sur le produit.

2. Le régisseur honoraire sera supprimé.

3. Le receveur général sera également supprimé ; il sera remplacé par un caissier aux appointemens de 8,000 livres, qui fournira un cautionnement de 200,000 livres en immeubles.

4. Le bureau du receveur général sera supprimé, et son travail réuni au bureau de comptabilité.

5. Le ministre des finances prendra les

mesures nécessaires pour assurer la surveillance de la caisse et l'exactitude des recouvremens.

6. L'Assemblée ordonne que l'état des appointemens et gratifications des divers employés, soit de Paris, soit des directoires secondaires, sera imprimé et distribué à chacun de ses membres, et renvoie à statuer sur les réductions dont lesdits appointemens et gratifications sont susceptibles, jusqu'après l'impression et la distribution de l'état qui en sera dressé.

7. L'Assemblée conserve provisoirement, et pour la présente année, à la Société de charité maternelle, les 1,000 livres qui lui étaient données par chaque tirage, et charge son comité de mendicité de lui rendre compte de cet établissement.

3 JUILLET 1790. = 20 MARS 1791. — Décret qui unit la ville de Géménos au district de Marseille. L 3, 959.)

3 = 7 JUILLET 1790. — Décret concernant les réglemens et ordonnances sur le fait de la marine. (B 4, 9.)

3 JUILLET 1790. — Décret qui ordonne l'impression de l'adresse de la société du jeu de Paume. (B. 4, 15.)

3 JUILLET 1790. — Décret qui appelle à la fédération le commandant de l'escadre actuellement en armement. (B. 4, 16.)

3 = 7 JUILLET 1790. — Décret concernant les difficultés élevées entre la municipalité de Haguenau et les anciens magistrats. (B. 4, 16.)

3 JUILLET 1790. — Décret pour qu'il soit fait part au Roi de la déclaration du capitaine Strugner, annonçant la sortie d'une escadre anglaise de Portsmouth. (B. 4, 18.)

4 = 9 JUILLET 1790. (Procl.) — Décret concernant les délits commis sur les côtes de la Méditerranée soumise à la domination française, et les réparations qui peuvent être dues aux puissances d'Alger et de Naples. (L. 1, 1058; B. 4, 19.)

L'Assemblée nationale, instruite des délits commis contre le droit des gens et la foi des traités, sur les côtes de la Méditerranée soumises à la domination française, et des mesures prises pour faire punir les auteurs et fauteurs de ces délits, et accélérer les réparations qui peuvent être dues aux puissances d'Alger et de Naples, a décrété :

Que son président se retirera devers le Roi pour le remercier des mesures qu'il a prises ;

Que les tribunaux auxquels ont pu ou dû être déférés ces délits, et en seraient déférés de semblables, en feront ou continueront l'instruction, et que les municipalités, corps administratifs et militaires, aideront et protégeront de tous leurs moyens les tribunaux, et leur donneront main-forte à la première réquisition ;

Enfin, que les ordonnances relatives aux précautions de santé seront exactement observées.

4 = 18 JUILLET 1790. (Procl.) — Décret pour la libre circulation des poudres et autres munitions tirées soit des arsenaux, soit des fabriques et autres magasins de la régie des poudres. (L. 1, 1081; B. 4, 20.)

L'Assemblée nationale, instruite des difficultés qui se sont élevées dans plusieurs villes, relativement à la circulation des poudres et autres munitions destinées à l'approvisionnement des arsenaux de terre et de mer, au service des municipalités, au commerce extérieur et intérieur du royaume, et voulant assurer le transport de toute espèce de munitions nécessaires au service de l'Etat, a décrété et décrète ce qui suit :

Art. 1er. Il ne sera apporté aucun retard ni empêchement quelconque au transport des poudres et autres munitions qui seront tirées des arsenaux de la nation ou des fabriques et magasins de la régie des poudres, pour les approvisionnemens des ports, des places et du commerce. Elles seront accompagnées de passeports en bonne forme, délivrés par les ministres de la guerre et de la marine, ou par les officiers et garde-magasins de l'artillerie de terre ou de l'artillerie de la marine, pour les poudres qui sortiront des arsenaux ; et par les régisseurs des poudres, pour celles qui seront tirées de leurs fabriques. La destination desdites poudres sera en outre justifiée par lettres de voiture régulières.

2. Lesdits passeports et lettres de voiture contiendront le lieu du départ, la quantité chargée, et la destination des poudres, et seront visés par la municipalité du lieu du chargement.

3. Ces mêmes expéditions seront présentées aux officiers municipaux des villes de la route, pour être par eux visées. Il est enjoint expressément aux directoires de département et de district, et aux officiers municipaux, de laisser passer librement lesdits convois, de veiller à leur sûreté, de les faire accompagner par les cavaliers de la maréchaussée, et même, si besoin est, de fournir des escortes de gardes nationales, et de faire remettre aux régisseurs des poudres ou à leurs préposés, ou conduire à leur destination dans les arsenaux, les poudres qui pourraient avoir été arrêtées dans leurs municipalités.

4. Les réglemens précédemment rendus relativement à la fabrication et à la vente des salpêtres et poudres dans le royaume, continueront provisoirement d'être exécutés selon leur forme et teneur, et les corps administra-

tifs et municipalités veilleront à cette exécution.

4 = 26 JUILLET 1790. (Lett.-Pat.) — Décret relatif à la fourniture de sel à l'étranger. (L. 1, 1133; B. 4, 19.)

Les fournitures de sel qui doivent être faites à l'étranger, conformément aux traités subsistans, seront effectuées avec les sels qui appartiennent à la nation, et par les préposés à qui la vente de ces sels est confiée; et ceux qui s'opposeront au transport desdits sels seront réprimés comme portant atteinte aux propriétés nationales.

4 = 7 JUILLET 1790. — Décret concernant le serment à prêter par les députés à la fédération. (B. 4, 23; Mon. du 5 juillet 1790.)

L'Assemblée nationale décrète que les députés des gardes nationales et autres troupes qui viendront à Paris pour la cérémonie de la fédération générale, indiquée au 14 de ce mois, y prêteront le serment qui suit :

« Nous jurons de rester à jamais fidèles
« à la nation, à la loi et au Roi; de main-
« tenir de tout notre pouvoir la constitution
« décrétée par l'Assemblée nationale et ac-
« ceptée par le Roi; de protéger, conformé-
« ment aux lois, la sûreté des personnes et
« des propriétés, la libre circulation des
« grains et subsistances dans l'intérieur du
« royaume, et la perception des contribu-
« tions publiques, sous quelques formes
« qu'elles existent; de demeurer unis à tous
« les Français par les liens indissolubles de la
« fraternité. »

4 JUILLET 1790. — Décret qui réduit les gages des payeurs des rentes. (B. 4, 25.)

L'Assemblée nationale a décrété que les gages des payeurs des rentes seront réduits à 12,000 liv., les frais de bureau compris, et que ce traitement commencera à être payé à compter du 1er juillet courant.

4 JUILLET 1790. — Décret qui autorise la caisse d'escompte à fournir quarante-cinq millions au Trésor public. (B. 4, 22.)

4 = 7 JUILLET 1790. — Décret qui établit une commission pour vérifier les titres des députés des gardes nationales à la fédération. (B. 4, 22.)

4 JUILLET 1790. — Décret par lequel l'Assemblée s'interdit toute délibération hors du lieu de ses séances. (B. 4, 24.)

4 JUILLET 1790. — AIN. Voy. 26 JUIN 1790. — Angers et Arsay. Voy. 23 JUIN 1790. — Barrières. Voy. 1er JUILLET 1790. — Bourges.

Voy. 21 JUIN 1790. — Châlons-sur-Marne. Voy. 1er JUILLET 1790. — Lyon. Voy. 25 JUIN 1790. — Marchiennes. Voy. 26 JUIN 1790. — Montbrisson. Voy. 1er JUILLET 1790. — Nogent-le-Rotrou. Voy. 23 JUIN 1790. — Paris. Voy. 1er JUILLET 1790. — Rôles. Voy. 25 JUIN 1790. — Versailles. Voy. 30 JUIN 1790.

5 JUILLET 1790. — Décret concernant l'état des employés dans les divers départemens, à différentes époques. (B. 4, 25.)

Le comité des finances sera tenu de faire imprimer, avant de présenter ses rapports sur l'état des employés dans les divers départemens, le détail de la composition des bureaux, telle qu'elle est actuellement, telle qu'elle était en 1788, et telle qu'elle sera trouvée à deux des époques antérieures, distantes de dix années au moins l'une de l'autre.

5 JUILLET 1790. — Solde. Voy. 28 FÉVRIER 1790. — Sous-officiers. Voy. 6 JUIN et 24 JUIN 1790.

6 = 11 JUILLET 1790. (Procl.) — Décret concernant la forme de service des capitaines et officiers de la marine marchande sur les vaisseaux de guerre (L. 1, 1070; B. 4, 29.)

L'Assemblée nationale, sur le rapport du comité de la marine, jugeant nécessaire de pourvoir provisoirement aux justes réclamations qui lui ont été adressées par les officiers de la marine marchande, sur la forme de service à laquelle ils sont tenus à bord des vaisseaux de guerre, a décrété ce qui suit :

Art. 1er. Tous les jeunes gens qui auront été employés, pendant une campagne de long cours, comme officiers sur les navires marchands, ne pourront être commandés pour servir sur les vaisseaux de guerre qu'en qualité de volontaires.

2. Les navigateurs qui auraient été employés sur les navires marchands en qualité de seconds capitaines et de premiers lieutenans, ne pourront être employés sur les vaisseaux de guerre dans un grade inférieur à celui de pilotes ou d'aide-pilotes.

3. Les capitaines de navires qui auront commandé, dans des voyages de long cours ou de grand cabotage, des bâtimens au-dessus de cent cinquante tonneaux, et ceux qui ont déjà servi comme officiers auxiliaires, ne pourront être employés au service de la flotte qu'en qualité d'officiers.

4. Tous les officiers des navires marchands qui ont été appelés au service, et qu'il ne sera pas nécessaire d'employer dans les grades énoncés ci-dessus, auront la liberté de se retirer chez eux.

5. Le présent décret sera présenté sans délai à la sanction du Roi, et exécuté provisoirement pour l'armement de l'escadre.

6 JUILLET 1790. — Décret qui règle les attributions du comité des décrets, chargé de surveiller l'expédition et l'envoi de tous les décrets de l'Assemblée. (B. 4, 32.)

L'Assemblée nationale, sur le rapport du comité pour l'envoi des décrets, a décrété ce qui suit :

Art. 1er. L'Assemblée nationale charge les commissaires-inspecteurs des travaux des bureaux, de faire porter tous les jours au comité chargé de collationner les décrets et d'en surveiller l'expédition et l'envoi après la sanction, une copie en forme des décrets rendus la veille. Cette copie sera signée par les secrétaires.

2. Les notes originales des décrets sanctionnés que le garde-des-sceaux adresse au président, seront aussi portées au même comité, le jour même qu'elles seront reçues.

3. Successivement on portera au même comité un état, signé par les secrétaires, de tous les décrets présentés à la sanction. Cet état contiendra le jour de la présentation.

4. Le comité chargé de collationner les décrets, et d'en surveiller l'expédition et l'envoi après la sanction, veillera à ce que les trois articles ci-dessus soient ponctuellement exécutés.

5. Pour l'entière exécution du décret du 5 novembre 1789, le garde-des-sceaux et les autres ministres enverront, de huit jours en huit jours, à ce comité, un état par département, et par ordre de dates, des *accusés* ou certificats de réception des décrets.

6. L'imprimeur de l'Assemblée nationale remettra, dans le jour, à ce comité, un exemplaire de tous les procès-verbaux depuis le 5 mai 1789 jusqu'à ce jour, et ainsi successivement jusqu'à la fin de la présente session.

6 = 18, 20 et 25 JUILLET 1790. — Décrets qui autorisent les municipalités d'Arras, de Dampierrre, de Dourgne et de Sedan, à établir une imposition extraordinaire et à faire un emprunt. (B. 4, 26 à 28.)

6 JUILLET 1790. — Décret qui approuve l'organisation provisoire des archives de l'Assemblée. (B. 4, 29.)

Voy. au 6 SEPTEMBRE suivant.

6 JUILLET 1790. — Décret qui renvoie au pouvoir exécutif l'adresse de la municipalité de Rennes, sur la nécessité d'ouvrir un établissement d'artillerie à portée des côtes de l'Orient. (B. 4, 31.)

6 JUILLET 1790. — Décret en témoignage de satisfaction des mesures prises par la municipalité du Hâvre, à l'arrivée d'un grand nombre de soldats venant de Tabago. (B. 4, 31.)

6 JUILLET 1790. — Décret qui renvoie au pouvoir exécutif la demande formée par la ville de Grenoble, de conserver le bataillon des chasseurs royaux corses, dont le passage dans cette ville avait été arrêté. (B. 4, 32.)

6 JUILLET 1790. — Décret qui renvoie aux comités des domaines, d'agriculture et du commerce, un projet de réglement rédigé par le département de la Haute-Saône, pour la police des campagnes. (B. 4, 33.)

7 JUILLET 1790. — Décret concernant l'exécution d'une condamnation par corps pour le paiement d'une lettre de change contre un membre de l'Assemblée. (B. 4, 34 ; Mon. du 8 juillet 1790.)

L'Assemblée nationale, après avoir entendu la lecture de la lettre que le sieur Rollin a adressée à son président, a décrété et décrète que son président est chargé de répondre au sieur Rollin, qu'elle trouve juste qu'il exerce contre son débiteur tous les droits et toutes les contraintes que lui assure la loi (1).

7 JUILLET 1790. — Décret qui autorise le président de l'Assemblée nationale à désigner douze membres pour assister à la distribution des prix de l'université de Paris. (B. 4, 34.)

7 JUILLET 1790. — Angers, Arsay, etc. *Voy.* 23 JUIN 1790. — De Hagueneau, etc. *Voy.* 3 JUILLET 1790. — Fédération. *Voy.* 4 JUILLET 1790. — Fécamp. *Voy.* 26 JUIN 1790. — Serment. *Voy.* 4 JUILLET 1790.

8 JUILLET 1790. — Décret qui renvoie au comité des finances l'assertion du sieur Colmar, qu'il y a réticence de six cents millions dans le compte du premier ministre des finances. (B. 4, 37.)

8 = 18 et 20 JUILLET 1790. — Décrets qui autorisent les communes de Louviers et de Saint-Porquier à lever une imposition extraordinaire. (B. 4, 35 et 36.)

8 JUILLET 1790. — Décret sur le nombre des députations des gardes nationales et des troupes de terre et de mer envoyées à la fédération, qui seront admises à l'Assemblée nationale. (B. 4, 36.)

8 = 9 JUILLET 1790. — Décret portant que les commissaires du Roi dans les villes sont autorisés, en cas d'opposition ou de violence dans l'exercice de leurs fonctions, à requérir la force publique, et à faire informer par les voies légales contre les auteurs ou fauteurs de troubles. (B. 4, 38.)

8 JUILLET 1790. — Vallée d'Aran. *Voy.* 21 JUIN 1790.

_____

(1) Décidé en sens contraire à l'égard d'un pair de France (25 avril 1822 ; S. 22, 2, 276).

29 JUILLET (25, 26, 29 JUIN et) = 25 JUILLET 1790. (Lett.-Pat.) — Décret concernant l'aliénation de tous les domaines nationaux. (L. 1, 1105; B. 4, 40; Mon. 26, 27 juin 1790.)

Voy. lois du 31 MAI = 3 JUIN 1790; du 23, 28 OCTOBRE = 5 NOVEMBRE 1790; du 3 = 17 NOVEMBRE 1790.

L'Assemblée nationale, considérant que l'aliénation des domaines nationaux est le meilleur moyen d'éteindre une grande partie de la dette publique, d'animer l'agriculture et l'industrie, et de procurer l'accroissement de la masse générale des richesses, par la division de ces biens nationaux en propriétés particulières, toujours mieux administrées, et par les facilités qu'elle donne à beaucoup de citoyens de devenir propriétaires, a décrété ce qui suit :

Art. 1er. Tous les domaines nationaux, autres que ceux dont la jouissance aura été réservée au Roi, et les forêts sur lesquelles il sera statué par un décret particulier, pourront être aliénés en vertu du présent décret et conformément à ses dispositions, l'Assemblée nationale réservant aux assignats-monnaie leur hypothèque spéciale.

2. Toutes les personnes qui voudront acquérir des domaines nationaux, pourront s'adresser, soit au comité de l'Assemblée nationale chargé de leur aliénation, soit à l'administration ou au directoire du département, soit même à l'administration ou au directoire du district, dans lesquels ces biens sont situés; l'Assemblée nationale réservant aux départemens toute surveillance et toute correspondance directe avec le comité pour la suite des opérations.

3. Les municipalités qui enverraient des soumissions pour quelques objets déjà demandés par des particuliers, n'auront point droit à être préférées. Le comité enregistrera toutes les demandes des municipalités suivant l'ordre des dates de leurs délibérations authentiques, et celles des particuliers, suivant la date de leur réception; et il en enverra des expéditions, certifiées par un de ses secrétaires, à l'administration ou au directoire du département dans lequel ces objets sont situés.

4. Les administrations ou directoires de département formeront un état de tous les domaines nationaux situés dans leurs territoires, et procéderont incessamment à leur estimation dans les formes prescrites par les articles 3, 4, 7 et 8 du titre 1er du décret du 14 mai 1790, et l'instruction du 31 mai : elles commettront, pour surveiller ce travail, les administrations ou directoires de district.

5. Elles commenceront ces estimations par les lieux où sont situés les biens sur lesquels le comité leur aura envoyé des soumissions, soit de municipalités, soit de particuliers, ou sur lesquels elles en auraient reçus directe-

ment, et continueront ensuite à faire estimer ceux mêmes de ces biens pour lesquels il n'aurait été fait aucune soumission.

6. Elles auront soin, dans les estimations, de diviser les objets autant que leur nature le permettra, afin de faciliter, autant qu'il sera possible, les petites soumissions et l'accroissement du nombre des propriétaires.

7. Les prix d'estimation seront déterminés d'après les dispositions des articles 3, 4, 7 et 8 du titre 1er du décret du 14 mai ci-dessus mentionné, et serviront de base aux soumissions et aux enchères.

8. Les soumissions devront être au moins égales au prix de l'estimation, et les enchères ne seront ouvertes que lorsqu'il y aura de telles soumissions; mais alors elles le seront nécessairement, et l'on y procédera dans les délais, dans les formes et aux conditions prescrites par les articles 1, 2, 3, 4, 5, 6, 8 et 9 du titre III du décret du 14 mai, et par l'instruction du 31 du même mois.

9. Les acquéreurs de domaines nationaux seront tenus de se conformer, pour les baux actuels de ces biens, aux dispositions de l'art. 9 du titre 1er du décret du 14 mai, et aux conditions de jouissance prescrites par l'instruction du 31 du même mois, au maintien desquelles les administrations de département et de district, ou leurs directoires, tiendront exactement la main.

10. Les acquéreurs jouiront des franchises accordées par les articles 7 et 8 du titre 1er du décret du 14 mai, et aussi de celles accordées par l'article 2 du titre III, mais pour ces dernières, pendant l'espace de cinq années seulement, à compter du jour de la publication du présent décret.

11. Les administrations de département, ou leurs directoires, adresseront, le 15 de chaque mois, au comité chargé de l'aliénation des domaines nationaux pendant la présente session de l'Assemblée nationale, et par la suite aux commissaires qui leur seront désignés par les législatures, un état des estimations qu'elles auront fait faire, et un état des ventes qui auront été commencées ou consommées dans le mois précédent, pour le tout être rendu public par la voie de l'impression.

12. Les acquéreurs feront leurs paiemens aux termes convenus, soit dans la caisse de l'extraordinaire, soit dans celle des receveurs de district, qui seront chargés d'en compter au receveur de l'extraordinaire.

13. Les municipalités qui voudraient acquérir quelques parties de domaines nationaux pour des objets d'utilité publique, seront tenues de se pourvoir, dans les formes prescrites par le décret du 14 décembre 1789 pour la constitution des municipalités, sanctionné par le Roi, pour obtenir l'autorisation nécessaire, et seront ensuite considérées comme acquéreurs particuliers.

14. Les articles ci-annexés du décret du 14 mai et de l'instruction du 31 du même mois, sur la vente de quatre cents millions de domaines nationaux, avec le changement des seules expresssions nécessaires pour les adapter aux dispositions ci-dessus, seront censés faire partie du présent décret.

15. Seront communs tant au présent décret qu'à celui du 14 mai dernier, les articles suivans.

16. Les baux d'après lesquels l'article 4 du titre Ier du décret du 14 mai dernier détermine l'estimation du revenu des trois classes de biens y mentionnés, doivent être entendus des sous-baux ou sous-fermes, lorsqu'il en existe; en conséquence, le revenu d'un bien affermé par un bail général, mais qui est sous-fermé, ne pourra être estimé que d'après le prix du sous-bail.

17. Le défaut de prestation du serment imposé aux fermiers par le même article, ne pourra pas empêcher de prendre leurs baux ou sous-baux pour base des estimations, lorsqu'yant été requis par acte de se rendre à jour indiqué par-devant le directoire de district pour prêter serment, ils ne s'y seront pas rendus; mais dans ce cas, les fermiers réfractaires seront déclarés par le juge ordinaire, à la poursuite et diligence des procureurs syndics de district, déchus de leurs baux ou sous-baux.

18. Le revenu des biens affermés par baux emphythéotiques ou à vie ne pourra pas être déterminé par le prix de ces baux, mais seulement d'après une estimation par experts.

Le serment des experts qui seront nommés pour l'estimation des biens nationaux dont la vente a été décrétée, sera prêté sans frais par-devant les juges ordinaires.

19. Seront, au surplus, les baux emphytéotiques et les baux à vie censés compris dans la disposition de l'art. 9 du titre Ier du décret du 14 mai; mais les baux emphytéotiques ne seront réputés avoir été faits légitimement, que lorsqu'ils auront été précédés et revêtus des solemnités qui auraient été requises pour l'aliénation des biens que ces actes ont pour objet.

20. Tout notaire, tabellion, garde-note, greffier ou autre dépositaire public, comme aussi tout bénéficier, agent ou receveur de bénéficier, tout supérieur, membre, secrétaire ou receveur de chapitre ou monastère, ensemble tout administrateur ou fermier, qui, en étant requis par un simple acte, soit à la requête d'une municipalité, soit à la requête d'un particulier, refusera de communiquer un bail de biens nationaux existant en sa possession ou sous sa garde, sera, à la poursuite et diligence du procureur-syndic du district de sa résidence, condamné par le juge ordinaire à une amende de vingt-cinq livres; cette amende sera doublée en cas de réci-

dive, et elle ne pourra être remise ni modérée en aucun. Si le procureur-syndic de district en négligeait la poursuite ou le recouvrement, il en demeurerait personnellement garant, et serait poursuivi comme tel par le procureur-général-syndic du département.

21. Il sera payé au notaire, tabellion, garde-note ou autre dépositaire public, pour la simple communication d'un bail, dix sous, et dix sous en sus lorsqu'on en tirera des notes ou des extraits; sauf à suivre, pour les expéditions en forme qu'on voudra se faire délivrer, le taux réglé par l'usage, ou convenu de gré à gré.

22. S'il existait des lieux où les assemblées de district ne fussent pas encore en activité lors de la publication du présent décret, les municipalités des chefs-lieux de district pourraient les suppléer dans toutes les fonctions à elles attribuées, tant par le présent décret que par celui du 14 mai dernier; et lorsqu'il s'agirait d'acquisitions à faire par une municipalité dans le district dont elle est chef-lieu, ces fonctions pourraient être remplies par la municipalité du chef-lieu du district le plus voisin, qui n'aurait pas fait de soumission pour acquérir.

Suit la teneur des articles du décret du 14 mai 1790 et de l'instruction du 30 du même mois, qui, aux termes de l'article 14 ci-dessus, doivent faire partie du présent décret.

Les mots changés, d'après la faculté donnée par l'article 14, sont en caractères italiques.

TITRE Ier.

Art. 2. Les particuliers qui voudront acquérir directement des domaines nationaux, pourront faire leurs offres au comité, qui les renverra aux administrations ou directoires de département, pour en constater la véritable valeur, et les mettre en vente conformément au réglement qui sera incessamment donné à cet effet.

3. Le prix capital des objets portés dans les demandes sera fixé d'après le revenu net effectif ou arbitré, mais à des deniers différens, selon l'espèce des biens actuellement en vente, qui à cet effet seront rangés en quatre classes.

Première classe. Les biens ruraux, consistant en terres labourables, prés, vignes, pâtis, marais salans, et les bois, bâtimens et autres objets attachés aux fermes et métairies, et qui servent à leur exploitation.

Deuxième classe. Les rentes et prestations en nature de toute espèce, et les droits casuels auxquels sont sujets les biens grevés de ces rentes ou prestations.

Troisième classe. Les rentes et prestations en argent et les droits casuels dont sont chargés les biens sur lesquels ces rentes ou prestations sont dues.

La quatrième classe sera formée de toutes les autres espèces de biens, à l'exception des bois non compris dans la première classe, sur lesquels il sera statué par une loi particulière.

4. L'estimation du revenu des trois premières classes de biens sera fixée d'après les baux à ferme existans, passés ou reconnus par-devant notaire, et certifiés véritables par le serment des fermiers devant le directoire du district ; et à défaut de bail de cette nature, elle sera faite d'après un rapport d'experts, sous l'inspection du même directoire, déduction faite de toutes les impositions dues à raison de la propriété.

5. *Les particuliers qui voudront acquérir, seront obligés* d'offrir, pour prix capital des biens des trois premières classes dont ils voudront faire l'acquisition, un certain nombre de fois le revenu net, d'après les proportions suivantes :

6. Pour les biens de la première classe, deux fois le revenu net;

Pour ceux de la deuxième, vingt fois ;

Pour ceux de la troisième, quinze fois.

Le prix des biens de la quatrième classe sera fixé d'après une estimation.

7. Les biens vendus seront francs de toutes rentes, redevances ou prestations foncières, comme aussi de tous droits de mutation, tels que quint et requint, lods et ventes, reliefs et généralement de tous les droits seigneuriaux ou fonciers, soit fixes ou casuels, qui ont été déclarés rachetables par les décrets du 4 août 1789 et du 15 mars 1790, la nation demeurant chargée du rachat desdits droits, suivant les règles prescrites dans les cas déterminés par les décrets du 3 mai. Le rachat sera fait des premiers deniers provenant des revenues.

8. Seront pareillement lesdits biens affranchis de toutes dettes, rentes constituées et hypothèques, conformément aux décrets des 4 et 16 avril 1790.

Dans le cas où il serait formé des oppositions, elles sont dès à présent déclarées nulles et comme non avenues, sans qu'il soit besoin que les acquéreurs obtiennent de jugement.

9. Les baux à ferme ou à loyer desdits biens, qui ont été faits légitimement et qui auront une date certaine et authentique, antérieure au 2 novembre 1789, seront exécutés selon leur forme et teneur, sans que les acquéreurs puissent expulser les fermiers, même sous l'offre des indemnités de droit et d'usage.

TITRE III.

Art. 1ᵉʳ. *Le 15 de chaque mois, les administrations ou directoires de département feront afficher dans tous les lieux accoutumés à leur territoire, et notamment dans ceux où les biens sont situés, et dans les villes ou bourgs chefs-lieux de district, l'état des biens qu'elles auront fait estimer dans le mois précédent,* avec énonciation du prix de l'estimation de chaque objet; et *elles feront déposer les exemplaires de ces états aux hôtels communs* desdits lieux, pour que chacun puisse en prendre communication ou copie sans frais.

2. Aussitôt qu'il sera fait une offre au moins égale au prix de l'estimation, pour totalité ou partie des biens *situés dans un département, l'administration du département, ou son directoire,* sera tenue de l'annoncer par des affiches dans tous les lieux où l'état des biens aura été ou dû être envoyé, et d'indiquer le lieu, le jour et l'heure auxquels les enchères seront reçues.

3. Les adjudications seront faites dans le chef-lieu et par-devant le directoire du district de la situation des biens, à la diligence du *procureur-général-syndic,* ou d'un fondé de pouvoir *de l'administration de département,* et en présence de deux commissaires de la municipalité dans le territoire de laquelle les biens sont situés ; lesquels commissaires signeront les procès-verbaux d'enchères et d'adjudication, avec les officiers du directoire et les parties intéressées, sans que l'absence *desdits* commissaires dûment avertis, de laquelle il sera fait mention dans le procès-verbal, puisse arrêter l'adjudication.

4. Les enchères seront reçues publiquement : il y aura quinze jours d'intervalle entre la première et la seconde publication, et il sera procédé, un mois après la seconde, à l'adjudication définitive, au plus offrant et dernier enchérisseur, sans qu'il puisse y avoir ouverture, ni au tiercement, ni au doublement ni au triplement. Les jours seront indiqués par des affiches où le montant de la dernière enchère sera mentionné.

5. Pour appeler à la propriété un plus grand nombre de citoyens, en donnant plus de facilité aux acquéreurs, les paiemens seront divisés en plusieurs termes.

La quotité du premier paiement sera réglée en raison de la nature des biens plus ou moins susceptibles de dégradation.

Dans la quinzaine de l'adjudication, les acquéreurs des bois, des moulins et des usines, paieront trente pour cent du prix de l'acquisition à la caisse de l'extraordinaire ;

Ceux des maisons, des étangs, des fonds morts et des emplacemens vacans dans les villes, vingt pour cent ;

Ceux des terres labourables, des prairies, des vignes et des bâtimens servant à leur exploitation, et des biens de la seconde et de la troisième classe, douze pour cent.

Dans les cas où les biens de ces diverses natures seront réunis, il en sera fait ventilation pour déterminer la somme du premier paiement.

Le surplus sera divisé en douze annuités égales, payables en douze ans, d'année en année, et dans lesquelles sera compris l'intérêt du capital à cinq pour cent sans retenue.

Pourront néanmoins les acquéreurs accélérer leur libération par des paiemens plus considérables et plus rapprochés, ou même se libérer entièrement, à quelque échéance que ce soit.

Les acquéreurs n'entreront en possession réelle qu'après avoir effectué le premier paiement.

6. Les enchères seront en même temps ouvertes sur l'ensemble ou sur les parties de l'objet compris en une seule et même estimation; et si, au moment de l'adjudication définitive, la somme des enchères partielles égale l'enchère faite sur la masse, les biens seront de préférence adjugés divisément.

7. A défaut de paiement du premier à-compte, ou d'une annuité échue, il sera fait, dans le mois, à la diligence du procureur-*général-syndic*, sommation au débiteur d'effectuer son paiement avec les intérêts du jour de l'échéance; et si ce dernier n'y a pas satisfait deux mois après ladite sommation, il sera procédé sans délai à une adjudication nouvelle à la folle-enchère, dans les formes prescrites par les articles 3 et 4.

8. Le procureur-*général-syndic de l'administration de département*, poursuivant, se portera premier enchérisseur pour une somme égale au prix d'estimation, ou pour la valeur de ce qui restera dû : si cette valeur est inférieure au prix de l'estimation, il sera prélevé sur le prix de la nouvelle adjudication le montant de ce qui se trouvera échu avec les intérêts et les frais, et l'adjudicataire sera tenu d'acquitter, aux lieu et place de l'acquéreur dépossédé, toutes les annuités à échoir.

9. Il ne sera perçu, *pendant le cours de cinq années,* pour aucune acquisition, adjudication, vente, subrogation, revente, cession et rétrocession de domaines nationaux, même pour les actes d'emprunts, obligations, quittances, et autres frais relatifs auxdites transactions de propriété, aucun autre droit que celui de contrôle, qui sera fixé à quinze sous.

Articles de l'instruction décrétée le 31 mai 1790.

TITRE Ier.

Les experts seront nommés, l'un *par le particulier qui voudra acquérir,* l'autre par l'assemblée ou le directoire du district ; et le tiers-expert, en cas de partage, par le département et son directoire.

Toutes personnes pourront être admises aux fonctions d'experts ; il suffira qu'elles en aient été jugées capables, et choisies par les parties intéressées.

TITRE III.

Les adjudications définitives seront faites à la chaleur des enchères et à l'extinction des feux.

On entend par *feux,* en matière d'adjudication, de petites bougies qu'on allume pendant les enchères, et qui doivent durer chacune au moins un demi-quart-d'heure.

L'adjudication prononcée sur la dernière des enchères, faite avant l'extinction d'un feu, sera seulement provisoire, et ne sera définitive que lorsqu'un dernier feu aura été allumé, et se sera éteint sans que, pendant sa durée, il ait été fait aucune autre enchère.

Les départemens et districts sont spécialement chargés de veiller à ce que les acquéreurs, jusqu'à leur entier acquittement, jouissent en bons pères de famille, *des bois,* étangs ou usines qu'ils auraient acquis, et n'y causent aucune dégradation.

———

9 JUILLET = 8 AOUT 1790. — Décret concernant la suppression de diverses dépenses, traitemens et places dans les postes et messageries. (L. 1, 1166 ; B. 4, 53.)

L'Assemblée nationale, après avoir entendu le rapport de son comité des finances, a décrété ce qui suit:

Art. 1er. Le traitement de cent mille livres, attaché à l'intendance générale des postes, à cause de la distribution des dépenses secrètes des postes, précédemment existantes, est supprimé, ainsi que les trois cent mille livres de dépenses formant le salaire des personnes attachées au secret des postes.

2. L'Assemblée nationale supprime, à dater du 1er août 1790, tous les titres et traitemens des intendans des postes et des messageries, ceux de l'inspecteur général des postes, les gages des maîtres de courriers, ceux des offices de maîtres de postes, créés par l'édit de 1715, qui ne sont pas appliqués au paiement des services de malle, ainsi que les frais de comptes ;

Supprime également les titres et traitemens de la commission des postes et des messageries, ceux des officiers du conseil des postes, les dépenses relatives aux employés et bureaux de l'intendance, celles des indemnités et celles dites de la surintendance, ces diverses dépenses formant ensemble la somme de deux cent six mille livres ; renvoie au comité des pensions les parties de cette dépense qui y sont relatives, ainsi que les réclamations à l'occasion des suppressions résultant du décret.

———

9 = 11 JUILLET 1790. — Décret relatif au commandement des gardes nationales, à la place du Roi et de l'Assemblée nationale, et au serment du Roi, des gardes nationales et autres troupes, à la fédération. (L. 1, 1070 ; B. 4, 54.)

L'Assemblée nationale, après avoir entendu le rapport de son comité de constitution, a décrété et décrète ce qui suit :

Art. 1er. Le Roi sera prié de prendre le commandement des gardes nationales.

et des troupes envoyées à la fédération générale du 14 juillet, et de nommer les officiers qui exerceront ce commandement en son nom et sous ses ordres.

2. A la fédération du 14 juillet, le président de l'Assemblée nationale sera placé à la droite du Roi, et sans intermédiaire entre le Roi et lui.

Les députés seront placés immédiatement tant à la gauche du Roi qu'à la droite du président.

Le Roi sera prié de donner ses ordres pour que sa famille soit convenablement placée.

3. Après le serment qui sera prêté par les députés des gardes nationales et autres troupes du royaume, le président de l'Assemblée nationale répétera le serment prêté le 4 février dernier; après quoi les membres de l'Assemblée, debout et la main levée, prononceront ces mots : *Je le jure.*

4. Le serment que le Roi prononcera ensuite, sera conçu en ces termes: « Moi, Roi des Français, je jure à la nation d'employer tout le pouvoir qui m'est délégué par la loi constitutionelle de l'Etat, à maintenir la constitution décrétée par l'Assemblée nationale, et acceptée par moi, et à faire exécuter les lois. »

9 JUILLET 1790. — Décret relatif à la comparution à la barre des officiers municipaux de Schélestat. (B. 4, 39.)

— — — —

9 JUILLET 1790. — Décret portant suppression des offices des jurés-priseurs, créés par l'édit de 1771. (B. 4, 52.) *Voy.* 21 juillet 1790.

9 JUILLET 1790. — Baron. *Voy.* 23 JUIN 1790. — Commissaires du Roi. *Voy.* 8 JUILLET 1790. — Délits maritimes. *Voy.* 4 JUILLET 1790.

10 = 18 JUILLET 1790. (Procl.) — Décret concernant les biens des religionnaires fugitifs. (L. 1, 1080; B. 4, 55.)

Voy. loi du 9 = 15 DÉCEMBRE 1790.

Les biens des non-catholiques qui se trouvent encore aujourd'hui entre les mains des fermiers de la régie aux biens des religionnaires, seront rendus aux héritiers, successeurs ou ayans-droit desdits fugitifs, à la charge par eux d'en justifier, aux termes et selon les formes que l'Assemblée nationale aura décrétés, après avoir entendu à ce sujet l'avis de son comité des domaines.

10 JUILLET = 8 AOUT 1790. — Décret qui règle les difficultés élevées entre les administrateurs des départemens de Saône-et-Loire et de la Côte-d'Or, et les anciens élus de Bourgogne. (B. 4, 57.)

L'Assemblée nationale, sur le rapport qui lui a été fait par son comité des finances, des difficultés qui se sont élevées entre les administrateurs du département de Saône-et-Loire, ceux du département de la Côte-d'Or, d'une part, et les ci-devant élus généraux du duché de Bourgogne, d'autre part, au sujet de la suite des travaux publics, et notamment du parachèvement du canal de Charollois, et autres objets d'administration, a décrété et décrète ce qui suit :

Art. 1er. Conséquemment aux décrets concernant les administrations particulières des anciennes provinces, l'administration ci-devant confiée aux élus généraux du duché de Bourgogne, comté et pays adjacens, demeure entièrement révoquée, et il sera fait défense auxdits élus de s'immiscer, ni directement ni indirectement, dans aucune partie de ladite administration.

2. Les élus de Bourgogne rendront compte, sans délai, aux commissaires qui sont ou seront nommés par les départemens de la Côte-d'Or, de Saône-et-Loire et de l'Yonne : 1° de la position où se trouvent actuellement toutes les parties de leur administration; 2° de l'état actuel de tous les ouvrages publics dont ils étaient ordonnateurs; 3° de l'état des finances qu'ils ont reçues et employées auxdits ouvrages et généralement de tous les objets dont ils étaient responsables aux ci-devant Etats de Bourgogne, sans aucune exception.

3. Lesdits élus remettront aussi incessamment, et sans délai, aux commissaires des trois départemens, tous les rôles d'impositions, registres, plans, cartes, devis, mémoires, et généralement tous les titres et papiers dont ils sont dépositaires, notamment ceux concernant le canal du Charollois; ensemble tous les meubles et effets appartenant aux ci-devant Etats de Bourgogne; le tout sans aucune exception ni réserve.

4. Il sera enjoint à l'ingénieur en chef des ci-devant Etats-Généraux de Bourgogne, ainsi qu'à tous les employés sous ses ordres, et à tous adjudicataires d'ouvrages publics, ordonnés par lesdits ci-devant Etats-Généraux notamment ceux des ouvrages relatifs aux canaux et à la navigation des rivières de Bourgogne, de reconnaître l'autorité des nouveaux corps administratifs, et de leur obéir respectivement pour toutes les parties dont lesdites administrations particulières se trouvent actuellement chargées.

10 JUILLET 1790. — Arrêté pour renvoyer et recommander au Roi la réclamation de M. Demazière, au sujet de sa détention à Bruxelles. (B. 4, 55.)

10 JUILLET 1790. — Décret concernant le recouvrement des deniers publics, suspendu par les tentatives de gens mal intentionnés, notamment au lieu de l'Eglise-Neuve-de-Liard. (B. 4, 56.)

10 JUILLET 1790. — Décret concernant les prisonniers Avignonais détenus à Orange. (B.
4, 59.)

10 JUILLET 1790. — Impositions. *Voy.* 28 JUIN
1790. Pensions. *Voy.* 3 AOUT 1790.

11 JUILLET = 8 août 1790. (Procl.) — Décret
concernant l'administration des postes. (L. 1,
1159; B. 4, 61.)

L'Assemblée nationale a décrété et décrète
que son président se retirera par-devers le
Roi, pour le supplier de donner les ordres
nécessaires pour la continuation du service de
la poste aux lettres, de la poste aux chevaux
et des messageries.

11 JUILLET 1790. — Arrêt du Conseil-d'Etat du
Roi qui casse des délibérations prises par les
municipalités de Marsangy et Termancy, Angély et Buisson, concernant les droits de
champart, terrage et autres. (L. 1, 1065.)

Sur le compte rendu au Roi étant en
son conseil, de la délibération prise le 30
mai de la présente année, par la municipalité de Marsangy et Termancy, et d'une autre
délibération de la municipalité d'Angély et
Buisson, département de l'Yonne, district
d'Avallon, en date du 12 juin, Sa Majesté
y aurait vu que lesdites municipalités, assemblées en conseil général de communes, avaient
arrêté de faire aux propriétaires une sommation de leur exhiber sous quinzaine et déposer au greffe les titres en vertu desquels ils
prétendent percevoir les droits de cens, champart et autres droits seigneuriaux qu'ils sont
en possession de lever dans l'étendue desdites
paroisses, faute de quoi le paiement des
droits serait refusé; que cette prétention
était fondée de leur part sur l'article 29 du
titre II des lettres-patentes du 28 mars, par
lesquelles Sa Majesté a sanctionné le décret
de l'Assemblée nationale du 15 du même
mois; et que lesdites municipalités auraient
cru en cela remplir un devoir, se regardant
comme obligées de veiller à la conservation et
à l'affranchissement des biens de la commune
et de ceux des particuliers. Sa Majesté, considérant que ce n'est que par une fausse interprétation qu'on peut tirer de telles conséquences d'une loi dont les dispositions sont
claires, et qu'une lecture attentive devait
prévenir une erreur de ce genre, elle a cru
qu'il était nécessaire de rappeler le véritable
sens des décrets, et d'anéantir des actes qui
s'opposeraient à leur exécution.

Que, par son décret du 15 mars, sanctionné par sa Majesté, l'Assemblée nationale
a distingué les droits seigneuriaux supprimés
sans indemnité, de ceux qui sont rachetables;
que les premiers sont énoncés dans le titre
II, mais que néanmoins quelques-uns d'entre

eux peuvent donner lieu à une indemnité,
si leur exécution a pour origine une concession de fonds; que c'est par rapport à ceux-là
que l'art. 29 dudit titre II exige des ci-devant
seigneurs, à défaut du titre primitif, la représentation de deux reconnaissances, et la
possession d'au moins quarante ans; que cette
précaution était de justice, parce que si,
dans l'organisation du système féodal, les
droits de *fouage, bourgeoisie guet et garde,
banalité, banvin, corvées* et autres, étaient
le plus souvent le fruit de l'usurpation, il
avait pu se faire et il était en effet arrivé
quelquefois que, sous la même dénomination,
il avait été créé des droits formant le prix
d'une concession; que, par cette raison, ils
donneraient ouverture à une indemnité légitime; mais qu'en prenant pour règle ce qui
s'était pratiqué le plus généralement, la présomption naturelle était contre les ci-devant
seigneurs tant qu'ils ne rapporteraient pas
de titres capables de la détruire, et qu'ainsi
on leur avait imposé la nécessité de les
représenter, par rapport à ces sortes de droits
seulement, quand ils prétendraient à un remboursement quelconque;

Mais que le titre III du même décret est
consacré à fournir l'énumération des droits
seigneuriaux qui ne peuvent s'éteindre que
par le rachat et doivent être servis jusqu'au
remboursement effectif; que les termes de
l'art. 1er dudit titre III ne laissent point de
doute, en disant : « Seront *simplement ra-
« chetables,* et continueront *d'être payés,*
« jusqu'au rachat effectué, tous les droits et
« devoirs féodaux ou censuels utiles qui sont
« le prix et la condition d'une concession pri-
« mitive de fonds; » que l'art. 2 ajoute aussitôt : « *Et sont présumées telles, sauf la
« preuve contraire,* toutes les redevances
« seigneuriales annuelles, en argent, grains
« . . . . denrées ou fruits de la terre, servies
« sous la dénomination de cens, censives,
« surcens. . . . . . champart, terrage, etc.; »
qu'il résulte évidemment de cette disposition, que, loin d'avoir rien à prouver pour
conserver leurs possessions de cens, terrage,
champart, etc., jusqu'au rachat, c'est au
contraire à celui qui refuse le service du
droit à établir qu'il n'est pas la représentation de la concession primitive; qu'aussi, loin
d'avoir laissé aux assemblées administratives
la faculté de s'opposer, pour l'intérêt général, à la prestation des rentes en argent ou
en nature de fruits, l'art. 5 dit positivement : •
« Aucune municipalité, aucune administra-
« tion de district ou de département, ne
« pourront, à peine de nullité, de prise à
« partie et de dommages-intérêts, prohiber
« la perception d'aucun des droits seigneu-
« riaux dont le paiement sera réclamé, sous
« prétexte qu'il se trouverait implicitement
« ou explicitement supprimé, sauf aux par-

« ties intéressées à se pourvoir, par les voies
« de droit ordinaires, devant les juges qui
« en doivent connaître ; » que cette disposition suffisait pour tracer aux municipalités
de Marsangy et de Termancy, d'Angély et
Buisson, la route qu'elles devaient tenir, et
prévenir les délibérations qu'elles ont cru
devoir prendre;

Que cependant les plaintes ayant été portées au Roi et à l'Assemblée nationale, relativement à des refus faits, dans différens
cantons, de servir le champart, le terrage
et les dîmes, l'Assemblée nationale avait cru
devoir s'expliquer de nouveau sur ces différens objets, par son décret du 18 juin
dernier, sanctionné par les lettres-patentes
du 23 du même mois; que les articles 2 et 3
ordonnent positivement que « les redevables
« des champarts, terrages, arages, agriers,
« complans, et de toutes autres redevances
« payables en nature, qui n'ont pas été suppri-
« mées sans indemnité, seront tenus de les
« payer, la présente année et les suivantes,
« jusqu'au rachat, en la manière accoutu-
« mée, c'est-à-dire, en nature et à la quoti-
« té d'usage; . . . . . que nul ne pourra, sous
« prétexte de litige, refuser le paiement des
« droits énoncés dans l'art. 2 du titre III du
« décret du 15 mars, sauf à ceux qui se
« trouveront en contestations à les faire
« juger; que l'art. 5 fait défense à toutes per-
« sonnes d'apporter aucun trouble à la per-
« ception des champarts, soit par des écrits,
« par des discours, des menaces, voies de fait
« ou autrement, à peine d'être poursuivies
« comme perturbateurs du repos public;
« et charge les municipalités d'y veiller, sous
« les peines prononcées par le décret du 23
« février, sanctionné par les lettres-patentes
« du 26; »

Que si le sens et l'esprit des décrets eussent
été mieux connus et plus approfondis par
les municipalités de Marsangy et Termancy,
Angély et Buisson, tout porte à croire que,
voulant s'occuper du soin de les faire exécuter,
elles n'eussent pas pris des délibérations qui
y sont textuellement opposées, et qu'il est
conséquemment impossible de laisser subsister; et que Sa Majesté, toujours attentive à
maintenir l'exécution des lois et à protéger la
propriété, doit s'empresser de détruire une
erreur dangereuse, qui ne servirait qu'à
donner un nouvel aliment aux troubles que
les ennemis du bien public ne cessent de
fomenter. A quoi voulant pourvoir, ouï le
rapport, le Roi étant en son Conseil, a
cassé et annulé, casse et annule la délibération prise en conseil de commune par la
municipalité de Marsangy et Termancy, le
30 mai dernier, et celle prise par la municipalité d'Angély et Buisson, le 12 juin,
ainsi que tout ce qui aurait pu s'ensuivre;
fait défense auxdites municipalités et à toutes

autres d'en prendre à l'avenir de semblables. Ordonne que les articles 1, 2 et 5 du
décret de l'Assemblée nationale, du 15 mars
dernier, sanctionné par lettres-patentes du
28 du même mois, et les articles 2, 3 et 5
du décret du 18 juin, sanctionné par lettres-
patentes du 23 du même mois, seront exécutés suivant leur forme et teneur; en conséquence, que tous propriétaires et détenteurs
d'héritages seront tenus de continuer jusqu'au
rachat le service des rentes ci-devant seigneuriales qui se perçoivent et se paient sur les
héritages, soit en argent, soit en nature de
fruits, sous le nom de cens, censives, champarts, terrages, agriers, complans et autres
dénominations insérées dans l'article 2 du
titre III du décret de l'Assemblée nationale,
du 15 mars, sans pouvoir le refuser, sous
prétexte qu'aucuns desdits droits se trouveraient implicitement ou explicitement supprimés; sauf aux parties intéressées à se pourvoir, par les voies de droit ordinaire, devant
les juges qui en doivent connaître. Enjoint
aux assemblées administratives et aux municipalités, et notamment à celles des départemens de la Côte-d'Or, de l'Yonne et de la
Nièvre, d'y tenir la main. Ordonne que le
présent arrêt sera imprimé et affiché partout
où besoin sera; ordonne pareillement que, de
très-exprès commandement de Sa Majesté,
il sera signifié aux municipalités de Marsangy
et Termancy, Angély et Buisson, et transcrit
sur leurs registres, à la poursuite et diligence
du procureur-général-syndic du département
de l'Yonne, que Sa Majesté en charge expressément. Fait au Conseil-d'Etat du Roi,
Sa Majesté y étant, tenu à Paris, le 11 juillet
1790. Signé GUIGNARD.

11 JUILLET 1790.—Décret qui approuve la conduite des administrateurs du Gard dans l'affaire de Nîmes (B. 4, 60.)

11 JUILLET 1790. — Décision concernant la sanction des décrets relatifs aux évêchés et à la
constitution du clergé. (B. 4, 60.) Voy. 12
JUILLET 1790.

11 JUILLET 1790. — Proclamation du Roi concernant l'ordre à observer le jour de la fédération générale. (L. 1, 1061.)

11 JUILLET 1790. — Décret qui renvoie au comité féodal la contestation relative à un droit
de péage perçu dans la ville du Quesnoy, depuis le décret qui supprime les sortes de redevances. (B. 4, 60.) Voy. 13 JUILLET 1790.

11 JUILLET 1790. — Décret sur une difficulté
élevée entre un député et son suppléant pour
l'admission à l'Assemblée. (B. 4, 61.)

1.

16

11 JUILLET 1790. — Caisse d'escompte. *Voy.* 29 JUIN 1790. — Domaines nationaux. *Voy.* 25 JUIN 1790. — Fédération. *Voy.* 9 JUILLET 1790. — Marine marchande. *Voy.* 6 JUILLET 1790. — Postes. *Voy.* 9 JUILLET 1790. — Toul. *Voy.* 2 JUILLET 1790.

---

12 = 18 JUILLET 1790. (Procl.) — Décret portant que l'économe général continuera, pendant l'année 1790, la régie qui lui est confiée. (L. 1, 1076 ; B. 4, 89.)

L'Assemblée nationale, ouï le rapport de son comité ecclésiastique, décrète que l'économe-général continuera, pendant la présente année, la régie qui lui est confiée, et fera, durant le même temps, la perception des fermages et revenus échus et payables dans le courant de ladite année, à la charge d'en rendre compte.

---

12 JUILLET = 24 AOUT 1790. (Lett. Pat.) — Décret sur la constitution civile du clergé et la fixation de son traitement. (L. 1, 1314 ; B. 4, 68.)

Voy. la loi en forme d'instruction du 21 = 26 JANVIER 1791; lois du 3 VENTOSE an 3 ; du 7 VENDÉMIAIRE an 4 ; du 18 GERMINAL an 10. *Voy.* les notes sur les divers articles de la présente loi.

L'Assemblée nationale, après avoir entendu le rapport de son comité ecclésiastique, a décrété et décrète ce qui suit, comme articles constitutionnels.

TITRE 1er. Des offices ecclésiastiques

Art. 1er. Chaque département formera un seul diocèse, et chaque diocèse aura la même étendue et les mêmes limites que le département.

2. Les sièges des évêchés des quatre-vingt-trois départemens du royaume seront fixés, savoir :

Celui du département de la Seine-Inférieure, à Rouen ; du Calvados, à Bayeux ; de la Manche, à Coutances ; de l'Orne, à Séez ; de l'Eure, à Evreux ; de l'Oise, à Beauvais ; de la Somme, à Amiens ; du Pas-de-Calais, à Saint-Omer ; de la Marne, à Reims ; de la Meuse, à Verdun ; de la Meurthe, à Nancy ; de la Moselle, à Metz ; des Ardennes, à Sédan ; de l'Aisne, à Soissons ; du Nord, à Cambrai ; du Doubs, à Besançon ; du Haut-Rhin, à Colmar ; du Bas-Rhin, à Strasbourg ; des Vosges, à Saint-Diez ; de la Haute-Saône, à Vesoul ; de la Haute-Marne, à Langres ; de la Côte-d'Or, à Dijon ; du Jura, à Saint-Claude ; d'Ille-et-Vilaine, à Rennes ; des Côtes-du-Nord, à Saint-Brieux ; du Finistère, à Quimper ; du Morbihan, à Vannes ; de la Loire-Inférieure, à Nantes ; de Maine-et-Loire, à Angers ; de la Sarthe, au Mans ; de la Mayenne, à Laval ; de Paris, à Paris ; de Seine-et-Oise, à Versailles ; d'Eure-et-Loir, à Chartres ; du Loiret, à Orléans ; de l'Yonne, à Sens ; de l'Aube, à Troyes ; de Seine-et-Marne, à Meaux ; du Cher, à Bourges ; de Loir-et-Cher, à Blois ; d'Indre-et-Loire, à Tours ; de la Vienne, à Poitiers ; de l'Indre, à Châteauroux ; de la Creuse, à Guéret ; de l'Allier, à Moulins ; de la Nièvre, à Nevers ; de la Gironde, à Bordeaux ; de la Vendée, à Luçon ; de la Charente-Inférieure, à Saintes ; des Landes, à Dax ; de Lot-et-Garonne, à Agen ; de la Dordogne, à Périgueux ; de la Corrèze, à Tulle ; de la Haute-Vienne, à Limoges ; de la Charente, à Angoulême ; des Deux-Sèvres, à Saint-Maixent ; de la Haute-Garonne, à Toulouse ; du Gers, à Auch ; des Basses-Pyrénées, à Oléron ; des Hautes-Pyrénées, à Tarbes ; de l'Ariége, à Pamiers ; des Pyrénées-Orientales, à Perpignan ; de l'Aude, à Narbonne ; de l'Aveyron, à Rhodez ; du Lot, à Cahors ; du Tarn, à Alby ; des Bouches-du-Rhône, à Aix ; de Corse, à Bastia ; du Var, à Fréjus ; des Basses-Alpes, à Digne ; des Hautes-Alpes, à Embrun ; de la Drôme, à Valence ; de la Lozère, à Mende ; du Gard, à Nîmes ; de l'Hérault, à Béziers ; de Rhône-et-Loire, à Lyon ; du Puy-de-Dôme, à Clermont ; du Cantal, à Saint-Flour ; de la Haute-Loire, au Puy ; de l'Ardèche, à Viviers ; de l'Isère, à Grenoble ; de l'Ain, à Belley ; de Saône-et-Loire, à Autun.

Tous les autres évêchés existant dans les quatre-vingt-trois départemens du royaume, et qui ne sont pas nommément compris au présent article, sont et demeurent supprimés.

(1) Le royaume sera divisé en dix arrondissemens métropolitains, dont les sièges seront Rouen, Reims, Besançon, Rennes, Paris, Bourges, Bordeaux, Toulouse, Aix et Lyon. Les métropoles auront la dénomination suivante :

Celle de Rouen sera appelée métropole des côtes de la Manche ; celle de Reims, métropole du nord-est ; celle de Besançon, métropole de l'est ; celle de Rennes, métropole du nord-ouest ; celle de Paris, métropole de Paris ; celle de Bourges, métropole du centre ; celle de Bordeaux, métropole du sud-ouest ; celle de Toulouse, métropole du sud ; celle d'Aix, métropole des côtes de la Méditerranée ; celle de Lyon, métropole du sud-est.

3. L'arrondissement de la métropole des côtes de la Manche comprendra les évêchés des départemens de la Seine-Inférieure, du Calvados, de la Manche, de l'Orne, de l'Eure, de l'Oise, de la Somme, du Pas-de-Calais.

---

(1) La collection de Baudouin indique ici l'article 3 ; en sorte qu'il s'y trouve 26 articles au lieu de 25 comme dans la collection du Louvre.

L'arrondissement de la métropole du nord-est comprendra les évêchés des départemens de la Marne, de la Meuse, de la Meurthe, de la Moselle, des Ardennes, de l'Aisne, du Nord.

L'arrondissement de la métropole de l'est comprendra les évêchés des départemens du Doubs, du Haut-Rhin, du Bas-Rhin, des Vosges, de la Haute-Saône, de la Haute-Marne, de la Côte-d'Or, du Jura.

L'arrondissement de la métropole du nord-ouest comprendra les évêchés des départemens d'Ille-et-Vilaine, des Côtes-du-Nord, du Finistère, du Morbihan, de la Loire-Inférieure, de Maine-et-Loire, de la Sarthe, de la Mayenne.

L'arrondissement de la métropole de Paris comprendra les évêchés des départemens de Paris, de Seine-et-Oise, d'Eure-et-Loir, du Loiret, de l'Yonne, de l'Aube, de Seine-et-Marne.

L'arrondissement de la métropole du centre comprendra les évêchés des départemens du Cher, de Loir-et-Cher, d'Indre-et-Loire, de la Vienne, de l'Indre, de la Creuse, de l'Allier, de la Nièvre.

L'arrondissement de la métropole du sud-ouest comprendra les évêchés des départemens de la Gironde, de la Vendée, de la Charente-Inférieure, des Landes, de Lot-et-Garonne, de la Dordogne, de la Corrèze, de la Haute-Vienne, de la Charente, des Deux-Sèvres.

L'arrondissement de la métropole du sud comprendra les évêchés des départemens de la Haute-Garonne, du Gers, des Basses-Pyrénées, des Hautes-Pyrénées, de l'Ariége, des Pyrénées-Orientales, de l'Aude, de l'Aveyron, du Lot, du Tarn.

L'arrondissement de la métropole des côtes de la Méditerranée comprendra les évêchés des départemens des Bouches-du-Rhône, de la Corse, du Var, des Basses-Alpes, des Hautes-Alpes, de la Drôme, de la Lozère, du Gard et de l'Hérault.

L'arrondissement de la métropole du sud-est comprendra les évêchés des départemens de Rhône-et-Loire, du Puy-de-Dôme, du Cantal, de la Haute-Loire, de l'Ardèche, de l'Isère, de l'Ain, de Saône-et-Loire.

4. Il est défendu à toute église ou paroisse de France, et à tout citoyen français, de reconnaître en aucun cas et sous quelque prétexte que ce soit, l'autorité d'un évêque ordinaire ou métropolitain, dont le siège serait établi sous la dénomination d'une puissance étrangère, ni celle de ses délégués résidant en France ou ailleurs; le tout sans préjudice de l'unité de foi et de la communion qui sera entretenue avec le chef visible de l'église universelle, ainsi qu'il sera dit ci-après.

5. Lorsque l'évêque diocésain aura prononcé dans son synode sur des matières de sa compétence, il y aura lieu au recours au métropolitain, lequel prononcera dans le synode métropolitain.

6. Il sera procédé incessamment, et sur l'avis de l'évêque diocésain et de l'administration des districts, à une nouvelle formation et circonscription de toutes les paroisses du royaume; le nombre et l'étendue en seront déterminés d'après les règles qui vont être établies.

7. L'église cathédrale de chaque diocèse sera ramenée à son état primitif, d'être en même temps église paroissiale et église épiscopale, par la suppression des paroisses, et par le démembrement des habitations qu'il sera jugé convenable d'y réunir.

8. La paroisse épiscopale n'aura pas d'autre pasteur immédiat que l'évêque. Tous les prêtres qui y seront établis seront ses vicaires et en feront les fonctions.

9. Il y aura seize vicaires de l'église cathédrale dans les villes qui comprendront plus de dix mille ames, et douze seulement où la population sera au-dessous de dix mille ames.

10. Il sera conservé ou établi dans chaque diocèse un seul séminaire pour la préparation aux ordres, sans entendre rien préjuger, quant à présent, sur les autres maisons d'instruction et d'éducation.

11. Le séminaire sera établi, autant que faire se pourra, près de l'église cathédrale, et même dans l'enceinte des bâtimens destinés à l'habitation de l'évêque.

12. Pour la conduite et l'instruction des jeunes élèves reçus dans le séminaire, il y aura un vicaire supérieur et trois vicaires directeurs subordonnés à l'évêque.

13. Les vicaires supérieurs et vicaires directeurs sont tenus d'assister, avec les jeunes ecclésiastiques du séminaire à tous les offices de la paroisse cathédrale, et d'y faire toutes les fonctions dont l'évêque ou son premier vicaire jugera à propos de les charger.

14. Les vicaires des églises cathédrales, les vicaires supérieurs et vicaires directeurs du séminaire, formeront ensemble le conseil habituel et permanent de l'évêque, qui ne pourra faire aucun acte de juridiction, en ce qui concerne le gouvernement du diocèse et du séminaire, qu'après en avoir délibéré avec eux; pourra néanmoins l'évêque, dans le cours de ses visites, rendre seul telles ordonnances provisoires qu'il appartiendra.

15. Dans toutes les villes et bourgs qui ne comprendront pas plus de six mille ames, il n'y aura qu'une seule paroisse; les autres paroisses seront supprimées et réunies à l'église principale.

16. Dans les villes où il y a plus de six mille ames, chaque paroisse pourra comprendre un plus grand nombre de paroissiens, et il en sera conservé ou établi autant que les

16.

besoins des peuples et les localités le demanderont.

17. Les assemblées administratives, de concert avec l'évêque diocésain, désigneront à la prochaine législature les paroisses, annexes ou succursales des villes ou de campagne qu'il conviendra de réserver ou d'étendre, d'établir ou de supprimer; et ils en indiqueront les arrondissemens d'après ce que demanderont les besoins des peuples, la dignité du culte et les différentes localités.

18. Les assemblées administratives et l'évêque diocésain pourront même, après avoir arrêté entre eux la suppression et réunion d'une paroisse, convenir que, dans les lieux écartés ou qui, pendant une partie de l'année, ne communiqueraient que difficilement avec l'église paroissiale, il sera établi ou conservé une chapelle où le curé enverra, les jours de fête ou de dimanches, un vicaire pour y dire la messe et faire au peuple les instructions nécessaires.

19. La réunion qui pourra se faire d'une paroisse à une autre, emportera toujours la réunion des biens de la fabrique de l'église supprimée à la fabrique de l'église où se fera la réunion.

20. Tous titres et offices, autres que ceux mentionnés en la présente constitution, les dignités, canonicats, prébendes, demi-prébendes, chapelles, chapellenies, tant des églises cathédrales que des églises collégiales, et tous chapitres réguliers et séculiers de l'un et de l'autre sexe, les abbayes et prieurés en règle ou en commande, aussi de l'un et de l'autre sexe, et tous autres bénéfices et prestimonies généralement quelconques, de quelque nature et sous quelque dénomination que ce soit, sont, à compter du jour de la publication du présent décret, éteints et supprimés, sans qu'il puisse jamais en être établi de semblables.

21. Tous bénéfices en patronage laïque sont soumis à toutes les dispositions des décrets concernant les bénéfices de pleine collation ou de patronage ecclésiastique.

22. Sont pareillement compris auxdites dispositions tous titres et fondations de pleine collation laïcale, excepté les chapelles actuellement desservies, dans l'enceinte des maisons particulières, par un chapelain ou desservant à la seule disposition du propriétaire (1).

23. Le contenu dans les articles précédens aura lieu, nonobstant toutes clauses, même de réversion, apposées dans les actes de fondation.

24. Les fondations de messes et autres services, acquittés présentement dans les églises paroissiales par les curés et par les prêtres qui y sont attachés sans être pourvus de leurs places en titre perpétuel de bénéfice, continueront provisoirement à être acquittées et payées comme par le passé; sans néanmoins que, dans les églises où il est établi des sociétés de prêtres non pourvus en titre perpétuel de bénéfice, et connus sous les divers noms de filleuls aggrégés, familiers, communalistes, mépartistes, chapelains ou autres, ceux d'entre eux qui viendront à mourir ou à se retirer puissent être remplacés.

25. Les fondations faites pour subvenir à l'éducation des parens des fondateurs, continueront d'être exécutées conformément aux dispositions écrites dans les titres de fondation; et à l'égard de toutes autres fondations pieuses, les parties intéressées présenteront leurs mémoires aux assemblées de département, pour, sur leur avis et celui de l'évêque diocésain, être statué par le Corps-Législatif sur leur conservation ou leur remplacement.

TITRE II. Nomination aux bénéfices.

Art. 1er. A compter du jour de la publication du présent décret, on ne connaîtra qu'une seule manière de pourvoir aux évêchés et aux cures, c'est à savoir, la forme des élections.

2. Toutes les élections se feront par la voie du scrutin et à la pluralité absolue des suffrages.

3. L'élection des évêques se fera dans la forme prescrite et par le corps électoral indiqué, dans le décret du 22 décembre 1789, pour la nomination des membres de l'assemblée de département (2).

4. Sur la première nouvelle que le procureur-général-syndic du département recevra de la vacance du siége épiscopal, par mort, démission ou autrement, il en donnera avis aux procureurs-syndics des districts, à l'effet par eux de convoquer les électeurs qui auront procédé à la dernière nomination des membres de l'assemblée administrative; et en même temps, il indiquera le jour où devra se faire l'élection de l'évêque, lequel sera, au plus tard, le troisième dimanche après la lettre d'avis qu'il écrira.

5. Si la vacance du siége épiscopal arrivait dans les quatre derniers mois de l'année où doit se faire l'élection des membres de l'ad-

---

(1) Cet article, quoiqu'il dispose pour les chapelles particulières qui sont dans L'ENCEINTE des maisons particulières, lorsqu'elles sont desservies par des chapelains à la seule disposition du propriétaire, peut s'étendre aux chapelles qui sont dans la DÉPENDANCE des maisons particulières, notamment sur une place y attenant (6 mai 1829, Corse; S. 29, 2, 182; D., 29, 2, 221).

(2) Voy. la note sur l'article 15.

ministration du département, l'élection de l'évêque serait différée et renvoyée à la prochaine assemblée des électeurs.

6. L'élection de l'évêque ne pourra se faire ou être commencée qu'un jour de dimanche, dans l'église principale du chef-lieu du département, à l'issue de la messe paroissiale, à laquelle seront tenus d'assister tous les électeurs.

7. Pour être éligible à un évêché, il sera nécessaire d'avoir rempli, au moins pendant quinze ans, les fonctions du ministère ecclésiastique dans le diocèse, en qualité de curé, de desservant ou de vicaire, ou comme vicaire supérieur, ou comme vicaire directeur du séminaire.

8. Les évêques dont les siéges sont supprimés par le présent décret, pourront être élus aux évêchés actuellement vacans, ainsi qu'à ceux qui vaqueront par la suite, ou qui sont érigés en quelques départemens, encore qu'ils n'eussent pas quinze années d'exercice.

9. Les curés et autres ecclésiastiques qui, par l'effet de la nouvelle circonscription des diocèses, se trouveront dans un diocèse différent de celui où ils exerçaient leurs fonctions, seront réputés les avoir exercées dans leur nouveau diocèse, et ils y seront, en conséquence, éligibles, pourvu qu'ils aient d'ailleurs le temps d'exercice ci-devant exigé.

10. Pourront aussi être élus les curés actuels qui auraient dix années d'exercice dans une cure du diocèse, encore qu'ils n'eussent pas auparavant rempli les fonctions de vicaire.

11. Il en sera de même des curés dont les paroisses auraient été supprimées en vertu du présent décret, et il leur sera compté comme temps d'exercice celui qui se sera écoulé depuis la suppression de leur cure.

12. Les missionnaires, les vicaires-généraux des évêques, les ecclésiastiques desservant les hôpitaux, ou chargés de l'éducation publique, seront pareillement éligibles, lorsqu'ils auront rempli leurs fonctions pendant quinze ans, à compter de leur promotion au sacerdoce.

13. Seront pareillement éligibles tous dignitaires, chanoines, ou en général tous bénéficiers et titulaires qui étaient obligés à résidence, ou exerçaient des fonctions ecclésiastiques, et dont les bénéfices, titres, offices ou emplois se trouvent supprimés par le présent décret, lorsqu'ils auront quinze années d'exercice, comptées comme il est dit des curés dans l'article précédent.

14. La proclamation de l'élu se fera par le président de l'assemblée électorale, dans l'église où l'élection aura été faite, en présence du peuple et du clergé, et avant de commencer la messe solennelle qui sera célébrée à cet effet.

15. Le procès-verbal de l'élection et de la proclamation sera envoyé au Roi par le président de l'assemblée des électeurs, pour donner à Sa Majesté connaissance du choix qui aura été fait (1).

16. Au plus tard dans le mois qui suivra son élection, celui qui aura été élu à un évêché se présentera en personne à son évêque métropolitain; et s'il est élu pour le siège de la métropole, au plus ancien évêque de l'arrondissement, avec le procès-verbal d'élection et de proclamation, et il le suppliera de lui accorder la confirmation canonique.

17. Le métropolitain ou l'ancien évêque aura la faculté d'examiner l'élu, en présence de son conseil, sur sa doctrine et ses mœurs : s'il le juge capable, il lui donnera l'institution canonique; s'il croit devoir la lui refuser, les causes du refus seront données par écrit, signées du métropolitain et de son conseil, sauf aux parties intéressées à se pourvoir par voie d'appel comme d'abus, ainsi qu'il sera dit ci-après.

18. L'évêque à qui la confirmation sera demandée, ne pourra exiger de l'élu d'autre serment, sinon qu'il fait profession de la religion catholique, apostolique et romaine.

19. Le nouvel évêque ne pourra s'adresser au pape pour en obtenir aucune confirmation; mais il lui écrira comme au chef visible de l'église universelle, en témoignage de l'unité de foi et de la communion qu'il doit entretenir avec lui.

20. La consécration de l'évêque ne pourra se faire que dans son église cathédrale par son métropolitain, ou, à son défaut, par le plus ancien évêque de l'arrondissement de la métropole, assisté des évêques des deux diocèses les plus voisins, un jour de dimanche, pendant la messe paroissiale, en présence du peuple et du clergé.

21. Avant que la cérémonie de la consécration commence, l'élu prêtera, en présence des officiers municipaux, du peuple et du clergé, le serment solennel de veiller avec soin sur les fidèles du diocèse qui lui est confié, d'être fidèle à la nation, à la loi et au Roi, et de maintenir de tout son pouvoir la constitution décrétée par l'Assemblée nationale et acceptée par le Roi (2).

22. L'évêque aura la liberté de choisir les vicaires de son église cathédrale dans tout le clergé de son diocèse, à la charge par lui de ne pouvoir nommer que des prêtres qui auront exercé des fonctions ecclésiastiques au moins pendant dix ans. Il ne pourra les destituer que de l'avis de son conseil, et par une

---

(1) *Voy.* loi du 13 = 19 janvier 1791.   (2) *Voy.* la note sur l'art. 38.

délibération qui y aura été prise à la pluralité des voix, en connaissance de cause (1).

23. Les curés actuellement établis en aucunes églises cathédrales, ainsi que ceux des paroisses qui seront supprimées pour être réunies à l'église cathédrale et en former le territoire, seront de plein droit, s'ils le demandent, les premiers vicaires de l'évêque, chacun suivant l'ordre de leur ancienneté dans les fonctions pastorales.

24. Les vicaires supérieurs et vicaires directeurs du séminaire seront nommés par l'évêque et son conseil, et ne pourront être destitués que de la même manière que les vicaires de l'église cathédrale.

25. L'élection des curés se fera dans la forme prescrite, et par les électeurs indiqués dans le décret du 22 décembre 1789, pour la nomination des membres de l'assemblée administrative du district.

26. L'assemblée des électeurs, pour la nomination aux cures, se formera tous les ans à l'époque de la formation des assemblées de district, quand même il n'y aurait qu'une seule cure vacante dans le district ; à l'effet de quoi les municipalités seront tenues de donner avis au procureur-syndic du district de toutes les vacances de cures qui arriveront dans leur arrondissement, par mort, démission ou autrement.

27. En convoquant l'assemblée des électeurs, le procureur-syndic enverra à chaque municipalité la liste de toutes les cures auxquelles il faudra nommer.

28. L'élection des curés se fera par scrutins séparés pour chaque cure vacante.

29. Chaque électeur, avant de mettre son bulletin dans le vase du scrutin, fera serment de ne nommer que celui qu'il aura choisi, en son âme et conscience, comme le plus digne, sans y avoir été déterminé par dons, promesses, sollicitations ou menaces. Ce serment sera prêté pour l'élection des évêques comme pour celle des curés.

30. L'élection des curés ne pourra se faire ou être commencée qu'un jour de dimanche, dans la principale église du chef-lieu de district, à l'issue de la messe paroissiale, à laquelle tous les électeurs seront tenus d'assister.

31. La proclamation des élus sera faite par le président du corps électoral dans l'église principale, avant la messe solennelle qui sera célébrée à cet effet, et en présence du peuple et du clergé.

32. Pour être éligible à une cure, il sera nécessaire d'avoir rempli les fonctions de vicaire dans une paroisse ou dans un hôpital ou autre maison de charité du diocèse, au moins pendant cinq ans.

33. Les curés dont les paroisses ont été supprimées en exécution du présent décret, pourront être élus, encore qu'ils n'eussent pas cinq années d'exercice dans le diocèse.

34. Seront pareillement éligibles aux cures tous ceux qui ont été ci-dessus déclarés éligibles aux évêchés, pourvu qu'ils aient aussi cinq années d'exercice.

35. Celui qui aura été proclamé élu à une cure, se présentera en personne à l'évêque, avec le procès-verbal de son élection et proclamation, à l'effet d'obtenir de lui l'institution canonique.

36. L'évêque aura la faculté d'examiner l'élu, en présence de son conseil, sur sa doctrine et ses mœurs ; s'il le juge capable, il lui donnera l'institution canonique ; s'il croit devoir la lui refuser, les causes du refus seront données par écrit, signées de l'évêque et de son conseil, sauf aux parties le recours à la puissance civile, ainsi qu'il sera dit ci-après.

37. En examinant l'élu qui lui demandera l'institution canonique, l'évêque ne pourra exiger de lui d'autre serment, sinon qu'il fait profession de la religion catholique, apostolique et romaine.

38. Les curés élus et institués prêteront le même serment que les évêques dans leur église, un jour de dimanche, avant la messe paroissiale, en présence des officiers municipaux du lieu, du peuple et du clergé. Jusque-là, ils ne pourront faire aucune fonction curiale (2).

39. Il y aura, tant dans l'église cathédrale que dans chaque église paroissiale, un registre particulier sur lequel le secrétaire-greffier de la municipalité du lieu écrira, sans frais, le procès-verbal de la prestation de serment de l'évêque ou du curé, et il n'y aura pas d'autre acte de prise de possession que ce procès-verbal.

40. Les évêchés et les cures seront réputés vacans jusqu'à ce que les élus aient prêté le serment ci-dessus mentionné.

41. Pendant la vacance du siége épiscopal, le premier, et à son défaut, le second vicaire de l'église cathédrale, remplacera l'évêque, tant pour ses fonctions curiales que pour les actes de juridiction qui n'exigent pas le carac-

---

(1) Voy. loi du 10 = 20 mars 1791.

(2) Voy. lois du 18 = 23 octobre 1790 ; des 14 et 15 24 novembre 1790 ; du 27 novembre = 26 décembre 1790 ; du 4 = 9 janvier 1791 ; du 27 = 30 janvier 1791 ; du 25 janvier = 4 février

1791 ; du 5 février = 27 mars 1791 ; du 18 mars 1791 ; du 7 = 13 mai 1791 ; du 26 août 1790. Cette dernière loi prononçait les peines du bannissement et de la déportation. Voy. la suite des lois pénales, en cette matière, dans les notes sur la loi du 26 août 1792.

tère épiscopal ; mais en tout, il sera tenu de se conduire par les avis du conseil.

42. Pendant la vacance d'une cure, l'administration de la paroisse sera confiée au premier vicaire, sauf à y établir un vicaire de plus, si la municipalité le requiert ; et dans le cas où il n'y aurait pas de vicaire dans la paroisse, il y sera établi un desservant par l'évêque.

43. Chaque curé aura le droit de choisir ses vicaires ; mais il ne pourra fixer son choix que sur des prêtres ordonnés ou admis pour le diocèse par l'évêque.

44. Aucun curé ne pourra révoquer ses vicaires que pour des causes légitimes, jugées telles par l'évêque et son conseil.

TITRE III. Du traitement des ministres de la religion (1).

Art. 1er. Les ministres de la religion exerçant les premières et les plus importantes fonctions de la société, et obligés de résider continuellement dans le lieu du service auquel la confiance des peuples les a appelés, seront défrayés par la nation.

2. Il sera fourni à chaque évêque, à chaque curé et aux desservans des annexes et succursales, un logement convenable, à la charge par eux d'y faire toutes les réparations locatives, sans entendre rien innover, quant à présent, à l'égard des paroisses où le logement des curés est fourni en argent, et sauf aux départemens à prendre connaissance des demandes qui seront formées par les paroisses et par les curés ; il leur sera, en outre, assigné à tous le traitement qui va être réglé.

3. Le traitement des évêques sera, savoir : pour l'évêque de Paris, de cinquante mille livres ; pour les évêques des villes dont la population est de cinquante mille ames et au-dessus, de vingt mille livres ; pour les autres évêques, de douze mille livres.

4. Le traitement des vicaires des églises cathédrales sera, savoir : à Paris, pour le premier vicaire, de six mille livres ; pour le second, de quatre mille livres ; pour tous les autres vicaires, de trois mille livres.

Dans les villes dont la population est de cinquante mille ames et au-dessus : pour le premier vicaire, de quatre mille livres ; pour le second, de trois mille livres ; pour tous les autres, de deux mille quatre cents livres.

Dans les villes dont la population est de moins de cinquante mille ames : pour le premier vicaire, de trois mille livres ; pour le second, de deux mille quatre cents livres ; pour tous les autres, de deux mille livres.

5. Le traitement des curés sera, savoir : à Paris, de six mille livres.

Dans les villes dont la population est de cinquante mille ames et au-dessus, de quatre mille livres.

Dans celles dont la population est de moins de cinquante mille ames, et de plus de dix mille ames, de trois mille livres.

Dans les villes et bourgs dont la population est au-dessous de dix mille ames, et au-dessus de trois mille ames, de deux mille quatre cents livres.

Dans toutes les autres villes et bourgs et dans les villages, lorsque la paroisse offrira une population de trois mille ames et au-dessous, jusqu'à deux mille cinq cents, de deux mille livres ; lorsqu'elle en offrira une de deux mille cinq cents ames jusqu'à deux mille, de dix-huit cents livres ; lorsqu'elle en offrira une de moins de deux mille et de plus de mille, de quinze cents livres ; et lorsqu'elle en offrira une de mille ames et au-dessous, de douze cents livres.

6. Le traitement des vicaires sera, savoir : à Paris, pour le premier vicaire, de deux mille quatre cents livres ; pour le second, de quinze cents livres ; pour tous les autres, de mille livres.

Dans les villes dont la population est de cinquante mille ames et au-dessus, pour le premier vicaire, de douze cents livres ; pour le second, de mille livres, et pour tous les autres, de huit cents livres.

Dans toutes les autres villes et bourgs où la population sera de plus de trois mille ames, de huit cents livres pour les deux premiers vicaires, et de sept cents livres pour tous les autres.

Dans toutes les autres paroisses de ville et de campagne, de sept cents livres pour chaque vicaire.

7. Le traitement *en argent* des ministres de la religion leur sera payé d'avance, de trois mois en trois mois, par le trésorier du district, à peine par lui d'y être contraint par corps sur une simple sommation ; et dans le cas où l'évêque, curé ou vicaire, viendrait à mourir ou à donner sa démission avant la fin du dernier quartier, il ne pourra être exercé contre lui, ni contre ses héritiers, aucune répétition.

8. Pendant la vacance des évêchés, des cures et de tous offices ecclésiastiques payés par la nation, les fruits du traitement qui y est attaché seront versés dans la caisse du district, pour subvenir aux dépenses dont il va être parlé.

9. Les curés qui, à cause de leur grand âge ou de leurs infirmités, ne pourraient plus vaquer à leurs fonctions, en donneront avis au directoire du département, qui, sur les

(1) *Voy.* lois du 24 juillet = 24 août 1790 ; du 3 = 24 août 1790 ; des 6 et 11 = 24 août 1790 ; du 10 = 15 décembre 1790 ; du 12 avril = 15 mai 1791 ; du 19 juillet 1793.

instructions de la municipalité et de l'administration du district, laissera à leur choix, s'il y a lieu, ou de prendre un vicaire de plus, lequel sera payé par la nation sur le même pied que les autres vicaires, ou de se retirer avec une pension égale au traitement qui aurait été fourni au vicaire.

10. Pourront aussi les vicaires, aumôniers des hôpitaux, supérieurs des séminaires, et autres exerçant des fonctions publiques, en faisant constater leur état de la manière qui vient d'être prescrite, se retirer avec une pension de la valeur du traitement dont ils jouissent, pourvu qu'il n'excède pas la somme de huit cents livres.

11. La fixation qui vient d'être faite du traitement des ministres de la religion, aura lieu à compter du jour de la publication du présent décret, mais seulement pour ceux qui seront pourvus, par la suite, d'offices ecclésiastiques. A l'égard des titulaires actuels, soit ceux dont les offices ou emplois sont supprimés, soit ceux dont les titres sont conservés, leur traitement sera fixé par un décret particulier.

12. Au moyen du traitement qui leur est assuré par la présente constitution, les évêques, les curés et leurs vicaires exerceront gratuitement les fonctions épiscopales et curiales.

TITRE IV. De la loi de la résidence.

Art. 1er. La loi de la résidence sera religieusement observée, et tous ceux qui seront revêtus d'un office ou emploi ecclésiastique y seront soumis sans aucune exception ni distinction.

2. Aucun évêque ne pourra s'absenter chaque année pendant plus de quinze jours consécutifs hors de son diocèse, que dans le cas d'une véritable nécessité, et avec l'agrément du directoire de département dans lequel son siège sera établi.

3. Ne pourront pareillement les curés et les vicaires s'absenter du lieu de leurs fonctions au-delà du terme qui vient d'être fixé, que pour des raisons graves; et même en ce cas, seront tenus les curés d'obtenir l'agrément, tant de leur évêque, que du directoire de leur district; les vicaires, la permission de leurs curés.

4. Si un évêque ou un curé s'écartait de la loi de la résidence, la municipalité du lieu en donnerait avis au procureur-général-syndic du département, qui l'avertirait par écrit de rentrer dans son devoir, et, après la seconde monition, le poursuivrait pour le faire déclarer déchu de son traitement pour tout le temps de son absence.

5. Les évêques, les curés et les vicaires ne pourront accepter de charges, d'emplois ou de commissions qui les obligeraient de s'éloigner de leurs diocèses ou de leurs paroisses,

ou qui les enlèveraient aux fonctions de leur ministère; et ceux qui en sont actuellement pourvus, seront tenus de faire leur option dans le délai de trois mois, à compter de la notification qui leur sera faite du présent décret par le procureur-général-syndic de leur département; sinon, et après l'expiration de ce délai, leur office sera réputé vacant, et il leur sera donné un successeur en la forme ci-dessus prescrite.

6. Les évêques, les curés et les vicaires pourront, comme citoyens actifs, assister aux assemblées primaires et électorales, y être nommés électeurs, députés aux législatures, élus membres du conseil général de la commune et du conseil des administrations des districts et des départemens; mais leurs fonctions sont déclarées incompatibles avec celles de maire et autres officiers municipaux, et de membres des directoires de district et de département; et s'ils étaient nommés, ils seraient tenus de faire leur option.

7. L'incompatibilité mentionnée dans l'article 6 n'aura effet que pour l'avenir; et si aucuns évêques, curés ou vicaires ont été appelés par les vœux de leurs concitoyens aux offices de maire et autres municipaux, ou nommés membres des directoires de district et de département, ils pourront continuer d'en exercer les fonctions.

12 = 16 JUILLET 1790. — Décret portant que la division du département de l'Eure, en six districts, est définitive. (B. 4, 62.)

12 JUILLET 1790. — Décret relatif au compte rendu par M. Barbé Saint-Marbois, de son administration des finances de St.-Domingue. (B. 4, 62.)

13 = 16 et 18 JUILLET 1790. (Lett.-Pat.) — Décret contre les infracteurs du décret du 18 juin concernant les dîmes, champarts et autres droits fonciers. (L. 1, 1083; B. 4, 94.)

Voy. loi du 18 = 23 JUIN 1790.

L'Assemblée nationale, après avoir entendu le rapport de ce qui s'est passé dans le département de Seine-et-Marne, notamment dans les paroisses de la Chapelle-la-Reine, Achères, Ury et Chevry-sous-le-Bignon, improuvant et déclarant criminels toute résistance à la loi et tout attentat contre l'ordre public, a décrété et décrète :

Qu'il sera informé par les tribunaux ordinaires contre les infracteurs du décret du 18 juin, concernant le paiement des dîmes, des champarts et autres droits fonciers, ci-devant seigneuriaux, et leur procès sera fait et parfait, sauf l'appel; qu'il sera même informé contre les officiers municipaux qui auraient négligé à cet égard les fonctions qui leur sont confiées, sauf à statuer à l'égard desdits officiers municipaux ce qu'il appartiendra, réservant aux débiteurs, lorsqu'ils auront effectué les paiemens accoutumés, à se pourvoir, en cas de contestation, devant les tribunaux, conformément audit décret du 18 juin, pour y faire juger la légitimité de leurs réclamations contre la perception; et que son président se retirera par devers le Roi pour le supplier de mettre des troupes réglées à portée de seconder les gardes nationales, sur la réquisition des municipalités ou des directoires de département et de district, pour le rétablissement de l'ordre, dans les lieux où il aurait été troublé.

Et sera le présent décret lu, publié et affiché dans toutes les paroisses sujettes auxdits droits.

―――――

13 JUILLET 1790. — Décret qui autorise la continuation de la perception du droit de péage établi dans la ville du Quesnoy. (B. 4, 92.)

Sur un rapport fait au nom de ses comités réunis de féodalité et de commerce, concernant le péage de M. de Croï au Quesnoy, près de Lille, l'Assemblée a prononcé le décret suivant : L'Assemblée nationale, après avoir entendu ses comités de féodalité et de commerce réunis, sur les réclamations qui lui ont été adressées, contre la perception que le ci-devant seigneur du Quesnoy, près de Lille, continue de faire d'un péage et pontonnage sur la rivière de Deule, a décrété et décrète:

1° Que l'arrêt du conseil du 28 septembre 1788, portant extension dudit péage et pontonnage, est et demeure comme non avenu;

2° Que provisoirement et jusqu'à ce que, sur l'avis de l'assemblée du département du Nord ou de son directoire, il ait été statué définitivement à cet égard par le Corps-Législatif, le ci-devant seigneur du Quesnoy peut continuer la perception des droits énoncés dans l'arrêt du conseil du 16 octobre 1734, en se conformant à l'article 16 du titre II du décret du 15 mars dernier, et à la charge de restitution, s'il y a lieu.

―――――

13 = 22 JUILLET 1790. (Lett.-Pat.) — Décret sur le mode de constater la situation des recouvremens des impositions des exercices de 1788, 1789 et 1790, d'accélérer la perception et la rentrée des sommes arriérées, et sur la mise à exécution des rôles de la contribution patriotique. (L. 1, 1090; B. 4, 90.)

L'Assemblée nationale, après avoir entendu son comité des finances, profondément pénétrée des avantages d'un ordre constant et invariable dans le recouvrement des impositions; occupée sans cesse des moyens de faire disparaître l'effet des circonstances qui ont précédé l'établissement des nouvelles assemblées administratives, et mettant la plus juste confiance dans leur empressement et leur zèle à seconder ses vues à cet égard, et à se conformer aux ordres donnés par le pouvoir exécutif, pour que ses décrets soient exécutés avec la fidélité et la soumission que leur doivent les contribuables, a décrété et décrète ce qui suit :

Art. 1er. Les directoires des départemens chargeront, sans délai, les directoires de district de se transporter chez les receveurs particuliers des impositions, et de se faire représenter sans déplacement, par lesdits receveurs, les registres de leur recouvrement, d'en constater le montant pour la présente année 1790 et pour les années 1788 et 1789, afin d'établir la situation des collecteurs et de chaque municipalité du district, pour chacune desdites années, vis-à-vis des receveurs. Ils se feront pareillement représenter les quittances d'à-compte ou les quittances finales données auxdits receveurs, sur lesdits exercices de 1788, 1789 et 1790, par les receveurs ou trésoriers généraux, pour que les débets des receveurs particuliers, s'il en existe, vis-à-vis des receveurs ou trésoriers généraux, deviennent également constans.

2. Ils dresseront un procès-verbal sommaire de leur vérification; ils l'enverront, avec leur avis, au directoire du département, qui en rendra compte, sans délai, à l'Assemblée nationale et au ministre des finances.

3. Si, par l'examen des registres, il se trouve des collecteurs et des municipalités qui n'aient pas soldé l'année 1788, qui soient arriérés sur l'année 1789, et qui ne soient pas en règle pour le recouvrement à faire en la présente année 1790, ils prescriront aux receveurs particuliers d'avertir, sans délai, les collecteurs et les municipalités en retard, pour que, quinzaine après ledit avertissement, les receveurs particuliers présentent au directoire les contraintes nécessaires à viser, et qu'il n'y ait plus de prétextes à la négligence ou au désordre, qui deviendraient inexcusables.

4. Les directoires de district se feront représenter à l'avenir, tous les quinze jours, l'état du recouvrement fait pendant la quinzaine, certifié par les receveurs particuliers; ils l'enverront exactement au directoire de département, avec leur avis sur les causes qui ont pu influer sur l'accélération ou le retard du recouvrement. Les directoires des départemens feront former pareillement à la fin de chaque mois, l'état général certifié d'eux, du recouvrement de leur département, et l'enverront au ministre des finances avec leurs observations, afin qu'il puisse, de son côté, mettre l'Assemblée nationale ou les législatures suivantes à portée de juger à chaque instant de la situation du recouvrement des impositions, et des causes qui auraient pu en accélérer ou retarder les progrès.

5. L'Assemblée nationale autorise les directoires de district à rendre exécutoires les rôles de contribution patriotique; et déclare que la vérification des recouvremens sera faite de la même manière que celle ci-dessus ordonnée pour les tailles et impositions.

---

13 JUILLET 1790. — Décret concernant la remise à faire au comité des pensions, de l'état des reprises du trésor royal. (B. 4, 89.)

---

13 = 17 JUILLET 1790. — Décret pour assurer la perception des droits d'aides, octrois et barrières établis aux entrées de la ville de Lyon. (L. 1, 1074; B. 4, 93.)

---

13 JUILLET 1790. — Décret qui vote des remercîmens aux gardes nationales de France et aux troupes de terre présentées à l'Assemblée pour l'appui qu'elles ont prêté à la constitution et au bon ordre, et pour leur patriotisme. (B. 4, 94 et 96.)

---

13 JUILLET 1790. — Proclamation du Roi concernant la revue des gardes nationales. (L. 1, 1072.)

---

13 JUILLET 1790. — Compétence des juges-de-paix. *Voy.* 16 = 24 AOUT 1790.

---

14 JUILLET 1790. — Formules de sermens prêtés à la fédération par le Roi, le président de l'Assemblée, et par M. de La Fayette, au nom des fédérés. (B. 4, 96 et 97.)

Serment du Roi à la fédération nationale.

« Moi, roi des Français, je jure d'employer tout le pouvoir qui m'est délégué par la loi constitutionnelle de l'Etat, à maintenir la constitution décrétée par l'Assemblée nationale, et acceptée par moi, et à faire exécuter les lois. »

Serment du président de l'Assemblée nationale et des représentans de la nation.

« Je jure d'être fidèle à la nation, à la loi et au Roi, et de maintenir de tout mon pouvoir la constitution décrétée par l'Assemblée nationale, et acceptée par le Roi. »

Serment prononcé par M. de La Fayette, au nom des fédérés de toute la France.

« Nous jurons d'être à jamais fidèles à la nation, à la loi et au Roi;

« De maintenir de tout notre pouvoir la constitution décrétée par l'Assemblée nationale, et acceptée par le Roi;

« De protéger, conformément aux lois, la sûreté des personnes et des propriétés;

« La circulation des grains et subsistances dans l'intérieur du royaume;

« La perception des contributions publiques, sous quelques formes qu'elles existent;

« De demeurer unis à tous les Français par les liens indissolubles de la fraternité. »

---

15 JUILLET 1790. — Décret qui ordonne que le drapeau porté par l'armée française à la fédération, demeurera suspendu à la voûte de la salle des séances de l'Assemblée nationale. (B. 4, 97.)

---

16 = 26 JUILLET 1790. (Lett.-Pat.) — Décret relatif à l'aliénation aux municipalités de quatre cents millions de domaines nationaux. (L. 1, 1126; B. 4, 98.)

L'Assemblée nationale, après avoir entendu son comité chargé de l'aliénation des domaines nationaux, voulant accélérer l'exécution de la vente ordonnée par ses décrets des 17 mars et 14 mai de la présente année, en faveur des municipalités, jusqu'à la concurrence de quatre cents millions, hâter le remboursement des assignats-monnaies, et assurer leur hypothèque par la désignation spéciale des objets sur lesquels elle doit porter, a décrété et décrète ce qui suit :

Art. 1er. Le comité chargé de l'aliénation des domaines nationaux, procédera, sans délai, dans les formes prescrites par le décret du 14 mai dernier et l'instruction du 31 du même mois, à la vente aux municipalités, de ceux de ces biens pour lesquels elles ont fait des soumissions, avec désignation spéciale, conformément au modèle annexé à l'instruction ci-dessus mentionnée.

2. Celles des municipalités qui ayant adressé des demandes, soit à l'Assemblée nationale, soit à son comité, n'ont pas rempli les conditions exigées, seront tenues de faire parvenir au comité une nouvelle soumission dans les formes prescrites, et ce avant le 15 septembre prochain, après lequel jour elles ne pourront plus concourir à l'acquisition des domaines nationaux que comme les acquéreurs particuliers, et conformément aux dispositions de l'article 15 du décret des 25, 26, 29 juin et 9 juillet.

3. Les municipalités qui n'ont point encore formé de demandes seront reçues à faire des soumissions dans les mêmes formes et dans le même délai.

4. Le comité rendra compte à l'Assemblée nationale, avant le 1er octobre prochain, des soumissions qu'il aura reçues, pour être statué définitivement par elle sur l'exécution complète de l'aliénation aux municipalités.

---

16 JUILLET 1790. — Décret pour qu'il soit statué par l'Assemblée nationale sur la procédure dirigée contre M. de Toulouse Lautrec, dans la ville de Toulouse. (B. 4, 100.)

6 JUILLET 1790. — Eure. *Voy.* 12 JUILLET 1790.

.7 = 23 JUILLET 1790. (Procl.) — Décret qui attribue aux directoires de district la fixation de la somme à allouer aux députés à la fédération. (L. 1, 1097; B. 4, 102.)

L'Assemblée nationale a décrété que les directoires de district fixeraient la somme à attribuer aux députés à la fédération, dans les districts où elle n'a pas été réglée; et qu'en cas de difficultés, elles seraient référées au directoire du département, qui les jugerait.

17 JUILLET = 8 AOUT 1790. (Procl.) — Décret relatif aux créances arriérées et aux fonctions du comité de liquidation. (L. 1, 1155; B. 4, 106.)

L'Assemblée nationale, après avoir entendu le rapport de son comité de liquidation, sur la nécessité de fixer d'une manière précise les pouvoirs de ce comité, et déterminer les fonctions qui lui sont attribuées, a décrété et décrète ce qui suit:

Art. 1er. L'Assemblée nationale décrète comme principe constitutionnel, que nulle créance sur le trésor public ne peut être admise parmi les dettes de l'État, qu'en vertu d'un décret de l'Assemblée nationale, sanctionné par le Roi.

2. En exécution du décret du 22 janvier, et de la décision du 15 février dernier, aucunes créances arriérées ne seront présentées à l'Assemblée nationale, pour être définitivement reconnues ou rejetées, qu'après avoir été soumises à l'examen du comité de liquidation, dont les délibérations ne pourront être prises que par les deux tiers au moins des membres de ce comité; et lorsque le rapport du comité devra être fait à l'Assemblée, il sera imprimé et distribué huitaine avant d'être mis à l'ordre du jour.

Néanmoins, les vérifications et apuremens des comptes dont les chambres des comptes ou autres tribunaux peuvent être saisis actuellement, continueront provisoirement et jusqu'à la nouvelle organisation des tribunaux, et l'établissement de règles fixes sur la comptabilité, à s'effectuer comme ci-devant, suivant les formes ordinaires.

3. Une créance qui aura été rejetée, dans les formes légalement autorisées jusqu'ici, par les ordonnateurs, ministres du Roi, chambres des comptes, ou autres tribunaux, ne pourra être présentée au comité de liquidation.

4. Le garde des sceaux sera tenu de donner au comité de liquidation connaissance et état exact de toutes les instances actuelles, concernant la vérification, apurement et liquidation des créances sur le trésor public, à quelque titre que ce puisse être.

5. La chambre des comptes fera pareillement remettre audit comité un tableau de toutes les parties de comptabilité dont la vérification et apurement sont actuellement à l'examen de ce tribunal.

6. Tous tribunaux, administrateurs, ordonnateurs et autres personnes publiques, seront tenus de fournir les documens et instructions qui leur seront demandés par le comité.

7. Tous les créanciers qui prétendent être employés dans l'état de la dette arriérée, seront tenus de se faire connaître dans les délais suivans, savoir: à dater de la publication du présent décret, deux mois pour les personnes domiciliées en France;

Un an pour les personnes qui habitent dans les colonies en-deçà du cap de Bonne-Espérance;

Et trois années pour les personnes qui habitent au-delà.

Tous ceux qui, dans ces délais, n'auraient pas justifié au comité de liquidation, soit de leurs titres dûment vérifiés, soit de l'action qu'ils auraient dirigée devant les tribunaux qui en doivent connaître pour en obtenir la vérification, seront déchus de plein droit de leurs répétitions sur le trésor public.

8. L'objet du travail du comité de liquidation sera l'examen et la liquidation de toute créance et demande sur le trésor public, qui sera susceptible de contestation ou difficulté.

9. Le comité de liquidation présentera à l'Assemblée nationale ses observations sur la nature de toutes les créances arriérées, sur lesquelles l'Assemblée nationale aura à prononcer. Il vérifiera particulièrement si les créances arriérées, comprises dans les états certifiés véritables, qui doivent lui être remis en exécution de l'article 7 du décret du 22 janvier, ont été dûment vérifiées, ou jugées et apurées dans les formes prescrites par les réglemens et ordonnances.

10. Le comité sera tenu de se procurer tous les renseignemens nécessaires sur les créances que le trésor public a droit d'exercer contre différens particuliers, et d'en faire le rapport au Corps-Législatif.

11. Il sera tenu registre de toutes les décisions qui auront été portées sur l'admission, rejet ou réduction des diverses portions de la dette arriérée, afin que, dans aucun temps et sous aucun prétexte, les porteurs de titres rejetés ou réduits ne puissent renouveler leurs prétentions.

12. Conformément à l'article 9 du décret du 9 janvier dernier, les délibérations du comité sur l'admission, rejet ou réduction des diverses parties de la dette arriérée, ne seront que provisoires, aucune portion de créance présentée au comité de liquidation, ne pouvant être placée sur le tableau de la

dette liquidée, qu'après avoir été soumise au jugement de l'Assemblée nationale et à la sanction du Roi.

17 = 18 JUILLET 1790. — Décret pour l'exécution de celui du 13 de ce mois, concernant la perception des droits établis aux entrées de la ville de Lyon. (L. 1, 1077 ; B. 4, 103.)

17 JUILLET 1790. — Décret qui fixe le délai pour l'envoi des députations des municipalités, des cantons et des districts à l'Assemblée nationale. (B. 4, 102.)

17 = 23 JUILLET 1790. — Décret qui autorise l'administration du département de la Dordogne à prononcer sur l'union des trois municipalités de Riberac, Saint-Martin et Saint-Martial. (B. 4, 105.)

17 JUILLET 1790. — Décret qui nomme un comité chargé d'examiner l'affaire des prisonniers d'Avignon, et la pétition générale de cette ville pour être réunie à la France. (B. 4, 110.)

17 JUILLET 1790. — Décret qui renvoie au comité des rapports le mémoire et les pièces justificatives des officiers municipaux de Schelestat, remis par eux sur le bureau de l'Assemblée. (B. 4, 109.)

17 JUILLET 1790. — Décret concernant l'impression du procès-verbal de la cérémonie de la fédération. (B. 4, 109.)

17 JUILLET 1790. — Décret relatif aux troubles d'Oranges. (B. 4, 110.)

17 JUILLET 1790. — Lyon. *Voy.* 13 JUILLET 1790.

18 = 23 JUILLET 1790. (Procl.) — Décret concernant le paiement d'arrérages de rentes et pensions assignées sur le clergé, et la perception de ce qui reste dû des impositions ecclésiastiques des années 1789 et précédentes. (L. 1, 1101 ; B. 4, 111.)

Art. 1er. Le receveur général du clergé continuera de payer à Paris, jusques et compris le 30 septembre prochain seulement, la portion des arrérages de l'année 1789 et des précédentes, des rentes et pensions assignées sur le clergé, et des autres objets de dépense relatifs à son administration, exigibles avant le 1er juillet de la présente année, qui a été jusqu'à présent payée à Paris. L'Assemblée fera connaître incessamment par qui et de quelle manière se fera, pour l'année 1790 et les suivantes, le paiement des pensions, rentes et autres charges annuelles qui étaient acquittées ci-devant au nom du clergé.

2. Le receveur général du clergé est autorisé à faire payer, comme par le passé, dans les provinces, par les receveurs particuliers des décimes de chaque diocèse, les différentes parties qu'il a été d'usage d'y payer jusqu'à présent, pourvu qu'elles soient réclamées avant le 1er septembre prochain, à compter duquel jour ces receveurs particuliers cesseront toutes fonctions, l'Assemblée se proposant alors de pourvoir au paiement des objets de cette nature, qui pourraient encore être dus après cette époque.

3. Les receveurs particuliers des décimes ou dons gratuits continueront de faire, jusqu'à cette époque, la perception de ce qui peut être encore dû des impositions ecclésiastiques, des années 1789 et précédentes, et seront tenus de justifier de leurs diligences. En supposant que cette perception ne soit pas complète au 1er septembre prochain, ils ne cesseront pas moins d'en poursuivre le recouvrement, pour le complément duquel l'Assemblée prescrira incessamment ce qu'elle jugera convenable.

4. A cette époque du 1er septembre prochain, les receveurs particuliers des décimes dresseront un état des sommes qui seront encore dues sur lesdites impositions de l'année 1789 et des précédentes. Cet état contiendra le nom des redevables ; il sera certifié véritable par les receveurs des décimes, qui l'adresseront avant le 1er octobre prochain au receveur général, auquel ils feront passer, en même temps, les deniers provenant de leurs recouvremens qui pourraient encore être entre leurs mains, ainsi que les pièces justificatives des sommes qu'ils auront payées à la décharge de la recette générale.

5. Les recettes et dépenses dont était ci-devant chargé le receveur général du clergé devant cesser toutes au 1er octobre prochain, et les acquits des parties payées en province devant lui être parvenus au même jour, il fera dresser, aussitôt après l'enregistrement de ces acquits, un état qui présentera la véritable situation de sa caisse : cet état, certifié véritable, sera par lui remis au comité des finances, pour en faire le rapport à l'Assemblée nationale.

6. L'Assemblée autorise son comité des finances à nommer des commissaires pour recevoir les comptes du receveur général, et en faire le rapport à l'Assemblée nationale.

7. L'Assemblée nationale prendra en considération les services de ceux qui étaient employés à Paris dans l'administration du clergé.

18 JUILLET 1790. — Décret qui proroge le terme fixé pour l'échange des billets de la caisse d'escompte contre les assignats. (B. 4, 111.)

18 JUILLET 1790. — Arras, etc. *Voy.* 6 JUILLET 1790. — Cambrai. *Voy.* 3 JUILLET 1790. — Dimes, etc. *Voy.* 13 JUILLET 1790. — Economie générale. *Voy.* 12 JUILLET 1790. —

Louviers, etc. *Voy.* 8 JUIN 1790. — Lyon. *Voy.* 17 JUILLET 1790. — Poudres, etc. *Voy.* 4 JUILLET 1790. — Religionnaires. *Voy.* 10 JUILLET 1790.

19 = 23 JUILLET 1790. — Décret portant que les bannières données par la commune de Paris aux quatre-vingt-trois départemens, seront placées dans les lieux où le conseil d'administration de chaque département tiendra ses séances. (L. 1, 1100 ; B. 4, 117.)

L'Assemblée nationale déclare que les bannières données par la commune de Paris aux quatre-vingt-trois départemens, et consacrées à la fédération du 14 juillet, seront transportées et placées dans le lieu où le conseil d'administration de chaque département tiendra ses séances, soit que ce chef-lieu se trouve provisoire, soit qu'il ait été décrété définitif ou alternatif, et la bannière sera portée par le plus ancien d'âge. Quant aux départemens où les chefs-lieux ne sont pas encore choisis, la bannière sera provisoirement déposée dans la ville neutre où les électeurs sont convoqués pour déterminer le chef-lieu, afin d'être placée ensuite dans le lieu où l'administration de département tiendra ses séances, conformément au présent décret.

19 = 23 JUILLET 1790. (Procl.) — Décret qui règle l'uniforme des gardes nationales du royaume. (L. 1, 1098 ; B. 4, 116.)

L'Assemblée nationale, après avoir entendu son comité de constitution, sur l'uniforme à donner aux gardes nationales du royaume, a décrété et décrète :

1° Qu'il n'y aura qu'un seul et même uniforme pour toutes les gardes nationales du royaume ; qu'en conséquence, tous les citoyens français admis dans les gardes nationales ne pourront porter d'autre uniforme que celui qui va être prescrit, Habit bleu-de-roi, doublure blanche, paremens et revers écarlate, passe-poil blanc, collet blanc, et passe-poil écarlate, épaulettes jaunes ou en or, la manche ouverte, à trois petits boutons, la poche en dehors, à trois pointes, et trois boutons avec passe-poil rouge : sur le bouton il sera écrit, *District de. . . . . .* Les retroussis de l'habit, écarlates : sur l'un des retroussis il sera écrit en lettres jaunes ou en or, ce mot, *Constitution* ; et sur l'autre retroussis, ce mot, *Liberté* ; veste et culotte blanches ;

2° Que les gardes nationales qui ont adopté un uniforme autre que celui qui est prescrit ci-dessus, ne pourront continuer de le porter que jusqu'au 14 juillet prochain, jour anniversaire de la fédération ;

5. Que les gardes nationales des lieux où il n'y avait point encore d'uniforme établi, et qui en ont adopté un pour assister à la fédération, pourront également continuer à le porter, mais seulement jusqu'au 14 juillet prochain, jour auquel toutes les gardes nationales du royaume porteront le même uniforme.

19 = 23 JUILLET 1790. (Lett.-Pat.) — Décret qui abolit le retrait lignager, le retrait de mi-denier, les droits d'escart et autres de pareille nature. (L. 1, 1093 ; B. 4, 115.)

Voy. loi du 13 = 18 JUIN 1790 et les notes, et la loi du 18 VENTOSE an 2.

Art. 1er. Le retrait lignager et le retrait de mi-denier sont abolis (1).

2. Toute demande en retrait lignager ou de mi-denier, qui n'aura pas été consenti ou adjugée en dernier ressort avant la publication du présent décret, sera et demeurera comme non avenue, et il ne pourra être fait droit que sur les dépens des procédures antérieures à cette époque, ensemble sur l'intérêt des sommes qui auraient été consignées par les retrayans.

3. L'Assemblée nationale supprime le droit connu, dans les départemens du Nord et du Pas-de-Calais, sous le nom d'*écart, escas* ou *boutchors,* et éteint toutes les procédures, poursuites ou recherches qui auraient ce droit pour objet.

4. Supprime également, avec pareille extinction de procédures, poursuites et recherches, les droits de treizain, perçus par la commune de Nîmes sur les particuliers domiciliés ou non domiciliés, qui aliènent leur dernière maison ou héritage ; ensemble les droits d'abzug, de détraction, émigration, florin de succession, ou autres semblables qui ont eu lieu jusqu'à présent au profit de ci-devant seigneurs ou de communautés d'habitans ; comme aussi tous les droits que certaines villes ou communes sont en possession de lever sur les biens qui passent des mains d'un bourgeois ou domicilié dans celles d'un forain, soit par succession, soit par toute autre voie.

19 = 23 JUILLET 1790. (Lett.-Pat.) — Décret qui ordonne de continuer la levée et la perception de toutes les contributions publiques dont l'extinction et la suppression n'ont pas été expressément prononcées, et notamment des droits perçus sur les ventes de poisson. (L. 1, 1095 ; B. 4, 113.)

L'Assemblée nationale, sur le rapport de son comité des finances, informée que, dans plusieurs villes où il avait été ci-devant créé des offices de jurés-vendeurs de poisson, avec

(1) Le droit de retraire les biens vendus à gens de main-morte est du nombre des retraits abolis (23 floréal an 7 ; Cass. S. 1, 1, 207).

attribution d'un sou pour livre sur les ventes, à charge d'en faire bon le prix aux vendeurs, et même de leur en faire l'avance; que ces offices ont été ensuite supprimés par édit et déclaration des mois d'avril 1768 et décembre 1770, en exécution desquels les droits ci-devant attribués à ces offices sont perçus à notre compte; informée de plus que différentes villes tentent d'abuser des décrets rendus sur la suppression des droits féodaux, pour en induire que les droits dont il s'agit sont supprimés, a décrété et décrète ce qui suit :

Toutes les contributions publiques continueront d'être levées et perçues de la même manière qu'elles l'ont été précédemment, à moins que leur extinction et suppression n'aient été expressément prononcées; notamment les droits perçus sur les ventes de poisson dans les villes de Rouen, Meaux, Beauvais, Mantes, Senlis, Beaumont, Pontoise, Caudebec, Bernay, Bordeaux et autres, auront lieu comme par le passé, jusqu'à ce qu'il y ait été autrement pourvu.

19 JUILLET 1790. — Décret portant que le Corps-Législatif fixera chaque année le nombre d'individus de chaque grade dont l'armée sera composée. (B. 4, 118.)

19 JUILLET 1790. — Décret provisoire sur le commerce de l'Inde. (B. 4, 118.) *Voy.* 28 AOUT 1790.

20 JUILLET = 7 AOUT 1790. (Lett.-Pat.) — Décret qui supprime les droits d'habitation, de protection, de tolérance, et autres redevances semblables, sur les Juifs. (L. 1, 1150; B. 4, 122.)

Voy. arrêté du 28 SEPTEMBRE 1789; lois des 24 DÉCEMBRE 1789 et 28 JANVIER 1790.

L'Assemblée nationale, considérant que la protection de la force publique est due à tous les habitans du royaume indistinctement, sans autre condition que celle d'en acquitter les contributions communes; après avoir ouï le rapport de son comité des domaines, a décrété et décrète : que la redevance annuelle de vingt mille livres, levée sur les Juifs de Metz et du Pays-Messin, sous la dénomination de droit d'habitation, protection et tolérance, est et demeure supprimée et abolie sans aucune indemnité pour le concessionnaire et possesseur actuel de ladite redevance;

Décrète, en outre, que les redevances de même nature qui se lèvent partout ailleurs sur les Juifs, sous quelque dénomination que ce soit, sont pareillement abolies et supprimées, sans indemnité de la part des débiteurs, soit que lesdites redevances se perçoivent au profit du trésor public, ou qu'elles soient possédées par des villes, communautés ou par des particuliers; sauf à statuer, ainsi qu'il appartiendra, sur les indemnités qui pourraient être dues par la nation aux concessionnaires du Gouvernement, à titre onéreux, d'après l'avis des directoires de département dans le territoire desquels lesdites redevances se perçoivent; à l'effet de quoi les titres concédés seront représentés dans l'année par les possesseurs et concessionnaires; décrète enfin qu'il ne pourra être exigé aucuns arrérages desdites redevances, et que les poursuites qui seront exercées pour raison d'iceux sont et demeurent éteintes.

20 = 29 JUILLET 1790. (Lett.-Pat.) — Décret relatif aux droits affermés par les ci-devant états d'Artois. (B. 4, 119.)

L'Assemblée nationale, sur le rapport de son comité des finances, voulant assurer la perception des droits qui avaient été affermés par les ci-devant états d'Artois, et qui expirent (à l'exception du bail concernant les eaux-de-vie) au 1er août prochain, jusqu'à ce qu'il ait été statué sur le mode d'imposition à établir dans les divers départemens du royaume, décrète ce qui suit :

Tous les droits qui formaient l'objet des baux passés par les ci-devant états d'Artois, et qui, à l'exception du bail des eaux-de-vie, expirent à la fin du présent mois, seront régis, à compter du 1er août prochain, par des régisseurs choisis et nommés sans délai par le *département du Pas-de-Calais ou son directoire*, lesquels régisseurs verseront chaque mois le montant de leur recouvrement entre les mains de ceux qui, jusqu'à présent, ont été chargés de la perception des revenus publics; sans rien innover pour le moment par lesdits régisseurs à la quotité des droits, à la forme de perception, et à l'ordre de comptabilité, qui continueront d'être observés comme par le passé, jusqu'à ce que par l'Assemblée nationale il ait été statué sur le mode d'imposition qui sera suivi dans ledit département, ainsi que dans les autres départemens du royaume.

20 JUILLET = 7 AOUT 1790. — Décret qui autorise les officiers municipaux de Sivry à faire un emprunt. (B. 4, 120.)

20 JUILLET = 1er AOUT 1790. — Décret sur une difficulté élevée à Soissons pour la fixation du prix du pain. (B. 4, 121.)

20 JUILLET = 9 AOUT 1790. — Décret qui autorise le paiement fait par la ville de Gimont pour le logement du régiment de Cambrésis et le remboursement de la somme payée. (B. 4, 120.)

20 JUILLET 1790. — Juge de paix; *Organisation judiciaire. Voy.* 16 août 1790.

21 (9 et) = 26 JUILLET 1790. (Lett.-Pat.) — Décret qui supprime les offices des jurés-priseurs; qui ordonne de continuer, au profit du trésor public, la perception du droit de quatre deniers pour livre du prix de la vente, qui leur avait été attribué, et qui autorise les notaires, greffiers et sergens à procéder à cette vente. (L. 1, 1128; B. 4, 123.)

Voy. lois des 7 = 12 SEPTEMBRE 1790; 17 SEPTEMBRE 1793; 12 FRUCTIDOR an 4; 27 NIVÔSE an 5; 27 VENTÔSE an 9; 28 AVRIL 1816; ord. du 26 JUIN 1816.

Art. 1er. Les offices de jurés-priseurs, créés par édit de février 1771 ou autres, demeureront supprimés à compter de ce jour.

2. Le droit de quatre deniers pour livre du prix des ventes, qui leur avait été attribué, continuera, d'être perçu au profit du Trésor public par les officiers qui feront la vente, et le produit en sera versé par eux dans les mains des préposés à la recette.

3. Les finances desdits offices seront liquidées.

4. Il sera délivré à ceux qui auront droit aux finances, treize coupons d'annuités payables d'année en année, dans lesquelles l'intérêt à cinq pour cent sera cumulé avec le capital.

5. Il sera prélevé, sur le produit des quatre deniers pour livre, une somme annuelle de huit cent mille livres, qui sera versée dans la caisse du trésorier de l'extraordinaire, et employée par lui au paiement de ces annuités.

6. Les notaires, greffiers, huissiers et sergens, sont autorisés à faire les ventes de meubles dans tous les lieux où elles étaient ci-devant faites par les jurés-priseurs.

7. Les procès-verbaux de ventes et de prisées faites par les officiers ci-dessus désignés, ne seront soumis qu'aux mêmes droits de contrôle que ceux des jurés-priseurs.

8. Il ne pourra être perçu par lesdits officiers que deux sous six deniers du rôle de grosse des procès-verbaux, deux sous six deniers pour l'enregistrement d'une opposition, et une livre dix sous par vacation de prisée, conformément à l'article 6 de l'édit de février 1771; et ce sans préjudice des conventions particulières qui pourront modifier ou abonner ces droits (1).

9. Les quatre deniers pour livre du prix des ventes seront versés par les officiers qui les auront faites, dans les mains du contrôleur des actes ou receveurs des domaines, lesquels en compteront à la régie des domaines.

10. Les quittances de finance des offices de jurés-priseurs supprimés, seront remises au plus tard dans deux mois, à dater du jour de la publication du présent décret, au comité de liquidation.

11. Le comité se fera représenter les registres des parties casuelles et les décisions qui peuvent avoir modéré le prix desdits offices, et en fera son rapport pour y être statué.

21 JUILLET = 15 AOUT 1790. (Procl.) — Décret relatif à la suppression de différens offices et places. (L. 3, 1022 et 1178; B. 4, 125.)

Art. 1er. Le traitement de contrôleur des bons d'état et celui de son adjoint sont supprimés.

2. L'office de contrôleur des rentes de la chambre des comptes est pareillement supprimé; la finance sera liquidée et remboursée, et cependant les intérêts de ladite finance payés à raison de cinq pour cent.

3. Il sera nommé par le Roi un ou deux agens, qui seront chargés du recouvrement des créances actives du trésor public, et de la poursuite des comptables qui seront constitués en débet; et il ne sera alloué auxdits agens qu'une remise à prendre sur le montant des sommes dont ils auront opéré la rentrée. Cette remise sera indiquée par le ministre des finances, décrétée par l'Assemblée nationale et sanctionnée par le Roi.

4. La place de directeur des aménagemens des forêts, et le traitement de quinze mille livres qui y est attaché, sont supprimés.

5. Seront pareillement supprimés les deux offices de gardes des registres du contrôle général, et les attributions qui leur sont allouées, soit à eux-mêmes, soit pour leurs commis dans les provinces: leur finance sera liquidée et remboursée, et jusqu'au remboursement les intérêts seront payés à cinq pour cent.

6. La place de directeur de correspondance du bureau des salines, et le traitement de quatre mille livres qui y est attaché, sont supprimés; le sieur Leroux de la Ville est renvoyé à faire valoir ses services au comité des pensions, pour, sur son avis, être ordonné par le Roi ce qu'il appartiendra.

7. La formalité de l'enregistrement des rentes au greffe de l'hôtel-de-ville, et la dépense de six mille quatre cents livres qu'elle occasionne, sont supprimées.

8. Le paiement des rentes constituées pour le compte du Roi sur le domaine de la ville est renvoyé aux payeurs de rentes de l'hôtel-de-ville.

9. Le traitement du secrétaire de la feuille des bénéfices et de la dépense de ses bureaux sont supprimés.

10. Le traitement du sieur Lequesne, pour le dépôt relatif à la population, est et demeure supprimé, et le dépôt réuni aux bureaux de l'administration générale.

11. Le traitement du sieur Lemoyne, et la place d'agent ou d'inspecteur des postes, sont également supprimés.

(1) *Voy.* notes sur l'article 89 de la loi du 28 avril 1816.

12. Le traitement du sieur Legendre, pour le travail sur l'Inde, est supprimé.

13. La dépense de douze mille livres affectée au bureau de la librairie, sera supprimée, à compter du 1er janvier 1791.

14. La dépense du bureau pour l'admission à Saint-Cyr sera supprimée à compter du 1er janvier 1791.

15. Le traitement de six mille livres accordé au sieur Piépape, pour un travail sur les frais de justice, est supprimé.

16. La gratification de deux mille quatre cents livres accordée au caissier du sceau, est supprimée.

———

21 JUILLET = 23 OCTOBRE 1790. (Lett. Pat.) — Décret relatif au paiement des rentes (L. 2, 235.)

Le paiement des rentes constituées pour le compte du Roi, sur le domaine de la ville, est renvoyé aux payeurs des rentes de l'hôtel-de-ville.

———

21 JUILLET 1790. — Proclamation du Roi relative à l'élection des maires et officiers municipaux de Paris. (L. 1, 1087.)

———

21 JUILLET 1790. — Décret relatif à la proposition faite d'assujétir les juifs au paiement de l'impôt. (B. 4, 123.)

———

21 JUILLET 1790. — Décret concernant les renseignemens à donner par le ministre des finances sur les états des employés et la meilleure organisation du trésor public. (B. 4, 124.)

———

21 JUILLET 1790. — Décret qui ordonne l'impression d'une lettre et d'un arrêté de la société des amis de la révolution de Londres, adressés à l'Assemblée nationale. (B. 4, 125.)

———

22 = 25 JUILLET 1790. (Lett.-Pat.) — Décret relatif aux jugemens des délits de chasse commis dans les lieux réservés aux plaisirs du Roi. (L. 1, 1104 ; B. 4, 127.)

Tous les délits de chasse commis dans les lieux désignés par l'article 16 des décrets des 21, 22 et 28 avril dernier, concernant la conservation des plaisirs du Roi, doivent être poursuivis par-devant les juges ordinaires.

———

22 JUILLET 1790. — Décret concernant les renseignemens à donner par le ministre de la guerre, relativement à son mémoire sur l'organisation de l'armée. (B. 4, 128.)

———

23 JUILLET = 3 AOUT 1790. (Lett.-Pat.) — Décret qui surseoit au paiement de la somme de soixante-dix mille six cent quarante-cinq livres dix sous sept deniers, imposée par la commission provisoire de Languedoc, pour traitement de divers agens de l'ancienne administration. (L. 1, 1144 ; B. 4, 128.)

L'Assemblée nationale, ouï le rapport de son comité des finances, décrète que la commission provisoire établie dans la ci-devant province de Languedoc, par l'article 1er du décret rendu le 23 mars, sanctionné le 26, est contrevenue à l'article 3 dudit décret, en comprenant dans le rôle d'imposition de la présente année : 1° la somme de trente-cinq mille trois cent trente-trois livres six sous huit deniers, pour gages et appointemens des syndics-généraux, secrétaires, commis du greffe du Roi des anciens états de ladite province, de l'agent de ladite province à Paris, du secrétaire du commandant en chef de la province, et du secrétaire de l'intendant de ladite ci-devant province ; 2° la somme de dix-neuf mille trois cents livres que ladite province était dans l'usage d'imposer en faveur du commandant en chef, de l'intendant et du premier secrétaire en chef de l'intendance.

Décrète, en outre, que ladite commission était également contrevenue à l'article 4 dudit décret, en clôturant les comptes du sieur Puymaurin, l'un desdits syndics, du sieur Carrière et du sieur Desaucelle, secrétaires-greffiers desdits anciens états, et en leur allouant la somme de seize mille douze livres trois sous onze deniers. Et néanmoins, pour ne pas retarder le paiement des impôts, l'Assemblée nationale décrète que l'imposition faite desdites trois sommes aura son exécution, et que le trésorier en demeurera chargé pour les représenter au commissariat qui sera établi en conformité de l'article dernier dudit décret sur les assemblées administratives, et pour être employées en moins imposé, ou de telle autre manière qu'il sera réglé par le commissariat.

L'Assemblée nationale fait défense audit trésorier et à tous autres, de payer lesdites sommes revenant ensemble à celle de soixante-dix mille six cent quarante-cinq livres dix sous sept deniers, à ceux à qui la commission provisoire les a attribuées, à peine d'en être personnellement responsables, enjoint aux commissions secondaires de ladite province de se conformer aux articles 3 et 4 du décret du 23 mars dernier, sauf aux parties intéressées dans l'ancienne administration à se pourvoir pour la répétition des avances qu'elles prétendraient avoir faites, ou pour tout autre objet, devant le commissariat qui doit être nommé par les assemblées administratives des divers départemens formés dans le Languedoc.

———

23 JUILLET 1790. — Décret portant que douze membres de l'Assemblée assisteront aux devoirs funèbres à rendre aux députés à la fédération qui ont péri dans la rivière le 14 juillet 1790. (B. 4, 130.)

23 JUILLET 1790. — Organisation judiciaire. *Voy.*
16 AOUT 1790.

23 JUILLET 1790. — Bannières. *Voy.* 19 JUILLET
1790. — Clergé. *Voy.* 18 JUILLET 1790. —
Contributions. *Voy.* 19 JUILLET 1790. — Dé-
putés. Dordogne. *Voy.* 17 JUILLET 1790. —
Gardes nationales. *Voy.* 19 JUILLET 1790. —
Retraits. *Voy.* 19 JUILLET 1790.

24 JUILLET = 24 AOUT 1790. (Lett.-Pat.) —
Décret sur le traitement du clergé. (L 1, 133;,
B. 4, 133.)
   Voy. lois des 12 JUILLET = 24 AOUT 1790,
et 3 = 24 AOUT 1790.

Art. 1er. A compter du 1er janvier 1790,
le traitement de tous évêques en fonctions est
fixé ainsi qu'il suit : ceux dont tous les revenus ecclésiastiques ne vont pas à douze mille
livres, auront cette somme ; ceux dont les revenus excèdent cette somme, auront douze
mille livres, plus la moitié de l'excédant, sans
que le tout puisse aller au-delà de trente mille
livres. Celui de Paris aura soixante-quinze
mille livres. Tous continueront à jouir des bâtimens et des jardins à leur usage, qui sont
dans la ville épiscopale.

2. Les évêques qui, par la suppression ef-
fective de leurs siéges, resteront sans fonctions, auront pour pension de retraite les deux
tiers du traitement ci-dessus.

3. Le traitement des évêques conservés qui
jugeraient à propos de donner leur démission,
sera des deux tiers de celui dont ils auraient
joui en restant en fonctions, pourvu toutefois
que ces deux tiers n'excèdent pas la somme
de dix mille livres.

4. Les curés actuels auront le traitement
fixé par le décret général sur la nouvelle organisation du clergé : s'ils ne voulaient pas
s'en contenter, ils auront : 1o douze cents livres ; 2o la moitié de l'excédant de tous les
revenus ecclésiastiques actuels, pourvu que le
tout ne s'élève pas au-delà de six mille livres.
Ils continueront tous à jouir des bâtimens à
leur usage, et des jardins dépendant de leurs
cures, qui seront situés dans le chef-lieu de
leurs bénéfices.

5. Le traitement des vicaires actuels sera le
même que celui fixé par le décret général sur
la nouvelle organisation du clergé.

6. Au moyen des traitemens fixés par les
précédens articles, tant en faveur des évêques
que des curés et vicaires, la suppression du
casuel, ainsi que des prestations qui se perçoivent sous le nom de mesures par feu, mé-
nages, moissons, passion, ou sous telle autre
dénomination que ce puisse être, aura lieu à
compter du 1er janvier 1791 ; jusqu'à cette
époque, ils continueront de les percevoir.

Les droits attribués aux fabriques continueront d'être payés, même après ladite époque,
suivant les tarifs et réglemens.

7. Les traitemens qui viennent d'être déter-

minés pour les curés et les vicaires auront
lieu à compter du 1er janvier 1791.

8. En ce qui concerne la présente année,
les curés auront, outre leur casuel, savoir,
ceux dont le revenu excède douze cents livres : 1o ladite somme de douze cents livres ;
2o la moitié de l'excédant, pourvu que le tout
n'aille pas à plus de six mille livres.

A l'égard de ceux dont le revenu est inférieur à douze cents livres, ladite somme leur
sera payée comme il suit : ils toucheront d'a-
bord ce qu'ils étaient dans l'usage de recevoir, ainsi et de la manière qu'ils le recevaient par le passe, et le surplus leur sera
compté dans les six premiers mois de 1791,
par les receveurs des districts.

9. Les vicaires des villes, outre leur casuel,
jouiront aussi, pendant la présente année,
de la somme qu'on était dans l'usage de leur
payer. A l'égard de ceux des campagnes, ils
auront, outre leur casuel, la somme de sept
cents livres qui leur sera payée de la manière
portée par l'article ci-dessus.

10. Les abbés et prieurs commandataires,
les dignitaires, chanoines prébendés, semi-
prébendés, chapelains, officiers ecclésiastiques, pourvus de titres dans les chapitres
supprimés, et tous autres bénéficiers généralement quelconques, dont les revenus ecclésiastiques n'excèdent pas mille livres, n'é-
prouveront aucune réduction.

Ceux dont les revenus excèdent ladite somme auront : 1o mille livres ; 2o la moitié du
surplus, sans que le tout puisse aller au-delà
de six mille livres, ce qui aura lieu à compter
du 1er janvier 1790.

11. Dans les chapitres où les revenus sont
partagés par les statuts en prébendes inégales,
auxquelles on parvient successivement par option ou par ancienneté, le sort de chaque
chanoine sera déterminé sur le pied de ce
dont il jouit actuellement ; mais lorsqu'un des
anciens chanoines mourra, son traitement
passera au plus ancien des chanoines dont le
traitement se trouvera inférieur, et ainsi successivement ; de sorte que le traitement qui
était le moindre sera le seul qui cessera.

La faculté de parvenir à un traitement plus
considérable n'aura lieu qu'en faveur des chanoines qui seront engagés dans les ordres sacrés.

12. Dans les chapitres où, par les statuts
ou l'usage, les prébendes des nouveaux chanoines sont, pendant un temps déterminé,
partagées en tout ou en partie entre les anciens chanoines, on n'aura aucun égard à cet
usage, et le traitement de chaque chanoine
sera fixé sur le pied d'une simple prébende.

13. Il pourra être accordé, sur l'avis des
directoires de département et de district, aux
ecclésiastiques qui, sans être pourvus de titres
quelconques, sont attachés à des chapitres,
sous le nom d'habitués, ou sous tout autre dénomination, ainsi qu'aux officiers laïques,

1.

17

organistes, musiciens et autres personnes employées pour le service divin et aux gages desdits chapitres séculiers et réguliers, un traitement, soit en gratification, soit en pension, suivant le temps et la nature de leurs services, eu égard à leur âge et à leurs infirmités; et cependant les appointemens ou traitemens dont ils jouissent leur seront payés la présente année.

14. Les abbés réguliers perpétuels et les chefs d'ordres inamovibles jouiront, à compter de l'époque qui sera déterminée pour les pensions des religieux : savoir, ceux dont les maisons ont un revenu de dix mille livres, d'une somme de deux mille livres; et ceux dont la maison a un revenu plus considérable, du tiers de l'excédant, sans que le tout puisse aller au-delà de six mille livres.

15. Après le décès des titulaires des bénéfices supprimés, les coadjuteurs entreront en jouissance d'un traitement à raison du produit particulier du bénéfice, lequel traitement sera fixé à la moitié de ceux décrétés par les articles précédens. Dans le cas néanmoins où les coadjuteurs auraient d'ailleurs, à raison d'autres bénéfices ou pensions, un traitement actuel égal à celui ci-dessus, ils n'auront plus rien à prétendre; et s'il est inférieur, il sera augmenté jusqu'à concurrence de la moitié des traitemens décrétés par les précédens articles.

16. A compter du 1er janvier 1790, les évêques qui se sont anciennement démis, les coadjuteurs des évêques, les évêques suffragans de Trèves et de Bâle, résidant en France, jouiront d'un traitement annuel de dix mille livres, pourvu que leur revenu ecclésiastique actuel en bénéfices ou pensions monte à cette somme; et si ce revenu est inférieur, ils n'auront de traitement qu'à concurrence de ce revenu. Leur traitement, comme coadjuteurs, cessera lorsqu'ils auront un traitement effectif.

17. Les ecclésiastiques qui n'ont d'autres revenus ecclésiastiques que des pensions sur bénéfices, continueront d'en jouir, pourvu qu'elles n'excèdent pas mille livres; et si elles excèdent ladite somme, ils jouiront : 1° de mille livres; 2° de la moitié de l'excédant, pourvu que le tout n'aille pas au-delà de trois mille livres.

La réduction déterminée par cet article aura lieu à compter du 1er janvier 1790.

18. Les pensions sur bénéfices dont les biens se trouveront régis par les économats, seront aussi continuées dans les mêmes proportions que ci-dessus.

19. Il en sera de même des pensions retenues suivant les lois canoniques, en suite de résignation ou permutation tant des cures que d'autres bénéfices.

20. Les pensions assignées sur la caisse des économats, le clergé et autres biens ecclésiastiques, ainsi que les indemnités, dons, aumônes ou gratifications dont les revenus ecclésiastiques quelconques peuvent être chargés, seront réglés incessamment sur le rapport du comité des pensions assignées sur le trésor public.

21. Toutes les pensions, excepté celles créées par les curés en suite de résignation ou permutation de leur cure, et celles qui n'étaient sujettes à aucune retenue, continueront de n'être comptées dans tous les cas que pour leur valeur réelle, c'est-à-dire, déduction faite des trois dixièmes dont la retenue était ordonnée.

22. Pour parvenir à fixer les divers traitemens réglés par les articles précédens, chaque titulaire dressera, d'après les baux actuellement existans, pour les objets tenus à bail ou ferme, et d'après les comptes de régie et exploitation, pour les autres objets, un état estimatif de tous les revenus ecclésiastiques dont il jouit, ainsi que des charges dont il est grevé : ledit état sera communiqué aux municipalités des lieux où les biens sont situés, pour être contredit ou approuvé; et le directoire du département dans lequel se trouve le chef-lieu du bénéfice, donnera sa décision, après avoir pris l'avis du directoire de district.

23. Seront compris dans la masse des revenus ecclésiastiques dont jouit chaque corps ou chaque individu, les pensions sur bénéfices, les dîmes, les déports qui formaient l'unique dotation des archidiacres et archiprêtres; mais le casuel, ainsi que le produit des droits supprimés sans indemnité, ne pourront y entrer.

24. Les portions congrues, y compris leur augmentation, les pensions dont le titulaire est grevé, les frais du culte divin, la dépense pour le bas-chœur et les musiciens, lorsque les corps ou les titulaires en seront chargés, et toutes les autres charges réelles ordinaires et annuelles, seront déduites sur ladite masse. Le traitement sera ensuite fixé sur ce qui restera d'après les proportions réglées par les articles précédens.

25. La réduction qui sera faite à raison de l'augmentation des portions congrues, ne pourra néanmoins opérer la diminution des traitemens des titulaires actuels au-dessous du *minimum* fixé pour chaque espèce de bénéfice.

26. Les titulaires qui tiendront des maisons de leurs corps, à titre de vente à vie ou à bail à vie, en jouiront jusqu'à leur décès, à la charge de payer incessamment au receveur du district où se trouvera le chef-lieu du bénéfice, le prix de la vente dont ils seraient en arrière, et le prix du bail aux termes y portés.

27. A l'égard des chapitres dans lesquels des titres de fondation ou donation, des statuts homologués par arrêt ou revêtus de lettres-patentes dûment enregistrées, ou un usage immémorial, donnaient à l'acquéreur d'une maison canoniale, à ses héritiers ou

ayant-cause, un droit à la totalité ou à une partie du prix de la revente de cette maison, ces titres et statuts seront exécutés suivant leur forme et teneur, et l'usage immémorial sera suivi comme par le passé. En conséquence, les titulaires, possesseurs desdites maisons, leurs héritiers ou ayant-cause, pourront en disposer comme bon leur semblera, à la charge par eux de payer au receveur du district, outre ce qui sera porté dans les titres et statuts ou réglé par l'usage immémorial, le sixième de la valeur des maisons, suivant l'estimation qui en sera faite; et dans le cas où le droit n'existerait pas, les titulaires possesseurs n'auront que la jouissance accordée par l'article précédent.

28. Les donateurs desdites maisons et autres qui prétendront avoir droit de toucher une somme à chaque mutation, ou d'autres droits quelconques sur lesdites maisons, ne pourront exercer leurs actions que contre les titulaires auxquels il est permis d'en disposer par l'article 2 ci-dessus, sauf à ceux-ci leurs exceptions et défenses au contraire.

29. Les titulaires des bénéfices supprimés qui justifieraient en avoir bâti ou reconstruit entièrement à neuf la maison d'habitation à leurs frais, jouiront pendant leur vie de ladite maison.

30. Néanmoins, lors de l'aliénation qui sera faite, en vertu des décrets de l'Assemblée, des maisons dont la jouissance est laissée aux titulaires, ils seront indemnisés de la valeur de ladite jouissance, sur l'avis des administrations de district et de département.

31. Les maisons dont la jouissance ou la disposition est accordée aux titulaires par les articles 25, 26 et 28, n'entreront pour rien dans la composition de la masse de leurs revenus ecclésiastiques, qui sera faite pour la fixation de leur traitement; et ceux auxquels la jouissance en est accordée, tant qu'ils jouiront, resteront obligés à toutes les réparations et à toutes les charges.

32. Les revenus des bénéfices dont le titre est en litige n'entreront dans la formation de la masse à faire pour fixer le traitement des prétendans auxdits bénéfices, que pour mémoire, jusqu'au jugement du procès; sauf, après la décision, à accorder le traitement résultant desdits bénéfices à qui de droit; et les compétiteurs ne pourront faire juger que contradictoirement avec le procureur-général-syndic du département où s'en trouvera le chef-lieu.

33. Les titulaires qui sont autorisés à continuer, pour la présente année seulement, la régie et l'exploitation de leurs biens, retiendront par leurs mains les traitemens fixés par les articles précédens, et les autres seront payés desdits traitemens à la caisse du district, sur les premiers deniers qui seront versés par les fermiers ou locataires.

34. Tous ceux auxquels il est accordé des traitemens ou pensions de retraite, et qui, dans la suite, seraient pourvus d'offices ou emplois pour le service divin, ne conserveront que le tiers du traitement qui leur est accordé par le présent décret, et ils jouiront de la totalité de celui attribué à la place dont ils rempliront les fonctions. Dans le cas où ils se trouveraient de nouveau sans office ou emploi du même genre, ils reprendraient la jouissance de leurs pensions de retraite.

35. La moitié de la somme formant le *minimum* du traitement attribué à chaque classe d'ecclésiastiques, tant en activité que sans fonctions, sera insaisissable.

36. Les administrateurs de département et de district prendront la régie des bâtimens et édifices dont il a été confiée par les décrets des 14 et 20 avril dernier, dans l'état où ils se trouveront; en conséquence, les bénéficiers actuels, maisons, corps et communautés, ne seront inquiétés en aucune manière pour les réparations qu'ils auraient dû faire.

37. Néanmoins, ceux desdits bénéficiers qui auraient reçu de leurs prédécesseurs ou de leurs representans des sommes ou valeurs moyennant lesquelles ils se seraient chargés en tout ou en partie desdites réparations, seront tenus de prouver qu'ils ont rempli leurs engagemens; et ceux qui ont obtenu des coupes de bois pour faire aucunes réparations ou réédifications, seront tenus d'en rendre compte au directoire de district du chef-lieu du bénéfice.

38. A dater du 1er janvier 1791, les traitemens seront payés de trois mois en trois mois; savoir: aux évêques, curés et vicaires, par le receveur de leur district; et à tous les autres, ainsi qu'aux titulaires et aux pensionnaires, par le receveur du district dans lequel ils fixeront leur domicile; et seront les quittances, allouées pour comptant aux receveurs qui auront payé.

39. Les évêques et les curés conservés dans leurs fonctions ne pourront recevoir leur traitement qu'au préalable ils n'aient prêté le serment prescrit par les articles 21 et 38 du titre II du décret sur la constitution du clergé.

40. Les administrateurs et desservans des églises catholiques établies dans l'étranger, notamment dans les lieux restitués à l'empire par le traité de Riswick, continueront de recevoir comme par le passé, des mains du receveur, du district le plus prochain, le même traitement qui leur a été payé sur les deniers publics levés en France. Le directoire du département, sur l'avis du directoire de district, ordonnera et fera fournir par le même receveur ce qui sera nécessaire pour les frais du culte dans lesdites églises, conformément à l'usage, le tout provisoirement, et jusqu'à ce que l'Assemblée ait pris un parti définitif.

24 JUILLET = 1ᵉʳ AOUT 1790. — Décret relatif à l'administration des biens ecclésiastiques dans le département de Paris. (B. 4, 132.)

L'Assemblée nationale, en expliquant son décret du 8 juin dernier, décrète que la municipalité de Paris est autorisée à remplir les fonctions du directoire de district, par rapport aux biens ecclésiastiques, non-seulement dans ladite ville, mais encore dans toute l'étendue du département de Paris; et ce, provisoirement, jusqu'à ce que l'administration dudit département et de ses districts, ainsi que leurs directoires, soient en activité.

24 JUILLET 1790. — Décret qui charge le comité militaire de présenter un réglement sur l'entier uniforme des gardes nationales. (B. 4, 131.)

24 JUILLET 1790. — Décret relatif à la solde des six premiers mois dus aux officiers et sous-officiers du ci-devant régiment des gardes-françaises. (B. 4, 132)

24 JUILLET 1790. — Décret sur l'envoi des troupes à Orange. (B. 4, 131.)

24 JUILLET 1790. — Décret rendu à l'occasion de l'envoi d'un mémoire du premier ministre des finances sur le retard de la rentrée des impositions. (B. 4, 143.)

24 JUILLET 1790. — Décret qui renvoie au comité des rapports l'affaire de la succession de Jean Thierry. (B. 4, 142.)

25 JUILLET 1790. — Arras, etc. *Voy.* 6 JUILLET 1790. — Biens nationaux. *Voy.* 9 JUILLET 1790. — Chasse. *Voy.* 22 JUILLET 1790.

26 JUILLET = 15 AOUT 1790. (Lett.-Pat.) — Décret relatif aux droits de propriété et de voirie sur les chemins publics, rues et places de villages, bourgs ou villes, et arbres en dépendans. (L. 1, 1168; B. 4, 147.)

Voy. loi du 9 VENTOSE an 13.

Art. 1ᵉʳ. Le régime féodal et la justice seigneuriale étant abolis, nul ne pourra dorénavant, à l'un ou à l'autre de ces deux titres, prétendre aucun droit de propriété ni de voirie sur les chemins publics, rues et places de villages, bourgs ou villes (1).

2. En conséquence, le droit de planter des arbres, ou de s'approprier les arbres crus sur les chemins publics, rues et places de villages, bourgs ou villes, dans les lieux où il était attribué aux ci-devant seigneurs par les coutumes, statuts ou usages, est aboli.

3. Dans les lieux énoncés dans l'article précédent, les arbres existans actuellement sur les chemins publics, rues ou places de villages, bourgs ou villes, continueront d'être à la disposition des ci-devant seigneurs qui en ont été jusqu'à présent réputés propriétaires, sans préjudice des droits des particuliers qui auraient fait des plantations vis-à-vis leurs propriétés, et n'en auraient pas été légalement dépossédés par les ci-devant seigneurs.

4. Pourront néanmoins les arbres existans sur les rues ou chemins publics, être rachetés par les propriétaires riverains, chacun vis-à-vis sa propriété, sur le pied de leur valeur actuelle, d'après l'estimation qui en sera faite par des experts nommés par les parties, sinon d'office par le juge, sans qu'en aucun cas cette estimation puisse être inférieure au coût de la plantation des arbres.

5. Pourront pareillement être rachetés par les communautés d'habitans, et de la manière ci-dessus prescrite, les arbres existans sur les places publiques des villes, bourgs ou villages.

6. Les ci-devant seigneurs pourront, en tout temps, abattre et vendre les arbres dont le rachat ne leur a pas été offert, après en avoir averti par affiches, deux mois à l'avance, les propriétaires riverains et les communautés d'habitans, qui pourront respectivement, et chacun vis-à-vis de sa propriété ou des places publiques, les racheter dans ledit délai.

7. Ne sont compris dans l'art. 3 ci-dessus, non plus que dans les subséquens, les arbres qui pourraient avoir été plantés par les ci-devant seigneurs, sur les fonds mêmes des riverains, lesquels appartiendront à ces derniers, en remboursant par eux les frais de plantation seulement.

8. Ne sont pareillement comprises dans les art. 4 et 6 ci-dessus, les plantations faites, soit dans les avenues, chemins privés et autres terrains appartenant aux ci-devant seigneurs, soit dans les parties des chemins publics qu'ils pourraient avoir achetées des riverains, à l'effet d'agrandir lesdits chemins et d'y planter; lesquelles plantations pourront être conservées et renouvelées par les propriétaires desdites avenues, chemins privés, terrains ou parties des chemins publics, en se conformant aux règles établies sur les intervalles qui doivent séparer les arbres plantés d'avec les héritages voisins.

9. Il sera statué par une loi particulière sur les arbres plantés le long des chemins dits *royaux*.

_____

(1) Le ci-devant seigneur, pour obtenir la propriété des chemins, rues et places, doit justifier d'un titre d'acquisition; rien ne peut équivaloir à la production de ce titre (13 avril 1825. Poitiers. S. 25, 2, 258).

10. Les administrations de département seront tenues de proposer au Corps-Législatif les mesures qu'elles jugeront les plus convenables, d'après les localités, et sur l'avis des districts, pour empêcher, tant de la part des riverains et autres particuliers, que des communautés d'habitans, toute dégradation des arbres dont la conservation intéresse le public, et pour pourvoir au remplacement de ceux qui auraient été ou pourraient être abattus ; et cependant les municipalités ne pourront, à peine de responsabilité, rien entreprendre en vertu du présent décret, que d'après l'autorisation expresse du directoire du département, sur l'avis de celui du district, qui sera donné sur une simple requête, et après communication aux parties intéressées, s'il y en a (1).

26 = 31 JUILLET 1790. (Procl.) — Décret qui règle provisoirement le traitement de table, dans les rades et à la mer, des officiers de la marine commandant les bâtimens de guerre. (L. 1, 1138 ; B. 4, 145.)

L'Assemblée nationale, sur le rapport de son comité de la marine, a provisoirement décrété qu'il serait mis à la disposition du ministre de la marine, pour la dépense extraordinaire qui aura lieu pendant le mois d'août pour l'armement ordonné, une somme d'un million ; et d'après le compte qui lui a été rendu des différens objets qui composent les dépenses d'armement, l'Assemblée nationale a décrété qu'à compter du 1er août prochain, les traitemens accordés pour la table des officiers-généraux de la marine, capitaines de vaisseau, et autres officiers commandant les bâtimens de guerre, seraient réduits, et demeureraient provisoirement fixés ainsi qu'il suit :

TRAITEMENT ancien, par jour.		TRAITEMENT réduit, par jour.
160 liv.	Au vice-amiral, commandant en chef, cent vingt livres. . . .	120 liv.
120	Au lieutenant-général, commandant en chef, quatre-vingt-dix livres.	90
100	Au lieutenant-général, commandant une division, soixante-quinze livres.	75
100	Au chef d'escadre, commandant en chef, soixante-quinze livres.	75
80	Au chef d'escadre, commandant une division, cinquante-quatre livres.	54
70	Au capitaine de vaisseau, commandant une division de six bâtimens, quarante huit livres.	48
50	Au même, commandant une division de trois bâtimens de guerre, quarante livres.	40
45	Au même, commandant un vaisseau de ligne, trente-six livres.	36
40	Au même, commandant une frégate s'il y a un major, trente-quatre livres.	34
34	Au même, s'il n'y a pas de major, vingt-huit livres.	28
30	Au major de vaisseau, commandant, vingt-quatre livres. . . .	24
28	Au lieutenant commandant, vingt-quatre livres.	24
23	Au sous-lieutenant, vingt livres.	20

(1) Cette rédaction de l'article 10 est telle qu'elle a été définitivement arrêtée par un décret du 27 août = 12 septembre 1790. D'abord l'article était rédigé comme il suit : « Et pour pourvoir au remplacement de ceux qui auraient été ou pourraient être abattus, les administrations de département seront tenues de proposer au Corps-Législatif les mesures qu'elles jugeront les plus convenables, d'après les localités et sur l'avis des districts, pour empêcher, tant de la part des riverains et autres particuliers, que des communautés d'habitans, toute dégradation des arbres dont la conservation intéresse le public. Cependant, l'Assemblée nationale déclare nuls et attentatoires à la puissance législative, les arrêts généraux du parlement de Donai, des 12 mai et 31 juillet 1789, en ce qu'ils ont rendu les communautés d'habitans du ressort de ce tribunal responsables de plein droit de tous les dommages qu'éprouveraient les propriétaires de plantations ; fait défense de donner à cet égard aucune suite, tant aux procédures faites, qu'aux jugemens rendus en conséquence desdits arrêts. »

2. Les traitemens ci-dessus fixés, tant pour les officiers généraux et particuliers commandant les bâtimens de guerre, que pour la nourriture des personnes qu'ils sont obligés d'admettre à leur table, ne seront susceptibles d'aucun supplément, et seront réduits d'un quart pendant le séjour des vaisseaux et autres bâtimens de guerre dans les rades de France, après l'armement seulement, ladite réduction ne pouvant avoir lieu pour le désarmement, dont la durée ne pourra excéder le nombre de jours fixé par l'ordonnance.

26 JUILLET = 6 et 8 AOUT 1790. — Décrets qui autorisent les municipalités d'Annonay, de Donzy, de Saint-André-de-Valborgne et du Vigan, à lever une imposition et à faire un emprunt. (B. 4, 143 et 145.)

26 JUILLET 1790. — Décret qui déclare comme non avenue l'information commencée devant les juges de Montauban, sur l'évènement arrivé dans cette ville le 10 mai, et qui renvoie la connaissance de l'affaire devant les officiers municipaux à Toulouse, etc. (B. 4, 150.)

26 JUILLET 1790. — Canal de Picardie. Voy. 29 JUIN 1790. — Domaines nationaux. Voy. 16 JUILLET 1790. — Jurés-priseurs. Voy. 21 JUILLET 1790. — Haute-Saône. Voy. 26 JUIN 1790. Sel étranger. Voy. 4 JUILLET 1790.

27 JUILLET 1790. — Décret qui conserve comme représentans de la Guadeloupe MM. de Curt et Galbert, et qui néanmoins admet MM. Chabert de la Charrière, Nadal de Sinterre, au même titre de représentans de ladite colonie, et M. Coquille pour l'île de Marie-Galande, sans que cette mesure de présentation puisse tirer à conséquence pour les prochaines législatures. (B. 4, 153.)

27 JUILLET 1790. — Décret qui enjoint au ministre de la marine de donner aux comités militaire et des colonies réunis, tous les renseignemens ou communications de pièces nécessaires pour l'examen des faits concernant le détachement du régiment de la Guadeloupe, nouvellement arrivé de Tabago. (B. 4, 153.)

27 JUILLET 1790. — Anciens corps. Voy. 24 JUIN 1790.

28 JUILLET = 1er AOUT 1790. (Procl.) — Décret concernant le passage des troupes étrangères sur le territoire de France, la police des frontières, les demandes d'armes faites par les municipalités, la fabrication de ces armes et leur distribution. (L. 1, 1140; B. 4, 152.)

L'Assemblée nationale déclare que, conformément au décret du 28 février, accepté par le Roi, le passage d'aucune troupe étrangère sur le territoire de France ne doit être accordé qu'en vertu d'un décret du Corps-Législatif, sanctionné par Sa Majesté;

Qu'en conséquence, les ordres émanés du secrétariat de la guerre, et adressés aux commandans des frontières du royaume, seront réputés non-avenus; et cependant l'Assemblée nationale se réserve de statuer sur le passage demandé par l'ambassadeur du roi de Hongrie, lorsqu'elle aura connaissance du nombre des troupes, des différentes espèces d'armes et attirails de guerre, de l'ordre de leur marche et de l'objet de leur destination.

L'Assemblée nationale, instruite des plaintes portées par ledit ambassadeur du roi de Hongrie, et voulant maintenir les principes de justice qu'elle a annoncé prendre pour base de ses décrets et pour unique motif des armemens qu'elle ordonnera, charge son président de se retirer par devers le Roi, pour prier Sa Majesté de donner des ordres précis à l'effet d'entretenir la police la plus sévère, et de prévenir toute infraction au droit des gens. Décrète, en outre, que le Roi sera prié de prendre, vis-à-vis les puissances actuellement en guerre, les précautions nécessaires pour assurer la liberté du commerce français, et notamment sur la Meuse.

Et attendu les réclamations de plusieurs municipalités des frontières, à l'effet d'être armées pour soutenir la constitution qu'elles ont jurée et assurer la tranquillité publique, l'Assemblée nationale décrète que les ministres du Roi seront tenus de donner au comité militaire connaissance des demandes d'armes et munitions qui seront faites par les municipalités des frontières, de l'avis des directoires de département, et d'y joindre l'état des armes et munitions distribuées à ces municipalités.

Décrète, en outre, que le Roi sera supplié de donner les ordres les plus prompts pour la fabrication des canons, fusils et autres armes, et des munitions nécessaires, le tout suivant les prix et conditions qui auront été communiqués au comité militaire; que le Roi sera prié de faire distribuer ces armes aux citoyens, partout où la défense du royaume rendra cette précaution nécessaire, et ce sur la demande des directoires.

28 JUILLET = 3 AOUT 1790. — Décret qui fixe à Arras le chef-lieu du département du Pas-de-Calais. (B. 4, 154.)

29 JUILLET = 8 AOUT 1790. (Procl.) — Décret relatif à l'échange des assignats contre des billets de la caisse d'escompte ou promesses d'assignats. (L. 1, 1164; B. 4, 157.)

L'Assemblée nationale, sur le rapport qui lui a été fait par son comité des finances, a décrété ce qui suit:

1° A compter du 10 août prochain, les

assignats créés par les décrets des 19 et 21 décembre 1789, 16 et 17 avril et 1er juin 1790, seront échangés, par le trésorier de l'extraordinaire, contre les billets de la caisse d'escompte ou promesses d'assignats, qui seront présentés à cet effet par le public, jusqu'à concurrence des sommes qui lui seront dues par la nation, pour le montant des billets ou promesses d'assignats qu'elle aura remis au trésor public, en vertu des décrets de l'Assemblée nationale.

2° Il ne sera délivré et échangé que dix mille assignats par jour, de mille livres, trois cents et deux cents livres indistinctement ; il sera pris les dispositions nécessaires pour éviter la confusion et le désordre que pourrait occasionner l'empressement de ceux qui demanderont successivement l'échange de leurs billets.

3° Le comité des finances présentera un projet de décret, pour constater l'annihilation d'autant de billets qu'il en sera échangé pour des assignats.

4° Lesdits billets seront brûlés en présence de commissaires nommés par l'Assemblée nationale ; les commissaires en dresseront procès-verbal, en se conformant dans cette disposition à l'art. 14 du décret des 16 et 17 avril.

5° Pour la facilité de ces échanges, déterminer et fixer les fonctions de la caisse de l'extraordinaire, et être assuré que le service du public sera rempli sans interruption, les sommes qui devront être fournies au trésor public continueront à lui être délivrées en billets de caisse, servant de promesses d'assignats, sur l'autorisation qui en sera donnée successivement par l'Assemblée nationale, jusqu'à la concurrence de la somme de quatre-vingt-quinze millions, laquelle, avec la somme de cent soixante-dix millions précédemment versée par la caisse d'escompte, conformément aux décrets des 19 et 21 décembre, et de celle de cent trente-cinq millions qui a été successivement fournie par ladite caisse, en conformité des décrets des 17 avril, 11 mai, 1er et 19 juin et 4 juillet, complètera celle de quatre cents millions, montant total des assignats qui ont été destinés au service des années 1789 et 1790, et qui, par les échanges qui en sont ordonnés à la caisse de l'extraordinaire, contre les billets de caisse ou promesses d'assignats, fournis en exécution des décrets de l'Assemblée nationale, éteindront en totalité les dettes de la nation envers la caisse d'escompte.

29 JUILLET 1790. — Décret pour l'examen de tout ce qui regarde les ordres de Malte, de Saint-Louis, du Mont-Carmel et de Saint-Lazarre, de Saint-Michel et du Saint-Esprit. (B. 4, 156.)

29 JUILLET 1790. — Décret qui ordonne la formation d'un comité pour prendre connaissance des traités conclus entre la France et les puissances voisines (1). (B. 4, 157.)

29 JUILLET 1790. — Décret qui charge le comité des pensions d'examiner ce qui concerne le soldat qui a fait prisonnier le général Ligonier. (B. 4, 159.)

29 = 31 JUILLET 1790. — Décret portant qu'il ne sera fait aucune promotion dans l'armée de terre ou de mer jusqu'à l'organisation de l'armée. (B. 4, 159.)

29 JUILLET 1790. — Décret qui ordonne de conduire dans les prisons de Paris les sieurs de Barmont, Eggs et Bonne-Savardin, arrêtés à Châlons-sur-Marne, ainsi que le sieur de Rioles, arrêté à Lyon, et de remettre leurs papiers au comité des recherches. (B. 4, 160.)

29 JUILLET 1790. — États d'Artois. *Voy.* 20 JUILLET 1790.

30 JUILLET = 5 AOUT 1790. (Lett.-Pat.) — Décret qui autorise la municipalité de Paris à faire évacuer le couvent des Capucins de la rue Saint-Honoré, pour être employé aux divers usages relatifs au service de l'Assemblée nationale. (L. 1, 1148 ; B. 4, 162.)

L'Assemblée nationale, par suite des décrets des 10 juin et 26 juillet, autorise la municipalité de Paris à faire évacuer le couvent des Capucins de la rue Saint-Honoré, pour être employé aux divers usages relatifs au service de l'Assemblée, et qui seront indiqués par les commissaires. Elle charge la municipalité de Paris de prendre sur les fonds qu'elle est autorisée à percevoir par le décret du 8 juin, les sommes nécessaires pour assurer des moyens de subsistance aux religieux de cette maison, soit qu'ils veuillent être transférés dans un autre couvent de leur ordre, soit qu'ils déclarent vouloir jouir du bénéfice des décrets des 19, 20 février et 21 mars derniers.

30 JUILLET 1790. — Décret qui adjoint au comité chargé de faire un rapport sur l'ordre de Malte, deux membres du comité diplomatique. (B. 4, 161.)

30 JUILLET = 5 AOUT 1790. — Décret pour la séparation des états du Cambrésis et la remise au directoire du département du Nord, de tous les titres et papiers afférens à l'administration du Cambrésis. (B. 4, 161.)

(1) Ce comité est connu sous le nom de *Comité diplomatique.*

30 JUILLET 1790. — Décret pour témoigner aux officiers municipaux, aux gardes nationales et à la garnison de Lyon, la satisfaction de l'Assemblée nationale sur le rétablissement du bon ordre dans cette ville. (B. 4, 163.)

30 JUILLET = 5 AOUT 1790. — Décret pour qu'il soit fait inventaire des titres et effets de l'évêché et du grand chapitre de Strasbourg. (B. 4, 163.)

31 JUILLET 1790. — Décret concernant les écrits excitant le peuple à l'insurrection. (B. 4, 168.)

L'Assemblée nationale, sur la dénonciation qui lui a été faite par un de ses membres, d'une feuille intitulée : *C'en est fait de nous*, et du dernier numéro des Révolutions de France et de Brabant, a décrété que, séance tenante, le procureur du Roi au Châtelet de Paris sera mandé, et qu'il lui sera donné ordre de poursuivre comme criminels de lèse-nation, tous auteurs, imprimeurs et colporteurs d'écrits excitant le peuple à l'insurrection contre les lois, à l'effusion du sang et au renversement de la constitution, ou qui inviteraient les princes étrangers à faire des invasions dans le royaume (1).

31 JUILLET 1790. — Décret qui permet à M. Toulouse Lautrec de s'absenter de l'Assemblée pour sa santé. (B. 4, 164.)

31 JUILLET 1790. — Décret sur les bases de l'organisation de l'armée. (B. 4, 166.) *Voy.* au 28 SEPTEMBRE 1791.

31 JUILLET 1790. — Armée. *Voy.* 29 JUILLET 1790. — Droits féodaux. *Voy.* 3 JUILLET 1790.

31 JUILLET = 3 AOUT 1790. — Décret qui réunit à la municipalité de La Chapelle la partie du faubourg Saint-Denis, à Paris, connu sous le de *faubourg de Gloire*. (B. 4, 165.)

1er AOUT 1790. — Arrêt du Conseil-d'Etat du Roi, qui renvoie par-devant la municipalité de Paris l'apurement des comptes des corps et communautés depuis le 1er octobre 1788, et celui des comptes du droit d'augmentation de maîtrise. (L. 1, 1142.)

1er AOUT 1790. — Décret qui ordonne un service solennel pour tous les citoyens morts pour la cause de la liberté. (B. 5, 3.)

1er AOUT 1790. — Biens ecclésiastiques. *Voy.* 24 JUILLET 1790. — Soissons. *Voy.* 20 JUILLET 1790. — Troupes étrangères. *Voy.* 28 JUILLET 1790.

2 AOUT 1790. — Décret relatif à l'incorporation dans l'armée française. (B. 5, 5.)

L'Assemblée nationale décrète que l'incorporation n'aura lieu ni dans l'infanterie ni dans la cavalerie française.

2 = 10 AOUT 1790. (Lett.-Pat.) — Décret relatif aux écrits sur les affaires publiques. (B. 5, 5.)

L'Assemblée nationale décrète qu'il ne pourra être intenté aucune action, dirigé aucune poursuite pour les écrits qui ont été publiés jusqu'à ce jour sur les affaires publiques, à l'exception néanmoins du libelle intitulé : *C'en est fait de nous*, à l'égard duquel la dénonciation précédemment faite sera suivie; et cependant l'Assemblée, justement indignée de la licence à laquelle plusieurs écrivains se sont livrés dans ces derniers temps, a chargé son comité de constitution et celui de jurisprudence criminelle réunis, de lui présenter incessamment le mode d'exécution de son décret du 31 juillet.

2 = 5 AOUT 1790. — Décret qui déclare illégale l'élection du sieur Le Maître aux fonctions de maire de la ville de Loudun. (B. 5, 4.)

2 AOUT 1790. — Décret pour demander au Roi un nouveau plan d'organisation de l'armée. (B. 5, 5.)

3 = 5 AOUT 1790. (Lett.-Pat.) — Décret contre ceux qui s'opposent au paiement des dîmes et des droits de champart ou autres droits, et pour la destruction des marques extérieures d'insurrection et de sédition. (L. 1, 1146; B. 5, 23.)

L'Assemblée nationale, après avoir entendu son comité des recherches, décrète que son président se retirera, dans le jour, vers le Roi, pour prier Sa Majesté de donner les ordres les plus précis et les plus prompts, pour que, dans toute l'étendue du royaume, et en particulier, dans le département du Loiret, les tribunaux poursuivent et punissent, avec toute la sévérité des lois, tous ceux qui, au mépris des décrets de l'Assemblée nationale et des droits sacrés de la propriété, s'opposent, de quelque manière que ce soit, et par violences, voies de fait, menaces ou autrement, au paiement des dîmes de cette année, et des droits de champart ou agrier, et autres droits ci-devant seigneuriaux qui n'ont pas été supprimés sans indemnité, ainsi que des rentes ou censives en nature ou en argent, jusqu'au rachat;

Que Sa Majesté sera également priée de donner des ordres pour que les municipalités fassent détruire toutes les marques extérieures d'insurrection et de sédition, de quelque nature qu'elles soient.

_____

(1) Ce qui suit le mot *constitution* a été ajouté par décret du 1er août 1790.

3 = 24 AOUT 1790. — Décret concernant le traitement du clergé. (L. 1, 1347 ; B. 5, 25.)

Voy. lois du 24 JUILLET = 24 AOUT 1790 ; des 6 et 11 = 24 AOUT 1790.

L'Assemblée nationale, expliquant différens articles de son décret du 24 juillet dernier, sur le traitement du clergé actuel, décrète ce qui suit :

Art. 1er. Le traitement des vicaires des villes, pour la présente année, sera, suivant l'art. 9 du décret du 24 juillet dernier, outre leur casuel, de la même somme qu'ils sont en usage de recevoir ; et dans le cas où cette somme, réunie à leur casuel, ne leur produirait pas celle de sept cents livres, ce qui s'en manquera leur sera payé dans les six premiers mois de l'année 1791.

2. Si les titulaires de bénéfices éprouvent dans leur traitement une diminution résultant de celle qui proviendra de l'augmentation des portions congruës des curés jusqu'à concurrence de cinq cents livres, et des vicaires jusqu'à concurrence de trois cent cinquante livres et du retranchement des droits supprimés sans indemnité, les pensionnaires supporteront une diminution proportionnelle à celle des titulaires, sur leurs revenus provenant des bénéfices sujets à pension.

3. La réduction qui sera faite par le retranchement des droits supprimés sans indemnité, ne pourra, de même que celle mentionnée dans l'art. 25 dudit décret, et résultant de ladite augmentation des portions congruës, opérer la diminution des traitemens des titulaires ni des pensions au-dessus du *minimum* fixé pour chaque espèce de bénéfices et pour les pensions.

4. Les évêques et les curés qui auraient été pourvus, à compter du 1er janvier 1790 jusqu'au jour de la publication du décret du 12 juillet suivant, sur l'organisation nouvelle du clergé, n'auront d'autre traitement que celui attribué à chaque espèce d'office par le même décret.

5. A l'égard des titulaires des autres espèces de bénéfices en patronage laïcale ou de collation laïcale, qui auraient été pourvus dans le même intervalle de temps, autrement que par voie de permutation des bénéfices qu'ils possédaient avant le 1er janvier 1790, ils n'auront d'autre traitement que celui accordé par l'art. 10 du décret du 24 juillet, sans que le *maximum* puisse s'élever au-delà de mille livres.

Quant à ceux qui auraient été pourvus pendant ledit temps, par voie de permutation, de bénéfices du genre ci-dessus, qu'ils possédaient avant le 1er janvier 1790, le

maximum de leur traitement pourra, suivant ledit article 10, s'élever à la somme de six mille livres.

6. Les bénéficiers dont les revenus anciens auraient pu augmenter en conséquence d'unions légitimes et consommées, mais dont l'effet se trouverait suspendu en tout ou en partie par la jouissance réservée aux titulaires dont les bénéfices avaient été supprimés et unis, recevront, au décès desdits titulaires, une augmentation de traitement proportionnelle à ladite jouissance, sans que cette augmentation puisse porter leur traitement au-delà du *maximum* déterminé pour chaque espèce de bénéfices.

3 = 22 AOUT 1790. (Procl.) — Décret concernant les pensions, gratifications et autres récompenses nationales. (L. 1, 1273 ; B, 5, 6.)

Voy. loi interprétative du 18 = 22 AOUT 1791 ; arrêtés du 5 PRAIRIAL et 11 FRUCTIDOR an 11, et loi du 25 MARS 1817, tit. 4.

L'Assemblée nationale, considérant que chez un peuple libre, servir l'Etat est un devoir que tout citoyen est tenu de remplir, et qu'il ne peut prétendre de récompense qu'autant que la durée, l'éminence et la nature de ses services lui donnent des droits à une reconnaissance particulière de la nation ; que s'il est juste que, dans l'âge des infirmités, la patrie vienne au secours de celui qui lui a consacré ses talens et ses forces, lorsque sa fortune lui permet de se contenter des graces honorifiques, elles doivent lui tenir lieu de toute autre récompense, décrète ce qui suit :

TITRE 1er. Règles générales sur les pensions et autres récompenses pour l'avenir.

Art. 1er. L'Etat doit récompenser les services rendus au corps social, quand leur importance et leur durée méritent ce témoignage de reconnaissance. La nation doit aussi payer aux citoyens le prix des sacrifices qu'ils ont faits à l'utilité publique (1).

2. Les seuls services qu'il convient de récompenser sont ceux qui intéressent la société entière. Les services qu'un individu rend à un autre individu ne peuvent être rangés dans cette classe, qu'autant qu'ils sont accompagnés de circonstances qui en font réfléchir l'effet sur tout le corps social.

3. Les sacrifices dont la nation doit payer le prix sont ceux qui naissent des pertes qu'on éprouve en défendant la patrie, ou des dépenses qu'on a faites pour lui procurer un avantage réel et constaté.

4. Tout citoyen qui a servi, défendu, illustré, éclairé sa patrie, ou qui a donné un grand exemple de dévouement à la chose

_____

(1) Les décisions ministérielles sur le taux des pensions peuvent être réformées par le Conseil-

d'Etat en la forme contentieuse (20 janvier 1819, ord. S. 19, 2, 87).

publique, a des droits à la reconnaissance de la nation, et peut, suivant la nature et la durée de ses services, prétendre aux récompenses.

5. Les marques d'honneur décernées par la nation seront personnelles, et mises au premier rang des récompenses publiques.

6. Il y aura deux espèces de récompenses pécuniaires, les pensions et les gratifications. Les premières sont destinées au soutien du citoyen qui les aura méritées; les secondes, à payer le prix des pertes souffertes, des sacrifices faits à l'utilité publique.

7. Aucune pension ne sera accordée à qui que ce soit avec clause de réversibilité; mais dans le cas de défaut de patrimoine, la veuve d'un homme mort dans le cours de son service public pourra obtenir une pension alimentaire (1), et les enfans être élevés aux dépens de la nation, jusqu'à ce qu'elle les ait mis en état de pourvoir eux-mêmes à leur subsistance.

8. Il ne sera compris dans l'état des pensions que ce qui est accordé pour récompense de services. Tout ce qui sera prétendu à titre d'indemnité, de dédommagement, comme prix d'aliénation, ou pour toutes autres causes semblables, sera placé dans la classe des dettes de l'État, et soumis aux règles qui seront décrétées pour la liquidation des créanciers de la nation.

9. On ne pourra jamais être employé sur l'état des pensions qu'en un seul et même article; ceux qui auraient usurpé, de quelque manière que ce soit, plusieurs pensions, seront rayés de la liste des pensionnaires, et privés des graces qui leur auraient été accordées.

10. Nul ne pourra recevoir en même temps une pension et un traitement. Aucune pension ne pourra être accordée sous le nom de *traitement conservé* et de *retraite*.

11. Il ne pourra être concédé de pension à ceux qui jouissent d'appointemens, gages ou honoraires, sauf à leur accorder des gratifications, s'il y a lieu.

12. Un pensionnaire de l'État ne pourra recevoir de pensions ni sur la liste civile ni d'aucune puissance étrangère.

13. La liste civile étant destinée au paiement des personnes attachées au service particulier du Roi et à sa maison, tant domestique que militaire, le trésor public demeure déchargé de toutes pensions et gratifications qui peuvent avoir été accordées, ou qui le seraient par la suite, aux personnes qui auraient été, sont ou seront employées à l'un ou l'autre de ces services.

14. Il sera destiné à l'avenir une somme de douze millions de livres, à laquelle demeurent fixés les fonds des pensions, dons et gratifications; savoir, dix millions pour les pensions, et deux millions pour les dons et gratifications. Dans le cas où le remplacement des pensionnaires décédés ne laisserait pas une somme suffisante pour accorder des pensions à tous ceux qui pourraient y prétendre, les plus anciens d'âge et de service auront la préférence, les autres l'expectative, avec l'assurance d'être les premiers employés successivement.

15. Au-delà de cette somme, il ne pourra être payé ni accordé, pour quelque cause, sous quelque prétexte ou dénomination que ce puisse être, aucunes pensions, dons et gratifications, à peine contre ceux qui les auraient accordés ou payés, d'en répondre en leur propre et privé nom.

16. Ne sont compris dans la somme de dix millions affectée aux pensions, les fonds destinés aux invalides, aux soldes et demi-soldes, tant de terre que de mer, sur la fixation et distribution desquels fonds l'Assemblée se réserve de statuer, ni les pensions des ecclésiastiques, qui continueront d'être payées sur les fonds qui y seront affectés.

17. Aucun citoyen, hors le cas de blessures reçues ou d'infirmités contractées dans l'exercice de fonctions publiques, et qui les mettent hors d'état de les continuer, ne pourra obtenir de pension qu'il n'ait trente ans de service effectif, et ne soit âgé de cinquante ans; le tout sans préjudice de ce qui sera statué par les articles particuliers relatifs aux pensions de la marine et de la guerre.

18. Il ne sera jamais accordé de pensions au-delà de ce dont on jouissait à titre de traitement ou appointemens dans le grade que l'on occupait. Pour obtenir la retraite d'un grade, il faudra y avoir passé le temps qui sera déterminé par les articles relatifs à chaque nature de service. Mais quel que fût le montant de ces traitemens et appointemens, la pension, dans aucun cas, sous aucun prétexte, et quels que puissent être le grade ou les fonctions du pensionné, ne pourra jamais excéder la somme de dix mille livres.

19. La pension accordée à trente ans de services sera du quart du traitement, sans toutefois qu'elle puisse être moindre de cent cinquante livres.

20. Chaque année de service ajoutée à ces trente ans produira une augmentation progressive du vingtième des trois quarts restant des appointemens et traitemens, de manière qu'après cinquante ans de service, le montant de la pension sera de la totalité des appointemens et traitemens, sans que néanmoins,

---

(1) La veuve n'a pas un droit exigible en la forme contentieuse; l'administration a seulement la faculté d'accorder une pension selon les convenances (17 juin 1820, ord. S. 21, 2, 86).

comme on l'a dit ci-devant, cette pension puisse jamais excéder la somme de dix mille livres.

21. Le fonctionnaire public, ou tout autre citoyen au service de l'État, que ses blessures ou infirmités obligeront de quitter son service ou ses fonctions avant les trente années expliquées ci-dessus, recevra une pension déterminée par la nature et la durée de ses services, le genre de ses blessures et l'état de ses infirmités.

22. Les pensions ne seront accordées que d'après les instructions fournies par les directoires de département et de district, et sur l'attestation des officiers généraux et autres agens du pouvoir exécutif et judiciaire, chacun dans la partie qui le concerne.

23. A chaque session du Corps-Législatif, le Roi lui fera remettre la liste des pensions à accorder aux différentes personnes qui, d'après les règles ci-dessus, seront dans le cas d'y prétendre. A cette liste sera jointe celle des pensionnaires décédés et des pensionnaires existant. Sur ces deux listes envoyées par le Roi à la législature, elle rendra un décret approbatif des nouvelles pensions qu'elle croira devoir être accordées; et lorsque le Roi aura sanctionné ce décret, les pensions accordées dans cette forme seront les seules exigibles et les seules payables par le trésor public.

24. Les gratifications seront accordées d'après les mêmes instructions et attestations portées dans l'article 22; chaque gratification ne sera donnée que pour une fois seulement; et s'il en est accordé une seconde à la même personne, elle ne pourra l'être que par une nouvelle décision et pour cause de nouveaux services. Dans tous les cas, les gratifications seront déterminées par la nature des services rendus, des pertes soufertes, et d'après les besoins de ceux auxquels elles seront accordées.

25. A chaque session, il sera présenté un état des gratifications à accorder, et les motifs qui doivent en déterminer la concession et le montant. L'état de celles qui seront jugées devoir être accordées sera pareillement décrété par l'assemblée législative. Après que le Roi aura sanctionné le décret, les gratifications accordées dans cette forme seront aussi les seules payables par le trésor public.

26. Néanmoins, dans les cas urgens, le Roi pourra accorder provisoirement des gratifications : elles seront comprises dans l'état qui sera présenté à la législature; et si elle les juge accordées sans motifs ou contre les principes décrétés, le ministre qui aura contre-signé les décisions sera tenu d'en verser le montant au trésor public.

27. L'état des pensions, tel qu'il aura été arrêté par l'Assemblée nationale, sera rendu public; il sera imprimé en entier tous les dix ans; et tous les ans, dans le mois de janvier, l'état des changemens survenus dans le cours des années précédentes, ou des concessions de nouvelles pensions et gratifications, sera pareillement livré à l'impression.

TITRE II. Règles particulières concernant les récompenses pécuniaires qui peuvent être accordées à ceux qui ont servi l'État dans la guerre, dans la marine, dans les emplois civils, dans les sciences, les lettres et les arts.

Art. 1er. Le nombre d'années de service nécessaire dans les troupes de ligne pour obtenir une pension, sera de trente années de service effectif; mais pour déterminer le montant de la pension, il sera ajouté à ces années de service les années résultant des campagnes de guerre, d'embarquement, de service ou garnison hors de l'Europe, d'après les proportions suivantes :

Chaque campagne de guerre et chaque année de service ou de garnison hors de l'Europe, sera comptée pour deux ans.

Chaque année d'embarquement en temps de paix, sera comptée pour dix-huit mois.

Ce calcul aura lieu dans quelque grade que les campagnes et les années de service ou d'embarquement aient été faites, dans le grade de soldat comme dans tous les autres.

2. Tous officiers, soit étrangers, soit Français, employés dans les troupes de ligne françaises ou étrangères au service de l'État, de quelque arme et de quelque grade qu'ils soient, seront traités, pour leur pension, sur le pied de l'infanterie française. Tous les officiers d'un même grade, quoique de classe différente, même simplement commissionnés, mais en activité, seront pensionnés également sur le pied de ceux de la première classe.

3. On n'obtiendra la pension attachée à un grade qu'autant qu'on l'aura occupé pendant deux ans entiers, à moins que, pendant le cours desdites deux années, on n'ait reçu quelque blessure qui mette hors d'état de servir.

4. Le nombre d'années de service nécessaire dans la marine pour obtenir une pension, sera de vingt-cinq années de service effectif; et pour fixer le montant de la pension, il sera ajouté à ces années de service celles résultant des campagnes de guerre, embarquement, service ou garnison hors de l'Europe, dans les mêmes proportions qui ont été fixées par l'article 1er du présent titre, pour les troupes de terre.

Ce calcul aura lieu, quel qu'ait été la classe ou le grade dans lesquels on ait commencé à servir; mais l'on n'aura la pension attachée au grade, qu'après l'avoir occupé pendant deux ans entiers, ainsi qu'il est dit dans l'article précédent.

5. Le taux de la pension qu'on obtiendra

après avoir servi l'Etat dans les emplois ci-vils pendant trente années effectives, sera réglé sur le traitement qu'on avait dans le dernier emploi, pourvu qu'on l'ait occupé pendant trois années entières.

Les années de service qu'on aurait remplies dans les emplois civils hors de l'Europe, seront comptées pour deux années, lorsque les trente ans de service effectif seront d'ailleurs complets.

6. Les artistes, les savans, les gens de lettres, ceux qui auront fait une grande découverte propre à soulager l'humanité, à éclairer les hommes ou à perfectionner les arts utiles, auront part aux récompenses nationales, d'après les règles générales établies dans le titre Iᵉʳ du présent décret, et les règles particulières qui seront énoncées ci-après.

7. Celui qui aura sacrifié ou son temps, ou sa fortune, ou sa santé, à des voyages longs et périlleux, pour des recherches utiles à l'économie publique ou aux progrès des sciences et des arts, pourra obtenir une gratification proportionnée à l'importance de ses découvertes et à l'étendue de ses travaux; et s'il périssait dans le cours de son entreprise, sa femme et ses enfans seront traités de la même manière que la veuve et les enfans des hommes morts au service de l'Etat.

8. Les encouragemens qui pourraient être accordés aux personnes qui s'appliquent à des recherches, à des découvertes et à des travaux utiles, ne seront point donnés à raison d'une somme annuelle, mais seulement à raison des progrès effectifs de ces travaux; et la récompense qu'ils pourraient mériter ne leur sera délivrée que lorsque leur travail sera entièrement achevé, ou lorsqu'ils auront atteint un âge qui ne leur permettra plus de le continuer.

9. Il pourra néanmoins être accordé des gratifications annuelles, soit aux jeunes élèves que l'on enverra chez l'étranger pour se perfectionner dans les arts et les sciences, soit à ceux qu'on ferait voyager pour recueillir des connaissances utiles à l'Etat.

10. Les pensions destinées à récompenser les personnes ci-dessus désignées seront divisées en trois classes :

La première, celle des pensions dont le *maximum* sera de trois mille livres;

La seconde, celle des pensions qui excéderont trois mille livres, et dont le *maximum* ne pourra s'élever au-dessus de six mille livres;

La troisième comprendra les pensions au-dessus de six mille livres, jusqu'au *maximum* de dix mille livres, fixé par les précédens décrets.

11. Le genre de travail, les occupations habituelles de celui qui méritera d'être récompensé, détermineront la classe où il convient de le placer; et la qualité de ses services fixera le montant de la pension, de manière néanmoins qu'il ne puisse atteindre le *maximum* de la classe où il aura été placé; que conformément aux règles d'accroissement déterminées par les articles 19 et 20 du titre Iᵉʳ du présent décret.

TITRE III Suppression des pensions et autres graces pécuniaires existant au 1ᵉʳ janvier 1790. Règles générales pour leur rétablissement. Exceptions.

Art. 1ᵉʳ. Les pensions, dons, traitemens ou appointemens conservés, récompenses, gratifications annuelles, engagemens contractés pour paiemens de dettes, assurance de dots et de douaires, concessions gratuites de domaines, existant au 1ᵉʳ janvier 1790 ou accordés depuis cette époque, sont supprimés. Il sera procédé à une création nouvelle de pensions, suivant le mode qui sera établi par les articles suivans.

Et cependant, par provision, tous les ci-devant pensionnaires seront payés des arrérages de la présente année de leurs pensions, si elles ne sont que de la somme de six cents livres ou au-dessous, soit en un, soit en plusieurs articles; et dans le cas où les pensions et gratifications dont on jouissait excéderaient la somme de six cents livres, soit en un article, soit en plusieurs, il sera payé la somme de six cents livres à compte sur les arrérages de la présente année desdites pensions et gratifications.

2. Il ne sera payé, par les administrations municipales et autres, aucune pension ou gratification au-delà de la somme de six cents livres, conformément à l'article ci-dessus, jusqu'à ce que par l'Assemblée nationale il en ait été autrement ordonné. Lesdites administrations municipales et autres seront tenues d'envoyer sans délai au comité des pensions l'état certifié des pensions et gratifications dont elles sont chargées.

3. Les pensions qui étaient établies sur la caisse de l'ancienne administration du clergé, seront payées sur cette même caisse pour les six premiers mois de la présente année, sur le pied néanmoins de six cents livres au plus pour l'année entière, conformément à l'article 1ᵉʳ du présent titre; et il en sera de même des pensions qui pourraient exister encore sur d'autres caisses que le trésor public.

4. Les personnes qui, ayant servi l'Etat, se trouveront dans les cas déterminés par les deux premiers titres du présent décret, obtiendront une pension de la valeur réglée par lesdits titres, s'ils avaient déjà une pension, mais de moindre valeur que celle qu'ils leur assurent; la pension dont ils jouissaient demeurera supprimée, et elle sera remplacée par la pension plus considérable qu'ils obtiendront.

5. Il sera rétabli une pension en faveur des officiers généraux qui, ayant fait deux campagnes de guerre en quelque grade et en quelque lieu que ce soit, avaient précédemment obtenu une pension; mais elle cessera d'être payée s'ils rentrent en activité; en sorte que, conformément à l'article 10 du titre 1er du présent décret, il ne soit jamais payé au même officier pension et traitement.

La pension rétablie ne sera jamais plus forte que celle dont on jouissait.

Si la pension dont on jouissait était de deux mille livres ou plus, la nouvelle pension sera de deux mille livres pour l'officier général qui aura fait deux campagnes de guerre; elle croîtra de cinq cents livres à raison de chaque campagne de guerre au-delà des deux premières; mais cet accroissement ne pourra porter le total au-delà de la somme de six mille livres, qui est le *maximum* fixé pour les pensions mentionnées au présent article.

6. Les officiers des troupes de ligne et les officiers de mer qui avaient servi pendant vingt années dans lesdites troupes de ligne ou sur mer, qui avaient fait deux campagnes de guerre ou deux expéditions de mer dans quelque grade que ce soit, et auxquels leur retraite avait été accordée avec une pension, soit par suite des réformes faites dans la guerre ou dans la marine, soit à une époque antérieure aux réglemens qui seront mentionnés en l'article suivant, jouiront d'une nouvelle pension créée en leur faveur, laquelle ne pourra excéder celle dont ils jouissaient, mais pourra lui être inférieure, ainsi qu'il sera dit en l'article 10 du présent titre.

7. Les personnes qui, n'étant ni dans l'un ni dans l'autre des cas prévus par les deux articles précédens, auront obtenu, avant le 1er janvier 1790, une pension pour services rendus à l'État dans quelque département que ce soit, en conformité des ordonnances et réglemens faits par lesdits départemens, jouiront d'une nouvelle pension rétablie en leur faveur, laquelle ne sera jamais au-dessus de celle dont elles jouissaient précédemment, mais pourra être au-dessous dans les cas prévus par l'article 10 du présent titre.

8. Les veuves et enfans qui ont obtenu des pensions en conformité des ordonnances et réglemens faits pour les départemens dans lesquels leurs maris ou leurs pères étaient attachés à un service public, et notamment les veuves et enfans d'officiers tués au service de l'État, jouiront de nouvelles pensions rétablies en leur faveur, et pour la même somme à laquelle elles étaient portées, sous la condition néanmoins que les pensions desdites veuves et celle de tous leurs enfans réunis n'excéderont pas la somme de trois mille livres, qui sera le *maximum* desdites pensions.

Les veuves des maréchaux de France qui avaient obtenu des pensions, jouiront d'une pension de six mille livres, qui sera rétablie en leur faveur.

9. Les anciens réglemens ayant, à différentes époques, soumis des pensions à des réductions, converti en rentes viagères des arrérages échus et non payés, suspendu jusqu'à la mort des pensionnaires d'autres arrérages échus et non payés, il est déclaré : 1° que la disposition des articles précédens, qui porte que les pensions rétablies n'excéderont pas le montant des pensions anciennes, supprimées, s'entend du montant desdites pensions, déduction faite de toutes les retenues qui ont eu ou dû avoir lieu pendant le cours de l'année 1789, toute exception aux réglemens qui établissaient lesdites réductions étant anéantie; 2° que les rentes viagères créées pour arrérages échus et non payés continueront d'être servies aux personnes mêmes dont les pensions se trouveraient supprimées sans espérance de rétablissement, et, hors la nouvelle pension, aux personnes en faveur desquelles une nouvelle pension serait rétablie; 3° que les arrérages échus, non payés et portés en décompte sur les brevets, seront compris dans les dettes de l'État et payés comme tels, tant à ceux dont les pensions sont supprimées, qu'à ceux qui en obtiendront de nouvelles.

10. Les pensions rétablies en vertu des articles précédens, et dont le *maximum* n'a pas été fixé, ne pourront excéder la somme de dix mille livres, si le pensionnaire est actuellement âgé de moins de soixante-dix ans; la somme de quinze mille livres, s'il est âgé de soixante-dix à quatre-vingts ans; et la somme de vingt mille livres, s'il est âgé de plus de quatre-vingts ans.

Les pensionnaires actuels, âgés de plus de soixante-quinze ans, qui ayant rendu des services à l'État, jouissaient de pensions au-dessus de trois mille livres, conserveront une pension au moins de ladite somme de trois mille livres.

Ceux qui, ayant servi dans la marine et les colonies, auront atteint leur soixante-dixième année, jouiront de la même faveur que les octogénaires.

Les veuves des maréchaux de France, qui ont atteint l'âge de soixante-dix ou quatre-vingts ans, jouiront de la faveur accordée à cet âge.

11. Il ne sera jamais rétabli qu'une seule pension en faveur d'une même personne, quand elle aurait servi dans plusieurs départemens, et quand elle jouit en pensions lui aurait été accordé originairement en plusieurs articles; mais la fixation de la nouvelle pension sera réglée d'après le total des pensions réunies.

12. Ceux qui, ayant fait quelque action d'éclat ou ayant rendu des services distingués, dignes d'une gratification, d'après les dispositions des articles 4 et 6 du titre 1er du présent

décret, n'en auraient pas été récompensés, ou ne l'auraient été que par une pension qui se trouverait supprimée sans espérance de rétablissement, seront récompensés, sur le fonds de deux millions destiné aux gratifications.

13. Les personnes qui, ayant droit à une pension ou à une gratification, préféreraient aux récompenses pécuniaires les récompenses énoncées dans l'article 5 du titre Ier du présent décret, en feront la déclaration et l'adresseront au comité des pensions, qui en rendra compte au Corps-Législatif.

14. L'Assemblée nationale se réserve de prendre en considération ce qui regarde les secours accordés aux Hollandais retirés en France; et jusqu'à ce qu'elle ait prononcé sur cet objet, ces secours continueront d'être distribués comme par le passé.

15. Pour subvenir aux besoins pressans des personnes qui, se trouvant privées des pensions qu'elles avait précédemment obtenues, n'auraient pas de titres suffisans pour en obtenir de nouvelles, et ne seraient pas dans le cas d'être renvoyées, soit à la liste civile, à cause de la nature de leurs services, soit au comité de liquidation, à cause des indemnités dont elles prétendraient que leur pension est le remboursement, il sera fait un fonds de deux millions, réparti et distribué d'après les règles suivantes : cinq cents portions de mille livres, mille portions de cinq cents livres, quatre mille une portions de deux cents livres, et treize cent trente-deux de cent cinquante livres. Les secours de la première classe ne seront donnés qu'à des personnes mariées ou ayant des enfans; ceux de la seconde classe pourront être donnés à des personnes mariées ou ayant des enfans, ou sexagénaires; les secours des troisième et quatrième classes seront distribués à toutes personnes qui y auront droit.

16. Les mémoires présentés dans les différens départemens, par les personnes qui ont obtenu des pensions, les décisions originales intervenues sur lesdits mémoires, les registres et notes qui constatent les services rendus à l'Etat, ensemble les mémoires que toutes personnes qui prétendent avoir droit aux récompenses pécuniaires jugeront à-propos de présenter, seront remis au comité des pensions, qui les examinera et vérifiera, ainsi que les mémoires qui lui ont déjà été remis.

17. Après l'examen et la vérification des états et pièces énoncés en l'article précédent, le comité dressera quatre listes. La première comprendra les pensions à payer sur les fonds de dix millions, ordonnés par l'article 14 du titre Ier du présent décret. La seconde comprendra les pensions rétablies par les articles 5, 6, 7 et 8 du titre II. La troisième liste comprendra les secours établis par l'article 15 du présent titre. La quatrième liste comprendra

les personnes dignes des récompenses établies par l'article 5 du titre Ier du présent décret, et qui les auront préférées aux récompenses pécuniaires. Ces listes seront présentées au Corps-Législatif, à l'effet d'être approuvées ou réformées par lui, et le décret qui interviendra sera ensuite présenté à la sanction du Roi.

18. Lorsque le décret rendu par le Corps-Législatif aura été sanctionné par le Roi, les pensions comprises dans la première liste seront payées sur le fonds qui y est destiné par l'article 14 du titre Ier du présent décret. A l'égard des pensions et secours compris dans les seconde et troisième listes, il sera fait fonds par addition, entre les mains des personnes chargées du paiement des pensions, du montant desdites listes.

Chacune des années suivantes, les fonds de ces deux listes ne seront fournis que par déduction faite des portions dont jouissaient les personnes qui seront décédées dans le cours de l'année précédente; de manière que lesdits fonds diminuent chaque année graduellement, sans que, sous aucun prétexte, il y ait lieu au remplacement d'aucune des personnes qui auront été employées dans lesdites seconde et troisième listes.

Les quatre listes seront rendues publiques par la voie de l'impression avec l'exposé sommaire des motifs pour lesquels chacun de céux qui s'y trouveront dénommés y aura été compris.

Les pensions accordées commenceront à courir du 1er janvier 1790; mais sur les arrérages qui reviendront à chacun pour l'année 1790, il sera fait une imputation de ce qu'on aurait reçu pour ladite année, en exécution des articles 1, 2 et 3 du présent titre.

19. Nonobstant l'article 8 du présent titre, relatif aux enfans des officiers tués au service de l'Etat, les enfans du général Montcalm, tué à la bataille de Québec, au lieu de la somme de trois mille livres qu'ils devaient se partager entre eux, aux termes dudit article, toucheront mille livres chacun. L'Assemblée nationale autorise les commissaires par elle nommés pour la distribution des nouvelles pensions, à exprimer dans le brevet de mille livres qui sera délivré à chacun desdits enfans, que cette exception a été décrétée par elle comme un témoignage de son estime particulière pour la mémoire d'un officier aussi distingué par ses talens et son humanité, que par sa bravoure et ses services éclatans. La même mention sera faite dans les brevets qui seront expédiés à la famille d'Assas, aux termes de l'article suivant.

20. Les pensions accordées aux familles d'Assas, de Chambord, et au général Luckner, seront conservées en leur entier, nonobstant les dispositions des articles précédens

qui pourraient y être contraires. A l'égard des autres exceptions qui ont été ou seraient proposées, elles seront envoyées au comité des pensions, qui en fera le rapport à l'Assemblée.

3 AOUT 1790.— Décret pour l'exécution de celui du 31 juillet sur les écrits. (B. 5. 24.)

3 = 10 AOUT 1790. — Décret qui renvoie au présidial de Carcassonne la procédure instruite par le prévôt de ladite ville contre les auteurs, fauteurs et complices de l'émeute arrivée au village de Pannautier le 16 juillet, contre la libre circulation des grains. (B. 5, 24)

3 AOUT 1790. — Organisation judiciaire. *Voy.* 16 = 24 août 1790.

3 AOUT 1790. — Arras. *Voy.* 28 JUILLET 1790.— La Chapelle. *Voy.* 31 JUILLET 1790. — Languedoc. *Voy.* 23 JUILLET 1790.

4 = 15 AOUT 1790. (Lett.-Pat.) — Décret qui ordonne de continuer la perception des octrois dans les lieux où il s'en trouve d'établis. (B. 5, 27.)

L'Assemblée nationale, sur le rapport qui lui a été fait des refus et même de la coalition des cabaretiers, aubergistes, bouchers et autres contribuables des villes de Noyon, Ham, Chauny et paroisses circonvoisines, à l'effet de ne point payer les droits dont la perception avait été continuée, refus constaté par la proclamation faite à ce sujet, de l'autorité des officiers municipaux, le 21 juin dernier, et par les procès-verbaux des 1er et 2 juillet, a décrété que, conformément à ses précédens décrets, les octrois des villes de Noyon, Ham, Chauny et paroisses circonvoisines, continueront d'être perçus tels et de la manière qu'ils l'étaient l'année dernière, jusqu'à ce qu'il en ait été autrement ordonné. Enjoint spécialement aux bouchers, cabaretiers et autres, d'acquitter les droits dont il s'agit, même pour les arriérés, à peine d'être poursuivis, non-seulement comme contribuables, mais encore comme réfractaires aux décrets de l'Assemblée nationale.

Déclare le présent décret commun à tous les lieux où il se trouve des octrois établis.

4 = 22 AOUT 1790. — Décret pour autoriser la ville de Montmédy à faire un emprunt. (B. 5, 27.)

5 AOUT 1790. — Organisation judiciaire *Voy.* 16 = 24 AOUT 1790.

5 = 10 AOUT 1790. — Décret relatif au département des Landes (B. 5, 30.)

L'Assemblée nationale, d'après l'avis de ses comités de constitution et des rapports réunis;

Décrète : 1° que l'assemblée du département des Landes se tiendra, conformément à son décret du 15 février dernier, en la ville de Mont-de-Marsan;

2° Que les électeurs, après avoir formé le corps administratif, se retireront en la ville de Tartas, pour y délibérer sur la faculté qui leur a été laissée de proposer un alternat, s'ils le jugeaient convenable aux intérêts du département;

3° Que, dans le cas où les électeurs jugeraient convenable de proposer un alternat-cet alternat ne pourrait avoir lieu qu'entre la ville de Mont-de-Marsan et une autre ville, de ce département.

Ordonne que son président se retirera incessamment par devers Sa Majesté, pour la prier de faire exécuter le présent décret.

5 = 10 AOUT 1790. — Décret relatif aux procédures dressées dans les départemens de la ci-devant Bretagne, au sujet des dégâts commis dans la campagne. (B. 5, 30.)

L'Assemblée nationale, informée par un de ses membre des procédures criminelles qui s'instruisent dans les départemens d'Ille-et-Vilaine, de la Loire-Inférieure, du Morbihan et autres de la ci-devant province de Bretagne, à l'occasion des troubles, dégâts et voies de fait qui ont eu lieu, il y a quelques mois, dans les campagnes situées dans ces départemens;

Considérant que ces insurrections et voies de fait très-condamnables, ont été partout le fruit d'un égarement momentané, et même, dans quelques endroits, l'effet de la supposition coupable de prétendus décrets de l'Assemblée nationale et d'ordres du Roi, auxquels la simplicité des habitans des campagnes leur a fait ajouter foi, quelque incroyables qu'ils fussent;

Considérant, en outre, que le zèle des municipalités et des administrations de département et de district, leur attention à instruire les habitans des campagnes des décrets de l'Assemblée nationale, sanctionnés par le Roi, et à les leur expliquer, empêcheront ces insurrections et voies de fait de se reproduire; lesquelles ne pourraient renaître qu'au grand péril de ceux qui s'en rendraient coupables, parce qu'ils seraient punis avec toute la sévérité des lois;

Décrète que le président se retirera vers le Roi, pour le prier de donner des ordres afin que les procédures criminelles qui s'instruisent dans les départemens d'Ile-et-Vilaine, de la Loire-Inférieure et du Morbihan, à l'occasion des dégâts et voies de fait commis dans quelques paroisses desdits départemens, soient regardées comme non-avenues, et que les personnes emprisonnées à raison de ces procédures soient mises en liberté, réservant à ceux qui ont pu souffrir quelques dommages de ces insurrections et voies de fait, la faculté de se pourvoir par une procédure civile, pour obtenir les dédommagemens et réparations qui leur seraient dus, et à se servir comme d'enquêtes, des informations faites sur leurs plaintes ou sur celles des officiers exerçant le ministère public dans ces paroisses.

5 = 10 AOUT 1790. — Décret qui ordonne la réunion à la ville de Montléon des hameaux de Garaison et du Gona, pour la formation d'une municipalité. (B. 5, 29.)

5 AOUT 1790. — Organisation judiciaire. *Voy.* 16 = 24 AOUT 1790.

5 AOUT 1790. — Assemblée nationale. Cambrésis. *Voy.* 30 JUILLET 1790. — Dimes. *Voy.* 3 AOUT 1790. — Loudun. *Voy.* 2 AOUT 1790. — Offices. *Voy.* 21 JUILLET 1790. — Strasbourg. *Voy.* 30 JUILLET 1790.

5 = 10 AOUT 1790. — Décret pour la composition d'un conseil de guerre, afin de prononcer sur la réclamation du sieur Moreton de Chabrillant contre sa destitution en date du 24 juin 1788. (B. 5, 32.)

6 = 18 AOUT 1790. (Lett.-Pat.) — Décret portant abolition du droit d'aubaine, de détraction, et extinction des procédures relatives à ces droits. (L. 1, 1187; B. 5, 33; Mon. 7 août 1790.)

Voy. loi du 13 = 17 AVRIL 1791. — Const. du 3 SEPTEMBRE 1791, tit. 6. — Code civil, art. 11, 726 et 912. — Loi du 14 JUILLET 1819.

L'Assemblée nationale, considérant que le droit d'aubaine est contraire aux principes de fraternité qui doivent lier tous les hommes, quels que soient leur pays et leur gouvernement; que ce droit établi dans des temps barbares, doit être proscrit chez un peuple qui a fondé sa constitution *sur les droits de l'homme et du citoyen*, et que la France libre doit ouvrir son sein à tous les peuples de la terre, en les invitant à jouir, sous un gouvernement libre, des droits sacrés et inaliénables de l'humanité, a décrété et décrète ce qui suit :

Art. 1er. Le droit d'aubaine et celui de détraction sont abolis pour toujours (1).

2. Toutes procédures, poursuites et recherches qui auraient ces droits pour objet sont éteintes.

---

(1) L'exemption du droit d'aubaine ne suffit pas pour conférer aux étrangers le droit de succéder à leurs parens français. L'exemption du droit d'aubaine donne seulement aux étrangers le droit de recueillir les biens qu'avaient en France leurs parens *étrangers* (2 prairial an 9; S. 1, 1, 442). — La loi française qui supprime le droit d'aubaine est obligatoire pour les pays réunis, de plein droit et par le seul fait de la réunion, notamment pour le Piémont (24 messidor an 13; Cass. S. 6, 2, 60).

Lorsque l'administration des domaines conteste à un particulier les droits qu'il prétend avoir à la succession d'un étranger, en lui opposant les droits d'aubaine, le jugement de cette contestation est de la compétence de l'autorité judiciaire.

Un arrêté de préfet, confirmé par décision ministérielle, qui rejette les prétentions du réclamant, ne fait point obstacle à ce que les parties portent le jugement de leurs droits devant les tribunaux. Au surplus, à quelque époque que remonte l'ouverture du droit, les lois sur la déchéance applicable aux créanciers de l'Etat ne peuvent être invoquées contre les héritiers de l'étranger (25 avril 1828, ord. Mac. t. 10, p. 374).

Les articles 11, 726 et 912, Code civil, sans rétablir le droit d'aubaine, ont établi la réciprocité comme condition de la successibilité des étrangers en France; il importe de connaître les nations avec lesquelles la France avait stipulé cette faculté de succéder réciproquement. — *Royaume d'Italie* (décret du 19 février 1806). — *Autriche* (décret du 20 décembre 1810). — *Lucques et Piombino* (décret du 6 août 1813). — *Mecklembourg-Schwerin* (décret du 28 mai 1813). — Principautés de *Schwartzbourg-Sondershausen*; de *Lippe-Detmold*; de *Schwartzbourg-Rudolstad*. — Duchés *d'Anhalt-Bamhourg*; de *Mecklembourg-*

Strelitz (décret du 18 mars 1813). — *Pays d'Erfurt* (décret du 15 mai 1813). — *Prusse* (décret du 18 décembre 1811). — *Grand-Duché de Francfort* (décret du 25 avril 1812). — Principauté de *Waldeck* (décret du 15 mai 1813). — *Suisse* (traité du 27 septembre 1803). — La réciprocité n'existait pas entre l'*Angleterre* et la France (6 avril 1819; Cass. S. 19, 1, 307).

Le traité d'abolition du droit d'aubaine entre deux puissances n'est pas anéanti par l'évènement de la guerre (décret du 20 décembre 1809 = 10 janvier 1810, Turin; S. 14, 2, 223). — Une parfaite réciprocité non-seulement de nation à nation, mais encore de particulier à particulier, est une condition nécessaire du droit de successibilité d'un étranger en France. Aussi *les religieux étrangers* qui ne peuvent dans leur pays recevoir ni transmettre de succession, sont incapables d'hériter en France (24 août 1808; Cass. S. 9, 1, 332).

L'affranchissement du droit *d'aubaine* et la *successibilité* des étrangers sont deux espèces de droits tout-à-fait distinctes. De là il suit que l'article 23 du traité diplomatique, dit *Pacte de famille*, qui, entre Français et Espagnols, abolit le droit d'aubaine, n'établit point par cela même un droit de successibilité par concours entre le régnicole et l'étranger.

Ainsi, dans la succession d'un Français décédé en France sous l'empire du Code civil et avant la loi de 1819, les parens espagnols ne venaient point en concours avec les parens français (28 décembre 1825; Cass. S. 26, 1, 281; D. 26, 1, 89).

Aux termes de cette loi, les citoyens d'un autre Etat n'ont pas en besoin pour recueillir en France d'exciper des traités politiques qui avaient supprimé l'aubaine; mais pour cela il n'y a pas eu annulation du traité; de sorte que, si, posté-

6 = 23 AOUT 1790. — **Décret** qui excepte les grandes masses de bois et forêts nationales de l'aliénation des biens nationaux. (L. 1, 1312 ; B. 5, 33 ; Mon. du 7 août 1790.)

Voy. loi du 28 SEPTEMBRE = 6 OCTOBRE 1791.

L'Assemblée nationale, après avoir entendu le rapport de ses comités réunis des domaines, de marine, des finances, de l'aliénation des biens nationaux, et de commerce et d'agriculture ; considérant que la conservation des bois et des forêts est un des objets les plus importans et les plus essentiels aux besoins et à la sûreté du royaume, et que la nation seule, par un nouveau régime et une administration active et éclairée, peut s'occuper de leur conservation, amélioration et repeuplement, pour en former en même temps une source de revenu public, a décrété et décrète ce qui suit :

Art. 1er. Les grandes masses de bois et forêts nationales sont et demeurent exceptées de la vente et aliénation des biens nationaux, ordonnée par les décrets des 14 mai, 25 et 26 juin aussi derniers.

2. Tous les bocqueteaux, toutes les parties de bois nationaux éparses, absolument isolées et éloignées de mille toises des autres bois d'une grande étendue, qui ne pourraient pas supporter les frais de gardes et qui ne seront pas nécessaires pour garantir les bords des fleuves, torrens et rivières, pourront être vendus et aliénés suivant les formes prescrites par lesdits décrets, pourvu qu'ils n'excèdent point la contenance de cent arpens, sauf à prendre l'avis des assemblées de département, pour la vente des parties de bois dont la contenance excéderait celle de cent arpens. Quant aux bois et forêts de ladite contenance qui, par leur position et la nature du sol, peuvent produire des bois propres à la marine, ils ne pourront être aliénés qu'après avoir eu l'avis des administrations des départemens, qui prendront celui des districts dans lesquels ils sont situés.

3. L'Assemblée nationale charge les cinq comités réunis de lui présenter incessamment le plan d'un nouveau régime et administration des bois, et de réforme de la législation des forêts, dont elle reconnait l'urgente et indispensable nécessité.

6 et 7 = 8 AOUT 1790. — **Décret** concernant le rétablissement de la discipline dans les corps de troupes réglées. (L. 1, 1160 ; B. 5, 36)

L'Assemblée nationale, après avoir entendu le rapport de son comité militaire, du-

quel il résulte que plusieurs corps de l'armée, égarés par les insinuations des ennemis du bien public, et perdant de vue les premiers devoirs de leur état, ont porté si loin l'infraction et le mépris de la discipline, que si l'on ne s'empressait d'adopter des mesures imposantes pour le rétablissement de la subordination et le maintien de l'ordre, l'honneur des corps militaires et la sûreté nationale se trouveraient également compromis avant peu, a décrété et décrète ce qui suit :

Art. 1er. Les lois et ordonnances militaires actuellement existantes seront exactement observées et suivies, jusqu'à la promulgation très-prochaine de celles qui doivent être le résultat des travaux de l'Assemblée nationale sur cette partie.

2. Excepté le conseil d'administration, toutes autres associations délibérantes, établies dans les régimens sous quelque forme et dénomination que ce soit, cesseront immédiatement après la publication du présent décret.

3. Le Roi sera supplié de nommer des inspecteurs extraordinaires choisis parmi les officiers généraux, pour, en présence du commandant de chaque corps, du dernier capitaine, du premier lieutenant, du premier sous-lieutenant, du premier et du dernier sergent ou maréchal-des-logis, du premier et du dernier caporal ou brigadier, et de quatre soldats du régiment, nommés ainsi qu'il va être dit, procéder à la vérification des comptes de chaque régiment depuis six ans, et faire droit sur toutes plaintes qui pourront être portées relativement à l'administration des deniers et à la comptabilité, à l'effet de quoi il sera tiré au sort, dans chaque compagnie, un soldat entre ceux sachant lire et écrire, et ayant au moins deux ans de service ; et parmi ceux que le premier sort aura désignés, il en sera ensuite tiré quatre pour assister à cette vérification, de laquelle sera dressé procès-verbal, dont copie sera envoyée au ministre de la guerre.

4. Il ne pourra désormais être expédié de cartouche jaune et infamante à aucun soldat, qu'après une procédure instruite et en vertu d'un jugement prononcé selon les formes usitées dans l'armée pour l'instruction des procédures criminelles et la punition des crimes militaires.

5. Les cartouches jaunes expédiées depuis le 1er mai 1789, sans l'observation de ces formes rigoureuses, n'emportent aucune note ni flétrissure au préjudice de ceux qui ont été congédiés avec de semblables cartouches.

---

rieurement, la loi du 6 = 18 août 1790 a perdu l'effet d'assurer la successibilité de l'étranger ; si, par exemple, la successibilité de l'étranger ne peut plus avoir lieu en France qu'au cas de réciprocité entre les deux Etats, comme sous le

Code civil, en ce cas le traité ancien peut être invoqué par l'étranger (2 juin 1824, Poitiers ; S. 25 , 2 , 59).

Voy. le *traité du 30 mai 1814 et le Code des aubains*, par Gaschon.

6. Les officiers doivent traiter les soldats avec justice , et avoir pour eux les égards qui leur sont expressément recommandés par les ordonnances, à peine de punition. Les soldats, de leur côté, doivent à leurs officiers et sous-officiers respect dans tous les cas, et obéissance absolue dans tout ce qui concerne le service; et ceux qui s'en écarteront seront punis suivant la rigueur des ordonnances.

7. A compter du jour de la publication du présent décret, il sera informé de toutes séditions, de tous mouvemens concertés, qui auront lieu dans les garnisons et dans les corps , contre l'ordre et au préjudice de la discipline militaire. Le procès sera fait et parfait aux instigateurs , auteurs, fauteurs et participes de ces séditions et mouvemens; et par le jugement à intervenir, ils seront déclarés déchus pour jamais du titre de citoyen actif, traîtres à la patrie, infames, indignes de porter les armes, et chassés de leur corps. Ils pourront même être condamnés, suivant l'exigence des cas , à des peines afflictives et corporelles, conformément aux ordonnances; à l'effet de quoi le comité militaire présentera dimanche prochain un décret pour mettre l'Assemblée nationale en état de statuer sur l'organisation du conseil de guerre, et la forme d'y procéder.

8. Il est libre à tout officier , sous-officier et soldat, après avoir obéi, de faire parvenir directement ses plaintes aux supérieurs, au ministre, à l'Assemblée nationale, sans avoir besoin de l'attache ou permission d'aucune autorité intermédiaire ; mais il n'est permis, sous aucun prétexte , dans les affaires qui n'intéressent que la police intérieure des corps, la discipline militaire et l'ordre du service , d'appeler l'intervention , soit des municipalités, soit des autres corps administratifs, lesquels n'ont d'actions sur les troupes de ligne que par les réquisitions qu'ils peuvent faire à leurs chefs ou commandans.

Enfin, le président se retirera dans le jour vers Sa Majesté, pour la supplier de sanctionner le présent décret, et de donner ses ordres pour qu'il soit incessamment envoyé à tous les régimens de l'armée, lu et publié à la tête de chacun d'eux et strictement exécuté dans tout son contenu; pareillement envoyé aux corps administratifs et municipaux, pour qu'ils aient à s'y conformer.

6 AOUT 1790. — Décret pour ordonner la communication à la marine des pièces relatives aux affaires de Saint-Domingue. (B. 5, 32.)

6 = 14 AOUT 1790. — Décret pour charger la municipalité de Paris de la vente des biens nationaux situés dans son département (B. 5, 36.)

6 = 22 AOUT 1790. — Décret pour la vente à la commune de Paris, des biens nationaux pour

lesquels elle a fait soumission. (L. 1, 1266 ; B. 5 , 35.)

6 AOUT 1790. — Annonay, etc. Voy. 26 JUILLET 1790.

7 = 22 AOUT 1790. — Décret concernant la nomination de commissaires pour surveiller l'émission des assignats et l'extinction des billets de la caisse d'escompte. (L. 1, 1250 ; B. 5 , 42.)

Art. 1er. L'Assemblée nationale décrète qu'elle nommera huit commissaires pour surveiller l'émission des assignats et l'extinction des billets de la caisse d'escompte ou promesses d'assignats.

2. Les commissaires constateront par un procès-verbal le nombre d'assignats non signés, successivement retirés de l'imprimerie royale.

3. Les assignats non signés seront déposés dans une caisse fermant à trois clefs, dont deux seront gardées par les commissaires de l'Assemblée nationale, et la troisième par le trésorier de la caisse de l'extraordinaire.

4. Il sera , tous les jours, délivré audit trésorier autant de billets non signés qu'il en pourra faire signer, jusqu'à la concurrence de douze mille assignats. Les commissaires de l'Assemblée nationale vérifieront la quantité de billets signés, jour par jour, les recevront des mains du trésorier de la caisse de l'extraordinaire, et les déposeront dans la même caisse jusqu'au moment de leur émission.

5. A compter du 10 août, les commissaires de l'Assemblée nationale remettront au trésorier de l'extraordinaire les mille assignats signés et timbrés qu'il doit échanger, conformément au décret du 29 juillet dernier, contre des billets de la caisse d'escompte.

Les assignats seront échangés dans la proportion de leur création, savoir :

1250 de mille livres , 3334 de trois cents livres, 5416 de deux cents livres. Total, 10.000 assignats par jour.

6. Les administrateurs de la caisse d'escompte nommeront trois commissaires, au moins, pour être présens à l'échange journalier et à toutes les opérations relatives à l'extinction des billets de la caisse d'escompte ou promesses d'assignats, et pour constater la vérité desdits billets et desdites promesses.

7. Aussitôt qu'un billet de la caisse d'escompte ou une promesse d'assignats sera échangé contre un assignat, il sera sur-le-champ, et en présence de celui qui l'échangera, estampé, dans le milieu du billet, d'un timbre portant ces mots : Echangé et nul.

8. Cette formalité remplie, les dix mille billets seront remis chaque jour, en présence des commissaires de l'Assemblée nationale et de la caisse d'escompte, dans un coffre fermant à trois clefs. Il en sera dressé procès-

verbal, qui sera signé des commissaires présens : une des clefs restera entre les mains d'un des commissaires de l'Assemblée nationale, une autre entre celles du trésorier de la caisse de l'extraordinaire, et la troisième entre celles des commissaires de la caisse d'escompte.

9. Le procès-verbal sera continué tous les jours de chaque semaine, et il sera clos le lundi de chaque semaine, en brûlant, en présence des commissaires et du trésorier de la caisse de l'extraordinaire, les billets de la caisse d'escompte ou promesses d'assignats échangés dans la semaine précédente. Les uns et les autres commissaires, ainsi que le trésorier de la caisse de l'extraordinaire, signeront ledit procès-verbal, qui sera remis au fur et à mesure au comité des finances de l'Assemblée nationale, et imprimé tous les mois. Tous les procès-verbaux seront, à la fin de l'opération, déposés aux archives de l'Assemblée.

7 AOUT 1790 = 25 MARS 1791. — Décret qui fixe les réductions à opérer dans les départemens des ministres. (L. 3, 1022 ; B. 5, 45.)

L'Assemblée nationale, d'après le rapport du comité des finances, a décrété et décrète ce qui suit :

Art. 1er. Les dépenses de la chancellerie sont fixées à la somme de quarante-huit mille livres.

2. Celles du secrétariat et des bureaux du département de l'intérieur, autrefois dit de la maison du Roi, en ce qui sera à la charge du trésor public, sont fixées à la somme de quatre-vingt-dix mille livres.

3. Celles des bureaux de l'administration générale des finances, en ce non compris l'intendance du trésor public et ses bureaux, sont fixées à la somme de six cent cinquante mille livres.

4. La distribution des sommes déterminées par les articles ci-dessus sera faite par les ministres, chacun dans son département ; les ministres remettront au comité des finances chacun l'état motivé de sa distribution, et le comité en rendra compte à l'Assemblée.

= 24 AOUT 1790 — Décret relatif aux différens dépôts et chartriers existant dans la ville de Paris. (B. 5, 45.)

Art. 1er. Le dépôt des minutes et expéditions extraordinaires du conseil ; le dépôt des minutes du conseil privé, quand il cessera d'être en activité ; le dépôt existant au Louvre, sous la garde du sieur Farcy ; le dépôt existant aux Augustins, sous la garde du sieur Lemaire ; le dépôt des minutes du conseil de Lorraine, seront réunis dans un seul et même lieu.

2. Il sera établi un seul garde de ce dépôt,

avec trois mille livres d'appointemens, lequel donnera et signera des expéditions.

3. Il sera donné au garde de ce dépôt un premier commis qui, en cas d'absence ou d'empêchement du garde, sera autorisé à signer des expéditions, et aura douze cents livres d'appointemens.

4. Il sera également donné au garde du dépôt un second commis à mille livres d'appointemens.

5. Les frais de bureau du garde du dépôt sont fixés à huit cents livres.

6. L'inspection de la réunion des dépôts et chartriers ci-dessus spécifiés, et existant dans la ville de Paris, est confiée à la municipalité de cette ville.

= 14 AOUT 1790. (Lett.-Pat.) — Décret relatif à la procédure instruite par le Châtelet sur les événemens du 6 octobre 1789. (B. 5, 46.)

L'Assemblée nationale a décrété, conformément à son décret du 26 juin dernier, que son comité des rapports lui rendra compte des charges qui concernent les représentans de la nation, s'il en existe dans la procédure faite par le Châtelet sur les événemens du 6 octobre dernier, à l'effet qu'il soit déclaré sur ledit rapport s'il y a lieu à accusation ; a décrété, en outre, que deux commissaires du Châtelet seront appelés pour assister à l'ouverture du paquet déposé par les officiers de ce tribunal, et à l'inventaire des pièces qui y sont contenues ; décrète encore que le comité des recherches de la ville de Paris sera tenu de remettre, sans délai, entre les mains du procureur du Roi du Châtelet, pour servir en tant que de besoin à la poursuite de la procédure, tous les documens et pièces qu'il peut avoir y relatifs. Déclare, au surplus, l'Assemblée, qu'elle n'entend, par le présent décret, arrêter le cours de la procédure vis-à-vis les autres accusés et décrétés.

AOUT 1790. — Décret pour réprimer l'insubordination du régiment de Royal-Champagne. (B. 5, 42.)

7 AOUT 1790. — Arrêt du Conseil-d'État du Roi, qui nomme le sieur Toussaint-Auguste Pilet, pour signer aux lieu et place du sieur Laurent Branlo, en qualité de tireur, les assignats de deux cents livres. (L. 1, 1149.)

= 14 AOUT 1790. — Décret qui annule les procédures instruites dans le département du Var, à l'occasion des dégâts commis les 6 et 7 janvier dernier dans le lieu de Cabris. (B. 5, 46.)

AOUT 1790. — Décret sur le mode de paiement des arrérages de pensions échus au 31 décembre 1789. (B. 5, 41.)

7 = 14 AOUT 1790. — Décret qui suspend, à l'égard de la ville de Paris, l'exécution du décret du 12 juin 1790, relatif à l'inscription pour le service de la garde nationale. (B. 5, 21.)

---

7 AOUT 1790. — Juifs. Sivry. *Voy.* 20 JUILLET 1790.

---

8 = 20 AOUT 1790. (Lett.-Pat.) — Décret relatif au mode de recouvrement de la contribution patriotique. (L 1, 1260; B. 5, 48.)

Art. 1er. Le conseil général de la commune vérifiera toutes les déclarations qui auront été faites pour la contribution patriotique, à l'effet d'approuver celles qui lui paraîtront conformes à la vérité, et de rectifier celles qui sont notoirement infidèles.

Dans le cas où les contribuables auront négligé de faire leur déclaration, le conseil général de la commune sera chargé d'y suppléer par une taxe d'office qu'il fera en son ame et conscience, et il sera tenu de donner sommairement les motifs des augmentations qu'il prononcera.

Les directoires de district vérifieront les déclarations des membres du conseil général de la commune, et seront en droit de vérifier et rectifier les déclarations d'une communauté entière, s'il y a lieu.

2. Le corps municipal fera donner un avertissement, dans le plus court délai possible, aux parties intéressées, de la nouvelle taxation à laquelle elles auront été assujéties.

3. Tout citoyen qui, dans quinzaine du jour de l'avertissement envoyé par le corps municipal, ne se sera pas présenté à la municipalité pour y opposer ses moyens de défense, sera censé avoir accepté, sans réclamation, la nouvelle cotisation faite par le conseil général, et cette cotisation sera mise en recouvrement sur le rôle de la contribution patriotique.

4. Dans le cas de réclamation, le directoire de district prendra connaissance de l'affaire, et la renverra dans huitaine, avec son avis, au directoire de département, qui statuera définitivement.

5. Les officiers municipaux, autorisés par le décret du 27 mars précédent, à imposer ceux qui, domiciliés ou absens du royaume, et jouissant de plus de quatre cents livres de revenu net, n'auront pas fait la déclaration prescrite par le décret du 6 octobre 1789, concernant la contribution patriotique, seront tenus de procéder de suite à ladite imposition; et le conseil général de la commune sera tenu de rectifier les déclarations notoirement infidèles, dans le délai de quinze jours, dans les villes et lieux dont la population n'excède pas vingt mille ames; et dans le mois, dans les villes dont la population est au-dessus de vingt mille ames, à compter de la publication des présentes; faute de quoi ils demeureront responsables du retard qui résulterait dans le recouvrement de ladite contribution, d'après les rôles qui en seront faits d'office par les directoires de district; et à cet effet, les départemens veilleront à ce que, dans chaque district, il soit nommé deux commissaires pour achever ladite imposition dans les municipalités en retard.

6. Les héritiers des personnes décédées après avoir fait leur déclaration, seront tenus de payer aux échéances le montant desdites déclarations, sauf à obtenir décharge ou modération de la contribution qui était due sur le montant des emplois, places ou pensions dont jouissaient les déclarans, conformément à l'article 2 du décret du 27 mars précédent.

7. En cas de concurrence entre les créanciers d'un débiteur et le receveur de la contribution patriotique, elle sera payée par suite et avec même privilége que les autres impositions.

---

8 AOUT 1790. — Proclamation du Roi concernant le recouvrement des rôles de supplément des six derniers mois de 1789. (L. 1, 1152.)

---

8 AOUT 1790. — Décret portant qu'il sera délivré au Trésor public quarante millions de billets de caisse, servant de promesses d'assignats. (B. 5, 47.)

---

8 AOUT 1790. — Annonay, etc. *Voy.* 26 JUILLET 1790. — Assignats. *Voy.* 29 JUILLET 1790. — Discipline. *Voy.* 6 AOUT 1790. — Liquidation. *Voy.* 17 JUILLET 1790. — Postes. *Voy.* 11 JUILLET 1790. — Saône-et-Loire, etc. *Voy.* 10 JUILLET 1790.

---

9 AOUT 1790. — Gimont. *Voy.* 9 AOUT 1790.

---

10 = 18 AOUT 1790. (Lett.-Pat.) — Décret concernant le paiement des droits d'aides, d'octrois et autres conservés, ainsi que des arriérés. (L. 1, 1191; B. 5, 56.)

L'Assemblée nationale, instruite par son comité des finances que les redevables des droits d'aides, d'octrois et autres conservés, entre autres les bouchers, aubergistes et cabaretiers des villes de Noyon, Ham, Chauny et autres paroisses circonvoisines, affectent d'éluder le paiement desdits droits, ordonné spécialement par son décret du 4 août présent mois, sous prétexte que ce décret n'ordonne que le paiement des octrois, déclare que, conformément à ses précédens décrets les droits d'aides, d'octrois et autres conservés, continueront d'être perçus tels et de la même manière qu'ils l'étaient en l'année dernière, jusqu'à ce qu'il en ait été autrement ordonné. Enjoint spécialement aux bouchers, cabaretiers, aubergistes et autres, d'acquitter lesdits droits, même pour les arriérés; et de se soumettre aux exercices que leur perception rend nécessaires, à peine d'être poursuivis, non-seulement comme contribuables, mais encore comme réfractaires aux décrets les plus positifs de l'Assemblée nationale; déclare le présent décret commun à tous les lieux où il se trouve des octrois d'aides établis.

———

10 == 14 AOUT 1790. — Décret qui blâme la municipalité de Saint-Aubin d'avoir décacheté des paquets adressés à différens ministres. (B. 5, 57.)

Voy. loi du 10 == 20 JUILLET 1791.

L'Assemblée nationale, après avoir entendu le rapport de son comité des recherches, considérant que le secret des lettres est inviolable, et que, sous aucun prétexte, il ne peut y être porté atteinte, ni par les individus, ni par les corps, décrète, qu'elle improuve la conduite de la municipalité de Saint-Aubin, pour avoir ouvert un paquet adressé à M. d'Ogny, intendant-général des postes, et plus encore pour avoir ouvert ceux adressés au ministre des affaires étrangères, et aux ministres de la cour de Madrid. Elle charge son président de se retirer devers le Roi, pour le prier de donner les ordres nécessaires, afin que le courrier, porteur de ces paquets, soit mis en liberté, et pour que le ministre du Roi soit chargé de témoigner à M. l'ambassadeur d'Espagne les regrets de l'Assemblée, de l'ouverture de ces paquets.

———

10 == 22 AOUT 1790. — Décret qui autorise la municipalité de Villefranche à imposer provisoirement une somme de deux mille quatre cents livres. (B. 5, 57.)

———

10 == 20 et 22 AOUT 1790. — Décrets qui autorisent les emprunts faits par les communes de Gannat, de Gaillac, de Manners et de Pont-de-l'Arche. (B. 5, 51 et 52.)

———

10 AOUT 1790. — Décret provisoire qui ôte aux commissaires du Roi l'accusation publique. (B. 5, 58.) *Voy.* au 16 AOUT.

———

10 AOUT 1790. — Affaires publiques. *Voy.* 2 AOUT 1790. — Bretagne; Landes. *Voy.* 5 AOUT 1790. — Montléon, etc.; Moreton. *V.* 5 AOUT 1790. Paunautier. *Voy.* 3 AOUT 1791.

———

11 (10 et) == 15 AOUT 1790. (Procl.) — Décret concernant les réclamations à faire par les troupes de la marine et gens de mer, et autres objets de discipline et de police, tant sur les vaisseaux que dans les ports et arsenaux. (L. 1, 1174; B. 5, 53.)

L'Assemblée nationale, ouï son comité de marine, et voulant prévenir les justes réclamations que pourraient avoir à faire les canonniers-matelots, soldats et gens de mer, relativement aux comptes de solde et désarmemens, petite masse et parts de prises, a décrété :

Art. 1er. Que le Roi serait prié de commettre deux inspecteurs dans chaque département, pour procéder à la révision et apurement desdits comptes, dans la forme qui sera ci-après déterminée; ladite révision devant avoir lieu à compter du 1er janvier 1778.

2. Les comptes relatifs aux désarmemens et parts de prises, faisant partie de l'administration civile des ports, seront examinés par un inspecteur choisi parmi les officiers militaires, en présence d'un capitaine de vaisseau, d'un lieutenant et d'un sous-lieutenant, de deux officiers-mariniers, et de deux matelots sachant lire et écrire.

3. Les officiers-mariniers et matelots qui seront appelés à l'examen, seront choisis parmi ceux qui auront fait partie des équipages des escadres ou vaisseaux intéressés à chaque compte, autant qu'il s'en trouvera sur les lieux; et à défaut, ils seront choisis parmi les plus anciens actuellement de service dans les ports.

4. Les comptes relatifs aux soldes, masses et retenues des canonniers-matelots du corps royal de la marine, faisant partie de l'administration militaire, seront examinés par un inspecteur choisi parmi les administrateurs civils des ports, en présence d'un officier-major, d'un chef de compagnie, d'un sous-lieutenant de division, du premier et du dernier maître-canonnier, du premier et du dernier aide-canonnier, et de deux derniers canonniers de chaque division; et le résultat desdits comptes sera rendu public par la voie de l'impression.

5. Excepté les conseils d'administration établis dans les divisions du corps royal de la marine, tous autres comités, associations et délibérations d'individus tenant au service de la marine cesseront, sous quelque forme et dénomination que ce puisse être, après la publication du présent décret.

6. Les officiers doivent traiter les canonniers et gens de mer avec justice, et avoir pour eux les égards qui leur sont expressément recommandés par les ordonnances, à peine de punition. Les canonniers et matelots, de leur côté, doivent respect et obéissance absolue, dans les choses concernant le service, aux officiers et officiers-mariniers, et ceux qui s'en écarteront seront punis selon la rigueur des ordonnances.

7. Il ne pourra désormais être expédié de cartouche jaune et infamante à aucun soldat, qu'après une procédure instruite et en vertu d'un jugement prononcé selon les formes usitées dans l'armée pour l'instruction des pro-

cédures criminelles et la punition des crimes militaires.

8. Les cartouches jaunes expédiées depuis le 1ᵉʳ mai 1789, sans l'observation de ces formes rigoureuses, n'emportent aucune note ni flétrissure au préjudice de ceux qui ont été congédiés avec de semblables cartouches.

9. A compter de la publication du présent décret, il sera informé de toute nouvelle sédition, de tout mouvement concerté entre les canonniers-matelots du corps royal de la marine, les gens composant les équipages des vaisseaux en armement, les ouvriers et employés au service des arsenaux, contre l'ordre et au préjudice de la discipline militaire. Le procès sera fait et parfait aux instigateurs, fauteurs et participes de ces séditions et mouvemens; et par le jugement à intervenir, ils seront déclarés déchus pour jamais du titre de citoyen actif, traîtres à la patrie, infames, indignes de porter les armes, chassés de leurs corps et des arsenaux. Ils pourront même être condamnés à des peines afflictives, conformément aux ordonnances.

10. Il est libre à tout officier, officier-marinier, canonnier-matelot, après avoir obéi, de faire parvenir directement ses plaintes aux supérieurs, au ministre, à l'Assemblée nationale, sans avoir besoin de l'attache ou permission d'aucune autorité intermédiaire; mais il n'est permis, sous aucun prétexte, dans les affaires qui n'intéressent que la police intérieure du corps royal de la marine, la discipline militaire ou le service des arsenaux, d'appeler l'intervention, soit des municipalités, soit des autres corps administratifs, lesquels n'ont d'action sur les troupes et gens de mer, que par les réquisitions qu'ils peuvent faire à leurs chefs ou commandans.

11. Les lois et ordonnances de la marine actuellement existantes seront observées et suivies jusqu'à la promulgation très-prochaine de celles qui doivent être le résultat des travaux de l'Assemblée nationale sur cette partie.

11 (6 et) = 24 AOUT 1790. — Décret pour accélérer la liquidation et le paiement du traitement du clergé. (L. 1, 1349; Mon. des 7 et 13 août.)

L'Assemblée nationale, ouï le rapport de son comité ecclésiastique, voulant accélérer la fixation des traitemens accordés aux ecclésiastiques par ses précédens décrets, désirant aussi en faciliter l'acquittement pour la présente année et celles à venir, et connaître la dépense de l'année 1791, tant pour ces traitemens que pour les pensions des ordres religieux, décrète ce qui suit :

Art. 1ᵉʳ. Dans le mois, à compter de la publication du présent décret, tous ceux à qui il a été accordé des traitemens ou pensions,

seront tenus, pour satisfaire à l'article 22 du décret du 24 juillet dernier, de se conformer à ce qui est réglé ci-après, à défaut de quoi ils ne seront point compris dans les états dont il sera parlé dans les articles suivans.

2. Les évêques et les curés conservés dans leurs fonctions adresseront au directoire du district de leur résidence l'état de tous les revenus et pensions dont ils jouissaient, duquel état le secrétaire du district leur donnera son récépissé.

3. Les membres de chapitres et de tous autres corps, ainsi que les ecclésiastiques et les personnes qui leur sont attachées, et qui sont autorisées, par l'article 13 du décret du 24 juillet dernier, à présenter des mémoires pour obtenir des traitemens, pensions ou gratifications, s'adresseront au directoire du district desdits établissemens, dans quelque endroit que soient leurs revenus, tant en pensions qu'autrement.

4. Les titulaires qui n'avaient qu'un bénéfice, sans pensions ou avec des pensions, s'adresseront au directoire du district du chef-lieu de ce bénéfice.

5. Ceux qui en avaient plusieurs, également sans pensions ou avec des pensions, s'adresseront au directoire de district dans lequel se trouvera le chef-lieu du bénéfice du plus grand produit.

6. Les ecclésiastiques qui n'ont que des pensions, et qui n'en ont que sur un bénéfice, s'adresseront, pour les faire régler, au directoire du district auquel le titulaire doit présenter l'état de ses revenus ecclésiastiques.

7. Quant à ceux qui en ont sur plusieurs bénéfices, ils s'adresseront au directoire du district dans lequel se trouvera le chef-lieu du bénéfice sur lequel sera assignée la plus forte pension, à la charge de rappeler la nature et la quotité des autres.

8. Par rapport à ceux qui en ont sur des bénéfices tombés aux économats, encore qu'ils en eussent sur d'autres bénéfices, ils s'adresseront à la municipalité de Paris.

9. Les directoires de district auxquels on se sera adressé, prendront, avant de donner leur avis, des directoires des districts de la situation des biens, les éclaircissemens qu'ils jugeront nécessaires, et ces directoires seront tenus de les leur donner sans délai à la première réquisition.

10. Au moyen des dispositions contenues en l'article 9 ci-dessus, et pour une plus grande accélération, les titulaires et les pensionnaires sont dispensés de communiquer eux-mêmes leur état aux municipalités.

11. Les directoires de district chargés de donner leur avis, y procéderont sans délai; ils l'inscriront sur un registre qu'ils tiendront à cet effet, et ils feront mention du nom, du titre et du domicile du réclamant, ainsi que du montant des traitemens, pensions ou gra-

tifications, tant de ce qui aura été demandé, que de ce qu'ils estimeront devoir être réglé.

12. Néanmoins, s'il se trouvait des traitemens, pensions ou gratifications sur lesquels ils ne pourraient donner promptement leur avis définitif, ils le donneront provisoirement sur ce qui sera sans difficulté; et dans six mois, à compter de ce jour, ils s'expliqueront définitivement.

13. Dans trois semaines après l'expiration du délai d'un mois accordé aux titulaires par l'article 1er du présent décret, les directoires de district enverront à ceux de département un extrait des avis qu'ils auront donnés, avec un exposé succinct de leurs motifs; et il sera donné aux ecclésiastiques qui le requerront une copie de l'avis du directoire du district.

14. Ils joindront audit extrait un tableau conforme au modèle qui leur sera envoyé, de la dépense, tant de la présente année que de l'année 1791, pour les traitemens, pensions ou gratifications sur lesquels ils auront donné leur avis.

15. Ils placeront sur le même tableau le nombre des religieux, des religieuses et chanoinesses de leur ressort, en distinguant les religieux seulement qui sont âgés de moins de cinquante ans, ceux de cinquante ans et plus, ceux de soixante-dix ans et au-delà; et enfin, ceux qui sont mendians et ceux qui ne le sont pas, sous autant de colonnes que ces différentes distinctions pourront l'exiger.

16. Dans trois semaines après l'expiration du délai fixé pour les directoires de district, les directoires de département arrêteront et fixeront définitivement les traitemens ou pensions dont le tableau leur aura été adressé: et dans le même délai, ils enverront à l'Assemblée nationale un tableau général formé de ceux des districts.

17. A l'égard des traitemens ou pensions qu'ils ne pourraient régler définitivement, ils les arrêteront provisoirement jusqu'à concurrence du *minimum* de chaque espèce de bénéfices, ou jusqu'à concurrence de ce qui ne fera point de difficulté; et dans neuf mois, à compter de ce jour, ils régleront définitivement ce qui se trouvera en arrière.

18. Ils inscriront leurs décisions dans la forme prescrite pour les directoires de district, sur un registre qu'ils tiendront à cet effet; et ils auront soin de ne donner, de même que les directoires de district, qu'un simple avis sur les demandes qui seront faites par les personnes mentionnées dans l'article 13 du décret du 24 juillet dernier, dont ils renverront la décision à l'Assemblée nationale, avec les motifs de leur avis.

19. Pour la plus prompte expédition, tant des travaux ci-devant expliqués, que de ceux dont ils sont ou seront chargés, les directoires de district et ceux de département pourront s'adjoindre pendant six mois, savoir: les pre

miers, deux membres, et les seconds, quatre membres de ces administrations, lesquels auront voix délibérative. Les directoires de district pourront, en outre, déléguer aux municipalités qu'ils désigneront, telle partie de leurs travaux qu'ils jugeront à propos.

20. Tous les ecclésiastiques séculiers et réguliers qui ont dû continuer la gestion de leurs biens, en rendront compte dans le courant de janvier 1791.

21. Les comptes seront présentés aux directoires de district, qui, pour les débattre, prendront des municipalités les éclaircissemens nécessaires, et ils seront arrêtés par les directoires de département.

22. Les directoires de district et de département où seront portés ces comptes, seront les mêmes que ceux déterminés par les articles 2, 3, 4, 5, 6 et 7 du présent décret, concernant les opérations relatives à la fixation des traitemens, pensions ou gratifications.

23. Les comptables pourront porter dans la dépense de leur compte le montant de leurs traitemens, pensions ou gratifications de la présente année, même les curés ce qu'ils auront payé à leurs vicaires.

24. Si, par la recette que les comptables auront faite, ils ne sont pas remplis de leurs avances ou de leurs traitemens, pensions ou gratifications, ce qui s'en manquera leur sera payé incessamment, sans cependant avancer le paiement des augmentations accordées aux curés et aux vicaires, qui ne doivent leur être comptées que dans les six premiers mois de 1791; et si les comptables sont reliquataires, ils pourront retenir sur leur reliquat le premier quartier de leur traitement ou pension de l'année 1791: quant au restant, ils seront tenus de le verser dans la caisse du district au directoire duquel ils auront rendu compte.

25. A l'égard de ceux dont les revenus étaient affermés, ils recevront, sur les premiers deniers qui entreront en caisse, leurs traitemens, pensions ou gratifications de la présente année, des mains des receveurs des districts aux directoires desquels ils auront adressé leurs états ou mémoires pour les faire liquider.

26. Il en sera de même pendant la présente année, pour tous les pensionnaires sur bénéfices non tombés aux économats. Quant à ceux qui ont des pensions sur des bénéfices aux économats, ils les recevront, la présente année, des mains du receveur de cette administration, ou du trésorier de la municipalité de Paris.

27. Les receveurs de district sont et demeurent chargés, à peine de responsabilité, de faire toutes diligences pour faire rentrer tous les fermages, loyers, arrérages et toutes autres dettes actives, de quelque nature qu'elles

soient, échues actuellement, même avant le 1er janvier 1790, et qui écherront par la suite; et, néanmoins, les titulaires particuliers dont les revenus forment une mense individuelle, et les membres des corps qui avaient une bourse particulière, ou qui en partageaient les fruits, pourront toucher directement des fermiers et débiteurs des fermages et arrérages échus avant le 1er janvier 1790, même ceux représentatifs des fruits crus en l'année 1789 et les précédentes, à quelque époque qu'ils soient dus, en justifiant qu'ils ont acquitté le premier tiers de leur contribution patriotique, ensemble toutes les charges bénéficiales autres que les réparations à faire, pour l'acquit desquelles ils n'ont reçu aucune somme de leurs prédécesseurs; pour quoi ils seront tenus de déclarer dans quinzaine, à compter du présent décret, aux directoires de district, qu'ils entendent user de la faculté qui leur est présentement accordée, de requérir dans le mois et d'obtenir ensuite une ordonnance de vérification de l'acquit des obligations ci-dessus, du directoire du département dans le ressort duquel se trouve le chef-lieu du bénéfice, laquelle ordonnance sera rendue sur l'avis du directoire du district.

28. L'Assemblée ayant déclaré nationales toutes les dettes passives légalement contractées par le clergé, et entendant y comprendre celles qui seront reconnues, suivant les règles qui seront incessamment déterminées, légitimement contractées par les corps, maisons et communautés séculiers et réguliers dont l'administration a été reprise en vertu du décret des 14 et 20 avril dernier, déclare pareillement nationales toutes les dettes actives des mêmes corps, maisons et communautés; en conséquence, il ne pourra être ordonné par aucun administrateur, ni être fait par les receveurs des districts auxdits corps, aucun paiement des sommes provenant des causes énoncées en l'article ci-dessus.

29. Toutes les sommes qui doivent être versées dans les caisses des receveurs de district, seront payées par les débiteurs, nonobstant toutes saisies-arrêts ou oppositions existant entre leurs mains, lesquelles tiendront entre celles desdits receveurs.

30. Les fermiers dont le prix du bail sera en denrées, ainsi que les redevables de rentes de même nature, seront tenus de payer en argent, d'après l'évaluation des denrées, portée dans le tableau déposé au greffe de la justice royale du lieu, au moment de l'échéance des termes; et il leur sera donné, pour faire leur paiement, un délai de trois mois après l'échéance des termes.

31. Les fermiers et locataires principaux paieront au receveur du district dans lequel se trouvera le chef-lieu du bénéfice ou de l'établissement des corps dont ils tiendront les

biens, quelque part qu'ils soient situés, sous l'exception énoncée en l'article 37, laquelle aura également lieu pour les articles 32, 33, 34 et 35 ci-après.

32. Cependant, s'ils tiennent leurs baux du même bénéficier ou d'un même corps, à des prix distincts et séparés pour des biens dépendant du même bénéfice ou du même corps, et situés dans différens districts, ou dépendant de plusieurs bénéfices, et situés également dans les districts différens, ils paieront au receveur du district de la situation des biens.

33. S'ils tiennent d'un seul bénéficier des biens dépendant de plusieurs bénéfices situés dans les districts différens, et si les baux ne contiennent pas des prix distincts et séparés, ils paieront au receveur du district, où se trouvera le bénéfice du plus grand produit.

34. Les sous-fermiers qui n'auront pas été, par le bail, délégués à payer au bailleur lui-même, paieront au fermier principal, à la charge de donner préalablement au receveur du district connaissance du sous-bail; et celui-ci, de l'avis du directoire, pourra faire entre les mains des sous-fermiers telles saisies-arrêts ou oppositions qu'il jugera convenables pour la sûreté des deniers.

35. Tous les autres débiteurs paieront au receveur du district de l'établissement du corps ou chef-lieu du bénéfice, de la même manière qu'ils étaient tenus de payer aux-dits bénéficiers et auxdits corps.

36. Lesdits débiteurs seront tenus de déclarer, dans la quinzaine, à compter de la publication du présent décret, aux secrétariats des districts indiqués par l'article ci-dessus, ce qu'ils devront, à peine d'une amende de la valeur de la somme due, à l'exception cependant des redevables des cens et rentes ci-devant seigneuriales et foncières.

37. Seront pareillement tenus les fermiers, locataires et tous autres concessionnaires ou prétendans droit de jouir des biens nationaux, à quelque titre que ce soit, de déclarer dans le même délai, savoir: les fermiers et locataires, aux secrétariats des districts où ils doivent payer, suivant les articles 31, 32 et 33; et les autres, aux secrétariats des districts où se trouveront les chefs-lieux d'établissemens des corps ou des bénéfices dont lesdits biens dépendront, comment, en vertu de quoi ils prétendront jouir, et de représenter et faire parapher leurs titres.

Ils déclareront, en outre, s'ils ont promis de payer quelques sommes à titre de pot-de-vin, signé quelques promesses ou billets en augmentation du prix de leur bail ou concession.

38. Ceux qui refuseront de faire leur déclaration, et ceux qui seront convaincus d'en avoir fait une fausse, ou d'avoir recélé la promesse de quelques pots-de-vin, seront et de-

meureront de plein droit déchus de toute jouissance, et seront condamnés en une amende de la valeur des sommes qu'ils auraient recélées.

3g. Les sommes dues pour pot-de-vin, qui resteront à payer, seront divisées en autant d'années que celles pour lesquelles les baux auraient été faits; et ce qui sera déterminé pour les années antérieures à l'année 1790, ou pour être représentatif des fruits de 1789, sera payé auxdits bénéficiers, ainsi qu'il est dit en l'article 27.

40. Lesdits receveurs seront tenus de payer, au fur et à mesure qu'ils recevront, et par numéro des ordonnances qui seront délivrées par les directoires de département, les sommes qui y seront portées; et s'il ne se trouvait pas de deniers dans leurs caisses, il sera pourvu par le directoire du département à ce qu'il soit fait des versemens d'une caisse de district dans une autre de son ressort, et par l'Assemblée nationale, lorsqu'il s'agira du ressort d'un autre département.

41. Le paiement des traitemens, pensions ou gratifications sera fait, pour l'année 1791 et les suivantes, conformément à l'article 38 du décret du 24 juillet dernier; et ceux qui changeront de domicile seront tenus d'en faire leur déclaration au secrétariat, tant du district qu'ils quitteront que de celui où ils iront demeurer : ils seront tenus en outre, quand ils ne recevront pas eux-mêmes, de faire présenter par leur fondé de procuration un certificat de vie, qui leur sera délivré sans frais par les officiers de leur municipalité.

———

11 = 18 AOUT 1790. — Décret qui ordonne l'instruction sur les faits concernant un officier du régiment des chasseurs de Flandre. (B. 5, 60.)

———

11 = 18 AOUT 1790. — Décret portant que les décrets prohibitifs de l'exportation des grains ne sont pas applicables au duché de Bouillon. (B. 5, 59.)

———

11 = 18 AOUT 1790. — Décret relatif à une procédure civile commencée au bailliage de Caux à Montivilliers, contre la municipalité de St.-Maclou-la-Bruyère. (B. 5, 72.)

———

11 = 18 AOUT 1790. — Décret portant qu'il n'y a pas lieu à accusation contre M. Toulouse-Lautrec. (B. 5, 62.)

———

11 AOUT 1790. — Décret pour la suppression du bureau des receveurs des dons patriotiques. (B. 5, 59.)

———

11 AOUT 1790. — Organisation judiciaire. *Voy.* 16 = 24 AOUT 1790.

12 = 20 AOUT 1790. — Instruction de l'Assemblée nationale concernant les fonctions des assemblées administratives. (L. 2, 1197; B. 5, 77.)

Voy. loi du 22 DÉCEMBRE 1789.

L'Assemblée nationale connaît toute l'importance et l'étendue des devoirs des assemblées administratives; elle sait combien il dépend d'elles de faire respecter et chérir, par un régime sage et paternel, la constitution qui doit assurer à jamais la liberté de tous les citoyens. Placées entre le peuple et le Roi, entre le Corps-Législatif et la nation, elles sont le nœud qui doit les lier sans cesse l'un à l'autre; et par elles doit s'établir et se conserver cette unité d'action, sans laquelle il n'y a pas de monarchie.

Le vœu public, auquel les nouveaux administrateurs doivent leur caractère, garantit suffisamment qu'ils sauront justifier les espérances qu'on a conçues de leur patriotisme et de leurs talens; mais les premiers pas dans une carrière difficile sont toujours incertains: il était donc du devoir de l'Assemblée nationale de diriger ceux des corps administratifs par une instruction qui retraçât leurs principales fonctions, et qui rappelât spécialement les premiers travaux auxquels ils doivent se livrer.

Pour donner à cette instruction le plus de clarté possible, on la divisera en sept chapitres:

Le premier traitera des objets constitutionnels;

Le second, des finances;

Le troisième, des droits féodaux;

Le quatrième, des domaines et bois;

Le cinquième, de l'aliénation des domaines nationaux;

Le sixième, de l'agriculture et du commerce;

Le septième, de la mendicité, des hôpitaux et des prisons.

CHAPITRE Ier. Objets constitutionnels.

§ Ier. *Observations générales sur les fonctions des assemblées administratives.*

Les assemblées administratives considéreront attentivement ce qu'elles sont dans l'ordre de la constitution, pour ne jamais sortir des bornes de leurs fonctions, et pour les remplir toutes avec exactitude.

Elles observeront d'abord qu'elles ne sont chargées que de l'administration; qu'aucune fonction législative ou judiciaire ne leur appartient, et que toute entreprise de leur part sur l'une ou l'autre de ces fonctions introduirait la confusion des pouvoirs, qui porterait l'atteinte la plus funeste aux principes de la constitution.

Des fonctions déléguées aux assemblées administratives, les unes doivent être exercées sous l'inspection du Corps-Législatif;

celles-là sont relatives à la détermination des qualités civiques, au maintien des règles des élections, et de celles qui seront établies pour la répartition et le recouvrement de l'impôt : les autres, qui comprennent toutes les parties de l'administration générale du royaume, doivent être exercées sous la direction et l'autorité immédiate du Roi, chef de la nation, et dépositaire suprême du pouvoir exécutif. Toute résistance à ces deux autorités serait le plus grand des délits politiques, puisqu'elle briserait les liens de l'unité monarchique.

Les administrations de département ne peuvent faire ni décrets, ni ordonnances, ni réglement; elles ne peuvent agir que par les voies, ou de simples délibérations sur les matières générales, ou d'arrêtés sur les affaires particulières, ou de correspondance avec les administrations de district, et par elles avec les municipalités. Leurs délibérations prises en assemblée générale ou de conseil sur les objets particuliers qui concerneront leur département, mais qui intéresseront le régime de l'administration générale du royaume, ne pourront être exécutées qu'après qu'elles auront reçu son approbation.

Les administrations de district sont entièrement subordonnées à celles de département; elles ne peuvent prendre aucune délibération en matière d'administration générale; et si quelques circonstances extraordinaires les avaient portées à s'écarter de cette règle essentielle, leurs délibérations ne pourraient être mises à exécution, même par leurs directoires, qu'après avoir été présentées à l'administration de département et autorisées par elle.

Les fonctions des administrations de district se bornent à recueillir les connaissances et à former toutes les demandes qui peuvent intéresser le district; à exécuter, sous la direction et l'autorité de l'administration de département, toutes les dispositions arrêtées par celle-ci; à faire toutes les vérifications et donner tous les avis qui leur seront demandés sur les affaires relatives à leur district; enfin, à recevoir les pétitions des municipalités, et à les faire parvenir avec leurs propres observations à l'administration de département.

Les fonctions des conseils de département sont de délibérer sur tout ce qui intéresse l'ensemble du département; de fixer d'une manière générale, tant les règles de l'administration que les moyens d'exécution; enfin, d'ordonner les travaux et la dépense de chaque année, et d'en recevoir les comptes.

Les fonctions des directoires sont d'exécuter tout ce qui a été prescrit par les conseils, et d'expédier toutes les affaires particulières.

Après la séparation des assemblées de conseil, les directoires seuls restent en activité :

seuls ils représentent l'administration qui les a commis, et ont un caractère public à cet effet. La correspondance, soit ministérielle, soit dans l'intérieur du département, ne peut être tenue qu'avec et par eux.

Le président de chaque administration est aussi le président de son directoire, et il y a voix délibérative, comme dans l'assemblée du conseil; il doit toujours être compté en dehors, et ne peut pas être compté dans le nombre des membres fixé pour la composition du directoire.

Ces règles s'appliquent également aux directoires de district. Ceux-ci sont chargés de l'exécution, non-seulement de ce qui leur aura été prescrit par le conseil, mais encore de tout ce qui leur sera ordonné par le directoire de département. Ils doivent attendre les ordres de ce directoire pour agir dans tout ce qui intéresse l'administration générale, et s'y conformer exactement afin que l'unité des principes, des formes et des méthodes puisse être maintenue. Toutes les fois cependant qu'ils agiront conformément aux principes établis, et dans l'esprit des ordres qu'ils auront reçus, ils n'auront pas besoin pour chaque acte de détail, ni pour l'expédition de chaque affaire particulière, d'une autorisation spéciale.

Les municipalités, dans les fonctions qui sont propres au pouvoir municipal, sont soumises à l'inspection et à la surveillance des corps administratifs; et elles sont entièrement dépendantes de leur autorité dans les fonctions propres à l'administration générale, qu'elles n'exercent que par délégation.

Telle est l'organisation des corps administratifs, ainsi qu'elle résulte des articles 50 et 51 du décret du 14 décembre dernier, des articles 28, 29, 30 et 31 de la IIe section et de l'article 3 de la IIIe section du décret du 22 décembre. Chacun de ces corps doit être attentif à se tenir au rang que la constitution lui assigne, la liberté ne pouvant être garantie que par la graduation régulière des offices publics.

Les conseils et les directoires doivent rédiger les procès-verbaux de toutes leurs opérations, et les inscrire par ordre de dates, et sans aucun blanc, dans un registre coté et paraphé par le président. Les délibérations des conseils seront signées par le président et le secrétaire seulement, et il sera fait mention de ceux qui y auront assisté; mais les séances d'ouverture et de clôture de chaque session des conseils seront signées par tous les administrateurs présens. Quant aux séances et délibérations de directoires, elles seront signées de tous ceux qui y auront assisté.

Les directoires tiendront un autre registre coté et paraphé par le président; il sera destiné à la correspondance, et il contiendra dans une colonne l'extrait des lettres et mémoires qui leur auront été adressés; et à côté, dans une autre colonne, les réponses qui y auront été faites.

Les archives des administrations seront placées dans un lieu sûr et disposées avec ordre; il sera fait un inventaire de toutes les pièces qui y seront déposées.

Il serait inutile d'avertir ici, si le doute n'en avait été manifesté, que lorsque les corps administratifs se trouvent ensemble et avec les municipalités aux cérémonies publiques, la préséance appartient à l'administration de département sur celle de district, et à celle-ci sur la municipalité.

§ II. Correspondance.

Le premier soin des corps administratifs de chaque département doit être d'établir leur correspondance, tant entre eux qu'avec les municipalités de leur territoire; les moyens les plus prompts et les plus économiques doivent être préférés.

Les administrations de département sont le lieu de correspondance entre le Roi, chef de l'administration générale, et les administrations de district; celles-ci le sont de même entre les administrations de département et les municipalités. Ainsi, la correspondance du Roi ne sera tenue par ses ministres qu'avec les administrations ou les directoires de département, et les dispositions qu'elle contiendra seront transmises par le département aux administrations ou directoires des districts.

La même marche sera observée pour la correspondance du Corps-Législatif: c'est la disposition expresse de l'article 2 du décret des 25, 26, 29 juin et 9 juillet 1790, sur la vente des domaines nationaux.

Les municipalités ne pourront s'adresser à l'administration ou au directoire du département que par l'intermédiaire de l'administration ou du directoire du district, à moins qu'elles n'aient à se plaindre de l'administration même du district ou de son directoire; et en général il ne pourra rien être prescrit ou fait aucune disposition par l'administration ou le directoire de département, à l'égard d'aucune municipalité, ou d'aucun membre d'une commune, soit d'office, soit sur réquisition, que par la voie de l'administration du district, et après qu'elle aura été préalablement entendue.

Le directoire de département et ceux des districts de son ressort correspondront ensemble; le procureur-général-syndic correspondra avec les procureurs-syndics, et pourra correspondre aussi avec les directoires des districts. Ceux-ci correspondront avec les officiers municipaux; et les procureurs-syndics pourront correspondre tant avec ces officiers que particulièrement avec les procureurs des communes.

Les lettres que les directoires écriront seront ainsi terminées:

Les administrateurs composant le directoire du département de... ou du district de....

ensuite tous les membres présens signeront.

Les adjudications, les mandats de paiement, et généralement tous les actes émanés des directoires, seront signés dans la même forme, c'est-à-dire qu'il sera mis au bas:

Par les administrateurs composant le directoire du département de... ou du district de.....

ensuite tous les membres présens signeront.

Les corps municipaux emploieront, dans leurs lettres et leurs autres actes, cette formule avant leur signature: *Les officiers municipaux de la commune de....*; et lorsqu'ils écriront ou délibéreront avec les notables en conseil général, ils se serviront de celle-ci: *Les membres composant le conseil général de la commune de...*; ensuite tous ceux qui seront présens signeront.

Les lettres et les pétitions adressées par les municipalités, soit aux administrations de district, soit à celles de département par la voie des districts, et celles des administrations ou directoires de district à l'administration ou directoire de département, doivent être rédigées avec la réserve et le respect dus à la supériorité politique que chacun de ces corps doit reconnaître à celui qui le prime dans l'ordre et la distribution des pouvoirs.

La correspondance des administrations supérieures doit, en conservant le caractère de l'autorité qui leur est graduellement départie, en tempérer l'expression par l'observation de tous les égards qui font aimer le pouvoir établi pour faire le bien commun, et dirigé sans cesse vers cet objet. Le seul cas où le style impératif pourrait être employé par les administrations supérieures, serait celui où l'insubordination des administrations qui leur seront soumises forcerait de rappeler à ces dernières la dépendance où elles sont placées par la constitution.

Il est bien désirable que les directoires de département, au lieu de faire passer à ceux des districts des ordres trop concis, et en quelque sorte absolus, les intéressent, au contraire, à l'exécution de toutes les dispositions qui leur seront confiées, en leur en développant l'esprit et les motifs, et en facilitant leur travail par des instructions claires et méthodiques. Les directoires de district, principalement, doivent prendre ce soin à l'égard des municipalités, qu'ils sont chargés de former à l'esprit public, et dont ils doivent, dans les premiers temps surtout, soit aider l'inexpérience, soit encourager les efforts.

En ce moment, où tous les yeux sont ouverts sur les premiers mouvemens des corps administratifs, ils peuvent produire le plus grand bien, en développant leurs sentimens civiques, leur attachement aux principes de la constitution, et leur désir pour l'entier rétablissement de l'ordre, dans une instruction aux municipalités, qu'ils chargeront celles-ci de faire publier et distribuer dans les villes, et de faire lire à l'issue de la messe paroissiale dans les campagnes.

Cette instruction, dont les directoires de département doivent s'occuper sans délai, retracera aux municipalités leurs devoirs principaux, l'intérêt public et particulier qui les presse de les bien remplir, et l'obligation qu'elles en ont prise par leur serment; elle exposera ensuite avec énergie et simplicité ces grands principes :

Que la liberté, sans un profond respect pour les lois, pour les personnes ou les propriétés, n'est plus que la licence, c'est-à-dire, une source intarissable de calamités publiques et individuelles;

Que toute violence particulière, lorsque l'oppression publique a cessé, n'est elle-même qu'une oppression;

Que si c'est le devoir, c'est aussi l'intérêt de chaque particulier de payer fidèlement les contributions publiques, parce que le Gouvernement ne peut pas subsister sans contributions, et parce que, sans Gouvernement, les particuliers n'ont plus aucune garantie de leur liberté, de leur sûreté, ni de leurs propriétés;

Que les subsistances ne peuvent être entretenues que par la liberté de la circulation intérieure, et que les obstacles mis à cette circulation ne manquent jamais, sinon de les faire disparaître entièrement, du moins d'en occasionner l'extrême rareté et le renchérissement;

Qu'enfin, il n'y a de bonheur pour tous que dans la jouissance d'une constitution libre, et de sûreté pour chacun que dans le calme de la subordination et de la concorde.

Telles sont les vérités que les corps administratifs ne peuvent trop s'empresser de répandre, et dont leurs pressantes exhortations doivent porter la conviction dans tous les esprits.

§ III. Rectification des départemens, des districts et des cantons.

L'Assemblée nationale a annoncé, par son instruction sur le décret du 22 décembre dernier, qu'il peut être fait des changemens aux limites, soit des départemens, soit des districts, si les convenances locales et l'intérêt exigent que quelque partie de territoire soit transportée d'un département ou d'un district à un autre.

Les directoires de département et district peuvent maintenant examiner leurs limites respectives, et se proposer mutuellement les changemens qu'ils jugeront nécessaires, ils devront aussi recevoir et examiner les pétitions des municipalités qui demanderont à changer, soit de département, soit de district.

Lorsqu'il s'agira d'une transposition de territoire de district à l'autre, dans le ressort du même département, si les directoires de district intéressés en sont d'accord, ils feront parvenir leur vœu commun au directoire de département qui après avoir vérifié l'utilité du changement demandé, le proposera au Corps-Législatif.

Si, malgré le refus d'adhésion d'un des directoires de district, l'autre directoire, soit d'office, soit sur la réquisition d'une municipalité, soutient que la limite doit être changée, le directoire de département recevra les mémoires respectifs, vérifiera les faits et les motifs d'utilité, et enverra les mémoires avec un avis au Corps-Législatif, qui prononcera.

Lorsqu'il s'agira d'un changement de limite entre deux départemens, si les directoires en sont d'accord, ils feront parvenir leur vœu commun au Corps-Législatif; et s'ils ne sont pas d'accord, ils lui adresseront leurs mémoires. Dans l'un ou l'autre cas, ils enverront, avec leurs mémoires, les avis des directoires des districts intéressés qu'ils auront préalablement entendus; et aucun changement ne pourra être fait aux limites des départemens qu'en vertu d'un décret du Corps-Législatif, sanctionné par le Roi.

Les administrations de département ne peuvent faire aucun changement dans le nombre et la distribution générale des districts; elles pourront néanmoins proposer les considérations d'utilité publique et d'économie qui, sur cet objet, leur paraîtront dignes de l'attention du Corps-Législatif.

À l'égard des cantons qui forment la subdivision des districts, l'Assemblée nationale n'en a adopté la composition actuelle que provisoirement, et seulement pour faciliter la tenue des premières assemblées primaires : non-seulement cette composition peut être revue et changée, mais elle doit nécessairement l'être dans plusieurs districts, où l'étendue démesurée de ces cantons les met hors d'état d'être appliqués à plusieurs de leurs destinations.

Non-seulement les cantons doivent servir à la formation des assemblées primaires, rapport sous lequel on pourrait n'avoir égard qu'à leur population, mais ils sont encore destinés à plusieurs autres parties du service public, pour lesquelles il faut avoir égard à leur étendue territoriale. Chaque canton, par exemple, est devenu, dans l'ordre judiciaire, le ressort juridictionnel d'un juge de paix.

Les directoires de district doivent donc s'occuper incessamment de revoir la composition provisoire de leur canton, et de la rectifier non-seulement quant aux limites, mais encore quant à l'étendue et au nombre des cantons.

La mesure la plus convenable à adopter généralement, est que les cantons n'aient pas moins de quatre lieues carrées, et ne s'étendent pas au-delà de six.

Lorsque les directoires de district auront préparé le plan de la rectification de leurs cantons, ils le présenteront au directoire de département, avec l'exposition de leurs motifs ; le directoire de département prononcera, après avoir entendu le procureur-général-syndic, et il en rendra compte au Corps-Législatif.

Il peut être à la convenance de plusieurs communes de se réunir en une seule municipalité ; il est dans l'esprit de l'Assemblée nationale de favoriser ces réunions, et les corps administratifs doivent tendre à les provoquer et à les multiplier par tous les moyens qui sont en leur pouvoir. C'est par elles qu'un plus grand nombre de citoyens se trouvera lié sous un même régime, que l'administration municipale prendra un caractère plus imposant, et qu'on obtiendra deux grands avantages, toujours essentiels à acquérir, la simplicité et l'économie.

§ IV. Formation et envoi des états de population et de contribution directe, pour déterminer la représentation de chaque département dans le Corps-Législatif.

Suivant le décret du 22 décembre dernier, tous les départemens députeront également au Corps-Législatif trois représentans, à raison de leur territoire, excepté le département de Paris, qui, étant beaucoup moindre que les autres en étendue territoriale, n'a qu'un seul député de cette espèce. Il n'en est pas de même de la représentation attachée à la population et à la contribution directe. Celle-là doit se trouver fort inégale numériquement entre les divers départemens, puisqu'elle est proportionnelle au nombre des habitans de chaque département, à la masse des contributions directes qu'il supporte.

Il faut donc, pour établir la représentation dont chaque département doit jouir relativement à ces deux dernières bases, que le montant de sa population active et celui de sa contribution directe soient connus.

Pour y parvenir, les directoires de département doivent, conformément à l'article 5 du décret du 28 juin dernier, s'empresser de former l'état ou tableau de toutes les municipalités de leur ressort, portant indication, tant du montant de la population active, que de celui des impositions directes de chaque municipalité.

Les directoires de département ont dès à-présent deux bases dont ils peuvent se servir pour former l'état de la population active ;

savoir : d'une part, les listes des citoyens actifs, qui ont été faites en chaque commune pour la formation des municipalités et pour celle des assemblées primaires ; et d'autre part, le nombre des électeurs qui viennent d'être nommés par les assemblées primaires, pour convoquer les corps administratifs. Le nombre de ces électeurs, multiplié par cent, donne celui des citoyens actifs du département, puisque ces électeurs ont été nommés en raison d'un par cent citoyens actifs.

Les directoires puiseront les connaissances nécessaires pour former l'état indicatif de la contribution directe payée par chaque département, dans les rôles de répartition faits par les municipalités et dans les minutes du dernier répartement des impositions, qui se trouvent, soit aux intendances, soit aux archives des anciennes commissions intermédiaires, soit aux bureaux des receveurs particuliers des finances, soit aux greffes des élections. Il est nécessaire de distinguer soigneusement dans cet état les différentes contributions directes qui se paient en chaque département.

La confection de ces deux tableaux de la population active et de la contribution directe est le travail le plus pressant dont les directoires de département aient maintenant à s'occuper, puisque c'est de leurs résultats connus et combinés que dépend la possibilité de former constitutionnellement la prochaine législature. Les directoires doivent donc s'y livrer sans retard, et cumuler tous les moyens d'accélération.

Aussitôt que ces tableaux seront faits, ils en adresseront un double à l'Assemblée nationale. Il est indispensable que cet envoi soit fait avant le 15 septembre prochain.

§ V. Vérification de la composition des municipalités.

Les directoires de département chargeront ceux de district de se faire remettre par chaque municipalité, dans le plus court délai possible, une copie du procès-verbal de la formation du corps municipal.

Les directoires de district examineront ces procès-verbaux, et les adresses ou mémoires de ceux qui se plaignent, soit des vices de la formation de quelques municipalités, soit des injustices personnelles qu'ils auraient éprouvées dans le cours des élections.

Après avoir vérifié les faits, chaque directoire de district fera un état ou tableau de toutes les municipalités de son ressort, en désignant dans une colonne marginale celles qui n'ont donné lieu à aucune réclamation, et celles dont la validité est contestée : il donnera, relativement à celles-ci, des observations, et son avis sur la régularité ou les défectuosités de leur formation.

Le directoire de district pourra, s'il en est

besoin, nommer un commissaire de son sein, ou pris parmi les huit autres administrateurs du district, pour faire sur le lieu la vérification des faits.

A mesure que le directoire de département recevra de ceux des districts les états ou tableaux des municipalités, il les communiquera au procureur-général-syndic ; et après l'avoir entendu, il décidera définitivement quelles municipalités doivent subsister, et quelles doivent être annulées. Il déléguera, pour procéder à la nouvelle formation de ces dernières un commissaire qui convoquera l'assemblée des citoyens actifs, nommera le citoyen chargé d'expliquer l'objet de la convocation, présidera au recensement du scrutin en la maison commune, et proclamera les nouveaux officiers municipaux.

Le directoire de département prononcera de même définitivement, d'après les observations et l'avis des directoires de district, sur les réclamations des citoyens dont l'*activité* ou l'*éligibilité* aura été contestée dans les assemblées de communes, et qui auront été exclus par les jugemens provisoires de ces assemblées. Il observera que ces décisions soient toujours rigoureusement conformes à la disposition des décrets constitutionnels. Le procureur-général-syndic les notifiera aux officiers municipaux de la commune dont les personnes sur l'état desquelles il aura été prononcé sont membres. C'est d'après ces décisions que le tableau des citoyens actifs et des citoyens éligibles, prescrit par l'article 8 de la section Ire du décret du 22 décembre dernier, sera définitivement arrêté dans chaque municipalité.

Les directoires de département chargeront ceux de district de se faire remettre par chaque municipalité de leur ressort deux doubles de ce tableau, dont un sera déposé aux archives du district, et l'autre sera envoyé par le directoire de district au directoire de département. Cet envoi sera répété tous les ans, après que le tableau aura été revu en chaque municipalité, et aura reçu les changemens dont il sera trouvé susceptible.

Il en sera de même pour les listes civiques des jeunes citoyens de vingt-un ans qui se seront présentés aux assemblées primaires, et y auront prêté le serment prescrit par l'article 4 de la section Ire du décret du 22 décembre dernier.

Ce qui a été dit ci-dessus des difficultés élevées, dans les assemblées de commune, sur l'activité ou l'éligibilité des citoyens, doit s'appliquer aux contestations de même nature, survenues dans les assemblées primaires et électorales, au sujet des choix qui y ont été faits : elles devront être aussi terminées par le directoire de département.

§ VI. Règles principales pour décider les contestations relatives à l'activité et à l'éligibilité des citoyens.

Les principes constitutionnels sur cette matière se trouvent dans le décret constitutif des corps administratifs, du 22 décembre dernier, et dans l'instruction de l'Assemblée nationale, publiée à la suite de ce décret. Les difficultés survenues dans l'application de ces principes ont donné lieu à plusieurs décisions interprétatives qui sont réunies dans ce paragraphe, pour faciliter et diriger le travail des directoires.

1° Il n'y a aucune distinction à faire à raison des opinions religieuses ; en conséquence, les non-catholiques jouissent des mêmes droits que les catholiques, aux termes du décret du 24 décembre 1789. Cependant, parmi les Juifs, il n'y a encore que ceux connus sous la dénomination de *Juifs portugais, espagnols et avignonnais*, qui soient citoyens actifs et éligibles, suivant le décret du 28 janvier 1790.

2° Les étrangers qui demeurent depuis cinq ans dans le royaume, et qui, en outre, ont épousé une Française, ou acquis un immeuble, ou formé un établissement de commerce, ou obtenu dans quelque ville des lettres de bourgeoisie, sont réputés Français. (*Décret du 30 avril 1790*).

3° La condition du domicile de fait n'emporte que l'obligation d'avoir dans le lieu une habitation depuis un an, et de déclarer qu'on n'exerce les droits de citoyen dans aucun autre endroit. (*Décrets des 20, 23 mars et 19 avril 1790, article 6*).

4° Toute personne attachée au service civil ou militaire de la marine conserve son domicile, nonobstant les obstacles nécessités par son service, et peut y exercer les fonctions de citoyen actif, s'il a d'ailleurs les qualités exigées par les décrets de l'Assemblée nationale. (*Décret du 26 juin 1790*). Il en est de même des personnes attachées au service de terre.

5° Les intendans ou régisseurs, les ci-devant feudistes, les secrétaires, les charretiers ou maîtres-valets de labour, employés par les propriétaires, fermiers ou métayers, ne sont point réputés domestiques ou serviteurs à gages, et sont actifs et éligibles, s'ils réunissent d'ailleurs les conditions prescrites. (*Article 7 du décret du 19 avril*). Il en est de même des bibliothécaires, des instituteurs, des compagnons ouvriers, des garçons marchands et des commis aux écritures.

6° Les religieux qui n'ont pas usé du droit de sortir du cloître ne sont point citoyens actifs, tant qu'ils vivent sous le régime monastique.

7° Les évèques et les curés sont citoyens actifs, quoiqu'ils n'aient pas une année de domicile dans leurs évêchés ou leurs cures.

Il n'en est pas de même des vicaires : l'année de domicile leur est nécessaire.

8° Les fonctions des évêques, des curés et des vicaires, sont incompatibles avec celles de membres des directoires de district et de département, et de maire, officier municipal et procureur de la commune ; et s'ils étaient nommés à ces places, ils sont tenus de faire leur option : mais cette incompatibilité n'a lieu que pour les nominations qui restent à faire.

9° Les curés, les vicaires et desservans qui se refuseraient à faire au prône, à haute et intelligible voix, la publication des décrets de l'Assemblée nationale, acceptés ou sanctionnés par le Roi, sont incapables de remplir aucune fonction de citoyen actif ; mais il faut que la réquisition et le refus soient constatés par un procès-verbal dressé à la diligence du procureur de la commune. (*Décret du 2 juin 1790*).

10° Les percepteurs d'impôts indirects, quoiqu'ils puissent être citoyens actifs, sont cependant inéligibles aux fonctions municipales ou administratives, tant qu'ils n'ont pas abandonné leur premier état ; et s'ils sont élus, ils sont tenus d'opter.

11° Les contrôleurs des actes, directeurs des domaines, entrepreneurs et regrattiers de tabac, et les directeurs des postes, ne sont point inéligibles, non plus que les cautions des adjudicataires des octrois, lorsqu'ils ne sont pas associés.

12° Les fils de débiteurs morts insolvables ne sont pas exclus de la qualité de citoyen actif et éligible, s'ils ne possèdent rien à titre gratuit de la fortune de leur père.

13° L'exclusion fondée sur la faillite, banqueroute ou insolvabilité, ne peut être prononcée qu'autant que les actes ou jugemens qui la prouvent sont rapportés.

14° La qualité de citoyen actif subsiste, mais l'exercice en est suspendu, tant que le citoyen n'a pas prêté le serment civique, soit dans une assemblée de commune ou primaire, soit au directoire de district. Il en sera de même à l'avenir pour ceux qui ne se seront pas fait inscrire sur le registre du service de la garde nationale.

15° Les citoyens qui sont exclus des assemblées, aux termes du décret du 28 mai 1790, pour refus de prêter soit le serment civique, soit le serment prescrit par ce décret, ou à cause des menaces et violences qu'ils se seraient permises, sont privés pour cette fois, des droits de citoyen actif.

16° Les condamnations définitives à une peine infamante font perdre la qualité de citoyen actif.

17° Les parens ou alliés aux degrés de père et de fils, de beau-père et de gendre, de frère et de beau-frère, d'oncle et de neveu, ne peuvent être ensemble membres du même corps municipal. (*Décret du 14 décembre 1789, article 12*). Ils ne peuvent être non plus ensemble président, procureur-syndic ou membres du directoire de la même administration de département ou de district ; mais l'empêchement n'aura lieu, dans ce second cas, que pour les nominations qui seront faites à l'avenir. (*Décret du 12 août 1790*).

18° Pour être citoyen actif, il suffit de payer la contribution exigée dans un lieu quelconque du royaume. (*Décret du 2 février, article 2*).

19° Dans les lieux où l'on ne perçoit aucune contribution directe, et dans ceux où la contribution territoriale est seule connue, ceux-là sont citoyens actifs qui exercent un métier ou profession dans les villes, et qui ont dans les campagnes une propriété foncière quelconque, ou par bail une exploitation de trente livres de loyer.

20° Les militaires qui ont servi seize ans sans interruption et sans reproche, sont dispensés de la condition de payer une contribution directe, et de celle d'avoir une propriété ; ils sont actifs et éligibles dans tous les degrés d'administration et de représentation, s'ils réunissent les autres conditions exigées, et s'ils ne sont point en garnison dans le canton. (*Décret du 28 février, article 7*). Il en est de même de tout militaire ou homme de mer qui, depuis l'âge de dix-huit ans, a servi sans reproche pendant soixante-douze mois sur les vaisseaux de guerre, ou dans les grands ports l'espace de seize ans.

21° La contribution directe payée par un chef d'entreprise, un aîné communier, un père vivant avec ses fils qui ont des propriétés, est censée payée par les associés, les frères puînés et les enfans, chacun à proportion de son intérêt ou de sa propriété dans la maison commune.

22° Les impositions retenues par le débiteur d'une rente sont une contribution directe de la part du créancier ; il en est de même du centième denier payé jusqu'à présent par les titulaires d'offices.

23° La valeur de la journée de travail, dans la fixation de la contribution requise pour être citoyen actif, ne peut être portée à plus de vingt sous, même dans les lieux où elle se paie plus chèrement ; elle peut être fixée plus bas dans les lieux où elle se paie effectivement moins.

§ VII Règles pour prononcer sur la validité des élections.

Il ne s'agit point, dans ce paragraphe, de questions de simple intérêt privé, et dont l'objet se réduirait à fixer l'état particulier d'un citoyen ; il s'agit de réclamations d'une plus haute importance, par lesquelles on dénoncerait des vices graves qui affecteraient une élection entière, et seraient de nature à faire annuler un corps municipal.

Les élections des officiers municipaux et des notables sont nulles :

1° Lorsque l'assemblée des électeurs s'est formée sans convocation régulière, et s'est soustraite à la surveillance de l'autorité préposée à l'ouverture de la séance et au recensement des scrutins;

2° Lorsque les suffrages ont été donnés tumultueusement, par acclamation, et non par la voie du scrutin, qui est la seule forme constitutionnelle de les constater;

3° Lorsqu'en recueillant les suffrages au scrutin, ceux des votans qui ne savent point écrire ont apporté des bulletins tout faits, ou ne les ont pas fait écrire ostensiblement sur le bureau par l'un des scrutateurs;

4° Lorsqu'il s'est trouvé au recensement du scrutin un plus grand nombre de billets qu'il n'y avait de votans, et que ce scrutin vicieux a cependant servi pour déterminer l'élection des officiers municipaux ou des notables;

5° Lorsque des citoyens inactifs ont été admis à voter sans que l'assemblée ait voulu entendre les réclamations faites contre leur admissibilité, ni les juger régulièrement;

6° Lorsque des citoyens actifs ont été exclus sans que l'assemblée ait voulu entendre leurs représentations, ni les juger régulièrement;

7° Lorsque la violence d'un parti a dominé l'assemblée, en a expulsé une partie des votans, ou a gêné et forcé les suffrages;

8° Lorsqu'il a été constaté qu'il y a eu supposition de suffrages, ou qu'ils ont été captés par des voies illicites.

Les directoires de département doivent prononcer, d'après l'avis des directoires de district, sur tous ces points, dont dépend la validité ou la nullité des élections municipales; mais on ne peut leur recommander ni trop de vigilance dans la vérification des faits, ni trop de prudence et de circonspection dans leurs décisions. Une rigueur inflexible produirait les plus grands inconvéniens; il est préférable, pour cette fois, de tolérer les fautes et les erreurs légères, et de ne porter un jugement rigoureux sur les vices plus essentiels, qu'autant qu'ils auront fait la matière d'une réclamation formelle et soutenue.

Il y a cependant un cas dans lequel les directoires doivent interposer leur autorité d'office, quoiqu'elle ne fût pas provoquée; c'est celui où deux municipalités créées par deux partis opposés subsisteraient à la fois dans la même commune : il est évident que ce conflit d'autorité et de fonctions, destructeur de l'ordre et de l'activité du service, ne peut pas disparaître trop promptement; mais aussi les directoires sentiront que leurs déci-

sions ne peuvent pas être préparées par un examen trop scrupuleux des faits, ni déterminées par une impartialité trop sévère.

A l'avenir, les corps administratifs préviendront beaucoup de désordres dans les assemblées, et d'irrégularités dans les élections, en tenant la main exactement à l'exécution du décret du 28 mai dernier. Ils veilleront, dans cet esprit, à ce que les seuls citoyens ayant le droit de suffrages soient admis aux assemblées des communes, primaires ou électorales; à ce que les votans n'y portent aucune espèce d'armes ni de bâtons; à ce qu'aucune garde ni force armée n'y soit introduite que sur la réquisition formelle de l'assemblée elle-même, ou par l'ordre exprès du président; enfin, à ce que toutes les formalités prescrites pour assurer la liberté et la régularité des suffrages soient observées.

Le même décret du 28 mai permet aux assemblées électorales, pour accélérer leurs opérations, de se partager en plusieurs bureaux, qui procéderont séparément aux élections, et qui députeront chacun deux commissaires chargés de faire, avec les commissaires des autres bureaux, le recensement des scrutins; mais deux conditions sont prescrites pour l'exercice de cette faculté :

La première est que les assemblées électorales n'emploient ce mode d'élection qu'après l'avoir ainsi arrêté à la pluralité des voix;

La seconde, que chaque bureau soit composé de cent électeurs au moins, *pris proportionnellement dans les différens districts.*

De ces derniers termes, il faut conclure qu'il n'est pas permis aux assemblées électorales de se partager par districts pour procéder aux élections.

Il en résulte, à plus forte raison, qu'il ne leur est pas permis de convenir qu'au lieu de prendre les voix de tous les districts ou bureaux sur tous les choix à faire, chaque district ou bureau aura séparément et à lui seul la nomination d'un certain nombre de sujets à élire. Il est évident qu'une telle élection ne serait pas le résultat d'un vœu commun de l'assemblée électorale, et que chacun des choix n'offrirait que le vœu particulier d'une section de cette assemblée.

Les dispositions expresses ou tacites du décret du 28 mai ne doivent pas influer sur les nominations antérieures à sa publication; et il faut tenir en général que les décrets qui prescrivent de nouvelles règles n'ont point d'effet rétroactif, si cela n'est dit expressément.

§ VIII. Règles à observer par les corps administratifs dans l'exercice de la surveillance et de l'autorité qui leur est attribuée sur les municipalités.

Les corps administratifs doivent également

protéger les officiers municipaux dans l'exercice de leurs fonctions, et réprimer les abus que ces officiers pourraient être tentés de faire de leur autorité.

1. Les directoires doivent veiller d'abord à ce que les officiers municipaux ne s'arrogent aucune fonction, autre que celles qui sont propres au pouvoir municipal, ou celles dépendant de l'administration générale qui leur sont spécialement déléguées.

Si les corps municipaux entreprenaient sur la puissance législative, en faisant des décrets ou des réglemens; s'ils usurpaient les fonctions judiciaires dans les matières civiles ordinaires, ou dans les matières criminelles; s'ils étendaient leurs fonctions administratives, soit en outrepassant les bornes qui leur sont assignées, soit en essayant de se soustraire à la surveillance et à l'autorité des corps administratifs, ceux-ci doivent être attentifs à les réprimer, en annulant leurs actes inconstitutionnels, et en défendant de les mettre à exécution.

2. Les directoires doivent maintenir soigneusement la division des fonctions assignées au corps municipal et au conseil général de la commune.

Lorsque le corps municipal aura négligé de convoquer les notables pour délibérer en conseil général, dans les cas énoncés en l'art. 54 du décret du 14 décembre dernier, non-seulement le directoire de département fera droit sur les représentations que les notables pourront lui faire parvenir par l'entremise du directoire de district, mais il ne pourra autoriser par son approbation l'exécution de la délibération du corps municipal; il sera tenu, au contraire, de l'annuler et d'ordonner la convocation du conseil général, pour être délibéré de nouveau.

Le directoire de département veillera de même à ce que les notables se renferment dans les limites des fonctions qui leur sont confiées, et soient bien convaincus que, tant que le conseil général n'est pas convoqué, ils ne sont que simples citoyens. Il tiendra la main à ce qu'ils ne puissent pas impunément s'introduire par violence ou par autorité dans une délibération à laquelle ils n'auront pas été appelés, et à ce que, dans les cas même où ils prétendront que le conseil général doit être convoqué, leur réclamation ne soit entendue et admise que par la voie de pétition présentée à l'administration supérieure.

3. Un troisième objet de l'attention des directoires est de maintenir, d'une part, l'autorité des corps municipaux et des conseils généraux des communes, contre les communes elles-mêmes et contre les particuliers; et d'autre part, les droits et les intérêts légitimes, soit des communes, soit des particuliers, contre les corps municipaux et les conseils généraux des communes.

Sous le premier rapport, les directoires tiendront la main à ce que les citoyens des communes assemblées pour élire ne restent pas assemblés après les élections finies, et ne transforment pas les assemblées électorales en assemblées délibérantes; à ce qu'aucune section de l'assemblée générale d'une commune ne puisse se dire permanente ou se perpétuer par le fait, et à ce que, dans toute autre occasion, les communes ne puissent s'assembler sans une convocation expresse du conseil général. Si quelque entreprise de ce genre est dénoncée au directoire de département, il ordonnera à l'assemblée inconstitutionnelle de se dissoudre, et annulera tous les actes délibératifs qu'elle aura faits.

Sous le second rapport, les directoires maintiendront les citoyens actifs dans le droit de requérir, par une pétition présentée au conseil général, la convocation de l'assemblée de la commune, aux termes de l'article 24 du décret du 14 décembre dernier. Si le conseil général a méprisé cette réquisition, lorsqu'elle aura été faite par le sixième des citoyens actifs dans les communes au-dessous de quatre mille ames, ou par cent cinquante citoyens actifs dans les communes plus nombreuses, le directoire de département, à qui cette infraction aura été déférée par l'intermédiaire du directoire de district, enjoindra au conseil général de faire la convocation; et dans le cas de refus réitéré ou de retardement sans motif, il pourra nommer un commissaire qui convoquera l'assemblée de la commune.

Les directoires veilleront de même à ce que les citoyens ne soient pas troublés dans la faculté de se réunir paisiblement et sans armes, en assemblées particulières, pour rédiger des adresses et pétitions, lorsque ceux qui voudront s'assembler ainsi auront instruit les officiers municipaux du temps, du lieu et du sujet de ces assemblées, et à la charge de ne pouvoir députer que dix citoyens pour présenter ces adresses et pétitions.

Dans aucun cas, les adresses et pétitions faites au nom de plusieurs citoyens ne seront reçues, si elles ne sont pas le résultat d'une assemblée de ces citoyens qui aient délibéré ensemble de les présenter, et si elles ne sont souscrites que de signatures recueillies dans les domiciles, sans assemblée ni délibération antérieures.

Les directoires de département donneront encore la plus grande attention aux plaintes des citoyens qui se prétendront personnellement lésés par quelque acte du corps municipal; et après avoir fait vérifier les faits par les directoires de district, et avoir reçu leur avis, ils redresseront équitablement les griefs qui se trouveront fondés.

Ils se comporteront de même à l'égard des dénonciations qui leur seront faites des délits d'administration imputés aux officiers municipaux. Quand les fautes seront légères, ils se contenteront de rappeler à leur devoir les officiers qui s'en seront écartés, par des instructions, des avertissemens, ou même par les réprimandes salutaires, qui ont tout à la fois la dignité de la loi et la force de la raison, quand elles sont motivées impartialement sur la raison et sur la loi. S'il s'agissait de vexations très-grandes, ou d'autres prévarications criminelles, susceptibles d'une peine afflictive ou infamante, les directoires renverraient l'affaire aux tribunaux. Si enfin la circonstance était telle qu'elle exigeât un remède plus actif, tel, par exemple, que la suspension actuelle des fonctions d'un officier dont l'activité ne pourrait être maintenue sans danger, les directoires pourraient, en renvoyant l'affaire aux tribunaux, ordonner provisoirement cette suspension. En général, les directoires doivent s'appliquer, dans ces sortes d'affaires, à les terminer dans leur sein, et à pourvoir administrativement, tant au rétablissement de l'ordre public qu'à la satisfaction des individus lésés, à moins qu'il ne s'agisse de délits assez graves pour mériter d'être poursuivis par la voie criminelle.

4. Les corps administratifs sont chargés de soutenir l'exécution des actes émanés légitimement du pouvoir municipal, et de punir l'irrévérence et le manque de respect envers les officiers municipaux.

S'il s'élevait quelque résistance à l'exécution des délibérations prises ou des ordres donnés par une municipalité, les directoires seraient tenus d'employer, pour la faire cesser, toute la force de l'autorité supérieure dont ils sont revêtus, et même le secours de la force armée, s'il devenait nécessaire.

Dans le cas où il y aurait eu des excès graves commis envers les officiers municipaux, le directoire de département pourrait, après avoir fait vérifier les faits par le directoire de district, et après avoir pris son avis, prononcer contre les coupables la radiation de leurs noms du tableau civique, et les déclarer incapables et privés de tout exercice des droits de citoyen actif, conformément au décret du 2 juin dernier. La réclamation de ceux-ci contre la décision du directoire de département ne pourrait être portée qu'au Corps Législatif.

Les directoires considéreront, dans l'exercice de cette partie de leurs fonctions, que si, d'une part, l'administration municipale est toute fraternelle, si elle a besoin d'être éclairée dès qu'elle tend à l'arbitraire, et si elle doit être contenue lorsqu'elle devient oppressive; d'autre part, l'insubordination à l'égard des officiers municipaux, et le mépris de l'autorité constitutionnelle qui leur est confiée, sont des délits très-graves qui, s'ils n'étaient pas sévèrement réprimés, pourraient entraîner les suites les plus funestes.

Ils ne perdront pas de vue, cependant, lorsque le maintien de l'ordre public leur imposera l'affligeante nécessité de s'élever contre des officiers municipaux, que, dans une circonstance aussi fâcheuse, la rigueur ne doit être déployée qu'après avoir épuisé tous les ménagemens; et qu'autant la prudence doit en diriger l'usage, autant la dignité et les égards doivent en adoucir l'amertume.

Ils réfléchiront aussi que, lorsque, dans des temps de trouble, le peuple se livrant à la licence oublie momentanément le respect dû aux dépositaires de l'autorité, ces excès sont le plus souvent inspirés ou encouragés par les ennemis du bien public; que ce sont eux qui, abusant de l'ignorance du peuple, le remplissent d'illusions et l'égarent par de fausses idées de liberté, et qu'eux seuls sont les vrais coupables qu'il serait principalement important de découvrir et de dénoncer aux tribunaux, pour obtenir, au prix de quelque châtiment mémorable, le retour absolu de la tranquillité publique.

5. Les directoires doivent enfin veiller à ce que les municipalités remplissent avec exactitude, mais avec discernement, le devoir important qui leur est imposé, de réprimer les attroupemens séditieux.

Si quelques municipalités usaient indiscrètement de la loi martiale, les directoires seraient tenus de les avertir que cette loi est un remède extrême que la patrie n'emploie qu'à regret contre ses enfans, même coupables; et qu'il faut, pour en autoriser la publication, que le péril de la tranquillité publique soit très-grave et très-urgent.

Dans le cas contraire, si les officiers municipaux avaient négligé de proclamer la loi martiale lorsque la sûreté publique l'exigeait, et si cette négligence avait eu des suites funestes, ce serait au directoire de département à examiner, d'après l'avis du directoire de district, si la responsabilité est encourue par les officiers municipaux; et ils enverraient aux tribunaux, soit pour prononcer sur l'effet de la responsabilité, soit pour infliger d'autres peines, si la conduite de ces officiers était assez répréhensible pour mériter d'être poursuivie par la voie criminelle.

Les directoires doivent montrer une fermeté imposante dans cette partie de leurs fonctions; car ce serait une indulgence bien cruelle que celle qui encouragerait la collusion et la pusillanimité d'officiers municipaux trahissant la confiance dont ils ont été honorés et livrant leur commune à tous les dangers des effervescences séditieuses.

Les directoires de district seront attentifs à poursuivre dans les tribunaux la responsabilité des dommages occasionnés par des attroupemens contre les communes qui, requises de dissiper l'attroupement, et ayant pu empêcher le dommage, ne l'auraient pas fait.

Si les directoires de district négligeaient de remplir cette obligation, qui leur est prescrite par l'art. 5 du décret du 23 février dernier, le directoire de département aurait soin de les rappeler à son exécution.

§ IX. Gardes nationales.

Lorsque l'Assemblée nationale décrétera constitutionnellement l'organisation des gardes nationales, la nature et les règles de leur service, elle déterminera leurs rapports avec les corps administratifs, et l'autorité que ceux-ci exerceront sur cette partie de la force publique. Mais, en attendant, il est nécessaire de rappeler ici quelques règles qui ont été posées provisoirement, et dont les corps administratifs doivent surveiller l'observation :

1° Nul changement ne peut être fait dans le régime actuel des gardes nationales, que de concert entre elles et les municipalités;

2° Toutes compagnies de milice bourgeoise formant des corporations différentes, sont tenues de se réunir en un seul corps, de servir sous le même uniforme, et de suivre le même régime; les vieux drapeaux doivent être déposés dans les églises;

3° Tous les citoyens qui veulent jouir du droit d'activité, et leurs fils âgés de dix-huit ans, doivent s'inscrire sur la liste de la garde nationale;

4° Ceux qui, à cause de leur âge, de leur état ou profession, ou par quelque autre empêchement, ne pourront servir en personne, se feront remplacer, mais seulement par des citoyens actifs ou par des fils de citoyens actifs inscrits sur la liste de la garde nationale;

5° Les membres des corps municipaux et ceux des directoires ne peuvent, pendant leur administration, exercer en même temps les fonctions de la garde nationale;

6° Les gardes nationales ont dans leur territoire le pas sur les troupes de ligne;

7° Elles doivent déférer à la réquisition des municipalités et des corps administratifs; mais leur zèle ne doit jamais la prévenir;

8° Elles ne peuvent ni se mêler directement ou indirectement de l'administration municipale, ni délibérer sur les objets relatifs à l'administration générale.

Toutes les difficultés qui pourront naître encore entre les municipalités et les gardes nationales, jusqu'à l'organisation définitive de ces dernières, seront soumises aux corps administratifs, et terminées par le directoire de département, sur les observations et l'avis des directoires de district.

Les corps administratifs, remontant aux causes de ces difficultés, examineront si les municipalités, abusant du zèle des citoyens, n'exigent point de la garde nationale au-delà du service nécessaire, ou si, jalouses d'é-tendre leur autorité, elles ne troublent point sa discipline intérieure.

Ils examineront aussi si la garde nationale se tient dans la subordination qu'elle doit aux corps municipaux; si, dans les cas où elle est requise, elle se montre fidèle au serment qu'elle a prêté de protéger les personnes, les propriétés, la perception des impôts et la circulation des subsistances; si enfin elle n'entreprend point sur les affaires civiles, dont la connaissance lui est interdite. Les corps administratifs opposeront partout le langage de la loi à celui des passions et l'autorité des règles aux entreprises arbitraires. Ils s'appliqueront spécialement à apaiser les troubles naissans, parce qu'il est beaucoup plus facile de remédier par la prudence aux commencemens du désordre, que de le réprimer par la force, lorsqu'il a fait des progrès.

Les administrations et les municipalités n'ont d'action sur les troupes de ligne et sur les troupes et gens de mer, que par les réquisitions qu'elles peuvent faire aux chefs et commandans, dans les cas où le secours de la force armée devient nécessaire. Il leur est expressément défendu par les décrets des 6 et 10 août 1790 d'intervenir sous aucun prétexte dans les affaires qui n'intéressent que la police intérieure de ces corps, la discipline militaire et l'ordre du service, quand même leur intervention serait requise. Les directoires doivent veiller à ce que les municipalités ne contreviennent point à cette défense; et si elles se permettaient de la violer, ils doivent sur-le-champ réprimer ces sortes d'entreprises, en annulant tout ce qui aurait été fait d'irrégulier et d'incompétent.

CHAPITRE II. Finances.

Il serait superflu d'entrer dans de longs détails sur les mesures à prendre par les directoires pour accélérer la confection et la vérification des rôles, pour assurer et presser le recouvrement des impositions, pour constater et corriger, dans le département prochain, les vices de celui de 1790, pour pourvoir aux réclamations des contribuables, et pour continuer et surveiller l'exécution des travaux publics, et notamment des grandes routes. Le service de cette année se faisant d'après les règles anciennes, il appartenait au Roi d'indiquer la marche qu'elles prescrivent à cet égard aux nouvelles administrations. C'est dans cette vue qu'a été rédigée l'instruction adressée par son ordre aux départemens, à mesure qu'ils sont organisés, et sur laquelle quelques observations seulement ont paru indispensables.

Art. 1er. Il est dit au paragraphe VIII de cette instruction, que les directoires ne peuvent se permettre de nommer, pour le recouvrement des impositions de 1790 et des années antérieures, d'autres receveurs ou trésoriers que ceux maintenus dans leurs fonctions par le décret du 30 janvier 1790, et que toute nomination qui aurait été faite par eux, ne pouvant être relative qu'au recouvrement de 1791, serait prématurée et inconstitutionnelle.

Rien n'est plus vrai, si les nominations des directoires n'avaient pour objet que le recouvrement des impositions ordinaires : mais comme il est un autre genre de perceptions à faire dès à-présent, celle notamment des revenus des biens ci-devant ecclésiastiques, et du prix de la vente des domaines nationaux, on conclurait mal-à-propos des termes de l'instruction du Roi, qu'il ne doit être établi encore aucune autre caisse que celle des receveurs des impositions ordinaires. Il est certain, au contraire, qu'il faut maintenant dans chaque chef-lieu de district, des caisses distinctes où puissent être versées les perceptions qui ne doivent pas être faites par ces receveurs.

Dans les districts où les conseils ont nommé un receveur, et ont exigé de lui un cautionnement suffisant en immeubles, ces nominations subsisteront.

Les nominations faites par les conseils de districts, sans la condition d'un cautionnement suffisant en immeubles, subsisteront aussi, mais à la charge par les receveurs ainsi nommés, de fournir ce cautionnement dans la quinzaine, faute de quoi il serait procédé à une autre élection.

Les conseils de district peuvent seuls instituer les receveurs; ainsi les nominations faites par les directoires de district sont nulles.

Dans les districts où la première tenue des conseils ne sera pas encore finie à la réception de la présente instruction, ils procéderont incessamment à la nomination d'un receveur.

Dans les districts où la première session du conseil est terminée, et où il est nécessaire d'élire un receveur, soit qu'il n'en ait pas encore été nommé, soit que la nomination ci-devant faite se trouve nulle, le procureur-syndic, à l'instant même de la réception de la présente instruction, convoquera extraordinairement le conseil pour procéder à l'élection du receveur.

Les conseils de district auront attention de ne choisir que des personnes d'une probité et d'une solvabilité connues, et de proportionner l'importance du cautionnement en immeubles à l'étendue du recouvrement dont elles seront chargées. Les receveurs actuels des impositions sont éligibles.

Il ne sera point nommé de trésorier de département; et s'il en avait été élu dans quelques départemens, leur institution n'aura aucun effet.

Les receveurs de district ne sont chargés quant à-présent, que de recevoir les revenus des biens ci-devant ecclésiastiques, les deniers qui proviendront de la vente de tous les domaines nationaux, le prix du rachat des différens droits féodaux dont il sera parlé ci-après, et les autres objets dont la recette leur est spécialement attribuée par les décrets de l'Assemblée nationale. Ils ne doivent s'immiscer en aucune manière dans le recouvrement, soit des impositions de 1790 et des années antérieures, soit du montant de la contribution patriotique, qui sera payé en 1790, et qui est affecté au service de la présente année. Ce recouvrement doit être fait par les anciens receveurs ordinaires des impositions, lesquels sont maintenus à cet égard dans leurs fonctions par le décret du 30 janvier dernier, à l'exécution duquel les directoires veilleront avec la plus grande attention.

Les receveurs de district ne pourront aussi entreprendre sur aucune des fonctions attribuées, quant à-présent, ou qui pourraient être attribuées par la suite aux trésoriers de la guerre, de la marine, ou à d'autres trésoriers particuliers. Les deniers versés dans les caisses de ces trésoriers ne doivent jamais être détournés de leur destination spéciale, même sous prétexte de les appliquer aux besoins des districts ou des départemens, et les directoires doivent s'opposer à toute entreprise de cette nature.

Les receveurs de district verseront tous les mois dans la caisse de l'extraordinaire le montant de toutes leurs recettes, déduction faite seulement des sommes qui doivent être payées à leur caisse. Les directoires de district veilleront avec la plus grande attention à l'exactitude de ce versement, ils vérifieront l'état de la caisse du district tous les quinze jours; ils en enverront sur-le-champ le bordereau avec leurs observations, au directoire de département, à peine, par les membres du directoire de district, d'en répondre en leur nom. Le directoire de département tiendra la main à l'entière observation de ce qui est prescrit aux directoires et aux receveurs de district.

Le traitement des receveurs de district doit être fixé d'après des règles générales, dont la détermination ne peut appartenir qu'au Corps-Législatif. Les administrations de district s'abstiendront donc de prendre aucune espèce de délibération à cet égard.

Il doit en être de même du traitement des membres des directoires, procureurs-généraux, procureurs-syndics et secrétaires. Au surplus, l'Assemblée nationale est convaincue qu'elle ne peut statuer trop promptement sur l'indemnité due aux citoyens qui consacrent leurs veilles à la chose publique, et elle a arrêté de prendre en considération ces objets sous peu de jours, ainsi que les autres dépenses d'administration, et notamment l'allégement des frais de correspondance. Elle ne perdra point de vue alors, que si la plus douce récompense de l'administrateur est la certitude d'avoir bien mérité de la patrie, il est nécessaire aussi qu'il puisse compter sur un juste dédommagement de ses travaux.

2. Le paragraphe VIII de l'instruction rédigée par ordre du Roi indique les mesures par lesquelles les corps administratifs doivent surveiller et assurer l'accélération du recouvrement des impositions ordinaires. Mais un décret du 13 juillet 1790 contient à ce sujet plusieurs dispositions essentielles dont il sera utile de retrouver ici l'indication :

1° Les directoires de département doivent charger ceux de district de se transporter sans délai chez les receveurs particuliers des impositions, et de se faire représenter par eux, sans déplacement, les registres de leur recouvrement, dont ils constateront le montant pour 1790, et même pour les années antérieures, afin d'établir la situation actuelle des collecteurs de chaque municipalité ;

2° Ils se feront aussi représenter les quittances d'à-compte ou les quittances finales données aux receveurs particuliers sur l'exercice de 1790 et des années antérieures, par les receveurs ou trésoriers généraux, afin de constater également la situation actuelle des premiers vis-à-vis des seconds;

3° Ils dresseront un procès-verbal sommaire de ces opérations; l'enverront, avec leur avis, au directoire de département, qui en rendra compte sans délai à l'Assemblée nationale et au ministre des finances;

4° Les collecteurs et les municipalités qui sont en retard, seront avertis sans délai, par le directoire du district ou par les receveurs particuliers, de payer les termes échus et si, quinzaine après cet avertissement, ils n'y ont pas encore satisfait, les receveurs particuliers présenteront au visa du directoire de district les contraintes nécessaires, et ils les mettront sur-le-champ à exécution;

5° Les directoires de district se feront remettre à l'avenir, tous les quinze jours, l'état du recouvrement fait pendant la quinzaine, certifié par les receveurs particuliers; ils l'enverront sur-le-champ au directoire de département, avec leur avis sur les causes du retard du recouvrement et les moyens de l'accélérer;

6° Les directoires de département feront former pareillement, à la fin de chaque mois, l'état général certifié d'eux du recouvrement de leur territoire, et ils l'enverront avec leurs observations au ministre des finances, qui doit être toujours à portée de faire connaître au Corps-Législatif la véritable situation du recouvrement des impositions, et les causes qui ont pu en retarder les progrès.

3. Le paragraphe IX de l'instruction du Roi indique, d'après l'article 2 du décret du 25 mai 1790, les moyens de corriger les vices qui se sont glissés dans le répartement des impositions de 1790. Quelques éclaircissemens ont paru convenables pour fixer le véritable sens de ce décret.

Les directoires de département doivent charger ceux de district de nommer des commissaires à l'effet de constater les erreurs, inégalités et doubles emplois dont se plaignent nombre de communautés. Les commissaires dresseront procès-verbal de leur travail, et en feront le rapport au directoire de district, qui le prendra en considération lors du répartement prochain, et qui s'appliquera en conséquence à rétablir alors l'égalité entre les communautés de son territoire.

Le directoire de district enverra ce même rapport avec ses observations au directoire de département, afin de mettre celui-ci en état d'établir une juste proportion entre les différens districts de son arrondissement, lors de la répartition qu'il fera entre eux de la masse des impositions du département.

Enfin le directoire de département rendra compte au Corps-Législatif du résultat des vérifications qui auront été faites dans les différens districts de son arrondissement, et joindra les renseignemens qu'il jugera convenables pour éclairer le Corps-Législatif sur la juste distribution de l'impôt entre les divers départemens du royaume.

4. Il est dit au paragraphe II de l'instruction rédigée par ordre du Roi, que lorsque le directoire de département aura approuvé et délibéré une imposition extraordinaire pour les dépenses locales, d'après le vœu d'une commune, l'imposition ne pourra être ordonnée et répartie qu'après avoir été soumise à l'autorisation du Roi. Cependant, comme il ne s'agit point là d'un fait dépendant de l'administration générale du royaume, mais d'une affaire particulière et d'un acte propre au pouvoir municipal, l'approbation du directoire de département suffit seule, aux termes des articles 54 et 56 du décret concernant la constitution des municipalités.

On ne quittera point l'article des finances, sans rappeler aux corps administratifs une vérité qu'ils doivent avoir sans cesse sous les yeux. L'exacte perception des revenus publics peut seule procurer au Gouvernement les moyens de remplir les devoirs qui lui sont imposés; et pour tout dire en un mot, c'est du recouvrement de l'impôt que dépend le salut de l'Etat. Quels reproches n'auraient donc pas à se faire les corps administratifs, si préposés par la constitution à la surveillance et à la protection de ce recouvrement, ils ne réunissaient tous leurs efforts pour prévenir les calamités sans nombre qui prennent leur source dans le vide du trésor public !

CHAPITRE III. Droits féodaux.

Parmi les différentes dispositions de l'As

semblée nationale sur la féodalité et sur les droits qui en dépendent plus ou moins directement, il en est plusieurs que les assemblées administratives sont chargées d'exécuter ou faire exécuter, et que par cette raison, elles doivent avoir constamment sous les yeux.

Art. 1er. L'art. 13 du titre II du décret du 15 mars dernier supprime sans indemnité les droits de péage, de long et de travers, de passage, de hallage, de pontonnage, de chamage, de grande et petite coutume, et tous autres de ce genre ou qui en seraient représentatifs, quand même ils seraient émanés d'une autre source que du régime féodal; il décharge en conséquence ceux qui les percevaient des obligations attachées à cette perception, c'est-à-dire de l'entretien des chemins, ponts et autres objets semblables. Il faut donc qu'à l'avenir ces charges soient supportées par les départemens, et qu'il y soit pourvu désormais par les assemblées administratives; sauf au Corps-Législatif à déterminer, d'après leurs renseignemens, quelles sont dans ce genre les dépenses de construction ou de reconstructions qui, utiles à tout le royaume, doivent être acquittées par le trésor public.

La suppression des droits dont il vient d'être parlé, admet quatre exceptions établies par l'article 15, et qui formeront, pour les assemblées administratives ou leurs directoires, un autre objet de travail et de surveillance.

La première est en faveur des *octrois autorisés* qui se perçoivent sous quelques-unes des dénominations de l'article 13, soit au profit du trésor public, soit au profit des ci-devant provinces, villes, communautés d'habitans ou hôpitaux.

Cette première exception n'a pas pour but, comme quelques-uns ont paru le penser, la conservation indéfinie de tous les droits énoncés en l'article 13, lesquels se perçoivent au profit du trésor public ou des ci-devant provinces, villes, communautés d'habitans et hôpitaux. Son seul objet est de soustraire, quant à-présent, à la suppression, ceux de ces droits qui sont des octrois proprement dits, c'est-à-dire, ceux qui, originairement concédés par le Gouvernement à des corps ou à des individus, se lèvent aujourd'hui au profit du trésor public, qui en a repris la possession sous quelque cause que ce soit, ou au profit des ci-devant provinces, villes, communautés d'habitans ou hôpitaux.

La seconde exception concerne les droits de bac et de voiture d'eau, c'est-à-dire, le droit de tenir sur certaines rivières des bacs et des voitures d'eau et de percevoir, pour l'usage qu'en fait le public, des loyers ou rétributions fixées par des tarifs.

La troisième exception comprend ceux des droits énoncés en l'article 13 qui ont été concédés pour dédommagement de frais, non pas d'entretien, mais de construction de ponts,

canaux, travaux ou ouvrages d'art, construits ou reconstruits sous cette condition.

Et la quatrième embrasse tous les péages accordés à titre d'indemnité à des propriétaires légitimes de moulins, d'usines, de bâtimens ou établissemens quelconques, supprimés pour cause d'utilité publique.

Ce sont ces quatre exceptions provisoires qui doivent fixer d'une manière spéciale l'attention des directoires de département. Suivant l'article 16, ceux-ci doivent vérifier les titres et les tarifs de la création des droits qui se rapportent à l'une des quatre classes; ils doivent, d'après cette opération, former un avis, et l'adresser au Corps-Législatif, qui prononcera ensuite définitivement sur le sort de ces droits.

En conséquence, les possesseurs sont tenus de représenter aux directoires de département leurs titres, dans l'année de la publication du décret du 15 mars; et s'ils ne satisfaisaient pas à cette obligation, la perception des droits demeurerait suspendue.

2. La suppression des droits de havage, de coutume, de cohue et de ceux de *hallage* (qu'il ne faut pas confondre avec les droits de *halage*, mentionnés en l'article 13), est devenue l'occasion d'une attribution particulière pour les assemblées administratives. Ce sont les directoires de département qui, aux termes de l'article 19, doivent terminer par voie d'arbitrage toutes les difficultés qui pourraient s'élever entre les municipalités et les ci-devant possesseurs des droits dont on vient de parler, à raison des bâtimens, halles, étaux, bancs et autres objets qui ont servi jusqu'à présent au dépôt, à l'étalage ou au débit des marchandises et denrées au sujet desquelles les droits étaient perçus. Les bâtimens, halles, étaux et bancs continuent d'appartenir à leurs propriétaires; mais ceux-ci peuvent obliger les municipalités de les acheter ou de les prendre à loyer; et réciproquement, ils peuvent être contraints par les municipalités à les vendre, à moins qu'ils n'en préfèrent le louage : cette faculté réciproque est le principe qui dirigera les directoires de département dans les difficultés qui leur seront soumises.

Si les municipalités et les propriétaires s'accordent, les unes à ne vouloir pas acheter, les autres à ne vouloir ni louer ni vendre, alors le directoire de département, après avoir consulté celui de district, proposerait au Corps-Législatif son avis sur la rétribution qu'il conviendrait d'établir à titre de loyer, au profit des propriétaires, sur les marchands pour le dépôt, l'étalage et le débit de leurs denrées et marchandises.

Si les municipalités ont acheté ou pris à loyer les bâtimens, halles, bancs et étaux, elles dresseront le projet d'un tarif des rétributions qui devront être perçues à leur profit sur les marchands, et ce tarif ne sera exécutoire que quand, sur la proposition du directoire du département, il aura été approuvé par un décret de l'Assemblée nationale, sanctionné par le Roi.

A l'égard des salaires des personnes employées, dans les places et marchés publics, au pesage et mesurage des marchandises et denrées, les municipalités les fixeront par un tarif auquel ne seront soumis que ceux qui voudront se servir de ces personnes, et qui ne sera exécutoire qu'autant qu'il aura été approuvé par le directoire de département, d'après l'avis de celui de district.

Enfin, les assemblées administratives et leurs directoires ne doivent jamais perdre de vue cette disposition de l'article 5 du titre III du décret du 15 mars, qui, leur rappelant que tout ce qui dépend du pouvoir judiciaire excède les bornes de leur autorité, leur fait défenses de prohiber la perception d'aucun des droits seigneuriaux dont le paiement serait réclamé, sous prétexte qu'ils se trouveraient implicitement ou explicitement supprimés sans indemnité ; sauf aux parties intéressées à se pourvoir par les voies de droit, devant les juges qui en doivent connaître. Les assemblées administratives et leurs directoires ne doivent pas se borner à respecter cette défense, elles doivent veiller encore, avec la plus grande attention, à ce que les municipalités n'entreprennent pas de la violer.

3. On va maintenant rappeler quelles sont, dans les décrets des 3 mai et 3 juillet derniers, les dispositions qui intéressent la vigilance des assemblées administratives.

L'article 8 du décret du 3 mai concerne les droits qui dépendent de fiefs appartenant à des communautés d'habitans ; et s'il permet aux municipalités d'en liquider et recevoir le rachat, c'est à condition néanmoins de n'y procéder que sous l'autorité et de l'avis du directoire de département, et celui-ci est expressément chargé de veiller au remploi du prix.

Il en est de même, suivant l'article 9 du même décret, pour la liquidation du rachat des droits dépendant de fiefs qui appartiennent à des mains-mortes, et qui sont administrés par des municipalités, à quelque titre que ce soit ; mais le prix doit en être versé dans la caisse du district, pour être porté dans celle de l'extraordinaire, de la manière qui a été indiquée ci-dessus au chapitre II.

Ce sont les directoires de département qui, sur l'avis de ceux de district, doivent liquider le rachat des droits dépendant des biens ci-devant ecclésiastiques, quels qu'en soient les administrateurs actuels, et le prix du rachat doit être versé successivement dans les caisses dont il vient d'être parlé.

Il est une seule exception pour les biens de l'ordre de Malte : les titulaires sont provisoirement autorisés à faire eux-mêmes la liquidation des droits dus aux commanderies, dignités et grands-prieurés de cet ordre ; mais ils doivent faire approuver leur liquidation par les directoires de département. Ceux-ci doivent veiller, de leur côté, à ce que cette liquidation soit faite suivant les règles prescrites par le décret du 3 mai, et à ce que le prix en soit versé dans les mêmes caisses que les objets précédens.

La forme suivant laquelle doivent se faire la liquidation et le rachat des droits dépendant des fiefs domaniaux est déterminée par les articles 4, 5, 6 et 7 du décret du 3 juillet ; ce sont les administrateurs des domaines ou leurs préposés qui doivent liquider le rachat :

1° Des droits appartenant aux biens domaniaux dont la régie leur est confiée, soit en totalité, soit pour la perception des droits casuels ;

2° Des droits et redevances fixes et annuelles des biens actuellement possédés à titre d'engagement, ou concédés à vie ou à temps ;

3° Des droits, tant fixes que casuels, dépendant des domaines possédés à titre d'échange, mais dont les échanges ne sont pas encore consommés ;

4° Des sommes dues à la nation par les propriétaires de biens mouvant des biens nationaux, même par les apanagistes ou les échangistes dont les échanges ne sont point encore consommés, à raison des rachats par eux reçus pour les droits dépendant de leurs fiefs.

Mais les directoires des départemens dans le ressort desquels sont situés les biens dont dépendent les droits rachetables, doivent vérifier la liquidation des administrateurs des domaines ou de leurs préposés, et ne l'approuver qu'autant qu'elle se trouvera conforme aux taux et au mode prescrits par le décret du 3 mai. Ils doivent veiller d'ailleurs à ce que le prix des rachats soit exactement, et à mesure qu'ils auront été effectués, versé de la caisse de l'administration des domaines dans la caisse de l'extraordinaire. Les mêmes directoires doivent également vérifier et approuver, s'il y a lieu, la liquidation faite par les apanagistes, des droits dépendant des biens possédés à titre d'apanage, et surveiller le versement successif du prix dans les caisses de district et de l'extraordinaire.

Le décret du 3 juillet, en ne rangeant point dans la classe des droits domaniaux ceux qui dépendent des biens possédés à titre d'échanges consommés, n'approuve pas néanmoins indistinctement tous les échanges consommés ; il fait au contraire une réserve expresse d'attaquer ceux dont le titre serait reconnu susceptible de révision. Il autorise même dans ce cas les oppositions, au nom de la nation, dans la forme prescrite par les articles 47, 48 et 49 du décret du 3 mai, aux rachats des droits dépendant de ces sortes d'échanges. Les directoires de département doivent veiller sur ce point aux intérêts de la nation, et charger le procureur-général-syndic de faire faire les oppositions qui seront jugées nécessaires.

4. Les articles 15 et 16 du décret du 3 mai chargent particulièrement les directoires de district d'un travail qui exige de l'exactitude et de l'attention ; c'est la formation de deux tableaux, dont l'un contiendra l'appréciation de la valeur commune des redevances en volailles, agneaux, cochons, beurre, fromage, cire et autres denrées, dans les lieux où il n'est pas d'usage de tenir registre du prix des ventes qui s'en font, et dont l'autre comprendra l'évaluation du prix ordinaire des journées d'hommes, de chevaux, de bête de somme, de travail et de voiture. Les directoires de département veilleront à la confection de ces deux tableaux, dont un double leur sera adressé.

5. Le décret du 26 juillet 1790 autorise les communautés d'habitans à racheter les arbres existant sur les places publiques des villes, bourgs et villages ; mais il leur défend, à peine de responsabilité, de rien entreprendre que d'après l'autorisation expresse du directoire de département, qui sera donnée d'après l'avis de celui de district, sur une simple requête, et après communication aux parties intéressées, s'il y en a.

Les délibérations sur ce rachat seront prises par le conseil général de la commune, et elles indiqueront le moyen d'en acquitter le prix.

Le même décret du 26 juillet charge les administrations de département de proposer au Corps-Législatif les mesures qu'elles jugeront les plus convenables, d'après les localités et sur l'avis des districts, pour empêcher toute dégradation des arbres dont la conservation intéresse le public, et pour remplacer, s'il y a lieu, par une replantation, ceux qui ont été ou pourront être abattus.

6. Dans les décrets des 21 et 22 avril dernier, concernant la chasse, les corps administratifs se verront autorisés à déterminer pour l'avenir l'époque à laquelle, dans leurs arrondissemens respectifs, la chasse doit être permise aux propriétaires et possesseurs de leurs terres non closes.

C'est le directoire de département qui doit faire chaque année cette détermination, d'après l'avis des directoires de district, lesquels pourront consulter à ce sujet les municipalités, afin de concilier, autant qu'il sera possible, l'intérêt général avec le droit du propriétaire.

Le directoire de département examinera si l'époque de l'ouverture de la chasse doit être la même dans toute l'étendue de son territoire, ou si elle doit varier dans tous ou dans quelques districts. L'arrêté qu'il aura pris sur cette matière sera adressé à toutes les municipalités par l'entremise du district, et publié par les municipalités quinze jours avant celui où la chasse sera libre.

7. Les administrateurs doivent veiller enfin à ce que, conformément à l'art. 2 du décret du 4 août 1789, les municipalités fassent fermer les colombiers au temps où les dégâts des pigeons peuvent être à craindre pour les campagnes. La délibération par laquelle chaque municipalité aura fixé l'époque de cette clôture sera publiée quinze jours avant cette époque, et la publication en sera renouvelée tous les ans. S'il survient quelques réclamations contre les dispositions que pourront faire à ce sujet les municipalités, elles seront portées devant les assemblées administratives, et le directoire de département y pourvoira sur l'avis du directoire de district. En cas de négligence de la part des municipalités, les directoires de district pourront faire eux-mêmes la fixation de l'époque de la clôture des colombiers.

CHAPITRE IV. Domaines et bois.

Art. 1er. L'Assemblée nationale n'a pu s'occuper encore des réformes que peut exiger l'administration des domaines et bois ; elle a décrété seulement la vente des biens domaniaux. Ainsi, par rapport à la régie de ces biens et à la perception de leurs revenus, les choses doivent rester, quant à-présent, sur l'ancien pied, et les municipalités, ainsi que les administrations, ne peuvent y prendre part.

Il en est de même de la juridiction des Eaux et forêts, qui subsiste toujours, et qui n'ayant encore perdu que la seule attribution des délits de chasse, doit continuer de connaître, comme par le passé, de toutes les autres matières que les anciennes lois ont soumises à sa compétence, jusqu'à ce qu'un décret formel de l'Assemblée nationale ait prononcé sa suppression.

Nombre de municipalités cependant, égarées par une fausse interprétation des décrets des 11 décembre et 18 mars derniers, se sont permis des entreprises dont la durée et la multiplication auraient les suites les plus funestes. L'Assemblée nationale a mis sous la sauvegarde des assemblées administratives et municipales les forêts, les bois et les arbres, et elle leur en a recommandé la conservation. De là plusieurs municipalités ont conclu que l'administration des bois leur était attribuée, et qu'elle était ôtée aux officiers des maîtrises, erreur palpable, et qui trouve sa condamnation dans les décrets mêmes dont on a cherché à l'appuyer, puisqu'ils réservent expressément les dispositions des ordonnances sur le fait des eaux et forêts, puisque les officiers des maîtrises et autres juges compétens sont chargés littéralement de maintenir les règles et d'en punir la violation ; puisque, enfin, le devoir des municipalités est restreint à un simple droit de surveillance, et à la charge de dénoncer les contraventions aux tribunaux qui en doivent connaître.

Cette erreur a déjà beaucoup produit de mal. Les gardes des maîtrises ont, dans plusieurs endroits, été expulsés des forêts et exposés à des violences. Les officiers des maîtrises eux-mêmes n'ont pas été plus respectés; ils sont, dans certaines provinces, réduits à l'impuissance de faire leurs fonctions, qui ne doivent cependant pas être interrompues, tant qu'un nouvel ordre de choses n'aura point été établi. Des dégâts considérables ont été commis dans les bois, sous les yeux des municipalités, qui devaient les empêcher et les prévenir, et qui n'ont pas eu la force de s'y opposer. Il n'est même que trop certain que quelques-unes les ont autorisés formellement, tandis que d'autres, renversant l'ordre juridictionnel, érigent dans leur sein un tribunal auquel elles citent et où elles condamnent elles-mêmes les contrevenans.

C'est aux assemblées administratives, et spécialement à leurs directoires, qu'il appartient d'arrêter le cours d'un désordre véritablement effrayant; c'est à elles qu'il est réservé de surveiller la conduite des municipalités, de les contenir dans les bornes précises de leur pouvoir, et particulièrement de les éclairer sur la fausse interprétation des décrets de l'Assemblée nationale. Elles-mêmes sont chargées de veiller à la conservation des bois, et ce n'est pas seulement contre les délits des particuliers, c'est aussi contre les erreurs et les entreprises des municipalités, qu'elles doivent défendre cette propriété précieuse.

2. Il est un autre point sur lequel un zèle louable a entraîné les municipalités au-delà des bornes de leurs fonctions. Des communautés ecclésiastiques et des bénéficiers se sont permis des coupes de bois qui n'étaient point autorisées; c'était un des délits dont la surveillance était confiée aux officiers municipaux, et que les procureurs des communes étaient chargés de dénoncer aux tribunaux. Des municipalités ont été plus loin : au lieu de se contenter d'une dénonciation, elles ont fait saisir elles-mêmes, et à leur propre requête, soit les bois coupés en contravention, soit les deniers provenant de leur vente; et ces saisies ont donné lieu à des instances, à des jugemens, et mêmes à des appels où ces municipalités figurent comme parties.

Il faut que l'ordre légitime soit rétabli à cet égard, et qu'elles cessent d'exercer ou d'essuyer des poursuites pour lesquelles elles sont sans qualités suffisantes, sans néanmoins que le fruit de leur sollicitude soit perdu.

L'étendue de pouvoir qui manque à cet égard aux municipalités se trouve dans la main des assemblées administratives. Chargées par un décret spécial de l'administration des biens ci-devant ecclésiastiques, point de doute qu'elles n'aient le droit de diriger en justice, par l'entremise des procureurs-syndics, toutes les actions relatives à la conservation des biens qu'elles doivent administrer.

Ainsi, l'un des premiers soins des directoires de département doit être, d'une part, de veiller à ce que de semblables poursuites ne soient plus faites par les municipalités, et, d'autre part, de se faire rendre compte des saisies et des instances subsistantes; ils peseront ensuite dans leur sagesse s'il est convenable de prendre le fait et cause des municipalités qui sont actuellement en procès, ou si la prudence et la justice doivent dicter un autre parti.

3. Les changemens survenus dans l'administration des biens ci-devant ecclésiastiques ne doivent point empêcher la vente et l'exploitation des coupes ordinaires des bois qui en font partie. Le sursis prononcé par le décret du 18 mars dernier ne concerne que les coupes extraordinaires, et il y aurait de grands inconvéniens à donner à ce sursis un effet plus étendu, puisqu'il en résulterait une grande difficulté, et vraisemblablement, dans nombre d'endroits, l'impossibilité de compléter les approvisionnemens nécessaires.

Ainsi les directoires des assemblées administratives doivent veiller à ce que les opérations et délivrances qui se faisaient annuellement dans les bois ci-devant ecclésiastiques, aient lieu cette année comme dans les précédentes, et à ce qu'elles se fassent aux époques usitées.

Quant aux adjudications, il est également essentiel qu'elles n'éprouvent aucun retard, et que, pour en assurer le succès, les directoires de département chargent les districts dans le territoire desquels elles devront être faites, et de se concerter avec les officiers des maîtrises.

Les formalités ci-devant observées pour les ventes et adjudications des bois, continueront d'avoir lieu jusqu'à ce qu'il en ait été autrement ordonné.

L'adjudication se fera par le directoire de district délégué à cet effet par le directoire de département, en présence de deux officiers au moins, du nombre de ceux qui auront fait le martelage et la délivrance, ou eux dûment appelés. Les directoires de département veilleront, au surplus, à ce que les différentes adjudications à faire dans leur territoire soient fixées à des jours différens, et de manière à entretenir la concurrence entre les adjudicataires.

4. Une dernière observation concerne l'exécution du décret du 6 juin 1790 : il autorise les directoires de département à faire verser dans les caisses des districts les sommes provenues des ventes des bois des com-

munautés ecclésiastiques ou laïques, soit que ces sommes aient été portées dans la caisse de l'administration des domaines ou dans celle des anciens receveurs-généraux des domaines et bois, soit qu'elles existent entre les mains des héritiers ou représentans de ces receveurs généraux, soit enfin qu'elles aient été déposées par autorité de justice ou autrement entre les mains de toute autre personne publique ou particulière. En cas de refus ou de retardement de la part des dépositaires, le directoire de département pourra, sur la demande du directoire de district, décerner contre eux une contrainte qui sera mise à exécution par le receveur du district.

Le même décret du 6 juin autorise les directoires de département à déterminer l'emploi des deniers provenant de la vente des bois des communautés laïques, sur la demande des conseils généraux des communes, et de l'avis des districts. Il est inutile d'avertir les directoires que des règles d'utilité et d'économie doivent en diriger l'emploi.

Il faut, au surplus, assurer avant tout l'acquit des charges imposées aux adjudicataires des bois des communautés ecclésiastiques ou laïques, et le paiement des ouvrages auxquels le prix des ventes et des adjudications a principalement été destiné.

On finira ce chapitre en invitant les administrations à communiquer leurs vues sur le meilleur plan d'aménagement des forêts nationales, des bois communaux, si négligés partout, et même des bois des particuliers; mais elles n'oublieront pas que la liberté du propriétaire ne doit jamais être gênée qu'autant que le bien général l'exige indispensablement.

CHAPITRE V. Aliénation des domaines nationaux.

Par domaines nationaux, on entend deux espèces de biens; les biens du domaine proprement dits, et les biens ci-devant ecclésiastiques.

L'aliénation des domaines nationaux est une des opérations les plus importantes de l'Assemblée nationale; sa prompte exécution influera essentiellement sur le rétablissement des finances, sur l'affermissement de la constitution et sur la prospérité de l'empire; mais son succès dépend beaucoup du zèle, de l'activité et de l'intelligence des assemblées administratives.

Pour connaître la mesure de leurs devoirs, pour apprécier l'étendue de leurs fonctions, et pour en saisir l'ensemble et les détails, elles devront d'abord méditer les décrets de l'Assemblée nationale, en rapprocher les différentes dispositions, et se pénétrer de l'esprit qui les a dictés.

Ces décrets sont :

1° Celui des 19 et 21 décembre 1789, qui a statué qu'il serait aliéné des domaines nationaux pour une somme de quatre cents millions, et qu'il serait créé des assignats sur le produit des ventes, jusqu'à concurrence de pareille somme;

2° Celui du 17 mars, qui ordonne que les quatre cents millions de domaines nationaux seront aliénés au profit des municipalités du royaume, et qu'il en sera vendu à la municipalité de Paris pour deux cents millions; mais sous la clause de céder, aux mêmes conditions, aux municipalités qui le désireront, les biens situés dans leurs territoires;

3° Celui du 14 mai, qui détermine les formes, les règles et les avantages des ventes à faire, soit aux municipalités qui acquerront directement, soit à celles qui se feront subroger, soit enfin aux particuliers qui acquerront des municipalités;

4° L'instruction décrétée le 31 mai, laquelle a pour but de faciliter aux municipalités et aux corps administratifs l'intelligence du décret du 14, et de prévenir, par des détails et des interprétations, les doutes et les obstacles par lesquels son exécution pourrait être arrêtée. Cette instruction embrasse en grande partie le système de l'opération, et laisse peu à ajouter aux réflexions et aux développemens qu'elle contient;

5° Le décret des 25, 26 et 29 juin, qui permet l'aliénation de tous les domaines nationaux, autres que ceux dont il fait une exception spéciale, et qui détermine les formes, les règles et les avantages des ventes qui seront faites, soit directement aux particuliers, soit aux municipalités;

6° Le décret du 16 juillet, qui fixe au 15 septembre prochain le délai dans lequel les municipalités doivent faire leurs soumissions, pour jouir des avantages qui leur sont assurés par le décret du 14 mai;

7° Enfin, le décret du 6 août, qui prononce quelles sont les parties de bois nationaux qui peuvent être mises en vente.

§ Ier. Observations générales.

Les directoires de département et de district sont autorisés à recevoir directement les soumissions de ceux qui veulent acquérir des domaines nationaux. Ils doivent tenir un registre de ces soumissions, dans la forme prescrite par l'article 3 du décret du mois de juin, et le directoire de district doit adresser, tous les quinze jours, à celui de département, l'état de celles qu'il aura reçues dans la quinzaine.

Le comité d'aliénation des domaines nationaux fait maintenant parvenir deux tableaux aux directoires de département : par le premier, le comité leur donne connaissance de toutes les soumissions qu'il a reçues des municipalités ou des particuliers, pour des biens situés dans leur territoire ; le second doit leur servir à faire connaître au comité les soumissions reçues, tant par eux que par les directoires des districts de leur arrondissement.

Les directoires de département doivent, aux termes de l'article 4 du décret du mois de juin, former un état de tous les domaines nationaux situés dans leur territoire. Ils s'occuperont sans délai de la formation de cet état, dans lequel seront distinguées soigneusement les différentes natures de biens. Il sera fait un chapitre séparé de bois et forêts, dans lequel les directoires indiqueront quelles sont les parties de bois qui leur paraissent devoir être mises en vente, et quelles sont celles qui doivent être conservées, en exécution du décret du 6 août 1790. Ils chargeront en conséquence chaque directoire de district de leur procurer, avec le secours des municipalités, l'indication détaillée des biens de leur arrondissement. Le tableau général des domaines nationaux de chaque département, divisé par districts et subdivisé par municipalités, sera adressé à l'Assemblée nationale.

Les règles suivant lesquelles doit se faire l'estimation des domaines nationaux sont indiquées avec beaucoup de détail dans les décrets des mois de mai et juin, et dans l'instruction du 31 mai ; les dispositions en sont en général assez claires pour n'avoir pas besoin de plus amples explications.

On se contentera d'ajouter les observations suivantes :

1° Quand un domaine afferme par un bail général se trouve ensuite divisé par des sous-baux, c'est le prix de ces sous-baux qui doit servir de base à l'estimation du domaine, comme se rapprochant davantage de la véritable valeur du revenu. Ainsi, les directoires doivent s'occuper de la recherche de ces sous-baux, et s'en procurer la représentation au besoin, en usant des moyens indiqués par l'article 20 du décret du mois de juin.

2° Si un domaine est afferme par bail emphytéotique, il est notoire que le plus souvent, dans ce cas, le prix du bail est fort éloigné de la véritable valeur du revenu, surtout si le bail est déjà ancien, et si le preneur a fait des dépenses pour l'amélioration du domaine. Ainsi, nul autre moyen alors de connaître la valeur du revenu, qu'une estimation par experts : et c'est aussi ce qui est prescrit.

Au surplus, comme les baux emphytéotiques renferment une véritable aliénation, ils ne sont réputés avoir été faits légitimement, et par conséquent les acquéreurs ne seront tenus de leur entretien, qu'autant qu'ils auront été précédés et revêtus de toutes les solemnités requises par la loi du lieu de la situation, pour la validité de l'aliénation des objets compris dans ces baux.

3° Si tout ou partie du fermage consiste en grains ou autres denrées, il sera formé une année commune de leur valeur, d'après le prix des grains et denrées de même nature, relevé sur les registres du marché du lieu, ou du marché le plus prochain, s'il n'y en a pas dans le lieu. L'année commune sera formée sur les dix dernières années.

4° Si les fermiers refusaient de certifier par serment la vérité de leurs baux et sous-baux, le défaut de prestation de ce serment n'empêchera pas, après leur refus constaté, de prendre les baux et sous-baux pour bases de l'estimation ; mais les fermiers refusans seront déclarés déchus de leurs baux ou sous-baux par le juge ordinaire, sur la demande du procureur-général-syndic, poursuite et diligence du procureur-syndic du district.

5° Si les détenteurs des biens nationaux soutenaient n'avoir point de bail, et qu'il fût impossible d'en avoir connaissance, il faudrait en user, en ce cas, comme si véritablement il n'existait point de bail, sauf néanmoins à recourir au bail, s'il venait à être représenté avant les premières enchères.

Dans les lieux où les administrations de district ou leurs directoires ne seraient pas en activité, leurs fonctions seront provisoirement remplies par les municipalités des chefs-lieux de district ; et s'il s'agissait d'acquisitions à faire par une des municipalités, dans le district même dont elle est chef-lieu, elle serait suppléée, à cet égard seulement, par la municipalité du chef-lieu du district le plus voisin qui n'aurait pas fait de soumission : et, à cet effet, le directoire de département pourra correspondre directement avec la municipalité du chef-lieu de district, comme tenant lieu en cette partie du directoire de district, tant qu'il ne sera pas formé.

Le directoire de département fera afficher, le 15 de chaque mois, dans tous les lieux accoutumés de son territoire, et notamment dans ceux de la situation des biens et dans les chefs-lieux de district, l'état des biens qui auront été estimés pendant le mois précédent, avec énonciation du prix de l'estimation de chaque objet. Un exemplaire de cet état sera en outre déposé au secrétariat de l'hôtel commun de chacun des lieux où il sera affiché, et il sera permis à chacun d'en prendre communication ou copie, sans frais.

Le directoire de département adressera aussi, le 15 de chaque mois, au Corps-Législatif, l'état des estimations qui auront été faites et des ventes qui auront été commencées ou consommées dans le mois précédent.

Le travail des administrations, relativement aux ventes des domaines nationaux, peut se considérer sous deux points de vue : par rapport à celles qui seront faites aux municipalités ou par leur médiation ; et par rapport à celles qui seront faites aux particuliers directement et sans intermédiaire.

Avant de faire aucune remarque sur ces deux modes d'aliénation, il n'est pas inutile d'observer que leur distinction n'intéresse en rien les particuliers.

Il fallait imprimer un premier mouvement à une opération qui relèvera le crédit national, et assurera au trésor public les ressources les plus fécondes. Il fallait aussi adoucir les maux qui avaient été pour plusieurs municipalités les suites inévitables de la révolution. De là, l'idée de se servir de leur entremise pour la vente de quatre cents millions de domaines nationaux. Mais, soit que cette médiation doive avoir lieu, soit que la vente se fasse directement aux particuliers, la condition de ceux-ci ne varie point dans l'un comme dans l'autre cas ; les clauses et la forme de l'adjudication sont parfaitement semblables, les facilités sont les mêmes pour enchérir, et la libération de l'adjudicataire doit s'opérer de la même manière.

§ II. Des ventes aux municipalités, ou par leur entremise.

On se bornera à indiquer sommairement les principaux objets de la surveillance et des fonctions des directoires.

Ils doivent veiller à ce que les municipalités se conforment avec exactitude aux formes et aux conditions prescrites par les différens décrets, et par l'instruction ci-devant énoncée.

Il est essentiel surtout de faire en sorte que les municipalités ne puissent apporter le plus léger retard à l'adjudication des biens pour lesquels il aura été fait des offres suffisantes. Sur le refus ou en cas de négligence d'une municipalité, le soumissionnaire aura droit de s'adresser au directoire de district, qui se fera rendre compte par la municipalité des motifs de sa conduite. Si les motifs sont jugés insuffisans, le directoire de district pressera la municipalité de poursuivre l'adjudication ; en cas de refus persévérant, le directoire de district pourra charger le procureur-syndic de la requérir lui-même.

Les directoires surveilleront l'administration et la jouissance que doivent exercer les municipalités jusqu'à l'époque des reventes : cette surveillance s'étendra même sur la jouissance des adjudicataires particuliers, jusqu'à ce qu'ils aient entièrement acquitté le prix de leur adjudication ; elle doit s'exercer avec une attention particulière sur les objets les plus susceptibles d'être dégradés. Le directoire de département chargera le procureur-général-syndic de poursuivre devant les tribunaux compétens les municipalités ou les particuliers qui abuseraient de leur jouissance au point de diminuer les sûretés de la nation. Tous les administrateurs des départemens et districts,

et toutes les municipalités, doivent se regarder comme obligés à aider les directoires dans la surveillance dont il vient d'être parlé, et à leur donner une prompte connaissance des dégradations qui seront commises ; ils seront invités par les directoires de district à remplir ce devoir avec zèle.

Le directoire de département aura soin que les adjudications auxquelles il sera procédé devant les directoires de district soient faites avec toute la promptitude, la publicité et la fidélité possibles.

Les directoires veilleront à ce que le montant des obligations souscrites par les municipalités, soit exactement acquitté, et à ce que le prix des reventes faites aux particuliers soit versé ponctuellement, soit dans la caisse du receveur du district, soit dans celle de l'extraordinaire ; ils chargeront le procureur-général-syndic de poursuivre les débiteurs en retard.

§ III. Des ventes qui seront faites directement aux particuliers.

La vente des domaines nationaux, décrétée d'abord jusqu'à concurrence de quatre cents millions seulement, n'est plus circonscrite dans les bornes de cette somme ; de puissans motifs d'utilité publique ont déterminé le Corps-Législatif à autoriser la vente de tous les domaines nationaux par les décrets des 25, 26, 29, juin et 9 juillet. Il n'a prononcé que deux exceptions, l'une définitive pour les domaines dont la jouissance a été réservée au Roi ; l'autre provisoire pour les forêts, sur lesquelles l'Assemblée nationale a depuis statué par son décret du 6 août.

On l'a dit plus haut, les formes et les conditions des ventes directes aux particuliers sont les mêmes que celles des ventes qui se feront par l'entremise des municipalités ; ainsi, ce qui a été dit de celles-ci s'appliquera naturellement à celles-là.

Mais on ne peut trop recommander aux directoires de faciliter les petites acquisitions ; comme c'est ici une des vues principales de l'opération, c'est aussi vers son accomplissement que les moyens d'exécution doivent surtout être dirigés. Il en est deux principaux qui ne doivent pas être perdus de vue. Le premier, prescrit par l'article 6 du décret des 25, 26 et 29 juin, consiste à diviser dans les estimations les objets, autant que leur nature le permettra. Le second, indiqué par l'article 6 du décret du 14 mai, consiste à ouvrir en même temps les enchères sur l'ensemble et sur les parties de l'objet compris en une seule et même estimation ; et dans le cas où, au moment de l'adjudication définitive, la somme des enchères partielles égalerait l'enchère sur la masse, à préférer l'adjudication par parties.

Il faut observer que le soumissionnaire qui ne deviendra pas acquéreur, ne doit pas supporter les frais de l'estimation. Ces frais doivent se prendre sur le prix de la vente, et ils seront réglés par le directoire de département, sur l'avis de celui de district.

On ne dit rien, dans ce moment, sur l'administration des biens ci-devant ecclésiastiques ; l'Assemblée nationale se propose d'en fixer les règles, d'une manière précise, par un décret qui sera rendu sous peu de jours, et qui sera suivi immédiatement d'une instruction, où tout ce qui a rapport à cette partie sera rassemblé et traité avec les développemens convenables.

CHAPITRE VI. Agriculture et commerce.

Les nombreux détails qui réclament les premiers travaux des assemblées administratives ne leur permettront guère de donner sur-le-champ à tous les objets qui tiennent à l'agriculture et au commerce une application proportionnée à leur grande importance. Il est néanmoins de leur devoir de ne rien négliger de ce qui peut être instant, et de se procurer de bonne heure les instructions et renseignemens d'après lesquels d'utiles améliorations puissent être proposées et exécutées. Il n'est aucun département qui n'offre en ce genre une vaste carrière à la sollicitude de ses administrateurs ; il en est même plusieurs qui attendent une nouvelle création d'un régime vigilant et paternel.

L'Assemblée nationale a considéré les desséchemens comme une des opérations les plus urgentes et les plus essentielles à entreprendre. Par eux seront restitués à la culture de vastes terrains qui sollicitent de toute part l'industrie des propriétaires et l'intérêt du Gouvernement ; par eux sera détruite une des causes qui nuisent à la santé des hommes et à la prospérité des végétaux ; par eux, des milliers de bras qui manquent d'ouvrage, et que la misère et l'intrigue peuvent tourner contre la société, seront occupés utilement. Déjà il se médite sur ce point, dans le sein de l'Assemblée nationale, une loi importante, dont quelques articles sont même décrétés. C'est aux administrations à seconder ses vues, et à prendre d'avance des mesures assez sages pour que l'exécution de cette loi n'éprouve aucun retard, et ne rencontre aucun obstacle dans leur arrondissement.

Elles doivent aussi rechercher et indiquer les moyens de procurer le libre cours des eaux ; d'empêcher que les prairies ne soient submergées par la trop grande élévation des écluses, des moulins, et par les autres ouvrages d'art établis sur les rivières ; de diriger enfin, autant qu'il sera possible, toutes les eaux de leur territoire vers un but d'utilité générale, d'après les principes de l'irrigation (1).

Sans débouchés pour le transport des productions, point de commerce. Un des premiers besoins du commerce, un des principaux objets de la surveillance des administrations, est donc l'entretien et la construction des chemins et des canaux navigables.

L'extrême imperfection du régime actuel des communaux est reconnue et dénoncée depuis long-temps. Les administrations proposeront des lois sur cette espèce de propriétés publiques, sur leur meilleur emploi, et sur la manière la plus équitable de les partager, de les vendre ou de les affermer.

Les avantages et les inconvéniens de la vaine pâture et du droit de parcours doivent fixer aussi leur attention : il faut considérer ces deux usages sous tous les rapports par lesquels ils peuvent influer sur la subsistance et la conservation des troupeaux ; il faut balancer avec sagacité l'intérêt qu'y attache le petit propriétaire de la campagne, l'abus que le riche fermier en fait trop souvent, et l'obstacle qu'ils apportent à l'indépendance des propriétés.

Il est un genre d'établissemens qui mérite une protection spéciale ; ce sont ceux dont le but est d'améliorer les laines, en multipliant les moutons de belle race. En général, les troupeaux sont trop peu nombreux pour l'étendue de notre sol, et trop faibles pour fournir aux besoins de nos manufactures. Une heureuse émulation en cette partie contribuerait sensiblement à l'amélioration de notre culture, et elle affranchirait notre commerce de l'énorme tribut qu'il paie à l'étranger pour l'achat des matières premières.

Un travail important sur les poids et mesures a été confié par l'Assemblée nationale à l'Académie des sciences de Paris : il s'agit de les réformer peu à peu, de les recréer sur des bases invariables, et d'établir dans les calculs de commerce cette uniformité que la raison appelle en vain depuis des siècles, et qui doit former un lien de plus entre les hommes. Les administrations sont chargées, par le décret du 8 mai 1790, de se faire remettre par chaque municipalité, et d'envoyer au secrétaire de l'Académie des sciences de Paris, un modèle parfaitement exact des différens poids et mesures élémentaires qui sont en usage dans les divers lieux de leur territoire.

Elles proposeront l'établissement ou la suppression des foires et des marchés dans les endroits où elles le jugeront convenable, d'après les nouvelles relations que peut faire naître la division actuelle du royaume.

Elles feront connaître le genre d'industrie

---

(1) *Voy.* loi du 28 septembre = 6 octobre 1791.

qui convient au pays, le degré de perfection où sont parvenues ses fabriques et ses filatures, et celui dont elles sont susceptibles. Elles protégeront de tout leur pouvoir, elles surveilleront sans perquisition les manufactures et les ateliers. L'industrie naît de la liberté : elle veut être encouragée ; mais si on l'inquiète, elle disparaît.

Les administrations recueilleront encore des notions exactes sur les mines, les usines et les bouches à feu ; elles s'appliqueront à connaître si la position, le travail et les débouchés de ces divers établissemens les rendent plus utiles au commerce en général, que nuisibles, soit au canton, par leur grande consommation de bois, soit à l'agriculture, par la dégradation du terrain destiné à leur service.

Elles porteront un regard attentif sur la police des campagnes, sur le glanage, patrimoine du pauvre, sur les caractères d'équité ou d'injustice que peuvent offrir les différentes conventions usitées entre le fermier et le propriétaire, sur les mesures compatibles avec la liberté, qui peuvent tendre à multiplier les petites fermes et à faciliter la division des grandes propriétés, sur le maintien des rapports de subordination et de bienfaisance qui doivent lier sans cesse le maître et le compagnon.

Elles transmettront enfin au Corps-Législatif tous les renseignemens qui peuvent servir à lui faire connaître la culture et le commerce de leur territoire, les obstacles qui peuvent en gêner les progrès, et les moyens d'en procurer l'amélioration.

CHAPITRE VII. Mendicité, hôpitaux, prisons.

Parmi les objets importans qui se disputent de toute part l'attention de l'Assemblée nationale, il en est un qui devait intéresser spécialement sa sollicitude : c'est l'assistance du malheureux dans les différentes positions où l'infortune peut le plonger.

Il faut que l'indigent soit secouru, non-seulement dans la faiblesse de l'enfance et dans les infirmités de la vieillesse, mais même lorsque, dans l'âge de la force, le défaut de travail l'expose à manquer de subsistance. Il faut aussi que l'accusé dont l'ordre public exige la détention, n'éprouve d'autre peine que la privation de sa liberté ; et par conséquent, il faut pourvoir à la salubrité autant qu'à la sûreté des prisons.

Ce n'est pas seulement à la sensibilité de l'homme, c'est à la prévoyance du moraliste, c'est à la sagesse du législateur que ces devoirs se recommandent. Pénétrée de cette vérité, l'Assemblée nationale veut adopter un système de secours que la nation, la morale et la politique ne puissent désavouer, et dont les bases soient irrévocablement liées à la constitution. Un comité est spécialement chargé

de lui proposer un plan qui puisse réaliser ses vues bienfaisantes ; mais ce travail, qui doit être mûri par des combinaisons profondes, doit encore être préparé par la connaissance de quelques faits sur lesquels les administrations peuvent seules fournir des renseignemens dignes de confiance.

C'est pour les obtenir au plus tôt, qu'il vient d'être envoyé aux departemens un tableau où sont énoncées différentes questions essentielles relatives à la mendicité, et qu'il a été joint une instruction propre à faciliter les réponses. On attend du zèle des directoires de département qu'ils ne négligeront rien pour que ces réponses parviennent promptement à l'Assemblée nationale.

Il est plusieurs autres points dont la connaissance devra être procurée successivement au Corps-Législatif, et qu'il est utile d'indiquer à ces administrations, afin qu'elles soient en état d'en préparer dès à-présent les renseignemens, et qu'elles puissent les transmettre au Corps-Législatif aussitôt qu'elles se les seront procurés.

Les directoires de département s'occuperont donc de former l'état des hôpitaux et hôtels-dieu situés dans leur territoire, de la destination de ces hôpitaux et hôtels-dieu, du nombre des malheureux qui y sont assistés, et des officiers et employés qui les desservent, de la masse et de la nature de leurs revenus, ainsi que de leur administration.

Les directoires en useront de même pour tous les fonds affectés dans chaque département aux charités, distributions et secours de toute espèce fondés ou non fondés. Ils feront connaître les diverses natures de ces fondations, si elles portent ou non des clauses particulières, et à quelles charges elles sont soumises. Ils instruiront le Corps-Législatif s'il se trouve dans leur ressort des biens appartenant aux maladreries, aux ordres hospitaliers et à des pélerins ; ils en indiqueront la nature et la valeur.

Ils rendront compte de l'état des maisons de mendicité, de celui des prisons, de leur grandeur, de leur solidité, de leur salubrité, et des moyens par lesquels elles pourraient être rendues saines et commodes, si elles ne le sont pas ; enfin ils recueilleront soigneusement toutes les notions qui pourront conduire à des améliorations utiles dans le régime de la mendicité, des hôpitaux et des prisons.

Au surplus, l'instruction adressée par ordre du Roi aux départemens, indique, pour l'état actuel des choses, des vues sages et des règles de conduite auxquelles l'Assemblée nationale ne peut qu'applaudir, et dont elle s'empresse de recommander l'observation.

En terminant cette instruction, l'Assemblée nationale doit prévenir les assemblées administratives qu'elle n'a point entendu tracer un tableau complet de leurs devoirs. Il est une foule d'autres détails que leur sagacité suppléera facilement, et dont, par conséquent, l'énumération et le développement étaient superflus.

C'est sur le zèle des corps administratifs, c'est sur leurs lumières et leur patriotisme que l'Assemblée nationale fonde ses plus grandes espérances. Une vaste carrière s'ouvre devant eux : que leur courage s'anime à la vue des importantes fonctions qui leur sont confiées; que la sagesse guide toutes leurs démarches; qu'une vaine jalousie de pouvoir ne leur fasse jamais méconnaître les deux autorités suprêmes auxquelles elles sont subordonnées; qu'enfin, leur régime bienfaisant prouve au peuple que le règne de la liberté est celui du bonheur; et la constitution, déjà victorieuse des ennemis du bien public, saura triompher aussi des outrages du temps.

———

12 = 21 AOUT 1790. (Lett.-Pat.) — Décret concernant le répartement des impositions ordinaires de l'année 1790 entre les départemens et les municipalités qui se divisent l'ancienne province de Bourgogne. (L. 1, 1263; B. 5, 74.)

L'Assemblée nationale, instruite des obstacles qui ont empêché jusqu'à ce jour la répartition de l'impôt dans les divers départemens qui composaient ci-devant la province de Bourgogne, et voulant faciliter et accélérer une opération qui ne saurait être plus long-temps retardée sans inconvénient pour la chose publique, oui le rapport de son comité des finances, a décrété et décrète ce qui suit :

Art. 1er. Les commissaires nommés par chacune des administrations faisant partie de l'ancienne province de Bourgogne, à l'effet de recevoir les comptes de la commission connue sous le nom d'élus généraux, demeurent autorisés à procéder incessamment et sans délai à la division, entre les divers départemens, de la masse générale de l'imposition de 1790, au prorata du nombre des communautés de la même province comprises dans chacun de leurs départemens.

2. Pour fixer le montant de l'impôt à la charge de chaque département, les commissaires se borneront à additionner, dans chaque communauté, le montant des cotes des anciens contribuables, et le montant de la cote doublée des ci-devant privilégiés, pour les six derniers mois de 1789, ils répartiront ensuite le montant de l'imposition de 1790, dans la proportion qui sera indiquée par ladite opération.

3. Immédiatement après que le contingent de chaque département aura été ainsi fixé, les commissaires seront tenus de le faire connaître auxdits départemens, et d'envoyer à chacun un extrait en forme du procès-verbal de leurs opérations.

4. Les directoires de chaque département procéderont sans délai à la subdivision de leur contingent entre leurs paroisses et communautés, enverront à chacune le mandement de ce qu'elle doit supporter, en leur enjoignant de procéder incessamment à la confection des rôles. Ce mandement sera accompagné d'une instruction qui indiquera aux municipalités de quelle manière et dans quelle proportion les anciens contribuables doivent être moins imposés, à raison de la contribution des ci-devant privilégiés pour les six derniers mois de 1789.

5. Attendu qu'il n'existe dans la ci-devant province de Bourgogne aucun renseignement sur les facultés immobilières des anciens contribuables, lesquels ont toujours été imposés au seul lieu de leur domicile, pour raison de toutes leurs facultés, les directoires de département sont et demeurent autorisés à suivre, par rapport à eux, l'ancien usage, dérogeant, quant à ce, au décret du 17 décembre dernier, pour l'année 1790 seulement.

———

12 AOUT 1790. — Décret relatif à l'instruction aux départemens. (B. 5, 76.)

L'Assemblée nationale a décrété l'admission de l'instruction pour être présentée à la sanction du Roi et envoyée aux assemblées administratives.

———

12 = 21 AOUT 1790. — Décret pour faciliter et accélérer le rétablissement des impositions directes de la ci-devant province de Bourgogne. (L. 1, 1263; B. 5, 74.)

———

12 AOUT 1790. — Décret portant que le tribunal de cassation sera unique et sédentaire auprès du Corps-Législatif. (B. 5, 74.)

———

13 AOUT = 5 SEPTEMBRE 1790. (Procl.) — Décret qui supprime divers traitemens, gratifications et dépenses; décharge le trésor public de quelques autres, et autorise les ministres de l'intérieur et des finances à se faire fournir, quand ils auront des courses nécessaires, des courriers et des chevaux de poste. (L. 3, 1022; B. 5, 143.)

Art. 1er. Le traitement de quatre cents livres, accordé au bailli de Versailles, comme commissaire du conseil pour les droits d'aides est supprimé.

2. La gratification de dix-huit cents livres, accordée au sieur Genet, pour la traduction des papiers étrangers, relatifs aux finances, est supprimée.

3. La gratification de douze cents livres au sieur Giraud, directeur de la poste aux lettres à Versailles, supprimée.

4. La dépense de la fourniture des calendriers aux divers bureaux de l'administration, supprimée.

5. Les appointemens du suisse du département de la maison du Roi, renvoyés à la charge de ce département.

6. Le traitement de l'aumônier du contrôle général, celui du chirurgien du même contrôle, les gages du concierge de l'hôtel du contrôle à Versailles, du suisse dudit hôtel, du suisse du contrôle général à Paris, l'entretien des réverbères desdits hôtels, supprimés de la dépense publique et renvoyés à la charge du ministre.

7. Le ministre de l'intérieur, le ministre des finances, quand il y aura des courses nécessaires, se feront fournir des courriers et des chevaux par la poste, sur des ordres signés d'eux et datés ;

Et sur la représentation de ces ordres, il sera tenu compte de cette dépense aux maîtres des postes.

8. Les ministres feront tenir un registre dans lequel ces ordres seront portés à leur date, avec les raisons qui les auront motivés.

---

13 AOUT = 21 SEPTEMBRE 1790. (Procl.) — Décret portant qu'il ne sera plus concédé d'apanages réels, et révocation de ceux qui ont été ci-devant concédés. (L. 2, 100; B. 5, 146; Mon. du 14 août 1791.)

Art. 1er. Il ne sera concédé à l'avenir aucun apanage réel. Les fils puînés de France seront élevés et entretenus aux dépens de la liste civile, jusqu'à ce qu'ils se marient ou qu'ils aient atteint l'âge de vingt-cinq ans accomplis : alors il leur sera assigné sur le trésor national des rentes apanagères, dont la quotité sera déterminée à chaque époque par la législature en activité.

2. Toutes concessions d'apanages antérieures à ce jour sont et demeurent révoquées par le présent décret: défenses sont faites aux princes apanagistes, à leurs officiers, agens ou régisseurs, de se maintenir ou continuer de s'immiscer dans la jouissance des biens et droits compris auxdites concessions, au-delà des termes qui vont être fixés par les articles suivans.

3. La présente révocation aura son effet à l'instant même de la publication du présent décret, pour tous les droits ci-devant dits régaliens, ou qui participent de la nature de l'impôt, comme droits d'aides et autres y joints, contrôle, insinuation, centième denier, droits de nomination et de casualité des offices, amendes, confiscation, greffes et sceaux, et tous autres droits semblables dont les concessionnaires jouissent à titre d'apa-

nage, d'engagement, d'abonnement ou de concession gratuite, sur quelques objets ou territoires qu'ils les exercent.

4. Les droits utiles mentionnés dans l'article précédent, seront à l'instant même réunis aux finances nationales ; et dès lors, ils seront administrés, régis et perçus selon leur nature, par les commis, agens et préposés des compagnies établies par l'administration actuelle, dans la même forme et à la charge de la même comptabilité que ceux dont la perception, régie et administration leur est respectivement confiée.

5. Les apanagistes continueront de jouir des domaines et droits fonciers compris dans leurs apanages, jusqu'au mois de janvier 1791 ils pourront même faire couper et exploiter à leur profit, dans les délais ordinaires, les portions de bois et futaies dûment aménagées, et dont les coupes étaient affectées à l'année présente par leurs lettres de concession et par les évaluations faites en conséquence, en se conformant par eux aux procès-verbaux d'aménagement, et aux ordonnances et réglemens intervenus sur le fait des eaux et forêts.

6. Les fils puînés de France et leurs enfans et descendans ne pourront, en aucun cas, rien prétendre ni réclamer à titre héréditaire dans les biens meubles ou immeubles laissés par le Roi, la Reine et l'héritier présomptif de la couronne.

7. Les baux à ferme ou à loyer des domaines et droits réels compris aux apanages supprimés, ayant une date antérieure de six mois au présent décret, seront exécutés selon leur forme et teneur ; mais les fermages et loyers seront payés à l'avenir aux trésoriers des districts de la situation des objets compris en iceux, déduction faite de ce qui sera dû à l'apanagiste sur l'année courante, d'après les dispositions de l'art. 5.

8. Les biens ou objets non affermés, ou qui l'auraient été depuis six mois, seront régis et administrés comme les biens nationaux retirés des mains des ecclésiastiques.

9. Les décrets relatifs à la vente des biens nationaux s'étendront et seront appliqués à ceux compris dans les apanages supprimés.

10. Les acquisitions faites par les apanagistes dans l'étendue des domaines dont ils avaient la jouissance à titre de retrait, des domaines tenus en engagement dans l'étendue de leurs apanages, continueront d'être réputées engagemens, et seront à ce titre perpétuellement rachetables (1).

---

13 AOUT = 10 SEPTEMBRE 1790. (Lett.·Pat.) — Décret portant suppression de diverses dépenses des monnaies. (L. 3, 1022; B. 5, 144.)

Art. 1er. Les places de contrôleur général

---

(1) Cet article a été décrété, sauf rédaction.

de la monnaie, celles des deux inspecteurs généraux, sont supprimées.

Le traitement du contrôleur général et des deux inspecteurs généraux, renvoyé au comité des pensions.

Le traitement viager du sieur Antoine, architecte de la monnaie, est réduit à trois mille livres et son logement.

La place d'inspecteur des bâtimens de la monnaie est supprimée.

3. Il sera payé douze cents livres au suisse, à chacun des deux portiers quatre cents liv., et pour le balayage des cours et des rues, quatre cents livres.

4. Les menues dépenses de la monnaie sont supprimées.

5. La dépense de la comptabilité sera supprimée, à compter du 1er janvier 1791.

13 AOUT 1790. — Décret qui ordonne le paiement à la ville de Paris des sommes que lui doit le trésor public. (B. 5, 145.)

13 AOUT 1790. — Décret qui déclare que l'honneur du régiment de Languedoc n'est point compromis par le décret du 26 juillet qui ordonne de le remplacer à Montauban par un autre régiment. (B. 5, 149.)

14 = 17 AOUT 1790. (Procl.) — Décret concernant l'insubordination des sous-officiers et soldats du régiment de Poitou. (L. 1, 1189.)

L'Assemblée nationale, après avoir entendu le rapport de son comité militaire, improuve la conduite insubordonnée des sous-officiers et soldats du régiment de Poitou, infanterie, ainsi que les violences dont ils se sont rendus coupables contre le sieur de Bévy, leur lieutenant-colonel; décrète que si le sieur de Bévy n'est pas déjà en pleine liberté, il y sera mis immédiatement; que les huit billets qu'il a été forcé de signer, jusqu'à la concurrence de quarante mille livres, sont nuls, incapables de l'obliger et de produire aucune action contre lui; que ceux qui les ont reçus seront tenus de les rendre, ou de déclarer les dispositions qu'ils en ont faites, et, dans ce cas, d'en représenter la valeur, le tout dans vingt-quatre heures et sous peine de prison, sauf les réclamations légitimes qui pourront être faites légalement, soit au lieutenant-colonel, soit à tous autres officiers du régiment, en exécution de l'art. 3 du décret du 6 de ce mois.

Le président de l'Assemblée nationale se retirera dans le jour vers le Roi, pour prier Sa Majesté de sanctionner le présent décret, et de donner ses ordres pour qu'il soit exécuté et envoyé à tous les régimens de l'armée.

14 = 22 AOUT 1790. (Procl.) — Décret relatif à l'omission du mot cent, faite dans les assignats de trois cents livres. (L. 1, 1267; B. 5, 151.)

L'Assemblée nationale a décrété et décrète que les assignats de trois cents livres qui ont été et qui seront mis en émission, sur lesquels la date des décrets en toutes lettres n'est énoncée que par les mots mil sept quatre-vingt-dix, au lieu de mil sept cent quatre-vingt-dix, ne seront pas, pour cette seule faute d'impression, rapportés à l'échange et mis au rebut; qu'ils auront la même valeur que ceux où cette omission du mot cent n'a point été faite, ayant été reconnu qu'ils sont d'ailleurs d'une fabrication parfaite et conforme à celle arrêtée et convenue par les commissaires de l'Assemblée nationale, et qu'ils portent, ainsi que les autres, tous les signes de reconnaissance et les moyens de vérification qui doivent en constater la validité et sûreté.

14 = 24 AOUT 1790. (Procl.) — Décret concernant l'inventaire des fonds de l'imprimerie royale. (L. 1, 1361; B. 5, 156.)

Art. 1er. Il sera dressé un inventaire des caractères, poinçons, matrices, gravures et autres objets appartenant à la nation, dans les fonds de l'imprimerie royale, par les sieurs de Guignes et d'Ansse, de l'académie des belles-lettres, et le sieur Anisson, directeur de ladite imprimerie.

2. Cet inventaire, signé d'eux, sera déposé aux archives nationales.

3. Les reliures ni les gravures, autres que celles qui sont nécessaires pour la typographie, ne seront portées au compte de la dépense publique.

14 = 20 AOUT 1790. (Procl.) — Décret relatif à l'échange des billets de la caisse d'escompte et des promesses d'assignats. (L. 2, 1410; B. 5, 152.)

L'Assemblée nationale, désirant concilier les dispositions de son décret du 7 août avec celles nécessaires pour constater, sur les registres de la caisse d'escompte, l'annihilation des billets de cette caisse; et voulant en même temps accélérer, autant qu'il est possible, les échanges de ces billets et des promesses d'assignats, a décrété ce qui suit:

Art. 1er. Le timbre portant ces mots, échangé et nul, qui sera appliqué sur les promesses d'assignats, comme sur les billets de la caisse d'escompte, sera assez large pour qu'il tombe en entier et soit frappé sur les trois signatures, et puisse les maculer.

2. Les administrateurs de la caisse d'escompte pourront, dans chaque bureau d'échange, se faire suppléer par des préposés,

pour la vérification des billets et promesses d'assignats, lesquels signeront tous les jours les procès-verbaux d'échange. Lesdits administrateurs seront seulement tenus de donner personnellement, tous les samedis, une reconnaissance du nombre et de l'espèce des billets de caisse échangés pendant la semaine, lesquels leur seront alors remis pour qu'ils puissent en constater successivement l'............. tion sur leurs registres de ....

3. Chaque mois, ... les billets de caisse dont les li..... ..... création à la caisse d'escompte auront été déchargés, seront reportés à la caisse de l'extraordinaire, pour, en présence de MM. les commissaires de l'Assemblée nationale, être détruits et brûlés; et à cet effet, cette formalité, qui, aux termes de l'article 9 du décret du 7 août, devait être remplie le lundi de chaque semaine, aura lieu seulement le premier lundi de chaque mois, en se conformant d'ailleurs aux dispositions dudit décret du 7 courant.

4. Les registres de création de billets de la caisse d'escompte portant promesse d'assignats, ayant été remis précédemment aux archives de l'Assemblée nationale, seront remis par l'archiviste aux commissaires de l'Assemblée nationale chargés de veiller aux opérations de la caisse de l'extraordinaire; et les opérations de contrôle, de reconnaissance et d'extinction sur les registres, auront lieu dans les bureaux de ladite caisse.

5. Dans l'échange des dix mille assignats à distribuer par jour, le trésorier de la caisse de l'extraordinaire sera autorisé à délivrer, pendant les deux premiers mois, des assignats de deux cents livres et de trois cents livres contre les billets de caisse ou promesses d'assignats de mille livres, et l'échange sera fait indistinctement contre ceux revenant des provinces avec l'endossement du trésorier, et ceux qui n'auraient pas été revêtus de cet endossement.

———

14 AOUT = 23 OCTOBRE 1790. — Décret relatif à la liquidation de l'ancienne compagnie des Indes, et au paiement des intérêts des actions et des pensions viagères payées ci-devant à la caisse de cette compagnie. (B. 5, 156.)

Art. 1ᵉʳ. L'administration de l'ancienne compagnie des Indes sera supprimée, et ses bureaux de Paris réunis à ceux de l'intendance du trésor public.

2. Les intérêts des actions, les pensions viagères, payés ci-devant à la caisse de la compagnie des Indes, seront provisoirement payés par les payeurs de rentes.

3. Les débets et les décomptes des gens de mer seront payés par le trésor public.

4. Les archives de ladite compagnie seront transférées dans un lieu sûr, sous la garde

d'un employé autorisé à délivrer des expéditions des titres qui y seront conservés.

5. La dépense du loyer de l'hôtel de la nouvelle compagnie des Indes, les gratifications sans brevet, les appointemens accordés à des personnes étrangères à la compagnie sur les fonds de la liquidation ..... sont supprimés.

6. Le ministre des finances présentera incessamment un projet pour accélérer la liquidation de l'ancienne compagnie dans les Indes et à l'Ile-de-France.

7. Le bureau de ladite compagnie à Lorient sera supprimé.

———

14 AOUT = 1ᵉʳ DÉCEMBRE 1790. — Décret relatif aux dépenses des travaux littéraires. (L. 2, 632, et 3, 1022; B. 5, 154.)

Art. 1ᵉʳ. Les administrations des départemens, les ordonnateurs et les autres agens du pouvoir exécutif, adresseront au Roi l'état des travaux littéraires qu'ils croiront utiles : le Roi fera présenter au Corps-Législatif l'état des travaux à faire et de ceux qui sont actuellement entretenus. L'Assemblée décrétera cet état, après l'avoir examiné et approuvé dans les parties qu'elle jugera convenables, et elle déterminera les sommes qui seront nécessaires pour fournir à la dépense. Le décret étant sanctionné, les sommes ordonnées par l'Assemblée seront payées aux personnes et pour les objets portés sur l'état annexé au décret, à la charge par ceux à qui seront confiés lesdits travaux littéraires, d'en rendre compte chaque année au Corps-Législatif.

2. A l'égard des travaux littéraires actuellement entretenus par le trésor public, l'Assemblée ordonne que les personnes chargées de ces différens travaux, informeront, dans le délai de quinzaine, le comité des finances de l'état de leurs travaux, de leur objet d'utilité, de l'époque à laquelle ils ont commencé, du point d'avancement où ils sont, et des différentes sommes qui ont été payées à ce sujet, pour lui en être rendu compte par le comité des finances, et être par elle décrété ce qu'il appartiendra.

3. Le dépôt de législation sera réuni à la bibliothèque du Roi.

4. Les cinquante-cinq mille cinq cents livres d'effets royaux, appartenant à ce dépôt, seront annulés.

———

14 = 17 AOUT 1790. — Décret relatif aux troubles de Schélestat. (B. 5, 160.)

14 AOUT 1790. — Décret portant qu'il n'y a pas lieu à délibérer sur l'affaire du sieur Beurnonville, sauf à lui à se pourvoir contre la sentence du Châtelet de Paris, devant les tribunaux et par les voies de droit. (B. 5, 151.)

14 = 24 AOUT 1790. — Décret qui supprime le travail pour une jurisprudence uniforme dans le royaume et les honoraires y attachés. (B , 5 , 155.)

14 AOUT 1790. — Décret pour accélérer l'impression des procès-verbaux de l'Assemblée nationale. (B. 5 , 150.)

14 AOUT 1790. — Décret portant qu'il n'y a pas lieu à délibérer sur une pétition des officiers municipaux de Montauban. (B. 5 , 158.)

14 AOUT 1790. — Décret qui approuve la conduite de la municipalité d'Ingrande, lors de l'événement arrivé dans cette ville, le 29 juin 1790, et relatif à l'instruction de cette affaire. (B. 5, 158.)

14 AOUT 1790. — Biens nationaux. *Voy.* 6 AOUT 1790. — Garde nationale. *Voy.* 7 AOUT 1790. —Événemens du 6 octobre. *Voy.* 7 AOUT 1790. — Lettres. *Voy.* 10 AOUT 1790. — Var. *Voy.* 7 AOUT 1790.

15 = 19 AOUT 1790. (Lett.-Pat.) — Décret relatif à la nomination de deux commissaires pour recevoir le compte général de l'ancienne administration de l'Ile-de-France. (L. 1 , 1193; B. 5 , 164.)

L'Assemblée nationale, après avoir entendu le rapport de son comité de constitution ; considérant que l'administration du département de Paris n'est pas encore formée; qu'il est néanmoins instant de procéder, en exécution de l'article 10 du décret constitutif des assemblées administratives, autorise la nouvelle municipalité de la ville de Paris à nommer pour cette exécution deux commissaires qui , conjointement avec ceux des départemens de l'Yonne, Seine-et-Marne, Seine-et-Oise, de l'Aube, de la Côte-d'Or, de l'Eure, du Loiret, de l'Oise et de la Nièvre, recevront le compte général de l'ancienne administration de la ci-devant province de l'Ile-de-France.

Décrète que les anciens administrateurs seront tenus de préparer sans délai ce compte, de manière qu'ils puissent le rendre au plus tard pour le 1er septembre , aux commissaires des différens départemens, lesquels seront aussi tenus de se rendre à Paris, à cette époque , pour le recevoir.

15 = 20 AOUT 1790. (Lett.-Pat.) — Décret relatif aux demandes que les municipalités pourraient faire des armes destinées pour l'armement des vaisseaux. (L. 1, 259 ; B. 5 , 161.)

L'Assemblée nationale décrète que les corps administratifs, lorsqu'il sera demandé des armes par les municipalités, ne pourront eux-mêmes réclamer , des commandans ou administrateurs de la marine, les armes destinées à l'armement des vaisseaux de ligne, frégates et autres bâtimens de guerre.

15 = 29 AOUT 1790. — Décret relatif aux soumissions des municipalités et des particuliers pour l'acquisition de domaines nationaux. (L. 1 , 1413, B. 5 , 163; Mon. du 17 août 1790.)

L'Assemblée nationale, voulant accélérer les travaux pour l'aliénation des domaines nationaux , et simplifier ceux des directoires de département et de district dans leur correspondance avec le comité, a décrété et décrète ce qui suit :

Art. 1er. Les municipalités et les particuliers qui feront à l'avenir des soumissions pour l'acquisition de domaines nationaux , seront tenus d'envoyer trois copies de leurs soumissions; une au comité d'aliénation à Paris, une au directoire du département, et une au directoire du district dans l'étendue duquel sont situés les domaines nationaux qu'ils se proposent d'acquérir.

2. Les municipalités et les particuliers qui ont déjà fait des soumissions , seront tenus , dans le plus court délai, de compléter le triple envoi prescrit par l'article 1er.

3. Le comité de l'aliénation et les directoires de département et de district pourront, dans leur correspondance , n'envoyer que des extraits des soumissions qu'ils auront reçues, les copies de ces soumissions devant se trouver à l'avenir , d'après le présent décret , et au comité , et dans chacun des directoires du département et du district dans le ressort desquels les domaines nationaux seront situés.

15 AOUT (14 et) = 1er SEPTEMBRE et 23 OCTOBRE 1790. — Décret relatif au paiement des arrérages de la dette publique, des rentes dues ci-devant par le clergé, des rentes connues sous le nom d'ancien clergé, et des charges assignées sur les fermes générales. (L. 2, 1 et 234; B. 5 , 165 ; Mon. du 16 août 1790.)

Art. 1er. A compter des arrérages échus au 1er juillet 1790, les payeurs des rentes de l'hôtel-de-ville acquitteront les rentes dues ci-devant par le clergé, les rentes connues sous le nom d'ancien clergé, et les charges assignées sur les fermes générales.

2. A compter des arrérages échus au 1er juillet 1790, ils acquitteront pareillement les rentes dues par les ci-devant pays d'états pour le compte du Roi.

3. Les trésoriers et payeurs des objets ci-dessus énoncés seront tenus de remettre incessamment auxdits payeurs des rentes un état certifié d'eux , de toutes les parties dont ils étaient chargés, contenant les immatricules et l'énonciation des saisies et oppositions faites en leurs mains, lesquelles tiendront ès-mains des payeurs pour les parties qui leur seront respectivement distribuées.

4. Les trésoriers et payeurs des rentes de l'ancien et nouveau clergé, les trésoriers des pays d'états , les payeurs des charges assignées

sur la ferme générale, joindront à ces états celui des débets et parties non réclamées, et en verseront le montant aut trésor public, non-obstant toutes saisies et oppositions.

5. Les parties non réclamées seront remplacées à mesure qu'elles seront demandées, et il en sera fait fonds aux payeurs des rentes, de la même manière que pour les arrérages ordinaires.

6. Les finances des trésoriers et payeurs des rentes et charges qui, en vertu des articles précédens, seront provisoirement acquittées par les payeurs des rentes, ainsi que celles de leurs contrôleurs, seront liquidées et remboursées après l'apurement de leurs comptes.

7. Les propriétaires des rentes constituées sur le clergé ou sur les pays d'états, pour le compte du Roi, lesquels étaient ci-devant payés de leurs arrérages dans les provinces, pourront, s'ils le préfèrent, être encore payés dans les districts où ils sont domiciliés.

8. Pour cet effet, ils seront tenus : 1° de remettre au payeur des rentes auquel leurs parties seront distribuées, une expédition en forme de leurs contrats, s'ils sont nouveaux propriétaires, et une déclaration du district dans lequel ils demanderont à être payés ; 2° de faire passer, tous les six mois ou tous les ans, à leur choix, auxdits payeurs, les quittances des six mois ou de l'année des arrérages échus, pour être par eux vérifiées.

9. Lesdites quittances vérifiées resteront aux mains des payeurs, lesquels remettront en échange un certificat des quittances fournies, et au bas une rescription du montant de la somme sur le trésorier du district.

10. Ladite rescription, visée au trésor public, sera délivrée aux parties prenantes ou à leurs représentans, payée par le trésorier sur lequel elle sera tirée sur la représentation du contrat, reçue ensuite pour comptant au trésor public, et là échangée contre un récépissé du payeur des rentes qui l'aura tirée.

11. Les saisies et oppositions sur lesdites rentes seront faites entre les mains du payeur auquel elles seront distribuées.

12. Les rentes dues à des archevêchés, évêchés, abbayes, chapitres, communautés religieuses, cures et bénéfices, autres que celles qui seront affectées à des fondations, ou qui appartiennent à des communautés religieuses, soit sur le clergé, soit sur les pays d'états, pour le compte du Roi, soit sur la caisse publique, seront éteintes à compter du 1er janvier 1790, et rejetées de tous les paiemens.

13. Il sera dressé un état des rentes dues, sur les diverses caisses ci-dessus, à des fabriques, à des hôpitaux, aux pauvres des paroisses, à des écoles et collèges, autres que ceux qui sont situés dans le département de Paris.

14. Ledit état sera vérifié sur la représentation des titres qui ont été fournis aux mains des trésoriers et payeurs.

15. Après ladite vérification, il sera dressé un état particulier, pour chaque département, des rentes dues aux établissemens qui y sont situés.

16. Les directoires de département assigneront à chacun de ces établissemens le paiement des arrérages qui leur seront dus, sur le trésorier du directoire auquel ils appartiennent.

17. L'état de cette distribution sera remis par le directoire de département au ministre des finances, qui, après avoir fait vérifier les états particuliers sur l'état général des rentes dues aux divers établissemens, et l'avoir fait arrêter au conseil, le fera déposer au trésor public.

18. Ces formalités une fois remplies, les quittances des fondés de pouvoirs desdits établissemens, visées par les directoires de district, seront reçues pour comptant au trésor public, en déduction des impositions.

19. Les registres tenus jusqu'ici à l'hôtel-de-ville pour l'enregistrement des contrats, seront remis au dépôt du bureau du contrôle des rentes.

20. Ils continueront d'y être tenus, et nulle partie de rente ne sera distribuée à un payeur qu'elle n'y ait été enregistrée.

21. Dans l'enregistrement, il sera fait mention si c'est une rente nouvelle ou une reconstitution ; si c'est une reconstitution, il sera fait mention de la rente ancienne qui aura été éteinte et remplacée par la nouvelle.

22. Il sera nommé à chaque législature trois commissaires, pour constater l'état de ces registres, et en faire leur rapport à l'Assemblée.

23. Dans le délai de deux mois, il sera dressé et arrêté au conseil un état général de tous les remplacemens demandés et restant encore à faire, pour les années antérieures à 1771, des rentes sur les tailles et intérêts d'offices supprimés, qui étaient payés, jusques et compris 1772, par les receveurs généraux.

24. Cet état sera communiqué au comité de liquidation ; et après le compte par lui rendu à l'Assemblée nationale, il sera remis au bureau du contrôle des rentes, pour en suivre et faire exécuter le paiement en la forme qui a eu lieu jusqu'à-présent.

25. Pareil état sera dressé, dans le même délai de deux mois, pour les remplacemens demandés et non encore consommés, des gages, augmentations de gages, taxations héréditaires, payés avant 1773 par les receveurs généraux, pour les années antérieures à ladite époque.

26. Ledit état sera pareillement communiqué au comité de liquidation, et, après le rapport par lui fait à l'Assemblée nationale, remis au trésor public, pour être le paiement

continué en la forme et dans le délai accoutumés.

27. Les boites des payeurs des rentes destinées à recevoir les quittances, seront toutes réunies dans le lieu même destiné au paiement.

---

15 AOUT 1790. — Arrêt du Conseil-d'Etat du Roi, qui nomme le sieur Gérard-Maurice Turpin pour l'un des agens chargés du recouvrement des créances actives sur le trésor public. (L. 1, 1181.)

---

15 AOUT 1790. — Décret portant que la municipalité de Lorient n'a pas dû s'opposer à l'extraction des poudres du château de Trisaven. (B. 5, 161.)

---

15 = 18 AOUT 1790. — Décret qui annule un décret de prise de corps lancé contre l'abbé Raynal, le 20 mars 1781, et la saisie et annotation de ses biens par le parlement de Paris. (B. 5, 162.)

---

15 AOUT 1790. — Décret pour demander au Roi la désignation des maisons de plaisance qu'il désire conserver. (B. 5, 169.) *Voy.* 18 AOUT 1790.

---

15 AOUT = 12 SEPTEMBRE 1790 (Lett.-Pat.) Décret qui réforme l'article 10 de celui du 27 juillet, relatif aux droits de propriété et de voirie. *Voy.* 26 JUILLET 1790.

---

15 AOUT 1790. — Chemins *Voy.* 26 JUILLET 1790. — Marine. *Voy.* 21 AOUT 1790. — Octrois. *Voy.* 4 AOUT 1790.

---

16 = 17 AOUT 1790. (Procl.) — Décret pour la punition des instigateurs et fauteurs des excès commis par les régimens en garnison à Nancy. (L. 1, 1183.)

L'Assemblée nationale, après avoir entendu le rapport qui lui a été fait, au nom de ses trois comités militaires, des recherches et des rapports réunis, indignée de l'insubordination continuée dans la garnison de Nancy par les régimens *du Roi,* infanterie, *Mestre-de-camp,* cavalerie, et *de Château-Vieux,* Suisse, depuis et au mépris du décret du 6 de ce mois, quoiqu'il renfermât les dispositions propres à leur assurer la justice qu'ils pouvaient réclamer par des voies légitimes; convaincue que le respect pour la loi, et la soumission qu'elle commande aux ordres du chef suprême de l'armée ainsi que des officiers, et aux règles de la discipline militaire, sont les caractères essentiels comme les premiers devoirs du soldat citoyen, et que ceux qui s'écartent de ces devoirs au préjudice de leurs sermens, sont des ennemis publics dont la licence menace ouvertement la véritable liberté et la constitution; considérant combien

il importe de réprimer avec sévérité de semblables excès, et de donner promptement un exemple tel qu'il puisse tranquilliser les bons citoyens, satisfaire à la juste indignation des braves militaires qui ont vu avec horreur la conduite de leurs indignes camarades, enfin éclairer et retenir par une terreur salutaire ceux que l'erreur ou la faiblesse a fait condescendre aux suggestions d'hommes criminels, les premiers et principaux auteurs de ce désordre,

A décrété et décrète, d'une voix unanime, que la violation à main armée par les troupes, des décrets de l'Assemblée nationale, sanctionnés par le Roi, étant un crime de lèse-nation au premier chef, ceux qui ont excité la rebellion de la garnison de Nancy doivent être poursuivis et punis comme coupables de ce crime, à la requête du ministère public, devant les tribunaux chargés, par les décrets, de la poursuite, instruction et punition de semblables crimes et délits;

Que ceux qui, ayant pris part à la rebellion, de quelque manière que ce soit, n'auront pas, dans les vingt-quatre heures à compter de la publication du présent décret, déclaré à leurs chefs respectifs, même par écrit, si ces chefs l'exigent, qu'ils reconnaissent leur erreur et s'en repentent, seront également, après le délai écoulé, poursuivis et punis comme fauteurs et participes du crime de lèse-nation;

Que le président de l'Assemblée nationale se retirera immédiatement vers le Roi, pour le supplier de prendre les mesures les plus efficaces pour l'entière et parfaite exécution du présent décret; en conséquence, d'ordonner: 1° à son procureur au bailliage de Nancy de rendre plainte contre toute personne, de quelque rang, grade, état et condition qu'elle soit, soupçonnée d'avoir été instigateur, fauteur ou participe de la rebellion qui a eu lieu dans la garnison de Nancy, depuis la proclamation des décrets des 6 et 7 de ce mois; 2° aux juges du bailliage de Nancy de procéder sur ladite plainte conformément aux décrets précédemment rendus concernant l'instruction et le jugement des crimes de lèse-nation; d'ordonner pareillement à la municipalité et aux gardes nationales de Nancy, ainsi qu'au commandant militaire de cette place, de faire, chacun en ce qui les concerne, les dispositions nécessaires et qui seront en leur pouvoir, pour s'assurer des coupables et les livrer à la justice; même d'ordonner le rassemblement et l'intervention d'une force militaire, tirée des garnisons et des gardes nationales du département de la Meurthe et de tous les départemens voisins, pour agir aux ordres de tel officier général qu'il plaira à Sa Majesté de commettre, à l'effet d'appuyer l'exécution du présent décret; de faire en sorte que force reste à justice, et que la liberté et sûreté des citoyens soient efficacement protégées contre quiconque chercherait à y porter atteinte; à l'effet de quoi cet officier général sera spécialement autorisé à casser et licencier les régimens de la garnison de Nancy, dans le cas où ils ne rentreraient pas immédiatement dans l'ordre, ou s'ils tentaient d'opposer la moindre résistance au châtiment des principaux coupables.

———

16 = 24 AOUT 1790. (Lett.-Pat.) — Décret sur l'organisation judiciaire. (L. 1, 1362; B. 5, 170; Mon. 4, 5, 6, 10, 12, 13, 17 août 1790; rapporteur, M. Thouret.)

Voy. loi des 25 AOUT et 2 = 11 SEPT. 1790; des 6 et 7 = 11 SEPTEMBRE 1790; du 12 = 19 OCTOBRE 1790; du 6 — 27 MARS 1791. *Voy.* les constitutions successives et notamment les lois du 27 VENTOSE an 8; décret du 30 MARS 1808; loi du 20 AVRIL 1810; décrets du 6 JUILLET 1810; du 18 AOUT 1810.

TITRE Ier. Des arbitres (1).

Art. 1er. L'arbitrage étant le moyen le plus raisonnable de terminer les contestations entre les citoyens, les législatures ne pourront faire aucune disposition qui tendrait à diminuer, soit la faveur, soit l'efficacité des compromis (2).

2. Toutes personnes ayant le libre exercice de leurs droits (3) et de leurs actions, pourront nommer un ou plusieurs arbitres pour prononcer sur leurs intérêts privés (4) dans tous les cas et en toutes matières, sans exception.

3. Les compromis qui ne fixeront aucun délai dans lequel les arbitres devront prononcer, et ceux dont le délai sera expiré, seront néanmoins valables, et auront leur exécution, jusqu'à ce qu'une des parties ait fait signifier aux arbitres qu'elle ne veut plus tenir à l'arbitrage (5).

4. Il ne sera point permis d'appeler des sentences arbitrales, à moins que les parties ne se soient expressément réservé, par le compromis, la faculté de l'appel.

5. Les parties qui conviendront de se réserver l'appel, seront tenues de convenir également, par le compromis, d'un tribunal entre tous ceux du royaume auquel l'appel sera déféré, faute de quoi l'appel ne sera pas reçu (6).

6. Les sentences arbitrales dont il n'y aura pas d'appel seront rendues exécutoires par une simple ordonnance du président du tribunal de district, qui sera tenu de la donner au bas ou en marge de l'expédition qui lui sera présentée (7).

TITRE II. Des juges en général.

Art. 1er. La justice sera rendue au nom du Roi (8).

2. La vénalité des offices de judicature est abolie pour toujours; les juges rendront gratuitement la justice, et seront salariés par l'Etat (9).

———

(1) *Voy.* Code de procédure, art. 1003 et suivans. — Code de commerce, art. 51 et suivans. — *Voy.* les cinq Codes annotés de Sirey.

(2) *Voy.* Constitut. de 1791, tit. 3, chap. 5, art. 5. Lorsque la matière le comporte, les arbitres sont compétens pour prononcer la contrainte par corps, comme pour statuer sur le fonds (5 novembre 1811; Cass. S. 12, 1, 18. — 1er juillet 1823; Cass. S. 24, 1, 5).

(3) Un compromis fait par un mineur assisté de son tuteur, et même autorisé par la famille, est nul, encore qu'il n'y ait pas lésion (4 fructidor an 12; Cass. S. 3, 1, 27). — La nullité du compromis ne peut être opposée que par le mineur (19 veniose an 11, Turin; S. 4, 2, 622).

(4) Des arbitres ne peuvent annuler un acte de mariage (6 pluviose an 11; Cass. S. 3, 1, 351).

(5) Les instances arbitrales, une fois que les pièces sont remises aux arbitres, ne peuvent tomber en péremption devant les arbitres eux-mêmes (16 janvier 1807; Nîmes; S. 7, 2, 289).—Des arbitres qui ont reçu les pouvoirs de terminer toutes les contestations des parties peuvent néanmoins déléguer à des experts certaines procedures auxquelles ils ne peuvent vaquer eux-mêmes (11 février 1806; Cass. S. 7, 2, 787). — La comparution des parties au bureau de paix, pour se concilier, emporte révocation des arbitres (4 fructidor an 12; S. 5, 2, 268).

(6) Cette désignation du tribunal est inutile depuis la loi du 27 ventose an 8, qui a déterminé les justiciables de chaque tribunal d'appel (19 vendémiaire an 12; Cass. S. 4, 2, 45).

(7) La véritable date d'une sentence arbitrale est celle du jour où elle a été rédigée et signée (3 juin 1808; Cass. S. 8, 1, 314). — Il y a chose jugée du moment où la sentence a été lue aux parties, quoique la signature des arbitres ne fût pas apposée (8 vendémiaire an 8; Cass. S. 2, 2, 526). — Les arbitres ne peuvent, par acte postérieur, changer la date de la sentence datée et signée par eux (1er nivose an 9; Cass. S. 1, 2, 517) — La date énoncée par les arbitres dans leur sentence fait foi pour les parties (5 thermidor an 11, et 6 frimaire an 14; Cass. S. 6, 1, 107; 31 mai 1809; Cass. S. 9, 1, 355). — Il est de l'essence des jugemens arbitraux, comme de tous autres jugemens, que les parties aient pu se défendre. L'inobservation de la règle donne ouverture à cassation (7 brumaire an 13; Cass. S. 7, 2, 787). — Les jugemens arbitraux peuvent être frappés d'appel avant d'avoir été revêtus de l'ordonnance d'*exequatur*. Il n'en est pas comme de l'*opposition* qui ne peut être formée qu'après que l'ordonnance d'*exequatur* a été rendue (22 mai 1828, Aix; S. 28, 2, 269).

(8) *Voy.* art. 57, Charte de 1814; et 48, Charte de 1830.

(9) *Voy.* lois des 31 août, 1er, 2 et 12 septembre 1790.

3. Les juges seront élus par les justiciables (1).

4. Ils seront élus pour six années; à l'expiration de ce terme, il sera procédé à une élection nouvelle, dans laquelle les mêmes juges pourront-être réélus.

5. Il sera nommé aussi des suppléans, qui, selon l'ordre de leur nomination, remplaceront, jusqu'à l'époque de la prochaine élection, les juges dont les places viendront à vaquer dans le cours des six années. Une partie sera prise dans la ville même du tribunal, pour servir d'assesseurs en cas d'empêchement momentané de quelques-uns des juges.

6. Les juges élus et les suppléans, lorsqu'ils devront entrer en activité après la mort ou la démission des juges, recevront du Roi des lettres-patentes scellées du sceau de l'Etat, lesquelles ne pourront-être refusées, et seront expédiées sans retard et sans frais, sur la seule présentation du procès-verbal d'élection.

7. Les lettres-patentes seront conçues dans les termes suivans :

« Louis, etc.

« Les électeurs du district de nous « ayant fait représenter le procès-verbal de « l'élection qu'ils ont faite, conformément « aux décrets constitutionnels, de la personne « du sieur pour remplir pendant « six années un office de juge du district de « 	nous avons déclaré et décla-« rons que ledit sieur est juge

« du district de   qu'honneur « doit lui être porté en cette qualité, et que « la force publique sera employée, en cas de « nécessité, pour l'exécution des jugemens « auxquels il concourra, après avoir prêté le « serment requis, et avoir été dûment ins-« tallé. »

8. Les officiers chargés des fonctions du ministère public seront nommés à vie par le Roi, et ne pourront, ainsi que les juges, être destitués que pour forfaiture dûment jugée par juges compétens (2).

9. Nul ne pourra être élu juge ou suppléant, ou chargé des fonctions du ministère public, s'il n'est âgé de trente ans accomplis, et s'il n'a été pendant cinq ans juge ou homme de loi, exerçant publiquement auprès d'un tribunal.

10. Les tribunaux ne pourront prendre directement ou indirectement aucune part à l'exercice du pouvoir législatif, ni empêcher ou suspendre l'exécution des décrets du Corps-Législatif, sanctionnés par le Roi, à peine de forfaiture.

11. Ils seront tenus de faire transcrire purement et simplement dans un registre particulier, et de publier dans la huitaine, les lois qui leur seront envoyées.

12. Ils ne pourront point faire de réglemens, mais ils s'adresseront au Corps-Législatif toutes les fois qu'ils croiront nécessaire, soit d'interpréter une loi, soit d'en faire une nouvelle (3).

---

(1) Les juges ont cessé d'être nommés par voie d'élection, aux termes de l'art. 51, Constitution du 22 frimaire an 8. Ils sont actuellement nommés et institués par le Roi (Charte de 1814, art. 57; Charte de 1830, art 48).

(2) Les officiers du ministère public sont aujourd'hui révocables à volonté.

(3) Voy. art. 5, Code civil; loi du 27 novembre = 1er décembre 1790, art. 21; Constitution du 5 fructidor an 3, art. 256; loi du 16 septembre 1807; avis du Conseil - d'Etat, du 27 novembre = 17 décembre 1823. — Voy. les notes sur la loi du 16 septembre 1807, et sur la loi du 30 juillet 1828, touchant la nature et les effets des lois interprétatives. — Les tribunaux de police ne peuvent faire aucune défense à des particuliers qui ne sont point en cause; ce serait statuer par voie de reglement (6 juillet 1809; Cass. S. 9, 1, 424). — Il y a excès de pouvoir lorsqu'un tribunal saisi d'une contestation entre un commissaire-priseur et une autre partie, relativement au droit prétendu par le commissaire-priseur de procéder à certaines ventes, déclare, d'une manière générale, autoriser les commissaires-priseurs à procéder à l'avenir de semblables ventes (22 mai 1832; Cass. S. 32, 1, 391). — Il y a excès de pouvoir lorsqu'un tribunal, sans litige porté devant lui et d'office ou sur mémoire, reconnaît aux courtiers de commerce d'une ville, concurremment

avec les commissaires-priseurs de la même ville, le droit de procéder aux ventes publiques, et détermine la valeur des lois qui peuvent être l'objet de ces ventes (18 mai 1829; Cass. S. 29, 1, 231). — Les cours peuvent faire des réglemens pour l'ordre du service, mais ils doivent les soumettre au Gouvernement (7 juillet 1817; Cass. S. 17, 1, 347). — Une cour royale commet excès de pouvoir lorsque, par voie de mesure générale, même en rappelant un ancien arrêté de réglement de la province, elle prend une délibération portant, d'abord que les huissiers du ressort, qui se transporteront hors de leur résidence, ne pourront exiger que le salaire qui serait passé à l'huissier le plus prochain; en second lieu, que les huissiers seront obligés de numéroter chaque jour leurs exploits, et de répartir le voyage entre les différentes commissions pour lesquelles ils l'auront fait.

Lorsqu'une Cour royale a pris un arrêté de réglement excédant ses pouvoirs, et que, sur l'ordre du ministre de la justice, le procureur-général en requiert l'annulation, il ne suffit pas que la Cour déclare que l'arrêté étant devenu caduc, en ce que le Gouvernement a refusé de l'approuver, il n'y a pas lieu de faire droit autrement au réquisitoire : la Cour doit prononcer elle-même l'annulation de son arrêté (22 mars 1823; Cass. S. 26, 1, 201); Voy. décret du 30 mars 1808, art. 9, et décret du 6 juillet 1810.

13. Les fonctions judiciaires sont distinctes et demeureront toujours séparées des fonctions administratives. Les juges ne pourront, à peine de forfaiture, troubler, de quelque manière que ce soit, les opérations des corps administratifs, ni citer devant eux les administrateurs pour raison de leurs fonctions (1).

14. En toute matière civile ou criminelle, les plaidoyers, rapports et jugemens seront publics, et tout citoyen aura le droit de défendre lui-même sa cause, soit verbalement, soit par écrit (2).

15. La procédure par jurés aura lieu en matière criminelle ; l'instruction sera faite publiquement, et aura la publicité qui sera déterminée (3).

16. Tout privilége en matière de juridiction

est aboli ; tous les citoyens, sans distinction, plaideront en la même forme et devant les mêmes juges, dans les mêmes cas.

17. L'ordre constitutionnel des juridictions ne pourra être troublé, ni les justiciables distraits de leurs juges naturels, par aucune commission, ni par d'autres attributions ou évocations que celles qui seront déterminées par la loi (4).

18. Tous les citoyens étant égaux devant la loi, et toute préférence pour le rang et le tour d'être jugé étant une injustice, toutes les affaires, suivant leur nature, seront jugées lorsqu'elles seront instruites, dans l'ordre selon lequel le jugement en aura été requis par les parties (5).

19. Les lois civiles seront revues et réfor-

— Les anciens arrêts de réglement avaient force de loi, seulement lorsqu'ils étaient fondés sur une loi, et approuvés par le souverain, et non lorsqu'ils étaient de *propre mouvement* (29 janvier 1817 ; Cass. S. 17, 1, 112) ; *Voy.* notes sur le tit. 10, art. 2.

(1) La ligne séparative entre le pouvoir judiciaire et le pouvoir administratif est établie par cet article ; sa disposition a été confirmée par la loi du 16 fructidor an 3. De nombreuses décisions des tribunaux et de la justice administrative ont fait l'application du principe ; les plus importantes sont groupées sous la loi précitée du 16 fructidor an 3, et sous la loi du 28 pluviose an 8.

(2) *Voy.* loi du 3 brumaire an 2, art. 10 ; Cod. proc. civ. art. 111 ; loi du 20 avril 1810, art. 7 ; Charte de 1814, art. 64 ; Charte de 1830, art. 55.

Voy. les notes sur diverses lois, et notamment sur la loi du 20 avril 1810, et sur l'art. 64 de l Charte de 1814. — *Voy.* aussi la loi du 1er — 29 septembre 1791 ; loi en forme d'instruction, du 29 sept. — 21 octobre 1791 ; loi du 22 prairial an 2 ; art. 16, qui impose un défenseur aux accusés ; Cod. proc. art. 85 ; Cod. inst. crim. art. 205 ; décret du 14 décembre 1810. — Le droit de défense est un droit naturel et sacré : la violation de ce droit emporte nullité, bien que la loi ne la prononce pas textuellement (7 août et 7 décembre 1822 ; Cass. S. 23, 1, 65 et 5). — L'omission des formes prescrites, d'une manière absolue dans l'intérêt de la défense des accusés, est substantielle, et emporte nullité de plein droit. Elle ne peut être couverte par le consentement même de l'accusé (19 juin et 10 juillet 1823 ; Cass. S. 23, 1, 377, 378 et 425). — Le défaut de défense d'un accusé n'emporte pas nullité, si le défenseur n'a pas été mis dans l'impossibilité d'assister l'accusé, par un fait personnel au procureur-général, au président, ou à la cour d'assises, notamment dans le cas où l'accusé a refusé le défenseur nommé d'office, et où le défenseur lui-même a refusé de défendre. Les entraves apportées à la communication de l'accusé avec son défenseur ne peuvent offrir ouverture à cassation : le procureur-général et le président ont, à cet égard, un pouvoir discrétionnaire (3 octobre 1822 ; Cass. S. 22, 1, 394).

Voy. sur le droit de défense devant la justice parlementaire le *Moniteur* du 3 février 1822, et S. 22, 2, 133.

Les tribunaux civils peuvent refuser aux parties la faculté de se faire défendre par un parent ou un ami (22 août 1822 ; Cass. S., 23, 1, 66).

Le rapport du président et les conclusions du ministère public, sur la récusation proposée contre un ou plusieurs membres du tribunal, doivent, et à peine de nullité, avoir lieu en audience publique, non en la Chambre du conseil ; il ne suffirait pas que le jugement fût prononcé publiquement (19 décembre 1831 ; Cass. S. 32, 1, 216 ; D. 32, 1, 14). — *Voy.* notes sur l'art. 6 du décret du 16 février 1807.

Voy. les ouvrages intitulés : *De la libre défense des Accusés*, par M. Dupin ; *des Lacunes et des besoins de la Législation française en matière criminelle et politique*, par M. Legraverend, 1, 123.

(3) *Voy.* note ci-dessus, art. 14.

(4) La défense des accusés exige impérieusement qu'il ne soit fait, hors de leur présence, aucune communication aux jurés ; il faut qu'ils soient mis à même, soit de faire ressortir tout ce qu'auraient de favorable pour eux les choses communiquées, soit de combattre ce que ces mêmes choses pourraient offrir de défavorable. — Ainsi lorsque les jurés, en vertu d'une permission de la cour d'assises, sont allés faire une visite de lieux ou d'objets, pour juger du plus ou moins de vraisemblance des faits imputés, sans être accompagnés par les accusés, il y a lieu d'annuler et la déclaration des jurés et tout ce qui s'en est ensuivi (25 septembre 1828 ; Cass. S. 29, 1, 75.)

Voy. loi du 1er mai 1790, les notes sur les diverses lois qui ont créé des tribunaux extraordinaires et spéciaux, et notamment sur la loi du 13 brumaire an 5 ; décret du 17 messidor an 12, sur l'art. 63, Charte const. 1814, et loi du 20 décembre 1815. *Voy.* au surplus le *Traité de législation criminelle en France*, par M. Legraverend, 2e édition, t. 2, chap. des tribunaux militaires, p. 651 et suiv. *Voy.* les articles 53 et 54 de la Charte de 1830, et l'arrêt de la Cour de cassation du 30 juin 1832, qui a décidé que, nonobstant la mise en état de siége, les conseils de guerre ne pouvaient juger les individus non militaires (S. 32, 1, 400 ; D. 32, 1, 265).

(5) Un jugement n'est pas réputé contradictoire,

mées par les législatures; et il sera fait un code général de lois simples, claires, et appropriées à la constitution.

20. Le Code de la procédure civile sera incessamment réformé, de manière qu'elle soit rendue plus simple, plus expéditive et moins coûteuse.

21. Le Code pénal sera incessamment réformé, de manière que les peines soient proportionnées aux délits; observant qu'elles soient modérées, et ne perdant pas de vue cette maxime de la déclaration des droits de l'homme, que *la loi ne peut établir que des peines strictement et évidemment nécessaires*.

TITRE III. Des juges-de-paix.

Art. 1ᵉʳ. Il y aura dans chaque canton un juge-de-paix, et des prud'hommes assesseurs du juge-de-paix (1).

2. S'il y a dans le canton une ou plusieurs villes ou bourgs dont la population excède deux mille ames, ces villes ou bourgs auront un juge-de-paix et des prud'hommes particuliers. Les villes et bourgs qui contiendront plus de huit mille ames auront le nombre de juges-de-paix qui sera déterminé par le Corps-Législatif, d'après les renseignemens qui seront donnés par les administrations de département.

3. Le juge-de-paix ne pourra être choisi que parmi les citoyens éligibles aux administrations de département et de district, et âgés de trente ans accomplis, sans autre condition d'éligibilité (2).

4. Le juge-de-paix sera élu, au scrutin individuel et à la pluralité absolue des suffrages, par les citoyens actifs réunis en assem-

blées primaires. S'il y a plusieurs assemblées primaires dans le canton, le recensement de leurs scrutins particuliers sera fait en commun par des commissaires de chaque assemblée. Il en sera de même, dans les villes et bourgs au-dessus de huit mille ames, à l'égard des sections qui concourront à la nomination du même juge-de-paix (3).

5. Une expédition de l'acte de nomination du juge-de-paix sera envoyée et déposée au greffe du tribunal de district. L'acte de nomination et celui du dépôt au greffe tiendront lieu de lettres-patentes au juge-de-paix.

6. Les mêmes électeurs nommeront parmi les citoyens actifs de chaque municipalité, au scrutin de liste et à la pluralité relative, quatre notables destinés à faire les fonctions d'assesseurs du juge-de-paix. Ce juge appellera ceux qui seront nommés dans la municipalité du lieu où il aura besoin de leur assistance.

7. Dans les villes et bourgs dont la population excédera huit mille ames, les prud'hommes assesseurs seront nommés en commun par les sections qui concourront à l'élection d'un juge-de-paix. Elles recenseront à cet effet leurs scrutins particuliers, comme il est dit en l'article 4 ci-dessus.

8. Le juge-de-paix et les prud'hommes seront élus pour deux ans, et pourront être continués par réélection.

9. Le juge-de-paix, assisté de deux assesseurs, connaîtra avec eux de toutes les causes purement personnelles et mobilières, sans appel jusqu'à la valeur de cinquante livres, et à charge d'appel jusqu'à la valeur de cent livres (4) : en ce dernier cas, ses jugemens seront exécutoires par provision, nonobstant

---

par cela seulement qu'il est rendu à tour de rôle. *Voy.* ordonnance d'avril 1667, tit. 35, art. 3 (3 pluviose an 12 ; Cass. S. 4, 1, 188).

Les arrêts ou jugemens par défaut sont susceptibles d'opposition, bien qu'ils aient été rendus à tour de rôle (9 fructidor an 13 ; Cass. S. 5, 2, 254).

(1) *Voy.* loi du 6 mars 1791 ; loi du 29 ventose an 9, et loi sur la procédure des justices de paix, des 14 et 18 = 26 octobre 1790.

(2) *Voy.* loi du 16 septembre 1792 ; loi du 16 ventose an 11 ; décret du 9 décembre 1811.

(3) *Voy.* Charte de 1814, art. 61 ; et Charte de 1830, art. 52.

(4) *Voy.* Code de procédure, art. 2.

Un juge-de-paix peut prononcer sur une demande excédant cent francs, lorsque les parties précèdent volontairement devant lui. Il le peut de même, lorsqu'après avoir procédé volontairement, l'une des parties oppose l'incompétence, au moment où le juge-de-paix va rendre son jugement (3 frimaire an 9 ; Cass. S. 1, 2, 641).

L'action civile en dommages-intérêts, formée par le propriétaire inférieur d'un cours d'eau, contre le propriétaire supérieur, pour fait de *prise*

d'eau en un temps prohibé, n'est pas une action purement *personnelle* et *mobilière* qui puisse être portée devant le juge-de-paix, jusqu'à la concurrence de 100 fr. ; lorsque surtout le défendeur prétend avoir un droit et un titre particulier. C'est une action ou *réelle* ou *mixte* qui doit être portée devant le tribunal d'arrondissement (8 avril 1829 ; Cass. S. 29, 1, 191 ; D. 29, 1, 213).

L'incompétence du juge-de-paix résultant de ce que la demande (d'ailleurs personnelle et mobilière) excède 100 fr., n'est pas couverte par la défense au fond ; le silence du défendeur ne peut être pris pour un consentement à *prorogation* de juridiction (20 mai 1829 ; Cass. S. 29, 1, 312 ; D. 29, 1, 247).—La cour de Riom a même jugé que l'incompétence du juge-de-paix dérivant seulement de la valeur de l'objet demandé, peut être considérée comme étant d'ordre public ; qu'en conséquence, elle est proposable nonobstant tout acquiescement des parties (21 juillet 1824 ; Riom ; S. 25, 2, 175).—Mais ce système repoussé par les auteurs (*Voyez* Carré, *Lois de l'organisation*, t. 2, p. 284), a été proscrit par la Cour de cassation (*Voy.* arrêt du 12 mars 1829 ; Cass. S. 29, 1, 146, et D. 29, 1, 384).

l'appel, en donnant caution. Les législatures pourront élever le taux de cette compétence.

10. Il connaîtra de même, sans appel jusqu'à la valeur de cinquante livres, et à charge d'appel à quelque valeur que la demande puisse monter:

1° Des actions pour dommages faits, soit par les hommes, soit par les animaux, aux champs, fruits et récoltes (1);

2° Des déplacemens de bornes, des usurpations de terres, arbres, haies, fossés et autres clôtures, commises dans l'année (2):

La demande en paiement d'arrérages d'une rente foncière, dont le titre n'est pas contesté, est purement personnelle et mobilière, et conséquemment de la compétence du juge-de-paix, jusqu'à concurrence (13 octobre 1813; Cass. S. 20, 1, 455).

L'action dirigée contre plusieurs cohéritiers en paiement d'une somme excédant 100 fr. (sans expliquer qu'ils sont tenus personnellement, chacun pour la part dont il amende dans la succession), doit être portée devant le tribunal civil et non devant le juge-de-paix, bien qu'en réalité la part due par chacun des cohéritiers dans la somme réclamée soit inférieure à 100 fr. (1er juin 1828, Pau; S. 29, 2, 104; D. 29, 2, 141).

La demande de 27 fr. partie échue d'une obligation excédant 50 fr., peut être jugée en dernier ressort, bien que le défendeur excipe de la nullité du titre contenant l'obligation (21 février 1814; S. 14, 1, 263).

On a long-temps agité la question de savoir si le juge-de-paix peut statuer en *dernier ressort* toutes les fois que les dommages réclamés n'excèdent pas 50 fr., et quelle que soit la valeur de la possession réclamée; la jurisprudence semblait fixée pour l'affirmative par une longue suite d'arrêts de la Cour de cassation; mais le système contraire a récemment été établi par un arrêt rendu en sections réunies: il a été décidé que la complainte possessoire, dans laquelle on ne réclame que 50 fr. de dommages-intérêts, ne peut être jugée en dernier ressort, lorsque la valeur de la possession réclamée jointe aux dommages-intérêts excède 50 fr., ou lorsque cette valeur est indéterminée (22 mai 1822; Cass. S. 22, 1, 575).

La Cour de cassation a persévéré dans cette jurisprudence. (*Voy.* arrêts du 13 décembre 1824, S. 25, 1, 215; du 11 avril 1825, S. 26, 1, 144; du 11 avril 1827, S. 27, 1, 391; du 5 mars 1828, S. 28, 1, 353; D. 28, 1, 163; du 31 juillet 1828, S. 29, 1, 61; D. 29, 1, 379).

Il y a lieu à statuer en dernier ressort:

Lorsque les dommages, indéterminés dans l'origine, sont fixés dans le cours de l'instance à 50 fr. (1er juillet 1812; Cass. S. 12, 1, 351);

Lorsque la partie conclut aux dommages qu'il *p'oira au juge de fixer*, si le juge les fixe à moins de 50 francs (6 octobre 1807; Cass. S. 20, 1, 456);

Lorsque les dommages réclamés n'excèdent pas 50 fr., encore que reconventionnellement le défendeur conclue à 30 fr. de dommages (13 novembre 1811; Cass. S. 12, 1, 148).

(1) *Voy.* Cod. proc. art. 3. — Le juge-de-paix ne peut connaître de la demande en réparation des dégradations, formée par le propriétaire contre l'usufruitier (10 janvier 1810; Cass. S. 10, 1, 197).

Il peut connaître d'une action pour dommage causé, encore que l'auteur du dommage allègue que le fait dommageable n'est que l'exercice de son droit; notamment, d'une action en dommage causé par un voisin qui, en tenant ses écluses fermées en temps d'orage, inonde les champs voisins, bien qu'il soutienne qu'en tenant ses écluses fermées il n'a fait qu'user de son droit (18 novembre 1817; Cass. S. 18, 1, 73).

Le divertissement, par le fermier, de paille et de foin, ainsi que l'ensemencement des terres sans fumier, constituent des dégradations dans le sens de cet article (29 mars 1820; Cass. S. 20, 1, 326).

Lorsqu'une même action embrasse une question de *propriété* (de la compétence du tribunal civil), et une question de *dommages aux champs* (de la compétence du juge-de-paix), si les deux questions sont *connexes*, elles sont conjointement jugées par le tribunal civil (29 juin 1820; Cass. S. 21, 1, 112).

Le juge-de-paix n'est pas compétent pour statuer sur la demande en dommages causés par un atelier insalubre, lorsque la demande est relative non-seulement aux dommages proprement dits, causés aux fruits et récoltes, mais encore à la dépréciation de valeur résultant pour le fonds du voisinage de l'établissement (25 janvier 1827, Aix; S. 27, 2, 118; D. 27, 2, 119; 14 janvier 1830, Nancy; S. 30, 2, 80). — *Voy.* décret du 15 octobre 1810.

L'action en élagage d'arbres, dont les branches s'étendent depuis plusieurs années sur le fonds voisin, n'est pas de la compétence du juge-de-paix (29 décembre 1830; Cass. S. 32, 1, 267; D. 31, 1, 179).

L'action en indemnité pour dommages aux champs, fruits et récoltes cesse d'être de la compétence du juge-de-paix, lorsque le jugement de cette action nécessite l'examen du droit des parties; par exemple, lorsque les dommages proviennent de constructions élevées par le propriétaire d'un moulin, il s'agit de savoir si le propriétaire du moulin avait le droit de les faire (17 mai 1831, Bourges; S. 32, 2, 30).

L'action pour dommage faits aux champs, fruits et récoltes doit-elle, comme les actions possessoires, être intentée dans l'année du dommage? (29 décembre 1830; Cass. S. 32, 1, 267; D. 31, 1, 179).

(2) Le délai d'un an court du jour même du trouble, et non pas seulement du jour où le trouble est connu, encore qu'il s'agisse d'un trouble de droit (12 octobre 1814; Cass. S. 15, 1, 124).

La possession annale a effet, et les actions possessoires peuvent être intentées en matière de biens communaux (1er avril 1806 et 10 novembre 1822; Cass. S. 6, 1, 273, et 13, 1, 149).

Le trouble causé à celui qui a la possession annale donne lieu à l'action en complainte, encore

des entreprises sur les cours d'eau (1) servant à l'arrosement des prés, commises pareille-ment dans l'année, et de toutes autres actions possessoires (2);

que l'auteur du trouble s'étaie d'un titre de propriété administratif (28 août 1810; Cass. S. 14, 1, 60).

Les propriétaires riverains d'un chemin vicinal, qui ont éprouvé quelque dommage des travaux de réparation entrepris sur ce chemin par ordre du maire, peuvent citer les ouvriers ou entrepreneurs de ces travaux devant le juge-de-paix, par voie d'action possessoire ou en réparation de dommages. Il n'y a pas lieu de porter l'action au conseil de préfecture, comme au cas où il s'agirait de travaux publics, dans le sens de l'art. 4 de la loi du 28 pluviôse an 8 (17 janvier 1831, Cass.; S. 31, 1, 193; D. 31, 1, 50).

Demander par action devant le juge-de-paix que l'eau d'un ruisseau, détournée par le propriétaire supérieur, au moyen d'une *rigole* nouvellement établie, soit rendue à son cours ordinaire, ce n'est pas former une action en *dénonciation de nouvel œuvre*; en conséquence, il n'y a pas nécessité de l'intenter avant l'*achèvement* des travaux faits pour détourner l'eau, il suffit de l'intenter *dans l'année* (28 avril 1829; Cass. S. 29, 1, 183; D. 29, 1, 372).

Si, en règle générale, le demandeur en réintégrande n'est pas obligé de justifier d'une possession annale, il n'en est pas de même, lorsqu'en formant sa demande, il a argumenté de cette possession avec offre de la prouver.

En un tel cas, la demande a plutôt le caractère de la complainte possessoire que celui de la réintégrande proprement dite; c'est pourquoi elle doit être rejetée si la possession annale n'est pas établie (16 mai 1827; Cass S. 27, 1, 457; D. 27, 1, 242).

(1) Il y a lieu à complainte possessoire, pour trouble causé à la possession de ceux qui ont obtenu des prises d'eau sur une rivière navigable: peu importe que la concession émane de l'autorité administrative (10 septembre 1808; décret, S. 17, 2, 26).

Le juge-de-paix n'est pas compétent pour connaître d'une action tendante à faire supprimer ou réduire une digue établie et terminée par un propriétaire sur son propre terrain (14 mars 1827; Cass. S. 27, 1, 383; D. 27, 1, 172).

(2) Lorsque devant le juge-de-paix saisi d'une action possessoire, il s'élève un litige sur la propriété, cette circonstance n'empêche pas le juge-de-paix de connaître de l'affaire, en se bornant toutefois à statuer sur le possessoire (23 février 1815 et 10 juin 1816; Cass. S. 14, 1, 199, et 17, 1, 51).— Lorsqu'un propriétaire demande à être maintenu dans l'exercice d'un droit de pâturage exclusif sur son propre terrain, l'action est de sa nature *possessoire*, plus que pétitoire, elle est de la compétence du juge-de-paix (19 vendémiaire an 11, Cass. S. 20, 1, 456).— Le juge-de-paix peut, en statuant sur une action possessoire, ordonner que des bornes seront placées pour déterminer la ligne séparative des héritages. Ce n'est pas là statuer au pétitoire (27 avril 1814; Cass. S. 14, 1, 294).

Le juge-de-paix qui, en décidant une ques-

tion possessoire, dit que le complaignant est propriétaire des fonds, n'est pas par cela seul réputé avoir statué sur le pétitoire, lorsque d'ailleurs il ne maintient le complaignant qu'à cause de la possession annale, et qu'il ne s'occupe de la propriété que pour qualifier la possession et la déclarer non précaire (15 décembre 1812, 30 novembre 1818, 1er mars 1819; Cass. S. 20, 1, 456; 19, 1, 206 et 341).

Le possesseur d'une servitude discontinue (imprescriptible) est recevable à intenter l'action possessoire, s'il se prévaut à la fois de la possession annale et d'un titre qui lui sert de fondement. — Apprécier le titre du complaignant et son application-bilité, pour décider si la possession est précaire, ou à titre de propriétaire, ce n'est pas toucher au pétitoire (24 juillet 1810, 6 juillet 1812, 2 mars 1820 et 17 mai 1820, 21 décembre 1820; Cass. S. 10, 1, 334; 13, 1, 81; 20, 1, 243, 273 et 324; et 21, 1, 135).

Un cours d'eau est susceptible d'une possession servant de base à une action possessoire. (16 juin 1810, 24 février 1808, 1er mars 1815; Cass. S. 11, 1, 164; 8, 1, 493; 15, 1, 120).

Ainsi, lorsque les riverains inférieurs d'un ruisseau sont en possession, notamment depuis an et jour, de prendre partie des eaux de ce ruisseau pour arroser leurs propriétés au moyen d'ouvrages établis sur leurs fonds, ils peuvent demander, par voie d'action possessoire que le propriétaire riverain supérieur soit tenu de supprimer des ouvrages établis par lui depuis moins d'un an pour diriger les eaux sur ses propriétés, encore qu'après s'en être servi il rende les eaux à leur cours ordinaire, si ces eaux ainsi rendues, sont moins considérables, par suite de leur imbibition sur ses propriétés, que celles que les propriétaires inférieurs étaient en possession de recevoir (28 avril 1829; Cass. S. 29, 1, 183; D. 29, 1, 372).

Mais le propriétaire du fonds inférieur qui n'a pour lui ni titre conventionnel, ni règlement de l'autorité, ni construction sur son propre fonds, pour y faire arriver les eaux du fonds supérieur, n'est pas fondé à se prévaloir de sa *possession annale* pour intenter l'action en complainte; de même qu'il ne serait pas fondé à se prévaloir d'une longue possession pour établir que le droit lui est acquis (art. 632, Code civil). — Vainement, il soutiendrait qu'il s'agit là d'une servitude apparente et continue : une telle servitude doit être réputée discontinue (20 mars 1827; Cass. S. 27, 1, 387; D. 27, 1, 179).

Le juge-de-paix saisi d'une action en complainte pour trouble à l'usage d'un cours d'eau, ne peut refuser la maintenue en possession provisoire du complaignant, en se fondant sur les dispositions des art. 644 et 645 du Code civil, qui règlent les droits respectifs des propriétaires voisins d'un cours d'eau, ce serait là prononcer sur une question de propriété, cumuler le possessoire et le pétitoire (20 avril 1824; Cass. S. 26, 1, 223; D. 26, 1, 296).

L'action en complainte est recevable entre propriétaires dont les fonds bordent les rives oppo-

3° Des réparations locatives (1) des maisons et fermes;

4° Des indemnités prétendues par le fermier ou locataire pour non-jouissance, lorsque le droit de l'indemnité ne sera pas contesté, et des dégradations alléguées par le propriétaire;

5° Du paiement des salaires des gens de travail, des gages des domestiques, et de l'exécution des engagemens respectifs des maîtres et de leurs domestiques ou gens de travail (2);

6° Des actions pour injures verbales, rixes et voies de fait, pour lesquelles les parties ne

---

sées d'une rivière non navigable ni flottable, lorsque les travaux de l'un sont de nature à causer plus tard un dommage à la propriété de l'autre; par exemple, lorsque ces travaux, rétrécissant le cours de la rivière, exposent les terrains de la rive opposée à être dégradés par les eaux (1er décembre 1829, Cass.; S. 30, 1, 32).

En matière de servitude prescriptible avant le Code et imprescriptible depuis le Code, la complainte n'est pas recevable au cas de possession annuale, commencée avant le Code et continuée depuis (13 août 1810 et 3 octobre 1814; 2 juillet 1823; Cass. S. 10, 1, 333; 15, 1, 145; 23, 1, 430).

Celui qui, troublé dans sa possession, se pourvoit au pétitoire, peut se pourvoir au possessoire, à raison d'un nouveau trouble survenu durant le procès (7 août 1817; Cass. S. 18, 1, 400).

Celui qui est troublé dans sa possession a le droit de se pourvoir au possessoire, bien que l'auteur du trouble ait déjà formé une demande au pétitoire. Ce n'est pas cumuler le pétitoire et le possessoire (8 avril 1823; Cass. S. 23 1, 505).

Ne peut être jugée en dernier ressort une action possessoire tendant à la destruction d'un nouvel œuvre, encore que le demandeur n'ait conclu qu'à 50 fr., tant pour dommages-intérêts, que pour frais de destruction du nouvel œuvre. La demande est indéterminée, en ce qu'elle a pour objet, non-seulement les frais de destruction, mais les frais faits pour l'établissement du nouvel œuvre (2 avril 1811; Cass. S. 12, 1, 149; 16 juin 1818, S. 19, 1, 230; et 31 décembre 1821, Cass. S. 22, 1, 179). — Voy. note 4 de la page 313.

L'action intentée par le possesseur d'un fonds, tendante à faire cesser le trouble que lui causent les travaux exécutés par le voisin, est une action possessoire; encore que les travaux soient exécutés, non sur le fonds du plaignant, mais bien sur le fonds du voisin (13 avril 1819; Cass. S. 19, 1, 449).

L'auteur d'un trouble à la possession annuale de son voisin est passible de l'action en complainte, encore bien que le demandeur n'ait qu'une possession de communiste, encore bien que le défendeur ait fait et parfait des clôtures au vu du voisin et sans aucun empêchement (27 juin 1827; Cass. S. 27, 1, 411; D. 1827, 1, 285).

L'allégation de trouble à la possession annuale d'un terrain dont plusieurs particuliers ont joui en commun, n'autorise pas l'action en complainte de la part de l'un d'eux, lorsqu'on lui oppose que le fait qu'il qualifie trouble n'est que l'exécution d'une convention faite entre les parties sur le partage de la chose commune, et que de fait, le juge-de-paix reconnaît qu'il s'agit plutôt de

propriété que de possession (29 juin 1824; Cass. S. 25, 1, 259).

De ce que les habitans d'un village sont dans l'usage de prendre individuellement des pierres et du sable dans un ruisseau traversant le village, il ne s'ensuit pas par-là qu'ils fassent des actes de possession de nature à conférer le droit d'action en complainte à ceux d'entre eux qui se prétendraient troublés par les autres dans la jouissance de cet usage. La possession de chacun des habitans en un tel cas ne peut être considérée que comme un effet de la tolérance de l'autorité municipale, et, par suite, elle ne peut engendrer aucune action possessoire au profit des habitans (29 août 1831, Cass.; S. 31, 1, 355; D. 31, 1, 324).

Le fermier n'a pas qualité pour intenter en son nom une action possessoire (7 septembre 1808; Cass. S. 8, 1, 555). — Mais l'action intentée par le fermier peut être régularisée par l'intervention du propriétaire (8 juillet 1819; Cass. S. 20, 1, 165).

Lorsqu'un particulier se prétend fermier d'une terre, et se plaint de violente et dommageable dépossession de la terre, par le fait d'un autre particulier qui se prétend aussi fermier de la même terre, ce prétendu fermier qui se plaint de la violence n'est ni recevable ni fondé à intenter aucune espèce d'action possessoire, lorsque le propriétaire de la terre lui conteste la qualité de fermier en laquelle il agit (S. 29, 1, 89; D. 29, 1, 172).

Le possesseur à titre d'antichrèse a qualité pour intenter une action possessoire (16 mai 1820; Cass. S. 20, 1, 430).

L'emphytéote a qualité pour intenter une action possessoire (26 juin 1822; Cass. S. 22, 1, 362).

Le nu-propriétaire, qui a possédé depuis l'extinction de l'usufruit, ne peut réunir à sa possession celle de l'usufruitier, pour compléter la possession annuale (6 mars 1822; Cass. S. 22, 1, 298).

Le juge-de-paix saisi de l'action en réintégrande peut connaître de l'action en garantie contre celui qui a occasionné la voie de fait (11 janvier 1809; Cass. S. 9, 1, 95).

On ne peut, pour un même fait à raison duquel on a déjà intenté l'action possessoire, et pendant l'instance sur cette action, intenter une action correctionnelle (9 mai 1828; Cass. S 28, 1, 331; D. 28, 1, 242).

(1) C'est-à-dire, celles qui sont *locatives* de droit, et non celles qui, plus considérables que les locatives, sont mises à la charge du fermier par le bail (13 juillet 1807; Cass. S. 7, 2, 1009). Si le défaut d'exécution d'un jugement qui condamne le locataire à des réparations locatives, donne lieu à de nouvelles dégradations, celles-ci ne sont pas réputées locatives (15 juin 1819; Cass. S. 20, 1, 67).

(2) Dans la classe des domestiques, doivent être

se seront point pourvues par la voie criminelle (1).

11. Lorsqu'il y aura lieu à l'apposition des
scellés, elle sera faite par le juge-de-paix, qui
procédera aussi à leur reconnaissance et levée, mais sans qu'il puisse connaître des contestations qui pourront s'élever à l'occasion
de cette reconnaissance.

Il recevra les délibérations de famille pour
la nomination des tuteurs, des curateurs aux
absens (2) et aux enfans à naître, et pour
l'émancipation et la curatelle des mineurs, et
toutes celles auxquelles la personne, l'état ou

les affaires des mineurs et des absens pourront donner lieu, pendant la durée de la tutelle ou curatelle; à charge de renvoyer devant les juges de district la connaissance de
tout ce qui deviendra contentieux dans le
cours ou par suite des délibérations ci-dessus.

Il pourra recevoir, dans tous les cas, le serment des tuteurs et des curateurs (3).

12. L'appel des jugemens du juge-de-paix,
lorsqu'ils seront sujets à l'appel, sera porté
devant les juges du district, et jugé par eux
en dernier ressort, à l'audience et sommairement, sur le simple exploit d'appel (4).

---

mis les bibliothécaires, les précepteurs, les secrétaires, les intendans de maison.

Il a été jugé qu'un secrétaire ne saurait être
considéré comme un domestique; le mot *domestique* ne s'applique qu'aux serviteurs à gages (30
mai 1829, Bourges; S. 30, 2, 118; D. 30. 2,
140).

Par ces mots, *gens de travail*, on ne doit entendre que les terrassiers, les moissonneurs, les
vendangeurs, les faucheurs, et en général tous les
journaliers, c'est-à-dire, ceux dont l'engagement
peut commencer et finir dans la même journée
(*Répertoire*, t. 6, p. 598 et suivans).

Ainsi, l'ouvrier qui travaille non à la journée
mais à *prix faits*, moyennant convention pour
chaque ouvrage, ne doit pas être considéré comme
un *homme de travail* (24 novembre 1829, Bordeaux; S. 30, 2, 101; D. 1830 2, 174).

Dans les villes qui n'ont point de conseils de
prud'hommes, les contestations qui s'élèvent entre le maître et l'apprenti sur l'exécution d'un
contrat d'apprentissage, sont de la compétence
des tribunaux de commerce, à l'exclusion des
juges-de-paix (2 juillet 1831, Paris; S. 32, 2,
439).

Le juge-de-paix est compétent pour connaître
en première instance, des engagemens respectifs
des maîtres et des domestiques, alors même qu'ils
excèdent cent francs. Il n'en est pas de même
lorsque les engagemens n'ont pas de rapport à l'état
de domesticité (22 frimaire an 6; Cass. S. 1, 2,
639).

(1) Toute expression outrageante, terme de
mépris ou invective, qui ne renferme l'imputation d'aucun fait, est une injure (loi du 17 mai
1819, art. 13).

Il y a injure dans l'imputation verbale de sor-
tilége (17 mars 1811; Cass. S. 11. 1, 203).

Il n'y a pas injure verbale de la part d'un officier public dans les éclaircissemens ou recherches qu'il est obligé de prendre (29 germinal an
9; Cass. S. 1, 1, 428);

De la part d'un maître qui émet, de bonne
foi, le soupçon que son domestique l'a volé (30
janvier 1807; Cass. S. 8, 1, 325);

Dans les imputations de faits de vol ou de violence, pour lesquels il y avait antérieurement
plainte, tant qu'il n'est pas jugé qu'il n'y a ni
vol ni violence (6 février 1807; Cass. S. 8, 1,
326);

Dans l'allégation qu'un individu a la pâle ou
la teigne (15 janv. 1808; Cass. S. 9, 1, 162);

De la part de celui qui profère des propos
même grossiers, mais qui ne tendent point à attaquer la probité, l'honneur, la réputation, ou à
porter atteinte au crédit et à la considération.
Ainsi, avoir dit que les ministres du culte sont
fort experts à expliquer la Bible, mais qu'au
surplus ils sont des ânes, n'est pas avoir injurié
un ministre du culte (8 septembre 1809; Cass. S.
10, 1, 298).

Il n'y a pas injure, par celaseul qu'un individu
rend une plainte en injures, sans la justifier (12
juillet 1810; Cass. S. 11, 1, 72).

La compétence du dernier ressort se détermine en matière d'injures verbales par le montant de la demande, non par le montant de la
condamnation (27 octobre 1813; Cass. S. 14,
1, 13).

La compétence du juge-de-paix, pour connaître de l'action civile en matières d'injures verbales, n'a été modifiée par aucune loi postérieure
(6 octobre 1808; Cass. S. 20, 1, 496).

Le juge-de-paix qui a déclaré constant un fait
d'injures verbales et qui s'est mal à propos déclaré incompétent comme juge civil, ne peut statuer comme juge de police qu'après avoir de
nouveau entendu les témoins et les parties (12
oct. 1810; Cass. S. 11, 1, 10).

La partie qui s'est pourvue devant le juge-de-
paix tenant le tribunal de simple police, à raison d'un fait d'injures et qui a été repoussée par
décision d'incompétence, a toute faculté de se
pourvoir en indemnité par la voie civile devant le
même juge-de-paix (21 nov. 1825; Cass. S. 26,
1, 85; D. 26, 1, 49).

Le mari a qualité pour poursuivre la réparation
d'injures proférées contre sa femme, si ces injures intéressent l'honneur de l'un et de l'autre
(14 germinal an 13; Cass. S. 20, 1, 495).

(2) C'est à l'autorité judiciaire et non au conseil de famille qu'il appartient de nommer,
lorsqu'il y a lieu, un curateur pour l'administration des biens des condamnés par contumace
assimilés, quant à leurs biens, aux absens (3 mars
1828; Caen, S. 30, 2, 134; D. 30, 2, 292).

(3) *Voy.* Code proc. civ. art. 907 et suiv., et
Cod. civ. art. 406 et suiv.

(4) *Voy.* les notes sur l'art. 10 de ce titre, n° 2.

Lorsqu'un tribunal est légalement saisi comme
tribunal d'appel, les condamnations accessoires
qu'il prononce contre les tiers intervenans ont
un caractère de dernier ressort comme les con-

Si le juge-de-paix vient à décéder dans le cours des deux années de son exercice, il sera procédé sans retard à une nouvelle élection ; et dans le cas d'un empêchement momentané, il sera suppléé par un des assesseurs.

TITRE IV. Des juges de première instance.

Art. 1er. Il sera établi en chaque district un tribunal composé de cinq juges, auprès duquel il y aura un officier chargé des fonctions du ministère public. Les suppléans y seront au nombre de quatre, dont deux au moins seront pris dans la ville de l'établissement, ou tenus de l'habiter.

2. Dans les districts où il se trouvera une ville dont la population excédera cinquante mille ames, le nombre des juges pourra être porté à six, lorsque le Corps-Législatif aura reconnu la nécessité de cette augmentation, d'après les instructions des administrations de département. Ces six juges se diviseront en deux chambres, qui jugeront concurremment, tant les causes de première instance que les appels des jugemens des juges-de-paix.

3. Celui des juges qui aura été élu le premier présidera ; et dans les tribunaux qui se trouveraient divisés en deux chambres, le juge qui aurait été élu le second présiderait à la seconde chambre.

4. Les juges de district connaîtront en première instance de toutes les affaires personnelles, réelles et mixtes, en toutes matières, excepté seulement celles qui ont été déclarées ci-dessus être de la compétence des juges-de-paix, les affaires de commerce, dans les districts où il y aura des tribunaux de commerce établis, et le contentieux de la police municipale.

5. Les juges de district connaîtront, en premier et dernier ressort (1), de toutes les af-

---

damnations principales (17 février 1812 ; Cass. S. 12, 1, 193).

L'exception d'incompétence rend les jugemens des juges-de-paix sujets à l'appel, lors même qu'il eût pu d'ailleurs être statué en dernier ressort (16 juin 1810 ; Cass. S. 11, 1, 164. — 22 avril 1811 ; S. 11, 1, 162).

(1) *Voy.* la loi du 1er mai 1790 et les notes. *Voy.* loi des 6, 7, 11 septembre 1790, art. 2.

La compétence, en ce qui touche le dernier ressort, se détermine par les conclusions *réduites ou augmentées*, plus que par les conclusions *originaires* (17 fruct. an 12 ; Cass. S. 4, 2, 191. — 7 juin 1810 ; Cass. S. 11, 1, 35 — 4 septembre 1811 ; Cass. S. 12, 1, 11.— 11 avril 1831 ; Cass. S. 31, 1, 169 ; D. 31, 1, 140), à moins toutefois que les conclusions n'aient été réduites en l'absence et à l'insu du défendeur (9 juillet 1814 ; Cass. S. 15, 1, 41).

Une Cour d'appel devient compétente pour statuer sur une contestation que les premiers juges auraient dû décider *en dernier ressort*, par cela seul que les parties plaident au fond devant elle sans opposer son incompétence (7 mai 1829 ; Cass. S. 29, 1, 179 ; D. 29, 1, 240).

Spécialement, lorsque, par un arrêt infirmatif, une cour d'appel a illégalement évoqué le fond de la cause, si les parties exécutent volontairement cette décision, en concluant et plaidant au fond devant cette cour, sans réserves ni protestations, elles sont non-recevables à présenter plus tard, comme moyen de cassation, la violation de la règle des deux degrés de juridiction (4 février 1829, Cass. ; S. 31, 1, 56).

L'adhésion donnée par le défendeur à une partie de la demande formée contre lui, ne change pas la compétence en ce qui touche le dernier ressort (16 août 1831 ; Bourges , S. 32, 2, 39).

Est en dernier ressort le jugement qui prononce sur les débats d'un compte, bien que le total des recettes et dépenses excède 1000 fr., si l'oyant compte se borne, après la reddition du compte, à réclamer une somme inférieure à 1000 fr. : On ne doit pas faire entrer en ligne de compte, pour la fixation du taux du dernier ressort, les intérêts échus depuis la demande originaire jusqu'au jour où le demandeur a *réduit* ses conclusions. (30 déc. 1825 ; Amiens, S. 28, 2, 10 ; D. 28, 2, 20).

Est en dernier ressort le jugement rendu sur une demande originaire excédant 1000 fr., si le défendeur a fait des offres réelles qui ont réduit la valeur réelle du litige à une somme au-dessous de 1000 fr., encore que les offres n'aient pas été acceptées (26 mars 1828 ; Besançon, S. 28, 2, 280 ; 1er févr. 1830 ; Dijon, S. 30, 2, 97 ; D. 30, 2, 130). — Jugé en sens contraire (12 avril 1826 ; Amiens, S. 28, 2, 10 ; D. 28, 2, 20.— 12 février 1830 ; S. 30, 2, 148).

Est en dernier ressort le jugement rendu sur une demande excédant 1000 fr., lorsque le défendeur a reconnu en partie le droit du demandeur, si la partie contestée est au-dessous de 1000 fr. (12 juillet 1828 ; Toulouse, S. 29, 2, 280 ; D. 29, 2, 190).

Une demande excédant mille francs ne peut être jugée en dernier ressort, bien qu'elle soit fondée sur différens titres, passés entre différentes personnes, et chacun relatif à une somme moindre que 1000 fr. (10 août 1813 ; Cass. S. 15, 1, 104).

Est aussi en premier ressort le jugement qui prononce sur une demande excédant 1000 fr., formée conjointement par plusieurs parties (par exemple, des co-héritiers), bien que l'intérêt individuel de chaque partie, dans la contestation, soit inférieur à cette somme (8 janvier 1827 ; Caen, S. 28, 2, 21 ; D. 27, 2, 164.— 26 mars 1827 ; Besançon, S. 28, 2, 130).

Jugé en sens contraire. — Le jugement qui prononce sur une demande excédant 1000 fr., formée collectivement par plusieurs individus (par exemple, des co-héritiers) est en dernier ressort, si l'intérêt de chacun des demandeurs dans l'objet litigieux est inférieur à cette somme ; peu importe d'ailleurs que la demande procède d'un titre ou d'une cause commune (7 mars 1826; Rennes, S. 28, 2, 96; D. 28, 2, 50).

Lorsqu'il y a eu jonction de plusieurs demandes dirigées contre plusieurs co-héritiers, et dont chacune est inférieure à 1,000 fr., mais qui réunies s'élèvent à plus de 1000 fr., le jugement qui statue sur ces demandes ainsi réunies, est en dernier ressort (19 avril 1830; Cass. S. 30, 1, 190; D. 30, 1, 211).

Le jugement qui rejette une demande en privilége, formée par plusieurs créanciers d'un même débiteur, réunis à cet effet, mais agissant en vertu de titres distincts et personnels, est en dernier ressort, encore que le montant des créances excède 1000 fr., si l'intérêt de chacun des créanciers est au-dessous de cette somme (13 août 1831; Agen, S. 31, 2, 247; D. 31, 2, 182).

Les intérêts échus avant la demande doivent être réunis au principal pour déterminer la compétence du dernier ressort (1er ventose an 13; Cass. S. 5, 2, 228).—Jugé en sens contraire, pour les intérêts d'un effet de commerce, les frais d'enregistrement et de protêt (5 mars 1807; Cass. S. 7, 1, 191).

Les frais de protêts et les intérêts d'une lettre de change et d'un billet à ordre échus depuis le protêt, ne doivent pas être comptés pour la fixation du dernier ressort (8 décembre 1827; Pau, S. 28, 2, 160; D. 28, 2, 111.—3 juin et 12 août 1831; Bordeaux, S. 32, 2, 121; D. 31, 2, 251 et 256).

Décidé en sens contraire pour les frais de protêt et les intérêts échus avant l'action, lorsqu'ils ont été réclamés cumulativement avec le principal (5 novembre 1827, Rouen; S. 28, 2, 160; D. 28, 2, 95).

L'amende payée pour contravention à la loi du timbre, dans le cas de protêt d'un billet à ordre écrit sur papier libre, doit être ajoutée au montant du billet pour la détermination du dernier ressort (7 janvier 1831, Bordeaux; S. 31, 2, 226; D. 31, 2, 117).

La demande en dommages-intérêts formée par le demandeur pour une cause antérieure à l'instance, doit être jointe à la demande principale pour déterminer le taux du dernier ressort (8 mars et 26 avril 1813; Nîmes, S. 14, 2, 385.)

Doivent aussi être joints les dommages-intérêts réclamés pour la résolution d'une convention (7 mai 1829; Cass. S. 29, 1, 179; D. 29, 1, 240).

Jugé en sens contraire pour les dommages-intérêts réclamés à raison de poursuites irrégulières dont la nullité est demandée; ce n'est là qu'une demande accessoire à la demande principale (19 avril 1830; Cass. S. 30, 1, 190; D, 30, 1, 211).

Dans une demande principale en redhibition, à l'occasion de la vente d'un cheval, les frais de pansemens, médicamens, voyages, etc., n'étant que l'accessoire de la demande principale, ne doivent pas être comptés pour la détermination du dernier ressort (21 décembre 1825; Cass. S. 26, 1, 379).

Il ne faut, en général, considérer que la

somme contestée pour fixer le taux du dernier ressort. — Ainsi, le tribunal saisi d'une demande principale moindre de 1000 fr., ne peut statuer en dernier ressort, lorsqu'il y a aussi une demande reconventionnelle qui, réunie à la première, fait plus de 1000 fr. (23 flor. an 8; Cass. S. 1, 2, 295. — 2 déc. 1807; Cass. S. 8, 1, 72).

— Ainsi, tout jugement rendu sur le mérite d'une contestation formée d'une demande principale et d'une demande reconventionnelle, dont la réunion excède 1000 fr., est essentiellement soumis à l'appel; même le jugement qui ne prononcerait que sur le mérite de la demande reconventionnelle. Dans ce cas, si un garant est appelé dans la cause pour appuyer et faire valoir la demande reconventionnelle non excédant 1000 fr., cette demande en garantie quoique elle-même non excédant 1000 fr., peut être tellement liée aux deux précédentes, que le jugement qui prononcerait sur cette action en garantie serait également soumis à l'appel, à cause de l'indivisibilité (17 juillet 1827; Cass. S. 27, 1, 519; D. 27, 1, 313).

Peu importe en un tel cas, que le juge se déclare incompétent, même *ratione materiæ*, sur la demande reconventionnelle : son jugement n'en reste pas moins soumis à l'appel relativement à l'une et à l'autre demande (11 nov. 1829; Cass. S. 30, 1, 37).

Mais la demande reconventionnelle ne doit être jointe à la demande principale que lorsqu'elle a son fondement dans un fait antérieur à la demande principale. Si, au contraire, elle est fondée sur la demande principale elle-même, ou sur un fait accessoire, sa valeur ne doit pas influer sur la question de premier ou dernier ressort (22 octobre 1807; Cass. S. 8, 1, 74.—3 août 1820; Cass. S. 21, 1, 183.—28 février 1821; Cass. S. 22, 1, 295. — 1er avril 1823; Cass. S. 24, 1, 33). —Lorsque, sur une demande en paiement, le défendeur avoue la dette, mais oppose la compensation d'une somme dont il se prétend créancier, il ne faut pas avoir égard aux deux demandes pour déterminer la valeur du litige et la compétence du juge (29 mars 1808; Cass. S. 8, 1, 438.—25 février 1818; Cass. S. 18, 1, 251).

Lorsqu'une demande au-dessous de 1000 fr. est subordonnée à la décision d'une question préjudicielle de valeur indéterminée ou au-dessus de 1000 fr., le tribunal ne peut statuer en dernier ressort (21 avril 1807; Cass. S. 7, 2, 898).

Le tribunal de 1re instance statuant sur l'appel d'un jugement de juge-de-paix peut décider en dernier ressort, même les contestations dont l'objet est d'une valeur indéterminée, lorsque ces contestations ne lui sont soumises qu'accessoirement ou préjudiciellement à la demande principale (7 juin 1826; Cass. S. 27, 1, 324; D. 26, 1, 301).

C'est par la valeur de l'objet de la demande, et non par l'importance des questions qui sont soulevées accessoirement à cette demande, que se détermine le dernier ressort. Ainsi, un procès sur la validité d'une saisie revendication de denrées, valant moins de 1000 fr., doit être jugé en dernier ressort, bien que le procès donne lieu à examiner si un bail à ferme dont se prévaut le saisi a ou n'a pas existé. Vainement dirait-on que la question relative à l'existence du bail a un objet dont la valeur est indéterminée (25 avril 1827; Cass. S. 28, 1, 83; D. 27, 1, 217).

Il en est de même du jugement qui prononce sur une demande de loyers inférieure à 1000 fr., encore bien que, pour apprécier cette demande, il y ait lieu de recourir à l'interprétation d'un contrat de vente de l'immeuble qui a produit ces loyers (16 août 1831, Cass.; S. 31, 1, 403; D. 31, 1, 265).

Le jugement qui statue sur une contestation au-dessous de 1000 fr. est en dernier ressort, encore que le tribunal ait eu à prononcer sur la validité d'une séparation de biens opposée incidemment, et ait annulé cette séparation, quant aux parties en cause (3 décembre 1829; Toulouse, S. 32, 2, 91; D. 31, 2, 182).

Cependant, et quoique la condamnation prononcée par un jugement soit au-dessous de 1000 fr., le jugement n'en doit pas moins être réputé en premier ressort, si la condamnation repose sur un titre qui ait été contesté dans toutes ses parties, et qui présente des valeurs au-dessus de 1000 fr. ou des objets d'une valeur indéterminée (28 juin 1828; Grenoble. S. 29, 2, 89; D. 29, 2, 133).

Une demande en désaveu, ou toute autre, de valeur indéterminée, peut être jugée en dernier ressort, lorsqu'elle est formée accessoirement à une demande au-dessous de 1000 fr. (5 thermidor an 13; Cass. S. 7, 2, 897. — 18 nivose an 12; Cass. S. 4, 2, 64).

La demande en délivrance d'une grosse est de valeur indéterminée, et ne peut être jugée en dernier ressort par un tribunal de première instance, quand même l'objet du contrat serait de valeur moindre de 1000 fr. (10 janvier 1831; Bordeaux, S. 31, 2, 164; D. 31, 2, 91).

Est en premier ressort le jugement qui ordonne au conservateur des hypothèques de ne pas comprendre dans l'état des inscriptions existantes sur un immeuble certaines inscriptions, bien que le montant des droits dont le conservateur se trouvera privé par cette décision soit inférieur à 1000 fr., si les créances, objets des inscriptions, sont supérieures à cette somme (9 février 1827; Angers, S. 28, 2, 110).

Les tribunaux de première instance ne peuvent statuer en dernier ressort sur la demande alternative, ou du paiement d'une somme au-dessous de 1000 fr. ou du délaissement d'un immeuble (8 mai 1811; Cass. S. 11, 1, 202).

Jugé dans le même sens (18 mars 1826; Paris, S. 28, 2, 11; D. 27, 2, 10. — 25 juin 1827; Grenoble, S. 28, 2, 162; D. 28, 2, 144. — 21 novembre 1831; Cass. S. 32, 1, 383).

Est aussi en premier ressort le jugement qui statue sur une demande dont l'objet est d'une valeur indéterminée, bien que le demandeur eût laissé au défendeur l'option de payer une somme inférieure à 1000 fr. Il en est autrement, et le jugement est en dernier ressort, lorsqu'il prononce sur une demande en paiement d'une somme inférieure à 1000 fr. pour dommages-intérêts, bien que le demandeur ait laissé au défendeur l'alternative de faire certains travaux,

pour l'inexécution desquels les dommages intérêts sont réclamés (28 juillet 1832; Colmar, S. 32, 2, 515).

Un tribunal ne peut, dans un même procès de première instance, juger certains chefs en dernier ressort, et les autres à la charge de l'appel; il doit juger tout à la charge de l'appel (21 brumaire an 7; Cass. S. 1, 1, 176). — Deux demandes de huit cents fr. chacune, formées par deux parties différentes et procédant d'une même cause, peuvent être jugées chacune en dernier ressort, quoiqu'elles aient été formées par le même exploit (11 fructidor an 11; Cass. S. 4, 1, 25). — Il en est de même de deux demandes formées par une seule personne, et par un même exploit, mais contre deux parties, et en vertu de titres séparés et personnels pour chacune (17 nivose an 13; Cass. S. 5, 2, 58).

Lorsque, sur une demande contenant plusieurs chefs qui, réunis, excèdent 1000 fr., il n'y a eu, en définitive, contestation qu'à l'égard d'un chef d'une valeur au-dessous de 1000 f., en ce cas, le jugement qui intervient est en dernier ressort (30 novembre 1830; Bastia, S. 31, 2, 137; D. 31, 2, 6).

Cependant, lorsque deux demandes, l'une au-dessous de 1000 fr., l'autre d'une valeur indéterminée, respectivement formées entre les mêmes parties, ont été jointes, cette jonction ne fait pas que le jugement qui statue sur les deux demandes soit de premier ressort dans ses deux décisions; il est sans doute de premier ressort quant à la demande indéterminée; mais quant à la demande au-dessous de 1000 fr., il est de dernier ressort, tout comme s'il avait été statué séparément sur chacune des demandes (23 mai 1829, Bourges; S. 29, 2, 237; D. 29, 2, 202).

Le jugement qui intervient sur la demande formée par le vendeur contre le tiers détenteur, en résolution de la vente et en délaissement de l'immeuble vendu, pour le cas où l'acquéreur primitif ne paierait pas une portion encore due du prix de vente, est en premier ressort, alors même qu'il s'agirait d'une somme au-dessous de 1000 fr. La demande en garantie est soumise aux mêmes règles que la demande principale, touchant le degré de juridiction; en conséquence, si le jugement sur la demande principale est en premier ressort, le jugement sur la garantie est aussi, par voie de suite, en premier ressort (7 février 1828, Montpellier; S. 28, 2, 246; D. 28, 2, 234).

Une demande moindre de 1000 fr. formée contre un co-débiteur solidaire pour sa part dans une dette excédant 1000 fr., peut être jugée en dernier ressort (12 août 1806; Cass. S. 6, 2, 955). — Une demande en paiement d'une somme moindre de 1000 fr., restant due sur une obligation au-dessus de 1000 fr., ne peut être jugée en dernier ressort (21 décembre 1822, Orléans; S. 23, 2, 192. *Voy.* aussi 27 janv. 1821, Metz; S. 23, 2, 137).

Lorsqu'un jugement prononce sur le fond en dernier ressort, la disposition qui prononce la contrainte par corps n'est pas plus susceptible d'appel que la disposition au fond (5 novembre 1811; Cass. 12, 1, 18).

Jugé dans le même sens (31 juillet 1827; Bordeaux, S. 27, 2, 194).

Jugé en sens contraire, 15 novembre 1828 Bordeaux, S. 29, 2, 117; D. 29, 2, 145) —L'art. 20 de la loi du 17 avril 1832 (*Voy.* tome 32, p. 203), dispose en termes formels, que, même dans les cas où les tribunaux statuent en dernier ressort, la disposition relative à la contrainte par corps sera sujette à l'appel.

Est en premier ressort, le jugement qui statue sur une demande en nullité d'arrestation provisoire d'un étranger, bien que la créance, objet des poursuites soit inférieure à 1000 fr. (23 décembre 1828, Bordeaux, S. 29, 2, 152; D 29, 2, 170).

Le jugement qui statue sur une demande en cession de biens formée par un débiteur contre ses créanciers, est en premier ressort, et comme tel susceptible d'appel, même de la part d'un créancier à qui il est dû moins de 1000 fr. (13 mars 1828; Toulouse, S. 28, 2, 176; D 28, 2, 150).

Est en premier ressort le jugement qui statue sur la question de savoir si une consignation excédant 1000 fr., est ou non suffisante, encore que la différence entre la somme consignée et la somme réclamée, formant l'objet réel de la contestation, soit au-dessous de 1000 fr. (8 mai 1827; Caen, S. 28, 2, 96; D. 28, 2, 51).

Le jugement qui statue sur la demande formée par une femme en nullité d'une instance poursuivie contre elle, sans qu'elle ait été autorisée à ester en justice, est en premier ressort et susceptible d'appel, encore que l'instance primitive n'ait porté que sur une valeur rentrant dans le taux du dernier ressort (20 août 1827; Toulouse, S. 28, 2, 176; D. 28, 2, 152).

Le jugement rendu sur la question de savoir si le défendeur est héritier d'un débiteur du demandeur est de dernier ressort, lorsque la contestation sur la *qualité* d'héritier est *incidente* à une autre contestation d'une valeur au-dessous de 1000 fr. (27 octobre 1825; Bourges, S. 26, 2, 257; D. 26, 2, 210. — 28 juillet 1826; Poitiers, S. 27, 2, 40).

Le jugement qui statue sur une demande de 1000 fr. est en dernier ressort, encore que la demande soit fondée sur un titre excédant cette somme, et que le jugement ait eu à statuer sur la validité de ce titre, alors d'ailleurs que la somme réclamée est le reliquat de l'obligation, le surplus ayant été payé. Il importe peu du reste, que le jugement se trouve attribuer à la partie condamnée la qualité que lui donnait ce titre, et qu'elle contestait (29 décembre 1830, Cass. S. 31, 1, 390; D. 31, 1, 64).

Le jugement qui statue sur une inscription de faux incident est en dernier ressort, lorsque l'objet de la demande principale n'excède pas 1000 fr. (13 avril 1825; Toulouse, et 20 novembre 1828, Montpellier, S. 29, 2, 105; D. 29, 2, 262).

Lorsque pour avoir paiement d'une somme in-férieure à 1000 fr., il y a eu saisie d'une rente, d'un capital supérieur à cette somme, le jugement qui statue, non sur la validité de la saisie, mais sur la quotité réelle de la créance et sur la validité des offres faites par le débiteur, est de dernier ressort et non susceptible d'appel (21 avril 1830; Cass. S. 30, 1, 295; D. 30, 1, 213).

En matière d'ordre, il suffit que la somme à distribuer excède 1000 fr. pour que le jugement rendu sur les contestations élevées entre créanciers ne soit pas en dernier ressort : peu importe que le montant des créances contestées soit inférieur à 1000 fr. (17 juillet 1826; Rouen, S. 27, 2, 5; D. 27, 2, 4).

Jugé en sens contraire (8 mai 1827; Caen, S. 28, 2, 208; D. 28, 2, 81).

Lorsque, dans un ordre, la question de priorité s'élève entre deux créances dont l'une, inférieure à 1000 fr., est prétendue privilégiée, le jugement qui accorde ou refuse la priorité, est de premier ressort si l'autre créance excède 1000 fr. (1er avril 1826; S. 27, 2, 39; D. 27, 2, 42).

Le jugement qui statue sur une demande en paiement du prix de la mitoyenneté d'un mur usurpé par un voisin, est en premier ressort, bien que la somme réclamée soit inférieure à 1000 fr., lorsque d'ailleurs rien ne justifie que le mur soit d'une valeur au-dessous de 50 fr. de revenu (20 juin 1828; Bordeaux, S. 29, 2, 23).

Le jugement qui rejette la demande en nullité de la notification de son contrat faite par un acquéreur aux créanciers inscrits, est en dernier ressort, si la créance du demandeur en nullité ne s'élève pas à 1000 fr. (7 février 1827; Bordeaux, S. 27, 2, 147; D. 27, 2, 66).

La demande en déclaration formée contre un tiers-saisi est indéterminée de sa nature, et ne peut être jugée en dernier ressort, même dans le cas où la créance du saisissant ne s'élève pas à 1000 fr. (19 janvier 1828; Aix, S. 28, 2, 175; D. 28, 2, 152). —*Id.* (8 janvier 1830, Colmar, S. 31, 2, 48).

Surtout si la cause du saisissant a été jointe à celle d'un autre saisissant et que les deux créances réunies excèdent la somme de 1000 fr. (19 juillet 1828; Bourges, S. 30, 2, 76).

Est en dernier ressort le jugement qui statue sur la demande en main-levée d'une opposition formée entre les mains d'un tiers au paiement d'une somme non excédant 1000 fr., encore que le titre sur lequel l'action en main-levée est fondée, et dont le demandeur réclame l'exécution, soit d'une valeur indéterminée (11 août 1826; Bourges, S. 27, 2, 201; D. 27, 2, 90).

Est en dernier ressort le jugement qui, en matière de saisie-arrêt, statue entre deux créanciers saisissans sur un droit de préférence prétendu par l'un d'eux, alors que la créance pour laquelle le droit de préférence est réclamé, se trouve au-dessous de 1000 fr.; peu importe que les sommes saisies, ou même les créances réunies des saisissans, s'élèvent au-dessus de cette somme (2 décembre 1828; Riom, S. 29, 2, 160; D 30, 2, 243).

Le jugement qui prononce sur la validité d'une

1.

faires personnelles et mobilières, jusqu'à la valeur de mille livres (1) de principal, et des

affaires réelles dont l'objet principal sera de cinquante livres de revenu déterminé (2), soit

saisie-exécution est en dernier ressort, si la créance, cause de la saisie, n'excède pas 1000 fr.; peu importe la valeur des objets saisis (13 mars 1827: Toulouse, S. 28, 2, 8; D. 28, 2,19; 26 janvier 1827, Toulouse, S. 28, 2, 9; D. 28, 2, 19: 8 avril 1826, Amiens, S. 28, 2, 10; D. 28, 2, 19).

Jugé en sens contraire (5 juin 1827; Toulouse, S. 28, 2, 9; D. 28, 2, 19. — 9 février 1830; Bourges, S. 30, 2, 189; D. 30. 2, 215)

Lorsque, sur la demande en revendication d'objets saisis, le saisissant argue de fraude et de simulation l'acte qui sert de base à la revendication, les juges ne peuvent statuer qu'en premier ressort sur la contestation; peu importe que la créance, objet de la saisie, soit inférieure à 1000 fr. (29 mars 1824; Colmar, S. 28, 2, 9. — 27 nov. 1828; Bordeaux, S. 29, 2, 148).

Est en dernier ressort le jugement qui, *incidemment* à une demande en paiement de 1000 fr., formée contre un saisissant par un tiers pour la valeur des objets saisis et vendus, prononce la nullité du titre sur lequel le demandeur se fondait pour revendiquer la propriété des objets saisis. L'exception de nullité proposée en ce cas par le saisissant n'est qu'un *moyen de défense* à la demande principale qui ne peut influer sur son importance (8 avril 1826; Amiens, S. 28, 2, 10; D. 28, 2, 19).

Le jugement qui prononce sur la validité d'une saisie-arrêt est en dernier ressort, si la créance du saisissant est au-dessous de 1000 fr., peu importe que les valeurs saisies excèdent ce taux (27 juillet 1830; Bordeaux, S. 31, 2, 77).

Le jugement qui prononce sur une demande en revendication de fruits compris dans une saisie-brandon, et en nullité de cette saisie, est en dernier ressort, si la créance, cause de la saisie, est inférieure à 1000 fr., quelle que soit d'ailleurs la valeur des fruits (20 mars 1828; Besançon, S. 28, 2,280; D. 29, 2, 700).

La demande en distraction d'un objet saisi immobilièrement, quelle que soit la valeur de l'immeuble, doit être jugée en dernier ressort si la créance pour laquelle la saisie a été formée est inférieure à 1000 fr (1er juillet 1829; Amiens, S. 27, 2, 231).

Ainsi le jugement qui statue sur la demande en nullité d'une saisie immobilière est en dernier ressort, si la créance du saisissant est au-dessous de 1000 fr. (20 janvier 1829; Bordeaux, S. 29, 2, 195; D. 29, 2, 77. — 8 juin 1830; Bordeaux, S. 30, 2, 353; D. 31, 2, 20).

Jugé en sens contraire (27 juillet 1827; Rennes, S. 27, 2, 232; D. 28, 2, 20. — 20 mai 1828; Toulouse. S. 28, 2, 257. — 12 août 1828, et 5 février 1828; Grenoble, S. 29, 2, 89 et 213; D. 29, 2, 130 et 251).

Le jugement qui, nonobstant l'opposition du débiteur, ordonne la continuation de poursuites des saisie immobilière, est en premier ressort, comme portant sur une valeur indéterminée, encore que la créance du saisissant soit au-dessous de 1000 fr. (7 juillet 1830; Grenoble, S. 31, 2, 320).

Les actions du domaine autres que celles qui ont pour objet la perception d'un impôt indirect, doivent, comme les actions ordinaires, subir les deux degrés de juridiction (20 flor. an 11; Cass. S. 3, 2, 323. — 13 mess. an 9; Cass. S. 1, 2, 514. — 22 niv. an 11; Cass. S. 3, 2, 269. — 16 juin 1807; S. 7, 2, 108).

Les affaires relatives au recouvrement des revenus nationaux doivent subir les deux degrés de juridiction, lorsque l'objet de la demande excède mille francs (4e compl. an 9, décision du grand-juge; S. 2, 2, 1). *Voy.* notes sur l'art. 65 de la loi du 22 frim. an 7.

Avant le Code de procédure, les tribunaux de première instance statuaient en dernier ressort sur la compétence comme sur le fond; depuis le Code de procédure, tout jugement de compétence est sujet à l'appel (9 vendémiaire an 13; S. 5, 1, 39. — 18 mars 1806; Cass. S. 6, 2, 557. — 19 juin 1810, et 22 avril 1811; S. 11, 1, 162 et 164).

Avant le Code de procédure, la qualification du juge avait plus d'effet que la qualification de la loi (16 messidor an 4; Cass. S. 20, 1, 461).

Depuis le Code de procédure, un jugement qualifié de dernier ressort, lorsqu'il ne pouvait être rendu qu'en premier ressort, peut être attaqué par la voie de l'appel; la voie de cassation est non admissible: la qualification de la loi a plus d'effet que la qualification du juge (9 juillet 1812; Cass S. 13, 1, 47).

Depuis le Code de procédure, lorsqu'un jugement est qualifié *en dernier ressort*, et que réellement il devait être rendu à la charge d'appel, c'est par la voie de l'appel et non par la voie de cassation qu'il faut se pourvoir (5 février 1810; Cass S. 10, 1, 224. — 31 décembre 1821; Cass. S. 22. 1, 179).

(1) Le jugement qui statue en matière civile, sur une demande de 1000 fr., n'est pas sujet à l'appel, encore que 1000 *francs* valent 1012 *livres* 10 *sous* (7 janvier 1823; Caen, S. 28, 2, 349; D. 29, 2, 29).

Jugé en sens contraire (9 janvier 1826, Nancy, S 26, 2, 151; D. 26, 2, 122).

La partie civile peut appeler en matière correctionnelle, bien que la somme qu'elle réclame soit inférieure à 1000 fr.; la limite du dernier ressort en matière civile n'est pas applicable en matière correctionnelle (29 juillet 1830; Bordeaux, S. 31, 2, 75; D. 31, 2, 74).

(2) Le tribunal de première instance ne peut statuer en dernier ressort sur une contestation relative à un immeuble valant moins de mille francs, si le revenu excède cinquante francs, ou est indéterminé; c'est la quotité du revenu et non la valeur de l'immeuble qui détermine s'il y a lieu à statuer en dernier ressort (13 thermidor an 5; 23 prairial an 12; 21 messidor an 13; Cass S. 2, 899 et suiv. — 15 novembre 1816; Paris, S. 17, 2. 209). — Le revenu ne peut être déterminé par expertise ou aveux; il faut qu'il le soit par bail ou par rente (18 germinal an 13; Cass. 7, 2, 900).

en rente (1), soit par prix de bail (2).

6. En toutes matières personnelles, réelles ou mixtes, à quelque somme ou valeur que l'objet de la contestation puisse monter, les parties seront tenues de déclarer, au commencement de la procédure, si elles consentent à être jugées sans appel, et auront encore, pendant le cours de l'instruction, la faculté d'en convenir, auquel cas les juges de district prononceront en premier et dernier ressort.

7. Lorsque le tribunal de district connaîtra, soit en première instance, à charge d'appel, soit de l'appel des jugemens des juges-de-paix, il pourra prononcer au nombre de trois juges; et lorsqu'il connaîtra dans tous les autres cas en dernier ressort, soit par appel d'un autre tribunal de district, ainsi qu'il sera dit dans le titre suivant, soit au cas de l'article 5 ci-dessus, il pourra prononcer au nombre de quatre juges.

TITRE V. — Des juges d'appel (3).

Art. 1er. Les juges de district seront juges d'appel les uns à l'égard des autres, selon les rapports qui vont être déterminés dans les articles suivans.

2. Lorsqu'il y aura appel d'un jugement, les parties pourront convenir d'un tribunal entre ceux de tous les districts du royaume, pour lui en déférer la connaissance, et elles en feront au greffe leur déclaration signée d'elles, ou de leurs procureurs spécialement fondés.

3. Si les parties ne peuvent s'accorder pour le choix d'un tribunal, il sera déterminé selon les formes ci-dessous prescrites.

4. Le directoire de chaque district proposera un tableau des sept tribunaux les plus voisins du district, lequel sera rapporté à l'Assemblée nationale, arrêté par elle, et ensuite déposé au greffe et affiché dans l'auditoire.

5. L'un des sept tribunaux, au moins, sera choisi hors du département.

6. Lorsqu'il n'y aura que deux parties, l'appelant pourra exclure péremptoirement, et sans qu'il puisse en donner aucun motif, trois des sept tribunaux composant le tableau.

7. Il sera libre à l'intimé de proposer une semblable exclusion de trois des tribunaux composant le tableau.

8. S'il y a plusieurs appelans ou plusieurs intimés consorts, ou qui aient eu en première instance les mêmes défenseurs, ils seront respectivement tenus de se réunir et de s'accorder, ainsi qu'ils aviseront, pour proposer leurs exclusions.

9. Lorsqu'il y aura eu en première instance trois parties ayant des intérêts opposés, et défendues séparément, chacune d'elles pourra exclure seulement deux des sept tribunaux du tableau. Si le nombre des parties est au-dessus de trois jusqu'à six, chacune d'elles exclura seulement l'un des sept tribunaux. Lorsqu'il y aura plus de six parties, l'appelant s'adressera au directoire du district, qui fera au tableau un supplément d'autant de nouveaux tribunaux de district les plus voisins qu'il y aura de parties au-dessus du nombre de six.

10. L'appelant proposera dans son acte d'appel l'exclusion qui lui est attribuée; et les autres parties seront tenues de proposer les leurs par acte au greffe, signé d'elles ou de leurs procureurs spécialement fondés, dans la huitaine franche après la signification qui leur aura été faite de l'appel; et à l'égard de celles dont le domicile sera à la distance de plus de vingt lieues, le délai sera augmenté d'un jour pour dix lieues.

11. Aucunes exclusions ne seront reçues de la part de l'appelant après l'acte d'appel, ni de la part des autres parties après le délai prescrit dans l'article précédent.

12. Lorsque les parties auront proposé leurs exclusions, si des sept tribunaux du tableau il n'en reste qu'un qui n'ait pas été exclu, la connaissance de l'appel lui sera dévolue.

13. Si les parties négligent d'user de leur faculté d'exclure en tout ou en partie, ou, eu égard au nombre des parties, les exclusions n'atteignent pas six des sept tribunaux du tableau, il sera permis à celle des parties qui ajournera la première sur l'appel, de choisir celui des tribunaux non exclus qu'elle avisera; et en cas de concurrence de dates, le choix fait par l'appelant sera préféré.

14. Nul appel d'un jugement contradictoire ne pourra être signifié ni avant le délai de

(1) Il n'y a pas lieu à statuer en dernier ressort sur une demande d'arrérages de rentes lorsqu'elle est subordonnée à la validité du titre (8 ventose an 8 ; Cass. S. 1, 2, 222). Lorsqu'il s'agit d'une rente en grains qui n'est évaluée en argent, ni quant au capital, ni quant aux arrérages prétendus (8 mai 1807; Cass. S. 7, 2, 343), à moins qu'on n'ait évalué les arrérages de la rente, d'après les mercuriales, et que l'évaluation portée dans l'exploit introductif d'instance s'élève à moins de 50 francs (23 juin 1817; Cass. S. 17, 1, 303).

Il y a lieu de statuer en dernier ressort sur la question de savoir si la retenue doit être exercée

sur une rente, lorsque la somme à déduire chaque année, par l'effet de la retenue, n'excède pas cinquante francs, quel que soit le capital de la rente (19 août 1818; Cass. S. 19, 1, 3).

(2) Il y a lieu à statuer en dernier ou seulement en premier ressort, sur une demande en résiliation ou réduction d'un bail, selon que le prix de toute la durée du bail excède ou n'excède pas mille francs, quel que soit le prix annuel du bail (15 février 1819; Cass. S. 19, 1, 247.—15 niv. an 13; Brux. S. 5, 2, 277).

(3) Voy. loi du 19 vendémiaire an 4.

21.

huitaine, à dater du jour du jugement, ni après l'expiration de trois mois, à dater du jour de la signification du jugement faite à personne ou domicile : ces deux termes sont de rigueur, et leur inobservation emportera la déchéance de l'appel; en conséquence, l'exécution des jugemens qui ne sont pas exécutoires par provision demeurera suspendue pendant le délai de huitaine (1).

15. La rédaction des jugemens, tant sur l'appel qu'en première instance, contiendra quatre parties distinctes.

Dans la première, les noms et les qualités des parties seront énoncés.

Dans la seconde, les questions de fait et de droit qui constituent le procès seront posées avec précision.

Dans la troisième, le résultat des faits reconnus ou constatés par l'instruction, et les motifs qui auront déterminé le jugement, seront exprimés.

La quatrième enfin contiendra le dispositif du jugement (2).

Titre VI. De la forme des élections.

Art. 1er. Pour procéder à la nomination des juges, les électeurs du district, convoqués par le procureur-syndic, se réuniront au jour et au lieu qui auront été indiqués par la convocation; et après avoir formé l'assemblée électorale dans les formes prescrites par l'article 24 de la première section du décret du 22 décembre dernier, ils éliront les juges au scrutin individuel et à la pluralité absolue des suffrages.

2. Ceux des électeurs nommés par les précédentes assemblées primaires qui se trouvent membres des corps administratifs pourront participer comme électeurs à la nomination des juges.

3. Lorsqu'il s'agira de renouveler les juges après le terme des six ans, les électeurs seront convoqués quatre mois avant l'expiration de la sixième année, de manière que toutes les élections puissent être faites, et les procès-verbaux présentés au Roi, deux mois avant la fin de cette sixième année.

4. Si, par quelque évènement que ce puisse être, le renouvellement des juges d'un tribunal se trouvait retardé au-delà de six ans, les juges en exercice seront tenus de continuer leurs fonctions jusqu'à ce que leurs successeurs puissent entrer en activité.

Titre VII. De l'installation des juges.

Art. 1er. Lorsque les juges élus auront reçu les lettres-patentes du Roi, ils seront installés en la forme suivante.

2. Les membres du conseil général de la commune du lieu où le tribunal sera établi se rendront en la salle d'audience, et y occuperont le siége.

3. Les juges, introduits dans l'intérieur du parquet, prêteront à la nation et au Roi, devant les membres du conseil général de la commune pour ce délégués par la constitution, et en présence de la commune assistante, le serment *de maintenir de tout leur pouvoir la constitution du royaume, décrétée par l'Assemblée nationale et acceptée par le Roi; d'être fidèles à la nation, à la loi et au Roi, et de remplir avec exactitude et impartialité les fonctions de leurs offices.*

Après ce serment prêté, les membres du conseil général de la commune, descendus dans le parquet, installeront les juges, et au nom du peuple prononceront pour lui l'engagement *de porter au tribunal et à ses jugemens le respect et l'obéissance que tout citoyen doit à la loi et à ses organes.*

5. Les officiers du ministère public seront reçus et prêteront le serment devant les juges, avant d'être admis à l'exercice de leurs fonctions.

6. Les juges-de-paix seront tenus, avant de commencer leurs fonctions, de prêter le même serment que les juges, devant le conseil général de la commune du lieu de leur domicile.

Titre VIII. Du ministère public (3).

Art. 1er. Les officiers du ministère public sont *agens du pouvoir exécutif* auprès des

---

(1) Le délai de huitaine doit s'entendre de huit jours francs, ainsi est prématuré l'appel d'un jugement du 20, interjeté le 28; la règle est applicable à un jugement de séparation de biens comme à tout autre jugement (6 mai 1825; Caen, S. 26, 2, 207).

Les délais pour l'appel des jugemens par défaut fixés par la législation antérieure ont continué de subsister (1er novembre 1813; Cass. S 14, 1, 101).

Avant le Code de procédure, le délai de l'appel courait contre le mineur : la circonstance que le mineur avait été cité et jugé sans assistance de curateur ne rendait pas son appel recevable (30 juin 1806; Cass. S. 6, 1, 346; 27 mai 1807; Cass. S. 8, 1, 272).— Les jours termes, c'est-à-

dire, celui du jugement et de la signification, ne comptent pas dans le délai de huitaine ou de trois mois (29 novembre 1808; Cass. S. 20, 1, 481).

La désertion d'appel est implicitement abrogée par cet article (30 nivose an 10; Cass. S. 2, 1, 190). Arrêté du 9 messidor an 4.

(2) *Voy.* Cod. proc. art. 141, 142; — loi du 20 avril 1810, art. 7.

Le mot *qualités* doit s'entendre seulement des qualités relatives à l'instance, et non des titres qui appartiennent à un individu, à raison de son état, de son emploi ou de sa profession (21 brumaire an 9; Cass. S. 7, 2, 1152).

(3) Loi du 20 avril 1810, art. 45 et suivans.

Attributions du ministère public. *Voy.* Discours de M. Portalis; S. 1, 2, 173.

tribunaux. Leurs fonctions consistent à faire observer, dans les jugemens à rendre, les lois qui intéressent l'ordre général, et à faire exécuter les jugemens rendus. Ils porteront le titre de *Commissaires du Roi*.

2. Au civil, les commissaires du Roi exerceront leur ministère, non par voie d'action, mais seulement par celle de réquisition, dans les procès dont les juges auront été saisis (1).

3. Ils seront entendus dans toutes les causes des pupilles, des mineurs, des interdits, des femmes mariées, et dans celles où les propriétés et les droits, soit de la nation, soit d'une commune, seront intéressés. Ils seront chargés, en outre, de veiller pour les absens indéfendus (2).

4. Les commissaires du Roi ne seront point accusateurs publics, mais ils seront entendus sur toutes les accusations intentées et poursuivies, suivant le mode que l'Assemblée nationale se réserve de déterminer. Ils requerront, pendant le cours de l'instruction, pour la régularité des formes, et avant le jugement, pour l'application de la loi.

5. Les commissaires du Roi, chargés de tenir la main à l'exécution des jugemens, poursuivront d'office cette exécution dans toutes les dispositions qui intéresseront l'ordre public; et en ce qui concernera les particuliers, ils pourront, sur la demande qui leur en sera faite, soit enjoindre aux huissiers de prêter leur ministère, soit ordonner les ouvertures de porte, soit requérir main-forte lorsqu'elle sera nécessaire.

6. Le commissaire du Roi en chaque tribunal veillera au maintien de la discipline et à la régularité du service dans le tribunal, suivant le mode qui sera déterminé par l'Assemblée nationale.

7. Aucun des commissaires du Roi ne pourra être membre des corps administratifs, ni des directoires, ni des corps municipaux.

TITRE IX. Des greffiers.

Art. 1er. Les greffiers seront nommés au scrutin et à la majorité absolue des voix par les juges, qui leur délivreront une commission et recevront leur serment. Ils ne pourront être parens ni alliés au troisième degré des juges qui les nommeront.

2. Il y aura en chaque tribunal un greffier âgé au moins de vingt-cinq ans, lequel sera tenu de présenter aux juges et de faire admettre au serment un ou plusieurs commis, également âgés au moins de vingt-cinq ans, en nombre suffisant pour le remplacer en cas

---

(1) Le ministère public n'a que la voie de réquisition, que la matière touche à l'ordre public, ou qu'elle soit purement de droit privé : il n'a la voie d'action que dans les cas spécifiés par la loi (10 août 1820 ; 5 mars 1822 ; Cass. S. 21, 1, 154 et 197). — Ainsi, il n'a pas qualité pour se pourvoir directement en cassation contre le jugement qui décharge de l'amende de 150 fr. l'individu qui dénie sa signature (9 décembre 1819 ; Cass. S. 20, 1, 181). — Il n'a point qualité pour poursuivre et provoquer d'office la délibération d'un conseil de famille, relativement à la tutelle d'un mineur (27 frimaire an 13 ; Cass. S. 7, 2, 1058), idem ; 8 mars 1814 (S. 14, 1, 273), ou à l'effet de donner son avis sur les baux des biens d'un interdit, et de délibérer s'il y a lieu à nommer un nouveau tuteur (11 août 1818 ; Cass. S. 19, 1, 17). — Il n'a pas la voie d'action pour demander l'annulation d'un jugement qui a prononcé la nullité d'un mariage (3 mars 1821 ; Cass. S. 21, 1, 197); pour s'opposer judiciairement à toute exécution que l'on voudrait donner à un jugement ordonnant ou autorisant un divorce (5 juillet 1824 ; Cass. S. 25, 1, 121); pour demander la nullité d'une cession de droits litigieux, consentie à un avoué ou avocat dans le cas prévu par l'art. 1597, Cod. civ. (29 fév. 1832 ; Cass. S. 32, 1, 364 ; D. 32, 1, 85); pour, en matière de propriété de nom, requérir d'office une suppression de nom (3 avril 1826 ; Cass. S. 26, 1, 357 ; D. 26, 1, 238); pour former d'office, dans une instance relative à une reddition de compte, une demande dans l'intérêt d'une des parties, lors même que cette partie est un établissement public (26 avril 1831 ; Cass S. 32, 1, 85; D. 32, 1, 219)

Il a qualité pour agir par voie d'action quant à la police des audiences (3 novembre 1806 ; S. 6, 2, 914).

Il a la voie d'action pour faire nommer un notaire chargé de représenter les présumés absens (15 janvier 1823 ; Metz, S. 23, 2, 307).

L'acquiescement que la partie publique donne à un jugement ne le rend pas non-recevable dans son appel (16 juin 1809 ; Cass. S. 10, 1, 20).

(2) L'audition du ministère public dans les causes des mineurs doit être constatée par le jugement même (16 vendémiaire et 29 frimaire an 13 ; Cass. S. 5, 2, 54; et 7, 2, 1059). La mention que le ministère public a donné ses conclusions par écrit ne suffit pas ; il faut qu'il soit constaté qu'il a été entendu verbalement à l'audience...... même dans les causes relatives à l'administration de l'enregistrement (24 mars 1821 ; Cass. S. 21, 1, 233; id. 14 avril 1830; Cass. S. 30, 1, 172 ; D. 30, 1, 208).

Bien qu'en matière d'enregistrement l'instruction se fasse par écrit, et non par plaidoirie, néanmoins, il ne suffit pas que le ministère public ait fourni des conclusions par écrit; il faut encore qu'il soit entendu dans ses conclusions verbales, et que ces conclusions verbales soient constatées au jugement (16 mai 1831 ; Cass. S. 31, 1, 206 ; D. 31, 1, 195).

L'audition du ministère public n'est pas nécessaire dans les causes où il ne s'agit que de l'exécution, entre particuliers, d'un réglement administratif ou de transactions particulières faites sur l'exécution de ce réglement (22 déc. 1824 ; Cass S. 25, 1, 125)

d'empêchement légitime, desquels il sera responsable.

3. Les greffiers seront tenus de fournir un cautionnement de douze mille livres en immeubles, qui sera reçu par les juges.

4. Ils seront nommés à vie, et ne pourront être destitués que pour cause de prévarication jugée.

5. Le secrétaire greffier, que le juge-de-paix pourra commettre, prêtera serment devant lui, et sera dispensé de tout cautionnement. Il sera de même inamovible.

TITRE X. Des bureaux de paix et du tribunal de famille (1).

Art. 1er. Dans toutes les matières qui excéderont la compétence du juge-de-paix, ce juge et ses assesseurs formeront un bureau de paix et de conciliation.

2. Aucune action principale ne sera reçue au civil devant les juges de district, entre parties qui seront toutes domiciliées dans le ressort du même juge-de-paix, soit à la ville, soit à la campagne, si le demandeur n'a pas donné, en tête de son exploit, copie du certificat du bureau de paix, constatant que sa partie a été inutilement appelée à ce bureau, ou qu'il a employé sans fruit sa médiation (2).

3. Dans le cas où les deux parties comparaîtront devant le bureau de paix, il dressera un procès-verbal sommaire de leurs dires, aveux ou dénégations sur les points de fait ; ce procès-verbal sera signé des parties, ou, à leur requête, il sera fait mention de leur refus.

4. En chaque ville où il y aura un tribunal de district, le conseil général de la commune formera un bureau de paix composé de six membres choisis pour deux ans, parmi les citoyens recommandables par leur patriotisme et leur probité, dont deux au moins seront hommes de loi.

5. Aucune action principale ne sera reçue au civil dans le tribunal de district, entre parties domiciliées dans les ressorts de différens juges-de-paix, si le demandeur n'a pas donné copie du certificat du bureau de paix du district, ainsi qu'il est dit dans l'article 2 ci-dessus ; et si les parties comparaissent, il sera de même dressé procès-verbal sommaire par le bureau, de leurs dires, aveux, ou dé-

négations sur les points de fait, lequel procès-verbal sera également signé d'elles, ou mention sera faite de leur refus.

6. La citation faite devant le bureau de paix suffira seule pour autoriser les poursuites conservatoires, lorsque d'ailleurs elles seront légitimes ; elle aura aussi l'effet d'interrompre la prescription lorsqu'elle aura été suivie d'ajournement (3).

7. L'appel des jugemens des tribunaux de district ne sera pas reçu, si l'appelant n'a pas signifié copie du certificat du bureau de paix du district où l'affaire a été jugée, constatant que sa partie adverse a été inutilement appelée devant ce bureau, pour être conciliée sur l'appel, ou qu'il a employé sans fruit sa médiation.

8. Le bureau de paix du district sera en même temps bureau de jurisprudence charitable, chargé d'examiner les affaires des pauvres qui s'y présenteront, de leur donner des conseils, et de défendre ou faire défendre leurs causes.

9. Le service qui sera fait par les hommes de loi dans les bureaux de paix et de jurisprudence charitable, leur vaudra d'exercice public des fonctions de leur état auprès des tribunaux, et le temps en sera compté pour l'éligibilité aux places de juges.

10. Tout appelant dont l'appel sera jugé mal fondé sera condamné à une amende de neuf livres pour un appel de jugement des juges-de-paix, et de soixante livres pour l'appel d'un jugement du tribunal de district, sans que cette amende puisse être remise ni modérée sous aucun prétexte (4).

Elle aura encore également lieu contre les intimés qui n'auront pas comparu devant le bureau de paix, lorsque le jugement sera réformé, et elle sera double contre ceux qui, ayant appelé sans s'être présentés au bureau de paix et en avoir obtenu le certificat, seront par cette raison jugés non-recevables.

11. Le produit de ces amendes, versé dans la caisse de l'administration de chaque district, sera employé au service des bureaux de jurisprudence charitable.

12. S'il s'élève quelque contestation entre mari et femme, père et fils, grand-père et petit-fils, frères et sœurs, neveux et oncles, ou entre alliés aux degrés ci-dessus, comme aussi

---

(1) Voy. Code de proc. civ. art. 48 et suivans.

(2) Un juge-de-paix ne peut établir par mesure générale et réglementaire que son huissier ne donnera de citation qu'après que lui, juge-de-paix, en aurait donné l'autorisation. Vainement le juge-de-paix alléguerait son titre de conciliateur (7 juillet 1817 ; Cass. S. 17, 1, 347).

(3) La citation, quoique non suivie d'assignation dans le mois, faisait courir les intérêts (12 juillet 1808 ; Cass. S. 9, 1, 275)

La citation en conciliation, donnée sous l'empire de cette loi, ne peut être considérée comme interruptive de prescription si elle n'a été suivie d'ajournement que plusieurs années après la publication du Code de proc. (29 juin 1829 ; Cass. S. 29, 1, 358 ; D. 29, 1, 282).

(4) L'appelant qui succombe sur un appel interjeté avant, mais jugé après la promulgation du Code de procédure, doit être condamné à l'amende de 5 et 10 francs, fixée par ce code (Arrêté du 27 niv. an 10).

entre pupilles et leurs tuteurs pour choses relatives à la tutelle, les parties seront tenues de nommer des parens, ou, à leur défaut, des amis ou voisins pour arbitres, devant lesquels ils éclairciront leur différend, et qui, après les avoir entendues et avoir pris les connaissances nécessaires, rendront une décision motivée.

13. Chacune des parties nommera deux arbitres ; et si l'une s'y refuse, l'autre pourra s'adresser au juge, qui, après avoir constaté le refus, nommera des arbitres d'office pour la partie refusante. Lorsque les quatre arbitres se trouveront divisés d'opinions, ils choisiront un sur-arbitre pour lever le partage.

14. La partie qui se croira lésée par la décision arbitrale, pourra se pourvoir par appel devant le tribunal du district, qui prononcera en dernier ressort (1).

15. Si un père ou une mère, ou un aïeul ou un tuteur, a des sujets de mécontentement très-graves sur la conduite d'un enfant ou d'un pupille dont il ne puisse plus réprimer les écarts, il pourra porter sa plainte au tribunal domestique de la famille assemblée, au nombre de huit parens les plus proches ou de six au moins, s'il n'est pas possible d'en réunir un plus grand nombre ; et à défaut de parens, il y sera suppléé par des amis ou des voisins.

16. Le tribunal de famille, après avoir vérifié les sujets de plainte, pourra arrêter que l'enfant, s'il est âgé de moins de vingt ans accomplis, sera renfermé pendant un temps qui ne pourra excéder celui d'une année, dans les cas plus graves.

17. L'arrêté de la famille ne pourra être exécuté qu'après avoir été présenté au président du tribunal de district, qui en ordonnera ou refusera l'exécution, ou en tempérera les dispositions, après avoir entendu le commissaire du Roi, chargé de vérifier, sans forme judiciaire, les motifs qui auront déterminé la famille (2).

TITRE XI Des juges en matière de police.

Art. 1er. Les corps municipaux veilleront et tiendront la main, dans l'étendue de chaque municipalité, à l'exécution des lois et des réglemens de police, et connaîtront du contentieux auquel cette exécution pourra donner lieu.

2. Le procureur de la commune poursuivra d'office les contraventions aux lois et aux réglemens de police ; et cependant chaque citoyen qui en ressentira un tort ou un danger personnel, pourra intenter l'action en son nom (3).

3. Les objets de police confiés à la vigilance et à l'autorité des corps municipaux sont :

(1) L'exécution de jugemens rendus par les tribunaux de district, sur l'appel des décisions émanées des tribunaux de famille, a pu être déférée aux tribunaux de première instance, créés en remplacement des tribunaux de district ; en tous cas, leur compétence ne peut être déclinée par la partie qui a saisi de l'instance (23 novembre 1825 ; Cass. S. 26, 1, 1, 178 ; D. 26, 1, 11).

(2) Voy. Code civ. art. 375 et suiv.

(3) Les contraventions aux réglemens faits par l'autorité administrative et spécialement par l'autorité municipale, dans le cercle de ses attributions, sont punissables des peines de simple police. Avant la loi du 28 avril 1832, pour connaître les matières qui pouvaient être réglementées par l'autorité municipale, la compétence et l'organisation des tribunaux, la nature et la quotité des peines, il fallait combiner le titre XI de la loi du 16 = 24 août 1790 avec l'article 50 de la loi du 14 décembre 1789, l'art. 46, titre 1er, de la loi du 19 = 22 juillet 1791, les articles 600, 605, 606 du Code pénal du 3 brumaire an 4, les articles 137 et suiv. du Code d'instruction criminelle. Le législateur a senti qu'il était convenable de substituer à la combinaison de ces diverses lois un texte précis et positif, et la loi du 28 avril 1832 a introduit dans l'art. 471 du Code pénal un nouveau paragraphe sous le n° 15, duquel il résulte que les peines de simple police sont applicables à ceux qui auront contrevenu aux réglemens légalement faits par l'autorité administrative et à ceux qui ne se seront pas conformés aux réglemens ou arrêtés publiés par l'autorité municipale,

en vertu des articles 3 et 4, titre XI de la loi du 16 = 24 août 1790, et de l'article 46, titre 1er de la loi du 19 = 22 juillet 1791. — Voy. les notes placées sous l'art. 471, n° 15, du Code pénal annoté, page 82 et suiv.

Les anciennes ordonnances du lieutenant-général de police, qui enjoignent aux horlogers, bijoutiers, fripiers, brocanteurs, etc., de tenir un registre coté et paraphé par la police, des objets de hasard qu'ils achètent ou revendent, ne sont demeurées obligatoires que pour Paris et le ressort de l'ancien Châtelet. Elles n'ont pu être étendues hors de ce ressort par de simples arrêtés de police municipale, cette matière ne rentrant dans aucune des attributions conférées aux corps municipaux par les art. 3, tit. 11, loi du 24 août 1790 et 46 du 22 juill. 1791 (28 avril 1832 ; Cass. S. 32, 1, 772 ; D. 32, 1, 314).

Quand la loi a statué elle-même sur des objets confiés à la vigilance de l'autorité municipale, cette autorité ne peut qu'ordonner l'exécution de la loi, sans rien ajouter à ses dispositions et sans en rien retrancher ; singulièrement, l'arrêté d'un maire ne peut ajouter à la disposition de l'art. 471, n° 4, du Code pénal, qui défend de déposer des matériaux dans les rues, sans nécessité ou sans être éclairés, l'obligation préalable d'en obtenir l'autorisation de la mairie (10 décembre 1824 ; Cass. S. 25, 1, 234).

Lorsque l'arrêté d'un maire contient deux dispositions de nature différente, l'une dans le cercle de ses attributions de police municipale, par laquelle il défend la vente de certaines denrées, ail-

1° Tout ce qui intéresse la sûreté et la commodité du passage dans les rues, quais, places et voies publiques; ce qui comprend le nettoiement, l'illumination, l'enlèvement des encombremens, la démolition ou la réparation des bâtimens menaçant ruine, l'interdic- tion de rien exposer aux fenêtres ou autres parties des bâtimens qui puisse nuire par sa chute, et celle de rien jeter qui puisse blesser ou endommager les passans, ou causer des exhalaisons nuisibles (1);

2° Le soin de réprimer et punir les délits

leurs que dans un lieu déterminé; l'autre rentrant dans le cercle de ses fonctions d'administrateur des biens ou revenus de la commune, par laquelle il fixe le prix des places à occuper par les marchands, le tribunal, devant lequel est portée l'action en répression d'une contravention à la première de ces dispositions, ne peut connaître, en même temps, de l'action civile en réparation du dommage résultant pour la commune ou ses représentans, de la contravention à la seconde disposition (30 juillet 1829; Cass. S. 29, 1, 392; D. 29, 1, 315).

L'autorité des préfets, en ce qui touche les réglemens municipaux, n'est pas restreinte au droit d'approuver, modifier ou annuler les réglemens; elle comporte aussi le droit de régler, par des arrêtés, les matières confiées à la surveillance des corps municipaux, au cas où ceux-ci négligeraient de faire sur ces matières les réglemens que l'intérêt des communes exige. — *Spécialement,* lorsqu'un préfet, à défaut de réglemens locaux, règle par arrêté, le mode de jouissance des bois communaux; qu'il *défend* aux habitans des communes du département de *vendre leur part d'affouage* dans les bois communaux, *avant qu'elle* soit *conduite à leur domicile,* un tel arrêté rentre dans les attributions légales du préfet. Il est obligatoire pour les tribunaux (6 février 1824; Cass. S. 25, 1, 93).

La qualité d'agent ou de préposé du gouvernement ne peut pas soustraire le contrevenant à la juridiction ordinaire des tribunaux de police. Si un tel agent est inculpé d'un fait et poursuivi, ce n'est pas le cas d'élever le conflit d'attribution (28 juillet 1824; ord. Mac. 6, 456).

Les réglemens administratifs sont obligatoires pour les tribunaux de police, à ce point qu'il ne leur est pas permis de s'écarter de leur application, en décidant que des circonstances survenues ont fait cesser les motifs de la disposition et la rendent sans effet ou autorisent dispense (28 août 1818; Cass. S. 18, 1, 407).

Les tribunaux ne peuvent, sans excéder leurs pouvoirs, refuser d'appliquer les réglemens, sous prétexte qu'ils sont temporaires, et que le temps pour lequel ils étaient faits est écoulé (11 nov. 1824; Cass. S. 25, 1, 142).

L'autorité administrative est seule compétente pour apprécier les faits d'excuse allégués par les contrevenans (22 juillet 1819; Cass. S. 19, 1, 382).

Les tribunaux ne peuvent se fonder sur un simple arrêté administratif pour s'abstenir de prononcer une peine légalement encourue (12 novembre 1813; Cass. S. 14, 1, 19).

Tant que les arrêtés pris par un maire n'ont pas été réformés par l'autorité supérieure, les tribunaux ne peuvent en suspendre l'exécution, sous prétexte que le maire a excédé ses pouvoirs (20 pluviose an 12; Cass. S. 4, 2, 680). Cette jurisprudence n'est plus suivie, et les tribunaux de police ne peuvent prononcer de peine, pour con- traventions aux réglemens de l'administration, qu'autant que ces réglemens ont été rendus sur des objets de police que la loi a confiés à la vigilance de cette autorité, et que la loi elle-même n'a pas réglés par des dispositions particulières (20 novembre 1818; Cass. S. 18, 1, 412. — 27 juillet 1820; Cass. S. 20, 1, 40. — 9 août 1828; Cass. S. 29, 1, 27; D. 28, 1, 375).

Les tribunaux de police ne doivent pas se déclarer incompétens pour statuer sur des contraventions dont la connaissance leur est attribuée, sous prétexte que les réglemens administratifs, qui prévoient ces contraventions, prononcent une peine excédant trois journées de travail. — En ce cas, le tribunal de police doit statuer, en restreignant les peines prononcées par les réglemens dans les bornes légales (1er décembre 1809; Cass. S. 10, 1, 309. — 10 avril 1819; Cass. S. 19, 1, 310. — 17 juin 1825; Cass. S. 26, 1, 161. — 10 avril 1823; Cass. S. 23, 1, 350).

Ils ne peuvent en suspendre l'exécution, par le motif que les contrevenans annoncent leur intention de se pourvoir devant l'autorité supérieure pour les faire réformer (18 avril 1828; Cass. S. 29, 1, 47).

Le recours même, déjà exercé, ne peut suspendre l'exécution des mesures prescrites (9 mai 1828; Cass. S. 28, 1, 439; D. 28, 1, 240).

Ils ne peuvent se dispenser de punir les contraventions, sous prétexte du plus ou moins de difficultés que les réglemens pourraient offrir dans leur exécution. Telle est la contravention à un arrêté qui astreint les entrepreneurs de voitures publiques à inscrire, sur un registre, les nom, prénoms, âge, profession et domicile des voyageurs qu'ils transportent (20 octobre 1831; Cass. S. 32, 1, 283; D. 31, 1, 25).

Les dispositions d'un arrêté de police relatives à des individus considérés privativement ne participent point de l'autorité et de l'effet que la loi attribue aux réglemens de police. — Il est de l'essence des réglemens de police de s'étendre à une universalité ou à une certaine classe de citoyens (24 août 1821; Cass. S. 22, 1, 49).

Jugé en sens contraire (2 octobre 1824; Cass. S. 25, 1, 89).

Plusieurs arrêts, cités plus bas, consacrent implicitement la même doctrine.

Un réglement de police n'est obligatoire qu'après publication dans les formes accoutumées. — L'avertissement verbal donné aux personnes auxquelles l'arrêté est relatif ne peut suppléer au défaut de publication (31 août 1821; Cass. S. 22, 1, 52).

(1) Est obligatoire l'arrêté de police portant injonction de supprimer des gouttières, et de les remplacer par des conduits qui portent les eaux dans les rues (14 octobre 1813; Cass. S. 19, 1, 162);

L'arrêté qui ordonne aux propriétaires de maisons, bordant les rues, ruelles et les remparts, de

contre la tranquillité publique, tels que les rixes et disputes accompagnées d'ameute-

mens dans les rues, le tumulte excité dans les lieux d'assemblée publique, les bruits et

faire arracher avec soin l'herbe qui croît devant leurs maisons ; les tribunaux ne peuvent se dispenser d'appliquer les peines aux contrevenans, sous prétexte qu'ils n'habitent pas leurs maisons, ou que, les remparts étant une dépendance du domaine public, le nettoiement ne peut être mis à la charge des particuliers (17 décembre 1824 ; Cass. S. 25, 1, 188) ;

L'arrêté qui règle la *hauteur des édifices* à construire selon la *largeur des rues* (30 mars 1827 ; Cass. 27, 1, 477 ; D. 27, 1, 429) ;

L'arrêté qui interdit ou rétablit le passage dans une rue (18 février 1824 ; ord. Mac. t. 6, 130).

La loi du 16 septembre 1807 (art. 52), tout en soumettant les maires à ne donner des alignemens dans les villes que conformément aux plans généraux dressés et arrêtés en exécution de cette loi, n'a pas, pour cela, dépouillé l'autorité municipale du droit de fixer elle-même, par des réglemens, les alignemens dans les villes dont les plans généraux n'ont pas encore été arrêtés. — Ces réglemens, pris dans les limites des pouvoirs conférés par les lois anciennes à l'autorité municipale, n'en sont pas moins obligatoires, et leur infraction doit, par conséquent, être réprimée par les tribunaux (6 et 18 septembre 1828 ; Cass. S. 29, 1, 76 ; D. 28, 1, 419).

Les plans d'alignement, dressés par les maires, sont exécutoires *provisoirement*, indépendamment de l'approbation du Roi en Conseil-d'État, à laquelle ils sont soumis pour acquérir force définitive. — En conséquence, il y a lieu d'appliquer les peines de l'art. 471 du Code pénal à ceux qui élèveraient des constructions sans se conformer à ces plans, sauf à eux à se pourvoir devant l'autorité supérieure pour les faire réformer (20 juin 1829 ; Cass. S. 29, 1, 364 ; D. 29, 1, 386).

Les contraventions aux arrêtés de l'autorité municipale qui défendent d'élever, sans autorisation, des constructions dans les villes, ou d'excéder une hauteur déterminée, ou de construire des balcons, en saillie sur les rues, sont de la compétence des tribunaux de police, et doivent être punies de la peine portée par l'art. 471 du Code pénal (7 décembre 1827 ; Cass. S. 28, 1, 255 ; D. 28, 1, 51).

Lorsqu'un tribunal de police condamne un individu à l'amende pour avoir, dans une construction, dépassé l'alignement arrêté par le maire, il doit, en même temps, et à titre de réparation du dommage causé par la contravention, ordonner la démolition des constructions qui dépassent l'alignement (7 août 1829 ; Cass. S. 29, 1, 394 ; D. 29, 1, 326).

Aucune autorisation quelconque ne peut tenir lieu de la permission de l'autorité municipale, exigée pour pouvoir élever des constructions sur la voie publique. — Ainsi, la circonstance que postérieurement à la demande de cette permission, l'inspecteur voyer s'est transporté sur les lieux, y a tracé l'alignement sur lequel les constructions ont été élevées, et a déclaré au propriétaire qu'il était autorisé à bâtir sur cet alignement, n'a pas l'effet légal de remplacer la permission

exigée, et de soustraire le contrevenant à la peine (17 novembre 1831 ; Cass. S. 31, 1, 284 ; D. 31, 1, 19).

Le droit de prescrire l'alignement des maisons dérive de l'attribution générale pour tout ce qui concerne la sûreté et la commodité des passages dans les rues ; tellement qu'à cet égard un réglement municipal quelconque ne peut être réputé excès de pouvoir, et qu'il y a toujours obligation d'obéissance provisoire (14 septembre 1827 ; Cass. S. 28, 1, 86).

Lorsque la police de voirie a ordonné la démolition d'un mur comme menaçant ruine, le propriétaire qui ne démolit qu'une partie du mur est passible de la peine portée en l'article 471, n° 5, du Code pénal, il n'appartient au tribunal de police de décider, ni d'examiner si la partie restante du mur est ou n'est pas solide, pour en conclure qu'il n'y a pas lieu à appliquer la peine (28 avril 1827 ; Cass. S. 27, 1, 518).

Il appartient aux maires, sauf recours devant les préfets, d'ordonner la démolition des ouvrages faits sans autorisation, ou nonobstant les défenses de l'autorité municipale et les tribunaux sont compétens pour prononcer sur les amendes et les frais de démolitions ordonnées par l'administration (13 juillet 1828 ; ord. Mac. 10, 563).

Ce n'est pas seulement dans les rues, lieux et édifices publics que la police peut ordonner l'enlèvement des immondices, son action pour la salubrité s'étend même sur les lieux qui sont des propriétés privées (6 février 1823 ; Cass. S. 23, 1, 175).

L'infraction commise à un réglement municipal qui défend à tous autres qu'à l'entrepreneur du balayage des rues d'une ville, ou à ses agens, d'enlever les immondices déposées sur la voie publique, constitue une contravention, dont la répression peut être poursuivie par le ministère public devant le tribunal de police (24 avril 1829 ; Cass. S. 29, 1, 400 ; D. 29, 1, 223).

De ce qu'un individu se dirait propriétaire d'un fossé, il ne s'ensuit pas qu'il ne soit pas soumis aux arrêtés de l'autorité municipale, pris dans l'intérêt de la salubrité publique, au sujet du curage de ce fossé. — Ainsi, en cas de contravention à ces arrêtés, les tribunaux ne peuvent surseoir à statuer sur la contravention jusqu'à décision de la question de propriété (11 février 1830 ; Cass. S. 30, 1, 268 ; D. 30, 1, 123).

Lorsque des arrêtés de l'autorité municipale ou administrative ont accordé avec certaines restrictions, l'autorisation d'établir des manufactures ou dépôts classés au nombre des établissemens insalubres ou incommodes, c'est aux tribunaux qu'il appartient ensuite de réprimer les infractions à ces arrêtés, par application des peines de police déterminées par la loi, pour assurer le maintien des réglemens généraux de police que l'autorité municipale ou administrative est autorisée à prendre dans l'intérêt de l'ordre ou de la salubrité publique (2 et 17 janvier 1829 ; Cass. S. 29, 1, 174 ; Dal. 29, 1, 90 et 114).

La compétence des tribunaux de police est dé-

attroupemens nocturnes qui troublent le repos des citoyens (1);

3° Le maintien du bon ordre dans les endroits où il se fait de grands rassemblemens d'hommes, tels que les foires, marchés, réjouissances et cérémonies publiques, spectacles, jeux, cafés, églises et autres lieux publics (2).

terminée par la peine à appliquer et non par la quotité de dommages-intérêts qui peuvent être une suite de la condamnation. — En conséquence, la formation d'établissemens insalubres, nonobstant le refus d'autorisation de la part de l'administration, n'emportant qu'une peine de simple police, les tribunaux de police sont compétens pour connaître de la contravention, appliquer la peine, et même ordonner la suppression de l'établissement, quel que soit le dommage qui puisse en résulter pour le propriétaire de l'établissement (27 juillet 1827; Cass. S. 27, 1, 502; D. 27, 1, 306).

L'arrêté du maire qui prescrit aux bouchers d'une ville, pour la vente de leurs marchandises, d'avoir des étaux d'une dimension déterminée, et situés d'une certaine manière, est pris dans le cercle des attributions de l'autorité municipale, et, en conséquence, est obligatoire tant qu'il n'a pas été réformé par l'autorité supérieure (24 juin 1831; Cass. S. 31, 1, 398; D. 31, 1, 278).

(1) Les bruits ou tapages nocturnes, appelés *charivaris*, sont essentiellement un trouble à la tranquillité publique; en conséquence, les auteurs de ces bruits ou tapages ne peuvent être excusés sous prétexte que la tranquillité publique n'en aurait pas souffert, et que les habitans ne se sont pas plaints.

Ils ne peuvent pas non plus être excusés sous prétexte que le charivari avait été autorisé par le maire; ce fonctionnaire ne pouvant pas accorder de telles autorisations (2 avril 1830; Cass. S. 30, 1, 323; D. 30, 1, 193).

(2) N'est pas obligatoire le règlement qui ordonne aux citoyens d'arborer un drapeau blanc au-devant de leur maison le jour de la fête de saint Louis (27 janvier 1820; Cass S. 20, 1, 158).

La contravention au règlement qui ordonne de tapisser le devant des maisons, pour les processions de la Fête-Dieu, n'autorise l'application d'aucune peine, du moins à l'égard des non-catholiques (27 novembre 1819; Cass. sect. réunies, S. 20, 1, 23.—Précédemment, le 29 août 1817, la section criminelle avait jugé en sens contraire (S. 18, 1, 139). — Le règlement municipal qui nomme des portefaix pour le service des halles n'empêche pas les particuliers de décharger eux-mêmes leurs denrées, ou de les faire décharger par les gens de leur famille ou leurs domestiques (16 avril 1819; Cass. S. 19, 1, 416). — Lorsqu'un arrêté municipal, afin de faire cesser des contestations entre les négocians et les crocheteurs, relativement au salaire de ceux-ci, crée une compagnie chargée d'exercer exclusivement la profession de portefaix, et fixe la quotité de leur salaire, cet arrêté est obligatoire et autorise l'application des peines de police, bien qu'il n'en fixe aucune lui-même (1er mai 1823; Cass. S. 23, 1, 316).

Est obligatoire le règlement portant que les ouvriers, pour être admis à travailler sur le port d'une ville, doivent être nommés et commission-

nés par le maire, afin de prévenir les rixes, et de maintenir la tranquillité (12 avril 1822; Cass. S. 22, 1, 367).

Les réglemens de police qui défendent aux cabaretiers, etc. de recevoir *qui que ce soit, après une heure déterminée*, sont violés par cela seul que plusieurs individus sont trouvés après l'heure déterminée, jouant aux cartes dans un cabaret. — Peu importe qu'il n'y ait ni vin ni bouteilles sur la table, et que ces individus fussent des amis et des voisins du cabaretier, invités par lui à passer la veillée dans sa maison (8 mars 1822; 5 octobre 1822; 4 avril 1823; Cass. S. 23, 1, 48, 209 et 345).

Peu importe que ces individus n'aient point été trouvés buvant, mangeant ou jouant (4 avril 1823; Cass. S. 23, 1, 345.— 21 février 1824; Cass. S. 25, 1, 177).

Peu importe que les personnes étrangères, qui ont été trouvées dans une auberge à une heure prohibée, n'y aient été reçues que par des pensionnaires de cette auberge, et dans leurs chambres particulières (24 décembre 1824; Cass. S. 25, 1, 316).

Peu importe que les contrevenans aient pu ignorer l'heure, et qu'ils se soient retirés à la première invitation qui leur en aurait été faite (3 décembre 1825; Cass. S. 26, 1, 297; D. 26, 1, 145).

Peu importe que les individus qui ont été trouvés dans le lieu public après l'heure fixée, n'y fussent que pour traiter d'affaires, et que le maître du lieu n'ait agi que par complaisance pour eux (4 février 1831; Cass. S. 31, 1, 272; D. 31, 1, 91).

Les réglemens de police qui fixent l'heure de la fermeture des lieux publics, n'imposent d'obligation qu'aux propriétaires; ils ne sont pas applicables aux habitués de ces lieux publics (à moins de disposition expresse).

Il y a contravention aux réglemens qui fixent l'heure de la fermeture des lieux publics, par cela seul que plusieurs individus sont trouvés buvant dans un cabaret après l'heure indiquée. — Peu importe que ces individus soient des parens et amis du cabaretier, et non des consommateurs payant (5 octobre 1822; Cass. S. 23, 1, 209).

Est obligatoire le règlement prohibitif d'abus dans la manière dont les personnes des deux sexes se trouvent et se conduisent au bain dans une rivière (15 octobre 1824; Cass. S. 25, 1, 100).

L'arrêté d'un maire reste sans force obligatoire si, en réglant la police des bains de mer, il affecte à l'usage exclusif d'un établissement de bains une portion plus avantageuse de la plage, soit pour l'emplacement même des bains, soit pour la circulation ou le stationnement des voitures destinées à y conduire les baigneurs (18 septembre 1828; Cass. S. 28, 1, 361; D. 28, 1, 420).

Le règlement d'un maire qui, afin de faciliter la surveillance de la police, ordonne que,

4° L'inspection sur la fidélité du débit des denrées qui se vendent au poids, à l'aune ou à la mesure, et sur la salubrité des comestibles exposés en vente publique (1) ;

le jour de la fête de la commune, les violons s'établiront sur la place publique, et défend aux habitans de faire danser dans leurs maisons, rentre dans les attributions de la police confiée au maire : les tribunaux ne peuvent se dispenser de punir les contrevenans (1ᵉʳ août 1825 ; Cass. S. 24, 1, 59).

(1) Les contraventions aux arrêtés des préfets, sur les poids et mesures, sont punissables des peines de police (10 septembre 1819 ; Cass. S. 20, 1, 36).

N'est pas obligatoire le règlement qui ordonne que le pesage et mesurage, même *dans les maisons particulières*, sera fait par les préposés au pesage et mesurage, la loi ne le commandant que pour le cas où le pesage ou mesurage doit être fait sur les ports, places, marchés et autres lieux publics (21 août 1829 ; Cass. S. 29, 1, 345 ; D. 29, 1, 344).

Le fait, de la part d'un boulanger, de fabriquer du pain n'ayant pas le poids prescrit par les réglemens de police, ne peut être excusé sous prétexte que le pain ainsi fabriqué lui aurait été commandé par quelques-unes de ses pratiques, et qu'il n'aurait pas eu l'intention de tromper (24 mai 1832 ; Cass. S. 32, 1, 617 ; D. 32, 1, 325).

Le marchand qui n'a pas pris de patente n'en est pas moins compris dans la disposition d'un règlement local qui ordonne à tous les marchands de se pourvoir de poids et mesures propres au commerce qu'ils exercent ; la qualité de marchand est indépendante de la patente (25 février 1825 ; Cass. S. 25, 1, 335).

L'infraction à un règlement municipal, fait pour assurer la perception d'un droit de mesurage des grains à leur entrée dans une ville, n'autorise l'application d'aucune peine de police. — Il en est autrement d'un règlement municipal qui défend l'exposition et la vente en ville des grains qui y sont apportés, dans un lieu autre que celui déterminé à cet effet : c'est l'exercice du droit qu'a l'administration de veiller à la fidélité du débit des denrées (24 février 1820 ; Cass. S. 20, 1, 28). Le règlement qui établit un droit d'octroi n'est obligatoire qu'autant qu'il a été approuvé par le Gouvernement ou par le ministre de l'intérieur (15 janvier 1819 ; Cass. S. 20, 1, 215). Lorsqu'un règlement soumet les poids et mesures à vérification, celui qui fait usage de poids non vérifiés est punissable, comme celui qui fait usage de poids non légalement établis (5 mars 1813 ; Cass. S. 13, 1, 366).

Est obligatoire le règlement par lequel il est défendu, sous des peines de police, d'aller au-devant des denrées en chemin d'être amenées à la ville, et de les arrêter ou acheter avant leur introduction sur le marché. Un tribunal de police ne peut, sans excès de pouvoir et en créant des dispositions exceptionnelles non prévues par la loi ou par le règlement, se dispenser d'appliquer les peines encourues par les contrevenans (4 février 1826 ; Cass. S. 26, 1, 348 ; D. 26, 1, 254).

Est obligatoire le règlement qui indique le lieu du marché des toiles, et défend d'en vendre dans les lieux étrangers à ce genre de commerce (6 janvier 1827 ; Cass. S. 28, 1, 54).

Il y a contravention à l'arrêté d'un maire qui défend la vente de certaines marchandises ailleurs qu'au marché, dans le fait de celui qui, étranger à la ville, y loue une chambre pour s'y livrer à la vente des marchandises (30 juillet 1829 ; Cass. S. 29, 1, 392 ; D. 29, 1, 315. — 25 mars 1830 ; Cass. S. 30, 1, 259 ; D. 30, 1, 184).

Il y a contravention à un règlement municipal défendant à tout revendeur de denrées, comestibles, de s'introduire dans les marchés et d'y marchander et acheter aucune desdites denrées avant une certaine heure ; par cela seul qu'un revendeur s'est introduit dans un marché avant l'heure fixée, peu importe qu'il n'ait ni acheté ni marchandé aucune denrée (24 juin 1831 ; Cass. S. 31, 1, 411 ; D. 31, 1, 243).

N'est pas obligatoire le règlement qui établit au profit d'une ville le droit de vendre telle ou telle denrée, et d'en concéder, par un bail, le privilége à un particulier. Si le règlement est annulé par le ministre de l'intérieur, ce bail ne peut recevoir son effet, dans le cas même où un arrêté de conseil de préfecture, passé en force de chose jugée, l'aurait maintenu. Il y a lieu dans ce cas, de la part de la ville, à indemniser le preneur à bail (18 décembre 1822 ; ord. Mac. 4, 480).

La gestion des intérêts communaux et l'exercice de l'autorité municipale, sont deux choses très-distinctes dans leur essence et dans leur objet ; ou même aussi dans les personnes qui en sont chargées. C'est pourquoi les dispositions d'un règlement de police municipale sur la vente de certains comestibles dans une ville, ne peuvent être modifiées ni changées par les dispositions d'un règlement relatif à l'octroi de la ville, ni par les clauses ou conditions particulières d'un bail passé par la ville, des emplacemens ou marchés dans lesquels ces comestibles sont habituellement vendus (14 août 1829 ; Cass. S. 29, 1, 385 ; D. 29, 1, 382).

Est obligatoire le règlement qui défend aux grainiers et marchands de fourrages, ainsi qu'aux cultivateurs, d'acheter et de vendre des fourrages partout ailleurs qu'aux marchés. Il y a en conséquence contravention au règlement dans la vente faite par un cultivateur à un marchand hors de Paris, même au domicile du cultivateur (12 novembre 1830 ; Cass. S. 30, 1, 392 ; D. 31, 1, 18).

Est obligatoire le règlement portant injonction à tous les individus qui amènent des *comestibles* et *denrées* destinés à *l'approvisionnement de la commune*, même aux marchands et revendeurs qui achètent ces denrées hors de la commune, de les *conduire directement au marché* pour y être soumis à l'inspection de la *police* et ensuite *au droit de plaçage*. — Le tribunal de simple police ne peut se dispenser d'appliquer les peines de police encourues pour contravention à un tel règlement, sous prétexte que le contrevenant qui a acheté des denrées *au dehors de la commune*,

5° Le soin de prévenir par les précautions convenables, et celui de faire cesser par la distribution des secours nécessaires, les accidens et les fléaux calamiteux, tels que les incendies, les épidémies, les épizooties, en provoquant aussi, dans ces deux derniers cas, l'autorité des administrations de département et de district (1);

6° Le soin d'obvier ou de remédier aux évènemens fâcheux qui pourraient être occasionnés par les insensés ou les furieux laissés en liberté, et par la divagation des animaux malfaisans ou féroces (2).

4. Les spectacles publics ne pourront être permis et autorisés que par les officiers municipaux. Ceux des entrepreneurs et directeurs actuels qui ont obtenu des autorisations, soit des gouverneurs des anciennes provinces, soit de toute autre manière, se pourvoiront devant les officiers municipaux, qui confirmeront leur jouissance pour le temps qui en reste à courir, à charge d'une redevance envers les pauvres.

5. Les contraventions à la police ne pourront être punies que de l'une de ces deux peines, ou de la condamnation à une amende pécuniaire, ou de l'emprisonnement par forme de correction, pour un temps qui ne pourra excéder trois jours dans les campagnes, et huit jours dans les villes, dans les cas les plus graves.

6. Les appels des jugemens en matière de police seront portés au tribunal du district; et ces jugemens seront exécutés par provision, nonobstant l'appel et sans y préjudicier.

7. Les officiers municipaux sont spécialement chargés de dissiper les attroupemens et émeutes populaires, conformément aux dis-

---

et qui les a conduites directement chez lui, ne vend ces denrées qu'au marché, où il paie un droit de plaçage (15 juillet 1830; Cass. S. 30, 1, 388; D. 30, 1, 348).

Il y a contravention au réglement municipal qui défend aux revendeurs d'acheter au marché, avant une heure fixée, aucune des denrées qui y sont exposées en vente, et en outre d'aller hors des portes de la ville attendre les marchands, dans le fait du revendeur qui achète avant l'heure dans son domicile, lors même que les marchands s'y seraient rendus de leur propre mouvement (13 mai 1830; Cass. S. 30, 1, 373; D. 30, 1, 300).

Il y a excès de pouvoir dans la disposition d'un réglement de police qui prescrit à quiconque veut exercer la profession de boucher, de se munir d'une patente. Est légale et obligatoire la disposition qui impose à ceux qui veulent exercer la profession de boucher, l'obligation de se faire préalablement inscrire à la mairie (26 mars 1831; Cass. S. 32, 1, 195; D. 31, 1, 170).

Le pouvoir de l'autorité municipale ne s'étend pas jusqu'à la faculté de créer, pour l'exécution de ses réglemens, des taxes ou contributions non autorisées par les lois. Spécialement l'arrêté d'un maire, qui a pour objet l'inspection de la salubrité du commerce de la boucherie, ne peut soumettre les bouchers au paiement d'une taxe quelconque pour la rétribution des individus chargés de cette inspection (22 février 1825; Cass. S. 25, 1, 341).

(1) Il entre dans les attributions de l'autorité municipale d'ordonner *des rondes de nuit formées de citoyens imposés aux rôles des contributions directes, pour prévenir les tentatives des incendiaires* (22 juillet 1819; Cass. S. 19, 1, 382); de défendre, afin de prévenir les incendies, à tous propriétaires de maisons situées dans une ville ou dans les faubourgs, de construire ou réparer leurs toits avec de la paille ou des roseaux (23 avril 1819; Cass. S. 19, 1, 426); de régler l'exercice du droit de parcours, notamment de défendre de conduire des oies dans des terrains sujets au parcours des bestiaux (11 octobre 1821;

Cass. S. 22, 1, 25); d'ordonner au propriétaire d'un troupeau d'exercer son droit de vaine pâture dans un cantonnement déterminé, et d'y conduire son troupeau par des chemins désignés, afin d'arrêter ou de prévenir une épizootie (1er février 1822; Cass. S. 22, 1, 235).

Les cours d'eau peuvent être l'objet de réglemens de police municipale.

Si donc un réglement défend aux propriétaires riverains d'un ruisseau d'en arrêter le cours, le fait d'avoir barré et intercepté entièrement le cours d'eau est une violation du réglement municipal, sans examen de toute question de propriété, et conséquemment sans avoir égard à toute exception par voie de question préjudicielle (5 novembre 1825; Cass. S. 25, 1, 84).

Il suffit qu'un maire de commune ait pris un arrêté portant interdiction de la vaine pâture dans les prairies, pour que les particuliers doivent s'en abstenir, et pour qu'au cas de contravention, les tribunaux doivent la réprimer, surtout lorsque le réglement municipal n'est que la proclamation ou le renouvellement d'un ancien réglement de l'autorité supérieure et compétente (21 avril 1827; Cass. S. 27, 1, 56; D. 27, 1, 407).

(2) Il entre dans les attributions de l'autorité municipale d'ordonner aux habitans de renfermer leurs chiens, pour empêcher qu'ils ne soient mordus par des chiens enragés (19 août 1819; Cass. S. 19, 1, 394).

D'ordonner aux bouchers de tuer les bœufs et vaches dans l'intérieur de leurs maisons, et de tenir leur porte fermée au moment de l'abattage : les tribunaux ne peuvent admettre d'excuse en se fondant sur la position particulière des prévenus (5 juin 1823; Cass. S. 23, 1, 358).

N'est pas obligatoire le réglement qui défend aux habitans d'une ville d'admettre chez eux comme domestiques des individus étrangers à la ville, qui ne seraient pas porteurs d'une carte de sûreté délivrée au bureau de police (15 juillet 1830; Cass. S. 30, 1, 408; D. 30, 1, 362). Un arrêt du 26 mars 1825 avait décidé en sens contraire (S. 26, 1, 237).

positions de la loi martiale, et responsables de leur négligence dans cette partie de leur service.

TITRE XII. Des juges en matière de commerce (1).

Art. 1er. Il sera établi un tribunal de commerce dans les villes où l'administration de département, jugeant ces établissemens nécessaires, en formera la demande (2).

2. Ce tribunal connaîtra de toutes les affaires de commerce tant de terre que de mer, sans distinction.

3. Il sera fait un réglement particulier, pour déterminer d'une manière précise l'étendue et les limites de la compétence des juges de commerce.

4. Ces juges prononceront en dernier ressort sur toutes les demandes dont l'objet n'excédera pas la valeur de mille livres; tous leurs jugemens seront exécutoires par provision, nonobstant l'appel, en donnant caution, à quelque somme ou valeur que les condamnations puissent monter.

5. La contrainte par corps continuera d'avoir lieu pour l'exécution de tous leurs jugemens. S'il survient des contestations sur la validité des emprisonnemens, elles seront portées devant eux, et les jugemens qu'ils rendront sur cet objet seront de même exécutés par provision, nonobstant l'appel.

6. Chaque tribunal de commerce sera composé de cinq juges; ils ne pourront rendre aucun jugement, s'ils ne sont au nombre de trois au moins.

7. Les juges de commerce seront élus dans l'assemblée des négocians, banquiers, marchands, manufacturiers, armateurs et capitaines de navire, de la ville où le tribunal sera établi.

8. Cette assemblée sera convoquée huit jours en avant par affiches et à cri public, par les juges-consuls en exercice dans les lieux où ils sont actuellement établis; et pour la première fois par les officiers municipaux, dans les lieux où il sera fait un établissement nouveau.

9. Nul ne pourra être élu juge d'un tribunal de commerce, s'il n'a résidé et fait le commerce au moins depuis cinq ans dans la ville où le tribunal sera établi, et s'il n'a trente ans accomplis. Il faudra être âgé de trente-cinq ans, et avoir fait le commerce depuis dix ans, pour être président.

10. L'élection sera faite au scrutin individuel, et à la pluralité absolue des suffrages; et lorsqu'il s'agira d'élire le président, l'objet spécial de cette élection sera annoncé avant d'aller au scrutin.

11. Les juges du tribunal de commerce seront deux ans en exercice : le président sera renouvelé par une élection particulière tous les deux ans; les autres juges le seront tous les ans par moitié. La première fois, les deux juges qui auront eu le moins de voix sortiront de fonctions à l'expiration de la première année; les autres sortiront ensuite à tour d'ancienneté.

12. Les juges de commerce établis dans une des villes d'un district connaîtront des affaires de commerce dans toute l'étendue du district.

13. Dans les districts où il n'y aura pas de juges de commerce, les juges du district connaîtront de toutes les matières de commerce, et le jugeront dans la même forme que les juges de commerce. Leurs jugemens seront de même sans appel jusqu'à la somme de mille livres, exécutoires nonobstant l'appel au-dessus de mille livres en donnant caution, et produisant dans tous les cas la contrainte par corps.

14. Dans les affaires qui seront portées aux tribunaux de commerce, les parties auront la faculté de consentir à être jugées sans appel, auquel cas les juges de commerce prononceront en premier et dernier ressort.

16 AOUT 1790. — L'Assemblée nationale a décrété :

Art. 1er. Les articles décrétés jusqu'à présent sur l'organisation judiciaire seront présentés à l'acceptation et sanction du Roi, et il sera supplié d'en faire incessamment l'envoi aux corps administratifs, aux municipalités et aux tribunaux.

2. Aussitôt que les directoires de département les auront reçus, ils les feront publier, et les enverront sans retard aux directoires de district.

3. En chaque district, le procureur-syndic convoquera les électeurs dans la huitaine de la réception des décrets, et indiquera le jour pour l'élection, de manière qu'il y ait au moins huit jours francs entre le jour de la convocation et celui de l'assemblée des électeurs.

4. L'Assemblée nationale se réserve de distinguer dans les articles ci-dessus les dispositions qui sont constitutionnelles de celles qui ne sont que réglementaires.

---

(1) Voy. Code de com. art 631 et suiv. Voy. sur l'établissement des prud'hommes, loi du 22 germinal an 11, loi du 18 mars 1806; décrets des 11 juin 1809, 20 février 1810 et 3 août 1810.

(2) Voy. décret du 6 octobre 1809 sur l'organisation des tribunaux de commerce, et le décret du 14 mars 1808 sur les gardes du commerce.

16 AOUT = 19 SEPTEMBRE 1790 (Procl.) — Décret qui réduit la dépense des bureaux de l'administration des domaines, et supprime les contrôleurs généraux des domaines (L. 3, 1022 ; B. 5, 194.)

Art. 1er. La dépense des bureaux et employés de l'administration générale des domaines sera provisoirement réduite de soixante mille livres.

2. Les contrôleurs généraux des domaines seront supprimés, et les directoires de district feront ou feront faire les visites et les vérifications dont ils étaient chargés.

———

16 AOUT 1790. — Décret qui ordonne le renvoi au comité militaire d'un plan d'organisation de l'armée envoyé par le ministre de la guerre. (B. 5, 197.)

———

16 AOUT 1790. — Décret par lequel l'Assemblée témoigne sa satisfaction du rétablissement de l'ordre dans le régiment de Bouillon. (B. 5, 197.)

———

17 = 24 AOUT 1790. — Décret qui confirme les protestans d'Alsace dans les droits dont ils ont joui, et statue sur des pétitions des villes mixtes de cette province. (B. 5, 202.)

L'Assemblée nationale, après avoir entendu le rapport de son comité de constitution :

Considérant que les protestans des deux confessions d'Augsbourg et helvétique ont toujours joui en Alsace de l'exercice du culte public, avec églises, consistoires, universités, collèges, fondations, fabriques, paiement des ministres et des maîtres d'école, et que ces droits et autres ont été confirmés à l'époque de leur réunion à la France ;

Considérant, en outre, que la différence des opinions religieuses ne doit pas, dans les élections, influer sur les suffrages, et que, dans le choix de ceux qui doivent remplir des fonctions publiques, on ne doit avoir égard qu'aux vertus et aux talens ;

Décrète que les protestans des deux confessions d'Augsbourg et helvétique, habitans d'Alsace, continueront à jouir des mêmes droits, libertés et avantages dont ils ont joui et en droit de jouir, et que les atteintes qui peuvent y avoir été portées seront considérées comme nulles et non avenues ; décrète, sur la pétition des villes de Colmar, Wissembourg et Landau, relativement aux élections pour les places municipales, administratives et judiciaires, qu'il n'y a lieu à délibérer.

———

17 = 24 AOUT 1790. — Décret sur la compétence des officiers des maîtrises des eaux et forêts des départemens du Calvados et de la Manche. (B. 5, 203.)

L'Assemblée nationale, après avoir entendu son comité des rapports, sur la pétition des officiers des maîtrises des eaux et forêts des départemens du Calvados et de la Manche,

Déclare que la commission établie par l'arrêt du conseil du 13 août 1786, l'ayant été illégalement, les commissaires nommés n'ont pu recevoir par cet arrêt le pouvoir de juger ; que les actes qualifiés de jugemens, sentences ou arrêts, n'en ont pas le caractère ; qu'ils ne sauraient obliger les parties condamnées, et qu'ils doivent être regardés comme non avenus.

N'entend, au surplus, l'Assemblée nationale, rien préjuger relativement aux malversations, délits ou dégradations qui peuvent avoir été commis dans l'administration des forêts et bois des départemens dont il s'agit, pour raison desquels délits la partie publique, ou autres parties intéressées, pourront se pourvoir devant les juges compétens.

———

17 = 18 AOUT 1790. — Décret pour réprimer les mouvemens qui ont eu lieu à Carcassonne et dans les environs, contre la libre circulation des grains. (B. 5, 199.)

———

17 AOUT 1790. — Décret qui confirme la délibération des électeurs du département du Puy-de-Dôme, sur la division de ce département en districts. (B. 5, 200.)

———

17 AOUT 1790. — Décret relatif à une délibération des électeurs du département de la Seine-Inférieure. (B. 5, 200.)

———

17 AOUT 1790. — Décret qui fixe à Châteauroux le siége de l'administration du département de l'Indre. (B. 5, 201.)

———

17 AOUT 1790. — Décret portant qu'il n'y a pas lieu à délibérer sur les réclamations faites par les députés de Mézières et de Mouzon, à l'effet d'avoir les tribunaux de district dans ces deux villes. (B. 5, 201.)

———

17 AOUT 1790. — Décret qui fixe le jour où M. Perretin dit de Barmont sera admis à la barre. (B. 5, 201.)

———

18 = 28 AOUT 1790. — Décret interprétatif de celui du 12 décembre 1789, concernant la continuation de la régie sur les boissons dans la ci-devant province de Bretagne. (B. 5, 204.)

L'Assemblée nationale, sur le rapport qui lui a été fait des fausses interprétations données à son décret du 12 décembre 1789, concernant la continuation de la régie, pendant l'année 1790, des droits établis dans l'ancienne province de Bretagne sur les boissons, considérant qu'il est nécessaire d'arrêter l'effet de ces interprétations, qui préjudicient à la perception des droits, et mettent beaucoup de difficultés dans la régie,

Déclare: 1° que lorsque, par son décret du 12 décembre, elle a, d'une part, fixé à cinquante sous pour tous les citoyens indistinctement le prix de l'eau-de-vie exclusivement vendue et distribuée dans l'ancienne province de Bretagne par les régisseurs des droits établis sur les boissons, et que, de l'autre, elle a autorisé les municipalités à continuer de percevoir les octrois établis, elle n'a point entendu que celles des municipalités qui sont en possession de lever des octrois sur la vente des eaux-de-vie, puissent prendre lesdits octrois sur les cinquante sous que perçoivent les régisseurs, et qui doivent tourner en entier au profit du Trésor public.

En conséquence, l'Assemblée nationale décrète que les municipalités qui, en vertu de l'autorisation qui leur a été donnée par le décret du 12 décembre, voudront continuer de lever les octrois établis sur la vente des eaux-de-vie, les feront lever en sus des cinquante sous perçus par les régisseurs, de manière que cette somme soit reçue par eux en entier et sans aucune diminution. A cet effet, lesdites municipalités seront tenues de faire aux régisseurs leur déclaration de vouloir continuer la perception des octrois sur l'eau-de-vie, et de requérir cette perception; auquel cas, lesdits régisseurs feront ladite perception en sus de cinquante sous, et ils en tiendront compte aux municipalités.

2° Déclare nuls et comme non avenus les arrêts mis entre les mains des receveurs, par quelques municipalités qui, n'ayant point requis la perception de leurs octrois sur l'eau-de-vie distribuée par les préposés des régisseurs, ont prétendu qu'il devait leur en être compté sur le prix de deux livres dix sous par pot.

3° La municipalité de Morlaix continuera de jouir provisoirement de l'impôt ou billot qui lui a été concédé pour des charges particulières, parce qu'elle sera tenue de justifier de son titre par-devant les commissaires nommés par tous les départemens de l'ancienne province de Bretagne, pour, sur leur avis et celui de l'administration du département du Finistère, être statué définitivement par l'Assemblée nationale.

4° Le droit de bouteillage, ci-devant attribué à quelques terres, et tous autres de cette nature, demeurent supprimés, ainsi que celui de banc et étanche l'a été par le décret du 12 novembre 1789, sauf indemnité, s'il est justifié en être dû aucune, en exécution des précédens décrets de l'Assemblée nationale.

18 = 29 AOUT 1790. — Décret pour la vente à la municipalité d'Orléans, du moulin de Foulon. (B. 5, 206.)

18 AOUT 1790. — Décret relatif à une pétition de quelques citoyens de Montauban. (B. 5, 208.)

18 AOUT 1790. — Décret qui renvoie au comité des domaines l'état des maisons et domaines que le Roi désire conserver, pour qu'il soit fait un rapport sur cet objet. (B. 5, 207.)

18 AOUT 1790. — Décret sur l'organisation de l'armée et sur les dépenses y relatives. (B. 5, 208.) Voy. 28 SEPTEMBRE 1791.

18 AOUT 1790. — Décret relatif à l'affaire de M. Perçotin dit de Barmont. (B. 5, 212.)

18 AOUT 1790. — Décret portant qu'il n'y a lieu à délibérer sur une procédure relative à des oppositions mises à Fontenay-le-Comte à la libre circulation des grains. (B. 5, 212.)

18 AOUT 1790. — Abbé Raynal. Voy. 15 AOUT 1790. — Aubaine. Voy. 6 AOUT 1790. — Bouillon. Voy. 11 AOUT 1790. — Carcassonne. Voy. 17 AOUT 1790. — Lautrec. Voy. 11 AOUT 1790. — Octrois. Voy. 10 AOUT 1790. — Officier. Voy. 11 AOUT 1790. — Postes. Voy. 9 JUILLET 1790. — Saint-Maclou-la-Bruyère. Voy. 11 AOUT 1790. — Toulouse. Voy. 11 AOUT 1790.

19 = 22 AOUT 1790. — Décret qui ordonne d'informer contre les auteurs d'une lettre prétendue pastorale attribuée à l'évêque de Toulon. (B. 5, 204.)

L'Assemblée nationale, considérant que le premier devoir des ministres de la religion est d'éclairer les peuples sur l'obéissance qu'ils doivent aux lois; que ceux qui cherchent à les égarer sous le prétexte de la religion, doivent être sévèrement réprimés; après avoir entendu le rapport de son comité des recherches, et la lecture de la lettre prétendue pastorale attribuée à M. l'évêque de Toulon, a décrété que ladite lettre serait envoyée aux juges ordinaires de Toulon, pour informer contre les auteurs, et suivre la procédure jusqu'à jugement définitif inclusivement; et attendu que M. l'évêque de Toulon est absent du royaume, le traitement attaché à l'exercice de ses fonctions demeurera séquestré, conformément au décret du 4 janvier dernier.

19 AOUT 1790. — Décret qui fixe les lois pénales qui seront observées sur les vaisseaux, escadres, et armées navales (B. 5, 213.) Voy. 21 AOUT 1790.

19 AOUT 1790. Proclamation du Roi pour le recouvrement des avances faites pour les subsistances. (L. 1, 1195.)

19 = 26 AOUT 1790. — Décret qui autorise la deuxième chambre de la cour provisoire de Dijon à juger les procès par écrit en matière civile. (B. 5, 212.)

20 AOUT = 5 SEPTEMBRE 1790. (Procl.) — Décret qui fixe provisoirement, pour l'année 1790, les dépenses pour les différentes académies et sociétés littéraires. (L. 2, 17; B. 5, 215.)

Voy. lois du 8 = 12 AOUT 1793; du 6 THERMIDOR an 2; du 15 GERMINAL an 4; arrêté du 3 PLUVIOSE an 11; loi du 21 MARS 1816.

L'Assemblée nationale décrète provisoirement, pour cette année, les états de dépense proposés par son comité des finances, pour les différentes académies et sociétés littéraires ci-après énoncées:

Académie française.

Art. 1er. Il sera payé, pour la présente année, du trésor public, à l'Académie française, la somme de vingt-cinq mille deux cent dix-sept livres, savoir:

Au secrétaire perpétuel, pour appointemens, ci.	3,000
Pour écritures.	900
Pour messe du jour de Saint-Louis.	300
Pour jetons, trois cent cinquante-huit marcs, à cinquante-sept liv. quinze sous.	20,717
Pour entretien et réparation du coin.	300
Total.	25,217

2. Il est, en outre, assigné chaque année douze cents livres, qui seront données sur le jugement de l'Académie, et au nom de la nation, pour prix à l'auteur du meilleur ouvrage qui aura paru, soit sur la morale, soit sur le droit public, soit enfin sur quelque sujet utile.

Académie des belles-lettres.

Art. 1er. Il sera payé, pour la présente année et sans retenue, à l'Académie des belles-lettres, la somme de quarante-trois mille neuf cent huit livres, savoir:

Dix pensions de deux mille liv. . .	20,000
Cinq de huit cents livres.	4,000
Au secrétaire perpétuel.	1,000
Pour la bibliothèque, les dessins, travaux particuliers, frais de bureau, bois, lumières, huissiers, et supplément de prix.	6,600
Jetons, deux cent huit marcs. . .	12,008
Entretien et réparation du coin. . .	300
Total.	43,908

2. Chaque année il sera assigné sur le trésor public une somme de douze cents livres, pour former un prix qui sera accordé, sur le jugement de l'Académie, à l'auteur de l'ouvrage le plus profond et le mieux fait sur l'histoire de France.

Académie des sciences.

Art. 1er. Il sera payé, pour la présente année, à l'Académie des sciences, la somme de quatre-vingt-treize mille quatre cent cinquante-huit livres dix sous sans retenue, savoir:

Pour huit pensions de trois mille livres.	24,000	
Pour huit de dix-huit cents livres.	14,400	
Pour huit de douze cents livres.	9,600	
Pour seize de cinq cents livres. .	8,000	
Au secrétaire perpétuel, pour appointemens.	3,000	
Au trésorier.	3,000	
Frais d'expériences.	16,000	
Pour écritures.	500	
Pour messe du jour de Saint-Louis.	400	
Dépenses courantes.	1,438	
Jetons.	12,820	10	c
Entretien et réparation du coin.	300	
Total.	93,458	10	0

2. Chaque année il sera assigné sur le trésor public une somme de douze cents livres, pour former un prix qui sera accordé, sur le jugement de l'Académie, à l'auteur de l'ouvrage ou de la découverte la plus utile au progrès des sciences et des arts, soit qu'il soit Français, soit qu'il soit étranger.

Société royale de médecine.

Il sera payé pour la présente année, à la société royale de médecine, la somme de trente-six mille deux cents livres, savoir:

Pour cinq pensions de quinze cents livres.	7,500	00
Pour trois de cinq cents livres. . .	1,500	00
Pour dix-huit de quatre cents livres.	7,200	00
Pour appointemens du secrétaire perpétuel, frais de bureau, un commis.	7,400	00
Traitement à quelques membres. .	1,800	00
Frais d'expériences et analyses. .	600	00
Prix.	1,200	00
Second commis.	1,000	00
Jetons.	6,000	00
Frais de bureau, séances publiques, impressions, dépenses extraordinaires.	2,000	00
Total.	36,000	00

Et seront tenues lesdites Académies et Sociétés de présenter à l'Assemblée nationale, dans le délai d'un mois, les projets de réglemens qui doivent fixer leur constitution.

20 = 29 AOUT 1790. Décret qui fixe à Quimper le chef-lieu du département du Finistère. (B. 5, 214.)

20 AOUT 1790. — Décret pour la poursuite des auteurs d'un attentat commis à Toulon contre le sieur Castellet, commandant en second de la marine. (B. 5, 219.)

20 AOUT 1790. — Décret qui ordonne la rédaction d'une lettre à l'armée pour la ramener à la subordination. (B. 5, 219.)

20 AOUT 1790. — Assemblées administratives. *Voy.* 12 AOUT 1790. — Gannat et compagnie. *Voy.* 10 AOUT 1790. — Vaisseaux. *Voy.* 15 AOUT 1790.

21 (16, 19 et) = 22 AOUT 1790. — Décret concernant les peines à infliger pour les fautes et délits commis dans l'armée navale et dans les ports et arsenaux. (L. 1, 1291; B. 5, 221; Mon. du 20 août 1790.)

Voy. lois du 22 = 23 JANVIER 1791; du 26 SEPTEMBRE = 12 OCTOBRE 1791; du 1ᵉʳ MESSIDOR an 2; arrêtés du 5 GERMINAL an 2; du 1ᵉʳ FLORÉAL an 12; décrets du 22 JUILLET 1806, et du 12 NOVEMBRE 1806 (1).

L'Assemblée nationale s'étant fait rendre compte par son comité de la marine des lois pénales suivies jusqu'à ce jour dans les escadres et sur les vaisseaux de l'État, et les ayant jugées incompatibles avec les principes d'une constitution libre, a décrété :

TITRE 1ᵉʳ. Des Jugemens.

Art. 1ᵉʳ. Les peines à infliger pour les fautes et délits commis par les officiers, officiers-mariniers et sous-officiers, matelots et soldats, et autres personnes qui servent dans l'armée navale, seront distinguées en peines de discipline ou simple correction, et peines afflictives.

2. Le commandant du bâtiment, et l'officier commandant le quart ou la garde, pourront prononcer les peines de discipline contre les délinquans. Le commandant de la garnison du vaisseau pourra aussi prononcer la peine de discipline contre ceux qui la composent; à la charge par eux d'en rendre compte au commandant du vaisseau, immédiatement après le quart ou la garde.

Les maîtres d'équipage et principaux maîtres porteront, comme par le passé, pour signe de commandement, une *liane.* Il leur est permis de s'en servir pour punir les hommes de mauvaise volonté dans l'exécution des manœuvres; le commandant et les officiers du vaisseau veilleront à ce qu'ils n'en abusent point (2).

3. Les peines afflictives ne pourront être prononcées que par un conseil de justice, et d'après le rapport d'un jury militaire, qui, sur les charges et informations, aura constaté le délit et déclaré l'accusé coupable ou non coupable.

4. S'il y avait rebellion, ou s'il était commis une lâcheté ou une désobéissance en présence de l'ennemi ou dans quelque danger pressant, qui compromettrait imminemment la sûreté du vaisseau, le capitaine, après avoir pris l'avis de ses officiers, pourra faire punir les coupables, conformément aux dispositions du titre II.

5. Le jury militaire sera composé, pour les officiers-mariniers et sous-officiers, de deux officiers de l'état-major ou deux officiers de troupes, et de cinq officiers-mariniers ou sous-officiers;

Pour les matelots et autres gens de l'équipage, d'un officier de l'état-major, trois officiers-mariniers et trois matelots;

Pour les soldats embarqués, d'un officier de troupes, ou, à son défaut, d'un officier de l'état-major, trois sous-officiers, et à leur défaut, trois officiers-mariniers et trois soldats;

Pour les ouvriers et autres employés dans les ports et arsenaux, d'un officier militaire ou d'administration, de trois chefs d'ateliers, et de trois ouvriers ou employés de l'état et du grade de l'accusé.

6. Le conseil de justice sera composé des officiers de l'état-major, s'ils sont au nombre de cinq; et s'ils sont en moindre nombre, les premiers maîtres du vaisseau y seront appelés, en commençant par le maître d'équipage, le premier pilote et le maître canonnier. Le conseil sera présidé par l'officier le plus ancien en grade après le commandant du vaisseau, qui en sera exclu. Celui qui le suivra fera les fonctions de rapporteur; et le commis aux revues, celles de greffier du conseil. S'il y a un commissaire d'escadre à bord du vaisseau où se tiendra le conseil de justice, il y assistera, et y aura voix délibérative.

7. Lorsqu'un officier-marinier, sous-officier, matelot, soldat ou autres personnes de l'équipage non comprises dans l'état-major, seront prévenus d'un délit dont la punition ne peut être prononcée que par le conseil de justice, l'officier de quart ou de garde en dressera la plainte par écrit, s'il n'y a pas d'autre partie plaignante, et la présentera au commandant du vaisseau.

8. La requête en plainte ayant été répondue d'un *soit fait ainsi qu'il est requis,* sera

(1) *Voy.* le Traité de procédure devant les tribunaux militaires et maritimes, de M. Legraverend, 1ᵉ partie.
(2) *Voy.* loi du 27 octobre = 2 novembre 1790, art. 1ᵉʳ.

remise à l'officier chargé du détail, et le commandant du vaisseau procédera à la formation d'un jury, en indiquant, sur le rôle du quart dont ne sera pas l'accusé, un nombre double de chaque grade, dont il sera loisible à l'accusé de récuser la moitié. L'accusé pourra, s'il le veut, se choisir un défenseur à bord du vaisseau.

9. La récusation ayant été exercée par l'accusé, ou, dans le cas où il y renoncerait, le jury s'étant réduit au nombre de sept par la voie du sort, s'assemblera sur-le-champ; et le lieutenant chargé du détail, procédera, en sa présence, à l'audition des témoins, confrontation et interrogatoire de l'accusé.

10. La procédure ainsi faite en présence du jury, sera rédigée par écrit, et annexée au rôle d'équipage.

11. Le jury, pour les ouvriers et autres employés dans les ports et arsenaux, sera indiqué en nombre double de chaque grade, par le directeur ou le commissaire sous les ordres duquel l'accusé sera employé; ses fonctions seront les mêmes que celles attribuées au jury sur les vaisseaux, et la procédure s'instruira conformément aux articles précédens.

12. Aussitôt que le jury aura arrêté son avis à la pluralité de cinq sur sept, il fera avertir sur-le-champ le conseil de justice, qui s'assemblera sur le pont en présence de l'équipage, et dans les ports à bord de l'amiral.

13. Le conseil de justice étant formé, les membres qui le composeront assis et couverts, le jury se présentera, les membres qui le composeront debout et découverts; et le plus ancien d'âge prononcera que l'accusé est coupable ou non coupable du délit exposé dans la plainte.

14. Si le jury a déclaré l'accusé non coupable, le président du conseil prononcera, sans autre délibération, que l'accusé est déchargé de l'accusation.

15. Si l'accusé est déclaré coupable, le conseil examinera quelle est la peine que la loi applique au délit; et après avoir pris les voix, le président prononcera le jugement porté par la majorité simple.

16. Le jugement du conseil de justice sera porté au capitaine du vaisseau pour en ordonner l'exécution; il pourra, suivant les circonstances, adoucir la peine prononcée par le conseil de justice, et la commuer en une peine plus légère d'un degré seulement.

17. Le conseil de justice d'un vaisseau ne pourra prononcer la peine de mort, ni celle des galères.

18. Dans les cas où le délit dont le jury aurait déclaré l'accusé coupable, donnerait lieu à l'une ou à l'autre de ces peines, le conseil déclarerait alors que l'objet passe sa compétence, et se bornerait à ordonner que l'accusé serait retenu en prison ou aux fers sur le pont.

Si le vaisseau était en escadre, ou faisait partie d'une division composée au moins de trois vaisseaux de ligne, le capitaine rendrait compte au commandant de ce jugement du conseil de justice; et le commandant ordonnerait, à la première relâche, la tenue à son bord d'un conseil martial, composé de onze officiers de l'escadre pris à tour de rôle dans les grades de capitaine et de lieutenant, lequel conseil martial ne pourrait condamner aux galères qu'à la pluralité de 7 contre 4, et à la mort, à la pluralité de 8 contre 3.

Dans tout autre cas, l'accusé serait déposé, avec la procédure, au premier port où il y aurait un nombre suffisant d'officiers pour composer, de la même manière, un pareil conseil martial.

19. Le conseil martial sera tenu, en faveur de l'accusé seulement, de procéder à l'examen et révision des charges soumises à son tribunal; et s'il est trouvé que la procédure soit nulle, que les informations soient entachées de faux ou de quelque autre vice radical, de manière que les preuves adoptées par l'avis du premier jury soient incomplètes, il ordonnera la formation d'un nouveau jury, dont le jugement réglera la décision.

20. Tout capitaine d'un bâtiment de commerce en convoi ou à la suite d'une escadre prévenu d'un délit, sera soumis au jugement d'un jury composé de deux officiers de la marine et de cinq capitaines de bâtimens du commerce, ou, à leur défaut, d'officiers reçus capitaines, qui seront indiqués en nombre double de chaque grade par le commandant de l'escadre, s'il est jugé à bord d'une escadre, ou par le commandant du port, s'il est jugé dans un port. Il sera ensuite traduit devant le conseil martial, qui, composé comme ci-dessus, procédera conformément aux articles précédens.

21. Si un officier embarqué sur un vaisseau est prévenu d'un crime, le conseil de justice composé comme il est dit à l'article 6, sera converti en jury militaire. Le jury prononcera si l'accusé est coupable ou non coupable. Dans le cas où l'accusé sera reconnu coupable, il sera suspendu de ses fonctions, et retenu prisonnier à bord jusqu'à ce qu'il puisse être traduit devant un conseil martial à bord du général, si le vaisseau fait partie d'une escadre, ou dans le premier port où se trouverait un nombre suffisant d'officiers pour composer un conseil martial.

22. Tout officier commandant un bâtiment de l'État qui n'est ni dans une escadre ni dans une division, ne pourra être accusé et poursuivi pour crime et autre délit, qu'à la première relâche dans un port où il se trouverait un nombre suffisant d'officiers de son grade pour former les quatre septièmes d'un jury; et il en sera ainsi, dans tous les cas, d'un commandant d'escadre ou de division.

23. Le jury pour les officiers-généraux, capitaines de vaisseau et autres officiers commandant des bâtimens de l'Etat, sera composé de quatre officiers du grade de l'accusé, et de trois officiers du grade immédiatement inférieur. Les membres qui devront le composer seront indiqués en nombre double de chaque grade par le commandant de l'escadre, s'il est jugé à bord d'une escadre; par le commandant du port, s'il est jugé dans un port. Il ne sera point fait de distinction entre les différens grades d'officiers généraux.

24. L'accusé, après avoir subi le jugement du jury, sera traduit devant un conseil martial, composé de onze officiers, pris à tour de rôle parmi les officiers généraux ou capitaines de vaisseau présens, dont trois au moins et cinq au plus dans le premier de ces deux grades. Dans le cas où l'on ne pourrait former un tel conseil martial, l'accusé, s'il a été déclaré coupable par le jury, sera suspendu de ses fonctions, et retenu prisonnier jusqu'au moment où l'on pourra former le conseil martial, qui procédera conformément aux articles précédens.

25. Il sera tenu par le commis aux revues de chaque vaisseau ou bâtiment de l'Etat, deux registres particuliers : il insérera dans l'un le nom des hommes qui auront subi une peine de discipline, et dans l'autre le nom de ceux qui auront subi une peine afflictive, prononcée par un conseil de justice ou par un conseil martial; et ces registres seront, au désarmement, joints au rôle d'équipage.

Titre II. Des peines et délits.

Art. 1er. On ne pourra infliger aux matelots et officiers-mariniers, comme peines de discipline, que celles ci-après dénommées :

Le retranchement de vin, qui ne pourra avoir lieu pendant plus de trois jours. Les fers, seulement avec un anneau au pied (1). Les fers, avec un anneau et une petite chaîne traînante. Les fers sur le pont, au plus pendant deux jours et une nuit. La peine d'être à cheval sur une barre de cabestan, au plus pendant trois jours, et deux heures chaque jour. Celle d'être attaché au grand mât, au plus pendant trois jours, et deux heures chaque jour (2).

2. Seront regardés comme délits contre la discipline, et ne pourront être punis que par les peines énoncées par l'article 1er, les délits suivans :

Tout défaut d'obéissance d'un officier à son supérieur, d'un matelot à un officier-marinier, lorsqu'il n'est point accompagné d'un refus formellement énoncé d'obéir ;

L'ivresse, lorsqu'elle n'est point accompagnée de désordres ;

Les querelles entre les gens de l'équipage, lorsqu'il n'en résulte aucune plaie, et qu'on n'y a point fait usage d'armes ou de bâtons ;

Toute absence du vaisseau sans permission de celui qui doit la donner ;

Les feux allumés ou portés de terre à bord du vaisseau, dans le temps et aux postes où ils sont défendus, dans le cas non prévu par les articles suivans ;

Toute infraction aux règles de police ;

Tout manque à l'appel, au quart, et en général toutes les fautes contre la discipline, le service du vaisseau, provenant de négligence ou de paresse.

3. Les délits ci-dessus énoncés seront toujours regardés comme plus graves lorsqu'ils auront lieu la nuit, et le temps de la punition sera doublé.

4. Les peines de discipline pour les officiers seront les arrêts, la prison, la suspension de leurs fonctions pendant un mois au plus, avec ou sans privation de solde pendant le même temps.

5. Seront censées peines afflictives, et ne pourront être prononcées que par un conseil de justice ou un conseil martial, toutes les peines énoncées ci-après :

Les coups de corde au cabestan, la prison ou les fers sur le pont pendant plus de trois jours, la réduction de grade ou de solde, la cale, la bouline, les galères, la mort.

6. L'homme condamné à mort, et qui devra être exécuté à bord, sera fusillé jusqu'à ce que mort s'en suive.

Celui condamné à courir la bouline ne pourra être frappé que par trente hommes au plus, et ne pourra l'être pendant plus de quatre courses.

En donnant la cale, on ne pourra plonger plus de trois fois dans l'eau l'homme qui aura été condamné à cette peine.

7. Tout homme condamné aux galères pour un temps quelconque, ne pourra plus être employé sur les vaisseaux de l'Etat, en quelque qualité que ce soit.

8. Tout officier-marinier condamné à la bouline ou à la cale, sera, par l'effet même de cette condamnation, cassé de son grade d'officier-marinier, et réduit à la basse-paie des matelots. Tout matelot qui aura subi pareille condamnation sera réduit à la basse-paie.

9. Tout homme coupable d'avoir tenu des propos séditieux ou tendant à affaiblir le respect dû à tout genre d'autorité qui s'exerce à bord du vaisseau ou de l'escadre, sera mis en

_____

(1) *Voy.* loi du 15 = 21 septembre 1790.
(2) *Voy.* loi du 27 octobre = 2 novembre 1790, art. 2, qui modifie.

prison ou aux fers sur le pont pendant six jours.

10. Tout homme coupable d'avoir concerté aucun projet pour changer ou arrêter l'ordre du service, s'opposer à l'exécution d'un ordre donné ou d'une mesure prise, sera mis à la queue de l'équipage; et, s'il est officier, sera renvoyé du service.

11. Tout matelot ou officier-marinier coupable d'un complot contre la sûreté ou la liberté d'un officier de l'état-major, sera condamné à trois ans de galères.

12. Tout matelot, officier-marinier ou officier de l'état-major, coupable d'un complot contre la sûreté, la liberté ou l'autorité du commandant de vaisseau, ou de tout autre officier occupant un poste supérieur, sera condamné aux galères perpétuelles.

13. Tout homme coupable de trahison, ou d'une intelligence perfide avec l'ennemi, sera condamné à la mort; et si quelque malheur public avait été la suite de ses mesures, il sera exécuté sur-le-champ à bord du vaisseau.

14. Tout matelot ou officier-marinier coupable d'une désobéissance envers un officier, pour fait de service, sera frappé de douze coups de corde au cabestan.

15. Si la désobéissance est accompagnée d'injures et de menaces, le matelot ou l'officier-marinier qui s'en sera rendu coupable sera condamné à la cale.

16. Tout matelot ou officier-marinier coupable d'avoir levé la main contre un officier pour le frapper, sera condamné à trois ans de galères.

17. Tout matelot ou officier-marinier coupable d'avoir frappé un officier sera condamné à la mort.

18. Tout officier coupable d'avoir désobéi à son chef, et d'avoir accompagné sa désobéissance d'un refus formellement énoncé d'obéir, sera mis au grade immédiatement inférieur à celui qu'il remplit; et s'il est au dernier grade d'officier, il sera fait élève.

Si sa désobéissance est accompagnée d'injures et de menaces, il sera cassé.

Et sera, dans tous les cas, responsable sur sa tête des suites de sa désobéissance.

19. Tout commandant d'un bâtiment de guerre coupable d'avoir désobéi aux ordres ou aux signaux du commandant de l'armée, escadre ou division, sera privé de son commandement; et si sa désobéissance occasionne une séparation, soit de son vaisseau, soit d'un autre vaisseau de l'escadre, il sera cassé et déclaré indigne de servir.

Si elle a lieu en présence de l'ennemi, il sera condamné à la mort.

20. Tout matelot ou officier-marinier coupable d'avoir quitté, dans le cours ordinaire du service, soit un poste particulier, soit une embarcation du vaisseau à la garde duquel il aurait été préposé.

Si c'est pendant le jour, il sera attaché au grand mât pendant une heure, et mis à la paie immédiatement inférieure à la sienne.

Si c'est pendant la nuit, il sera attaché au grand mât pendant deux jours, deux heures chaque jour, et mis à deux paies au-dessous de la sienne.

21. Tout officier commandant le quart, coupable de l'avoir quitté pour se coucher, sera mis au grade immédiatement inférieur au sien, et sera responsable sur sa tête de tous les accidens que le vaisseau éprouverait par son absence du quart.

22. Tout matelot ou officier-marinier coupable d'avoir, dans un combat ou dans un danger quelconque, abandonné son poste pour se cacher, sera condamné à courir la bouline.

23. Tout officier coupable d'avoir, pendant le combat, abandonné son poste pour se cacher, sera, s'il est à sa première campagne de guerre, renvoyé du service, et dans tout autre cas, cassé et déclaré infâme.

24. Tout homme qui, sans l'ordre du capitaine, aura crié de se rendre ou d'amener le pavillon, sera condamné à trois ans de galères; et celui qui, par sa conduite lâche et ses discours séditieux et répétés, produira dans l'équipage un découragement marqué, sera condamné à la mort, et jugé conformément à la disposition de l'article 4 du titre Ier.

25. Tout homme coupable d'avoir amené le pavillon pendant le combat, sans l'ordre exprès du commandant du vaisseau, sera condamné à la mort.

26. Tout homme coupable d'avoir embarqué ou permis d'embarquer sans ordre des effets commerçables étrangers au service du vaisseau, sera, s'il commande le vaisseau ou bâtiment de l'État, déchu pendant deux ans de tout commandement, et en cas de récidive, renvoyé du service.

S'il est officier de l'état-major ou officier marinier, il perdra deux ans de service, effectif sur mer, pendant lesquels il sera privé de tous les avancemens auxquels il pourrait prétendre.

S'il n'est ni officier-marinier, ni sous-officier, ni matelot ou soldat, il paiera, par forme d'amende, deux fois la valeur de la marchandise, au profit de la caisse des invalides.

Dans tous les cas, la marchandise sera confisquée au profit de la caisse des invalides.

27. Tout homme coupable d'avoir transporté à bord, sans en avoir reçu l'ordre ou la permission, aucune matière inflammable, telle que poudre, soufre, eau-de-vie et autre liqueur spiritueuse et inflammable.

S'il est officier, sera renvoyé du service;

S'il est matelot ou officier-marinier, sera frappé de douze coups de corde au cabestan; et en cas de récidive, aura la cale.

28. Tout homme coupable, en temps de

guerre, d'avoir allumé ou tenu allumés pendant la nuit des feux défendus, ou dans tous les temps, de les avoir allumés ou tenus allumés, soit le jour, soit la nuit, sans précaution et de manière à compromettre la sûreté du vaisseau, s'il est officier-marinier, sera cassé; s'il est matelot, recevra la cale: et dans le cas où il en aurait été fait défense expresse par une proclamation faite dans les formes ordinaires, ou si son action avait donné lieu à quelque accident, de ce reconnu coupable, il sera condamné à trois ans de galères.

29. Tout matelot ou officier-marinier préposé à la garde d'un feu, et qui n'y aurait pas apporté l'attention prescrite, sera puni comme si lui-même avait allumé ou tenu allumé le feu, conformément à la disposition de l'article précédent.

30. Tout matelot ou officier-marinier coupable d'avoir, dans une circonstance quelconque, frappé avec armes ou bâton un autre homme de l'équipage, sera frappé de douze coups de corde au cabestan.

31. Tout matelot ou officier-marinier coupable d'avoir fait une blessure dangereuse, aura la cale, sans préjudice de la réparation civile réservée aux tribunaux ordinaires.

32. Tout officier coupable d'avoir maltraité et blessé un homme de l'équipage, sera interdit de ses fonctions, et mis en prison pendant le temps déterminé par le conseil de justice, suivant la nature du délit, sans préjudice, dans le cas de blessure dangereuse, de la réparation civile réservée aux tribunaux ordinaires.

33. Tout officier commandant une portion quelconque des forces navales de la nation, coupable d'avoir suspendu la poursuite, soit de vaisseau de guerre ou d'une flotte marchande fuyant devant lui, soit d'un ennemi battu par lui, lorsqu'il n'y aura pas été obligé par des forces ou des raisons supérieures, sera cassé et déclaré incapable de servir.

34. Ainsi sera traité tout commandant d'escadre et de vaisseau, coupable d'avoir refusé des secours à un ou plusieurs bâtimens amis ou ennemis dans la détresse, implorant son assistance, ou refusé protection à des bâtimens de commerce français qui l'auraient réclamée.

35. Tout commandant d'un bâtiment de guerre, coupable d'avoir abandonné, dans quelque circonstance critique que ce soit, le commandement de son vaisseau pour se cacher, ou d'avoir fait amener son pavillon lorsqu'il était encore en état de se défendre, sera condamné à la mort.

Sera condamné à la même peine tout commandant coupable, après la perte de son vaisseau, de ne l'avoir pas abandonné le dernier.

36. Tout officier chargé de la conduite d'un convoi, coupable de l'avoir abandonné volontairement, sera condamné à la mort.

37. Tout capitaine de navire du commerce faisant partie d'un convoi, coupable d'avoir volontairement abandonné le convoi, sera condamné à trois ans de galères.

38. Tout officier commandant une escadre ou un bâtiment de guerre quelconque, coupable de n'avoir pas rempli la mission dont il était chargé, et cela par impéritie ou négligence, sera, s'il est officier général ou capitaine de vaisseau, déclaré incapable de commander; et s'il a tout autre grade, il sera déchu de tout commandement pendant trois ans.

S'il est coupable d'avoir volontairement manqué la mission dont il était chargé, il sera condamné à la mort.

39. Tout commandant d'un bâtiment de guerre quelconque, coupable de l'avoir perdu, si c'est par impéritie, sera cassé et déclaré incapable de servir; si c'est volontairement, il sera condamné à la mort.

40. Tout pilote-côtier coupable d'avoir perdu un bâtiment quelconque de l'Etat ou du commerce, lorsqu'il s'était chargé de sa conduite et qu'il avait déclaré en répondre, si c'est par négligence ou ignorance, sera condamné à trois ans de galères.

Si c'est volontairement, il sera condamné à la mort.

41. Tout officier particulier chargé d'une expédition, mission ou corvée quelconque, coupable de s'être écarté des ordres qu'il avait reçus, et d'avoir par là fait échouer ou mal rempli la mission dont il était chargé, sera interdit de ses fonctions, et privé d'avancement pendant le temps déterminé par le conseil de justice.

42. Tout commandant d'un vaisseau de guerre, coupable d'avoir perdu son vaisseau par la suite d'une inexécution non forcée des ordres qu'il avait reçus, sera cassé et condamné à cinq ans de prison.

43. Tout homme, sans distinction de grade ou emploi, coupable d'avoir volé à bord des effets appartenant à quelque particulier, sera frappé de douze coups de corde au cabestan; en cas de récidive, il courra la bouline.

Dans tous les cas de vol quelconque, le voleur sera obligé à la restitution des effets volés.

44. Tout homme coupable d'un vol avec effraction, d'effets appartenant à des particuliers, soit à bord, soit à terre, sera condamné à recevoir la cale; en cas de récidive, il sera condamné à six ans de galères.

45. Tout homme qui, descendu à terre, s'y rendra coupable d'un vol, si c'est sur territoire français, sera frappé de douze coups de corde au cabestan; si c'est sur territoire étranger, recevra la cale.

Si le vol excède la valeur de douze francs, l'homme qui s'en sera rendu coupable sera condamné à courir la bouline ; et en cas de récidive, à six ans de galères.

46. Tout homme coupable d'avoir volé et fait transporter à terre des vivres, munitions, agrès ou autres effets publics du vaisseau, sera condamné à courir la bouline.

47. En cas de récidive, ou si un premier vol de vivres et autres effets publics excédait en vivres une valeur de cinquante rations, et en autres effets, une valeur de cinquante livres, l'homme qui s'en sera rendu coupable sera condamné à trois ans de galères.

48. Tout homme coupable d'avoir volé, en tout ou en partie, l'argent de la caisse du vaisseau ou de telle autre caisse publique déposée à bord du vaisseau, sera condamné à neuf ans de galères.

49. Tout homme coupable d'avoir volé à bord de la poudre, ou d'avoir recelé de la poudre volée, sera condamné à trois ans de galères.

50. Tout homme coupable d'avoir volé ou tenté de voler de la poudre dans la soute aux poudres, sera condamné à neuf ans de galères.

51. Tout vol d'effets quelconques fait à bord d'une prise, lorsqu'elle n'est pas encore amarinée, sera regardé comme un vol d'effets particuliers, et l'homme qui s'en sera rendu coupable sera frappé de douze coups de corde au cabestan.

52. Tout homme coupable d'avoir dépouillé un prisonnier de ses vêtemens et de les avoir volés, sera frappé de vingt-quatre coups de corde au cabestan.

53. Lorsqu'une prise sera amarinée, elle sera regardée comme possession nationale ; et tout vol d'agrès, munitions, vivres et marchandises, sera censé vol d'effets publics, et puni conformément aux art. 46, 47, 48, 49 et 50.

54. Les dégâts commis à terre par les marins seront rangés dans la classe des délits emportant peine afflictive ; s'ils excèdent la valeur de douze livres, ils seront punis, en ce cas, de douze coups de corde frappés au cabestan, outre la restitution des dommages civils. Tous autres dégâts au-dessous de cette valeur seront soumis aux peines de discipline.

55. Le titre XVIII de l'ordonnance de 1784 sur les classes, ayant pour titre *des dé-*

serteurs, continuera d'être exécuté, sauf les modifications suivantes :

1° Aux campagnes extraordinaires à la demi-solde et aux deux tiers de solde, seront substituées des campagnes extraordinaires à la basse-paie de son grade.

2° Aux campagnes extraordinaires auxquelles sont condamnés des ouvriers non navigans, sera substituée l'obligation de travailler dans le port pendant le même temps.

3° Les peines qui devront être prononcées, ou par le commandant du port, ou par le chef des classes, ne pourront plus l'être que par le concours du commandant et intendant, et du major-général de la marine.

4° L'art. 29 sera supprimé.

56. Tous les hommes, sans distinction, composant l'état-major ou l'équipage d'un vaisseau naufragé, continueront d'être soumis à la présente loi, ainsi qu'à toutes les règles de discipline militaire, jusqu'au moment où ils auront été légalement congédiés.

57. Les officiers, sous-officiers et soldats, soit des troupes de la marine, soit des troupes de terre, embarqués sur les bâtimens de guerre, seront assujétis, comme les officiers de la marine, officiers-mariniers et matelots, à toutes les dispositions de la présente loi, pendant le temps de leur séjour sur les vaisseaux (1).

58. Toute autre personne embarquée sur un vaisseau sera également soumise à la présente loi, et à toutes les règles de police établies dans le vaisseau (2).

59. Les peines de discipline et les peines afflictives prononcées dans les cas ci-dessus énoncés seront applicables à tous les délits commis dans les arsenaux par les officiers-mariniers, matelots et soldats.

60. En ce qui concerne les manquemens au service par négligence ou désobéissance, de la part des maîtres d'ouvrages, ouvriers et autres employés dans les arsenaux, le commandant et l'intendant du port, chacun en ce qui le concerne, pourront, selon le cas, prononcer les arrêts, la prison pendant trois jours, la privation d'un mois de solde ou appointemens. Pour tous autres délits majeurs, les délinquans seront légalement poursuivis ; conformément aux ordonnances actuellement subsistantes pour l'exercice de la justice dans les arsenaux, en observant toutefois ce qui

_____

(1) Les troupes de terre transportées à bord de bâtimens du commerce, marchant en convoi ou sous l'escorte de bâtimens de guerre, ne sont point assujéties, comme celles qui se trouveraient à bord des bâtimens de guerre eux-mêmes, aux lois pénales et à la juridiction ordinaire des troupes de terre. — Les crimes ou délits commis, dans ce cas, par les officiers, sous-officiers ou soldats des troupes de terre, sont donc de la compétence des conseils de *guerre permanens*, et non

de la compétence des conseils de *justice maritime* (11 décembre 1828 ; Cass. S. 29, 1, 24).

(2) L'étranger embarqué sur un vaisseau de guerre français, et porté sur le rôle d'équipage comme attaché au service du contre-amiral qui monte ce vaisseau, est justiciable des tribunaux maritimes français, à raison d'un vol qu'il aurait commis sur le vaisseau même en pays étranger (1er juillet 1830. Cass. S. 30. 1. 362 ; Dal. 30, 1, 311).

est prescrit pour la formation et le prononcé d'un jury.

61. L'Assemblée nationale abroge toutes les dispositions pénales contenues dans les ordonnances de la marine militaire qui ont paru jusqu'à ce jour, entendant néanmoins ne porter aucune atteinte aux autres lois sur le fait de la marine, qui devront être exécutées jusqu'à ce qu'il y ait été autrement statué.

21 = 31 AOUT 1790. — Décret relatif aux droits de navigation exclusive accordés aux belandriers de Dunkerque et aux bateliers de Condé (B. 5, 220.)

L'Assemblée nationale, sur l'avis des comités de commerce, d'agriculture et de féodalité, a décrété et décrète que, jusqu'à ce qu'il ait été prononcé, d'après l'avis de l'administration du département du Nord ou de son directoire, sur les réclamations élevées contre les droits de navigation exclusive accordés ci-devant aux belandriers de Dunkerque et aux bateliers de Condé, toutes choses demeureront dans l'état où elles étaient avant le 4 août 1789.

21 AOUT 1790. — Décret qui condamne aux arrêts un membre de l'Assemblée. (B. 5, 239.)

L'Assemblée nationale, après avoir entendu la lecture d'un imprimé ayant pour titre : Discours prononcé par M. le président de Frondeville à l'Assemblée nationale, et après que le sieur Lambert dit Frondeville a fait l'aveu qu'il est l'auteur dudit ouvrage, ainsi que de l'avant-propos; qu'il l'a fait imprimer; que même il l'a distribué dans la salle, sans avoir fait aucune autre distribution : déclare que ledit sieur Lambert a manqué gravement de respect envers l'Assemblée; en conséquence, décrète que, par forme de punition correctionnelle, ledit sieur Lambert se rendra aux arrêts et les tiendra pendant huit jours dans sa maison.

21 AOUT 1790. — Décret pour voter des remercîmens à la municipalité de Nancy. (B. 5, 220.)

21 AOUT 1790. — Décret qui accorde un supplément de fonds pour le paiement des ouvriers de Toulon (B. 5, 240.)

21 AOUT 1790.— Angers. Voy. 14 AOUT 1790.— Apanages. Voy. 13 août 1790. — Bourgogne. Voy. 12 AOUT 1790.

23 = 29 AOUT 1790 — Décret relatif au droit de transit dont les Genevois jouissent dans le pays de Gex pour le transport de leurs grains. (B. 5, 240.)

L'Assemblée nationale, sur le rapport qui lui a été fait des obstacles qu'éprouvent les Genevois, dans le ci-devant pays de Gex, pour le transport de leurs grains provenant, soit de leur territoire, soit de la récolte des propriétés qu'ils possèdent sur les frontières, et dépendant des domaines ou corps de ferme situés sur le territoire de Genève, déclare qu'elle n'a entendu, par ses précédens décrets sur l'exportation des grains, rien innover sur le droit de transit dont les Genevois ont joui jusqu'à-présent dans le ci-devant pays de Gex, pour le transport desdits grains, lequel continuera d'avoir lieu comme par le passé, sauf au directoire du district à prendre les précautions les plus convenables pour éviter les abus. L'Assemblée charge son président de se retirer par devers le Roi, pour le prier de donner les ordres les plus prompts pour l'exécution du présent décret.

22 AOUT 1790. — Décret sur la direction et administration générale des postes et messageries. (B. 5, 241.) Voy. 26 AOUT 1790.

22 AOUT 1790.—Assignats. Voy. 3 AOUT 1790.— Domaines nationaux. Voy. 6 AOUT 1790.— Evêque de Toulon. Voy. 19 AOUT 1790.— Gannat. Voy. 10 AOUT 1790. — Montmédy. Voy. 4 AOUT 1790. — Omission d'assignats. Voy. 14 AOUT 1790.— Poids. Voy. 8 MAI 1790. Poste. Voy. 21 AOUT 1790. — Récompenses. Voy. 3 AOUT 1790. — Villefranche. Voy. 10 AOUT 1790.

23 = 28 AOUT 1790 — Décret qui désigne les villes où seront placés les tribunaux de district (1). (L. 1, 1300; B. 5, 240.)

L'Assemblée nationale, après avoir entendu les rapports de son comité de constitution, a décrété que les tribunaux seront placés dans les villes, ainsi qu'il suit :

Ain. — Bourg, Trévoux, Montluel (Pont-de-Vaux est chef-lieu du district), Saint-Triviers, Pont-de-Vesle (Châtillon est chef-lieu du district), Belley, Amberieux (Saint-Rambert est chef-lieu du district), Nantua, Gex.

Aisne. — Soissons, Laon, Saint-Quentin, Château-Thierry, Guise (Vervins demeurera chef-lieu du district), Couci (Chauny demeurera chef-lieu du district).

Allier. — Moulins, le Donjon, Cusset, Gannat, Montmarault, Montluçon, Bourbon-l'Archambault (Cerilly demeurera chef-lieu du district).

Alpes (Basses). — Digne, Manosque (For-

(1) Il serait trop long et inutile d'indiquer ici les lois ou actes qui ont opéré des changemens.

calquier est chef-lieu du district), Sisteron, Castellane, Bacelonnette.

Alpes (Hautes). —Gap, Embrun, Briançon, Serres.

Ardèche. —Districts : Mézin, Coiron, Ta nargues. — Siéges des tribunaux : Annonay , Villeneuve-de-Berg, l'Argentière. — Siéges de l'administration : Tournon, Aubenas. Joyeuse.

Ardennes. - - Charleville, Sédan, Rhetel, Rocroi, Attigny (Vouziers est chef-lieu du district), Buzancy (Grandpré est chef-lieu du district).

Ariége. — Foix (Tarascon est chef-lieu du district), Saint-Lizier (Saint-Girous est chef-lieu du district), Pamiers (Mirepoix est chef-lieu du district).

Aube. — Troyes, Nogent-sur-Seine, Ar cis-sur-Aube, Bar-sur-Aube, Bar-sur-Seine, Ervi.

Aude. — Carcassonne, Castelnaudary, la Grasse, Limoux, Narbonne, Quillan.

Aveyron. — Rodez, Villefranche, Aubin, Mur-de-Barrès, Severac-le-Château, Milhau, Sainte-Affrique, Espalion Saint-Geniés est le chef-lieu du district, Sauveterre.

Bouches-du-Rhône.— Aix, Arles, Marseille, Saint-Remi (Tarascon est chef-lieu du district, et l'alternat pour Saint-Remi n'aura pas lieu , Apt, Salon.

Calvados. — Caen , Bayeux , Falaise , Li sieux, Pont-l'Evèque, Vire.

Cantal. - Saint-Flour , Aurillac , Salers (Mauriac est chef-lieu du district), Murat.

Charente. - - Angoulême , la Rochefou cault, Confolens, Ruffec, Cognac, Barbe sieux.

Charente-Inférieure.—Saintes, la Rochelle, Saint-Jean-d'Angely, Rochefort, Marennes, Pons, Montguyon (Montlieu est chef-lieu du district).

Cher. — Bourges, Vierzon, Sancerre, Saint-Amand, Lignières (Château-Meillant est chef-lieu du district), Dun-le-Roi (Sancoins est chef-lieu du district), Henrichemont (Aubi gny est chef-lieu du district).

Corrèze. — Tulle, Brive, Uzerches, Ussel.

Corse. — Bastia, Oletta, l'Ile-Rousse , la Porta d'Ampugnani, Corte, Cervione, Ajaccio , Vico, Tallano.

Côte-d'Or. — Dijon, Saint-Jean-de-Lône, Châtillon-sur-Seine , Semur-en-Auxois, Is sur-Tille , Arnay-le-Duc, Beaune.

Côtes-du-Nord. — Saint-Brieuc , Dinant , Lamballe, Guingamp, Lannion, Londéac, Broon , Pontrieux, Rostrenen.

Creuse. — Guéret, Aubusson, Felletin , Boussac, la Souterraine, Bourganeuf, Cham bon (Evaux est chef-lieu du district).

Dordogne. — Périgueux, Sarlat, Bergerac, Nontron, Exideuil, Terrasson Montaignac est chef-lieu du district , Ribérac, Montpa-

zier (Belvès est chef-lieu du district), Mont pont (Mussidan est chef-lieu du district).

Doubs. — Besançon , Quingey , Ornans , Pontarlier, Saint-Hippolyte, Beaune.

Drôme. — Romans , Valence , le Crest , Die , Montélimart, le Buis (Nyons est chef lieu du district).

Eure. — Evreux, Bernay, Pont-Audemer, Louviers, Gisors (les Audelys est chef-lieu du district), Verneuil.

Eure-et-Loir. — Chartres, Dreux , Châ teauneuf-en-Thimerais, Nogent-le-Rotrou , Châteaudun , Jeanville.

Finistère. —Brest , Landerneau , Lesneven, Morlaix, Carhaix, Châteaulin, Quimper , Quimperlé, Pont-Croix.

Gard. — Beaucaire, Uzès, Nîmes, Som mières, Saint-Hippolyte, Alais, le Vigan, le Pont-Saint-Esprit.

Garonne. — Toulouse , Rieux , Villefran che-de-Lauraguais, Castel-Sarrasin, Muret, Saint-Gaudens , Revel, Beaumont (Grenade est chef-lieu du district).

Gers. — Auch , Lectoure , Condom , Plai sance (Nogaro est chef-lieu du district), Lom bès (l'Ile-en-Jourdain est chef-lieu du dis trict), Mirande.

Gironde. — Bordeaux, Libourne, la Réole, Bazas, Cadillac, Blaye (Bourg est chef-lieu du district), Lesparre.

Hérault. — Montpellier, Béziers, Lodève, Saint-Pons.

Ille-et-Vilaine. — Rennes, Saint-Malo, Dol, Fougères, Vitré, la Guerche, Bain, Redon, Montfort.

Indre. — Issoudun, Châteauroux, la Châtre, Argenton, le Blanc , Châtillon-sur-Indre.

Indre-et-Loire. — Tours , Amboise , Châ teau-Renaud , Loches , Chinon , Preuilly , Bourgueil (Langeais est chef-lieu du district).

Isère. — Grenoble , Vienne , Saint-Mar cellin, Bourgoin (la Tour-du-Pin est chef-lieu du district).

Jura. — Dôle , Salins (Arbois est chef-lieu du district, Lons-le-Saulnier, Orgelet, Po ligny, Saint-Claude.

L'assemblée électorale de ce département alternera dans les villes désignées pour l'al ternat de l'assemblée de département.

Landes. — Mont-de-Marsan , Saint-Sever , Tartas , Dax.

Loir-et-Cher. — Blois , Vendôme , Romo rantin, Montdoubleau , Mers, Montrichard Saint-Aignan est chef-lieu du district).

Loire (Haute). — Le Puy, Brioude, Yssen geaux (Monistrol est chef-lieu du district).

Loire-Inférieure. — Nantes, Ancenis, Châ teaubriant , Blain , Savenai , Clisson, Gué rande , Paimbœuf, Machecoul.

Loiret. — Orléans , Beaugenci , Neuville , Pithiviers, Montargis, Gien, Bois-Commun.

Lot. — Cahors , Montauban , Moissac , Gourdon , Martel, qui a l'option, dans la huitaine, du tribunal ou du district (Saint-Céré est chef-lieu du district), Figeac.

Lot-et-Garonne. — Agen, Nérac, Castel-Jaloux, Tonneins, Marmande, Villeneuve, Valence, Mont-Flanquin, Lauzun.

Lozère. — Mende, Marvejols, Florac, Langogne, Villefort, Meyrveys, Saint-Chely.

Maine-et-Loire. — Angers, Saumur, Baugé, Châteauneuf, Segré, Beaupréau (Saint-Florent est chef-lieu du district), Cholet, Vihiers.

Manche. — Avranches, Coutances, Cherbourg, Valognes, Périers (Carentan est chef-lieu du district), Saint-Lô, Mortain.

Marne. — Châlons, Reims, Sainte-Ménéhould, Vitry-le-Français, Epernay, Sésanne.

Marne (Haute). — Chaumont, Langres, Bourbonne, Bourmont, Joinville, Vassy (Saint-Dizier est chef-lieu du district).

Mayenne. — Ernée, Mayenne, Villaine (Jassay est chef-lieu du district), Sainte-Suzanne (Evron est chef-lieu du district), Laval, Craon, Château-Gonthier.

Meurthe. — Nancy, Lunéville Blamont, Saarbourg, Dieuze, Vic (Château-Salins est chef-lieu du district), Pont-à-Mousson, Toul, Vézelize.

Meuse. — Bar-le-Duc, Gondrecourt, qui a l'option dans la huitaine du tribunal ou du district (Vaucouleurs est chef-lieu du district), Commercy, Saint-Mihiel, Verdun, Varennes (Clermont est chef-lieu du district), Etain, Stenay (Montmédy est chef-lieu du district).

Morbihan. — Vannes, Auray, Lorient (Hennebon est chef-lieu du district), le Faouet, Pontivy, Josselin, Ploermel, Rochefort, la Roche-Bernard.

Moselle. — Metz, Longuyon (Longwi est chef-lieu du district), Briey, Thionville, Bouzonville (Saarlouis est chef-lieu du district), Boulay, Sarguemines, Bitche, Faulquemont (Morhange est chef-lieu du district).

Nièvre. — Nevers, Saint-Pierre-le-Moutier, Décize, Moulins-en-Gilbert, Château-Chinon, Lorme (Corbigny est chef-lieu du district), Clamecy, Cosne, la Charité.

Nord. — Valenciennes, le Quesnoy, Avesnes, Cambray, Donay, Lille, Bailleul (Hazebrouck est chef-lieu du district), Dunkerque (Bergues est chef-lieu du district).

Oise. — Beauvais, Chaumont, Grand-Villiers, Breteuil, Clermont, Senlis, Noyon, Compiègne, Crépy.

Orne. — Alençon, Domfront, Argentan, l'Aigle, Bellesme, Mortagne.

Pas-de-Calais. — Arras, Calais, Saint-Omer, Béthune, Bapaume, Saint-Pol, Boulogne, Hesdin (Montreuil est chef-lieu du district).

Paris (département de). Voy. 23 août 1790.

Puy-de-Dôme. — Clermont, Riom, Ambert, Thiers, Issoire, Besse, Billiom, Montaigu.

Pyrénées (Basses). — Pau, Orthez, Oléron, Mauléon, Saint-Palais, Bayonne (Ustaritz est chef-lieu du district).

Pyrénées (Hautes). — Tarbes, Vic, Bagnères, Lourdes, (Argelès est chef-lieu du district), Castelnau (la Barthe-de-Neste est chef-lieu du district).

Pyrénées - Orientales. — Perpignan, Ceret, Prades.

Rhin (Bas). — Strasbourg, Saverne (Haguenau est chef-lieu du district), Weissembourg, Schélestat (Benfeld est chef-lieu du district).

Rhin (Haut). — Colmar, Altkirch, Belfort.

Rhône-et-Loire. — La ville de Lyon, la campagne de Lyon (séant dans la ville), Saint-Etienne, Montbrison, Roanne, Villefranche.

Saône (Haute). — Vesoul, Gray, Lure, Luxeuil, Jussey, Champlitte.

Saône-et-Loire. — Mâcon, Châlons, Louhans, Autun, Bourbon-Lancy, Charolles, Sémur-en-Brionnois (Marcigny est chef-lieu du district).

Sarthe. — Le Mans, Saint-Calais, Château-du-Loir, la Flèche, Sablé, Sillé-le-Guillaume, Fresnay-le-Vicomte, Mamers, la Ferté-Bernard.

Seine-et-Oise. — Versailles, Saint-Germain, Mantes, Pontoise, Rambouillet, (Dourdan est chef-lieu du district), Montfort, Etampes, Corbeil, Montmorency (Gonesse est chef-lieu du district).

Seine-Inférieure. — Rouen, Caudebec, le Hàvre (Montivilliers est chef-lieu du district), Cany, Dieppe, Neufchâtel, Gournay.

Seine-et-Marne. — Melun, Meaux, Provins, Nemours, Coulommiers (Rosoi est chef-lieu du district).

Sèvres (Deux). — Niort, Saint-Maixant, Partenay, Thouars, Melle, Bressuire (Châtillon est chef-lieu du district).

Somme. — Amiens, Abbeville, Péronne, Dourlens, Montdidier.

Tarn. — Castres, Lavaur, Alby, Gaillac, la Caune.

Var. — Toulon, Grasse, Hyères, Draguignan, Saint-Maximin, Brignolles, Fréjus, Saint-Paul-lès-Vence, Barjols.

Vendée. — Fontenay-le-Comte, la Châteigneraye, Montaigu, Challans, les Sables-d'Olonne, la Roche-sur-Yon.

Vienne. — Poitiers, Châtellerault, Loudun, Montmorillon, Lusignan, Civray.

Vienne (Haute). — Limoges, le Dorat, Bellac, Rochechouart (Saint-Junien est chef-lieu du district), Saint-Yrieix, Saint-Léonard.

Vosges. — Epinal, Mirecourt, Saint-Dié, Rambervilliers, Remiremont, Bruyères, Darney, Neufchâteau, la Marche.

Yonne. — Auxerre, Sens, Joigny, Saint-Fargeau, Avallon, Tonnerre, Saint-Florentin.

23 AOUT 1790. — Décret qui érige la ville d'Arbois en chef-lieu de district. (B. 5, 241.)

23 = 29 AOUT 1790. — Décret portant qu'il y a lieu à accusation contre M. Perrotin. (B. 5, 264.)

23 AOUT 1790. — Bois. Voy. 6 AOUT 1790.

24 AOUT = 8 SEPTEMBRE 1790. (Procl.) — Décret relatif aux impositions mises sur des fonds dépendant de fermes dont le principal manoir est placé sur un autre territoire que celui de la commune où le fonds a été imposé. (L. 2, 21 : B. 5, 265.)

L'Assemblée nationale, sur le rapport de son comité des finances, ordonne que son décret du 28 novembre 1789, suivi de la proclamation du 14 février 1790, sera exécuté suivant sa forme et teneur; en conséquence, que tous les fonds situés sur le ban ou territoire d'Amance, district de Nancy, seront imposés dans les rôles dudit lieu, quoique lesdits fonds dépendent de fermes dont le principal manoir est placé sur d'autres bans ou territoires, tels que la ferme de Boursale, commanderie de Malte, située sur le ban de la Neuvetolle, et la ferme des orphelins de Nancy, située sur celui de Laître; et ce, nonobstant tous usages, ordonnances, réglemens et arrêtés à ce contraires, qui sont, en tant que de besoin, déclarés nuls et comme non avenus; et dans le cas où des communautés auraient indûment imposé des fonds non situés sur leur territoire, il sera incessamment procédé, sur l'avis des districts et départemens, à la radiation des cotes et à un rejet et réimposition des cotes supprimées. L'Assemblée nationale n'excepte de ce décret que les districts et départemens où, par un consentement commun et respectif, on avait suivi l'ancien usage (1).

24 AOUT 1790. — Décret relatif à l'établissement des sourds-et-muets. (B. 5, 267; Mon. du 27 août 1790.)

L'Assemblée nationale renvoie la pétition des sourds-et-muets à son comité de mendicité, pour lui en être incessamment rendu compte, et autorise le comité de mendicité à conférer avec les autres comités de l'Assemblée dont la participation serait nécessaire pour améliorer et consolider le sort de cet utile établissement, auquel l'Assemblée a accordé son intérêt et sa protection (2).

24 AOUT = 3 SEPTEMBRE 1790. — Décret qui ordonne la perception, comme par le passé, des octrois de la ville d'Orthez. (B. 5, 265.)

24 AOUT 1790. — Calvados, etc. Voy. 17 AOUT 1790. — Clergé. Voy. 24 JUILLET 1790 = 3 et 11 AOUT 1790. — Chartriers. Voy. 7 AOUT 1790. — Constitution civile. Voy. 12 JUILLET 1790. — Imprimerie royale. Voy. 14 AOUT 1790. — Jurisprudence Voy. 14 AOUT 1790. — Organisation judiciaire. Voy. 16 AOUT 1790. — Protestans Voy. 17 AOUT 1790.

25 AOUT = 29 SEPTEMBRE 1790. — Décret sur l'organisation des tribunaux de la ville de Paris. (B. 5, 269; Mon. des 26 et 27 août 1790.)

Art. 1er. Il y aura, dans chacune des quarante-huit sections de la ville de Paris, et dans chacun des cantons des districts de Saint-Denis et de Bourg-la-Reine, un juge de paix, et des prud'hommes assesseurs du juge de paix.

2. Il sera sursis à la nomination des commissaires de police dans la ville de Paris, jusqu'à ce que, par l'Assemblée nationale, il en ait été autrement ordonné.

3. Il sera établi pour la ville et le département de Paris six tribunaux, dont les arrondissemens seront déterminés.

4. Chacun de ces tribunaux sera composé de cinq juges, auprès desquels il y aura un commissaire du Roi.

5. Il sera nommé, pour chacun de ces tribunaux, quatre suppléans, dont deux au moins seront pris dans la ville de Paris, ou tenus de l'habiter.

6. Le tableau qui servira pour déterminer le choix d'un tribunal d'appel, aux termes de l'article 4 du titre V du décret du 16 de ce mois, sur l'organisation judiciaire, sera composé, pour chacun des six tribunaux ci-dessus, des cinq autres tribunaux et deux tribunaux de district les plus voisins, pris hors le département de Paris.

7. L'Assemblée nationale délègue provisoirement au procureur de la commune de Paris les fonctions de procureur-syndic, à l'effet de convoquer les assemblées primaires, tant dans les cantons de district de Saint-Denis et du Bourg-la-Reine, que dans les sections de la ville de Paris.

8. Ces assemblées se formeront et procéderont conformément aux dispositions de la section 1re du décret du 22 décembre dernier, relatives à la tenue des assemblées primaires.

9. Elles éliront les juges de paix et les prud'hommes assesseurs en la forme prescrite par l'article 3 du décret du 16 de ce mois sur l'organisation judiciaire.

_____

(1) On a tenu compte de la rectification adoptée par le décret du 7 septembre 1790.

(2) A la suite d'une députation de sourds-muets, présentée par le sieur abbé Sicard, instituteur royal de cet établissement (Voy. Collect. Baudouin.)

10. Elles nommeront aussi un électeur à raison de cent citoyens actifs, présens ou non présens à l'assemblée, mais ayant droit d'y voter, et se conformeront, pour cette nomination, aux articles 17, 18, 19 et 20 de la section 1re du décret du 22 décembre dernier.

11. Aussitôt que les électeurs seront nommés, le procureur de la commune de Paris, faisant les fonctions de procureur-syndic, convoquera, dans l'arrondissement de chaque tribunal, les électeurs dépendant de ces arrondissemens, pour procéder à l'élection des juges au scrutin individuel et à la pluralité absolue des suffrages.

12. Toutes les dispositions contenues dans le décret du 16 de ce mois, sur l'organisation judiciaire, auxquelles il n'est pas dérogé par le présent décret, sont communes à la ville et au département de Paris.

---

26 = 29 AOUT 1790 — Décret portant qu'il ne pourra être exigé des personnes appelées à remplir des fonctions publiques, pour les actes de prestation de serment. (L. 1, 1425; B. 5, 271.)

Il ne pourra être exigé des personnes appelées à remplir des fonctions publiques, aucune somme sous quelque dénomination et sous quelque prétexte que ce soit, pour les actes de prestation de serment dont elles seraient tenues, ou à leur occasion.

---

26 = 29 AOUT 1790.— Décret sur la direction et administration générale des postes (1) (L. 1, 1415; B. 5, 272; Mon. des 23, 25, 28 août 1790.)

Voy. lois du 6 = 9 SEPTEMBRE 1790; des 6 et 7 = 9 JANVIER 1791. — Proclamation du Roi du 10 AVRIL 1791; lois des 24 AVRIL 1791, 23 et 24 JUILLET 1793; du 19 FRIMAIRE an 7.

Direction et administration générales

Art. 1er. Les postes aux lettres, les postes

aux chevaux et les messageries continueront à être séparées quant à l'exploitation; mais pour que ces établissemens puissent s'entr'aider et ne pas se nuire, ils seront réunis dès à-présent sous les soins du commissaire des postes nommé par le Roi, en vertu du décret du 19 juillet dernier, pour remplir les fonctions des ci-devant intendans des postes et messageries. Dans les cas d'absence ou de maladie du commissaire des postes, il sera suppléé dans ses fonctions par le plus ancien des administrateurs présens.

2. Avant le 1er septembre prochain, les commissaires des postes et les administrateurs prêteront serment entre les mains du Roi, de garder et observer fidèlement la foi due au secret des lettres, et de dénoncer aux tribunaux qui seront indiqués, toutes les contraventions qui pourraient avoir lieu, et qui parviendraient à leur connaissance. Les employés dans les postes prêteront sans frais le même serment devant les juges ordinaires des lieux, d'ici au 1er octobre prochain (2).

3. Le bail des postes passé à J. B. Poinsignon, par le résultat du conseil du 2 avril 1786, pour finir au 31 décembre 1791, ensemble les soumissions des fermiers postérieures au bail, notamment celle du 29 septembre 1789, portant abandon, à titre de don patriotique, de la totalité des trois quarts du bail des postes, auront leur pleine et entière exécution.

4. Le tarif de 1759, et tous les réglemens d'après lesquels sont actuellement administrées les postes aux lettres et les postes aux chevaux, continueront à avoir leur pleine et entière exécution jusqu'au 1er janvier 1792. Avant cette époque, et d'après les instructions que le pouvoir exécutif fournira, il sera procédé par le Corps-Législatif à la rectification du tarif, à celle des réglemens et usages des postes, des traités avec les offices des postes étrangères, de l'organisation actuelle des postes aux lettres et des postes aux chevaux,

---

(1) Nous indiquerons sur chaque loi spéciale, à *la poste aux lettres*, à *la poste aux chevaux*, et *aux messageries*, les lois analogues. Il importe surtout de remarquer que la régie des messageries nationales, établie par la loi des 23 et 24 juillet 1793, a cessé d'exister en l'an 6. *Voy.* la loi des finances du 9 vendémiaire an 6, tit.

(2) Cette disposition confirme le principe *du secret des lettres. Voy.* loi du 10 août 1790, du 10 = 20 juillet 1791.

La loi du 31 août 1830 n'a pas abrogé les lois antérieures qui prescrivaient un serment spécial à certains fonctionnaires. Ainsi, outre le serment exigé de tout fonctionnaire en général par la loi du 31 août 1830, un employé des postes est tenu de prêter aussi le serment spécial prescrit par l'art. 2 de la loi du 26 = 29 août 1790. (23 août 1831. Cass. S 31, 1, 298; D 31, 1, 350).

Lorsque l'acte par lequel un tribunal avait refusé de recevoir le serment d'un fonctionnaire public (et spécialement d'un employé des postes) a été annulé pour excès de pouvoir par la Cour de cassation, en vertu de l'article 80 de la loi du 27 ventôse an 8, le tribunal est tenu de se conformer à cette décision, et de recevoir le serment du fonctionnaire; il ne peut se déclarer incompétent à cet égard sous prétexte que sa juridiction est épuisée, et qu'il ne saurait être ressaisi de la même question: la prestation du serment d'un fonctionnaire n'est pas un acte de juridiction contentieuse qui puisse donner lieu à renvoi d'un tribunal à un autre (5 décembre 1831; Cass. S. 32, 1, 65).

L'arrêt qui a cassé pour excès de pouvoir la décision du tribunal qui avait refusé de recevoir la prestation de serment, est du 23 août 1831. Il est rapporté par Sirey, t. 31, 1re part., p. 328.

aux nouveaux établissemens relatifs à la division actuelle du royaume, et à ceux que sollicite le commerce; enfin, aux améliorations et aux économies dont ces différens services sont susceptibles (1).

5. Pour faciliter au pouvoir exécutif les moyens de fournir les instructions dont il est chargé par l'article précédent, pour assurer l'exactitude du service des postes, et réduire pour l'avenir cette administration à l'économie dont elle est susceptible, l'Assemblée a cru devoir en établir les principales bases. En conséquence, à dater du 1er janvier 1792, l'administration générale des postes aux lettres, des postes aux chevaux et des messageries, sera régie par les soins d'un directoire des postes, composé d'un président et de quatre administrateurs non intéressés dans les produits.

6. Leurs traitemens et frais de bureau réunis seront de quatre-vingt mille livres; savoir, pour le président, vingt mille livres; et pour chacun des quatre administrateurs, quinze mille livres. Le pouvoir exécutif fera dès à-présent, dans l'administration actuelle, le choix de ses agens, qui seront logés à l'hôtel des postes.

Poste aux chevaux.

Art. 1er. A dater du 1er septembre prochain, la dépense annuelle des bureaux du commissaire du Roi, remplaçant ceux des ci-devant intendance et sur-intendance des postes, qui s'élevait à la somme de soixante-cinq mille livres, sera réduite à trente mille six-cents livres, qui continueront à être payées par la caisse des postes; savoir :

Bureau pour le service des postes aux chevaux.

Un chef de bureau.	3,600 liv.
Un sous-chef de bureau.	2,400
Deux commis à dix-huit cents liv.	3,600
Deux *idem* à douze cents livres. .	2,400

Bureau pour le service des postes aux lettres pour les affaires étrangères

Un chef de bureau.	3,600
Deux commis à dix-huit cents liv.	3,600

Bureau des messageries.

Un chef de bureau.	3,000
Un commis.	1,800
Un garçon de bureau.	600
Frais de bureau communs aux trois bureaux.	6,000
Total.	30,600 liv.

2. Les fonctions des ci-devant inspecteurs, visiteurs et officiers du conseil des postes,

seront remplies par deux contrôleurs généraux des postes, dont le traitement sera de six mille livres pour chacun.

3. Les maîtres des postes aux chevaux continueront d'être pourvus de brevets du Roi, pour faire le service qui leur a été attribué jusqu'à ce jour, aux charges et conditions décrétées.

4. Les municipalités des lieux où sont établis des relais de poste, constateront, chaque quartier, le nombre des chevaux entretenus dans les relais, et en délivreront sans frais un certificat aux maîtres de postes.

5. Sur le vu des certificats des municipalités, visés par le président du directoire des postes, et d'après l'état arrêté par le Corps-Législatif, il sera payé, chaque quartier, sur la caisse des postes, ce qui reviendra au maître de chaque relai.

6. Les maîtres de postes continueront de fournir gratuitement les chevaux nécessaires aux préposés des postes, pour faire les tournées et inspections relatives au service des postes aux lettres et des postes aux chevaux.

7. Les contrôleurs généraux et contrôleurs provinciaux, faisant ce service, seront seuls dans le cas de l'article ci-dessus, et le nombre des chevaux fournis par les maîtres de postes ne pourra s'élever au-delà de trois.

Messageries.

Art. 1er. Le droit connu sous le nom de *droit de permis*, et celui de transport exclusif des voyageurs, matières ou espèces d'or et d'argent, des balles et ballots, marchandises, paquets, de quelque poids qu'ils soient, sont abolis; ensemble les procès et actions qui auraient été intentés pour contravention auxdits droits, lesquels ne pourront être jugés que pour les frais de procédures faites antérieurement à la publication du présent décret.

2. A compter de la même époque, tout particulier pourra voyager, conduire ou faire conduire librement les voyageurs, ballots, paquets, marchandises, ainsi et de la manière dont les voyageurs, expéditionnaires et voituriers conviendront entre eux, à la charge par les voituriers de se conformer à la disposition contenue en l'article suivant, et sans qu'il soit permis à aucun particulier ou compagnie, autres que ceux exceptés ci-après, d'annoncer des départs à jour et heure fixes, ni d'établir des relais, non plus que de se charger de reprendre et conduire des voyageurs qui arriveraient en voitures suspendues, si ce n'est d'après un intervalle du jour au lendemain, entre l'époque de l'arrivée desdits voyageurs et celle de leur départ.

3. Chaque particulier qui aura l'intention de louer des chevaux, ou d'entreprendre le

---

(1) *Voy.* loi du 19 — 24 novembre 1790.

transport des voyageurs ou marchandises, sera tenu, à peine, en cas de contravention, d'une amende de cinquante livres, applicable aux établissemens de charité, de faire préalablement sa déclaration dans les huit premiers jours de chaque année, au greffe de la municipalité du lieu où il sera domicilié, et de la renouveler dans les huit premiers jours de chaque année, s'il est dans l'intention de continuer ce commerce.

4. Il sera établi une ferme générale des messageries, coches et voitures d'eau, aux conditions et charges suivantes :

1° Les fermiers auront seuls le droit des départs à jour et heure fixes, et de l'annonce desdits départs, ainsi que celui de l'établissement de relais à des points fixes et déterminés ;

2° Ils jouiront, comme par le passé, dans les villes où cet usage avait lieu, de la facilité que leurs voitures et guimbardes ne soient visitées qu'aux lieux de leurs bureaux; mais ils seront chargés d'acquitter la dépense des établissemens que cette facilité nécessite ;

3° Les voitures, chevaux, harnais, servant à l'usage du service public des messageries, ne pourront être saisis dans aucun cas, et sous quelque prétexte que ce soit ;

4° Les fermiers seront tenus de remplir exactement les conditions de leurs départs et relais, aux heures et points fixés et déterminés ; ils seront également tenus de pourvoir à ce que non-seulement les principales routes du royaume, mais encore les communications particulières, suivant l'état qui sera joint au bail, soient exactement desservies ;

5° D'après les déclarations, évaluations et prix de transport convenus de gré à gré, mais qui, dans aucun cas, ne pourront excéder les taux fixés ou maintenus par l'arrêt du conseil et les tarifs y joints, de l'année 1776, les fermiers demeureront, jusqu'à décharge, responsables de tous les paquets, balles, ballots, marchandises et espèces qui leur seront confiés; mais ni lesdits fermiers, ni tous autres entrepreneurs de voitures ou transports, ne pourront se charger d'aucune lettre ou papier, outre que ceux relatifs à leur service personnel et particulier, et ceux de procédures en sac (1).

5. D'après les instructions que le pouvoir exécutif fournira, il sera incessamment procédé à la confection d'un réglement particulier, pour l'exploitation et le service des messageries, et surtout à la rédaction du tarif des coches et voitures d'eau.

6. Le pouvoir exécutif recevra, aux conditions ci-dessus énoncées, les offres qui pourraient lui être faites pour l'entreprise et exploitation de la ferme des messageries ; et sur

le compte qui sera rendu à l'Assemblée, elle décrétera ce qu'il appartiendra.

7. Le bail actuel des messageries, passé sous le nom de *Durdan*, ainsi que les sous-baux, ensemble le traité des fermiers avec les administrateurs des postes pour le transport des malles, ainsi que les sous-traités pour les mêmes services, demeureront résiliés à compter du 1er janvier prochain; et jusque-là, lesdits baux, sous-baux et traités continueront d'avoir leur exécution, en tout ce qui n'est pas expressément dérogé par le présent décret.

8. Il sera procédé, en la manière accoutumée, à l'examen et à la vérification des indemnités qui pourraient être dues aux fermiers ou sous-fermiers actuels des messageries, soit pour les non-jouissances forcées par les circonstances, soit pour la résiliation de tout ou partie de leurs baux, et au partage desdites indemnités entre les différentes compagnies ou particuliers qui y prétendront droit, pour, les décisions qui seront intervenues et les débats qui pourraient être présentés contre lesdits résultats, être portés au comité de liquidation, qui en rendra compte à l'Assemblée, le tout en conformité du décret du 17 juillet, relatif aux créances arriérées et aux fonctions de son comité de liquidation.

Attributions des vérifications, contestations et plaintes sur le service des postes aux lettres, des postes aux chevaux et des messageries.

Art. 1er. Les assemblées et directoires de département et de district, les municipalités ni les tribunaux, ne pourront ordonner aucun changement dans le travail, la marche et l'organisation des services des postes aux lettres, des postes aux chevaux et des messageries. Les demandes et les plaintes relatives à ces services seront adressées au pouvoir exécutif.

2. Les vérifications renvoyées par les réglemens des postes et des messageries aux ci-devant intendans des provinces, seront faites à la réquisition des chefs d'administration des postes, par les soins des directoires de département.

3. Les contestations dont les jugemens sont aussi renvoyés par les réglemens des postes et des messageries aux ci-devant intendans des provinces et lieutenant de police de Paris, ainsi que celles qui s'élèveront à l'occasion de l'exécution des décrets, des tarifs de perception et des recouvremens desdites parties, seront portées devant les juges ordinaires des lieux.

26 AOUT 1790 — Décret pour qu'il soit fait un armement de quarante-cinq vaisseaux de ligne. (B 5, 271)

26 AOUT = 3 SEPTEMBRE 1790. — Décret qui renvoie au conseil du Roi les dénonciations et les pétitions faites par les municipalités de Tulle et d'Uzerche. (B. 5, 280.)

26 AOUT 1790. — Dijon. *Voy.* 19 AOUT 1790.

27 AOUT 1790. — Décret pour autoriser l'académie de chirurgie à présenter un projet de reglement en ce qui la concerne. (B. 5, 280.)

27 = 29 AOUT 1790. — Décret qui ordonne l'élargissement des citoyens d'Avignon détenus à Orange. (B. 5, 281.)

28 AOUT = 8 SEPTEMBRE 1790. — Décret pour la vente à la commune de Paris des biens nationaux pour lesquels elle a fait soumission. (B. 5, 282.)

28 AOUT = 3 SEPTEMBRE 1790. — Décret pour faire rendre au sieur Quillard, fermier des biens ecclésiastiques, les objets qui lui ont été enlevés par la municipalité de Manton (B. 5, 283.)

28 AOUT 1790. — Décret qui renvoie au mois de septembre la décision d'une question présentée sur la liquidation de la dette publique (B. 5, 283.)

28 AOUT 1790. — Décret sur le commerce au-delà du cap de Bonne-Espérance. (B. 5, 284.)

28 AOUT 1790. — Décret en témoignage de satisfaction du don patriotique offert par les négocians établis en Syrie. (B. 5, 284.)

28 AOUT 1790. — Bretagne. *Voy.* 18 AOUT 1790. — Tribunaux de districts. *Voy.* 23 AOUT 1790.

29 AOUT 1790. — Décret pour prévenir l'introduction d'erreurs dans la rédaction des décrets. (B. 5, 286.)

Voy. loi du 13 JUIN 1790.

L'Assemblée nationale a décrété et décrète que tout rapporteur ou autre membre de l'Assemblée, sur la proposition duquel il aura été rendu un décret ou une suite de décrets, sera expressément tenu d'en remettre, dans le jour, la minute en règle, et signée de lui, dans le bureau des procès-verbaux de l'Assemblée nationale; laquelle minute sera remise au chef de bureau chargé de l'expédition des décrets, et restera entre les mains dudit chef, qui répondra de l'exactitude et de la fidélité des expéditions.

29 AOUT = 2 SEPTEMBRE 1790. — Décret qui rectifie une erreur faite à l'art. 10 du décret du 26 juillet sur les droits de voirie et de plantation d'arbres. (L. 2, 59; B. 5, 286.) *Voy.* la loi du 26 JUILLET 1790.

29 AOUT 1790. — Décret relatif aux traitemens des officiers invalides, et aux gratifications assignées sur la loterie royale. (B. 5, 287.)

29 AOUT 1790. — Décret qui rappelle à la municipalité de Bar l'exécution du décret qui ordonne la libre circulation des espèces. (B. 5, 285.)

29 AOUT 1790. — Avignon. *Voy.* 27 AOUT 1790. — Caisse d'escompte. *Voy.* 14 AOUT 1790. — Conseil du Roi. *Voy.* 20 OCTOBRE 1789. — Fonctionnaires publics. *Voy.* 26 AOUT 1790. — Foulon. *Voy.* 18 AOUT 1790. — Gex. *Voy.* 22 AOUT 1790. — Moulin. *Voy.* 18 AOUT 1790. — Perrotin. *Voy.* 23 AOUT 1790. — Postes. *Voy.* 26 AOUT 1790. — Procureur du Roi de Montdidier. *Voy.* 11 FÉVRIER 1790. — Quimper. *Voy.* 20 AOUT 1790.

31 = 31 AOUT 1790. (Procl.) — Décret concernant la chasse dans le grand et petit parc de Versailles. (L. 1, 1427; B. 5, 288.)

Voy. loi du 22 = 25 JUILLET 1790.

L'Assemblée nationale, après avoir entendu son comité des domaines et de féodalité, le charge de lui présenter, d'ici au 15 septembre prochain, un projet de décret sur les chasses du Roi; et jusqu'à ce qu'il y ait été statué, suspend, à l'égard de tous particuliers, l'exercice de la chasse sur leurs propriétés enclavées dans le grand et petit parc de Versailles;

Décrète que les gardes-de-chasses et autres préposés à la conservation des propriétés nationales dans lesdits parcs, ne pourront employer pour cet objet que les moyens qui sont indiqués par les décrets de l'Assemblée nationale, sanctionnés par le Roi.

L'Assemblée charge son président de porter dans le jour le présent décret à la sanction du Roi. =

31 AOUT = 10 SEPTEMBRE 1790. (Lett.-Pat.) — Décret relatif à la formation des ateliers de secours. (L. 2, 23; B. 5, 290.)

L'Assemblée nationale, considérant combien il importe que les ateliers publics ne soient qu'un secours accordé à ceux qui manquent véritablement de travail; que les fonds qu'on y destine soient répartis sur le plus grand nombre possible d'indigens; qu'ils ne soient préjudiciables ni à l'agriculture ni aux manufactures, et ne deviennent une sorte d'encouragement à l'imprévoyance et à la paresse, a décrété ce qui suit:

Art. 1er. Les ateliers de secours actuellement existant dans la ville de Paris seront supprimés; il en sera sur-le-champ formé de nouveaux, soit dans la ville de Paris et sa banlieue, soit dans les différens départemens où des travaux auront été jugés nécessaires par les directoires.

2. Ces ateliers seront de deux espèces:

Dans la première, les administrateurs n'admettront que les ouvriers qui travailleront à la tâche;

Dans la seconde, ils occuperont les hommes faibles ou moins accoutumés aux travaux de terrasse, qui seront payés à la journée.

3. La fixation du prix des travaux à la tâche ou à la journée sera toujours inférieure au prix courant du pays pour les travaux du même genre, et sera déterminée par les corps administratifs des lieux où les ateliers seront ouverts. Les réglemens pour la police desdits ateliers seront également faits par ces mêmes corps administratifs.

4. Ceux des ouvriers qui contreviendront aux réglemens qui seront faits, soit pour la police des ateliers, soit pour la fixation du prix des ouvrages, seront jugés comme pour faits de police, par les officiers municipaux des lieux, et punis ainsi qu'il appartiendra; et en cas d'attroupemens séditieux, d'insubordination ou autres faits graves, ils seront arrêtés, poursuivis dans les tribunaux ordinaires comme perturbateurs du repos public, et punis comme tels, suivant l'exigence des cas.

5. A compter du jour de la publication du présent décret, toute personne non actuellement domiciliée à Paris, ou qui n'y serait pas née, et qui se présenterait pour avoir de l'ouvrage, ne sera pas admise aux ateliers de secours qui seront ouverts conformément à l'article 1er; et pour le surplus, l'Assemblée nationale renvoie aux dispositions du décret du 30 mai dernier, concernant la mendicité de Paris.

---

31 AOUT 1790. — Décret portant que les commissions intermédiaires de Bretagne continueront le travail relatif aux impositions et cesseront leurs fonctions au 31 décembre. (B. 5, 289.)

---

31 AOUT = 2 SEPTEMBRE 1790. — Décret relatif à l'insubordination de la garnison de Nancy. (L. 2, 9; B. 5, 288.)

---

31 AOUT 1790. — Décret qui ordonne l'impression de la procédure du Châtelet sur les événemens du 6 octobre 1789. (B. 5, 291.)

---

31 AOUT 1790. — Relaisbers. Voy. 21 AOUT 1790. — Gardes françaises. Voy. 24 JUILLET 1790. — Haras. Voy. 29 JANVIER 1790. — Marine. Voy. 26 JUILLET 1790.

1er = 12 SEPTEMBRE 1790. (Procl.) — Décret concernant la comptabilité de la marine. (L. 2, 15; B. 6, 2; Mon. 2 septembre 1790.)

Art. 1er. A compter du 1er septembre présent mois, le ministre de la marine sera tenu de rendre compte, mois par mois, des dépenses faites dans les ports et arsenaux, de manière qu'il n'y ait jamais qu'un mois d'arriéré; en conséquence, le ministre de la marine adressera à l'Assemblée nationale les états sommaires de chaque espèce de paiement, certifiés et signés par les administrateurs desdits ports et arsenaux, pour être lesdits états soumis à l'examen et à la vérification du comité de la marine, qui en fera son rapport à l'Assemblée nationale.

2. A compter du 1er janvier 1791, les comptes des dépenses de la marine dans les colonies seront rendus par le ministre, dans la même forme et aux mêmes époques que pour les ports et arsenaux, autant que les événemens de la mer pourront le permettre, sans que, sous aucun prétexte, les agens du pouvoir exécutif puissent excéder la quotité des fonds qui seront assignés aux dépenses ordinaires, et sous l'obligation expresse de rendre compte sans délai de toute espèce de dépenses extraordinaires, dont ils demeureront responsables.

3. Pour ce qui regarde la comptabilité arriérée du département de la marine et des colonies, le ministre sera tenu de fournir, dans le plus court délai, les états effectifs de recettes et dépenses ordinaires et extraordinaires de ce département, depuis l'apurement du dernier compte jusqu'au 1er janvier 1791, ensemble des recouvremens faits ou à faire sur les débiteurs de la marine et des colonies, pour, lesdits états munis de toutes pièces à soutien, être soumis à l'examen du comité de la marine, et, sur le rapport dudit comité, être statué par l'Assemblée nationale ce qu'il appartiendra.

4. Au surplus, l'Assemblée nationale, voulant assurer le service de la marine pour l'exercice 1790, décrète que, sans préjuger la distribution des fonds, projetée au mois de décembre dernier, les trente millions assignés pour l'ordinaire de la marine, les dix millions cinq cent mille livres pour l'ordinaire des colonies, et les sept millions cent soixante-deux mille huit cent cinquante-cinq livres assignés pour les dépenses dites extraordinaires, faisant lesdites sommes celle de quarante-sept millions six cent soixante-deux mille huit cent cinquante-cinq livres, continueront d'être remises à la disposition du ministre de la marine, à raison d'un douzième par mois jusqu'à la fin de 1790, sauf la responsabilité sur l'emploi de ces fonds.

Proclamation du Roi pour l'exécution du décret ci-dessus.

Art. 1er. A compter du 1er septembre de cette année, les intendans et ordonnateurs des ports rendront compte, mois par mois, de toutes les dépenses faites dans les ports ou arsenaux, en sorte qu'il n'y ait jamais plus d'un mois arriéré; et en conséquence, ils enverront au secrétaire d'État ayant le département de la marine, les états sommaires de chaque espèce de paiemens certifiés et signés

par eux ; ils lui feront passer deux expéditions de chacun de ces états, dont l'une restera
dans les bureaux dudit secrétaire d'Etat, et
l'autre sera aussitôt adressée par lui à l'Assemblée nationale.

2. Ils ne pourront, sous aucun prétexte,
excéder la quotité de fonds qui leur aura été
assignée pour les dépenses ordinaires, et Sa
Majesté leur impose l'obligation expresse de
rendre compte, sans délai, de toute espèce de
dépenses extraordinaires, dont ils demeureront responsables.

3. Seront tenus les intendans ou ordonnateurs des colonies d'exécuter pareillement, à
compter du 1ᵉʳ janvier 1791, toutes les dispositions des précédens articles ; leur enjoint
de plus, Sa Majesté, d'envoyer par duplicata et
de faire partir par deux navires différens,
les états doubles ci-dessus mentionnés.

4. Quant à ce qui concerne la comptabilité
arriérée du département de la marine et des
colonies, les intendans et ordonnateurs, tant
des ports que des colonies, enverront dans le
plus court délai au secrétaire d'Etat les états
effectifs de recettes et dépenses ordinaires et
extraordinaires de ce département, depuis
l'apurement du dernier compte, jusqu'au 1ᵉʳ
janvier 1790, ensemble des recouvremens
faits ou à faire sur les débiteurs de la marine
et des colonies ; et seront lesdits états munis
de toutes pièces au soutien.

1ᵉʳ SEPTEMBRE 1790. — Décret contre un arrêt
de la chambre des vacations de Rouen, portant infraction au sursis ordonné pour l'instruction et le jugement de toutes les causes et
procès concernant les biens déclarés être à la
disposition de la nation. (B. 6, 1.)

L'Assemblée nationale, après avoir entendu
le comité ecclésiastique, sur l'arrêt rendu par
la chambre des vacations du Parlement de
Rouen, le 24 août dernier, entre le sieur
Gabriel Ledué, la dame Anne Delamarre,
veuve du sieur Duhamel, ci-devant seigneur
de Melmont et d'Orcher, et le prieur de Saint-
Dignefort, au sujet des droits en litige entre
eux et sur les marais d'Orcher, ledit arrêt
rendu nonobstant le décret du 27 mai précédent, sanctionné le 28 par le Roi, qui porte,
article 3, qu'à compter du jour de la publication dudit décret, et pendant quatre mois
après la formation des directoires des départemens, il sera sursis à l'instruction et au jugement de toutes les causes, instances et procès mus et à mouvoir entre quelques personnes que ce soit, concernant les droits et fonds
qui ont été déclarés être à la disposition de la
nation ;

Déclare que ledit arrêt est une infraction
formelle au sursis ordonné par ledit décret ;

en conséquence, décrète que le Roi sera prié
d'ordonner ce qui conviendra pour l'exécution dudit décret, et que les pièces adressées
au comité ecclésiastique seront remises au
garde-des-sceaux.

1ᵉʳ = 3 SEPTEMBRE 1790. — Décret qui déclare
nulles les élections faites par les électeurs du
district de Mussidan. (B. 6, 2.)

1ᵉʳ = 9 SEPTEMBRE 1790. — Décret qui permet
aux députés suppléans d'accepter des places et
emplois du Gouvernement. (B. 6, 4.)

1ᵉʳ = 2 SEPTEMBRE 1790. — Décret et proclamation pour faire rentrer dans le devoir des régimens en garnison à Nancy. (L. 2, 9.)

2 SEPTEMBRE (31 AOUT, 1ᵉʳ et) = 11 SEPTEM-
BRE 1790. (Procl.) — Décret sur la fixation des
traitemens des juges, des administrateurs et
des frais de service des tribunaux. (L. 2, 27 ;
B. 6, 7 ; Mon. des 31 août et 3 septembre 1790.)

Voy. loi du 27 FLORÉAL an 6 ; du 8 VENTOSE
du 27 VENTOSE an 8 ; et du 28 PLUVIOSE an 8.

L'Assemblée nationale, après avoir entendu le rapport du comité de constitution, décrète ce qui suit :

Justice de paix (1).

Art. 1ᵉʳ. Le traitement sera, dans les cantons et dans les villes au-dessous de vingt
mille ames, savoir :

Pour le juge de paix, six cents livres; pour
le greffier, indépendamment du produit des
expéditions, suivant le tarif modéré qui en
sera fait, deux cents livres.

Dans les villes, depuis vingt mille ames
jusqu'à soixante mille :

Pour le juge de paix, neuf cents livres;
pour le greffier, trois cents livres.

Dans les villes au-dessus de soixante mille
ames :

Pour le juge de paix, douze cents livres ;
pour le greffier, cinq cents livres.

Tribunaux de district

2. Le traitement sera, dans les villes au-
dessous de vingt mille ames, savoir :

Pour chaque juge et pour le commissaire
du Roi, dix-huit cents livres; pour le greffier,
indépendamment du produit des expéditions,
suivant le tarif modéré qui en sera fait, six
cents livres.

Dans les villes depuis vingt mille ames jusqu'à soixante mille :

Pour chaque juge et pour le commissaire
du Roi, deux mille quatre cents livres; pour
le greffier, huit cents livres.

(1) *Voy.* loi du 3 = 5 novembre 1790.

Dans les villes au-dessus de soixante mille ames :

Pour chaque juge et pour le commissaire du Roi, trois mille livres; pour le greffier, mille livres.

A Paris, pour chaque juge et pour chaque commissaire du Roi, quatre mille livres; pour chaque greffier, treize cent trente-trois livres six sous huit deniers.

Directoires de district.

3. Le traitement sera, dans les villes au-dessous de vingt mille ames, savoir :

Pour les quatre membres des directoires, neuf cents livres; pour les procureurs-syndics, seize cents livres; pour les secrétaires, douze cents livres.

Dans les villes depuis vingt mille ames jusqu'à soixante mille :

Pour les quatre membres des directoires, douze cents livres; pour les procureurs-syndics, deux mille livres; pour les secrétaires, quinze cents livres.

Dans les villes au-dessus de soixante mille ames :

Pour les quatre membres des directoires, quinze cents livres; pour les procureurs-syndics, deux mille quatre cents livres; pour les secrétaires, dix-huit cents livres.

Directoires de département.

4. Le traitement sera, dans les villes au-dessous de vingt mille ames, savoir :

Pour les huit membres des directoires, seize cents livres; pour les procureurs-généraux-syndics, trois mille livres; pour les secrétaires, quinze cents livres.

Dans les villes depuis vingt mille ames jusqu'à soixante mille :

Pour les huit membres des directoires, deux mille livres; pour les procureurs-généraux-syndics, quatre mille livres; pour les secrétaires, deux mille livres.

Dans les villes au-dessus de soixante mille ames et à Paris :

Pour les huit membres des directoires, deux mille quatre cents livres; pour les procureurs-généraux-syndics, cinq mille livres; pour les secrétaires, deux mille cinq cents livres.

Droits d'assistance.

5. Il sera distrait des divers traitemens ci-dessus, attribués aux juges, aux commissaires du Roi et aux membres des directoires, une somme :

De trois cents livres sur un traitement de neuf cents livres ;

De quatre cent cinquante livres sur un traitement de douze cents livres ;

De six cents livres sur les traitemens de quinze cents livres, de seize cents livres et de dix-huit cents livres;

De neuf cents livres sur un traitement de deux mille livres;

De douze cents livres sur un traitement de deux mille quatre cents livres.

Il sera également distrait des traitemens des procureurs-généraux-syndics et des procureurs-syndics une somme :

De trois cents livres sur un traitement de seize cents livres;

De quatre cent cinquante livres sur un traitement de deux mille livres;

De six cents livres sur les traitemens de deux mille quatre cents livres et de trois mille livres;

De neuf cents livres sur un traitement de quatre mille livres ;

De douze cents livres sur un traitement de cinq mille livres.

Ces sommes distraites seront mises en masse, et distribuées en droits d'assistance entre les juges et le commissaire du Roi présens, et entre les membres des directoires, les procureurs-généraux-syndics, et les procureurs-syndics présens, d'après le registre de pointe qui sera tenu par le greffier ou secrétaire, et signé à chaque séance, tant par le président que par le greffier ou secrétaire.

Mode du paiement.

6. Le directoire du district délivrera, tous les trois mois, à chacun des juges, au commissaire du Roi et au greffier du tribunal, un *mandat* sur la caisse du district, du *quart* de la portion fixe de leur traitement, et un *mandat* particulier de la portion qui leur reviendra dans le produit des feuilles d'assistance, dont le résultat, pour chaque officier, signé du président et du greffier du tribunal, sera envoyé au directoire.

7. Les membres des directoires, les procureurs-généraux-syndics et les procureurs-syndics toucheront tous les trois mois, à la caisse du district, sur leurs quittances, le quart de la portion fixe de leur traitement; et il sera délivré à chacun d'eux, par le directoire, un *mandat* de sa portion dans le produit des feuilles d'assistance, dont le résultat pour chacun sera constaté par le directoire assemblé.

Pour cette année 1790 seulement, les directoires de département pourront délivrer, tant pour eux-mêmes que pour les directoires de district, les *mandats* du montant de leur traitement sur les receveurs particuliers des finances ou trésoriers des anciennes provinces.

Frais annuels du service.

8. Les directoires de district formeront un état, par aperçu, des sommes auxquelles ils estimeront que leurs frais annuels de service doivent être économiquement réduits, et ils l'adresseront aux directoires de département. Ces derniers feront pareillement l'état esti-

matif de leurs frais de service, et l'enverront dans le délai de deux mois à l'Assemblée nationale, avec leurs observations sur ceux des directoires de district. Provisoirement, les directoires des départemens pourront disposer d'une somme de dix mille livres pour leurs frais de loyer, salaires de commis et mennes dépenses de l'année, et les directoires de district, de la somme de trois mille livres pour les mêmes emplois.

Frais de premier établissement.

9. Les prochains conseils d'administration, tant de département que de district, délibéreront définitivement sur le choix du lieu de leur séance, de celle du directoire, du placement de leurs bureaux et de leurs archives, et sur l'évaluation des premières dépenses de cet établissement, qui ne devront plus se renouveler. Les états en seront également envoyés à l'Assemblée nationale, comme il est dit à l'article précédent, et provisoirement il ne pourra être employé à ces dépenses que la somme de trois mille livres au plus par chaque administration de département, et celle de douze cents livres au plus par chaque administration de district.

Imposition par districts.

10. Le Corps-Législatif fera imposer annuellement sur chaque district les dépenses du corps administratif et du tribunal qui y seront établis. L'Assemblée nationale invite les administrations à régler avec économie celles qui les concernent, et à se distinguer à l'envi par cette simplicité patriotique qui fait la vraie décoration des élus du peuple.

2 SEPTEMBRE (25 AOUT et) = 11 SEPTEMBRE 1790. (Procl.) — Décret sur l'organisation judiciaire. (L. 2, 25 ; B. 6, 13 ; Mon. des 27 août et 3 septembre 1790.)

Voy. loi du 23 = 27 SEPTEMBRE 1790.

Art. 1er. Les ecclésiastiques ne peuvent être élus aux places de juges, dont les fonctions sont déclarées incompatibles avec leur ministère.

2. Il n'est pas nécessaire, pour être éligible aux places de juge de paix, et à celles de juges de tribunal de district, d'être actuellement domicilié, soit dans le canton, soit dans le district.

3. Les sujets élus, qui auront accepté leur nomination, seront tenus de résider assidument, savoir, les juges de paix dans le canton, et les juges de district dans le lieu où le tribunal est établi.

4. Les membres de l'Assemblée nationale, et ceux des législatures suivantes, pourront

être élus aux corps administratifs et aux places de juges, lorsqu'ils ne seront pas absens de l'assemblée, et présens dans l'étendue du département où se feront les élections.

5. La qualité d'*homme de loi ayant exercé pendant cinq ans* auprès des tribunaux, ne s'entend *provisoirement*, et pour la prochaine élection, que des gradués en droit qui ont été admis au serment d'avocat, et qui ont exercé cette fonction dans des sièges de justice royale ou seigneuriale, en plaidant, écrivant ou consultant. L'Assemblée nationale se réserve de statuer ultérieurement sur cette condition d'éligibilité, lorsqu'elle s'occupera de l'enseignement public.

6. Les non-catholiques ci-devant membres des municipalités, les docteurs et licenciés ès-lois de la religion protestante, pourront être élus aux places des juges, quoiqu'ils n'aient point rempli pendant cinq ans, soit les fonctions de juge, soit celles d'homme de loi, auprès des tribunaux : et ce, pour la prochaine élection seulement, pourvu qu'ils réunissent d'ailleurs les conditions d'éligibilité.

L'Assemblée nationale n'entend encore rien préjuger par rapport aux Juifs, sur l'état desquels elle s'est réservé de prononcer.

7. Les administrateurs qui ont accepté d'être membres des directoires, procureurs-généraux-syndics, et les procureurs-syndics, ne pourront point, à la prochaine élection, être nommés aux places de juges, même en donnant leur démission ; ils ne pourront de même être employés dans la première nomination des commissaires du Roi (1).

8. Les procureurs et avocats du Roi, et leurs substituts gradués, les juges seigneuriaux, les procureurs fiscaux qui étant gradués avant le 4 août 1789, sont éligibles aux places de juges, s'ils ont exercé pendant cinq ans, soit les fonctions de leur office, soit antérieurement celles d'homme de loi, et s'ils réunissent d'ailleurs les autres conditions d'éligibilité. Il en est de même des professeurs, docteurs et agrégés des facultés de droit qui auront exercé leurs fonctions ou celles d'homme de loi pendant cinq ans ; mais ils seront tenus d'opter.

9. Les parens et alliés jusqu'au degré de cousin issu de germain inclusivement, ne pourront être élus ni rester juges ensemble dans le même tribunal. Si deux parens ou alliés aux degrés ci-dessus prohibés, se trouvent élus, celui qui l'aura été le dernier sera remplacé par le premier suppléant (2).

10. Les juges, étant en fonctions, porteront l'habit noir, et auront la tête couverte d'un chapeau rond, relevé par le devant, et surmonté d'un panache de plumes noires.

---

(1) *Voy.* loi du 19 = 27 septembre 1790.
(2) Avis du Conseil-d'État du 17 mars = 23 avril 1807.

Les commissaires du Roi étant en fonctions auront le même habit et le même chapeau, à la différence qu'il sera relevé en avant par un bouton et une gance d'or.

Le greffier étant en fonctions sera vêtu de noir, et portera le même chapeau que le juge, et sans panache.

Les huissiers faisant le service de l'audience seront vêtus de noir, porteront au cou une chaîne dorée descendant sur la poitrine, et auront à la main une canne noire à pomme d'ivoire.

Les hommes de loi, ci-devant appelés avocats, ne devant former ni ordre, ni corporation (1), n'auront aucun costume particulier dans leurs fonctions.

2 SEPTEMBRE 1790. — Lettres-patentes du Roi qui subrogent, à compter du 1er octobre prochain, Jean-Baptiste Mager à Jean-François Kalendin, dans la perception des droits sur les cuirs tannés et apprêtés, etc. (L. 2, 7.)

2 SEPTEMBRE 1790. — Décret qui renvoie à un conseil de guerre l'instruction et le jugement de l'accusation intentée contre le sieur Riquetti jeune, ci-devant vicomte de Mirabeau (B. 6, 18.)

2 SEPTEMBRE 1790. — Décret qui fixe le traitement de M. Cottereau, ingénieur-géographe, employé par le comité de constitution. (B. 6, 16.)

2 SEPTEMBRE 1790. — Liquidation des officiers. Voy. 7 SEPTEMBRE 1790. — Nancy. Voy. 1er SEPTEMBRE 1790.

3 = 19 SEPTEMBRE 1790. (Procl.) — Décret qui réduit provisoirement la dépense de la Bibliothèque du Roi et celle de l'Observatoire. (L. 2, 77; B. 6, 18.)

Bibliothèque du Roi.

La dépense de la Bibliothèque du Roi sera réduite provisoirement à 110,000 liv.

Observatoire.

La dépense de l'Observatoire sera de 8,700 liv., savoir: au directeur, sans retenue, 2,700 liv.; pour trois élèves, 3,000 liv.; pour entretien d'instrumens, 2,400 liv.; pour la bibliothèque, 600 liv.

Tous les instrumens d'astronomie appartenant à la nation seront remis à l'Observatoire. Il en sera dressé un inventaire, dont copie, signée du directeur de l'Observatoire, sera remise aux archives nationales. Le directeur pourra confier ces instrumens aux astronomes, à la charge d'en répondre. Les machines diverses appartenant à la nation, qui existent dans les divers dépôts de Paris, autres que celles qui sont attachées à des chaires et établissemens publics, seront réunies au cabinet de l'Académie des sciences. Il sera pareillement dressé un inventaire de toutes les machines, soit de l'Académie des sciences, soit des autres dépôts qui doivent y être réunis, soit des chaires et établissemens publics; et copies de ces inventaires, signées des dépositaires, seront remises aux archives nationales.

3 = 4 SEPTEMBRE 1790. — Décret concernant les événemens qui ont eu lieu à Nancy. (L. 2, 13.)

3 = 18 SEPTEMBRE 1790. — Décret qui détermine les cas où l'on peut adresser au Corps-Législatif des plaintes ou réclamations contre les officiers municipaux. (B. 6, 17.)

3 = 9 SEPTEMBRE 1790. — Décret qui proroge provisoirement la juridiction des prud'hommes établis à Marseille et à Toulon. (B. 6, 17.)

3 SEPTEMBRE 1790. — Mussidan. Voy. 1er SEPTEMBRE 1790. — Orthez. Voy. 24 AOUT 1790. — Quillard. Voy. 28 AOUT 1790. — Tulle. Voy. 26 AOUT 1790.

4 = 19 SEPTEMBRE 1790. (Procl.) — Décret relatif aux sommes payées ou accordées, tant au collège de Louis-le-Grand qu'aux divers collèges et universités de provinces, écoles d'équitation et école gratuite de dessin à Paris. (L. 3, 1022; B. 6, 20.)

4 = 9 SEPTEMBRE 1790. — Décret qui fixe dans la ville de Lassay le siège du tribunal du district. (B. 6, 20.)

4 = 9 SEPTEMBRE 1790. — Décret qui détermine les établissemens administratifs et judiciaires des villes de Gondrecourt et de Vaucouleurs. (B. 6, 20.)

4 = 18 SEPTEMBRE 1790. — Décret qui conserve provisoirement à la dame Coutenceaux son traitement. (L. 2, 67; B. 6, 21.)

4 SEPTEMBRE 1790. — Décret pour qu'il soit présenté un plan d'organisation et de direction du trésor national. (B. 6, 21.)

4 = 9 SEPTEMBRE 1790. — Décret qui fixe à Toulon le siège du directoire du département du Var. (B. 6, 21.)

4 SEPTEMBRE 1790 = 23 MARS 1791. — Décret portant que l'entretien des palais de justice et des prisons sera désormais aux frais des justiciables. (L. 3, 1020; B. 6, 21.)

_____

(1) Voy. décret du 14 décembre 1810.

23.

4 SEPTEMBRE 1790 = 25 MARS 1791. — Décret portant que les manufactures ne recevront, du trésor public, des encouragemens, que si l'Assemblée les juge nécessaires. (B. 6, 22.)

4 SEPTEMBRE 1790. — Décret concernant l'envoi de deux commissaires civils à Hesdin, pour prendre connaissance de l'insurrection du régiment Royal-Champagne. (B. 6, 24.)

4 SEPTEMBRE 1790. — Décret qui charge les directeurs des monnaies de l'entretien des laboratoires, fourneaux et ustensiles servant à la fabrication. (B. 6, 22.)

4 = 29 SEPTEMBRE 1790. — Décret qui réunit les deux municipalités de Tonneins-dessus, et Tonneins-dessous, sous le nom de Tonneins, et prescrit la forme de renouvellement du maire et du procureur de la commune. (B 6, 24.)

4 SEPTEMBRE 1790. — Décret pour voter des remerciemens à M. Camus, des soins qu'il a donnés aux archives. (B. 6, 25.)

4 = 8 SEPTEMBRE 1790. — Décret qui renvoie le sieur Eggs par-devant le Châtelet. (B. 6, 20.)

4 SEPTEMBRE 1790. — Nancy. Voy. 3 SEPTEMBRE 1790.

5 = 21 SEPTEMBRE 1790. (Procl.) — Décret qui règle la forme du bouton des gardes nationales. (L. 2, 108; B. 6, 26.)

5 = 9 SEPTEMBRE 1790. — Décret qui autorise le bailliage de Nancy à continuer d'instruire les attentats commis le 31 août dernier. (B. 6, 62.)

5 SEPTEMBRE 1790. — Académie. Voy. 20 AOUT 1790. — Suppression de gratification. Voy. 13 AOUT 1790.

6 = 9 SEPTEMBRE 1790. — Décret qui autorise le conseil à juger définitivement toutes les instances sur le fait des postes et messageries (1). (B. 6, 28.)

L'Assemblée nationale décrète qu'en vertu de son décret du 20 octobre dernier, qui, sous les exceptions contenues audit décret, a confirmé provisoirement le conseil dans l'exercice de ses fonctions, ce tribunal doit statuer, jusqu'à jugement définitif, sur toutes les instances sur le fait des postes et messageries qui y étaient pendantes avant l'époque de la publication du présent décret du 9 juillet dernier, et que la connaissance des contestations sur le fait des postes et messa-geries, attribuée par le décret des 22, 23, 24 et 26 août dernier, aux tribunaux ordinaires, ne s'entend que de celles sur lesquelles il n'y avait point d'instance introduite au conseil, avant l'époque de la publication des décrets sur les postes et messageries.

6 SEPTEMBRE 1790. — Décret qui autorise la caisse d'escompte à verser dans le trésor public dix millions en promesses d'assignats. (B. 6, 29.)

6 SEPTEMBRE 1790. — Décret qui confirme les élections de quelques notables de Paris et porte de nouvelles dispositions propres à accélérer les élections des municipalités. (B. 6, 27.)

6 SEPTEMBRE 1790. — Décret concernant l'organisation de l'ordre judiciaire et qui traite de la suppression des anciens officiers et tribunaux. (B. 6, 28.) Voy. 7 SEPTEMBRE 1790.

7 (6, 2 et) = 12 SEPTEMBRE 1790. — Décret relatif à la liquidation des offices et aux dettes des compagnies. (L. 2, 40; B. 6, 37; Mon. des 3 et 9 septembre 1790.)

TITRE Ier. Finances des offices et frais de provisions.

Art. 1er. Tous les offices de judicature et de municipalités, évalués en exécution de l'édit de 1771, seront liquidés sur le prix de l'évaluation.

2. Les offices soumis à l'évaluation et non évalués, seront liquidés, autant qu'il se pourra, sur le pied de leur finance primitive et supplément; et à défaut de finance connue, sur le pied des offices de la même nature et de la même compagnie, dont la finance sera certaine.

3. Les offices non soumis à l'évaluation prescrite par l'édit de 1771, et qui ont été simplement fixés en vertu des édits de 1756 et 1771, ensemble les offices de Flandre, Hainaut, d'Artois et de Cambrésis, formellement exceptés de l'exécution de l'édit de 1771, seront liquidés sur le pied du dernier contrat authentique d'acquisition.

4. Dans le cas où le titulaire actuel de l'un des offices spécifiés en l'article 3 ne pourrait produire un contrat authentique d'acquisition, la liquidation sera faite sur le pied du prix moyen des offices de la même nature et de la même compagnie qui auront été vendus dix ans avant et dix ans après l'époque des provisions du titulaire.

5. Les offices de chancellerie qui n'étaient assujétis ni à l'évaluation ni à la fixation ci-

_____

(1) Voy. loi du 15 mars 1827, t. 2e. p. 32 et note.

dessus énoncées, seront liquidés sur le pied de leur finance.

6. Les offices de chancellerie connus sous le nom de grands-audienciers, contrôleurs, gardes-rôles, conservateurs des hypothèques, trésoriers, chauffe-cires, ciriers, scelleurs, et autres spécialement attachés au service du sceau, dont la finance primitive ne pourra être reconnue, seront liquidés suivant les règles établies en l'article 3 ci-dessus.

7. Les premiers pourvus d'un office, et ceux qui en ont levé aux parties casuelles depuis 1771, seront remboursés sur le pied de la finance par eux effectivement versée dans le trésor public.

8. Seront compris dans la disposition des articles précédens, les greffiers et huissiers-audienciers attachés à chaque tribunal supprimé; l'Assemblée se réservant de statuer sur le sort des autres officiers ministériels, après qu'elle aura terminé l'organisation du nouvel ordre judiciaire.

9. Les jurés-priseurs, supprimés par le décret du 9 juillet dernier, seront remboursés. L'Assemblée nationale charge ses comités des finances, de judicature et de liquidation réunis, de concerter les moyens propres à opérer le remboursement de ces offices, dans les mêmes termes que celui des autres offices supprimés.

10. Les droits de mutation, connus sous les noms de quart, de huitième, douzième, vingt-quatrième denier, survivance, et autres de même nature, qui seront justifiés avoir été versés dans le trésor national, ceux de marc d'or et sou pour livre d'iceux, ensemble les frais de sceau de tous les offices ci-dessus énoncés, seront remboursés à chaque titulaire; mais aucun d'eux ne pourra prétendre au remboursement des autres dépenses de sa réception.

Il sera cependant retenu sur ledit remboursement, à l'égard des titulaires qui n'ont pas payé le centième denier, excepté dans les apanages, le montant du droit de centième denier pour les années pendant lesquelles ils ne l'ont pas acquitté.

11. Le comité de judicature présentera incessamment le mode de remboursement des sièges d'amirautés.

TITRE II. Dettes des compagnies.

Art. 1er. Toutes les dettes passives des compagnies, contractées par elles en nom collectif avant l'époque de 1771, seront supportées par la nation.

2. Les arrérages des rentes dues par les compagnies, échus avant le présent décret, seront acquittés par elles, ainsi que par le passé.

3. Toutes les dettes actives des compagnies, constituées par elles en nom collectif sur le Roi ou sur des particuliers avant la même époque de 1771, appartiendront à la nation, à l'exception des arrérages déjà échus.

4. Les dettes passives contractées en nom collectif par les compagnies depuis 1771, seront sujettes à la vérification, et la nation n'en sera chargée qu'autant qu'il sera justifié de leur nécessité, ou que le montant en a été versé dans le trésor public; toutes celles qui, d'après les règles ci-dessus, ne seront pas reconnues légitimes, seront rejetées sur les titulaires, et déduites sur le remboursement accordé à chacun d'eux.

5. Si le même corps avait, depuis 1771, constitué à son profit quelques dettes actives, elles se compenseront jusqu'à due concurrence avec les dettes passives créées depuis la même époque, et dont, en exécution de l'article précédent, la nation n'eût pas été tenue.

6. Si les dettes actives constituées avant l'époque de 1771 excédaient les dettes passives contractées avant la même époque, cet excédant sera, jusqu'à concurrence, admis en compensation des dettes modernes dont les titulaires auraient été sans cela chargés.

7. Les emprunts faits depuis 1771, pour éteindre des dettes antérieures à ladite époque, seront réputés dettes anciennes, en justifiant de cet emploi.

8. S'il était néanmoins constaté que la masse totale des dettes anciennes et modernes n'excède pas la masse totale de celles qui existaient en 1771, elles seront réputées dettes anciennes.

TITRE III. Moyens d'opération.

Art. 1er. Pour faciliter et simplifier le travail de la liquidation, la nation se chargera de toutes les dettes anciennes et modernes des compagnies, à l'égard des créanciers seulement, lesquels deviendront à présent déclarés créanciers de l'État; mais il sera fait ensuite déduction à chaque titulaire, sur le remboursement à lui accordé, de sa portion de dettes modernes laissées à la charge des titulaires, ainsi qu'il est expliqué dans les articles 4, 5, 6, 7 et 8 du titre précédent.

2. Dans le mois à compter de la publication du présent décret, tous les créanciers des compagnies seront tenus d'envoyer, au comité de judicature, expédition en forme de leurs titres, certifiée par le président et un commissaire nommé dans chaque compagnie à cet effet.

3. Dans le même délai, lesdites compagnies enverront au comité un tableau des dettes actives et passives, certifié et signé par tous les membres présens, et une expédition en forme de tous leurs titres de créance. Lesdites expéditions, délibération de corps et autres actes y relatifs, seront pour cette fois, admis sur la signature et collation du greffier de chaque compagnie.

4. Il sera délivré provisoirement à chaque titulaire un brevet de liquidation.

5. Le montant des provisions ci-dessus fixé, ensemble les gages et les autres émolumens arriérés dus par l'État, à l'exception de ceux qui doivent se payer dans le cours de la présente année, seront réunis dans le brevet au capital de l'office, sauf la distraction des sommes qui seraient nécessaires à quelques compagnies pour acquitter les arrérages par elles dus pour les années correspondant auxdits gages arriérés.

6. Le comité de judicature sera chargé du travail concernant la liquidation des offices; et il se concertera à cet égard avec le comité des finances et l'administration des parties casuelles, qui sera tenue de l'aider de tous les titres et renseignemens qui sont en ses mains.

7. Il ne sera procédé à la liquidation d'aucun office que collectivement avec tous ceux de la même compagnie; néanmoins, les titulaires d'offices dans les compagnies qui refuseraient de se faire liquider, pourront, après le délai d'un mois, fixé par l'article 3 ci-dessus, se présenter seuls à la liquidation; et alors ils seront liquidés sans déduction des dettes, sauf le recours contre eux, de la part de leurs compagnies, pour leur faire supporter leur portion dans des dettes communes en principaux et arrérages.

8. Les difficultés relatives aux objets contestés ne pourront cependant arrêter la liquidation des objets non contestés.

9. Le comité de judicature présentera incessamment à l'Assemblée nationale le résultat des liquidations, et l'état des difficultés qui n'auront pu être terminées.

Instruction sur la marche à suivre par les compagnies qui voudront se faire liquider (1).

Toute compagnie qui voudra se faire liquider, doit adresser au comité de judicature de l'Assemblée nationale, les pièces qui suivent :

1° Un état nominatif de tous ses membres, avec le nom de leurs offices respectifs;

2° Celui de tous les propriétaires d'offices non titulaires, soit parce qu'ils n'étaient pas encore pourvus au moment de la suppression, soit parce qu'ils ne sont qu'héritiers des titulaires décédés;

3° L'état des offices tombés aux parties casuelles, pour les compagnies où la casualité avait lieu d'après l'édit de 1771, avec la date de la mort du dernier pourvu;

4° L'état des dettes actives du corps, par

détail et ordre de dates, avec expédition collationnée par son greffier, de tous les titres de créance;

5° L'état détaillé des dettes passives, certifié et signé par tous les membres présens.

Quant aux expéditions des titres des dettes passives, les compagnies n'auront point à les joindre à l'état, parce que les créanciers les produiront directement; il faudra seulement que ces expéditions soient visées et certifiées par le président et un commissaire nommé ad hoc dans chaque compagnie, à la réquisition des créanciers;

6° L'indication des règles proportionnelles observées dans la compagnie pour la répartition des dettes entre les divers offices dont elle est composée, attendu qu'il est beaucoup de corps où les dettes étaient inégalement supportées par les différens officiers, dont plusieurs même n'y participaient pas;

Dans les compagnies où, comme dans les parlemens, une partie des officiers n'étaient pas assujettie à la casualité de l'édit de 1771, et l'autre y était sujette, et notamment les greffiers, huissiers et autres officiers ministériels, on divisera l'état général demandé ci-dessus article 1er. en deux classes, avec les observations propres à chacune sur les articles 2 et suivans de la présente instruction.

Toutes les formalités ci-dessus indiquées seront remplies par les corps en commun.

A l'égard des titulaires ou propriétaires d'offices, chacun d'eux joindra, dans les compagnies non sujettes à l'évaluation de 1771, mais à la simple fixation : 1° expédition en forme de son contrat personnel d'acquisition; 2° copie en forme de ses provisions, avec la mention des droits de sceau qui s'y trouvent inscrits; 3° expédition en forme des quittances des droits de mutation et marc d'or par lui acquittés.

Les simples propriétaires d'offices non reçus, n'ayant pas droit au remboursement des droits de réception, n'auront à fournir que l'expédition du dernier contrat authentique de la vente de l'office dont ils sont simples propriétaires, c'est-à-dire, le contrat de l'acquisition faite par celui auquel ils ont succédé.

Les officiers qui doivent être remboursés, aux termes du décret, sur le pied de leur finance primitive, fourniront les mêmes pièces que les précédens, excepté qu'au lieu du dernier contrat d'acquisition, ils produiront le titre de leur finance primitive et de ses supplémens (2).

Quant aux compagnies sujettes au centième denier et à la casualité qui y était attachée,

_____

(1) Loi du 6 = 12 octobre 1790.

(2) Dans les corps de cette seconde espèce, où la finance a été réglée uniformément pour tous les membres ou plusieurs d'entre eux, il suffira de

produire, pour tous ceux de la même classe, une seule expédition en forme du titre de leur finance commune.

(Note de la Collection Baudouin.) (s

chaque titulaire ou propriétaire fournira toutes les pièces ci-dessus indiquées; excepté qu'au lieu du dernier contrat ou quittance de finance, il donnera l'état de l'évaluation de son office, faite en exécution de l'édit de 1771. Il aura en outre à fournir la dernière quittance de son centième denier, ou la déclaration qu'il ne l'acquittait pas.

Les titulaires qui, se croyant dans une position particulière, voudront réclamer quelque exception, fourniront au comité, outre les pièces ci-dessus indiquées pour chaque classe d'offices, les titres et les moyens de l'exception qu'ils solliciteront.

Les compagnies et chacun de leurs membres sont instamment priés de remplir avec toute la précision et l'exactitude dont ils sont capables, les formalités que l'on vient de leur indiquer, et de les faire parvenir promptement au comité; c'est le seul moyen de faciliter la liquidation, et de prévenir les retards qui résulteraient de l'imperfection ou de l'omission des détails qui sont demandés.

Les tableaux que les compagnies ont précédemment remplis ne doivent pas les empêcher de satisfaire à la présente demande dans toute son étendue; et à moins que les pièces originales ou expéditions en forme, que quelques officiers ont cru devoir y joindre, ne remplissent exactement toutes les indications ci-dessus énoncées, il est essentiel d'en envoyer de nouvelles, parce que la liquidation ne pourra s'opérer que sur des actes authentiques et des détails bien précis.

7, 6 = 11 SEPTEMBRE 1790. (Procl.) — Décret relatif à la forme de procéder devant les au-

torités administratives et judiciaires, en matière de contributions, de travaux publics, et de commerce, et à la suppression des cours, tribunaux et juridictions d'ancienne création (1). (L. 2, 33; Mon. des 6 et 9 septembre 1790.)

Art. 1er. Les contribuables qui, en matière de contributions directes, se plaindront du taux de leur cotisation, s'adresseront d'abord au directoire de district, lequel prononcera sur l'avis de la municipalité qui aura fait la répartition. La partie qui se croira lésée pourra se pourvoir ensuite au directoire de département, qui décidera en dernier ressort, sur simples mémoires et sans forme de procédure, sur la décision du directoire de district. Tous avis et décisions en cette matière seront motivés (2).

2. Les actions civiles relatives à la perception des impôts indirects, seront jugées en premier et dernier ressort, également sur simples mémoires et sans frais de procédure, par les juges de district, lesquels une ou deux fois la semaine, selon le besoin du service, se formeront en bureau ouvert au public, composé d'au moins trois juges, et prononceront après avoir entendu le commissaire du Roi (3).

3. Les entrepreneurs des travaux publics seront tenus de se pourvoir sur les difficultés qui pourraient s'élever en interprétation ou dans l'exécution des clauses de leurs marchés, d'abord par voie de conciliation, devant le directoire du district; et dans les cas où l'affaire ne pourrait être conciliée, elle sera portée au directoire de département, et décidée par lui en dernier ressort, après avoir vu l'avis motivé du directoire de district (4).

---

(1) Ce décret est intitulé: *Décret additionnel à celui du 16 août, sur l'organisation de l'ordre judiciaire*, tit. xiv; cependant le décret du 16 août n'a que douze titres: on doit peut-être considérer comme tit. 13 les décrets du 28 août et du 2 septembre.

(2) *Voy.* loi du 6 = 13 juin 1790. — Aujourd'hui le contentieux des contributions directes, notamment les demandes en décharge ou réduction formées par les particuliers, sont dans les attributions des conseils de préfecture, sauf recours au Conseil-d'État (*Questions de droit administratif* de M. Cormenin, *Prolégomènes*, p. 101). *Voy.* loi du 28 pluviôse an 8, art. 4 et 6, et arrêté du 24 floréal an 8.

Lorsque des propriétaires riverains, associés pour un dessèchement, prétendent avoir versé le montant de leur imposition annuelle entre les mains des trésoriers, et refusent de se laisser imposer jusqu'à ce que les trésoriers aient rendu leurs comptes, cette contestation qui, avant la révolution, eût été portée devant l'intendant de la province, doit aujourd'hui être portée non devant l'autorité administrative, mais devant les tribunaux (1er juin 1828; Mac. iv, 454).

(3) *Voy.* loi du 1er mai 1790, et les notes.

Un jugement qualifié de premier ressort, dans une matière où les juges ne peuvent juger qu'en dernier ressort, peut être attaqué par la voie de cassation (8 nivôse an 7; Cass. S. 1, 1, 185). Les dommages-intérêts dont une commune est passible aux termes de la loi du 10 vendémiaire an 4, ne sont pas une matière qui doive être essentiellement jugée en dernier ressort (14 messidor an 8; Cass. S 1, 2, 254).

Il en est de même des arrérages de rente réclamés par la régie des domaines (2 germinal an 9; S 1, 2, 301).

L'opposition aux contraintes décernées par la régie doit être jugée par les tribunaux; elle ne peut l'être que par le tribunal auquel ressortit le bureau d'où partent les contraintes. *Voy.* loi du 19 août 1791, art. 4, du 2 frimaire an 7, art. 27 et § 2 de l'art. 64 (5 mai et 30 décembre 1806; Cass. S. 6, 2, 64; 25 octobre 1811, déc et; J. C. t. 1, p. 548).

(4) *Voy.* loi du 28 pluviôse an 8, article 4. C'est aux tribunaux à connaître des contestations qui s'élèvent entre les entrepreneurs et leurs sous-traitans (24 avril 1808, décret; J. C. t. 1,

4. Les demandes et contestations sur le règlement des indemnités dues aux particuliers, à raison des terrains pris ou fouillés pour la confection des chemins, canaux ou autres ouvrages publics, seront portées de même, par voie de conciliation, devant le directoire de district, et pourront l'être ensuite au directoire de département, lequel les terminera en dernier ressort, conformément à l'estimation qui en sera faite par le juge-de-paix et ses assesseurs (1).

5. Les particuliers qui se plaindront des torts et dommages procédant du fait personnel des entrepreneurs et non du fait de l'administration, se pourvoiront contre les entrepreneurs, d'abord devant la municipalité du lieu où les dommages auront été commis, et ensuite devant le directoire de district, qui statueront en dernier ressort, lorsque la municipalité n'aura pu concilier l'affaire (2).

6. L'administration, en matière de grande voirie, appartiendra aux corps administratifs, et la police de conservation, tant pour les grandes routes que pour les chemins vicinaux, aux juges de district (3).

7. En matière d'eaux et forêts, la conservation et l'administration appartiendront aux corps qui seront indiqués incessamment; il sera statué de plus sur la manière de faire les ventes et adjudications des bois. Les actions pour la punition et réparation des délits seront portées devant les juges de district, qui auront aussi l'exécution des réglemens concernant les bois de particuliers et la police de la pêche, et qui, dans tous les cas, entendront le commissaire du Roi.

8. Tout le contentieux relatif aux transactions du commerce maritime, dont les amirautés connaissent actuellement, étant attribué aux tribunaux de commerce, il sera pourvu, au surplus, à ce que la police de la navigation et des ports soit utilement administrée, et les comités de la marine et du commerce présenteront incessamment leurs vues sur cet objet.

9. La compétence des juridictions et de la cour des monnaies, soit pour la police des communautés qui travaillent les matières d'or et d'argent, soit pour les contestations entre les particuliers et les orfèvres, relatives au commerce d'orfévrerie, appartiendra aux juges de district; et il sera pourvu par une commission d'officiers nommés par le Roi, tant à la surveillance de la fabrication des espèces dans les hôtels des monnaies, qu'à la décharge définitive des directeurs des monnaies.

10. Au moyen des dispositions contenues dans les articles précédens, les élections, greniers à sel, juridiction des traites, grueries, maîtrises des eaux et forêts, bureaux des finances, juridictions et cours des monnaies, et les cours des aides, demeureront supprimés.

11. Les tribunaux d'amirauté et les prévôtés de la marine subsisteront, jusqu'à ce que, conformément à l'article 8 ci-dessus, on ait pourvu à la police de la navigation et des ports, et ils ne pourront connaître que de ces objets.

12. Au moyen de l'abolition du régime féodal, les chambres des comptes demeureront supprimées aussitôt qu'il aura été pourvu à un nouveau régime de comptabilité.

13. Au moyen de la disposition contenue en l'article 16 du titre II du décret du 16 août, les committimus au grand et au petit sceau, les lettres de garde-gardienne, les privilèges de cléricature, de scolarité, du scel des châtelets de Paris, Orléans et Montpellier, des bourgeois de la ville de Paris et de toute autre ville du royaume, et en général tous les privilèges et attributions en matière de juridiction, ensemble tous les tribunaux de privilége ou d'attributions, telles que les requêtes du palais et de l'hôtel, les conservations des privilèges des universités, les officialités, le grand-conseil, la prévôté de l'hôtel, la juridiction prévôtale, les siéges de la connétablie, le tribunal des maréchaux de France, et généralement tous les tribunaux autres que ceux établis par la présente constitution, sont supprimés et abolis.

14. Au moyen de la nouvelle institution et organisation des tribunaux, pour le service de la juridiction ordinaire, tous ceux actuellement existant sous les titres de vigueries, châtellenies, prévôtés, vicomtés, sénéchaussées, bailliages, châtelets, présidiaux, conseil provincial d'Artois, conseils supérieurs et parlemens, et généralement tous les tribunaux d'ancienne création, sous quelque titre et dénomination que ce soit, demeureront supprimés.

15. Les officiers des parlemens tenant les chambres des vacations établies par les décrets du 3 novembre dernier, cesseront leurs fonctions, à Paris, le 15 octobre prochain, et dans le reste du royaume, le 30 septembre présent mois.

---

p. 156). — A l'autorité administrative appartient le droit de réformer les taxes indûment perçues par les officiers de justice criminelle, sur le trésor public (26 novembre 1808, décret; J. C. t. 1, p. 217). Voy. Arrêté du 19 thermidor an 9.

(1 et 2) Voy. note 4, page précédente.

(3) Les lois qui déterminent les attributions de l'administration en matière de grande et de petite voirie, sont nombreuses: on peut citer celles du 7 = 14 octobre 1790, du 31 décembre 1790, 19 janvier 1791, 28 pluviôse an 8, 29 floréal an 10, 30 floréal an 10, 9 ventôse an 13, 16 septembre 1807, 21 avril 1810, etc.

Voy. le Code de la voirie de Fleurigeon, dans son Code administratif, notions préliminaires extraites de la corresp. du ministre de l'intérieur

16. Les mêmes jours 30 de ce mois et 15 octobre, les officiers municipaux des lieux où les parlemens sont établis, se rendront en corps au palais, à l'heure de midi, où le greffier de l'ancien tribunal sera tenu de se trouver ; et après avoir fait fermer les portes des salles, greffes, archives et autres dépôts de papiers ou minutes, y feront apposer en leur présence le scellé par le secrétaire-greffier. Pour la sûreté des dépôts, ils requerront en outre du commandant, soit des gardes nationales, soit des troupes de ligne, le détachement nécessaire à la garde des portes extérieures.

17. Les officiers des autres tribunaux continueront leurs fonctions jusqu'à ce que les nouveaux juges puissent entrer en activité.

18. Les titulaires des offices supprimés feront remettre au comité de judicature les titres ou expéditions collationnées des titres nécessaires à leur liquidation et remboursement, dont le taux et le mode seront incessamment déterminés.

19. L'Assemblée nationale décrète que les électeurs nommés par les assemblées primaires qui se tiendront tous les deux ans, lors du renouvellement des législatures, resteront électeurs pendant le cours de deux années, non-seulement pour la formation des corps administratifs, mais encore pour la nomination aux places de juges et aux offices ecclésiastiques.

Et sur le doute qui s'est élevé à l'occasion de la prochaine formation des tribunaux, décrète, en outre, conformément aux articles 1 et 2 du titre VI de l'organisation judiciaire, que les électeurs déjà nommés pour la formation des corps administratifs, seront électeurs pour la prochaine formation des tribunaux.

20. Les chancelleries établies près les cours supérieures et les présidiaux, ensemble l'usage des lettres royaux qui s'y expédient, demeureront supprimés aux époques respectives fixées par les articles 15 et 17 ci-dessus.

21. En conséquence, et à compter des mêmes époques, il suffira, dans tous les cas où lesdites lettres étaient ci-devant nécessaires, de se pourvoir par-devant les juges compétens pour la connaissance immédiate du fond ; et l'on se conformera, pour le bénéfice d'inventaire, aux lois de chaque lieu, autres que celles qui requièrent à cet effet des lettres royaux.

22. Quant aux chancelleries créées par l'édit du mois de juin 1771, près les sièges royaux, il en sera provisoirement établi une près chacun des tribunaux de district, à l'effet de sceller les lettres de ratification pour tout son ressort.

23. En conséquence, lorsque, dans le ressort d'un tribunal de district, il ne se trouvera qu'une desdites chancelleries, elle sera transférée près ce tribunal.

S'il s'en trouve plusieurs, le plus ancien des conservateurs des hypothèques et le plus ancien des greffiers expéditionnaires seront de préférence admis à l'exercice de la chancellerie qui sera établie près le tribunal de district.

Dans l'un et l'autre cas, l'office de gardes des sceaux sera, en vertu du présent décret, et sans qu'il soit besoin de provisions ni de commissions particulières, exercé gratuitement à tour de rôle et suivant l'ordre du tableau, par les juges du tribunal de district ; le tout sauf à statuer par la suite ce qu'il appartiendra pour le département de Paris, et sans rien innover à l'égard des anciens ressorts des cours supérieures qui n'ont pas enregistré l'édit du mois de juin 1771.

24. Les contrats assujétis à l'insinuation, au sceau ou à la publication, seront aussi provisoirement insinués, scellés et publiés près le tribunal du district dans l'arrondissement duquel les immeubles qu'ils auront pour objet seront situés, sans avoir égard aux anciens ressorts.

————

7 = 12 SEPTEMBRE 1790. — Décret relatif à l'élection des juges. (L. 2, 58; B. 6, 47.)

L'Assemblée nationale, après avoir entendu le rapport du comité de constitution décrète :

1° Que pour procéder à l'élection des juges de district, les électeurs s'assembleront dans les villes où les tribunaux sont placés ;

2° Que ceux du district de Vervins, département de l'Aisne, se réuniront à Marle pour cette élection.

————

7 = 12 SEPTEMBRE 1790. — Décret qui défend aux gardes nationales de tenir aucune assemblée fédérative, à moins d'y être autorisées par les directoires de leurs départemens. (L. 2, 53; B. 6, 48; Mon. du 8 septembre 1790.)

L'Assemblée nationale, après avoir entendu le rapport de son comité des recherches, décrète :

1° Qu'elle approuve les dispositions de la proclamation du directoire du département de l'Ardèche, qui s'oppose à l'exécution de l'arrêté pris dans le château de Jallès, par les officiers qui se sont qualifiés d'état-major d'une soi-disant armée fédérée ;

2° Déclare la délibération prise par l'assemblée tenue au château de Jallès après le départ des gardes nationales fédérées, inconstitutionnelle, nulle et attentatoire aux lois ;

3° Charge son président de se retirer par-devers le Roi, pour le supplier d'ordonner au tribunal de Villeneuve-de-Berg, d'informer contre les auteurs, fauteurs, et instigateurs des arrêtés inconstitutionnels contenus au procès-verbal, et de faire leur procès suivant les ordonnances ;

4° Défend aux commissaires nommés de se rendre à Montpellier, pour y prendre les informations sur l'affaire de Nîmes ;

5° Déclare le comité militaire inconstitutionnel ; en conséquence, lui fait défense de s'assembler, et lui enjoint de se conformer à cet égard au décret de l'Assemblée nationale du 2 février, qui les a supprimés ;

6° Défend également aux gardes nationales de tous les départemens du royaume de faire aucune assemblée fédérative, à moins d'y être autorisées par les directoires de leurs départemens respectifs ;

7° Décrète enfin que son président se retirera par-devers le Roi, pour le prier de donner les ordres les plus positifs pour l'exécution du présent décret.

- (4 et) === 12 SEPTEMBRE 1790.— Décret relatif aux archives nationales. (L. 2, 61; B. 6, 52.)

Voy. lois du 27 DÉCEMBRE 1791 et du 7 MESSIDOR an 2.

Art. 1er. Les archives nationales sont le dépôt de tous les actes qui établissent la constitution du royaume, son droit public, ses lois et sa distribution en départemens.

2. Tous les actes mentionnés dans l'article précédent seront réunis dans un dépôt unique, sous la garde de l'archiviste national, qui sera responsable des pièces confiées à ses soins.

3. L'archiviste déjà nommé, et ses successeurs, exerceront leurs fonctions pendant six ans; à l'expiration de ce terme, il sera procédé à une nouvelle élection, mais l'archiviste existant pourra être réélu. L'élection sera faite par le Corps-Législatif, au scrutin, et il faudra, pour être nommé, réunir la majorité des voix. En cas de plaintes graves, l'archiviste pourra être destitué par une délibération prise pareillement au scrutin et à la majorité des voix.

4. Indépendamment de l'archiviste, l'Assemblée nationale nommera pour le temps de ses séances, et chaque législature nommera également pour le temps de sa durée, deux commissaires pris dans son sein, lesquels prendront connaissance de l'état des archives, rendront compte à l'Assemblée de l'état dans lequel elles seront, et s'instruiront de l'ordre qui y sera gardé, de manière qu'ils puissent remplacer momentanément l'archiviste, en cas de maladie ou d'autre empêchement, auquel cas ils signeront les expéditions des actes.

5. L'archiviste sera tenu d'habiter dans le lieu même où les archives seront établies; il ne pourra s'en absenter que pour cause importante, et après en avoir donné avis aux commissaires. Il ne pourra accepter aucun autre emploi ni place, la députation de l'As-

semblée nationale exceptée. Il sera tenu des réparations locatives de son logement personnel.

6. Le nombre des commis aux archives sera provisoirement de quatre personnes, nommées et révocables par l'archiviste. Ils auront le titre de secrétaires-commis. L'un des quatre sera employé à travailler, avec l'archiviste, à l'enregistrement, au classement et à la communication des actes déposés dans les archives. Les trois autres travailleront aux répertoires, et feront les expéditions des actes qui seront demandées par l'Assemblée ou par ses comités.

Dans le cas d'un travail extraordinaire, l'archiviste pourra, de concert avec les commissaires, prendre le nombre de copistes qui seront nécessaires, et qui se retireront aussitôt qu'un travail forcé n'exigera plus leur présence.

7. Les expéditions qui seront délivrées des actes déposés aux archives, seront signées par l'archiviste, scellées d'un sceau qui y sera appliqué, et qui portera pour type ces mots : *La nation, la loi et le Roi*; et pour légende : *Archives nationales de France*. Les expéditions délivrées en cette forme sont authentiques, et feront pleine foi en jugement et ailleurs.

8. Le traitement de l'archiviste sera de six mille livres par année, hors le temps où il sera membre de l'Assemblée nationale.

Celui des secrétaires-commis sera de dix-huit cents livres.

9. Les salles des archives, les bureaux et cabinets, seront meublés et fournis aux dépens du trésor public; mais il ne sera rien fourni aux dépens du trésor public, soit en meubles, soit en objets de consommation, dans le logement de l'archiviste : il ne pourra même y être rien transporté des objets destinés au service des archives.

10. Lorsque les archives seront établies dans le local qui leur sera destiné, il y sera attaché un garçon de bureau, aux gages de six cents livres. Il sera payé cent livres pour un frotteur.

11. Les archives seront ouvertes pour répondre aux demandes du public, trois jours de la semaine, depuis neuf heures du matin jusqu'à deux heures, et depuis cinq heures après midi jusqu'à neuf heures; mais on ne pourra entrer dans les salles et cabinets de dépôt que pendant le jour; jamais il n'y sera porté ni feu ni lumière.

12. Il sera tenu aux archives des registres et des répertoires de toutes les pièces qui y seront déposées. Les registres, cotés et paraphés par chaque feuillet, seront destinés à enregistrer jour par jour les pièces qui entreront aux archives; ils serviront d'inventaire, et ce sera d'après ces registres que l'archiviste rendra compte des pièces qui lui seront con-

fiées. Les commissaires auront soin de les inspecter tous les mois, pour s'assurer s'ils sont tenus en règle; ils pourront d'ailleurs se faire ouvrir les archives pour les visiter, à tel jour et heure que bon leur semblera. Les répertoires destinés à la recherche des pièces seront au nombre de trois, servant l'un de table chronologique, l'autre de table nominale, et le troisième de table des matières.

13. L'archiviste veillera à ce que les pièces qui concernent les travaux des différens bureaux et comités soient remises aux archives à mesure que les travaux desdits bureaux et comités cesseront, ou que lesdites pièces n'y seront plus nécessaires.

14. Les actes et pièces déposés aux archives ne pourront être emportés hors des archives qu'en vertu d'un décret exprès de l'Assemblée nationale.

15. Les paiemens pour les traitemens ordinaires seront faits sur le simple mandat de l'archiviste; les paiemens pour les fournitures et dépenses extraordinaires, seront faits sur des états arrêtés par l'archiviste et les commissaires; mais tous les paiemens s'acquitteront directement au trésor public, entre les mains et sur la quittance des personnes auxquelles ils seront dus, de manière qu'en aucun cas et sous aucun prétexte, l'archiviste et les personnes attachées aux archives ne puissent toucher d'autres deniers que ceux de leur traitement personnel.

16. Tous les ans, à l'ouverture de la séance de la législature, l'archiviste fera imprimer, et distribuer à chacun des membres de la législature, l'état des dépenses faites pour les archives pendant le cours de l'année, ensemble une feuille indicative des pièces déposées aux archives et de leur distribution générale, afin de faciliter les demandes de ceux qui auront besoin de les consulter, et afin aussi que l'on puisse s'assurer du maintien et du progrès de l'ordre dans la distribution et la conservation de ce dépôt.

———

7 = 9 SEPTEMBRE 1790. — Décret relatif aux délits des forçats et à la police et sûreté des ports et arsenaux (B. 6, 49; Mon. du 9 septembre 1790.)

Voy. loi du 20 SEPTEMBRE = 12 OCTOBRE 1791; décret du 12 NOVEMBRE 1806; ordonnance du Roi du 2 JANVIER 1817.

L'Assemblée nationale, ouï le rapport de son comité de marine, sur l'attentat projeté contre le port de Brest par les forçats détenus dans l'arsenal, a décrété ce qui suit:

Art. 1er. La police des arsenaux et l'exercice de la justice dans leur enceinte ayant été maintenus par l'art. 60 du tit. II du Code pénal de la marine, et par l'art. 11 du tit. IV de l'organisation de l'ordre judiciaire, les procès des accusés, complices et adhérens

doivent être faits et parfaits par le tribunal de la prévôté de la marine, conformément aux ordonnances actuellement subsistantes pour la punition des délits commis par les forçats, l'Assemblée déclarant que la forme de procédure énoncée dans la nouvelle loi pénale n'est point applicable aux forçats.

2. S'il résulte des informations la complicité d'aucun particulier français ou étranger non détenu parmi les forçats, et jouissant des droits de citoyen, il sera formé un jury pour le jugement dudit accusé. Le jury sera composé en nombre double de citoyens nommés par le procureur de la commune, si l'accusé n'est point au service de la marine; et par l'officier supérieur dont il dépend, s'il est au service militaire ou civil de la marine. Le prononcé du jury sera rapporté au tribunal de la prévôté, qui appliquera la peine et prononcera le jugement.

3. Le Roi sera prié d'enjoindre aux commandans et intendans de la marine de veiller sévèrement à la sûreté des arsenaux et bâtimens de guerre; de n'en permettre l'entrée qu'aux personnes connues, et avec les précautions convenables; de faire arrêter tous les hommes suspects qui, sans mission ni permission, se seraient introduits dans l'enceinte des arsenaux, des magasins, ou sur les bâtimens de guerre, et tous ceux qui tenteraient d'y pratiquer les ouvriers ou gens de mer. Le Roi sera également prié d'enjoindre aux officiers municipaux des places maritimes de veiller sur tous les étrangers et hommes inconnus qui y aborderaient, et d'en donner le signalement aux commandans et intendans des ports.

4. L'Assemblée nationale charge son président de se retirer devers le Roi, et de remercier Sa Majesté des mesures déjà prises, et des ordres donnés par elle pour la sûreté du port de Brest.

———

7 SEPTEMBRE 1790. — Décret qui charge le sieur Ducroisy de la correction des épreuves des procès-verbaux de l'Assemblée nationale. (B. 6, 29.)

———

7 SEPTEMBRE 1790. — Décret pour rectifier celui du 24 août relatif aux impositions du ban ou territoire d'Amance. (B. 6, 29.)

———

7 SEPTEMBRE 1790 — Décret pour la poursuite des auteurs ou instigateurs des motions d'assassinat sous les fenêtres de l'Assemblée. (B. 6, 46.)

———

7 SEPTEMBRE 1790. — Décret qui fixe l'ordre du travail sur l'organisation de l'armée et des gardes nationales. (B. 6, 46.)

———

7 SEPTEMBRE 1790. — Décret qui ordonne au comité de la marine de se réunir avec des prévôts généraux de la marine, pour préparer un

projet de loi sur la police des chiourmes, et la punition des forçats. (B. 6, 47.)

---

7 SEPTEMBRE 1790. — Décret pour recommander à la clémence du Roi le régiment de Poitou. (B. 6, 50.)

---

7 = 14 SEPTEMBRE 1790. — Décret pour faire restituer à la garde nationale de Nîmes ses pièces de canon. (B. 6, 51.)

---

7 = 12 SEPTEMBRE 1790. — Décret qui attribue au siége présidial de Lyon l'instruction et le jugement en dernier ressort des attentats commis dans la ville de Saint-Etienne contre la liberté du commerce et de la circulation des grains, et spécialement de l'assassinat du sieur de Bertheas. (B. 6, 51.)

---

8 = 26 SEPTEMBRE 1790. (Lett.-Pat.) — Décret qui ordonne de continuer la perception des droits établis en Lorraine. (L. 2, 125 ; B. 6, 56.)

L'Assemblée nationale, informée que dans plusieurs cantons de la ci-devant province de Lorraine, il a été donné aux art. 9, 12, 13, 17, 19 et 22 du tit. II du décret du 15 mars dernier, concernant les droits féodaux, une interprétation abusive, et qui ne tendrait à rien moins qu'à priver le trésor public d'une portion notable d'impositions indirectes qui doivent s'y verser; convaincue de la nécessité d'étendre à ladite province les dispositions du décret rendu le 15 juin dernier, pour celle du Hainaut, et de rappeler aux citoyens qui l'habitent, les dispositions du décret général du 19 juillet suivant, a décrété que, jusqu'à ce qu'il ait été établi un mode d'impositions uniforme pour tout le royaume, la ci-devant province de Lorraine continuera d'être assujétie aux droits qui s'y perçoivent au profit du trésor public, et dont l'abolition n'a pas encore été prononcée, notamment à ceux qui se lèvent à Nancy sur les comestibles apportés aux marchés par les forains, au droit de taverne ou cabaret, au droit dit *gabelle* sur les vins et les autres liqueurs vendues en détail, aux droits de *faciente* et encavage de bière, aux droits de jauge; et à l'égard des droits qui ont été effectivement abolis par le décret du 15 mars, ordonne que les arrérages qui en étaient dus aux époques déterminées par ledit décret, pour la cessation desdits droits, seront entièrement et incessamment acquittés, sans que du non-paiement il puisse résulter aucune peine ou amende, pourvu que les droits arriérés soient acquittés dans le mois, à dater du jour de la publication du présent décret.

---

8 SEPTEMBRE 1790. — Biens nationaux. *Voy* 28 AOUT 1790. — Corps-Législatif. *Voy.* 3 SEPTEMBRE 1790.—Egss. *Voy.* 4 SEPTEMBRE 1790. —Fermes. *Voy.* 8 AOUT 1790.

---

9 = 18 SEPTEMBRE 1790. (Procl.) — Décret et instruction pour le paiement des dépenses relatives à la tenue des assemblées primaires. (L. 2, 70; B. 6, 58.)

L'Assemblée nationale, considérant que le réglement à faire pour le paiement des différentes dépenses qui ont eu lieu, en exécution des lettres de convocation du 24 janvier 1789, à l'occasion des assemblées primaires, ne peut être soumis à une loi générale uniforme ; qu'il doit être subordonné aux circonstances de fait et de localité; qu'il est indispensable de pourvoir incessamment au paiement des réparations, avances, fournitures, frais d'impression, de services et autres, pour lesquels les ouvriers, marchands, entrepreneurs sont en souffrance, décrète, sur le rapport de son comité des finances :

Que les dépenses faites en exécution des lettres de convocation du 24 janvier 1789, ou à l'occasion d'icelles, pour la tenue des assemblées primaires, seront fixées et réglées par les directoires de département, qui examineront si ces dépenses étaient utiles, convenables ou nécessaires, à la charge de qui elles doivent tomber, et dans quelle proportion elles doivent être remboursées.

Les ordonnances de paiement, rendues par les directoires de département, seront exécutoires tant par provision que définitivement, si elles n'excèdent pas la somme de trois cents livres, et par provision seulement, si elles sont au-dessus de cette somme, auquel cas il en sera référé à l'Assemblée législative par lesdits directoires, et d'après l'avis des districts.

Les ordonnances des directoires auront (autant qu'il sera possible) pour base principale, les principes énoncés dans l'instruction qui leur sera envoyée avec le présent décret, sauf les exceptions que l'équité ou le bien public pourra exiger d'eux.

Instruction.

Les réparations pour la tenue des assemblées seront à la charge des villes où elles ont été faites, si elles sont à perpétuelle demeure, soit que lesdites villes fussent tenues ou non de l'entretien et réparation des maisons et bâtimens où les ouvrages ont été faits ; si, au contraire, ces réparations n'ont eu qu'un objet et effet momentanés, elles seront considérées comme dépenses communes à tous ceux qui, suivant la convocation, doivent en profiter.

Si ces réparations sont jugées utiles, convenables ou nécessaires, on ne doit plus s'attacher à considérer si elles ont été ordonnées ou non par celui qui avait vraiment pouvoir et qualité à cet effet.

Le montant des sommes ordonnées par les directoires sera réparti au marc la livre de l'imposition ordinaire de chaque communauté, sans distinction ni privilége.

Quant aux bailliages principaux et secondaires qui font aujourd'hui partie des divers départemens, les directoires de ces différens départemens nommeront des commissaires pour régler tant les dépenses relatives auxdites assemblées de bailliages, que celles des députations pour Paris, Versailles et autres lieux, et généralement toutes les dépenses extraordinaires qui auraient rapport à cet objet. Lesdits commissaires régleront aussi dans quelle proportion les dépenses allouées devront être supportées par chaque département.

Au surplus, les directoires se conformeront à tout ce que l'équité exigera d'eux, d'après les circonstances et les localités.

9 = 9 SEPTEMBRE 1790. — Décret sur l'organisation de l'artillerie et du génie. (B. 6, 60.)

L'Assemblée nationale, délibérant sur la proposition du Roi, et ayant entendu le rapport de son comité militaire sur l'organisation de l'artillerie et du génie, décrète :

1° Que les deux corps d'artillerie et du génie continueront, comme par le passé, à rester distincts et séparés;

2° Que les corps des mineurs, ainsi que les sapeurs, continueront de même, comme par le passé, à faire partie de celui de l'artillerie;

3° Qu'il lui sera fait incessamment le rapport des plans du ministre sur la formation intérieure de chacun de ces deux corps, afin qu'elle puisse prononcer sur le nombre et le traitement des individus de chaque grade dont chacun d'eux devra être composé.

9 = 18 SEPTEMBRE 1790. — Décret relatif aux protestans de la confession d'Augsbourg, habitant les quatre terres de Blamont, Clémont, Héricourt et Châtelot en Franche-Comté. (B. 6, 62.)

L'Assemblée nationale, après avoir entendu le rapport de son comité de constitution, considérant que les protestans de la confession d'Augsbourg, habitant les quatre terres de Blamont, Clémont, Héricourt et Châtelot, situées dans la ci-devant province de Franche-Comté, et dépendant aujourd'hui des départemens du Doubs et de la Haute-Saône, ont toujours eu l'exercice public de leur culte, avec églises, écoles, sépultures, fabriques, consistoires, paiement de ministres et de maîtres d'écoles :

Décrète, en conséquence, et d'après les principes adoptés pour les protestans qui habitent la ci-devant province d'Alsace, qu'ils continueront désormais à jouir de l'exercice public de leur culte, avec tout ce qui en dé-

pend, dans l'étendue des quatre terres de Blamont, Clémont, Héricourt et Châtelot, et que les atteintes qui peuvent y avoir été portées, seront regardées comme nulles et non avenues.

Sur les autres objets de la pétition des protestans des quatre terres, l'Assemblée nationale décrète que les départemens du Doubs et de la Haute-Saône rassembleront toutes les instructions et éclaircissemens nécessaires, et les adresseront avec leur avis à l'Assemblée nationale, qui statuera.

9 SEPTEMBRE 1790. — Décret qui détermine la formule des décrets. (B. 6, 60.)

Sur la motion qui en a été faite, l'Assemblée a décidé que la formule des décrets, usitée jusqu'ici en ces termes : *l'Assemblée nationale a décrété et décrète*, serait rectifiée, et qu'à l'avenir il serait dit seulement : *l'Assemblée nationale décrète*.

9 SEPTEMBRE 1790. — Décret qui renouvelle aux corps administratifs, et spécialement à celui de Marseille, la défense de mettre obstacle aux mouvemens des troupes dans l'intérieur du royaume (B. 6, 60.)

9 = 10 SEPTEMBRE 1790. — Décret qui charge le châtelet de Paris d'informer dans le jour contre le sieur Henri Gordon, et défend à la dame de Persan de s'éloigner de Paris. (B. 6, 61.)

9 = 18 SEPTEMBRE 1790. — Décret qui établit Privas chef-lieu du département de l'Ardèche. (B. 6, 62.)

9 = 18 SEPTEMBRE 1790. — Décret qui établit à Montivilliers le siège de l'administration du district. (B. 6, 62.)

9 SEPTEMBRE 1790. — Assemblée nationale. *Voy.* 26 JANVIER 1790. — Députés suppléans. *Voy.* 1ᵉʳ SEPTEMBRE 1790. — Forçats. *Voy.* 7 SEPTEMBRE 1790. — Gondrecourt, etc. *Voy.* Lassay. *Voy.* 4 SEPTEMBRE 1790. — Nancy *Voy.* 5 SEPTEMBRE 1790. — Postes *Voy.* 6 SEPTEMBRE 1790. — Prud'hommes. *Voy.* 3 SEPTEMBRE 1790. — Tonneins, Toulon. *Voy.* 4 SEPTEMBRE 1790.

10 = 21 SEPTEMBRE 1790. — Décret qui supprime diverses rentes, indemnités, secours, traitemens, et la commission établie pour le soulagement des maisons religieuses. (L. 2, 119; B. 6, 63; Mon. du 11 septembre 1790.)

Art. 1ᵉʳ. Les rentes et indemnités de terrains et droits réels qui étaient ci-devant payées à divers évêchés, abbayes et communautés religieuses seront supprimées.

2. Il sera sursis à statuer sur la rente de deux cent cinquante mille livres qui se payait

aux Quinze-Vingts, jusqu'à ce que le comité ecclésiastique ait rendu compte de la situation de cet hôpital.

3. Les rentes représentatives de dîmes réelles ou prétendues seront supprimées.

4. Les indemnités accordées à quelques curés de Paris et autres, pour réductions de rentes, seront supprimées.

5. Les indemnités soit de franc-salé, soit de droits d'entrée, soit de droits de pareille nature, soit de droits de péage, accordées à quelques établissemens publics, cesseront d'avoir lieu; savoir, les indemnités de franc-salé, à compter du jour de la suppression de la gabelle; celle des droits d'entrée, à compter du 1er janvier 1791; celle des droits de péage, à compter du jour de la publication du décret qui supprime les péages.

6. Il sera statué sur l'indemnité ou supplément qui pourrait être nécessaire à l'hôtel royal des Invalides, après le rapport qui sera fait incessamment sur cet établissement.

7. Les secours accordés à des paroisses particulières, hôpitaux, hospices, hôtels-dieu, hôpitaux d'enfans trouvés, ne seront plus fournis par le trésor public, à compter du 1er janvier 1791; il sera pourvu à leurs besoins par les municipalités et les départemens respectifs.

8. Les traitemens accordés à l'inspecteur général des hôpitaux, à quelques médecins attachés à des hôpitaux et maisons de charité particulières, cesseront d'avoir lieu, à dater du 1er juillet de la présente année.

9. Il ne sera plus accordé, sur le trésor public, de fonds pour l'entretien, réparation, construction d'églises, presbytères, hôpitaux appartenant à des municipalités.

Et cependant l'Assemblée nationale se réserve de statuer sur les églises et autres édifices sacrés commencés, après le rapport qui lui en sera fait par le comité ecclésiastique.

10. La commission établie pour le soulagement des maisons religieuses sera supprimée, du jour de la publication du présent décret.

11. Il ne sera plus distribué de remèdes dans les provinces, aux frais du trésor public, ni de drogues au Jardin du Roi pour les pauvres des paroisses de Paris.

10 SEPTEMBRE 1790. — Décret qui ordonne la continuation des secours accordés aux Acadiens. (B. 6, 65.)

10 SEPTEMBRE 1790. — Décret qui décharge le trésor public de la dépense des approvisionnemens de Paris. (L. 3, 1022; B. 6, 66.)

10 SEPTEMBRE 1790. — Décret qui ordonne de lever la garde placée dans la maison de la dame de Persan (B. 6, 66.)

10 SEPTEMBRE 1790. — Ateliers de secours. *Voy.* 31 AOUT 1790. — Henri Cordon. *Voy.* 9 SEPTEMBRE 1790. — Monnaies. *Voy.* 13 AOUT 1790.

11 = 18 SEPTEMBRE 1790. (Procl.) — Décret relatif au logement, à bord, des sous-lieutenans de vaisseau, et à l'embarquement sur les vaisseaux des officiers militaires attachés au mouvement des ports. (L. 2, 66; B. 6, 67.)

L'Assemblée nationale, sur le rapport de ses comités de marine et militaire, décrète :

Que, conformément à l'ancien usage, et à compter du jour de la publication du présent décret, les sous-lieutenans de vaisseau auront à bord leur logement, immédiatement après les officiers, de marine en grades supérieurs;

Que les officiers militaires attachés aux mouvemens des ports pourront être embarqués sur les vaisseaux, toutes les fois que leur service n'exigera pas leur présence dans les ports. Abroge toutes dispositions contraires aux dispositions du présent décret.

11 = 20 et 21 SEPTEMBRE 1790. (Procl.) — Décret portant que les dépenses variables, ainsi que celles relatives aux pensions des comédiens français et italiens, sont rejetées du trésor public (1). (L. 2, 97; B. 6, 69.)

Art. 1er. A compter du 1er octobre prochain, l'intendance du trésor public et ses bureaux seront réunis dans les bâtimens occupés par le trésor public; et la maison occupée aujourd'hui par l'intendance du trésor public sera affectée aux bureaux de l'administration générale des finances.

2. A compter du 1er janvier 1791, les dépenses portées au compte des dépenses fixes et revenus ordinaires, sous le titre de *dépenses variables*, montant à quatre millions cinq cent mille livres, seront rejetées du compte du trésor public, et reportées sur les départemens.

3. A compter du 1er janvier 1791, la dépense relative aux pensions des comédiens français et italiens, à la garde militaire des spectacles, aux pompiers pour garantir les spectacles des incendies, sera rejetée du compte du trésor public.

11 SEPTEMBRE 1790. — Décret pour porter au Roi une lettre des administrateurs du département de Seine-et-Marne, relative aux attentes portées aux propriétés par les officiers des chasses de Fontainebleau. (B. 6, 70.)

L'Assemblée nationale décrète que M. le président portera au Roi l'adresse que viennent de lire les administrateurs du dé-

(1) Ce sont trois décrets séparés dans la Collection Baudoin; ils sont réunis dans la Collection du Louvre.

partement de Seine-et-Marne, et l'instruire des atteintes portées aux propriétés par les officiers de ses chasses à Fontainebleau (1).

---

11 SEPTEMBRE 1790. — Décret pour la formation d'un comité des monnaies. (B. 6, 66.)

---

11 = 18 SEPTEMBRE 1790. — Décret qui fixe à Rodez l'administration du département de l'Aveiron. (B. 6, 68.)

---

11 SEPTEMBRE 1790. — Décret qui fixe à Coutances l'administration du département de la Manche. (B. 6, 68.)

---

11 = 18 SEPTEMBRE 1790. — Décret pour que les cantons de Saint-Pargoire et de Cessenon se réunissent à l'effet de nommer des électeurs. (B. 6, 68.)

---

11 SEPTEMBRE 1790. — Décret relatif à l'arrestation de M. Necker. (B. 6, 70.)

---

11 SEPTEMBRE 1790. — Décret pour autoriser la caisse d'escompte à verser vingt millions au trésor public. (B. 6, 70.)

---

11 = 1 SEPTEMBRE 1790. — Décret pour ordonner d'informer contre le sieur Tronard, ci-devant de Rioles, soupçonné de complot contre l'État. (B. 6, 71.)

---

11 SEPTEMBRE 1790. — Décret pour la formation d'un comité de santé. (B. 6, 72.)

---

11 SEPTEMBRE 1790. — Juges; Organisation judiciaire. Voy. 2 SEPTEMBRE 1790. — Procédure. Voy. 6 SEPTEMBRE 1790.

---

12 = 18 SEPTEMBRE 1790. — Décret concernant le cours des assignats ou promesses d'assignats. (L. 2, 68; B. 6, 74; Mon. du 13 septembre 1790.)

L'Assemblée nationale, considérant que les assignats-monnaie qu'elle a établis par les décrets des 16 et 17 avril 1790, sanctionnés par le Roi le 22 du même mois, avec hypothèque et gage spécial sur les domaines nationaux, sont véritablement une monnaie de l'État (2), ainsi que toutes les autres monnaies ayant cours, et que c'est par un abus très-répréhensible, et en opposition à ses décrets, que lesdits assignats et promesses d'assignats ont été refusés par différens receveurs et collecteurs des deniers publics, ou distingués

d'avec les espèces sonnantes dans quelques jugemens, décrète ce qui suit:

Art. 1er. Aucun receveur et collecteur des deniers publics ne pourra, sous aucun prétexte, refuser les assignats-monnaie ni les promesses d'assignats, dans le paiement des impositions directes; ils seront reçus de même au pair, avec les intérêts échus, et comme l'argent, dans les débits et paiemens des droits des impôts indirects.

2. Il sera libre aux contribuables de se réunir entre eux pour acquitter plusieurs cotes d'imposition avec un seul ou plusieurs assignats ou promesses d'assignats, montant à la valeur de leurs cotes réunies.

3. Toutes les fois qu'un paiement pourra être facilité par l'échange d'assignats ou promesses d'assignats de sommes différentes, les receveurs et collecteurs seront tenus de se prêter à cet échange, et de ne faire aucune différence entre les assignats ou promesses d'assignats et le numéraire effectif.

4. En exécution du décret des 16 et 17 avril dernier, toutes sommes stipulées par acte payables en espèces, pourront être payées en assignats ou promesses d'assignats, nonobstant toutes clauses et dispositions à ce contraires.

---

12 = 21 SEPTEMBRE 1790. (Lett.-Pat.) — Décret concernant l'ordre et la surveillance à observer pour la perception des droits et impositions indirectes. (L. 2, 122; B. 6, 72.)

L'Assemblée nationale, après avoir ouï le rapport de son comité des finances, persuadée de la nécessité d'établir le même ordre et la même surveillance pour la perception des droits et impositions indirectes, qu'elle a prescrit pour le recouvrement des impôts directs par son décret du 13 juillet, sanctionné par le Roi, décrète ce qui suit:

Art. 1er. Les officiers municipaux mettront au rang de leurs devoirs les plus essentiels au maintien de l'ordre public, celui de veiller à ce que les droits dont la perception a été ordonnée ou prorogée par l'Assemblée nationale, soient payés avec la plus grande exactitude, ou perçus avec la même sûreté.

2. Ceux des contribuables qui seraient maintenant en retard d'acquitter quelques-uns desdits droits, seront tenus de les payer dans la quinzaine, à compter du jour de la publication des présentes; faute de quoi, les percepteurs desdits droits seront tenus, à peine d'en répondre en leur propre et privé nom, de former l'état des contribuables en retard, celui des sommes par eux dues, et

---

(1) Par cette adresse, les administrateurs demandaient que la chasse du Roi fut bornée à la forêt de Fontainebleau, qu'elle fut fermée de murs et qu'on ne pût traiter que de gré à gré avec les habitans, dont les terres sont enclavées dans la forêt.

(2) C'est au 1er germinal an 5 que les assignats et mandats ont été retirés de la circulation (Décision ministérielle du 3 fructidor an 10; S. 2, 2, 2-8.)

de le remettre dans un pareil délai de quinzaine, certifié d'eux, au directoire de leur district.

3. Chaque directoire de district enverra copie de cet état au directoire de département, afin que celui-ci puisse prescrire, sans délai, les mesures nécessaires pour remédier à la négligence où à la mauvaise volonté, soit des percepteurs, soit des redevables.

4. Les directoires de district constateront pareillement l'état de situation des différens percepteurs de leur district, vis-à-vis de leurs commettans, et rendront compte aux directoires de département du résultat de leur vérification, pour que ceux-ci puissent en informer, dans le cours du mois prochain, au plus tard, le sieur contrôleur général des finances, et celui-ci en faire part à l'Assemblée nationale.

5. Les directoires de district se feront remettre, à l'avenir, à la fin de chaque mois, l'état certifié, par les différens percepteurs, du recouvrement par eux fait des sommes à recouvrer des redevables en retard, et l'enverront, dans les premiers jours du mois suivant, au directoire de département, avec leurs observations sur les causes qui ont pu influer sur le retard, le progrès ou l'amélioration de la perception des droits.

6. Les directoires de département feront former un état général qui sera le résultat de ces états particuliers, et l'enverront avant le 15 de chaque mois, ainsi que l'état général du recouvrement des impositions directes et de la contribution patriotique, conformément au susdit décret du 13 juillet, au sieur contrôleur général des finances, certifié d'eux, pour que celui-ci puisse faire connaître, pareillement avant le 30 de chaque mois, à l'Assemblée nationale et aux législatures suivantes, le montant des paiemens faits dans chaque département, tant sur les impositions directes, que sur les différens droits et impositions indirectes, celui des sommes dues dans chaque département, les causes qui ont pu influer sur le retard dans le recouvrement des impositions directes ou dans la perception des droits, et les mesures qu'il aura proposées dans ce cas, pour le prévenir dans la suite ou le faire cesser.

12 SEPTEMBRE 1790. — Proclamation du Roi concernant les opérations à terminer pour compléter le répartement des impositions ordinaires de l'ancienne province des Trois-Evêchés pour l'année 1790. (L 2, 49)

12 = 13 SEPTEMBRE 1790. — Décret qui autorise le régiment de Guyenne à changer de garnison. (B. 6, 75.)

12 SEPTEMBRE 1790. — Archives ; Gardes nationales Juges. *Voy.* 7 SEPTEMBRE 1790

— Liquidation. *Voy.* 6 SEPTEMBRE 1790. — Lyon. *Voy.* 7 SEPTEMBRE 1790. — Marine. *Voy.* 1er SEPTEMBRE 1790. — Voirie. *Voy.* 15 AOUT 1790.

13 = 21 SEPTEMBRE 1790. — Décret qui autorise les habitans et paroissiens de Vanoze à reconstruire la maison presbytérale. (B. 6, 75.)

13 SEPTEMBRE 1790. — Décret qui ordonne la formation d'une nouvelle municipalité à Rocroy. (B. 6, 76.)

13 SEPTEMBRE 1790. — Régiment de Guyenne. *Voy.* 12 SEPTEMBRE 1790.

14 = 21 SEPTEMBRE 1790. (Procl.) — Décret qui détermine le territoire de chacun des six tribunaux du département de Paris. (L. 2, 117 ; B. 6, 85.)

Voy. loi du 12 = 19 OCTOBRE 1790.

L'Assemblée nationale, après avoir entendu le rapport du comité de constitution, décrète que le territoire de chacun des six tribunaux du département de Paris est déterminé ainsi qu'il suit :

Tribunaux du département de Paris, composés :

1° Des sections des Tuileries, des Champs-Elysées, du Roule, de la place Vendôme, du Palais-Royal, de la Bibliothèque, de la Grange-Batelière, et des cantons de Nanterre et de Passy ;

2° Des sections du faubourg Montmartre, de la rue Poissonnière, de la Fontaine-Montmorency, de la place Louis XIV, des Postes, de la Halle-aux-Blés, de l'Oratoire, du Louvre, du marché des Innocens, de Mauconseil, de Bonne-Nouvelle, et des cantons de Colombe, Clichy et Saint-Denis ;

3° Des sections du faubourg Saint-Denis, de Bondi, du Temple, du Ponceau, des Gravilliers, des Lombards, de la rue Beaubourg, des Arcis, des Enfans-Rouges, et des cantons de Pierrefitte, Pantin et Belleville ;

4° Des sections de la place Royale, du Roi de Sicile, de l'Hôtel-de-ville, de l'Arsenal, de Popincourt, de la rue de Montreuil, des Quinze-Vingts, de l'Ile, et des cantons de Montreuil, Vincennes et Charenton ;

5° Des sections de Notre-Dame, des Termes de Julien, de Sainte-Geneviève, du Jardin-des-Plantes, de l'Observatoire, des Gobelins, et des cantons de Villejuif et Choisy-le-Roi ;

6° Des sections de Henri IV, des Invalides, de la Fontaine de Grenelle, des Quatre-Nations, du Théâtre-Français, de la Croix-Rouge, du Luxembourg, et des cantons de Bourg-la-Reine, Issy et Châtillon.

14 = 21 SEPTEMBRE 1790. (Procl.) — Décret relatif à la réunion des conseils de département. (L 2, 116 ; B. 6, 77.)

L'Assemblée nationale, considérant qu'il li'n

est utile de différer la tenue des conseils de département, et que les circonstances obligent à déroger pour cette année à l'article 29 de la section II du décret sur la constitution des assemblées administratives, décrète, sur le rapport du comité de constitution, que les conseils de district se rassembleront à l'époque fixée par le décret des 28 et 30 juin dernier, mais que les conseils de département ne se rassembleront que le 3 novembre.

14 = 21 SEPTEMBRE 1790. (Lett.-Pat.) — Décret relatif à l'acquittement du reliquat des comptes rendus par les receveurs des décimes. (L. 2, 95; B. 6, 81.)

L'Assemblée nationale, instruite que, dans la plupart des diocèses du royaume, il existe dans la caisse des impositions du clergé une masse de deniers comptans, formant le reliquat des comptes des années précédentes, et connus sous le nom de *bons et gras de caisse*; dérogeant en cette partie à l'article 4 du décret du 18 juillet dernier, sanctionné par le Roi, a décrété que, dans la huitaine du jour de la notification du présent décret, qui sera faite aux receveurs des décimes et à tous autres receveurs des impositions du clergé, sous quelque nom qu'ils soient connus, à la diligence des procureurs-syndics des districts, lesdits receveurs verseront ou feront verser à la caisse de l'extraordinaire, en deniers comptans, comme objet déposé entre leurs mains, la totalité des deniers étant en leurs mains pour le reliquat des comptes par eux précédemment rendus; ordonne, en outre, que lesdits receveurs des décimes et impositions du clergé rendront, sans délai, par-devant les directoires des districts où ils sont domiciliés, le dernier compte de leur administration, auquel compte seront appelés trois curés du diocèse, nommés par les directoires des districts dans lesquels ils sont établis, et en feront verser le reliquat à la caisse de l'extraordinaire.

14 SEPTEMBRE 1790. — Décret concernant les chasses du Roi. (B. 6, 78; Mon. du 16 septembre 1790.)

Voy. loi du 28 = 30 AVRIL 1790.

Art. 1er. Il sera formé, dans les domaines et biens nationaux qui seront réservés au Roi par un décret particulier, des parcs destinés à la chasse de Sa Majesté, et ces parcs seront clos de murs, aux frais de la liste civile, dans le délai de deux années, à compter du 1er novembre prochain.

2. Le Roi pourra, pour la formation ou arrondissement de l'intérieur desdits parcs, y réunir, par voie d'échanges faits de gré à gré, les propriétés particulières qui y sont enclavées, en cédant des fonds faisant partie des domaines qui lui sont réservés.

3. Les échanges seront irrévocables, après qu'ils auront été décrétés par l'Assemblée nationale, et sanctionnés par le Roi.

4. Il est libre à tous propriétaires ou possesseurs de fonds enclavés dans lesdits parcs, autres que ceux qui en tiennent du Roi à titre de ferme, de détruire ou faire détruire le gibier sur leurs propriétés seulement, et de la même manière qui a été réglée par les propriétaires ou possesseurs de fonds dans les autres parties du royaume, par le décret du 21 avril dernier.

Et néanmoins, en attendant que les échanges soient consommés ou les clôtures faites, le droit de détruire ou faire détruire le gibier avec des armes à feu, sera suspendu, pendant le cours de deux années déjà prescrites pour tous propriétaires ou possesseurs de fonds enclavés, les jours seulement où le Roi prendra en personne l'exercice de la chasse; à l'effet de quoi le Roi fera avertir, la veille, les municipalités avant midi.

5. Les dispositions pénales contenues dans la première partie de l'article 1er, ainsi que dans les articles 2, 3, 4, 5 et 6 du décret provisoire des 21, 22 et 28 avril dernier, auront leur plein et entier effet contre ceux qui chasseront, en quelque temps ou de quelque manière que ce soit, dans les parcs, domaines et propriétés réservés au Roi, ainsi que dans les autres propriétés nationales.

6. Seront néanmoins punies de trois mois de prison toutes personnes qui chasseront avec armes à feu dans lesdits parcs du Roi, et même sur leurs propriétés, les jours où Sa Majesté chassera en personne, et après les avertissemens portés dans l'article 4.

7. Si les délinquans sont déguisés ou masqués, ou s'ils n'ont aucun domicile connu, ils seront arrêtés sur-le-champ, et conduits dans les prisons du district du lieu du délit.

8. Les gardes que le Roi jugera à propos d'établir pour la conservation de ses chasses, seront reçus et assermentés devant les juges du district, auxquels la connaissance des délits de chasse commis dans lesdits parcs et domaines qui seront réservés au Roi, appartiendra, conformément à l'article 7 du décret des 6 et 7 septembre courant, et seront les commissions données aux gardes, enregistrées sans frais aux greffes des municipalités.

9. Les peines ci-dessus seront prononcées sommairement et à l'audience, à la poursuite du commissaire du Roi, par les tribunaux de district du lieu du délit, d'après les rapports des gardes-chasses.

10. Seront au surplus exécutés les articles du décret des 21, 22 et 28 avril dernier; et néanmoins, les rapports des gardes-chasses pourront être faits concurremment au greffe du tribunal du district, ou à celui de la municipalité du lieu du délit, et affirmés entre

1. 24

les mains d'un des juges ou d'un officier municipal.

11. Les décrets des 21, 22 et 28 avril dernier seront exécutés contre les gardes et autres personnes employées aux chasses du Roi, ainsi et de la même manière que contre tous les autres délinquans.

12. Les réglemens, lois et ordonnances ci-devant portés sur le fait des chasses du Roi et les capitaineries, sont abolis.

14 = 18 septembre 1790. — Décret qui maintient le directoire du district de Nîmes dans le droit de requérir les troupes pour le maintien de la tranquillité de cette ville. (B. 6, 12.)

14 = 21 septembre 1790. — Décret qui accorde au ministre de la marine un fonds extraordinaire de quatre millions six cent mille livres destinées aux dépenses exigées pour les armemens (B. 6, 82.)

14 septembre 1790. — Décret concernant les fonctions du comité de santé. (B. 6, 23.)

14 = 21 septembre 1790. — Décret qui ordonne la poursuite et la punition des auteurs des troubles excités à Angers, relativement à la circulation des grains. (B. 6, 83.)

14 septembre 1790. — Nîmes. Voy. 7 septembre 1790.

15 = 21 septembre 1790. (Procl.) — Décret relatif à la discipline maritime. (L. 2, 91 ; B. 6, 95.)

L'Assemblée nationale, sur le compte qui lui a été rendu des mouvemens qui ont eu lieu parmi les équipages de Brest, lors de la publication du Code pénal de la marine, ayant égard à l'exposé fait par M. d'Albert, commandant l'escadre, que la majeure partie des équipages et tous les vrais marins sont restés fidèles à la discipline militaire; persuadée que la confiance due par les gens de mer à leur commandant et le sentiment de leur devoir suffiront pour maintenir cette exacte subordination qui a toujours distingué les peuples libres, veut bien oublier les torts de quelques hommes égarés qui ont méconnu les dispositions bienfaisantes des décrets de l'Assemblée, et qui, se trompant sur l'intention de quelques articles, n'ont pas vu combien le nouveau Code qu'elle leur a donné dans sa sollicitude paternelle, est plus doux et plus juste que le régime rigoureux et arbitraire par lequel ils étaient gouvernés.

Et en ce qui concerne les représentations faites par M. d'Albert et par les officiers municipaux de Brest, au nom des matelots, sur quelques articles du Code pénal;

Considérant qu'en rappelant l'usage de la liane, suivi de tout temps dans la marine française et dans toutes les marines de l'Europe, elle a voulu surtout en prévenir l'abus;

Qu'en créant la peine de l'anneau au pied et de la petite chaîne, elle a eu pour unique objet de substituer à la peine douloureuse et malsaine des fers sur le pont, et du retranchement de vin pendant une longue suite de jours, une peine douce et légère, et qui, rangée dans la classe des peines de discipline, ne peut être regardée comme infamante, ni faire supposer aucune similitude entre de vils criminels, et l'utile et honorable classe des matelots français;

Jugeant enfin qu'une disposition de bienfaisance et d'humanité ne peut compromettre le véritable honneur qui a toujours été le partage de ces enfans de la patrie, et s'en rapportant au surplus à la sagesse des commandans pour la dispensation et le choix des peines de discipline,

Décrète qu'il n'y a lieu à délibérer sur les représentations faites par M. d'Albert et par les officiers municipaux de Brest, au nom des matelots de l'escadre; et néanmoins, l'Assemblée, approuvant la conduite de cet officier général et celle des officiers municipaux de Brest, tant dans cette circonstance que relativement aux ouvriers du port, charge son président de leur en témoigner sa satisfaction.

15 = 21 septembre 1790. (Procl.) — Décret portant règlement de l'augmentation de solde accordée aux gens de mer (L. 2, 111 ; B. 6, 85.)

L'Assemblée nationale, après avoir ouï le rapport de son comité de marine, considérant que l'augmentation de solde accordée aux gens de mer par son décret du 15 juin 1790, n'a pu jusqu'à présent avoir son exécution, parce qu'il exige un règlement préalable de répartition, décrète le règlement suivant, pour être exécuté jusqu'à l'organisation générale de la marine :

Solde par mois.

Novices, à 15 liv. — Matelots, 3e classe, 18 liv. ; 2e, à 21 liv. ; 1re, à 24 liv. — Vétérans à 27 liv. — Quartiers-maîtres, 2e classe, à 36 liv. ; 1re, à 42 liv. — Contre-maîtres, 2e classe, à 45 liv. ; 1re, à 51 liv. — Seconds maîtres, 2e classe, à 54 liv. ; 1re, à 53 liv. — Premiers maîtres, 3e classe, à 66 liv. ; 2e, à 72 liv. ; 1re, à 80 liv.

Pilotage. Timoniers.

5e classe, à 27 liv. ; 4e, à 33 liv. ; 3e, à 36 liv. ; 2e, à 39 liv. ; 1re, à 45 liv. — Aides pilotes, 2e classe, à 36 liv. ; 1re, à 42 liv. — Seconds pilotes, 2e classe, à 45 liv. ; 1re, à 57 liv. — Premiers pilotes, 3e classe, à 63 liv. ; 2e, à 72 liv. ; 1re, à 80 liv.

Canonnage. Chefs de pièces ou aides-canonniers.

3e classe, à 27 liv.; 2e, à 30 liv.; 1re, à 33 liv. — Seconds maîtres canonniers, 3e classe, à 48 liv.; 2e, à 51 liv.; 1re, à 57 liv. — Premiers maîtres canonniers, 3e classe, à 63 liv.; 2e, à 72 liv.; 1re, à 80 liv.

Charpentage, calfatage et voilerie

Aides, 2e classe, à 36 liv.; 1re, à 42 liv. — Seconds maîtres, 2e classe, à 48 liv.; 1re, à 57 liv. — Premiers maîtres, 3e classe, à 63 liv.; 2e, à 66 liv.; 1re, à 72 liv.

Les supplémens ci-devant attribués par les réglemens à des fonctions remplies sur les vaisseaux par les premiers maîtres comptables et autres personnes de l'équipage, qui ne s'élèvent pas à plus de dix livres par mois, et qui ne sont accordés que pendant la durée desdites fonctions, continueront d'avoir lieu comme au passé.

Au moyen des dispositions du présent décret, qui auront leur effet à compter du 1er mai 1790, les demi-rations et les indemnités qui en tenaient lieu, demeureront supprimées, ainsi qu'il est dit par le décret du 15 juin dernier.

15 = 21 SEPTEMBRE 1790. (Procl.) — Décret relatif à la libre circulation intérieure des grains, et à la prohibition de leur exportation à l'étranger. (L. 2, 114; B. 6, 96.)

Voy. lois du 12 = 19 NOVEMBRE 1790; du 7 = 12 DÉCEMBRE 1790.

L'Assemblée nationale, instruite par le rapport de ses comités de recherches, d'agriculture et de commerce réunis, des inquiétudes mal fondées qui se sont élevées dans plusieurs parties du royaume, à l'occasion de la libre circulation des grains, prescrite par ses décrets des 29 août, 18 septembre et 5 octobre de l'année dernière,

Considérant que cette liberté de circulation intérieure est le gage le plus certain que l'Assemblée nationale ait pu présenter au peuple français, de sa sollicitude et de son attachement inaltérable à ses vrais intérêts;

Que la récolte de toute espèce de grains a été généralement abondante, et telle qu'il ne peut rester au peuple aucun motif raisonnable de crainte pour ses subsistances;

Que tout obstacle, toute résistance apportés à la circulation, ont l'inévitable et constant effet de hausser le prix des grains et vont ainsi directement contre le but que l'on se propose;

Que ces troubles, ces inquiétudes sont évidemment le fruit de manœuvres coupables de la part des ennemis de la patrie, qui cherchent à égarer les citoyens honnêtes, mais peu instruits, et les poussent ainsi à leur perte par l'habitude de la violation des lois,

Charge son président de se retirer dans le jour par devers le Roi, pour le prier de donner les ordres les plus prompts à toutes les municipalités, corps administratifs et tribunaux du royaume, de veiller avec le plus grand soin à l'exacte et rigoureuse exécution de ses décrets sur la liberté de la circulation intérieure des grains, particulièrement aux dispositions prohibitives de toute exportation à l'étranger; d'informer contre tous auteurs, instigateurs, fauteurs, complices, participes et adhérens de troubles, émeutes et séditions excités à cette occasion; et à toutes les gardes nationales, troupes de ligne et maréchaussées, de prêter main-forte à l'exécution des jugemens.

15 SEPTEMBRE (14 et) = 29 OCTOBRE 1790. (Procl.) — Décret concernant la discipline militaire. (L. 2, 316; B. 6, 88; Mon. du 15 septembre 1790.)

Voy. lois du 6 = 12 DÉCEMBRE 1790; du 1er = 8 MAI 1791; des 24 et 25 = 29 JUILLET 1791; et spécialement la loi du 4 = 9 MAI 1792.

L'Assemblée nationale, convaincue que la principale force des armées consiste dans la discipline; qu'il est de son devoir de la maintenir, en même temps qu'il est de sa justice d'en déterminer les bases, de manière qu'aucune punition ne puisse être infligée arbitrairement, hors de l'esprit de la loi; se réservant en outre de prononcer sur les crimes et délits militaires, ainsi que sur les formes légales à employer pour les juger, décrète, sur la partie de la discipline intérieure seulement, ce qui suit:

Art. 1er. Les punitions à infliger pour les fautes commises contre la discipline par les officiers de tous grades, sous-officiers et soldats de toutes les armes, pourront être prononcées contre les délinquans d'un grade inférieur, par tous ceux qui seront revêtus d'un grade supérieur au leur, selon ce qui sera prescrit ci-après; à la charge par eux d'en rendre compte dans les vingt-quatre heures, en observant la hiérarchie des grades militaires, conformément aux dispositions de détails que Sa Majesté prescrira par ses réglemens militaires.

2. Le commandant du corps, sur le compte qui lui en sera rendu tous les jours, pourra restreindre, infirmer, augmenter, les punitions qui auront été prononcées par ceux sous ses ordres; mais il ne pourra pas en cela s'écarter des règles qui seront prescrites ci-après pour la nature ou la durée des punitions.

3. Tout subordonné, de quelque grade qu'il soit et quelque fondé qu'il puisse se croire à se plaindre, sera tenu de se soumettre aussitôt à l'ordre qu'il recevra, ainsi qu'à la punition de discipline prononcée contre lui; par celui ayant droit de la lui ordonner,

24.

mais il lui sera permis, après avoir obéi, de réclamer auprès du conseil de discipline dont il sera parlé ci-après, et dans les formes qui seront prescrites, la justice qu'il croira lui être due.

4. Les punitions à prononcer pour fait de discipline seront déterminées, tant pour leur nature que pour le *maximum* de leur durée, ainsi qu'il suit :

Pour les soldats de toutes les armes.

Les corvées de la chambre, celle du quartier, celles de la place; la consigne aux portes de la ville, lorsqu'elles seront libres; la consigne au quartier pour deux mois; la chambre de police pendant un mois; la boisson d'eau pour les ivrognes, jusqu'à la concurrence d'une chopine par jour, et pendant trois jours seulement, à l'heure de la garde montante, soit que l'homme soit détenu ou non pour plus long-temps à la prison, cachot ou chambre de police.

La prison pendant quinze jours : elle pourra être aggravée par la réduction au pain et à l'eau, pendant trois jours de chaque semaine seulement; le cachot pendant quatre jours au pain et à l'eau : le piquet pendant trois jours, et une heure chaque jour, mais sans charge de fusil, mousqueton, cuirasse ou manteau : cette punition pourra être en outre de celle de la prison ou du cachot, où l'homme puni ainsi sera toujours détenu au moins pendant le temps qu'il devra la subir.

Pour les caporaux ou brigadiers, ainsi que pour les autres sous-officiers.

La consigne aux portes de la ville, la consigne au quartier pour deux mois; les arrêts simples dans leur chambre pour un mois, la chambre de police pour le même temps; la prison pendant quinze jours, avec possibilité de réduction au pain et à l'eau, pendant trois jours de chaque semaine seulement.

Le cachot au pain et à l'eau pendant quinze jours.

Pour les officiers de tous grades.

Les arrêts simples dans leur chambre pendant deux mois, recevant ou ne recevant personne, suivant les cas et suivant l'ordre donné à cet effet; les arrêts forcés dans la chambre, c'est-à-dire, avec sentinelle ou autre moyen correctif pendant un mois; la prison militaire pendant quinze jours.

5. Toutes les punitions dénommées ci-dessus seront les seules qui pourront être infligées pour fait de discipline, et elles ne pourront être prolongées au-delà du terme fixe pour chacune, que par une décision précise du conseil de discipline, dont il sera parlé ci-après.

6. Seront réputés fautes contre la discipline, et mériteront d'être punis en conséquence,

suivant les cas, toutes voies de fait, coups ou mauvais propos d'un supérieur, de quelque grade qu'il puisse être, vis-à-vis de son subordonné, ainsi que toute punition injuste qu'il aurait pu prononcer contre lui;

Tout murmure, mauvais propos ou défaut d'obéissance, pourvu qu'il ne soit pas accompagné d'un refus formellement énoncé d'obéir de la part d'un subordonné quelconque vis-à-vis de son supérieur, quelque raison qu'il puisse se croire de s'en plaindre;

Les violations des punitions ordonnées; l'ivresse pour peu qu'elle trouble l'ordre public ou militaire, et pourvu qu'elle ne soit pas accompagnée de désordre;

Tout dérangement de conduite, ou toutes dettes, pourvu qu'elles ne soient pas accompagnées de circonstances crapuleuses ou déshonorantes;

Les querelles, soit entre militaires, soit avec des citoyens ou habitans des villes et campagnes, lorsque ces dernières ne sont pas de nature à être portées devant les juges civils, et pourvu qu'il n'en résulte aucune plaie, et qu'on n'y ait pas fait usage d'armes ou de bâtons;

Les manques aux différens appels, exercices, revues ou inspections;

Les contraventions aux règles de police ou ordres donnés; enfin toutes les fautes contre la discipline, le service ou la tenue, provenant de négligence, de paresse ou de mauvaise volonté.

7. Les fautes ci-dessus énoncées seront toujours regardées comme plus graves, lorsqu'elles auront lieu pendant le temps du service ou sous les armes.

8. Le commandant, de quelque grade qu'il soit, qui sera reconnu avoir puni injustement un de ses subordonnés, le sera lui-même, en raison de la punition qu'il aurait ordonnée, ou du degré de son injustice.

9. Tout subordonné qui aurait accusé son supérieur de l'avoir puni injustement, si la plainte n'est pas fondée, sera condamné, s'il y a lieu, à une punition qui sera fixée par le conseil de discipline.

10. Les punitions de la consigne au quartier, des chambres de police des soldats, des arrêts simples dans la chambre, ne dispenseront pas les officiers, sous-officiers et autres qui y seront condamnés, de faire le service de la place et d'assister à tous les exercices du régiment, à charge par eux de reprendre leurs punitions ou d'y être reconduits après la fin de leur service ou des exercices. La prison et le cachot, ainsi que les arrêts forcés pour les officiers, les chambres de police pour les sous-officiers, les suspendront seuls des fonctions et du service de leurs grades, et les mettront seuls dans le cas de remettre leurs armes à ceux qui leur auront porté l'ordre de s'y rendre.

11. Les chambres de police où seront détenus les sous-officiers seront toujours séparées de celles destinées aux soldats.

12. Les salles de discipline destinées aux sous-officiers, ainsi que celles des soldats, seront toujours garnies de fournitures comme les chambres des casernes; et ceux qui y sont détenus vivront, comme dans les chambrées, par les soins de leurs compagnies.

13. Les hommes détenus dans les prisons ou cachots recevront de même l'ordinaire de leurs compagnies; et lorsqu'ils devront être au pain et à l'eau, il leur sera fourni ces jours-là une double ration de pain : le surplus de la portion de leur prêt destinée à l'ordinaire, seulement après l'acquittement de la double ration de pain, appartiendra à leur compagnie en bonification d'ordinaire, comme indemnité de toute espèce de service fait pour eux.

14. Le conseil de discipline, chargé, conformément à l'article 5 ci-dessus, de prononcer sur la prolongation des punitions au-delà du terme déterminé pour chacune d'elles ou de recevoir les plaintes que des subordonnés pourraient avoir à porter contre leurs chefs, sera composé de trois officiers supérieurs, des trois premiers capitaines et du premier lieutenant du régiment. Ceux qui manqueraient, seront remplacés par un pareil nombre du grade inférieur, ou de ceux qui les suivraient dans leurs colonnes. Ce conseil s'assemblera par ordre du commandant du corps, toutes les fois qu'il sera nécessaire, et celui-ci ne pourra en refuser la convocation dans les vingt-quatre heures, lorsqu'il en sera requis en raison d'une plainte qui pourrait lui être adressée.

15. Lorsque la plainte d'un subordonné portera contre un des officiers supérieurs du régiment, la plainte sera remise au commandant de la place, s'il y en a, ou sinon adressée au commandant de la division, lequel sera tenu de convoquer aussitôt un conseil de discipline, composé des sept plus anciens officiers du grade le plus élevé de la division, et étrangers au corps, autant qu'il sera possible.

16. Tout subordonné qui voudra porter plainte au conseil de discipline contre un de ses chefs, sera tenu de la donner par écrit, motivée dans ses différentes circonstances; de la signer, s'il sait écrire, et de la remettre ainsi au commandant du régiment.

17. Celui qui portera plainte, ainsi que celui contre lequel elle sera dirigée, seront entendus au conseil de discipline, et pourront l'un et l'autre, à leur volonté, choisir un défenseur dans l'intérieur même du régiment pour exposer leurs raisons.

18. Si le droit de l'ancienneté appelait au conseil de discipline un des officiers contre

lesquels la plainte aurait lieu, il sera tenu de s'en retirer, et il sera remplacé par celui qui le suivra dans la colonne.

19. Pour donner aux décisions de ce conseil de discipline toute la publicité nécessaire, il sera toujours tenu publiquement et portes ouvertes; ceux qui y assisteront seront sans armes, debout, découverts et en silence.

———

15 SEPTEMBRE 1790. — Décret qui ajourne la question relative à la commission établie pour juger les contestations des fermiers des devoirs de Bretagne (B. 6, 85.)

———

15 = 21 SEPTEMBRE 1790. — Décret portant que le jugement de la municipalité de Strasbourg sur les troubles de Schélestat sera en dernier ressort. (B. 6, 85.)

———

16 = 21 SEPTEMBRE 1790. (Procl.) — Décret relatif à la prestation des oblats. (L. 2, 103; B. 6, 98.)

L'Assemblée nationale décrète qu'il sera payé par le trésor public à la caisse des Invalides, la somme de deux cent dix mille livres, pour la prestation des oblats, provisoirement et pour l'année 1790 seulement, à raison de cinquante-deux mille cinq cents livres par quartier, et que les trésoriers de district percevront les oblats et en tiendront compte au trésor public.

———

16 = 21 SEPTEMBRE 1790 (Procl.) — Décret qui excepte de l'arriéré la créance des Nantukois. (L. 2, 95; B. 6, 99.)

L'Assemblée nationale, ouï le rapport du comité de liquidation, décrète que la créance des Nantukois, montant à la somme de cinquante mille sept cent cinquante livres, sera exceptée de l'arriéré; qu'en conséquence, ladite somme de cinquante mille sept cent cinquante livres, sera payée, savoir : aux sieurs Williams Rotch et fils, pour prime de cinquante livres par tonneau et due aux équipages des navires baleiniers la Cantane et la Pénélope, suivant l'ordonnance à eux délivrée, en date du 10 janvier 1790, ci, 28,250 liv. Au sieur Williams Haydem, pour pareille prime de l'équipage baleinier le Neker, suivant l'ordonnance à lui délivrée le 10 janvier 1790. ci, 15,000 liv. Au sieur Benjamin Hussey, pour pareille prime de l'équipage du navire baleinier la Fleur-de-Mai, suivant l'ordonnance à lui accordée le 10 janvier 1790, ci, 7,500 liv.

———

16 = 21 SEPTEMBRE 1790. — Décret qui ordonne de continuer la perception des droits dont jouit l'hôpital général de Lille sur les vins. (B. 6, 99.)

16 SEPTEMBRE 1790. — Décret qui renvoie au pouvoir exécutif pour l'exécution des décrets relatifs aux droits seigneuriaux qui ne sont pas supprimés sans indemnités. (B. 6, 98.)

16 = 21 SEPTEMBRE 1790. — Décret pour convoquer les citoyens actifs de Montauban, à l'effet de procéder au choix des électeurs qui doivent élire les juges. (B. 6, 98.)

16 = 21 SEPTEMBRE 1790. — Décret qui fixe à Saintes le chef-lieu du département de la Charente-Inférieure. (B. 6, 99.)

16 = 21 SEPTEMBRE 1790. — Décret qui fixe à Niort le chef-lieu du département des Deux-Sèvres. (B. 6, 99.)

17 = 21 septembre 1790. — Décret qui accorde au département de la Haute-Vienne une somme de soixante mille livres pour secourir les incendies de Limoges. (L. 2, 106.)

17 = 21 SEPTEMBRE 1790. — Décret relatif au mode de paiement du traitement des curés royaux d'Alsace. (B. 6, 100.)

SEPTEMBRE 1790. — Décret qui statue sur le paiement des poursuites criminelles; les accessions des biens ci-devant féodaux ou censuels; les fausses dettes de saisie, déshéritance, etc. et généralement toutes celles qui tiennent au nantissement féodal ou censuel; la forme et le prix de la transcription des grosses des contrats d'aliénation ou d'hypothèques. (B. 6, 102.) Voy. au 20 de ce mois.

17 SEPTEMBRE 1790. — Trouard Voy. 11 SEPTEMBRE 1790.

18 = 21 SEPTEMBRE 1790. (Procl.) — Décret portant qu'aucun corps administratif n'a le droit d'arrêter ni de suspendre le départ d'un bâtiment de guerre. (L. 2, 90; B. 6, 105.)

L'Assemblée nationale, délibérant sur la lettre adressée par le ministre de la marine, de la part du Roi, en date du 17 de ce mois; considérant qu'aucune municipalité ou corps administratif ne peut, sous aucun prétexte, arrêter ni suspendre le départ d'aucun bâtiment de guerre, ordonné par Sa Majesté, décrète que le Roi sera prié de faire parvenir incessamment le présent décret dans tous les ports, et donner ses ordres en conséquence.

18 = 21 SEPTEMBRE 1790. (Procl.) — Décret relatif aux poursuites contre les locataires ou fermiers de biens ci-devant ecclésiastiques. (L. 2, 109; B. 6, 104.)

L'Assemblée nationale, sur la dénonciation qui lui a été faite par la municipalité de Paris faisant les fonctions de directoire de département et de district, d'un arrêt de la chambre des vacations du parlement de la même ville, du 26 août dernier, rendu entre Simon Peteil, les religieux bénédictins des Blancs-Manteaux et ladite municipalité; considérant qu'il importe à la nation d'arrêter les poursuites qui, depuis et nonobstant la publication du décret des 14 et 20 avril précédent, ont été exercées par des communautés religieuses, chapitres ou bénéficiers, contre leurs ci-devant locataires ou fermiers, pour les loyers ou fermages de la présente année;

Déclare que tout jugement postérieur à ladite publication, qui tendrait à obliger les locataires ou fermiers de biens ci-devant ecclésiastiques non compris dans l'exception portée par l'article 8 dudit décret, de payer en d'autres mains qu'en celles des receveurs de district, les loyers ou fermages dus pour les fruits et revenus de la présente année, doit être regardé comme non avenu, sans préjudice de l'exécution des articles 27 et 28 du décret des 6 et 11 août dernier, en ce qui concerne les loyers et fermages dus pour les fruits et revenus des années précédentes, à raison des biens ci-devant possédés par les communautés religieuses.

18 SEPTEMBRE 1790. — Décret concernant des mesures pour arrêter les incursions faites dans le parc de Versailles, sous prétexte d'y détruire le gibier. (B. 6, 105.)

18 SEPTEMBRE = 5 OCTOBRE 1790. — Décret qui charge le département des Ardennes de constater les dilapidations exercées dans la Chartreuse de Mont-Dieu. (B. 6, 107.)

18 = 21 SEPTEMBRE 1790. — Décret qui ordonne une nouvelle élection des membres qui composent l'administration du département de l'Ardèche, relativement à la nouvelle division de ce département en trois districts. (B. 6, 107.)

18 = 21 SEPTEMBRE 1790. — Décret qui charge l'administration du département du Cantal de prendre connaissance des réclamations sur l'élection des officiers municipaux de Mauriac. (B. 6, 103.)

18 SEPTEMBRE 1790. — Décret qui ordonne la continuation de la discussion sur la dette publique. (B. 6, 102.)

18 = 21 SEPTEMBRE 1790. — Décret qui autorise la municipalité de Versailles à percevoir les droits perçus ci-devant par Sa Majesté, pour subvenir aux dépenses particulières et à l'entretien des établissements publics. (L. 2, 99.)

---

19 = 20 SEPTEMBRE 1790. — Décret qui défend
à toute association ou corporation, et aux
corps de l'armée, d'entretenir ensemble des
correspondances. (L. 2, 86; B. 6, 108.)

L'Assemblée nationale, sur le compte qui
lui a été rendu par son comité militaire, des
démarches qui ont eu lieu aux casernes de
Ruel et de Courbevoie, et des soins que les
municipalités de ces deux bourgs ont pris
pour s'opposer aux inconvéniens qui devaient
en résulter, décrète ce qui suit :

Art. 1er. Le président sera chargé d'écrire
aux municipalités de Ruel et de Courbevoie
que l'Assemblée nationale approuve la conduite sage et prudente qu'elles ont tenue pour
arrêter l'effet des démarches qui ont été faites
vers le corps des Gardes-Suisses, et qu'elle
approuve également le respect que les Gardes-
Suisses ont montré à la loi et à ses organes.

2. Il est défendu à l'avenir à toute association ou corporation, d'entretenir, sous aucun
prétexte, des correspondances avec les régimens français, suisses et étrangers qui composent l'armée. Il est également défendu auxdits corps d'ouvrir ou de continuer de pareilles
correspondances, à peine, pour les premiers,
d'être poursuivis par les magistrats chargés
du maintien des lois, comme perturbateurs
du repos public, et pour les seconds, d'être
poursuivis suivant la rigueur des ordonnances.

---

19 = 27 SEPTEMBRE 1790. — Décret portant
que les présidens des administrations de départemens sont éligibles aux places de juges.
(L. 2, 135; B. 6, 113; Mon. du 20 septembre
1790.)

L'Assemblée nationale, sur les pétitions qui
lui ont été présentées en interprétation du
décret du 2 septembre, déclare que les présidens des administrations de département et
de district, n'étant pas membres nécessaires
des directoires, sont éligibles aux places de
juges, à la charge par eux, s'ils sont élus juges et s'ils acceptent, de ne pouvoir plus exercer dans les corps administratifs les fonctions
de président, et de se réduire à celles de simples membres du conseil.

---

19 = 21 SEPTEMBRE 1790. — Décret qui al-
loue à chaque soldat du régiment de Soissonnais une somme pour tenir lieu d'un sar-
rau (B. 6, 108.)

19 SEPTEMBRE 1790. — Proclamation du Roi
concernant les opérations pour compléter le
répartement des impositions ordinaires de l'arrondissement de l'ancienne élection de Saint-
Maixent, et dans l'ancienne généralité de La
Rochelle. (L. 2, 73 et 80.)

---

19 SEPTEMBRE 1790. — Bibliothèque. *Voy.* 3
SEPTEMBRE 1790. — Domaines. *Voy.* 16 AOUT
1790.

---

20 = 27 SEPTEMBRE 1790. — Décret relatif aux
frais de poursuites criminelles, aux statuts qui
doivent régir les biens ci-devant féodaux ou
censuels, et aux formalités qui tiennent au
nantissement féodal ou censuel. (L. 2, 131 ;
B. 6, 110.)

Voy. loi du 28 OCTOBRE = 5 NOVEMBRE
1790.

L'Assemblée nationale, voulant faire cesser
plusieurs difficultés qui se sont élevées sur
l'interprétation et l'exécution de l'article 4
des décrets des 4, 6, 7, 8 et 11 août 1789,
des articles 1er et 13 du titre Ier, 23, 30 et
31 du titre II de son décret du 15 mars dernier, ensemble de l'article 2 de celui du 3
mai suivant, décrète ce qui suit :

Art. 1er. Les frais des poursuites criminelles faites à la requête des procureurs du Roi
ou d'office, depuis la publication des lettres-
patentes du 3 novembre 1789, intervenues
sur les décrets des 4, 6, 7, 8 et 11 août précédent, sont à la charge du trésor public; en
conséquence, les receveurs des domaines
continueront provisoirement à fournir les
deniers nécessaires auxdites poursuites, sur
les taxes faites aux témoins par les juges, et
sur les exécutoires par eux décernés, après
néanmoins que les directoires de département
les auront vérifiés et visés dans la même forme que le faisaient ci-devant les commissaires
départis.

2. Dans les pays et les lieux où les biens
allodiaux sont régis, soit en succession, soit
en disposition, soit en toute autre matière,
par des lois ou statuts particuliers, ces lois
ou statuts régissent pareillement les biens
ci-devant féodaux ou censuels; savoir, pour
les successions, à compter de la publication
du décret du 15 mars dernier, et pour toute
matière, à compter de la publication des lettres-patentes du 3 novembre 1789.

3. A compter du jour où les tribunaux de
district seront installés dans les pays de nantissement, les formalités de saisine, dessai-
sine, déshéritance, adhéritance, vest, dévest,
reconnaissance échevinale, mise de fait, main-
assise, plainte à loi, et généralement toutes
celles qui tiennent au nantissement féodal ou
censuel, seront et demeureront abolies; et
jusqu'à ce qu'il en ait été autrement ordonné,
la transcription des grosses des contrats d'a-
liénation ou d'hypothèque en tiendra lieu, et

suffira en conséquence pour consommer les aliénations et les constitutions d'hypothèques, sans préjudice, quant à la manière d'hypothéquer les biens, de l'exécution de l'article 35 de l'édit du mois de juin 1771, et de la déclaration du 23 juin 1772, dans ceux des pays de nantissement où ces lois ont été publiées.

4. Lesdites transcriptions seront faites par les greffiers des tribunaux de district de la situation des biens, selon l'ordre dans lequel les grosses des contrats leur auront été présentées, et qui sera constaté par un registre particulier, dûment coté et paraphé par le président de chacun desdits tribunaux. Les registres destinés à ces transcriptions seront pareillement cotés et paraphés, et les greffiers seront tenus de les communiquer sans frais à tous requérans.

5. Il sera provisoirement payé aux greffiers, pour lesdites transcriptions, cinq sous par rôle de grosses des contrats, y compris le papier, sur lesquelles ils certifieront, sous leur signature et le sceau du tribunal, les jours où elles auront été présentées au greffe et transcrites, avec indication du registre et du folio où s'en trouvera la transcription.

6. Les droits domaniaux annuels qui se perçoivent sur les poêles à sel, dans les ci-devant provinces belgiques, sont et demeureront supprimés, sans préjudice des arrérages qui pouvaient en être dus avant la publication des lettres-patentes du 3 novembre 1789, et sans qu'il puisse être répété aucune des sommes fournies, soit en paiement d'échéances postérieures à cette époque, soit pour rachat de ces droits.

7. Sont pareillement supprimés les droits établis sur les moulins à bras et à cheval, tant dans les provinces que partout ailleurs; et il est sursis à prononcer sur les droits dont les moulins à eau pourraient être grevés, jusqu'au moment où il sera statué, par une loi générale, sur la propriété des rivières et cours d'eau.

8. Il n'est nullement préjudicié, par l'abolition du triage, aux actions en cantonnement, de la part des propriétaires, contre les usagers de bois, prés, marais et terrains vaines pâtures, lesquelles continueront d'être exer-cées comme ci-devant dans les cas de droit, et seront portées aux tribunaux de district, sauf à se conformer, pour les ci-devant provinces de Lorraine, des Trois-Evêchés et du Clermontois, à l'article 32 du titre II du décret du 15 mars dernier (1).

9. Pourront néanmoins être revisés et réformés, s'il y a lieu, par les tribunaux de district (et à la charge de l'appel ainsi que de droit), les cantonnemens prononcés depuis moins de trente ans par arrêt du conseil, sans qu'au préalable le fonds des droits de propriété ou d'usage eût été convenu, ou, en cas de contestation, jugé par les tribunaux ordinaires; ensemble tous les arrêts du conseil qui, sans prononcer de cantonnemens, ont statué en première instance, depuis la même époque, sur des questions de propriété ou de droits fonciers, entre des seigneurs et des communautés d'habitans, auquel effet les parties intéressées se pourvoiront dans l'espace de temps et de la manière indiqués par l'article 31 du titre II du décret ci-dessus, sans pouvoir prétendre aucun compte des fruits perçus hors du cas déterminé par le même article.

10. Il n'est porté, par l'article précédent, aucune atteinte aux arrêts du conseil, qui n'ont fait qu'homologuer des cantonnemens faits ou consentis dans les formes légales par les parties intéressées.

11. On ne pourra racheter les droits casuels dus par un héritage, sans racheter en même temps les droits fixes auxquels il est sujet.

---

20 == 21 SEPTEMBRE 1790. — Décret relatif aux actes d'insubordination commis sur deux vaisseaux de l'escadre de Brest. (L. 2, 88; B. 6, 116.)

L'Assemblée nationale ayant entendu le rapport de ses comités de la marine, des colonies et des recherches, sur les actes d'insubordination commis à bord de deux vaisseaux de l'escadre de Brest, depuis l'arrivée du *Léopard*;

Justement indignée des écarts auxquels se sont livrés quelques hommes de mer, avec lesquels elle n'entend point confondre les braves marins qui se sont toujours distingués

---

(1) Les tribunaux, en accordant le cantonnement contre une commune usagère, sont pleinement autorisés, d'après les lois nouvelles, à déterminer, selon leur conscience et leurs lumières, quelle quotité de terrain soumis à l'usage doit être accordé à la commune pour lui tenir lieu de son droit de totalité. A cet égard, les tribunaux n'ont pas à suivre les règles établies par la législation ou la jurisprudence ancienne, et leur décision ne peut donner ouverture à cassation (22 mai 1827, Cass.; S. 27, 1, 493; D. 27, 1, 249.)

L'aménagement, que les propriétaires de bois soumis à des droits d'usage étaient anciennement autorisés à demander, est une mesure que la nouvelle législation ne permet plus. Le cantonnement est le seul moyen légal offert au propriétaire pour affranchir une part ou des bois de l'exercice du droit d'usage (3 juillet 1823, Bourges; S. 29, 2, 243; D. 29, 2, 187). *Voy.* Code forestier de 1827, art. 63 et 118.

autant par leur attachement à la discipline militaire que par leur courage,

Décrète : 1° que le Roi sera prié de donner des ordres pour faire poursuivre et juger, suivant les formes légales, les principaux auteurs de l'insurrection, et ceux de l'insulte faite au sieur de Marigny, major-général de la marine;

2° Pour faire désarmer le vaisseau le Léopard, et en congédier l'équipage, en renvoyant ceux qui le composent dans leurs quartiers respectifs, et en enjoignant aux officiers de rester dans leurs départemens;

3° Pour faire sortir de Brest, dans le plus court délai, et transférer dans le lieu qui lui paraîtra convenable, les individus appartenant au régiment du Port-au-Prince, arrivés à bord dudit vaisseau.

Décrète que les ci-devant membres de l'assemblée générale de la partie française de Saint-Domingue, ceux du comité provincial de l'ouest de ladite colonie, et le sieur de Santo-Domingo, arrivés à Brest, commandant le vaisseau le Léopard, se rendront à la suite de l'Assemblée nationale, immédiatement après la notification du présent décret, laquelle leur sera faite en quelques lieux qu'ils puissent se trouver, d'après les ordres que le Roi sera prié de donner à cet effet.

Décrète, en outre, que le Roi sera prié de nommer deux commissaires civils, lesquels seront autorisés à s'adjoindre deux membres de la municipalité de Brest, tant pour l'exécution du présent décret, que pour aviser aux mesures ultérieures qui pourraient être nécessaires au rétablissement de la discipline et de la subordination dans l'escadre, et de l'ordre dans la ville de Brest, à l'effet de quoi tous les agens de la force publique seront tenus d'agir à leur réquisition.

———

20 = 14 SEPTEMBRE 1790. — Décret qui justifie la municipalité de Bar-le-Duc de l'imputation à elle faite par les fermiers généraux des messageries. (B. 6, 114.)

———

20 = 27 SEPTEMBRE 1790. — Décrets qui autorisent les communes de Chauny et de Compiègne à faire un emprunt, l'une pour le paiement des ouvriers les plus nécessiteux, l'autre pour établir un atelier de charité. (B. 6, 112 et 115.)

———

20 SEPTEMBRE 1790. — Décret qui ordonne l'impression d'un rapport et d'un projet de décret sur les dettes de M. le comte d'Artois. (B. 6, 116.)

———

20 SEPTEMBRE 1790. — Corporations. Voy. 29 SEPTEMBRE 1790.

———

21 SEPTEMBRE = 5 OCTOBRE 1790. — Décret relatif aux opérations prescrites pour la liquidation des dettes contractées sous le régime précédent dans les provinces où il y avait une administration commune, et qui sont divisées en plusieurs départemens. (L. 2, 143; B. 6, 118.)

L'Assemblée nationale, considérant que plusieurs des anciennes provinces se trouvent tellement divisées entre plusieurs départemens, que quelques-unes de ces nouvelles administrations ne reçoivent qu'un très-petit nombre de communautés par l'effet de cette division, et n'ont dès lors qu'un modique intérêt aux opérations prescrites par l'article 10 de la troisième section du décret du 22 décembre 1789, qu'il est cependant indispensable d'accélérer, principalement pour assigner les dépenses qui peuvent être prises sur les fonds libres, décrète ce qui suit :

Art. 1er. Les opérations prescrites par l'article 10 de la troisième section du décret du 22 décembre 1789, sanctionné en janvier, pourront être faites, pour les anciennes administrations qui ont été partagées en plus de trois départemens, par les commissaires qui auront été nommés pour trois départemens au moins, lorsque lesdits commissaires se trouveront réunis au nombre de six.

2. Le jour où ces opérations devront commencer sera indiqué par les deux commissaires choisis par le département qui comprendra le chef-lieu de l'ancienne administration, et par eux annoncé aux directoires des autres départemens qui ont intérêt à la liquidation.

3. Les directoires de département qui auront reçu cet avis, le communiqueront sans délai aux deux commissaires qui auront été nommés par le département pour concourir à cette opération.

4. Ces deux commissaires, après en avoir conféré avec le directoire, feront connaître aux deux commissaires du département qui comprend le chef-lieu de l'ancienne administration, s'ils entendent ou non se rendre aux lieu et jour indiqués.

5. Ledit jour arrivé, l'opération commencera lorsque les commissaires seront réunis au moins au nombre de six pour trois départemens.

6. Les commissaires d'un département qui aura reçu plus de la dixième partie du nombre des communautés qui dépendaient de la précédente administration, ne pourront au surplus se dispenser, si ce n'est pour cause de maladie, d'assister à l'opération.

7. Lorsque l'opération de la liquidation sera consommée, le compte qui doit en être rendu à une assemblée formée de quatre autres commissaires nommés par chaque administration de département, pourra de même être clos et arrêté définitivement, lorsque

lesdits commissaires se trouveront au moins réunis au nombre de douze pour trois départemens.

————

21 SEPTEMBRE 1790. — Décret qui autorise le paiement d'une somme de deux mille livres au sieur Simon, premier commis du rapporteur du tribunal des maréchaux de France. (B. 6, 118.)

————

21 SEPTEMBRE 1790. — Ardèche. *Voy.* 18 SEPTEMBRE 1790 — Armement *Voy.* 14 SEPTEMBRE 1790 — Cantal. *Voy.* 28 SEPTEMBRE 1790.— Comédiens. *Voy.* 11 SEPTEMBRE 1790. — Conseil du département. *Voy.* 14 SEPTEMBRE 1790. — Curés d'Alsace. *Voy.* 17 SEPTEMBRE 1790.— Décimes. *Voy.* 4 SEPTEMBRE 1790. — Deux-Sèvres. *Voy.* 16 SEPTEMBRE 1790 — Domaines de la couronne. *Voy.* 9 MAI 1790. — Fermiers. *Voy.* 18 SEPTEMBRE 1790. — Gardes nationales. *Voy.* 5 SEPTEMBRE 1790 — Haute-Vienne. *Voy.* 17 SEPTEMBRE 1790 — Insubordination. *Voy.* 20 SEPTEMBRE 1790. — Marine. *Voy.* 15 SEPTEMBRE 1790. — Montauban; Nantes; Nantukois; Oblats *Voy.* 16 SEPTEMBRE 1790. — Régiment de Soissonnais. *Voy.* 19 SEPTEMBRE 1790. — Rentes, etc. *Voy.* 10 SEPTEMBRE 1790 — Schélestat. *Voy.* 15 SEPTEMBRE 1790. — Trésor. *Voy.* 11 SEPTEMBRE 1790. — Tribunaux. *Voy.* 14 SEPTEMBRE 1790. — Vanoze. *Voy.* 13 SEPTEMBRE 1790. — Versailles. *Voy.* 15 SEPTEMBRE 1790.

————

22 = 27 SEPTEMBRE 1790. (Procl.) — Décret concernant les déclarations et les inventaires qui doivent être faits à l'époque des vendanges, et le paiement des droits d'aides, droits réservés et tous autres imposés sur les boissons et vendanges. (L. 2. 129; B. 6, 120.)

L'Assemblée nationale, considérant que l'époque des vendanges donne lieu à des déclarations et à des inventaires qui sont la base d'une portion importante des droits d'aides, droits réservés et autres droits perçus sur les boissons et vendanges; et voulant prévenir l'erreur dans laquelle pourraient être entraînés ceux qui refuseraient de se soumettre auxdites déclarations, inventaires et paiemens de droits; en confirmant ses précédens décrets, et notamment ceux des 17 juin 1789 et 28 janvier 1790, par lesquels elle a ordonné que tous les droits continueraient d'être perçus dans la même forme et sous le même régime précédemment établis (jusqu'à ce qu'il ait été autrement statué), déclare que cette disposition est surtout applicable aux déclarations et inventaires à l'époque des vendanges et au paiement des droits d'aides, droits réservés et tous autres droits imposés sur les boissons et vendanges, qui continueront provisoirement d'être levés dans la même forme et de la même manière qu'ils l'ont été précédemment, jusqu'à ce qu'il ait été définitivement statué sur le mode des contributions publiques, ainsi que sur celle des villes, ce dont l'Assemblée va s'occuper très-incessamment.

————

22 SEPTEMBRE = 5 OCTOBRE 1790. (Procl.) — Décret concernant les appointemens et solde de la maréchaussée. (L. 2, 112.)

L'Assemblée nationale décrète que provisoirement, et pour l'année 1790 seulement, les appointemens et solde des officiers et cavaliers de maréchaussée ne seront assujétis à aucune imposition.

————

22 SEPTEMBRE = 29 OCTOBRE 1790. — Décret qui fixe la compétence des tribunaux militaires, leur organisation et la manière de procéder devant eux. (L. 2, 296; B. 6, 122; Mon. des 23 et 24 septembre 1790.)

Voy. lois du 30 SEPTEMBRE = 19 OCTOBRE 1791; du 12 = 16 MAI 1792, et spécialement les lois du 12 MAI et du 16 AOUT 1793; lois du 3 PLUVIOSE an 2; du 2e COMPLÉMENTAIRE an 3; des 1er VENDÉMIAIRE, 17 GERMINAL, 22 MESSIDOR et 18 FRUCTIDOR an 4 (1).

L'Assemblée nationale, empressée de faire jouir l'armée des lois qui vont établir dans tout le royaume la procédure criminelle par jurés, et voulant assurer de plus en plus, par ce moyen, l'exacte et scrupuleuse observation des règles protectrices de la subordination et de la discipline, après avoir entendu le rapport de son comité militaire, décrète ce qui suit :

Art. 1er. Aucun homme de guerre ne pourra être condamné à une peine afflictive ou infamante que par un jugement d'un tribunal civil ou militaire, suivant la nature du délit dont il se sera rendu coupable.

2. Les délits civils sont ceux commis en contravention aux lois générales du royaume, qui obligent indistinctement tous les habitans de l'empire. Ces délits sont du ressort de la justice ordinaire, quand même ils auraient été commis par un officier ou par un soldat.

————

(1) L'organisation des tribunaux militaires a été successivement modifiée. En 1814 et avant la publication de la Charte, on distinguait 1° les *conseils de guerre permanens* et les *conseils de révision* (lois des 13 brumaire an 5 et 18 vendémiaire an 6); 2° *les conseils de guerre spéciaux* (loi du 19 vendémiaire an 12); 3° *les commissions militaires* (décret du 17 messidor an 12). — Depuis la Charte, les conseils de guerre permanens et les conseils de révision sont les seuls tribunaux militaires. (*Voy.* le *Traité de la procédure criminelle devant les tribunaux militaires*, par M. Legraverend (Introduction). *Voy.* aussi le *Traité de législation criminelle*, du même auteur, t. 2, p. 636 et suiv.)

3. Cependant, en temps de guerre, l'armée étant hors du royaume, les personnes qui la composent, celles qui sont attachées à son service ou qui la suivent, et qui seront prévenues de semblables délits, pourront être jugées par la justice militaire, et condamnées par elle aux peines prononcées par les lois civiles.

4. Les délits militaires sont ceux commis en contravention à la loi militaire, par laquelle ils sont définis; ceux-ci sont du ressort de la justice militaire.

5. Toute contravention à la loi militaire est une faute punissable; mais toute faute de ce genre n'est pas un délit; elle ne le devient que lorsqu'elle est accompagnée des circonstances graves énoncées dans la loi. Les fautes sont punies par des peines de discipline; les délits seuls peuvent l'être par des peines afflictives ou infamantes.

6. Il sera établi des cours martiales chargées de prononcer sur les crimes et délits militaires, en appliquant la loi pénale après qu'un jury militaire aura prononcé sur le fait.

7. Il y aura dans le royaume et à l'armée autant de cours martiales que de grands arrondissemens militaires confiés à la surveillance d'un commissaire-ordonnateur. Chacun d'eux prendra désormais le titre de grand-juge militaire, commissaire-ordonnateur des guerres.

8. Les commissaires ordinaires des guerres prendront le titre de commissaires-auditeurs des guerres. Chacun d'eux sera chargé spécialement de la poursuite des délits militaires commis dans l'étendue de son arrondissement particulier. Indépendamment de cette fonction locale, tous seront les assesseurs du grand-juge dans l'arrondissement duquel ils seront employés. Deux d'entre eux l'assisteront lorsqu'il tiendra la cour martiale; ce seront ceux dont la résidence sera la plus voisine du lieu où elle siégera.

9. Dans le cas où le grand-juge militaire serait empêché de remplir ses fonctions, il sera remplacé par le plus ancien commissaire-auditeur de son arrondissement, autre que celui chargé par l'article précédent de la poursuite du délit.

10. Afin de rendre le service plus prompt et plus sûr, notamment dans l'intérieur du royaume, où les troupes sont à de grandes distances les unes des autres, il sera nommé par le Roi un nombre suffisant et déterminé de juges militaires suppléans, parmi les officiers retirés du service, ayant au moins dix ans de commission de capitaine, et domiciliés dans l'étendue du département ou du district pour lequel ils seront établis.

Ces suppléans seront inamovibles, et rempliront les fonctions d'assesseurs à la cour martiale, lorsqu'ils seront plus près que les commissaires-auditeurs du lieu où elle devra siéger : ils n'auront point de traitemens, mais leurs frais de voyage et de séjour leur seront remboursés.

11. L'écrivain de la place, dans les villes où il y en a d'établis, fera les fonctions de greffier de la cour martiale; dans les autres villes et lieux, ce sera le greffier de la commune : ni les uns ni les autres n'auront pour cet objet de traitement fixe, mais ils seront payés de leurs vacations à proportion des affaires et du travail. Lorsque l'armée sortira du royaume, le Roi nommera le nombre d'écrivains nécessaire pour y remplir les fonctions de greffiers des cours martiales.

12. Tout commandant en chef, dans une garnison ou dans un quartier, sera tenu de former un tableau des jurés pour sa garnison ou son quartier.

13. Ce tableau sera divisé en sept colonnes, savoir : 1° celle des officiers généraux et des officiers supérieurs; 2° celle des capitaines; 3° celle des lieutenans; 4° celle des sous-lieutenans et des adjudans; 5° celle des sergens ou maréchaux-des-logis; 6° celle des caporaux ou brigadiers; 7° enfin celle des simples soldats, de quelque arme qu'ils soient. Les officiers et sous-officiers employés sans troupe, tels que ceux du génie et de l'artillerie, seront placés à leur rang dans la colonne de leur grade.

14. Les officiers généraux et supérieurs en activité, ayant autorité et commandement sur plusieurs garnisons ou quartiers, seront compris dans la première colonne du tableau de toutes ces garnisons ou quartiers, avec les officiers supérieurs employés dans chacune d'elles.

15. Dans la seconde colonne seront compris tous les capitaines de la garnison ou du quartier, quel que soit leur nombre; il en sera de même dans la troisième colonne, par rapport aux lieutenans, et dans la quatrième par rapport aux sous-lieutenans et adjudans.

16. Il ne sera pas nécessaire de comprendre dans la cinquième colonne tous les sergens ou maréchaux-des-logis; il suffira d'en prendre jusqu'à concurrence du nombre le plus approchant de cent, soit en plus, soit en moins, en observant de les tirer également de toutes les compagnies.

17. On observera la même règle à l'égard des caporaux ou brigadiers, et encore par rapport aux simples soldats de toute arme, à cela près qu'autant qu'il sera possible, le nombre de ces derniers devra être porté au moins jusqu'à deux cents.

18. Ce sera le commandant de chaque compagnie qui remettra au commandant en chef la liste des sous-officiers et soldats de chaque compagnie qu'il jugera les plus dignes d'être placés sur le tableau des jurés.

19. Néanmoins, aucun militaire, de quelque grade ou état qu'il soit, ne pourra être

porté sur le tableau des jurés, s'il n'est âgé de vingt-cinq ans accomplis, s'il ne sait lire et écrire, et s'il n'a pas plus de deux ans de service.

20. Tous les ans au mois de novembre, et dans le cours de l'année, toutes les fois qu'il y aura lieu de changer la moitié du tableau des jurés, il sera renouvelé en entier par les soins du commandant en chef, qui en remettra une copie certifiée et signée de lui au greffier de la cour martiale, pour être conservée dans son dépôt.

21. On prendra sur le tableau des jurés les personnes nécessaires pour former le jury de l'accusation et le jury du jugement, suivant les règles qui vont être prescrites.

22. Le jury de l'accusation est celui qui doit déterminer s'il y a lieu à accusation : il sera composé d'une personne prise sur chacune des colonnes du tableau, et de deux personnes de plus prises sur la colonne du grade ou de l'état de l'accusé, ce qui fera en tout neuf personnes.

23. Le jury du jugement est celui qui doit déterminer la condamnation ou la décharge de l'accusé. Il sera formé de quatre personnes prises sur chacune des sept colonnes, et de huit de plus prises sur la colonne du grade ou de l'état de l'accusé, ce qui fera en tout trente-six personnes, qui seront ensuite réduites à neuf, au moyen des récusations que l'accusé sera tenu de faire sans pouvoir alléguer aucun motif, et qui s'opéreront par la voie du sort, si l'accusé refuse de les proposer.

24. Chaque colonne doit être réduite au quart; les récusations s'opéreront successivement sur chacune d'elles, en commençant par la première.

25. Lorsqu'il y aura plusieurs accusés, il sera ajouté, au premier nombre de trente-six jurés, autant de huit personnes qu'il y aura de coaccusés, et ces huit personnes seront toujours prises sur la colonne du grade ou de l'état du coaccusé.

26. En pareil cas, chaque accusé, à commencer par le plus jeune, récusera d'abord huit personnes sur toute la colonne de son grade ou de son état; ce qui réduira le nombre des jurés à trente-six : alors les récusations se proposeront sur chaque colonne et d'une colonne à l'autre, par chacun des coaccusés alternativement, à commencer par le plus jeune, et ainsi de suite jusqu'à ce que chaque colonne soit réduite au quart.

27. Lorsqu'il s'agira de former, soit le jury de l'accusation, soit le jury du jugement, le commandant militaire en chef du lieu où se fera l'instruction du procès et où se tiendra la cour martiale, désignera le nombre des jurés nécessaires dans chaque colonne, en suivant l'ordre de l'inscription sur chacune, et sans pouvoir l'intervertir. En cas d'absence, de maladie ou d'autre légitime empêchement de

quelqu'une des personnes désignées pour former le jury, son tour sera passé, mais censé rempli.

28. Il sera suppléé au défaut d'une colonne, d'abord par la colonne immédiatement inférieure, et ensuite par la colonne immédiatement supérieure, sans qu'on puisse descendre plus bas ni monter plus haut. Si ce moyen est insuffisant, on aura recours à la garnison ou au quartier voisin pour avoir un suppléant du grade ou de l'état de ceux qu'ils seront appelés à remplacer.

29. Chaque commissaire-auditeur des guerres recevra les dénonciations qui lui seront faites par les chefs ou par toutes autres personnes, de tout délit prétendu commis par des militaires en activité. Il aura soin d'exiger du dénonciateur la déclaration circonstanciée des faits, la remise des pièces servant à conviction, et l'indication des témoins qui peuvent servir à la preuve. La dénonciation sera signée par le dénonciateur, s'il sait signer, et s'il ne sait pas signer, par deux témoins, en présence desquels elle devra être faite en pareil cas.

30. Le commissaire-auditeur des guerres sera tenu de rendre plainte, dans les vingt-quatre heures, de tous délits militaires prétendus commis dans l'étendue de son arrondissement, et qui seront parvenus à sa connaissance par voie de dénonciation, par la clameur publique ou autrement, comme aussi de constater immédiatement, par procès-verbal, le corps et les circonstances du délit, s'il a laissé des traces permanentes.

31. Le commissaire-auditeur qui aura connaissance d'un délit militaire commis hors de son arrondissement, sera tenu d'avertir sans aucun délai celui de ses confrères dans l'arrondissement duquel le délit passera pour avoir été commis, et de lui envoyer tous les renseignemens qu'il aura pu se procurer, notamment copie de la dénonciation, s'il en a reçu une.

32. Sera tenu pareillement le commissaire-auditeur qui aura connaissance d'un délit civil commis par des militaires dans son arrondissement, d'en avertir immédiatement le magistrat civil qu'il appartiendra, du lieu dans lequel ce délit passera pour avoir été commis, et de lui envoyer tous les renseignemens qu'il aura pu se procurer, notamment copie de la dénonciation, s'il en a reçu une.

33. Le commissaire-auditeur qui sera dans le cas de porter une plainte, la rédigera par écrit, faisant mention du dénonciateur, s'il y en a un; il la présentera au commandant militaire en chef de la garnison ou du quartier dans lequel le délit aura été commis, et requerra de lui la convocation du jury de l'accusation, que le commandant sera tenu de convoquer sans délai.

34. Le jury de l'accusation s'assemblera

dans la maison du commandant, mais hors de sa présence ; il se rangera autour d'une table disposée à cet effet, à l'une des extrémités de laquelle se placera le commissaire auditeur, ayant en face le greffier.

35. Le commissaire-auditeur annoncera que l'objet de cette assemblée est de déterminer si, ou non, il y a lieu à accusation contre un tel, à qui on imputera tel crime ou délit militaire, qu'il énoncera dans les termes les plus précis et les plus clairs ; ensuite il requerra des jurés le serment de donner leur avis en honneur et conscience ; ce que tous les jurés seront tenus de faire à l'instant, en levant la main et prononçant : *Je le jure.*

36. Cela fait, le commissaire-auditeur fera entrer les témoins qu'il voudra produire à l'appui de sa plainte. Il fera connaître leurs noms, leur âge, leur état et qualité, ainsi que leur domicile, requerra d'eux le serment de dire la vérité, toute la vérité, rien que la vérité ; ce qu'ils seront tenus de faire à l'instant en levant la main, et prononçant : *Je le jure.*

37. La plainte sera lue par le commissaire-auditeur, ainsi que les écrits à l'appui, s'il y en a ; s'il existe des pièces prétendues de conviction, elles seront mises en évidence. Les témoins seront ensuite entendus sans que personne puisse les interrompre tant qu'ils parleront ; mais après qu'ils auront tous parlé, l'auditeur et chacun des jurés pourront leur faire des questions qu'ils croiront propres à l'éclaircissement des faits, et auxquelles les témoins seront obligés de répondre.

38. Ils se retireront ensuite ; et lorsqu'ils seront sortis, le commissaire-auditeur fera le résumé des dépositions, présentera ses observations sur le tout, et sortira lui-même avec le greffier, pour laisser les jurés former entre eux leur détermination.

39. Le jury de l'accusation sera averti par le commissaire-auditeur qui, à cet effet, lui donnera lecture du présent article, qu'il a à trois (1) questions distinctes à résoudre :

La première, si le fait dont est plainte, en le supposant prouvé, constitue réellement un crime ou délit (2) ;

La seconde, si ce crime ou délit est un crime ou délit militaire (3) ;

La troisième (4), si les indices sont assez considérables pour faire soupçonner que le prévenu soit coupable, et qu'il y ait lieu à suivre la plainte.

40. Supposé que la première de ces questions soit décidée négativement, on ne passera pas aux deux autres (5) ; supposé que la

seconde de ces questions soit décidée négativement, on ne passera pas à la troisième : dans l'un et l'autre cas, les jurés rapporteront (6), ou que le fait dont est plainte n'est pas un délit, ou que la plainte ne porte pas sur un délit militaire, et le commissaire-auditeur ne pourra pas lui donner de suites ; seulement, dans le dernier cas, il sera obligé de l'envoyer à tel magistrat civil qu'il appartiendra, avec tous les renseignemens qu'il aura pu se procurer.

41. Les jurés entre eux seront sous la présidence du premier de la première colonne ; ils opineront à voix haute en commençant par le dernier de la dernière colonne, et ainsi de suite en remontant. Ils seront les maîtres de motiver leurs avis dans le premier tour d'opinions qui aura lieu sur chaque question, ensuite il sera fait un second tour d'opinions, lors duquel les voix seront énoncées simplement par oui ou par non : la majorité absolue entre les neuf jurés fixera leur détermination.

42. Aussitôt qu'elle aura été prise, les jurés inviteront le commissaire-auditeur à rentrer avec le greffier, et leur feront part du résultat. Le greffier en fera mention sur le procès-verbal qu'il aura tenu de toutes les opérations précédentes. Le procès-verbal sera écrit au bas de la plainte, et signé tant par les jurés que par l'auditeur et le greffier, qui restera dépositaire de toutes les pièces.

43. Dès que la délibération des jurés aura été ouverte, ils ne pourront se séparer sans l'avoir arrêtée et rapportée ; mais s'il est nécessaire de tenir plusieurs séances pour la lecture des pièces, l'audition et l'examen des témoins, l'assemblée pourra se réajourner à la plus prochaine matinée. Le procès-verbal des opérations de chaque séance sera clos et signé à chaque séance.

44. S'il y a lieu de donner suite à la plainte, le commissaire-auditeur fera arrêter et constituer prisonnier l'accusé, s'il ne l'est pas déjà en vertu des ordres de ses chefs, et des règles de la discipline militaire : s'il l'est, il le fera écrouer sur le registre de la prison ; en même temps, il lui fera donner copie certifiée par le greffier, de la plainte et du procès-verbal ou des procès-verbaux qui auront été dressés en exécution des articles 42 et 43. L'accusé sera pareillement averti qu'il est libre de prendre ou de demander un conseil.

45. La prison est une punition militaire pour les fautes de discipline ; mais par rapport à l'homme prévenu ou accusé d'un délit, elle n'est plus qu'un lieu de sûreté ; ainsi les chefs

---

(1) *Deux* (Collection du Louvre).

(2) *Militaire* (Collection du Louvre).

(3) Cet alinéa n'est pas dans la Collection du Louvre.

(4) *La deuxième* (Collection du Louvre).

(5) *À la seconde* (Collection du Louvre). Tout ce qui suit jusqu'à ces mots : *les jurés*, etc., n'est pas dans la Collection du Louvre.

(6) Tout ce qui suit jusqu'à ces mots : *que la plainte*, n'est pas dans la Collection du Louvre.

qui feront emprisonner quelqu'un comme prévenu d'un délit ne pourront, sous aucun prétexte, aggraver sa détention, en y ajoutant aucune espèce de peine ou de privation qui ne serait pas indispensable pour la conservation de sa personne.

46. En envoyant au grand-juge militaire copie de la plainte avec l'extrait du procès-verbal qui constate qu'elle doit être suivie en vertu de la détermination du jury, le commissaire-auditeur requerra du grand-juge l'ordonnance nécessaire pour achever et compléter l'instruction.

47. Le jour, le lieu et l'heure auxquels le grand-juge et ses assesseurs ou leurs suppléans devront tenir la cour martiale seront fixés par cette ordonnance : elle portera réquisition au commandant militaire d'y faire trouver les jurés du jugement, et à l'auditeur d'y produire ses témoins et d'y faire amener l'accusé ou les accusés. La cour martiale se tiendra toujours le matin, et dans le lieu où la première instruction aura été faite, s'il n'y a pas d'empêchement.

48. L'ordonnance du grand-juge sera communiquée au commandant militaire par le commissaire-auditeur, et notifiée à sa diligence tant à l'accusé qu'aux témoins.

49. Les témoins qui ne comparaîtront pas au jour indiqué, et qui ne feront pas proposer d'excuse légitime, seront cités une seconde fois à leurs frais, et s'ils ne comparaissent pas cette seconde fois, ils seront, en vertu de l'ordonnance du grand-juge militaire, appréhendés au corps, amenés et condamnés aux frais de leur arrestation et conduite, ainsi qu'à une amende qui ne pourra pas être moindre de la valeur d'une demi-once ni plus forte que la valeur d'un marc d'argent.

50. Au jour et à l'heure indiqués par l'ordonnance du grand-juge militaire, lui et ses deux assesseurs, le commissaire-auditeur, le greffier et toutes les personnes désignées pour le jury du jugement, se rendront dans une des salles de la maison commune du lieu où se tiendra la cour martiale, les portes ouvertes, en présence de tous ceux qui voudront y assister.

51. Le grand-juge prendra sa place à l'extrémité de la table disposée à cet effet ; ses assesseurs seront à ses côtés ; près d'eux, sur la gauche, le commissaire-auditeur, ayant à côté de lui le greffier : les personnes désignées pour le jury se rangeront à droite.

52. Le grand-juge annoncera l'objet de la tenue de cette cour martiale, pour juger l'accusation portée contre tel ou tel, à qui on impute tel délit. Il ordonnera de suite que l'auditeur produise ses témoins : ils seront appelés, et ils se rangeront sur la gauche à la suite du greffier ; après quoi le juge ordonnera d'amener l'accusé ou les accusés, qui se placeront avec leur conseil à l'extrémité de la

table, faisant face au grand-juge et à ses assesseurs. Tous pourront s'asseoir lorsqu'ils ne parleront pas.

53. Le grand-juge nommera les personnes désignées pour le jury du jugement, et avertira les accusés du droit qu'ils ont d'en récuser un certain nombre, sans être obligés, sans pouvoir même motiver leurs récusations, de l'ordre à tenir en les proposant, et qu'il y sera suppléé par la voie du sort, dans le cas où les accusés refuseraient de le faire eux-mêmes. Les accusés pourront s'expliquer à cet égard par leur propre bouche ou par l'organe de leurs conseils, mais ils devront du moins exprimer qu'ils adoptent ce qui sera proposé en leur nom par leurs conseils.

54. Le greffier fera mention sur son procès-verbal des récusations. Le jury étant réduit au nombre compétent, le grand-juge requerra de ceux qui le composent, de prêter serment, de donner leur avis en leur ame et conscience ; ce qu'ils seront tenus de faire en levant la main et en prononçant : *Je le jure.*

55. Le commissaire-auditeur donnera lecture de la plainte et de toute la procédure antérieure, ainsi que des écrits venant à l'appui de la plainte, s'il en existe. Les pièces prétendues de conviction seront mises en évidence, enfin les témoins seront nommés et désignés l'un après l'autre par leur nom, âge, état, qualité et domicile.

56. Le grand-juge ordonnera aux témoins de prêter serment de dire la vérité, toute la vérité, rien que la vérité ; ce qu'ils seront tenus de faire en levant la main, et prononçant : *Je le jure.*

57. Il sera libre aux accusés ou à leur conseil, non-seulement de proposer les motifs de suspicion qu'ils peuvent avoir contre le témoin, mais encore de faire telles observations qu'ils jugeront à propos sur son témoignage, même de lui proposer, pour l'éclaircissement des faits, telles questions qu'ils voudront et auxquelles le témoin sera tenu de répondre. L'auditeur, les jurés et les juges pourront ensuite successivement demander au témoin les explications dont ils croiront la déposition susceptible.

58. Les témoins ayant tous été entendus et examinés l'un après l'autre, dans une ou plusieurs séances, suivant l'exigence des cas, l'auditeur établira le mérite de sa plainte par les divers témoignages qu'il recensera ; il conclura à ce que l'accusé soit déclaré coupable, et condamné à la peine que la loi prononce pour son délit.

59. L'accusé ou les accusés pourront, soit par eux-mêmes, soit par l'organe de leurs conseils, proposer leurs moyens de justification, de défense ou d'atténuation. Il sera libre au commissaire-auditeur de reprendre la parole après les accusés, et ceux-ci seront les

maîtres de lui répondre à leur tour ; mais les plaidoiries ne s'étendront pas plus loin, et il ne sera jamais accordé de duplique.

60. Lorsque l'accusé ou les accusés produiront des témoins, soit à l'appui des moyens de suspicion qu'ils auront proposés contre les témoins du plaignant, soit pour établir des faits tendant à leur justification ou à leur décharge, on ne pourra pas leur refuser d'entendre à l'instant ces témoins, et quand même l'accusé ou les accusés ne produiraient aucun témoin pour établir des faits justificatifs qui paraîtraient concluans et dont ils offriraient la preuve, cette preuve sera toujours admissible à la pluralité des voix du grand-juge et de ses deux assesseurs, qui fixeront le délai dans lequel elle devra être faite.

61. Les mêmes formalités seront observées, tant pour l'audition et l'examen des témoins produits par les accusés, que pour l'audition et l'examen des témoins produits par le plaignant.

62. Le greffier de la cour martiale rédigera le procès-verbal de chaque séance, de manière qu'il puisse servir à constater l'accomplissement ou l'inobservation de chacune des formalités qui doivent avoir lieu dans le cours de l'instruction pour assurer la régularité du jugement.

63. Toutes les formalités ci-dessus prescrites étant remplies, toutes les questions incidentes à l'instruction du procès étant décidées, le grand-juge prendra la parole, et avertira les jurés qu'ils ont à prononcer sur deux questions qu'ils doivent traiter séparément : la première, de savoir s'ils sont convaincus que le délit militaire énoncé dans la plainte a été commis, la seconde, s'ils sont convaincus que ce soit par l'accusé que ce même délit ait été commis. En conséquence, le grand-juge sera tenu de donner lecture du présent article aux jurés.

64. Il présentera, sur l'une et sur l'autre de ces deux questions, les témoignages à charge et à décharge, et le degré de croyance plus ou moins grand dont ils lui paraîtront susceptibles. Il résumera les moyens pour et contre, faisant valoir ceux en faveur de l'accusé, quand même ils n'auraient été employés ni par lui ni par son conseil ; il s'attachera, surtout dans les cas où le délit paraîtrait constant, aux termes de la loi, mais où les circonstances dont il serait environné pourraient faire penser que l'accusé est excusable ou non criminel, à fixer sur ces circonstances toute l'attention des jurés ; il les exhortera à donner leur avis dans leur âme et conscience ; enfin, il les invitera à passer dans une pièce voisine, où ils seront tenus de se retirer et de rester sans aucune communication au de-

hors, jusqu'à ce qu'ils aient formé leur résultat. En même temps, le commissaire-auditeur se retirera de son côté, et le grand-juge ordonnera que l'accusé ou les accusés soient reconduits en prison.

65. Les jurés, sous la présidence du premier de la première colonne, opineront à haute voix et séparément sur chacune des deux questions soumises à leur détermination, le dernier de la dernière colonne parlant le premier, et ainsi de suite en remontant. Ils seront les maîtres de motiver leur avis dans le premier tour d'opinions qui se fera sur chaque question ; il sera fait ensuite un second tour, lors duquel les avis seront énoncés simplement par *oui* ou par *non*.

66. L'avis contraire à l'accusé ne peut être formé dans le jury du jugement que par la réunion des sept neuvièmes des voix des jurés.

67. S'il passe à la négative sur la première question qu'ils ont à décider, la seconde sera résolue, et les jurés rapporteront que l'accusé n'est pas coupable (1). S'il passe à l'affirmative sur cette première question, mais à la négative sur la seconde, les jurés rapporteront également que l'accusé n'est pas coupable, mais s'il passe à l'affirmative sur chacune des deux questions, les jurés rapporteront que l'accusé est coupable.

68. Il est possible que l'accusé soit convaincu d'un fait que la lettre de la loi place au rang des délits militaires, mais que les circonstances environnantes servent d'excuse au coupable, et prouvent même que son intention n'a pas été criminelle ; il sera donc permis aux juges, qui sont les juges du fait, de modifier leur rapport, suivant les circonstances, en prononçant ainsi : *Coupable, mais excusable* ; ou bien ainsi : *Convaincu du fait, mais non criminel*. Ces modifications pourront être ajoutées au rapport, à la pluralité des deux tiers des voix des jurés.

69. Les jurés du jugement ayant formé leur résultat, en préviendront le grand-juge, et rentreront immédiatement après dans la salle d'audience, où étant à leurs premières places, debout et découverts, tous les jurés lèveront la main, et le premier de la première colonne dira : *Nous jurons sur notre conscience et notre honneur, qu'après avoir observé scrupuleusement dans notre délibération les règles qui nous étaient prescrites par la loi, nous avons trouvé qu'un tel, accusé de tel fait, n'en était pas coupable ; ou bien, qu'un tel, accusé de tel fait, en était coupable, ou bien, qu'un tel, accusé de tel fait, en était coupable, mais excusable ; ou bien enfin, qu'un tel, accusé de tel fait, en était convaincu, mais non criminel.*

_____

(1) Ce qui suit n'est pas dans la Collection du Louvre.

70. Le greffier dressera sur-le-champ procès-verbal du rapport des jurés, qu'ils seront tenus de signer, après quoi ils se retireront.

71. La délibération entre le grand-juge et ses assesseurs commencera immédiatement après la retraite des jurés. Si ceux-ci ont rapporté que l'accusé n'était pas coupable, le jugement portera que l'accusé est déchargé de l'accusation, sans ajouter rien de plus. Si les jurés ont rapporté coupable, il sera dit que la loi condamne l'accusé à telle peine, et l'article de la loi sera cité, avec les motifs de son application. Il en sera toujours de même lorsque les jurés auront rapporté coupable, mais excusable, et il sera déterminé dans la suite ce que les juges auront à faire en pareil cas. Enfin, si les jurés ont rapporté convaincu du fait, mais non criminel, l'accusé sera déchargé de l'accusation.

72. Il faut l'unanimité des voix de trois juges pour condamner à la mort; la loi ne la prononce que dans cette présupposition; et en général son intention est qu'on se réduise à la moindre peine, lorsque les circonstances font naître des doutes sur l'application de la peine la plus rigoureuse.

73. Pour condamner à toute autre peine que la mort, il suffit de la pluralité des voix; mais si les juges diffèrent absolument d'opinions sur le genre de peine à prononcer, il en sera fait mention dans le jugement, et l'avis le plus doux prévaudra.

74. Les jugemens de la cour martiale seront prononcés par le grand-juge, en présence de tout l'auditoire, avant la levée de l'audience. Ils seront signés, tant par le grand-juge, que par ses deux assesseurs et par le greffier.

75. Le greffier se transportera immédiatement après à la prison, où il donnera lecture de la sentence aux accusés, qui l'entendront debout et découverts. Le procès-verbal de lecture sera écrit au bas de la sentence, et signé seulement du greffier.

76. Dans tous les cas où l'effet d'un jugement de la cour martiale n'est pas suspendu par la disposition précise de quelque loi, son exécution ne pourra être empêchée ni retardée sous aucun prétexte, et aura lieu le jour même, s'il y a peine de mort.

77. Le greffier ou tout autre officier public qui pourra être désigné à la suite, assistera et veillera aux exécutions, dont il dressera procès-verbal au bas de la sentence. Il sera très-attentif à ce que la peine ne soit aggravée par aucun accessoire, et que la volonté arbitraire de qui que ce soit ne puisse rien ajouter à la sévérité du jugement.

78. Lorsqu'un accusé n'aura pu être arrêté et constitué prisonnier en conséquence du rapport du jury de l'accusation, le commissaire-auditeur requerra du commandant militaire qu'il nomme un curateur à l'accusé absent, parmi les militaires de son grade ou de son état; ce que le commandant sera tenu de faire. Le curateur ainsi nommé sera tenu de prendre un conseil.

79. La procédure s'instruira avec le curateur comme elle se fût instruite avec l'accusé en personne; les dires et déclarations des témoins seront insérés tout au long dans le procès-verbal. Les juges et les jurés redoubleront d'attention lorsqu'ils auront à prononcer sur le sort d'un homme qui ne se défend pas lui-même.

80. Si l'accusé absent est arrêté, ou s'il se constitue prisonnier dans le cours de l'instruction, elle sera recommencée avec lui, et tout ce qui aura été fait avec son curateur sera réputé non avenu.

81. Si l'accusé fugitif est condamné à des peines afflictives ou infamantes, la sentence sera exécutée en effigie; néanmoins, l'accusé sera toujours admis à faire valoir ses moyens de défense et sa justification, au cas qu'il soit arrêté ou qu'il se représente volontairement, dans quelque temps que ce soit.

82. Les fauteurs et complices d'un délit militaire, encore qu'ils ne soient pas gens de guerre, pourront être poursuivis par-devant la cour martiale, conjointement avec l'homme de guerre accusé d'être le principal auteur du délit; mais dans tout autre cas, ils ne pourront être traduits et jugés que dans les tribunaux ordinaires.

83. Lorsque la plainte contre un particulier non militaire sera liée à celle portée contre un militaire, l'instruction aura lieu suivant les règles ci-dessus prescrites, sauf les exceptions qui vont être déterminées.

84. Le jury de l'accusation sera composé de dix-huit personnes, dont neuf seront prises parmi les jurés civils, et, à leur défaut, parmi les notables habitans du lieu, à la désignation du magistrat civil.

85. Les dix-huit jurés voteront concurremment sur le mérite de la plainte portée, tant contre le militaire accusé que contre son coaccusé non militaire; et pour qu'il y ait lieu à accusation, il faudra la réunion de douze voix contre six.

86. Le jury du jugement sera pareillement composé de dix-huit personnes; en conséquence, au tableau des jurés militaires, il sera joint une huitième colonne composée de trente-six jurés civils, ou, à leur défaut, d'autant de notables habitans du lieu, non militaires, à la désignation du magistrat civil. Cette dernière colonne sera réduite comme les autres à neuf personnes par les récusations ou par la voie du sort.

87. Les récusations, dans chacune des huit colonnes, se feront alternativement par le militaire accusé et par le coaccusé non militaire, suivant ce qui est prescrit par la seconde partie de l'article 26 du présent décret. S'il y a plusieurs coaccusés non militaires,

on observera à leur égard les règles prescrites par les articles 25 et 26 du présent décret, par rapport aux coaccusés militaires, en telle sorte que le droit de récusation appartenant à chaque coaccusé, soit pleinement respecté, et que néanmoins le jury du jugement soit réduit à dix-huit personnes, dont neuf de chaque état.

88. Les dix-huit jurés du jugement voteront concurremment pour décharger ou pour condamner, tant les militaires accusés que les co-accusés non militaires; et la réunion des sept neuvièmes des suffrages, faisant quatorze sur dix-huit, sera nécessaire pour prononcer contre chacun des accusés.

89. Les délits militaires qui n'auront pas été dénoncés et poursuivis dans l'espace de dix ans, à compter du jour qu'ils auront été commis, ou dont la poursuite, après avoir été commencée, aura été suspendue pendant le même espace de temps, seront prescrits, ne pourront plus être l'objet ni d'aucune plainte. ni d'aucun jugement.

90. En attendant le décret par lequel l'Assemblée nationale se propose de définir les délits militaires et de déterminer la nature des peines dont ils pourront être punis, les ordonnances actuellement existantes sur cette matière seront provisoirement suivies et observées en tout ce qui n'est pas contraire aux dispositions du présent décret.

---

22 SEPTEMBRE 1790. — Décret par lequel l'Assemblée se réserve de statuer sur les rentes dues pour les concessions des droits du Clermontois, de la principauté d'Enrichemont, de l'Orient, des terres de Châtel et de Caraman, la rétrocession des domaines faite par M. de Courcy, l'École vétérinaire, l'hôtel de la Force, et les rentes constituées à l'ordre du Saint-Esprit (B. 6, 121.)

24 SEPTEMBRE = 5 OCTOBRE 1790. (Procl.) — Décret relatif aux corps administratifs qui se permettraient de suspendre directement ou indirectement l'exécution des décrets de l'Assemblée nationale. (L. 2, 138.)

L'Assemblée nationale, instruite que la municipalité de Corbigny, au département de la Nièvre, s'est permis de protester contre le décret qui fixe à l'Orme le placement du tribunal du district de Corbigny, et contre toutes élections de juges qui se feraient en conséquence; qu'elle a même osé prononcer une surséance à l'exécution de ce décret, et arrêté d'envoyer sa délibération à plusieurs municipalités du même district; que son directoire, dont le devoir était de réprimer l'entreprise de la municipalité de Corbigny, lui a, au contraire, donné son approbation;

Après avoir entendu le rapport du comité de constitution,

Décrète qu'elle improuve la conduite de la municipalité de Corbigny, et celle du directoire du district de cette ville;

Déclare l'arrêté de ladite municipalité, du 14 septembre, celui du même jour, du directoire du district, nuls, attentatoires et contraires au respect dû aux décrets de l'Assemblée nationale sanctionnés par le Roi, et décrète que le procureur de la commune, le procureur-syndic du district se rendront à la barre, dans la huitaine du jour de la notification du présent décret, pour rendre compte de leur conduite;

Que toutes municipalités, districts et départemens qui se permettraient de suspendre directement ou indirectement l'exécution des décrets de l'Assemblée, sanctionnés par le Roi, seront personnellement responsables de tous événemens;

Charge son président de prier le Roi de faire parvenir ce décret au directoire du département de la Nièvre, pour qu'il rappelle à leur devoir le directoire du district de Corbigny, ainsi que la municipalité de cette ville, et leur enjoigne, comme à toutes autres municipalités de ce district, de se conformer à ses dispositions et à celles du précédent décret qui a fixé à l'Orme le tribunal du district de Corbigny;

Autorise le directoire du département de la Nièvre, en cas de désobéissance ultérieure, à suspendre de leurs fonctions les réfractaires, et à pourvoir cependant aux administrations municipales devenues vacantes par cette suspension, sauf plus grande peine qui sera statuée, s'il y a lieu.

Décrète, en outre, l'Assemblée que, sur les pétitions de différentes villes et communes pour obtenir dans d'autres lieux les sièges des tribunaux dont les placemens ont été décrétés, il n'y a pas lieu à délibérer;

Et que le présent décret, ainsi que le rapport fait au nom du comité de constitution, seront imprimés et envoyés dans les départemens.

---

23 = 27 SEPTEMBRE 1790. (Procl.) — Décret portant que les membres de l'Assemblée nationale actuelle ne pourront être nommés commissaires du Roi dans les tribunaux, que quatre ans après la clôture de la présente session. (L. 2, 128; B. 6, 145; Mon. du 24 septembre 1790.)

L'Assemblée nationale, s'étant fait représenter le décret constitutionnel du 8 mai dernier, portant que les membres de l'Assemblée nationale actuelle ne pourront être nommés par le Roi pour remplir les fonctions de commissaires du Roi dans les tribunaux de justice, que quatre ans après la clôture de la présente session; et ceux des législatures suivantes, que deux ans après la clôture des sessions respectives;

I.

25

Considérant que ce décret, omis dans les proclamations des 24 août et 11 septembre, a été rendu pour faire suite à l'organisation judiciaire, décrète qu'il sera, dans le jour, présenté à l'acceptation du Roi;

Décrète, en outre, que son président est chargé de supplier Sa Majesté de révoquer toutes les nominations aux places de ses commissaires dans les tribunaux de justice, qui seraient contraires au décret ci-dessus du 8 mai dernier.

---

23 SEPTEMBRE (23 OCTOBRE et) = 29 OCTOBRE 1790. — Décret sur l'avancement aux grades militaires. (L. 2, 276; B. 6, 147; Mon. des 22, 23 septembre et 22 octobre 1790.)

Voy. loi du recrutement du 10 MARS 1818; loi du 14 AVRIL 1832.

L'Assemblée nationale décrète, que l'avancement aux différens grades militaires aura lieu dans la forme et suivant les règles indiquées ci-après.

TITRE Iᵉʳ. Nomination aux places de sous-officiers.

Art. 1ᵉʳ. L'on comprendra à l'avenir dans la dénomination de sous-officiers dans l'infanterie, les sergens-majors, les sergens, les caporaux-fourriers, et les caporaux.

Dans la troupe à cheval, les maréchaux-des-logis en chef, les maréchaux-des-logis, les brigadiers-fourriers, et les brigadiers.

Nomination des caporaux et des brigadiers.

2. Les caporaux dans l'infanterie, et les brigadiers dans la troupe à cheval présenteront chacun à leur capitaine celui des soldats ou cavaliers de leur compagnie qu'ils jugeront le plus capable d'être élevé au grade de caporal ou de brigadier.

3. Le capitaine choisira un sujet parmi ceux qui lui auront été présentés.

4. Il sera formé une liste de tous les sujets choisis par les capitaines.

5. Lorsqu'il vaquera une place de caporal ou de brigadier dans une compagnie, le capitaine de cette compagnie choisira trois sujets dans cette liste.

6. Parmi ces trois sujets, le colonel choisira celui qui devra remplir la place vacante.

7. Lorsque la liste sera réduite au-dessous de moitié, elle sera supprimée, et il en sera fait une nouvelle en suivant les mêmes procédés.

Nomination des caporaux, brigadiers et fourriers.

8. Lorsqu'il vaquera une place de caporal ou de brigadier-fourrier dans une compagnie, le capitaine de cette compagnie choisira parmi tous les caporaux ou brigadiers, et parmi tous les soldats ou cavaliers du régiment, ayant au moins deux ans de service, le sujet qui doit la remplir.

9. Les sergens-majors et les sergens dans l'infanterie, les maréchaux-des-logis en chef, et les maréchaux-des-logis dans la troupe à cheval, présenteront chacun à leur capitaine celui des caporaux ou brigadiers qu'ils jugeront le plus capable d'être élevé au grade de sergent ou de maréchal-des-logis.

10. Le capitaine choisira un sujet parmi ceux qui lui auront été présentés.

11. Il sera formé une liste de tous les sujets choisis par les capitaines.

12. Lorsqu'il vaquera une place de sergent ou de maréchal-des-logis dans une compagnie, le capitaine de cette compagnie choisira trois sujets dans la liste.

13. Parmi ces trois sujets, le colonel choisira celui qui devra occuper la place vacante.

Nomination des sergens-majors et des maréchaux-des-logis en chef.

14. Lorsqu'il vaquera une place de sergent-major ou de maréchal-des-logis en chef, les sergens-majors et les maréchaux-des-logis en chef du régiment présenteront chacun pour la remplir, un sergent ou maréchal-des-logis de leur compagnie, et il en sera formé une liste.

15. Le capitaine de la compagnie où la place de sergent-major ou de maréchal-des-logis en chef sera vacante, choisira trois sujets sur la liste, de ceux qui auront été présentés par les sergens-majors ou maréchaux-des-logis en chef.

16. Parmi ces trois sujets, le colonel choisira celui qui devra remplir la place vacante.

Nomination des adjudans, dans le cas où les trois suffrages seraient divisés prépondéramment à la voix du colonel.

17. Lorsqu'il vaquera une place d'adjudant, les officiers supérieurs réunis nommeront, à la pluralité des voix, parmi tous les sergens ou maréchaux-des-logis du régiment, celui qui devra la remplir.

18. Les sergens ou maréchaux-des-logis nommés aux places d'adjudans concourront du moment de leur nomination avec les sous-lieutenans (sans cependant être brevetés) pour arriver à la lieutenance, et ils pourront rester adjudans jusqu'à ce que leur ancienneté les y porte.

19. Lorsqu'un sergent ou maréchal-des-logis, moins ancien que les adjudans, sera fait sous-lieutenant, les adjudans jouiront en gratification par supplément d'appointemens, des appointemens du grade de sous-lieutenant.

TITRE II. Nomination au grade d'officier.

Art. 1ᵉʳ. Il sera pourvu de deux manières aux emplois de sous-lieutenans, lesquels seront partagés entre les sujets qui auront passé par le grade de soldat, cavalier, etc., de sous-officiers, et ceux qui arriveront immédiatement au grade d'officier après avoir subi les examens dont il sera parlé ci-après.

2. Sur quatre places de sous-lieutenans vacantes par régiment, il en sera donné une aux sous-officiers.

3. Les places de sous-lieutenans destinées aux sous-officiers seront données alternativement à l'ancienneté et au choix.

4. L'ancienneté se prendra sur tous les sergens et maréchaux-des-logis indistinctement, au-delà de leur nomination.

5. Le choix aura lieu parmi tous les sergens ou maréchaux-des-logis, et il sera fait par tous les officiers et officiers supérieurs à la majorité absolue des suffrages.

6. Quant aux autres places de sous-lieutenant, il en sera pourvu par le concours, d'après des examens publics, dont le mode sera déterminé par un décret particulier.

Nomination aux emplois de lieutenant.

7. Les sous-lieutenans dans toutes les armes, sans aucune exception, parviendront à leur tour d'ancienneté dans leur régiment, aux emplois de lieutenans.

Nomination aux emplois de capitaine.

8. Les lieutenans de toutes les armes, sans aucune exception, parviendront à leur tour d'ancienneté dans leur régiment, aux emplois de capitaine.

Nomination aux places de quartiers-maîtres.

9. Les quartiers-maîtres seront choisis par les conseils d'administration, à la pluralité des suffrages.

10. Les quartiers-maîtres pris parmi les officiers auront le rang de sous-lieutenant; ils conserveront leur rang s'ils sont pris parmi les officiers.

11. Les quartiers-maîtres suivront leur avancement dans les différens grades, pour le grade seulement, ne pouvant jamais être titulaires, ni avoir de commandement, mais jouissant en gratification, et par supplément d'appointemens, de ceux attribués aux différens grades où les portera leur ancienneté.

Nomination aux emplois de lieutenant-colonel.

12. On parviendra du grade de capitaine à celui de lieutenant-colonel par l'ancienneté et par le choix du Roi, ainsi qu'il va être expliqué.

13. L'avancement au grade de lieutenant-colonel, soit par ancienneté, soit par le choix du Roi, sera pendant la paix sur toute l'arme; et à la guerre, le tour d'ancienneté sera sur le régiment.

14. L'infanterie française formera une arme. L'infanterie étrangère et suisse formeront

chacune une arme. Les troupes à cheval indistinctement formeront une seule arme. L'artillerie et le génie formeront deux armes différentes.

15. Sur trois places de lieutenant-colonel, vacantes dans une arme, deux seront données aux plus anciens capitaines en activité de l'arme, et la troisième par le choix du Roi, à un capitaine en activité dans cette arme, depuis deux ans au moins.

16. On parviendra du grade de lieutenant-colonel à celui de colonel, par ancienneté et par le choix du Roi, ainsi qu'il va être expliqué.

17. L'avancement au grade de colonel, soit par ancienneté, soit par le choix du Roi, sera pendant la paix sur toute l'arme; à la guerre, le tour d'ancienneté sera sur le régiment.

18. Sur trois places de colonel, vacantes dans une arme, deux seront données aux plus anciens lieutenans-colonels en activité de l'arme; et la troisième par le choix du Roi à un lieutenant-colonel en activité dans cette arme, depuis deux ans au moins.

19. On parviendra du grade de colonel à celui de maréchal-de-camp par ancienneté, et par le choix du Roi, ainsi qu'il va être expliqué.

20. Sur quatre places vacantes dans le nombre fixé des maréchaux-de-camp en activité, deux seront données aux plus anciens colonels en activité de l'arme, et deux au choix du Roi, aux colonels en activité depuis deux ans au moins.

21. Si un colonel que son tour d'ancienneté porterait au grade de maréchal-de-camp, préférait se retirer avec ce grade, à y être en activité, il en aurait la liberté, et recevrait la retraite fixée pour les colonels, sans égard à son grade de maréchal-de-camp.

22. Le colonel qui préférerait se retirer avec le grade de maréchal-de-camp, sans y être employé, ne pourrait néanmoins faire perdre le tour d'ancienneté à celui qui le suivrait, et qui, dans ce cas, serait nommé à la place vacante.

23. On parviendra du grade de maréchal-de-camp à celui de lieutenant-général par ancienneté, et par le choix du Roi, ainsi qu'il va être expliqué.

24. Sur quatre places vacantes dans le nombre fixé des lieutenans-généraux en activité, deux seront données aux plus anciens maréchaux-de-camp en activité, et deux au choix du Roi, à des maréchaux-de-camp également en activité.

25. Si un maréchal-de-camp que son tour d'ancienneté porterait au grade de lieutenant-général, préférait de se retirer avec ce grade, à y être en activité, il en aurait la liberté, et recevrait la retraite fixée pour les maréchaux-de-camp, sans égard cependant à son grade de lieutenant-général.

25.

26. Le maréchal-de-camp qui préférerait se retirer avec le grade de lieutenant-général, sans y être employé, ne pourrait néanmoins faire perdre le tour d'ancienneté à celui qui le suivrait, et qui, dans ce cas. serait nommé à la place vacante.

27. Le grade de maréchal de France sera conféré par le choix du Roi.

Remplacement des officiers réformés par la nouvelle organisation.

TITRE Ier

Les officiers réformés par la nouvelle organisation seront remplacés suivant les règles établies ci-après :

Art. 1er. Les sous-lieutenans en activité, réformés par la nouvelle organisation, seront remplacés dans leur régiment aux premières places vacantes de leur grade, sans concurrence avec les officiers de ce grade qui n'y auraient pas été employés en activité.

2. Les porte-drapeaux, porte-étendards, et porte-guidons, réformés par la nouvelle organisation, seront remplacés dans le grade de sous-lieutenant, parmi lesquels ils prendront rang de la date de leur brevet ou lettres de porte-drapeaux, porte-étendards et porte-guidons, conformément à ce qui va être prescrit.

3. Les porte-drapeaux, porte-étendards, et porte-guidons, prendront rang parmi les sous-lieutenans de la date de leur brevet ou lettres de porte-drapeaux, porte-étendards et porte-guidons, et d'après cette disposition, ils suivront leur avancement au grade de lieutenant. Il en sera de même des sous-lieutenans ci-devant dits *de fortune*.

4. Les porte-drapeaux, porte-étendards, porte-guidons, et sous-lieutenans ci-devant dits *de fortune*, promus au grade de lieutenant, prendront rang parmi les lieutenans, suivant celui qu'ils devraient occuper s'ils avaient été promus à ce grade à leur tour de sous-lieutenant ; et d'après cette disposition, ils suivront leur avancement au grade de capitaine dans lequel ils prendront rang de la date de leur brevet de ce grade.

5. Les ci-devant cadets gentilshommes et les sous-lieutenans de remplacement seront remplacés dans leur arme, et sur toute l'arme, aux premières places vacantes de sous-lieutenant, sans nuire néanmoins au droit accordé aux sous-officiers, d'obtenir une place sur quatre, immédiatement après le remplacement des sous-lieutenans en activité réformés par la nouvelle organisation.

6. Les ci-devant cadets gentilshommes ayant eu le brevet d'officiers comme sous-lieutenans de remplacement, et les sous-lieutenans de remplacement prendront rang parmi les sous-lieutenans, en rentrant en activité de la date de leur brevet de sous-lieutenans.

7. Les sous-lieutenans en activité, réformés ou remis en activité comme sous-lieutenans par la nouvelle organisation, seront remplacés aux premières places vacantes de leur grade dans leur régiment, sans concurrence avec les officiers qui auraient droit, par leur ancienneté, à leur avancement dans ce grade, mais qui n'y auraient pas été employés en activité.

8. Les capitaines ayant troupe dans les troupes à cheval, les capitaines en second dans l'infanterie, réformés par la nouvelle organisation, seront remplacés par l'ancienneté aux premières places vacantes de leur grade dans leur régiment.

9. Les lieutenans pourvus de la commission de capitaine ne pourront prétendre à être remplacés dans ce grade, que lorsque leur tour d'ancienneté dans le grade où ils sont, les y portera.

Ces officiers, néanmoins, prendront rang dans la colonne des capitaines de leur arme, de la date de leur commission dans ce grade, pour concourir à leur avancement par ancienneté aux emplois supérieurs, sans pouvoir cependant reprendre rang pour le commandement dans les régimens sur les officiers du même grade qui y auraient été en activité avant eux, et parvenir aux emplois supérieurs avant d'avoir été en activité pendant deux ans comme capitaines.

10. Le grade de major étant supprimé dans la nouvelle organisation, les majors prendront le grade de lieutenant-colonel.

Ne pourront cependant les majors titulaires, et ceux par brevet, prendre rang qu'après les lieutenans-colonels titulaires pour le commandement dans leur régiment ; mais ils prendront leur rang d'ancienneté dans la colonne des lieutenans-colonels pour l'avancement aux places de colonel, en comptant deux années de major pour une de lieutenant-colonel.

11. Les officiers en activité dans les grades de capitaines et de lieutenans-colonels, et pourvus d'un brevet de grade supérieur, ne pourront prétendre à y être remplacés que lorsque leur tour d'ancienneté dans le grade où ils sont en activité, les y portera, ou que par le choix du Roi.

12. Les officiers pourvus de brevet d'un grade supérieur à celui dans lequel ils sont en activité, prendront néanmoins rang dans la colonne des officiers de ce grade pour leur avancement à un emploi supérieur de la date de leur brevet ; mais ils ne pourront en être susceptibles qu'après avoir été deux ans en activité dans le grade dont ils ont le brevet, et ne pourront prendre rang pour le commandement dans les régimens sur les officiers du même grade, qui y auraient été en activité avant eux.

13. Les maréchaux-de-camp qui ne seront

pas compris dans le nombre de ceux conservés en activité, pourront y être remplacés par moitié dans le nombre réservé au choix du Roi, par l'article 20 du titre II de l'avancement.

14. Les lieutenans-généraux qui ne seront pas compris dans le nombre de ceux conservés en activité, pourront y être remplacés par moitié dans le nombre réservé au choix du Roi, par l'article 24 du titre II de l'avancement.

15. Les officiers de tous les grades et de toutes les armes, actuellement en activité, réformés par la nouvelle organisation, conserveront jusqu'à leur remplacement dans leur grade, la moitié des appointemens dont ils jouissent en ce moment.

TITRE II. Du remplacement des officiers réformés ou à la suite.

Art. 1er. Les officiers réformés, ou à la suite, ci-après dénommés, auront seuls droit à être remplacés, ainsi qu'il a été prescrit.

2. Les officiers réformés, ou à la suite, qui ont 35 ans de service; ceux qui depuis plus de dix ans, n'ont pas eu d'emploi titulaire dans la ligne, à l'exception des capitaines de remplacement, et de ceux dits de réforme dans les troupes à cheval. qui n'auraient pas néanmoins refusé d'être remplacés, ou quitté l'activité comme capitaines, n'auront pas droit au remplacement, et ils recevront des traitemens de retraite proportionnés à leurs services, d'après ce qui a été fixé par le décret sur les pensions, annexé au procès-verbal du 3 août dernier.

3. Les colonels attachés seront remplacés aux premières places de colonel vacantes dans leur arme, concurremment avec les lieutenans-colonels en activité de la manière suivante :

Sur neuf places vacantes, six seront données à l'ancienneté, et trois au choix du Roi.

Des six d'ancienneté, quatre seront données aux plus anciens colonels en activité, conformément à l'article 18 du titre II de l'avancement militaire. Les deux autres seront données aux deux plus anciens colonels attachés.

Sur les trois places qui seront au choix du Roi, deux seront données à des lieutenans-colonels en activité, sans égard à leur ancienneté, pourvu qu'ils soient en activité depuis deux ans au moins dans ce grade, et la troisième à un colonel attaché, sans égard à son ancienneté dans ce grade.

4. Les officiers avec le brevet de colonel, qui ont subi des réformes dans les différens corps de la maison du Roi, et dans la gendarmerie, et qui, par les ordonnances de réforme de ces corps, ont été conservés à la suite de l'armée, et avec droit d'y être rem-

placés, prendront rang après les colonels attachés.

5. Les majors en second, qui n'ont aucun autre brevet supérieur à ce grade, seront remplacés aux places de lieutenans-colonels de la manière suivante :

Sur neuf places vacantes, six seront données à l'ancienneté, et trois au choix du Roi.

Des six d'ancienneté, quatre seront données aux plus anciens capitaines en activité, conformément à l'article 15 du titre II de l'avancement; les deux autres seront données aux plus anciens majors en second.

Sur les trois places qui seront au choix du Roi, deux seront données à des capitaines en activité, sans égard à l'ancienneté, pourvu qu'ils soient en activité depuis deux ans au moins dans ce grade, et la troisième, à un major en second, sans égard à son ancienneté dans ce grade.

6. Les majors en second pourront en outre concourir, pour leur avancement, au grade de lieutenant-colonel, à leur tour d'ancienneté comme capitaines.

7. Les majors en second, qui jouissent du brevet de colonel, prendront rang parmi les colonels attachés, de la date de leur brevet.

8. Parmi les majors en second, ceux qui jouissent du brevet de lieutenant-colonel, seront les premiers à être remplacés dans ce grade, et ils ne pourront, sans y avoir été en activité, parvenir à celui de colonel.

9. Les officiers avec le brevet de lieutenant-colonel, qui ont subi des réformes dans les corps de la maison du Roi, et dans la gendarmerie, et qui, par les ordonnances de réforme de ces corps, ont été conservés à la suite de l'armée, et avec droit d'y être remplacés, le seront les premiers dans les grades de lieutenans-colonels, concurremment avec les majors en second qui jouissent du même grade.

10. Les colonels des régimens de grenadiers royaux et des régimens provinciaux, susceptibles de remplacement, concourront, pour parvenir aux places de colonel par moitié, avec les colonels attachés, dans le nombre de ces places réservées au choix du Roi, par l'article 18 du titre II de l'avancement; et ceux des colonels qui auront été lieutenans-colonels titulaires, concourront, en outre, pour rentrer en activité comme colonels, quelle que soit leur ancienneté de service, avec les lieutenans-colonels titulaires en activité, les années de major leur comptant deux pour une.

11. Les lieutenans-colonels et majors des régimens de grenadiers royaux et des régimens provinciaux, et les commandans de bataillon susceptibles de remplacement, concourront, pour parvenir aux places de lieutenans-colonels, par moitié, avec les majors en second, dans le nombre de ces places ré-

servées au choix du Roi, par l'article 2 de l'avancement.

12. Les capitaines de remplacement dans l'infanterie, n'étant point dans le cas de rentrer en activité dans ce grade par l'ordonnance de 1788, et ne pouvant conserver à l'avenir le droit qui leur était accordé par cette même ordonnance, d'arriver à d'autres emplois, sans avoir été en activité dans celui de capitaine, pourront monter aux compagnies à leur tour de lieutenant, dans les régimens où ils ont eu ce grade, pourvu qu'ils n'aient pas perdu leur activité comme lieutenans depuis plus de six ans.

Conserveront cependant ceux des capitaines de remplacement qui ne demanderont pas à être remplacés, ainsi que tous autres officiers, qui, ayant droit au remplacement, ne voudront pas y prétendre, et qui auront au moins quinze ans de service, le droit à la croix de Saint-Louis, qui leur était réservé par la susdite ordonnance.

13. Les capitaines surnuméraires dans les régimens étrangers, suivront, pour le remplacement en activité, comme capitaines, et pour la croix de Saint-Louis et du Mérite, ce qui est prescrit pour les capitaines de remplacement de l'infanterie.

14. Les capitaines de remplacement des troupes à cheval seront remplacés sur toute l'arme, de la manière suivante :

Sur trois places vacantes dans un régiment, deux seront données aux plus anciens lieutenans du régiment, et la troisième au plus ancien capitaine de remplacement de l'arme; ce dernier prenant rang parmi les capitaines du régiment, lors de son remplacement en activité, suivant ce qui est prescrit par l'article 9 du titre 1er du remplacement.

15. Les capitaines de remplacement pourront en outre concourir avec les lieutenans, dans les régimens où ils sont attachés, pour leur remplacement aux places de capitaines en activité, qui y viendront à vaquer à la date de leur brevet de lieutenans, dans quelque arme qu'ils aient eu ce grade.

16. Le remplacement des capitaines dits de réforme, aura lieu, suivant ce qui est prescrit, pour les capitaines de remplacement; mais il ne pourra s'effectuer que lorsque les capitaines de remplacement seront en activité.

17. Les capitaines réformés par la nouvelle organisation, les capitaines de remplacement, et les capitaines dits de réforme qui voudront renoncer à être remplacés en activité, la conserveront cependant pour obtenir la croix au terme fixé pour les titulaires, et ils seront remboursés de leur finance, sans perte du quart. Ceux de ces capitaines qui voudront profiter de cette disposition, auront trois mois, à dater de la publication du présent décret, pour le faire connaître.

18. Les sous-lieutenans à la suite, qui voudront continuer leurs services, seront remplacés dans leur arme, lorsque les sous-lieutenans réformés par la nouvelle organisation, ceux de remplacement, et les ci-devant cadets gentilshommes, seront rentrés en activité, ne prenant cependant rang dans les régimens, que de la date de leur remplacement; mais leur ancienneté de service comptant pour la croix.

19. Les officiers des différens grades, attachés aux bataillons de garnison, aux régimens de grenadiers royaux et aux régimens provinciaux, qui n'ont pas été rappelés dans les articles précédens, n'auront pas droit au remplacement; mais ceux de ces officiers qui jouissent de traitemens, les conserveront; et ceux qui, n'en ayant pas, en seront jugés susceptibles pour leur service passé, en recevront, conformément à ce qui est prescrit par le décret relatif aux retraites militaires.

20. Les officiers réformés, et à la suite de tous les grades et de toutes les armes, dont le remplacement n'est pas prévu par les articles précédens, n'auront aucun droit à être employés de quelque manière que ce soit; conservant cependant ceux de ces officiers et les lieutenans de maréchaux de France qui ont quinze ans de service, et moins de dix ans d'inactivité, leur droit pour la croix.

En conséquence de ce qui est prescrit par les articles ci-dessus, il sera formé par arme deux listes; l'une comprenant tous les colonels, lieutenans-colonels et capitaines en activité : l'autre, tous les officiers de tous les grades, qui conservent le droit au remplacement. Il sera également formé une liste de tous les officiers-généraux en activité, et une de tous les officiers-généraux conservant leur droit au remplacement. Ces listes seront rendues publiques par la voie de l'impression, renouvelées chaque année, et adressées à chaque régiment.

22. Les dispositions ci-dessus énoncées, et les règles qui viennent d'être établies pour l'avancement et le remplacement militaire, tout autre emploi que ceux portés aux états de dépenses décrétés par l'Assemblée nationale, seront et demeureront supprimées. En conséquence, les charges de colonels-généraux, de mestre-de-camp général, de commissaires-généraux, et de tous autres emplois subsistans en vertu desdites charges dans les différentes armes, celles des maréchaux-généraux-des-logis, des camps et armées, et celles de lieutenans des maréchaux de France, sont et demeurent supprimées. Le sont pareillement les propriétés de régimens de toutes les armes, soit français, allemands, irlandais et liégeois.

23 SEPTEMBRE 1790. — Décret qui ordonne l'exécution provisoire des abonnemens entre la municipalité et les bouchers de Saint-Lô, et la régie générale, pour le paiement des droits. (B. 6, 46.)

23 SEPTEMBRE 1790. — Décret portant établissement d'un comité central chargé de présenter un tableau de tout ce qui reste à faire pour achever la constitution. (B. 6, 166.)

23 SEPTEMBRE 1790. — Décret qui adjoint sept membres de l'Assemblée nationale au comité de constitution, pour l'examen et l'arrangement de tous les décrets et la séparation de ceux qui sont constitutionnels, et de ceux qui sont réglementaires ou législatifs. (B.6, 168.)

23 SEPTEMBRE = 5 OCTOBRE 1790. — Décret qui improuve la conduite des officiers municipaux de Soissons dans l'affaire de l'enlèvement des blés qui y avaient été achetés pour la ville de Metz, et qui ordonne la poursuite des fauteurs et instigateurs. (B. 6, 171.)

26 SEPTEMBRE 1790. — Décret portant que la caisse d'escompte remettra au trésor public la somme de dix millions, et que le comité des finances présentera un projet de décret sur les motions du 11 qui lui avaient été renvoyées (B. 6, 171.)

26 SEPTEMBRE 1790. — Lorraine. Voy. 8 SEPTEMBRE 1790.

27 SEPTEMBRE 1790. — Assemblée nationale. Voy. 8 MAI 1790, 23 SEPTEMBRE 1790. — Boissons. Voy. 22 SEPTEMBRE 1790. — Chauny, Poursuites. — Voy. 20 SEPTEMBRE 1790. — Président. — Voy. 19 SEPTEMBRE 1790 — Saint-Lô. Voy. 23 SEPTEMBRE 1790.

28 SEPTEMBRE 1790. — Décret qui ordonne l'impression et la communication au Roi de la lettre du directoire du département de Seine-et-Oise, relativement à la destruction du gibier dans le parc de Versailles. (B. 6, 172.)

29 SEPTEMBRE = 12 OCTOBRE 1790. (Procl.) — Décret relatif au remboursement, tant de la dette non constituée de l'Etat que de celle constituée par le ci-devant clergé, et à la mise en circulation de douze cents millions d'assignats. (L. 2, 148; B. 6, 175; Mon. du 30 septembre 1790.)

Art. 1er. La dette non constituée de l'Etat, et celle du ci-devant clergé, seront remboursées suivant l'ordre qui sera indiqué, en assignats-monnaie, sans intérêts.

2. Il n'y aura pas en circulation au-delà de douze cents millions d'assignats, compris les quatre cents millions déjà décrétés.

3. Les assignats qui rentreront dans la caisse de l'extraordinaire seront brûlés, et il ne pourra en être fait une nouvelle fabrication et émission, sans un décret du Corps-Législatif, toujours sous la condition qu'ils ne puissent ni excéder la valeur des biens nationaux, ni se trouver au-dessus de douze cents millions en circulation.

29 SEPTEMBRE 1790. — Décret qui suspend l'exécution du décret relatif à la destruction du gibier dans le parc de Versailles. (B. 6, 172.)

29 SEPTEMBRE 1790. — Décret qui défend aux étrangers de se placer sur les sièges des députés, sous peine d'être constitués prisonniers, et qui prescrit aux députés de se lever lorsqu'ils répondent à l'appel nominal (1). (B. 6, 174.)

29 SEPTEMBRE 1790. — Décret qui charge la municipalité de Saint-Omer d'informer contre le curé de Noort-pesne, au sujet des propos séditieux tenus par lui. (B. 6, 174.)

29 SEPTEMBRE 1790. — Décret relatif au projet de décret de M. Duval, ci-devant d'Eprémesnil, sur le prétendu rétablissement de l'ordre dans le royaume. (B. 6, 174.)

29 SEPTEMBRE 1790. — Tribunaux de Paris. Voy. 25 AOUT 1790.

30 SEPTEMBRE 1790. — Décret qui proroge la durée de l'exercice des fonctions de la cour supérieure provisoire de Rennes. (B. 6, 175.)

30 SEPTEMBRE 1790. — Décret pour qu'il soit fait un projet de réglement et d'instruction relatifs à la nouvelle émission des assignats. (B. 6, 176.)

30 SEPTEMBRE 1790. — Décret portant que les coins de la médaille frappée en mémoire de l'abdication des priviléges, seront aux frais de l'Assemblée et déposés aux archives. (B. 6, 176.)

30 SEPTEMBRE = 5 octobre 1790. — Décret qui charge la municipalité de Paris de payer, sur le revenu de M. l'Archevêque, quatre mille livres pour la pension des boursiers du collége de Sainte-Barbe. (B.6, 177.)

30 SEPTEMBRE 1790. — Décret qui ordonne au ci-devant receveur du clergé de remettre trois

_____

(1) Ce décret fut rendu à l'occasion de l'importante question d'une nouvelle émission d'assignats, sur laquelle l'Assemblée avait à prononcer.

mille livres au sieur Bousquet, pour son ouvrage sur les matières ecclésiastiques et bénéficiales. (B. 6, 177.)

1er == 5 OCTOBRE. 1790. — Décret relatif aux
comptes à rendre par les anciens administrateurs, et à la remise des pièces et papiers qui
regardent l'administration de chaque département. (L. 2, 140 et 146; B. 7, 2.)

L'Assemblée nationale, instruite des différentes difficultés qui suspendent dans plusieurs départemens, notamment dans celui de
la Côte-d'Or et autres, l'exécution du décret
du 28 décembre 1789, enjoint aux élus et à
tous autres comptables de rendre, par-devant
les commissaires de département, leurs comptes
non jugés par des cours supérieures, ou jugés
depuis la sanction et l'envoi dudit décret, en
appuyant les comptes à rendre par ceux du
trésorier et pièces relatives, lesquels comptes
seront rendus dans huitaine pour tout délai,
du jour où les comptables en auront été requis. Autorise lesdits départemens et commissaires à redemander à tous dépositaires
desdites pièces, chambre des comptes et autres, moyennant récépissé, toutes celles qui
leur paraîtraient nécessaires, soit pour les nouveaux comptes, soit pour la révision de ceux
des dix dernières années, non jugés par des
cours supérieures. Enjoint au surplus auxdits
dépositaires, quels qu'ils soient, de remettre
toutes les pièces qui leur seront demandées,
sur récépissé; et ce, nonobstant tous arrêts
ou jugemens contraires, à peine contre les
comptables ou dépositaires de pièces, refusans
ou en retard de s'exécuter, d'être les uns et
les autres poursuivis comme débiteurs et reliquataires, suivant la forme des ordonnances,
et à la requête des procureurs-généraux-syndics
des départemens; le tout sans entendre préjudicier à ce qui pourrait être légitimement
dû pour les épices ou taxations des comptes
qui auraient été dûment clos et arrêtés.

1er == 5 OCTOBRE 1790. — Décret relatif à la
solde des soldats et sous-officiers suisses.
(B. 7, 1.)

Art. 1er. Les soldats et sous-officiers suisses
recevront la même solde que les soldats et
sous-officiers français ou étrangers. En conséquence, la solde des régimens suisses sera
augmentée de dix-huit deniers, dont quatre
deniers donnés à l'ordinaire, six deniers en
poche, et huit deniers à la masse d'entretien.
Cette augmentation aura lieu à partir du 1er
octobre 1790.

Les officiers, sous-officiers et soldats suisses continueront à l'avenir, ainsi qu'il avait
été décrété provisoirement le 15 avril dernier,
de jouir des pensions, traitemens et émolumens qui leur ont été accordés jusqu'à l'époque du 1er mai 1789.

1er OCTOBRE 1790. — Proclamation du Roi pour
la conservation du canal royal du Languedoc.
(L. 2, 136.)

1er OCTOBRE 1790. — Décret pour l'adjonction
de huit membres au comité d'aliénation.
(B. 7, 5.)

1er OCTOBRE 1790. — Saint-Omer. *Voy.* 29
SEPTEMBRE 1790.

2 == 14 OCTOBRE. 1790. — Décret relatif aux
communications et renseignemens à fournir
par les administrateurs, fermiers, régisseurs,
directeurs, contrôleurs et receveurs des impositions indirectes et des différens droits.
(L. 2, 167; B. 7, 3.)

L'Assemblée nationale décrète que tous les
administrateurs, fermiers, régisseurs, directeurs, contrôleurs et receveurs des impositions
indirectes et des différens droits qui se perçoivent dans le royaume, seront tenus de
fournir aux administrations de département
ou à leurs directoires, sur leurs demandes par
écrit, toutes communications et tous renseignemens sur le produit des impositions ou
droits dont lesdits administrateurs, fermiers,
etc., ont l'administration ou la perception.

2 OCTOBRE 1790. — Décret portant qu'il n'y a
pas lieu à accusation contre MM. de Mirabeau et d'Orléans. (B. 7, 4.)

2 OCTOBRE 1790. — Décret portant que les députés de Saint-Domingue seront entendus à la
barre, et seulement dans le nombre qu'elle
pourra en contenir. (B. 7, 4.)

2 == 29 OCTOBRE 1790. — Décret pour l'exécution de l'ordre établi dans l'avancement militaire. (B. 7, 3.)

3 == 14 OCTOBRE 1790. — Décret relatif aux
fonds destinés au service du trésor public, à
l'envoi des états de situation des caisses de
chaque receveur pour les impositions directes
et indirectes, et des matières d'or et d'argent
portées aux hôtels des monnaies. (L. 2, 169;
B. 7, 5.)

Art. 1er. Les fonds nécessaires au service
du trésor public seront demandés au Corps-
Législatif par l'ordonnateur chargé de la direction du trésor public.

2. Il sera fourni chaque mois, au comité des
finances, l'état de situation de la caisse de
chaque receveur particulier, pour l'année 1790
et les précédentes, l'état des recouvremens à
faire, et les causes qui peuvent retarder ces
recouvremens.

3. Il sera fourni, par chaque mois, l'état
des paiemens faits sur les impôts indirects, et
des causes de retard ou de suspension dans
les recouvremens.

4. Il sera remis au comité des finances des états de toutes les matières d'or et d'argent provenant de vaisselles, dons patriotiques ou matières achetées de l'étranger par le trésor public, lesquelles ont été portées aux hôtels des monnaies pour y être fabriquées, ainsi que les bordereaux de versement des monnaies en provenant, au trésor public ou dans les différentes caisses.

Ces états seront imprimés à commencer du 1er octobre 1789, et chaque mois pour l'avenir.

_____

3 = 14 OCTOBRE 1790. — Décret qui ordonne la poursuite et le jugement des auteurs des mouvemens séditieux dans le département de l'Aube. (B. 7, 6.)

_____

3 OCTOBRE 1790. — Décret pour qu'il soit versé quinze millions au Trésor public pour les besoins du mois d'octobre. (B. 7. 5.)

_____

3 OCTOBRE 1790. — Décret pour la présentation d'un plan sur l'organisation des compagnies de finances chargées de percevoir les impositions indirectes. (B. 7, 6.)

_____

4 OCTOBRE 1790. — Décret qui établit la ville de Pau siége de l'administration du département des Basses-Pyrénées. (B. 7, 7.)

_____

4 OCTOBRE = 28 NOVEMBRE 1790. — Décret sur le mode de paiement des frais de démolition de la Bastille. (L. 2. 614.)

_____

5 = 29 OCTOBRE 1790. — Décret concernant la formation de l'état-major de l'armée. (L. 2, 2-4; B. 7, 9.)

Art. 1er. Indépendamment des quatre-vingt-quatorze officiers généraux employés, l'état-major général de l'armée sera composé de trente adjudans généraux ou de division, lesquels, sous cette dénomination, remplaceront les trois états-majors de l'armée existant aujourd'hui, en les réduisant à ce nombre d'officiers. De ces trente adjudans généraux ou de division, dix-sept auront rang de colonel, et treize celui de lieutenant-colonel.

2. Il sera attaché cent trente-six aides-de-camp aux quatre-vingt-quatorze officiers généraux employés, sur le pied de quatre par chacun des quatre généraux d'armée, de deux par chacun des trente lieutenans généraux, et d'un par chacun des soixante maréchaux-de-camp. Les premiers aides-de-camp de chacun des quatre généraux d'armée seront colonels; les seconds seront lieutenans-colonels; les deux autres, ainsi que ceux des lieutenans généraux et des maréchaux-de-camp, ne seront que capitaines.

3. Les dix-sept adjudans généraux, et les quatre aides-de-camp des généraux, qui seront colonels, auront six mille livres de traitement.

Les treize adjudans généraux, ainsi que les quatre aides-de-camp des généraux, qui seront lieutenans-colonels, auront quatre mille livres.

Chacun des cent vingt-huit aides-de-camp capitaines jouira de dix-huit cents livres d'appointemens.

4. L'Assemblée nationale ajourne de nouveau l'article du plan du ministère, relatif aux commissaires des guerres.

_____

5 = 14 OCTOBRE 1790. — Décret portant que les tribunaux des districts de la ville et campagne de Lyon, et le tribunal du district de Bordeaux, seront composés de six juges. (L. 2, 168.)

_____

5 = 22 OCTOBRE 1790. — Décret qui proroge les pouvoirs de la cour établie à Dijon. (B. 7, 10.)

_____

5 OCTOBRE 1790. — Administrateurs. Voy. 1er OCTOBRE 1790. — Ardennes. Voy. 18 SEPTEMBRE 1790. — Corps administratifs. Voy. 23 SEPTEMBRE 1790. — Dettes. Voy. 21 SEPTEMBRE 1790. — Maréchaussée. Voy. 22 SEPTEMBRE 1790. — Metz. Voy. 23 SEPTEMBRE 1790. — Rennes; Sainte-Barbe. Voy. 30 SEPTEMBRE 1790. — Suisses. Voy. 1er OCTOBRE 1790.

_____

6 = 12 OCTOBRE 1790. — Décret qui défend à toute compagnie des anciens juges, à tout tribunal qui se trouve séparé, de s'assembler sous aucun prétexte. (L. 2, 155; B. 7, 11.)

L'Assemblée nationale déclare que, par les dispositions de l'art. 3 du tit. III de ses décrets des 2 et 6 septembre dernier, concernant la liquidation des offices et les dettes des compagnies de judicature, elle n'a point entendu obliger les compagnies qui sont séparées, ou qui ont dû se séparer le 30 septembre, à se rassembler pour former le tableau de leurs dettes actives et passives;

Décrète: 1° qu'aucune compagnie des anciens juges, aucun tribunal qui se trouve séparé sans avoir formé le tableau de ses dettes actives et passives, ne pourra se rassembler sous prétexte de former ledit tableau, ni sous aucun prétexte, à peine de forfaiture; enjoint aux greffiers des tribunaux qui, avant leur séparation, n'auraient pas satisfait à l'article 3 du titre III des décrets des 2 et 6 septembre, de former seuls le tableau ordonné par ledit article, et de l'adresser, sous leurs certifications et signatures, au comité de judicature de l'Assemblée nationale, ainsi qu'il est prescrit par l'article 2 du titre III des mêmes décrets des 2 et 6 septembre.

2° Les créanciers desdites compagnies qui se trouvent séparées, pourront faire certifier l'expédition de leurs titres par le greffier de l'ancien tribunal, ou par le procureur-syndic du district, et cette expédition sera valable comme si elle était dans la forme prescrite par l'art. 2 du tit. III des décrets des 2 et 6 septembre dernier.

6 = 12 OCTOBRE 1790. — Décret portant que l'indemnité des dégâts commis dans les communes sera prise d'abord sur les biens des coupables, et subsidiairement supportée par les communes qui ne les auraient pas empêchés. (L. 2, 153 ; B. 7, 12.)

Voy. loi du 10 VENDÉMIAIRE an 4.

L'Assemblée nationale, après avoir entendu le rapport de son comité des recherches sur les évènemens passés dans le département de l'Aude, les 25, 26 et 27 septembre dernier, ajoutant aux dispositions de ses précédens décrets, sur la libre circulation intérieure des grains, et notamment à celui du 3 de ce mois, décrète :

1° Que les tribunaux de Carcassonne, Béziers, Toulouse et Castelnaudary sont provisoirement autorisés à juger en dernier ressort, et au nombre de sept juges, soit sur les procédures qu'ils pourront commencer, soit sur les derniers erremens de celles qui auraient été faites devant les premiers juges, les auteurs, instigateurs et complices des séditions et attroupemens déjà formés ou qui pourraient l'être pour empêcher la libre circulation intérieure des grains, de tous autres délits et attentats contre l'ordre public, et à prononcer et faire exécuter contre les coupables les peines exprimées dans le décret du 21 octobre 1789 ;

2° L'indemnité des dégâts et dommages sera prise d'abord sur les biens des coupables, et subsidiairement supportée par les communes qui ne les auraient pas empêchés, lorsqu'elles l'auraient pu et qu'elles en auraient été requises par les officiers municipaux, qui sont responsables de leur négligence à cet égard ;

3° L'Assemblée se réserve de décréter, dans le dernier cas, le mode d'indemnité à accorder à ceux qui, par l'effet de la violence, auront éprouvé des pertes dans leurs possessions.

7 = 14 OCTOBRE 1790. — Décret qui prescrit le mode d'exécution des travaux dans les arsenaux de la marine. (L. 2, 171 ; B. 7, 13.)

Art. 1er. Tous ouvrages de réparation, radoub et entretien, exécutés dans les arsenaux de marine, seront désormais faits à la journée.

2. La main-d'œuvre des ouvrages neufs continuera d'être adjugée à prix fixe, et sera donnée de préférence, à conditions égales, aux ouvriers divisés par sections ou brigades.

= 14 OCTOBRE 1790. — Décret qui annule les ventes des biens du clergé, des fabriques et des établissemens publics, faites en justice, ou autrement qu'en vertu des décrets de l'Assemblée nationale. (L. 2, 161 ; B. -, 16.)

L'Assemblée nationale décrète ce qui suit :

Toutes les ventes qui auraient pu être faites en justice, ou autrement qu'en vertu des décrets de l'Assemblée, depuis la publication de celui du 2 novembre 1789, des biens du clergé, des fabriques, des établissemens d'enseignement et de charité, ou de tous autres établissemens publics, sont déclarées nulles et comme non avenues, sauf aux acquéreurs leur recours contre les administrateurs et autres vendeurs, pour la restitution des sommes par eux payées.

Défenses sont faites à tous administrateurs de vendre, et à toutes personnes quelconques de faire vendre aucun desdits biens, à peine de tous dommages et intérêts, et de telle autre peine qu'il appartiendra.

= 14 OCTOBRE 1790. (Procl.) — Décret qui règle différens points de compétence des corps administratifs en matière de grande voirie. (L. 2, 163 ; B. 7, 14.)

Sur les contestations survenues en plusieurs lieux, et notamment entre le directoire du département de la Haute-Saône et la municipalité de Gray, l'Assemblée nationale, après avoir entendu le rapport de son comité de constitution, décrète ce qui suit :

1° L'administration en matière de grande voirie, attribuée aux corps administratifs par l'article 6 du décret des 6 et 7 septembre sur l'organisation judiciaire, comprend, dans toute l'étendue du royaume, l'alignement des rues, des villes, bourgs et villages qui servent de grandes routes (1) ;

2° Conformément à l'article 6 de la section III du décret du 22 décembre 1789 sur la constitution des assemblées administratives, et à l'article 13 du titre II du décret du 16 août 1790 sur l'organisation judiciaire, aucun administrateur ne peut être traduit devant les tribunaux, pour raison de ses fonctions publiques, à moins qu'il n'y ait été renvoyé par l'autorité supérieure, conformément aux lois (2) ;

3° Les réclamations d'incompétence à l'égard des corps administratifs, ne sont, en au-

(1) *Voy.* lois du 29 floréal an 10 ; du 16 septembre 1807 ; ordonnance du 31 juillet 1817.

(2) *Voy.* loi du 16 = 24 août 1790, tit. 2, art. 13, loi du 22 frimaire an 8, art. 75.

cun cas, du ressort des tribunaux ; elles seront portées au Roi, chef de l'administration générale ; et dans le cas où l'on prétendrait que les ministres de Sa Majesté auraient fait rendre une décision contraire aux lois, les plaintes seront adressées au Corps-Législatif.

Le Roi sera prié de donner les ordres nécessaires pour l'exécution des différentes parties de ce décret, et l'apport de la procédure commencée au bailliage de Gray, à l'occasion de l'une des traverses de cette ville, pour être sur ladite procédure statué ce qu'il appartiendra.

7 = 14 OCTOBRE 1790. (Procl.) — Décret qui ordonne de procéder à l'élection des commissaires de police dans Paris. (B. 7, 13.)

L'Assemblée nationale déclare lever la suspension prononcée par le décret du 25 août dernier, et décrète en conséquence qu'il sera procédé sans délai à l'élection d'un commissaire de police dans chaque section de la ville de Paris, conformément à l'article 3 du titre IV du décret sur l'organisation de la municipalité de cette ville.

7 = 14 OCTOBRE 1790 (Procl.). — Décret sur la prestation du serment des nouveaux officiers municipaux de Paris. (B. 7, 13.)

Les officiers municipaux et les notables de la ville de Paris, nommés en exécution du décret du 3 mai dernier et jours suivants, prêteront, pour cette fois seulement, sur le perron de l'hôtel-de-ville, en présence de la municipalité provisoire, des deux cent quarante représentans provisoires de la commune, des quarante-huit présidens et commissaires actuels des sections et de la commune assistante, le serment ordonné par le décret du 14 décembre.

La formule sera lue par le vice-président du conseil de ville actuel, et le procès-verbal de la prestation du serment sera rédigé par le secrétaire de la municipalité provisoire.

7 = 14 OCTOBRE 1790. (Procl.) — Décret sur la gravure d'un poinçon annoncé comme inimitable. (B. 7, 17.)

L'Assemblée nationale, après avoir entendu le rapport qui lui a été fait au nom de son comité d'agriculture et de commerce, de la proposition du sieur Chipart, graveur en métaux, demeurant à Paris, de donner à la nation un moyen de faire des poinçons inimitables pour la marque des matières d'or et d'argent, applicables aux papiers-monnaie, aux effets de commerce et aux monnaies, moyennant une récompense de deux cent mille livres, qui ne lui sera payée que lorsque la vérité et la certitude de sa découverte auront été constatées, et sur le produit d'un abus qu'il dénoncera,

Décrète que la découverte et les procédés du sieur Chipart seront examinés en sa présence par les sieurs Chevalier, Belsac et Gamot, qui ont donné l'acte du 23 août dernier, et par quatre commissaires de l'Académie des sciences ou autres nommés à cet effet par le Roi, lesquels manifesteront leur opinion sur l'objet dont il s'agit ;

Et que s'il résulte de cette manifestation que la découverte du sieur Chipart est réelle, il sera pris les mesures nécessaires pour lui assurer, en donnant son procédé, une récompense convenable.

7 = 14 OCTOBRE 1790. — Décret qui ordonne la suspension de l'exécution d'une partie de la route de Melun à Nangis. (B. 7, 15.)

8 = 14 OCTOBRE 1790. (Procl.) — Décret concernant les religieux, les religieuses et les chanoinesses séculières et régulières. (L. 2, 173 ; B. 7, 20 ; Mon. des 9, 12, 23, 27 septembre et 5 octobre 1790.)

TITRE Iᵉʳ. Des Religieux.

Art. 1ᵉʳ. Le traitement fixé pour les religieux par le décret du 13 février dernier, commencera à être payé au 1ᵉʳ janvier 1791 pour l'année 1790.

À cette époque, il sera fait compte avec les religieux qui se présenteront pour recevoir leur traitement, de tout ce qu'ils auront touché, à compter du 1ᵉʳ janvier 1790, et il ne leur sera remis que la somme qui se trouvera nécessaire pour compléter leur traitement, en faisant d'ailleurs par lesdits religieux les déclarations qui seront prescrites ci-après. À l'égard des religieux vivant habituellement de quêtes et aumônes, et qui sont demeurés dans leurs couvens, il y sera pourvu ci-après pour la présente année, et le premier quartier de leur pension leur sera payé, ainsi qu'à ceux qui sortiront dans les premiers jours du mois de janvier 1791.

2. En conséquence, chaque supérieur local fournira à sa municipalité, avant le 1ᵉʳ novembre prochain, un état signé de lui et certifié par le supérieur provincial ou son vicaire général, contenant le nom, l'âge et la date de la profession de tous les religieux qui habitaient sa maison à l'époque de la publication du décret du 29 octobre dernier.

3. Chaque religieux fournira dans le même délai, à la municipalité de la maison dans laquelle il a résidé en dernier lieu, un extrait en forme de ses actes de baptême et de profession, avec sa déclaration, de lui signée, s'il désire ou non continuer la vie commune.

4. Les municipalités dresseront un tableau de tous les religieux de leur arrondissement, avec l'indication de leurs noms, de leur âge,

de la date de leur profession et de la déclaration qu'ils auront faite; et sera ledit tableau envoyé par elle au directoire du district, dans la première quinzaine du mois de novembre.

5. Les directoires de district formeront de ces tableaux particuliers un tableau général, qui sera adressé au directoire du département dans la seconde quinzaine du mois de novembre.

6. Le directoire de chaque département formera le tableau de tous les religieux de son arrondissement, de la manière prescrite par l'article 4 ci-dessus, et il enverra ledit tableau à l'Assemblée nationale, dans le cours du mois de décembre, avec un état des maisons religieuses du département qui seraient susceptibles de recevoir au moins vingt personnes, sans y comprendre les domestiques.

7. Les paiemens qui devront être faits au mois de janvier prochain, aux religieux qui n'auront pas préféré de vivre en commun, seront effectués par le trésorier du district de la maison où ils ont résidé en dernier lieu, sur leurs quittances ou sur celles de leurs fondés de pouvoir spécial; et seront tenus, quand ils ne recevront pas par eux-mêmes, de joindre à ladite quittance un certificat de vie, qui leur sera délivré sans frais par les officiers de leur municipalité.

8. Pourront lesdits religieux, en quittant leurs maisons, disposer du mobilier de leurs chambres et cellules seulement, et des effets qu'ils prouveront avoir été à leur usage exclusif et personnel, sans toutefois qu'ils puissent enlever lesdits effets, qu'après avoir prévenu la municipalité du lieu, et sur la permission qu'elle en aura donnée.

9. Dans les maisons religieuses où se trouvent des curés conventuels, les directoires de district prélèveront sur le mobilier commun, les meubles et effets de première nécessité pour le nouvel établissement desdits curés.

10. Les religieux qui sont sortis de leurs maisons depuis la publication du décret du 29 octobre dernier, sans avoir disposé des effets mentionnés en l'article précédent, pourront les réclamer, s'ils existent dans leurs maisons, et les faire enlever, sur la permission de la municipalité.

11. Seront tous les religieux qui n'auront pas préféré la vie commune, tenus d'indiquer dans la quittance du paiement qui leur sera fait au mois de janvier prochain, le lieu où ils se proposent de fixer leur résidence; et seront les termes subséquens de leurs pensions acquittés par les receveurs du district où ils résideront, sur leur quittance ou sur celle de leurs fondés de pouvoir, ainsi qu'il est expliqué par l'article 7 ci-dessus.

12. Il sera indiqué, dans le cours du mois de janvier prochain, aux religieux qui auront préféré une vie commune, des maisons dans lesquelles ils seront tenus de se retirer avant le 1er avril suivant; et pourront lesdits religieux emporter avec eux le mobilier à leur usage, conformément à l'article 8 du présent décret.

13. Le premier paiement de la pension des religieux mentionnés en l'article précédent, sera fait dans les premiers jours du mois de janvier par le receveur de leur district, sur la quittance des procureurs ou économes actuels des maisons qu'ils habitent, à laquelle sera annexé l'état des religieux restans, signé de tous, et visé par la municipalité du lieu.

14. Les termes suivans desdites pensions seront aussi acquittés par les receveurs des districts dans l'arrondissement desquels seront situées les maisons, sur la quittance du procureur ou économe qui aura été choisi, ainsi qu'il sera dit ci-après, laquelle quittance contiendra les noms de tous les religieux, et sera visée par la municipalité.

15. Les paiemens mentionnés dans les deux articles précédens, et dans les articles 7 et 10 ci-dessus, s'effectueront dans l'ordre et de la manière prescrits par les articles 40 et 41 du décret du 11 août dernier.

16. Dans l'indication des maisons pour les religieux qui préfèrent la vie commune, on choisira de préférence les plus vastes, les plus commodes, et dont les bâtimens se trouvent dans le meilleur état, sans distinction des différens ordres auxquels ces maisons ont pu appartenir.

17. Chaque maison contiendra au moins vingt religieux.

18. Les religieux qui étaient du même ordre seront placés ensemble, autant que faire se pourra; pourront néanmoins les religieux de différens ordres être réunis, quand cela sera nécessaire pour compléter le nombre prescrit par l'article précédent, en observant toutefois de ne confondre que des ordres dont les traitemens sont uniformes.

19. Tous les religieux qui, par les statuts et règles de leur ordre, ou en vertu de bulles par eux obtenues, avaient le privilège de mendier, jouiront du traitement fixé pour les religieux mendians, encore que de fait ils ne fussent plus dans l'usage de mendier, à l'époque du 18 octobre dernier.

20. Les frères lais, donnés ou convers, qui préféreront une vie commune, seront répartis dans les différentes maisons assignées aux religieux. Pourront néanmoins ceux qui désireront vivre entre eux seulement, être placés dans des maisons particulières qui leur seront indiquées; et à cet effet, lesdits frères lais, donnés ou convers, expliqueront, dans la déclaration mentionnée en l'article 3 du présent décret, s'ils entendent ou non être placés avec tous les religieux; et faute par eux de faire ladite déclaration, il leur sera assigné des maisons particulières.

21. Aussitôt que les religieux seront arrivés dans les maisons à eux indiquées, ils choisiront entre eux, au scrutin et à la pluralité absolue des suffrages, dans une assemblée qui sera présidée par un officier de la municipalité, un supérieur et un procureur ou économe, lesquels seront renouvelés tous les deux ans de la même manière : pourront néanmoins les mêmes personnes être réélues autant de fois qu'il plaira aux autres membres de la maison.

22. Immédiatement après lesdites élections, les religieux feront dans chaque maison, à la pluralité des voix, un réglement pour fixer les heures des offices, des repas, de la clôture des portes, et généralement tous les autres objets de leur police intérieure. Une expédition dudit réglement sera déposée le jour au greffe du district et à celui de la municipalité, qui sera tenue de veiller à son exécution.

23. Les costumes particuliers de tous les ordres religieux demeurent abolis, et en conséquence, chaque religieux sera libre de se vêtir comme bon lui semblera.

24. Le procureur ou l'économe de la maison recevra les pensions, ainsi qu'il a été expliqué ci-dessus ; il en fera l'emploi conformément au réglement qui aura été arrêté par les religieux, et rendra tous les ans à la maison le compte de son administration.

25. Les maisons qui se trouveront réduites à douze religieux par la retraite ou le décès des autres, seront supprimées et réunies à d'autres maisons.

26. Les religieux qui ayant été sécularisés, et ceux qui ayant quitté la vie monastique, ne seraient pas rentrés dans leur ordre avant la publication du décret du 29 octobre, ensemble ceux qui avaient abandonné volontairement leurs maisons sans le consentement et la permission de leurs supérieurs, n'auront aucun droit aux pensions décrétées le 13 février dernier.

27. Les religieux nés hors du royaume, qui n'ont pas fait leur profession en France, ou qui ayant fait leur profession dans une maison française, n'y étaient pas fixés pour toujours, avant l'époque du 29 octobre dernier, n'auront pareillement aucun droit aux pensions.

28. Les religieux actuellement pourvus d'une cure ne pourront prétendre à aucune pension en leur qualité de religieux, même en donnant la démission de la cure dont ils sont pourvus.

29. Ne sont compris dans les dispositions des décrets concernant les religieux, ceux qui étaient dans les ordres supprimés en vertu de lettres-patentes enregistrées sans réclamation, avant l'époque de la publication du décret du 13 février dernier, et sera leur sort réglé par les décrets concernant le clergé séculier, sans néanmoins aucune dérogation à

l'art. 2 du décret du 13 février, en ce qui concerne les Jésuites.

30. Les religieux pourront être employés comme vicaires, et même devenir éligibles aux cures. Dans le cas où ils occuperaient un emploi dont le traitement serait inférieur à leur pension, ils jouiront pour tout traitement du montant de ladite pension : dans le cas où le traitement de leur emploi serait supérieur, ils ne jouiront que dudit traitement.

31. Les successions des curés réguliers et celles des religieux sortis de leurs maisons, qui sont décédés depuis le 13 février dernier, seront réglées conformément à l'art. 3 du décret du 19 et 20 mars dernier, et seront en conséquence recueillies par leurs parens les plus proches, conformément auxdits articles.

32. Il sera dressé, sur les tableaux des religieux qui seront envoyés par les directoires des départemens, un état général de tous les religieux, dans lequel seront distingués ceux qui auront préféré la vie commune et ceux qui l'auront quittée : sera ledit état rendu public par la voie de l'impression.

33. Les municipalités seront tenues de donner avis aux directoires du district, du décès de chaque religieux, soit qu'il ait quitté, soit qu'il ait continué la vie commune, et ce dans la quinzaine dudit décès. Le district instruira tous les trois mois le directoire du département, des religieux qui pourraient être décédés dans son arrondissement : le directoire du département enverra tous les ans au Corps-Législatif les noms desdits religieux, pour en être dressé une liste qui sera rendue publique.

34. Tous religieux, sans distinction, avant de toucher leurs pensions, seront tenus de déclarer s'ils ont pris ou reçu quelques sommes, ou partagé quelques effets appartenant à leur maison ou à leur ordre, autres que ceux mentionnés en l'article 8 ci-dessus, et d'en imputer le montant sur le quartier ou sur les quartiers à échoir de leurs pensions. Ne pourront les receveurs des districts payer aucune pension religieuse que sur le vu de ladite déclaration, laquelle sera et demeurera annexée à la quittance de chaque religieux ; et seront ceux qui auront fait une fausse déclaration, privés pour toujours de leurs pensions.

35. Les religieux sortis de leur maison depuis le 29 octobre dernier, ou qui désireront en sortir avant le 1er janvier 1791, recevront provisoirement, jusqu'à cette époque, un secours qui sera fixé par le directoire de département, sur l'avis des directoires de district, et d'après la demande des municipalités, sans néanmoins que ledit secours puisse dans aucun cas excéder la proportion des traitemens fixés par le décret des 19 et 20 février der-

nier; et sauf à compter, ainsi qu'il a été réglé par l'article 1er du présent titre.

36. Ne pourront, néanmoins, les religieux actuellement occupés à l'éducation publique ou au soulagement des malades, quitter leurs maisons, sans au préalable avoir prévenu les municipalités six mois d'avance, ou sans un consentement par écrit desdites municipalités.

37. Il sera pareillement accordé pour la fin de la présente année, par les directoires de département, sur l'avis des directoires de district, et d'après la demande des municipalités, des secours aux maisons qui ne jouissent d'aucun revenu, ou dont les revenus sont notoirement insuffisans pour l'entretien des membres qui les composent, et sauf à compter conformément à l'article 1er ci-dessus.

Titre II. Des religieuses.

Art. 1er. Les revenus des maisons de religieuses, qui sont inférieurs à la somme de sept cents livres à raison de chaque religieuse de chœur, de trois cent cinquante livres à raison de chaque sœur converse ou donnée, et à la somme qui sera ci-après réglée pour les abbesses perpétuelles et inamovibles, ou qui n'excèdent pas lesdites sommes, n'éprouveront aucune réduction, et il sera tenu compte auxdites maisons de la totalité des revenus dont elles jouissent.

2. Dans les maisons dont les revenus excèdent la somme de sept cents livres à raison de chaque professe, et celle de trois cent cinquante livres à raison de chaque sœur donnée ou converse, il ne sera tenu compte desdits revenus que jusqu'à concurrence desdites sommes.

3. Demeurent provisoirement exceptées des dispositions de l'article précédent, les maisons actuellement occupées à l'éducation publique et au soulagement des malades, et il leur sera tenu compte de la totalité de leur revenu, jusqu'à ce qu'il en soit autrement ordonné.

4. Dans les maisons dont le revenu est inférieur à sept cents livres pour chaque professe, et à trois cent cinquante livres pour chaque sœur donnée ou converse, les traitemens des religieuses qui décéderont les premières, accroîtront aux traitemens des survivantes, jusqu'à concurrence desdites sommes.

5. Il sera accordé sur l'avis des directoires de département, un secours annuel aux maisons qui, par la destruction de la mendicité ou par la privation d'autres ressources dont elles avaient joui jusqu'à présent, n'auront plus un revenu suffisant pour leur existence; mais ces secours, unis aux revenus de chaque maison, ne pourront excéder la somme de trois cents livres par année pour chaque religieuse.

6. Le traitement des sœurs converses et données, dans les cas réglés par les articles 4 et 5 ci-dessus, sera moitié de celui des religieuses de chœur.

7. Dans le cas où les religieuses renonceraient aux bénéfices de la disposition du décret qui leur permet de rester dans leurs maisons, les emplacemens en seront aliénés, et les intérêts du prix employés à l'augmentation des traitemens, jusqu'à concurrence des sommes portées en l'article 1er.

8. Les religieuses qui, ayant quitté la vie monastique en vertu d'un bref du pape, ne seraient pas rentrées dans leurs maisons avant la publication du décret du 29 octobre dernier, celles qui avaient, avant la même époque, abandonné volontairement leurs maisons sans la permission et le consentement de leurs supérieurs, ne seront point comprises dans l'état de celles qui ont droit aux pensions.

9. Celles qui n'étaient sorties d'une maison religieuse que pour entrer dans une autre, seront portées dans l'état de la maison où elles ont fait profession, pour jouir d'un traitement proportionné aux revenus de ladite maison.

10. Les religieuses nées en pays étrangers, et qui se trouvent dans une maison de France sans y avoir fait profession, ne seront comprises dans l'état de ladite maison, et néanmoins elles continueront provisoirement d'y rester, l'Assemblée nationale se réservant de statuer incessamment sur leur sort.

11. La masse des revenus de chaque maison sera formée d'après les principes et de la manière prescrits par les articles 22, 23 et 24 du décret du 24 juillet, concernant le traitement du clergé actuel.

12. Seront portés dans ladite masse les secours annuels que les maisons étaient dans l'usage de recevoir, soit sur la caisse des économats, soit sur celle du clergé, soit sur toute autre caisse publique.

13. A compter du 1er janvier 1791, le traitement des religieuses sera acquitté, par quartier et d'avance, par les receveurs de leur district, sur une quittance de l'économe, donnée au pied d'un état contenant le nom de toutes les religieuses qui auront déclaré rester, et qui seront en effet dans la maison; ledit état sera signé des religieuses, et visé par la municipalité.

14. Il sera dressé, en conséquence, par les municipalités de chaque lieu, un état de toutes les religieuses de leur arrondissement, lequel sera adressé au directoire de district dans le courant du mois d'octobre.

15. En formant cet état, les municipalités recevront la déclaration des religieuses, si elles entendent sortir de leurs maisons, ou si elles préfèrent de continuer la vie commune; et pour y parvenir, elles se transporteront dans les maisons à l'effet de prendre lesdites

déclarations de chaque religieuse en particulier. Feront lesdites municipalités mention de ladite déclaration, dans l'état qu'elles enverront au directoire de district.

16. Les directoires de district formeront au plus tôt un état des religieuses de leur arrondissement, et ils adresseront cet état au directoire du département, dans le cours du mois de novembre.

17. Le directoire de chaque département formera le tableau de toutes les religieuses qui y existent, et enverra ce tableau à l'Assemblée nationale, dans le cours du mois de décembre.

18. Les religieuses qui sont sorties de leurs maisons, depuis la publication du décret du 29 octobre dernier, ainsi que celles qui en sortiront, jouiront de leur traitement comme celles qui resteront, et sans aucune différence; elles seront payées par le receveur du district dans lequel elles auront fixé leur domicile, sur leur quittance ou sur celles de leurs fondés de procuration spéciale, à laquelle sera annexé, lorsqu'elles ne toucheront point elles-mêmes, un certificat de vie, lequel sera délivré sans frais par les officiers de la municipalité.

19. Ne pourront, néanmoins, les religieuses qui sont par leur institut et actuellement employées à l'éducation publique ou au soulagement des malades, quitter leurs maisons, sans en avoir prévenu les municipalités, six mois d'avance, ou sans un consentement par écrit desdites municipalités.

20. Dans les maisons mentionnées en l'article précédent, dont les revenus affectés au soulagement des malades ou aux frais de l'éducation ne sont pas distingués des autres revenus, le traitement des religieuses qui sortiront ne sera fixé que sur ce qui restera, déduction faite de toutes les charges et frais des malades et de l'éducation, sans néanmoins que ledit traitement puisse être inférieur à celui décrété par l'article 5 ci-dessus.

21. Les articles 1, 2 et 3 du décret du 19 et 20 mars, concernant les religieux, seront exécutés à l'égard des religieuses; en conséquence, celles qui sortiront de leurs maisons demeureront incapables de succession, excepté toutefois le cas où elles ne se trouveraient en concours qu'avec le fisc. Elles ne pourront recevoir, par donation entre-vifs et testamentaires, que des pensions ou rentes viagères; elles seront capables de disposer de leurs meubles et immeubles acquis depuis leur sortie du cloître, et à défaut de disposition de leur part, lesdits biens passeront à leurs parens les plus proches.

22. Les abbesses perpétuelles et inamovibles jouiront, savoir, celles dont la maison n'avait pas un revenu excédant dix mille livres, d'une somme de mille livres; celles dont la maison avait en revenu au-delà de dix mille livres,

mais moins de vingt-quatre mille livres, d'une somme de quinze cents livres; et celles dont la maison avait un revenu excédant vingt-quatre mille livres, d'une somme de deux mille livres. Dans le cas toutefois où les revenus des maisons ne suffiront pas pour fournir, avec les traitemens ci-dessus, ceux des religieuses choristes, à raison de sept cents livres; et des sœurs converses, à raison de trois cent cinquante livres, les traitemens des abbesses éprouveront une réduction proportionnelle à celle des autres religieuses, sauf dans la suite, leur complément par la réversibilité des pensions qui s'éteindront les premières.

Demeure exceptée des dispositions du présent article l'abbesse de Fontevrault, qui, en sa qualité de chef d'un ordre composé de monastères d'hommes et de monastères de femmes, jouira du traitement décrété par l'article 14 du décret du 24 juillet.

Après le décès des abbesses, les coadjutrices entreront en jouissance de leur traitement.

23. Les religieuses sorties de leurs maisons depuis la publication du décret du 29 octobre, et celles qui sortiront avant le 1er janvier 1791, pourront recevoir provisoirement, jusqu'à cette époque, un secours qui sera fixé par le directoire du département, sur l'avis du directoire de district, d'après la demande de la municipalité, sans que ledit secours puisse dans aucun cas excéder les proportions fixées par les articles 1 et 2 du présent décret.

24. Pourront, les religieuses qui sortiront de leurs maisons, disposer du mobilier de leurs cellules et des effets qui auraient été à leur usage personnel, ainsi qu'il a été réglé pour les religieux.

25. Il sera accordé pour la fin de la présente année, par les directoires de département, sur l'avis des directoires de district, d'après la demande des municipalités, tous les secours nécessaires aux maisons qui ne jouiront d'aucun revenu, ou dont les revenus sont insuffisans pour l'entretien des membres qui les composent.

26. Les religieuses qui auront préféré la vie commune, nommeront entre elles, au scrutin et à la pluralité absolue des suffrages, dans une assemblée qui sera présidée par un officier municipal, et qui se tiendra dans les huit premiers jours de janvier 1791, une supérieure et une économe dont les fonctions ne dureront que deux années, mais qui pourront y être continuées tant qu'il plaira à la communauté.

27. Il sera dressé, sur les états des religieuses qui seront envoyés par les directoires des départemens à l'Assemblée nationale, un tableau général de toutes les religieuses, dans lequel seront distinguées celles qui seront restées dans leurs maisons, et celles qui en

seront sorties, et sera ledit état rendu public par la voie de l'impression.

28. A chaque décès de religieuse, soit qu'elle ait quitté, soit qu'elle ait continué la vie commune, la municipalité du lieu de sa résidence sera tenue d'en donner avis dans quinzaine au directoire du district, lequel instruira tous les trois mois le directoire du département, du nombre et du nom des religieuses qui pourraient être décédées dans son arrondissement. Le directoire du département enverra tous les ans au Corps-Législatif les noms desdites religieuses, pour en être dressée une liste qui sera rendue publique.

29. Les costumes particuliers des ordres et maisons des religieuses demeurent abolis, ainsi qu'il a été décrété pour les costumes des ordres religieux.

30. Toutes religieuses, sans distinction, avant de recevoir le premier paiement fixé au mois de janvier prochain, seront tenues de déclarer si elles ont pris ou reçu quelque somme, ou partagé quelques effets appartenant à leurs maisons, autres que ceux dont la libre disposition leur est laissée, et d'en imputer le montant sur le quartier ou les quartiers à échoir de leurs pensions. Ne pourront les receveurs du district payer aucun traitement que sur le vu de ladite déclaration, laquelle sera et demeurera annexée à la quittance de chaque religieuse; et seront, celles qui auront fait une fausse déclaration, privées pour toujours de leurs pensions.

TITRE III. Des chanoinesses séculières et des chanoinesses régulières qui vivaient séparément.

Art. 1er. Toutes chanoinesses dont les revenus n'excèdent pas la somme de sept cents livres n'éprouveront aucune réduction; celles dont les revenus excéderont ladite somme auront : 1° sept cents livres; 2° la moitié du surplus, pourvu que le tout n'excède pas la somme de quinze cents livres.

2. La masse des revenus sera formée, déduction faite des charges, d'après les principes et de la manière prescrits par les articles 22, 23 et 24 du décret du 24 juillet, sur le traitement du clergé actuel.

3. Les chanoinesses qui justifieront avoir fait construire à leurs frais leur maison d'habitation, continueront d'en jouir pendant leur vie, sous la charge de toutes les réparations.

4. L'article 27 du décret du 24 juillet, concernant le traitement du clergé actuel, sera exécuté à l'égard des chanoinesses. En conséquence, dans les chapitres dans lesquels des titres de fondation ou donation, des statuts homologués par arrêts, ou revêtus de lettres-patentes dûment enregistrées, ou un usage immémorial, donnaient, soit à l'acquéreur d'une maison canoniale, soit à celles qui en auraient fait bâtir, à ses héritiers ou ayant-cause, un droit à la totalité ou partie du prix de la vente de cette maison, ces titres et statuts seront exécutés selon leur forme et teneur; et l'usage immémorial sera suivi, comme par le passé, conformément aux conditions et de la manière prescrite par l'article 27 du décret du 24 juillet dernier.

5. Dans les chapitres où les revenus sont inégalement répartis, de manière que les prébendes augmentent à raison de l'ancienneté, le sort de chaque chanoinesse sera déterminé sur le pied de ce dont elle jouit actuellement; mais en cas de décès d'une ancienne, son traitement passera à la plus ancienne de celles dont le traitement se trouvera inférieur, et ainsi successivement, de sorte que le moindre traitement sera le seul qui cessera.

6. Les jeunes chanoinesses appelées communément nièces agrégées, ou sous toute autre dénomination, qui devront entrer en jouissance après le décès des anciennes, jouiront de leur traitement à l'époque du décès.

7. Les abbesses inamovibles, dont le revenu n'excède pas la somme de mille livres, n'éprouveront aucune réduction; celles dont le revenu excède ladite somme, jouiront premièrement de la somme de mille livres; secondement, de la moitié du surplus, pourvu que le tout n'excède pas la somme de deux mille livres. Après le décès des abbesses titulaires, les coadjutrices entreront en jouissance de leurs traitemens.

8. Les chanoinesses dont les revenus anciens auraient pu augmenter en conséquence d'unions légitimes et consommées, mais dont l'effet se trouve suspendu en tout ou en partie, par la jouissance réservée aux titulaires des bénéfices supprimés et unis, recevront, au décès des titulaires, une augmentation de traitement, proportionnée à ladite jouissance, sans que cette augmentation puisse porter leurs traitemens au-delà du *maximum* déterminé par le présent décret.

9. Les abbesses et chanoinesses seront payées de leur traitement à compter du 1er janvier prochain, par les receveurs des districts dans lesquels elles résideront, ainsi et dans la forme qui a été réglée par les articles 40 et 41 du décret du 11 du mois d'août, sur le traitement du clergé.

---

8 = 14 OCTOBRE 1790. — Décret qui lève les défenses faites à la caisse d'escompte de faire de nouvelles émissions de ses billets. (L. 2, ... 15-, B. - 36.)

L'Assemblée nationale lève les défenses qui avaient été faites à la caisse d'escompte de faire de nouvelles émissions de ses billets, etc.

sans néanmoins que les billets qu'elle émettra puissent être reçus autrement que de gré à gré, ainsi que tous autres billets de commerce, et sous la condition qu'ils seront dans une forme différente de celle de ses billets qui sont actuellement en circulation. L'Assemblée nationale déclare qu'il n'y a pas lieu à délibérer sur le surplus de la proposition faite par le rapporteur du comité des finances.

8 = 14 OCTOBRE 1790. — Décret relatif à la clôture de l'emprunt national ouvert en vertu du décret du 27 août 1789, ainsi que de ceux faits au nom des ci-devant états de Languedoc, etc. (L. 2, 172; B. 7, 37.)

L'Assemblée nationale décrète que l'emprunt national de quatre-vingts millions, ouvert en vertu du décret du 27 août 1789, sera fermé à compter du jour de la proclamation du présent décret, et qu'à la même époque seront également fermés les emprunts ouverts en différens temps, au nom des ci-devant états de Languedoc, Provence, Bourgogne, Bretagne, Artois et Flandre maritime, ainsi que celui ouvert à Gênes en 1784, pour le duc des Deux-Ponts.

8 = 14 OCTOBRE 1790. — Décret relatif aux tribunaux et justices-de-paix des villes de Rouen, du Hâvre et de Dieppe. (L. 2, 165; B. 7, 18.)

Art. 1er. Le tribunal du district de Rouen, établi en la ville de Rouen, sera composé de six juges, conformément aux articles 2 et 3 du titre IV du décret du 16 août dernier, sur l'organisation judiciaire.

2. Il y aura huit juges-de-paix pour la ville de Rouen et ses faubourgs, et pour les territoires adjacens, savoir :

Quatre pour l'intérieur de la ville;

Un pour le faubourg de Cauchoise et les villages de Déville, Maromme, Saint-Aignant et le Mont-aux-Malades;

Un pour les faubourgs de Bouvreuil et de Beauvoisine, et le village de Bois-Guillaume;

Un pour les faubourgs de Saint-Hilaire, Martainville et Eauplet, y compris l'île de la Mouque;

Un pour le faubourg Saint-Sever, y compris les villages de Sotteville, du grand et petit Quevilly;

Il y aura, en outre, un juge-de-paix à Dornetal, ayant dans son arrondissement le Mesnil-Esnard, Saint-Martin-du-Vivier et Bon-Secours.

Les assemblées primaires pour l'élection de ces juges-de-paix seront formées conformément aux divisions ci-dessus.

3. Il y aura deux juges-de-paix dans la ville de Dieppe, et deux dans celle du Hâvre.

4. Les villes de Rouen et de Dieppe continueront d'avoir un tribunal de commerce; et il en sera établi un dans la ville du Hâvre.

8 = 14 OCTOBRE 1790. — Décret qui surseoit à l'exécution d'un arrêt rendu par la chambre des vacations du parlement de Toulouse, pour annuler une ancienne fondation. (B. 7, 41.)

L'Assemblée nationale, après avoir entendu le rapport qui lui a été fait, au nom de son comité ecclésiastique, de l'arrêt rendu le 23 septembre par la chambre des vacations du parlement de Toulouse, contre le sieur Jean-François Descuns, qui, au mépris du décret de l'Assemblée nationale, du 27 mai, sanctionné par le Roi le 28, et transcrit sur les registres du parlement de Toulouse, le 23 juin, annule une ancienne fondation, Charge son président de se retirer par devers le Roi, pour le prier d'ordonner qu'il sera sursis à l'exécution de l'arrêt rendu le 23 septembre, jusqu'à ce que ledit arrêt ait été communiqué au procureur-syndic du département, pour prendre par lui telle mesure qu'il jugera convenable, comme conservateur des biens nationaux.

8 = 12 OCTOBRE 1790. — Décret qui supprime l'intérêt des coupons attachés aux assignats. (B. 7, 38.)

8 = 21 OCTOBRE 1790. — Décret qui fixe le nombre, la valeur et la forme des assignats, et ordonne de déposer aux archives nationales tous les ustensiles et matrices qui auront servi à leur fabrication. (B. 7, 39.)

8 OCTOBRE 1790. — Décret qui charge les comités des monnaies et des finances de s'occuper des moyens de remédier à la rareté du numéraire. (B. 7, 36.)

8 OCTOBRE 1790. — Décret qui autorise M. de Morainville à se rendre à Toulon, pour constater la possibilité de l'exécution de son projet de construire des bassins pour remiser des vaisseaux pendant la paix, et en tracer le devis estimatif. (B. 7, 42.)

8 = 12 OCTOBRE 1790. — Décret pour faire arrêter les membres de la chambre des vacations du Parlement de Toulouse, et faire procéder contre eux sur l'accusation de rebellion et de forfaiture. (B. 7, 43.)

9 = 19 OCTOBRE 1790. (Lett-Pat.) — Décret relatif à la formation d'un comité contentieux provisoire dans chacun des directoires de département, pour toutes les parties de service et d'administration dont la connaissance était attribuée aux commissaires départis. (L. 2, 196; B. 7, 54; Mon. du 11 octobre 1790.)

L'Assemblée nationale a décrété qu'il sera

nommé par les membres des directoires des départemens, et dans le sein même du directoire, trois commissaires pour former un comité contentieux provisoire, lequel, jusqu'au moment où les juges de district seront en activité, connaîtra, sur la réquisition du fermier ou du redevable, après avoir oui le procureur-général-syndic, du contentieux de celle des impositions indirectes et autres parties de service ou d'administration dont la connaissance avait été attribuée aux commissaires départis; et qu'au surplus, les procès criminels relatifs aux droits dont la connaissance appartenait aux commissaires départis, seront portés par-devant les juges ordinaires.

———

9 = 26 octobre 1790. (Lett.-Pat.). — Décret relatif au paiement des droits sur les cuirs et peaux. (L. 2, 255; B. 7, 53.)

Sur ce qui a été représenté à l'Assemblée nationale, qu'il s'était élevé des difficultés au sujet du paiement des droits qui étaient dus pour les cuirs et peaux fabriqués, et pour ceux qui étaient en charge avant le 1er avril, date de la suppression du droit de marque des cuirs;

L'Assemblée nationale, oui le rapport de son comité des finances, a décrété que le délai pour le paiement des droits dus par les cuirs et peaux qui avaient reçu la marque de perception avant le 1er avril, est expiré le 1er juillet, et que ce qui était dû pour ces droits doit être acquitté sans délai.

Et quant aux cuirs et peaux qui n'avaient été que marqués de charge, et pour lesquels l'Assemblée a ordonné, par son décret du 22 mars, qu'il sera payé en douze mois une contribution réglée sur un taux moyen et modéré, le tarif en est fixé sur le pied de 5 livres 8 sous par cuir de bœuf, 2 liv. 11 s. par cuir de vache, 2 liv. 10 s. par cuir de cheval ou de mulet, 16 s. par cuir d'âne ou de cerf, 5 liv. 8 s. par douzaine de peaux de veau. Sur le pied de 9 s. la peau de daim, de chevreuil et de chamois;

Six livres par douzaine de peaux de bouc, de chèvre, de chevreau et de chien; sur le pied de dix sous par peau et deux livres cinq sous par douzaine de peaux de mouton ou de brebis, sur le pied de trois sous neuf deniers par peau;

Dix-huit sous par douzaine de peaux d'agneau, à raison d'un sou six deniers par peau.

Desquels droits, qui devront être acquittés par douzième de mois en mois, conformément audit décret du 22 mars, le premier terme est échu, à compter du 1er août; et les autres devront être payés successivement de mois en mois; en telle sorte que la totalité soit soldée le 1er août 1791, sauf l'exécution

des abonnemens qui auraient eu lieu précédemment pour quelques lieux ou cantons.

———

9 = 26 octobre 1790. (Lett.-Pat.) — Décret qui modère les droits sur le minérai de fer venant de l'étranger. (L. 2, 254; B. 7, 54.)

L'Assemblée nationale décrète que les droits sur le minérai de fer venant de l'étranger, seront modérés à moitié; et que ceux sur les fers en barre, en lame, en tôle, et sur les ouvrages de fer et d'acier, continueront d'être perçus conformément au décret du 22 mars.

———

9 = 26 octobre 1790. — Décret concernant les formalités à observer pour faire entrer dans les départemens de l'intérieur du royaume, en exemption de droits, les cuirs, peaux, huiles et savons fabriqués dans les départemens de frontières et autres, qui sont encore séparés par des barrières du reste du royaume. (L. 2, 252; B. 7, 52.)

L'Assemblée nationale, pour favoriser le commerce des cuirs et autres peaux, des fers, des huiles et savons fabriqués dans les départemens de frontières ou autres, qui sont encore séparés par des barrières du reste du royaume, décrète que, sur l'ordonnance des directoires de département, les directoires de district constateront la quantité de cuirs et peaux, de fers et d'huiles ou savons fabriqués dans les ateliers, moulins et usines du département; et que, sur l'avis desdits directoires de district, il pourra être expédié par les directoires de département, des passeports à chaque entrepreneur ou fabricant, pour faire entrer dans les départemens de l'intérieur du royaume, en exemption de droits, lesdites marchandises fabriquées dans lesdits départemens et districts.

———

9 (3, 8 et) = 26 octobre 1790. (Lett.-Pat.) — Décret concernant la répartition des impositions provisoirement ordonnées en remplacement de la gabelle, de l'abonnement des droits de la marque des fers et des cuirs, et des droits sur la fabrication de l'amidon et des huiles et savons. (L. 2, 246; B. 7, 47.)

Art. 1er. Les diverses impositions établies par les décrets des 14, 15, 18, 20, 21 et 22 mars, pour indemnité de la suppression des gabelles, pour l'abonnement du droit de la marque des fers et du droit de la marque des cuirs, et pour le remplacement du droit de fabrication sur les amidons et sur les huiles, et des droits de circulation sur les huiles et savons, seront réparties conformément auxdits décrets, entre les départemens et les districts qui formaient autrefois les provinces soumises à ces droits.

La proportion de la consommation entre

les lieux soumis au même prix du sel et à la même nature de droits, sera évaluée en masse à raison de la population, sauf les indemnités qui pourraient être justement réclamées suivant l'article 5 ci-après, et sans que les réclamations qui seront faites puissent retarder l'exécution des rôles de répartition.

2. D'après cette première répartition, la population des villes indiquant en chaque département la somme de la contribution à laquelle elles devront être soumises, cette somme sera distraite de la contribution générale, pour être imposée en chaque ville, ainsi qu'il sera décrété par l'Assemblée nationale, sur le vu de l'avis du directoire de département, qui sera tenu de demander l'opinion du directoire du district, et par celui-ci, le vœu de la municipalité, conformément au décret du 22 mars précédent.

Le surplus sera imposé dans les campagnes, au marc la livre des impositions ordinaires et des rôles des vingtièmes, dans les lieux où ils sont achevés, ou du premier cahier de vingtième, dans les autres.

3. L'indemnité pour la suppression des gabelles courra, savoir :

Dans les pays de grandes gabelles et quart-bouillon,

Pour les greniers dépendant de la direction d'Alençon, à raison de seize mois de remplacement, à compter du 1er septembre 1789;

Pour ceux de la direction d'Amiens, à raison de dix-sept mois, à compter du 1er août 1789;

Pour ceux de la direction d'Angers, à raison de dix-sept mois, à compter du 1er août 1789;

Pour ceux de la direction de Caen, à raison de quinze mois, à compter du 1er octobre 1789;

Pour ceux de la direction de Châteauroux, à raison de quatorze mois, à compter du 1er novembre 1789;

Pour ceux de la direction de Châlons-sur-Marne, à raison de onze mois, à compter du 1er février 1790;

Pour ceux de la direction de Charleville, à raison de neuf mois seulement, à compter du 1er avril 1790;

Pour ceux de la direction de Châlons-sur-Saône, à raison de neuf mois seulement, à compter du 1er avril 1790;

Pour ceux de la direction de Dijon, à raison de neuf mois seulement, à compter du 1er avril 1790;

Pour ceux de la direction de Langres, à raison de neuf mois seulement, à compter du 1er avril 1790;

Pour ceux de la direction de Laval, à raison de dix-sept mois, à compter du 1er août 1789;

Pour ceux de la direction du Mans, à raison de dix-sept mois, à compter du 1er août 1789;

Pour ceux de la direction de Moulins, à raison de onze mois, à compter du 1er février 1790;

Pour ceux de la direction d'Orléans, à raison de treize mois, à compter du 1er décembre 1789;

Pour le grenier de la ville de Paris, à raison de douze mois, à compter du 1er janvier 1790;

Pour les greniers dépendant du contrôle de Beauvais, direction de Paris, à raison de quinze mois, à compter du 1er octobre 1789;

Pour ceux du contrôle de Meaux, direction de Paris, à raison de quinze mois, à compter du 1er octobre 1789;

Pour ceux du contrôle de Sens, direction de Paris, à raison de douze mois, à compter du 1er janvier 1790;

Pour ceux de la direction de Rouen, à raison de treize mois, à compter du 1er décembre 1789;

Pour ceux de la direction de Saint-Quentin, à raison de dix-sept mois, à compter du 1er août 1789;

Pour ceux de la direction de Soissons, à raison de seize mois, à compter du 1er septembre 1789;

Et enfin, pour la direction de Tours, à raison de quinze mois, à compter du 1er octobre 1789;

Dans les provinces de petites gabelles, le remplacement ne sera fait, sur l'arrondissement des directions de Lyon, Montbrison, Grenoble, Valence, Marseille, Toulon, Montpellier, Toulouse, Villefranche de Rouergue et Narbonne, pour la partie dépendant de l'ancienne province de Languedoc, qu'à raison de neuf mois, à compter du 1er avril 1790; et pour la partie de la direction de Narbonne, qui comprenait l'ancienne province de Roussillon, à raison de dix-sept mois, à compter du 1er août 1789;

Et enfin, dans les pays de gabelles locales, le remplacement sera fait à raison de douze mois, à compter du 1er janvier 1790, pour les communautés qui s'approvisionnaient aux greniers de Lunéville, Mirecourt, Nancy, Neufchâteau, Saint-Diez, Arnay et Bar-le-Duc;

A raison de neuf mois seulement, à compter du 1er avril 1790, pour celles de l'arrondissement de Dieuze;

A raison de quinze mois, à compter du 1er octobre 1789, pour les autres communautés des anciennes provinces de Lorraine, des Trois-Evêchés et du Clermontois;

A raison de neuf mois seulement, à compter du 1er avril 1790, pour celles d'Alsace et de Franche-Comté;

26,

Sauf, pour chaque département, chaque district et chaque communauté, en tout pays de gabelles, les sommes que l'on justifierait avoir payées depuis l'époque indiquée au grenier de son arrondissement, lesquelles seront passées en moins imposé, et attribuées dans chaque communauté aux contribuables qui justifieront avoir pris le sel au grenier, duquel moins imposé les fonds seront pris d'abord sur le produit des seconds cahiers de vingtième, et, s'il n'y suffisait pas, sur le produit général de l'imposition.

De tous lesquels contingens ainsi réglés, le total devra être versé net au trésor national.

4. Les villes des départemens du Haut-Rhin et du Bas-Rhin ne seront point comprises dans la répartition de l'impôt de remplacement pour celui qui avait lieu à la fabrication des amidons; elles continueront d'acquitter leur abonnement comme par le passé, et le montant dudit abonnement sera soustrait des sept cent cinquante mille livres à imposer pour neuf mois sur toutes les villes du royaume, à raison de la suppression des droits sur les amidons.

5. A mesure que les seconds cahiers contenant les nouveaux articles des vingtièmes, seront rédigés et vérifiés par communautés, les propriétaires compris auxdits seconds cahiers seront tenus de supporter une somme additionnelle, dont le taux sera le même que celui qui aura été supporté par les propriétaires compris dans les premiers cahiers des rôles des vingtièmes, de laquelle somme additionnelle le produit sera employé:

1° A acquitter les taxations des collecteurs, receveurs particuliers et receveurs ou trésoriers généraux des finances, sur le pied de six deniers pour livre au total, lesquels seront partagés ainsi qu'il suit : quatre deniers aux collecteurs, un denier au receveur particulier, et un denier au receveur ou trésorier général;

2° A faire face aux décharges et réductions qui auront lieu nécessairement sur les cotes des contribuables dans les différentes impositions de remplacement, à raison des décharges et réductions que ces contribuables auraient obtenues ou pourraient obtenir, pour cause de calamité, sur les impositions ordinaires qui auront servi de base à ladite contribution;

3° Pour subvenir au moins imposé que quelques départemens ou districts pourraient être bien fondés à réclamer, relativement aux circonstances locales où ils se trouvaient quant à l'impôt des gabelles;

4° Enfin, à être employé en moins imposé général sur les impositions de tout le royaume pour l'année 1791; pour le surplus dudit produit additionnel au second cahier des vingtièmes, s'il en reste, après

qu'il aura rempli les trois destinations ci-dessus indiquées.

6. Les directoires de département et de district, et les municipalités des villes, seront tenus de vaquer sans délai à l'exécution du décret du 22 mars, concernant la contribution des villes aux diverses impositions de remplacement ordonées par ledit décret du 22 mars et par le présent.

Seront pareillement tenus les directoires de district de faire former sans délai, d'après les minutes des rôles des impositions ordinaires et du premier cahier des vingtièmes, en vertu des mandemens qui seront expédiés pour chaque municipalité, par le directoire de département, un rôle particulier pour ledit remplacement, en tête duquel seront marquées les sommes pour lesquelles la communauté sera imposée à raison de chacune desdites impositions de remplacement; et le total de ces différentes impositions formera la somme unique partagée dans le rôle entre les différentes cotes, de sorte que lesdites impositions ordinaires étant réparties par chaque municipalité, la répartition desdits remplacemens, quoique faite pour plus de célérité par le directoire du district, sera pareillement et essentiellement l'ouvrage de chaque municipalité qui en aura réglé la distribution, en déterminant celle de l'imposition ordinaire.

9 = 10 OCTOBRE 1790. (Procl.) — Décret sur le jugement des auteurs, instigateurs et complices de l'insurrection qui a eu lieu à Niort, au sujet des grains (B. 7, 57.)

L'Assemblée nationale, après avoir entendu le rapport de son comité des recherches, décrète que le tribunal de Fontenay-le-Comte sera autorisé à juger en dernier ressort, au nombre de sept juges, sur les derniers erremens de la procédure commencée devant le lieutenant criminel de la ville de Niort, les auteurs, instigateurs et complices de l'insurrection qui a eu lieu dans ladite ville de Niort les 2 et 5 septembre dernier; charge en conséquence son président de se retirer par devers le Roi, pour le prier de donner des ordres nécessaires pour l'exécution du présent décret.

9 OCTOBRE — 12 DÉCEMBRE 1790. — Décret concernant les ecclésiastiques qui n'ont point acquitté leurs décimes et dons gratuits. (L. 2, 451; B. 7, 45.)

Art. 1er. Chaque directoire de département se fera remettre, dans le courant du présent mois, par les anciens receveurs des décimes et dons gratuits, domiciliés dans l'étendue du département, des états certifiés d'eux, contenant les noms des ecclésiastiques compris dans les rôles de 1789, qui n'ont pas acquitté leurs décimes et dons gratuits de ladite année et années antérieures, et les sommes dont ils sont redevables.

2. Le directoire en fera passer une copie collationnée par le procureur-général-syndic, et signée de lui, au receveur du district dans l'arrondissement duquel se trouvait l'ancien receveur des décimes et dons gratuits, pour en suivre le recouvrement, et le verser dans la caisse du trésorier extraordinaire.

3. Un autre double, également collationné et signé du procureur-général-syndic, sera remis au trésorier de la caisse de l'extraordinaire, pour qu'il puisse faire rentrer dans sa caisse les sommes provenant de ce recouvrement, et en rendre compte à l'Assemblée nationale.

———

9 = 19 OCTOBRE 1790. — Décret qui établit dans chaque district un tribunal provisoire chargé de juger les affaires relatives à la perception des impôts. (B. 7, 55.)

———

9 OCTOBRE 1790. — Décret qui autorise le paiement à faire à la caisse d'escompte pour solde de son compte de clerc à maître avec le trésor public. (B. -, 55.)

———

9 OCTOBRE 1790. Décret sur les mesures à prendre pour prévenir les inconvéniens et les risques du transport des assignats par la poste. (B. -, 46.)

———

10 (8 et) = 12 OCTOBRE 1790. (Procl.) — Décret relatif à l'intérêt des assignats. (L. 2 , 148 ; B. -, 375.)

Voy. loi du 1 = 22 AVRIL 1790.

L'Assemblée nationale considérant que, par son décret du 29 septembre dernier, elle a déterminé le remboursement de la dette non constituée de l'Etat, et de la dette constituée par le ci-devant clergé, en assignats-monnaie, sans intérêts ; considérant que les assignats représentant la propriété territoriale et foncière des domaines nationaux, ont une valeur intrinsèque tellement réelle et tellement évidente, qu'ils peuvent concourir avec la monnaie d'or et d'argent dans tous les échanges ; que, propres à tous les emplois productifs, et particulièrement à l'acquisition des domaines nationaux, ils ne doivent pas être productifs par eux-mêmes, non plus que l'or et l'argent avec lesquels ils doivent concourir : les intérêts attachés à la possession d'une monnaie quelconque, la dénaturent, en s'opposant à la circulation qu'elle est destinée à entretenir et à animer ; considérant enfin que les motifs qui l'ont déterminée à décréter les huit cents millions d'assignats nouveaux sans intérêts, ne lui permettent pas de laisser subsister ceux qui avaient été attachés aux quatre cents millions

d'assignats créés précédemment par les décrets des 16 et 17 avril dernier, et que cette suppression importe essentiellement au soulagement du peuple et au salut de l'Etat, par l'économie d'un million par mois, et par l'accélération de la vente des domaines nationaux, décrète ce qui suit :

Art. 1er. L'intérêt des quatre cents millions d'assignats-monnaie, créés par les décrets des 16 et 17 avril dernier, cessera le 16 du présent mois, et n'accroîtra plus le capital, à compter de cette époque.

2. Les trois coupons d'intérêt attachés à chaque assignat, pourront en être séparés ; et sur la remise qui en sera faite, les six mois d'intérêts échus au 15 octobre, seront payés à bureau ouvert, à partir du 1er janvier 1791, dans les caisses qui seront désignées par l'Assemblée nationale, tant à Paris que dans les départemens. Ils seront reçus pour comptant, à partir du 16 de ce mois, dans toutes les caisses d'impositions et de perceptions : savoir, les trois coupons réunis des assignats de mille livres, pour quinze livres ; ceux des assignats de trois cents livres, pour quatre livres dix sous ; et ceux des assignats de deux cents livres, pour trois livres.

3. La valeur des billets de la caisse d'escompte et les promesses d'assignats qui ne sont pas garnies de coupons d'intérêt, sera fixée au 16 de ce mois ; savoir, les billets de mille livres, à mille quinze livres, les billets de trois cents livres, à trois cent quatre livres dix sous ; et les billets de deux cents livres, à deux cent trois livres.

4. Cette valeur fixe demeurera auxdits billets jusqu'à leur échange fait contre des assignats ; et à cette époque, les assignats donnés en échange et séparés de leurs coupons d'intérêt, ne vaudront plus que mille livres, trois cents livres, ou deux cents livres, nonobstant la mention de l'intérêt faite dans le libellé de l'assignat : les coupons d'intérêt séparés des assignats, seront payés conformément à l'article 2.

———

10 (8 et) = 12 OCTOBRE 1790. (Procl.) — Décret qui détermine la division et les caractères distinctifs des nouveaux assignats. (L. 2 , 148.)

Art. 1er. Les nouveaux assignats créés par le décret du 29 septembre dernier seront de 2,000 liv., 500 liv., 100 liv., 90 liv., 80 liv., 70 liv., 60 liv., 50 liv. et non au-dessous.

2. Leur division sera faite ainsi qu'il suit, savoir :

200,000 de 2,000 liv. ; 440,000 de 500 liv. ; 400,000 de 100 liv. ; 400,000 de 90 liv. ; 400,000 de 80 liv. ; 400,000 de 70 liv. ; 400,000 de 60 liv. ; 400,000 de 50 liv., formant ensemble trois millions quarante mille billets, lesquels représentent huit cents millions.

3. Les assignats de deux mille livres seront

imprimés sur papier blanc, en caractères rouges; ils seront de la même grandeur et de la même forme que les assignats déjà en circulation, mais sans coupons et sans intérêts.

4. Les assignats de cinq cents livres seront sur papier blanc, en caractères noirs, de la même grandeur et dans la même forme que ceux de deux mille livres.

5. Les assignats depuis cent livres jusqu'à cinquante livres, seront également sur papier blanc, en caractères noirs; ils seront distingués des précédens, en ce que leur forme sera plus petite, et qu'ils ne porteront point l'effigie du Roi; ils porteront seulement l'empreinte nationale aux armes de France, avec ces mots: *la Loi et le Roi.*

6. Tous ces assignats seront, en outre, frappés, comme les anciens, d'un timbre sec aux armes de France.

7. Chaque série sera composée de quarante mille numéros, de manière que les assignats de deux mille livres formeront cinq séries, ceux de cinq cents livres onze séries, et tous les autres dix séries.

8. Les formes et matières qui auront été employées pour la fabrication du nouveau papier desdits assignats, et tous les ustensiles et matrices qui auront servi à l'impression, à la gravure et au timbre, seront, immédiatement après l'exécution respective de ces différentes parties de la fabrication, enfermés dans une caisse à trois clefs, déposés aux archives nationales, et ne pourront en être déplacés que par un décret spécial.

---

10 = 14 OCTOBRE 1790. (Lett.-Pat.) — Décret concernant les soumissions des municipalités pour l'acquisition des domaines nationaux, et la vente des biens compris dans ces soumissions à des particuliers. (L. 2, 158; B. 2, 52.)

Voy. loi du 16 = 26 juillet 1790.

Art. 1er. Conformément aux dispositions du décret du 16 juillet dernier, les municipalités qui n'ont pas désigné par leurs soumissions les objets de leurs demandes, ou qui n'en ont pas envoyé la désignation avant le 16 septembre dernier, au comité de l'Assemblée nationale, chargé de l'aliénation des domaines nationaux, demeurent déchues de l'effet de leurs soumissions.

2. Les municipalités qui ont fait des soumissions avec désignation spéciale, poursuivront les estimations par experts, des biens qu'elles veulent acquérir, ou leur évaluation, sur la représentation des baux, de manière que ces opérations soient faites et envoyées au comité avant le 1er décembre prochain.

Après ce terme, qui sera de rigueur, toutes les soumissions qui n'auront pas été suivies, dans le délai ci-dessus prescrit, de l'envoi desdites estimations ou évaluations, demeureront comme non avenues et sans effet.

3. Aussitôt que les domaines nationaux seront estimés par experts ou évalués d'après les baux, et que les estimations ou évaluations seront faites et envoyées au comité de l'Assemblée nationale, il sera successivement rendu, en faveur de chaque municipalité soumissionnaire, des décrets d'aliénation. La date de l'arrivée desdites opérations au comité, formera le premier titre de priorité et déterminera entre elles le sort et l'effet de leurs soumissions.

4. Dans le cas où les procès-verbaux d'estimation, ou les évaluations d'après les baux des biens compris dans les soumissions de différentes municipalités, arriveraient au comité le même jour, la priorité appartiendra à celle dont la première soumission aura une date antérieure. Si l'envoi des estimations ou évaluations et les soumissions desdites municipalités étaient de même date, la priorité sera en faveur de la municipalité qui aura la première, et avant le 16 septembre, fait parvenir la désignation des objets de sa demande. Dans le cas enfin où les trois dates concourraient, le sort décidera entre elles de la priorité.

5. Dans le cas où des particuliers demanderaient à acquérir des objets compris dans la soumission d'une municipalité, le directoire du district de la situation des biens sera tenu de poursuivre dès à-présent la vente, sauf à tenir compte du bénéfice accordé par le décret du 14 mai aux municipalités qui se trouveront avoir satisfait à toutes les dispositions des précédens articles, dans les délais qui y sont prescrits.

---

10 = 14 OCTOBRE 1790. (Procl.) — Décret sur les sommes fournies et à fournir au ministre de la marine, pour l'armement de quarante-cinq vaisseaux, et qui détermine le mode des comptes à rendre par la régie des vivres de la marine. (B. 2, 59.)

Art. 1er. Il sera mis à la disposition du département de la marine une somme de 4,958,258 liv., pour être employée à l'armement extraordinaire des quarante-cinq vaisseaux, décrété le 26 août dernier.

2. Les comptes de la régie des vivres relatifs auxdits armemens seront fournis de mois en mois, à compter de la première époque des achats, et comprendront les sommes qu'elle a reçues du département de la marine; la nature des achats, les prix et les termes auxquels ils ont été faits, ainsi que les traites fournies ou acceptées pour raison desdits achats.

3. D'ici au 1er janvier prochain, la régie des vivres de la marine sera tenue de présenter un compte général, arrêté et certifié, des sommes qu'elle a reçues du trésor public pendant son exercice, de celles qu'elle a dé-

pensées, en achats, approvisionnemens et frais de régie ; et à compter du 1er janvier 1791, il sera ouvert une adjudication des fournitures des vivres pour la marine.

4. L'Assemblée nationale ayant décrété les fonds nécessaires pour l'armement de quarante-cinq vaisseaux de ligne, et voulant être instruite de l'état exact des forces navales en état d'agir, décrète que le ministre de la marine sera tenu de lui rendre compte de la quantité de vaisseaux de guerre dont l'armement est terminé dans les différens ports du royaume, et de l'instruire successivement à mesure que l'armement des autres vaisseaux sera terminé.

11 = 19 OCTOBRE 1790. (Procl.) — Décret relatif à la coupe et à l'exploitation des bois des apanagistes. (L. 1, 208 ; B. 7, 60 ; Mon. du 12 octobre 1790.)

Voy. loi du 13 AOÛT = 21 SEPTEMBRE 1790, et Code forestier de 1827.

L'Assemblée nationale, interprétant, en tant que de besoin, l'article 5 du 13 août dernier, concernant les apanages, décrète ce qui suit :

Les apanagistes pourront faire couper et exploiter à leur profit, dans les délais ordinaires, les coupes de bois qui doivent être coupés et exploités dans le cours de l'hiver prochain, ainsi qu'ils auraient fait, si le décret dudit jour 13 août dernier n'était pas intervenu, en se conformant par eux aux procès-verbaux d'aménagement, et aux ordonnances et réglemens intervenus sur le fait des eaux et forêts.

12 = 19 OCTOBRE 1790. — Décret sur l'installation des nouveaux juges des tribunaux de district, et l'exercice de leurs fonctions en matière civile et criminelle. (L. 2, 198 ; B. 7, 61.)

Art. 1er. Les juges élus pour composer les tribunaux de district seront installés sans délai, et commenceront leur service aussitôt qu'ils auront reçu les lettres-patentes du Roi ; et si le commissaire du Roi près d'un tribunal n'était pas nommé, ou ne se présentait pas pour prêter son serment de réception, les juges de ce tribunal commettront un gradué, qui en remplira provisoirement les fonctions.

2. En attendant le prochain établissement de la procédure criminelle par jurés, les anciens tribunaux, tant qu'ils resteront en activité, ensuite les tribunaux de district, lorsqu'ils seront installés, pourront, dans toute l'étendue du royaume, et nonobstant toutes lois et cou-

tumes locales contraires, informer, décréter, instruire et juger en matière criminelle : à cet effet, les tribunaux de district commettront un gradué, qui fera provisoirement les fonctions d'accusateur public, de la même manière que les anciens procureurs du Roi.

3. Les tribunaux de district suivront aussi provisoirement, en toutes matières civiles et criminelles, les formes de procédure actuellement existantes, tant qu'il n'en aura pas été autrement ordonné.

4. Les procès civils et criminels pendant en première instance dans les tribunaux supprimés dont le ressort se trouve divisé en plusieurs districts, continueront d'être instruits devant le tribunal du district où était le chef-lieu du tribunal supprimé, et y seront jugés.

5. Les procès civils pendant aux parlemens, conseils supérieurs, présidiaux et autres tribunaux d'appel supprimés, seront renvoyés aux tribunaux de district qui remplacent les anciens tribunaux qui ont jugé ces procès en première instance, et les parties y procéderont, conformément aux dispositions du titre V du décret du 16 août dernier, au choix d'un tribunal d'appel, sur les sept qui composeront le tableau pour le tribunal substitué à celui qui a rendu le jugement ; ce qui n'aura lieu toutefois que dans le cas où toutes les parties ne consentiraient pas à être jugées par les tribunaux de district établis dans les villes où étaient les présidiaux, conseils supérieurs, parlemens et autres tribunaux d'appel saisis de ces procès.

6. Les procès pendant en première instance ou par appel dans quelques tribunaux ou devant quelques commissions extraordinaires que ce soit, en vertu de *committimus* ou autres priviléges, ou en vertu d'évocation ou attribution quelconque, seront renvoyés aux tribunaux de district qui remplacent ceux qui auraient dû naturellement connaître de ces procès, soit pour y être instruits et jugés en première instance, soit pour y être procédé au choix d'un tribunal d'appel, ainsi qu'il est dit en l'article précédent (1).

7. Seront comprises dans le précédent article, les affaires dont la connaissance a été attribuée, par des décrets de l'Assemblée nationale, à quelques-uns des anciens tribunaux dont les fonctions vont cesser, à l'exception seulement des accusations pour crimes de lèse-nation, attribuées au châtelet de Paris, sur lesquelles l'Assemblée nationale se réserve de prononcer ultérieurement.

8. Les procès criminels pendant aux an-

(1) Les instances (non jugées) portées directement, par suite *d'attribution spéciale*, devant les anciens parlemens, ne peuvent être reprises devant les cours royales, elles doivent être reprises devant les tribunaux de première instance (12 août 1829 Bordeaux : S. 30, 2, 112 ; D. 30. 2, 55).

ciens siéges prévôtaux et présidiaux, et ceux pendant par appel aux anciens parlemens, conseils supérieurs et autres tribunaux d'appel, seront incessamment jugés par les tribunaux de district établis dans les villes où étaient les siéges prévôtaux et présidiaux, les parlemens, conseils supérieurs et autres tribunaux d'appel saisis de ces procès.

9. L'appel des procès criminels qui seront jugés en première instance après la publication du présent décret, même de ceux qui auront été jugés antérieurement, lorsque les accusés n'auront pas été transférés aux prisons par les tribunaux d'appel, sera porté et jugé en dernier ressort dans l'un des sept tribunaux de district, dont le tableau sera incessamment proposé et arrêté, pour le tribunal de district qui aura rendu le jugement, ou qui se trouvera substitué à l'ancien tribunal qui aura jugé.

10. Le choix d'un tribunal entre les sept qui composeront le tableau, appartiendra aux accusés ; et dans le cas où ils n'auront pas usé de leur droit , le choix sera dévolu au gradué faisant les fonctions d'*accusateur public* près le tribunal de district qui aura rendu le jugement, ou qui se trouvera substitué à l'ancien tribunal qui aura jugé.

11. Les tribunaux de district qui jugeront les appels en matière criminelle, ne pourront prononcer qu'au nombre de dix juges, lorsque le titre de l'accusation pourra mériter peine afflictive, et au nombre de sept, lorsque le titre de l'accusation pourra mériter peine infamante ; à l'effet de quoi ils appelleront les suppléans et autant de gradués qu'il en sera besoin.

12. Les dispositions du présent décret, relatives à l'instruction des procès criminels, n'auront lieu que provisoirement, et jusqu'à ce que la forme du jugement par jurés soit mise en activité.

13. Dans les villes où les tribunaux de district vont être installés, le conseil général de la commune notifiera, au moins quatre jours d'avance, aux officiers municipaux des autres villes et lieux du district dans lesquels il y a des tribunaux supprimés et dont les fonctions doivent cesser, le jour qu'il aura fixé pour l'installation ; et la veille de ce jour, les officiers municipaux se rendront en corps aux auditoires des tribunaux supprimés, dont ils feront fermer les portes, ainsi que celles des greffes, après avoir fait mettre par leur secrétaire-greffier le scellé sur les armoires et autres dépôts de papiers ou minutes, en leur présence et en celle de l'ancien greffier de chaque tribunal, qui sera tenu de s'y trouver.

14. Dans les lieux où les papiers et minutes des greffes se trouveront déposés dans la maison du greffier, le scellé sera mis provisoirement en cette maison sur les armoires et autres lieux de dépôt qui contiendront les papiers et minutes ; il sera ensuite dressé un inventaire de ces papiers et minutes, contradictoirement avec l'ancien greffier, et ils seront remis au greffe au tribunal de district.

15. Sont exceptées de la disposition de l'article 13 ci-dessus, les amirautés et les maîtrises des eaux et forêts, dont l'activité ne va cesser que pour l'exercice de la juridiction contentieuse seulement ; mais il sera procédé incessamment au triage des papiers et minutes de leurs greffes , en distinguant ceux qui concernent l'exercice de la juridiction , de ceux qui ne sont relatifs qu'aux parties d'administration confiées à ces tribunaux. Les premiers seront remis au greffe du tribunal de district, et les autres laissés à la disposition des officiers des amirautés et des maîtrises.

12=19 OCTOBRE 1790. (Procl.)—Décret concernant les franchises et contre-seings des lettres et paquets adressés à l'Assemblée nationale et aux corps administratifs. (L. 2, 212 ; B. 7, 43 et 68 ; Mon. du 10 octobre 1790.)

Art. 1er. Il sera établi près de l'Assemblée nationale un seul bureau pour le contre-seing des lettres et paquets et leur envoi à la poste ; et il n'y aura , sous le contre-seing de l'Assemblée nationale , de franchise que pour les lettres et paquets qui sortiront de ce bureau unique.

2. Ce bureau sera surveillé par les quatre inspecteurs des secrétariats-bureaux.

3. Il y aura dans ce bureau deux ou trois commis au plus, qui auront chacun une griffe numérotée, laquelle contiendra un *point secret*, connu seulement de l'administration des postes, qui fera faire et fournira les griffes.

4. Ces griffes ne seront jamais portées hors du bureau ; elles contiendront ces mots : *Assemblée nationale.*

5. Les membres de l'Assemblée nationale présenteront en personne au bureau leurs lettres et paquets faits, cachetés et avec leurs adresses, pour recevoir l'empreinte d'une des griffes. Les lettres et paquets qui ne seront pas présentés par les députés en personne, seront refusés par les commis, sous peine de destitution.

6. Les lettres, les paquets relatifs aux affaires de chaque comité ou section de comité, ne seront reçus au bureau qu'avec un bon écrit de la propre main du président, du vice-président ou du secrétaire de ces comités ou sections, daté, signé, et contenant en toutes lettres le nombre des lettres et paquets qu'ils envoient au contre-seing.

7. Ces lettres et paquets ne seront jamais portés au bureau de contre-seing que par les garçons attachés au service des comités et sections.

8. Le bon sera déchiré par le plus ancien

des commis du bureau, dès que les lettres et paquets auront reçu l'empreinte d'une des griffes, et cette empreinte ne sera appliquée qu'après vérification faite du nombre des lettres et paquets présentés de la part des comités et sections.

9. En conséquence, tous les paquets et lettres, même portant l'empreinte d'une des griffes, qui seraient mis dans les boîtes particulières ou envoyés à l'hôtel des postes, autrement que suivant la manière et par les facteurs que l'administration aura établis à cet effet près l'Assemblée nationale, seront taxés.

10. Il en sera de même, jusqu'à ce qu'on puisse contre-signer avec des griffes, des lettres et paquets cachetés avec l'un des cachets de l'Assemblée nationale, et pour lesquels on ne se serait pas conformé aux dispositions prescrites par les articles précédens.

11. Les paquets ne contiendront que des papiers écrits ou imprimés relatifs aux affaires de l'Assemblée nationale, ou aux correspondances directes et instructions des députés; mais aucun livre relié ni aucun objet étranger.

12. La franchise des lettres et paquets sera, pour l'arrivée, restreinte à ceux qui seront adressés au président, aux six secrétaires et à l'archiviste de l'Assemblée nationale, aux présidens de chaque comité et section, ainsi qu'à chaque députation en nom collectif.

13. Le règlement en forme de lettre, adressé par le premier ministre des finances, de la part du Roi, aux administrations de département, en date du 16 juillet 1790, qui fixe le mode de franchise dans leur arrondissement, et celui des contre-seings respectifs, sera exécuté provisoirement, en ce à quoi ladite lettre n'est point contraire au présent décret, jusqu'au 1er janvier 1792, terme de l'expiration du bail actuel des postes.

14. Le président se retirera par devers le Roi, pour prier Sa Majesté de vouloir bien, conformément à l'article 5 du décret sur les postes et messageries, du 26 août, sanctionné le 29 du même mois, faire incessamment le choix du président et des quatre administrateurs qui doivent composer le directoire des postes, à l'époque du 1er janvier 1792.

12 = 22 OCTOBRE 1790. (Lett.-Pat.) — Décret qui annulle les actes émanés de l'assemblée générale de Saint-Domingue, les déclare attentatoires à la souveraineté nationale et à la puissance législative, et pourvoit aux moyens de rétablir le calme dans cette colonie. (L. 2, 216; B. 7, 65.)

L'Assemblée nationale, ouï le rapport de son comité des colonies, sur la situation de Saint-Domingue et les évènemens qui y ont eu lieu :

Considérant que les principes constitutionnels ont été violés; que l'exécution de ses décrets a été suspendue, et que la tranquillité publique a été troublée par les actes de l'assemblée coloniale, séant à Saint-Marc; que cette assemblée a provoqué et justement encouru sa dissolution;

Considérant que l'Assemblée nationale a promis aux colonies l'établissement prochain des lois les plus propres à assurer leur prospérité; qu'elle a, pour calmer leurs alarmes, annoncé d'avance l'intention d'entendre leur vœu sur toutes les modifications qui pourraient être proposées aux lois prohibitives du commerce, et la ferme volonté d'établir comme article constitutionnel dans leur organisation, qu'aucune loi sur l'état des personnes ne sera décrétée pour les colonies, que sur la demande précise et formelle des assemblées coloniales;

Qu'il est pressant de réaliser ces dispositions pour la colonie de Saint-Domingue, par l'exécution des décrets des 8 et 28 mars dernier, et en prenant les mesures nécessaires pour y maintenir l'ordre public et la tranquillité,

Déclare les prétendus décrets et autres actes émanés de l'assemblée constituée à Saint-Marc, sous le titre d'*Assemblée générale de la partie française de Saint-Domingue*, attentatoires à la souveraineté nationale et à la puissance législative, nuls et incapables de recevoir aucune exécution;

Déclare ladite assemblée déchue de ses pouvoirs, et tous ses membres dépouillés de leur caractère de députés à l'assemblée coloniale de Saint-Domingue;

Déclare que l'assemblée provinciale du Nord, les citoyens de la ville du Cap, ceux de la Croix-des-Bouquets, et de toutes les paroisses qui sont restées invariablement attachées aux décrets de l'Assemblée nationale, les troupes patriotiques du Cap, les volontaires de Saint-Marc et ceux du Port-au-Prince, et les autres citoyens de cette ville qui ont agi dans les mêmes principes, ont rempli généreusement tous les devoirs attachés au titre de citoyen français, et seront remerciés au nom de la nation par l'Assemblée nationale;

Déclare que M. de Peynier, gouverneur-général des Iles-sous-le-Vent, les régimens du Cap et du Port-au-Prince, le corps royal d'artillerie, et autres militaires de tout grade qui ont servi fidèlement sous ses ordres, notamment les sieurs de Vincent et de Mauduit, ont rempli glorieusement les devoirs attachés à leurs fonctions;

Décrète que le Roi sera prié de donner des ordres pour que les décret et instruction des 8 et 28 mars dernier reçoivent leur exécution dans la colonie de Saint-Domingue; qu'en conséquence, il sera incessamment procédé, si fait n'a été, à la formation d'une nouvelle assemblée coloniale suivant les règles prescrites par lesdits décret et instruction, auxquels ladite nouvelle assemblée sera tenue de se conformer ponctuellement;

Décrète que toutes les lois établies continueront d'être exécutées dans la colonie de Saint-Domingue, jusqu'à ce qu'il en ait été substitué de nouvelles, en observant la marche prescrite par lesdits décrets;

Décrète néanmoins provisoirement que, jusqu'à ce qu'il ait été statué sur l'organisation des tribunaux dans ladite colonie, le conseil supérieur du Cap sera maintenu dans la forme en laquelle il a été rétabli, et que les jugemens rendus par ledit conseil depuis le 10 janvier dernier, ne pourront être attaqués à raison de l'illégalité du tribunal;

Décrète que le Roi sera prié, pour assurer la tranquillité de la colonie, d'y envoyer deux vaisseaux de ligne et un nombre de frégates proportionné, et de porter au complet les régimens du Cap et du Port-au-Prince;

Décrète, en outre, que les membres de la ci-devant assemblée générale de Saint-Domingue, et les autres personnes mandées à la suite de l'Assemblée nationale par le décret du 20 septembre, demeureront dans le même état, jusqu'à ce qu'il ait été ultérieurement statué à leur égard.

12 = 19 OCTOBRE 1790. — Décret sur la réunion du district d'Orange au département des Bouches-du-Rhône. (B. 7, 67.)

12 OCTOBRE 1790. — Amiens. *Voy.* 6 OCTOBRE 1790. — Assignats. *Voy.* 29 SEPTEMBRE 1790; 10 OCTOBRE 1790. — Indemnités; Juges. *Voy.* 6 OCTOBRE 1790. — Nouveaux assignats *Voy.* 10 OCTOBRE 1790. — Toulouse. *Voy.* 8 OCTOBRE 1790.

13 = 19 OCTOBRE 1790. — Décret portant que le département de la maison du Roi cessera de faire partie du trésor public. (L. 2, 207; B. 7, 72.)

L'Assemblée nationale décrète ce qui suit :

Le département de la maison du Roi cessera de faire partie du trésor public, à compter du 1er juillet dernier, et à partir de la même époque, les honoraires de l'administrateur, les appointemens des commis et les frais de bureau, seront à la charge de la liste civile.

13 = 19 OCTOBRE 1790. (Procl.) — Décret sur l'instruction publique, la conservation des établissemens devenus domaines nationaux, et des monumens publics, dépôts, bibliothèques, etc. qui existent à Paris. (L. 2, 205; B. 7, 73.)

L'Assemblée nationale décrète :

1º Qu'elle ne s'occupera d'aucune des parties de l'instruction, jusqu'au moment où le comité de constitution, à qui elle conserve l'attribution la plus générale sur cet objet, aura présenté son travail relatif à cette partie de la constitution;

2º Qu'afin que le cours de l'instruction ne soit point arrêté un seul instant, le Roi sera supplié d'ordonner que les rentrées dans les différentes écoles publiques se feront cette année encore comme à l'ordinaire, sans rien changer cependant aux dispositions du décret sur la constitution du clergé, concernant les séminaires.

3º Elle charge les directoires des départemens de faire dresser l'état et de veiller, par tous les moyens qui seront en leur pouvoir, à la conservation des monumens, des églises et maisons devenues domaines nationaux, qui se trouvent dans l'étendue de leur territoire; et lesdits états seront remis au comité d'aliénation.

4º Elle commet au même soin, pour les nombreux monumens du même genre qui existent à Paris, pour tous les dépôts des chartes, titres, papiers et bibliothèques, la municipalité de cette ville, qui s'associera, pour éclairer sa surveillance, des membres choisis des différentes Académies.

13 = 19 OCTOBRE 1790 (Procl.) — Décret relatif à l'emploi des huit cents millions d'assignats décrétés le 29 septembre 1790. (L. 2, 210; B. 7, 72.)

Art. 1er. Des huit cents millions d'assignats décrétés le 29 septembre, trente-un millions quatre-vingt-quinze mille livres seront employés au service du trésor public pour le présent mois d'octobre.

2. Et attendu que les nouveaux assignats ne sont point encore fabriqués, la caisse de l'extraordinaire prêtera au trésor public ladite somme, laquelle sera formée par le capital desdits assignats et la portion d'intérêt échue à l'époque du prêt, et le trésor public la rétablira dans la caisse de l'extraordinaire en nouveaux assignats.

3. La caisse de l'extraordinaire versera dans le trésor public la somme de quatre millions trois cent quarante mille livres, qu'elle a reçue à compte du premier terme de la contribution patriotique.

13 = 19 OCTOBRE 1790. — Décret qui ordonne la réunion en une seule municipalité, des paroisses de Notre-Dame, de Saint-Pierre et de Saint-Léonard, de Durtal et de Gouis, district de Châteauneuf. (B. 7, 71.)

13 = 19 OCTOBRE 1790. — Décret qui autorise les administrateurs du district de la campagne de Lyon à installer les juges de son tribunal séant à ladite ville. (B. 7, 71.)

13 = 19 OCTOBRE 1790. — Décret qui fixe le nombre des juges-de-paix des villes de Caen,

Falaise, Vire, Bayeux, Lisieux, Honfleur et Saumur. (L. 2, 209.)

14 = 19 OCTOBRE 1790. Décret qui réunit les municipalités de Fresnoy et d'Ircy-les-Prés à celle de Montmédi. (B. 7, 74.)

14 = 19 OCTOBRE 1790. — Décret qui établit quatre juges-de-paix dans la ville de Besançon. (B. 7, 74.)

14 = 19 OCTOBRE 1790. — Décret concernant la formation d'une cour martiale pour le jugement de quatre officiers du régiment de Bretagne. (B. 7, 89.)

14 = 19 OCTOBRE 1790. — Décret qui accorde une nouvelle provision de trois mille livres au sieur abbé de Mandre pour ses travaux mécaniques. (B. 7, 89.)

14 OCTOBRE 1790. — Arsenaux. *Voy.* 7 OCTOBRE 1790. — Aude. *Voy.* 3 OCTOBRE 1790. — Bar-le-Duc. *Voy.* 20 SEPTEMBRE 1790. — Caisse d'escompte. *Voy.* 8 OCTOBRE 1790. — Commissaires de Police. *Voy.* 7 SEPTEMBRE 1790. — Domaines nationaux. *Voy.* 10 OCTOBRE 1790. — Emprunt national. *Voy.* 8 OCTOBRE 1790. — Impositions. *Voy.* 2 OCTOBRE 1790. — Justice de paix. *Voy.* 18 OCTOBRE 1790. — Lyon, etc. *Voy.* 5 OCTOBRE 1790. — Niort. *Voy.* 9 OCTOBRE 1790. — Pau, etc. *Voy.* 5 OCTOBRE 1790. — Poinçon. *Voy.* 7 OCTOBRE 1790. — Religieux; Rouen, etc. *Voy.* 8 OCTOBRE 1790. — Route de Melun; Serment. *Voy.* 7 octobre 1790. — Toulouse. *Voy.* 8 OCTOBRE 1790. — Trésor public. *Voy.* 3 OCTOBRE 1790. — Vaisseaux. *Voy.* 10 OCTOBRE 1790. — Ventes; Voirie. *Voy.* 7 OCTOBRE 1790.

15 = 19 OCTOBRE 1790. (Procl.) — Décret pour la nomination de commissaires, afin de surveiller la fabrication des formes du papier et des huit cents millions d'assignats nouveaux. (L. 2, 203; B. 7, 91.)

Art. 1er. Le Roi sera supplié de nommer deux commissaires pour surveiller la fabrication des formes du papier et des huit cents millions d'assignats nouveaux, décrétés le 29 septembre dernier.

2. L'Assemblée nationale nommera incessamment dans son sein six commissaires pour s'occuper de la même surveillance, conjointement avec les commissaires nommés par le Roi.

3. Les commissaires seront tenus de surveiller la fabrication des assignats, à commencer par les opérations préliminaires, et successivement jusqu'à leur parfaite confection et leur remise dans la caisse de l'extraordinaire.

(1) Pour l'exécution du décret ci-dessus, Sa Majesté a choisi et nommé les sieurs Desmarets et de Surgy, pour, de concert avec les six commissaires nommés à cet effet par l'Assemblée nationale, surveiller la fabrication du papier, l'impression et la gravure desdits assignats.

En conséquence, lesdits commissaires se rendront d'abord au lieu de Courtalin, en Brie, dans la manufacture du sieur Réveillon, à l'effet d'y surveiller tous les procédés de la fabrication du papier, d'en suivre jour par jour les progrès; et dès qu'il en sera sorti une quantité suffisante pour former un ou plusieurs ballots, d'en faire les envois successifs à Paris, jusqu'au complément de la fourniture entière, en ayant soin de constater chaque expédition par un procès-verbal signé d'eux et du sieur Réveillon; et après avoir procédé à cette première opération, ils feront transporter à Paris les formes qui auront servi à la fabrication dudit papier, pour être remises aux archives de l'Assemblée nationale, et lesdits commissaires inspecteront l'impression et la gravure des assignats, jusqu'à leur entière confection, laquelle comprendra trois millions quarante mille assignats, formant une valeur numéraire de huit cents millions, suivant la division portée aux décrets des 8 et 10 de ce mois.

15 OCTOBRE (6 JUIN, 21 JUILLET, 24, 25 AOUT et) = 23 OCTOBRE 1790. — Décret pour le paiement des rentes et de divers autres objets. (L. 2, 234; B. —, 91.)

L'Assemblée nationale décrète que les objets suivants seront portés à la dépense publique, et payés par les payeurs de l'hôtel-de-ville.

Dette publique.

Arquebusiers de la ville de Rouen, 2,057 liv. 2 s.; compagnie de la cinquantaine de la même ville, 1,542 liv. 18 s.; lieutenans et sous-lieutenans de Bordeaux, 900 liv.; courtiers de Bordeaux, 19,785 liv.; courtiers brevetés, 6,120 liv.; courtiers brevetés du pays de Bordelais, 1,224 liv.; courtiers étrangers régnicoles, 228 liv.; officiers de l'hôtel-de-ville de Paris, 31,094 liv.; guet de la ville de Lyon, 3,607 contrôleurs des titres de la vicomté de Caen et de Bayeux, 222 liv.; contrôleurs du bétail à pied fourché, 648 liv.; maire perpétuel de Bordeaux, 7,200 liv.; viguiers de Languedoc, 3,910 liv.; maître des ouvrages de voyer de Touraine, 25 liv.; premier imprimeur du Roi, 202 liv.; gardes de la ville de Narbonne, 9,000 liv.;

(1) Proclamation du Roi en exécution du décret.

15 = 23 OCTOBRE 1790. — Décret relatif au remboursement et aux intérêts des rentes dues à des particuliers sur le clergé. (L. 2, 234; B. 7, 91; Mon. du 16 octobre.)

Art. 1er. Les rentes dues à des particuliers sur le clergé, seront remboursées, si mieux n'aiment les propriétaires les conserver dans l'état de rentes constituées.

Dans l'un et l'autre cas, les arrérages échus et à échoir seront payés par les payeurs des rentes, à compter de ceux qui sont dus depuis le 1er juillet 1790.

2. Lesdites rentes seront distribuées à un seul payeur, lequel sera tenu de faire incessamment le relevé sur le registre du ci-devant receveur-général du clergé, et de les payer en la forme prescrite par le décret du 15 août dernier, à mesure que les quittances auront été par lui vérifiées.

3. Les arrérages des rentes dues par le clergé, dont le remboursement aurait été ordonné et non consommé, seront payés, si fait n'a été, à compter des derniers arrérages acquittés jusqu'au jour du remboursement.

4. Ledit receveur-général du clergé sera tenu de verser incessamment dans le trésor public les fonds qui doivent exister dans sa caisse, et lesdits fonds seront appliqués, jusqu'à due concurrence, à l'acquittement immédiat desdites rentes.

5. Il sera nommé incessamment par le Roi des commissaires pour faire le rejet des rentes constituées sur le clergé, qui doivent être éteintes et supprimées, aux termes dudit décret du 15 août, et dresser l'état de celles qui, aux termes du même décret, doivent être payées dans les divers districts.

6. Les rentes et redevances connues sous le nom de fiefs et aumônes, de droits d'usage, chauffage et autres droits affectés jusqu'ici sur les domaines au profit des archevêchés, chapitres, diocèses, abbayes, cures, chapelles, communautés religieuses, autres toutefois que les commanderies et bénéfices de l'ordre de Malte; les maisons religieuses de femmes conservées sans traitement, seront rejetées de l'état des domaines, et supprimées à compter du 1er janvier 1790.

7. Les rentes affectées sur les domaines et autres revenus publics, à des hôpitaux, hôtels-dieux, pauvres de paroisses, écoles, collèges, fabriques, autres que ceux qui sont situés au département de Paris, seront payées dans les divers districts auxquels ces établissemens appartiennent, en la forme et aux conditions prescrites par les articles 13, 14, 15, 16, 17 et 18 dudit décret du 15 août.

8. Les gages des offices de greffiers des insinuations, de greffiers des domaines, des gens de main-morte, et autres appartenant à des corps ecclésiastiques ou religieux, se-

ront éteints et supprimés, à compter du 1er janvier 1791.

9. Toutes les autres rentes affectées sur les domaines ou autres revenus publics, au profit des congrégations libres, des maisons religieuses de femmes, conservées sans traitement, de l'ordre de Malte, des corporations séculières non supprimées, seront provisoirement payées par les payeurs des rentes.

10. Seront pareillement acquittées par lesdits payeurs, les rentes soit perpétuelles, soit héréditaires de mâle en mâle, soit viagères, constituées sur les domaines ou sur d'autres régies au profit de particuliers ou de familles particulières, à compter des arrérages échus au 1er juillet 1790.

11. Les dispositions du présent décret et de ceux des 14 et 15 août, ne changeront rien à l'ancien usage, quant à la loi qui régissait les rentes, lesquelles continueront d'être régies par la loi du domicile du propriétaire, à l'exception de celles qui étaient précédemment régies par la coutume de Paris.

12. Les appointemens à divers professeurs, les fonds assignés à quelques bibliothèques ou autres établissemens sur les domaines ou autres revenus, seront provisoirement répartis sur les recettes de district de leur arrondissement, et payés en la forme prescrite pour les rentes dues aux collèges, écoles, etc. par le décret du 15 août.

13. Les rentes sous le titre d'augmentation de gages, créées au denier dix-huit, au denier sieze, et à des deniers plus bas, seront rejetées de l'état des charges et rentes, si fait n'a été, et incessamment remboursées.

14. Quant à celles qui auraient déjà été rejetées dudit état et non remboursées, l'intérêt en sera payé à raison du denier vingt du capital, depuis la date du rejet jusqu'au jour du remboursement.

15. Et attendu que lesdites augmentations de gages font partie de la finance des offices, il en sera dressé un état préalablement à toute liquidation d'office, et le capital sera imputé sur la finance des offices auxquels elles appartiennent encore, ou auxquels elles auront appartenu, sauf aux titulaires à justifier que les augmentations de gages ne sont point entrées dans l'évaluation.

16. Le bureau du contrôle et de l'enregistrement des rentes, et celui de liquidation qui y est attaché, seront réunis à la direction générale du Trésor public.

---

15 = 19 OCTOBRE 1790. — Décret qui autorise les officiers municipaux d'Etaye à faire un emprunt de sept cents livres. (B. 7, 90.)

15 = 19 OCTOBRE 1790. — Décret qui autorise la demande de la réduction des districts du département de l'Ain. (B. 7, 90.)

[16 OCTOBRE 1790 = 30 JANVIER 1791. — Décret relatif aux hôtels-de-ville, palais de justice et édifices publics servant à loger les ci-devant commissaires départis, commandans et autres fonctionnaires publics. (L. 3, 368 ; B. 7, 96.)

Art. 1er. Les édifices qui servaient à loger les commissaires départis, les gouverneurs, les commandans et autres fonctionnaires publics, ainsi que les hôtels destinés à l'administration des ci-devant pays d'états, que les villes justifieront avoir construits sur leurs terrains et à leurs frais seuls, ou avoir acquis sans contribution de province, continueront à appartenir aux villes, qui pourront en disposer ; et, dans le cas où ils auraient été construits sur un terrain national, il sera procédé à une ventilation d'après les règles reçues : à l'égard des autres, ils seront vendus comme biens nationaux ; et en conséquence, la nation se charge des dettes encore existantes, qui ont été contractées par les provinces pour la construction desdits édifices.

2. Les hôtels-de-ville continueront à appartenir aux villes où ils sont situés ; et lorsqu'ils seront assez considérables pour recevoir le directoire du district ou celui de département, ou tous deux à la fois, lesdits directoires s'y établiront. Ils se réuniront dans la même enceinte quand le local pourra le permettre, et seront tenus des réparations pour la portion de l'édifice qui sera par eux occupée.

3. Les palais de justice ordinaire continueront à servir à l'usage auquel ils étaient destinés, et seront, ainsi que les prisons, à la charge des justiciables. Quant aux édifices occupés par les tribunaux d'exception, autres que lesdits palais de justice et les juridictions consulaires, ils seront tous mis en vente : n'entend l'Assemblée nationale comprendre les palais fournis par les ci-devant seigneurs laïques.

4. Lesdits palais de justice ordinaire recevront aussi les corps administratifs, si l'emplacement est assez vaste pour les contenir, et les hôtels-de-ville insuffisans : lesdits corps administratifs en supporteront les réparations dans la proportion qui vient d'être déterminée ; et s'il s'élève des difficultés à raison des divers arrangemens et convenances relatives, les directoires de département y statueront provisoirement et sans délai, à la charge d'en rendre compte au Corps-Législatif pour y prononcer définitivement.

5. Tous les autres édifices et bâtimens quelconques, ci-devant ecclésiastiques et domaniaux, aujourd'hui nationaux, non compris dans les articles précédens, seront vendus sans exception, sauf aux directoires de district et de département, lorsque les hôtels-de-ville et palais de justice ne seront pas assez vastes pour les contenir, à acheter ou louer, et chacun aux frais de leurs administrés respectifs, ce qui pourra leur être nécessaire pour leurs établissemens, sans qu'aucun membre desdits corps administratifs puisse y être logé. Ne comprend le présent article les habitations des évêques dont les siéges sont conservés, les presbytères et autres édifices mentionnés dans le décret rendu sur le traitement du clergé, non plus que les casernes et autres bâtimens nécessaires au service militaire.

6. Chaque directoire enverra au comité chargé de l'emplacement des tribunaux et corps administratifs, un mémoire expositif de ses vues, et y joindra un devis ou plan estimatif, contenant l'étendue de l'édifice qu'il jugera lui convenir, et ce dans le délai de deux mois. L'Assemblée excepte cependant du présent article les édifices appartenant aux établissemens réservés par l'article 7 du décret des 14 et 20 avril.

16 = 19 OCTOBRE 1790. — Décret qui accorde vingt mille livres au sieur Didot, pour achever d'imprimer les œuvres de Fénélon, et qui lui prescrit de rembourser cinquante-deux mille livres provenant de la première vente desdites œuvres (B. 7, 95.)

16 OCTOBRE 1790. — Décret relatif à la formation et aux fonctions du tribunal de district de la campagne de Lyon. (B. 7, 95.)

16 = 19 OCTOBRE 1790. — Décret pour l'établissement d'un tribunal de commerce à Besançon. (B. 7, 95.)

17 = 25 OCTOBRE 1790. — Décret qui ordonne l'exécution, dans la ci-devant province d'Alsace, des décrets sur la constitution du clergé, sur le traitement du clergé actuel, et sur l'aliénation et administration des biens nationaux. (L. 2, 231 ; B. 7, 99.)

L'Assemblée nationale, ouï le rapport qui lui a été fait, au nom de ses comités des affaires ecclésiastiques et d'aliénation des biens nationaux, au sujet d'un imprimé en langue allemande, distribué dans les départemens du Haut et du Bas-Rhin, contenant un avertissement de la part du ci-devant grand-chapitre de Strasbourg, de celle du ci-devant chapitre des prébendiers du chapitre de la Toussaint, et de celle de la ci-devant collégiale de Saint-Pierre de la même ville, aux fermiers des biens qu'ils possédaient, par lequel ils leur conseillent sérieusement de ne point acheter de biens nationaux, et de continuer de payer aux ci-devant possesseurs les cens et canons suivant leur bail ;

Considérant que cet avertissement, motivé sur le faux prétexte que les biens du clergé de la ci-devant province d'Alsace ne sont point compris dans le décret du 2 novembre

1789, qui déclare être à la disposition de la nation tous les biens possédés par le clergé, attendu, selon ledit avertissement, que les droits particuliers prétendus du clergé d'Alsace avaient été ajournés pour une discussion particulière, dans la séance du 22 septembre précédent;

Considérant qu'à la suite de cet avertissement, il se trouve une traduction en allemand d'un extrait du procès-verbal de ladite séance, relatif audit ajournement; que, dans cette traduction, le texte français a été changé, en ce que l'on y a rapporté que l'Assemblée avait décrété un ajournement à jour certain pour une discussion particulière des droits prétendus du clergé d'Alsace, tandis qu'il n'y a eu d'ajournement prononcé qu'indéfiniment, et seulement sur la question de savoir si l'on admettrait au procès-verbal ou si l'on renverrait une adresse du clergé d'Alsace, que l'on disait renfermer des protestations contre les décrets de l'Assemblée.

L'Assemblée nationale déclare qu'ayant compris dans son décret du 2 novembre 1789 tous les biens possédés par le clergé, que n'ayant jamais excepté ceux possédés par le clergé d'Alsace, les moyens employés dans l'avertissement dont il s'agit, ainsi que dans la traduction inexacte de l'extrait du procès-verbal de la séance du 22 septembre précédent, ne peuvent être considérés que comme répréhensibles, en ce qu'ils tendent à soulever les peuples contre les décrets de l'Assemblée, acceptés ou sanctionnés par le Roi, concernant les biens qui étaient possédés par le clergé;

En conséquence, elle décrète que les corps administratifs des départements du Haut et du Bas-Rhin continueront de faire exécuter les décrets de l'Assemblée, acceptés ou sanctionnés par le Roi, tant sur la constitution civile du clergé et le traitement du clergé actuel, que ceux sur les ordres religieux et sur l'aliénation et l'administration des biens nationaux.

Au surplus, fait défense à qui que ce puisse être de contrevenir auxdits décrets, et d'apporter aucun obstacle à leur exécution, à peine d'être puni ainsi qu'il appartiendra.

L'Assemblée déclare qu'elle est satisfaite de la conduite du directoire du district, de la municipalité et du maire de Strasbourg; elle charge son président de se retirer sans délai devers le Roi, pour prier Sa Majesté de donner les ordres les plus prompts pour l'exécution du présent décret.

———

17 octobre 1790 — Décret qui renvoie à l'assemblée des administrateurs du département de la Sarthe, les pétitions relatives à la réduction à quatre des neuf districts de ce département. (B. 7, 99.)

———

17 = 23 octobre 1790. — Décret pour l'établissement de tribunaux de commerce à Aix et à Honfleur. (L. 2, 226 et 227.)

17 octobre 1790. — Proclamation du Roi concernant les opérations à terminer pour compléter le répartement des impositions ordinaires de l'ancienne province d'Alsace pour l'année 1790. (L. 2, 191.)

18 = 23 octobre 1790. — Décret sur le traitement des curés supprimés, et leur logement. (L. 2, 231; B. 7, 102; Mon. du 19 octobre. X. 5.)

Voy. loi du 12 juillet = 24 août 1790, tit. 2, art 23.

Art. 1er. Les dispositions de l'article 23 du titre II du décret du 12 juillet dernier, concernant les curés actuellement établis en aucunes églises cathédrales, ainsi que ceux des paroisses qui seront supprimées pour être réunies à l'église cathédrale et en former leur territoire, auront lieu pour les curés établis, soit dans les autres églises paroissiales des villes, soit dans celles des campagnes; en conséquence, tant les curés des villes dont les paroisses seront réunies à d'autres que celles de la cathédrale, que les curés de campagne dont les paroisses seront aussi réunies à d'autres paroisses, seront de plein droit, s'ils le demandent, les premiers vicaires des paroisses auxquelles les leurs seront unies, chacun suivant l'ordre de son ancienneté dans les fonctions pastorales.

2. Tous les curés qui voudront user de la faculté ci-dessus, et de celle accordée par l'article 22 du titre II dudit décret, seront tenus d'en faire leur déclaration dans la forme et dans les temps ci-après fixés: sinon et ledit temps passé, il sera pourvu auxdites places de vicaires par qui de droit.

3. Ceux qui sont établis en aucunes cathédrales, et ceux dont les paroisses doivent être réunies aux cathédrales actuellement formées, feront leur déclaration à l'évêque, dans la quinzaine, à compter de la publication du présent décret, par le ministère d'un notaire.

4. Ceux dont les paroisses doivent être unies à des cathédrales non formées et dont l'évêque n'est pas nommé, feront leur déclaration de la même manière à l'évêque qui sera nommé, dans la quinzaine après sa consécration.

5. Ceux dont les paroisses doivent être unies à des paroisses de ville ou de campagne, dont la suppression et la réunion ne sont pas encore déterminées, feront leur déclaration aussi de la même manière, au curé de la paroisse à laquelle les leurs seront unies, dans la quinzaine après que l'union aura été consommée.

6. Les curés des villes et des campagnes dont les paroisses seront supprimées, et réunies, soit à des cathédrales, soit à d'autres

paroisses, tant ceux actuellement pourvus, que ceux qui le seront d'ici à ce que la suppression de leurs paroisses soit effectuée, qui ne voudront pas user de la faculté ci-devant expliquée, jouiront d'une pension de retraite des deux tiers du traitement qu'ils auraient conservé s'ils n'eussent pas été supprimés: mais ladite pension ne pourra excéder la somme de deux mille quatre cents livres.

7. Ceux qui voudront user de ladite faculté, jouiront de la totalité de leur traitement, ainsi que des logemens et jardins dont ils auraient conservé la jouissance s'ils n'eussent pas été supprimés.

8. Dans les logemens conservés aux curés, sont compris tous les bâtimens dont ils jouissaient six mois avant le décret du 2 novembre dernier, et qui étaient destinés, soit à leur habitation, soit au service d'un cheval, ainsi que tous les objets d'aisance qui en dépendaient; mais non ceux qui, destinés à l'exploitation des dîmes et autres récoltes, étaient séparés des bâtimens d'habitation et hors des clôtures du presbytère.

9. Par jardins, l'Assemblée nationale entend les fonds qui dépendaient du presbytère, et dont le sol était en nature de jardin six mois avant le décret du 2 novembre dernier, en quelque endroit de la paroisse qu'ils soient situés, et de quelque étendue qu'ils soient, pourvu qu'elle n'excède pas celle qu'ils avaient avant ladite époque.

Si le sol n'était pas en nature de jardin avant ladite époque, et qu'il n'y en eût point, ou s'il y en avait qui ne fussent pas de l'étendue d'un demi-arpent, mesure de roi, il sera pris sur ledit sol une quantité suffisante pour former un jardin d'un demi-arpent d'étendue, mesure de roi.

18 (?), et (?) == 26 OCTOBRE 1790. — Décret contenant réglement sur la procédure en la justice de paix (1). (L. 2, 257; B. ?, 102.)

TITRE 1ᵉʳ. Des citations.

Art. 1ᵉʳ. Toute citation devant les juges-de-paix sera faite en vertu d'une cédule du juge, qui énoncera sommairement l'objet de la demande, et désignera le jour et l'heure de la comparution.

2. Le juge-de-paix délivrera cette cédule à la réquisition du demandeur ou de son porteur de pouvoirs, après avoir entendu l'exposition de sa demande.

3. En matières purement personelles ou mobilières, la cédule de citation sera demandée au juge du domicile du défendeur.

4. Elle sera demandée au juge de la situation de l'objet litigieux, lorsqu'il s'agira:

1° Des actions pour dommages faits, soit par les hommes, soit par les animaux, aux champs, fruits et récoltes;

2° Des déplacemens de bornes, des usurpations de terres, arbres, haies, fossés et autres clôtures, commis dans l'année; des entreprises sur les cours d'eau servant à l'arrosement des prés, commises pareillement dans l'année; et de toutes autres actions possessoires;

3° Des réparations locatives des maisons et fermes;

4° Des indemnités prétendues par le fermier ou locataire pour non-jouissance, lorsque le droit de l'indemnité ne sera pas contesté, et des dégradations alléguées par le propriétaire.

5. La notification de la cédule de citation sera faite à la partie poursuivie, par le greffier de la municipalité de son domicile, qui lui en remettra copie, ou la laissera à ceux qu'il aura trouvés en sa maison, ou l'affichera à la porte de la maison, s'il n'y a trouvé personne. Ce greffier fera mention du tout, signée de lui, au bas de l'original de la cédule.

En cas de maladie, d'absence, ou autre empêchement du greffier, les officiers municipaux seront tenus d'en commettre un autre.

6. Les cédules de citation et leurs notifications seront écrites sur papier timbré, dans les départemens où le timbre est établi, tant qu'il n'en aura pas été autrement ordonné; mais dans aucun cas elles ne seront sujettes au droit ni à la formalité du contrôle.

7. Il y aura un jour franc au moins entre celui de la notification de la cédule de citation et le jour indiqué pour la comparution, si la partie citée est domiciliée dans le canton, ou dans la distance de quatre lieues.

Il y aura au moins trois jours francs, si la partie est domiciliée dans la distance depuis quatre lieues jusqu'à dix: au-delà, il sera ajouté un jour pour dix lieues.

Lorsque ces délais n'auront pas été observés, si le défendeur ne comparaît pas au jour pour lequel il aura été cité, le juge-de-paix ordonnera qu'il soit réassigné.

8. Les délais ci-dessus pourront être abrégés par le juge-de-paix, dans les cas très-urgens où il y aurait péril dans le retardement.

9. Si, au jour de la première comparution, le défendeur demande à mettre un garant en cause, le juge-de-paix lui délivrera une cédule de citation, dans laquelle il fixera le délai de comparaître, relativement à la distance du domicile du garant.

10. Il n'y aura plus lieu à la mise en cause du garant, si la demande n'en a pas été formée au jour de la première comparution du défendeur; et celle qui aurait été accordée demeurera comme non avenue, si elle n'a

(1) Voy. le Code de procédure, art. 1ᵉʳ et suivans.

pas été notifiée au garant à temps utile pour l'obliger de comparaître au jour indiqué; sauf au défendeur à poursuivre l'effet de sa garantie, s'il y a lieu, séparément de la cause principale.

11. Les parties pourront toujours se présenter volontairement et sans citation, devant le juge-de-paix, en déclarant qu'elles lui demandent jugement; auquel cas il pourra juger seul leur différent, soit sans appel dans les matières où sa compétence est en dernier ressort, soit à charge d'appel dans celles qui excèdent sa compétence en dernier ressort; et cela encore qu'il ne fût le juge naturel des parties, ni à raison du domicile du défendeur, ni à raison de la situation de l'objet litigieux.

La déclaration des parties, par laquelle elles auront volontairement saisi le juge-de-paix, sera reçue par écrit devant ce juge, et signée par les parties, ou mention sera faite si elles ne peuvent pas signer.

TITRE II. De la récusation du juge-de-paix.

Art. 1er. Les juges-de-paix ne pourront être récusés que quand ils auront un intérêt personnel à l'objet de la contestation, ou quand ils seront parens ou alliés d'une des parties jusqu'au degré de cousin issu de germain inclusivement.

2. La partie qui voudra récuser un juge-de-paix sera tenue de former la récusation et d'en exposer les motifs par un acte qu'elle déposera au greffe du juge-de-paix, dont il lui sera donné, par le greffier, une reconnaissance faisant mention de la date du dépôt.

3. Le juge-de-paix sera tenu de donner au bas de cet acte, dans le délai de deux jours, sa déclaration par écrit, portant ou son acquiescement à la récusation, ou son refus de s'abstenir, avec ses réponses aux moyens de récusation allégués contre lui.

4. Les deux jours étant expirés, l'acte de récusation sera remis par le greffier à la partie récusante, soit que le juge-de-paix ait passé sa déclaration au bas de cet acte, ou non. Il en sera donné décharge au greffier par la partie, si elle sait signer; et si elle ne le sait pas, le greffier fera la remise, et en dressera procès-verbal en présence de deux témoins, qui signeront ce procès-verbal avec lui.

5. Lorsque le juge-de-paix aura déclaré acquiescer à la récusation, ou n'aura passé aucune déclaration, il ne pourra rester juge, et sera remplacé par l'un des assesseurs, qui connaîtra de l'affaire, avec l'assistance de deux autres assesseurs.

6. Si le juge-de-paix conteste l'acte de récusation et déclare qu'il entend rester juge, le jugement de la récusation sera déféré au tribunal de district, qui y fera droit sur les simples mémoires des deux parties plaidantes, sans forme de procédure et sans frais.

TITRE III. De la comparation devant le juge-de-paix.

Art. 1er. Au jour fixé par la citation, ou convenu entre les parties, au cas qu'elles aient consenti de se passer de citation, elles comparaîtront en personne ou par leurs fondés de pouvoirs devant le juge-de-paix, sans qu'elles puissent fournir aucunes écritures, ni se faire représenter ou assister par aucune des personnes qui, à quelque titre que ce soit, sont attachées à des fonctions relatives à l'ordre judiciaire (1).

2. Si, après une citation notifiée, l'une des parties ne comparaît pas au jour indiqué, la cause sera jugée par défaut à moins qu'il n'y ait lieu à la réassignation du défendeur, au cas de l'article 7 du titre 1er.

3. La partie condamnée par défaut pourra former opposition au jugement, dans les trois jours francs de sa signification, en vertu d'une cédule qu'elle obtiendra du juge-de-paix, et qu'elle fera notifier à l'autre partie, ainsi qu'il est dit au titre 1er pour les cédules de citation.

4. La partie opposante qui se laisserait juger une seconde fois par défaut sur son opposition, ne sera plus reçue à former une opposition nouvelle; et les tribunaux de district ne pourront, dans aucun cas, recevoir l'appel d'un jugement de juge-de-paix, lorsqu'il aura été rendu par défaut, si ce n'est qu'il fût en contravention à l'article 7 du titre VI ci-après.

5. Si un absent est condamné par un premier jugement rendu par défaut, le délai de l'opposition sera prorogé par le juge-de-paix, soit d'office, s'il connaît par lui-même la justice de cette prorogation, soit sur les représentations qui lui seront faites au nom de l'absent; et dans le cas où la prorogation n'aurait été ni accordée d'office, ni demandée, l'absent pourra encore être relevé de la rigueur du délai et son opposition reçue, en justifiant que son absence a été telle, qu'il n'ait pas pu être instruit de la procédure.

6. Lorsque les deux parties ou leurs fondés de pouvoirs comparaîtront, elles seront entendues contradictoirement par elles-mêmes ou par leurs fondés de pouvoirs; et la cause pourra être jugée sur-le-champ, si le juge-

---

(1) Toute partie, devant un juge-de-paix, a le droit de se faire assister d'un défenseur ou conseil (homme de loi ou autre); la disposition de cet article a été abrogée par l'art. 9 du Code de proc. civ. (Tribunal civil de Chinon, 25 mai 1832; S. 32, 2, 28; D. 32, 3, 85)

de-paix et ses assesseurs se trouvent suffisamment instruits.

7. Il y aura lieu à juger sur-le-champ toutes les fois qu'il ne sera pas nécessaire, pour l'entier éclaircissement de la cause, soit d'accorder à une des parties un délai pour présenter des pièces dont elle ne se trouvera pas saisie, soit d'ordonner une enquête, ou la visite du lieu contentieux.

Titre IV. Des enquêtes.

Art. 1er. Si les parties sont contraires en faits qui soient de nature à être constatés par témoins, et dont le juge-de-paix et ses assesseurs trouvent la vérification utile et admissible, le juge-de-paix avertira les parties qu'il y a lieu de procéder par enquête, et les interpellera de déclarer si elles veulent faire preuve de leurs faits par témoins.

2. Lorsque, sur cet avertissement, les parties ou l'une d'elles requerront d'être admises à faire preuve par témoins, le juge-de-paix, de l'avis de ses assesseurs, ordonnera la preuve et en fixera précisément l'objet.

3. Les témoins seront toujours entendus en présence des deux parties, à moins que l'une d'elles ne soit défaillante au jour indiqué pour leur audition; elles pourront fournir leurs reproches, soit avant, soit après les dépositions.

4. Il sera procédé au jugement définitif aussitôt après l'audition des témoins, sans qu'il soit nécessaire de faire écrire la prestation le serment des témoins, les reproches ni les dépositions, dans les causes où le juge-de-paix prononce en dernier ressort; mais les uns et les autres seront écrits par le greffier, dans les causes sujettes à l'appel. Dans les premières, les assesseurs seront toujours présens à l'audition des témoins; et dans les secondes, ils pourront à volonté, ou y assister, ou s'en abstenir.

5. Dans tous les cas où la vue du lieu est utile pour que les dépositions des témoins soient faites et entendues avec plus de sûreté, et spécialement dans les actions pour déplacement de bornes, pour usurpations de terres, arbres, haies, fossés ou autres clôtures, et pour entreprises sur les cours d'eau, le juge-de-paix sera tenu de se transporter sur le lieu avec les assesseurs, et d'ordonner que les témoins y seront entendus.

Titre V. Des visites de lieu et des appréciations.

Art. 1er. Lorsqu'il s'agira, soit de constater l'état des lieux dans les cas d'entreprises, de dommages, de dégradations, et autres de cette nature, soit d'apprécier la valeur des indemnités et dédommagemens demandés, le juge-de-paix et ses assesseurs ordonneront que le lieu contentieux sera visité par eux, en présence des parties.

2. Si le juge-de-paix et ses assesseurs trouvent que l'objet de la visite ou de l'appréciation exige des connaissances qui leur soient étrangères, ils ordonneront que des gens de l'art qu'ils nommeront par le même jugement, feront la visite avec eux et leur donneront leur avis.

3. Dans le cas où les assesseurs qui auront concouru au jugement qui ordonne la visite, ou l'un d'eux, ne se trouveraient pas sur le lieu contentieux au jour et à l'heure indiqués, le juge-de-paix appellerait un ou deux assesseurs pris parmi les prud'hommes nommés dans la municipalité du lieu où se fera la visite.

4. Il ne sera pas nécessaire de faire écrire le procès-verbal de visite, ni la prestation de serment et l'avis des gens de l'art, dans les causes où le juge-de-paix peut prononcer en dernier ressort : ils seront écrits par le greffier seulement dans les causes sujettes à l'appel.

Titre VI. Des jugemens préparatoires.

Art. 1er. Aucun jugement préparatoire ou d'instruction, rendu contradictoirement entre les parties et prononcé en leur présence, ne sera délivré à aucune d'elles, mais sa prononciation vaudra signification. Elle vaudra aussi intimation dans le cas où le jugement ordonnera une opération à laquelle les parties devront être présentes, et elles seront averties par le juge-de-paix.

2. Lorsque le jugement préparatoire aura été rendu par défaut contre une des parties, ou lorsque après s'être défendue contradictoirement, elle n'aura pas été présente à la prononciation du jugement, la partie qui l'aura obtenu se le fera délivrer par extrait, et sera tenue de le faire notifier à l'autre partie, en la même forme qui est établie ci-dessus pour les citations, avec sommation d'être présente à l'opération ordonnée.

3. Si le jugement préparatoire ordonne une enquête, il fixera le jour, le lieu et l'heure de la comparution des témoins. Le juge-de-paix délivrera aussitôt aux parties qui auront requis la preuve, une cédule de citation pour faire venir leurs témoins, dans laquelle la mention du jour, du lieu et de l'heure de la comparution sera réitérée.

4. Si le jugement préparatoire ordonne la visite du lieu contentieux, il indiquera le même jour et l'heure où le juge-de-paix et ses assesseurs s'y transporteront, et où les parties devront s'y trouver présentes.

5. Lorsque le juge-de-paix et ses assesseurs auront nommé des gens de l'art pour faire la visite avec eux, aux termes de l'article 2 du titre précédent, le juge-de-paix délivrera à la partie poursuivante, ou à toutes les deux, si elles le requièrent également, une cédule de citation pour faire venir les experts nommés,

dans laquelle le jour, le lieu et l'heure de la visite seront indiqués.

6. Toutes les fois que le juge-de-paix se transportera sur le lieu contentieux, soit pour en faire la visite, soit pour y entendre les témoins, il sera accompagné du greffier, qui apportera la minute du jugement sur lequel la visite ou l'enquête aura été ordonnée.

7. Dans les causes où les juges-de-paix ne prononcent point en dernier ressort, il n'y aura lieu à l'appel des jugemens préparatoires qu'après le jugement définitif, et conjointement avec l'appel de ce jugement; mais l'exécution des jugemens préparatoires ne portera aucun préjudice aux droits des parties sur l'appel, sans qu'elles soient obligées de faire à cet égard aucune protestation ni réserve.

TITRE VII. Des jugemens, tant préparatoires que définitifs.

Art. 1er. Les juges-de-paix n'auront point de costume particulier : ils pourront juger tous les jours, même ceux du dimanche et de fête, hors les heures du service divin, le matin et l'après-midi.

2. Ils pourront donner audience chez eux, en tenant leurs portes ouvertes; et lorsqu'ils iront visiter le lieu contentieux, ils pourront juger sur le lieu même, sans désemparer.

3. Les parties seront tenues de s'expliquer avec modération devant le juge-de-paix et ses assesseurs, et de garder en tout le respect qui est dû à la justice; si elles y manquent, le juge-de-paix les y rappellera d'abord par un avertissement, après lequel, si elles récidivent, elles pourront être condamnées à une amende qui n'excédera pas la somme de six livres, avec l'affiche du jugement.

4. Dans le cas d'une insulte ou irrévérence grave, commise envers le juge-de-paix personnellement, ou envers les assesseurs en fonctions, il en sera dressé procès-verbal; le coupable sera envoyé par le juge-de-paix à la maison d'arrêt du district, et sera jugé par le tribunal de district, qui pourra le condamner à la prison pendant huit jours, suivant la gravité du délit, et par forme de correction seulement.

5. Le juge-de-paix et ses assesseurs pourront ordonner que les pièces et actes dont les parties se seront respectivement servies pour leur défense, leur soient remises, soit pour les examiner en présence des parties, soit pour en délibérer hors la présence des parties, à charge de procéder incontinent à cette délibération et au jugement.

6. Ils auront la même faculté de délibérer en l'absence des parties, dans tous les autres cas où ils jugeront nécessaire de se recueillir ensemble avant de former leur opinion.

7. Les parties seront tenues de mettre leur cause en état d'être jugée définitivement au plus tard dans le délai de quatre mois, à partir du jour de la notification de la citation, après lequel l'instance sera périmée de droit et l'action éteinte. Le jugement que le juge-de-paix rendrait ensuite sur le fond serait sujet à l'appel, même dans les matières où il a droit de prononcer en dernier ressort, et annulé par le tribunal de district.

TITRE VIII. Des minutes et de l'expédition des jugemens.

Art. 1er. Chaque affaire portée devant le juge-de-paix, à la suite d'une citation, sera enregistrée et numérotée par le greffier, dans un registre tenu à cet effet, coté et paraphé par le juge-de-paix à toutes ses pages, et mention sera faite de la date de chaque enregistrement.

2. Il en sera usé de même pour toutes les affaires sur lesquelles les parties se présenteront volontairement devant le juge-de-paix, sans citation.

3. Le greffier fera pour chaque affaire une minute détachée particulière, portant le même numéro que celui de l'enregistrement ci-dessus, sur laquelle minute seront inscrits successivement et à l'ordre de leur date, tous les jugemens préparatoires, tous les autres actes d'instruction dans les affaires sujettes à l'appel, et ensuite le jugement définitif, de manière que cette minute présente, avec le jugement, le tableau de l'instruction qui l'aura précédé.

4. Toutes ces minutes seront mises en liasse par le greffier, à mesure qu'elles seront commencées, et à la fin de chaque année, toutes celles dont les affaires seront définitivement jugées ou autrement terminées, seront rassemblées en forme de registre. Ce registre sera déposé au greffe du tribunal du district, et il en sera donné au greffier du juge-de-paix, pour sa décharge, une reconnaissance exempte de contrôle.

5. Le greffier du juge-de-paix désignera sur son registre, dont il est parlé dans l'article premier ci-dessus, par une note en marge de chacune des affaires qui y sont inscrites, celles dont les minutes auront été rassemblées dans le registre déposé à la fin de l'année au greffe du tribunal de district, et celles dont les minutes seront restées entre ses mains. Il continuera d'être responsable de ces dernières, jusqu'à ce que les affaires qu'elles concernent ayant été jugées définitivement ou autrement terminées, elles soient entrées dans un registre déposé au greffe du tribunal de district.

6. Lorsque le jugement définitif ne sera pas sujet à l'appel, il suffira de délivrer ce jugement seul pour le faire mettre à exécution; mais lorsqu'il y aura appel, le greffier délivrera une expédition de minute entière, contenant la série des jugemens préparatoires, enquêtes, procès-verbaux de visite, et au-

tres actes qui ont formé l'instruction de l'affaire.

7. Ces délivrances seront signées du juge-de-paix et du greffier, scellées gratuitement du sceau du juge-de-paix, et ne seront sujettes ni à la formalité ni à aucun droit de contrôle.

8. Les directoires de district feront graver des sceaux portant un écu ovale, sur lequel seront écrits ces mots : *Juge-de-paix*, avec le nom du canton en entourage entre l'écu et le cordon du sceau, et ils remettront deux de ces sceaux à chacun des juges-de-paix.

Titre IX. Des dépens.

Art. 1er. Les dépens qui seront adjugés à la partie qui aura gagné sa cause, seront réduits aux simples déboursés, lorsque cette partie sera domiciliée dans le canton, ou lorsque, ne résidant pas dans le canton, elle aura été représentée par un fondé de pouvoirs, domicilié dans le canton.

2. Il ne pourra être exigé des parties ni taxé aux dépens que les sommes ci-après, savoir :

Pour chaque notification de citation, ou signification de jugement, 1 liv. 1 sou;

Pour la délivrance d'un jugement définitif, 1 liv.;

Pour chacun des jugemens préparatoires, enquêtes ou procès-verbaux de visite, délivrés avec le jugement définitif en cas d'appel, 10 sous;

Pour la délivrance séparée d'un jugement préparatoire rendu contre une partie défaillante, au cas de l'article 2 du titre VI ci-dessus, 15 sous;

Pour la vacation du greffier assistant le juge-de-paix, lorsqu'il se transportera sur les lieux, 1 liv.;

Pour la vacation des gens de l'art, lorsqu'ils seront appelés par le juge-de-paix, s'ils ont employé la journée entière, y compris l'aller et le retour, à chacun, 3 liv. ;

Et s'ils n'ont employé qu'un demi-jour à chacun, 1 liv. 10 sous.

Le juge-de-paix pourra augmenter cette dernière taxe, relativement aux gens de l'art d'une capacité plus distinguée qu'il se trouverait forcé d'appeler.

3. Les notifications des citations aux témoins ou aux gens de l'art, s'ils sont domiciliés dans l'étendue de la même municipalité, seront faites par le greffier de cette municipalité. Il sera payé et taxé vingt sous pour la première de ces notifications, et dix sous pour chacune des notifications subséquentes faites à des domiciles différens.

Si les témoins ou les gens de l'art sont domiciliés en plusieurs municipalités, les citations pourront être faites, ou par les greffiers de ces municipalités, chacun dans son territoire, ou par un huissier exploitant dans toutes. Il sera payé et taxé de même, vingt sous pour la première notification faite en chaque municipalité, et dix sous pour chacune des notifications subséquentes faites à des domiciles différens dans l'étendue de la même municipalité.

4. La partie à laquelle les dépens auront été adjugés, sera tenue, lorsqu'elle requerra la délivrance d'un jugement, de remettre au greffier les originaux de notification des différentes citations qu'elle aura fait faire tant à sa partie, qu'aux témoins ou aux gens de l'art ; et l'expédition du jugement exprimera le résultat de la taxe des dépens qui seront liquidés par le juge, y compris le coût de la délivrance et de la signification du jugement.

Titre X. Dispositions particulières pour les juges-de-paix des villes.

Art. 1er. Ce qui est contenu aux titres précédens aura également lieu pour les juges-de-paix, tant des villes que des campagnes, à l'exception des dispositions suivantes, qui ne concernent que les juges-de-paix des villes.

2. Les juges-de-paix des villes désigneront trois jours au moins par semaine, auxquels ils vaqueront à l'expédition et au jugement des affaires contentieuses ; et cependant ils seront tenus d'entendre tous les autres jours celles qui exigeront une plus grande célérité, et celles pour lesquelles les parties se présenteraient volontairement sans citation.

3. Ils pourront commettre un des huissiers ordinaires domiciliés dans leur arrondissement, ou au moins dans la ville, pour être attaché au service de leur juridiction.

4. Le nombre des prud'hommes pourra être porté jusqu'à six dans l'arrondissement de chaque juge-de-paix ; deux seront de service alternativement tous les deux mois, et pendant ce temps aucun des deux ne pourra s'absenter s'en s'être assuré d'un de ses collègues pour le remplacer.

5. Les citations seront faites devant les juges-de-paix par le ministère de leur huissier dans la forme ordinaire des exploits, sans qu'il soit nécessaire d'obtenir une cédule du juge-de-paix; et elles indiqueront le jour et l'heure de l'audience à laquelle les parties devront comparaître.

6. L'huissier rapportera à chaque audience les originaux des citations qu'il aura faites, sur lesquelles il appellera les causes par ordre de priorité, suivant les dates des citations, et s'il y a quelques affaires qui n'aient pas été en tour d'être appelées à la première audience, elles seront remises à la prochaine et appelées les premières.

18 octobre 1790. — Décret qui enjoint au comité des finances de remettre au comité de l'inspection l'état des dépenses publiques. (B. 7, 104.)

19 = 23 OCTOBRE 1790. — Décret qui charge la municipalité de Paris de commettre provisoirement des commis-greffiers pour délivrer les arrêts du ci-devant parlement, et qui attribue au tribunal de police la connaissance des contestations portées en la chambre de la marée. (L. 2. 219; B. 1. 104.)

Art. 1er. La municipalité de Paris commettra provisoirement un greffier et des commis-greffiers, en nombre suffisant, pour procéder à l'expédition des arrêts du ci-devant parlement de Paris, sur les demandes qui en seront faites par les parties. Ce greffier et les commis-greffiers prêteront serment devant elle, et rendront à l'administration des domaines, en présence d'un officier municipal, compte de clerc à maître du produit des expéditions qui, jusqu'à ce qu'il en ait été autrement ordonné, continueront d'être payées selon les formes actuelles et sur le pied de l'ancien tarif. La signature du greffier et des commis-greffiers rendra les arrêts exécutoires.

2. Les officiers municipaux feront immédiatement après, la reconnaissance et la levée du scellé sur les dépôts qui contiennent les minutes des arrêts rendus en la présente année 1790 et dans les cinq années antérieures; ces minutes seront confiées à la garde du greffier et des commis-greffiers provisoires, qui en demeureront chargés et responsables.

3. Les greffiers aux expéditions des arrêts du parlement de Paris, et tous autres dépositaires ou détenteurs de minutes d'arrêts, seront tenus, dans le délai de trois jours, à compter de la publication du présent décret, de passer devant la municipalité de Paris déclaration des minutes d'arrêts qui se trouvent entre leurs mains; faute par eux de faire cette déclaration, et de remettre les minutes ou dépôts, entre les mains des greffiers ou commis-greffiers établis par l'article précédent, ils y seront contraints par corps, et la contrainte sera prononcée par le tribunal actuel de police.

4. Le tribunal de police actuel de la ville de Paris connaîtra provisoirement, à la charge de l'appel, des affaires portées ci-devant à la *Chambre de la marée*, mais des contestations qui auront lieu dans la ville de Paris seulement. Ses jugements en cette matière seront exécutoires par provision, nonobstant l'appel, en donnant caution.

———

19 = 23 OCTOBRE 1790. — Décret pour l'administration des biens des monastères, et notamment de ceux de l'abbaye de Cluny. (L. 2. 228; B. 7, 105.)

Art. 1er. A compter du jour de la notification du présent décret, les religieux de l'abbaye de Cluny demeurent déchus de tout droit à la régie et administration des biens ci-devant dépendant de ce monastère, nonobstant les dispositions des décrets des 14 et 20 avril dernier, et de tous autres semblables, auxquels il est expressément dérogé à l'égard desdits religieux.

2. Néanmoins, lesdits religieux conserveront la jouissance des meubles et ustensiles nécessaires pour les besoins communs et l'usage personnel de chacun d'eux, tant qu'ils resteront dans les bâtiments dudit monastère, jusqu'à ce qu'il en ait été autrement ordonné; et sauf à être pourvu, s'il y échoit, par le directoire du département, et après l'apurement du compte qui doit être rendu, au paiement de ce qui leur est attribué par les décrets de l'Assemblée nationale des 13 février, 8 septembre et jours suivants de l'année 1790.

3. Dans un mois, à compter de la notification du présent décret, lesdits religieux de l'abbaye de Cluny seront tenus de présenter à la municipalité de Cluny le compte détaillé de la régie et administration qu'ils ont eue des biens ci-devant dépendant dudit monastère, par recette, dépense et reprise, se chargeant en recette de tous les deniers comptans, crédits, denrées et effets disponibles et existant au 1er janvier 1790, et de tout ce qui a été indûment aliéné depuis ladite époque, pour être ledit compte examiné et contredit, s'il y échoit, par ladite municipalité, rapporté ensuite au directoire du district de Mâcon, par lui vérifié, et arrêté définitivement par le directoire du département.

4. Le reliquat qui pourra être reconnu à la charge desdits religieux sera versé et continuera dans la caisse du receveur de district; jusqu'à ce, ils ne pourront rien exiger du traitement qui leur est attribué par les décrets de l'Assemblée nationale ci-dessus mentionnés.

5. Le directoire de district de Mâcon est chargé de pourvoir, sous la surveillance et l'inspection du directoire de département, à la régie et à l'administration des biens ci-devant dépendant de l'abbaye de Cluny, et le produit en sera pareillement versé dans la caisse du receveur de district.

6. Le procureur-général-syndic du département de Saône-et-Loire poursuivra, devant le tribunal du district de Mâcon, la vérification des dilapidations imputées à des religieux de l'abbaye de Cluny, pour faire prononcer, s'il y a lieu, les peines portées par la loi.

7. Les directoires de département sont autorisés à interdire toute régie et administration des biens déclarés nationaux, aux monastères et autres administrateurs provisoires des biens ci-devant ecclésiastiques, qui seront prouvés avoir dilapidé lesdits biens et malversé dans leur régie, et à leur appliquer les dispositions précédentes; et sera le présent décret incessamment porté à la sanction royale.

19 = 24 OCTOBRE 1790. (Lett.-Pat.) — Décret relatif à la répartition des impositions de 1790 dans la province des Trois-Evêchés. (L. 2. 244 ; B. 9, 110.)

L'Assemblée nationale, sur le rapport de son comité des finances, instruite des motifs qui avaient déterminé la commission intermédiaire provinciale des Trois-Evêchés, à n'ordonner l'imposition que pour les six premiers mois de 1790, prenant en considération ces mêmes motifs, qui avaient pour objet : 1° de se réserver la faculté d'établir une proportion plus équitable, si l'expérience apprenait qu'elle n'eût pas été maintenue par les bases qu'elle avait fixées ; 2° de laisser aux bureaux intermédiaires des districts le temps nécessaire, à l'effet de se procurer tous les éclaircissemens dont ils pourraient avoir besoin pour perfectionner leur travail ; 3° de s'assurer un moyen de répartir en moins imposé le produit du rôle de supplément des six derniers mois 1789, qui n'était point encore connu et qui ne pouvait l'être qu'après que les demandes en surtaxe auraient été jugées ; l'Assemblée, considérant que ces motifs subsistent encore, et ayant égard à la demande du directoire du département de la Moselle, autorise les anciens administrateurs de la ci-devant province des Trois-Evêchés, à procéder au travail qui reste à faire pour consommer la répartition des impositions de l'année 1790, tant dans le département de la Moselle, que dans ceux de la Meurthe, des Vosges, de la Meuse et des Ardennes, qui composaient ladite province, après laquelle opération cesseront toutes les fonctions desdits administrateurs anciens.

19 OCTOBRE 1790. — Décret pour appliquer à sa destination la lettre de change de deux mille livres offerte par la garde nationale de Lorient, en faveur des familles des gardes nationaux tués à Nancy. (B. 9, 111.)

9 = 23 OCTOBRE 1790. — Décret sur la fixation de l'étendue de la municipalité de Paris. (L. 2. 231 ; B. 7, 1069.)

20 = 31 OCTOBRE 1790. Décret concernant la liberté de la vente du sel. (L. 2. 332 ; B. 7, 112 ; Mon. du 21 octobre.)

L'Assemblée nationale, instruite, par le rapport de son comité des finances, des interprétations erronées que le département de la Mayenne, les districts de Vilaines-la-Juhel et Château-Goutier, ont données à ses décrets des 21 mars, 23 avril et 4 mai 1790, relatifs à la vente libre du sel, au débit qui devait être fait par la compagnie des fermes, du sel qui se trouvait dans les greniers, magasins, dépôts, ou qui avait été acheté avant le 1er avril, et au compte qui devait en être rendu chaque mois ; désirant prévenir les suites de ces fausses interprétations, les abus qui en pourraient résulter, et empêcher que l'erreur ne se propage au préjudice des revenus de l'État, déclare :

1° Que par l'article 6 du décret du 21 mars, elle n'a eu d'autre objet que d'établir une pleine liberté dans la vente du sel, et de prévenir les renchérissemens subits et trop considérables ; en conséquence, elle ordonne que le sel qui était acheté avant le 1er avril, ou qui se trouvait pour lors dans les salorges, greniers et magasins, soit débité librement par la compagnie des fermes, pour le compte de la nation, et au prix qu'elle trouvera convenable d'y fixer, pourvu que dans les lieux les plus éloignés de la mer, la vente n'excède pas trois sous la livre ;

2° Que les précautions ordonnées par l'article 6 du décret du 21 mars, et par l'article 3 de celui des 23 avril et 4 mai, ne tendaient qu'à empêcher de nouveaux achats, et le remplacement de tout autre sel que celui qui était alors dans les greniers, magasins, salorges, ou dont l'achat antérieur au 1er avril se trouverait constaté. En conséquence, elle ordonne qu'il ne soit fait aucun empêchement à ce que le sel dont l'achat est antérieur au 1er avril soit transporté dans les salorges, celui des salorges dans les dépôts, magasins et greniers, et sans qu'il puisse être fait aucun obstacle aux approvisionnemens successifs des greniers, jusqu'à l'entier épuisement des sels existant dans les salorges ; le tout néanmoins, en faisant constater par les municipalités les enlèvemens et emplacemens.

3° A l'égard des comptes du prix des ventes qui, aux termes dudit décret, doivent être rendus chaque mois, et du versement des deniers qui doit être fait à la même époque dans le trésor public, l'Assemblée nationale déclare que ce compte ne doit être rendu qu'à l'administrateur-général des finances ; que les sommes à provenir du prix desdites ventes ne peuvent être versées ailleurs qu'au trésor public, ni distraites pour quelque cause que ce puisse être, à moins d'un décret spécial, sauf néanmoins, sur le tout, la surveillance des districts et départemens.

Enjoint l'Assemblée nationale au département de la Mayenne, aux districts de Vilaines-la-Juhel, Château-Gontier, et tous autres qui pourraient avoir adopté les mêmes erreurs, d'avoir à se conformer exactement aux dispositions, tant du présent décret que des précédens.

———

21 = 23 OCTOBRE 1790. (Procl.) — Décret relatif à la discipline maritime, et qui déclare les troupes de terre et de mer indépendantes des corps administratifs. (L. 2, 224; B. 7, 115; Mon. des 21 et 28 octobre 1790.)

L'Assemblée nationale, ouï le rapport de ses comités de la marine, militaire, diplomatique et des colonies, décrète que le Roi sera prié de nommer deux nouveaux commissaires civils, lesquels se réuniront à Brest avec ceux que Sa Majesté a précédemment nommés, et seront revêtus de pouvoirs suffisans pour employer, de concert avec le commandant qu'il plaira au Roi de mettre à la tête de l'armée navale, et avec celui du port, tous les moyens, et prendre toutes les mesures nécessaires au rétablissement de l'ordre dans le port et la rade de Brest;

Décrète, qu'attendu qu'il a été embarqué sur l'escadre, en remplacement de quelques gens de mer, des hommes qui ne sont ni marins, ni classés, le commandant de l'escadre sera autorisé à congédier ceux qui ne lui paraîtront pas propres au service de la mer;

Décrète que le pavillon de France portera désormais les trois couleurs nationales, suivant les dispositions et la forme que l'Assemblée nationale charge son comité de la marine de lui proposer; mais que ce nouveau pavillon ne pourra être arboré sur l'escadre qu'au moment où les équipages seront rentrés dans la plus parfaite subordination;

Décrète, en outre, qu'au simple cri de *vive le Roi*, usité à bord des vaisseaux, le matin et le soir, et dans toutes les occasions importantes, sera substitué celui de *vivent la nation, la loi et le Roi*.

L'Assemblée nationale, considérant que le salut public et le maintien de la Constitution exigent que les divers corps administratifs et les municipalités soient strictement renfermés dans les bornes de leurs fonctions,

Déclare que lesdits corps administratifs et les municipalités ne peuvent, sous peine de forfaiture, exercer d'autres pouvoirs que ceux qui leur sont formellement et explicitement attribués par les décrets de l'Assemblée nationale, et que les troupes de terre et de mer en sont essentiellement indépendantes, sauf

le droit de les requérir dans les cas prescrits et déterminés par les lois.

Au surplus, l'Assemblée nationale, persuadée qu'un excès de zèle a pu seul entraîner la municipalité et le procureur de la commune de Brest, dans des démarches irrégulières, inconstitutionnelles, et qui pouvaient avoir de dangereux effets, décrète que son président sera chargé de leur écrire pour les rappeler aux principes de la Constitution, ne doutant pas d'ailleurs qu'ils ne fassent tous leurs efforts pour concourir, avec les commissaires du Roi et le chef de la marine, au rétablissement de l'ordre et de la discipline parmi les équipages des vaisseaux actuellement en armement à Brest.

———

21 OCTOBRE = 19 NOVEMBRE 1790. — Décret relatif au droit de former des sociétés libres. (L. 2, 548.)

Voy. lois du 1er = 8 MARS 1791; 10 et 18 = 22 MAI 1791; 19 et 30 SEPTEMBRE = 9 OCTOBRE 1791 (1).

L'Assemblée nationale, après avoir entendu son comité des rapports, déclare que les citoyens ont le droit de s'assembler paisiblement et de former entre eux des sociétés libres, à la charge d'observer les lois qui régissent tous les citoyens; en conséquence, la municipalité de Dax n'a pu troubler la société formée dans cette ville sous le nom de *Société des amis de la Constitution*; que ladite société a le droit de continuer ses séances, et que ses papiers doivent lui être rendus.

———

21 OCTOBRE 1790. — Décret qui ordonne au ministre de la guerre de fournir un état de tous les congés militaires accordés depuis le 15 juillet 1789, et au comité militaire de dresser un projet de loi tendant à réprimer la trop grande multiplicité des congés. (B. 7, 114.)

———

21 OCTOBRE 1790. — Décret pour qu'il soit présenté à l'Assemblée un projet de décret sur les poursuites à faire contre les débiteurs du trésor public. (B. 7, 114.)

———

21 = 29 OCTOBRE 1790. — Décret pour l'établissement de deux juges-de-paix dans la ville de Bar-le-Duc. (L. 2, 331.)

———

21 OCTOBRE 1790. — Décret qui enjoint à la section des finances de ne rien décider sur l'impression des assignats avant d'avoir pris le vœu de l'Assemblée. (B. 7, 115.)

———

(1) Ces lois restreignaient la liberté des sociétés dans de justes bornes; la licence fut autorisée par les lois de 1793. *Voy.* loi du 13 juin 1793 et suiv.

21 OCTOBRE 1790. — Décret qui ordonne que le retour des députés absens par congé sera inscrit au procès-verbal. (B. 7, 115.)

22 OCTOBRE 1790. — Décret qui ordonne de changer les cravates blanches des drapeaux et étendarts des troupes de ligne. (B. 7, 117.)

L'Assemblée nationale décrète que les colonels seront tenus de changer les cravates blanches des drapeaux et des étendards des troupes de ligne, pour en substituer d'autres aux couleurs de la nation ; et charge son comité militaire de lui présenter les détails et la forme de ce nouveau signe aux drapeaux des régimens.

22 OCTOBRE 1790. — Décret qui charge le président de l'Assemblée de témoigner au père de M. Desille la sensibilité des représentans de la nation sur la mort de ce brave militaire (B. 7, 118.)

22 OCTOBRE 1790. — Dijon. *Voy.* 5 OCTOBRE 1790. — Saint-Domingue. *Voy.* 12 OCTOBRE 1790.

23 = 29 OCTOBRE 1790. — Décret relatif aux comptes à rendre par l'ancien receveur de la capitation de la noblesse de Bourgogne, et à la perception de ladite capitation. (L. 2, 325 ; B 7, 119.)

L'Assemblée nationale, ouï le rapport de son comité de finances sur les plaintes à elle adressées par les administrateurs du département de l'Yonne, Saône-et-Loire et de la Côte - d'Or, décrète que l'ancien receveur de la capitation de la ci-devant noblesse de Bourgogne sera tenu, conformément aux articles 1, 2 et 3 du décret du 3 juillet dernier, sanctionné par le Roi le 22 de ce mois, de représenter auxdits administrateurs l'état de la situation de sa caisse en recette et en dépense, tant pour l'acquittement de la capitation, que pour les autres dépenses arrêtées et fixées dans la chambre de la ci-devant noblesse, le 11 mai 1781 ; et après vérification faite, lesdits administrateurs décerneront des contraintes contre ceux des contribuables qui auraient négligé d'acquitter les sommes à eux imposées dans les rôles des années antérieures à 1790 ;

Décrète, en outre, que s'il se trouve, après l'apurement desdits comptes et la rentrée des arrérages, des deniers restans, ils seront laissés dans les mains de l'ancien receveur, pour être délivrés aux parties intéressées sur leurs réclamations, ainsi qu'il appartiendra.

23 = 29 OCTOBRE 1790. — Décret qui ordonne la formation de la municipalité d'Huningue. (L. 2, 329.)

23 OCTOBRE 1790. — Décret qui valide la nomination de M. Chautems, trésorier du district de Châlons-sur-Marne. (B. 7, 118.)

23 OCTOBRE 1790. — Décret qui admet M. de Gennes pour député. (B. 7, 118.)

23 OCTOBRE 1790. — Abbaye de Cluny. *Voy.* 19 OCTOBRE 1790. — Aix, etc. ; Alsace. *Voy.* 17 OCTOBRE 1790. — Arrérages. *Voy.* 15 AOUT 1790. — Avancement militaire. *Voy.* 23 SEPTEMBRE 1790. — Biens nationaux. *Voy.* 28 OCTOBRE 1790. — Chambre de la marée. *Voy.* 19 OCTOBRE 1790. — Curés. *Voy.* 18 OCTOBRE 1790. — Discipline maritime. *Voy.* 21 OCTOBRE 1790. — Municipalité. *Voy.* 19 OCTOBRE 1790. — Remboursement. *Voy.* 15 OCTOBRE 1790. — Rentes. *Voy.* 21 JUILLET 1790, 15 OCTOBRE 1790.

24 = 29 OCTOBRE 1790. — Décret qui suspend la construction du palais de justice commencé à Aix. (L. 2, 327 ; B. 7, 153.)

Art. 1er. La construction du palais de justice commencé dans la ville d'Aix, sera suspendue.

2. Le directoire du département des Bouches-du-Rhône donnera incessamment son avis sur l'emplacement qui pourrait être destiné, dans la ville d'Aix, au tribunal du district et aux prisons en dépendantes, après avoir consulté le directoire de district et la municipalité.

3. Les comptes des sommes fournies jusqu'à ce jour pour la construction du nouveau palais de justice, seront remis au comité des finances, de même que les états des dépenses faites jusqu'à ce jour, des sommes acquittées et dues pour l'achat des terrains et maisons compris dans le nouveau palais, et de celles qui peuvent avoir été avancées ou être dues encore aux entrepreneurs : les devis estimatifs de ces constructions seront pareillement envoyés audit comité.

4. Le directoire du département des Bouches-du-Rhône fera estimer la valeur de tout le local du nouveau palais et des bâtisses déjà élevées ; les états estimatifs seront envoyés au comité des finances.

5. Les départemens des Bouches-du-Rhône, du Var, et des Basses-Alpes, sont autorisés à ne plus fournir aucune somme pour la continuation du nouveau palais de justice d'Aix, sans préjudice des arrérages dus jusqu'à ce jour.

24 = 31 OCTOBRE 1790. — Décret qui fixe la disposition des couleurs dans les différens pavillons des vaisseaux de guerre et des bâtimens de commerce. (L. 2, 339 ; B. 7, 155).

L'Assemblée nationale, ayant statué, par son décret du 21 octobre, que le pavillon français portera les couleurs nationales, et voulant, en conséquence fixer la disposition de ces couleurs dans les différens genres de pavillons ou autres marques distinctives usitées sur les vaisseaux et sur les bâtimens de commerce, décrète :

Art. 1er. Le pavillon de beaupré sera composé de trois bandes égales et posées verticalement ; celle de ces bandes la plus près du bâton, sera rouge ; celle du milieu, blanche ; et la troisième, bleue.

2. Le pavillon de poupe portera dans son quartier supérieur le pavillon de beaupré ci-dessus décrit ; cette partie du pavillon sera exactement le quart de sa totalité, et environnée d'une bande étroite, dont une moitié de la longueur sera rouge et l'autre blanche : le reste du pavillon sera de couleur blanche. Ce pavillon sera également celui des vaisseaux de guerre et des bâtimens de commerce.

3. La flamme des vaisseaux de guerre et autres bâtimens de l'Etat, portera, dans sa partie la plus large, les trois bandes verticales, rouge, blanche et bleue ; le reste de la flamme sera de couleur blanche ; le guidon portera, d'une manière sensible, les couleurs nationales.

4. Les pavillons de commandement porteront dans leur quartier supérieur les trois bandes verticales, rouge, blanche et bleue ; le reste du pavillon pourra être, comme par le passé, rouge, blanc, bleu ; l'Assemblée nationale n'entendant rien changer aux dispositions qui ont pour objet de distinguer dans une armée navale les trois escadres qui la composent.

5. Les pavillons et la flamme aux couleurs de la nation ne pourront être faits que d'étoffes fabriquées en France. On les arborera le plus tôt possible sur les vaisseaux de guerre, d'après les ordres donnés par le Roi.

6. Le Roi sera supplié de sanctionner le présent décret, comme aussi de faire prendre, soit dans les ports de France, soit auprès des puissances étrangères, les mesures nécessaires pour sa prompte et sûre exécution, et d'indiquer l'époque où les bâtimens de commerce pourront, sans inconvénient, arborer le nouveau pavillon.

24 = 31 OCTOBRE 1790. — Décret relatif à la composition et aux dépenses du corps du génie. (L. 2, 348 ; B. 7, 156.)

L'Assemblée nationale, délibérant sur la proposition du Roi, et ouï le rapport de son comité militaire, décrète qu'à dater du 1er janvier 1791, le corps royal du génie sera composé ainsi qu'il suit :

1° De quatre inspecteurs généraux et deux maréchaux-de-camp, tirés des officiers supérieurs du corps royal du génie, faisant partie de la ligne, et qui y seront payés ;

2° De vingt colonels directeurs des fortifications, lesquels seront, quant à leurs appointemens, partagés en trois classes, savoir :

Six colonels de la première classe, aux appointemens de sept mille livres par an, ensemble quarante-deux mille livres. Six colonels de la deuxième classe, aux appointemens de six mille livres, ensemble trente-six mille livres. Huit colonels de la troisième classe, aux appointemens de cinq mille livres, ensemble quarante mille livres. Il sera de plus attribué à chacun des vingt colonels directeurs ci-dessus désignés, un traitement de deux mille livres par an, pour frais de tournée, de bureau, de dessinateurs et de secrétaires, ensemble quarante mille livres.

3° De quarante lieutenans-colonels, partagés en deux classes, et dont les appointemens seront, savoir : pour chacun des vingt lieutenans-colonels formant la première classe, de quatre mille livres par an, ensemble quatre-vingt mille livres ; et pour chacun des vingt lieutenans-colonels formant la seconde classe, de trois mille six cents livres par an, ensemble soixante-douze mille livres.

4° De cent quatre-vingts capitaines partagés en cinq classes, quant aux appointemens, savoir :

Vingt capitaines de la première classe, aux appointemens de deux mille huit cents livres, ensemble cinquante-six mille livres. Vingt capitaines de la seconde classe, aux appointemens de deux mille six cents livres, ensemble cinquante-deux mille livres. Trente capitaines de la troisième classe, à deux mille quatre cents livres, ensemble soixante-douze mille livres. Cinquante de la quatrième classe, aux appointemens de deux mille livres, ensemble cent mille livres. Et soixante de la cinquième classe, aux appointemens de seize cents livres, ensemble quatre-vingt-seize mille livres.

5° De soixante lieutenans, partagés en deux classes, quant aux appointemens, savoir :

Trente lieutenans de la première classe, aux appointemens de douze cents livres, ensemble trente-six mille livres. Trente lieutenans de la seconde classe, aux appointemens de onze cents livres, ensemble trente-trois mille livres.

6° De dix élèves sous-lieutenans, chacun aux appointemens de huit cents livres ; ensemble huit mille livres.

7° Il sera attribué aux officiers supérieurs du corps royal du génie un traitement en fourrage, pareil à celui que recevront les officiers du même grade dans l'infanterie.

8° Il sera affecté à l'école du génie, pour frais de ladite école, appointemens de professeurs et autres employés, entretien des laboratoires, machines et autres dépenses nécessaires qu'entraîne cet établissement, annuellement une somme de vingt mille livres.

Le total de la dépense du corps royal du

génie, sera de sept cent quatre-vingt-trois mille livres.

24 OCTOBRE 1790. — Décret qui charge le comité de constitution de commettre trois de ses membres pour prendre connaissance des difficultés élevées à l'occasion des élections des juges, et qui lui ordonne de rendre compte de son travail à l'ouverture des séances. (B. 8, 154.)

24 = 29 OCTOBRE 1790. — Décret relatif au paiement à faire aux adjudicataires des travaux du Havre. (L. 2, 523.)

24 OCTOBRE 1790. — Trois-Évêchés. *Voy.* 19 OCTOBRE 1790.

25 = 31 OCTOBRE 1790. — Décret concernant la contribution patriotique (L. 2, 335; B. -, 159 et 192.)

L'Assemblée nationale, ouï le rapport de son comité des finances, considérant que les receveurs de district étant chargés par l'article 27 du décret des 6 et 11 août 1790, de faire toutes diligences pour faire rentrer les fermages, loyers, arrérages et toutes autres dettes actives, de quelque nature qu'elles soient, provenant des bénéfices, biens et établissemens ecclésiastiques séculiers et réguliers, autres que ceux de l'ordre de Malte, des fabriques, hôpitaux et maisons de charité et d'éducation, lesquels fermages et arrérages se trouveront échus lors de l'établissement de la caisse du district, même ceux échus avant le 1er janvier 1790 et qui écherront par la suite; et néanmoins, les titulaires particuliers dont les revenus forment une mense individuelle, étant autorisés par le même article à toucher directement de leurs fermiers les fermages et arrérages échus avant le 1er janvier 1790, même ceux représentatifs des fruits crus en l'année 1789 et les précédentes, à quelque époque qu'ils soient dus, en justifiant qu'ils ont acquitté le premier tiers de leur contribution patriotique; considérant que, d'après ces dispositions, les membres des établissemens ecclésiastiques dont les revenus forment une mense conventuelle, et qui ont fait ou dû faire leurs déclarations en commun pour la contribution patriotique, à raison desdits revenus, ne sont plus dans le cas de remplir les engagemens qu'ils ont contractés en commun pour cette contribution, dont le premier tiers a été prélevé sur lesdits revenus communs, et qu'ils n'en doivent plus qu'une personnelle, à raison du traitement individuel qui leur a été accordé à compter du 1er janvier dernier, et pour les deux tiers seulement; voulant terminer toutes les difficultés qui existent ou qui pourraient naître à ce sujet, et quelques autres résultant d'un grand nombre de déclarations qui contiennent des offres de capitaux de rentes, ou d'autres objets inadmissibles dans le paiement de la contribution patriotique, ou qui ont été faites par plusieurs particuliers en commun, au lieu d'être individuelles, conformément au décret du 6 octobre 1789; considérant aussi qu'il est nécessaire de déterminer par qui et comment il sera statué sur les demandes en réduction qui seront dans le cas d'être formées d'après l'article 2 du décret du 27 mars dernier; désirant enfin pourvoir à tous les moyens qui peuvent accélérer, faciliter et assurer le recouvrement de la contribution patriotique, a décrété et décrète ce qui suit:

Art. 1er. Toutes les déclarations pour la contribution patriotique, faites en commun par les membres des établissemens réguliers et séculiers, dont les revenus échus avant le 1er janvier 1790, et ceux qui écherront par la suite, doivent être perçus par les receveurs de district, conformément à l'article 27 du décret des 6 et 11 août 1790, n'auront d'effet que pour le premier tiers, qui a dû être acquitté sur le produit desdits biens; en conséquence, les membres desdits établissemens seront tenus de faire, chacun individuellement leur déclaration personnelle, à raison du traitement qui leur a été accordé, à compter du 1er janvier dernier, et de payer leur contribution patriotique relativement à ce traitement, pour les deux tiers seulement, savoir, l'un d'ici au 1er avril 1791, et l'autre du 1er avril 1791 au 1er avril 1792, conformément à l'article 11 du décret du 6 octobre 1789.

2. Les offres faites par les communautés d'habitans collectivement, soit par délibération ou autrement, pour tenir lieu de la contribution patriotique des habitans desdites communautés, et les déclarations faites par plusieurs particuliers réunis, seront regardées comme non avenues. Chaque habitant ayant au-dessus de quatre cents livres de revenu net, sera tenu de faire sa déclaration, conformément aux articles 1 et 2 du décret du 6 octobre 1789; et faute de ce faire dans la quinzaine de la publication du présent décret, il sera taxé d'office, conformément à l'article 6 du décret du 27 mars dernier. Pourront néanmoins les habitans qui n'ont pas au-dessus de quatre cents livres de rente, et les ouvriers et journaliers sans propriété, exceptés par l'article 14 du décret du 6 octobre 1789, faire des offres libres et volontaires, et se faire inscrire sur le rôle des contribuans pour telle somme qu'il leur plaira désigner, conformément audit article.

3. Toutes les déclarations contenant offre de capitaux de rentes ou autres objets qui ne font point partie des valeurs déclarées admissibles dans le paiement de la contribution patriotique, seront aussi regardées comme non avenues, et les contribuables tenus d'en faire de nouvelles, ou taxés d'office, ainsi qu'il est prescrit par l'article précédent.

4. Les corps municipaux et les directoires des districts se conformeront, au surplus, à ce qui est prescrit par les cinq premiers articles du décret du 8 août 1790.

5. Les directoires des départemens statueront sur toutes les demandes en réduction et autres relatives aux déclarations des contribuables, après avoir pris l'avis des directoires de district ; et les réductions qui seront prononcées seront imputées sur les deux derniers termes, conformément à l'article 2 du décret du 27 mars.

6. Les directoires de département seront tenus d'énoncer dans leurs ordonnances les motifs qui auront déterminé les réductions qu'ils auront prononcées ; et dans le cas où ils seraient arrêtés par quelques difficultés, ils en référeront au commissaire du Roi chargé du département de la caisse de l'extraordinaire, auquel ils enverront chaque mois un état exact et certifié d'eux, tant des réductions qui auront été prononcées, que du montant des paiemens faits pendant ledit mois, et des sommes qui restent dues ; ils auront soin d'énoncer dans cet état le nom des districts et des municipalités dont dépendent les contribuables qui auront obtenu des modérations, et les motifs qui y auront donné lieu.

7. De ces différens états particuliers, il en sera formé un général, qui sera mis chaque mois sous les yeux de l'Assemblée nationale, à l'effet de lui faire connaître le montant des déclarations par département, celui des paiemens faits dans chacun d'iceux, le retard ou les progrès du recouvrement, et les résultats des mesures prises pour maintenir l'ordre et l'exactitude dans la rentrée de ce secours extraordinaire et patriotique.

25 = 31 OCTOBRE 1790. — Décret qui révoque l'attribution donnée au Châtelet de Paris, de juger les crimes de lèse-nation. (B. 7, 162.)

L'Assemblée nationale décrète que l'attribution donnée au Châtelet de juger les crimes de lèse-nation, est révoquée ; et, dès ce moment, toutes procédures faites à cet égard par ce tribunal sont et demeurent suspendues.

25 = 31 OCTOBRE 1790. — Décret portant que la procédure prévôtale renvoyée par le décret du 11 mars dernier, par-devant les officiers de la ci-devant sénéchaussée de Marseille, sera poursuivie par-devant les juges du tribunal de district de cette ville. (L. 2, 342.)

26 = 31 OCTOBRE 1790. — Décret relatif aux soldats en garnison sur les vaisseaux. (L. 2, 346 ; B. 7, 163.)

L'Assemblée nationale, après avoir entendu le rapport de son comité militaire, décrète que les soldats tenant garnison sur les vaisseaux, recevront, outre la paie fixée par le décret du 24 juin dernier, et la subsistance qui leur est fournie en nature de l'approvisionnement des vaisseaux, une gratification de dix-huit deniers par jour, qui leur sera payée par le département de la guerre, sur les fonds affectés à la masse de boulangerie.

26 = 31 OCTOBRE 1790. — Décret qui détermine la forme et la quotité des secours accordés à la ville de Limoges. (L. 2, 343 ; B. 7, 162.)

26 OCTOBRE = 10 NOVEMBRE 1790. — Décret concernant la vente faite à la municipalité d'Orléans de domaines nationaux pour le prix de 658,470 fr. (B. 7, 164.)

26 OCTOBRE 1790. — Décret qui fixe la forme du serment civique à prêter par les ministres plénipotentiaires, les ambassadeurs, les envoyés, les consuls, vice-consuls, gérans et résidens de France auprès des puissances étrangères. (L. 2, 47 ; B. 7, 165.)

26 OCTOBRE = 17 NOVEMBRE 1790. — Décret pour faire conduire dans les prisons à Paris, les sieurs Bussy, Servan, etc. (B. 7, 167.)

26 OCTOBRE = 5 NOVEMBRE 1790. — Décret qui renvoie par devant les juges du tribunal de district d'Arles la procédure intentée et suivie contre divers particuliers du territoire des Baux. (L. 2, 436.)

26 = 31 OCTOBRE 1790. — Décret qui déclare nul et non avenu l'arrêt rendu par le parlement de Toulouse contre la municipalité de Castres. (L. 2, 345 ; B. 7, 166.)

26 OCTOBRE 1790. — Cuirs, peaux, etc. *Voy.* 9 OCTOBRE 1790. — Cuirs. *Voy.* 9 OCTOBRE 1790. — Fers, etc. *Voy.* 9 OCTOBRE 1790. — Juges-de-paix. *Voy.* 18 OCTOBRE 1790. — Minérai de fer. *Voy.* 9 OCTOBRE 1790.

27 OCTOBRE = 2 NOVEMBRE 1790. — Décret qui modifie le Code pénal de la marine. (L. 2, 368 ; B. 7, 170 ; Mon. du 28 octobre)

Voy. lois du 21 (16 et 19) = 22 AOUT 1790 ; du 25 JANVIER 1791.

L'Assemblée nationale, satisfaite des témoignages d'obéissance et d'une soumission sans bornes qu'elle vient de recevoir des marins de l'escadre, ouï le rapport de son comité de marine sur les représentations faites par les commissaires du Roi, actuellement à Brest, au sujet de quelques dispositions du Code pénal de la marine, relatives aux peines de discipline, décrète :

Art. 1er. L'article 2 du titre 1er du Code pénal de la marine sera rédigé de la manière suivante :

« Le commandant du bâtiment et l'officier « commandant le quart ou la garde pourront

« prononcer les peines de discipline contre
« les délinquans ; le commandant de la gar-
« nison pourra aussi prononcer les peines de
« discipline contre ceux qui la composent, à
« la charge par ces officiers d'en rendre compte
« au commandant du vaisseau après le quart
« ou la garde. »

2. L'article 1er du titre II sera ainsi conçu :
« Seront infligées aux matelots et officiers
« mariniers comme peines de discipline, celles
« ci-après dénommées :
« Le retranchement du vin, qui ne pourra
« avoir lieu pendant plus de trois jours.
« Les fers sous le gaillard, au plus pendant
« trois jours.
« La prison, au plus, pendant le même
« temps. »

3. La rédaction ci-dessus énoncée de deux
articles du Code pénal sera présentée à la
sanction du Roi, qui sera prié de la faire
proclamer et insérer dans le Code pénal, à la
place de l'article 2 du premier titre, et de
l'article 1er du titre II.

---

27 OCTOBRE 1790 = 19 JANVIER 1791. — Décret relatif à l'installation de ceux qui sont
nommés juges de district, et qui resteront membres de l'Assemblée nationale. (L. 3, 260 ; B. 7,
168.)

L'Assemblée nationale décrète que ceux
qui sont nommés juges de district, et qui resteront membres de l'Assemblée nationale, ne
pourront se faire installer avant la fin de la
présente session, et qu'en attendant ils seront

remplacés dans leurs fonctions de juges par
leurs suppléans.

---

27 OCTOBRE = 7 NOVEMBRE 1790. — Décret qui
prescrit la manière de rembourser à M. de Rous-
sy, ancien colonel du régiment de la Reine, la
somme de 30,000 livres que les officiers et soldats avaient exigée de lui. (B. 7, 169.)

27 OCTOBRE 1790. — Bussy, etc. Voy. 26 OC-
TOBRE 1790.

---

28 OCTOBRE (23 et) = 5 NOVEMBRE 1790. — Décret relatif à la vente, et à l'administration des
biens nationaux, aux créanciers particuliers
des différentes maisons, et à l'indemnité de la
dîme inféodée. (L. 2, 392 ; B. 7, 172.)

Voy. lois du 14 = 17 MAI 1790 ; du 9 = 25
JUILLET 1790 ; du 3 = 10 DÉCEMBRE 1790.

TITRE Ier. De la distinction des biens nationaux
à vendre dès à-présent, et de l'administration
générale (1).

Art. 1er. L'Assemblée nationale décrète
qu'elle entend par biens nationaux :

1° Tous les biens des domaines de la couronne ;

2° Tous les biens des apanages ;

3° Tous les biens du clergé ;

4° Tous les biens des séminaires diocésains.

L'Assemblée ajourne tout ce qui concerne :

1° Les biens des fabriques ;

2° Les biens des fondations établies dans
les églises paroissiales (2) ;

3° Les biens des séminaires-collèges, des
collèges, des établissemens d'études ou de

---

(1) Toutes les actions autres que celles qui
sont relatives à la vente des biens nationaux, et
qui intéressent l'Etat, soit en demandant, soit en
défendant, sont de la compétence exclusive des
tribunaux ordinaires (23 février 1820, ordonn.
J. C., t. 5, 330).

Si l'article 4 de la loi du 12 novembre 1808
ordonne que les demandes en revendication des
meubles et effets, après saisie pour contribution,
ne peuvent être portées devant les tribunaux qu'a-
près avoir été soumises à l'autorité administrative,
aux termes de la loi du 5 novembre 1790, et de
l'arrêté du 13 brumaire an 10, cette disposition ne
change pas l'ordre des juridictions ; elle ne fait
point cesser la compétence de l'autorité judiciaire ;
elle n'établit qu'une formalité préalable au jugement dont l'inobservation peut bien entraîner l'annulation de la procédure, mais ne peut pas autoriser un conflit (20 janvier 1819 ; 1er novembre
1820 ; 18 mars 1818 ; J. C. t. 4, p. 281, et t. 5,
p. 58 et 281). L'ordonnance du 1er juin 1828
sur les conflits, a confirmé cette jurisprudence.
Voy. art. 3, n° 2.

C'est devant les tribunaux, et non devant l'autorité administrative, que doivent être portées les
contestations relatives aux rentes tranférées par le
gouvernement — Mais, si les porteurs de transfert
se croient fondés à demander des remboursemens,

remplacemens ou indemnités, ils doivent s'adresser
à l'autorité administrative (Avis du Conseil-d'Etat
du 19 mars 1808 ; déc. du 7 mars 1809 ; S. 17,
2, 117).

C'est à l'autorité judiciaire, et non à l'autorité
administrative, de statuer sur les moyens proposés par les possesseurs actuels de domaines infeo-
dés, à l'effet d'être dispensés du paiement du
quart pour lequel ils sont obligés en vertu de la
loi du 14 ventose an 7 (13 janvier 1816, ordonnance du Roi ; J. C. t. 1, p. 211).

L'arrêté d'un préfet ou d'un conseil de préfecture qui, conformément aux dispositions de cet
article, renvoie devant les tribunaux une demande présentant, à leur avis, une question de
propriété, ne peut être querellé par la partie intéressée, encore que sa demande soit juste et évidente ; le préfet ne fait que prendre une mesure
de tutelle domaniale : il n'y a point là décision
de justice (4 mars 1819, ordonn. ; J. C. t. 5,
p. 82).

(2) Un droit d'affouage conféré jadis à des
moines, pour fondations pieuses, est devenu,
par leur suppression, la propriété de l'Etat, tout
comme les immeubles des corporations supprimées... Encore que l'objet des fondations pieuses ne soit pas rempli (29 mars 1811, décret ;
J. C. t. 1, p. 486).

retraite, et de tous établissemens destinés à l'enseignement public;

4° Les biens des hôpitaux (1), maisons de charité, et autres établissemens destinés au soulagement des pauvres, ainsi que ceux de l'ordre de Malte et tous autres ordres religieux militaires.

2. L'Assemblée décrète que tous lesdits biens déclarés *nationaux* seront vendus dès à-présent, et, en attendant, qu'ils seront administrés par les corps administratifs, sous les exceptions et modifications ci-après.

3. Ne seront pas vendus les biens servant de dotations aux chapelles desservies dans l'enceinte des maisons particulières, par un chapelain ou desservant à la seule disposition du propriétaire, ni les biens servant de dotation aux fondations faites pour subvenir à l'éducation des parens des fondateurs, qui ont été conservés par les articles 23 et 26 du 12 juillet dernier sur la constitution civile du clergé. Ces biens seront administrés comme par le passé.

4. Sont et demeurent exceptés de la vente, les domaines qui auront été réservés au Roi par un décret de l'Assemblée nationale; et les assemblées administratives ni les municipalités ne pourront, à cet égard, exercer aucune administration.

5. Sont et demeurent également exceptés de la vente, quant à-présent, les bois et forêts dont la conservation a été arrêtée par le décret du 6 août dernier.

6. Au moyen des dispositions de l'article 3 du titre II du décret sur les ordres religieux, qui ordonne qu'il sera tenu compte, jusqu'à ce qu'il soit autrement ordonné, aux religieuses vouées par leur institut, et actuellement employées à l'enseignement public et soulagement des pauvres, de la totalité de leurs revenus, les biens par elles possédés seront administrés, à compter du 1er janvier 1791, par les administrations de département et de district et dès cette époque, il leur sera tenu compte en argent de leurs revenus.

7. Les biens des religieuses vouées à l'enseignement public pourront même être vendus dès à-présent; quant à ceux des religieuses destinées au soulagement des pauvres ils sont compris dans l'ajournement ci-devant prononcé.

8. Sont aussi compris dans ledit ajournement, les biens possédés par les religieux voués au soulagement des pauvres, ainsi que ceux des congrégations séculières, mais non ceux des religieux voués à l'enseignement

public. Néanmoins, quant aux biens des religieux voués au soulagement des pauvres, au moyen des pensions à eux accordées, ils cesseront de les administrer au 1er janvier 1791. A cette époque, les administrations de département et de district en prendront l'administration, et dès lors lesdites pensions commenceront à courir.

9. Seront réservés aux établissemens mentionnés dans le précédent article, les bâtimens, jardins et enclos qui sont à leur usage, sans que les religieux qui vivront en commun puissent personnellement rien prétendre au-delà de ce qui leur a été réservé par les précédens décrets sur les ordres religieux.

10. A l'égard des religieux chargés de l'enseignement public, des mains desquels l'administration de leurs biens a dû être retirée, en vertu du décret des 14 et 20 avril, et dont les pensions commencent à courir à compter du 1er janvier 1790, pour être payées en 1791, ils rendront, comme les autres religieux, compte de ce qu'ils auront reçu; et dans le cas où ils cesseraient ou négligeraient de remplir leurs fonctions, il pourra être provisoirement pourvu par les directoires de département, sur l'avis de ceux de district, et après avoir entendu les municipalités, tant au placement desdits religieux, qu'aux moyens de fournir à la dépense de l'enseignement dont ils étaient chargés, en prenant l'autorisation du Corps-Législatif.

11. Les biens des séminaires diocésains seront vendus dès à-présent; et en cas qu'ils ne le soient pas au 1er janvier 1791, à compter dudit jour, l'administration en sera confiée aux administrations de département et de district, et dès lors commenceront à avoir lieu les traitemens en argent des vicaires-supérieurs et des vicaires-directeurs desdits séminaires, sur le pied qui sera incessamment fixé.

12. Les ecclésiastiques, les religieux et les religieuses mentionnés dans les articles 6, 7, 8 et 10, ainsi que ceux qui régissaient les biens des séminaires diocésains, rendront leur compte de régie de la présente année, le 1er janvier 1791, au directoire du district de leur établissement, pour, sur son avis, être arrêté par le directoire du département.

13. Les biens des fabriques, des fondations établies dans les églises paroissiales, conservées provisoirement par l'article 25 du décret du 12 juillet dernier, sur la constitution civile du clergé; ceux des établissemens d'étude et de retraite, ceux des séminaires-

---

(1) Il n'existe aucune loi qui déclare les biens des hospices, nationaux, et qui empêche les administrateurs, dûment autorisés dans la forme prescrite par la loi du 29 vendémiaire an 5, de poursuivre et de défendre, devant les tribunaux.

les actions résultantes des propriétés des hospices, sauf à l'autorité administrative supérieure à régler le mode d'exécution des condamnations à intervenir (Cass S. 7, 2, 1912).

collèges, ceux des collèges et de tous autres établissemens d'enseignement public, administrés par des ecclésiastiques et des corps séculiers, ou des congrégations séculières, ensemble les biens des hôpitaux, maisons de charité et tous autres établissemens destinés au soulagement des pauvres, continueront jusqu'à ce qu'il en ait été autrement ordonné, d'être administrés comme ils l'étaient au 1er octobre présent mois, lors même qu'ils le seraient par les municipalités qui auraient cru devoir se charger de les régir, en vertu de l'article 50 du décret du 14 décembre dernier, concernant les municipalités.

14. Les administrateurs des biens mentionnés en l'article 13 ci-dessus seront tenus, jusqu'à ce qu'il en ait été autrement pourvu, de rendre leurs comptes tous les ans, à compter du 1er janvier 1791, en présence du conseil général de la commune, ou de ceux de ses membres qu'il voudra déléguer, pour être vérifiés par le directoire du district, et arrêtés par celui du département.

15. Quant aux établissemens d'enseignement public et de charité qui étaient administrés par des chapitres et autres corps ecclésiastiques supprimés, lorsqu'ils seront dans des villes de district, ils le seront par l'administration du district ou son directoire, sous l'autorité de celle du département et de son directoire. Ceux qui se trouveront dans des villes où il n'y aura pas d'administration de district seront administrés par les municipalités, sous l'autorité desdites administrations, et à la charge de rendre compte, ainsi qu'il est prescrit par l'article 14 ci-dessus; le tout aussi provisoirement et jusqu'à ce qu'il y ait été autrement pourvu.

16. Il en sera de même des établissemens qui étaient administrés par des bénéficiers ou des officiers supprimés, sans le concours des officiers municipaux, ou d'autres citoyens élus ou appelés à cette administration. À l'égard de ceux dans l'administration desquels les municipalités ou d'autres citoyens concourraient, elle sera continuée par les municipalités et les autres citoyens qui seront élus ou appelés par le conseil général de la commune, sous la surveillance des administrations de district ou de département, et à la charge de rendre compte ainsi qu'il est ci-devant prescrit; le tout pareillement jusqu'à ce qu'il en ait été autrement ordonné.

17. Ne sont point compris dans les biens nationaux, ceux possédés en France par les puissances étrangères, soit qu'elles les aient affermés, soit qu'elles les fassent régir, soit qu'ils aient été mis en séquestre. Il leur sera rendu compte, à la première réquisition, des produits de ces derniers, et les assemblées administratives ni les municipalités n'exerceront aucun acte d'administration sur lesdits biens.

18. En attendant qu'il ait été fait un règlement entre les puissances étrangères et la nation française, sur les objets dont il va être parlé dans le présent article et dans les articles 19, 20 et 21 ci-après, les maisons, corps, communautés, bénéficiers et établissemens français, auxquels l'administration de leurs biens a été laissée provisoirement, continueront de jouir de ceux situés sur le territoire de ces mêmes puissances.

19. À l'égard des biens situés sur le territoire de ces puissances, que possédaient les maisons, corps, communautés, bénéficiers et établissemens français qui ont été supprimés, ou des mains desquels l'administration en a été retirée, ils seront administrés par les assemblées administratives de département et de district dans l'arrondissement desquels se trouveront les manoirs des bénéfices ou les chefs-lieux d'établissemens, et par leurs directoires, ou par tels préposés que ces derniers pourront commettre dans tels lieux qu'ils jugeront à propos.

20. Pourront, au surplus, les évêques et les curés français, quoique l'administration des biens dont ils jouissaient en France ait été retirée de leurs mains, continuer de jouir provisoirement de ceux qu'ils possèdent dans l'étranger, sans diminution du traitement à eux assigné par les décrets de l'Assemblée, sauf à rendre compte desdits biens, s'il y a lieu.

21. Les maisons, communautés, corps, bénéficiers et établissemens étrangers, continueront de jouir des biens qu'ils possèdent en France, aussi long-temps que les puissances dont ils dépendent, permettront sur leur territoire l'exécution entière des articles 18, 19 et 20 ci-dessus; en conséquence, les assemblées administratives, ainsi que les municipalités, n'exerceront aucun acte d'administration sur ces mêmes biens.

22. Les municipalités ne pourront, à peine de dommages et intérêts, s'immiscer dans l'administration ou gestion d'aucun des biens nationaux, sans délégation de la part des assemblées administratives de département et de district, ou de leurs directoires.

23. Celles qui auraient, en vertu du décret du 18 juin dernier, régi des biens nationaux dont la surveillance leur avait été confiée pour la présente année, continueront cette régie jusqu'à ce qu'ils aient été donnés à bail; en conséquence, elles feront donner aux terres les façons nécessaires, et faire les semailles, dont les frais leur seront remboursés par les fermiers entrans, sur le pied de l'estimation qui en sera faite par le directoire de département, sur l'avis de celui du district.

24. Lesdites municipalités rendront leur compte de ladite régie dans le courant du mois de janvier 1791, au directoire du district,

pour, sur son avis, être arrêté par celui du département ; et même pour éviter des circuits inutiles, aussitôt après la publication du présent décret, elles remettront au directoire du district les baux ou adjudications qu'elles auront passés, pour le prix en être versé directement dans la caisse du receveur du district.

25. Les ecclésiastiques qui ont été autorisés à administrer pendant la présente année les biens qu'ils faisaient valoir et dont ils auront continué l'exploitation, seront tenus, à peine de dommages et intérêts, de faire donner aux terres les façons d'usage, et de faire faire les semailles ; et les dépenses qu'ils auront faites leur seront remboursées, ainsi qu'il est expliqué à l'article 24 ci-dessus.

26. Les baux qui auraient été passés par des particuliers à aucuns des bénéficiers, corps, maisons et communautés supprimés, et des mains desquels l'administration de leurs biens a été retirée, seront et demeureront résiliés, à compter du 1er janvier 1791, sauf aux propriétaires leur indemnité, s'il y a lieu.

Ne seront néanmoins compris dans la résiliation des baux passés aux bénéficiers, que ceux qui l'auraient été pour le service ou l'exploitation des biens nationaux qu'ils possédaient, et non ceux pour leur service ou leur usage personnel.

27. Les assemblées administratives ou leurs directoires, n'entreront en exercice de leur administration qu'à compter du 1er janvier 1791, pour les biens dont elles ne se trouveraient pas en possession, et qui étaient régis par l'économe général du clergé et par tous les autres régisseurs, séquestres ou administrateurs particuliers, tant des biens ecclésiastiques que des autres biens nationaux, même de ceux des Jésuites, tous lesquels continueront de les régir jusqu'à cette époque seulement.

28. A la même époque, l'économe général, ainsi que les susdits régisseurs, séquestres ou administrateurs particuliers, même ceux des biens des Jésuites, excepté la régie des domaines et bois, sur laquelle il sera statué incessamment, rendront leur compte, savoir : l'économe général, au Corps-Législatif ;

Les autres régisseurs, séquestres ou administrateurs dont la gestion s'étendait sur des établissemens situés dans l'arrondissement de différens départemens, également au Corps-Législatif ;

Et ceux de ces derniers dont la gestion ne s'étendait que sur des établissemens situés dans un seul et même département, au directoire de ce département, qui les arrêtera sur l'avis de ceux des districts.

Tous seront tenus, dans la huitaine après l'arrêté de leurs comptes, d'en payer le reli-

quat, si aucun il y a, au receveur de la caisse de l'extraordinaire, à peine d'y être contraints, même par corps, à la requête de ce dernier, sauf à leur être fait raison de ce dont ils se trouveront en avance.

29. Les assemblées administratives et leurs directoires exerceront leur administration sur tous les biens nationaux non exceptés par les articles précédens, suivant les règles particulières ci-après.

TITRE II. De l'administration des biens nationaux en particulier.

Art. 1er. Les assemblées administratives et leurs directoires ne pourront régir par eux-mêmes ou par des préposés quelconques, aucun des biens nationaux ; ils seront tenus de tous les affermer, même les droits incorporels, excepté les rentes constituées et celles foncières créées en argent, de vingt livres et au-dessus, lesquelles seront perçues par les receveurs des districts, chacun dans leur arrondissement, ainsi qu'il est prescrit par le décret des 6 et 11 août dernier.

2. Les baux à ferme ou à loyer passés publiquement et à l'enchère, avant le 10 de ce mois, par les corps administratifs ou par les municipalités, dans quelque forme qu'ils soient, seront exécutés suivant leur forme et teneur.

3. Ceux qui auront été faits par les précédens possesseurs, pour des biens ecclésiastiques, suivant les règles établies par l'article 9 du titre 1er du décret du 14 mai dernier, concernant l'aliénation des biens nationaux, ou pour des biens d'apanage suivant les règles établies par l'article 7 du décret du 13 août suivant, concernant les apanages, seront pareillement exécutés. L'Assemblée s'en remet, au surplus, à la prudence des directoires de département et de district, pour le maintien des baux à loyer des maisons d'habitation faits sans fraude sous seing privé, dans les lieux où l'on était en usage de les passer ainsi.

4. Tous les baux qui ne seraient pas revêtus des formes ou passés dans les circonstances expliquées dans les deux articles précédens, seront déclarés nuls et comme non avenus; les directoires de district en feront affermer les biens dans les formes ci-après.

5. L'Assemblée déclare, au surplus, que dans la disposition de l'article 9 du titre 1er du décret du 14 mai dernier, qui défend aux acquéreurs d'expulser les fermiers, ne sont pas compris les baux généraux, lesquels sont et demeurent dès à-présent résiliés, excepté les baux généraux dont il va être parlé.

6. Les baux généraux dont les preneurs occupent ou font valoir par eux-mêmes ou par des colons partiaires les biens qui en font l'objet, continueront d'être exécutés.

7. Seront pareillement exécutés les baux

généraux dont les preneurs n'occupant ou ne faisant valoir par eux-mêmes ou par des colons partiaires, auraient passé des sous-baux en forme authentique avant le 2 novembre 1789, ou suivis de prise de possession avant cette époque, encore que les sous-baux eussent été passés par les preneurs, en qualité de fondés de procuration des bailleurs, pourvu qu'il y ait un bail général authentique, antérieur au 2 novembre 1789.

8. Le coût des baux résiliés par l'article précédent sera remboursé aux preneurs par les receveurs de districts des chefs-lieux des bénéfices ou établissemens publics dont dépendaient ci-devant les biens à eux affermés, et sous les mandats des directoires de ces districts, sans préjudice du recours desdits preneurs contre ceux auxquels ils pourraient avoir donné des pots-de-vin ou fait d'autres avances.

9. Dans le cas où parmi les biens compris dans lesdits baux généraux, il s'en trouverait une partie qui fût occupée ou exploitée par les preneurs ou leurs colons partiaires, ils seront exécutés en cette partie, conformément à l'article 9 du titre Ier du décret du 14 mai; à l'effet de quoi il sera procédé par des experts que nommeront lesdits preneurs et les procureurs-syndics de district de la situation de ces biens, à l'estimation des fermages qui devront être payés annuellement pour raison de cette partie.

10. Les baux à ferme ou à loyer, échus ou échéant la présente année, qui n'auraient pas été prorogés, ou que l'on n'aurait eu le temps de renouveler dans la forme ci-après, pourront être continués pour l'année prochaine; et dans le cas où ils ne le seraient pas, les directoires de département et de district feront, pour la meilleure administration des biens compris auxdits baux, ce qu'ils jugeront convenable.

11. Les baux subsistans seront renouvelés, dans les campagnes, un an, et dans les villes, six mois avant leur expiration.

12. Ne seront compris dans les baux à ferme ou à loyer les objets dont la jouissance a été réservée aux évêques et aux curés, ainsi qu'aux religieux qui voudront vivre en commun. Tous ceux non réservés, même ceux dépendant des bénéfices-cures, seront affermés, sauf aux curés à s'en rendre adjudicataires.

13. Les baux seront annoncés un mois d'avance par des publications, de dimanche en dimanche, à la porte des églises paroissiales de la situation, et de celles des principales églises les plus voisines, à l'issue de la messe de paroisse, et par des affiches, de quinzaine en quinzaine, aux lieux accoutumés. L'adjudication sera indiquée à un jour de marché, avec le lieu et l'heure où elle se fera. Il y sera procédé publiquement par-devant le directoire du district, à la chaleur des enchères, sauf à la remettre à un autre jour, s'il y a lieu.

14. Le ministère des notaires ne sera nullement nécessaire pour la passation desdits baux, ni pour tous les autres actes d'administration. Ces actes, ainsi que les baux, seront sujets au contrôle, et ils emporteront hypothèque et exécution parée. La minute sera signée par les parties qui sauront signer, et par les membres présens du directoire, ainsi que par le secrétaire, qui signera seul l'expédition (1).

15. Les baux des droits incorporels seront passés pour neuf années; ceux des autres biens seront passés pour trois, six ou neuf années. Lors de la vente, l'acquéreur pourra expulser le fermier, mais il ne pourra le faire, même en offrant de l'indemniser, qu'après l'expiration de la troisième année, ou de la sixième si la quatrième était commencée, ou de la neuvième si la septième avait commencé son cours, sans que, dans ces cas, les fermiers puissent exiger d'indemnité (2).

16. Les conditions de l'adjudication seront réglées par le directoire du district, et déposées au secrétariat, ainsi qu'à celui de la municipalité du chef-lieu de la situation des biens, dès le jour de la première publication, pour en être pris communication, sans frais, par tous ceux qui le désireront.

17. Outre les conditions légales et d'usage en chaque lieu, et outre celles que les directoires de district croiront devoir imposer pour le bien de la chose, les suivantes seront toujours expressément rappelées.

18. A l'entrée de la jouissance, il sera procédé par experts à la visite des objets affermés, ensemble à l'estimation du bétail et à l'inventaire du mobilier. Le tout sera fait contradictoirement avec le nouveau fermier et l'ancien, ou s'il n'y en avait point d'ancien, avec un commissaire pris dans le directoire

(1) Les adjudications administratives emportent de plein droit et sans stipulation expresse, hypothèque au profit de l'État, sur les biens de l'adjudicataire. — Les dispositions des lois de 1790 et 93 sur ce point, loin d'avoir été abrogées par le Code civil, ont été confirmées par son article 2098 (29 mars 1830; Paris, S. 30, 2, 231; D. 30, 2, 208).

(2) Le congé donné par un co-propriétaire indivis, en son nom seul, pour tous les objets compris au bail, est pleinement valable, lorsque ce congé n'est pas désavoué par les autres co-propriétaires (11 pluviôse an 12; Cass. S. 4, 2, 550).

du district, ou par lui délégué. Les frais de ces opérations seront à la charge du nouveau fermier, sauf son recours contre l'ancien, si celui-ci y était assujéti.

19. L'adjudicataire ne pourra prétendre aucune indemnité ou diminution du prix de son bail, en aucun cas, même pour stérilité, inondation, grêle, gelée, ou tous autres cas fortuits.

20. Le fermier ou locataire sera tenu, outre le prix de son bail, d'acquitter toutes les charges annuelles dont il sera joint un tableau à celui des conditions; il sera tenu encore de toutes les réparations locatives, et de payer les frais d'adjudication.

21. L'adjudicataire sera tenu de fournir une caution solvable et domiciliée dans l'étendue du département, dont il rapportera la soumission par acte authentique, si elle n'est pas faite au secrétariat dans la huitaine après l'adjudication; à défaut de quoi il sera procédé à un nouveau bail à sa folle-enchère.

22. Les directoires de district donneront tous leurs soins pour que la culture des fonds soit répandue dans le plus de mains possible; en conséquence, ils seront particulièrement assujétis aux règles suivantes.

23. Il sera passé des baux des bâtimens, maisons et fonds de terre, séparément de ceux des droits fonciers, tels que les champarts et les droits ci-devant féodaux, seigneuriaux ou censuels, et autres de même nature. S'il était plus avantageux de comprendre ces deux genres de biens dans un même bail, le prix de chaque genre sera distinct et séparé.

24. 1° Les baux des droits fonciers ne comprendront que les prestations ordinaires et annuelles à échoir.

2° Quant à celles échues, les fermiers seront chargés de donner tous leurs soins pour en procurer le recouvrement.

3° Ils seront également chargés de donner tous leurs soins pour procurer le recouvrement des droits casuels échus et à échoir.

4° En cas qu'il ne dépendît d'une terre que des droits casuels, le fermier de la terre la plus voisine dont il dépendra des prestations ordinaires et annuelles, sera chargé desdits soins.

5° Il sera accordé aux fermiers, pour prix de leursdites peines et soins, un sou par livre du montant des sommes qu'ils feront rentrer, ou telle autre récompense qui sera jugée convenable par le directoire de district, pourvu qu'elle n'excède pas deux sous par livre.

6° Les prestations ordinaires et annuelles échues, ainsi que les droits casuels échus et à échoir, seront liquidés par le directoire de district, en présence du procureur-syndic, des redevables et du fermier.

7° Les remises d'usage pourront être faites sur les droits casuels par le directoire de district, sur l'avis du procureur-syndic. En cas

que les droits casuels excèdent la somme de mille livres, aucune liquidation ne pourra avoir d'effet ni aucune remise ne pourra être accordée qu'autant qu'elles auront été approuvées par le directoire de département.

8° Le montant des prestations ordinaires et annuelles échues, et des droits casuels échus et à échoir, sera payé au receveur de district; et lors du paiement, les fermiers toucheront la récompense qui leur aura été accordée.

9° En cas de rachat des prestations ordinaires et annuelles, et des droits casuels, le prix des unes et des autres sera versé directement dans la caisse du district, sans que le fermier puisse prétendre à aucune autre indemnité qu'à une diminution du prix du bail, proportionnée au produit des prestations ordinaires et annuelles rachetées d'après la fixation qui en sera faite pour le rachat.

10° Ne seront comprises dans les baux les prestations ordinaires et annuelles, ni ne seront perçus par les receveurs les droits casuels échus avant le 1er janvier 1789, et réservés aux bénéficiers séculiers par le décret des 6 et 11 août dernier.

11° Les fermiers seront tenus d'avoir un registre qui sera paraphé par le président du directoire du district, dans lequel ils inscriront, par ordre de dates et de numéros, les quittances qu'ils donneront des prestations ordinaires et annuelles, et celles qui seront données par les receveurs de district des prestations ordinaires et annuelles échues, et des droits casuels tant échus qu'à échoir, toutes lesquelles ils feront signer par les redevables qui sauront signer.

25. Les fermiers actuels des droits seigneuriaux et féodaux ne pourront, en cas de rachat des uns ou des autres, prétendre à d'autre indemnité que celle réglée dans l'article 24 ci-dessus, sauf à eux à demander la résiliation de leur bail, laquelle ne pourra leur être refusée.

26. Il sera pareillement passé des baux distincts et séparés des biens dépendant ci-devant de chaque bénéfice, de chaque corps, maison, communauté ou établissement, pour les parties situées dans l'arrondissement de différens districts, ainsi que pour les corps de domaines, métairies, ou pour les masses particulières et distinctes des autres domaines nationaux situés dans l'arrondissement de plusieurs districts.

27. Si les bâtimens nécessaires à l'exploitation d'une ferme ou d'un corps de domaine, sont situés dans un district, les fonds en dépendant dans un ou plusieurs autres districts, l'administration appartiendra au district dans l'arrondissement duquel les bâtimens seront situés.

28. L'adjudication des bois taillis qui tomberont en coupe, et qui n'auront pas été com-

pris dans les baux, se fera dans la même forme que ceux-ci, quand le cas le requerra.

29. Les dispositions des articles 2, 3 et 4 du présent titre, concernant les baux à ferme, auront lieu à l'égard des baux à moitié ou à tiers fruits; mais pendant leur durée, les directoires de district mettront en adjudication la portion des fruits et tous les autres produits revenant aux propriétaires. Après leur expiration, ils mettront en ferme la totalité, de la même manière que les autres biens.

30. Si, néanmoins, des vignes avaient été données à moitié ou tiers fruits, les directoires de district pourront, en les affermant, imposer au fermier la condition de continuer de les faire cultiver par des colons partiaires, suivant l'usage, en rendant les fermiers et les colons responsables des dégradations qui pourraient être commises.

31. Les directoires de district se feront représenter, soit par les fermiers, soit par les preneurs à moitié ou à tiers fruits, les baux et les actes de cheptel, pour vérifier: 1° si à leur entrée les terres étaient ensemencées, et si elles devaient l'être à leur sortie; 2° si les bestiaux sont dans le même nombre et la même valeur, pour ensuite faire remplir aux preneurs leurs obligations sur ces deux objets, sauf à faire raison aux bénéficiers séculiers, ainsi qu'aux curés ci-devant réguliers, de ce qu'ils justifieront avoir avancé pour les semences, les bestiaux et les instrumens d'agriculture.

32. Lors de la vente des corps de domaines ou métairies, si elle se fait en gros, les bestiaux, ainsi que les harnais et instrumens aratoires, seront vendus avec les domaines et métairies; mais si elle se fait en détail, ces derniers objets seront vendus séparément (1).

33. Il sera incessamment pourvu aux moyens de fournir, à compter du 1er janvier 1791, aux réparations et entretien des églises paroissiales, des presbytères, des clôtures de cimetière, ainsi qu'à la dépense des livres, vases sacrés, ornemens et autres dépenses dont étaient tenus soit les décimateurs, tant ecclésiastiques que laïques, soit les bénéficiers, les chapitres et autres corps. A l'égard de la présente année, cette partie de la dépense du culte sera supportée par les décimateurs laïques, dans les cas où ils seront obligés, et pour la quotité à laquelle ils sont tenus. En ce qui concerne la portion de cette dépense que supportaient les décimateurs ecclésiastiques, elle sera payée la présente année par les receveurs de district, chacun dans leur arrondissement, d'après la liquidation qui en

sera faite par le directoire du département, sur l'avis de celui du district, et en suite des observations des municipalités.

34. Les dispositions des articles 36 et 37 du décret du 24 juillet dernier, concernant le traitement du clergé actuel, auront lieu à l'égard des réparations et des fournitures auxquelles étaient obligés les décimateurs ecclésiastiques; néanmoins, tant ces derniers que les bénéficiers compris aux deux articles susdits, seront tenus d'acquitter les réparations et les fournitures pour lesquelles il y aurait contre eux des condamnations prononcées par des jugemens en dernier ressort.

35. Les héritiers des bénéficiers et des décimateurs ecclésiastiques qui seraient décédés depuis le 1er janvier 1790, jouiront des avantages dont ceux-ci auraient profité s'ils eussent vécu.

TITRE III. Du mobilier, des titres et papiers, et des procès.

Art. 1er. Aussitôt après l'évacuation des maisons et bâtimens qui ne seront plus occupés, et des églises dans lesquelles il ne se fera plus de service, les directoires de district feront vendre tous les meubles, effets et ustensiles dont aucune destination particulière n'aurait été affectée en vertu des décrets de l'Assemblée. L'argenterie qui n'aurait pas été réservée, en vertu des décrets de l'Assemblée, sera portée aux hôtels des monnaies, dont les directeurs donneront leurs récépissés au procureur-syndic, lequel les fera passer au procureur-général-syndic, pour les envoyer aux officiers qui seront chargés de la direction générale des monnaies.

2. Il sera fait, de l'ordre des directoires de département, par les directoires de district, ou par tels préposés que ceux-ci commettront, un catalogue des livres, manuscrits, médailles, machines, tableaux, gravures et autres objets de ce genre qui se trouveront dans les bibliothèques ou cabinets de corps, maisons et communautés supprimés, et conservés provisoirement, ou un récolement sur les catalogues ou inventaires qui auraient déjà été faits.

3. Il sera fait une distinction des livres et autres objets à conserver, d'avec ceux qui seront dans le cas d'être vendus. Pour y parvenir, les municipalités seront entendues dans leurs observations: les directoires de district les vérifieront, et ceux de département donneront leur avis; ensuite ils enverront le tout au Corps-Législatif, pour être statué ce qu'il appartiendra, soit sur les objets à vendre, soit pour la destination de ceux à conserver. Au surplus, il sera statué incessamment sur la

___

(1) La question de savoir à qui appartient un cheptel dépendant d'un domaine adjugé à un particulier, après avoir été dans les mains de la caisse d'amortissement, appartient à l'autorité administrative (1er novembre 1814, ordonn. du Roi; J. C t. 3, 32).

destination des ornemens et linges d'églises, monastères et couvens supprimés.

4. Les procès-verbaux de vente seront exempts de tous droits, excepté de quinze sous pour le contrôle. Le prix en sera versé dans la caisse du receveur de district.

5. Les ventes seront faites dans un encan, par tel officier qui sera choisi par le directoire du district, en présence de ses membres et d'un officier municipal.

6. La vente sera annoncée un mois d'avance par des affiches, de huitaine en huitaine, dans les lieux voisins et accoutumés; elle sera faite dans les lieux où se trouvera le plus grand concours d'acheteurs, suivant l'indication qui sera donnée par les directoires de district.

Les dépositaires des objets ci-devant énoncés seront tenus de les représenter à la première réquisition, à peine d'y être contraints même par corps.

8. En cas de soustraction ou de recelé desdits objets, si les soustracteurs ou receleurs ne les représentent pas dans la quinzaine de la publication du présent décret, ou ne se soumettent pas d'en rapporter la valeur, ils seront poursuivis et punis suivant la rigueur des lois.

9. Les registres, les papiers, les terriers, les chartes, et tous autres titres quelconques des bénéficiers, corps, maisons et communautés, des biens desquels l'administration est confiée aux administrations de département et de district, seront déposés aux archives du district de la situation desdits bénéfices ou établissemens, avec l'inventaire qui aura été ou qui sera fait préalablement.

10. A cet effet, tous dépositaires seront tenus, dans le délai fixé par l'article 8 ci-dessus de les remettre auxdites archives, à peine d'y être contraints, même par corps; et en cas de soustraction de recelé, si les soustracteurs ou receleurs ne les rapportent pas dans le même délai ce qu'ils ont enlevé, ou s'ils ne se soumettent pas de le rapporter, ils seront poursuivis et punis selon la rigueur des lois.

11. Les conventions faites par les bénéficiers, corps, maisons et communautés, des mains desquels l'administration de leurs biens a été retirée, avec des commissaires à terriers ou feudistes, pour la rénovation des terriers ou la recette des rentes et autres droits dépendant desdits bénéficiers, corps, maisons ou communautés, sont et demeurent résiliées sans indemnité. Néanmoins, les travaux qui auraient été par eux faits leur seront payés d'après lesdites conventions ou suivant l'estimation, et les corps administratifs prendront telles mesures que leur prudence leur suggérera pour faire passer aux redevables des reconnaissances desdits droits, conformément à ce qui est prescrit par le titre Ier du décret du 15 mars dernier sur les droits féodaux.

12. Tous procès pendant entre des bénéficiers, des maisons, corps et communautés, des mains desquels l'administration de leurs biens a été retirée, sont et demeurent éteints. Quant à ceux dans lesquels se trouvaient partie des laïques, ou quelques-uns des corps, maisons et communautés auxquels l'administration de leurs biens a été laissée provisoirement, la poursuite pourra en être reprise après l'expiration du délai prescrit par le décret du 27 mai dernier, sanctionné le 28, soit par les parties intéressées, soit par les corps administratifs, de la manière ci-après réglée.

13. Toutes actions en justice, principales, incidentes ou en reprise, qui seront intentées par les corps administratifs, le seront au nom du procureur-général-syndic du département, poursuite et diligence du procureur-syndic du district, et ceux qui voudront en intenter contre ces corps seront tenus de les diriger contre ledit procureur-général-syndic (1).

14. Il ne pourra être intenté aucune action par le procureur-général-syndic qu'en suite d'un arrêté du directoire du département, pris sur l'avis du directoire de district, à peine de nullité et de responsabilité, excepté pour les objets de simple recouvrement (2).

15. Il ne pourra en être exercé aucune

---

(1) Les actions relatives à la propriété des biens meubles contestée à l'État peuvent et doivent être exercées par les préfets (Décision de Son Exc. le grand-juge, du 24 septembre 1807; Instruction générale de la régie; S. 7, 2, 290).

Une créance domaniale est soumise à l'action ou du directeur des domaines, ou du préfet, selon qu'il s'agit du simple recouvrement d'une créance non contestée, ou de faire juger la propriété d'une créance contestée. — Ainsi, la direction des domaines a qualité pour réclamer le recouvrement des créances dues à l'État; mais s'il y a contestation sur le fond de ces créances, au préfet seul appartient le droit de poursuivre (30 juin et 6 août 1828; Cass. S. 28, 1, 306 et 375; D. 28, 1, 305 et 306).

Les actions du domaine, devant les corps administratifs, doivent être intentées à la requête des régisseurs, aux termes de l'art. 12 de la loi du 19 août = 12 septembre 1791; mais les actions judiciaires, devant les tribunaux, doivent être intentées ou soutenues par le procureur-général-syndic (aujourd'hui par le préfet) (3 décembre 1828; ord. Mac. 10, 805).

(2) C'est au préfet lui-même, lorsqu'il est défendeur, que l'assignation doit être donnée; une procédure qui serait faite contre l'État, par suite d'une assignation donnée au préfet, dans la personne du sous-préfet, est radicalement nulle (20 nivôse an 13; Cass. S. 7, 2, 750).

Le procureur-général ou commissaire du gouvernement près des administrations départemen-

contre ledit procureur-général-syndic, en sadite qualité, par qui que ce soit, sans qu'au préalable on ne se soit pourvu par simple mémoire, d'abord au directoire du district pour donner son avis, ensuite au directoire du département pour donner une décision, aussi à peine de nullité. Les directoires de district et de département statueront sur le mémoire dans le mois, à compter du jour qu'il aura

été remis, avec les pièces justificatives, au secrétariat du district, dont le secrétaire donnera son récépissé, et dont il fera mention sur le registre qu'il tiendra à cet effet. La remise et l'enregistrement du mémoire interrompront la prescription; et dans le cas où les corps administratifs n'auraient pas statué à l'expiration du délai ci-dessus, il sera permis de se pourvoir devant les tribunaux (1).

---

tales ou centrales, ne pouvait être actionné et plaider avant d'y être autorisé par l'administration (8 pluviose an 13; Cass. S. 5, 1, 110).

Le préfet n'a pas aujourd'hui besoin d'autorisation (26 novembre 1828, Bordeaux; S. 29, 2, 141). *Voy.* loi du 19 niv. an 4. *Voy.* loi du 28 pluv. an 8.

(1) La disposition de cet article n'a point été abrogée par la loi du 28 pluv. an 8 (17 mars 1825. ord.; Mac. t. 7, p. 150).

Le mémoire doit être présenté au préfet, et la décision prise par lui; ce n'est pas au conseil de préfecture à statuer (1er décembre 1824, ord.; Mac. t. 6, p. 645. — 17 mars 1825; Mac. t., p. 150).

Lorsqu'un particulier s'adresse au conseil de préfecture, en vertu de cet article, pour obtenir l'autorisation de citer le préfet par action en garantie ou autrement, le conseil de préfecture n'a pas à décider si la demande est bien ou mal fondée, le droit du réclamant ne lui est pas soumis : il n'a qu'à émettre un simple avis pour être règle du préfet (11 décembre 1816, ord.; J. C. t. 3. p. 448. — 18 avril 1821. 13 juin 1821, ord.; Mac. t. 1, p. 503 et t. 2, p. 60)

Lorsque, sur la demande formée par des particuliers contre un établissement public, devant le Conseil-d'Etat, le Conseil-d'Etat renvoie les demandeurs à se pourvoir devant les tribunaux, l'action peut être intentée, sans qu'il soit nécessaire d'obtenir une autorisation : le renvoi devant les tribunaux équivaut à l'autorisation d'actionner l'établissement public (22 mai 1822; Cass. 22, 1. 301).

Lorsqu'un particulier s'adresse à un conseil de préfecture pour en obtenir l'autorisation de poursuivre le domaine dans la personne du préfet, la décision du conseil de préfecture sur le fond du droit qu'il s'agit de contester n'a pas le caractère de chose jugée, c'est une simple décision d'économie intérieure qui peut lier les agens de l'administration, mais qui ne lie aucunement les tiers intéressés (1 juillet 1816, ord.; J. C. t. 3, p. 329).

Lorsqu'un conseil de préfecture auquel la régie du domaine a demandé l'autorisation pour se défendre sur une action en revendication, refuse l'autorisation, en se fondant sur ce que la propriété appartient réellement au demandeur, il n'y a point encore là de décision sur la propriété; il n'y a qu'un refus d'autoriser; mais, si le conseil de préfecture ordonne par suite la réintégration du demandeur, ou lui donne main-levée de tout séquestre; dès lors, il y a décision sur une question de propriété, et conséquemment excès de pouvoir (9 avril 1817, ord.; J. C. t. 3 p. 359).

La loi du 14 frimaire an 2, qui confère aux districts nombre d'attributions des administrations de département, ne leur confère pas le soin de défendre le domaine, dans les procès relatifs à des propriétés immobilières (22 novembre 1815; Cass. S. 16, 1, 96).

La nullité résultant du défaut de présentation d'un mémoire étant d'ordre public, peut être présentée en tout état de cause; même en cause d'appel (17 mars 1826, Bordeaux, S. 26, 2, 263; 16 décembre 1830, Nimes, S. 31, 2, 271; D. 31, 2, 223; 27 juillet 1832, Poitiers, S. 32, 2. 502).

Le contraire semble cependant résulter d'un arrêt du 16 août 1831. Bourges; S. 32, 2, 39.

Il y a des cas ou la présentation du mémoire est inutile ou peut être considérée comme suppléée. Ainsi, lorsque des habitans d'une contrée ont formé, contre l'Etat, une demande en délaissement d'une forêt, ils peuvent, par des conclusions subsidiaires, demander à être admis au cantonnement, sans être obligés de présenter de nouveau un mémoire à l'administration pour la faire statuer sur ses conclusions subsidiaires. — En général, un mémoire ayant été présenté sur la demande principale, il n'est pas nécessaire d'en présenter un autre sur une demande subsidiaire (4 janv. 1831; Cass. S. 31, 1, 79; D. 31, 1, 124).

Ainsi la présentation du mémoire n'est pas nécessaire au cas où il ne s'agit que de faire ordonner l'exécution d'un jugement passé en force de chose jugée, exécution à laquelle se refuse le domaine, sous prétexte que le jugement a besoin d'interprétation (22 mai 1832. Cass. S. 32, 1, 324).

Ainsi, lorsque dans une constestation existante entre l'acquéreur d'une rente, transférée par l'Etat, et le débiteur prétendu de la rente, il intervient jugement qui ordonne la mise en cause du Domaine, et que l'acquéreur, signifiant ce jugement, forme, en même temps, demande en garantie contre le domaine, son vendeur, cette demande en garantie n'étant que la suite et la conséquence de la mise en cause, on ne peut prétendre qu'elle eût dû, à peine de nullité, être précédée d'un mémoire adressé à l'administration (16 mars 1825; Cass. S. 26, 1, 171).

Ainsi, le vœu de la loi est suffisamment rempli lorsque, avant l'action, plusieurs mémoires ont été adressés au préfet, afin de terminer la constestation extrajudiciairement, bien que ces mémoires n'aient point été présentés précisément dans le but de remplir la formalité prescrite par la loi de 1790. Il suffit que, de fait, le domaine ait été suffisamment averti avant le procès (14 juin 1832; Cass. S. 32, 1, 679; D. 32, 1, 240).

28.

16. Les frais qui seront légitimement faits par les directoires de département et de district, dans la suite des procès, passeront dans la dépense de leurs comptes.

Titre IV. — *Des créanciers particuliers des maisons, corps et communautés supprimés.*

Art. 1er. Les frais faits sous le nom des maisons, corps et communautés auxquels l'administration de leurs biens a été laissée provisoirement, seront par eux acquittés. A l'égard des bénéficiers, corps, maisons et communautés, des mains desquels l'administration de leurs biens a été retirée, les dépens par eux faits, et qu'ils auront payés, ne leur seront pas remboursés; mais ceux légitimement faits et non payés le seront des deniers du trésor public. Ne seront, au surplus, acquittés des deniers du trésor public, parmi les dépens faits par les bénéficiers, que ceux faits à raison de leurs bénéfices et pour leur utilité.

2. Les procureurs, les acquéreurs de leurs offices, leurs veuves, héritiers ou ayant-droit, qui prétendront être créanciers pour cause desdits, seront tenus de remettre dans trois mois, à compter de la publication du présent décret, au secrétariat du district de leur domicile, sous le récépissé du secrétaire, leur mémoire et les pièces et procédures. Dans trois autres mois, le directoire du district donnera son avis, et le directoire du département arrêtera lesdits frais.

3. Pendant les trois premiers mois, les possesseurs des pièces et procédures pourront les retenir; mais passé ledit temps, ils seront tenus d'en faire la remise quand ils en seront requis, sinon ils y seront contraints, même par corps.

4. Pour justifier de leurs créances, outre le rapport des pièces et procédures, ils seront tenus de représenter les registres des procureurs qui auront fait lesdits frais. Ils en seront dispensés lorsqu'ils auront des arrêtés de compte, et une décharge des pièces. Les direc-

toires de département pourront, sur l'avis de ceux de district, exiger, quand ils le croiront convenable, leur affirmation que ce qu'ils réclament leur est bien et légitimement dû, à laquelle affirmation il sera procédé sans frais par-devant les tribunaux, et publiquement en présence du procureur-général-syndic, ou lui dûment appelé.

5. Les fins de non-recevoir établies par les ordonnances, coutumes et réglemens sur cette matière, auront lieu dans les cas qui y sont déterminés. Néanmoins, leur effet sera suspendu à compter du 2 novembre dernier jusqu'à la publication du présent décret, et pendant trois mois après.

6. Les créanciers pour d'autres causes, des corps, maisons et communautés auxquels l'administration de leurs biens a été laissée provisoirement, seront aussi par eux payés.

7. Pour faciliter l'acquittement de leurs dettes, lesdits corps, maisons et communautés pourront recevoir les capitaux des sommes à eux dues, et le rachat de leurs rentes, à la charge d'obtenir préalablement une autorisation du directoire du département; à l'effet de quoi ils adresseront leur demande, avec les pièces justificatives, au directoire de district, pour vérifier les motifs et donner son avis. Jusqu'à ladite autorisation, les débiteurs ne pourront se libérer ou se racheter qu'en payant aux receveurs des districts; et dans le cas où il y aurait du péril dans la demeure, ces derniers, d'après un arrêté du directoire du département, pris sur l'avis de celui du district, feront le recouvrement des sommes dues, sauf à les employer à l'acquittement des dettes desdits corps, maisons et communautés, s'il y a lieu.

8. Les créanciers pour autre cause que des frais de procédures sur les biens des bénéfices, ainsi que ceux des maisons, corps et communautés des mains desquels l'administration de leurs biens a été retirée, y compris ceux des Jésuites, seront payés de ce qui sera reconnu

---

Ainsi, on peut regarder comme satisfaisant au vœu de la loi la signification faite par la partie demanderesse de ses titres au préfet, avec sommation d'avoir à reconnaître ses droits (16 août 1831, Bourges; S. 32, 2, 39).

Voici, au contraire, plusieurs cas dans lesquels la nécessité de présenter un mémoire a été maintenue. Ainsi, de ce que, avant l'action intentée contre l'État par une partie relativement à la propriété d'un immeuble, cette partie aurait été citée correctionnellement à la requête d'une administration publique, pour entreprises sur le terrain litigieux, on ne peut conclure que la partie demanderesse ou civile soit dispensée de la présentation préalable d'un mémoire (27 juillet 1832, Poitiers; S. 32, 2, 502).

Ainsi, il y a nécessité de présenter le mémoire, même par une commune autorisée à plaider (16

décembre 1830, Nîmes; S. 31, 2, 271; D. 31, 2, 223).

Ainsi, la disposition est applicable même au cas où il s'agit d'une simple mise en cause ordonnée dans une contestation, sur la demande du ministère public; peu importe qu'aucunes conclusions formelles ne soient prises dans l'assignation contre le préfet (6 avril 1829, Toulouse; S. 29, 2, 183; D. 29, 2, 161).

Ainsi est nulle une sentence rendue en l'an 3 par des arbitres forcés au profit d'une commune, lorsqu'il n'est pas constaté que l'instance devant les arbitres ait été précédée de la présentation d'un mémoire, lorsque d'ailleurs l'instance a été soutenue, et les arbitres nommés par l'agent du directoire (26 décembre 1826; Cass. S. 27, 1. 457; Dal. 27, 1, 100). *Voy.* loi du 15 = 27 mars 1791, et les notes sur la loi du 10 juin 1793.

leur être légitimement dû, des deniers du Trésor public. Pour parvenir à la liquidation de leurs créances, tout ce qui est prescrit par l'article 2 ci-dessus, sera observé à leur égard.

9. Les emprunts qu'auraient pu avoir faits les bénéficiers, pour des causes reconnues nécessaires ou utiles à leurs bénéfices, et ceux qu'auraient pu avoir faits de bonne foi les corps, maisons et communautés, et qui seront constatés par actes authentiques d'une date antérieure au 2 novembre dernier, seront déclarés légitimes.

10. Il en sera de même des emprunts qui, pour les mêmes causes, auraient été faits par lesdits corps, maisons et communautés, et qui ne seraient établis que par actes sous seing privé, pourvu que ces actes aient une date certaine, antérieure au 2 novembre dernier, ou qu'ils soient rappelés à une date antérieure audit jour, sur les registres ou livres de compte de ces maisons, corps et communautés, tenus de bonne foi et inventoriés en vertu des décrets de l'Assemblée.

11. Si, pour des emprunts contractés pour les causes expliquées dans les articles 9 et 10 ci-dessus, il a été constitué des rentes perpétuelles ou viagères, par des actes passés dans l'une des formes ci-devant expliquées, elles seront également déclarées légitimes.

12. S'il existe des conventions ou prix faits, passés avec des entrepreneurs ou ouvriers, des artistes, écrivains ou archivistes, pour des fournitures ou des ouvrages, les directoires de département, sur l'avis de ceux de district, pourront les faire exécuter ou les résilier, suivant qu'ils le jugeront convenable. En cas d'exécution, les entrepreneurs ou ouvriers, les artistes, écrivains et archivistes seront payés conformément aux conventions et prix faits; s'ils sont résiliés, ils seront payés des ouvrages et des fournitures qui auront été faits, suivant l'estimation.

13. A l'égard des marchands, fournisseurs et ouvriers qui auraient fait des délivrances, fournitures ou ouvrages, ils seront de même payés de ce qui leur sera légitimement dû. On ne pourra leur opposer de fins de non-recevoir que conformément à l'article 5 ci-dessus.

14. Elles cesseront même d'avoir leur effet toutes les fois que le directoire du département, sur l'avis de celui du district, trouvera dans les livres des marchands, fournisseurs ou ouvriers, et dans les registres ou livres de comptes des maisons, corps ou communautés, tenus de bonne foi, et en les comparant les uns avec les autres, que les délivrances, fournitures ou ouvrages ont été faits, et qu'ils n'ont pas été payés.

15. L'affirmation prescrite par l'article 1 ci-dessus pourra être exigée lorsqu'il y aura lieu.

16. Ceux qui auront fait des fournitures, délivrances ou ouvrages dans le courant de l'année 1790, aux religieux dont les pensions doivent être payées pour 1790 au 1er janvier 1791, suivant l'article 1er du décret du 8 octobre dernier, se pourvoiront pour ces objets contre lesdits religieux, et ils seront autorisés à faire saisir lesdites pensions de 1790, même en totalité.

17. Dans le compte qui doit être fait avec lesdits religieux, suivant ledit article, de ce qu'ils auront touché à compter du 1er janvier 1790, seront portés en recette les fermages et loyers échus depuis et y compris la Saint-Martin 1789, et par eux reçus alors ou depuis cette époque.

18. En ce qui concerne les religieuses qui, par leur institut, ne sont pas employées à l'enseignement public et au soulagement des pauvres, et des mains desquelles l'administration de leurs biens a dû être retirée dès cette année, ainsi qu'à l'égard des chanoinesses, leurs pensions ou traitemens ne devant commencer qu'à compter du 1er janvier 1791, les marchands, fournisseurs et ouvriers qui auraient fait pour elles des délivrances, fournitures ou ouvrages, et qui seront reconnus légitimes, ainsi que leurs aumôniers ou chapelains pour leurs honoraires, et leurs domestiques pour leurs gages, seront payés des deniers du trésor public. A cet effet, tous observeront ce qui est prescrit par l'article 2 du présent titre.

19. Pour faciliter la reconnaissance de la légitimité des dettes qu'elles auraient pu contracter pour ces objets pendant la présente année, lesdites religieuses et chanoinesses seront tenues de rendre compte au 1er janvier 1791 de leur recette et de leur dépense, en portant dans la recette les fermages et loyers échus depuis et y compris la Saint-Martin 1789, et par elles reçus alors ou depuis cette époque. En cas qu'elles eussent, au moment où elles doivent rendre compte, des deniers entre les mains, elles les imputeront sur le premier quartier de leurs pensions et traitemens de 1791, ou jusqu'à concurrence; quant au surplus, s'il y en a, elles le verseront dans la caisse du receveur du district.

20. Tous les créanciers mentionnés dans les précédens articles seront assujétis à tout ce qui a été ci-devant prescrit, encore qu'ils eussent obtenu des sentences, arrêts ou jugemens en dernier ressort, dans l'intervalle de la publication du décret des 14 et 20 avril dernier, jusqu'à l'expiration du délai prescrit par le décret du 27 mai, sanctionné le 28; et les frais de toutes les procédures faites pendant cet intervalle, ne leur seront point remboursés.

21. Les rentes perpétuelles et viagères mentionnées dans l'article 11 ci-dessus, seront payées cette année par les receveurs du district où étaient établis les bénéfices, corps,

maisons et communautés qui les devaient; et pour l'avenir, il y sera pourvu incessamment.

22. Les intérêts qui seront dus des capitaux exigibles, échus dans le courant de 1790, seront payés comme les arrérages des rentes de cette même année. Quant aux paiemens des capitaux, il y sera pourvu de la même manière que pour les autres dettes nationales exigibles.

23. Cependant, les directoires de département, en suite de l'avis de ceux de district, sont autorisés à ordonner, sur les deniers provenant des revenus de biens nationaux que les receveurs de district auront en caisse, d'après les arrêtés qu'ils auront faits, soit en vertu du présent décret, soit auparavant, tels paiemens à compte ou pour solde en faveur des marchands, fournisseurs, ouvriers ou autres créanciers qui ne pourraient pas attendre. Chaque partie prenante ne pourra recevoir capital, intérêt ou arrérages, que par ordre de numéros des ordonnances qui seront délivrées; mais chaque partie prenante pourra compenser ce qu'elle devra avec ce qui sera reconnu lui être dû, en donnant quittance réciproquement.

24. Au moyen des règles qui viennent d'être établies pour le paiement des créanciers dont il s'agit, les unions et directions formées par quelques-uns d'eux, notamment celles formées pour les biens des jésuites, sont et demeurent dès à-présent dissoutes et comme non avenues. Les procureurs-généraux syndics de département, sur l'avis de ceux de district, se feront remettre, en vertu d'ordonnance des directoires de département, par les syndics et directeurs desdites unions et directions, et par les procureurs, notaires et autres officiers publics employés par lesdits syndics et directeurs, les titres, pièces et procédures dont ils pourraient être dépositaires. Les procureurs-généraux-syndics feront en outre rendre de la même manière à tous les susnommés, compte de leur gestion, et des sommes qu'ils auront touchées, sauf à leur allouer ce qui leur sera légitimement dû.

TITRE V. De l'indemnité de la dîme inféodée (1).

Art. 1er. L'indemnité due aux propriétaires laïques de dîmes inféodées, français ou étrangers, sera réglée sur le pied du denier vingt-cinq de leur produit pour celles en nature, et sur le pied du denier vingt pour celles réduites en argent par des abonnemens irrévocables.

2. Ceux qui prétendraient avoir droit de dîme sur leur propre fonds, ou en être exempts d'une manière quelconque, n'auront droit à aucune indemnité.

3. Ceux auxquels il appartient, sur des dîmes ecclésiastiques, des rentes, soit en argent, soit en denrées ou autres espèces créées pour la concession faite à l'église desdites dîmes auparavant inféodées, seront indemnisés en la même manière que les propriétaires laïques des dîmes inféodées. Cette indemnité sera réglée dans la forme marquée ci-après, sur le pied du denier vingt pour celles en argent, et sur le pied du denier vingt-cinq pour celles en denrées ou autres espèces.

4. Ceux qui possèdent des dîmes ecclésiastiques qu'eux ou leurs auteurs auraient acquises à titre onéreux, et dont le prix aurait tourné au profit de l'église, auront droit à l'indemnité.

5. Le produit desdites dîmes, quand elles se trouveront abonnées, sera déterminé sur le prix de l'abonnement. Lorsqu'elles seront affermées, il le sera sur le pied des baux qui auront une date certaine, antérieure au 4 août 1789, actuellement subsistans, ainsi que sur ceux passés précédemment, et dont la durée aura commencé quinze ans avant ledit jour 4 août 1789. En cas qu'il n'en existât aucun de cette espèce, et dans le cas où ceux qui existeraient comprendraient, avec les dîmes, d'autres biens ou droits dont le prix ne serait pas distinct et séparé, le produit sera évalué de la manière ci-après réglée.

6. Les propriétaires remettront dans le mois, à compter de la publication du présent décret, sous le récépissé du secrétaire, au secrétariat du district où se percevait la majeure partie de leurs dîmes, leurs baux et leurs titres de propriété. Néanmoins, les dispositions des articles 3, 6, 7 et 8 du titre III du décret du 5 mars sur les droits féodaux, auront leur exécution pour les dîmes inféodées.

7. S'il n'existe aucun bail, aux termes de l'article 5, ils remettront avec leurs titres de propriété, un état des pièces de terre produisant des fruits décimables, en les indiquant par tenans et aboutissans, et en dénommant les possesseurs.

8. Lorsqu'il y aura des baux semblables à ceux ci-devant mentionnés, le directoire du district prendra les observations des municipalités, et donnera son avis; ensuite, le directoire du département statuera ce qu'il appartiendra. Le tout se fera dans deux mois après l'expiration du délai ci-devant fixé.

9. Dans le cas où il n'y aurait aucuns baux tels que ceux ci-devant mentionnés, il sera procédé à une estimation par experts, conformément aux articles 13, 14, 15, 16 et 17 du décret du 3 mai, concernant les droits féodaux. Pour cette estimation, un des experts sera choisi par le procureur-syndic du district, et l'autre par le propriétaire.

(1) Voy. lois du 4 août 1790, du 15 = 20 mars 1790, du 7 = 17 novembre 1790.

S'il est besoin d'un tiers-expert, il sera choisi par le directoire du département : l'estimation faite, le directoire du district prendra les observations des municipalités, donnera son avis, et le directoire du département statuera ce qu'il appartiendra.

10. Lors du réglement de ladite indemnité. déduction sera faite sur la valeur de la dîme, du capital de la portion congruë, même de ce qui est payable pour cette année dans les six premiers mois de 1791; savoir, jusqu'à concurrence de douze cents livres, pour les curés, et de sept cents livres pour les vicaires actuellement existans. Il sera pareillement fait déduction du capital de toutes les autres charges actuelles relatives au culte divin, même des réparations; mais ces déductions n'auront lieu que dans le cas où les dîmes inféodées étaient tenues de ces charges subsidiairement, et par insuffisance de celles ecclésiastiques, et des biens qui y étaient sujets, ou lorsqu'elles les supportaient concurremment, soit avec celles-ci, soit avec lesdits biens. Ces mêmes déductions n'auront lieu que jusqu'à concurrence de ce dont les dîmes inféodées auraient pu être tenues, après avoir épuisé les dîmes ecclésiastiques et lesdits biens.

11. Ceux auxquels il a été fait des abandons de biens-fonds à condition d'acquitter la portion congruë ou d'autres charges relatives au service divin en tout ou en partie, ou de payer quelques redevances ou refusions, verseront dans trois mois dans la caisse du district le capital de ce dont ils étaient tenus; savoir : sur le pied du denier vingt, pour ce qu'ils devaient en argent, et pour ce qu'ils devaient en denrées, sur le pied du denier vingt-cinq, suivant l'estimation qui sera faite pour ces derniers objets; ou bien ils seront tenus de renoncer auxdits biens-fonds, ce qu'ils opteront dans le mois à compter de la publication du présent décret; à défaut de quoi lesdits biens seront dès lors déclarés nationaux et mis en vente sans délai.

12. A l'égard de ceux auxquels il a été fait des abandons de dîmes, aux conditions mentionnées dans l'article précédent, ils seront tenus de déduire sur leur indemnité le capital des charges qui leur auront été imposées sur le même pied que ci-dessus.

13. Il ne sera accordé aucune indemnité pour les dîmes insolites, dont les propriétaires ne justifieraient pas d'une possession de quarante ans.

14. Dans les dîmes inféodées dont l'indemnité doit être acquittée des deniers du Trésor public, ne sont point comprises celles qui, quoique tenues en foi et hommage, seraient justifiées par titres être dues comme le prix de la concession du fonds. En ce cas, les redevables seront tenus de les racheter eux-mêmes, suivant le mode et le taux réglés pour le champart par le décret du 3 mai dernier,

nier, concernant les droits féodaux : et jusqu'au rachat, ils seront tenus de les payer.

15. Les propriétaires des dîmes inféodées qui prétendraient être autorisés à percevoir des droits casuels lors des mutations des héritages sujets à la dîme, ne pourront les faire entrer dans leur indemnité; mais ils continueront de les percevoir, le cas échéant, contre les redevables de la dîme, sauf à ces derniers leurs exceptions et défenses au contraire, et sauf à eux à racheter lesdits droits en cas qu'ils y fussent assujétis.

16. Les ci-devant propriétaires de fiefs, qui étaient autorisés par la loi ou par titre à percevoir des droits casuels en cas de mutations de la propriété de la dîme inféodée, seront indemnisés de ces droits par les propriétaires de la dîme, suivant le taux et le mode réglés, et en se soumettant à tout ce qui est prescrit par le décret du 3 mai dernier concernant les droits féodaux.

17. Si la dîme a été cumulée avec le champart, le terrage, l'agrier ou autres redevances de cette nature, ces droits fonciers ne seront dorénavant payés qu'à la quotité qu'ils étaient dus anciennement. En cas qu'on ne puisse découvrir l'ancienne quotité, elle sera réduite à la quotité réglée par la coutume ou l'usage des lieux.

18. Les propriétaires qui, ayant la dîme sur leurs héritages, les auraient concédés par bail emphytéotique pour un temps limité, à condition par les preneurs de la leur payer avec d'autres redevances, ou sans autres redevances, ne pourront prétendre à aucune indemnité; mais ils continueront de la percevoir jusqu'à l'expiration desdits baux, sans que les preneurs puissent forcer les propriétaires d'en souffrir le rachat.

19. Les corps, maisons, communautés et bénéficiers étrangers recevront annuellement l'équivalent en argent du produit de leurs dîmes en France, suivant l'estimation, aussi long-temps que les puissances dont ils dépendent permettront, sur leur territoire, l'exécution des articles 18, 19 et 20 du titre Ier du présent décret, tant pour les biens-fonds et autres, que pour les dîmes ou pour l'équivalant de celles-ci en argent, aussi suivant l'estimation.

20. Les fermiers et autres personnes qui, à raison des dîmes ecclésiastiques et inféodées, ou pour d'autres biens nationaux, auront quelques demandes en indemnité à former, les adresseront au directoire du district de leur domicile, sur l'avis duquel elles seront réglées par celui du département.

21. L'Assemblée déclare nuls et de nul effet tous jugemens, ainsi que les procédures qui les ont précédés ou suivis, rendus et faites au sujet des dîmes ecclésiastiques et autres biens nationaux, en contravention au sursis prononcé par le décret du 27 mai dernier, sauc-

tionné le 28, ou sans avoir appelé le procureur-général-syndic.

22. Toutes actions, soit contre des municipalités ou des communes, soit contre les particuliers, en paiement de la dîme ecclésiastique des années 1789 et 1790, ou pour indemnité à raison des empêchemens apportés à la perception, même les actions toujours pour fait de dîmes, autres que celles dont la procédure et les jugemens ont été annulés par l'article précédent, qui seront pendantes devant les tribunaux, et qui n'auront pas été jugées en dernier ressort, seront réglées sans frais, sur un simple mémoire, par les directoires de département, sur l'avis de ceux de district.

Cependant, en cas que la quantité de fruits décimables, le mode, la quotité ou le fond du droit fussent contestés, les corps administratifs se borneront à donner un avis, sauf ensuite aux parties intéressées à se pourvoir en ce cas par-devant les tribunaux, si elles le jugent à propos.

23. Les indemnités annuelles accordées par l'article 19 du présent titre, seront payées, à compter du 1er janvier 1791, par les receveurs des districts dans l'arrondissement desquels les dîmes se percevaient.

24. Quant aux autres indemnités, il sera pourvu à leur acquittement de la même manière que pour celui des autres dettes nationales exigibles, et les intérêts en courront à compter du 1er janvier 1791.

25. Les directoires de département feront faire par les directoires de district un état des indemnités qui seront accordées, et des créances qui seront reconnues légitimes, en exécution du présent décret, lequel état les directoires de département enverront sans délai au Corps Législatif (1).

26. Le Roi sera prié de faire donner aux puissances étrangères communication du présent décret, en ce qui les concerne, et de se concerter avec elles au plus tôt possible pour le règlement à faire entre elles et la nation française, sur les objets mentionnés dans les articles 18, 19, 20 et 21 du titre Ier, et 19 du présent titre, ainsi que pour procurer dès à-présent l'exécution des articles 19, 20 et 21 du titre Ier, et du 19e du présent titre.

28 OCTOBRE = 5 NOVEMBRE 1790. — Décret pour l'exécution des décrets sur les droits féodaux et seigneuriaux dans les départemens du Haut et du Bas-Rhin. (L. 2, 443; B. 7, 173.)

Voy. loi des 4, 6, 7, 8 et 11 août = 21

SEPTEMBRE 1789; loi des 15 = 28 MARS 1790.

L'Assemblée nationale, après avoir entendu le rapport de son comité féodal et de son comité diplomatique, considérant qu'il ne peut y avoir dans l'étendue de l'empire français d'autre souveraineté que celle de la nation, déclare que tous ses décrets acceptés et sanctionnés par le Roi, notamment ceux des 4, 6, 7, 8 et 11 août 1789, 15 mars 1790, et autres concernant les droits seigneuriaux et féodaux, doivent être exécutés dans les départemens du Haut et du Bas-Rhin, comme dans toutes les autres parties du royaume.

Et néanmoins, prenant en considération la bienveillance et l'amitié qui depuis si long-temps unissent intimement la nation française aux princes d'Allemagne possesseurs de biens dans lesdits départemens, décrète :

Que le Roi sera prié de faire négocier avec lesdits princes une détermination amiable des indemnités qui leur seront accordées pour raison de droits seigneuriaux et féodaux supprimés par lesdits décrets, et même l'acquisition desdits biens, en comprenant dans leur évaluation les droits seigneuriaux et féodaux qui existaient à l'époque de la réunion de la ci-devant province d'Alsace au royaume de France, pour être, sur le résultat de ces négociations, délibéré par l'Assemblée nationale dans la forme du décret constitutionnel du 22 mai dernier.

28 OCTOBRE = 1 NOVEMBRE 1790. — Décret relatif aux établissemens d'études, d'enseignement ou simplement religieux, faits en France par des particuliers et pour eux-mêmes. (L. 2, 445; B. 7, 171.)

Art. 1er. Les établissemens d'études, d'enseignement, ou simplement religieux, faits en France par des étrangers et pour eux-mêmes, continueront de subsister comme par le passé, sous les modifications ci-après.

2. Ceux desdits établissemens qui sont séculiers, continueront d'exister sous le même régime qu'ils ont eu jusqu'à ce jour, sauf à y faire par la suite les changemens que les lois sur l'éducation publique exigeront.

3. A l'égard de ceux qui sont réguliers, ils continueront d'exister comme séculiers, et à la charge par eux de se conformer aux décrets de l'Assemblée, acceptés et sanctionnés par le Roi, sur les vœux solennels.

4. Tous continueront de jouir des biens par eux acquis de leurs deniers ou de ceux de leur nation, comme par le passé.

---

(1) Un conseil de préfecture est incompétent pour s'immiscer dans l'exécution d'un arrêté d'un ci-devant directoire de département, qui accordait une indemnité pour suppression de dîmes,

cet arrêté n'était qu'un acte préparatoire dont l'exécution était subordonnée à l'approbation de l'autorité supérieure, conformément à cet article (11 août 1820, Av. Conseil-d'Etat; J. C. t. 5, 435).

5. En ce qui concerne les pensions, dons, aumônes, qui étaient accordés annuellement sur le Trésor public, pour le soutien d'aucun de ces établissemens et les arrérages échus, l'Assemblée en renvoie l'examen à ses comités des finances et des pensions, pour, sur le compte qu'ils lui rendront, être statué ce qu'il appartiendra.

6. Ceux desdits établissemens réguliers qui possédaient des biens attachés à des bénéfices dont pouvaient être pourvus aucuns d'eux, ou qui auraient été unis à leurs maisons, cesseront de jouir desdits biens dès la présente année, lesquels seront dès à-présent mis en vente comme biens nationaux, et seront, jusqu'à la vente, administrés par les corps administratifs, sauf auxdits établissemens à recouvrer les fermages représentant les fruits de l'année 1789.

7. Il sera accordé à chacun des religieux qui étaient effectivement établis et domiciliés en France dans les maisons auxquelles des bénéfices avaient été unis, une pension semblable à celle déterminée aux religieux français du même ordre, laquelle leur sera payée en 1791, à compter du 1er janvier 1790, par le receveur de district dans l'arrondissement duquel se trouvera l'établissement, après que chacun d'eux aura justifié au directoire du district et à celui du département, contradictoirement avec les municipalités, qu'il était effectivement établi et domicilié en France dans sa maison, au 13 février 1790.

8. Dans le cas où les biens des bénéfices unis à une maison ne suffiraient pas pour faire à chaque religieux qui en dépendrait, une pension semblable à celle ci-dessus, le revenu desdits biens sera partagé en autant de portions qu'il y aura de religieux dans la même maison, et il sera payé annuellement à chacun d'eux une somme égale à cette portion.

9. Les pensions seront individuelles et s'éteindront par le décès de chaque religieux; elles cesseront d'être payées à ceux qui quitteront la France, ou qui cesseront de faire le service d'instruction et d'enseignement auquel ils sont destinés par leur institut.

10. Les supérieurs de chaque maison seront tenus de justifier dans trois mois, à compter de la publication du présent décret, au directoire du district de leur établissement, des titres d'acquisition des biens qu'ils possèdent, tant en maisons et fonds de terre, qu'en rentes ou créances. Les directoires de district feront passer aux directoires de département les renseignemens et documens qui leur auront été fournis. Ces derniers les enverront au Corps-Législatif, lequel statuera ce qu'il appartiendra, soit à défaut de justification de titres, soit en cas qu'il y eût des biens acquis par lesdits établissemens, autrement que de leurs deniers ou de ceux de leur nation.

28 OCTOBRE = 5 NOVEMBRE 1790. — Décret pour l'envoi d'un régiment complet à Montauban. (B. 7, 174.)

28 OCTOBRE = 7 NOVEMBRE 1790. — Décret qui fixe à Perpignan le tribunal de commerce du district. (L. 2, 454; B. 7, 171.)

29 OCTOBRE = 2 NOVEMBRE 1790. — Décret portant que la ville d'Orange sera le siége du tribunal de son district. (L. 2, 374.)

29 OCTOBRE 1790. — Décret portant établissement d'un sixième juge au tribunal du district de Nantes, et de six juges-de-paix. (L. 2, 371; B. 7, 176.)

29 OCTOBRE = 2 NOVEMBRE 1790. — Décret portant établissement de juges-de-paix dans les villes de Moulins, de Rennes et de Soissons. (L. 2, 371, 372 et 375; B. 7, 176 et 177.)

29 OCTOBRE = 17 NOVEMBRE 1790. — Décret pour l'aliénation des biens nationaux à la municipalité de Paris. (L. 2, 498; B. 7, 177.)

29 OCTOBRE 1790. — Décret qui charge le comité de constitution de préparer un projet de loi sur les droits respectifs des officiers et des corps administratifs dans les cérémonies. (B. 7, 175.)

29 OCTOBRE 1790. — Décret qui fixe le terme de rigueur auquel les estimations des experts et l'évaluation d'après les baux des domaines nationaux doivent être remises au comité d'aliénation. (B. 7, 175.)

29 OCTOBRE 1790. — Avancemens. Voy. 23 SEPTEMBRE 1790, et 23 OCTOBRE 1790. — Aix. Voy. 24 OCTOBRE 1790. — Bar-le-Duc. Voy. 21 OCTOBRE 1790. — Bourgogne. Voy. 23 OCTOBRE 1790. — Discipline militaire. Voy. 15 SEPTEMBRE 1790. — Huningue. Voy. 23 OCTOBRE 1790. — Le Havre. Voy. 24 OCTOBRE 1790. — Tribunaux militaires. Voy. 22 SEPTEMBRE 1790.

30 OCTOBRE = 5 NOVEMBRE 1790. — Décret relatif au mode d'acquittement des gages et autres émolumens arriérés des offices supprimés, dus par l'Etat. (L. 2, 385; B. 7, 179.)

Voy. lois des 9 = 12 SEPTEMBRE 1790, et 25 DÉCEMBRE = 23 FÉVRIER 1791.

Art. 1er. Le remboursement de la dette exigible et des offices supprimés, ayant été ordonné en assignats-monnaie par le décret du 29 septembre dernier, les gages et autres émolumens arriérés des offices supprimés, dus par l'Etat, seront incessamment acquittés en la forme ordinaire, jusques et compris le 31 décembre 1790, au moyen de quoi il ne sera plus réuni au capital de chaque office, lors de la liquidation, que le montant des droits de provision énoncés en l'article 10 du titre 1er du décret du 12 septembre dernier.

2. En conséquence de la précédente disposition, tous émoluments, gages et attributions cesseront au 1er janvier 1791; les compagnies supprimées seront exclusivement tenues d'acquitter tous les arrérages de leurs dettes passives, jusqu'au 31 décembre de la présente année, et l'État en sera chargé, à compter du 1er janvier 1791.

3. Conformément à ce qui a été prescrit par le décret du 12 septembre, il sera délivré à chaque titulaire liquidé un brevet ou reconnaissance de liquidation payable en assignats, et acceptable pour l'acquisition des domaines nationaux.

4. Ces reconnaissances seront converties en assignats à présentation à la caisse de l'extraordinaire; elles porteront intérêt à cinq pour cent, après le 1er janvier 1791, et à compter de la remise complète des titres nécessaires à la liquidation jusqu'à leur paiement effectif en assignats, ou leur délivrance en paiement de domaines nationaux, ainsi qu'il sera ci-après expliqué.

5. Il sera en conséquence fait mention dans lesdites reconnaissances de la date de la remise complète qui aura été faite des titres nécessaires à la liquidation.

6. Lesdites reconnaissances seront présentées à un bureau spécial et unique formé par l'Assemblée nationale, sur le plan qu'elle aura adopté, pour y être timbrées, numérotées et enregistrées, avant de pouvoir être présentées à la caisse de l'extraordinaire, pour y être converties en assignats, ou données en paiement de domaines nationaux.

7. Le remboursement de celles desdites reconnaissances qui n'auront pu être acquittées avec les premiers fonds affectés par l'Assemblée nationale à cette destination, ne pourra s'effectuer sur les assignats qui seront de nouveau émis, que par ordre de leurs numéros, en vertu d'un décret de l'Assemblée nationale, qui indiquera la série des numéros remboursables. Les intérêts cesseront pour les numéros indiqués, à compter du jour fixé pour ledit remboursement.

8. En attendant le remboursement des reconnaissances en assignats, les porteurs d'icelles pourront les donner en paiement des domaines nationaux par eux acquis, et elles seront reçues comme comptant; leurs intérêts, qui auront couru du 1er avril 1791, cesseront en ce cas du jour de ladite adjudication.

9. Pour faciliter l'exécution de la précédente disposition, et diminuer l'émission des assignats, les titulaires liquidés auront la faculté de faire diviser leur brevet en plusieurs portions, à la charge qu'il sera fait mention de cette division dans chacun des coupons délivrés.

10. Pour assurer à tous les officiers supprimés et non liquidés les avantages de la concurrence, l'Assemblée les autorise à enchérir en vertu du titre authentique de leurs offices, et à faire admettre provisoirement ledit titre en paiement jusqu'à concurrence de moitié de sa valeur seulement, résultant du décret du 12 septembre, d'après les bases respectivement fixées audit décret pour les diverses espèces d'offices.

11. Les reconnaissances énoncées ci-dessus resteront, jusqu'à leur remboursement, affectées et hypothéquées sur les offices qu'elles représenteront, et ne pourront les créanciers, jusqu'audit remboursement, exiger autre chose de leurs débiteurs, ni de leurs cautions, que le paiement des intérêts de leurs créances (1).

12. La même chose aura lieu à l'égard des titres d'offices ou reconnaissances de liquidation, qui serviront à payer la totalité d'un domaine national; l'hypothèque, audit cas, passera sur le domaine acquis sans aucune novation, sauf de la part du créancier à exercer tous ses droits sur ledit domaine, comme il les eût exercés sur l'office.

13. Les créanciers sur offices d'une rente originairement constituée aux deniers quarante ou cinquante, ne pourront exiger leur remboursement qu'autant que leur débiteur aura été lui-même remboursé; et ils ne pourront l'exiger audit cas qu'au denier vingt-cinq du produit et montant de la rente à eux due; en conséquence, et faute par eux de consentir au remboursement sur ce pied, le débiteur aura le droit de colloquer à intérêt ou en acquisition de domaine, en présence desdits créanciers, ou eux dûment appelés, la somme totale du capital originaire, pour, sur l'intérêt d'icelui, être la rente servie et acquittée comme par le passé.

14. Tous créanciers hypothécaires sur les offices supprimés pourront former, si fait n'a été, dans les six semaines à compter de la proclamation du présent décret, leur opposition en la manière ordinaire, ès-mains du garde des rôles; et il ne pourra être procédé au remboursement par la caisse de l'extraordinaire, qu'en représentant, par le porteur de la reconnaissance de liquidation, le

---

(1) L'acquéreur d'un office n'est pas dispensé d'en payer le prix, pour cela seul que l'office a été ultérieurement supprimé; mais ses vendeurs ni ses ayant-cause ne peuvent en exiger le paiement avant que la liquidation en ait été faite par le gouvernement (11 février 1811, Turin; S 12, 2, 88).

certificat du garde des rôles, qui constatera qu'il n'a été formé aucune opposition, ou qu'il n'en reste aucune subsistant en ses mains.

---

30 OCTOBRE = 10 NOVEMBRE 1790. — Décret relatif à la perception des droits connus en Bretagne sous le nom de *devoirs et droits y joints*. (L. 2, 475; B. 7, 184.)

L'Assemblée nationale, sur le rapport qui lui a été fait au nom de ses comités des finances et de constitution, voulant assurer la perception des droits connus en Bretagne sous le nom de *devoirs et droits y joints*, jusqu'à ce que la nouvelle organisation des contributions ait été décrétée et mise à exécution, décrète:

Que les commis à la perception des *devoirs* en Bretagne pourront se pourvoir devant les juges-de-paix, et en cas de besoin, devant les prud'hommes assesseurs, ainsi que les requérir dans tous les cas où ils pouvaient, aux termes du bail des devoirs, se pourvoir devant les juges des anciennes hautes-justices seigneuriales: attribue en conséquence aux juges-de-paix toute compétence à ce nécessaire.

---

30 OCTOBRE = 2 NOVEMBRE 1790. — Décret qui fixe dans la ville de Clermont le siége de l'administration du Puy-de-Dôme. (L. 2, 3-3; B. 7, 178.)

---

30 OCTOBRE = 2 NOVEMBRE 1790. — Décret portant que la ville de Saint-Quentin continuera d'avoir un tribunal de commerce. (L. 2, 376; B. 2, 178.)

---

30 OCTOBRE = 30 NOVEMBRE 1790. — Décret pour l'arrestation et le jugement des auteurs des désordres et excès commis dans la ville de Belfort par les régimens de Royal-Liégeois et des hussards de Lauzun. (B. 7, 182.)

---

30 OCTOBRE 1790. — Décret qui improuve les auteurs d'une pétition séditieuse portée par quatre particuliers de Noyon au directoire du district, et déclare qu'en cas de récidive, ils seront poursuivis extraordinairement. (B. 7, 184.)

---

31 OCTOBRE (30 et) = 5 NOVEMBRE 1790. — Décret concernant l'abolition des droits de traites et leur remplacement par un tarif unique et uniforme. (L. 2, 428; B. 7, 188.)

L'Assemblée nationale, considérant que le commerce est le moyen de donner à l'agriculture et à l'industrie manufacturière tous les développemens et toute l'énergie dont elles sont susceptibles, et qu'il ne peut produire cet important effet qu'autant qu'il jouit d'une sage liberté; considérant qu'il est maintenant gêné par des entraves sans nombre;

que les droits de traites existant sous diverses dénominations, et établis sur les limites qui séparaient les anciennes provinces du royaume, sans aucune proportion avec leurs facultés, sans égard à leurs besoins, fatiguent par les modes de leur perception, autant que par leur rigueur même non-seulement les spéculations commerciales, mais encore la liberté individuelle; qu'ils rendent différentes parties de l'Etat étrangères les unes aux autres; qu'ils resserrent la consommation, et nuisent par-là à la reproduction et à l'accroissement des richesses nationales, décrète ce qui suit:

Art. 1er. A compter du 1er décembre prochain, tous les droits de traites et tous les bureaux placés dans l'intérieur du royaume pour leur perception, même ceux établis en Bretagne pour la perception du droit de traite domaniale, et dans le Poitou, l'Anjou et le Maine, pour les droits de traite par terre et de trépas de Loire, sont abolis.

2. La suppression prononcée par l'article précédent comprendra également les droits particuliers d'abord et de consommation, perçus indépendamment de ceux de traite sur le poisson de mer, frais, sec ou salé, ainsi que les droits de subvention par doublement, et de jauge et de courtage, perçus sur les vins et autres boissons venant de l'étranger, sans qu'il soit rien innové, quant à présent, à ceux desdits droits dus sur les boissons exportées à l'étranger ou passant des pays d'aides dans ceux qui en sont exempts et reversiblement, lesquels continueront d'être perçus jusqu'au moment du remplacement ou de la modification des droits d'aides.

3. A compter du même jour 1er décembre prochain, les tarifs particuliers de 1664, 1667, 1671, de douanes de Lyon, de douanes de Valence, de quatre pour cent sur les drogueries et épiceries, de foraine, de table de mer, de deux pour cent d'Arles, du denier Saint-André et liard du baron; ceux de la patente de Languedoc, foraine et traite d'Arzac, de la gabelle et foraine du Béarn; ceux de la comptabilité, du droit de convoi, de la traite de Charente, de la prévôté de La Rochelle, de courtage à Bordeaux, de la prévôté de Nantes, de Brieux, et ports et havres en Bretagne; d'issue foraine, traverse et haut-conduit, transit et tonlieu dans la Lorraine, le Barois et les Evêchés; le droit de passage sur les vins de Loraine entrant dans le pays Messin; le tarif des péages d'Alsace, qui tiennent lieu des droits de traites dans cette province; les péages du Rhône, celui du Paty, celui de Péronne, et généralement tous les péages royaux; ceux pour les droits d'abord et de consommation, et tous autres tarifs servant à la perception des droits sur les relations de diverses parties du royaume entre elles et avec l'étranger, cesseront d'a-

voir leur exécution et demeureront annulés ainsi que les droits de courtage et mesurage à La Rochelle, de premier tonneau de fret, de branche de cyprès, de quillage, de tiers retranché, de parisis, de coutume des ci-devant seigneurs, de traites domaniales à la sortie, et ceux d'acquits et d'attribution attachés aux offices des maîtrises des ports et autres juridictions.

Ces tarifs et droits seront remplacés par un tarif unique et uniforme, qui sera incessamment décrété, et dont les droits seront perceptibles à compter du 1er décembre prochain, à toutes les entrées et sorties du royaume, sauf les exceptions, entrepôts et transits reconnus nécessaires, et qui seront incessamment jugés sur les rapports qui en seront faits à l'Assemblée nationale.

4. Pour assurer l'exécution des articles ci-dessus, il sera très-incessamment établi des employés, sous le titre de préposés à la police du commerce extérieur et des bureaux, tant sur les limites qui séparent les ci-devant provinces de la Flandre, du Hainaut, de l'Artois et du Cambrésis, de la Lorraine, du Barrois, des Trois-Evêchés, de l'Alsace et du pays de Gex du côté de l'étranger, que sur toutes celles où ces établissemens seront jugés nécessaires. Les municipalités fourniront auxdits préposés les maisons et emplacemens convenables, en attendant qu'il puisse y être autrement pourvu, et le loyer en sera payé sur le pied des derniers baux, ou à dire d'experts.

5. Les bureaux placés sur les limites qui séparaient ci-devant l'Alsace et la Lorraine de la Franche-Comté; le pays de Gex, de la Franche-Comté et du Bugey ; la Lorraine, le Barrois et les Trois-Evêchés, de la Champagne, seront conservés jusqu'au 1er juin 1791. Jusqu'à cette époque, les marchandises manufacturées et les épiceries qui seront expédiées de l'une des trois ci-devant provinces d'Alsace, Lorraine, Barrois et Trois-Evêchés, ou du pays de Gex, pour une autre partie du royaume, sans être accompagnées, pour les objets manufacturés, de certificats des municipalités du lieu de l'enlèvement, justificatifs de leur fabrication dans ledit lieu, et pour les épiceries, de l'acquit du droit d'entrée, délivré à l'un des bureaux frontières desdites ci-devant provinces ou pays, seront considérées comme étrangères, et comme telles, sujettes aux prohibitions ou aux droits qui seront fixés par le nouveau tarif.

6. Il sera pourvu, s'il y a lieu, à l'indemnité des aliénataires ou concessionnaires de ceux des droits engagés ou concédés qui sont supprimés par le présent décret.

7. Jusqu'à la promulgation du nouveau tarif et du nouveau code des traites, les tarifs actuels et les lois existant sur cette partie, continueront d'avoir leur exécution.

8. Les assemblées de département, les chambres de commerce, et tous les négocians du royaume, pourront adresser, tant à l'Assemblée nationale qu'à l'administration, les mémoires et observations que pourra leur dicter l'intérêt de l'agriculture, du commerce et des manufactures, sur les effets du nouveau tarif, et sur les changemens dont il leur paraîtra susceptible, sans préjudicier néanmoins à l'exécution de la loi.

9. Le Roi sera prié d'accorder sa sanction au présent décret, et, pour en assurer la prompte exécution, de la commettre à sept administrateurs particuliers, au nombre desquels Sa Majesté sera priée de placer les membres de la ferme générale qui ont concouru, avec le comité d'agriculture et du commerce, aux travaux concernant les traites.

31 OCTOBRE = 7 NOVEMBRE 1790. — Décret relatif à la suppression des droits établis sur le bétail aux quatre foires de la ville de Nantes. (L. 2, 455 ; B. -, 186.)

L'Assemblée nationale, ouï le rapport de son comité des finances, d'après l'avis du district de Nantes et du département de la Loire-Inférieure, autorise :

1° La suppression faite par les officiers municipaux des droits établis sur le bétail aux quatre grandes foires tenues par chaque année dans ladite ville, à charge et condition expresse de remplacer par la voie d'imposition ou autrement, la portion de ces droits qui devait être versée au trésor public, dans le cas où il ne serait pas pourvu à ce remplacement par le montant des droits à percevoir, dont il sera parlé ci-après.

2° Autorise l'établissement de trois nouvelles foires franches et exemptes de tous droits sur le bétail; lesquelles foires seront tenues aux époques des 1er février, 15 mars et 14 juillet de chaque année, et en cas de fêtes gardées, les jours ouvrables qui suivront immédiatement.

3° Confirme, au surplus, le tarif établi par les lettres-patentes du 5 avril 1785, pour les autres droits y spécifiés sur toutes les denrées et marchandises qui y sont conduites, soit par terre, soit par eau, et de la manière dont ces droits ont été perçus jusqu'ici.

4° Déclare que le bétail demeurera sujet aux droits établis par ledit tarif, lorsqu'il sera amené aux marchés ordinaires du vendredi, et dans tous les autres jours qui ne seraient pas jours de foire, le tout néanmoins provisoirement, quant à la perception des droits seulement.

Et s'il est vérifié que le produit résultant des droits à percevoir, soit dans les marchés ordinaires sur bétail, soit dans les foires nouvelles sur les autres marchandises, ne remplace pas le vide qui résulte de la suppression ci-dessus, à dater de la publication du présent décret, ordonne que ce remplacement sera fait par voie d'imposition sur tout le district, aussitôt après que le déficit aura été reconnu et vérifié.

31 OCTOBRE = 7 NOVEMBRE 1790. — Décret qui autorise la ville de Quimperlé à faire un approvisionnement de cinquante tonneaux de blé froment et autant de seigle, et à emprunter la somme nécessaire à l'achat. (L. 2, 457; B. 7, 187.)

31 OCTOBRE = 7 NOVEMBRE 1790. — Décret qui autorise la commune d'Asserac à imposer deux mille huit cents livres pour l'entier paiement de la contribution du presbytère. (L. 2, 450; B. 7, 185.)

31 OCTOBRE = 7 NOVEMBRE 1790 — Décret qui autorise les officiers municipaux d'Availles à employer à la réparation des chemins vicinaux une somme de mille livres, qu'ils ont obtenue en 1788 et 1789, sur l'élection de Confolens, et à imposer une somme de cinq cents livres. (L. 2, 459; B. 7, 185.)

31 OCTOBRE 1790. — Instruction sur la manière d'exécuter les articles 2, 4, 5 et 6 du décret du 12 août, concernant l'ordre et la surveillance à observer pour la perception des droits et impositions indirectes. (L. 2, 35 .)

31 OCTOBRE 1790. — Décret qui enjoint au ministre de la guerre de rendre compte des obstacles qui s'opposent à la fabrication de fusils et canons décrétée. (B. 7, 188.)

31 OCTOBRE 1790. — Instruction concernant le remboursement sur le trésor public, des dépenses correspondant à l'année 1790 seulement, qui auront été avancées par les hôpitaux pour la nourriture et l'entretien des enfans exposés dans celles des anciennes provinces où ces vacances étaient remboursées sur le domaine ou sur le trésor public. (L. 2, 364.)

31 OCTOBRE 1790. — Instruction sur la manière de pourvoir au remboursement des frais de justice criminelle, et au paiement des courses extraordinaires de la maréchaussée. (L. 2, 359.)

31 OCTOBRE 1790. — Instruction sur le contentieux des impositions indirectes. (L. 2, 352.)

31 OCTOBRE 1790. — Châtelet. Contribution patriotique. Voy. 25 OCTOBRE 1790. — Corps du génie. Voy. 24 OCTOBRE 1790. — Limoges. Voy. 26 OCTOBRE 1790. — Marseille. Voy. 25 OCTOBRE 1790. — Pavillons. Voy. 24 OCTOBRE 1790. — Sel. Voy. 20 OCTOBRE 1790. — Toulon. Voy. 26 OCTOBRE 1790. — Vaisseaux. Voy. 26 OCTOBRE 1790.

FIN DU TOME PREMIER.